FRANCE

Atlas routier et touristique

Tourist and motoring atlas

Straßen- und Reiseatlas

Toeristische wegenatlas

Atlante stradale e turistico

Atlas de carreteras y turístico

S.Sauvignier/MICHELIN

Sommaire/Contents/Inhaltsübersicht/ Inhoud/Sommario/Sumario

Sommaire/Contents/Inhaltsübersicht/ Inhoud/Sommario/Sumario

Plans de ville / Town plans / Stadtpläne / Stadsplattegronden / Piante di città / Planos de ciudades

	Agen	Amiens	Angers	Angoulême	Auch	Aurillac	Auxerre	Bayonne	Beaune	Besançon	Blois	Bordeaux	Boulogne-sur-Mer	Bourges	Brest	Brive-la-Gaillarde	Caen	Cahors	Calais	Carcassonne	Châlons-en-Champagne	Chambéry	Charleville-Mézières	Chartres	Cherbourg	Clermont-Ferrand	Colmar	Dijon	Dunkerque	Gap	Grenoble	Le Havre	Lille	Limoges
Amiens	845																																	
Angers	513	421																																
Angoulême	252	584	253																															
Auch	74	883	578	318																														
Aurillac	259	705	449	293	298																													
Auxerre	669	304	402	486	709	435																												
Bayonne	229	884	564	304	225	491	785																											
Beaune	649	447	545	496	689	415	147	799																										
Besançon	767	558	647	597	807	516	249	916	109																									
Blois	525	326	194	277	590	445	219	577	362	465																								
Bordeaux	140	705	384	124	205	311	605	192	616	737	397																							
Boulogne-sur-Mer	952	129	481	704	1006	832	426	1004	568	658	440	824																						
Bourges	512	378	279	295	551	341	149	598	252	355	112	418	507																					
Brest	779	628	378	575	844	831	717	831	860	963	540	633	687	655																				
Brive-la-Gaillarde	236	618	355	199	276	105	429	388	411	515	352	209	739	288	740																			
Caen	724	256	253	476	789	671	404	776	547	651	308	596	315	436	375	579																		
Cahors	87	709	446	290	185	133	533	409	514	618	443	275	830	379	831	102	670																	
Calais	984	161	514	737	1037	863	456	1036	611	654	471	857	40	536	720	772	348	863																
Carcassonne	207	903	641	449	172	318	742	386	598	671	637	336	1025	573	974	296	864	205	1057															
Châlons-en-Champagne	819	226	477	610	906	600	169	909	300	343	343	730	328	318	774	594	428	735	325	892														
Chambéry	703	703	733	639	668	390	403	863	258	265	566	681	824	410	1116	476	796	580	832	499	517													
Charleville-Mézières	936	209	521	676	976	772	290	976	420	463	410	796	279	443	819	710	473	802	275	1012	131	637												
Chartres	600	216	209	353	695	522	215	653	358	461	129	473	314	194	506	430	238	521	345	716	272	613	315											
Cherbourg	827	377	340	595	892	790	526	879	668	772	426	681	436	558	423	698	124	789	467	1024	551	924	594	358										
Clermont-Ferrand	414	558	459	339	454	158	286	561	267	371	292	381	679	194	830	176	610	280	712	431	452	294	622	372	732									
Colmar	924	521	763	753	963	673	405	1073	265	171	620	891	623	510	1061	669	723	789	667	859	301	405	407	559	846	526								
Dijon	689	474	548	535	745	454	150	838	47	99	365	673	577	254	863	451	543	554	573	639	259	298	379	361	665	308	253							
Dunkerque	1004	201	553	745	1044	870	463	1044	618	661	478	865	80	543	760	779	388	870	48	1065	328	835	268	387	510	718	640	572						
Gap	653	834	864	770	618	520	534	832	389	441	697	782	955	541	1247	607	927	651	997	449	682	188	802	744	1049	423	590	429	1003					
Grenoble	644	708	738	644	609	394	408	823	263	315	571	686	829	415	1121	481	801	584	871	440	556	58	676	618	923	297	460	303	877	124				
Le Havre	801	185	330	553	866	725	366	853	509	612	333	673	244	398	469	634	96	725	275	920	399	764	383	198	218	573	695	512	316	895	769			
Lille	928	124	513	668	967	794	386	968	542	584	402	788	119	467	762	702	390	793	114	988	252	758	192	309	512	642	568	495	80	923	797	319		
Limoges	323	526	263	105	362	189	346	408	396	500	260	228	647	196	648	97	486	188	680	383	502	537	616	340	605	227	654	436	686	668	542	540	609	
Lorient	653	591	252	449	718	704	629	680	771	875	451	507	650	536	135	613	338	704	681	850	685	987	728	415	385	713	970	774	721	1118	992	430	723	521
Lyon	600	600	588	476	615	303	300	750	155	237	421	568	721	307	1013	363	693	466	763	446	449	109	568	511	815	179	413	195	769	240	114	655	693	423
Le Mans	563	335	96	315	628	510	333	615	476	579	146	435	394	261	397	418	165	509	425	704	389	710	433	120	284	436	675	479	465	841	715	243	425	326
Marseille	519	912	918	760	484	432	612	698	467	541	751	648	1033	653	1286	524	1005	517	1075	314	760	331	880	822	1132	477	728	507	1081	180	275	967	1004	610
Mende	367	724	625	461	341	151	452	565	374	448	458	496	846	360	996	273	776	223	878	298	667	310	787	538	898	177	630	414	884	406	292	738	807	358
Metz	966	368	620	775	1006	715	337	1074	308	269	508	895	471	485	917	712	571	832	467	900	162	524	208	415	693	569	202	262	440	689	563	543	367	717
Mont-de-Marsan	121	830	510	250	109	368	731	105	742	863	523	138	950	546	757	335	721	254	981	276	855	768	921	599	807	499	1017	781	990	721	711	798	914	354
Montpellier	354	884	785	596	320	259	599	534	455	528	618	484	1006	520	1121	351	936	352	1038	150	748	353	868	698	1058	337	716	495	1044	306	296	898	967	436
Mulhouse	891	554	731	721	931	640	373	1041	233	139	588	859	657	477	1028	637	708	757	687	826	334	377	437	526	831	493	44	222	670	563	434	671	596	620
Nancy	913	384	666	765	952	662	319	1065	254	211	496	880	486	471	891	658	553	778	483	846	164	471	261	389	675	515	143	208	494	636	510	558	420	642
Nantes	463	511	91	277	528	533	492	515	635	738	285	336	570	375	297	441	292	532	601	661	566	824	609	297	340	551	851	638	641	955	829	385	602	349
Narbonne	265	923	699	506	230	298	687	444	542	616	657	394	1044	559	1032	354	922	263	1077	61	835	441	955	737	1082	376	803	582	1083	393	384	937	1006	440
Nevers	549	381	364	378	589	315	123	696	156	342	197	516	503	80	735	311	474	415	534	588	290	365	459	246	596	168	496	229	539	496	370	437	463	277
Nice	682	1075	1082	923	647	596	775	861	631	668	915	811	1197	817	1449	688	1168	680	1238	478	924	384	1043	986	1290	640	714	670	1244	234	328	1131	1168	773
Nîmes	402	853	843	644	368	316	553	582	409	482	675	532	975	578	1169	408	951	400	1016	198	702	307	821	755	1073	395	664	448	1022	258	250	909	946	494
Orange	454	798	804	695	419	368	498	633	353	427	637	583	919	539	1175	460	891	452	961	250	646	251	766	708	1013	363	608	393	967	241	194	853	890	608
Orléans	586	275	245	328	626	452	163	628	306	409	62	448	396	125	540	361	318	452	421	647	287	561	357	80	440	300	563	309	427	692	566	281	350	269
Paris	712	135	297	452	751	578	170	752	313	416	185	572	256	250	595	486	234	577	297	772	190	568	233	93	357	426	454	316	303	699	573	197	226	394
Pau	160	890	570	310	121	417	825	114	807	928	583	198	1010	672	817	395	781	303	1040	283	915	775	981	659	867	564	1082	846	1050	728	718	858	973	480
Périgueux	140	626	343	85	213	182	445	317	486	590	359	138	747	295	759	80	564	171	779	366	601	553	716	439	683	243	744	526	785	684	558	639	709	101
Perpignan	319	984	752	560	284	358	747	498	603	676	718	448	1105	620	1086	408	975	317	1138	114	896	501	1016	797	1135	437	864	643	1143	454	444	998	1067	493
Poitiers	363	472	139	116	429	310	373	416	515	619	165	236	591	256	517	218	362	309	622	504	497	602	562	240	481	329	773	518	632	733	607	440	555	126
Le Puy-en-Velay	456	677	578	460	430	172	430	682	286	359	410	502	798	312	948	297	728	400	830	387	579	221	698	490	850	130	541	325	836	352	226	691	760	357
Reims	846	174	431	586	885	681	208	886	339	382	319	706	276	353	729	620	382	711	273	906	49	555	86	227	505	535	346	292	279	720	594	348	203	528
Rennes	578	441	135	392	644	648	480	630	622	726	302	451	500	417	242	556	188	648	531	776	536	878	579	266	235	592	821	625	572	1008	882	280	574	419
La Rochelle	316	606	193	146	381	435	506	368	649	752	298	188	669	389	440	368	443	449	700	513	630	746	696	396	490	472	906	652	741	877	751	518	689	248
Rodez	255	793	506	350	229	102	521	453	519	561	527	385	915	429	891	162	729	112	947	241	705	423	874	607	848	246	777	559	953	500	405	807	877	248
Rouen	770	124	299	522	835	661	302	822	444	548	268	642	184	333	501	569	128	660	214	855	338	699	322	134	251	509	635	447	255	830	704	91	257	477
Saint-Brieuc	692	485	230	487	757	743	574	744	717	820	397	546	544	512	147	652	232	743	575	889	631	972	674	361	279	687	916	720	616	1103	977	324	618	514
Saint-Étienne	570	621	589	495	507	248	359	719	214	288	422	537	742	324	960	332	740	435	822	466	507	150	627	502	862	148	469	254	828	280	154	702	751	393
Saint-Nazaire	528	563	145	342	593	598	546	580	689	792	338	401	622	429	272	506	310	597	653	726	620	878	663	351	357	605	905	692	694	1009	883	403	656	414
Strasbourg	1004	524	775	834	1044	753	485	1153	345	251	635	971	626	590	1073	749	726	870	623	939	317	477	363	570	849	606	74	335	596	663	534	698	523	733
Toulon	582	975	982	823	547	496	675	761	530	604	814	711	1096	716	1349	588	1068	580	1138	378	824	385	943	886	1190	540	791	570	1144	235	329	1030	1068	673
Toulouse	116	812	549	357	79	227	636	299	617	738	546	245	933	482	883	205	772	114	966	96	837	588	902	626	932	374	892	674	972	541	531	826	895	290
Tours	463	381	124	216	529	410	273	515	416	519	66	336	492	162	497	318	263	410	523	605	398	611	463	141	382	337	673	419	533	742	616	341	456	227
Troyes	737	301	430	527	776	513	82	827	226	268	260	647	404	235	728	511	408	602	400	817	86	442	205	226	530	366	338	179	406	607	481	371	330	419
Valence	553	700	706	612	518	282	399	732	255	328	539	654	821	441	1077	449	792	550	863	348	548	150	668	610	915	265	510	295	869	219	93	755	792	509
Valenciennes	914	131	499	654	953	780	372	954	512	555	387	774	170	453	748	688	376	779	163	974	222	728	142	295	498	628	530	466	129	893	767	305	53	596

Tableau des distances / Distances / Entfernungstabelle / Afstandstabel / Tabella distanze / Cuadro de distancias

Les distances sont comptées à partir du centre-ville et par la route la plus pratique, c'est à dire celle qui offre les meilleures conditions de roulage, mais qui n'est pas nécessairement la plus courte

Distances are shown in kilometres and are calculated from town/city centres along the most practicable roads, although not necessarily taking the shortest route

Die Entfernungen gelten ab Stadtmitte unter Berücksichtigung der günstigsten, jedoch nicht immer kürzesten Strecke

De afstanden zijn in km berekend van centrum tot centrum langs de geschickste, dus niet noodzakelijkerwijze de hortste route

Distanze fra principali città: le distanze sono calcolate a partire dal centro delle città e seguendo la strada che, pur non essendo necessariamente la più breve, offre le migliori condizioni di viaggio

Distancias entre ciudades importantes: las distancias están calculadas desde el centro de la ciudad y por la carretera más práctica para el automovilista, es decir, la que ofrece mejores condiciones de circulación, que no tiene por qué ser la más corta.

	Lorient	Lyon	Le Mans	Marseille	Mende	Metz	Mont-de-Marsan	Montpellier	Mulhouse	Nancy	Nantes	Narbonne	Nevers	Nice	Nîmes	Orange	Orléans	Paris	Pau	Périgueux	Perpignan	Poitiers	Le Puy-en-Velay	Reims	Rennes	La Rochelle	Rodez	Rouen	Saint-Brieuc	Saint-Étienne	Saint-Nazaire	Strasbourg	Toulon	Toulouse	Tours	Troyes	Valence
Lyon	838																																				
Le Mans	306	564																																			
Marseille	1159	316	887																																		
Mende	876	223	594	271																																	
Metz	827	457	532	768	676																																
Mont-de-Marsan	630	694	553	586	442	1020																															
Montpellier	994	303	754	171	204	756	421																														
Mulhouse	938	381	643	695	597	233	984	681																													
Nancy	807	403	505	714	622	57	1005	701	178																												
Nantes	170	678	185	971	718	709	461	807	823	723																											
Narbonne	905	391	754	259	243	843	332	95	775	793	717																										
Nevers	613	263	307	575	333	457	641	492	467	441	453	531																									
Nice	1322	479	1051	212	434	932	749	333	686	881	1134	422	739																								
Nîmes	1043	257	812	123	150	710	469	53	635	659	854	142	517	287																							
Orange	1055	202	773	118	206	654	521	105	580	604	906	193	462	282	55																						
Orléans	449	459	142	759	466	457	573	625	535	442	334	664	179	923	683	644																					
Paris	504	466	209	777	591	333	697	750	481	314	386	789	247	941	714	662	134																				
Pau	690	725	613	593	458	1125	84	429	1053	1074	520	340	705	757	477	528	634	757																			
Périgueux	632	439	396	676	341	787	263	418	716	737	444	423	385	840	560	611	368	492	322																		
Perpignan	959	451	808	319	304	904	385	155	835	853	771	66	591	483	203	254	726	851	394	477																	
Poitiers	390	441	195	787	494	662	361	557	744	652	220	561	336	951	698	672	216	339	420	205	615																
Le Puy-en-Velay	828	134	547	298	90	587	531	285	512	536	667	331	284	462	235	183	419	543	550	373	392	447															
Reims	638	488	343	799	706	192	831	785	381	206	520	874	370	963	736	684	268	145	890	628	935	473	618														
Rennes	153	776	161	1051	758	679	576	917	793	661	110	832	467	1215	969	936	301	356	635	559	887	292	710	490													
La Rochelle	313	584	285	823	637	795	313	659	878	785	144	569	469	987	706	758	350	472	372	296	624	142	590	606	260												
Rodez	764	336	562	365	113	820	331	191	749	770	594	230	401	529	249	300	536	660	350	231	291	369	203	785	710	525											
Rouen	463	597	211	909	674	481	767	833	615	495	388	872	379	1073	846	794	217	132	826	577	933	409	627	292	313	489	744										
Saint-Brieuc	125	870	255	1146	852	773	671	1012	887	747	205	945	561	1309	1070	1031	396	450	730	672	1000	387	805	584	99	358	803	358									
Saint-Étienne	840	63	558	334	167	515	662	321	441	465	678	409	242	498	271	219	430	486	627	408	470	458	79	548	721	607	280	641	817								
Saint-Nazaire	145	732	239	1035	772	763	525	872	877	777	66	782	509	1199	919	948	390	440	585	508	837	286	723	574	127	212	658	442	222	731							
Strasbourg	982	494	687	807	710	163	1096	794	116	157	864	882	575	788	739	687	570	489	1163	825	943	791	622	348	834	929	858	636	930	550	918						
Toulon	1222	379	950	67	334	831	649	233	763	781	1034	321	639	157	187	182	823	840	657	656	382	851	361	864	1114	893	429	969	1209	397	1098	873					
Toulouse	756	538	605	406	260	935	181	242	863	884	568	153	515	570	290	341	554	679	195	274	207	412	349	813	684	427	149	765	797	424	632	973	469				
Tours	381	465	96	796	502	563	461	662	645	552	213	661	242	960	720	681	117	240	520	305	716	103	455	374	259	240	470	310	354	464	267	690	859	511			
Troyes	637	374	343	686	531	253	772	672	309	214	519	761	201	849	623	571	195	171	831	519	821	414	505	126	490	551	618	310	585	433	574	382	749	750	315		
Valence	957	103	675	217	202	556	619	203	482	505	795	292	363	381	154	102	547	565	628	525	353	575	112	588	838	724	316	694	934	122	849	591	280	440	583	474	
Valenciennes	710	661	411	972	793	329	899	959	571	382	588	991	449	1136	909	857	336	206	958	696	1052	541	746	176	560	678	863	243	605	720	642	485	1035	881	442	299	761

605 km

Le Mans - Toulouse

	Agen	Amiens	Angers	Angoulême	Auch	Aurillac	Auxerre	Bayonne	Beaune	Besançon	Blois	Bordeaux	Boulogne-sur-Mer	Bourges	Brest	Brive-la-Gaillarde	Caen	Cahors	Calais	Carcassonne	Châlons-en-Champagne	Chambéry	Charleville-Mézières	Chartres	Cherbourg	Clermont-Ferrand	Colmar	Dijon	Dunkerque	Gap	Grenoble	Le Havre	Lille	Limoges
Amiens	7:56																																	
Angers	4:51	4:20																																
Angoulême	2:39	5:59	3:10																															
Auch	1:10	8:43	5:47	3:39																														
Aurillac	3:19	7:14	5:48	3:50	4:08																													
Auxerre	6:45	3:27	3:51	5:04	7:34	5:15																												
Bayonne	2:59	8:43	5:25	3:17	2:30	5:39	7:43																											
Beaune	6:56	4:32	4:57	5:45	7:21	4:59	1:23	8:49																										
Besançon	7:47	4:57	5:50	6:35	8:12	5:49	2:16	9:40	1:07																									
Blois	4:58	3:31	1:57	2:57	5:58	4:42	2:30	5:37	3:40	4:33																								
Bordeaux	1:24	7:00	3:43	1:35	2:24	3:56	6:00	2:03	7:05	8:02	3:51																							
Boulogne-sur-Mer	8:53	1:15	4:59	7:02	9:42	8:13	4:24	9:42	5:34	5:56	4:25	7:59																						
Bourges	4:57	4:09	3:19	3:34	5:46	3:40	2:10	6:38	3:30	4:27	1:35	4:55	5:10																					
Brest	7:29	6:01	3:58	6:07	8:29	9:03	6:52	8:08	8:02	8:55	5:14	6:25	6:31	6:37																				
Brive-la-Gaillarde	2:12	6:04	4:29	2:31	3:01	1:42	4:55	4:02	5:07	6:04	3:30	2:19	7:06	3:07	7:49																			
Caen	7:01	2:22	2:44	5:00	8:01	7:33	3:58	7:40	5:08	6:01	3:13	5:58	2:52	4:36	3:50	6:16																		
Cahors	1:28	6:59	5:24	3:26	2:16	2:12	5:50	3:56	6:00	6:57	4:25	2:39	8:01	4:02	8:44	1:17	7:11																	
Calais	9:03	1:34	5:18	7:11	9:52	8:23	4:32	9:51	5:42	5:47	4:35	8:08	12:31	5:15	6:48	7:12	3:08	8:02																
Carcassonne	2:02	8:34	6:59	4:29	2:05	4:01	6:40	3:36	5:27	6:17	6:00	3:13	9:36	5:37	9:18	2:52	8:46	2:07	9:44															
Châlons-en-Champagne	8:04	2:08	4:30	6:12	8:53	7:25	2:11	8:52	2:46	3:10	3:36	7:09	3:09	4:18	7:32	6:16	4:05	7:03	2:58	7:59														
Chambéry	6:28	6:54	7:09	6:35	6:31	4:37	3:44	8:03	2:31	3:06	5:25	6:46	7:55	4:43	10:19	4:48	7:22	5:35	8:00	4:41	5:00													
Charleville-Mézières	8:31	2:38	4:57	6:39	9:20	7:51	3:13	9:19	3:48	4:12	4:03	7:36	3:39	4:43	7:59	6:40	4:32	7:30	3:28	9:12	1:22	6:05												
Chartres	5:58	2:42	1:56	4:06	6:47	5:17	2:13	6:46	3:22	4:16	1:29	5:03	3:25	2:09	4:58	4:07	2:29	4:57	3:42	6:39	2:52	5:40	3:15											
Cherbourg	7:54	3:46	4:02	6:19	8:54	8:51	5:21	8:34	6:31	7:24	4:31	6:51	4:15	5:54	4:37	7:34	1:31	8:25	4:33	9:45	5:32	8:49	5:55	3:50										
Clermont-Ferrand	3:50	5:32	4:42	3:50	4:39	2:05	3:34	5:43	3:17	4:13	2:58	4:01	6:33	1:59	8:03	2:02	5:52	2:49	6:41	3:56	5:41	2:55	6:12	3:34	7:19									
Colmar	9:19	5:21	7:46	8:08	9:44	7:22	3:49	11:12	2:40	1:55	5:59	9:29	6:22	5:54	10:38	7:32	7:52	8:19	6:11	7:54	3:41	4:15	4:10	6:08	9:16	5:40								
Dijon	7:16	4:35	5:00	6:05	7:41	5:19	1:26	9:09	12:37	1:05	3:35	7:26	5:19	3:33	8:01	5:29	5:04	6:16	5:08	5:51	2:27	2:54	3:29	3:21	6:28	3:37	2:32							
Dunkerque	9:16	1:55	5:38	7:24	10:05	8:35	4:45	10:04	5:55	6:01	4:47	8:21	12:52	5:27	7:09	7:25	3:29	8:15	12:38	9:57	3:10	8:12	3:17	4:03	4:53	6:54	6:15	5:20						
Gap	6:00	8:40	8:56	8:22	6:03	6:10	5:31	7:35	4:18	5:02	7:12	7:12	9:41	6:30	12:06	6:35	9:09	6:06	9:47	4:13	6:47	2:29	7:50	7:26	10:34	4:41	6:40	4:40	9:57					
Grenoble	5:47	6:56	7:11	6:38	5:50	4:40	3:46	7:21	2:34	3:09	5:27	6:48	7:57	4:45	10:22	4:50	7:25	5:37	8:03	4:00	5:03	12:39	6:05	5:42	8:49	2:56	4:45	2:56	8:13	1:56				
Le Havre	7:50	1:52	3:33	5:49	8:50	7:24	3:45	8:29	4:55	5:48	3:36	6:47	2:22	4:17	4:44	6:14	1:04	7:04	2:39	8:46	3:56	7:12	4:10	2:14	2:29	5:43	7:38	4:53	2:57	8:58	7:13			
Lille	8:33	1:38	5:00	6:42	9:22	7:53	4:03	9:22	5:12	5:19	4:05	7:39	1:39	4:45	7:18	6:43	3:38	7:33	1:16	9:14	2:28	7:30	2:35	3:21	5:03	6:12	5:39	4:38	12:58	9:16	7:31	3:07		
Limoges	2:53	5:13	3:38	1:34	3:42	2:19	4:04	4:38	4:27	5:23	2:39	2:56	6:14	2:16	6:57	1:02	5:25	1:52	6:22	3:34	5:20	5:07	5:46	3:15	6:44	2:20	6:51	4:49	6:32	6:53	5:08	5:20	5:52	
Lorient	6:11	5:33	2:40	4:49	7:11	7:45	6:01	6:51	7:11	8:04	4:23	5:08	6:03	5:53	1:36	6:29	3:22	7:19	6:20	8:01	6:40	9:45	7:03	4:05	4:07	7:19	9:54	7:09	6:38	11:31	9:46	4:13	6:48	5:39
Lyon	5:51	5:57	6:37	5:51	5:56	3:54	2:47	7:45	1:35	2:32	4:53	6:02	6:58	3:46	9:22	4:04	6:25	4:51	7:04	4:05	4:03	1:19	5:06	4:42	7:50	2:10	3:59	1:56	7:14	3:05	1:20	6:12	6:33	4:22
Le Mans	5:23	3:40	12:59	3:22	6:23	5:54	3:12	6:02	4:21	5:14	1:34	4:19	4:29	2:57	4:02	4:38	2:01	5:28	4:46	7:10	3:51	6:50	4:14	1:15	3:20	4:24	7:05	4:20	5:00	8:36	6:51	2:49	4:19	3:47
Marseille	4:47	8:47	8:45	7:14	4:50	4:56	5:37	6:22	4:25	5:14	7:01	5:59	9:48	6:03	12:03	6:12	9:16	4:53	9:54	3:00	6:54	3:52	7:56	7:33	10:40	4:30	6:49	4:47	10:04	1:54	3:20	9:02	9:23	6:53
Mende	4:23	7:09	6:18	6:03	4:33	2:16	5:08	6:13	4:29	5:18	4:34	5:34	8:10	3:36	9:40	3:53	7:29	3:37	8:18	2:55	6:58	3:52	8:00	5:11	8:55	2:00	6:54	4:51	8:28	4:43	3:52	7:15	7:47	4:34
Metz	9:26	3:19	5:41	7:23	9:51	7:28	3:31	10:03	2:47	3:11	4:46	8:20	4:20	5:39	8:42	7:39	5:16	8:25	4:08	8:00	1:33	5:03	2:11	4:02	6:40	5:47	2:29	2:30	4:11	6:49	5:04	5:02	3:34	6:33
Mont-de-Marsan	1:39	8:33	5:16	3:08	1:40	4:51	7:33	1:27	8:38	9:35	5:24	1:52	9:34	6:27	7:57	3:51	7:29	2:52	9:42	3:29	8:40	7:52	9:06	6:35	8:22	5:15	11:03	9:00	9:52	7:24	7:11	8:21	9:12	4:28
Montpellier	3:22	8:41	7:37	5:49	3:25	3:24	5:31	4:56	4:18	5:08	5:53	4:33	9:42	4:55	10:38	4:39	8:47	3:27	9:47	1:35	6:47	3:29	7:50	6:30	10:14	3:19	6:43	4:40	9:58	3:02	2:49	8:34	9:17	5:20
Mulhouse	8:54	6:14	7:21	7:43	9:19	6:56	3:24	10:47	2:15	1:29	5:33	9:04	7:15	5:28	10:23	7:07	7:26	7:54	7:04	7:29	4:23	3:58	4:35	5:43	8:51	5:15	12:41	2:09	6:41	6:08	4:35	7:13	6:03	6:25
Nancy	9:09	3:55	6:01	7:31	9:34	7:11	3:28	10:11	2:30	2:54	4:54	8:28	4:56	5:36	9:02	7:22	5:52	8:09	4:44	7:44	2:01	4:47	2:41	4:22	7:16	5:30	2:23	2:13	4:46	6:33	4:47	5:38	4:09	6:40
Nantes	4:21	5:18	1:03	2:59	5:21	5:55	4:49	5:01	5:59	6:52	3:04	3:18	5:57	4:15	3:23	4:39	2:55	5:29	6:14	6:11	5:28	8:08	5:51	2:53	3:41	5:42	8:42	5:57	6:32	9:54	8:09	3:46	5:57	3:49
Narbonne	2:27	8:36	7:25	4:54	2:30	3:32	6:10	4:02	4:58	5:47	6:01	3:39	9:37	5:03	9:43	3:17	9:12	2:33	9:45	12:40	7:27	4:09	8:29	6:38	10:31	3:27	7:22	5:20	9:55	3:41	3:28	8:42	9:14	3:58
Nevers	5:49	4:01	4:12	4:38	6:38	3:52	1:35	7:42	2:50	3:47	2:28	5:59	5:03	1:12	7:33	4:02	4:30	4:49	5:08	5:42	3:42	4:04	4:14	2:49	5:55	2:10	5:15	2:43	5:19	5:50	4:05	4:17	4:38	3:20
Nice	6:15	10:14	10:13	8:42	6:18	6:24	7:05	7:49	5:52	6:42	8:29	7:26	11:16	7:30	1:31	7:40	10:43	6:20	11:21	4:28	8:21	4:50	9:24	9:00	12:08	5:58	6:53	6:14	11:32	3:24	4:51	10:30	10:51	8:20
Nîmes	3:41	8:14	8:06	6:08	3:44	3:52	5:05	5:16	3:52	4:42	6:22	4:53	9:15	5:23	10:57	5:08	8:43	3:47	9:21	1:54	6:21	3:03	7:24	6:58	10:08	3:47	6:17	4:14	9:31	2:34	2:23	8:30	8:51	5:49
Orange	4:05	7:42	7:41	6:32	4:08	4:14	4:33	5:39	3:20	4:10	5:57	5:16	8:43	4:58	11:02	5:30	8:11	4:10	8:49	2:18	5:49	2:31	6:51	6:28	9:35	3:26	5:45	3:42	8:59	2:23	1:50	7:57	8:19	5:38
Orléans	5:10	3:03	2:32	3:21	5:59	4:30	1:55	6:01	3:05	3:58	12:44	4:18	4:04	1:22	5:42	3:19	3:23	4:10	4:12	5:51	3:02	5:22	3:36	1:05	4:47	2:48	5:26	3:03	4:22	7:08	5:23	3:09	3:42	2:29
Paris	6:26	1:43	2:53	4:35	7:15	5:46	1:56	7:15	3:05	3:58	1:58	5:32	2:44	2:38	5:54	4:35	2:22	5:26	2:56	7:07	1:55	5:23	2:18	1:14	3:47	4:04	5:08	3:04	3:06	7:09	5:24	2:08	2:26	3:45
Pau	2:50	9:33	6:25	4:17	1:41	5:04	8:24	1:16	7:59	8:49	6:34	3:02	10:34	6:35	9:06	3:50	8:38	3:05	10:42	2:47	9:40	7:10	10:06	7:35	9:32	5:28	10:24	8:21	10:52	6:43	6:30	9:30	10:12	4:31
Périgueux	2:11	6:46	5:11	1:21	3:23	2:43	5:37	3:14	5:59	6:56	4:12	1:31	7:47	3:48	7:21	1:06	6:58	1:56	7:55	3:38	6:53	5:28	7:19	4:48	8:17	2:41	8:24	6:21	8:05	7:14	5:29	6:52	7:25	1:36
Perpignan	2:55	9:06	7:53	5:22	2:58	4:02	6:41	4:30	5:28	6:18	6:32	4:07	10:07	5:33	10:11	3:45	9:40	3:00	10:15	1:08	7:57	4:39	9:00	7:08	10:59	3:57	7:53	5:50	10:25	4:11	3:59	9:13	9:45	4:26
Poitiers	3:37	4:51	2:00	1:33	4:37	4:02	3:51	4:17	5:01	5:54	1:42	2:34	5:52	2:54	5:16	2:45	3:47	3:36	6:00	5:17	4:58	6:23	5:24	2:53	5:06	3:57	7:21	4:59	6:10	8:09	6:24	4:39	5:30	1:55
Le Puy-en-Velay	5:46	6:47	5:57	5:16	5:57	2:29	4:16	7:10	3:04	3:53	4:13	5:27	7:48	3:14	9:18	3:29	7:07	4:16	7:56	4:19	5:33	2:26	6:35	4:50	8:34	1:39	5:28	3:26	8:06	4:13	2:27	6:54	7:26	3:47
Reims	7:39	1:43	4:05	5:47	8:28	6:59	2:30	8:27	3:04	3:29	3:11	6:44	2:44	3:51	7:07	5:48	3:40	6:38	2:32	8:20	12:38	5:21	12:58	2:27	5:05	5:17	3:51	2:48	2:44	7:07	5:22	3:27	2:04	4:58
Rennes	5:34	4:03	1:52	4:13	6:34	7:09	4:27	6:14	5:36	6:29	2:48	4:31	4:33	4:11	2:39	5:52	1:52	6:43	4:50	7:24	5:06	7:54	5:29	2:30	2:37	5:38	8:20	5:35	5:08	9:40	7:55	2:43	5:18	5:02
La Rochelle	3:00	6:10	2:10	1:56	4:00	5:26	5:10	3:40	6:19	7:12	3:01	1:57	7:00	4:12	4:51	3:40	4:31	4:14	7:17	4:51	6:17	7:51	6:43	3:55	5:16	5:25	8:40	6:18	7:34	8:46	7:52	5:22	6:49	3:12
Rodez	2:58	7:40	6:36	4:38	3:09	1:45	5:40	4:49	5:22	6:19	5:06	4:10	8:41	4:07	9:55	2:28	8:23	1:49	8:49	2:53	7:46	5:04	8:13	5:43	9:42	2:32	7:47	5:44	8:59	5:01	4:48	7:47	8:19	3:09
Rouen	7:37	1:15	3:20	5:37	8:17	6:48	3:08	8:17	4:18	5:11	3:00	6:34	1:45	3:40	4:58	5:37	1:18	6:28	2:02	8:09	3:06	6:36	3:33	1:37	2:42	5:06	7:02	4:17	2:20	8:22	6:36	1:04	2:31	4:47
Saint-Brieuc	6:34	4:34	2:57	5:12	7:34	8:08	5:25	7:13	6:35	7:28	3:47	5:30	5:04	5:10	1:34	6:51	2:23	7:42	5:21	8:24	6:05	8:53	6:28	3:29	3:09	6:36	9:19	6:34	5:39	10:39	8:53	3:15	5:50	6:01
Saint-Étienne	5:13	6:52	5:47	5:13	6:02	3:25	3:27	7:07	2:14	3:07	4:03	5:24	7:54	3:04	9:08	3:26	7:21	4:12	7:59	4:16	4:43	1:37	5:46	4:39	8:23	1:32	4:39	2:36	8:10	3:23	1:38	7:08	7:29	3:44
Saint-Nazaire	5:03	5:20	1:32	3:41	6:03	6:37	5:18	5:42	6:28	7:21	3:33	3:59	5:50	4:45	3:05	5:21	3:09	6:11	6:07	6:53	5:57	8:37	6:20	3:22	3:54	6:11	9:11	6:26	6:25	10:23	8:38	4:00	6:26	4:30
Strasbourg	9:57	4:39	7:01	8:46	10:22	8:00	4:27	11:50	3:18	2:32	6:06	10:07	5:40	6:31	10:02	8:10	6:36	8:57	5:28	8:32	2:53	4:52	3:27	5:22	8:00	6:18	12:53	3:12	5:32	7:17	5:29	6:22	4:55	7:28
Toulon	5:17	9:17	9:15	7:44	5:20	5:27	6:07	6:52	4:55	5:44	7:31	6:29	10:18	6:33	12:33	6:42	9:46	5:23	10:24	3:30	7:24	4:16	8:26	8:03	11:10	5:00	7:19	5:17	10:34	2:17	3:44	9:32	9:53	7:23
Toulouse	1:16	7:49	6:14	3:43	1:16	3:21	6:40	2:55	6:21	7:11	5:15	2:28	8:50	4:52	8:32	2:06	8:01	1:22	8:58	1:09	7:56	5:32	8:22	5:51	9:20	3:45	8:46	6:43	9:08	5:04	4:51	7:56	8:28	2:47
Tours	4:20	3:51	1:21	2:20	5:20	4:52	2:51	4:59	4:01	4:54	12:42	3:17	4:53	1:55	4:50	3:35	2:47	4:26	5:01	6:07	3:58	5:47	4:25	2:02	4:06	3:21	6:22	4:00	5:11	7:33	5:48	3:39	4:30	2:45
Troyes	7:18	2:51	3:55	5:26	8:07	6:31	1:17	8:06	2:08	2:33	2:49	6:23	3:52	3:24	6:56	5:27	4:00	6:17	3:41	7:22	1:00	4:25	2:03	2:16	5:25	4:49	4:09	1:52	3:53	6:11	4:26	3:47	3:12	4:36
Valence	4:59	6:53	6:52	6:18	5:02	4:20	3:44	6:34	2:31	3:21	5:08	6:29	7:55	4:09	10:13	4:31	7:22	5:05	8:00	3:12	5:00	1:42	6:03	5:39	8:47	2:37	4:56	2:53	8:11	2:47	1:01	7:09	7:30	4:49
Valenciennes	8:25	1:25	4:51	6:33	9:14	7:44	3:54	9:13	4:37	5:01	3:56	7:30	2:07	4:36	7:09	6:34	3:29	7:24	1:45	9:05	2:11	6:54	1:59	3:12	4:54	6:03	5:14	4:20	1:26	8:40	6:54	2:58	12:46	5:43

Tableau des temps de parcours / Driving times chart / Fahrzeiten / Reistijdentabel / Tabella dei tempi di percorrenza / Tiempos de recorrido

Le temps de parcours entre deux localités est indiqué à l'intersection des bandes horizontales et verticales.

The driving time between two towns is given at the intersection of horizontal and vertical bands.

Die Fahrtzeit in zwischen zwei Städten ist an dem Schnittpunkt der waagerechten und der senkrechten Spalten in der Tabelle abzulesen.

De reistijd tussen twee steden vindt u op het snijpunt van de horizontale en verticale stroken.

Il tempo di percorenza tra due località è riportata all'incrocio della fascia orizzontale con quella verticale.

El tiempo de recorrido entre dos poblaciones resulta indicada en el cruce de la franja horizontal con aquella vertical.

6:24

Le Mans - Toulouse

	Lorient	Lyon	Le Mans	Marseille	Mende	Metz	Mont-de-Marsan	Montpellier	Mulhouse	Nancy	Nantes	Narbonne	Nevers	Nice	Nîmes	Orange	Orléans	Paris	Pau	Périgueux	Perpignan	Poitiers	Le Puy-en-Velay	Reims	Rennes	La Rochelle	Rodez	Rouen	Saint-Brieuc	Saint-Étienne	Saint-Nazaire	Strasbourg	Toulon	Toulouse	Tours	Troyes	Valence
Lyon	9:10																																				
Le Mans	3:08	6:19																																			
Marseille	10:44	3:04	8:26																																		
Mende	8:51	3:08	5:59	3:32																																	
Metz	7:48	4:08	5:00	6:56	7:00																																
Mont-de-Marsan	6:38	7:28	5:51	6:13	5:47	9:52																															
Montpellier	9:19	2:58	7:18	1:51	2:17	6:49	4:48																														
Mulhouse	9:28	3:36	6:40	6:25	6:28	2:46	10:34	6:16																													
Nancy	8:08	3:51	5:20	6:40	6:43	12:41	9:58	6:30	2:23																												
Nantes	2:05	7:38	1:56	8:56	7:17	6:37	4:48	7:25	8:18	6:54																											
Narbonne	8:24	3:37	7:34	2:30	2:25	7:29	3:54	12:59	6:58	7:09	6:36																										
Nevers	6:45	3:08	3:53	5:57	3:46	5:04	7:30	5:03	4:50	4:56	5:08	5:13																									
Nice	12:12	4:32	9:53	2:15	4:58	8:23	7:41	3:15	6:37	8:04	10:24	3:58	7:39																								
Nîmes	9:39	2:31	7:46	1:23	2:18	6:23	5:08	12:41	5:53	6:03	7:50	1:25	5:39	2:50																							
Orange	10:14	1:59	7:21	1:13	2:49	5:51	5:31	1:05	5:20	5:31	8:14	1:48	5:06	2:40	12:41																						
Orléans	4:47	4:27	2:11	6:50	4:24	4:22	5:48	5:41	5:01	4:15	3:28	5:51	2:03	8:17	6:09	5:45																					
Paris	4:59	4:27	2:11	7:16	5:40	3:04	7:02	6:57	5:17	3:38	3:49	7:07	2:31	8:43	6:43	6:11	1:34																				
Pau	7:47	6:39	7:01	5:32	5:21	10:30	1:20	4:01	10:00	10:10	5:59	3:11	7:27	6:59	4:25	4:49	6:48	8:04																			
Périgueux	6:02	4:54	5:20	6:57	4:37	8:05	3:01	5:23	8:00	8:10	4:14	4:02	4:53	8:24	5:50	6:15	4:02	5:17	4:10																		
Perpignan	8:52	4:07	8:02	3:01	2:55	7:59	4:21	1:30	7:29	7:39	7:04	12:40	5:42	4:28	1:54	2:18	6:22	7:37	3:38	4:29																	
Poitiers	3:57	5:53	2:09	7:59	5:32	6:10	4:04	7:02	6:57	6:11	2:09	5:41	3:50	9:25	7:30	6:54	2:09	3:22	5:13	3:28	6:09																
Le Puy-en-Velay	8:30	1:43	5:37	4:02	1:25	5:34	7:13	3:40	5:04	5:15	6:53	3:49	3:23	5:29	3:29	2:36	4:03	5:18	6:45	4:07	4:18	5:11															
Reims	6:12	4:25	3:24	7:14	7:18	1:47	8:15	7:05	4:33	2:21	5:01	7:49	3:24	8:41	6:41	6:10	2:47	1:30	9:16	6:30	8:17	4:34	5:55														
Rennes	1:45	6:58	1:37	9:39	7:13	6:14	6:01	8:30	7:56	6:32	1:21	7:48	5:07	11:06	8:58	8:34	3:23	3:27	7:10	5:26	8:17	3:21	6:51	4:38													
La Rochelle	3:32	7:21	2:58	7:35	7:00	7:29	3:27	6:04	8:16	7:30	1:44	5:14	5:09	9:02	6:28	6:52	3:27	4:41	4:36	2:50	5:43	1:42	6:38	5:52	2:58												
Rodez	8:36	4:31	6:45	3:50	1:30	7:53	4:25	2:15	7:23	7:33	6:48	2:25	4:16	5:17	2:43	3:07	4:56	6:11	3:57	3:12	2:54	4:53	2:54	7:23	8:02	5:53											
Rouen	4:29	5:40	2:26	8:29	6:42	4:15	8:04	7:59	6:38	4:48	4:16	8:09	3:44	9:56	7:56	7:24	2:36	1:36	9:13	6:19	8:38	4:24	6:19	2:38	2:57	5:20	7:14										
Saint-Brieuc	1:35	7:57	2:36	10:38	8:12	7:13	7:01	9:29	8:55	7:31	2:20	8:48	6:06	12:05	9:57	9:33	4:21	4:25	8:10	6:25	9:16	4:21	7:50	5:37	1:11	3:58	8:58	3:31									
Saint-Étienne	8:20	12:54	5:27	3:13	2:26	4:45	6:54	3:03	4:15	4:25	6:43	3:47	3:00	4:39	2:40	2:08	3:52	5:21	6:50	4:04	4:16	5:01	1:04	5:04	6:43	6:32	3:56	6:35	7:42								
Saint-Nazaire	1:46	8:07	2:25	9:37	7:46	7:06	5:30	8:07	8:47	7:24	12:55	7:17	5:41	11:04	8:31	9:08	4:00	4:18	6:39	4:54	7:45	2:50	7:24	5:29	1:36	2:28	7:27	4:16	2:33	7:12							
Strasbourg	9:08	4:39	6:20	7:28	7:31	1:37	11:38	7:19	1:16	1:42	7:57	8:02	5:52	7:32	6:55	6:23	5:39	4:25	11:01	9:01	8:31	7:30	6:09	3:08	7:37	8:51	8:26	5:50	8:36	5:17	8:27						
Toulon	11:14	3:34	8:56	12:51	4:01	7:26	6:44	2:17	6:55	7:06	9:26	3:01	6:41	1:41	1:52	1:43	7:21	7:46	6:00	7:27	3:29	8:30	4:33	7:45	10:12	8:10	4:20	9:00	11:11	3:44	10:07	7:57					
Toulouse	7:13	5:00	6:24	3:53	3:32	8:52	2:40	2:23	8:21	8:32	5:25	1:33	5:43	5:20	2:47	3:11	5:05	6:20	2:03	2:51	2:01	4:31	4:57	7:32	6:40	4:09	2:08	7:23	7:37	5:58	6:07	9:24	4:23				
Tours	3:54	5:17	1:10	7:23	4:57	5:10	4:47	6:14	5:58	5:11	2:17	6:31	2:51	8:50	6:42	6:18	1:09	2:23	5:56	4:17	6:59	1:06	4:34	3:34	2:26	2:28	5:42	3:24	3:25	4:22	2:47	6:33	7:52	5:18			
Troyes	6:02	3:30	3:14	6:18	6:22	2:22	7:54	6:09	3:45	2:21	4:51	6:53	2:52	7:45	5:46	5:14	2:17	1:54	8:54	6:09	7:22	4:13	5:00	1:21	4:32	5:35	6:57	3:15	5:30	4:10	5:21	3:43	6:48	7:10	3:15		
Valence	9:25	1:11	6:32	2:08	3:32	5:02	6:26	1:59	4:32	4:42	7:48	2:43	4:18	3:35	1:35	1:04	4:58	5:22	5:42	5:09	3:11	6:06	1:54	5:21	7:48	7:37	4:02	6:37	8:47	1:20	8:18	5:34	2:38	4:07	5:30	4:25	
Valenciennes	6:40	5:58	4:10	8:47	7:38	3:09	9:00	8:38	5:54	3:42	5:47	9:05	4:29	10:14	8:14	7:42	3:32	2:12	10:01	7:16	9:34	5:20	7:16	1:43	5:09	6:41	8:11	2:24	5:43	6:39	6:17	4:31	9:17	8:17	4:21	2:53	6:52

Grands axes routiers
Main road map
Durchgangsstraßen
Grote verbindingswegen
Grandi arterie stradali
Carreteras principales

ATTENTION: En France, nouvelle numérotation des routes nationales et départementales en cours (en rouge dans la liste ci-dessous)

PLEASE NOTE The route nationale and route départementale road numbers are currently being changed in France (in red in list below)

ACHTUNG Die Nummerierung der National-und der Landstraßen in Frankreich wird z. Zt. Geändert (in unten stehender Liste in Rot)

OPGELET In Frankrijk worden de nummers van de nationale en de departementale wegen momenteel gewijzigd (rood in de lijst hieronder)

ATTENZIONE In Francia, nuova numerazione per le strade nazionali e regionali in corso (in rosso nella lista seguente)

¡CUIDADO! En Francia, nueva numeración de carreteras nacionales y regionales en curso (en rojo en la lista a continuación)

FRANCE DÉPARTEMENTALE ET ADMINISTRATIVE

ALSACE
67 Bas-Rhin
68 Haut-Rhin
AQUITAINE
24 Dordogne
33 Gironde
40 Landes
47 Lot-et-Garonne
64 Pyrénées-Atlantiques
AUVERGNE
03 Allier
15 Cantal
43 Haute-Loire
63 Puy-de-Dôme
BOURGOGNE
21 Côte-d'Or
58 Nièvre
71 Saône-et-Loire
89 Yonne
BRETAGNE
22 Côtes-d'Armor
29 Finistère
35 Ille-et-Vilaine
56 Morbihan
CENTRE
18 Cher
28 Eure-et-Loir
36 Indre
37 Indre-et-Loire
41 Loir-et-Cher
45 Loiret
CHAMPAGNE-ARDENNE
08 Ardennes
10 Aube
51 Marne
52 Haute-Marne
CORSE
2A Corse-du-Sud
2B Haute-Corse
FRANCHE-COMTÉ
25 Doubs
39 Jura
70 Haute-Saône
90 Territoire-de-Belfort
ILE-DE-FRANCE
75 Ville de Paris
77 Seine-et-Marne
78 Yvelines
91 Essonne
92 Hauts-de-Seine
93 Seine-Saint-Denis
94 Val-de-Marne
95 Val-d'Oise
LANGUEDOC-ROUSSILLON
11 Aude
30 Gard
34 Hérault
48 Lozère
66 Pyrénées-Orientales
LIMOUSIN
19 Corrèze
23 Creuse
87 Haute-Vienne
LORRAINE
54 Meurthe-et-Moselle
55 Meuse
57 Moselle
88 Vosges
MIDI-PYRÉNÉES
09 Ariège
12 Aveyron
31 Haute-Garonne
32 Gers
46 Lot
65 Hautes-Pyrénées
81 Tarn
82 Tarn-et-Garonne
NORD-PAS-DE-CALAIS
59 Nord
62 Pas-de-Calais
BASSE-NORMANDIE
14 Calvados
50 Manche
61 Orne
HAUTE-NORMANDIE
27 Eure
76 Seine-Maritime
PAYS DE LA LOIRE
44 Loire-Atlantique
49 Maine-et-Loire
53 Mayenne
72 Sarthe
85 Vendée
PICARDIE
02 Aisne
60 Oise
80 Somme
POITOU-CHARENTES
16 Charente
17 Charente-Maritime
79 Deux-Sèvres
86 Vienne
PROVENCE-ALPES-CÔTE D'AZUR
04 Alpes-de-Haute-Provence
05 Hautes-Alpes
06 Alpes-Maritimes
13 Bouches-du-Rhône
83 Var
84 Vaucluse
RHÔNE-ALPES
01 Ain
07 Ardèche
26 Drôme
38 Isère
42 Loire
69 Rhône
73 Savoie
74 Haute-Savoie

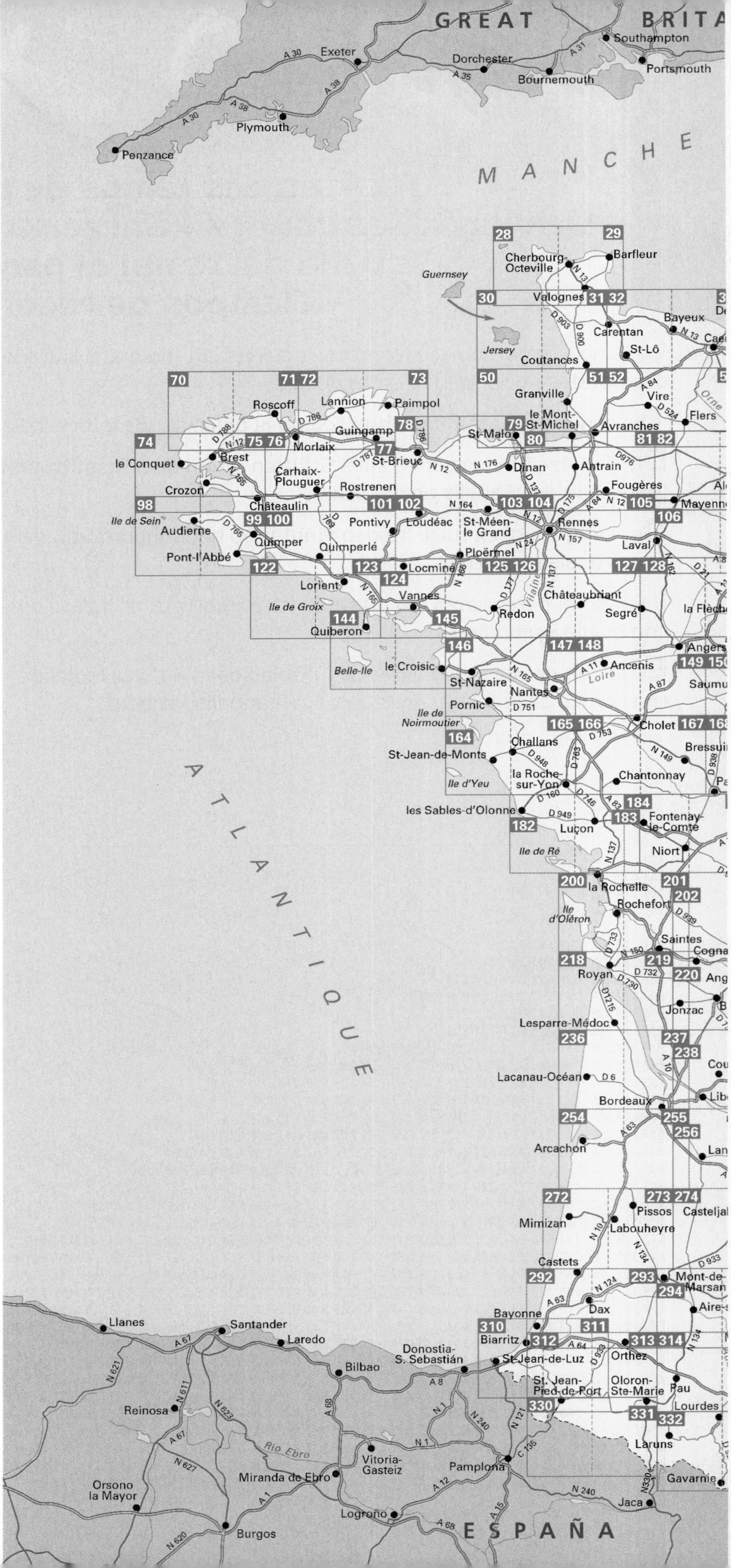

GREAT BRITAIN

MANCHE

ATLANTIQUE

ESPAÑA

IX
Folkestone
Brighton
Calais
Dunkerque
Veurne
Gent
Mechelen
Köln
Olpe
Kortrijk
Bruxelles
Brussel
BELGIË
BELGIQUE
Aachen
Bonn
St-Omer
Roubaix
Lille
Tournai
Boulogne-sur-Mer
Béthune
Mons
Charleroi
Namur
Liège
Gießen
Le Touquet-Paris-Plage
Douai
Valenciennes
Maubeuge
St-Pol-sur-T.
Arras
Cambrai
Philippeville
Givet
Fumay
Frankfurt a.M.
Mainz
Würzburg
Abbeville
Dieppe
Amiens
Hirson
Charleville-Mézières
Sedan
LUXEMBOURG
Arlon
Luxembourg
Fécamp
Yvetot
Neufchâtel-en-Bray
St-Quentin
Roye
Montdidier
Laon
Le Havre
Rouen
Beauvais
Gournay-en-Bray
Compiègne
Soissons
Rethel
Vouziers
Longuyon
Thionville
Saarbrücken
Kaiserslautern
Mannheim
Heidelberg
Pont-Audemer
Lisieux
Senlis
Reims
Verdun
Metz
Sarreguemines
Karlsruhe
Bernay
Evreux
Mantes-la-Jolie
Pontoise
PARIS
Versailles
Meaux
Château-Thierry
Epernay
Châlons-en-Champagne
Ste-Menehould
St-Avold
Bitche
Wissembourg
Haguenau
Stuttgart
Falaise
Argentan
Verneuil-sur-Avre
Coulommiers
Vitry-le-François
Bar-le-Duc
Pont-à-Mousson
Château-Salins
Nancy
Toul
Sarrebourg
Saverne
Dreux
Rambouillet
Sézanne
Provins
St-Dizier
Joinville
Strasbourg
DEUTSCHLAND
Lunéville
Mortagne-au-Perche
Chartres
Étampes
Melun
Fontainebleau
Nogent-s-S.
Troyes
Neufchâteau
Erstein
Sélestat
Nogent-le-Rotrou
Pithiviers
Sens
Bar-s-Aube
Chaumont
Vittel
Épinal
St-Dié-des-Vosges
Colmar
Le Mans
Châteaudun
Montargis
Bourbonne-les-Bains
Remiremont
Freiburg i.B.
Vendôme
Orléans
Tonnerre
Auxerre
Châtillon-sur-Seine
Langres
Luxeuil-les-Bains
Thann
Mulhouse
Schaffhausen
Bodensee
Bregenz
Château-Renault
Toucy
Gien
Briare
Montbard
Vesoul
Belfort
Montbéliard
Delle
Basel
Rhein
Blois
Tours
Romorantin-Lanthenay
Cosne-Cours-sur-Loire
Avallon
Clamecy
Zürich
Chinon
Vierzon
La Charité-sur-Loire
Saulieu
Dijon
Châteauneuf
Gray
Besançon
Maîche
Solothurn
LIECHTENSTEIN
Loudun
Loches
Bourges
Château-Chinon
Beaune
Dole
Morteau
Neuchâtel
Luzern
SCHWEIZ
Châtellerault
Issoudun
Nevers
Autun
Pontarlier
Bern
Châteauroux
St-Amand-Montrond
Decize
Montceau-les-Mines
Chalon-s-Saône
Champagnole
Fribourg
SUISSE
Interlaken
Parthenay
Le Blanc
Argenton-sur-Creuse
La Châtre
Cérilly
Moulins
Lons-le-Saunier
Lausanne
SVIZZERA
Poitiers
Digoin
Charolles
St-Claude
Montreux
Lac Léman
Thonon-les-B.
Châtel
Sion
Brig
Bellinzona
Montluçon
Lapalisse
Mâcon
Bourg-en-Bresse
Genève
Martigny
Lugano
Guéret
Bellac
Ruffec
Confolens
Bourganeuf
Aubusson
Vichy
Villefranche-s-Saône
Nantua
Annecy
Chamonix-Mont-Blanc
Stresa
Varese
Riom
Roanne
Clermont-Ferrand
Thiers
Megève
Belley
Aosta/Aoste
Limoges
Lyon
Albertville
Milano
Nontron
Ussel
La Bourboule
Ambert
Montbrison
Bourgoin-Jallieu
Chambéry
Bourg-St-Maurice
Novara
Thiviers
Uzerche
Issoire
St-Etienne
Vienne
Voiron
St-Jean-de-Maurienne
Val-d'Isère
Périgueux
Tulle
Mauriac
Brioude
Annonay
St-Marcellin
Grenoble
Le Bourg-d'Oisans
Susa
Torino
Brive-la-Gaillarde
Sarlat-la-Canéda
Langeac
Le Puy-en-Velay
Tournon
St-Flour
St-Agrève
Valence
La Mure
Briançon
Bergerac
St-Céré
Aurillac
Souillac
Privas
Die
ITALIA
St-Véran
Figeac
Langogne
Aubenas
Montélimar
Aspres-s-Buëch
Gap
Marmande
Fumel
Cahors
Espalion
Mende
Barcelonnette
Larche
Cuneo
Savona
Genova
Villeneuve-s-Lot
Agen
Villefranche-de-Rouergue
Rodez
Sévérac-le-Château
Florac
Nyons
Rosans
Sisteron
Tende
Castelsarrasin
Montauban
Millau
Alès
Orange
Carpentras
Digne-les-Bains
Puget-Théniers
San Remo
Alassio
Condom
Albi
St-Affrique
Le Vigan
Nîmes
Avignon
Apt
Manosque
Castellane
Menton
Bastia
Calvi
Auch
Mirande
Castres
Lodève
Montpellier
Arles
Salon-de-P.
Aix-en-Provence
Draguignan
Grasse
Nice
Cannes
St-Raphaël
Corte
Toulouse
St-Pons-de-Thomières
Sète
Stes-Maries-de-la-Mer
Martigues
Brignoles
Tarbes
Lannemezan
Castelnaudary
Carcassonne
Béziers
Agde
Marseille
La Ciotat
Toulon
Hyères
St-Tropez
Ajaccio
St-Gaudens
Pamiers
Limoux
Narbonne
St-Girons
Foix
Bagnères-de-Luchon
Aulus-les-B.
Ax-les-Thermes
Prades
Perpignan
Propriano
Sartène
Porto-Vecchio
Bonifacio
Bielsa
ANDORRA
Andorra-la-Vella
Font-Romeu
Céret
Cerbère
Prats-de-Mollo
MÉDITERRANÉE
2 3 4 5 6 9 10 11 12 13 14 15 16 17 18 19 20 21 22 23 24 25 26 27
33 34 35 36 37 38 39 40 41 42 43 44 45 46 47 48 49
53 54 55 56 57 58 59 60 61 62 63 64 65 66 67 68 69
83 84 85 86 87 88 89 90 91 92 93 94 95 96 97
107 108 109 110 111 112 113 114 115 116 117 118 119 120 121
129 130 131 132 133 134 135 136 137 138 139 140 141 142 143
151 152 153 154 155 156 157 158 159 160 161 162 163
169 170 171 172 173 174 175 176 177 178 179 180 181
185 186 187 188 189 190 191 192 193 194 195 196 197 198 199
203 204 205 206 207 208 209 210 211 212 213 214 215 216 217
221 222 223 224 225 226 227 228 229 230 231 232 233 234 235
239 240 241 242 243 244 245 246 247 248 249 250 251 252 253
257 258 259 260 261 262 263 264 265 266 267 268 269 270 271
275 276 277 278 279 280 281 282 283 284 285 286 287 288 289 290 291
295 296 297 298 299 300 301 302 303 304 305 306 307 308 309
315 316 317 318 319 320 321 322 323 324 325 326 327 328 329
333 334 335 336 337 338 339 340 341 342 343
344 345 346 347 348 349 350 351

LÉGENDE

Cartographie

Routes

Autoroute - Station-service - Aire de repos
Double chaussée de type autoroutier
Échangeurs : complet, partiels
Numéros d'échangeurs
Route de liaison internationale ou nationale
Route de liaison interrégionale ou de dégagement
Route revêtue - non revêtue
Chemin d'exploitation - Sentier
Autoroute - Route en construction
(le cas échéant: date de mise en service prévue)

Largeur des routes

Chaussées séparées
4 voies
2 voies larges
2 voies
1 voie

Distances (totalisées et partielles)

Section à péage } sur autoroute
Section libre }
sur route

Numérotation - Signalisation

Route européenne - Autoroute
Route nationale - départementale

Obstacles

Forte déclivité (flèches dans le sens de la montée)
de 5 à 9%, de 9 à 13%, 13% et plus
Col et sa cote d'altitude
Parcours difficile ou dangereux
Passages de la route : à niveau, supérieur, inférieur
Hauteur limitée (au-dessous de 4,50 m)
Limites de charge : d'un pont, d'une route (au-dessous de 19 t.)
Pont mobile - Barrière de péage
Route à sens unique - Radar fixe
Route réglementée
Route interdite

Transports

Voie ferrée - Station
Aéroport - Aérodrome
Transport des autos :
par bateau
par bac (le Guide MICHELIN donne le numéro de téléphone des principaux bacs)
Bac pour piétons et cycles

Administration

Capitale de division administrative
Frontière - Douane

Sports - Loisirs

Stade - Golf - Hippodrome
Port de plaisance - Baignade - Parc aquatique
Base ou parc de loisirs - Circuit automobile
Piste cyclable / Voie Verte
Refuge de montagne - Sentier de grande randonnée

Curiosités

Principales curiosités : voir LE GUIDE VERT
Table d'orientation - Panorama - Point de vue - Parcours pittoresque
Édifice religieux - Château - Ruines
Monument mégalithique - Phare - Moulin à vent
Train touristique - Cimetière militaire
Grotte - Autres curiosités

Signes divers

Puits de pétrole ou de gaz - Carrière - Éolienne
Transporteur industriel aérien
Usine - Barrage - Tour ou pylône de télécommunications
Raffinerie - Centrale électrique - Centrale nucléaire
Phare ou balise - Moulin à vent - Château d'eau - Hôpital
Église ou chapelle - Cimetière - Calvaire
Château - Fort - Ruines - Village étape
Grotte - Monument - Altiport
Forêt ou bois - Forêt domaniale

Plans de ville

Curiosités

Bâtiment intéressant
Édifice religieux intéressant :
Église - Temple

Voirie

Autoroute , double chaussée de type autoroutier
Échangeurs numérotés : complet, partiel
Grande voie de circulation
Sens unique - Rue réglementée ou impraticable
Rue piétonne - Tramway
Rue commerçante - Parking - Parking Relais
Porte - Passage sous voûte - Tunnel
Gare et voie ferrée - Auto / Train
Funiculaire - Téléphérique, télécabine
Pont mobile - Bac pour autos

Signes divers

Information touristique - Cinéma Multiplex
Mosquée - Synagogue
Tour - Ruines - Moulin à vent - Château d'eau
Jardin, parc, bois - Cimetière - Calvaire
Stade - Golf - Hippodrome - Patinoire
Piscine de plein air, couverte
Vue - Panorama - Table d'orientation
Monument - Fontaine - Usine - Centre commercial
Port de plaisance - Phare - Tour de télécommunications
Aéroport - Station de métro - Gare routière
Transport par bateau :
passagers et voitures, passagers seulement
Repère commun aux plans et aux cartes Michelin détaillées
Bureau principal de poste restante et téléphone
Hôpital - Marché couvert - Caserne
Bâtiment public repéré par une lettre :
A C - Chambre d'agriculture - Chambre de commerce
G H J - Gendarmerie - Hôtel de ville - Palais de justice
M P T - Musée - Préfecture, sous-préfecture - Théâtre
U - Université, grande école
POL. - Police (commissariat central)
Passage bas (inf. à 4 m 50) - Charge limitée (inf. à 19 t)

KEY

Mapping

Roads
Motorway - Petrol station - Rest area
Dual carriageway with motorway characteristics
Interchanges : complete, limited
Interchange numbers
International and national road network
Interregional and less congested road
Road surfaced - unsurfaced
Rough track - Footpath
Motorway - Road under construction
(when available : with scheduled opening date)

Road widths
Dual carriageway
4 lanes
2 wide lanes
2 lanes
1 lane

Distances (total and intermediate)
Toll roads } on motorway
Toll-free section
on road

Numbering - Signs
European route - Motorway
National road - Departmental road

Obstacles
Steep hill (ascent in direction of the arrow)
5 - 9%, 9 -13%, 13% +
Pass and its height above sea level
Difficult or dangerous section of road
Level crossing: railway passing, under road, over road
Height limit (under 4.50 m)
Load limit of a bridge, of a road (under 19 t)
Swing bridge - Toll barrier
One-way street - Speed camera
Street subject to restrictions
Prohibited road

Transportation
Railway - Station
Airport - Airfield
Transportation of vehicles:
by boat
by ferry
Ferry (passengers and cycles only)

Administration
Administrative district seat
National boundary - Customs post

Sport & Recreation Facilities
Stadium - Golf course - Horse racetrack
Pleasure boat harbour - Bathing place - Water park
Country park - Racing circuit
Cycle track / Country footpath
Mountain refuge hut - Long distance footpath

Sights
Principal sights: see THE GREEN GUIDE
Viewing table - Panoramic view - Viewpoint - Scenic route
Religious building - Historic house, castle - Ruins
Prehistoric monument - Lighthouse - Windmill
Tourist train - Military cemetery
Cave - Other place of interest

Other signs
Oil or gas well - Quarry - Wind turbine
Industrial cable way
Factory - Dam - Telecommunications tower or mast
Refinery - Power station - Nuclear Power Station
Lighthouse or beacon - Windmill - Water tower - Hospital
Church or chapel - Cemetery - Wayside cross
Castle - Fort - Ruins - Stopover village
Cave - Monument - Mountain airfield
Forest or wood - State forest

Town plans

Sights
Place of interest
Interesting place of worship :
Church - Protestant church

Roads
Motorway , dual carriageway
Numbered junctions : complete, limited
Major thoroughfare
One - way street - Unsuitable for traffic or street subject to restrictions
Pedestrian street - Tramway
R. Pasteur — Shopping street - Car park - Park and Ride
Gateway - Street passing under arch - Tunnel
Station and railway - Motorail
Funicular - Cable - car
Lever bridge - Car ferry

Various signs
Tourist Information Centre - Multiplex Cinema
Mosque - Synagogue
Tower - Ruins - Windmill - Water tower
Garden, park, wood - Cemetery - Cross
Stadium - Golf course - Racecourse - Skating rink
Outdoor or indoor swimming pool
View - Panorama - Viewing table
Monument - Fountain - Factory - Shopping centre
Pleasure boat harbour - Lighthouse
Communications tower
Airport - Underground station - Coach station
Ferry services : passengers and cars, passengers only
Reference number common to town plans and Michelin maps
Main post office with poste restante and telephone
Hospital - Covered market - Barracks
Public buildings located by letter :
A C - Chamber of Agriculture - Chamber of Commerce
G H J - Gendarmerie - Town Hall - Law Courts
M P T - Museum - Prefecture or sub-prefecture - Theatre
U - University, College
POL - Police (in large towns police headquarters)
Low headroom (15 ft . max .) - Load limit (under 19 t)

ZEICHENERKLÄRUNG

Kartographie

Straßen

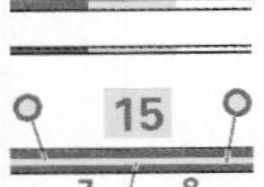
Autobahn - Tankstelle - Rastplatz
Schnellstraße mit getrennten Fahrbahnen

Anschlussstellen : Voll - bzw. Teilanschlussstellen
Anschlussstellennummern
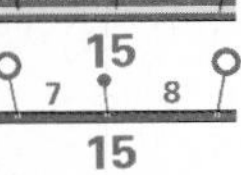
Internationale bzw.nationale Hauptverkehrsstraße
Überregionale Verbindungsstraße oder Umleitungsstrecke
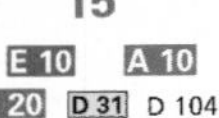
Straße mit Belag - ohne Belag
Wirtschaftsweg - Pfad
Autobahn - Straße im Bau
(ggf. voraussichtliches Datum der Verkehrsfreigabe)

Straßenbreiten

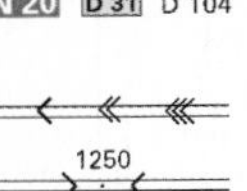
Getrennte Fahrbahnen
4 Fahrspuren
2 breite Fahrspuren
2 Fahrspuren
1 Fahrspur

Straßenentfernungen (Gesamt- und Teilentfernungen)

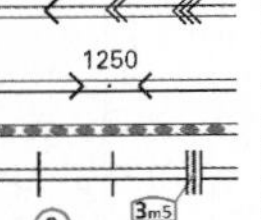
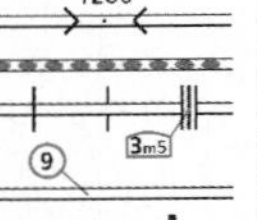
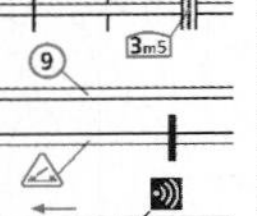
Mautstrecke } auf der Autobahn
mautfreie Strecke
auf der Straße

Nummerierung - Wegweisung

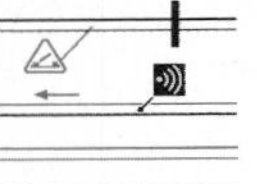
Europastraße - Autobahn
Nationalstraße - Departementstraße

Verkehrshindernisse

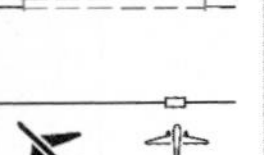
Starke Steigung (Steigung in Pfeilrichtung)
5-9%, 9-13%, 13% und mehr
Pass mit Höhenangabe
Schwierige oder gefährliche Strecke
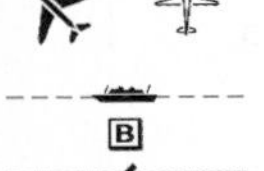
Bahnübergänge: schienengleich, Unterführung, Überführung
Beschränkung der Durchfahrtshöhe (angegeben, wenn unter 4,50 m)
Höchstbelastung einer Straße/Brücke (angegeben, wenn unter 19 t)
Bewegliche Brücke - Mautstelle

Einbahnstraße - Starenkasten
Straße mit Verkehrsbeschränkungen
Gesperrte Straße

Verkehrsmittel

Bahnlinie - Bahnhof
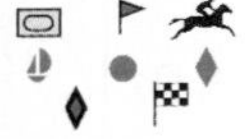

Flughafen - Flugplatz
Autotransport:
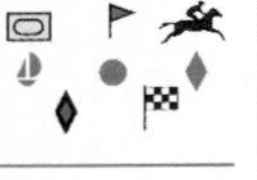
per Schiff
per Fähre
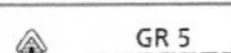
Fähre für Personen und Fahrräder

Verwaltung

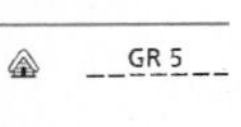
Verwaltungshauptstadt
Staatsgrenze - Zoll

Sport - Freizeit

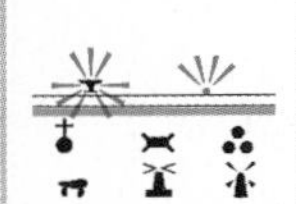
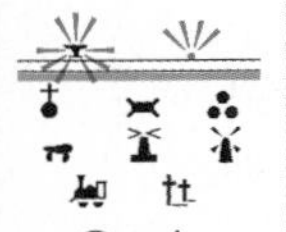
Stadion - Golfplatz - Pferderennbahn
Yachthafen - Strandbad - Badepark
Freizeitanlage - Rennstrecke
Radweg / Feldweg
Schutzhütte - Fernwanderweg

Sehenswürdigkeiten

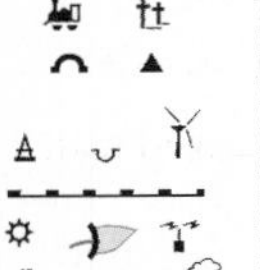
Abgelegene, wichtige Sehenswürdigkeiten
Orientierungstafel - Rundblick - Aussichtspunkt - Landschaftlich schöne Strecke
Sakral-Bau - Schloss, Burg - Ruine
Vorgeschichtliches Steindenkmal - Leuchtturm - Windmühle
Museumseisenbahn - Linie - Soldatenfriedhof
Höhle - Sonstige Sehenswürdigkeit

Sonstige Zeichen

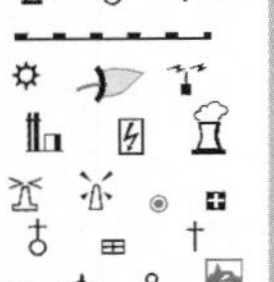

Erdöl-, Erdgasförderstelle - Steinbruch - Windkraftanlage
Industrieschwebebahn
Fabrik - Staudamm - Funk-, Sendeturm
Raffinerie - Kraftwerk - Kernkraftwerk
Leuchtturm oder Leuchtfeuer - Windmühle - Wasserturm - Krankenhaus
Kirche oder Kapelle - Friedhof - Bildstock
Schloss, Burg - Fort, Festung - Ruine - Übernachtungsort
Höhle - Denkmal - Landeplatz im Gebirge
Wald oder Gehölz - Staatsforst

Stadtpläne

Sehenswürdigkeiten

Sehenswertes Gebäude
Sehenswerter Sakralbau :
Kirche - Evangelische Kirche

Straßen

Autobahn, Schnellstraße
Nummerierte Voll - bzw. Teilanschlussstellen
Hauptverkehrsstraße
Einbahnstraße - Gesperrte Straße oder mit Verkehrsbeschränkungen
Fußgängerzone - Straßenbahn

R. Pasteur
Einkaufsstraße - Parkplatz - Park-and-Ride-Plätze

Tor - Passage - Tunnel
Bahnhof und Bahnlinie - Autoreisezug
Standseilbahn - Seilschwebebahn
Bewegliche Brücke - Autofähre

Sonstige Zeichen

Informationsstelle - Multiplex-Kino
Moschee - Synagoge

Turm - Ruine - Windmühle - Wasserturm
Garten, Park, Wäldchen - Friedhof - Bildstock

Stadion - Golfplatz - Pferderennbahn - Eisbahn
Freibad - Hallenbad
Aussicht - Rundblick - Orientierungstafel
Denkmal - Brunnen - Fabrik - Einkaufszentrum
Yachthafen - Leuchtturm - Funk-, Fernsehturm

Flughafen - U-Bahnstation - Autobusbahnhof
Schiffsverbindungen: Autofähre - Personenfähre
Straßenkennzeichnung
(identisch auf Michelin-Stadtplänen und -Abschnittskarten)
Hauptpostamt (postlagernde Sendungen) u. Telefon

Krankenhaus - Markthalle - Kaserne
Öffentliches Gebäude, durch einen Buchstaben gekennzeichnet:
A C - Landwirtschaftskammer - Handelskammer
G H J - Gendarmerie - Rathaus - Gerichtsgebäude
M P T - Museum - Präfektur, Unterpräfektur - Theater
U - Universität, Hochschule
POL. - Polizei (in größeren Städten Polizeipräsidium)

Unterführung (Höhe bis 4,50 m) - Höchstbelastung (unter 19 t)

VERKLARING VAN DE TEKENS

Kaarten

Wegen
Autosnelweg - Tankstation - Rustplaats
Gescheiden rijbanen van het type autosnelweg
Aansluitingen : volledig, gedeeltelijk
Afritnummers
Internationale of nationale verbindingsweg
Interregionale verbindingsweg
Verharde weg - Onverharde weg
Landbouwweg - Pad
Autosnelweg - weg in aanleg (indien bekend : datum openstelling)

Breedte van de wegen
Gescheiden rijbanen
4 rijstroken
2 brede rijstroken
2 rijstroken
1 rijstrook

Afstanden (totaal en gedeeltelijk)
gedeelte met tol } op autosnelwegen
tolvrij gedeelte } op autosnelwegen
op andere wegen

Wegnummers - Bewegwijzering
Europaweg - Autosnelweg
Nationale weg - Departementale weg

Hindernissen
Steile helling (pijlen in de richting van de helling) 5 - 9%, 9 - 13%, 13% of meer
Bergpas en hoogte boven de zeespiegel
Moeilijk of gevaarlijk traject
Wegovergangen: gelijkvloers, overheen, onderdoor
Vrije hoogte (indien lager dan 4,5 m)
Maximum draagvermogen : van een brug, van een weg (indien minder dan 19 t)
Beweegbare brug - Tol

Weg met eenrichtingsverkeer - Flitspaal
Beperkt opengestelde weg
Verboden weg

Vervoer
Spoorweg - Station
Luchthaven - Vliegveld
Vervoer van auto's:
per boot
per veerpont
Veerpont voor voetgangers en fietsers

Administratie
Hoofdplaats van administratief gebied

Staatsgrens - Douanekantoor

Sport - Recreatie
Stadion - Golfterrein - Renbaan
Jachthaven - Zwemplaats - Watersport
Recreatiepark - Autocircuit
Fietspad / Wandelpad in de natuur
Berghut - Lange afstandswandelpad

Bezienswaardigheden
Belangrijkste bezienswaardigheden : zie DE GROENE GIDS
Oriëntatietafel - Panorama - Uitzichtpunt - Schilderachtig traject
Kerkelijk gebouw - Kasteel - Ruïne
Megaliet - Vuurtoren - Molen
Toeristentreintje - Militaire begraafplaats
Grot - Andere bezienswaardigheden

Diverse tekens
Olie- of gasput - Steengroeve - Windmolen
Kabelvrachtvervoer
Fabriek - Stuwdam - Telecommunicatietoren of -mast
Raffinaderij - Elektriciteitscentrale - Kerncentrale
Vuurtoren of baken - Moulin à vent - Watertoren - Hospitaal
Kerk of kapel - Begraafplaats - Kruisbeeld
Kasteel - Fort - Ruïne - Dorp voor overnachting
Grot - Monument - Landingsbaan in de bergen
Bos - Staatsbos

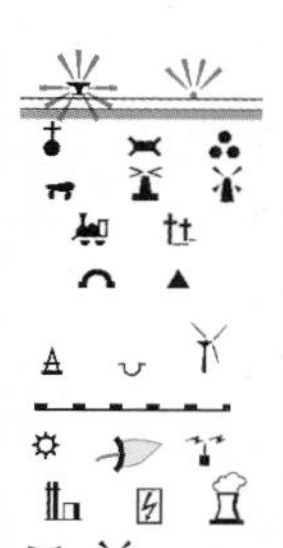

Plattegronden

Bezienswaardigheden
Interessant gebouw
Interessant kerkelijk gebouw : Kerk - Protestantse kerk

Wegen
Autosnelweg , weg met gescheiden rijbanen
Knooppunt / aansluiting : volledig, gedeeltelijk
Hoofdverkeersweg
Eenrichtingsverkeer - Onbegaanbare straat, beperkt toegankelijk
Voetgangersgebied - Tramlijn
Winkelstraat - Parkeerplaats - P & R
Poort - Onderdoorgang - Tunnel
Station, spoorweg - Autotrein
Kabelspoor - Tandradbaan
Beweegbare brug - Auto - veerpont

Overige tekens
Informatie voor toeristen - Bioscoopcomplex
Moskee - Synagoge
Toren - Ruïne - Windmolen - Watertoren
Tuin, park, bos - Begraafplaats - Kruisbeeld
Stadion - Golfterrein - Renbaan - Schaatsbaan
Zwembad : openlucht, overdekt
Uitzicht - Panorama - Oriëntatietafel
Gedenkteken, standbeeld - Fontein - Fabriek - Winkelcentrum
Jachthaven - Vuurtoren - Telecommunicatietoren
Luchthaven - Metrostation - Busstation
Vervoer per boot : passagiers en auto's, uitsluitend passagiers
Verwijsteken uitvalsweg : identiek op plattegronden en Michelinkaarten
Hoofdkantoor voor poste - restante - Telefoon
Ziekenhuis - Overdekte markt - Kazerne
Openbaar gebouw, aangegeven met een letter :
- Landbouwschap - kamer van Koophandel
- Marechaussee / rijkswacht - Stadhuis - Gerechtshof
- Museum - Prefectuur - Onderprefectuur - Schouwburg
- Universiteit, hogeschool
- Politie (in grote steden, hoofdbureau)

Vrije hoogte (onder 4 m 50) -
Maximum draagvermogen (onder 19 t.)

LEGENDA

Cartografia

Strade

Autostrada - Stazione di servizio - Area di riposo
Doppia carreggiata di tipo autostradale
Svincoli : completo, parziale
Svincoli numerati
Strada internazionale o nazionale
Strada regionale o alternativa
Strada rivestita - non rivestita
Strada per carri - Sentiero
Autostrada - Strada in costruzione (data di apertura prevista)

Larghezza delle strade

Carreggiate separate
4 corsie
2 corsie larghe
2 corsie
1 corsia

Distanze (totali e parziali)

tratto a pedaggio } su autostrada
tratto esente da pedaggio } su autostrada
su strada

Numerazione - Segnaletica

Strada europea - Autostrada
Strada nazionale - dipartimentale

Ostacoli

Forte pendenza (salita nel senso della freccia) da 5 a 9%, da 9 a 13%, superiore a 13%
Passo ed altitudine
Percorso difficile o pericoloso
Passaggi della strada: a livello, cavalcavia, sottopassaggio
Limite di altezza (inferiore a 4,50 m)
Limite di portata di un ponte, di una strada (inferiore a 19 t.)
Ponte mobile - Casello
Strada a senso unico - Radar fisso
Strada a circolazione regolamentata
Strada vietata

Trasporti

Ferrovia - Stazione
Aeroporto - Aerodromo
Trasporto auto:
su traghetto
su chiatta
Traghetto per pedoni e biciclette

Amministrazione

Capoluogo amministrativo
Frontiera - Dogana

Sport - Divertimento

Stadio - Golf - Ippodromo
Porto turistico - Stabilimento balneare - Parco acquatico
Area o parco per attività ricreative - Circuito Automobilistico
Pista ciclabile / Viottolo
Rifugio - Sentiero per escursioni

Mete e luoghi d'interesse

Principali luoghi d'interesse, vedere LA GUIDA VERDE
Tavola di orientamento - Panorama - Vista - Percorso pittoresco
Edificio religioso - Castello - Rovine
Monumento megalitico - Faro - Mulino a vento
Trenino turistico - Cimitero militare
Grotta - Altri luoghi d'interesse

Simboli vari

Pozzo petrolifero o gas naturale - Cava - Centrale eolica
Teleferica industriale
Fabbrica - Diga - Torre o pilone per telecomunicazioni
Raffineria - Centrale elettrica - Centrale nucleare
Faro o boa - Mulino a vento - Torre idrica - Ospedale
Chiesa o cappella - Cimitero - Calvario
Castello - Forte - Rovine - Paese tappa
Grotta - Monumento - Altiporto
Foresta o bosco - Foresta demaniale

Piante di città

Curiosità

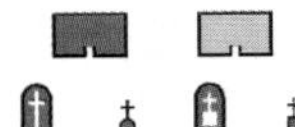
Edificio interessante
Costruzione religiosa interessante : Chiesa - Tempio

Viabilità

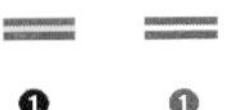
Autostrada , doppia carreggiata tipo autostrada
Svincoli numerati : completo, parziale

Grande via di circolazione
Senso unico - Via regolamentata o impraticabile

Via pedonale - Tranvia

Via commerciale - Parcheggio - Parcheggio Ristoro
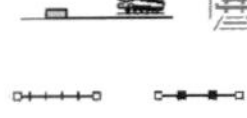
Porta - Sottopassaggio - Galleria
Stazione e ferrovia - Auto / Treno
Funicolare - Funivia, cabinovia
Ponte mobile - Traghetto per auto

Simboli vari

Ufficio informazioni turistiche - Cinema Multisala

Moschea - Sinagoga
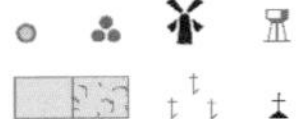
Torre - Ruderi - Mulino a vento - Torre idrica
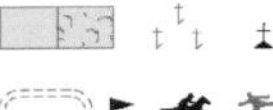
Giardino, parco, bosco - Cimitero - Calvario

Stadio - Golf - Ippodromo - Pista di pattinaggio

Piscina : all'aperto, coperta

Vista - Panorama - Tavola d'orientamento

Monumento - Fontana - Fabbrica - Centro commerciale

Porto turistico - Faro - Torre per telecomunicazioni
Aeroporto - Stazione della metropolitana - Autostazione
Trasporto con traghetto :
- passeggeri ed autovetture, solo passeggeri
Simbolo di riferimento comune alle piante ed alle carte Michelin particolareggiate

Ufficio centrale di fermo posta e telefono
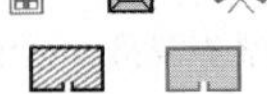
Ospedale - Mercato coperto - Caserma
Edificio pubblico indicato con lettera :
A C - Camera di Agricoltura - Camera di Commercio
G H J - Gendarmeria - Municipio - Palazzo di Giustizia
M P T - Museo - Prefettura, Sottoprefettura - Teatro
U - Università, grande scuola
POL. - Polizia (Questura, nelle grandi città)
Sottopassaggio (altezza inferiore a m 4,50) - Portata limitata (inf. a 19 t)

SIGNOS CONVENCIONALES

Cartografía

Carreteras

Volx

Autopista - Estación servicio - Áreas de descanso
Autovía
Enlaces : completo, parciales
Números de los accesos
Carretera de comunicación internacional o nacional
Carretera de comunicación interregional o alternativo
Carretera asfaltada - sin asfaltar
Camino agrícola - Sendero
Autopista - Carretera en construcción
(en su caso : fecha prevista de entrada en servicio)

Ancho de las carreteras

Calzadas separadas
Cuatro carriles
Dos carriles anchos
Dos carriles
Un carril

Distancias (totales y parciales)

Tramo de peaje } en autopista
Tramo libre } en autopista
en carretera

Numeración - Señalización

E 10 A 10 N 20 D 31 D 104

Carretera europea - Autopista
Carretera nacional - provincial

Obstáculos

Pendiente Pronunciada (las flechas indican el sentido del ascenso)
de 5 a 9%, de 9 a 13%, 13% y superior
Puerto y su altitud
Recorrido difícil o peligroso
Pasos de la carretera : a nivel, superior, inferior
Altura limitada (inferior a 4,50 m)
Carga límite de un puente , de una carretera (inferior a 19t)
Puente móvil - Barrera de peaje
Carretera de sentido único - Radar fijo
Carretera restringida
Tramo prohibido

Transportes

Línea férrea - Estación
Aeropuerto - Aeródromo
Transporte de coches :
por barco
por barcaza
Barcaza para el paso de peatones y vehículos dos ruedas

Administración

Capital de división administrativa
Frontera - Puesto de aduanas

Deportes - Ocio

Estadio - Golf - Hipódromo
Puerto deportivo - Zona de baño - Parque acuático
Parque de ocio - Circuito automolvilístico
Pista ciclista / Vereda
Refugio de montaña - Sendero de gran ruta

Curiosidades

Principales curiosidades : ver LA GUÍA VERDE
Mesa de orientación - Vista panorámica - Vista parcial - Recorrido pintoresco
Edificio religioso - Castillo - Ruinas
Monumento megalítico - Faro - Molino de viento
Tren turístico - Cementerio militar
Cueva - Otras curiosidades

Signos diversos

Pozos de petróleo o de gas - Cantera - Parque eólico
Transportador industrial aéreo
Fábrica - Presa - Torreta o poste de telecomunicación
Refinería - Central eléctrica - Centrale nuclear
Faro o baliza - Molino de viento - Fuente - Hospital
Iglesia o capilla - Cementerio - Crucero
Castillo - Fortaleza - Ruinas - Población-etapa
Cueva - Monumento - Altipuerto
Bosque - Patrimonio Forestal del Estado

Planos de ciudades

Curiosidades

Edificio interesante
Edificio religioso interesante :
Iglesia - Culto protestante

Vías de circulación

Autopista, autovía
Número del acceso : completo, parcial
Vía importante de circulación
Sentido único - Calle reglamentada o impracticable
Calle peatonal - Tranvía
R. Pasteur — Calle comercial - Aparcamiento - Aparcamientos "P+R"
Puerta - Pasaje cubierto - Túnel
Estación y línea férrea - Coche / Tren
Funicular - Teleférico, telecabina
Puente móvil - Barcaza para coches

Signos diversos

Oficina de Información de Turismo - Multicines
Mezquita - Sinagoga
Torre - Ruinas - Molino de viento - Depósito de agua
Jardín, parque, bosque - Cementerio - Crucero
Estadio - Golf - Hipódromo - Pista de patinaje
Piscina al aire libre, cubierta
Vista - Panorama - Mesa de Orientación
Monumento - Fuente - Fábrica - Centro comercial
Puerto deportivo - Faro - Torreta de telecomunicación
Aeropuerto - Boca de metro - Estación de autobuses
Transporte por barco :
pasajeros y vehículos, pasajeros solamente
Referencia común a los planos y a los mapas detallados Michelin
Oficina central de correos y teléfonos
Hospital - Mercado cubierto - Cuartel
Edificio público localizado con letra :
A C - Cámara de Agricultura - Cámara de Comercio
G H J - Guardia civil - Ayuntamiento - Palacio de Justicia
M P T - Museo - Gobierno civil - Teatro
U - Universidad, Escuela Superior
POL. - Policía (en las grandes ciudades : Jefatura)
Pasaje bajo (inf. a 4 m 50) - Carga limitada (inf. a 19 t)

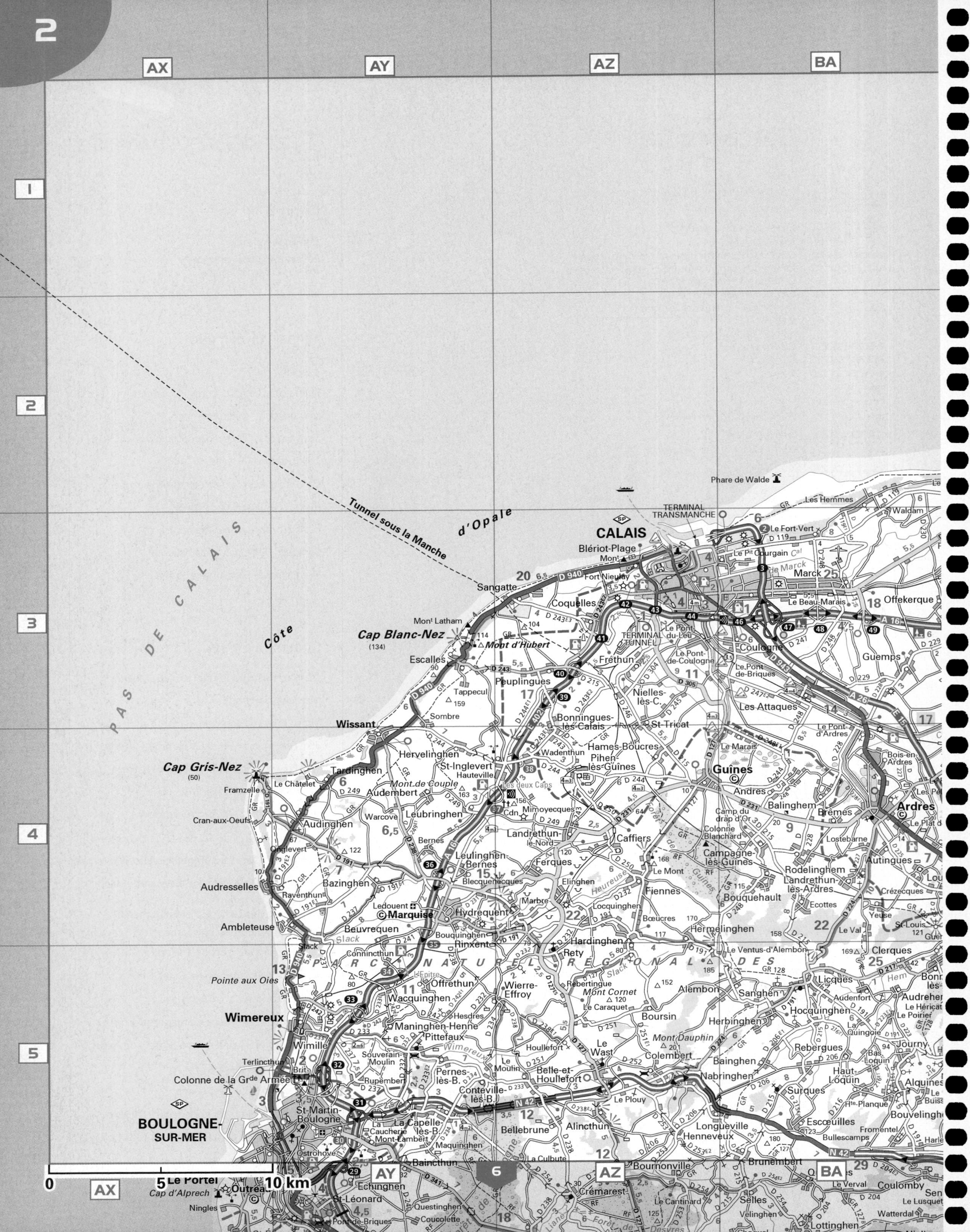
AX
AY
AZ
BA
1
2
3
4
5
PAS DE CALAIS
Côte d'Opale
Tunnel sous la Manche
Phare de Walde
Les Hemmes
TERMINAL TRANSMANCHE
CALAIS
Blériot-Plage
Le Fort-Vert
Le Pt Courgain
Marck
Sangatte
Fort Nieulay
Coquelles
Le Beau-Marais
Offekerque
Mont Latham
Cap Blanc-Nez
(134)
Mont d'Hubert
TERMINAL TUNNEL
Le Pont du Leu
Coulogne
Guemps
Escalles
Fréthun
Le Pont-de-Coulogne
Le Pont de-Briques
Peuplingues
Tappecul
Nielles-lès-C.
Les Attaques
Sombre
Wissant
Bonningues-lès-Calais
St-Tricat
Le Pont-d'Ardres
Hervelinghen
Hames-Boucres
Le Marais
Cap Gris-Nez
(50)
Tardinghen
St-Inglevert
Wadenthun
Pihen-lès-Guînes
Bois-en-Ardres
Le Châtelet
Hauteville
Guînes
Framzelle
Mont de Couple
Audembert
Les deux Caps
Andres
Cran-aux-Oeufs
Audinghen
Warcove
Leubringhen
Mimoyecques
Balinghem
Brêmes
Ardres
Camp du drap d'Or
Landrethun-le-Nord
Colonne Blanchard
Caffiers
Onglevert
Bernes
Leulinghen-Bernes
Campagne-lès-Guînes
Lostebarne
Autingues
Ferques
Le Mont
Rodelinghem
Bazinghen
Blecquenecques
Elinghen
Landrethun-lès-Ardres
Audresselles
Raventhun
Fiennes
Bouquehault
Crézecques
Ledouent
Marquise
Hydrequent
Marbre
Locquinghen
Ecottes
Ambleteuse
Beuvrequen
Bœucres
Hermelinghen
Yeuse
Le Val
St-Louis
Slack
Bouquinghen
Rinxent
Hardinghen
Conincthun
Rety
Le Ventus-d'Alembon
Clerques
PARC NATUREL RÉGIONAL DES
Pointe aux Oies
L'Epitre
Offrethun
Wierre-Effroy
Rebertingue
Mont Cornet
Alembon
Sanghen
Licques
Audenfort
Wimereux
Wacquinghen
Le Caraquet
Hocquinghen
Hesdres
Boursin
Herbinghen
Maninghen-Henne
Pittefaux
Wimille
Souverain-Moulin
Wimereux
Houllefort
Le Wast
Mont Dauphin
Colembert
Bainghen
Rebergues
Terlincthun
Le Moulin
Belle-et-Houllefort
Nabringhen
Haut-Loquin
Brit
Pernes-lès-B.
Colonne de la Gde Armée
Rupembert
Conteville-lès-B.
Le Plouy
Surques
St-Martin-Boulogne
La Capelle-lès-B.
Bellebrune
Alincthun
Longueville
Escœuilles
BOULOGNE-SUR-MER
Caucherie
Mont-Lambert
Henneveux
Bullescamps
Ostrohove
Maquinghen
La Culbute
BainctHun
Bournonville
Brunembert
Le Portel
Outreau
Echinghen
Crémarest
Le Verval
Coulomby
Cap d'Alprech
St-Léonard
Le Cantinard
Selles
Ningles
Questinghen
Coucolette
Velinghen
Lottinghen
0
5
10 km
6
AX
AY
AZ
BA

BB
BC
BD
BE
Koksijde
St-Idesbald
De Panne
Oostduinkerke
Bray-Dunes
Westhoek
Plopsaland
Charrière
Adinkerke
Zuydcoote
Leffrinckoucke
Ghyvelde
DUNKERQUE
Malo-les-Bains
Meulhouck
De Moeren
ZONE INDUSTRIELLE PORTUAIRE
Hameau-des-Dunes
Fort-Mardyck
St-Pol-sur-Mer
Rosendaël
Leffrinckoucke-Village
Tiegerveld
Le Casino
Grde Synthe
Mardyck
Pte Synthe
Téteghem
Uxem
Les Moëres
Pont-à-Charrettes
Kromen-Houck
Houtem
Grand-Fort-Philippe
Pt Fort-Philippe
Les Huttes
Loon-Plage
Coudekerque-Branche
Galghouck
Les Escardines
Les Dunes-d'Oye
Le Bout-d'Oye
Tap-Cul
Gravelines
Cappelle-la-Grde
Coudekerque
Hameau-des-Neiges
La Broukstraete
L'Etoile
Oye-Plage
Armbouts-Cappel
Fort Vallières
Benkies-Meulen
Pont-aux-Cerfs
St-Georges-sur-l'Aa
Pont-de-Spycker
Pt-Millebrugghe
Warhem
Hondschoote
Craywick
Spycker
Grd-Millebrugge
Hoymille
Pont-d'Oye
Coppenaxfort
Bergues
Haeghe-Meulen
Killem
Bierne
Brouckerque
Steene
Rattekot
Les Cinq Chemins
Le Guindal
St-Folquin
Bourbourg
Socx
Rexpoëde
St-Omer-Capelle
Crochte
Quaedypre
Le Nieppe
West-Cappel
Les Cinq Chemins
Vieille-Eglise
Nouvelle-Eglise
Le Laurier
Pitgam
Byssaert
Mannequebeurre
Quathove
Looberghe
Oost-Cappel
St-Nicolas
Drincham
Le Sprey
Bissezeele
Fort-Bâtard
Cappelle-Brouck
La Belle-Vue
Wylder
Ste-Marie-Kerque
Eringhem
Spreuwkoot
Bambecque
La Bistade
L'Hossenaere
Hennuin
Audruicq
St-Pierre-Brouck
Lynck
Le Tilleul
Zegerscappel
Herzeele
Pont-l'Abbesse
Esquelbecq
Wormhout
Nortkerque
Pont-du-West
La Cloche
Houtkerque
Bollezeele
Rossignol
Ostove
Bac-de-Millam
L'Erkelsbrugge
Blanc-Pignon
Le Fort-St-Jean
Ruminghem
Merckeghem
Le Kieken-Put
Munq-Nieurlet
Holque
Millam
Les Cinq Rues
Ledringhem
Kruysweg
Zutkerque
Polincove
Ste-Mildrède
Riet-Veld
Nielles-lès-Ardres
Le Ruth
Volckerinckhove
Oudezeele
Droogland
Cocove
Lostrat
Berthem
Recques-sur-Hem
Forêt d'Eperlecques
Wattendam
Watten
Rubrouck
Le Cygne
Winnezeele
Blockhaus
Arnèke
Le Temple
Wolphus
La Recousse
Le Communal
Gansbette
Bleue-Maison
Wulverdinghe
Lederzeele
Broxeele
Zermezeele
Le Peckel
Zouafques
Le Mont
Nordausques
Bois du Ham
Point du Jour
Ochtezeele
Le Riveld
Steenvoorde
Parc d'Attractions
Tournehem-sur-la-Hem
Loverstel
Le Menegat
Hardifort
Eperlecques
Cassel
Bayenghem-lès-Eperlecques
St-Momelin
Noordpeene
Wemaers-Cappel
Terdeghem
Nort-Leulinghem
Houlle
Serques
Buysscheure
Zuytpeene
Monts des Récollets
Godewaersvelde
La Ronville
Moulle
Nieurlet
Booneghem
Bavinchove
Oxelaëre
St-Sylvestre-Cappel
Mentque-Nortbécourt
Tilques
La Romelaëre
Clairmarais
Les Trois-Rois
Ste-Marie-Cappel
Eecke
Petit Difques
Grand Difques
Salperwick
Northécourt
Moringhem
Cormette
St-Martin-au-Laërt
St-Bernard
Forêt de Rihoult-Clairmarais
Schoubrouck
La Maison Blanche
L'Hazewinde
Barbinghem
Liheuse
La Wattine
ST-OMER
Malhove
Hondeghem
Le Peuplier
Lauline
Tatinghem
Etang d'Harchelles
Le Nieppe
Longue-Croix
Quercamps
Boisdinghem
Vernove
Zudausques
Arques
Staple
La Bréarde
La Creule
Acquin-Westbécourt
Quelmes
Etrehem
La Crosse
Pradelles
Nordal
Longuenesse
Abbe St-Paul
Ascenseur
Leulinghem
Ebblinghem
Westbécourt
Lauwerdal
Le Val-d'Acquin
Le Val-de-Lumbres
Wisques
Blendecques
Les Fontinettes
Campagne-lès-W.
Renescure
Wallon-Cappel
Les Cinq Rues
Hazebrouck
Borre
Strazeele
La Raiderie
Le Poovre
Gondardenne
Lynde
Wizernes
Setques
Hallines
Sercus
Le Bourbou
Lauwette
Lumbres
Esquerdes
Coupole
Bilques
Wardrecques
d'Asquin
Le Croquet
Bayenghem-lès-S.
N.-D. des Ardents
La Pourchinte
Heuringhem
Belle-Croix
Morbecque
Affringues
Elnes
Wavrans-sur-l'Aa
Pihem
Helfaut
Sablonnière
Racquinghem
Blaringhem
La Belle-Hôtesse
Vedringhem
Gobronne
Le Camois
La Motte-au-Bois
7

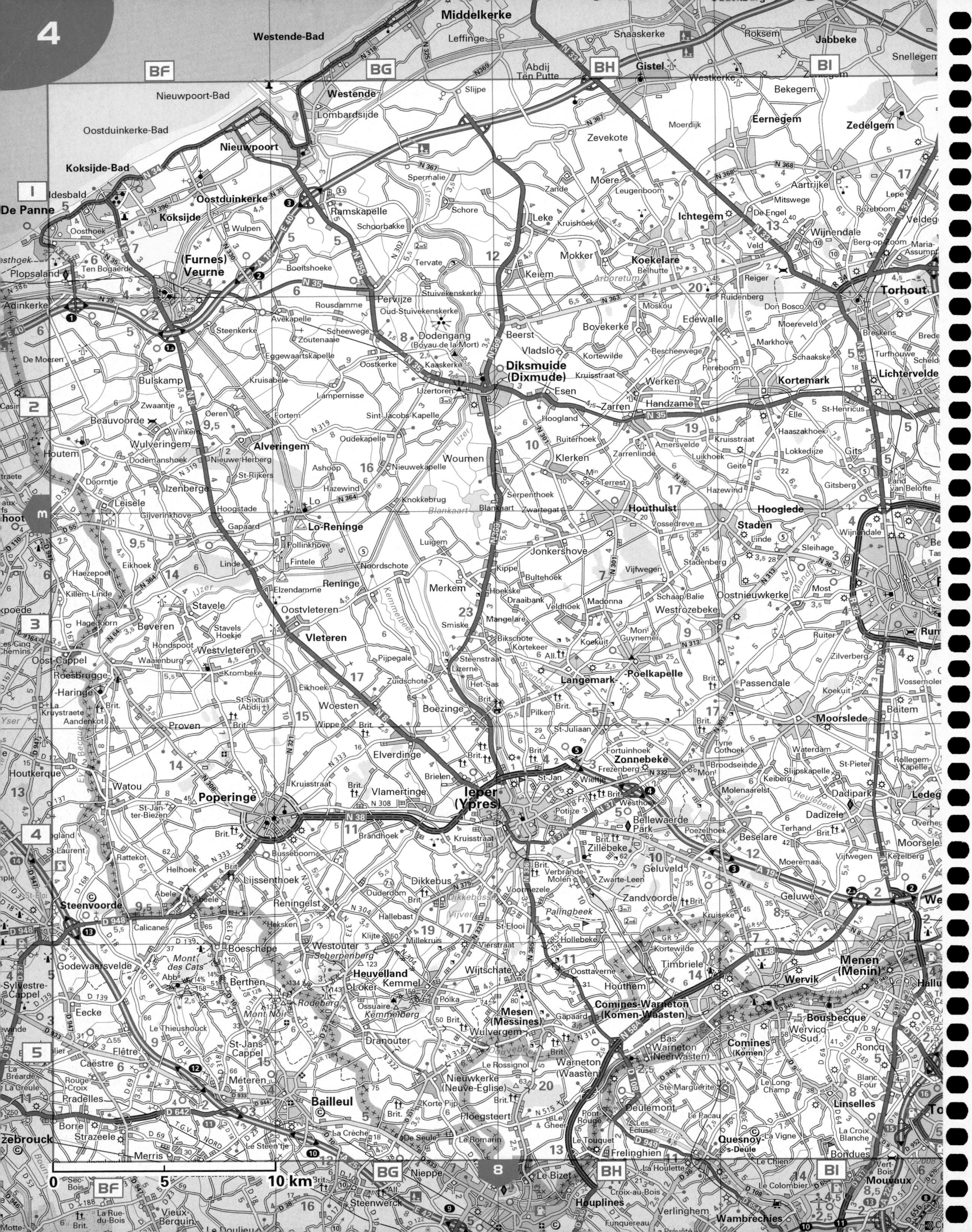
4
Middelkerke
Westende-Bad
Leffinge
Snaaskerke
Roksem
Jabbeke
Snellegem
BF
BG
BH
BI
Abdij Ten Putte
Gistel
Westkerke
Zerkegem
Nieuwpoort-Bad
Westende
Slijpe
Bekegem
Lombardsijde
Oostduinkerke-Bad
Nieuwpoort
Moerdijk
Eernegem
Zedelgem
Zevekote
Koksijde-Bad
Spermalie
Moere
Aartrijke
Idesbald
Oostduinkerke
Zande
Leugenboom
Mitswege
Lepe
De Panne
Koksijde
Ramskapelle
Schore
Leke
Ichtegem
De Engel
Rozeboom
Veldegem
Oosthoek
Wulpen
Schoorbakke
Kruishoek
Wijnendale
Veld
Berg-op-Zoom
Maria-Assumpta
Ten Bogaerde
(Furnes) Veurne
Booitshoeke
Tervate
Mokker
Koekelare
Belhutte
Plopsaland
Keiem
Arboretum
Reiger
Torhout
Adinkerke
Stuivekenskerke
Pervijze
Ruidenberg
Rousdamme
Oud-Stuivekenskerke
Moskou
Don Bosco
Avekapelle
Dodengang
(Boyau de la Mort)
Beerst
Bovekerke
Edewalle
Moereveld
Breskens
Steenkerke
Scheewege
Zoutenaaie
Vladslo
Markhove
De Moeren
Eggewaartskapelle
Kaaskerke
Kortewilde
Bescheewege
Pereboom
Schaakske
Turfhouwe
Oostkerke
Diksmuide
(Dixmude)
Kruisstraat
Werken
Kortemark
Lichtervelde
Bulskamp
Kruisabele
Lampernisse
IJzertoren
Esen
Zarren
Handzame
Zwaantje
Oeren
Fortem
Sint-Jacobs-Kapelle
Hoogland
Elle
St-Henricus
Beauvoorde
Vinkem
Oudekapelle
Ruiterhoek
Haaszakhoek
Wulveringem
Alveringem
Amersvelde
Kruisstraat
Houtem
Dodemanshoek
Nieuwe-Herberg
Woumen
Klerken
Zarrenlinde
Luikhoek
Lokkedijze
Gits
St-Rijkers
Ashoop
Nieuwekapelle
Geite
Doornije
Izenberge
Hazewind
Terrest
Gitsberg
Land van Beloofte
Leisele
Lo
Knokkebrug
Blankaart
Serpenthoek
Zwartegat
Houthulst
Hooglede
Hoogstade
Gijverinkhove
Gapaard
Lo-Reninge
Vossedreve
Staden
Linde
Wijnendale
Luigem
Pollinkhove
Jonkershove
Sleihage
Eikhoek
Linde
Fintele
Noordschote
Kippe
Vijfwegen
Stadenberg
Haezepoel
Reninge
Merkem
Bultehoek
Mandel
Killem-Linde
Elzendamme
Hoekske
Schaap Balie
Most
Stavele
Oostvleteren
Draaibank
Veldhoek
Madonna
Oostnieuwkerke
Westrozebeke
Hagedoorn
Beveren
Stavels Hoekje
Vleteren
Smiske
Mangelare
Ruiter
Hondspoot
Westvleteren
Bikschote
Kortekeer
Koekuit
Mont Guynemer
Zilverberg
Oost-Cappel
Waaienburg
Krombeke
Pijpegale
Steenstraat
Lizerne
Langemark-Poelkapelle
Roesbrugge-Haringe
Zuidschote
Het-Sas
Passendale
Vossemolen
Eikhoek
St-Sixtus (Abdij)
Boezinge
Pilkem
Koekuit
Beitem
La Kruystraete
Aandenkot
Woesten
Yser
Proven
Wippe
St-Juliaan
Moorslede
Elverdinge
Fortuinhoek
Zonnebeke
Tyne Cothoek
Waterdam
Rollegem-Kapelle
Frezenberg
Broodseinde
Keiberg
Slijpskapelle
St-Pieter
Houtkerque
Watou
Brielen
St-Jan
Wieltje
Molenaarelst
Dadipark
Ledegem
Poperinge
Kruisstraat
Vlamertinge
Ieper
(Ypres)
Westhoek
Dadizele
St-Jan-ter-Biezen
Potijze
Bellewaerde Park
Poezelhoek
Terhand
Overheule
Brandhoek
Kruisstraat
Zillebeke
Beselare
Moorsele
St-Laurent
Busseboom
Geluveld
Moeremaai
Vijfwegen
Kezelberg
Rattekot
Helhoek
Lijssenthoek
Verbrande-Molen
Zwarte-Leen
Dikkebus
Voormezele
Zandvoorde
Geluwe
Wevelgem
Steenvoorde
Abele
Ouderdom
Reningelst
Palingbeek
Calicanes
Heksken
Hallebast
St-Eloi
Kruiseke
Klijte
Millekruis
Vierstraat
Hollebeke
Boeschepe
Westouter
Scherpenberg
Kortewilde
Godewaersvelde
Mont des Cats
Abbé
Heuvelland
Wijtschate
Oosttaverne
Timbriele
Wervik
Menen (Menin)
Halluin
Berthen
Loker
Kemmel
Houthem
St-Sylvestre-Cappel
Eecke
Rodeberg
Mont Noir
Ossuaire
Kemmelberg
Polka
Mesen (Messines)
Comines-Warneton
(Komen-Waasten)
Bousbecque
Le Thieushouck
Dranouter
Wulvergem
Gapaard
Bas Warneton (Neerwaasten)
Wervicq Sud
St-Jans Cappel
Comines (Komen)
Roncq
Flêtre
Caëstre
Le Rossignol
Warneton (Waasten)
Rouge Croix
Méteren
Nieuwkerke (Neuve-Église)
Ste-Marguerite
Le Long-Champ
Blanc Four
Pradelles
Bailleul
Korte Pijp
Deûlémont
Linselles
Borre
Strazeele
Ploegsteert
Pont Rouge
Le Pacau
Les Écluses
Quesnoy-s-Deûle
La Vigne
La Croix Blanche
Hazebrouck
La Crèche
De Seule
Le Romarin
Le Gheer
Le Touquet
Frelinghien
Bondues
Merris
Le Steen'tje
Nieppe
Le Bizet
La Houlette
Le Chien
Vert-Bois
Sec-Bois
Le Colombier
Mouvaux
Steenwerck
Houplines
Croix-au-Bois
La Rue-du-Bois
Vieux-Berquin
Verlinghem
Wambrechies
Funquereau
Le Doulieu
0
5
10 km
8

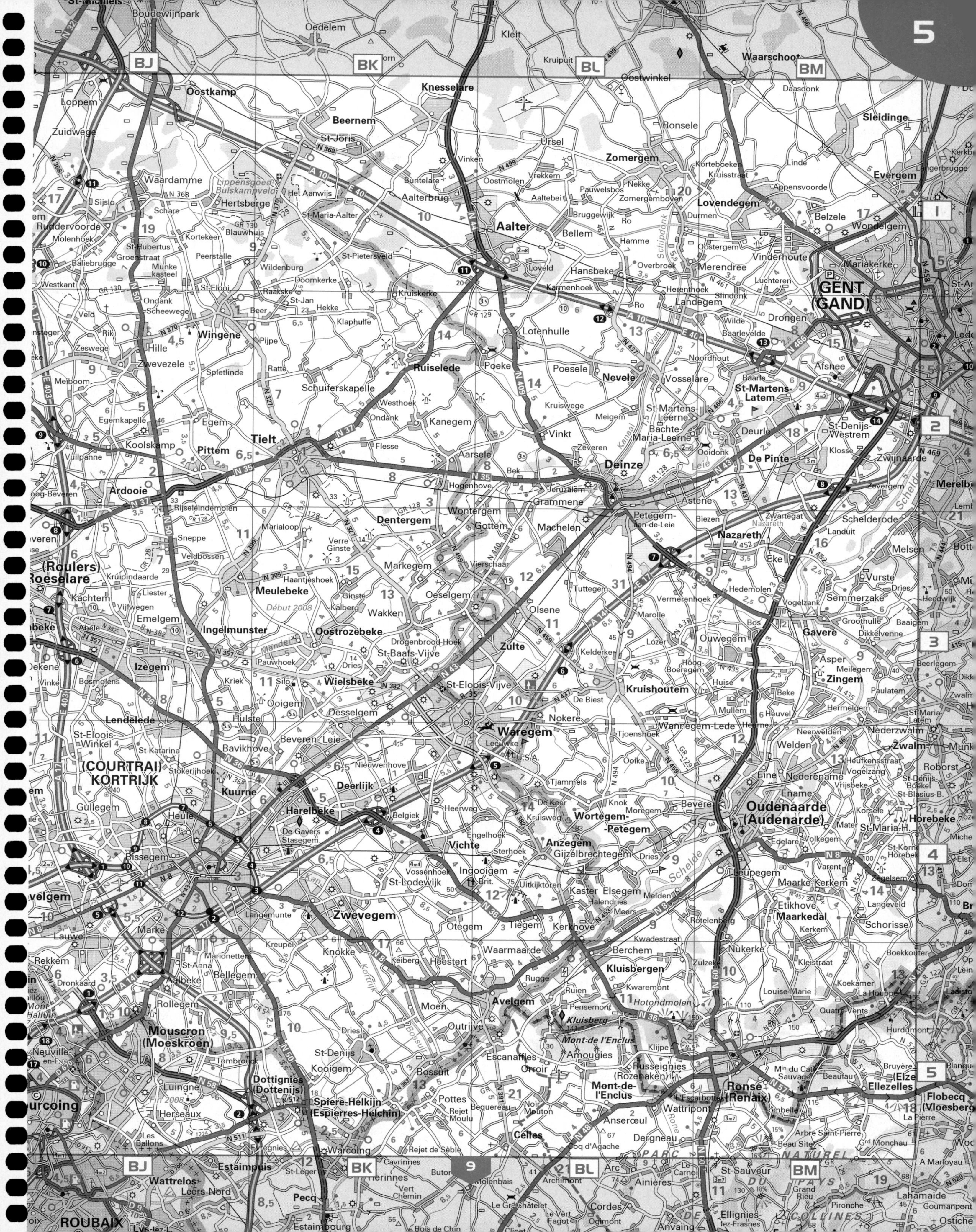

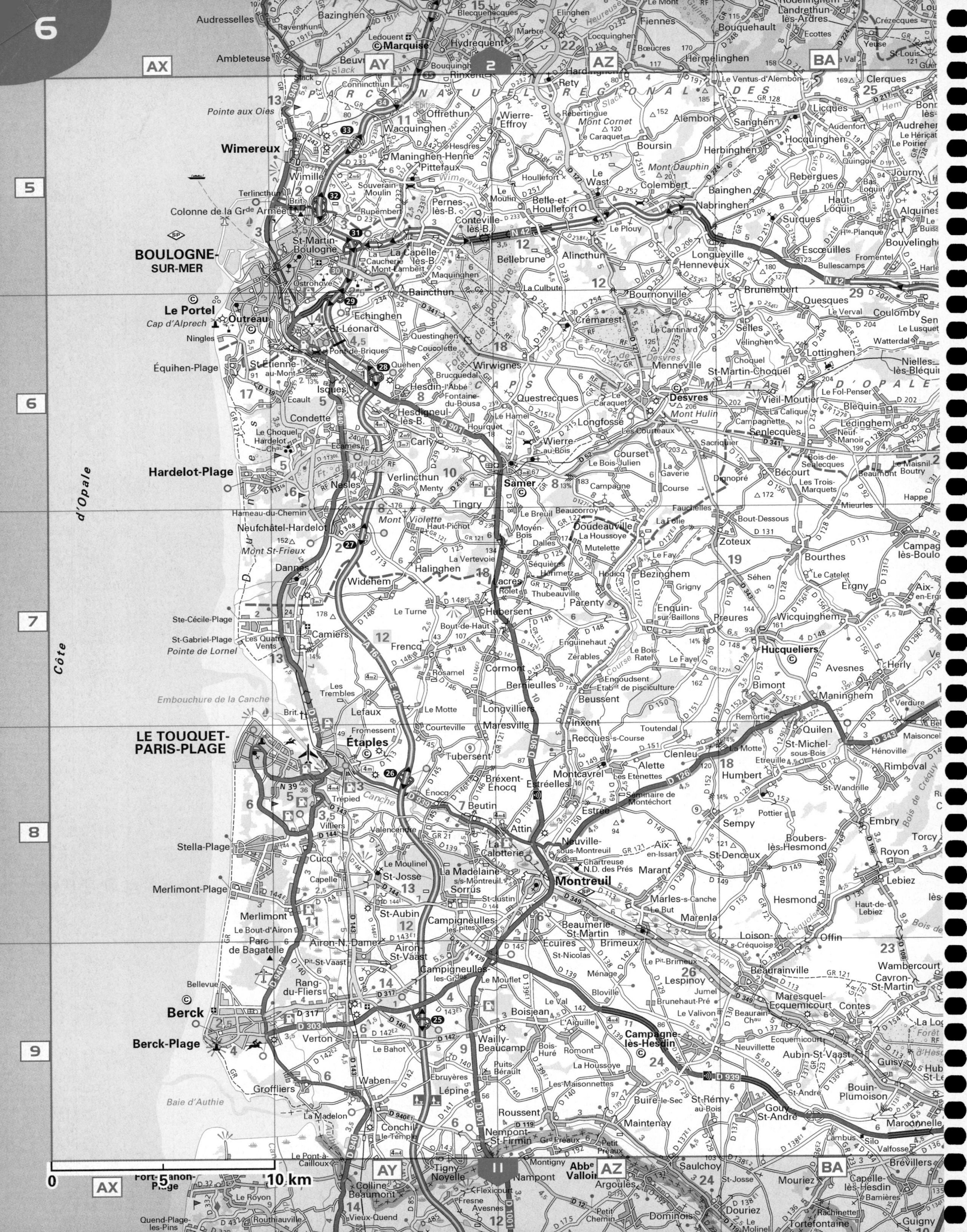

AX
AY
AZ
BA
5
6
7
8
9
Audresselles
Bazinghen
Ambleteuse
Marquise
Hydrequent
Rinxent
Fiennes
Bouquehault
Hermelinghen
Wimereux
Pointe aux Oies
Wacquinghen
Offrethun
Wierre-Effroy
Rety
Mont Cornet
Alembon
Licques
Clerques
Colonne de la Gde Armée
Terlincthun
Wimille
Pernes-lès-B.
Belle-et-Houllefort
Colembert
Nabringhen
Surques
BOULOGNE-SUR-MER
St-Martin-Boulogne
La Capelle-lès-B.
Conteville-lès-B.
Bellebrune
Alincthun
Longueville
Henneveux
Brunembert
Le Portel
Cap d'Alprech
Outreau
Baincthun
Echinghen
St-Léonard
Crémarest
Menneville
Desvres
Équihen-Plage
St-Étienne-au-Mont
Isques
Condette
Wirwignes
Questrecques
Longfossé
Mont Hulin
Hardelot-Plage
Nesles
Verlincthun
Carly
Samer
Tingry
Côte d'Opale
Neufchâtel-Hardelot
Mont St-Frieux
Dannes
Widehem
Halinghen
Lacres
Doudeauville
Bezinghem
Zoteux
Ste-Cécile-Plage
St-Gabriel-Plage
Pointe de Lornel
Camiers
Frencq
Hubersent
Cormont
Parenty
Preures
Hucqueliers
Embouchure de la Canche
LE TOUQUET-PARIS-PLAGE
Étaples
Lefaux
Longvilliers
Maresville
Tubersent
Recques-s-Course
Beussent
Estréelles
Quilen
Humbert
Stella-Plage
Cucq
Trépied
Beutin
Attin
Neuville-sous-Montreuil
Montreuil
Sempy
Embry
Merlimont-Plage
Merlimont
St-Josse
St-Aubin
La Madelaine-s/s-Montreuil
Sorrus
Campigneulles-les-pites
Beaumerie-St-Martin
Marles-s-Canche
Marenla
Offin
Airon-N.-Dame
Airon-St-Vaast
Rang-du-Fliers
Berck
Berck-Plage
Verton
Wailly-Beaucamp
Campagne-lès-Hesdin
Beaurainville
Groffliers
Baie d'Authie
Waben
Conchil-le-Temple
Nempont-St-Firmin
Roussent
Maintenay
Saulchoy
0
5
10 km

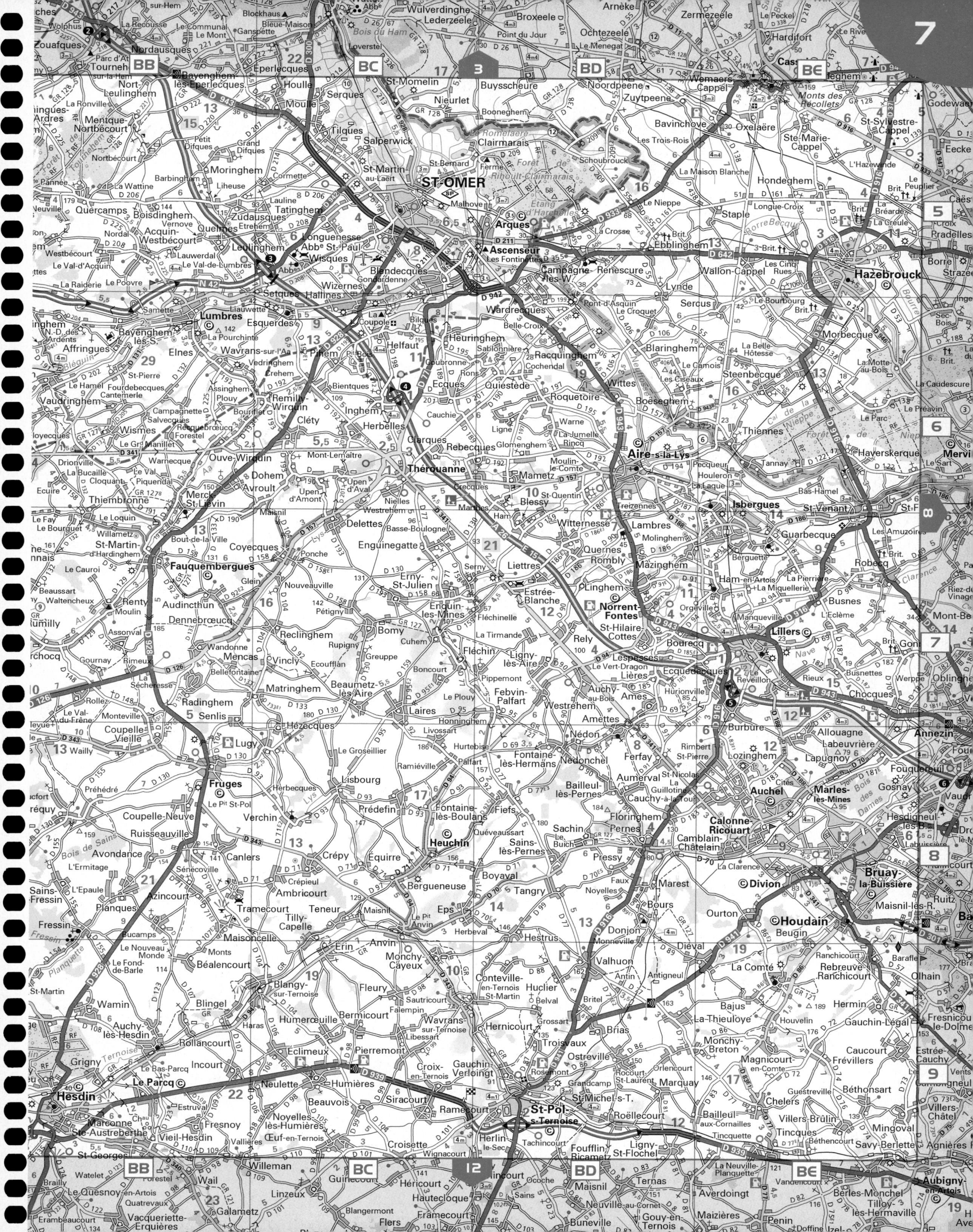
BB
BC
3
BD
BE
ST-OMER
Arques
Ascenseur
Blendecques
Lumbres
Esquerdes
Hazebrouck
Aire-s-la-Lys
Thérouanne
Isbergues
St-Venant
Norrent-Fontes
Lillers
Fauquembergues
Fruges
Heuchin
Auchel
Marles-les-Mines
Calonne-Ricouart
Divion
Houdain
Bruay-la-Buissière
Annezin
Hesdin
Le Parcq
St-Pol-s-Ternoise
Aubigny-en-Artois
Cassel
Wormhout
Eperlecques
Serques
Tilques
Salperwick
St-Martin-au-Laërt
Clairmarais
Forêt de Rihoult-Clairmarais
Wisques
Wizernes
Hallines
Setques
Helfaut
Racquinghem
Wittes
Blaringhem
Steenbecque
Morbecque
Forêt de Nieppe
Thiennes
Haverskerque
Lambres
Mazingham
Guarbecque
Robecq
Busnes
Burbure
Lozinghem
Allouagne
Lapugnoy
Fouquereuil
Gosnay
Camblain-Châtelain
Pernes
Blangy-sur-Ternoise
Anvin
Azincourt
Ruisseauville
Lisbourg
Laires
Bomy
Delettes
Enguinegatte
Liettres
Wardrecques
Renescure
Ebblinghem
Staple
Hondeghem
Longuenesse
Lugy
Senlis
Radinghem
Matringhem
Beaumetz-lès-Aire
Erny-St-Julien
Enquin-les-Mines
Estrée-Blanche
Ligny-lès-Aire
Auchy-au-Bois
Ferfay
Valhuon
Brias
Marquay
Tincques
Ternas
D 943
D 928
D 916
D 939
D 642
N 42
A 26
E 15
5
6
7
8
9
12

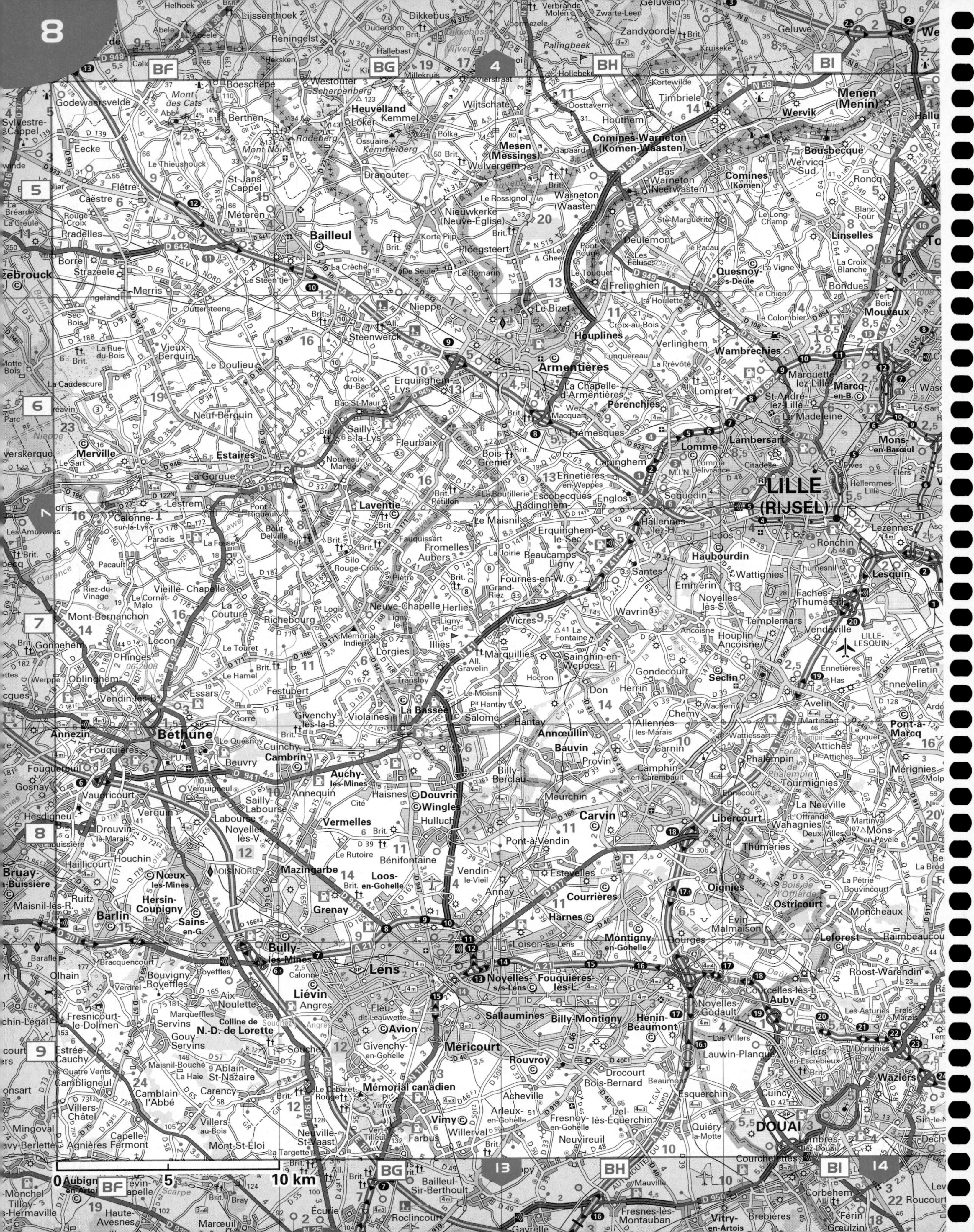

Dikkebus
Reningelst
Zandvoorde
Geluwe
Westouter
Heuvelland
Kemmel
Wijtschate
Boeschepe
Godewaersvelde
Mont des Cats
Berthen
Menen (Menin)
Wervik
Comines-Warneton (Komen-Waasten)
Houthem
Mesen (Messines)
Wulvergem
Dranouter
Eecke
Flêtre
St-Jans-Cappel
Méteren
Bailleul
Nieuwkerke (Neuve-Eglise)
Ploegsteert
Warneton (Waasten)
Bas Warneton (Neerwaasten)
Comines (Komen)
Bousbecque
Wervicq-Sud
Linselles
Deûlemont
Quesnoy-s-Deûle
Frelinghien
Bondues
Mouvaux
Pradelles
Strazeele
Borre
Merris
Le Doulieu
Vieux-Berquin
Nieppe
Steenwerck
Le Bizet
Armentières
Houplines
Wambrechies
Marcq-en-B.
Verlinghem
Erquinghem-Lys
La Chapelle-d'Armentières
Pérenchies
Lompret
Marquette-lez-Lille
St-André-lez-Lille
La Madeleine
Lambersart
Lomme
Neuf-Berquin
Merville
Estaires
La Gorgue
Sailly-s-la-Lys
Fleurbaix
Bois-Grenier
Prémesques
Capinghem
Mons-en-Barœul
LILLE (RIJSEL)
Lestrem
Laventie
Escobecques
Radinghem-en-W.
Ennetières-en-Weppes
Englos
Sequedin
Hallennes-lez-H.
Haubourdin
Loos
Ronchin
Lezennes
Lesquin
Calonne-sur-la-Lys
Fromelles
Aubers
Erquinghem-le-Sec
Beaucamps-Ligny
Santes
Wattignies
Emmerin
Noyelles-lès-S.
Faches-Thumesnil
Vieille-Chapelle
Mont-Bernanchon
La Couture
Richebourg
Neuve-Chapelle
Herlies
Fournes-en-W.
Wicres
Wavrin
Templemars
Vendeville
Lille-Lesquin
Gonnehem
Locon
Hinges
Oblinghem
Festubert
Lorgies
Illies
Marquillies
Sainghin-en-Weppes
Houplin-Ancoisne
Seclin
Gondecourt
Fretin
Ennevelin
Avelin
Annezin
Vendin-lès-B.
Béthune
Essars
Givenchy-lès-la-B.
Violaines
La Bassée
Salomé
Hantay
Don
Herrin
Chemy
Pont-à-Marcq
Fouquières
Fouquereuil
Beuvry
Cuinchy
Cambrin
Annœullin
Bauvin
Allennes-les-Marais
Carnin
Provin
Billy-Berclau
Phalempin
Attiches
Mérignies
Tourmignies
Gosnay
Vaudricourt
Hesdigneul
Verquin
Labourse
Noyelles-lès-V.
Sailly-Labourse
Annequin
Auchy-les-Mines
Haisnes
Douvrin
Wingles
Hulluch
Meurchin
Carvin
Libercourt
La Neuville
Wahagnies
Mons-en-Pévèle
Drouvin-le-Marais
Houchin
Vermelles
Bénifontaine
Pont-à-Vendin
Thumeries
Bruay-la-Buissière
Haillicourt
Nœux-les-Mines
Hersin-Coupigny
Mazingarbe
Loos-en-Gohelle
Vendin-le-Vieil
Annay
Estevelles
Courrières
Oignies
Ostricourt
Moncheaux
Barlin
Sains-en-G
Grenay
Harnes
Evin-Malmaison
Leforest
Raimbeaucourt
Maisnil-lès-R.
Bully-les-Mines
Lens
Loison-s/s-Lens
Montigny-en-Gohelle
Dourges
Roost-Warendin
Olhain
Bouvigny-Boyeffles
Aix-Noulette
Liévin
Angres
Calonne
Noyelles-s/s-Lens
Fouquières-lès-L.
Courcelles-lès-L.
Auby
Fresnicourt-le-Dolmen
Servins
Gouy-Servins
Colline de N.-D. de Lorette
Souchez
Eleu-dit-Leauwette
Avion
Sallaumines
Billy-Montigny
Hénin-Beaumont
Noyelles-Godault
Estrée-Cauchy
Ablain-St-Nazaire
Givenchy-en-Gohelle
Méricourt
Rouvroy
Drocourt
Bois-Bernard
Lauwin-Planque
Flers-en-Escrebieux
Dorignies
Waziers
Camblain-l'Abbé
Carency
Villers-au-Bois
Mémorial canadien
Acheville
Arleux-en-Gohelle
Fresnoy-en-Gohelle
Izel-lès-Équerchin
Esquerchin
Cuincy
Quiéry-la-Motte
DOUAI
Sin-le-Noble
Villers-Châtel
Capelle-Fermont
Mont-St-Éloi
Neuville-St-Vaast
Vimy
Farbus
Willerval
Neuvireuil
Lambres-lez-Douai
Courchelettes
Bailleul-Sir-Berthoult
Roclincourt
Fresnes-lès-Montauban
Vitry-en-Artois
Brebières
Corbehem
Férin
Roucourt
0 5 10 km
BF BG BH BI
4 13 14
5 6 7 8 9

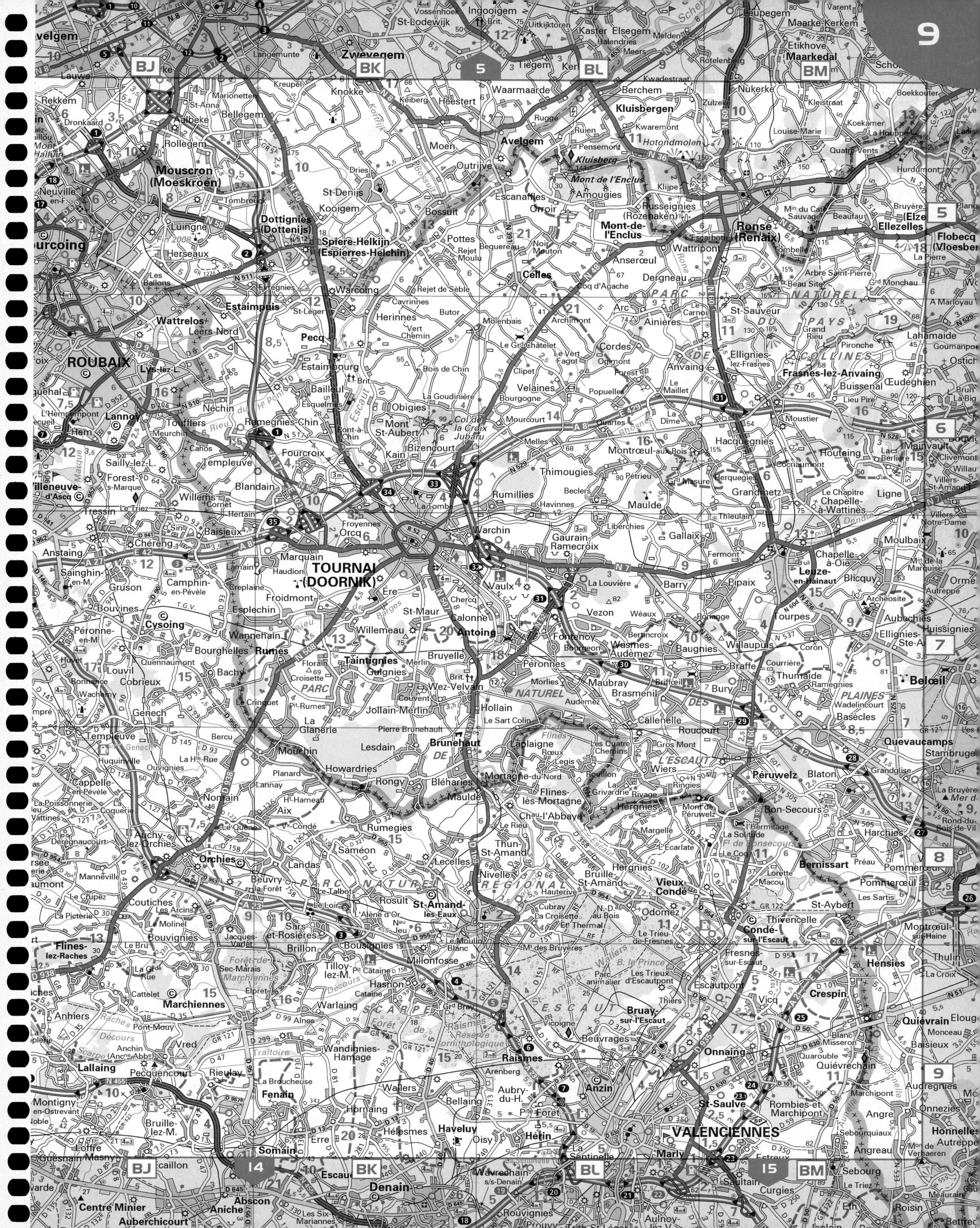
Zwevegem
Mouscron (Moeskroen)
Avelgem
Kluisbergen
Ronse (Renaix)
Maarkedal
Ellezelles
Flobecq (Vloesberg)
Dottignies (Dottenijs)
Spiere-Helkijn (Espierres-Helchin)
Mont-de-l'Enclus
Celles
Estaimpuis
Wattrelos
ROUBAIX
Pecq
Frasnes-lez-Anvaing
TOURNAI (DOORNIK)
Leuze-en-Hainaut
Antoing
Rumes
Brunehaut
Péruwelz
Bernissart
Orchies
St-Amand-les-Eaux
Vieux-Condé
Condé-sur-l'Escaut
Marchiennes
Raismes
Anzin
VALENCIENNES
Onnaing
Quiévrain
Fenain
Denain
Somain
Haveluy
Hérin
Aniche
Lannoy
Cysoing
Bruay-sur-l'Escaut
Beloeil
PARC NATUREL RÉGIONAL SCARPE-ESCAUT
PARC NATUREL DES PLAINES DE L'ESCAUT
PARC NATUREL DU PAYS DES COLLINES

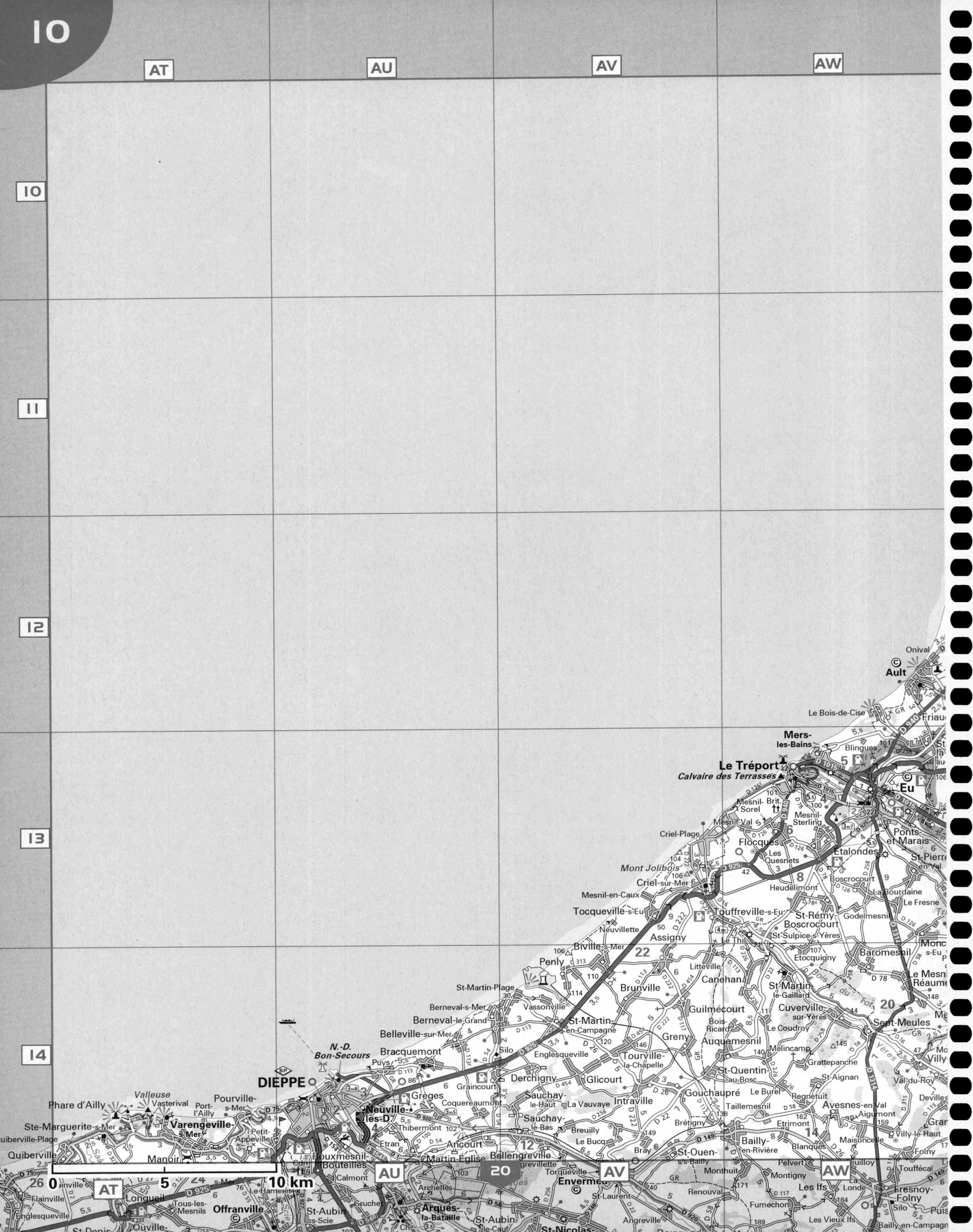
AT
AU
AV
AW
10
11
12
13
14
Onival
Ault
Le Bois-de-Cise
Mers-les-Bains
Blingues
Le Tréport
Calvaire des Terrasses
Eu
Mesnil-Sorel
Mesnil-Sterling
Mesnil-Val
Criel-Plage
Flocques
Les Quesnets
Etalondes
Ponts-et-Marais
Mont Jolibois
Criel-sur-Mer
Heudelimont
Boscrocourt
La Bourdaine
Le Fresne
Mesnil-en-Caux
Tocqueville-s-Eu
Touffreville-s-Eu
St-Rémy-Boscrocourt
Godelmesnil
Neuvillette
Assigny
Le Thil
St-Sulpice-s-Yères
Biville-s-Mer
Penly
Etocquigny
Baromesnil
Litteville
Canehan
St-Martin-Plage
Brunville
St-Martin-le-Gaillard
Vassonville
Berneval-s-Mer
Berneval-le-Grand
Guilmécourt
Cuverville-sur-Yères
Sept-Meules
St-Martin-en-Campagne
Bois-Ricard
Le Coudroy
Belleville-sur-Mer
Greny
Auquemesnil
N.-D. Bon-Secours
Bracquemont
Silo
Englesqueville
Tourville-la-Chapelle
Mélincamp
Grattepanche
Puys
St-Quentin-au-Bosc
St-Aignan
DIEPPE
Derchigny
Glicourt
Val-du-Roy
Graincourt
Valleuse
Vasterival
Phare d'Ailly
Pourville-s-Mer
Port-l'Ailly
Grèges
Coquereaumont
Sauchay-le-Haut
La Vauvaye
Intraville
Gouchaupré
Le Burel
Regnetuit
Taillemesnil
Avesnes-en-Val
Aigumont
Ste-Marguerite-s-Mer
Varengeville-s-Mer
Petit-Appeville
Neuville-lès-D.
Thibermont
Sauchay-le-Bas
Breuilly
Brétigny
Etrimont
Villy-le-Haut
Quiberville
Etran
Ancourt
Le Bucq
Bray
St-Ouen-s/s-Bailly
Bailly-en-Rivière
Blanques
Maisoncelle
Folny
Manoir
Rouxmesnil-Bouteilles
Martin-Eglise
Bellengreville
Pelvert
Touffécal
Calmont
Torqueville
Envermeu
Monthuit
Montigny
Les Ifs
Fresnoy-Folny
Flainville
Longueil
Tous-les-Mesnils
Le Hamelet
Archelles
St-Laurent
Renouval
Englesqueville
Offranville
Gruchet
Arques-la-Bataille
St-Aubin-le-Cauf
Angreville
Fumechon
Silo
Les Vieux Ifs
Bailly-en-Campagne
Ouville
St-Aubin-s-Scie
St-Nicolas-
0
5
10 km
20
D 925
D 920
D 149

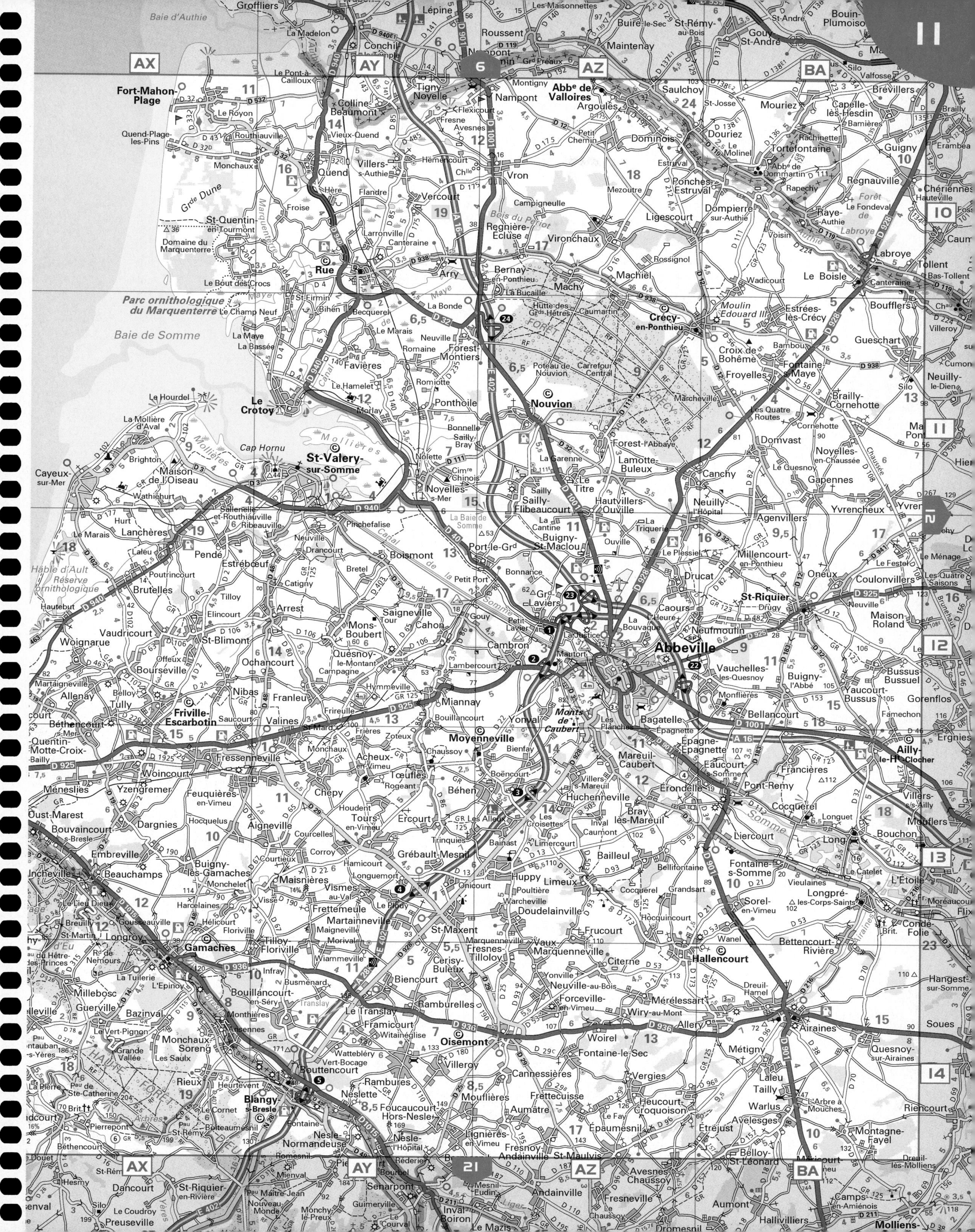

11
AX
AY
6
AZ
BA
Groffliers
Baie d'Authie
Lépine
Les Maisonnettes
Buire-le-Sec
St-Rémy-au-Bois
Gouy-St-André
Bouin-Plumoison
La Madelon
Conchil-le-Temple
Roussent
Nampont-St-Martin
Maintenay
Le Pont-à-Cailloux
Fort-Mahon-Plage
Tigny-Noyelle
Nampont
Montigny
Abbe de Valloires
Argoules
Saulchoy
Mouriez
Capelle-lès-Hesdin
Brévillers
Colline-Beaumont
Flexicourt
Fresne
Avesnes
Le Royon
Quend-Plage-les-Pins
Routhiauville
Vieux-Quend
Petit Chemin
Dominois
Douriez
Le Molinel
Tortefontaine
Guigny
Monchaux
Quend
Villers-s-Authie
Hémencourt
Vron
Estruval
Ponches-Estruval
Abbe de Dommartin
Rapechy
Regnauville
Grde Dune
Hère
Flandre
Vercourt
Mezoutre
Dompierre-sur-Authie
Froise
Campigneulle
Ligescourt
Raye-s-Authie
Forêt de Labroye
St-Quentin-en-Tourmont
Domaine du Marquenterre
Larronville
Bois du Périot
Regnière-Ecluse
Vironchaux
Voisin
Labroye
Canteraine
Rossignol
Rue
Arry
Bernay-en-Ponthieu
Machiel
Wadicourt
Le Boisle
Tollent
Le Bout des Crocs
La Bucaille
Machy
Parc ornithologique du Marquenterre
St-Firmin
Le Champ Neuf
Bihen
Becquerel
La Bonde
Hutte-des-Grds-Hêtres
Caumartin
Crécy-en-Ponthieu
Moulin Edouard III
Estrées-lès-Crécy
Boufflers
Baie de Somme
Le Marais
Neuville
Romaine
Forest-Montiers
Forêt de Crécy
Croix de Bohême
Gueschart
La Maye
La Bassée
Favières
Poteau de Nouvion
Carrefour Central
Froyelles
Fontaine-s-Maye
Neuilly-le-Dien
Le Hamelet
Romiotte
Marcheville
Brailly-Cornehotte
Le Hourdel
Le Crotoy
Morlay
Ponthoile
Nouvion
Les Quatre Routes
Cornehotte
La Mollière d'Aval
Mollières
Bonnelle
Sailly-Bray
Forest-l'Abbaye
Domvast
Noyelles-en-Chaussée
Cap Hornu
St-Valery-sur-Somme
Brighton
Maison de l'Oiseau
Cayeux-sur-Mer
Nolette
La Garenne
Lamotte-Buleux
Le Quesnoy
Gapennes
Cimre Chinois
Noyelles-s-Mer
Le Titre
Canchy
Wathiehurt
Sailly
Sailly-Flibeaucourt
Hautvillers-Ouville
Neuilly-l'Hôpital
Yvrencheux
Hurt
Sallenelle-et-Routhiauville
Ribeauville
Pinchefalise
La Baie de Somme
La Cantine
Buigny-St-Maclou
La Triquerie
Agenvillers
Le Marais
Lanchères
Neuville
Drancourt
Ouville
Millencourt-en-Ponthieu
Hâble d'Ault Réserve ornithologique
Pendé
Laleu
Estréboeuf
Boismont
Port-le-Grd
Le Plessiel
Le Festel
Le Ménage
Poutrincourt
Bretel
Bonnance
Drucat
Oneux
Coulonvillers
Brutelles
Catigny
Petit Port
Gd-Laviers
St-Riquier
Drugy
Tilloy
Arrest
Saigneville
Gouy
Caours
L'Heure
La Bouvaque
Neuvillette
Maison-Roland
Hautebut
Elincourt
Mons-Boubert
Cahon
Petit Laviers
Neufmoulin
Vaudricourt
St-Blimont
Cambron
La Justice
Abbeville
Woignarue
Quesnoy-le-Montant
Mautort
Offeux
Ochancourt
Campagne
Lambercourt
Vauchelles-les-Quesnoy
Buigny-l'Abbé
Bussus-Bussuel
Bourseville
Hymmeville
Martaigneville
Belloy
Nibas
Monts de Caubert
Monflières
Yaucourt-Bussus
Gorenflos
Allenay
Tully
Franleu
Miannay
Friville-Escarbotin
Saucourt
Valines
Frireulle
Bouillancourt
Yonval
Bagatelle
Bellancourt
Famechon
Béthencourt-s-Mer
St-Mard
Frières
Zoteux
Moyenneville
Les Planches
Epagne-Epagnette
St-Quentin-Motte-Croix-au-Bailly
Monchaux
Chaussoy
Bienfay
Mareuil-Caubert
Eaucourt-s-Somme
Francières
Ailly-le-Ht-Clocher
Ergnies
Fressenneville
Acheux-en-Vimeu
Boëncourt
Villers-s-Mareuil
Woincourt
Tœufles
Rogeant
Béhen
Huchenneville
Erondelle
Pont-Remy
Villers-s-Ailly
Méneslies
Yzengremer
Feuquières-en-Vimeu
Chépy
Bray-lès-Mareuil
Cocquerel
Mouflers
Oust-Marest
Houdent
Tours-en-Vimeu
Ercourt
Les Alleux
Les Croisettes
Inval
Caumont
Longuet
Bouvaincourt-s-Bresle
Dargnies
Hocquelus
Aigneville
Courcelles
Trinquies
Bainast
Limercourt
Liercourt
Long
Bouchon
Embreville
Corroy
Grébault-Mesnil
Bailleul
Buigny-lès-Gamaches
Courtieux
Hamicourt
Bellifontaine
Fontaine-s-Somme
Le Catelet
L'Étoile
Incheville
Beauchamps
Maisnières
Longuemort
Huppy
Limeux
Grandsart
Monchelet
Vismes-au-Val
Onicourt
Poultière
Cocquerel
Vieulaines
Longpré-les-Corps-Saints
Le Lieu Dieu
Harcelaines
Visse
Frettemeule
Le Ploüy
Warcheville
Doudelainville
Sorel-en-Vimeu
Moréaucourt
Breuilly
Gousseauville
Hélicourt
Martainneville
Hocquincourt
Condé-Folie
St-Martin
Longroy
Floriville
Maigneville
St-Maxent
Frucourt
Brit.
Gamaches
Tilloy-Floriville
Morival
Marquenneville
Vaux-Marquenneville
Wanel
Bettencourt-Rivière
Rd de Nemours
Wiammeville
Fresnes-Tilloloy
Citerne
Hallencourt
La Tuilerie
Infray
Cerisy-Buleux
L'Epinoy
Biencourt
Yonville
Neuville-au-Bois
Hangest-sur-Somme
Millebosc
Bouillancourt-en-Séry
Busménard
Dreuil-Hamel
Guerville
Translay
Forceville-en-Vimeu
Mérélessart
Bazinval
Monthières
Le Translay
Ramburelles
Wiry-au-Mont
Airaines
Le Vert-Pignon
Framicourt
Allery
Soues
Ansennes
Witainéglise
Woirel
Monchaux-Soreng
Oisemont
Fontaine-le-Sec
Quesnoy-sur-Airaines
Grande Vallée
Les Saulx
Wattebléry
Vert-Bocage
Métigny
Villeroy
Cannessières
Bouttencourt
Vergies
Laleu
Rieux
Heurtevent
Rambures
Tailly
Pau de Ste-Catherine
Neslette
Mouflières
Frettecuisse
Warlus
Blangy-s-Bresle
Foucaucourt-Hors-Nesle
Aumâtre
Heucourt-Croquoison
L'Arbre à Mouches
Riencourt
Le Cornet
Fontaine
Le Fay
Avelesges
Pierrepont
Bouteaumesnil
Nesle-l'Hôpital
Lignières-en-Vimeu
Épaumesnil
Étréjust
Montagne-Fayel
Béthencourt
Nesle-Normandeuse
Fresnoy-Andainville
St-Maulvis
Belloy-St-Léonard
Dreuil-lès-Molliens
Dancourt
St-Riquier-en-Rivière
Mienval
Senarpont
Bourbel
Rederie
Avesnes-Chaussoy
Maître-Jean
Mesnil-Eudin
Andainville
Fresneville
Le Chaussoy
Aumont
Camps-en-Amiénois
Hesmy
Silo
Le Coudroy
Preuseville
Neuville-Monde
Monchy-le-Preux
Guimerville
Le Courval
Inval-Boiron
Le Mazis
Dromesnil
Hallivilliers
Molliens-
21
10
11
12
13
14

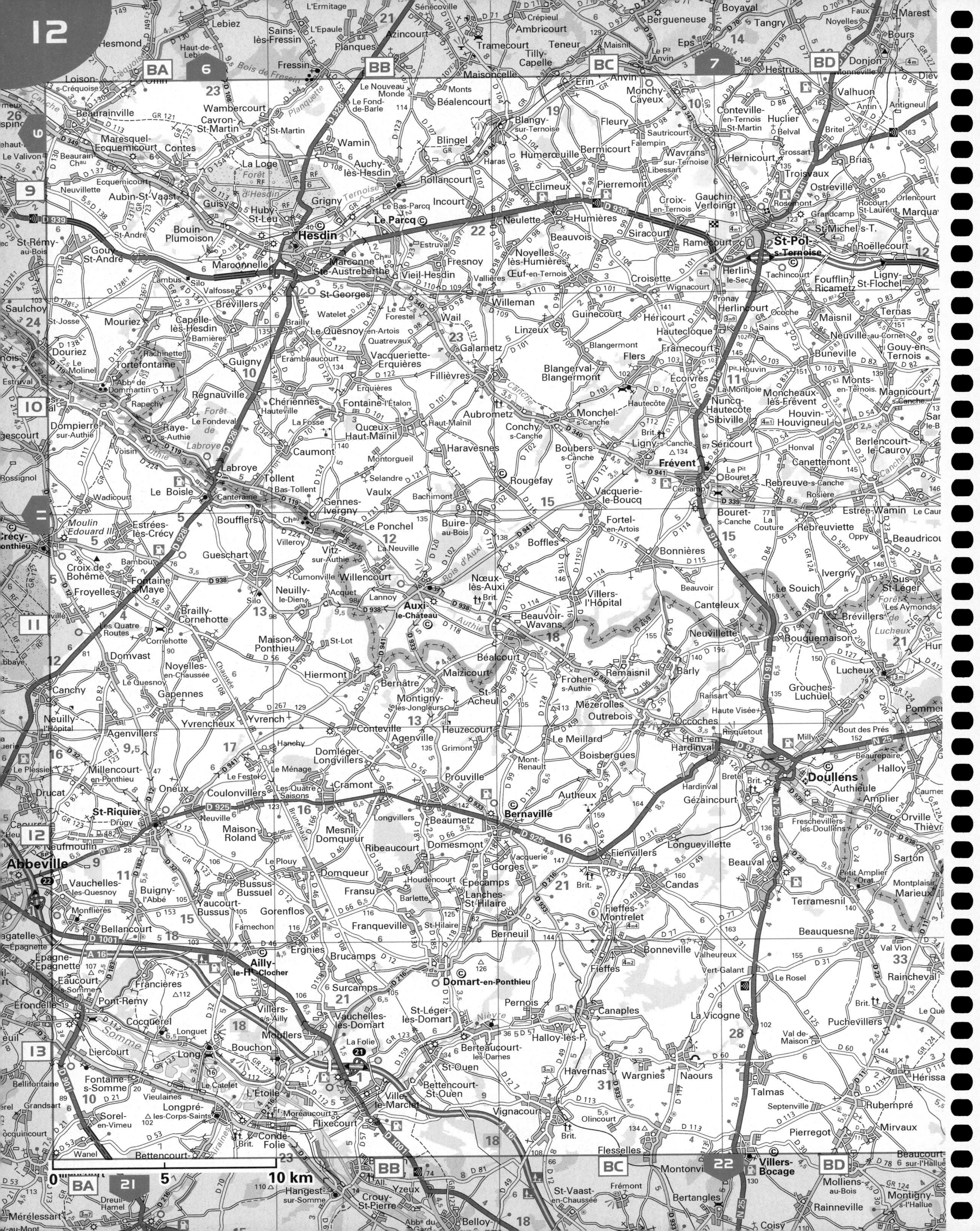
L'Ermitage
Sénecoville
Crépieul
Ambricourt
Boyaval
Marest
Faux
Noyelles
Lebiez
Hesmond
Sains-lès-Fressin
L'Epaule
Azincourt
Tramecourt
Teneur
Tilly-Capelle
Bergueneuse
Tangry
Eps
Bours
Donjon
Hestrus
Maisoncelle
Fressin
Bois de Fressin
Loison-s-Créquoise
Wambercourt
Cavron-St-Martin
St-Martin
Le Nouveau Monde
Le Fond-de-Barle
Monts
Béalencourt
Blangy-sur-Ternoise
Erin
Anvin
Monchy-Cayeux
Fleury
Sautricourt
Conteville-en-Ternois
St-Martin
Huclier
Belval
Valhuon
Antin
Antigneul
Britel
Beaurainville
Maresquel-Ecquemicourt
Contes
Wamin
Blingel
Humerœuille
Bermicourt
Falempin
Wavrans-sur-Ternoise
Libessart
Hernicourt
Grossart
Brias
Troisvaux
Ostreville
Le Valivon
Beaurain Chau
La Loge
Forêt d'Hesdin
Auchy-lès-Hesdin
Haras
Rollancourt
Eclimeux
Pierremont
Croix-en-Ternois
Gauchin-Verloingt
Rosemont
Rocourt-St-Laurent
Orlencourt
Marquay
Grandcamp
St-Michel-s-T.
Neuvillette
Ecquemicourt
Aubin-St-Vaast
Guisy
Grigny
Huby-St-Leu
Ternoise
Le Bas-Parcq
Incourt
Le Parcq
Neulette
Humières
Siracourt
Ramecourt
St-Pol-s-Ternoise
St-Rémy-au-Bois
Gouy-St-André
St-André
Bouin-Plumoison
Hesdin
Marconnelle
Marconne
Ste-Austreberthe
Estruval
Fresnoy
Vieil-Hesdin
Beauvois
Noyelles-lès-Humières
Vallières
Œuf-en-Ternois
Croisette
Wignacourt
Herlin-le-Sec
Tachincourt
Foufflin-Ricametz
Ligny-St-Flochel
Roëllecourt
Lambus
Silo
Valfosse
Brévillers
St-Georges
Willeman
Pronay
Herlincourt
Saulchoy
St-Josse
Mouriez
Capelle-lès-Hesdin
Bamières
Watelet
Brailly
Le Forestel
Le Quesnoy-en-Artois
Quatrevaux
Wail
Linzeux
Guinecourt
Héricourt
Hautecloque
Ocoche
Sains
Maisnil
Ternas
Neuville-au-Cornet
Gouy-en-Ternois
Douriez
Le Molinel
Tortefontaine
Rachinette
Guigny
Erambeaucourt
Vacqueriette-Erquières
Galametz
Blangermont
Blangerval-Blangermont
Flers
Framecourt
Buneville
Abbe de Dommartin
Regnauville
Fillièvres
Canche
Ecoivres
Pt-Houvin
Monts-en-Ternois
Magnicourt-s-Canche
Estruval
Rapechy
Chériennes
Hauteville
Erquières
Fontaine-l'Etalon
Aubrometz
Hautecôte
Nuncq-Hautecôte
La Montjoie
Moncheaux-lès-Frévent
Houvin-Houvigneul
Forêt Le Fondeval
Dompierre-sur-Authie
Raye-s-Authie
La Fosse
Quœux-Haut-Maînil
Haut-Maînil
Conchy-s-Canche
Monchel-s-Canche
Sibiville
Labroye
Haravesnes
Ligny-s-Canche
Séricourt
Berlencourt-le-Cauroy
Voisin
Authie
Caumont
Montorgueil
Boubers-s-Canche
Frévent
Honval
Canettemont
Rossignol
Labroye
Selandre
Rougefay
Le Pt Bouret
Cercamp
Rebreuve-s-Canche
Rosière
Le Boisle
Tollent
Bas-Tollent
Vaulx
Bachimont
Vacquerie-le-Boucq
Wadicourt
Canteraine
Gennes-Ivergny
Estrée-Wamin
Le Caur
Moulin Edouard III
Crécy-en-Ponthieu
Estrées-lès-Crécy
Boufflers
Le Ponchel
Buire-au-Bois
Fortel-en-Artois
Bouret-s-Canche
La Couture
Rebreuviette
Oppy
Beaudricourt
Villeroy
Vitz-sur-Authie
La Neuville
Boffles
Bonnières
Gueschart
Bambou
Croix de Bohême
Fontaine-s-Maye
Froyelles
Cumonville
Willencourt
Bois d'Auxi
Nœux-lès-Auxi
Ivergny
Sus-St-Léger
Le Souich
Neuilly-le-Dien
Acquet
Lannoy
Auxi-le-Château
Villers-l'Hôpital
Beauvoir
Canteleux
Forêt de Lucheux
Les Aymonds
Brévillers
Bouquemaison
Lucheux
Brailly-Cornehotte
Silo
Beauvoir-Wavans
Neuvillette
Les Quatre Routes
Cornehotte
Maison-Ponthieu
St-Lot
Domvast
Noyelles-en-Chaussée
Hiermont
Béalcourt
Barly
Remaisnil
Le Quesnoy
Maizicourt
Bernâtre
Frohen-s-Authie
Grouches-Luchuel
Canchy
Gapennes
St-Acheul
Ransart
Montigny-les-Jongleurs
Mézerolles
Haute Visée
Outrebois
Neuilly-l'Hôpital
Yvrencheux
Yvrench
Conteville
Heuzecourt
Occoches
Pommera
Agenvillers
Agenville
Le Meillard
Risquetout
Bout des Prés
Hem-Hardinval
Milly
Grimont
Hanchy
Domléger-Longvillers
Boisbergues
Beaurepaire
Millencourt-en-Ponthieu
Le Ménage
Mont-Renault
Le Plessiel
Le Festel
Prouville
Bretel
Doullens
Halloy
Drucat
Oneux
Coulonvillers
Les Quatre Saisons
Cramont
Hardinval
Autheux
Gézaincourt
Authieule
Amplier
St-Riquier
Drugy
Neuville
Maison-Roland
Longvillers
Beaumetz
Bernaville
Freschevillers-lès-Doullens
Orville
Thièvres
Neufmoulin
Mesnil-Domqueur
Domesmont
Ribeaucourt
Fienvillers
Longuevillette
Abbeville
Le Plouy
Vacquerie
Beauval
Sarton
Vauchelles-les-Quesnoy
Buigny-l'Abbé
Bussus-Bussuel
Domqueur
Houdencourt
Gorges
Epécamps
Candas
Petit Amplier
Montplaisir
Marieux
Monflières
Yaucourt-Bussus
Fransu
Barlette
Lanches-St-Hilaire
Fieffes-Montrelet
Terramesnil
Bellancourt
Gorenflos
Famechon
Franqueville
St-Hilaire
Berneuil
Beauquesne
Epagne-Epagnette
Ailly-le-Ht-Clocher
Ergnies
Brucamps
Bonneville
Valheureux
Val Vion
Fieffes
Vert-Galant
Raincheval
Eaucourt-s-Somme
Francières
Domart-en-Ponthieu
Le Rosel
Erondelle
Pont-Remy
Surcamps
Pernois
Canaples
Brit.
Cocquerel
Villers-s/s-Ailly
Vauchelles-lès-Domart
St-Léger-lès-Domart
Nièvre
La Vicogne
Puchevillers
Le Quesnoy
Somme
Longuet
Mouflers
La Folie
Halloy-lès-P.
Val de Maison
Liercourt
Long
Bouchon
Berteaucourt-les-Dames
Havernas
Wargnies
Naours
Hérissart
Bellifontaine
Fontaine-s-Somme
Le Catelet
St-Ouen
Talmas
Vieulaines
L'Etoile
Bettencourt-St-Ouen
Ville-le-Marclet
Rubempré
Grandsart
Sorel-en-Vimeu
Longpré-les-Corps-Saints
Moréaucourt
Flixecourt
Vignacourt
Olincourt
Septenville
Mirvaux
Pierregot
Condé-Folie
Bettencourt-Rivière
Wanel
Flesselles
Beaucourt-sur-l'Hallue
Villers-Bocage
Montonvillers
Frémont
Molliens-au-Bois
Montigny-s-l'Hallue
St-Vaast-en-Chaussée
Hangest-sur-Somme
Yzeux
Crouy-St-Pierre
Bertangles
Rainneville
Dreuil-Hamel
Mérélessart
Belloy-
Coisy
0 5 10 km
BA
BB
BC
BD

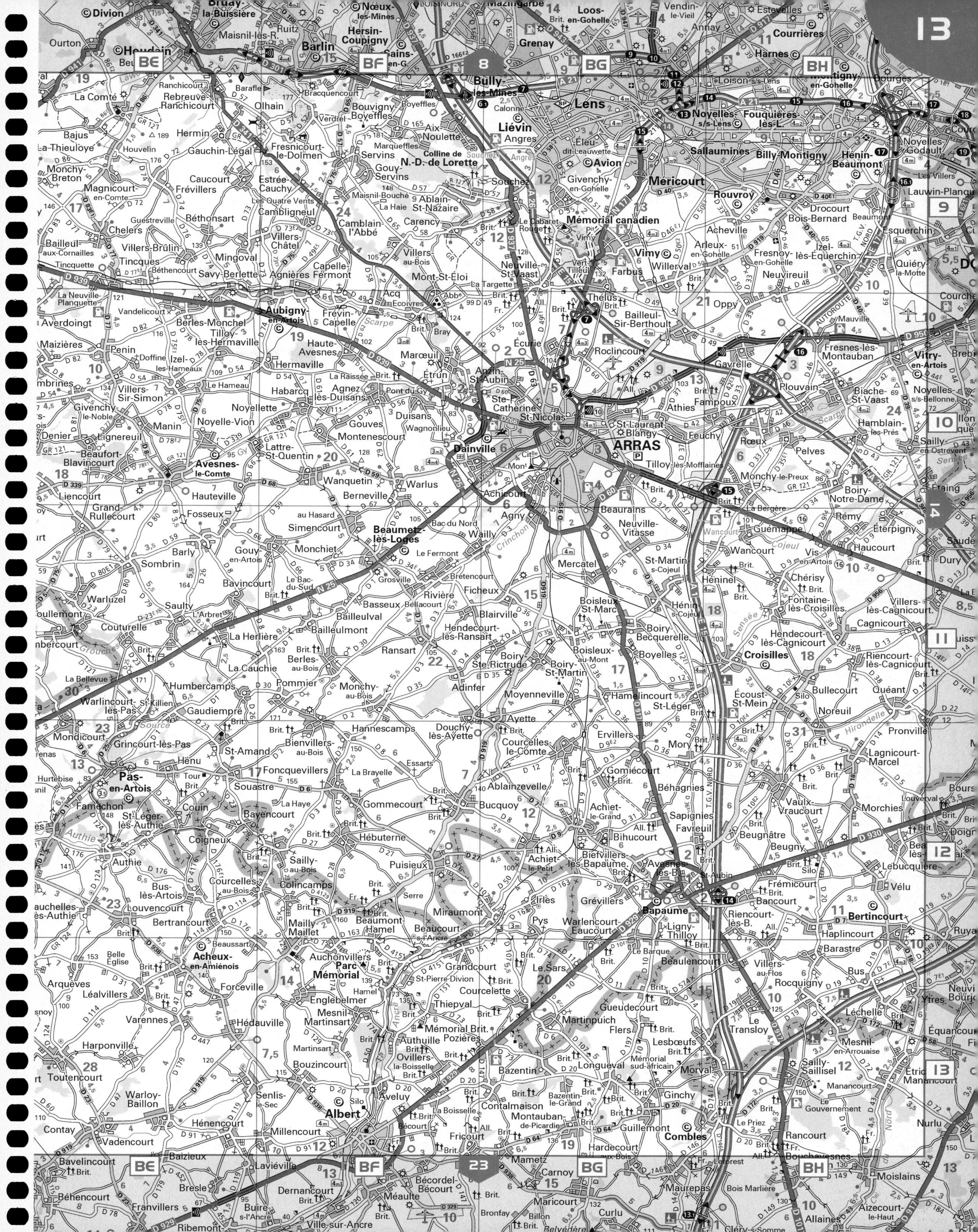
Divion
Bruay-la-Buissière
Nœux-les-Mines
Mazingarbe
Loos-en-Gohelle
Vendin-le-Vieil
Estevelles
Courrières
Ourton
Houdain
Ruitz
Maisnil-lès-R.
Barlin
Hersin-Coupigny
Sains-en-G.
Grenay
Annay
Harnes
BE
BF
8
BG
BH
Montigny-en-Gohelle
Bourges
Ranchicourt
Rebreuve-Ranchicourt
Barafle
Bracquencourt
Bully-les-Mines
Lens
Loison-s/s-Lens
La Comté
Olhain
Bouvigny-Boyeffles
Calonne
Noyelles-s/s-Lens
Fouquières-lès-L.
Verdrel
Aix-Noulette
Liévin
Angres
Bajus
Hermin
Fresnicourt-le-Dolmen
Eleu-dit-Leauwette
Sallaumines
Billy-Montigny
Hénin-Beaumont
Noyelles-Godault
La-Thieuloye
Houvelin
Gauchin-Légal
Servins
Colline de N.-D. de Lorette
Avion
Monchy-Breton
Caucourt
Estrée-Cauchy
Gouy-Servins
Souchez
Givenchy-en-Gohelle
Méricourt
Rouvroy
Drocourt
Magnicourt-en-Comte
Frévillers
Les Quatre Vents
Maisnil-Bouché
Ablain-St-Nazaire
La Haie
Camblain-l'Abbé
Carency
Le Cabaret-Rouge
Mémorial canadien
Bois-Bernard
Esquerchin
Béthonsart
Cambligneul
Villers-Châtel
Acheville
Arleux-en-Gohelle
Fresnoy-en-Gohelle
Izel-lès-Equerchin
Quiéry-la-Motte
Chelers
Villers-Brûlin
Mingoval
Villers-au-Bois
Neuville-St-Vaast
Vimy
Willerval
Neuvireuil
Bailleul-aux-Cornailles
Tincques
Savy-Berlette
Agnières
Capelle-Fermont
Mont-St-Eloi
La Targette
Farbus
Tincquette
Béthencourt
Thélus
Oppy
Courcheliettes
La Neuville-Planquette
Vandelicourt
Aubigny-en-Artois
Acq
Ecoivres
Bailleul-Sir-Berthoult
Averdoingt
Berles-Monchel
Tilloy-lès-Hermaville
Frévin-Capelle
Bray
Ecurie
Roclincourt
Gavrelle
Fresnes-lès-Montauban
Vitry-en-Artois
Maizières
Penin
Haute-Avesnes
Marœuil
Anzin-St-Aubin
Izel-lès-Hameaux
Hermaville
La Raissée
Etrun
Plouvain
Biache-St-Vaast
Noyelles-s/s-Bellonne
Givenchy-le-Noble
Villers-Sir-Simon
Le Hameau
Habarcq
Agnez-lès-Duisans
Pont du Gy
Ste-Catherine
Athies
Fampoux
Noyellette
Duisans
St-Nicolas
Hamblain-les-Prés
Denier
Manin
Noyelle-Vion
Gouves
Wagnonlieu
St-Laurent-Blangy
Feuchy
Rœux
Lignereuil
Lattre-St-Quentin
Montenescourt
Dainville
ARRAS
Sailly-en-Ostrevent
Beaufort-Blavincourt
Avesnes-le-Comte
Wanquetin
Warlus
Tilloy-lès-Mofflaines
Pelves
Monchy-le-Preux
Liencourt
Hauteville
Berneville
Achicourt
Beaurains
Boiry-Notre-Dame
Etaing
Grand-Rullecourt
Fosseux
au Hasard
Simencourt
Beaumetz-lès-Loges
Bac du Nord
Agny
Neuville-Vitasse
Guémappe
Rémy
Eterpigny
Wailly
Wancourt
Haucourt
Dury
Barly
Gouy-en-Artois
Monchiet
Le Fermont
Mercatel
St-Martin-s-Cojeul
Vis-en-Artois
Sombrin
Bavincourt
Le Bac-du-Sud
Grosville
Bretencourt
Rivière
Ficheux
Héninel
Chérisy
Fontaine-lès-Croisilles
Villers-lès-Cagnicourt
Warluzel
Saulty
Basseux
Bellacourt
Boisleux-St-Marc
Hénin-s-Cojeul
Cagnicourt
Coullemont
L'Arbret
Couturelle
Bailleulval
Blairville
Boiry-Becquerelle
La Herlière
Bailleulmont
Hendecourt-lès-Ransart
Hendecourt-lès-Cagnicourt
Ransart
Boiry-Ste-Rictrude
Boisleux-au-Mont
Boyelles
Croisilles
Riencourt-lès-Cagnicourt
Berles-au-Bois
La Cauchie
Boiry-St-Martin
La Bellevue
Humbercamps
Pommier
Monchy-au-Bois
Adinfer
Moyenneville
Hamelincourt
Ecoust-St-Mein
Bullecourt
Quéant
Warlincourt-lès-Pas
St-Killien
Gaudiempré
St-Léger
Noreuil
Mondicourt
Grincourt-lès-Pas
Hannescamps
Ayette
Douchy-lès-Ayette
Courcelles-le-Comte
Ervillers
Mory
Pronville
St-Amand
Bienvillers-au-Bois
Essarts
Lagnicourt-Marcel
Hénu
Pas-en-Artois
Foncquevillers
La Brayelle
Gomiécourt
Hurtebise
Souastre
Ablainzevelle
Béhagnies
Famechon
Couin
La Haye
Gommecourt
Bucquoy
Achiet-le-Grand
Sapignies
Vaulx-Vraucourt
Morchies
Louverval
St-Léger-lès-Authie
Bayencourt
Favreuil
Beugnâtre
Coigneux
Hébuterne
Bihucourt
Beugny
Authie
Sailly-au-Bois
Puisieux
Achiet-le-Petit
Biefvillers-lès-Bapaume
Avesnes-lès-B.
Lebucquière
Bus-lès-Artois
Courcelles-au-Bois
Colincamps
Serre
St-Aubin
Frémicourt
Vélu
Bancourt
Bouchelles-lès-Authie
Louvencourt
Irles
Grévillers
Bapaume
Bertrancourt
Mailly-Maillet
Beaumont-Hamel
Miraumont
Pys
Warlencourt-Eaucourt
Riencourt-lès-B.
Bertincourt
Beaucourt-s-l'Ancre
Ligny-Thilloy
Haplincourt
Beaussart
Acheux-en-Amiénois
Belle Eglise
Auchonvillers
Grandcourt
Le Sars
Le Barque
Beaulencourt
Barastre
Parc Mémorial
St-Pierre-Divion
Villers-au-Flos
Bus
Arquèves
Léalvillers
Forceville
Hamel
Courcelette
Rocquigny
Englebelmer
Thiepval
Gueudecourt
Ytres
Varennes
Hédauville
Mesnil-Martinsart
Mémorial Brit.
Martinpuich
Flers
Le Transloy
Léchelle
Harponville
Authuille
Pozières
Lesbœufs
Mesnil-en-Arrouaise
Martinsart
Ovillers-la-Boisselle
Mémorial sud-africain
Toutencourt
Bouzincourt
Bazentin
Longueval
Morval
Sailly-Saillisel
Manancourt
Warloy-Baillon
Senlis-le-Sec
Aveluy
Bazentin-le-Grand
Ginchy
Le Gouvernement
Albert
La Boisselle
Contalmaison
Montauban-de-Picardie
Guillemont
Combles
Nurlu
Contay
Hénencourt
Millencourt
Bécourt
Fricourt
Le Priez
Rancourt
Vadencourt
Hardecourt-aux-Bois
Bouchavesnes
Bavelincourt
Baizieux
Laviéville
23
Mametz
Carnoy
Moislains
Béhencourt
Bresle
Dernancourt
Bécordel-Bécourt
Maurepas
Bois Marlière
Méaulte
Maricourt
Franvillers
Buire-s-l'Ancre
Curlu
Allaines
Aizecourt-le-Haut
Ribemont
Ville-sur-Ancre
Bronfay
Billon
Cléry-s-Somme
9
10
11
12
14
13

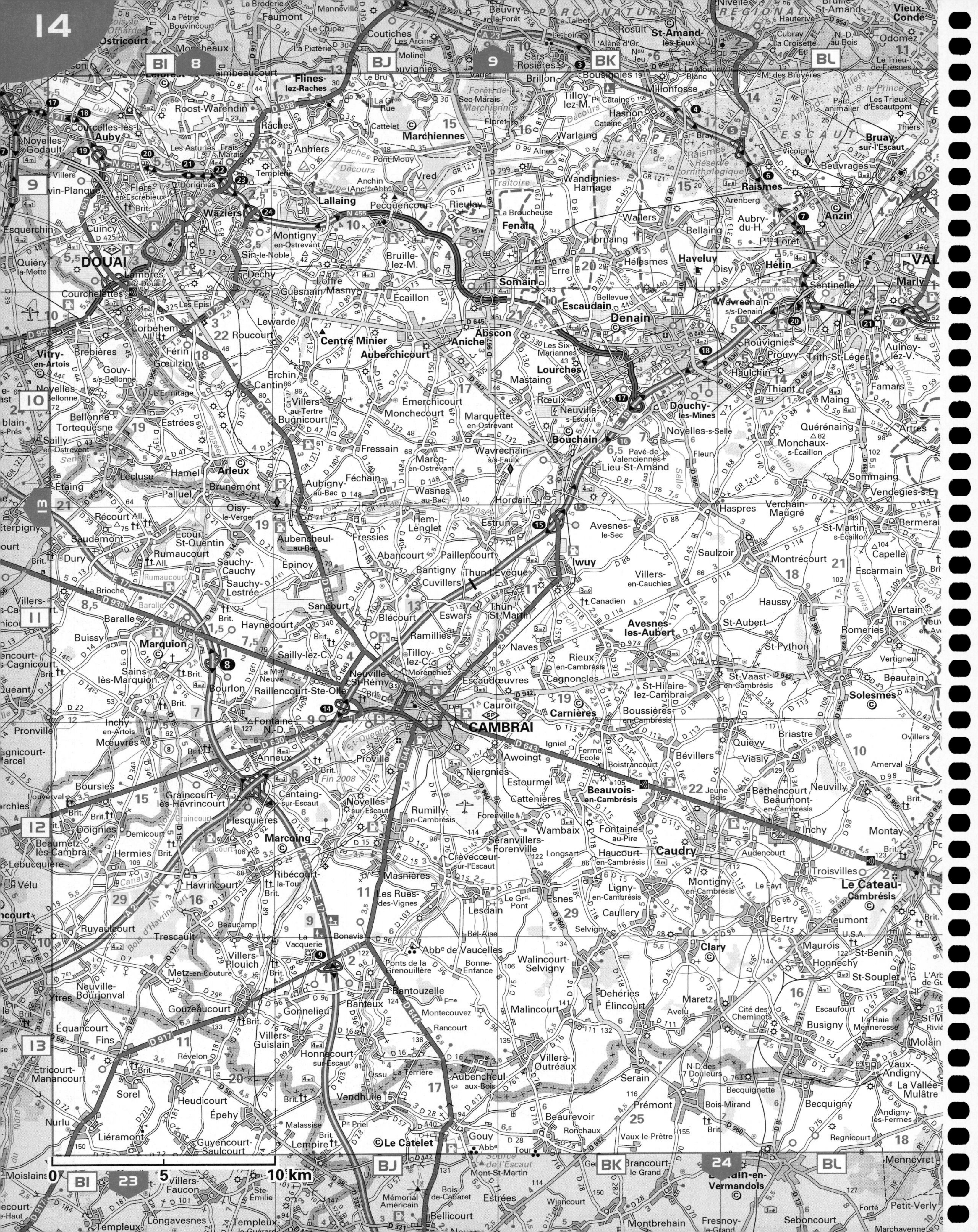
BI
BJ
BK
BL
8
9
13
23
24
Ostricourt
Flines-lez-Raches
Marchiennes
St-Amand-les-Eaux
Vieux-Condé
Raismes
Anzin
DOUAI
Auby
Waziers
Lallaing
Pecquencourt
Somain
Fenain
Haveluy
Denain
Escaudain
Abscon
Aniche
Auberchicourt
Centre Minier
Lourches
Douchy-les-Mines
Bouchain
Vitry-en-Artois
Arleux
Iwuy
Avesnes-les-Aubert
Carnières
Solesmes
Marquion
CAMBRAI
Beauvois-en-Cambrésis
Caudry
Le Cateau-Cambrésis
Marcoing
Clary
Le Catelet
Bohain-en-Vermandois
PARC NATUREL RÉGIONAL
SCARPE
ESCAUT
0
5
10 km

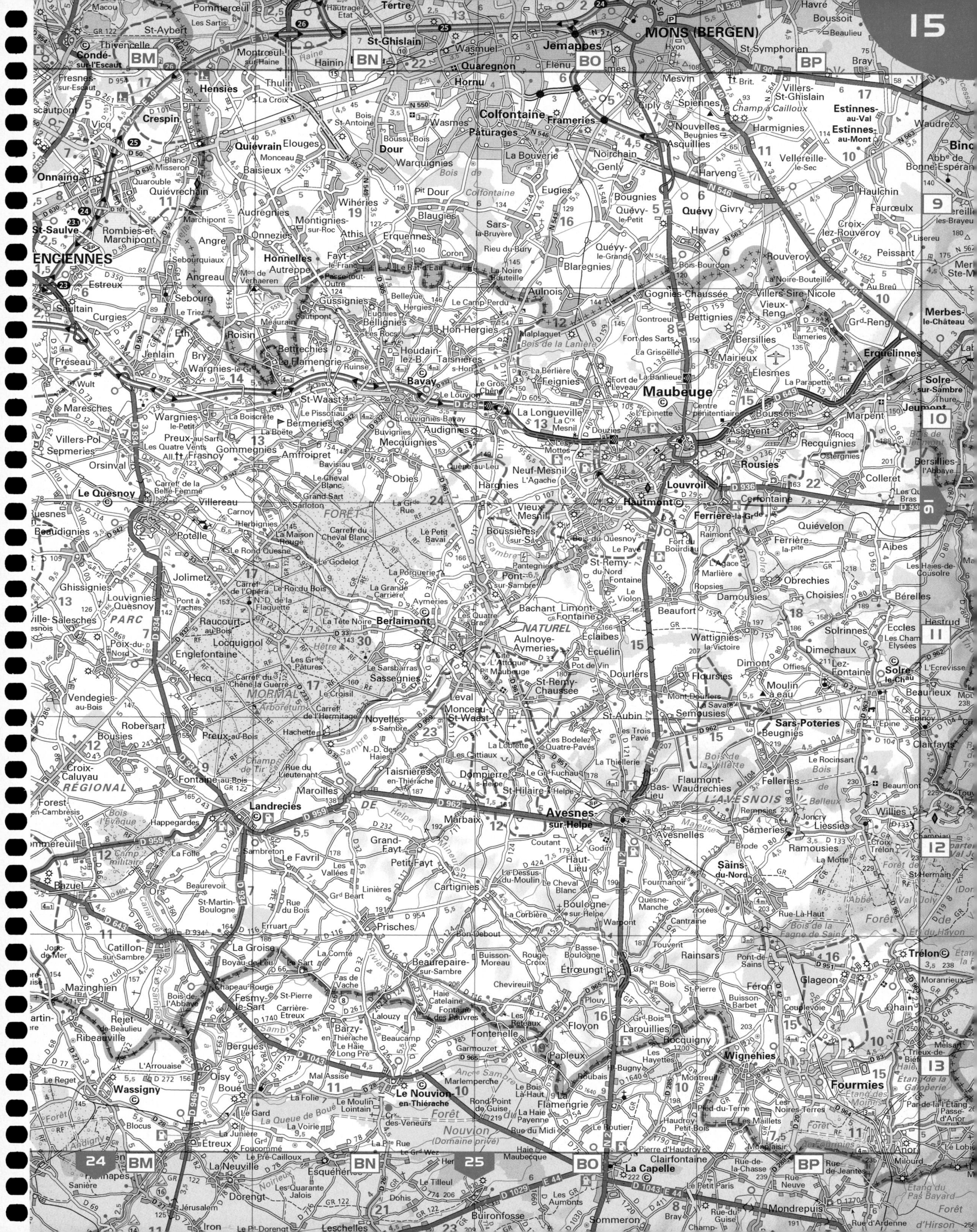
MONS (BERGEN)
Jemappes
St-Ghislain
Quaregnon
Hornu
Condé-sur-l'Escaut
Hensies
Crespin
Quiévrain
Dour
Colfontaine
Frameries
Pâturages
Wasmes
Boussu-Bois
Onnaing
Quiévrechain
St-Saulve
Marchipont
Rombies-et-Marchipont
Honnelles
Estreux
Saultain
Curgies
Sebourg
Jenlain
Préseau
Maresches
Wargnies-le-Grand
Wargnies-le-Petit
Villers-Pol
Sepmeries
Orsinval
Le Quesnoy
Potelle
Jolimetz
Ghissignies
Louvignies-Quesnoy
Poix-du-Nord
Englefontaine
Locquignol
Hecq
Vendegies-au-Bois
Robersart
Bousies
Croix-Caluyau
Preux-au-Bois
Fontaine-au-Bois
Landrecies
Maroilles
Happegardes
Le Favril
Ors
Catillon-sur-Sambre
Mazinghien
Rejet-de-Beaulieu
Ribeauville
Wassigny
Etreux
La Groise
Fesmy-le-Sart
Boué
Oisy
Bergues
Barzy-en-Thiérache
Le Nouvion-en-Thiérache
Esquéhéries
La Neuville
Dorengt
Leschelles
Buironfosse
Sommeron
La Capelle
Clairfontaine
Rue-de-la-Chasse
Mondrepuis
Anor
Fourmies
Wignehies
Glageon
Trélon
Ohain
Féron
Rainsars
Etrœungt
Larouillies
Floyon
Papleux
Fontenelle
Beaurepaire-sur-Sambre
Prisches
Cartignies
Grand-Fayt
Petit-Fayt
Marbaix
Avesnes-sur-Helpe
Avesnelles
Haut-Lieu
St-Hilaire-s-Helpe
Dompierre-s-Helpe
Taisnières-en-Thiérache
Noyelles-s-Sambre
Leval
Monceau-St-Waast
Sassegnies
Berlaimont
Aulnoye-Aymeries
Bachant
Limont-Fontaine
Eclaibes
Ecuelin
St-Remy-Chaussée
Dourlers
St-Aubin
Semousies
Sars-Poteries
Beugnies
Flaumont-Waudrechies
Felleries
Sémeries
Sains-du-Nord
Liessies
Ramousies
Willies
Solre-le-Château
Beaurieux
Clairfayts
Dimechaux
Solrinnes
Eccles
Beaufort
Wattignies-la-Victoire
Damousies
Obrechies
Choisies
Bérelles
Aibes
Quiévelon
Ferrière-la-Grande
Ferrière-la-Petite
Louvroil
Hautmont
Maubeuge
Cerfontaine
Rousies
Recquignies
Colleret
Jeumont
Marpent
Boussois
Assevent
Elesmes
Mairieux
Bersillies
Vieux-Reng
Villers-Sire-Nicole
Grand-Reng
Erquelinnes
Solre-sur-Sambre
Merbes-le-Château
Feignies
Neuf-Mesnil
Hargnies
Vieux-Mesnil
Boussières-sur-Sambre
St-Remy-du-Nord
Pont-sur-Sambre
Bavay
Houdain-lez-B.
Taisnières-s-Hon
Hon-Hergies
Bellignies
Gussignies
St-Waast
Bermeries
Audignies
Mecquignies
Obies
Gommegnies
Amfroipret
Frasnoy
Preux-au-Sart
Villereau
Malplaquet
Gognies-Chaussée
Bettignies
Aulnois
Blaregnies
Quévy
Givry
Genly
Eugies
Sars-la-Bruyère
Blaugies
Erquennes
Athis
Fayt-le-Franc
Montignies-sur-Roc
Wihéries
Audregnies
Angre
Onnezies
Baisieux
Elouges
Warquignies
La Bouverie
Noirchain
Asquillies
Harveng
Nouvelles
Spiennes
Ciply
Mesvin
Harmignies
Villers-St-Ghislain
Estinnes-au-Val
Estinnes-au-Mont
Vellereille-le-Sec
Haulchin
Fauroeulx
Croix-lez-Rouveroy
Rouveroy
Peissant
St-Symphorien
FORÊT DE MORMAL
PARC NATUREL RÉGIONAL DE L'AVESNOIS
Forêt du Nouvion
BM
BN
BO
BP
24
25
9
10
11
12
13
16

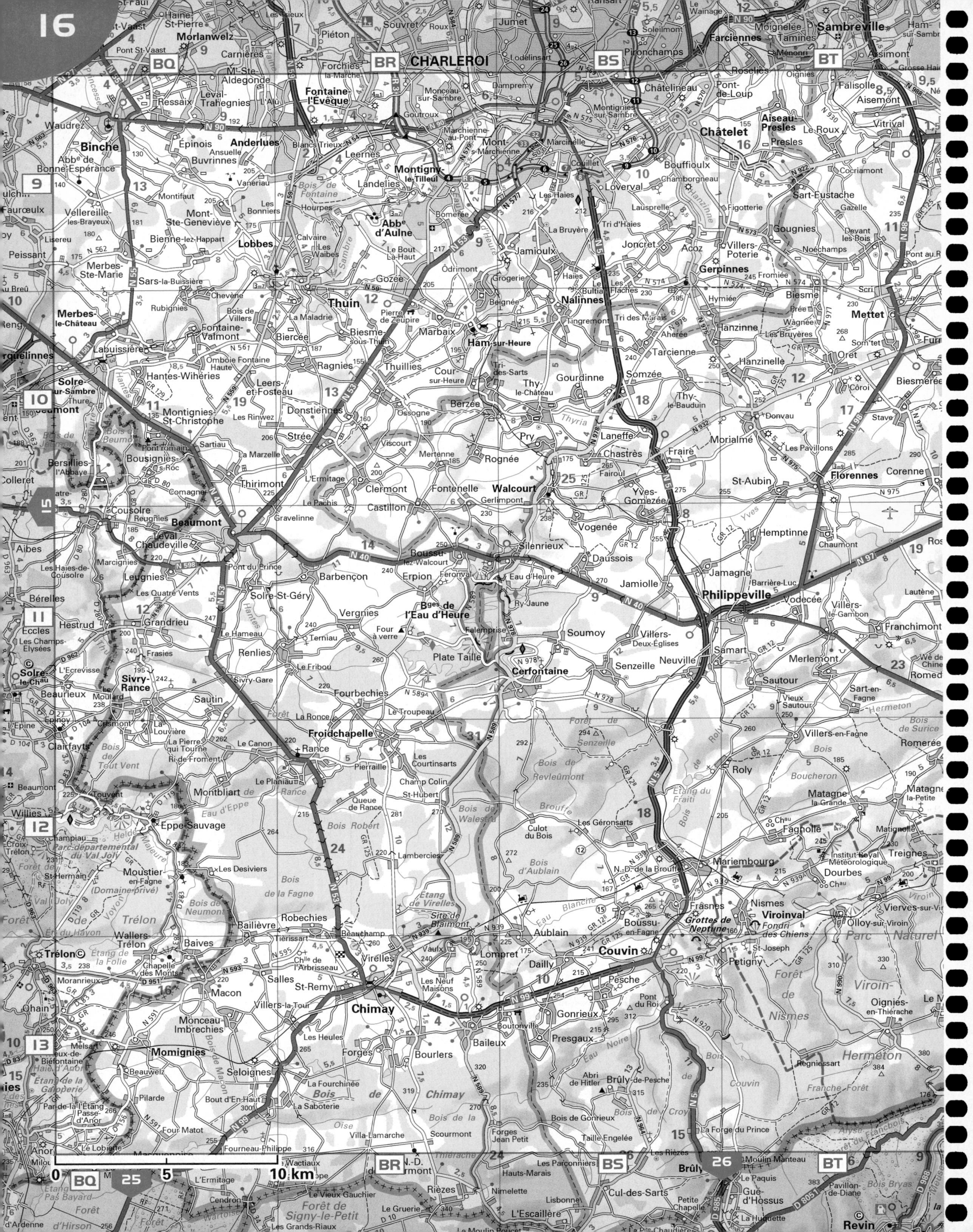
CHARLEROI
Châtelet
Binche
Anderlues
Thuin
Lobbes
Morlanwelz
Fontaine-l'Évêque
Montigny-le-Tilleul
Nalinnes
Gerpinnes
Mettet
Florennes
Walcourt
Philippeville
Beaumont
Froidchapelle
Cerfontaine
Chimay
Couvin
Viroinval
Momignies
Sivry-Rance
Merbes-le-Château
Trélon
Mariembourg
Sambreville
Farciennes
Aiseau-Presles
Barrages de l'Eau d'Heure
Parc départemental du Val Joly
Forêt de Trélon
Bois de Chimay
Forêt de Signy-le-Petit
Parc Naturel
Forêt de Nismes
Grottes de Neptune
Brûly
Revin
0 5 10 km
BQ
BR
BS
BT
9
10
11
12
13
15
25
26

DINANT
Givet
Beauraing
Ciney
Rochefort
Profondeville
Floreffe
Yvoir
Houyet
Wellin
Gedinne
Fumay
Haybes
Han-s-Lesse
Grotte de Han
Hastière
Anseremme
Gesves
Assesse
Hamois
Daverdisse
Bièvre
Euro Space
Fort de Charlemont
Dom. provincial Valéry Cousin
BU
BV
BW
BX
9
10
11
12
13
27

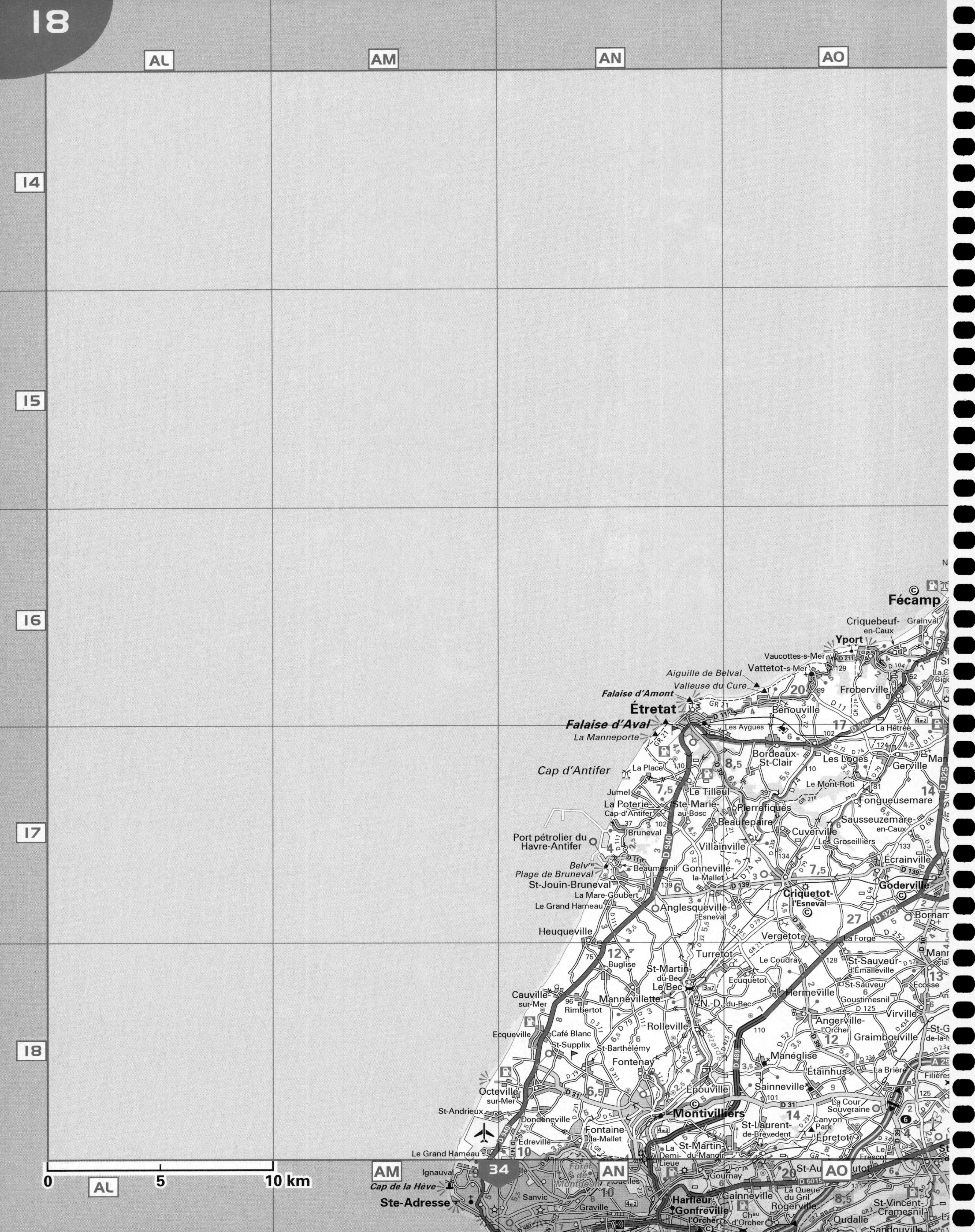

AL
AM
AN
AO
14
15
16
17
18
0
5
10 km
34
Fécamp
Criquebeuf-en-Caux
Grainval
Yport
Vaucottes-s-Mer
Vattetot-s-Mer
Aiguille de Belval
Valleuse du Cure
Falaise d'Amont
Étretat
Falaise d'Aval
La Manneporte
Froberville
Bénouville
Les Aygues
Bordeaux-St-Clair
Les Loges
Gerville
La Hêtrée
Cap d'Antifer
La Place
Le Tilleul
Le Mont-Roti
Fongueusemare
Jumel
La Poterie-Cap-d'Antifer
Ste-Marie-au-Bosc
Pierrefiques
Sausseuzemare-en-Caux
Bruneval
Beaurepaire
Cuverville
Les Groseilliers
Port pétrolier du Havre-Antifer
Villainville
Écrainville
Plage de Bruneval
Beaumesnil
Gonneville-la-Mallet
St-Jouin-Bruneval
Criquetot-l'Esneval
Goderville
La Mare-Goubert
Le Grand Hameau
Anglesqueville-l'Esneval
Heuqueville
Vergetot
La Forge
Turretot
Le Coudray
St-Sauveur-d'Émalleville
Buglise
St-Martin-du-Bec
Le Bec
Écuquetot
Cauville-sur-Mer
Mannevillette
Hermeville
Goustimesnil
Rimbertot
N.-D.-du-Bec
Virville
Angerville-l'Orcher
Rolleville
Café Blanc
Ecqueville
St-Supplix
Graimbouville
St-Barthélemy
Manéglise
Fontenay
Étainhus
La Brière
Octeville-sur-Mer
Épouville
Sainneville
St-Andrieux
Montivilliers
La Cour Souveraine
Dondeneville
St-Laurent-de-Brèvedent
Canyon Park
Fontaine-la-Mallet
Épretot
Edreville
St-Martin-du-Manoir
Le Grand Hameau
La Demi-Lieue
Ignauval
Forêt de Montgeon
Gournay
Cap de la Hève
Ste-Adresse
Sanvic
Harfleur
Gonfreville-l'Orcher
Gainneville
Rogerville
La Queue du Gril
Graville
Chau d'Orcher
Oudalle
St-Vincent-Cramesnil
Sandouville

AP AQ AR AS

14

Phare d'Ailly
Ste-Marguerite-s-M
Quiberville-Plage
St-Aubin-s-Mer
Quiberville
St-Valery-en-Caux
Sotteville-s-Mer
Blainville
Flainville
Falaise d'Aval
Falaise d'Amont
Veules-les-Roses
Englesqueville
St-Léger
Ectot
St-Denis-d'Aclon
Le Bourg-Dun
Le Beaufournier
Veulettes-s-Mer
Conteville
Le Tot
Manneville-ès-Plains
Blosseville
La Chapelle-s-Dun
Pitié
Bertheauville
St-Sylvain
Reutteville
Iclon
St-Pierre-le-Vx
Septimanville
Auberville-la-Manuel
Malleville-les-Grès
Janville
Ingouville
Gueutteville-lès-Grès
La Gaillarde
Bosc-le-Comte
La Grde Rue
Les Ptes Dalles
St-Martin-aux-Buneaux
Paluel
Vittefleur
St-Riquier-ès-Plains
Cailleville
Pleine-Sève
Silleron
Angiens
Luneray
Les Grdes Dalles
Vinchigny
Butot-Vénesville
Néville
Le Mesnil-Durdent
St-Pierre-le-Viger
St-Pierre-en-Port
Vinnemerville
Veauville
Pleine-Sevette
Houdetot
Fontaine-le-Dun
Gruchet-St-Siméon
Crosville
Crasville-la-Mallet
Le Moret
Canouville
Auzeville
Ste-Colombe
Écretteville-s-Mer
Sassetot-le-Mauconduit
Criquetot-le-Mauconduit
Clasville
Cany-Barville
Ocqueville
Ermenouville
Crasville-la-Rocquefort
Életot
Sasseville
Drosay
Orival
Anglesqueville-la-Bras-Long
Autigny
Vénestanville
Senneville-s-Fécamp
Ancretteville-s-Mer
Ouainville
Anneville
Tonneville
Brametot
Rainfreville
N.-D. du Salut
Clainville
Touffrainville
Flamanvillette
Bourville
Tocqueville-en-Caux
Ypreville
Daubeuf
Émondeville
Heunières
La Pérelle
Angerville-la-Martel
Theuville-aux-Maillots
Hocqueville
Barville
Ouville
Héberville
Beauville-la-Cité
Biville-la-Rivière
Ste-Hélène-Bondeville
Ruville
Canville-les-Deux-Églises
Sassetot-le-Malgardé
Gonnetot
St-Benoist
St-Ouen
Hâbleville
Alventot
Bertreville
Bertheauville
Cany
Hautot-l'Auvray
Fultot
Orat
Theuldeville
Mautheville
Bosville
Bretteville-St-Laurent
St-Laurent-en-Caux
Miquetot
Gonzeville
Reuville
Abbe
Gerponville
Grainville-la-Teinturière
St-Vaast-Dieppedalle
Limanville
Boucourt
Bénesville
Colleville
Valmont
La Rouge
St-Léonard
Toussaint
Ganzeville
Gauquetot
Ourville-en-Caux
Le Beaudrouard
Veauville-lès-Quelles
Vautuit
Le Fresnay
Auzouville-s-Saâne
Contremoulins
Le Fils
Routes
Galleville
Saboutot
Vicquemare
Coqueréaumont
Le Beau-Soleil
Bois-Mare
Auffay
Attemesnil
Etalleville
Prétot-Vicquemare
Le Mesnil
Tourville-les-Ifs
L'Orval
Thiergeville
Riville
Le Hanouard
Robertot
Doudeville
Seltot
Le Mesnil-Rury
Thiédeville
Beuzeville-la-Guérard
Oherville
Sommesnil
Carville-Pot-de-Fer
Boudeville
Mesnil-Adde
La Roussie
Thiétreville
Bosc-Mare
Épreville
Goneville
Le Buc
Chle
Sorquainville
Cleuville
Harcanville
Baudribosc
Le Torp-Mesnil
Le Haut-Berger
Les Ifs
Bec-de-Mortagne
Daubeuf-Serville
La Foye
St-Riquier
Petit Vauville
Bosc-Malterre
Berville
Lindebeuf
Riquerville
Mentheville
Vilmesnil
Ypreville-Biville
Thiouville
Ancourteville-s-Héricourt
Héricourt-en-Caux
Quiévremont
Amfreville-les-Champs
L'Abbaye
Mont-de-Bourg
Étauhag
Le Chau Roux
Viertot
Limpiville
Anvéville
Auberville-la-Renault
Annouville-Vilmesnil
La Porte-Verte
Joyeux
Normanville
Bois-Gribout
Hautot-St-Sulpice
Yvecrique
Ouville-l'Abbaye
Le Ménillet
Vibeuf
Bailleul
Bénarville
Manoir
Ste-Marguerite-s-Fauville
La Chaussée
Gournay
La Vatine
Criquetot-s-Ouville
Beautot
Gruchet
Varvan
Grainville-Ymauville
Angerville-Bailleul
Tocqueville-les-Murs
Bennetot
Cliponville
Étoutteville
La Bourgogne
Yerville
Bourdainville
La Chaussée
Masson
Grémonville
Grossœuvre
Bretteville-du-Gd-Caux
St-Maclou-la-Brière
Trémauville
Fauville-en-Caux
Rucquemare
Le Tot
Rocquefort
Les Mottes
Cotte-Cotte
Beaumont
Autretot
Veauville-lès-Baons
Grainville
Gonfreville-Caillot
Bielleville
Hattenville
Bourville
St-Pierre-Lavis
Envronville
Hautot-le-Vatois
Le Veraval
Valleville
Alvimbuc
Le Gal
Ectot-l'Auber
Frettemeule
Bennetot
St-Martin-aux-Arbres
Bréauté
Vattetot-s/s-Beaumont
Yébleron
Auberbosc
Hameau-Joyeux
Ricarville
Bermonville
Bosc-Renault
Baons-le-Comte
Ectot-lès-Baons
Caillebourg
Auzouville-l'Esneval
Le Hertelay
Bernières
Auzouville-Auberbosc
Le Beau Soleil
Écretteville-lès-Baons
Ste-Marie-des-Champs
Flamanville
Motteville
Beaudouville
Neville-Goupil
Mirville
Rouville
Cléville
La Foulerie
Yvetot
St-Étienne-le-Vx
Cideville
Épluques
Emanville
Houquetot
Bolleville
Foucart
Valliquerville
École d'Agricre
Runetot
Limésy
Beuzeville-la-Grenier
Raffetot
Guillerville
Alvimare
Mézerville
Écalles-Alix
Nointot
Baclair (École d'agricre)
Bolleville
Le Goffet
Allouville-Bellefosse
Auzebosc
St-Clair-s-les-Monts
Le Fys
Brunville
Cidetot
Parc-d'Anxtot
Lanquetot
La Vallée
Alliquerville
Chêne
Bois-Himont
La Chaussée
Le Neubourg
La Grde Rue
Croix-Mare
Mesnil-Panneville
Becquigny
Bolbec
Les Marcottières
Le Cheval-Blanc
Le Bouillot
Mont-de-l'If
St-Antoine
Hardouville
St-Jean-de-la-Neuville
Trouville
Le Boscabosc
Flamare
Bourg-Naudin
Touffreville-la-Corbeline
Gommerville
Beuzevillette
St-Aubin-de-Crétot
Le Bec-de-Croc
Louvetot
Fréville
Panneville
Lintot
La Folletière
La Mare-au-Leu
Gruchet-le-Valasse
Grand-Camp
St-Gilles-de-Crétot
Les Héberts
Bouville
St-Eustache-la-Forêt
Abbe du Valasse
La Trinité-du-Mont
Le Bouillon
St-Nicolas-de-la-Haie
Maulévrier-Ste-Gertrude
Carville-la-Folletière
Blacqueville
Les Trois-Pierres
Mélamare
St-Antoine-la-Forêt
La Mare Héberge
Le Becquet
Les Communes
Rançon
Betteville
Bellintot
Auberville-la-Campagne
Anquetierville
Caudebec-en-Caux
Le Ht Pas
Rue-de-Bouville
Barentin
St-Romain-de-Colbosc
Les Forges
La Vallée
Gefol
La Remuée
Le Nau Monde
St-Jean-de-Folleville
Frénaye
St-Arnoult
Abb
St-Wandrille-Rançon
Épinay-s-Duclair
Villers-Écalles
La Porte-Blanche
Beau-Fils
Les Quatre-Chemins
Touffreville-la-Câble
Barre-y-va
Caudebecquet
St-Paër
Le Quesnay
Lillebonne
St-Nicolas-de-la-Taille
Radicatel
La Gde Rue
Le Pré Mançais
L'Abbaye
Villequier
St-Nicolas-de-Bliquetuit
Pont de Brotonne
Le Calibourg
L'Orvasson
Le Paulu
St-Candé
La Cerlangue
Le Mesnil
N.-D.-de-
L'Angle

35

15 16 17 18 20

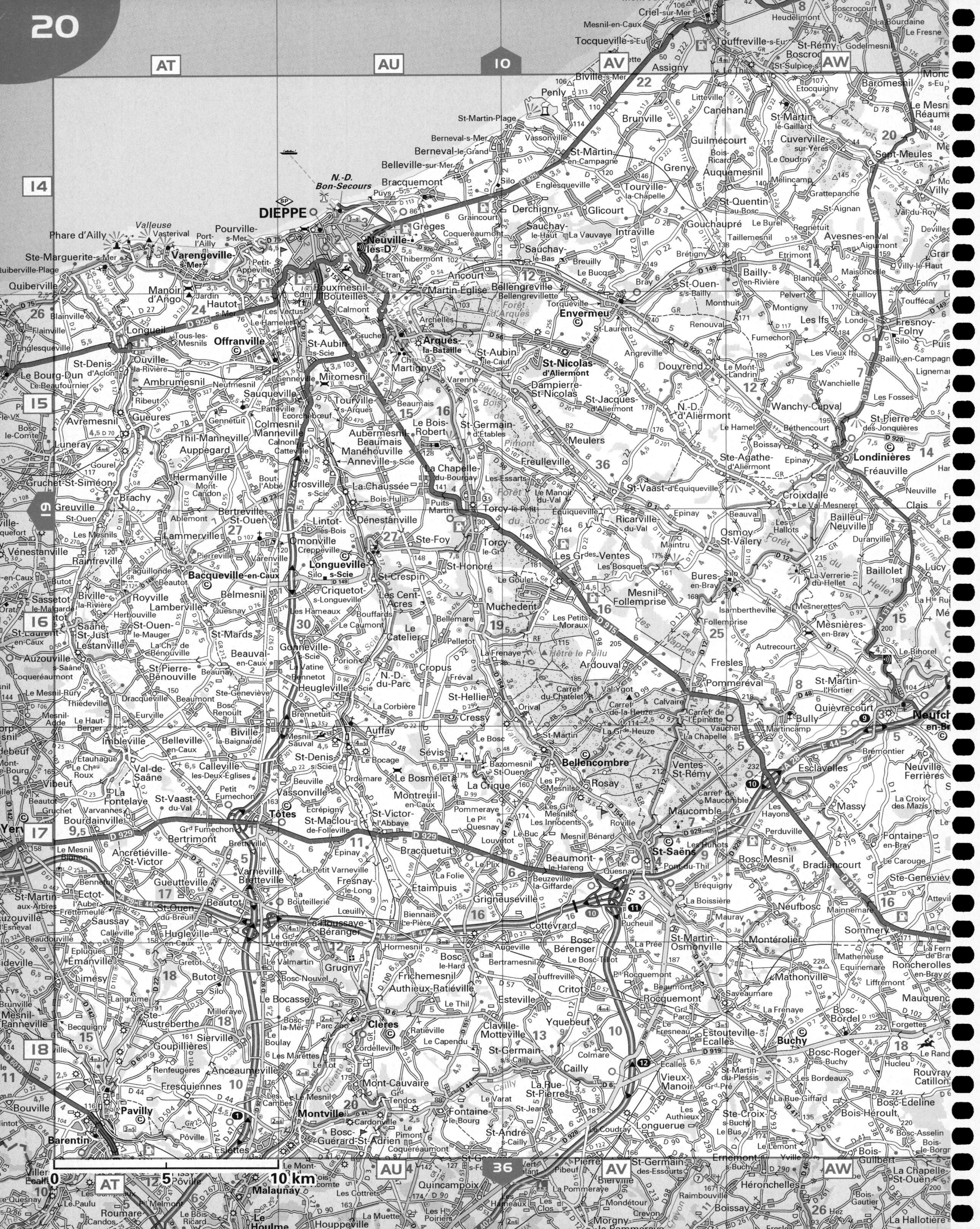
AT
AU
10
AV
AW
14
15
16
17
18
19
36
Criel-sur-Mer
Mesnil-en-Caux
Tocqueville-s-Eu
Touffreville-s-Eu
Heudelimont
Boscrocourt
La Bourdaine
Le Fresne
St-Rémy-Boscrocourt
St-Sulpice-s-Y
Assigny
Biville-s-Mer
Penly
Brunville
Canehan
Litteville
St-Martin-le-Gaillard
Etocquigny
Baromesnil
Le Mesnil-Réaume
St-Martin-Plage
Berneval-s-Mer
Berneval-le-Grand
Belleville-sur-Mer
Vassonville
St-Martin-en-Campagne
Greny
Guilmécourt
Bois-Ricard
Auquemesnil
Cuverville-sur-Yères
Le Coudroy
Sept-Meules
N.-D. Bon-Secours
Bracquemont
Puys
Silo
Englesqueville
Tourville-la-Chapelle
St-Quentin-au-Bosc
Grattepanche
St-Aignan
DIEPPE
Phare d'Ailly
Valleuse
Vasterival
Pourville-s-Mer
Port-l'Ailly
Neuville-lès-D.
Grèges
Graincourt
Derchigny
Glicourt
Coquereaumont
Sauchay-le-Haut
La Vauvaye
Intraville
Gouchaupré
Le Burel
Regnetuit
Taillemesnil
Avesnes-en-Val
Aigumont
Val-du-Roy
Ste-Marguerite-s-Mer
Quiberville-Plage
Quiberville
Varengeville-s-Mer
Petit-Appeville
Thibermont
Sauchay-le-Bas
Breuilly
Le Bucq
Brétigny
Etrimont
Villy-le-Haut
Manoir d'Ango
Jardin
Hautot-s-Mer
Rouxmesnil-Bouteilles
Etran
Ancourt
Martin-Eglise
Bellengreville
Bellengrevillette
Forêt d'Arques
Bray
St-Ouen-s/s-Bailly
Bailly-en-Rivière
Blanques
Maisoncelle
Folny
Blainville
Calmont
Les Vertus
Le Hamelet
Torqueville
Envermeu
Monthuit
Pelvert
Montigny
Feuilloy
Touffécal
Flainville
Longueil
Tous-les-Mesnils
Offranville
Archelles
St-Laurent
Renouval
Les Ifs
La Londe
Fresnoy-Folny
Englesqueville
St-Aubin-s-Scie
Gruchet
Arques-la-Bataille
St-Aubin-le-Cauf
Fumechon
St-Denis-d'Aclon
Ouville-la-Rivière
Le Bourg-Dun
St-Nicolas-d'Aliermont
Angreville
Les Vieux Ifs
Bailly-en-Campagne
Le Beaufourrier
Ambrumesnil
Neufmesnil
Genneville
Miromesnil
Martigny
Varenne
Dampierre-St-Nicolas
Douvrend
Le Mont-Landrin
Wanchielle
Lignemare
Sauqueville
Ribeuf
Patteville
Tourville-s-Arques
Beaumais
Bois de Béthune
St-Jacques-d'Aliermont
N.-D.-d'Aliermont
Wanchy-Capval
Les Fosses
Avremesnil
Gueures
Ecorchebœuf
Gennetuit
Colmesnil-Manneville
Aubermesnil-Beaumais
Le Bois-Robert
St-Germain-d'Etables
Le Hamel
Béthencourt
St-Pierre-des-Jonquières
Bosc-le-Comte
Luneray
Thil-Manneville
Auppegard
Calnon
Catteville
Manéhouville
Anneville-s-Scie
Pimont
Meulers
Boissay
Epinay
Londinières
Fréauville
Gourel
Gruchet-St-Siméon
Hermanville
Mont-Candon
Bout-l'Abbé
Crosville-s-Scie
La Chaussée
La Chapelle-du-Bourgay
Les Essarts
Freulleville
Ste-Agathe-d'Aliermont
St-Vaast-d'Equiqueville
Croixdalle
Neuville
Brachy
Bois-Hulin
Puits-Martin
Torcy-le-Petit
Le Manoir-du-Val
Le Val-Mesneret
Clais
Greuville
Bertreville-St-Ouen
Ablemont
Lintot-les-Bois
Dénestanville
Forêt du Croc
Equiqueville
Ricarville-du-Val
Epinay
Beauval
Osmoy-St-Valery
Bailleul-Neuville
Les Hallots
Duranville
St-Ouen
Les Mesnils
Vénestanville
Lammerville
Omonville
Creppeville
Ste-Foy
Torcy-le-Gd
Les Gdes-Ventes
Maintru
Pierreville
Rainfreville
Varenville
Longueville-s-Scie
St-Honoré
Les Bosquets
Baillolet
Lucy
Faguillonde
Bacqueville-en-Caux
Silo
Criquetot-s-Longueville
St-Crespin
Le Goulet
Bures-en-Bray
La Verrerie-du-Hellet
Forêt du Hellet
Butot
Beautot
Belmesnil
Les Cent-Acres
Mesnil-Follemprise
Biville-la-Rivière
Royville
Lamberville
Le Quesnay
Muchedent
Isambertheville
Mesnerettes
Sassetot-le-Malgardé
Herbouville
Les Hameaux
Bouffards
Bellemare
Les Petits Moraux
Follemprise
Mesnières-en-Bray
Saâne-St-Just
St-Ouen-le-Mauger
St-Mards
Le Caumont
Le Catelier
Pelletot
St-Laurent-en-Caux
Lestanville
La Chlle de Bénouville
Gonneville-s-Scie
La Frenaye
Hêtre le Poilu
Ardouval
Fresles
Autrecourt
Le Bihorel
Auzouville-s-Saâne
Beauval-en-Caux
La Vatine
Porion
Cropus
Coquereaumont
St-Pierre-Bénouville
Bennetot
N.-D.-du-Parc
Fréval
Carref du Châtelet
Pommeréval
St-Martin-l'Hortier
Le Mesnil-Rury
Thiédeville
Beaunay
Ste-Geneviève
Heugleville-s-Scie
St-Hellier
Val-Ygot
Calvaire
Carref de l'Epinette
Quièvrecourt
Neufchâtel-en-Bray
Dracqueville
Beaumont
Bosc-Renoult
La Corbière
Cressy
Orival
Carref de la Heuze
Bully
Mesnil-Adde
Le Haut-Berger
Eurville
Brennetuit
St-Martin
La Gde-Heuze
Vauchel
Martincamp
Biville-la-Baignarde
Auffay
Le Bosc
La Chapelle
Imbleville
Belleville-en-Caux
Mesnil-Sauval
Sévis
Bellencombre
Forêt d'Eawy
Brémontier
St-Denis-s-Scie
Le Bocage
Bazomesnil
St-Ouen
Ventes-St-Rémy
Esclavelles
Neuville-Ferrières
Etauhague
Le Chau Roux
Val-de-Saâne
Calleville-les-Deux-Eglises
Beuville
Ordemare
Le Bosmelet
Les Pts Mesnils
Rosay
Vibeuf
Vassonville
Montreuil-en-Caux
La Crique
Massy
La Fontelaye
Petit Fumechon
St-Vaast-du-Val
Tôtes
Ecrépigny
St-Victor-l'Abbaye
La Pommeraye
Le Pit Quesnay
Les Gds Mesnils
Carref de Maucomble
Maucomble
Les Hayons
La Croix-des Mazis
Bourdainville
Varvannes
St-Maclou-de-Folleville
Les Innocents
Roville
Perduville
Grd Fumechon
Bertrimont
Bretteville
Epinay
Louvetot
Le Buc
Mesnil-Bénard
St-Saëns
Les Huhots
Fontaine-en-Bray
Le Mesnil Bignon
Ancretiéville-St-Victor
Le Petit Varneville
Bracquetuit
Le Plix
Beaumont-le-Hareng
Le Quesnay
Pont-du-Thil
Bosc-Mesnil
Bradiancourt
Le Carouge
Ste-Geneviève
Guetteville
Varneville-Bretteville
Fresnay-le-Long
La Folie
Étaimpuis
Beuzeville-la-Giffarde
Bréquigny
St-Martin-aux-Arbres
Ectot-l'Auber
Frettemeule
Beautot
La Bouteillerie
Grigneuseville
La Boissière
Neufbosc
Mainnemare
Sommery
Auzouville-l'Esneval
Saussay
St-Ouen-du-Breuil
Lœuilly
Biennais
Le Pière
Cottévrard
Le Pucheuil
Mauray
Calleville
Hugleville-en-Caux
La Houssaye-Béranger
Le Gd Verdret
Bosc-Bérenger
La Prée
St-Martin-Osmonville
Montérolier
Beaudouville
Epluques
Emanville
Gretot
Hormesnil
Le Valmartin
Grugny
Bosc-le-Hard
Augeville
Bertramesnil
Le Bosc-Tillot
Matheneuse
Equinemare
Roncherolles-en-Bray
Limésy
Butot
Bosc-Nouvel
Frichemesnil
Authieux-Ratiéville
Touffreville
Critot
Pit Rocquemont
Beaumont
Mathonville
Liffremont
Mauquenchy
Le Bocasse
Langrume
Ste-Austreberthe
Milleraye
Le Thil
Esteville
Rocquemont
Saveaumare
La Frenaye
Bosc-Bordel
Forgettes
Mesnil-Panneville
Becquigny
Sierville
Bosc-le-Mesnil
Le Boulay
Clères
Parc Zoo
Ratiéville
Claville-Motteville
Yquebeuf
Grd Parc
Fresneau
Estouteville-Ecalles
Buchy
Goupillières
Les Marettes
Cordelleville
Le Capendu
St-Germain-s/s-Cailly
Colmare
Bosc-Roger-s-Buchy
Hucleu
Le Rand
Renfeugères
Anceaumeville
Le Tot
Cailly
Ecalles
St-Martin-du-Plessis
Rouvray-Catillon
Fresquiennes
Mont-Cauvaire
La Rue-St-Pierre
Vieux-Manoir
Grd-Pré
Les Bordeaux
Bouville
Pavilly
Les Cambes
Le Mesnil
Gd Tendos
Le Varat
St-Jean
La Rue-Giffard
Bosc-Edeline
Montville
Fontaine-le-Bourg
Les Authieux
Ste-Croix-s-Buchy
Bois-Héroult
Cardonville
Le Pimont
Longuerue
Le Bus
Bosc-Asselin
Bois-le-Borgne
Barentin
Pôville
Eslettes
Bosc-Guérard-St-Adrien
Coquereaumont
St-André-s-Cailly
Le Coudray
Le Lémont
Yville
Bois-Guilbert
Ernemont-s-Buchy
Le Mont-Fiscomte
St-Georges
Pibeuf
Pierre
St-Germain-des-Essourts
La Chapelle-St-Ouen
Issy
Malaunay
Quincampoix
Les Cottes
Blainville
Héronchelles
La Pommeraye
Raimbouville
Bois-Gautier
Roumare
Pit Melmont
Le Bois-Ricard
Le Houlme
Houppeville
La Muette
Les Hts Poteaux
Les Clos
Mondétour
Crevon
Morgny-la-Pommeraye
Boissay
Hez
La Hallotière
Le Paulu
Candos
0
5
10 km

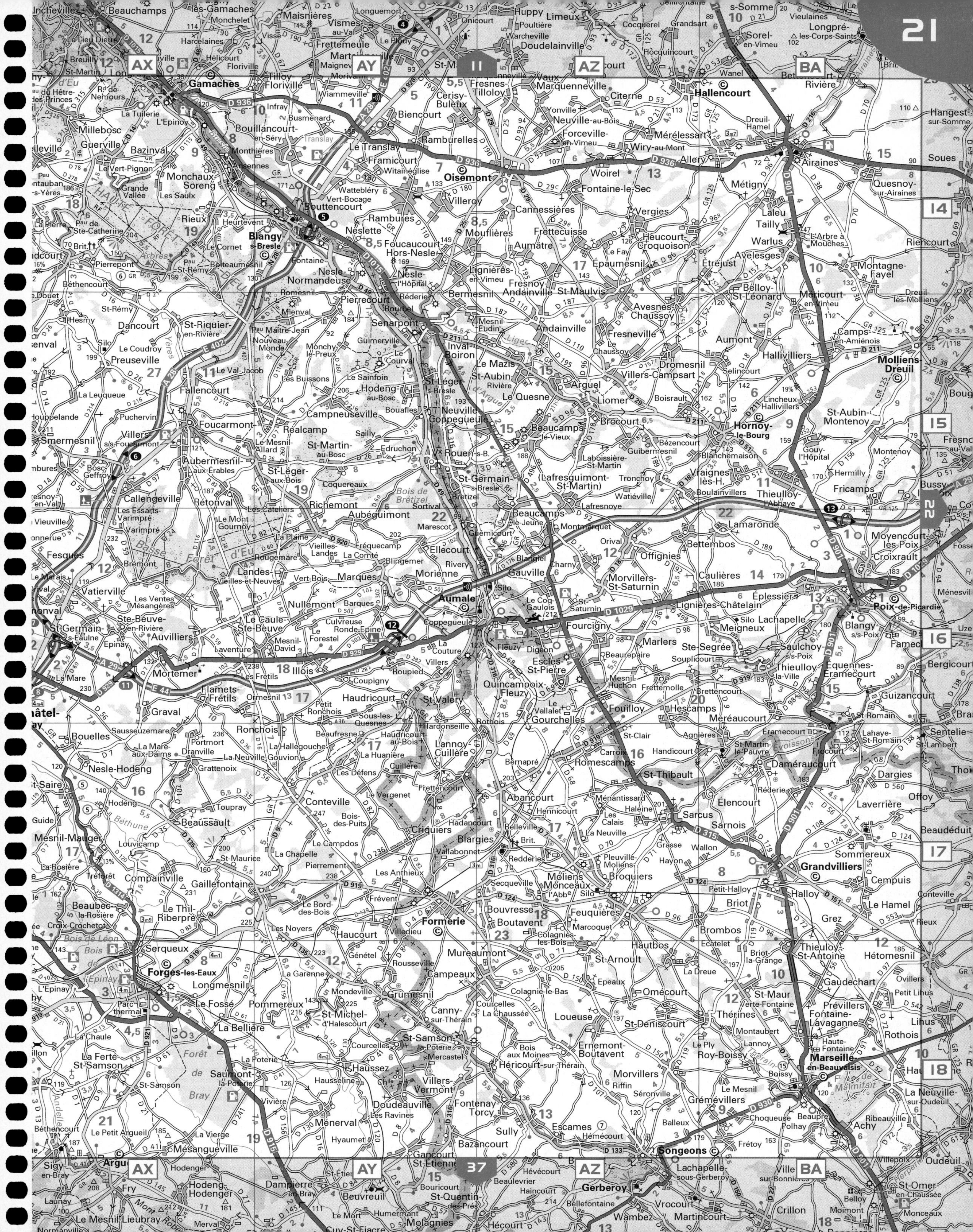

AX
AY
AZ
BA
11
37
Gamaches
Blangy-s-Bresle
Oisemont
Hallencourt
Airaines
Senarpont
Hornoy-le-Bourg
Molliens-Dreuil
Aumale
Poix-de-Picardie
Formerie
Grandvilliers
Forges-les-Eaux
Marseille-en-Beauvaisis
Songeons
Gerberoy
Beauchamps
Vismes
Longpré-les-Corps-Saints
Sorel-en-Vimeu
Frettemeule
Fresnes-Tilloloy
Marquenneville
Citerne
Rivière
Hangest-sur-Somme
Bouillancourt-en-Séry
Biencourt
Ramburelles
Neuville-au-Bois
Forceville-en-Vimeu
Mérélessart
Wiry-au-Mont
Allery
Soues
Millebosc
Guerville
Bazinval
Monchaux-Soreng
Le Translay
Framicourt
Woirel
Fontaine-le-Sec
Métigny
Quesnoy-sur-Airaines
Rieux
Bouttencourt
Rambures
Villeroy
Cannessières
Vergies
Laleu
Tailly
Neslette
Foucaucourt-Hors-Nesle
Mouflières
Frettecuisse
Heucourt-Croquoison
Warlus
Riencourt
Aumâtre
Épaumesnil
Étréjust
Avelesges
Montagne-Fayel
Nesle-Normandeuse
Nesle-l'Hôpital
Lignières-en-Vimeu
Fresnoy-Andainville
St-Maulvis
Belloy-St-Léonard
Méricourt-en-Vimeu
Pierrecourt
Bermesnil
Avesnes-Chaussoy
Andainville
Fresneville
Dancourt
St-Riquier-en-Rivière
Inval-Boiron
Aumont
Hallivillers
Preuseville
Le Mazis
St-Aubin-Rivière
Dromesnil
Villers-Campsart
Fallencourt
St-Léger-s-Bresle
Arguel
Liomer
Le Quesne
Hodeng-au-Bosc
Campneuseville
Neuville-Coppegueule
Beaucamps-le-Vieux
Brocourt
St-Aubin-Montenoy
Foucarmont
Réalcamp
Villers-s/s-Foucarmont
St-Martin-au-Bosc
Aubermesnil-aux-Érables
St-Léger-aux-Bois
Rouen-s-B.
St-Germain-s-Bresle
(Lafresguimont-St-Martin)
Vraignes-lès-H.
Thieulloy-l'Abbaye
Fricamps
Callengeville
Rétonval
Richemont
Aubéguimont
Beaucamps-le-Jeune
Lamaronde
Moyencourt-lès-Poix
Croixrault
Bois de Brétizel
Basse Forêt d'Eu
Ellecourt
Orival
Offignies
Bettembos
Landes-Vieilles-et-Neuves
Marques
Morienne
Gauville
Morvillers-St-Saturnin
Caulières
Vatierville
Nullemont
Lignières-Châtelain
Éplessier
Ste-Beuve-en-Rivière
Le Caule-Ste-Beuve
Fourcigny
Lachapelle
Meigneux
Auvilliers
Illois
Marlers
Ste-Segrée
Saulchoy-s/s-Poix
Blangy-s/s-Poix
Mortemer
Fleuzy
Escles-St-Pierre
Thieulloy-la-Ville
Équennes-Éramecourt
Bergicourt
Flamets-Frétils
Haudricourt
St-Valery
Quincampoix-Fleuzy
Gourchelles
Fouilloy
Hescamps
Méréaucourt
Guizancourt
Graval
Bouelles
Ronchois
Lannoy-Cuillère
St-Thibault
Romescamps
Daméraucourt
Dargies
Nesle-Hodeng
Conteville
Abancourt
Élencourt
Sarcus
Sarnois
Offoy
Laverrière
Beaussault
Criquiers
Blargies
Sommereux
Compainville
Gaillefontaine
Broquiers
Moliens
Monceaux-l'Abbé
Cempuis
Halloy
Le Hamel
Beaubec-la-Rosière
Le Thil-Riberpré
Haucourt
Bouvresse
Boutavent
Feuquières
Brombos
Grez
Serqueux
Mureaumont
St-Arnoult
Thieuloy-St-Antoine
Hétomesnil
Longmesnil
Campeaux
Omécourt
Gaudechart
Le Fossé
Pommereux
Grumesnil
Canny-sur-Thérain
Loueuse
St-Deniscourt
St-Maur
Thérines
Prévillers
Fontaine-Lavaganne
La Bellière
St-Samson-la-Poterie
Lihus
Rothois
La Ferté-St-Samson
Saumont-la-Poterie
Haussez
Hérécourt-sur-Thérain
Ernemont-Boutavent
Roy-Boissy
Morvillers
Villers-Vermont
Grémévillers
La Neuville-sur-Oudeuil
Doudeauville
Fontenay-Torcy
Escames
Achy
Ménerval
Sully
Bazancourt
Mésangueville
Oudeuil
Argueil
Gancourt-St-Étienne
Lachapelle-sous-Gerberoy
St-Omer-en-Chaussée
Dampierre-en-Bray
Beuvreuil
St-Quentin-des-Prés
Vrocourt
Martincourt
Crillon
Le Mesnil-Lieubray
Molagnies
Hécourt
Wambez
Forêt de Bray

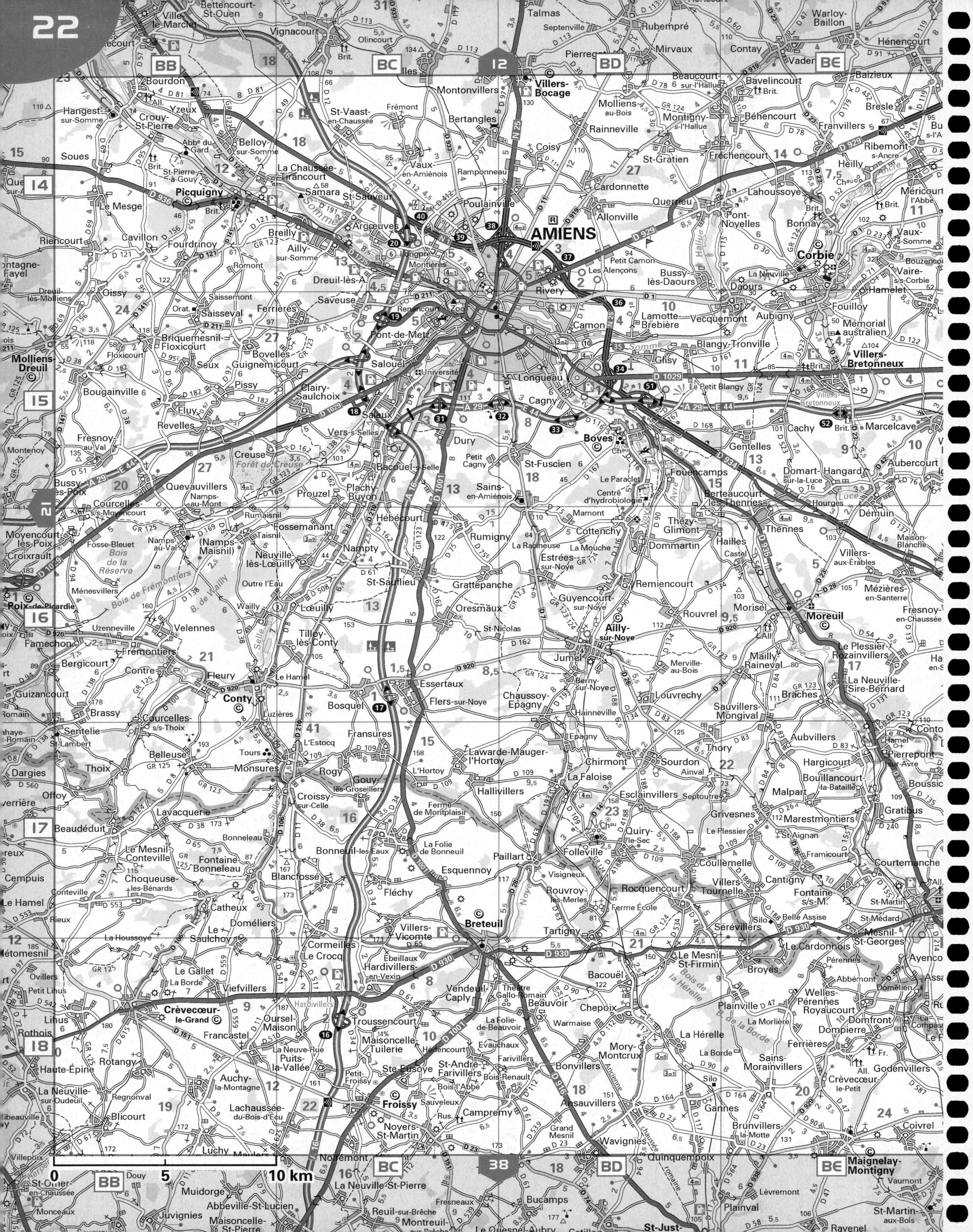
AMIENS
Villers-Bocage
Picquigny
Corbie
Boves
Molliens-Dreuil
Poix-de-Picardie
Conty
Ailly-sur-Noye
Moreuil
Breteuil
Crèvecœur-le-Grand
Froissy
Maignelay-Montigny
Villers-Bretonneux
Bettencourt-St-Ouen
Vignacourt
Talmas
Rubempré
Contay
Warloy-Baillon
Hénencourt
Bourdon
Hangest-sur-Somme
Crouy-St-Pierre
Yzeux
Belloy-sur-Somme
Montonvillers
Bertangles
Molliens-au-Bois
Montigny-s-l'Hallue
Rainneville
Coisy
St-Gratien
Fréchencourt
Querrieu
Allonville
Cardonnette
Poulainville
Argœuves
Ailly-sur-Somme
Breilly
Dreuil-lès-A.
Saveuse
Pont-de-Metz
Salouël
Saleux
Longueau
Camon
Rivery
Lamotte-Brebière
Vecquemont
Daours
Aubigny
Fouilloy
Blangy-Tronville
Glisy
Cagny
Dury
St-Fuscien
Sains-en-Amiénois
Fouencamps
Gentelles
Cachy
Marcelcave
Démuin
Thennes
Hailles
Dommartin
Remiencourt
Rouvrel
Morisel
Jumel
Louvrechy
Sauvillers-Mongival
Essertaux
Flers-sur-Noye
Bosquel
Fransures
Rogy
Monsures
Croissy-sur-Celle
Bonneuil-les-Eaux
Esquennoy
Paillart
Folleville
Quiry-le-Sec
Coullemelle
Rocquencourt
Tartigny
Sérévillers
Broyes
Hardivillers
Vendeuil-Caply
Beauvoir
Chepoix
Bonvillers
Ansauvillers
Wavignies
Gannes
Brunvillers-la-Motte
Ravenel
Quinquempoix
Noyers-St-Martin
Campremy
Troussencourt
La Neuville-St-Pierre
Bucamps
St-Just-
Le Quesnel-Aubry
Luchy
Lachaussée-du-Bois-d'Écu
Blicourt
Rotangy
Haute-Épine
Lihus
Francastel
Viefvillers
Le Gallet
Cormeilles
Le Crocq
Villers-Vicomte
Fléchy
Blancfossé
Catheux
Doméliers
Le Saulchoy
Fontaine-Bonneleau
Choqueuse-les-Bénards
Le Mesnil-Conteville
Lavacquerie
Beaudéduit
Offoy
Thoix
Belleuse
Courcelles-s/s-Thoix
Brassy
Fleury
Fremontiers
Velennes
Bergicourt
Famechon
Guizancourt
Sentelie
Loeuilly
Tilloy-lès-Conty
Oresmaux
St-Sauflieu
Grattepanche
Nampty
Neuville-lès-Lœuilly
Fossemanant
Hébécourt
Rumigny
Plachy-Buyon
Prouzel
Bacouël-s-Selle
Vers-s-Selles
Quevauvillers
Revelles
Fluy
Clairy-Saulchoix
Pissy
Seux
Bovelles
Guignemicourt
Briquemesnil-Floxicourt
Saisseval
Ferrières
Oissy
Fourdrinoy
Cavillon
Le Mesgne
Soues
Bougainville
Fresnoy-au-Val
Creuse
Courcelles-s/s-Moyencourt
Moyencourt-lès-Poix
Croixrault
Namps-au-Val
Velennes
0 5 10 km

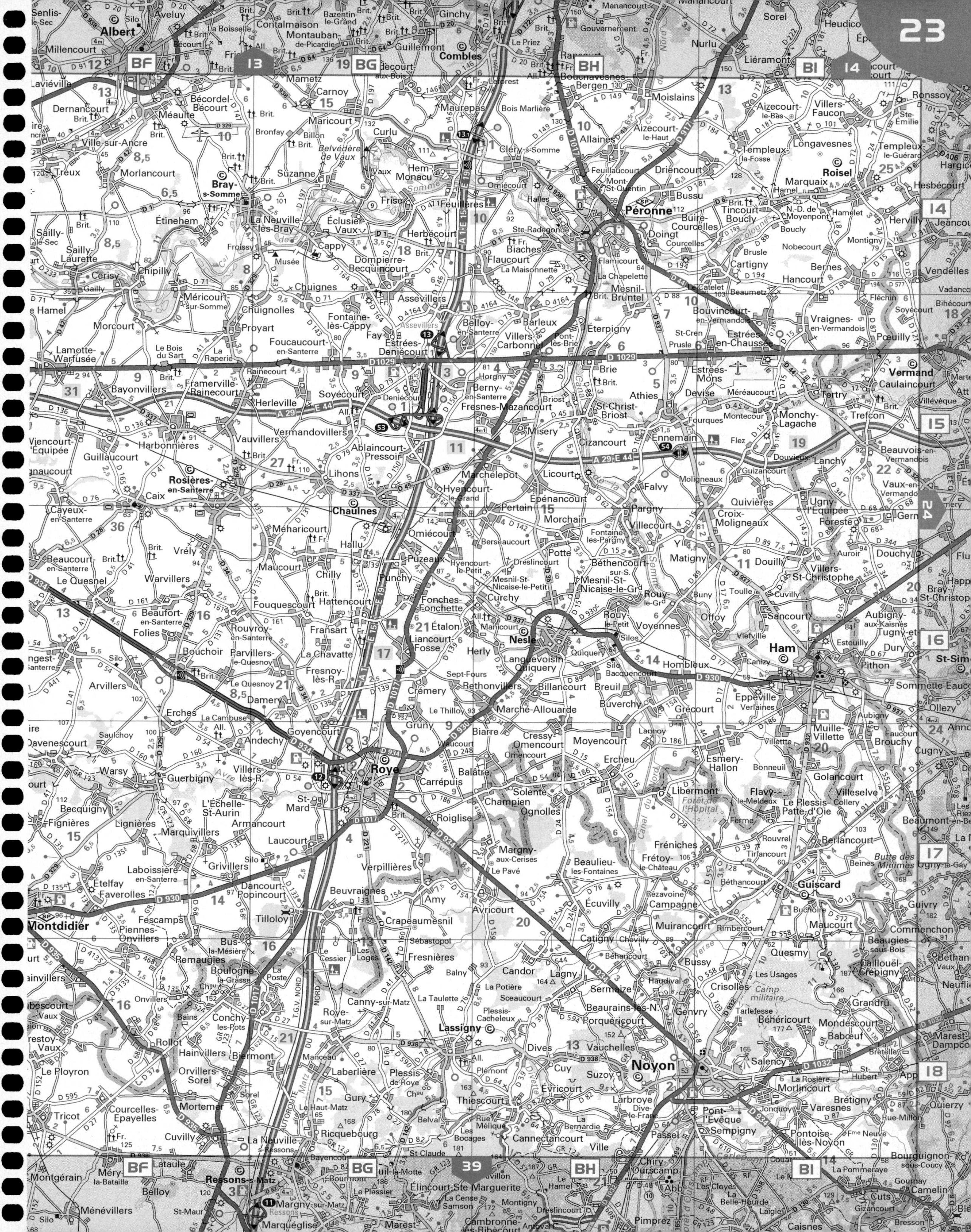
Albert
Aveluy
Senlis-le-Sec
Millencourt
Contalmaison
Bazentin-le-Grand
Ginchy
Combles
Guillemont
Montauban-de-Picardie
Manancourt
Sorel
Heudicourt
Nurlu
Liéramont
Lavieville
Dernancourt
Bécordel-Bécourt
Méaulte
Carnoy
Mametz
Maricourt
Maurepas
Bois Marlière
Bouchavesnes-Bergen
Moislains
Aizecourt-le-Bas
Aizecourt-le-Haut
Villers-Faucon
Ronssoy
Ville-sur-Ancre
Treux
Morlancourt
Bray-s-Somme
Suzanne
Curlu
Billon
Belvédère de Vaux
Hem-Monacu
Cléry-s-Somme
Allaines
Feuillaucourt
Mont-St-Quentin
Driencourt
Templeux-la-Fosse
Longavesnes
Templeux-le-Guérard
Roisel
Marquaix
Hamel
Hesbécourt
Étinehem
La Neuville-lès-Bray
Éclusier-Vaux
Frise
Feuillères
Omiécourt
Halles
Péronne
Bussu
Tincourt-Boucly
Buire-Courcelles
Doingt
Hervilly
Sailly-le-Sec
Sailly-Laurette
Chipilly
Cerisy
Gailly
Froissy
Musée
Cappy
Dompierre-Becquincourt
Herbécourt
Biaches
Flaucourt
La Maisonnette
Ste-Radegonde
Flamicourt
Cartigny
Nobecourt
Bernes
Hancourt
Vendelles
Méricourt-sur-Somme
Chuignes
Chuignolles
Proyart
Morcourt
Hamel
Assevillers
Fontaine-lès-Cappy
Fay
Foucaucourt-en-Santerre
Estrées-Deniécourt
Belloy-en-Santerre
Barleux
Villers-Carbonnel
Mesnil-Bruntel
Éterpigny
Bouvincourt-en-Vermandois
Vraignes-en-Vermandois
Estrées-en-Chaussée
Pœuilly
Lamotte-Warfusée
Le Bois du Sart
La Raperie
Rainecourt
Framerville-Rainecourt
Bayonvillers
Herleville
Soyécourt
Deniécourt
Berny-en-Santerre
Fresnes-Mazancourt
Brie
St-Christ-Briost
Athies
Estrées-Mons
Devise
Méréaucourt
Tertry
Vermand
Caulaincourt
Trefcon
Monchy-Lagache
Montecourt
Fourques
Ennemain
Flez
Vermandovillers
Vauvillers
Harbonnières
Vrély
Misery
Cizancourt
Ablaincourt-Pressoir
Guillaucourt
Rosières-en-Santerre
Lihons
Marchélepot
Licourt
Falvy
Lanchy
Beauvois-en-Vermandois
Caix
Chaulnes
Hyencourt-le-Grand
Pertain
Épénancourt
Pargny
Quivières
Ugny-l'Équipée
Cayeux-en-Santerre
Méharicourt
Omiécourt
Morchain
Villecourt
Croix-Moligneaux
Foreste
Beaucourt-en-Santerre
Hallu
Berseaucourt
Fontaine-lès-Pargny
Matigny
Douilly
Douchy
Le Quesnel
Warvilles
Maucourt
Chilly
Puzeaux
Dreslincourt
Potte
Béthencourt-sur-Somme
Villers-St-Christophe
Punchy
Mesnil-St-Nicaise-le-Petit
Mesnil-St-Nicaise-le-Gd
Rouy-le-Gd
Toulle
Cuvilly
Beaufort-en-Santerre
Folies
Fouquescourt
Hattencourt
Fonches-Fonchette
Curchy
Offoy
Sancourt
Aubigny
Rouvroy-en-Santerre
Fransart
Étalon
Manicourt
Nesle
Rouy-le-Petit
Voyennes
Ham
Tugny-et-Pont
Bouchoir
Parvillers-le-Quesnoy
La Chavatte
Liancourt-Fosse
Herly
Languevoisin-Quiquery
Hombleux
Estouilly
Dury
Pithon
St-Simon
Arvillers
Fresnoy-lès-R.
Le Quesnoy
Sept-Fours
Rethonvillers
Billancourt
Breuil
Eppeville
Sommette-Eaucourt
Damery
Crémery
Buverchy
Grécourt
Ollezy
Erches
La Cambuse
Le Thilloy
Gruny
Marché-Allouarde
Muille-Villette
Brouchy
Davenescourt
Saulchoy
Andechy
Goyencourt
Biarre
Cressy-Omencourt
Moyencourt
Ercheu
Esmery-Hallon
Bonneuil
Golancourt
Cugny
Warsy
Guerbigny
Villers-lès-R.
Roye
Balâtre
Carrépuis
Libermont
Forêt de l'Hôpital
Flavy-le-Meldeux
Villeselve
Becquigny
L'Échelle-St-Aurin
St-Mard
Roiglise
Champien
Solente
Ognolles
Le Plessis-Patte-d'Oie
Beaumont-en-Beine
Fignières
Lignières
Marquivillers
Armancourt
Laucourt
Berlancourt
Fréniches
Margny-aux-Cerises
Beaulieu-les-Fontaines
Fréoy-le-Château
Béthancourt
Butte des Minimes
Laboissière-en-Santerre
Grivillers
Ételfay
Faverolles
Dancourt-Popincourt
Verpillières
Beuvraignes
Le Pavé
Rezavoine
Guiscard
Campagne
Écuvilly
Montdidier
Fescamps
Piennes-Onvillers
Tilloloy
Crapeaumesnil
Amy
Avricourt
Muirancourt
Rimbercourt
Buchoire
Maucourt
Guivry
Commenchon
Sébastopol
Catigny
Chevilly
Quesmy
Beaugies-sous-Bois
Remaugies
Boulogne-la-Grasse
Le Cessier
Fresnières
Candor
Lagny
Béhancourt
Bussy
Caillouël-Crépigny
Les Usages
Balny
La Potière
La Poste
Onvillers
Sceaucourt
Sermaize
Crisolles
Camp militaire
Grandrú
Conchy-les-Pots
Canny-sur-Matz
La Taulette
Plessis-Cacheleux
Beaurains-lès-N.
Porquéricourt
Genvry
Tarlefesse
Béhéricourt
Mondescourt
Rollot
Hainvillers
Biermont
Roye-sur-Matz
Lassigny
Dives
Vauchelles
Babœuf
Manceau
Laberlière
Plessis-de-Roye
Plémont
Cuy
Suzoy
Noyon
Salency
Le Ployron
Orvillers-Sorel
Évricourt
Morlincourt
Mortemer
Sorel
Gury
Thiescourt
Larbroye
Dive-le-Franc
Brétigny
Varesnes
Quierzy
Tricot
Courcelles-Epayelles
Le Haut-Matz
Belval
Rue Mélique
La Bernardie
Cannectancourt
Pont-l'Évêque
Sempigny
Rue-Millon
Cuvilly
Ricquebourg
Les Bocages
Passel
Pontoise-lès-Noyon
La Neuville-s-Ressons
St-Claude
Ville
Bourguignon-sous-Coucy
Montgérain
Méry-la-Bataille
Lataule
Ressons-s-Matz
Élincourt-Ste-Marguerite
Chiry-Ourscamp
La Pommeraye
Gournay
Camelin
Belloy
Bourmont
Le Plessier
La Cense Samson
Montigny
Le Hamel
Les Cloyes
La Belle-Hourde
Laigle
Cuts
Gizancourt
Ménévillers
St-Maur
Margny-sur-Matz
Marquéglise
Cambronne-lès-Ribécourt
Dreslincourt
Pimprez
Caisnes
Bresson
A 1
E 15
E 19
A 29
E 44
D 1029
D 1017
D 930
D 934
D 937
D 1032
D 938
D 935
T.G.V. NORD
AUTOROUTE DU NORD
Canal du Nord
Somme
Avre
Matz
BF
BG
BH
BI
13
14
15
16
17
18
24
39

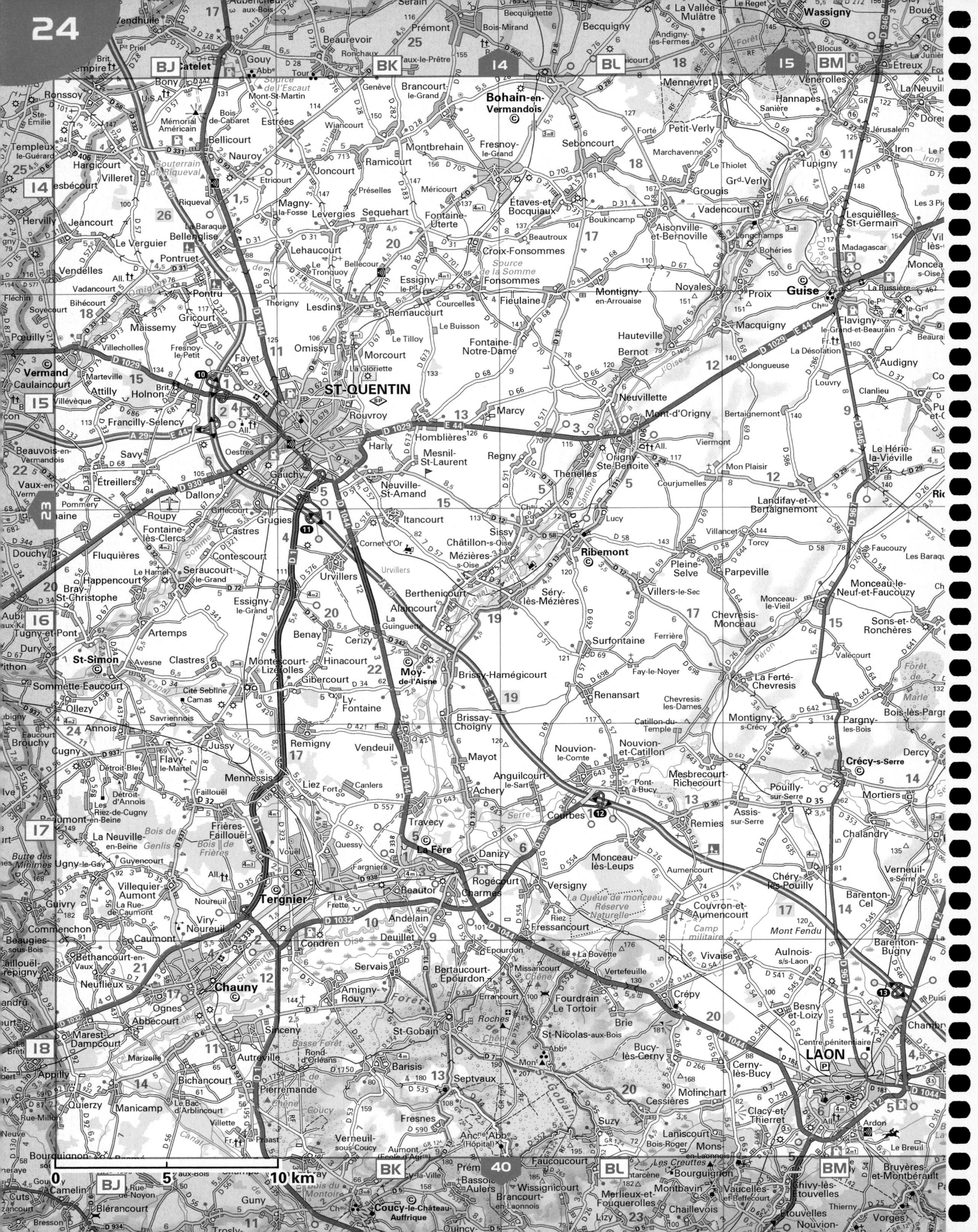

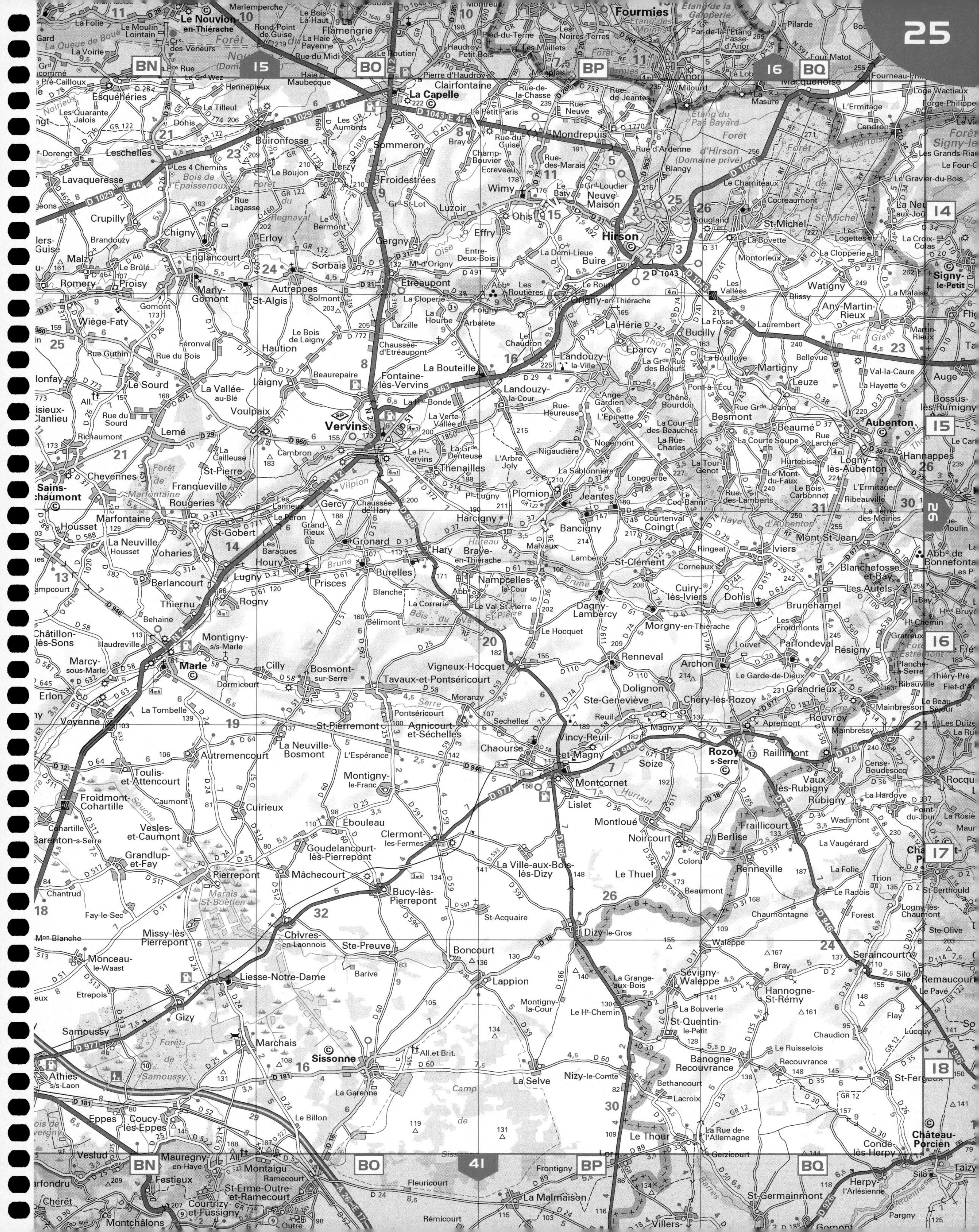

Le Nouvion-en-Thiérache
Fourmies
La Flamengrie
BN
15
BO
BP
16
BQ
Anor
Clairfontaine
La Capelle
Esquéhéries
Buironfosse
Leschelles
Sommeron
Mondrepuis
Lavaqueresse
Froidestrées
Wimy
Neuve-Maison
Hirson
Crupilly
Chigny
Erloy
Luzoir
Gergny
Ohis
Effry
St-Michel
Malzy
Englancourt
Sorbais
Buire
Romery
Proisy
Marly-Gomont
Autreppes
Étréaupont
Origny-en-Thiérache
Watigny
Signy-le-Petit
Wiège-Faty
St-Algis
Haution
La Hérie
Eparcy
Bucilly
Any-Martin-Rieux
Martigny
La Bouteille
Landouzy-la-Ville
Le Sourd
La Vallée-au-Blé
Laigny
Fontaine-lès-Vervins
Landouzy-la-Cour
Leuze
Voulpaix
Vervins
Besmont
Beaumé
Aubenton
Lemé
Thenailles
Plomion
Chevennes
St-Pierre
Franqueville
Rougeries
Gercy
Jeantes
Harcigny
Coingt
Sains-Richaumont
Marfontaine
Housset
La Neuville-Housset
Vohariés
St-Gobert
Gronard
Hary
Braye-en-Thiérache
Bancigny
St-Clément
Ivires
Mont-St-Jean
Houry
Lugny
Burelles
Prisces
Nampcelles-la-Cour
Cuiry-lès-Iviers
Dohis
Brunehamel
Berlancourt
Thiernu
Rogny
Dagny-Lambercy
Morgny-en-Thiérache
Montigny-s/s-Marle
Marle
Cilly
Bosmont-sur-Serre
Vigneux-Hocquet
Tavaux-et-Pontséricourt
Renneval
Archon
Parfondeval
Résigny
Dolignon
Ste-Geneviève
Chéry-lès-Rozoy
Grandrieux
Rouvroy
Voyenne
St-Pierremont
Agnicourt-et-Séchelles
Chaourse
Vincy-Reuil-et-Magny
Rozoy-s-Serre
Raillimont
La Neuville-Bosmont
Autremencourt
Toulis-et-Attencourt
Montigny-le-Franc
Montcornet
Soize
Lislet
Froidmont-Cohartille
Cuirieux
Ébouleau
Clermont-les-Fermes
Montloué
Noircourt
Berlise
Vaux-lès-Rubigny
Rubigny
Barenton-s-Serre
Vesles-et-Caumont
Grandlup-et-Fay
Pierrepont
Goudelancourt-lès-Pierrepont
Mâchecourt
La Ville-aux-Bois-lès-Dizy
Le Thuel
Renneville
Bucy-lès-Pierrepont
Missy-lès-Pierrepont
Chivres-en-Laonnois
Ste-Preuve
Boncourt
Dizy-le-Gros
Monceau-le-Waast
Liesse-Notre-Dame
Lappion
Sévigny-Waleppe
Hannogne-St-Rémy
Seraincourt
Gizy
Samoussy
Marchais
Sissonne
St-Quentin-le-Petit
Banogne-Recouvrance
Athies-s/s-Laon
La Selve
Nizy-le-Comte
St-Fergeux
Eppes
Coucy-lès-Eppes
Le Thour
Château-Porcien
Condé-lès-Herpy
Veslud
Mauregny-en-Haye
Montaigu
Festieux
St-Erme-Outre-et-Ramecourt
Courtrizy-et-Fussigny
La Malmaison
St-Germainmont
Herpy-l'Arlésienne
41

Chimay
Forêt de Signy-le-Petit
Brûly-de-Pesche
Couvin
Franche-Forêt
Fumay
La Platale
Roche
St-Joseph
Scourmont
Bois de Gonrieux
Forges Jean Petit
Abbe N.-D. de Scourmont
Rièzes
Nimelette
Cul-des-Sarts
Brûly
Moulin Manteau
Le Paquis
Gué-d'Hossus
Pavillon-de-Diane
Bois Bryas
La Manise
Les Vx-Moulins-d'Hargnies
Loge Wactiaux
Forge-Philippe
Le Vieux Gauchier
Les Parçonniers
Hauts-Marais
Lisbonne
Petite Chapelle
La Huquette
La Faligeotte
Revin
Mont Tranet
Mt Malgré-Tout
Calvaire des Manises
Les Hauts-Buttés
Les Bas-Buttés
Les Grands-Riaux
Le Four-Gérard
Le Gruerie
L'Escaillère
Le Moulin Poucet
La Loge-Rosette
La Pte Chaudière
La Grde Chaudière
Taillette
Hiraumont
St-Nicolas
Orzy
Anchamps
Roches de Laifour
Les Six Chênons
Le Gravier-du-Bois
Regniowez
La Neuville-aux-Joûtes
Brognon
Étang de la Motte
Le Grd Douaire
Bois des Hingues
Le Rouilly
Rocroi
Vallée de Misère
Bois des Marquisades
Laifour
La Croix-Colas
Signy-le-Petit
Beaulieu
Trou-de-Sormonne
La Croix-Bala
Le Gros-Caillou
La Patte d'Oie
La Croix-de-Fer
Censes-Bel-Air
Censes-Gallois
Le Grd Hongreau
Bois Huet
Neuve-Forge
Les Mazures
L'Abbaye
Roche à sept heures
Longue Roche
Roc-la-Tour
Monthermé
La Malaise
Fosses-Rousseaux
Éteignières
Bas-Taillis
Haut-Taillis
Bourg-Fidèle
Fligny
Pont-d'Any
Mon Idée
Sévigny-la-Forêt
Le Cheval Blanc
Vieille-Forge
Bois d'Harcy
Deville
Roche aux sept villages
Phades
Tournavaux
Rer des quatre Fils Aymon
Martin-Rieux
Tarzy
Dorville
Maubert-Fontaine
Étang de Bérulle
Lac des Vieilles Forges
Roche de Roma
Chau Regnault
L'Hermitage
Haulmé
Auge
Anthenay
Neuville-lez-Beaulieu
Auvillers-les-Forges
Wagny
Foulzy
Tremblois-lès-Rocroi
Le Piquet
La Croix-du-Cavalier
Renwez
Sécheval
Bogny-s-Meuse
Joigny-s-Meuse
Rochers des Grands Ducs
Bossus-lès-Rumigny
Fontenelle
Champlin
Girondelle
Étalle
Chilly
Rimogne
Le Châtelet-s-Sormonne
Harcy
Montcornet
Arreux
Meillier-Fontaine
Aubenton
Le Carbonnet
Estrebay
Les Oliviers
Marby
Laval-Morency
Murtin-et-Bogny
Lonny
Quartzite
Charoué
Houldizy
Sorel
Nouzonville
Hannappes
Laval-d'Estrebay
Flaignes-Havys
Blombay
Le Clos-Berteaux
Cliron
Tournes
Damouzy
Rumigny
Prez
Havys
Belzy
L'Échelle
Sormonne
Ham-les-Moines
Étion
CHARLEVILLE-MÉZIÈRES
Aouste
La Rue-du-Moulin
La Houssoie
La Reupette
Cernion
Puits d'Audry
Rouvroy-s-Audry
Wartigny
Bolmont
Haudrecy
Belval
La Mal Campée
Montcy-St-Pierre
Aiglemont
Abbe de Bonnefontaine
La Hérissonnière
La Croix-d'Aouste
Liart
Le Maipas
Logny-Bogny
Servion
Villaine
Remilly-les-Pothées
Hardoncelle
La Grève
Sury
Warcq
Montcy-N.-D.
St-Laurent
Les Pts Caillaux
Aubigny-les-Pothées
Vaux-Villaine
Giraumont
St-Marcel
Le Theux
Romery
La Férée
Les Hénaux
Les Bonnomets
Lépron-les-Vallées
Neufmaison
Prix-lès-M.
Villers-Semeuse
Mohon
Hies-Bruyères
Malgrétout
Clavy-Warby
This
Sept-Fontaines (Ancne Abbe)
Grattreux
La Viotte
Les Bois-des-Haies
Marlemont
La Guinguette
Fontaine-Olive
Le Fatuel
Forêt du Hailly
Neuville-lès-This
Fagnon
La Francheville
Lumes
Le Fréty
Cornaux
La Saboterie
Les Vallées
Warby
Forge-Maillard
Warnécourt
Planche-à-Serre
Thiéry-Pré
Fief-d'Arlois
Ribauville
St-Jean-aux-Bois
Maranwez
Forêt de Froidmont
Évigny
St-Ponce
Les Ayvelles
Le Beau-Séjour
Mainbresson
Thin-le-Moutier
Ecogne
Mondigny
St-Marceau
Elaire
Suberteaux
Grande Forêt
Librecy
La Fosse-au-Mortier
Gruyères
Cléfaye
Chalandry-Elaire
Flize
Les Duizettes
La Rue-Giboudelle
Signy-l'Abbaye
La Vaux Gravier
Champigneul-s-Vence
La Verrerie
Montmeillant
La Vénerie
Courcelles
Les Corbeaux
St-Pierre-s-Vence
Boulzicourt
Étrépigny
Dom-le-Mesnil
Boutancourt
Maimby
La Besace
Rocquigny
Petite Forêt de Signy
Dommery
La Fosse-à-l'Eau
Guignicourt-s-Vence
Hocmont
Vrigne-Vernaumont
Balaives-et-Butz
La Romagne
Sous-les-Faux
Bois d'Angerville
Rogiville
Le Faurigault
Bellevue
Jandun
Touligny
Villers-s-le-Mont
Butz
Élan
Point-du-Jour
La Rosière
Les Fondys
Chêne
La Platte-Pierre
Barbaise
Mauroy
Pagan
Gauditout
Lalobbe
La Sauge-aux-Bois
Forêt de Mortier
Hameuzy
Raillicourt
Montigny-s-Vence
Poix-Terron
St-Roger
Forêt d'Élan
Chaumont-Porcien
Draize
Launois-s-Vence
La Neuville-lès-Wasigny
La Pte Guinguette
Les Tavernes
Terron-lès-Poix
Villers-le-Tilleul
Singly
Trion
Givron
Bégny
Grandchamp
Les Forges
Fosse-Mouillée
Naugerin
La Crête
St-Berthould
Adon
Wagnon
la Parlier
Le Ronceau
Viel-St-Remy
Neuvizy
La Bascule
La Horgne
Les Trois-Maisons
Les Poursaudes
Logny-lès-Chaumont
Ste-Olive
Doumely-Bégny
Wasigny
Maheru
Villers-le-Tourneur
Camp militaire
La Crête-Mouton
Herbigny
Mesmont
Margy
Faissault
Harzillemont
Les Hauts-Chemins
Beauvois
Terron-lès-Vendresse
Chappes
Les Haies
Hagnicourt
Buissonwé
Mazerny
Omont
Remaucourt
Le Pavé
Justine-Herbigny
Beaumont-en-Aviotte
Novion-Porcien
Saulces-aux-Tournelles
Le Pas
Baâlons
Mont Damion
Flay
Hauteville
Provizy
Machéroménil
Puiseux
Wignicourt
St-Loup-Terrier
La Naux-d'Huy
Bouvellemont
Chagny
Son
Sery
La Malmaison
Corny-Machéroménil
Vaux-Montreuil
Aubconcourt
Chesnois-Auboncourt
Terrier
Jonval
St-Fergeux
Thorin
Dyonne
Saulces-Monclin
Monclin
Le Plain
Guincourt
Louvergny
Marquigny
Vauzelles
La Saintinerie
L'Anerie
Arnicourt
Inaumont
Auboncourt-Vauzelles
Les Normands
La Cour-des-Rois
Les Aisements
Écly
Sorcy-Bauthémont
Le Pt Ban
Le Pré-Boulet
La Sabotterie
Château-Porcien
Sorbon
Faux
Lucquy
Bauthémont
Tourteron
Lametz
Le Pont-
Bertoncourt
Novy-Chevrières
Rethel
Nanteuil-s-Aisne
Pargny
Doux
Coucy
Amagne
Ambly
Alland'huy-et-Sausseuil
Suzanne
St-Lambert-et-Mont-de-Jeux
Mont-de-Jeux
Charbogne
Le Chesne
Montgon
Neuville-Day
Day
Resson
Ardennes
0
5
10 km

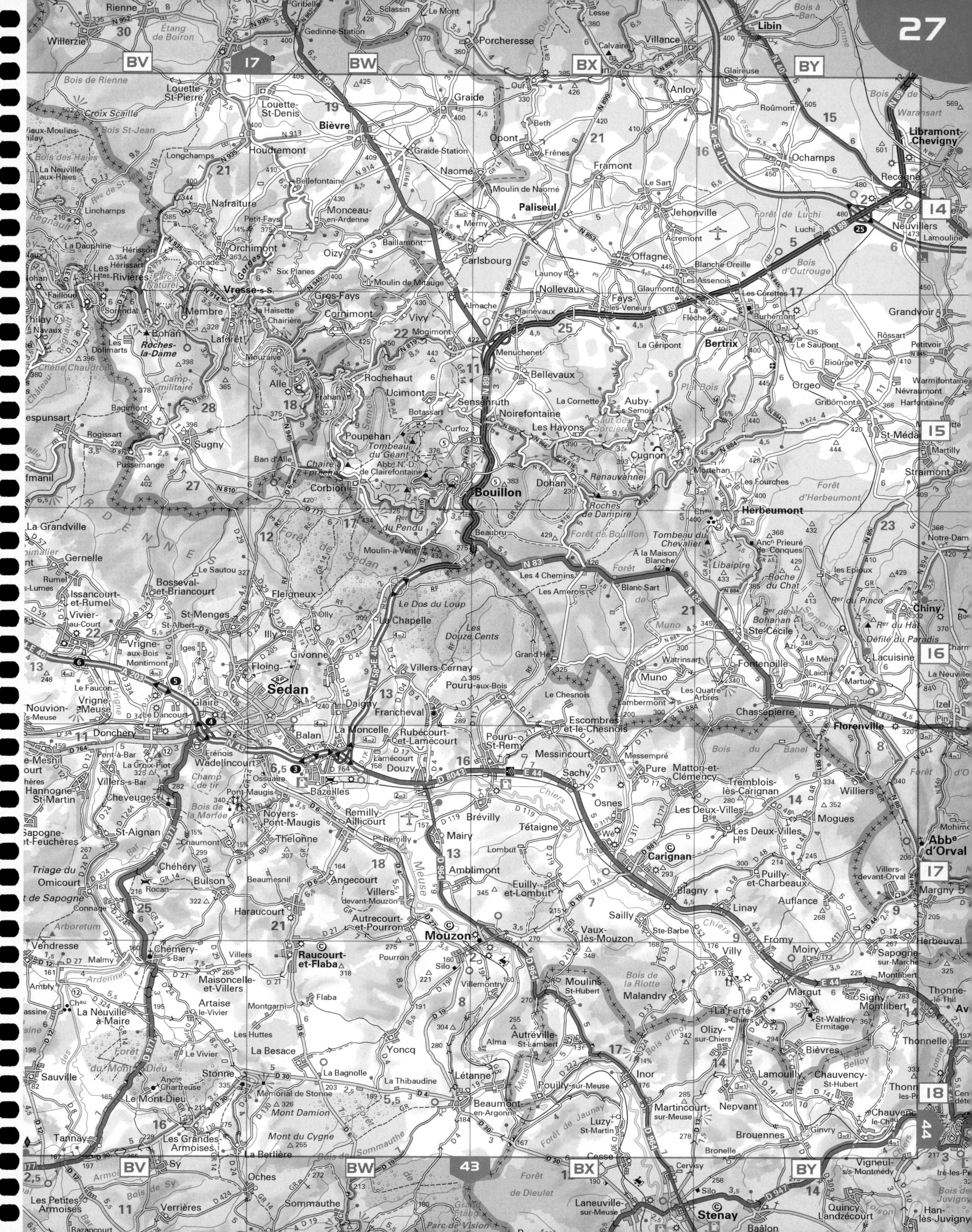
Rienne
Willerzie
Étang de Boiron
Gedinne-Station
Porcheresse
Lesse
Villance
Libin
Louette-St-Pierre
Louette-St-Denis
Bièvre
Graide
Anloy
Glaireuse
Croix Scaille
Bois St-Jean
Houdremont
Graide-Station
Opont
Frênes
Framont
Ochamps
Libramont-Chevigny
Recogne
Longchamps
La Neuville-aux-Haies
Bellefontaine
Naomé
Moulin de Naomé
Le Sart
Linchamps
Nafraiture
Petit-Fays
Monceau-en-Ardenne
Paliseul
Merny
Jehonville
Forêt de Luchi
Neuvillers
Lamouline
La Dauphine
Hérisson
Orchimont
Baillamont
Acremont
Luchi
Les Hautes-Rivières
Conrade
Parc Naturel
Six Planes
Oizy
Carlsbourg
Offagne
Blanche Oreille
Bois d'Outrouge
Launoy
Les Assenois
Moulin de Mitaige
Vresse-s-S.
Nollevaux
Fays-les-Veneurs
Glaumont
Les Corettes
Failloue
Gros-Fays
Almache
Sorendal
Membre
La Haisette
Chairière
Cornimont
Vivy
Plainevaux
Burhémont
Grandvoir
Thilay
Navaux
Bohan
Laforêt
Mogimont
Menuchenet
La Fléche
Bertrix
Le Saupont
Rôssart
Petitvoir
Les Dolimarts
Roches-la-Dame
La Géripont
Chêne Chaudron
Mouzaive
Rochehaut
Bellevaux
Orgeo
Biourge
Warmifontaine
Névraumont
Harfontaine
Camp militaire
Alle
Frahan
Ucimont
La Cornette
Auby-s-Semois
Plat Bois
Gribômont
Bagimont
Sensenruth
Noirefontaine
Saut des Sorcières
Botassart
Les Hayons
St-Médard
Martilly
Espunsart
Rogissart
Sugny
Poupehan
Tombeau du Géant
Curfoz
Cugnon
Pussemange
Ban d'Alle
Chaire à prêcher
Abb. N.-D. de Clairefontaine
Renauvannei
Mortehan
Straimont
Corbion
Bouillon
Dohan
Les Fourches
Forêt d'Herbeumont
Herbeumont
Roches de Dampire
Rer du Pendu
Beaubru
Forêt de Bouillon
Tombeau du Chevalier
Ancn Prieuré de Conques
Notre-Dame
La Grandville
Forêt de Sedan
Moulin-à-Vent
À la Maison Blanche
Gernelle
Le Sautou
Les 4 Chemins
Libaipire
Roche du Chat
Les Epioux
Rumel
Issancourt-et-Rumel
Bosseval-et-Briancourt
Fleigneux
Les Amerois
Blanc Sart
Chiny
Vivier-au-Court
St-Menges
Olly
Le Dos du Loup
La Chapelle
Rer de Bohanan
Ste-Cécile
Rer du Pinco
Rer du Hat
St-Albert
Illy
Les Douze Cents
Défilé du Paradis
Vrigne-aux-Bois
Iges
Givonne
Grand Hé
Watrinsart
Fontenoille
Le Mènil
Lacuisine
La Neuville
Montimont
Floing
Villers-Cernay
Muno
Laiche
Martué
Le Faucon
Vrigne-Meuse
Sedan
Pouru-aux-Bois
Le Chesnois
Les Quatre Arbres
Izel
Glaire
Le Dancourt
Daigny
Francheval
Lambermont
Nouvion-s-Meuse
Chassepierre
Pin
Donchery
Balan
La Moncelle
Rubécourt-et-Lamécourt
Escombres-et-le-Chesnois
Florenville
Pouru-St-Remy
Frénois
Wadelincourt
Lamécourt
Douzy
Messincourt
Messempré
Pure
Matton-et-Clémency
Tremblois-lès-Carignan
Williers
Pont-à-Bar
La Croix-Piot
Villers-s-Bar
Champ de tir
Ossuaire
Bazeilles
Sachy
Hannogne-St-Martin
Cheveuges
Pont-Maugis
Noyers-Pont-Maugis
Remilly-Aillicourt
Brévilly
Osnes
Les Deux-Villes
Mogues
Sapogne-et-Feuchères
St-Aignan
Bois de la Marfée
Chaumont
Thelonne
Pt Remilly
Mairy
Tétaigne
Les Deux-Villes Hte
Abbe d'Orval
Lombut
Carignan
Chéhéry
Triage du Omicourt
Bulson
Rocan
Angecourt
Beaumesnil
Amblimont
Euilly-et-Lombut
Pouilly-et-Charbeaux
Villers-devant-Orval
Margny
Blagny
Villers-devant-Mouzon
Linay
Auflance
Connage
Haraucourt
Sailly
Arboretum
Autrecourt-et-Pourron
Vaux-lès-Mouzon
Ste-Barbe
Fromy
Herbeuval
Vendresse
Chémery-s-Bar
Villers
Raucourt-et-Flaba
Mouzon
Pourron
Villy
Moiry
Sapogne-sur-Marche
Malmy
Silo
Maisoncelle-et-Villers
Villemontry
Moulins-St-Hubert
Bois de la Riotte
Malandry
Margut
Signy-Montlibert
Thonne-le-Thil
Ambly
Ardennes
Artaise-le-Vivier
Montgarni
Flaba
La Neuville-à-Maire
La Ferté-s-Chiers
Olizy-sur-Chiers
St-Walfroy-Ermitage
Thonnelle
Les Huttes
Alma
Autréville-St-Lambert
Bois d'Inor
Bièvres
Le Vivier
La Besace
Yoncq
Forêt du Mont-Dieu
Stonne
Létanne
Inor
Lamouilly
Chauvency-St-Hubert
Sauville
Ancne Chartreuse
La Bagnolle
La Thibaudine
Pouilly-sur-Meuse
Le Mont-Dieu
Mémorial de Stonne
Mont Damion
Beaumont-en-Argonne
Martincourt-sur-Meuse
Nepvant
Chauvency-le-Château
Forêt de Jaunay
Luzy-St-Martin
Tannay
Les Grandes-Armoises
Mont du Cygne
Brouennes
Bronelle
Ginvry
La Berlière
Sommauthe
Cesse
Vigneul-s/s-Montmédy
Sy
Oches
Forêt de Dieulet
Cervisy
Irè-les-Prés
Les Petites-Armoises
Bois de Sy
Verrières
Grand Étang
Laneuville-sur-Meuse
Stenay
Quincy-Landzécourt
Han-les-Juvigny
Bois de Juvigny
Bazancourt
Parc de Vision
Baâlon
Meuse
Chiers
Semois
BV
BW
BX
BY
17
43
44
14
15
16
17
18

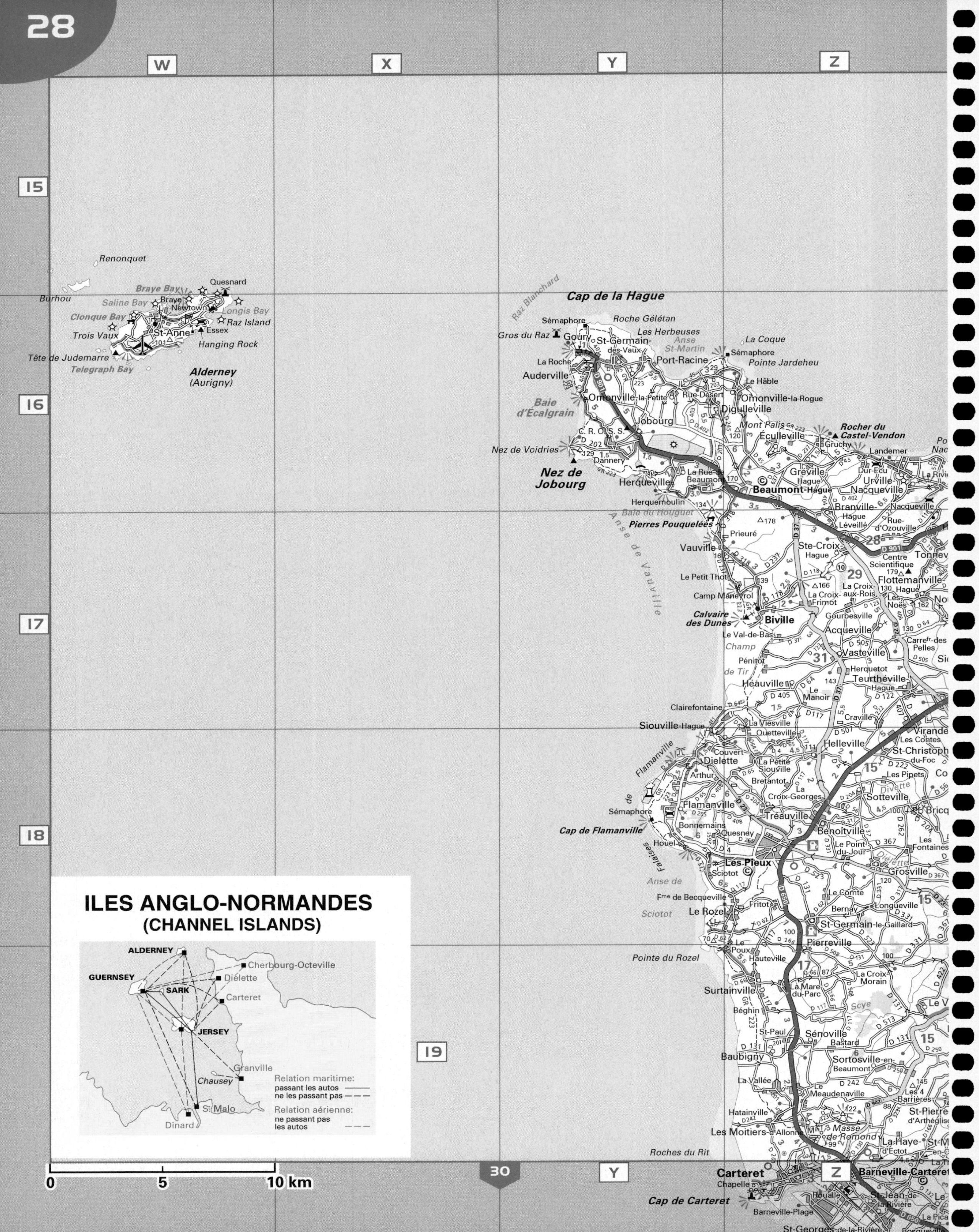

28
W
X
Y
Z
15
16
17
18
19
Renonquet
Burhou
Braye Bay
Saline Bay
Braye
Quesnard
Newtown
Longis Bay
Clonque Bay
St-Anne
Raz Island
Essex
Trois Vaux
Hanging Rock
Tête de Judemarre
Telegraph Bay
Alderney
(Aurigny)
Raz Blanchard
Cap de la Hague
Sémaphore
Roche Gélétan
Les Herbeuses
Gros du Raz
Goury
St-Germain-des-Vaux
Anse St-Martin
La Coque
Sémaphore
Pointe Jardeheu
La Roche
Port-Racine
Auderville
Le Hâble
Omonville-la-Petite
Rue-Désert
Omonville-la-Rogue
Digulleville
Baie d'Écalgrain
Jobourg
Mont Palis
Éculleville
Rocher du Castel-Vendon
C. R. O. S. S.
Gruchy
Landemer
Nez de Voidries
Dannery
Nez de Jobourg
Herqueville
La Rue-de-Beaumont
Gréville-Hague
Dur-Écu
Urville-Nacqueville
Beaumont-Hague
Herquemoulin
Baie du Houguet
Branville-Hague
Nacqueville
Pierres Pouquelées
Léveillé
Rue-d'Ozouville
Anse de Vauville
Prieuré
Vauville
Ste-Croix-Hague
Centre Scientifique
Flottemanville-Hague
Le Petit Thot
La Croix-Frimot
La Croix-aux-Rois
Les Noës
Camp Maneyrol
Calvaire des Dunes
Biville
Gourbesville
Acqueville
Le Val-de-Bas
Champ de Tir
Pénitot
Vasteville
Carrefr-des Pelles
Herquetot
Teurthéville-Hague
Héauville
Le Manoir
Clairefontaine
La Viesville
Craville
Siouville-Hague
Quetteville
Virandeville
Les Contes
Helleville
St-Christophe-du-Foc
Flamanville
Couvert
Dielette
La Petite Siouville
Les Pipets
Arthur
Bretantot
La Croix-Georges
Divette
Sotteville
Sémaphore
Flamanville
Tréauville
Cap de Flamanville
Bonnemains
Quesnay
Benoîtville
Le Point-du-Jour
Les Fontaines
Houel
Falaises
Les Pieux
Sciotot
Grosville
Anse de Sciotot
Fme de Becqueville
Le Comte
Le Rozel
Fritot
Bernay
Longueville
St-Germain-le-Gaillard
Pierreville
Pointe du Rozel
Le Poux
Hauteville
La Croix-Morain
Surtainville
La Mare-du-Parc
Scye
Béghin
St-Paul
Sénoville
Bastard
Baubigny
Sortosville-en-Beaumont
La Vallée
Le Meaudenaville
Les 4 Barrières
Hatainville
St-Pierre-d'Arthéglise
Les Moitiers-d'Allonne
Masse de Romond
La Haye-d'Ectot
Roches du Rit
Carteret
Barneville-Carteret
Chapelle
Cap de Carteret
Roualle
St-Jean-de-la-Rivière
Barneville-Plage
St-Georges-de-la-Rivière
Bosqueville
ILES ANGLO-NORMANDES
(CHANNEL ISLANDS)
ALDERNEY
GUERNSEY
SARK
JERSEY
Cherbourg-Octeville
Diélette
Carteret
Granville
Chausey
St Malo
Dinard
Relation maritime:
passant les autos
ne les passant pas
Relation aérienne:
ne passant pas les autos
0
5
10 km
30

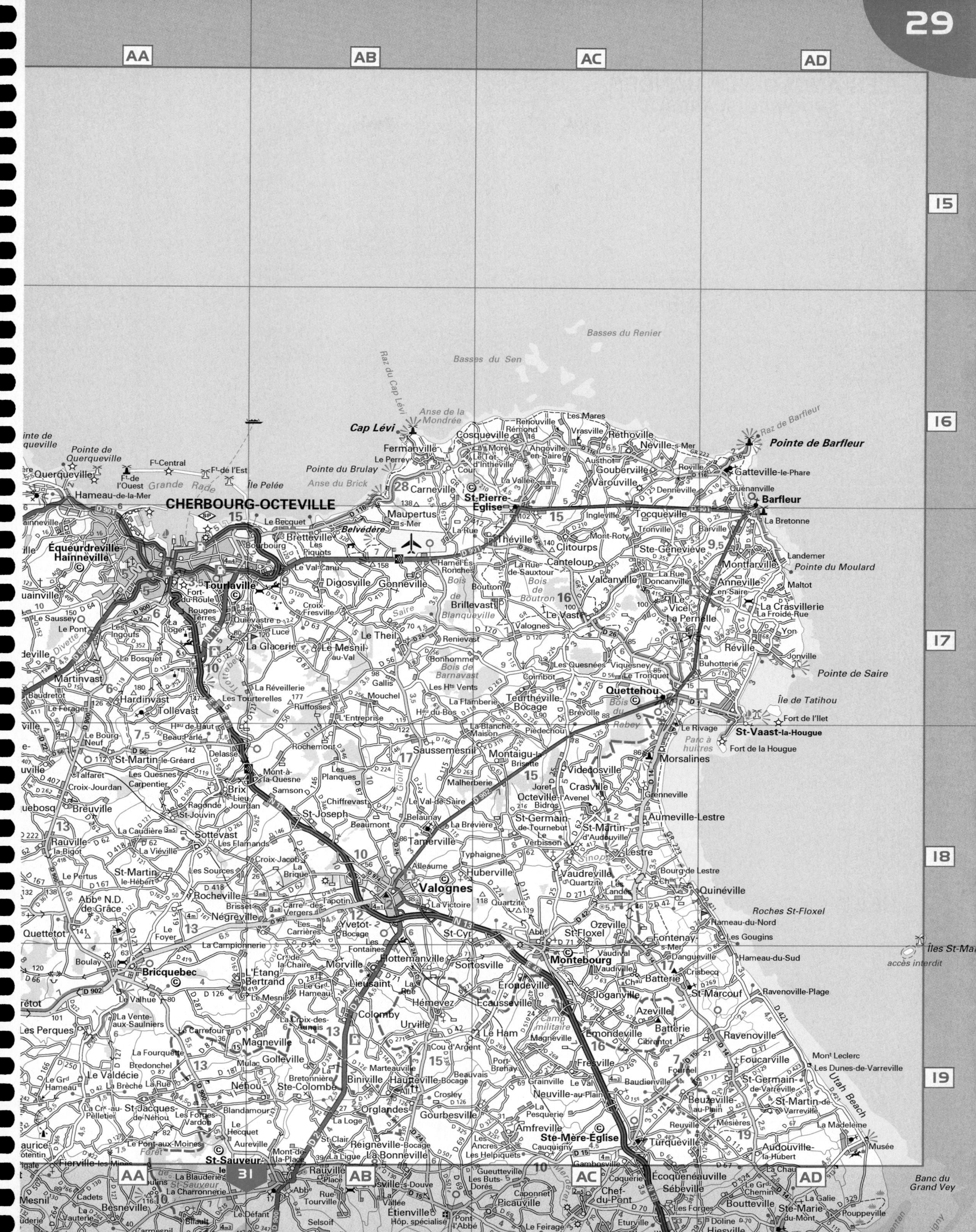
AA
AB
AC
AD
15
16
17
18
19
Basses du Renier
Basses du Sen
Raz du Cap Lévi
Anse de la Mondrée
Cap Lévi
Raz de Barfleur
Pointe de Barfleur
Pointe de Querqueville
Ft Central
Ft de l'Ouest
Ft de l'Est
Grande Rade
Île Pelée
Pointe du Brulay
Anse du Brick
Querqueville
Hameau-de-la-Mer
CHERBOURG-OCTEVILLE
Équeurdreville-Hainneville
Tourlaville
Fermanville
Le Perrey
Carneville
Maupertus-s-Mer
St-Pierre-Église
Cosqueville
Réthoville
Néville-s-Mer
Gatteville-le-Phare
Barfleur
La Bretonne
Gouberville
Varouville
Tocqueville
Théville
Clitourps
Canteloup
Ste-Geneviève
Montfarville
Pointe du Moulard
Anneville-en-Saire
La Crasvillerie
Valcanville
Le Vicel
La Pernelle
Le Vast
Bretteville
Digosville
Gonneville
Brillevast
Bois de Boutron
Le Theil
La Glacerie
Le Mesnil-au-Val
Réville
Pointe de Saire
Quettehou
Île de Tatihou
Fort de l'Ilet
St-Vaast-la-Hougue
Fort de la Hougue
Morsalines
Martinvast
Hardinvast
Tollevast
St-Martin-le-Gréard
Brix
Saussemesnil
Montaigu-la-Brisette
Videcosville
Teurthéville-Bocage
Octeville-l'Avenel
Aumeville-Lestre
St-Joseph
Sottevast
Tamerville
Valognes
Lestre
Quinéville
Négreville
Yvetot-Bocage
St-Cyr
Ozeville
Roches St-Floxel
St-Floxel
Fontenay-s-Mer
Montebourg
Îles St-Ma
accès interdit
Bricquebec
Morville
Sortosville
Lieusaint
Éroudeville
Joganville
St-Marcouf
Ravenoville-Plage
Colomby
Urville
Le Ham
Azeville
Émondeville
Ravenoville
Magneville
Golleville
Fresville
Foucarville
Les Dunes-de-Varreville
Utah Beach
Néhou
Ste-Colombe
Biniville
Hauteville-Bocage
Neuville-au-Plain
St-Germain-de-Varreville
St-Martin-de-Varreville
Orglandes
Gourbesville
Amfreville
Audouville-la-Hubert
Ste-Mère-Église
Turqueville
Musée
St-Sauveur-le-Vicomte
Reigneville-Bocage
La Bonneville
Écoquenéauville
Sébeville
Chef-du-Pont
Banc du Grand Vey
Picauville
Étienville
Boutteville
Ste-Marie-du-Mont
Brucheville
Blosville
Hiesville
31

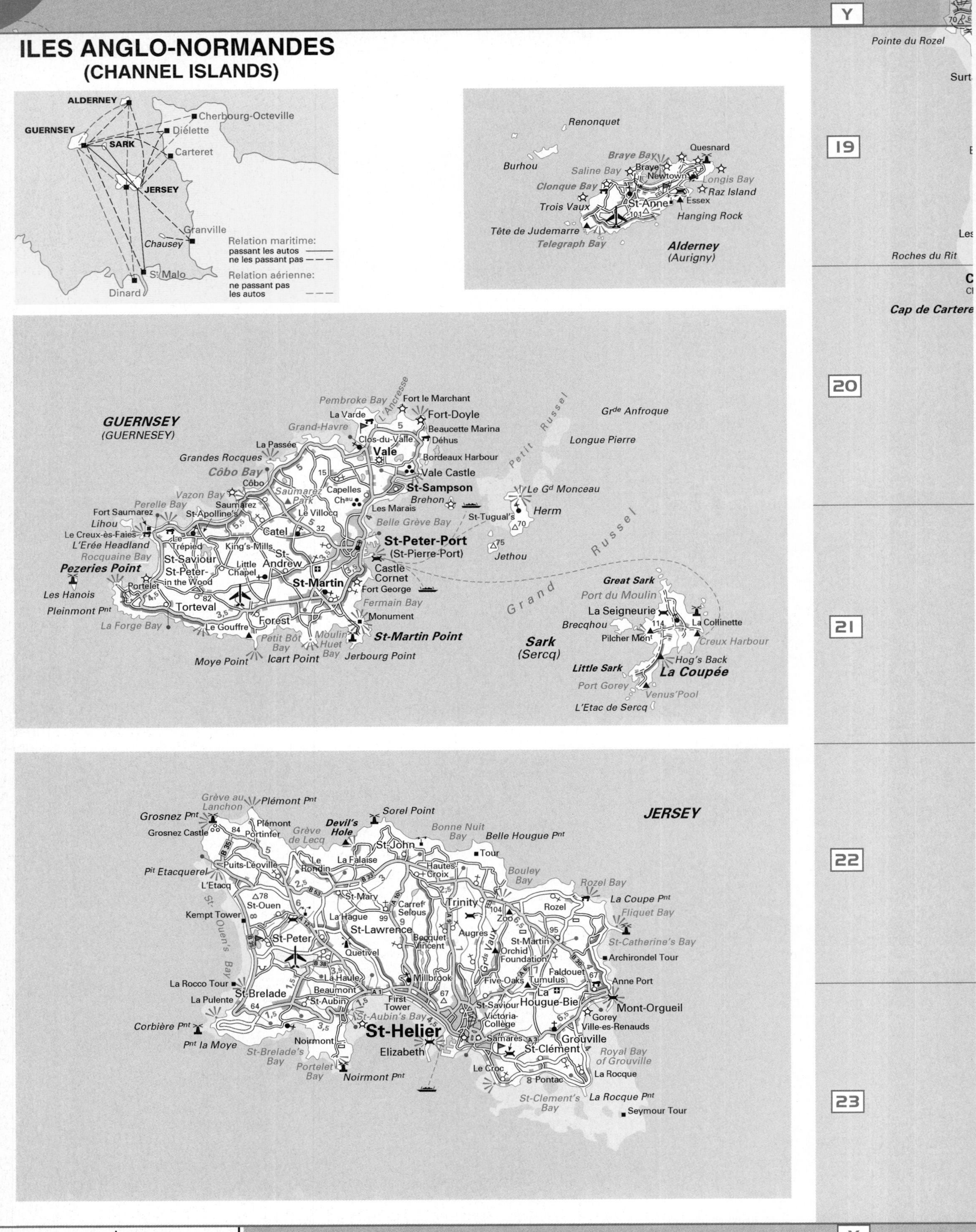
ILES ANGLO-NORMANDES
(CHANNEL ISLANDS)
ALDERNEY
GUERNSEY
SARK
JERSEY
Cherbourg-Octeville
Diélette
Carteret
Granville
Chausey
St Malo
Dinard
Relation maritime:
passant les autos
ne les passant pas
Relation aérienne:
ne passant pas
les autos
Renonquet
Burhou
Braye Bay
Saline Bay
Clonque Bay
Trois Vaux
Tête de Judemarre
Telegraph Bay
Quesnard
Braye
Newtown
Longis Bay
Raz Island
St-Anne
Essex
Hanging Rock
Alderney
(Aurigny)
GUERNSEY
(GUERNESEY)
Pembroke Bay
Fort le Marchant
La Varde
Fort-Doyle
Beaucette Marina
Grand-Havre
Clos-du-Valle
Déhus
La Passée
Vale
Grandes Rocques
Bordeaux Harbour
Côbo Bay
Vale Castle
Côbo
St-Sampson
Vazon Bay
Saumarez Park
Capelles
Perelle Bay
Saumarez
Brehon
Les Marais
Fort Saumarez
St-Apolline's
Le Villocq
Lihou
Belle Grève Bay
St-Tugual's
Le Creux-ès-Faies
Catel
L'Erée Headland
Le Trépied
King's-Mills
St-Peter-Port
(St-Pierre-Port)
Rocquaine Bay
St-Saviour
St-Andrew
Pezeries Point
St-Peter-in the Wood
Little Chapel
Castle Cornet
St-Martin
Portelet
Fort George
Les Hanois
Fermain Bay
Torteval
Pleinmont Pnt
Monument
Forest
La Forge Bay
Le Gouffre
Petit Bôt Bay
Moulin Huet Bay
St-Martin Point
Moye Point
Icart Point
Jerbourg Point
Petit Russel
Grand Russel
Grde Anfroque
Longue Pierre
Le Gd Monceau
Herm
Jethou
Great Sark
Port du Moulin
La Seigneurie
La Collinette
Brecqhou
Pilcher Mont
Creux Harbour
Sark
(Sercq)
Little Sark
Hog's Back
La Coupée
Port Gorey
Venus'Pool
L'Etac de Sercq
JERSEY
Grève au Lanchon
Plémont Pnt
Sorel Point
Grosnez Pnt
Plémont
Devil's Hole
Grosnez Castle
Portinfer
Grève de Lecq
Bonne Nuit Bay
Belle Hougue Pnt
St-John
Tour
Puits-Léoville
Le Rondin
La Falaise
Hautes-Croix
Pit Etacquerel
Bouley Bay
L'Etacq
Rozel Bay
St-Mary
La Coupe Pnt
St-Ouen
Trinity
Rozel
Kempt Tower
Carrefr Selous
Fliquet Bay
La Hague
Zoo
St Ouen's Bay
St-Lawrence
Augres
St-Peter
Becquet-Vincent
St-Martin
St-Catherine's Bay
Quetivel
Orchid Foundation
Archirondel Tour
Faldouet
Grds Vaux
La Haule
Five-Oaks
Tumulus
Anne Port
La Rocco Tour
St-Brelade
Millbrook
Beaumont
La Pulente
St-Aubin
First Tower
St-Saviour
La Hougue-Bie
Mont-Orgueil
St-Aubin's Bay
Gorey
Corbière Pnt
Victoria-College
Ville-es-Renauds
St-Helier
Pnt la Moye
Noirmont
Samarès
Grouville
St-Brelade's Bay
Elizabeth
St-Clément
Royal Bay of Grouville
Portelet Bay
Le Croc
Noirmont Pnt
Pontac
La Rocque
St-Clement's Bay
La Rocque Pnt
Seymour Tour
0
5
10 km

19

20

21

22

23

Y

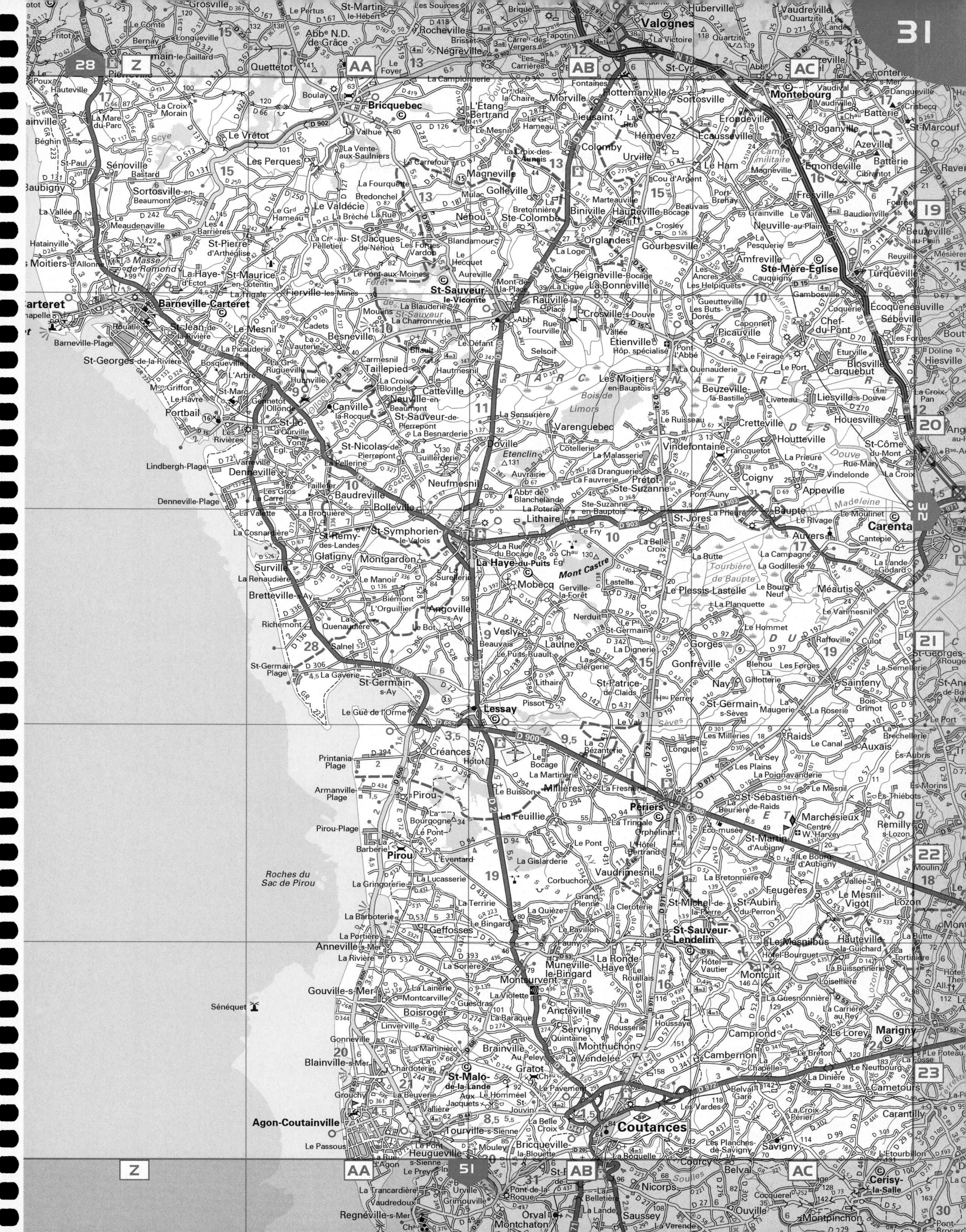

Valognes
Bricquebec
Montebourg
Ste-Mère-Église
Barneville-Carteret
St-Sauveur-le-Vicomte
Carentan
La Haye-du-Puits
Lessay
Périers
Marigny
Coutances
Agon-Coutainville
St-Sauveur-Lendelin
St-Malo-de-la-Lande
Cerisy-la-Salle
Portbail
Denneville
Surville
Créances
Pirou
Geffosses
Anneville-s-Mer
Gouville-s-Mer
Blainville-s-Mer
Montsurvent
Muneville-le-Bingard
Gratot
Brainville
Servigny
Camprond
Cambernon
Savigny
Heugueville-s-Sienne
Tourville-s-Sienne
Regnéville-s-Mer
Orval
Nicorps
Saussey
Colomby
Orglandes
Picauville
Étienville
Les Moitiers-en-Bauptois
Varenguebec
Doville
Lithaire
Baupte
Auvers
Méautis
Sainteny
Raids
Auxais
Marchésieux
Remilly-s-Lozon
Le Mesnil-Vigot
Hauteville-la-Guichard
Montcuit
Feugères
Vaudrimesnil
Millières
Gorges
Nay
Mobecq
Vesly
Laulne
Gonfreville
Mont Castre
Roches du Sac de Pirou
Lindbergh-Plage
Denneville-Plage
Barneville-Plage
Printania-Plage
Armanville-Plage
Pirou-Plage
Sénéquet
Z
AA
AB
AC
28
51
19
20
21
22
23
32
30

AD
AE
AF
AG
Roches St-Floxel
Les Gougins
Hameau-du-Sud
Îles St-Marcouf
accès interdit
Crisbecq
St-Marcouf
Ravenoville-Plage
Ravenoville
Foucarville
Mont Leclerc
Les Dunes-de-Varreville
Utah Beach
St-Germain-de-Varreville
St-Martin-de-Varreville
Beuzeville-au-Plain
Mésières
La Madeleine
Musée
Turqueville
Audouville-la-Hubert
La Chaussée
Écoquenéauville
Sébeville
Boutteville
Ste-Marie-du-Mont
La Galie
Pouppeville
Hiesville
Brucheville
Le Grd-Vey
Passe de Carentan
Banc du Grand Vey
Roches de Grandcamp
Passe d'Isigny
Grandcamp-Maisy
Pointe du Hoc
St-Pierre-du-Mont
Le Fèvre
Pointe et raz de la Percée
Le Ht Chemin
Omaha Beach
Englesqueville-la-Percée
Vierville-s-Mer
Asnières-en-Bessin
Les Moulins
Vaumicel
Mont 5 th E.S.B.
U.S.A.
Cricqueville-en-Bessin
Chau de Beaumont
Boissel
Létanville
Poix
Le Douet
Jucoville
Géfosse-Fontenay
La Commune
Montmirel
Louvières
Montigny
Vierville
Cauvin
Angoville-au-Plain
Rochefort
La Croix-Pan
Bse-Addeville
Le Port
Coquebourg
Chefdeville
Cardonville
La Cambe
Chantepie
Deux-Jumeaux
St-Laurent-s-Mer
Le Grand Hameau
Ste-Honorine-des-Pertes
Port-en-Bessin-Huppain
Huppain
Tour
Bouffay
St-Côme-du-Mont
Le Moulin
Brévands
Bucaille
St-Clément
Osmanville
St-Germain-du-Pert
Le Carrefour
Les Mares
Longueville
Le Val
Formigny
Colleville-s-Mer
Les Angers
Prieuré
Commes
Isigny-s-Mer
La Fourchette
Catz
Sablonnière
La Saline
Les Veys
La Blanche
Aure inférieure
Raiton
Canchy
Le Bord du Marais
La Rivière
Normanville
Le Hamel
Hameau Gros
Russy
Viliers-s-Port
Bellefontaine
Étréham
Carentan
St-Hilaire-Petitville
Val-Laquais
St-Pellerin
Manoir de Cantepie
Fontaine
Poulain
Coupard
Douet
Écrammeville
Aignerville
Surrain
Vieux Pont
Mosles
Bequet
Le Carel
Maisons
La Madeleine
Le Neufbourg
Pont-Benard
Rupalley
Monfréville
Le Fournay
Chaussée
La Bse Rivière
Le Beau Moulin
Trévières
L'Étard
Dungy
La Vieville
Mandeville-en-Bessin
L'Épinette
Vaulaville
Tour-en-Bessin
Sully
Ste-Anne
Vaucelles
Femelle
Oubeaux
Pilier de l'If
Colombières
Bricqueville
Les Taillepieds
Moulagny
Le Coudray
Rouxeville
Lenauderie
Deville
Montmartin-en-Graignes
Le Cap
La Planque
Rata
St-Lambert
La Hatainerie
La Herennerie
Vouilly
Castilly
Mestry
Rubercy
Ht Hameau
Saonnet
Grévilly
Cussy
Barbeville
Canal de Vire
Taute
Le Mesnil
Neuilly-la-Forêt
La Belle Croix
La Forêt
Landes du Rosey
Les Longs Champs
Bernesq
La Malicorne
La Poterie
Le Vase
Saon
Blay
Le Moulin
Beaumont
Cottun
Haley
Pont-Roch
Nihault
St-Georges-de-Bohon
Rougeville
Hiégathe
Chau de la Rivière
Lison
La Folie
Le Mesnil
Le Molay
Le Breuil-en-Bessin
Crouay
Les Ruisseaux
St-Loup
La Semellerie
Graignes-Mesnil-Angot
La Reculerie
La Tringalle
La Goucherie
Le Carrefour
St-Marcouf
Bois du Molay
St-Martin-de-Blagny
Les Ormes
Longeau
Fontenay
Ranchy
St-André-de-Bohon
Verney-Bas
Le Menouerie
St-Jean-de-Daye
La Loge Neuve
Le Ht Chêne
Les Landes
Cartigny-l'Épinay
Musée de la Mine
Le Molay-Littry
Goville
Campigny
Agy
Subles
Guéron
Le Port
Verney-Haut
Le Mesnil-Véneron
Pont-de-la-Hoderie
Airel
Tournières
Landes de Gabert
Desnoyers
Arganchy
Le Mesnil-Angot
Le Pont
Govin
L'Épinay-Tesson
La Quièze
Cateaubray
Le Tronquay
Noron-la-Poterie
Auxais
Tribehou
La Caplainerie
La Vauterie
St-Fromond
La Poteläie
La Pomme d'Or
Baynes
Littry
La Boissellerie
Cantepie
La Tuilerie
Les Fieffes
Ès-Aubris
Gournay
Bois du Hommet
La Forge
Fallot
Ste-Marguerite-d'Elle
Le Moulin l'Évêque
Les Bas Mougard
Le Gliner
Le Dézert
La Perrine
Moon-s-Elle
St-Clair-s-l'Elle
Laval
Drôme
Castillon
La Rue-aux-Vaches
Es-Morins
Es-Thiébots
Le Hommet-d'Arthenay
Cavigny
La Commune
Cerisy-la-Forêt
Vaubadon
Trungy
Les Champs-de-Losque
Bahais
St-Jean-de-Savigny
Rue Dorée
L'Embranchement
St-Paul-du-Vernay
La Baillollière
La Boulaye
Forêt de Cerisy
Le Sapin
Romesnil
Lozon
There
Les Hauts Vents
La Meauffe
Griffe
Aubraine
Les Fresnes
Le Bois-d'Elle
Balleroy
La Commanderie
Lignerolles
La Butte
Le Pavillon
La Belle
Le Grd Moulin
Esglandes
Pont-Hébert
Villiers-Fossard
Les Foulons
Couvains
Touzé
Montfiquet
La Platière
La Bazoque
Le Sénat
Le Mesnil-Eury
Hôtel-Calin
Amigny
Quartier du Pont
Le Mesnil-Rouxelin
Les Forges
La Malbrèche
St-Quentin
Mont-Briaume
Rouxeville
Cahagnolles
Les Orailles
Montreuil-s-Lozon
Le Mesnil-Durand
Rampan
St-André-de-l'Épine
St-Georges-d'Elle
Bérigny
Litteau
Planquery
Sédouet
Ste-Honorine-de-Ducy
Quesnay-Guesnon
Longraye
La Butte
La Tortinière
La Chapelle-en-Juger
Hébécrevon
Villechien
La Houssaye
St-Georges-Montcocq
La Luzerne
Cloville
La Croix-Rouge
La Croix-Blanche
Chemin de St-Lô
Foulognes
Cormolain
Le Mesnil
Parfouru-l'Éclin
Crauville
Hôtel de Thenay
Agneaux
ST-LÔ
Martinville
Le Calvaire
Fontaine-l'Évêque
St-Pierre-de-Semilly
La Commune
Planquais
Louvigny
Les Maréchaux
Pont-Mulot
Torteval-Quesnay
Le Mesnil-Amey
La Bénardière
St-Gilles
Ste-Croix
La Barre-de-Semilly
St-Germain-d'Elle
Le Ht Digry
Vilday
Sallen
La Chapelle
La Martinière
St-Martin
Marigny
St-Léger
Le Ruffey
N.-D.-d'Elle
Rouxeville
Montrabot
La Jamerie
Le Bas-de-Vidouville
Mitre Caen
Livry
Le Poteau
La Fosse
Neufbourg
Candol
St-Thomas
Fumichon
Cotigny
St-Jean-des-Baisants
Carrefour-aux-Boeufs
Mouffet
Vidouville
La Vacquerie
La Doublerie
Souterroscope
Le Repas
Briquessard
Rue du Moutier
Cametours
Joigne
Baudre
Precorbin
Lamberville
Villeneuve
Caumont-l'Éventé
Fossard
La Bucaille
Le Biévi
La Folie
Gourfaleur
Le Vert-Buisson
Hure-de-Loup
Fontaine-Rose
Le Mesnil-Reine
Le Bisson
Bieville
Le Quesnay
Canisy
Quibou
La Mancellière-s-Vire
Le Val
La Guérardière
Le Viverot
Sept-Vents
Conflais
Amayé-s-Seulle
Carantilly
St-Ébremond-de-Bonfossé
St-Martin-de-Bonfossé
Le Mesnil-Grimault
La Chapelle-du-Fest
La Forge-au-Pas
Quenelière
La Caillerie
Craham
L'Étourbillon
St-Samson-de-Bonfossé
Ste-Suzanne-s-Vire
Le Ronceur
Le Hamel
Haute-Chèvre
La Lande-s-Drôme
Cahagnes
La Blanche Maison
Bellée
La Forterie
Vauvrecy
Le Perron
Dampierre
St-Jean-des-Essartiers
Les Loges
Cerisy-la-Salle
Bois de Soulles
Le Mesnil-Herman
Le Quesnoy
Raoult
Roches de Ham
La Vaulellerie
Le Sapin
St-Amand
Torigni-s-Vire
Placy-Montaigu
Le Home
Les Haies Tigards
La Ferrière-au-Doyen
St-Pierre-du-Fresne
Benneville
Pont-Brocard
Soulles
La Hurlière
Le Mesnil
Morolles
St-Symphorien-des-Monts
Morichèse
St-Ouen-des-Besaces
Launay
0
5
10 km
52

AH
AI
AJ
AK
19
20
21
22
23
34
53
Plateau du Calvados
Rade de Caen
Gold Beach
Juno Beach
Sword Beach
Le Chaos
Batterie
Cap Manvieux
Arromanches-les-Bains
St-Côme-de-Fresné
Paisty-Vert
La Rivière
Le Hamel
Mont Fleury
Manvieux
Longues-s-Mer
Asnelles
Tracy-s-Mer
Ver-s-Mer
Graye-s-Mer
Courseulles-s-Mer
St-Aubin-s-Mer
Langrune-s-Mer
Luc-s-Mer
Petit-Enfer
Lion-s-Mer
La Brèche-d'Hermanville
Colleville-Montgomery-Plage
Riva-Bella
Abbe Ste-Marie
Fontenailles
Meuvaines
Crépon
Ste-Croix-s-Mer
Banville
Bernières-s-Mer
Vaux-s-Aure
Aunay
La Rosière
Magny-en-Bessin
Ryes
Pierre-Artus
Colombiers-s-Seulles
Tailleville
La Délivrande
Douvres-la-Délivrande
St-Sulpice
Sommervieu
Bazenville
Tierceville
Reviers
Bény-s-Mer
Cresserons
BAYEUX
Villiers-le-Sec
Le Manoir
St-Vigor-le-Gd
Esquay-s-S.
Creullet
Creully
Amblie
Moulineaux
Pierrepont
Hermanville-s-Mer
Plumetot
Basly
Anguerny
Fontaine-Henry
St-Martin-des-Entrées
Vienne-en-Bessin
St-Gabriel-Brécy
Vaussieux
Vaux-s-S.
Lantheuil
Le Fresne-Camilly
La Mare
Périers-s-le-Dan
Colleville-Montgomery
Ouistreham
Sallenelles
Merville-Franceville-Plage
Cab
Bussy
Crémel
Vieux Pont
Martragny
Rucqueville
Cully
Cainet
Thaon
Colomby-s-Thaon
Villons-les-Buissons
Mathieu
St-Aubin-d'Arquenay
Bieville-Beuville
Le Port
Pegasus Bridge
L'Ecarde
Amfreville
Gonneville-en-Auge
Varaville
Damigny
St-Léger
Coulombs
Monceaux-en-B.
Nonant
Cachy
Carcagny
Ducy-Ste-Marguerite
Silo
Ste-Croix-Grd-Tonne
Secqueville-en-Bessin
Cairon
Lasson
Le Vey
Anisy
Le Londel
Bénouville
Bréville-les-Monts
Bas-de-Bréville
Petiville
La Vallière
Ellon
Condé-s-Seulles
Juaye
Juaye-Mondaye
Douet
Loucelles
Bretteville-l'Orgueilleuse
Bray
Neuf-Mer
Rosel
Vieux Cairon
Les Buissons
Cambes-en-Plaine
Buron
Mâlon
La Bijude
Épron
Biéville-s-Orne
Beauregard
Blainville-s-Orne
Ranville
Le Mariquet
Arbre-Martin
Bavent
Chouain
Audrieu
Brouay
Putot-en-Bessin
Gruchy
St-Louet
Cussy
St-Contest
La Folie-Couvrechef
Lebisey
Hérouville-St-Clair
Longueval
Hérouvillette
Escoville
Bois de Bavent
Robehomme
Bricqueville
Basseneville
Bernières
Couvert
Bucéels
Pont-Roch
Cristot
Le Hamel
Rots
Authie
Abbe d'Ardenne
Norrey-en-Bessin
Ste-Honorine-la-Chardonnette
Colombelles
Cuverville
Touffréville
Bures
Épine
Verrières
Marcel
Les Hts Vents
Le Mesnil-Patry
St-Manvieu-Norrey
Carpiquet
St-Germain-la-Bl.-Herbe
Festyland
Mondeville
Giberville
Sannerville
Démouville
Banneville-la-C.
Troarn
St-Pair
Lingèvres
St-Pierre
Tilly-s-Seulles
Brit.
Marcelet
Bretteville-s-Odon
Le Mesnil
CAEN
Cormelles-le-Royal
Le Mesnil-Frémentel
Manneville
Guillerville
Janville
Émiéville
St-Ouen-du-Mesnil-Oger
Hottot-les-Bagues
Fontenay-le-Pesnel
St-Martin
Juvigny-s-Seulles
Cheux
Mouen
Verson
Louvigny
Onchy
Le Lion Vert
St-Vaast-s-Seulles
Tessel
Vendes
Rauray
Colleville
Éterville
Fleury-s-O.
Grentheville
Le Poirier
Cagny
Frénouville
Franqueville
Le Fresne
La Croix-des-Landes
Les Mouesnots
Brettevillette
Senevière
Grainville-s-Odon
Tourville-s-Odon
Fontaine-Étoupefour
La France
Ifs
Bras
Orbois
Sermentot
Le Coise
Mondrainville
Baron-s-Odon
Les Forges
Germain-
Beltot
Monts-en-Bessin
Noyers-Bocage
Missy
Tourmauville
Maltot
Étavaux
St-André-s-Orne
Hubert-Folie
Soliers
Four
Bourguébus
Bellengreville
Argences
Vimont
Les Moulinets
Fains
Gavrus
Feugerolles-Bully
Feugerolles-s-Seulles
Anctoville
Le Grand-Haut Fecq
Monceaux
Arry
Bougy
Le Bon-Repos
Esquay-N.-D.
St-Martin-de-Fontenay
Silo
La Hogue
Chicheboville
Moult
Les Pédouz
St-Louet-s-Seulle
Tournay-s-Odon
Le Locheur
Avenay
Vieux
Verrières
Tilly-la-Campagne
Garcelles-Secqueville
Villy-Bocage
Villodon
Ragny
Évrecy
Fierville
Bully
May-s-Orne
Rocquancourt
Beneauville
Valmeray
Villers-Bocage
Parfouru-s-Odon
Neuilly-le-Malherbe
Champs-Goubert
Amayé-s-Orne
Pont-du-Coudray
Percouville
Le Val
Clinchamps-s-Orne
Fontenay-le-Marmion
Secqueville
Conteville
Billy
Landes-s-Ajon
Vacognes-Neuilly
Maizet
Le Homme
Lorguichon
Printemps 2008
La Poste
Epinay-s-Odon
Epene
Le Mesnil Hervieu
Banneville-s-Ajon
Longchamps
Ste-Honorine-du-Fay
Les Ifs
La Ruelle
Laize-la-Ville
Le Pont
La Jalousie
St-Aignan-de-Cramesnil
Poussy-la-Campagne
Le Torps
Bray-la-Campagne
Maisoncelles-Pelvey
Le Mont
Bretteville
Jouette
Caillouet
Cinq Autels
La Vallée
St-Georges-d'Aunay
Bauquay
Beauvais
La Féterie
Le Mesnil-au-Grain
Maisoncelles-s-Ajon
Courquetret
St-Agnan-le-Malherbe
Montigny
Le Grand-Mesnil
Trois-Monts
Grimbosq
L'Es Rues
Le Hutray
Boulon
Bretteville-s-Laize
Cintheaux
Haut-Mesnil
Gouvix
St-Sylvain
Cauvicourt
Danneville
Fierville-Bray
Le Mesnil
Glatigny
Goupillières
La Caine
St-Laurent-de-Condel
Courcelles

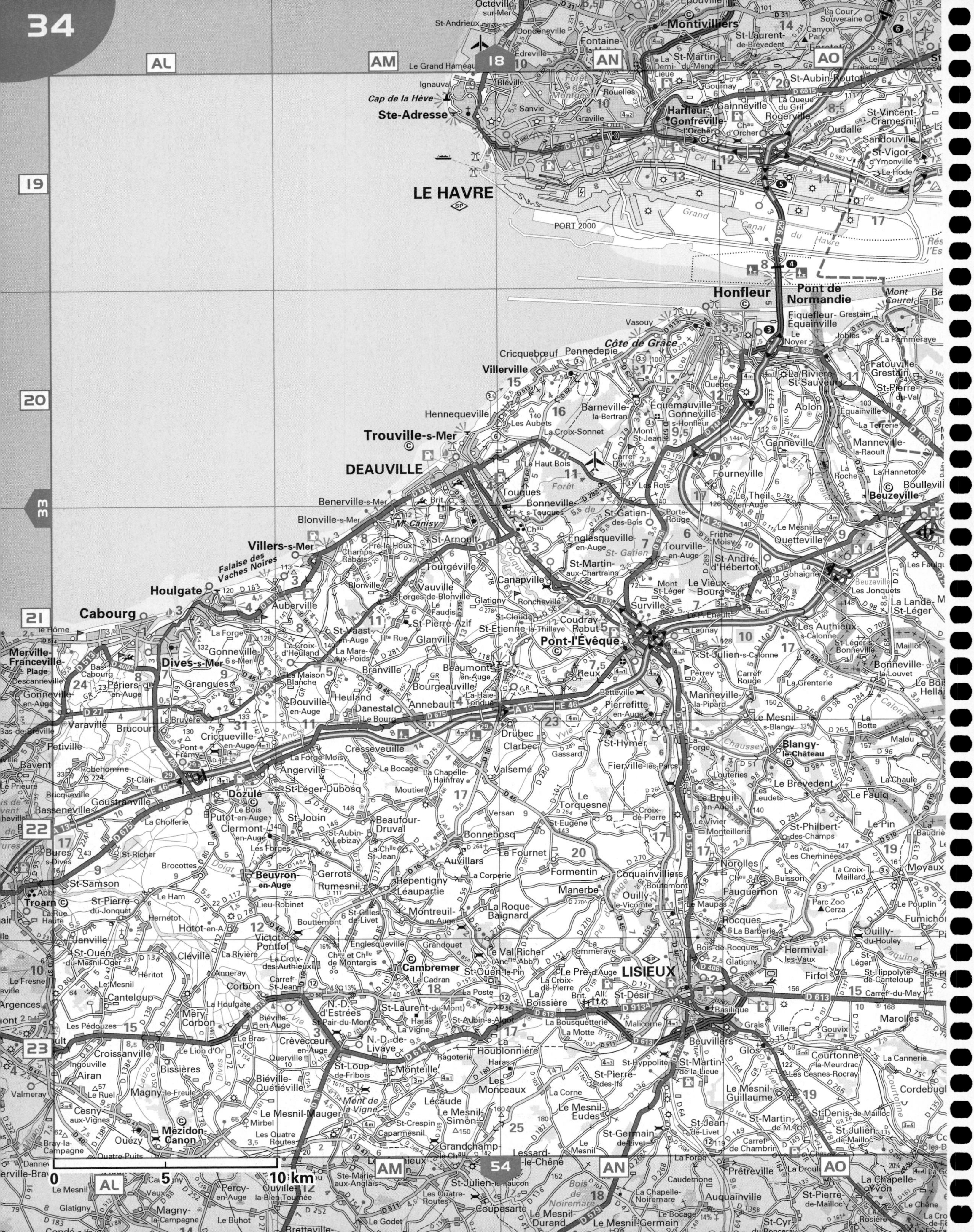

AL
AM
AN
AO
18
19
20
21
22
23
33
54
Octeville-sur-Mer
Montivilliers
St-Andrieux
Dondeneville
Fontaine-la-Mallet
Épouville
St-Laurent-de-Brèvedent
St-Martin-du-Manoir
La Cour Souveraine
Canyon Park
Le Grand Hameau
Edreville
Ignauval
Cap de la Hève
Ste-Adresse
Bléville
Forêt de Montgeon
Rouelles
Sanvic
Graville
Harfleur
Gonfreville-l'Orcher
Gainneville
Gournay
St-Aubin-Routot
Rogerville
Oudalle
St-Vincent-Cramesnil
Sandouville
St-Vigor-d'Ymonville
Le Hode
LE HAVRE
PORT 2000
Grand Canal du Havre
Honfleur
Pont de Normandie
Fiquefleur-Equainville
Grestain
Mont Courel
Vasouy
Côte de Grâce
Cricqueboeuf
Pennedepie
Villerville
Hennequeville
Les Aubets
Barneville-la-Bertran
Équemauville
Gonneville-s-Honfleur
La Rivière-St-Sauveur
Fatouville-Grestain
St-Pierre-du-Val
Ablon
Équainville
La Terrerie
Manneville-la-Raoult
Genneville
La Croix-Sonnet
Trouville-s-Mer
DEAUVILLE
Le Haut Bois
Forêt
Fourneville
La Roche
La Hannetot
Beuzeville
Boulleville
Benerville-s-Mer
Blonville-s-Mer
Mt Canisy
Touques
Bonneville-s-Touques
St-Gatien-des-Bois
Porte-Rouge
Le Theil-en-Auge
Le Mesnil
Quetteville
St-Arnoult
Englesqueville-en-Auge
St-Martin-aux-Chartrains
Tourville-en-Auge
St-André-d'Hébertot
Friche-Moisy
Villers-s-Mer
Falaise des Vaches Noires
Pré-le-Houx
Champs-Rabats
Tourgéville
Vauville
Forges-de-Blonville
Blonville
Canapville
Mont St-Léger
Le Vieux-Bourg
Les Jonquets
La Lande-St-Léger
Houlgate
Cabourg
Auberville
Glatigny
Roncheville
Surville
Les Authieux-s-Calonne
Le Home
Merville-Franceville-Plage
Dives-s-Mer
Gonneville-s-Mer
La Forge
La Croix-d'Heuland
St-Vaast-en-Auge
St-Pierre-Azif
Glanville
St-Cloud
St-Étienne-la-Thillaye
Coudray-Rabut
Pont-l'Évêque
Launay
St-Julien-s-Calonne
Maillot
St-Léger-s-Bonneville
Bonneville-la-Louvet
Bas-Cabourg
Descanneville
Périers-en-Auge
Grangues
La Maison Blanche
Branville
Beaumont-en-Auge
Bourgeauville
Reux
Perrey
Carrefour Rouge
La Grenterie
Gonneville-en-Auge
Douville-en-Auge
Heuland
Danestal
Le Bourg
Annebault
La Haie-Tondue
Betteville
Pierrefitte-en-Auge
Manneville-la-Pipard
Varaville
Brucourt
La Bruyère
Cricqueville-en-Auge
Pont-Frémy
Cresseveuille
Drubec
Clarbec
St-Hymer
Le Mesnil-s-Blangy
Blangy-le-Château
La Botte
Malou
Petiville
Bavent
Robehomme
St-Clair
La Forge-Moisy
Angerville
Le Bocage
La Chapelle-Hainfray
Valsemé
Gassard
Fierville-les-Parcs
Louteries
Le Brèvedent
La Chaule
Le Prieuré
Bricqueville
Goustranville
Dozulé
St-Léger-Dubosq
Moutier
Le Torquesne
Le Breuil-en-Auge
Les Leudets
Le Faulq
Basseneville
Putot-en-Auge
Le Bois
La Chollerie
Clermont-en-Auge
St-Jouin
Beaufour-Druval
Bonnebosq
Versan
St-Eugène
Croix-de-Pierre
Le Vivier
Monteillerie
St-Philbert-des-Champs
Le Pin
Bures-s-Dives
St-Richer
Les Forges
St-Aubin-Lebizay
La Chapelle St-Jean
Auvillars
Le Fournet
Les Cheminées
Moyaux
Brocottes
Beuvron-en-Auge
Gerrots
Rumesnil
Repentigny
Léaupartie
La Corperie
Formentin
Coquainvilliers
Boutemont
Norolles
Le Buisson
La Croix-Maillard
St-Samson
Troarn
St-Pierre-du-Jonquet
Le Ham
Lieu-Robinet
Ouilly-le-Vicomte
Manerbe
Fauguernon
Parc Zoo Cerza
Le Pouplin
La Rue Haute
Hernetot
Hotot-en-Auge
Montreuil-en-Auge
St-Gilles-de-Livet
Bouttemont
La Roque-Baignard
Le Maupas
Rocques
La Barberie
Fumichon
Ouilly-du-Houley
Janville
Victot-Pontfol
Englesqueville
Grandouet
Le Val Richer
La Pommeraye
Bois-de-Rocques
Glatigny
Hermival-les-Vaux
St-Ouen-du-Mesnil-Oger
Cléville
La Rivière
La Croix-des-Authieux
Château et Chapelle de Montargis
Cambremer
St-Ouen-le-Pin
Le Pré-d'Auge
LISIEUX
St-Léger
St-Hippolyte-de-Canteloup
Firfol
Héritot
Anneray
Corbon
Carrefour St-Jean
Le Cadran
La Croix-de-Pierre
St-Désir
Carrefour-du-May
Le Fresne
Le Mesnil
Canteloup
Méry-Corbon
La Houlgate
N.-D.-d'Estrées
St-Laurent-du-Mont
La Poste
La Boissière
Basilique
Argences
Les Pédouzes
Biéville-en-Auge
St-Pair-du-Mont
Haras
St-Aubin-s-Algot
La Bousquetterie
Malicorne
Grais
Villers
Gouvix
Marolles
La Motte
Croissanville
Le Bras-d'Oi
Le Lion d'Or
Crèvecoeur-en-Auge
N.-D.-de-Livaye
Ragoterie
La Houblonnière
St-Hippolyte
St-Martin-de-la-Lieue
Beuvillers
Glos
Courtonne-la-Meurdrac
La Cannerie
Les Cesnes-Rocray
Ingouville
Airan
Bissières
Querville
Biéville-Quétiéville
St-Loup-de-Fribois
Monteille
Les Monceaux
St-Pierre-des-Ifs
Cordebugle
Valmeray
Le Ruel
Magny-le-Freule
Mont de la Vigne
Lécaude
La Corne
Le Mesnil-Guillaume
Cesny-aux-Vignes
Le Mesnil-Mauger
St-Crespin
Le Mesnil-Simon
Le Mesnil-Eudes
St-Martin-de-M.
St-Denis-de-Mailloc
Mirbel
Caparmesnil
St-Jean-de-Livet
St-Julien-de-Mailloc
Ouézy
Mézidon-Canon
Les Quatre Routes
Grandchamp-le-Château
St-Germain-de-Livet
Carrefour de Chambrin
Bray-la-Campagne
Quatre-Puits
Lessard-et-le-Chêne
La Forge
Prêtreville
La Droulin
La Chapelle-Yvon
Ste-Marie-aux-Anglais
St-Julien-le-Faucon
Caudemone
St-Pierre-de-Mailloc
Percy-en-Auge
Vaux
Magny-la-Campagne
Les Quatre-Routes
Bois de Noiremare
La Chapelle-Noiremare
Auquainville
Le Chêne
Ouville-la-Bien-Tournée
Coupesarte
Le Mesnil-Durand
Le Bocage
Le Mesnil-Germain
St-Cyr-du-Ronceray
Le Buhot
Le Godet
Bretteville
Condé-s-Ifs
A 13
A 29
A 131
A 132
E 46
D 613
D 579
D 675
0
5
10 km

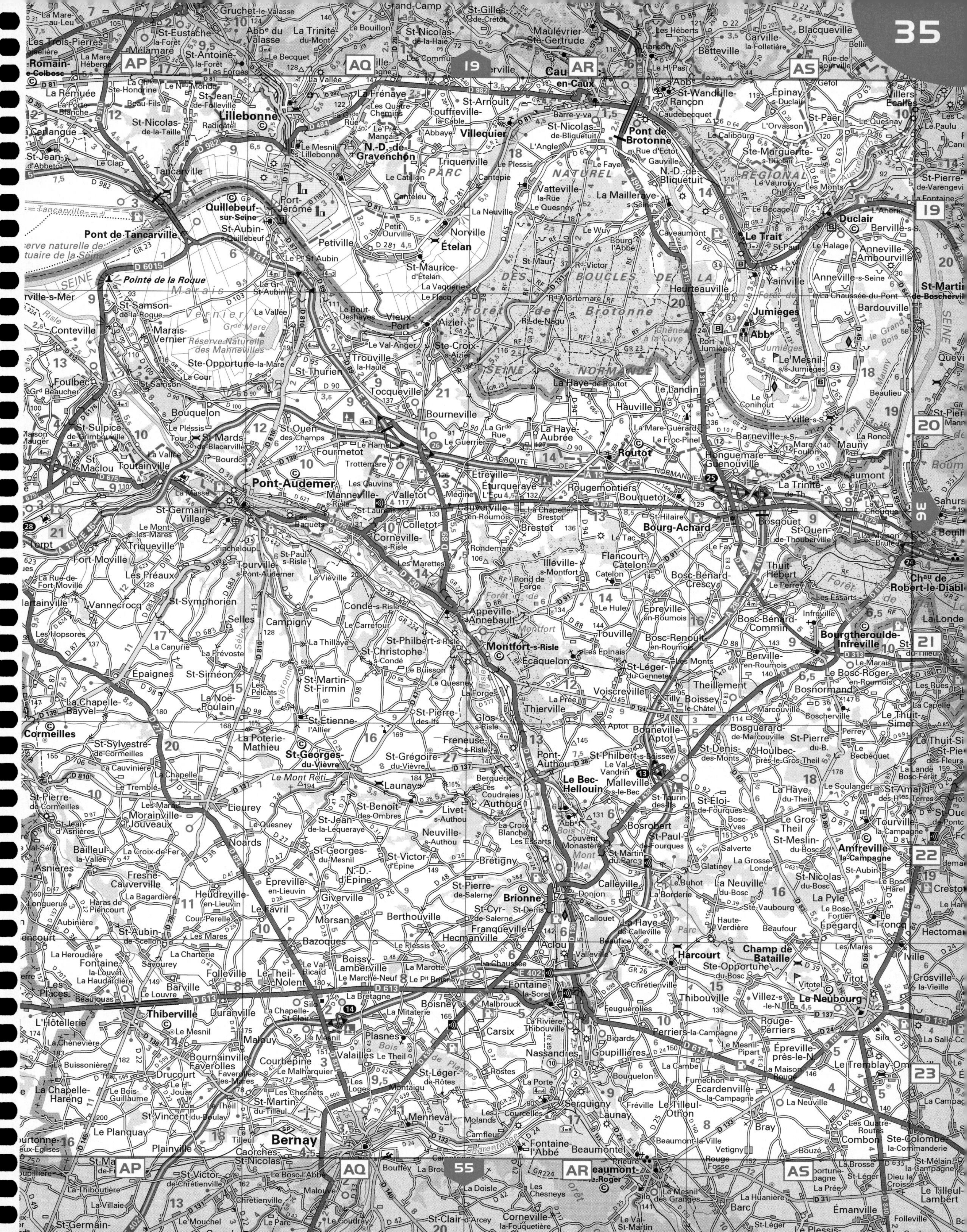
AP
AQ
AR
AS
19
20
21
22
23
36
55
Lillebonne
Quillebeuf-sur-Seine
Pont de Tancarville
Tancarville
N.-D.-de-Gravenchon
Villequier
Caudebec-en-Caux
Pont de Brotonne
Duclair
Le Trait
Jumièges
Ételan
Pointe de la Roque
Marais Vernier
Forêt de Brotonne
PARC NATUREL RÉGIONAL DES BOUCLES DE LA SEINE NORMANDE
Routot
Pont-Audemer
Bourg-Achard
Bourgtheroulde-Infreville
Montfort-s-Risle
Cormeilles
St-Georges-du-Vièvre
Le Bec-Hellouin
Brionne
Harcourt
Le Neubourg
Thiberville
Bernay
Beaumont-le-Roger
Serquigny
Amfreville-la-Campagne
AUTOROUTE DE NORMANDIE
SEINE

AT
AU
AV
AW
20
56
19
20
21
22
23
35
Pavilly
Montville
Malaunay
Le Houlme
Quincampoix
Isneauville
Maromme
N.-D.-de-Bondeville
Mont-St-Aignan
Bois-Guillaume
Bihorel
Darnétal
Canteleu
Déville-lès-R.
ROUEN
Le Pt-Quevilly
Le Gd-Quevilly
Petit-Couronne
Sotteville-lès-R.
St-Étienne-du-Rouvray
Bonsecours
Le Mesnil-Esnard
Franqueville-St-Pierre
Boos
Belbeuf
Amfreville-la-Mi-Voie
Oissel
Tourville-la-Rivière
Cléon
St-Aubin-lès-E.
Elbeuf
Caudebec-lès-E.
Pont-de-l'Arche
Val-de-Reuil
Le Vaudreuil
Léry
Poses
Amfreville-s/s-les-Monts
Côte des Deux Amants
Écluses
Pîtres
Romilly-s-Andelle
Pont-St-Pierre
Radepont
Fleury-s-Andelle
Charleval
Écouis
Les Andelys
Chau Gaillard
Louviers
Incarville
Acquigny
Gaillon
Aubevoye
Vernon
Heudebouville
Vironvay
Tosny
Muids
Porte-Joie
St-Pierre-du-Vauvray
Le Neubourg
La Saussaye
Le Thuit-Signol
Robert-le-Diable
Roches d'Orival
Forêt de Roumare
Forêt de Bord
Forêt des Andelys
Forêt de Lyons
SEINE
0
5
10 km

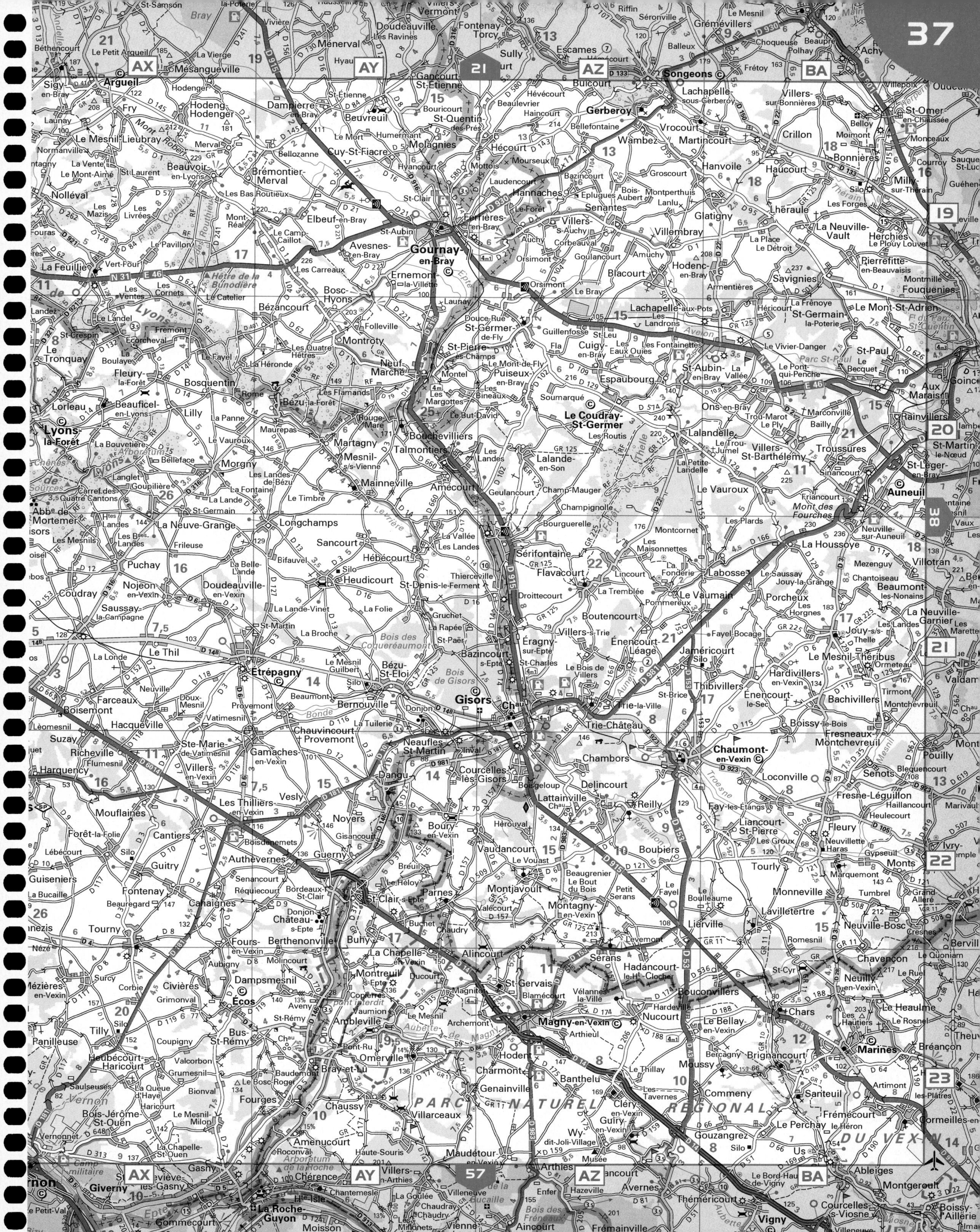

AX
AY
AZ
BA
21
57
19
20
21
22
23
38
Argueil
Songeons
Gerberoy
Gournay-en-Bray
Le Coudray-St-Germer
Lyons-la-Forêt
Auneuil
Étrépagny
Gisors
Chaumont-en-Vexin
Écos
Magny-en-Vexin
Marines
La Roche-Guyon
Giverny
PARC NATUREL RÉGIONAL DU VEXIN

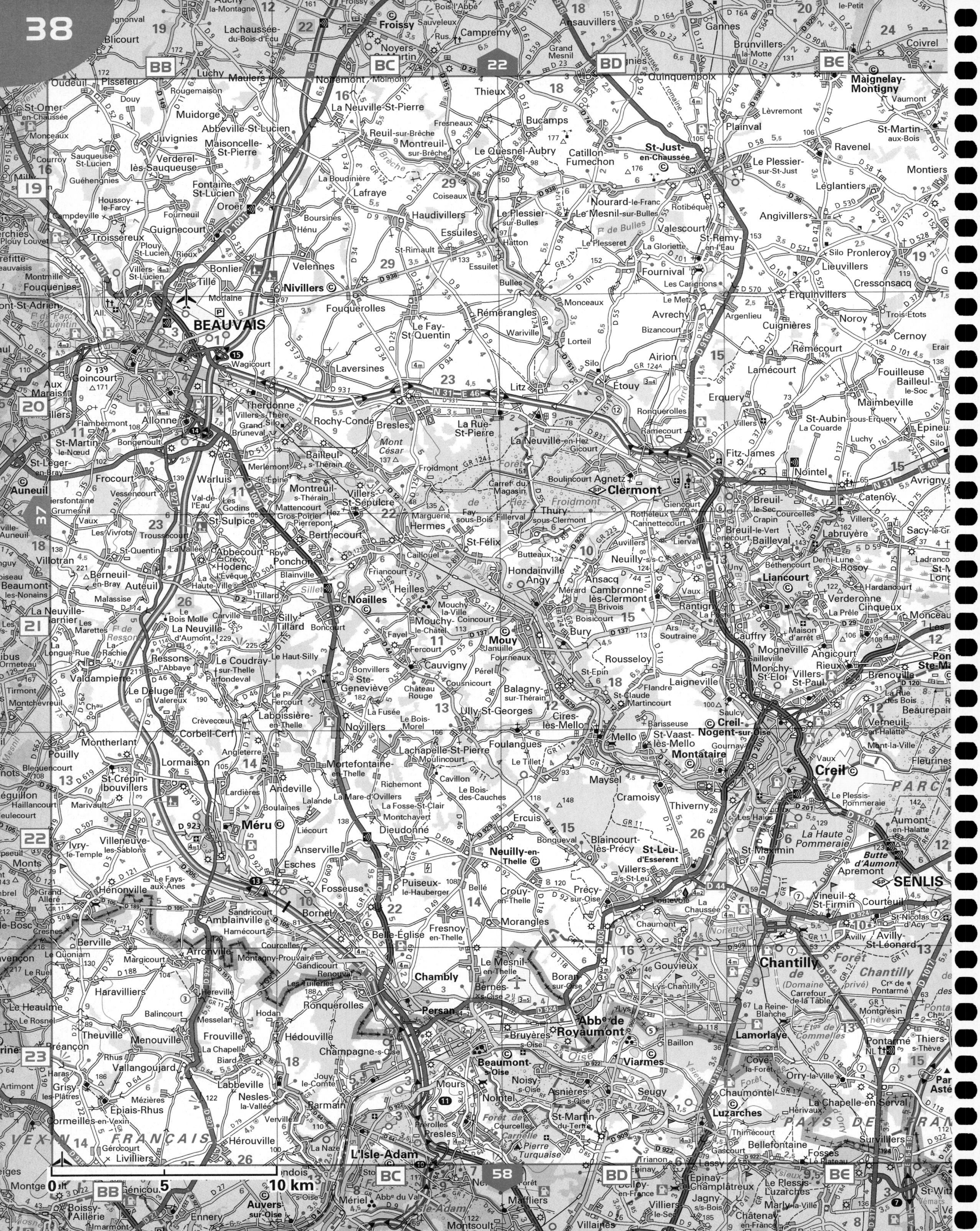

Blicourt
Lachaussée-du-Bois-d'Écu
Froissy
Campremy
Ansauvilliers
Gannes
Brunvillers-la-Motte
Coivrel
Maignelay-Montigny
Oudeuil
Pisseleu
Luchy
Maulers
Noirémont
Thieux
Quinquempoix
St-Omer-en-Chaussée
Muidorge
Abbeville-St-Lucien
La Neuville-St-Pierre
Bucamps
Plainval
St-Martin-aux-Bois
Juvignies
Maisoncelle-St-Pierre
Verderel-lès-Sauqueuse
Reuil-sur-Brêche
Montreuil-sur-Brêche
Le Quesnel-Aubry
Catillon-Fumechon
St-Just-en-Chaussée
Le Plessier-sur-St-Just
Ravenel
Montiers
Fontaine-St-Lucien
Lafraye
Léglantiers
Oroër
Haudivillers
Nourard-le-Franc
Le Mesnil-sur-Bulles
Angivillers
Troissereux
Guignecourt
Essuiles
Le Plessier-sur-Bulles
Valescourt
St-Remy-en-l'Eau
Pronleroy
Bonlier
Velennes
Fournival
Lieuvillers
Fouquenies
Tillé
Nivillers
Cressonsacq
Erquinvillers
BEAUVAIS
Fouquerolles
Rémérangles
Avrechy
Cuignières
Noroy
Le Fay-St-Quentin
Airion
Rémécourt
Goincourt
Laversines
Litz
Étouy
Lamécourt
Fouilleuse
Bailleul-le-Soc
Therdonne
Rochy-Condé
Bresles
La Rue-St-Pierre
La Neuville-en-Hez
Erquery
Maimbeville
Allonne
St-Martin-le-Nœud
Bailleul-s-Thérain
Fitz-James
St-Aubin-sous-Erquery
Warluis
Montreuil-s-Thérain
Villers-St-Sépulcre
Agnetz
Clermont
Nointel
Auneuil
Frocourt
Hermes
Breuil-le-Sec
Breuil-le-Vert
Labruyère
St-Sulpice
Berthecourt
St-Félix
Neuilly-s/s-C.
Liancourt
Rosoy
Abbecourt
Ponchon
Hondainville
Angy
Ansacq
Cambronne-lès-Clermont
Rantigny
Verderonne
Auteuil
Heilles
Noailles
Mouchy-la-Ville
Mouy
Bury
Cauffry
Monchy-St-Eloi
Villers-St-Paul
La Neuville-d'Aumont
Silly-Tillard
Cauvigny
Rousseloy
Laigneville
Brenouille
Valdampierre
Ressons-l'Abbaye
Le Coudray-sur-Thelle
Ste-Geneviève
Balagny-sur-Thérain
Cires-lès-Mello
Le Déluge
Laboissière-en-Thelle
Ully-St-Georges
Mello
St-Vaast-lès-Mello
Creil
Nogent-sur-Oise
Montataire
Corbeil-Cerf
Novillers
Foulangues
Verneuil-en-Halatte
Montherlant
Pouilly
Lormaison
Lachapelle-St-Pierre
Mortefontaine-en-Thelle
Maysel
Fleurines
St-Crépin-Ibouvillers
Andeville
Cramoisy
Thiverny
Méru
Ercuis
Aumont-en-Halatte
Ivry-le-Temple
Villeneuve-les-Sablons
Anserville
Dieudonné
Blaincourt-lès-Précy
St-Leu-d'Esserent
St-Maximin
Neuilly-en-Thelle
Eschès
Puiseux-le-Hauberger
SENLIS
Hénonville
Fosseuse
Précy-sur-Oise
Crouy-en-Thelle
Vineuil-St-Firmin
Courteuil
Amblainville
Bornel
Morangles
Berville
Belle-Église
Fresnoy-en-Thelle
Chantilly
Avilly-St-Léonard
Arronville
Le Mesnil-en-Thelle
Gouvieux
Chambly
Boran-sur-Oise
Haravilliers
Bernes-s-Oise
Persan
Abbaye de Royaumont
Lamorlaye
Ronquerolles
Hédouville
Bruyères-s-Oise
Beaumont-s-Oise
Viarmes
Théuville
Menouville
Frouville
Champagne-s-Oise
Vallangoujard
Labbeville
Mours
Noisy-s-Oise
Asnières-s-Oise
Seugy
Coye-la-Forêt
Orry-la-Ville
Grisy-les-Plâtres
Epiais-Rhus
Nesles-la-Vallée
Parmain
Nointel
Chaumontel
La Chapelle-en-Serval
Cormeilles-en-Vexin
St-Martin-du-Tertre
Luzarches
Hérouville
Presles
L'Isle-Adam
Bellefontaine
Fosses
Survilliers
Livilliers
Epinay-Champlâtreux
Le Plessis-Luzarches
Auvers-sur-Oise
Mafliers
Villiers-le-Sec
Marly-la-Ville
VEXIN FRANÇAIS
PAYS DE FRANCE
Forêt de Chantilly
0 5 10 km

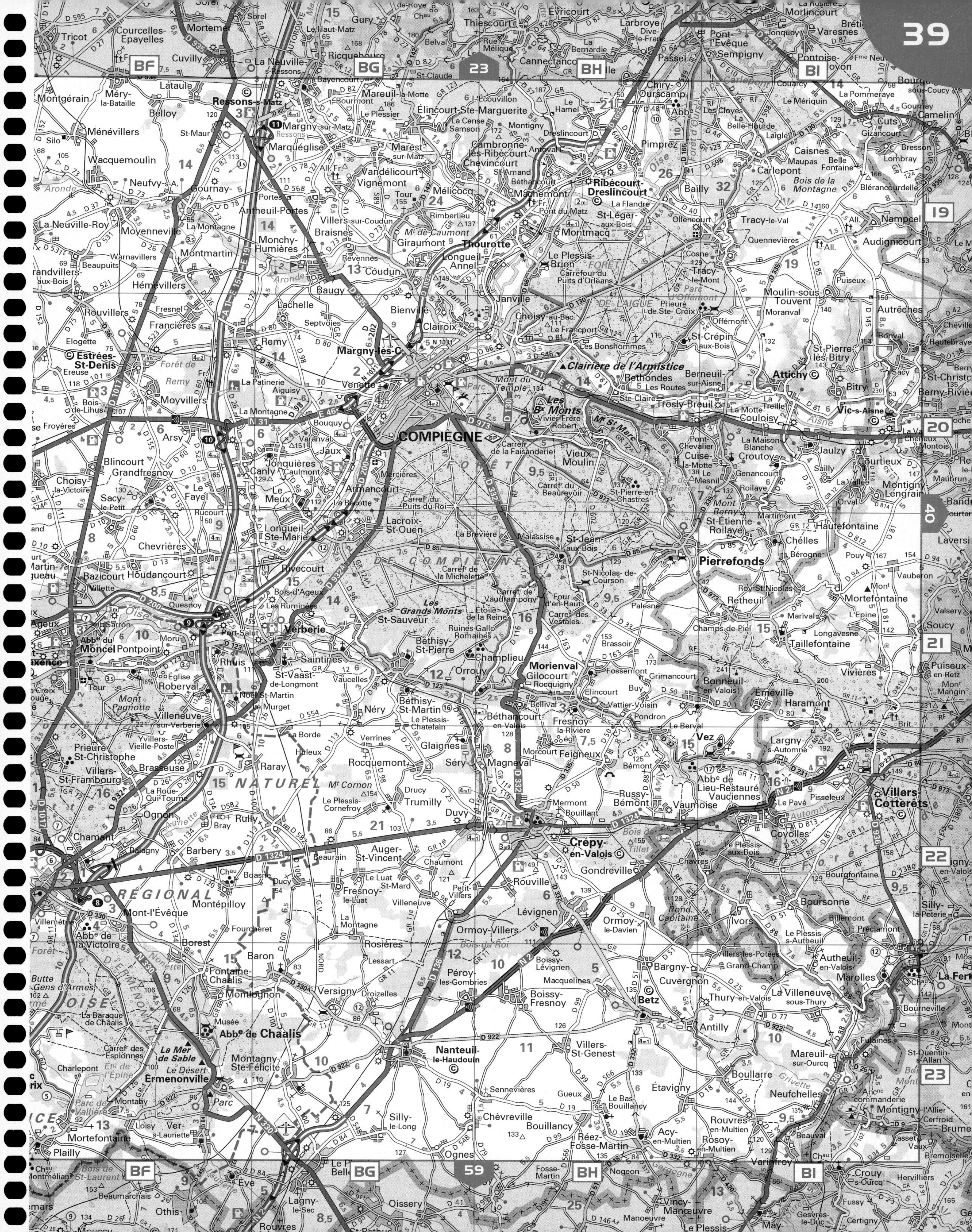
BF
BG
BH
BI
23
59
19
20
21
22
40
COMPIÈGNE
Ressons-s-Matz
Margny-lès-C.
Thourotte
Ribécourt-Dreslincourt
Estrées-St-Denis
Attichy
Vic-s-Aisne
Pierrefonds
Verberie
Morienval
Crépy-en-Valois
Villers-Cotterêts
Nanteuil-le-Haudouin
Betz
Ermenonville
Abbe de Chaalis
Clairière de l'Armistice
FORÊT DE COMPIÈGNE
FORÊT DE L'AIGUE
Les Grands Monts
Mont du Temple
Mt St Marc
Tricot
Courcelles-Epayelles
Mortemer
Cuvilly
Ricquebourg
Gury
Thiescourt
Évricourt
Larbroye
Pont-l'Évêque
Sempigny
Passel
Morlincourt
Varesnes
Pontoise-lès-Noyon
Montgérain
Méry-la-Bataille
Belloy
Ménévillers
Wacquemoulin
Marquéglise
Margny-sur-Matz
Mareuil-la-Motte
Élincourt-Ste-Marguerite
Chiry-Ourscamp
Pimprez
Bailly
Carlepont
Caisnes
Cuts
Camelin
Neufvy-s-Aronde
Gournay-s-Aronde
Antheuil-Portes
Vandélicourt
Vignemont
Mélicocq
Machemont
Cambronne-lès-Ribécourt
Chevincourt
La Neuville-Roy
Moyenneville
Monchy-Humières
Villers-sur-Coudun
Braisnes
Giraumont
Coudun
Longueil-Annel
Montmacq
St-Léger-aux-Bois
Le Plessis-Brion
Tracy-le-Val
Tracy-le-Mont
Nampcel
Audignicourt
Montmartin
Hémévillers
Baugy
Janville
Choisy-au-Bac
Moulin-sous-Touvent
Autrêches
Rouvillers
Francières
Lachelle
Bienville
Clairoix
St-Crépin-aux-Bois
Offémont
Rethondes
Berneuil-sur-Aisne
Trosly-Breuil
Couloisy
Bitry
St-Pierre-lès-Bitry
Remy
Venette
Moyvillers
Arsy
Jaux
Jonquières
Armancourt
Lacroix-St-Ouen
Vieux-Moulin
Croutoy
Cuise-la-Motte
Jaulzy
Courtieux
Montigny-Lengrain
Blincourt
Grandfresnoy
Choisy-la-Victoire
Sacy-le-Petit
Le Fayel
Canly
Le Meux
Longueil-Ste-Marie
Chevrières
Houdancourt
Bazicourt
Rivecourt
St-Jean-aux-Bois
St-Étienne-Roilaye
Hautefontaine
Chelles
Mortefontaine
Le Moncel
Pontpoint
Roberval
Rhuis
St-Vaast-de-Longmont
Saintines
Béthisy-St-Pierre
Béthisy-St-Martin
Champlieu
Orrouy
Gilocourt
Bonneuil-en-Valois
Éméville
Taillefontaine
Vivières
Haramont
Villeneuve-sur-Verberie
Néry
Béthancourt-en-Valois
Fresnoy-la-Rivière
Vez
Largny-s-Automne
Brasseuse
Raray
Rocquemont
Glaignes
Séry-Magneval
Feigneux
Russy-Bémont
Vaumoise
Villers-St-Frambourg
Ognon
Rully
Trumilly
Duvy
Vauciennes
Coyolles
Chamant
Barbery
Auger-St-Vincent
Gondreville
Mont-l'Évêque
Montépilloy
Fresnoy-le-Luat
Rouville
Lévignen
Ormoy-Villers
Ormoy-le-Davien
Boursonne
Ivors
Baron
Rosières
Péroy-les-Gombries
Bargny
Cuvergnon
Fontaine-Chaalis
Versigny
Boissy-Fresnoy
Thury-en-Valois
Antilly
Marolles
Mareuil-sur-Ourcq
Montagny-Ste-Félicité
Villers-St-Genest
Étavigny
Boullarre
Neufchelles
Mortefontaine
Plailly
Silly-le-Long
Chèvreville
Bouillancy
Acy-en-Multien
Rosoy-en-Multien
Rouvres-en-Multien
Réez-Fosse-Martin
Ève
Othis
Lagny-le-Sec
Oissery
Vincy-Manoeuvre
Varinfroy
Crouy-s-Ourcq
Montigny-l'Allier
PARC NATUREL RÉGIONAL
Oise
Aronde
Automne
Aisne

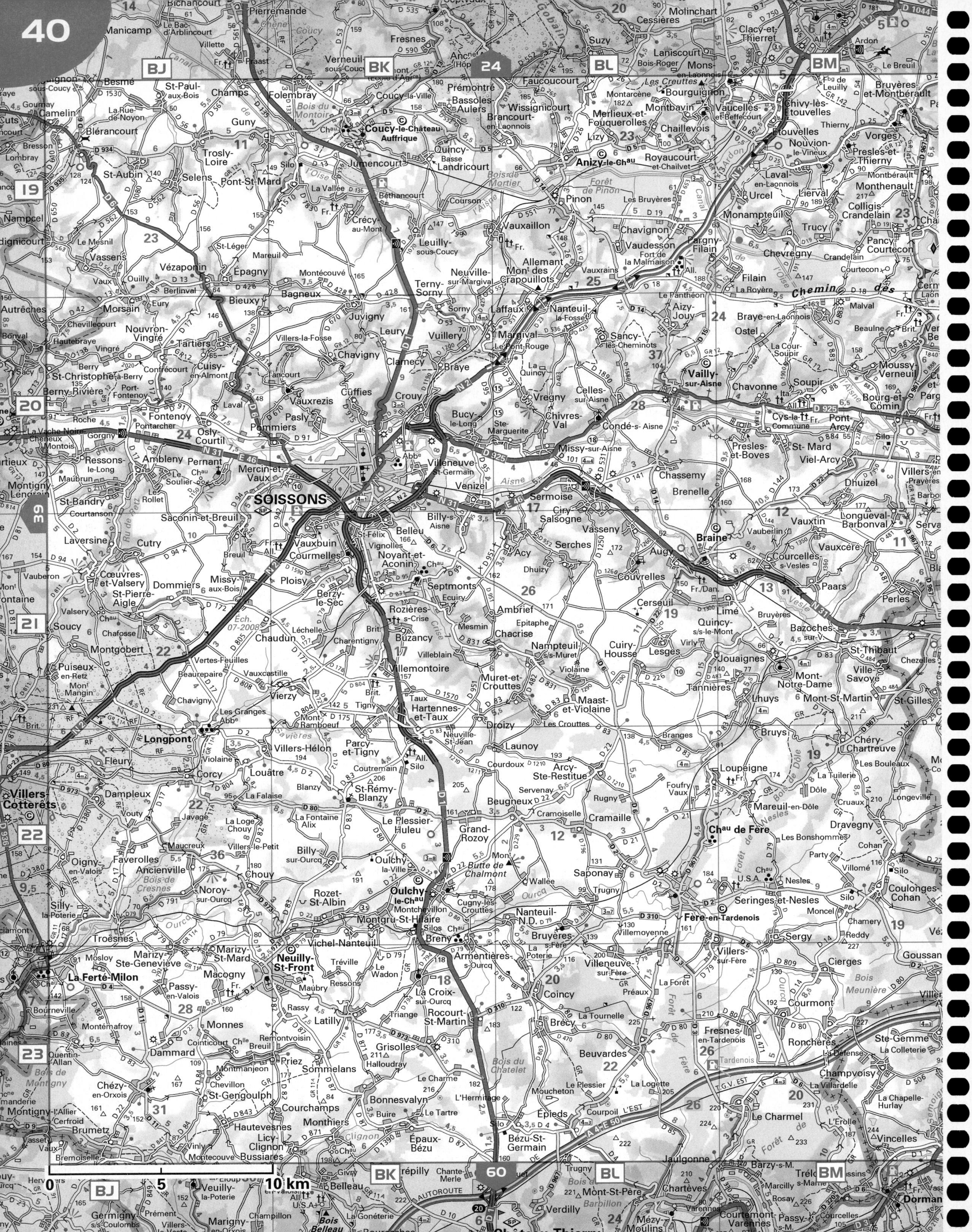

Manicamp
Le Bac d'Arblincourt
Villette
Pierremande
Coucy
Fresnes
Verneuil-sous-Coucy
Cessières
Molinchart
Clacy-et-Thierret
Ardon
Suzy
Laniscourt
Bois-Roger
Mons-en-Laonnois
Le Breuil
BJ
BK
24
BL
BM
Besmé
St-Paul-aux-Bois
Champs
Folembray
Coucy-la-Ville
Prémontré
Bassoles-Aulers
Faucoucourt
Wissignicourt
Les Creuttes
Bourguignon
Montarcène
Montbavin
Merlieux-et-Fouquerolles
Vaucelles-et-Beffecourt
Chivy-lès-Etouvelles
Bruyères-et-Montbérault
Gournay
Camelin
La Rue-de-Noyon
Guny
Coucy-le-Château-Auffrique
Brancourt-en-Laonnois
Lizy
Chaillevois
Etouvelles
Nouvion-le-Vineux
Vorges
Thierny
Presles-et-Thierny
Blérancourt
Trosly-Loire
Quincy-Basse
Landricourt
Anizy-le-Château
Royaucourt-et-Chailvet
Laval-en-Laonnois
Bresson
Lombray
St-Aubin
Selens
Pont-St-Mard
Jumencourt
Bois de Mortier
Forêt de Pinon
Pinon
Les Bruyères
Urcel
Lierval
Montbérault
Monthenault
19
La Vallée
Béthancourt
Courson
Colligis-Crandelain
Nampcel
Crécy-au-Mont
Vauxaillon
Chavignon
Monampteuil
Trucy
Leuilly-sous-Coucy
Pargny-Filain
Vaudesson
Fort de la Malmaison
Pancy-Courtecon
Dignicourt
Le Mesnil
Vassens
St-Léger
Mareuil
Allemant
Mont des Crapouillots
Vauxrains
Chevregny
Crandelain
Courtecon
Vézaponin
Épagny
Montécouvé
Neuville-sur-Margival
Filain
Chemin des Dames
Vaux
Ouilly
Berlinval
Bieuxy
Bagneux
Terny-Sorny
Laffaux
Nanteuil-la-Fosse
Le Panthéon
Aizy-Jouy
La Royère
Braye-en-Laonnois
Malval
Cerny
Autrêches
Morsain
Juvigny
Sorny
Ostel
Beaulne
Chevillecourt
Nouvron-Vingré
Leury
Vuillery
Margival
Sancy-les-Cheminots
Hautebraye
Vingré
Tartiers
Villers-la-Fosse
Le Pont-Rouge
Chavigny
Clamecy
Braye
La Quincy
La Cour-Soupir
Moussy-Verneuil
Berry
Confrécourt
Cuisy-en-Almont
Tancourt
Vailly-sur-Aisne
Chavonne
Soupir
St-Christophe-à-Berry
Port-Fontenoy
Vauxrezis
Cuffies
Crouy
Vregny
Celles-sur-Aisne
Bourg-et-Comin
Berny-Rivière
Laval
Chivres-Val
Pasly
Bucy-le-Long
Ste-Marguerite
Condé-s-Aisne
Cys-la-Commune
Pont-Arcy
20
Fontenoy
Pontarcher
Pommiers
La Vache-Noire
Cheneux
Montois
Gorgny
Osly-Courtil
Roche
Presles-et-Boves
St-Mard
Viel-Arcy
Missy-sur-Aisne
Ressons-le-Long
Ambleny
Pernant
Mercin-et-Vaux
Villeneuve-St-Germain
Chassemy
Villers-en-Prayères
Maubrun
Le Soulier
Venizel
Dhuizel
Montigny-Lengrain
Le Rollet
SOISSONS
Sermoise
Brenelle
St-Bandry
Courtanson
Saconin-et-Breuil
Billy-s-Aisne
Ciry-Salsogne
Vasseny
Vauxtin
Longueval-Barbonval
Belleu
St-Félix
Vignolles
Vauxbuin
Courmelles
Noyant-et-Aconin
Laversine
Cutry
Serches
Acy
Braine
Vauberlin
Vauxcéré
Courcelles-s-Vesles
Dhuizy
Augy
Vauberon
Cœuvres-et-Valsery
Breuil
Missy-aux-Bois
Dommiers
St-Pierre-Aigle
Ploisy
Berzy-le-Sec
Septmonts
Ecuiry
Couvrelles
Paars
Perles
Valsery
Rozières-s-Crise
Ambrief
Cerseuil
Limé
Bruyères
Bazoches-sur-V.
Soucy
Chafosse
Échelle
Léchelle
Buzancy
Mesmin
Chacrise
Epitaphe
Quincy-s/s-le-Mont
Vesle
Montgobert
Chaudun
Charentigny
Villeblain
Nampteuil-s/s-Muret
Cuiry-Housse
Lesges
Virly
St-Thibaut
Puiseux-en-Retz
Mont Mangin
Vertes-Feuilles
Beaurepaire
Vauxcastille
Villemontoire
Jouaignes
Mont-Notre-Dame
Ville-Savoye
Chezelles
Violaine
Tannières
Muret-et-Crouttes
Vierzy
Chavigny
Les Granges
Abbé
Tigny
Taux
Hartennes-et-Taux
Maast-et-Violaine
Lhuys
Mont-St-Martin
St-Gilles
Mont-Rambœuf
Droizy
Les Crouttes
Brit
Longpont
Savières
Villers-Hélon
Parcy-et-Tigny
Neuville-St-Jean
Launoy
Branges
Bruys
Chéry-Chartreuve
Fleury
Louâtre
Coutremain
Courdoux
Arcy-Ste-Restitue
Loupeigne
Les Bouleaux
Corcy
Blanzy
St-Rémy-Blanzy
Servenay
Foufry-Vaux
La Tuilerie
Dôle
Villers-Cotterêts
Dampleux
La Falaise
Rugny
Mareuil-en-Dôle
Longeville
Cruaux
Vouty
La Fontaine Alix
Le Plessier-Huleu
Beugneux
Cramoiselle
Cramaille
Bois de Dôle
22
Javage
La Loge Chouy
Grand-Rozoy
Château de Fère
Dravegny
Maucreux
Villers-le-Petit
Billy-sur-Ourcq
Les Bonshommes
Cohan
Faverolles
Oigny-en-Valois
Ancienville
Bois de Cresnes
Chouy
Oulchy-la-Ville
Mont
Butte de Chalmont
Wallée
Saponay
Party
Villomé
Silly-la-Poterie
Noroy-sur-Ourcq
Rozet-St-Albin
Oulchy-le-Château
Montchevillon
Cugny-lès-Crouttes
Trugny
Seringes-et-Nesles
Nesles
Coulonges-Cohan
Ourcq
Montgru-St-Hilaire
Nanteuil-N.D.
Fère-en-Tardenois
Moncel
Chamery
Reddy
Troësnes
Marizy-Ste-Geneviève
Marizy-St-Mard
Vichel-Nanteuil
Silos
Breny
Bruyères-s-Fère
Villemoyenne
Sergy
Mosloy
Neuilly-St-Front
Trévillle
Le Wadon
Armentières-s-Ourcq
La Poterie
Villeneuve-sur-Fère
Villers-sur-Fère
Cierges
Goussancourt
La Ferté-Milon
Macogny
Passy-en-Valois
Maubry
Ressons
La Croix-sur-Ourcq
Coincy
Préaux
La Forêt
Bois Meunière
Bourneville
Rassy
Latilly
Triange
Rocourt-St-Martin
Brécy
La Tournelle
Forêt de Fère
Fresnes-en-Tardenois
Courmont
Montémafroy
Monnes
Remontvoisin
Grisolles
Ronchères
Ste-Gemme
23
Quentin-Allan
Cointicourt
Breuil
Dammard
Montmanjeon
Priez
Sommelans
Halloudray
Bois du Châtelet
Beuvardes
Tardenois
La Défense
La Colleterie
Bois de Montigny
Chevillon
Le Charme
Le Plessier
La Logette
Champvoisy
La Villardelle
Chézy-en-Orxois
St-Gengoulph
Bonnesvalyn
L'Hermitage
Moucheton
T.G.V. EST
La Chapelle-Hurlay
Montigny-l'Allier
Cerfroid
Brumetz
Hautevesnes
Courchamps
Monthiers
Buire
Le Tartre
Épieds
Courpoil
L'EST
Le Charmel
L'Erolle
Vincelles
Forêt de Ris
Vasset
Vaux
Bremoiselle
Vinly
Montecouvé
Licy-Clignon
Bussiares
Clignon
Épaux-Bézu
Bézu-St-Germain
A 4-E 50
Jaulgonne
0
5
10 km
Hervilliers
Veuilly-la-Poterie
Belleau
Bois Belleau
Épilly
Chantemerle
60
Trugny
BK
BL
BM
Barzy-s-M.
Mont-St-Père
Chartèves
Trélou-s-Marne
Passy-s-M.
Marcilly
Rosay
Dormans
BJ
Germigny
Prémont
Marigny-en-Orxois
Champillon
La Gonèterie
Bouresches
AUTOROUTE
Verdilly
Barbillon
Château-Thierry
Mézy-Moulins
Courtemont-Varennes
Courcelles
39
21

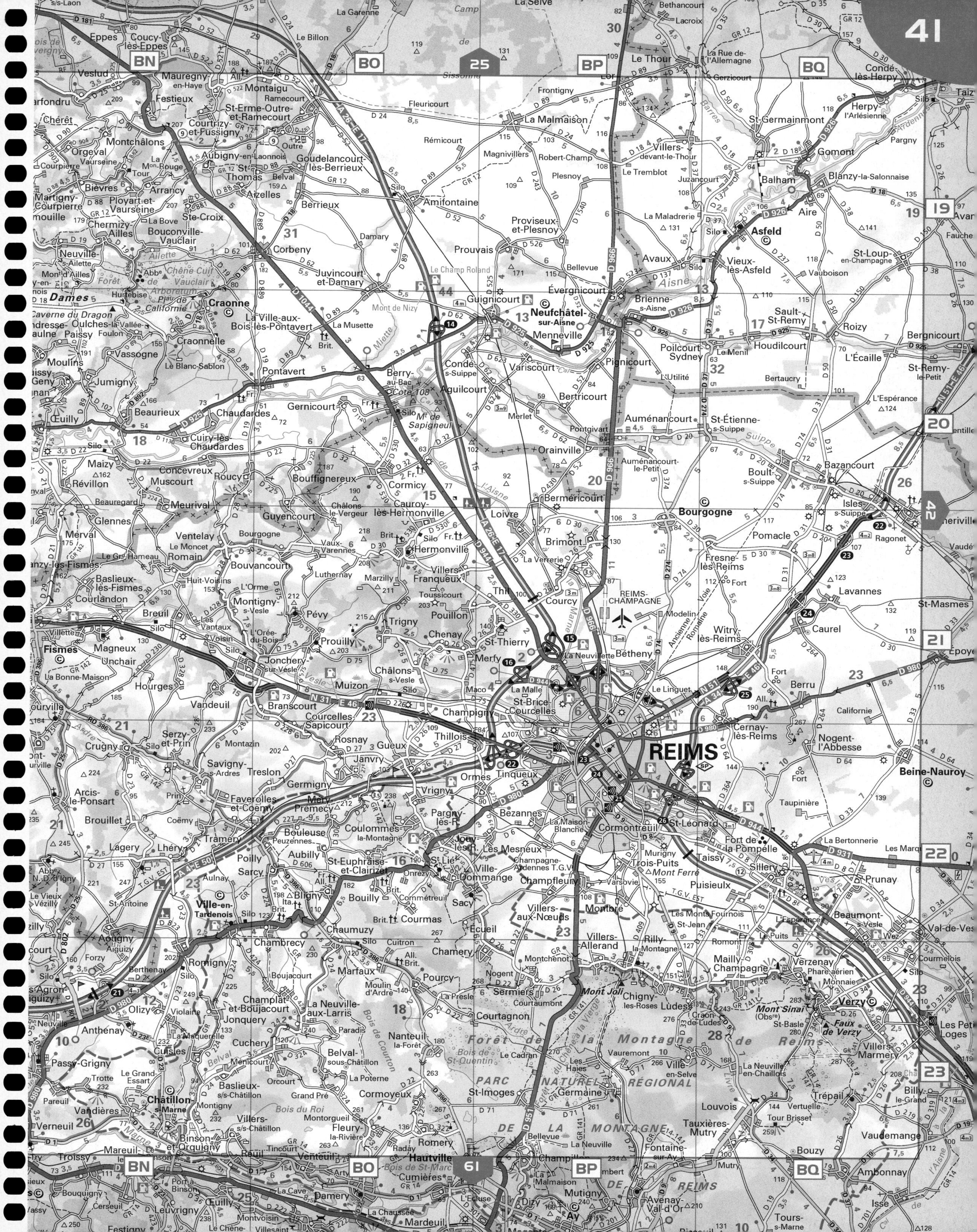

BN
BO
25
BP
BQ
REIMS
Eppes
Coucy-lès-Eppes
Veslud
Mauregny-en-Haye
Montaigu
Festieux
St-Erme-Outre-et-Ramecourt
Courtrizy-et-Fussigny
Montchâlons
Orgeval
Aubigny-en-Laonnois
Goudelancourt-lès-Berrieux
St-Thomas
Bièvres
Arrancy
Aizelles
Berrieux
Ployart-et-Vaurseine
Ste-Croix
Chermizy-Ailles
Bouconville-Vauclair
Corbeny
Neuville-s-Ailette
Juvincourt-et-Damary
Craonne
Craonnelle
La Ville-aux-Bois-lès-Pontavert
Vassogne
Pontavert
Jumigny
Beaurieux
Œuilly
Chaudardes
Cuiry-lès-Chaudardes
Gernicourt
Maizy
Concevreux
Roucy
Muscourt
Révillon
Meurival
Glennes
Guyencourt
Ventelay
Romain
Bouvancourt
Courlandon
Montigny-s-Vesle
Breuil
Magneux
Fismes
Unchair
Jonchery-sur-Vesle
Hourges
Vandeuil
Branscourt
Courcelles-Sapicourt
Serzy-et-Prin
Crugny
Savigny-s-Ardres
Treslon
Arcis-le-Ponsart
Brouillet
Faverolles-et-Coëmy
Lagery
Lhéry
Tramery
Poilly
Sarcy
Aougny
Ville-en-Tardenois
Chambrecy
Romigny
Olizy
Anthenay
Cuisles
Passy-Grigny
Châtillon-s-Marne
Vandières
Verneuil
Troissy
Mareuil-le-Port
Baslieux-s/s-Châtillon
Villers-s/s-Châtillon
Binson-et-Orquigny
Reuil
Fleury-la-Rivière
Cormoyeux
Romery
Hautvillers
Cumières
Damery
Champillon
Dizy
Ay
Mutigny
Avenay-Val-d'Or
Mardeuil
Belval-sous-Châtillon
Nanteuil-la-Forêt
St-Imoges
Germaine
Ville-en-Selve
Louvois
Tauxières-Mutry
Fontaine-sur-Ay
Bouzy
Ambonnay
Isse
Tours-sur-Marne
Vaudemange
Billy-le-Grand
Trépail
Villers-Marmery
Verzy
Verzenay
Mailly-Champagne
Ludes
Chigny-les-Roses
Rilly-la-Montagne
Villers-Allerand
Sermiers
Courtagnon
Pourcy
Marfaux
Chamery
Écueil
Sacy
Villers-aux-Nœuds
Montbré
Champfleury
Villedommange
Jouy-lès-Reims
Les Mesneux
Pargny-lès-Reims
Coulommes-la-Montagne
Bouilly
Courmas
Chaumuzy
Bligny
St-Euphraise-et-Clairizet
Aubilly
Bouleuse
Méry-Prémecy
Germigny
Janvry
Gueux
Rosnay
Thillois
Ormes
Tinqueux
Champigny
St-Brice-Courcelles
Muizon
Châlons-s-Vesle
Prouilly
Pévy
Trigny
Chenay
Merfy
St-Thierry
Pouillon
Villers-Franqueux
Hermonville
Cauroy-lès-Hermonville
Cormicy
Bouffignereux
Loivre
Brimont
Courcy
Bétheny
Witry-lès-Reims
Fresne-lès-Reims
Bourgogne
Bermericourt
Orainville
Aumenancourt
St-Étienne-s-Suippe
Bazancourt
Boult-s-Suippe
Isles-s-Suippe
Pomacle
Lavannes
Caurel
Berru
Cernay-lès-Reims
Nogent-l'Abbesse
Beine-Nauroy
St-Léonard
Cormontreuil
Bezannes
Taissy
Trois-Puits
Puisieulx
Sillery
Prunay
Beaumont-s-Vesle
Les Petites Loges
Bertricourt
Pignicourt
Variscourt
Condé-s-Suippe
Aguilcourt
Berry-au-Bac
Guignicourt
Neufchâtel-sur-Aisne
Menneville
Évergnicourt
Prouvais
Proviseux-et-Plesnoy
Amifontaine
La Malmaison
Villers-devant-le-Thour
Le Thour
Juzancourt
Balham
Asfeld
Avaux
Vieux-lès-Asfeld
Brienne-s-Aisne
Poilcourt-Sydney
Houdilcourt
St-Germainmont
Gomont
Blanzy-la-Salonnaise
Aire
Herpy-l'Arlésienne
Condé-lès-Herpy
St-Loup-en-Champagne
Sault-St-Remy
Roizy
Bergnicourt
L'Écaille
St-Remy-le-Petit
Forêt de la Montagne de Reims
Parc Naturel Régional de la Montagne de Reims
Mont Sinaï
Faux de Verzy
Mont Joli
61

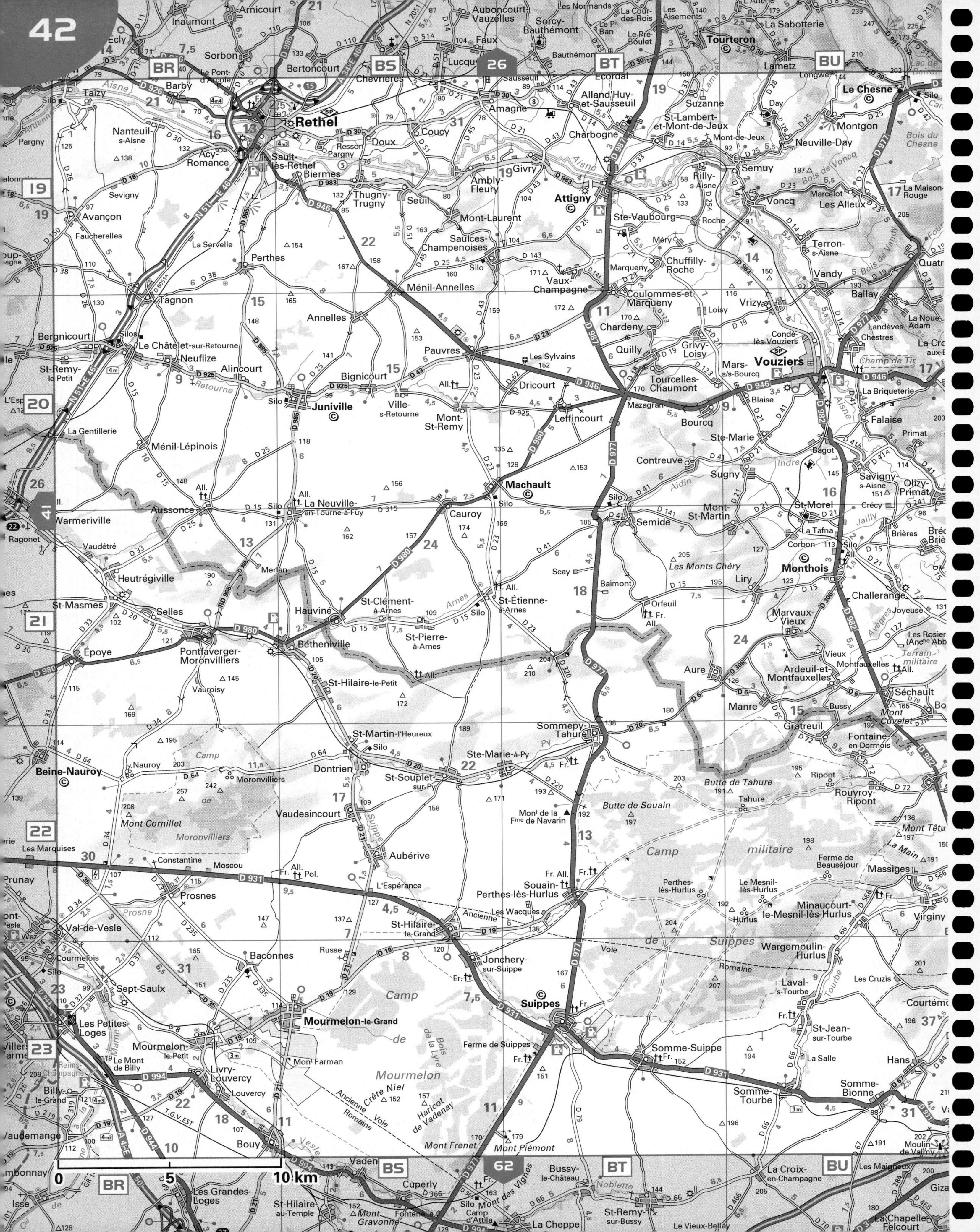
Rethel
Juniville
Attigny
Vouziers
Machault
Monthois
Le Chesne
Tourteron
Suippes
Mourmelon-le-Grand
Beine-Nauroy
Sault-lès-Rethel
Acy-Romance
Nanteuil-s-Aisne
Barby
Taizy
Sorbon
Inaumont
Arnicourt
Ecly
Bertoncourt
Chevrières
Lucquy
Faux
Aubancourt-Vauzelles
Sorcy-Bauthémont
Amagne
Coucy
Doux
Biermes
Thugny-Trugny
Seuil
Ambly-Fleury
Givry
Mont-Laurent
Saulces-Champenoises
Perthes
Ménil-Annelles
Annelles
Pauvres
Tagnon
Bergnicourt
Le Châtelet-sur-Retourne
Neuflize
Alincourt
St-Remy-le-Petit
Bignicourt
Ville-s-Retourne
Mont-St-Remy
Dricourt
Leffincourt
Sevigny
Avançon
Faucherelles
La Gentillerie
Ménil-Lépinois
Warmeriville
Aussonce
La Neuville-en-Tourne-à-Fuy
Cauroy
Heutrégiville
Merlan
St-Masmes
Selles
Hauviné
St-Clément-à-Arnes
St-Étienne-à-Arnes
St-Pierre-à-Arnes
Bétheniville
Pontfaverger-Moronvilliers
Époye
St-Hilaire-le-Petit
Vauroisy
St-Martin-l'Heureux
Dontrien
St-Souplet-sur-Py
Ste-Marie-à-Py
Sommepy-Tahure
Vaudesincourt
Aubérive
Nauroy
Moronvilliers
Mont Cornillet
Prosnes
Constantine
Moscou
Les Marquises
Prunay
Val-de-Vesle
Wez
Courmelois
Sept-Saulx
Baconnes
St-Hilaire-le-Grand
Jonchery-sur-Suippe
Perthes-lès-Hurlus
Souain
Les Wacques
Mont de la Fme de Navarin
Butte de Souain
Butte de Tahure
Camp militaire
Camp de Suippes
Camp de Moronvilliers
Camp de Mourmelon
Ferme de Suippes
Mont Farman
Mourmelon-le-Petit
Les Petites-Loges
Livry-Louvercy
Louvercy
Billy-le-Grand
Vaudemange
Bouy
Mont Frenet
Mont Piémont
Haricot de Vadenay
Ancienne Voie Romaine
Crête Niel
Somme-Suippe
Somme-Tourbe
Somme-Bionne
Hans
St-Jean-sur-Tourbe
La Salle
Laval-s-Tourbe
Wargemoulin-Hurlus
Minaucourt-le-Mesnil-lès-Hurlus
Virginy
Massiges
Ferme de Beauséjour
Rouvroy-Ripont
Tahure
Manre
Aure
Gratreuil
Fontaine-en-Dormois
Séchault
Ardeuil-et-Montfauxelles
Marvaux-Vieux
Challerange
Liry
Orfeuil
Scay
Semide
Mont-St-Martin
St-Morel
Sugny
Contreuve
Ste-Marie
Bourcq
Mars-s-Bourcq
Tourcelles-Chaumont
Quilly
Chardeny
Grivy-Loisy
Coulommes-et-Marqueny
Vaux-Champagne
Chuffilly-Roche
Vrizy
Vandy
Ballay
Falaise
Savigny-s-Aisne
Olizy-Primat
Terron-s-Aisne
Voncq
Semuy
Rilly-s-Aisne
Ste-Vaubourg
Charbogne
Alland'Huy-et-Sausseuil
St-Lambert-et-Mont-de-Jeux
Suzanne
Neuville-Day
Montgon
Les Alleux
La Sabotterie
Lametz
La Croix-en-Champagne
Bussy-le-Château
Cuperly
Vadenay
St-Hilaire-au-Temple
Les Grandes-Loges
Isse
La Cheppe
St-Remy-sur-Bussy
La Chapelle-Felcourt
0
5
10 km

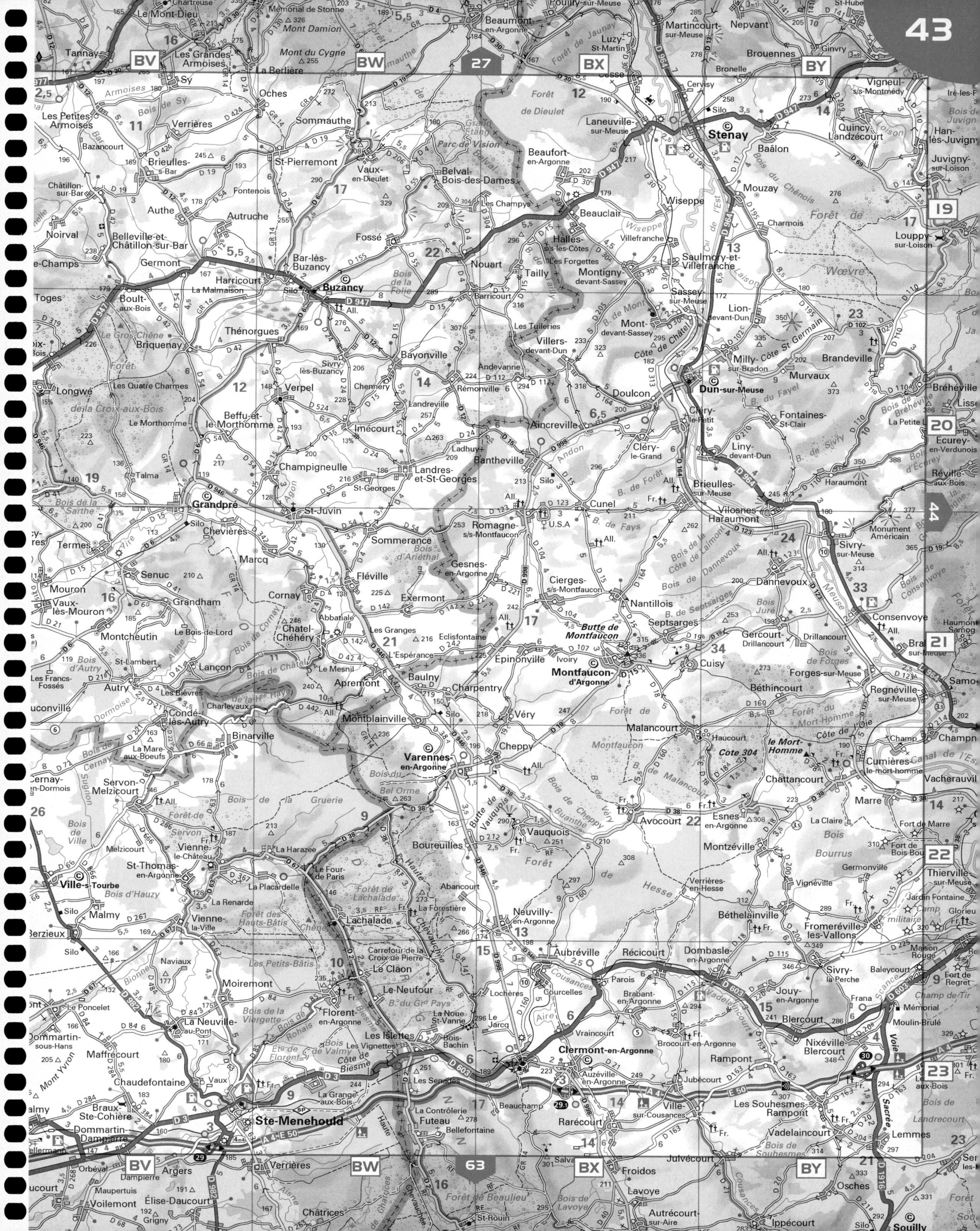
BV
BW
27
BX
BY
Beaumont-en-Argonne
Stenay
Buzancy
Dun-sur-Meuse
Grandpré
Montfaucon-d'Argonne
Varennes-en-Argonne
Clermont-en-Argonne
Ste-Menehould
Ville-s-Tourbe
Souilly
Forêt de Dieulet
Forêt de Hesse
Butte de Montfaucon
Cote 304
le Mort-Homme
Meuse
19
20
21
22
23
44
63

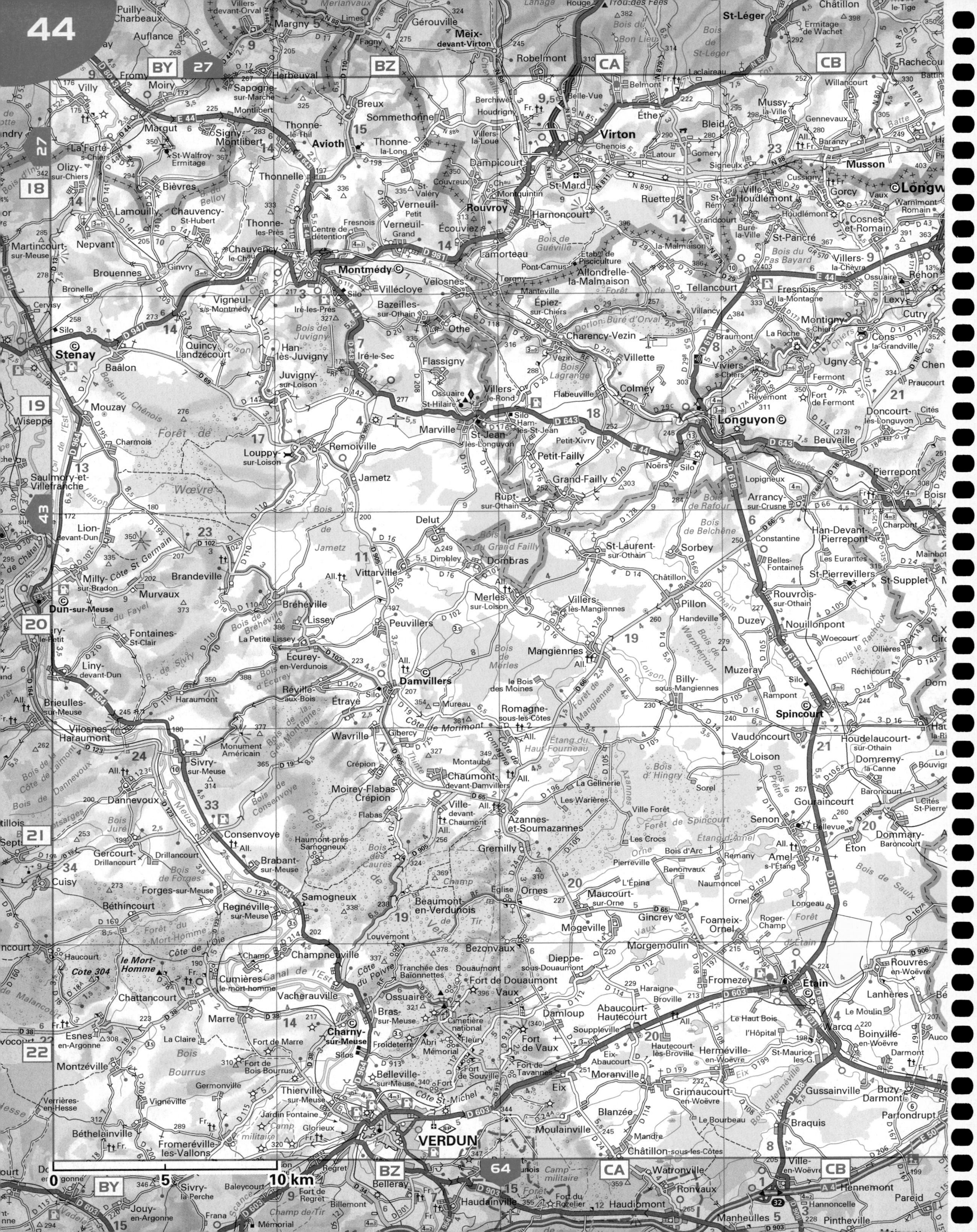

Virton
Montmédy
Stenay
Avioth
Longuyon
Marville
Damvillers
Spincourt
Dun-sur-Meuse
Étain
VERDUN
Charny-sur-Meuse
Rouvroy
Longwy
Musson
St-Léger
Meix-devant-Virton
Margny
Thonne-la-Long
Thonnelle
Margut
Bièvres
Olizy-sur-Chiers
Lamouilly
Chauvency-St-Hubert
Chauvency-le-Château
Martincourt-sur-Meuse
Nepvant
Brouennes
Vigneul-s/s-Montmédy
Quincy-Landzécourt
Han-lès-Juvigny
Juvigny-sur-Loison
Iré-le-Sec
Iré-les-Prés
Villécloye
Velosnes
Bazeilles-sur-Othain
Othe
Flassigny
Villers-le-Rond
St-Jean-lès-Longuyon
Petit-Failly
Grand-Failly
Rupt-sur-Othain
Colmey
Villette
Charency-Vezin
Tellancourt
Fresnois-la-Montagne
Montigny-s-Chiers
Cons-la-Grandville
Ugny
Beuveille
Pierrepont
Arrancy-sur-Crusne
Baâlon
Mouzay
Louppy-sur-Loison
Remoiville
Jametz
Forêt de Woëvre
Saulmory-et-Villefranche
Lion-devant-Dun
Milly-sur-Bradon
Murvaux
Brandeville
Bréhéville
Lissey
Vittarville
Delut
Dombras
Merles-sur-Loison
St-Laurent-sur-Othain
Sorbey
Pillon
Duzey
Rouvrois-sur-Othain
Nouillonpont
Mangiennes
Billy-sous-Mangiennes
Peuvillers
Écurey-en-Verdunois
Réville-aux-Bois
Étraye
Wavrille
Romagne-sous-les-Côtes
Chaumont-devant-Damvillers
Azannes-et-Soumazannes
Gremilly
Ornes
Maucourt-sur-Orne
Mogeville
Gincrey
Foameix-Ornel
Senon
Amel-s-l'Étang
Éton
Vaudoncourt
Loison
Gouraincourt
Fontaines-St-Clair
Liny-devant-Dun
Brieulles-sur-Meuse
Vilosnes-Haraumont
Sivry-sur-Meuse
Dannevoux
Consenvoye
Gercourt-Drillancourt
Brabant-sur-Meuse
Forges-sur-Meuse
Béthincourt
Regnéville-sur-Meuse
Samogneux
Beaumont-en-Verdunois
Champneuville
Cumières-le-mort-homme
Chattancourt
Marre
Vacherauville
Bras-sur-Meuse
Fleury
Douaumont
Vaux
Damloup
Eix
Moranville
Abaucourt-Hautecourt
Herméville-en-Woëvre
Fromezey
Dieppe-sous-Douaumont
Bezonvaux
Belleville-sur-Meuse
Thierville-sur-Meuse
Blanzée
Moulainville
Châtillon-sous-les-Côtes
Grimaucourt-en-Woëvre
Braquis
Gussainville
Warcq
Boinville-en-Woëvre
Rouvres-en-Woëvre
Lanhères
Esnes-en-Argonne
Montzéville
Béthelainville
Fromeréville-les-Vallons
Haudainville
Haudiomont
Watronville
Ronvaux
Manheulles
Belleray
Sivry-la-Perche
Jouy-en-Argonne
0 5 10 km

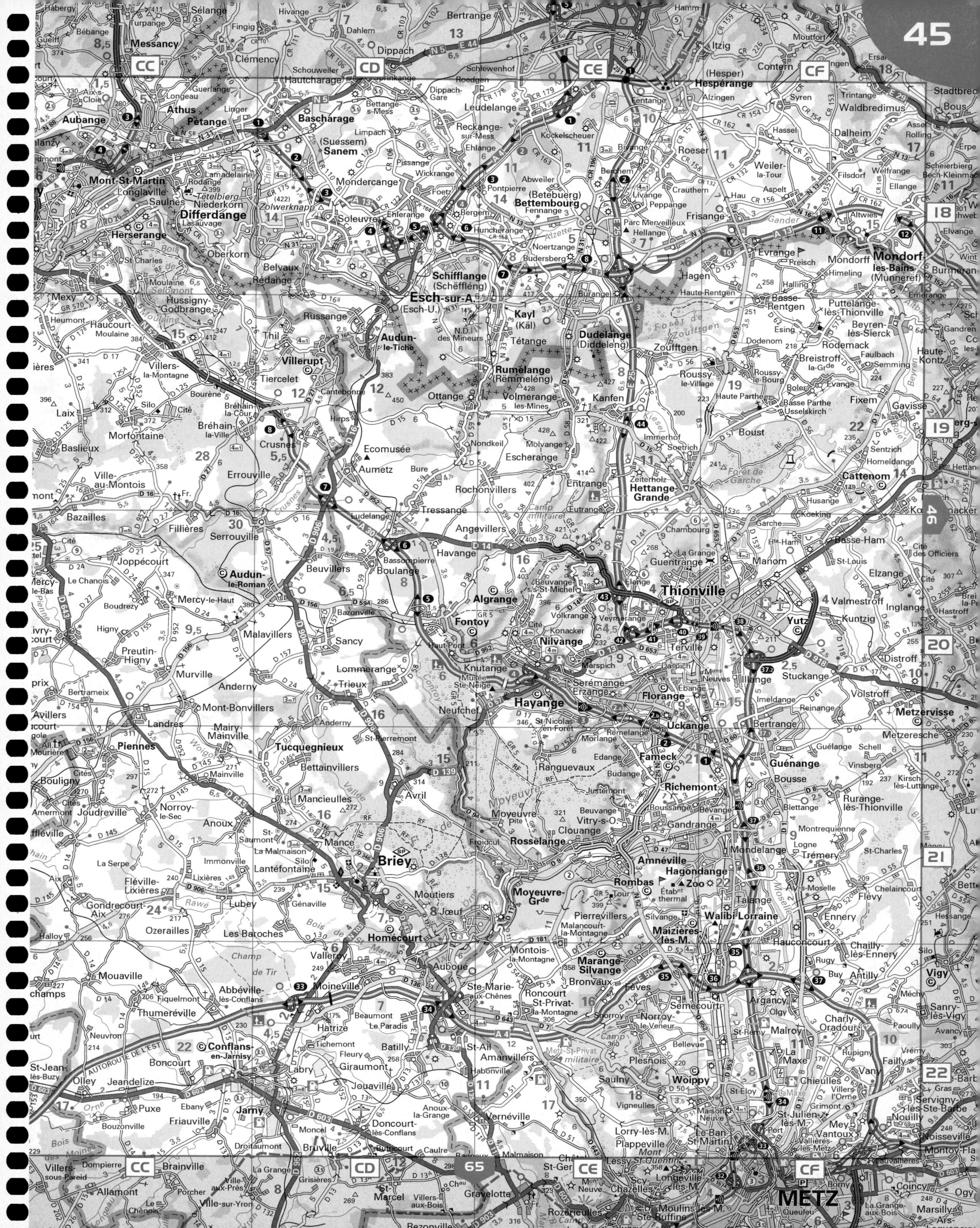

Habergy
Sélange
Hivange
Bertrange
Hamm
Bébange
Turpange
Fingig
Dahlem
Itzig
Messancy
Clémency
Dippach
Moutfort
CC
CD
CE
CF
Schouweiler
Sprinkange
Schléwenhof
Roedgen
Contern
Hautcharage
Guerlange
Longeau
Aix-s-Cloie
Dippach-Gare
Hespérange
(Hesper)
Alzingen
Fentange
Syren
Trintange
Waldbredimus
Stadtbred
Bous
Athus
Pétange
Linger
Bascharage
Bettange-s-Mess
Leudelange
Aubange
Limpach
Reckange-sur-Mess
(Suessem)
Sanem
Ehlange
Kockelscheuer
Bivange
Roeser
Hassel
Dalheim
Assel
Rolling
Erpe
Mont-St-Martin
Pissange
Wickrange
Weiler-la-Tour
Welfrange
Schleirbierg
Filsdorf
Ellange
Lamadelaine
Rodange
Mondercange
Abweiler
Berchem
Crauthem
Aspelt
Longlaville
Saulnes
Tételbierg
Niederkorn
Zolwerknapp
Pontpierre
(Betebuerg)
Bettembourg
Fennange
Livange
Peppange
Hau
Differdange
Lasauvage
Soleuvre
Ehlerange
Bergem
Huncherange
Frisange
Altwies
Gander
Herserange
Oberkorn
Noertzange
Parc Merveilleux
Hellange
Evrange
Preisch
Mondorff
Mondorf-les-Bains
(Munneref)
Himeling
Burmerange
Elvange
St-Charles
Belvaux
Rédange
Schifflange
(Schëffléng)
Budersberg
Hagen
Halling
Moulaine
Hussigny-Godbrange
Esch-sur-A.
(Esch-U.)
Burange
Haute-Rentgen
Basse-Rentgen
Puttelange-lès-Thionville
Emerange
Mexy
Heumont
Haucourt-Moulaine
Russange
Kayl
(Käl)
Dudelange
(Diddeleng)
Forêt de Zoufftgen
Esing
Beyren-lès-Sierck
Gandren
Thil
Audun-le-Tiche
N.D. des Mineurs
Tétange
Zoufftgen
Dodenom
Rodemack
Haute-Kontz
Villerupt
Villers-la-Montagne
Tiercelet
Rumelange
(Rëmmeléng)
Roussy-le-Village
Breistroff-la-Grde
Faulbach
Semming
Roussy-le-Bourg
Evange
Laix
Bourène
Silo
Cité
Cantebonne
Ottange
Volmerange-les-Mines
Kanfen
Haute Parthe
Basse Parthe
Usselskirch
Fixem
Gavisse
Bréhain-la-Cour
Bréhain-la-Ville
Hirps
Morfontaine
Crusnes
Nondkeil
Molvange
Immerhof
Soetrich
Boust
Sentzich
Basilieux
Ecomusée
Aumetz
Bure
Escherange
Zeiterholz
Forêt de Garche
Homeldange
Ville-au-Montois
Errouville
Rochonvillers
Entrange
Hettange-Grande
Cattenom
Bazailles
Fillières
Serrouville
Tressange
Ludelange
Camp militaire
Eutrange
Husange
Koeking
Garche
Angevillers
Chambourg
Basse-Ham
Joppécourt
Havange
Bassompierre
Boulange
Beuvillers
La Grange
Guentrange
Manom
St-Louis
Cité des Officiers
Elzange
Le Chanois
Audun-le-Roman
Algrange
Beuvange-s/s-St-Michel
Elange
Thionville
Valmestroff
Inglange
Boudrezy
Mercy-le-Haut
Bazonville
Fontoy
Volkrange
Veymerange
Kuntzig
Hastroff
Higny
Malavillers
Sancy
Cité
Konacker
Nilvange
Terville
Yutz
Distroff
Preutin-Higny
Haut-Pont
Knutange
Marspich
Daspich
Stuckange
Murville
Lommerange
Trieux
Musée Ste-Neige
Serémange-Erzange
Ebange
Illange
Mons Neuves
Volstroff
Bertrameix
Anderny
Hayange
Florange
Imeldange
Reinange
Metzervisse
Avillers
Mont-Bonvillers
Neufchef
St-Nicolas-en-Forêt
Uckange
Bertrange
Metzeresche
Landres
Mairy-Mainville
Tucquegnieux
St-Pierremont
Rémelange
Morlange
Guélange
Schell
Piennes
Woigot
Mainville
Bettainvillers
Ranguevaux
Edange
Fameck
Guénange
Vinsberg
Kirsch-lès-Luttange
Bouligny
Budange
Richemont
Bousse
Rurange-lès-Thionville
Norroy-le-Sec
Mancieulles
Avril
Justemont
Boussange
Bevange
Blettange
Amermont
Joudreville
Anoux
Moyeuvre-Pte
Beuvange
Vitry-s-O.
Clouange
Gandrange
Montrequienne
Fléville
St-Saumont
Mance
Froidcul
Rosselange
Logne
Trémery
La Malmaison
Amnéville
Mondelange
St-Charles
La Serpe
Immonville
Silo
Briey
Hagondange
Fléville-Lixières
Lixières
Lantéfontaine
Moutiers
Moyeuvre-Grde
Rombas
Zoo
Etabt thermal
Ay-s-Moselle
Chelaincourt
Flévy
Gondrecourt-Aix
Lubey
Génaville
Joeuf
Tour
Pierrevillers
Talange
Silvange
Walibi Lorraine
Ennery
Ozerailles
Les Baroches
Homécourt
Malancourt-la-Montagne
Maizières-lès-M.
Hauconcourt
Chailly-lès-Ennery
Halloy
Champ de Tir
Valleroy
Montois-la-Montagne
Marange-Silvange
Rugy
Buy
Antilly
Vigy
Mouaville
Auboué
Bronvaux
Abbéville-lès-Conflans
Moineville
Ste-Marie-aux-Chênes
Roncourt
St-Privat-la-Montagne
Fèves
Semécourt
Argancy
Olgy
Méchy
Sanry-lès-Vigy
Fiquelmont
Thumeréville
Beaumont
Le Paradis
Hatrize
Norroy-le-Veneur
St-Rémy
Malroy
Charly-Oradour
Paoully
Neuvron
Conflans-en-Jarnisy
Tichemont
Batilly
St-Ail
Amanvillers
Metz-St-Privat
Camp militaire
Bellevue
La Maxe
Rupigny
Avancy
Vrémy
Failly
Boncourt
Fleury
Labry
Giraumont
Habonville
Plesnois
Woippy
Vany
St-Jean-lès-Buzy
Olley
Jeandelize
Jouaville
Saulny
Chieulles
Villers-l'Orme
Servigny-lès-Ste-Barbe
Puxe
Ebany
Jarny
Friauville
Anoux-la-Grange
Vernéville
Vigneulles
St-Eloy
Maison Neuve
St-Julien-lès-M.
Grimont
Mey
Vantoux
Nouilly
Noisseville
Bouzonville
Moncel
Doncourt-lès-Conflans
Lorry-lès-M.
Plappeville
Le Ban-St-Martin
Vallières-lès-Metz
Montoy-Flanville
Droitaumont
Bruville
Butricourt
Caulre
Malmaison
Mont St-Quentin
Villers-sous-Pareid
Dompierre
Brainville
La Grange
Grisières
St-Marcel
Villers-aux-Bois
Gravelotte
Châtel-St-Germain
Lessy
Scy-Chazelles
Longeville-lès-M.
Moulins-lès-M.
Ste-Ruffine
Rozérieulles
METZ
Queuleu
Borny
Colombey
Coincy
Ogy
Marsilly
Ars-Laquenexy
La Grange-aux-Bois
Allamont
Ville-aux-Prés
Porcher
Le Chênois
Ville-sur-Yron
Rezonville
65
46
18
19
20
21
22

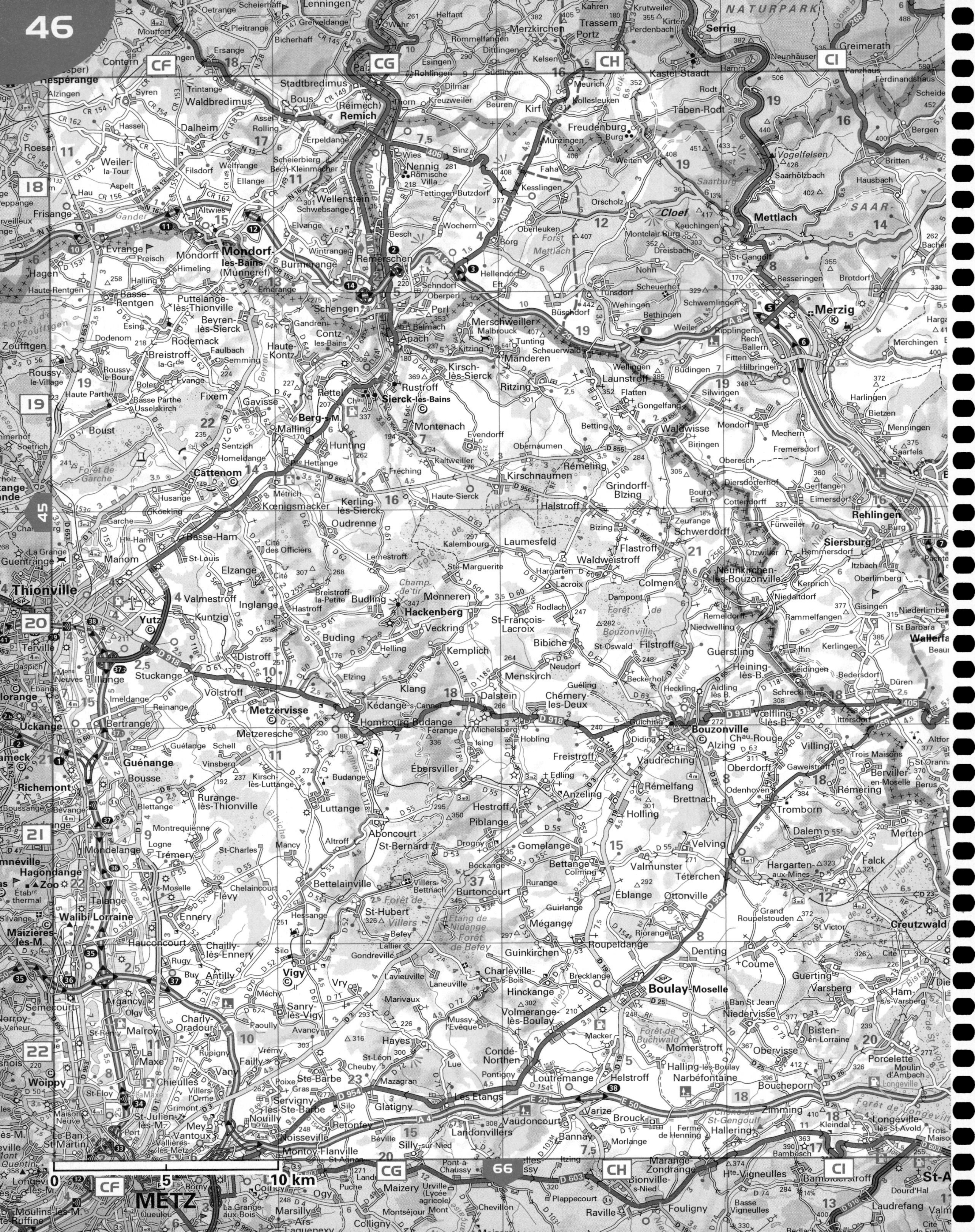

CJ
CK
CL
CM
Weiskirchen
Wadern
Losheim
Tholey
St Wendel
Marpingen
Schmelz
Lebach
Eppelborn
Ottweiler
Illingen
Schiffweiler
Beckingen
Dillingen
Saarwellingen
Heusweiler
Merchweiler
Friedrichsthal
Neunkirchen
Quierschied
Saarlouis
Schwalbach
Riegelsberg
Spiesen-Elversberg
Sulzbach
St Ingbert
Kirkel
Püttlingen
Völklingen
Wadgassen
Dudweiler
Blieskastel
SAARBRÜCKEN
Überherrn
Großrosseln
Petite-Rosselle
Stiring-Wendel
Forbach
Mandelbachtal
Gersheim
Kleinblittersdorf
Grosbliederstroff
Behren-lès-F.
Freyming-Merlebach
Sarreguemines
Saint-Avold
HUNSRÜCK
SCHWARZWÄLDER HOCHWALD
Warndt
18
19
20
21
22
48
67

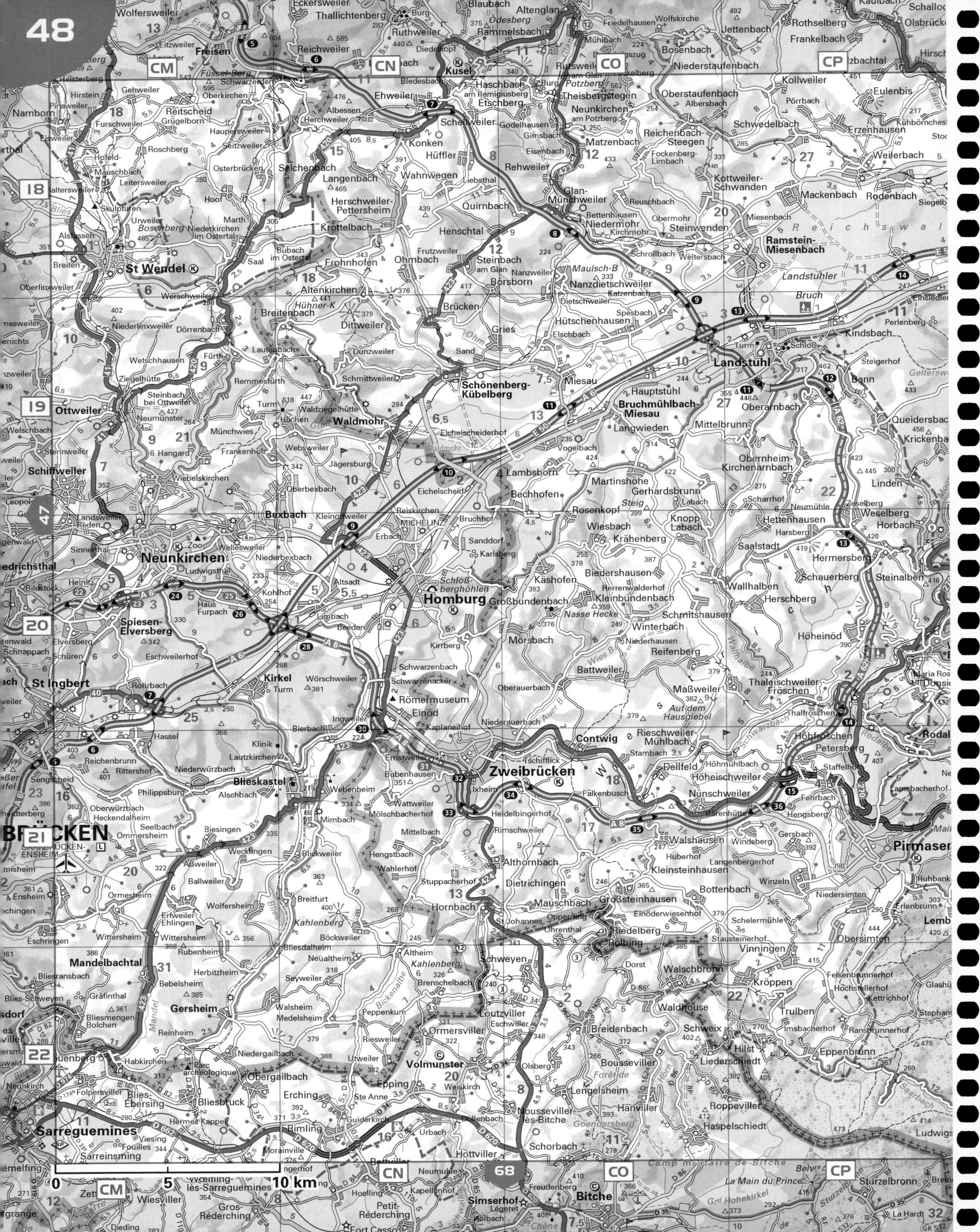

CM
CN
CO
CP
Wolfersweiler
Eckersweiler
Thallichtenberg
Burg
Blaubach
Altenglan
Ödesberg
Rammelsbach
Friedelhausen
Wolfskirche
Jettenbach
Rothselberg
Schallodenbach
Olsbrücken
Freisen
Eitzweiler
Reichweiler
Ruthweiler
Diedelkopf
Kusel
Mühlbach
Bosenbach
Frankelbach
Hirschhorn
Füssel-Berg
Heisterberg
Schwarzerden
Bledesbach
Haschbach am Remigiusberg
Etschberg
Rutsweiler am Glan
Potzberg
Niederstaufenbach
Izbachtal
Hirstein
Gehweiler
Oberkirchen
Ehweiler
Theisbergstegen
Oberstaufenbach
Albersbach
Kollweiler
Eulenbis
Namborn
Pinsweiler
Reitscheid
Grügelborn
Albessen
Herchweiler
Schellweiler
Godelhausen
Neunkirchen am Potzberg
Pörrbach
Furschweiler
Eisweiler
Haupersweiler
Seitzweiler
Konken
Hüffler
Gimsbach
Matzenbach
Reichenbach-Steegen
Schwedelbach
Erzenhausen
Kühbörnchesho
Roschberg
Hofeld-Mauschbach
Osterbrücken
Selchenbach
Eisenbach
Fockenberg-Limbach
Weilerbach
Leitersweiler
Langenbach
Wahnwegen
Rehweiler
Kottweiler-Schwanden
Baltersweiler
Liebsthal
Glan-Münchweiler
Mackenbach
Rodenbach
Siegelbach
Skulpturen
Hoof
Herschweiler-Pettersheim
Quirnbach
Reuschbach
Blies
Marth
Urweiler
Bosenberg
Niederkirchen im Ostertal
Bettenhausen
Niedermohr
Obermohr
Steinwenden
Miesenbach
Alsfassen
Kröttelbach
Henschtal
Kirchmohr
Reichswald
Ramstein-Miesenbach
Bubach im Ostertal
Frutzweiler
Breiten
St Wendel
Saal
Frohnhofen
Ohmbach
Steinbach am Glan
Schrollbach
Weltersbach
Oberlinxweiler
Altenkirchen
Nanzweiler
Maulsch-B
Börsborn
Nanzdietschweiler
Landstuhler
Bruch
Werschweiler
Hühner-K
Katzenbach
Dietschweiler
Ehsledlers
Breitenbach
Brücken
Hütschenhausen
Spesbach
Perlenberg
Niederlinxweiler
Dörrenbach
Dittweiler
Gries
Elschbach
Kindsbach
Ohm
Turm
Schloß
Lautenbach
Sand
Wetschhausen
Dunzweiler
Fürth
Landstuhl
Steigerhof
Ziegelhütte
Remmesfürth
Schmittweiler
Schönenberg-Kübelberg
Miesau
Hauptstuhl
Bann
Gelterswoog
Steinbach bei Ottweiler
Neumünster
Turm
Waldziegelhütte
Höchen
Waldmohr
Bruchmühlbach-Miesau
Oberarnbach
Ottweiler
Welschbach
Münchwies
Glan
Eichelscheiderhof
Langwieden
Mittelbrunn
Queidersbach
Krickenbach
Stennweiler
Hangard
Frankenholz
Websweiler
Vogelbach
Obernheim-Kirchenarnbach
Schiffweiler
Jägersburg
Lambsborn
Martinshöhe
Gerhardsbrunn
Linden
Wiebelskirchen
Oberbexbach
Eichelscheid
Bechhofen
Scharrhof
Neumühle
Zeselberg
Weselberg
Leopold
Landsweiler-Reden
Bexbach
Kleinottweiler
Reiskirchen
Bruchhof
Rosenkopf
Steig
Labach
Knopp-Labach
Hettenhausen
Horbach
Michelin
Erbach
Sanddorf
Karlsberg
Wiesbach
Krähenberg
Harsberg
Neunkirchen
Zoo
Wellesweiler
Niederbexbach
Saalstadt
Hermersberg
Sinnerthal
Friedrichsthal
Ludwigsthal
Biedershausen
Schauerberg
Steinalben
Bildstock
Heinitz
Kohlhof
Altstadt
Schloß-berghöhlen
Käshofen
Herrenwalderhof
Wallhalben
Homburg
Großbundenbach
Kleinbundenbach
Herschberg
Haus Furpach
Nasse Hecke
Schmitshausen
Spiesen-Elversberg
Limbach
Beeden
Winterbach
Mörsbach
Niederhausen
Höheinöd
Elversberg
Schnappach
Schüren
Eschweilerhof
Kirrberg
Reifenberg
Wallhalbe
Schwarzenbach
Wies B
Battweiler
Thaleischweiler-Fröschen
Maria Rosenberg
Donsieders
St Ingbert
Rohrbach
Kirkel
Turm
Wörschweiler
Schwarzenacker
Oberauerbach
Maßweiler
Auf dem Hausgiebel
Römermuseum
Einöd
Thalfröschen
Ingweiler
Niederauerbach
Auer B
Rieschweiler-Mühlbach
Contwig
Höhfröschen
Rodalben
Hassel
Bierbach
Kaplaneihof
Schwarzbach
Petersberg
Rodalbe
Reichenbrunn
Klinik
Lautzkirchen
Ernstweiler
Stambach
Tschifflick
Dellfeld
Höhmühlbach
Staffelhof
Sengscheid
Rittershof
Niederwürzbach
Bubenhausen
Zweibrücken
Höheischweiler
Blieskastel
Webenheim
Ixheim
Falkenbusch
Nünschweiler
Lemberg
Philippsburg
Alschbach
Wattweiler
Fehrbach
Lambsbacherhof
Oberwürzbach
Heckendalheim
Mölschbacherhof
Heidelbingerhof
Bärenhütte
Hengsberg
Mimbach
Seelbach
Ommersheim
Saarbrücken
Saarbrücken-Ensheim
Biesingen
Mittelbach
Rimschweiler
Walshausen
Windsberg
Gersbach
Pirmasens
Hengstbach
Huberhof
Langenbergerhof
Weckingen
Blickweiler
Wahlerhof
Althornbach
Kleinsteinhausen
Aßweiler
Ruhbank
Ballweiler
Stuppacherhof
Dietrichingen
Winzeln
Niedersimten
Ensheim
Ormesheim
Breitfurt
Mauschbach
Großsteinhausen
Bottenbach
Eschingen
Wolfersheim
Hornbach
Einöderwiesenhof
Erlenbrunn
Erfweiler-Ehlingen
Kahlenberg
Opperding
Ohrenthal
Schelermühle
Obersimten
Wittersheim
St Johannes
Riedelberg
Stausteinerhof
Bliesdalheim
Böckweiler
Rolbing
Eschringen
Rubenheim
Altheim
Vinningen
Mandelbachtal
Neualtheim
Schweyen
Dorst
Walschbronn
Kröppen
Herbitzheim
Seyweiler
Brenschelbach
Bliesransbach
Bebelsheim
Bickenalbe
Hochstellerhof
Felsenbrunnerhof
Glashütte
Gräfinthal
Kettrichhof
Blies-Schweyen
Gersheim
Walsheim
Peppenkum
Loutzviller
Waldhouse
Trulben
Medelsheim
Eschviller
Breidenbach
Schweix
Stephanshof
Bliesmengen-Bolchen
Reinheim
Mandel
Ormersviller
Imsbacherhof
Ransbrunnerhof
Riesweiler
Hilst
Eppenbrunn
Habkirchen
Niedergailbach
Volmunster
Bousseviller
Liederschiedt
Parc archéologique
Obergailbach
Utweiler
Olsberg
Forêt de
Saarbach
Neunkirch
Folpersviller
Blies-Ebersing
Bliesbruck
Erching
Epping
Weiskirch
Lengelsheim
Roppeviller
Ste Anne
Hanviller
Haspelschiedt
Sarreguemines
Hermes Kappel
Rimling
Guiderkirch
Dollenbach
Nousseviller lès-Bitche
Goendersberg
Viesing
Urbach
Schorbach
Ludwigswinkel
Sarreinsming
Foulles
Morainville
Hottviller
Camp militaire de Bitche
Bettviller
Belvre
Sturzelbronn
Remelfing
Woelfling-lès-Sarreguemines
Neumuhle
68
Freudenberg
Bitche
La Main du Prince
Zetting
Wiesviller
Hoelling
Kapellenhof
Simserhof
Grd Hohekirkel
Bremendell
Sarre
Gros-Réderching
Petit-Réderching
Légeret
Holbach
Dieding
Fort Casso
La Hardt
Schwalb
Sturzelbach
Wittringen
Herbitzheim
0
5
10 km
18
19
20
21
22
47

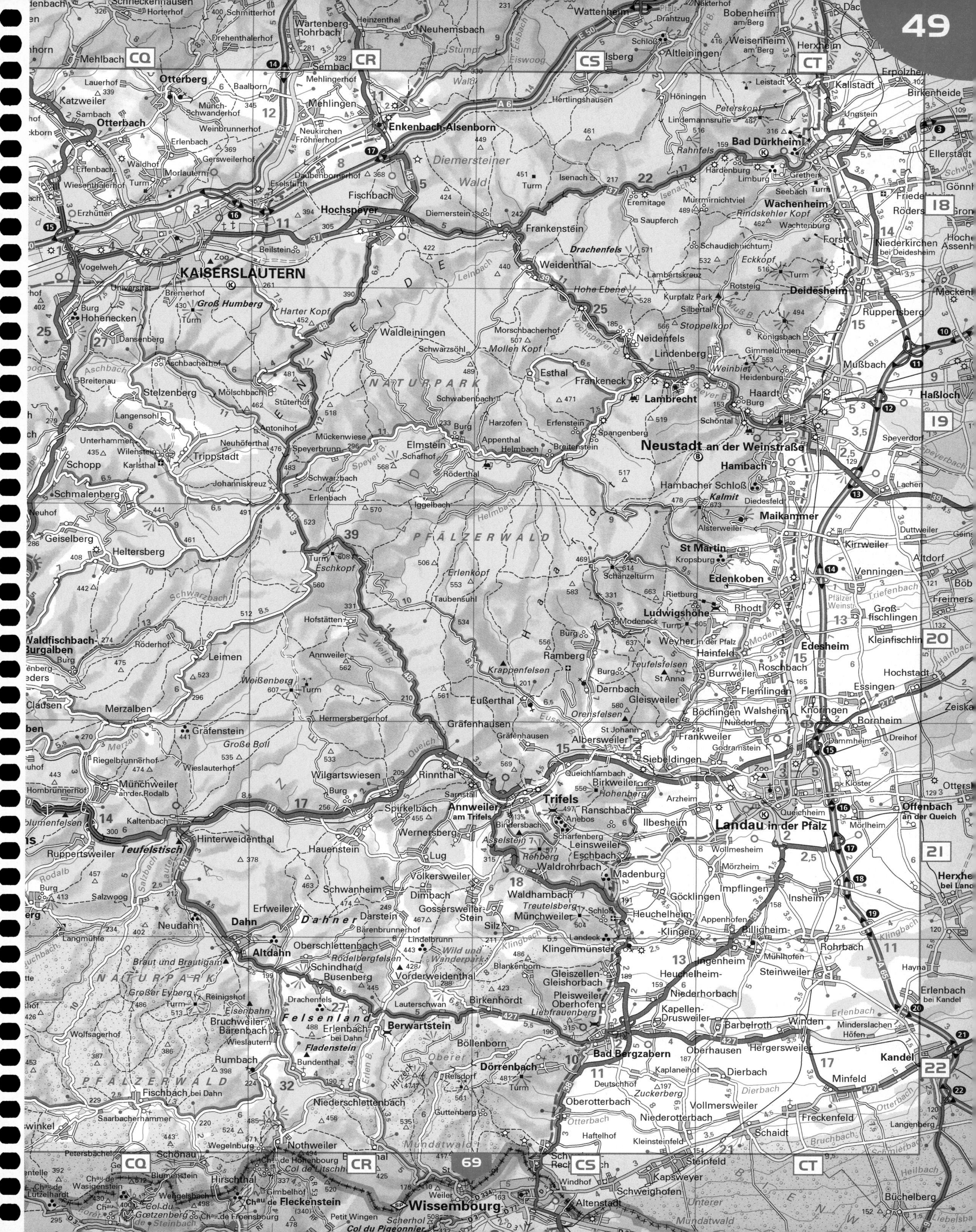
CQ
CR
CS
CT
18
19
20
21
22
69
Otterberg
Enkenbach-Alsenborn
Diemersteiner Wald
Bad Dürkheim
Wachenheim
Hochspeyer
KAISERSLAUTERN
Frankenstein
Drachenfels
Weidenthal
Deidesheim
Groß Humberg
Harter Kopf
Waldleiningen
Hohe Ebene
Neidenfels
Lindenberg
Königsbach
Gimmeldingen
Mußbach
Haßloch
NATURPARK
Esthal
Frankeneck
Lambrecht
Haardt
Stelzenberg
Trippstadt
Elmstein
Neustadt an der Weinstraße
Hambach
Hambacher Schloß
Kalmit
Maikammer
PFÄLZERWALD
Eschkopf
Erlenkopf
St Martin
Edenkoben
Kirrweiler
Venningen
Ludwigshöhe
Rhodt
Waldfischbach-Burgalben
Leimen
Ramberg
Krappenfelsen
Edesheim
Weißenberg
Eußerthal
Gleisweiler
Dernbach
Merzalben
Gräfenstein
Gräfenhausen
Albersweiler
Siebeldingen
Böchingen
Walsheim
Knöringen
Bornheim
Münchweiler an der Rodalb
Wilgartswiesen
Rinnthal
Spirkelbach
Annweiler am Trifels
Trifels
Ranschbach
Birkweiler
Landau in der Pfalz
Offenbach an der Queich
Hinterweidenthal
Teufelstisch
Hauenstein
Lug
Madenburg
Eschbach
Waldrohrbach
Schwanheim
Dimbach
Völkersweiler
Waldhambach
Münchweiler
Impflingen
Insheim
Dahn
Dahner
Erfweiler
Altdahn
Silz
Klingenmünster
Billigheim-Ingenheim
Rohrbach
Heuchelheim-Klingen
Niederhorbach
Steinweiler
Gleiszellen-Gleishorbach
Pleisweiler-Oberhofen
Kapellen-Drusweiler
Barbelroth
Winden
Erlenbach bei Kandel
Birkenhördt
Berwartstein
Felsenland
Fladenstein
Bad Bergzabern
Oberhausen
Hergersweiler
Kandel
Minfeld
Dörrenbach
Böllenborn
Rumbach
Fischbach bei Dahn
Niederschlettenbach
Oberotterbach
Vollmersweiler
Niederotterbach
Freckenfeld
Schaidt
Nothweiler
Schönau
Steinfeld
Kapsweyer
Schweighofen
Wissembourg
Col du Pigeonnier
Fleckenstein
Büchelberg
Mundatwald

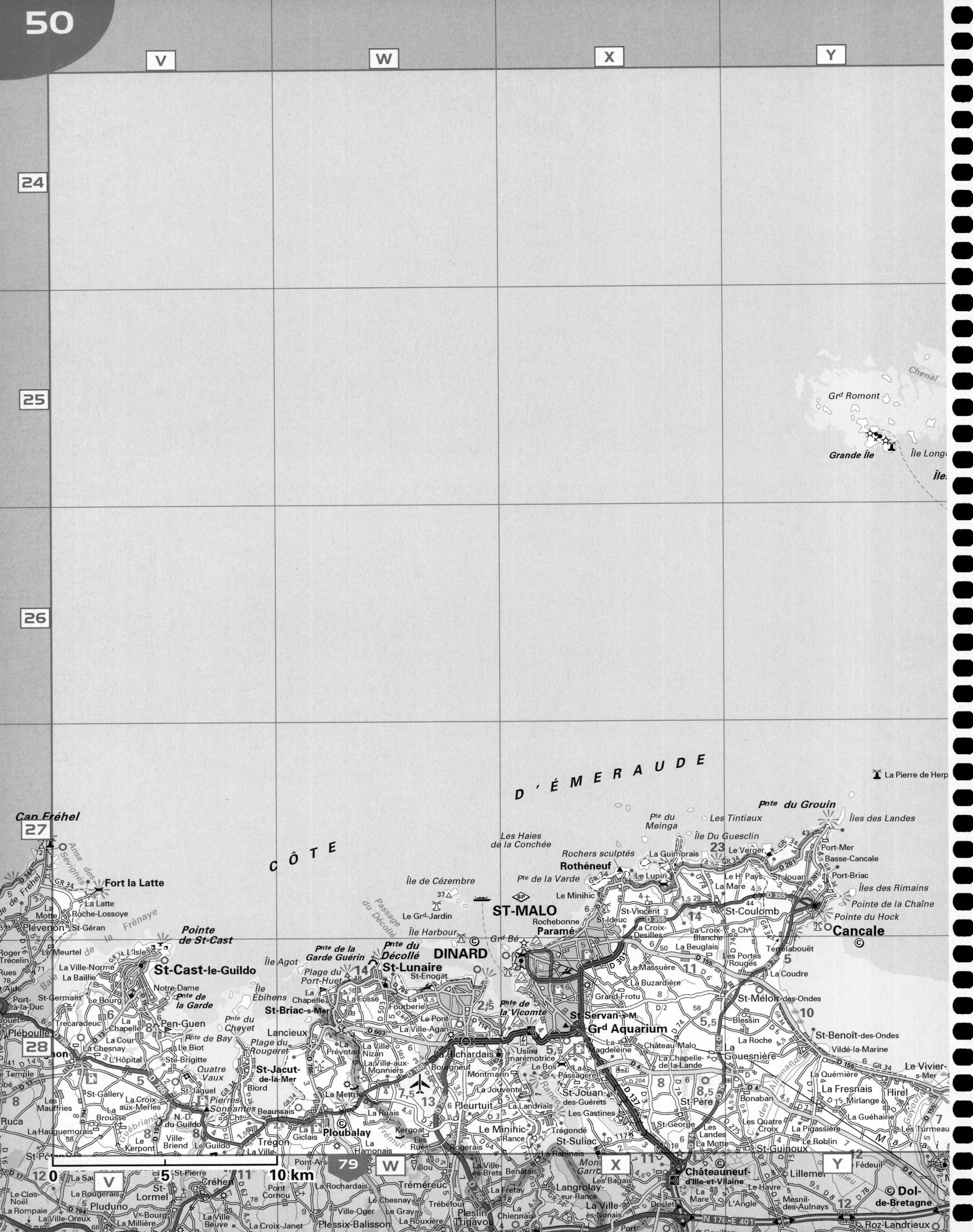
V
W
X
Y
24
25
26
27
28
Chenal
Grd Romont
Grande Île
Île Longe
La Pierre de Herpin
CÔTE D'ÉMERAUDE
Cap Fréhel
Fort la Latte
La Latte
Roche-Lossoye
Plévenon
St-Géran
Pointe de St-Cast
St-Cast-le-Guildo
L'Isle
La Ville-Norme
La Baillie
Notre-Dame
Pte de la Garde
Le Bourg
St-Germain
Pen-Guen
Pte du Chevet
Pte de Bay
Le Biot
Ste-Brigitte
Quatre Vaux
St-Jaguel
Pierres-Sonnantes
N.-D. du Guildo
Le Guildo
Ville-Briend
Le Kerpont
La Croix-aux-Merles
St-Gallery
Les Mauffries
La Brousse
La Hauguemorais
Ruca
Trécelin
Le Meurtel
Pléboulle
L'Hôpital
La Chesnay
La Cour
Trecaradeuc
Île Agot
Île Ébihens
Lancieux
Plage du Rougeret
St-Jacut-de-la-Mer
Biord
Trégon
La Ville
St-Briac-s-Mer
Pnte de la Garde Guérin
Plage du Port-Huet
Pnte du Décollé
St-Lunaire
St-Enogat
DINARD
La Chapelle
La Fosse
Fourberie
Le Pont
La Ville-Agan
La Ville Nizan
La Ville-aux-Monniers
Prévotais
La Mettrie
Beaussais
Ploubalay
Les Giclais
La Ruais
La Hamonais
Kergoat
Les Rues
La Richardais
Bourgneuf
Montmarin
La Jouvente
Pleurtuit
La Landriais
Le Minihic-s-Rance
Rogerais
Île de Cézembre
Le Grd-Jardin
Île Harbour
Grd Bé
Passage du Décollé
Les Haies de la Conchée
ST-MALO
Rochebonne
Paramé
Pte de la Varde
Le Minihic
Rochers sculptés
Rothéneuf
Pte du Meinga
Les Tintiaux
Île Du Guesclin
La Guimorais
Le Lupin
St-Vincent
St-Ideuc
La Croix-Desilles
La Massuère
La Buzardière
Grand-Frotu
Pnte de la Vicomte
St-Servan-s-M.
Grd Aquarium
Usine marémotrice
Le Bos
La Passagère
La Magdeleine
Château-Malo
La Chapelle-de-la-Lande
St-Jouan-des-Guérets
Les Gastines
Trégondé
St-Suliac
La Rabinais
St-Père
St-George
Les Landes
La Motte
St-Guinoux
Châteauneuf-d'Ille-et-Vilaine
Pnte du Grouin
Îles des Landes
Port-Mer
Basse-Cancale
Le Verger
Le Ht Pays
St-Jouan
La Mare
Port-Briac
Îles des Rimains
Pointe de la Chaîne
Pointe du Hock
St-Coulomb
Cancale
La Croix-Blanche
La Beuglais
Terrelabouët
Les Portes Rouges
La Coudre
La Gouesnière
St-Méloir-des-Ondes
Blessin
La Roche
St-Benoît-des-Ondes
Vildé-la-Marine
Le Vivier-s-Mer
La Quémière
La Fresnais
Hirel
Bonaban
Mirlange
La Guéhairie
Les Quatre Croix
La Pigassière
Le Roblin
Les Turmeaux
Lillemer
Fédeuil
Dol-de-Bretagne
Roz-Landrieux
Mesnil-des-Aulnays
L'Angle
Le Havre
Doslet
Langrolay-sur-Rance
Les Bagais
La Ville-ès-Nonais
La Chiennais
Pleslin-Trigavou
Bénatais
La Ville-ès-Brets
La Fretay
Trémereuc
Villou
Le Chesnay
Trébéfour
Le Gray
La Rouxière
Plessix-Balisson
Ville-Oger
La Rochardais
Pont-Cornou
Créhen
St-Lormel
Pluduno
La Rougerais
Le Clos-Noël
La Rompaie
La Ville-Oreux
V-Bourg
La Millière
La Ville Beuve
La Croix-Janet
St-Pierre
D 786
D 168
D 603
D 355
D 155
D 137
D 201
N 176 - E 401
GR 34
0
5
10 km
79

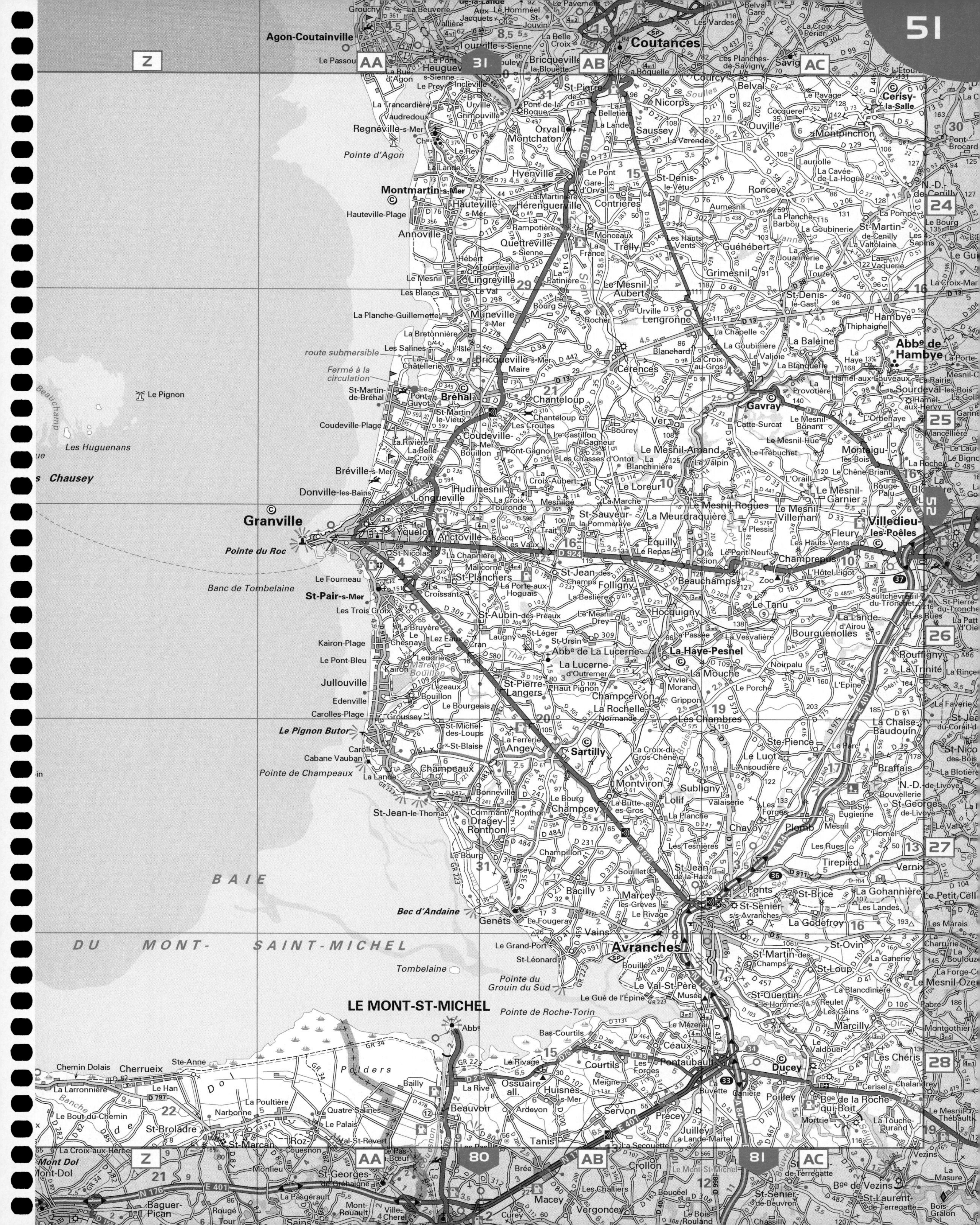
Agon-Coutainville
Coutances
Regnéville-s-Mer
Pointe d'Agon
Montmartin-s-Mer
Hauteville-Plage
Annoville
Hyenville
Orval
Montchaton
Hérenguerville
Quettreville-s-Sienne
Lingreville
Contrières
Trelly
Guéhébert
Grimesnil
Nicorps
Saussey
Ouville
Montpinchon
Cerisy-la-Salle
St-Denis-le-Vêtu
Roncey
Le Mesnil-Aubert
Lengronne
St-Denis-le-Gast
Hambye
Abbe de Hambye
La Baleine
Muneville-s-Mer
Bricqueville-s-Mer
Cérences
Bréhal
Chanteloup
Gavray
La Planche-Guillemette
route submersible
Fermé à la circulation
Le Pignon
Les Huguenans
Chausey
Beauchamp
Coudeville-Plage
Coudeville-s-Mer
Bréville-s-Mer
Donville-les-Bains
Granville
Pointe du Roc
Banc de Tombelaine
Longueville
Hudimesnil
Le Loreur
Le Mesnil-Amand
Ver
Montaigu-les-Bois
Villedieu-les-Poêles
Yquelon
Anctoville-s-Boscq
St-Sauveur-la-Pommeraye
La Meurdraquière
Le Mesnil-Rogues
Le Mesnil-Villeman
Equilly
Champrepus
Fleury
St-Pair-s-Mer
St-Planchers
St-Jean-des-Champs
Folligny
Beauchamps
Le Tanu
Hocquigny
St-Aubin-des-Préaux
La Lande-d'Airou
Bourguenolles
Kairon-Plage
Le Pont-Bleu
Jullouville
Edenville
Carolles-Plage
Abbe de La Lucerne
La Lucerne-d'Outremer
La Haye-Pesnel
La Mouche
Rouffigny
La Trinité
St-Pierre-Langers
Champcervon
La Rochelle-Normande
Les Chambres
Le Pignon Butor
Carolles
Cabane Vauban
Pointe de Champeaux
Champeaux
Sartilly
Angey
Ste-Pience
Le Luot
Braffais
Montviron
Subligny
Lolif
Bonneville
St-Jean-le-Thomas
Dragey-Ronthon
Champcey
Chavoy
Plomb
Tirepied
Vernix
BAIE
DU MONT-SAINT-MICHEL
Bec d'Andaine
Genêts
Bacilly
Marcey-les-Grèves
St-Jean-de-la-Haize
Ponts
St-Senier-s/s-Avranches
St-Brice
La Gohannière
La Godefroy
Vains
Avranches
St-Martin-des-Champs
St-Ovin
St-Loup
Le Grand-Port
St-Léonard
Tombelaine
Pointe du Grouin du Sud
Le Val-St-Père
St-Quentin-s-le-Homme
LE MONT-ST-MICHEL
Pointe de Roche-Torin
Marcilly
Céaux
Pontaubault
Ducey
Les Chéris
Courtils
Huisnes-s-Mer
Servon
Précey
Poilley
Bge de la Roche-qui-Boit
Chemin Dolais
Cherrueix
Ste-Anne
Polders
Bailly
Beauvoir
Ardevon
Tanis
St-Broladre
St-Marcan
Roz-s-Couesnon
La Croix-aux-Herbe
Mont Dol
St-Georges-de-Gréhaigne
Pontorson
Macey
Crollon
Vergoncey
Baguer-Pican
St-Senier-de-Beuvron
St-Laurent-de-Terregatte
Bge de Vezins
Z
AA
AB
AC
31
80
81
24
25
26
27
28
52

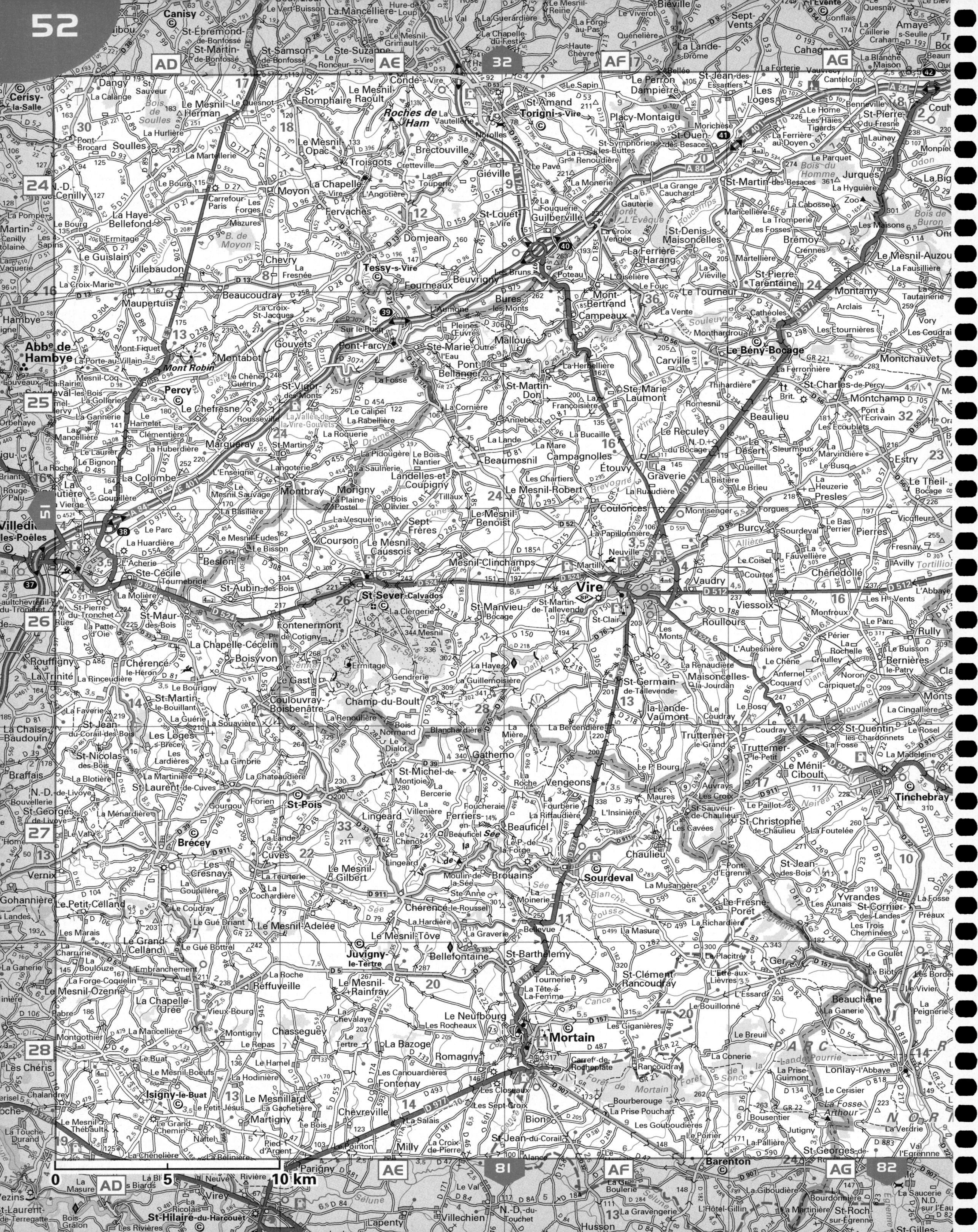

AD
AE
AF
AG
32
24
25
26
27
28
51
81
82
0
5
10 km
Canisy
St-Ébremond-de-Bonfossé
St-Martin-de-Bonfossé
St-Samson-de-Bonfossé
Ste-Suzanne-s-Vire
La Mancellière-s-Vire
Condé-s-Vire
Le Mesnil-Raoult
St-Romphaire
Roches de Ham
St-Amand
Torigni-s-Vire
Placy-Montaigu
Le Perron
Dampierre
St-Jean-des-Essartiers
Les Loges
Cerisy-la-Salle
Dangy
Soulles
Le Mesnil-Herman
Pont-Brocard
Le Mesnil-Opac
Troisgots
Brectouville
Giéville
Guilberville
St-Ouen-des-Besaces
St-Martin-des-Besaces
Jurques
N.-D.-de-Cenilly
La Haye-Bellefond
Moyon
La Chapelle-s-Vire
Fervaches
Domjean
St-Louet-s-Vire
St-Denis-Maisoncelles
Brémoy
Le Guislain
Villebaudon
Chevry
Tessy-s-Vire
Fourneaux
Beuvrigny
Montamy
Le Mesnil-Auzouf
Maupertuis
Beaucoudray
Bures-les-Monts
Mont-Bertrand
Campeaux
Le Tourneur
Le Bény-Bocage
Hambye
Abbaye de Hambye
Montabot
Mont Robin
Gouvets
Pont-Farcy
Ste-Marie-Outre-l'Eau
Pont-Bellanger
Malloué
Carville
Montchauvet
Percy
Le Chefresne
St-Vigor-des-Monts
St-Martin-Don
Ste-Marie-Laumont
St-Charles-de-Percy
Montchamp
Margueray
La Colombe
Montbray
Morigny
Landelles-et-Coupigny
Beaumesnil
Campagnolles
Étouvy
La Graverie
Le Reculey
Le Désert
Estry
Presles
Le Theil-Bocage
Villedieu-les-Poêles
Le Mesnil-Robert
Coulonces
Sept-Frères
Le Mesnil-Benoist
Burcy
Pierres
Courson
Le Mesnil-Caussois
Mesnil-Clinchamps
Beslon
Ste-Cécile
St-Aubin-des-Bois
St-Sever-Calvados
Vire
Vaudry
Viessoix
Chênedollé
Roullours
St-Manvieu-Bocage
St-Martin-de-Tallevende
St-Maur-des-Bois
Fontenermont
La Chapelle-Cécelin
Boisyvon
Rouffigny
Chérencé-le-Héron
Le Gast
Champ-du-Boult
St-Germain-de-Tallevende
Maisoncelles-la-Jourdan
Bernières-le-Patry
Rully
St-Martin-le-Bouillant
Coulouvray-Boisbenâtre
la-Lande-Vaumont
Truttemer-le-Grand
Truttemer-le-Petit
St-Quentin-les-Chardonnets
St-Jean-du-Corail-des-Bois
Les Loges-s-Brécey
Gathemo
Vengeons
Le Ménil-Ciboult
Tinchebray
St-Nicolas-des-Bois
St-Laurent-de-Cuves
St-Michel-de-Montjoie
St-Pois
Lingeard
Perriers-en-Beauficel
Beauficel
St-Sauveur-de-Chaulieu
St-Christophe-de-Chaulieu
Brécey
Cuves
Le Mesnil-Gilbert
Brouains
Sourdeval
Chaulieu
St-Jean-des-Bois
Les Cresnays
Sée
Chérencé-le-Roussel
Le Fresne-Poret
Yvrandes
St-Cornier-des-Landes
Le Petit-Celland
Le Mesnil-Adelée
Le Grand-Celland
Juvigny-le-Tertre
Le Mesnil-Tôve
Bellefontaine
St-Barthélemy
St-Clément-Rancoudray
Ger
Reffuveille
Le Mesnil-Rainfray
La Chapelle-Urée
Le Neufbourg
Mortain
Beauchêne
Chasseguey
La Bazoge
Romagny
Lonlay-l'Abbaye
Isigny-le-Buat
Le Mesnillard
Fontenay
Les Closeaux
Les Sept-Croix
Bion
Martigny
Chèvreville
Milly
St-Jean-du-Corail
Barenton
St-Georges-de-Rouelley
La Fosse Arthour
Parigny
St-Hilaire-du-Harcouët
N.-D.-du-Touchet
Villechien
Husson
St-Roch-sur-Égrenne
St-Gilles
A 84
D 524
D 512
D 999
D 977
D 911
N 174

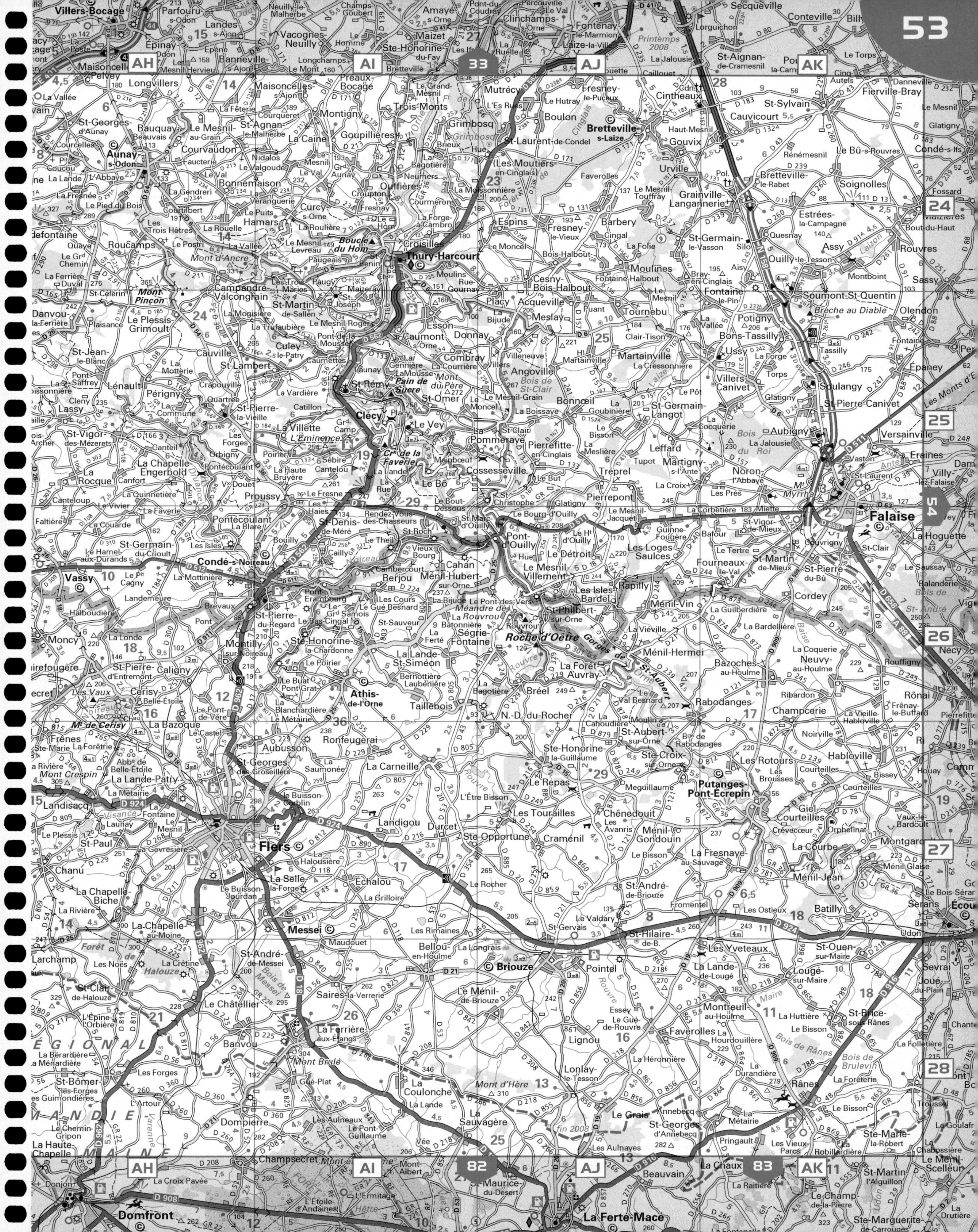
53
AH
AI
33
AJ
AK
Villers-Bocage
Aunay-s-Odon
Thury-Harcourt
Bretteville-s-Laize
Falaise
Condé-s-Noireau
Vassy
Clécy
Pont-d'Ouilly
Athis-de-l'Orne
Putanges-Pont-Écrepin
Flers
Messei
Briouze
Domfront
La Ferté-Macé
Mont Pinçon
Boucle du Hom
Pain de Sucre
Roche d'Oëtre
Gorges de St-Aubert
Mont Crespin
Mont de Cerisy
Forêt de Halouze
Bois de Messei
Mont Brûlé
Mont d'Hère
Brèche au Diable
Printemps 2008
fin 2008
24
25
26
27
28
54
82
83

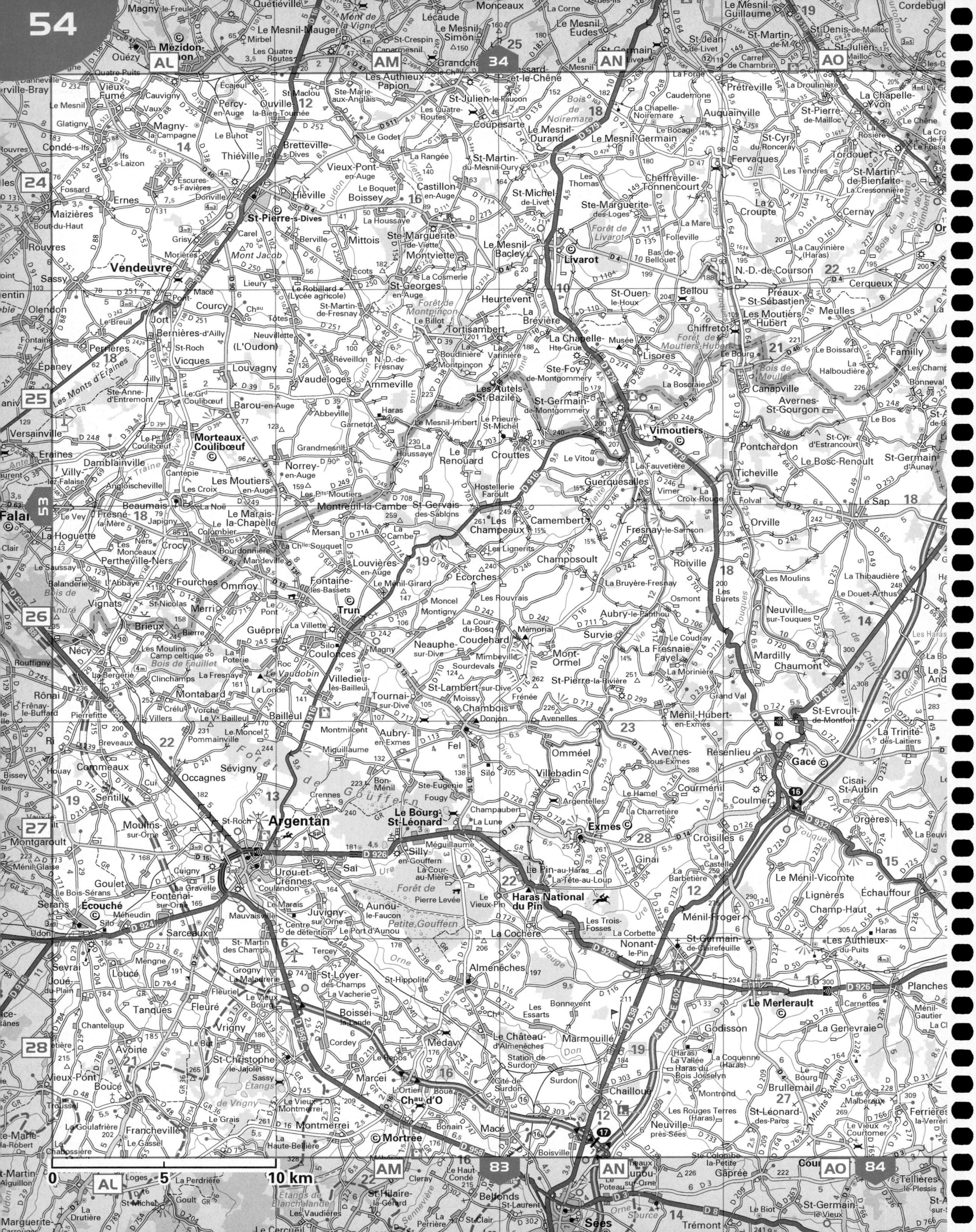

54
AL
AM
34
AN
AO
24
25
26
27
28
53
83
84
Mézidon-Canon
Magny-le-Freule
Quétiéville
Lécaude
Le Mesnil-Mauger
Monceaux
Le Mesnil-Simon
Le Mesnil-Eudes
St-Germain-de-Livet
Le Mesnil-Guillaume
St-Jean-de-Livet
St-Martin-de-M.
St-Denis-de-Mailloc
Cordebugle
Ouézy
Vieux-Fumé
Percy-en-Auge
Ouville-la-Bien-Tournée
St-Maclou
Les Authieux-Papion
St-Julien-le-Faucon
Coupesarte
Le Mesnil-Durand
Le Mesnil-Germain
Auquainville
Prêtreville
St-Pierre-de-Mailloc
La Chapelle-Yvon
Magny-la-Campagne
Condé-s-Ifs
Bretteville-s-Dives
Thiéville
Vieux-Pont-en-Auge
St-Martin-du-Mesnil-Oury
Fervaques
Cheffreville-Tonnencourt
Tordouet
St-Martin-de-Bienfaite
Ernes
Maizières
St-Pierre-s-Dives
Hiéville
Boissey
Castillon-en-Auge
St-Michel-de-Livet
Ste-Marguerite-des-Loges
La Croupte
Cernay
Rouvres
Vendeuvre
Mittois
Ste-Marguerite-de-Viette
Montviette
Le Mesnil-Bacley
Livarot
N.-D.-de-Courson
Cerqueux
Sassy
Olendon
Jort
Courcy
St-Georges-en-Auge
Heurtevent
St-Ouen-le-Houx
Bellou
Préaux-St-Sébastien
Les Moutiers-Hubert
Meulles
Perrières
Bernières-d'Ailly
Vicques
(L'Oudon)
Tortisambert
La Brévière
La Chapelle-Hte-Grue
Lisores
Chiffretot
Familly
Épaney
Louvagny
Vaudeloges
N.-D.-de-Fresnay
Ammeville
Les Autels-St-Bazile
Ste-Foy-de-Montgommery
St-Germain-de-Montgommery
Canapville
Avernes-St-Gourgon
Barou-en-Auge
Abbeville
Vimoutiers
Versainville
Morteaux-Coulibœuf
Damblainville
Villy-lez-Falaise
Norrey-en-Auge
Le Renouard
Crouttes
Pontchardon
Le Bosc-Renoult
St-Germain-d'Aunay
Ticheville
Les Moutiers-en-Auge
Guerquesalles
Falaise
Beaumais
Fresné-la-Mère
Le Marais-la-Chapelle
Montreuil-la-Cambe
St-Gervais-des-Sablons
Les Champeaux
Camembert
Orville
Le Sap
La Hoguette
Crocy
Pertheville-Ners
Louvières-en-Auge
Écorches
Champosoult
Fresnay-le-Samson
Roiville
Fontaine-les-Bassets
Trun
Fourches
Ommoy
Vignats
Merri
Aubry-le-Panthou
Neuville-sur-Touques
Brieux
Guêprei
Coudehard
Survie
Mémorial
Mont-Ormel
La Fresnaie-Fayel
Mardilly
Chaumont
Nécy
Coulonces
Neauphe-sur-Dive
St-Lambert-sur-Dive
St-Pierre-la-Rivière
Villedieu-lès-Bailleul
Tournai-sur-Dive
Chambois
Montabard
Bailleul
Ménil-Hubert-en-Exmes
St-Evroult-de-Montfort
La Trinité-des-Laitiers
Rônai
Aubry-en-Exmes
Fel
Omméel
Avernes-sous-Exmes
Résenlieu
Gacé
Commeaux
Occagnes
Sévigny
Villebadin
Courménil
Cisai-St-Aubin
Sentilly
Argentan
Le Bourg-St-Léonard
Exmes
Coulmer
Orgères
Moulins-sur-Orne
Montgaroult
Silly-en-Gouffern
Urou-et-Crennes
Sai
Croisilles
Ginai
Le Pin-au-Haras
Haras National du Pin
Le Ménil-Vicomte
Échauffour
Écouché
Goulet
Fontenai-sur-Orne
Aunou-le-Faucon
Juvigny-sur-Orne
Lignères
Champ-Haut
Ménil-Froger
Sarceaux
La Cochère
Nonant-le-Pin
St-Germain-de-Clairefeuille
Les Authieux-du-Puits
Sevrai
Louce
St-Loyer-des-Champs
Almenêches
Le Merlerault
Planches
Tanques
Fleuré
Boissei-la-Lande
Vrigny
Médavy
Marmouillé
Godisson
La Genevraie
Avoine
St-Christophe-le-Jajolet
Le Château-d'Almenêches
Vieux-Pont
Boucé
Marcei
Chailloué
Brullemail
St-Léonard-des-Parcs
Francheville
Montmerrei
Mortrée
Macé
Neuville-près-Sées
Ferrières-la-Verrerie
0
5
10 km
Sées
Belfonds
Tellières-le-Plessis
St-Germain-le-Vieux

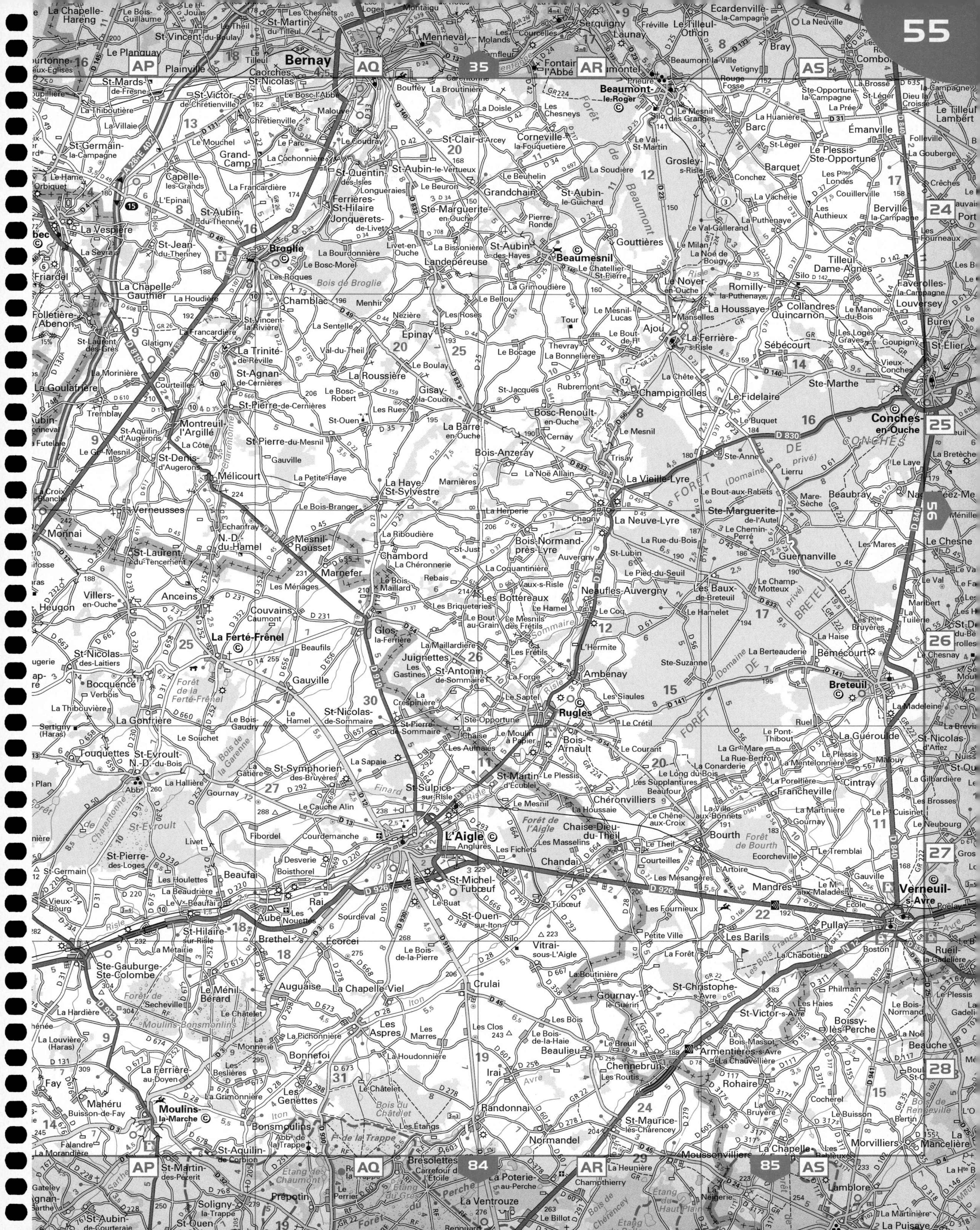
AP
AQ
AR
AS
35
84
85
24
25
26
27
28
56
Bernay
Plainville
Caorches-St-Nicolas
St-Martin-du-Tilleul
St-Vincent-du-Boulay
Menneval
Serquigny
Launay
Fontaine-l'Abbé
Le Tilleul-Othon
Beaumont-la-Ville
Beaumont-le-Roger
Carsix
Bouffey
La Broutinière
St-Mards-de-Fresne
St-Victor-de-Chrétienville
Chrétienville
Malouve
La Doisle
Les Chesneys
Forêt de Beaumont
St-Germain-la-Campagne
Grand-Camp
St-Clair-d'Arcey
Corneville-la-Fouquetière
Grosley-s-Risle
Barc
Émanville
St-Quentin-des-Isles
St-Aubin-le-Vertueux
Le Beuhelin
La Soudière
Barquet
Le Plessis-Ste-Opportune
Capelle-les-Grands
Ferrières-St-Hilaire
Jonquerets-de-Livet
Grandchain
St-Aubin-le-Guichard
Conchez
Berville-la-Campagne
Ste-Marguerite-en-Ouche
Pierre-Ronde
St-Aubin-du-Thenney
St-Jean-du-Thenney
Broglie
La Vespière
Livet-en-Ouche
St-Aubin-des-Hayes
Beaumesnil
Gouttières
Tilleul-Dame-Agnès
Friardel
La Chapelle-Gauthier
Bois de Broglie
Landepéreuse
La Grimoudière
Le Noyer-en-Ouche
Romilly-la-Puthenaye
Faverolles-la-Campagne
Chamblac
Menhir
Le Bellou
Ajou
La Houssaye
Collandres-Quincarnon
Louversey
St-Vincent-la-Rivière
Epinay
Les Roses
Tour
La Ferrière-s-Risle
Sébécourt
Burey
St-Elier
La Trinité-de-Réville
Val-du-Theil
Le Bocage
La Bonnelière
Thevray
St-Agnan-de-Cernières
La Roussière
Le Boulay
Gisay-la-Coudre
St-Jacques
Rubremont
Champignolles
Le Fidelaire
Ste-Marthe
St-Pierre-de-Cernières
Courteilles
Montreuil-l'Argillé
St-Ouen
La Barre-en-Ouche
Bosc-Renoult-en-Ouche
Cernay
Conches-en-Ouche
St-Pierre-du-Mesnil
St-Denis-d'Augerons
Bois-Anzeray
La Noë Allain
Trisay
Forêt de Conches
Mélicourt
La Haye-St-Sylvestre
Marnières
La Vieille-Lyre
Beaubray
Verneusses
Le Bois-Branger
La Herperie
La Neuve-Lyre
Ste-Marguerite-de-l'Autel
Chagny
Monnai
Echanfray
N.-D.-du-Hamel
Mesnil-Rousset
Bois-Normand-près-Lyre
La Rue-du-Bois
Le Chesne
St-Laurent-du-Tencement
Chambord
St-Just
Auvergny
Guernanville
Marnefer
Villers-en-Ouche
Anceins
Les Ménages
Les Bottereaux
Neaufles-Auvergny
Les Baux-de-Breteuil
Heugon
Couvains
Glos-la-Ferrière
Le Coq
Le Hamelet
La Ferté-Frênel
La Maillardière
Juignettes
St-Antonin-de-Sommaire
L'Hermite
Bémécourt
St-Nicolas-des-Laitiers
Gauville
Ambenay
Ste-Suzanne
Breteuil
Bocquence
Forêt de la Ferté-Frênel
Les Siaules
La Crespinière
Le Sapiel
Rugles
Forêt de Breteuil
La Gonfrière
St-Nicolas-de-Sommaire
Ste-Opportune
Le Crétil
Sertigny (Haras)
St-Pierre-de-Sommaire
Bois-Arnault
La Guéroulde
Touquettes
St-Evroult-N.-D.-du-Bois
Bois de la Garenne
St-Symphorien-des-Bruyères
La Sapaie
St-Martin-d'Écublei
Le Plessis
Le Courant
St-Nicolas-d'Attez
Gournay
La Gâtière
La Hallière
St-Sulpice-sur-Risle
Chéronvilliers
Cintray
Francheville
Le Cauche Alin
Le Mesnil
La Houssaye
Fibordel
Courdemanche
L'Aigle
Forêt de l'Aigle
Chaise-Dieu-du-Theil
Bourth
Forêt de St-Evroult
Livet
Anglures
Les Fichets
Les Masselins
Chandai
St-Pierre-des-Loges
La Desverie
Boisthorel
Beaufai
St-Michel-Tubœuf
Tubœuf
Les Mésangères
Mandres
Verneuil-s-Avre
Rai
Aube
Les Nouettes
Sourdeval
Le Buat
St-Ouen-sur-Iton
Les Fourrieux
Pullay
St-Hilaire-sur-Risle
Brethel
Écorcei
Vitrai-sous-L'Aigle
Petite Ville
Les Barils
Ste-Gauburge-Ste-Colombe
Les Bois-de-la-Pierre
Crulai
La Forêt
Le Ménil-Bérard
Auguaise
La Chapelle-Viel
St-Christophe-s-Avre
Gournay-le-Guérin
St-Victor-s-Avre
Boissy-lès-Perche
Les Aspres
Les Marres
Les Clos
Les Bois-de-la-Haie
Beaulieu
Armentières-s-Avre
Bonnefoi
Irai
Chennebrun
Rohaire
La Ferrière-au-Doyen
Moulins-la-Marche
Les Genettes
Randonnai
St-Maurice-lès-Charencey
Maheru
Bonsmoulins
Normandel
Moussonvilliers
Morvilliers
La Mancelière
St-Aquilin-de-Corbion
La Trappe
Bresolettes
La Poterie-au-Perche
Champthierry
La Heunière
Lamblore
St-Martin-des-Pézerit
Prépotin
La Ventrouze
Soligny-la-Trappe
Le Billot
St-Aubin-de-Courteraie
La Puisaye

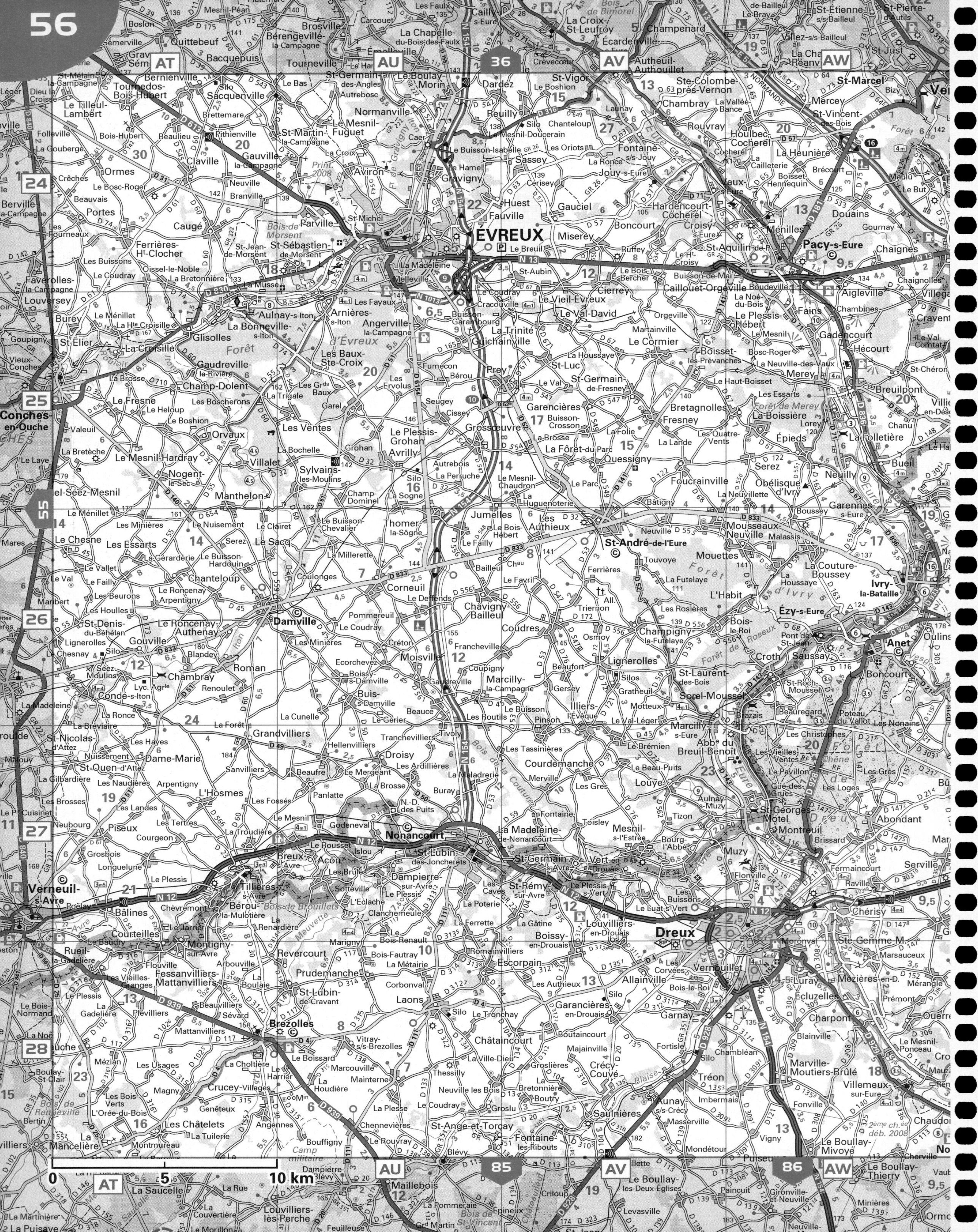
AT
AU
36
AV
AW
ÉVREUX
Pacy-s-Eure
St-Marcel
Conches-en-Ouche
Damville
St-André-de-l'Eure
Ivry-la-Bataille
Anet
Nonancourt
Verneuil-s-Avre
Tillières-s-Avre
Dreux
Brezolles
Vernouillet
Forêt d'Évreux
Forêt d'Ivry
Forêt de Dreux
Bois de Morsent
Gravigny
Fauville
Le Vieil-Évreux
Guichainville
Arnières-s-Iton
Aulnay-s-Iton
La Bonneville-s-Iton
Glisolles
Gaudreville-la-Rivière
Champ-Dolent
Orvaux
Villalet
Sylvains-les-Moulins
Grossœuvre
Le Plessis-Grohan
Avrilly
Thomer-la-Sôgne
Les Authieux
Jumelles
Corneuil
Chavigny-Bailleul
Coudres
Champigny-la-Futelaye
Lignerolles
St-Laurent-des-Bois
Sorel-Moussel
Marcilly-s-Eure
Illiers-l'Évêque
Courdemanche
Louye
Moisville
Marcilly-la-Campagne
Buis-s-Damville
Grandvilliers
Droisy
Gouville
Chambray
Roman
St-Nicolas-d'Attez
Dame-Marie
L'Hosmes
Piseux
Breux-s-Avre
Acon
St-Lubin-des-Joncherets
St-Germain-s-Avre
St-Rémy-sur-Avre
Dampierre-sur-Avre
Bérou-la-Mulotière
Bâlines
Courteilles
Montigny-sur-Avre
Rueil-la-Gadelière
Fessanvilliers-Mattanvilliers
Revercourt
Prudemanche
St-Lubin-de-Cravant
Laons
Escorpain
Allainville
Garancières-en-Drouais
Garnay
Châtaincourt
Crécy-Couvé
Tréon
Aunay-s/s-Crécy
Saulnières
St-Ange-et-Torçay
Fontaine-les-Ribouts
Louvilliers-en-Drouais
Boissy-en-Drouais
Vert-en-Drouais
Muzy
St-Georges-Motel
Abondant
Chérisy
Ste-Gemme-M.
Luray
Écluzelles
Charpont
Marville-Moutiers-Brûlé
Villemeux-sur-Eure
Le Boullay-Mivoye
Le Boullay-Thierry
Mézières-en-D.
Bréchamps
Croisy-s-Eure
Ménilles
Douains
Chaignes
Aigleville
Fains
Gadencourt
Hécourt
Merey
Breuilpont
La Boissière
Épieds
Serez
Neuilly
Garennes-s-Eure
Mousseaux-Neuville
Ézy-s-Eure
Saussay
Croth
Boncourt
Bois-le-Roi
Mouettes
La Couture-Boussey
Fresney
Bretagnolles
Quessigny
Foucrainville
St-Germain-de-Fresney
Garencières
Prey
St-Luc
La Trinité
Le Cormier
Le Val-David
Cierrey
Caillouet-Orgeville
Boisset-les-Prévanches
Le Plessis-Hébert
Miserey
Gauciel
Boncourt
Huest
Sassey
Reuilly
Dardez
Le Boulay-Morin
Normanville
Tourneville
Émalleville
Brosville
Quittebeuf
Bacquepuis
Tournedos-Bois-Hubert
Sacquenville
Le Tilleul-Lambert
Claville
Gauville-la-Campagne
Aviron
Parville
St-Sébastien-de-Morsent
Cauge
Ferrières-Ht-Clocher
Faverolles-la-Campagne
Louversey
Burey
St-Elier
La Croisille
Le Fresne
Les Ventes
Le Mesnil-Hardray
Nogent-le-Sec
Manthelon
Le Sacq
Chanteloup
Les Essarts
Le Chesne
Les Baux-Ste-Croix
Angerville-la-Campagne
Champenard
Autheuil-Authouillet
Ste-Colombe-près-Vernon
Chambray
Houlbec-Cocherel
La Heunière
Fontaine-s-Jouy
Jouy-s-Eure
Hardencourt-Cocherel
Mercey
St-Vincent-des-Bois
Villez-s/s-Bailleul
St-Just
Bizy
Vernon
Écardenville
La Croix-St-Leufroy
Cailly-s-Eure
Bérengeville-la-Campagne
La Chapelle-du-Bois-des-Faulx
Bois de Bimorel
Forêt de Merey
Obélisque d'Ivry
Abbe du Breuil-Benoît
Forêt de Roseux
Bois de Brouillets
Bois de St-Vincent
Maillebois
Blévy
Dampierre-s-Blévy
La Saucelle
Louvilliers-lès-Perche
Le Boullay-les-Deux-Églises
Puiseux
Camp militaire
Print. 2008
2ème ch. déb. 2008
0
5
10 km
AT
AU
85
AV
86
AW
24
25
26
27
28
55

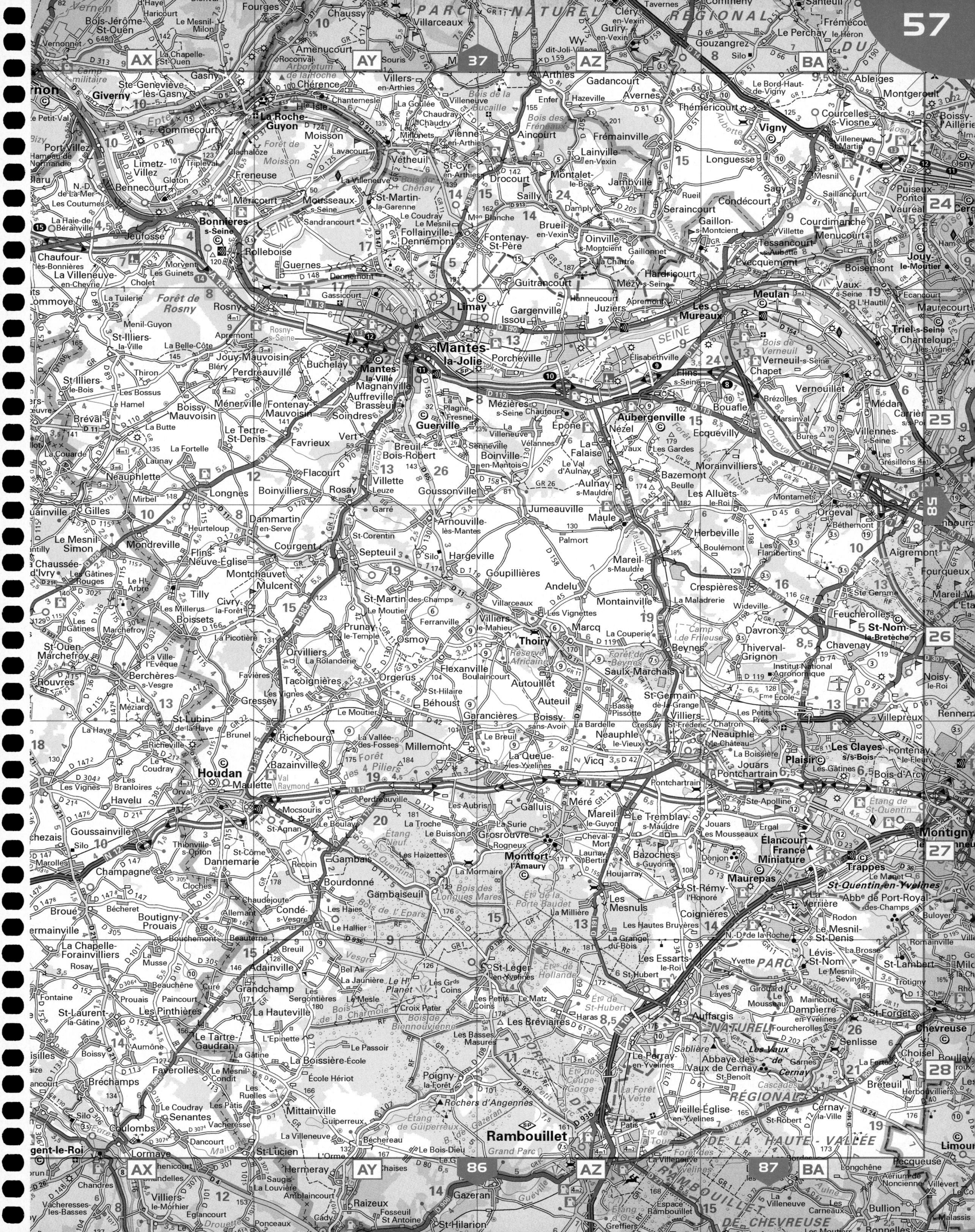

AX
AY
37
AZ
BA
PARC NATUREL RÉGIONAL DU
Vernon
Giverny
La Roche-Guyon
Gommecourt
Bennecourt
Bonnières-s-Seine
Freneuse
Moisson
Vétheuil
Forêt de Rosny
Rosny-s-Seine
Mantes-la-Jolie
Mantes-la-Ville
Limay
Gargenville
Issou
Porcheville
Guerville
Magnanville
Buchelay
Épône
Aubergenville
Les Mureaux
Meulan
Vigny
Triel-s-Seine
Chanteloup-les-Vignes
Verneuil-s-Seine
Vernouillet
Médan
Villennes-s-Seine
Orgeval
Maule
Thoiry
Beynes
Septeuil
Houdan
Richebourg
Orgerus
Montfort-l'Amaury
Plaisir
Les Clayes-s/s-Bois
Trappes
Élancourt
France Miniature
Maurepas
Montigny
St-Quentin-en-Yvelines
Neauphle-le-Château
Jouars-Pontchartrain
Le Perray-en-Yvelines
Les Essarts-le-Roi
St-Léger-en-Yvelines
Rambouillet
Chevreuse
Cernay-la-Ville
St-Nom-la-Bretèche
Villepreux
Gambais
Dannemarie
Condé-s-Vesgre
Adainville
Poigny-la-Forêt
Rochers d'Angennes
Les Vaux de Cernay
Abbaye des Vaux de Cernay
PARC NATUREL RÉGIONAL DE LA HAUTE-VALLÉE DE CHEVREUSE
FORÊT DE RAMBOUILLET
24
25
26
27
28
58
86
87

BB
BC
38
BD
BE
Pontoise
Cergy
St-Ouen-l'Aumône
Auvers-sur-Oise
Valmondois
Butry-s-Oise
L'Isle-Adam
Presles
Nointel
St-Martin-du-Tertre
Luzarches
La Chapelle-en-Serval
Survilliers
Villiers-Adam
Méry-s-Oise
Béthemont-la-Forêt
Frépillon
Bessancourt
Chauvry
Bouffémont
Baillet-en-France
Attainville
Le Mesnil-Aubry
Moisselles
Ézanville
Le Plessis-Gassot
Bouqueval
Goussainville
Louvres
Roissy-en-France
Fontenay-en-Parisis
Villeron
Chennevières-lès-Louvres
Épiais-lès-L.
Domont
Taverny
Beauchamp
St-Leu-la-Forêt
St-Prix
Montlignon
Piscop
St-Brice
Écouen
Villiers-le-Bel
Sarcelles
Le Thillay
Gonesse
Vaudherland
AÉROPORT DE PARIS CHARLES DE GAULLE
Éragny
Conflans-Ste-Honorine
Herblay
Le Plessis-Bouchard
Franconville
Ermont
Eaubonne
Margency
Andilly
Soisy-s/s-M.
Montmorency
Groslay
Deuil-la-Barre
Arnouville-lès-Gonesse
Bonneuil-en-France
Garges-lès-G.
AÉROPORT DE PARIS LE BOURGET
PARC DES EXPOSITIONS
Andrésy
Achères
Maisons-Laffitte
La Frette-s-Seine
Montigny-lès-Cormeilles
Cormeilles-en-Parisis
Sannois
St-Gratien
Enghien-les-Bains
Montmagny
Villetaneuse
Pierrefitte-s-Seine
Stains
Dugny
Argenteuil
Épinay-s-Seine
ST-DENIS
Sartrouville
Bezons
Gennevilliers
Villeneuve-la-Garenne
L'Île-St-Denis
La Courneuve
Le Blanc-Mesnil
Le Bourget
Aulnay-s/s-Bois
Villepinte
Sevran
Poissy
Carrières-s/s-Poissy
Houilles
Bois-Colombes
Colombes
Drancy
Livry-Gargan
Les Pavillons-s/s-Bois
ST-GERMAIN-EN-LAYE
Montesson
Carrières-s-S.
La Garenne-Colombes
Asnières
Clichy
Aubervilliers
St-Ouen
Pantin
Bobigny
Le Vésinet
Le Pecq
Chatou
Croissy-s-Seine
Nanterre
La Défense
Courbevoie
Levallois-Perret
Noisy-le-Sec
Bondy
Le Raincy
Montfermeil
Gagny
Villemomble
Rosny-s/s-Bois
Romainville
Le Pré-St-Gervais
Les Lilas
Bagnolet
Neuilly-Plaisance
Neuilly-s-M.
Puteaux
Neuilly-s-S.
Suresnes
Rueil-Malmaison
Bougival
La Celle-St-Cloud
Louveciennes
Marly-le-Roi
St-Cloud
Garches
Boulogne-Billancourt
Bois de Boulogne
PARIS
Tour Eiffel
Notre-Dame
Montreuil
Vincennes
Fontenay-s/s-Bois
Le Perreux
Nogent-s-M.
Bry-s-M.
St-Mandé
Bois de Vincennes
Charenton-le-Pont
St-Maurice
Joinville-le-Pont
Champigny-s-M.
Vaucresson
Rocquencourt
Le Chesnay
Ville-d'Avray
Marnes-la-Coquette
Sèvres
Issy-les-M.
Vanves
Malakoff
Montrouge
Ivry-s-Seine
Alfortville
Maisons-Alfort
St-Maur-des-Fossés
Chennevières
VERSAILLES
St-Cyr-l'École
Meudon
Chaville
Viroflay
Clamart
Châtillon
Bagneux
Gentilly
Le Kremlin-Bicêtre
Arcueil
Cachan
Villejuif
Vitry-s-Seine
CRÉTEIL
Bonneuil-s-M.
Ormesson-s-M.
Vélizy-Villacoublay
Le Plessis-Robinson
Fontenay-aux-Roses
Sceaux
Bourg-la-Reine
L'Haÿ-les-Roses
Chevilly-Larue
Choisy-le-Roi
Thiais
Montigny-le-Bretonneux
Guyancourt
Buc
Jouy-en-Josas
Châtenay-Malabry
Antony
Fresnes
Rungis
Orly
Valenton
Limeil-Brévannes
Boissy-St-Léger
Sucy-en-Brie
Bièvres
Verrières-le-Buisson
Igny
Massy
Wissous
Villeneuve-le-Roi
Ablon-s-Seine
Villeneuve-St-Georges
Yerres
Crosne
Villecresnes
Magny-les-Hameaux
Toussus-le-Noble
Châteaufort
Saclay
Palaiseau
AÉROPORT DE PARIS-ORLY
Chilly-Mazarin
Paray-Vieille-Poste
Athis-Mons
Vigneux-s-Seine
Montgeron
Brunoy
Chevreuse
Gif-s-Y.
Bures-s-Y.
Orsay
Villebon-s-Y.
Longjumeau
Morangis
Juvisy-s-Orge
Savigny-s-Orge
Draveil
Épinay-s/s-Sénart
Forêt de Sénart
Les Molières
Gometz-la-Ville
Les Ulis
Villejust
Saulx-les-Chartreux
Ballainvilliers
Épinay-s-O.
Viry-Châtillon
Grigny
Limours
St-Jean-de-Beauregard
Nozay
La Ville-du-Bois
Villiers-s-Orge
Morsang-s-Orge
Montlhéry
Ste-Geneviève-des-Bois
Fleury-Mérogis
Ris-Orangis
EVRY
St-Michel-s-O.
Linas
Le Plessis-Pâté
Lieusaint
St-Germain-lès-C.
Forges-les-Bains
Briis-s/s-Forges
Marcoussis
Fontenay-lès-Briis
0
5
10 km
87
88
24
25
26
27
28
57

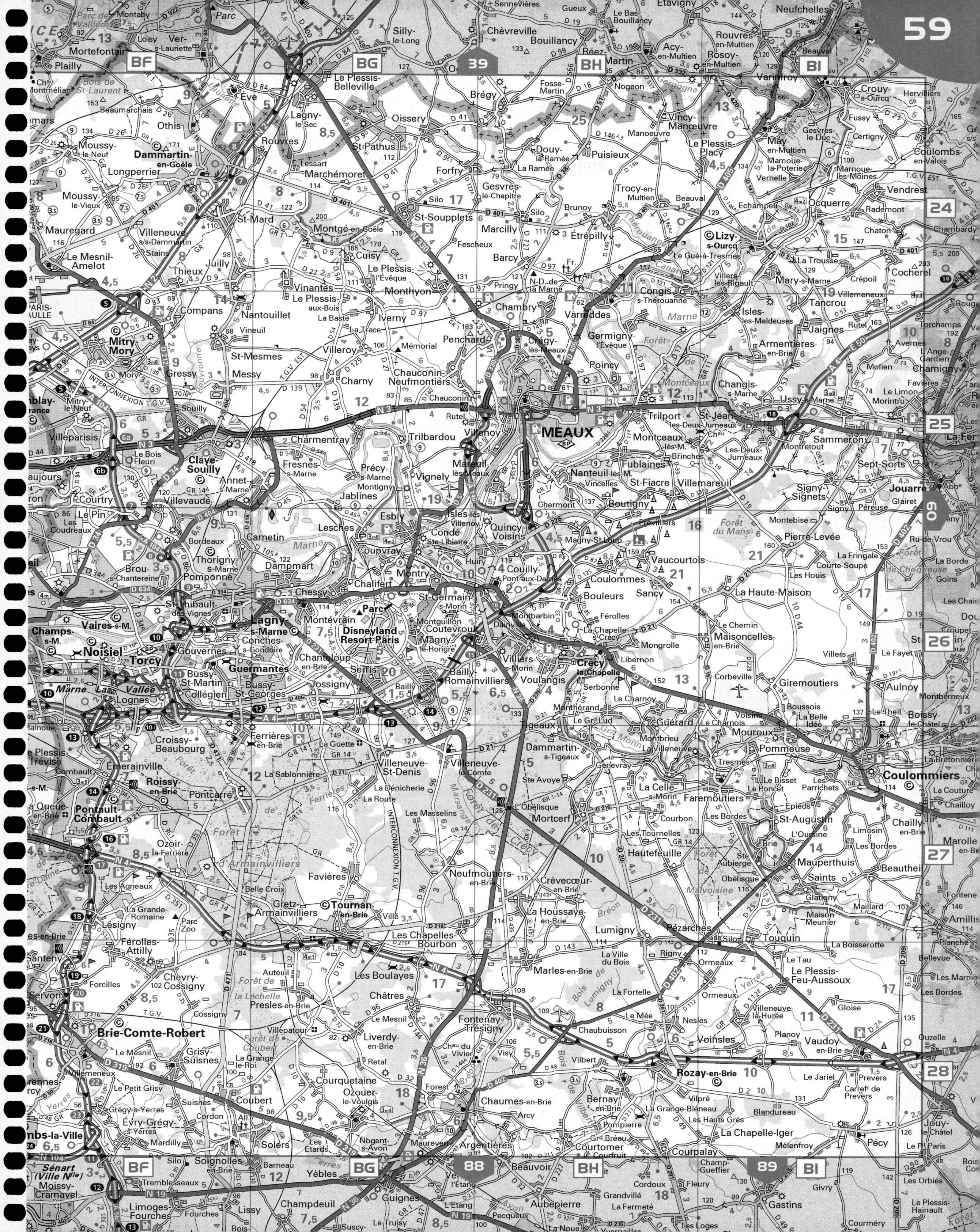

BF
BG
39
BH
BI
24
25
26
27
28
60
88
89
MEAUX
Lizy-s-Ourcq
Dammartin-en-Goële
Mitry-Mory
Claye-Souilly
Lagny-s-Marne
Disneyland Resort Paris
Torcy
Noisiel
Champs-s-M.
Vaires-s-M.
Guermantes
Bussy-St-Martin
Bussy-St-Georges
Collégien
Lognes
Marne-la-Vallée
Chessy
Montévrain
Chanteloup-en-Brie
Serris
Magny-le-Hongre
Bailly-Romainvilliers
Coupvray
Esbly
Montry
Couilly-Pont-aux-Dames
Crécy-la-Chapelle
Voulangis
Villiers-s-Morin
Quincy-Voisins
Trilport
Montceaux-lès-M.
Nanteuil-lès-M.
Mareuil-lès-Meaux
Villenoy
Chauconin-Neufmontiers
Penchard
Crégy-lès-Meaux
Varreddes
Congis-s-Thérouanne
Germigny-l'Évêque
Poincy
Changis-s-Marne
Ussy-s-Marne
St-Jean-les-Deux-Jumeaux
Sammeron
Sept-Sorts
Jouarre
Signy-Signets
Pierre-Levée
Coulommes
Sancy
Bouleurs
Boutigny
Fublaines
Villemareuil
St-Fiacre
Coulommiers
Mouroux
Pommeuse
Faremoutiers
La Celle-s-Morin
Guérard
Dammartin-s-Tigeaux
Tigeaux
Mortcerf
Villeneuve-le-Comte
Villeneuve-St-Denis
Ferrières-en-Brie
Croissy-Beaubourg
Émerainville
Roissy-en-Brie
Pontcarré
Pontault-Combault
Ozoir-la-Ferrière
Favières
Tournan-en-Brie
Gretz-Armainvilliers
Les Chapelles-Bourbon
Neufmoutiers-en-Brie
Crèvecœur-en-Brie
La Houssaye-en-Brie
Hautefeuille
Mauperthuis
St-Augustin
Chailly-en-Brie
Touquin
Pézarches
Lumigny
Marles-en-Brie
Fontenay-Trésigny
Rozay-en-Brie
Vaudoy-en-Brie
Chaumes-en-Brie
Liverdy-en-Brie
Presles-en-Brie
Brie-Comte-Robert
Chevry-Cossigny
Férolles-Attilly
Lésigny
Servon
Santeny
Coubert
Grisy-Suisnes
Évry-Grégy-s-Yerres
Soignolles-en-Brie
Solers
Ozouer-le-Voulgis
Courquetaine
Guignes
Yèbles
Courpalay
La Chapelle-Iger
Bernay-en-Brie
Beauvoir
Argentières
Pécy
Jouy-le-Châtel
Gastins
Moissy-Cramayel
Combs-la-Ville
Limoges-Fourches
Lissy
Champdeuil
Villeparisis
Courtry
Villevaudé
Thorigny-s-Marne
Pomponne
Dampmart
Carnetin
Chalifert
Jablines
Trilbardou
Vignely
Charmentray
Fresnes-s-Marne
Précy-s-Marne
Annet-s-Marne
Compans
Nantouillet
Juilly
Thieux
St-Mard
Othis
Longperrier
Moussy-le-Neuf
Moussy-le-Vieux
Mauregard
Le Mesnil-Amelot
Villeneuve-s/s-Dammartin
Montgé-en-Goële
Marchémoret
St-Pathus
Oissery
Forfry
Gesvres-le-Chapitre
St-Soupplets
Marcilly
Barcy
Monthyon
Iverny
Le Plessis-l'Évêque
Le Plessis-aux-Bois
Vinantes
Villeroy
Charny
Messy
St-Mesmes
Gressy
Chambry
Étrépilly
Puisieux
Douy-la-Ramée
Trocy-en-Multien
Vincy-Manœuvre
Le Plessis-Placy
May-en-Multien
Crouy-s-Ourcq
Ocquerre
Vendrest
Mary-s-Marne
Tancrou
Isles-les-Meldeuses
Jaignes
Armentières-en-Brie
Acy-en-Multien
Rosoy-en-Multien
Rouvres-en-Multien
Bouillancy
Chèvreville
Silly-le-Long
Le Plessis-Belleville
Ève
Lagny-le-Sec
Rouvres
Plailly
Mortefontaine
Forêt de Crécy
Forêt d'Armainvilliers
Forêt du Mans
Marne
Ourcq
Grand Morin
Yerres
A 4
E 50
N 3
N 4
N 36
N 330
A 104
D 231
D 402
D 934
N 19

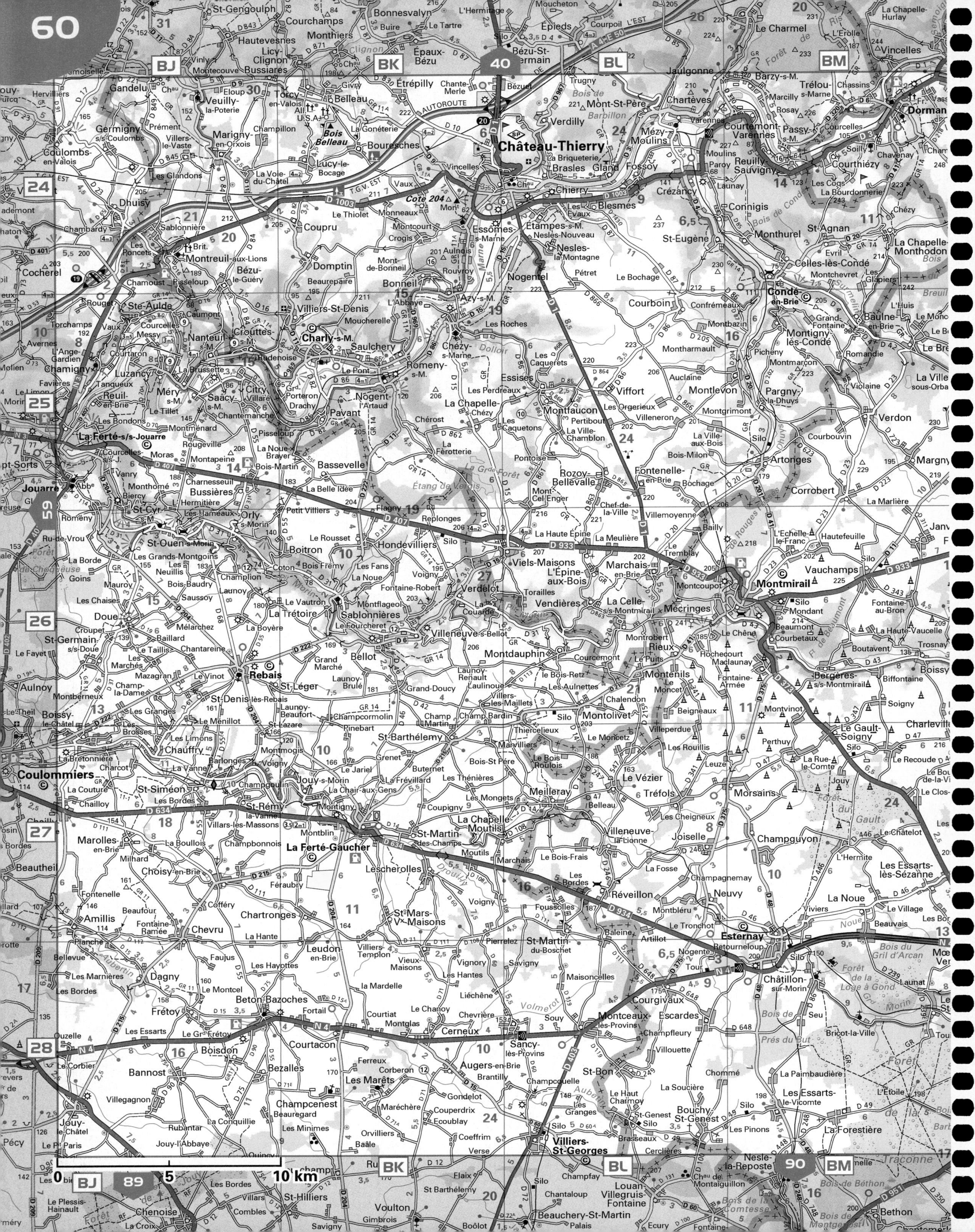
St-Gengoulph
Courchamps
Bonnesvalyn
Hautevesnes
Monthiers
Épieds
Bézu-St-Germain
Le Charmel
Vincelles
Clignon
Bussiares
Épaux-Bézu
Étrépilly
Jaulgonne
Barzy-s-M.
Trélou-s-Marne
Dormans
Gandelu
Veuilly-la-Poterie
Torcy-en-Valois
Belleau
Bouresches
Bois Belleau
Mont-St-Père
Verdilly
Chartèves
Mézy-Moulins
Courtemont-Varennes
Passy
Château-Thierry
Brasles
Gland
Fossoy
Reuilly-Sauvigny
Courthiézy
Germigny-s/s-Coulombs
Marigny-en-Orxois
Lucy-le-Bocage
Coulombs-en-Valois
Chierry
Blesmes
Crézancy
Connigis
Dhuisy
Coupru
Le Thiolet
Monneaux
Cote 204
Essômes-s-Marne
Étampes-s-Marne
Nesles-la-Montagne
Monthurel
St-Agnan
La Chapelle-Monthodon
St-Eugène
Montreuil-aux-Lions
Bézu-le-Guéry
Domptin
Cocherel
Bonneil
Nogentel
Courboin
Condé-en-Brie
Celles-lès-Condé
Baulne-en-Brie
Ste-Aulde
Villiers-St-Denis
Azy-s-M.
Charly-s-M.
Saulchery
Chézy-s-Marne
Romeny-s-M.
Nanteuil-s-M.
Crouttes-s-M.
Montmarcon
Montigny-lès-Condé
Chamigny
Luzancy
Méry-s-M.
Saâcy-s-M.
Citry
Nogent-l'Artaud
Pavant
Essises
Viffort
Montlevon
Pargny-la-Dhuys
Verdon
La Ferté-s/s-Jouarre
Reuil-en-Brie
La Chapelle-s-Chézy
Montfaucon
Jouarre
Bassevelle
Rozoy-Bellevalle
Fontenelle-en-Brie
Artonges
Margny
Corrobert
Bussières
St-Cyr
Orly-s-Morin
St-Ouen-s-Morin
Boitron
Hondevilliers
Viels-Maisons
L'Épine-aux-Bois
Marchais-en-Brie
Montmirail
Vauchamps
Verdelot
Sablonnières
La Trétoire
Doue
St-Germain-s/s-Doue
Villeneuve-s-Bellot
Bellot
Montdauphin
Vendières
La Celle-s/s-Montmirail
Mécringes
Rebais
St-Léger
Rieux
Montenils
Bergères-s/s-Montmirail
Aulnoy
Boissy-le-Châtel
St-Denis-lès-Rebais
Chauffry
St-Barthélemy
Montolivet
Le Gault-Soigny
Coulommiers
St-Siméon
Jouy-s-Morin
Meilleray
Le Vézier
Tréfols
Morsains
St-Rémy-la-Vanne
La Ferté-Gaucher
La Chapelle-Moutils
St-Martin-des-Champs
Villeneuve-la-Lionne
Joiselle
Champguyon
Marolles-en-Brie
Choisy-en-Brie
Lescherolles
Réveillon
Neuvy
Les Essarts-lès-Sézanne
Amillis
Chevru
Chartronges
St-Mars-Vx-Maisons
Esternay
Leudon-en-Brie
St-Martin-du-Boschet
Châtillon-sur-Morin
Dagny
Beton-Bazoches
Frétoy
Cerneux
Sancy-lès-Provins
Montceaux-lès-Provins
Courgivaux
Escardes
Boisdon
Courtacon
Augers-en-Brie
St-Bon
Bannost
Bezalles
Les Marêts
Champcenest
Bouchy-St-Genest
Les Essarts-le-Vicomte
Jouy-le-Châtel
Villiers-St-Georges
Nesle-la-Reposte
Chenoise
St-Hilliers
Voulton
Louan-Villegruis-Fontaine
Beauchery-St-Martin
Bethon
0
5
10 km

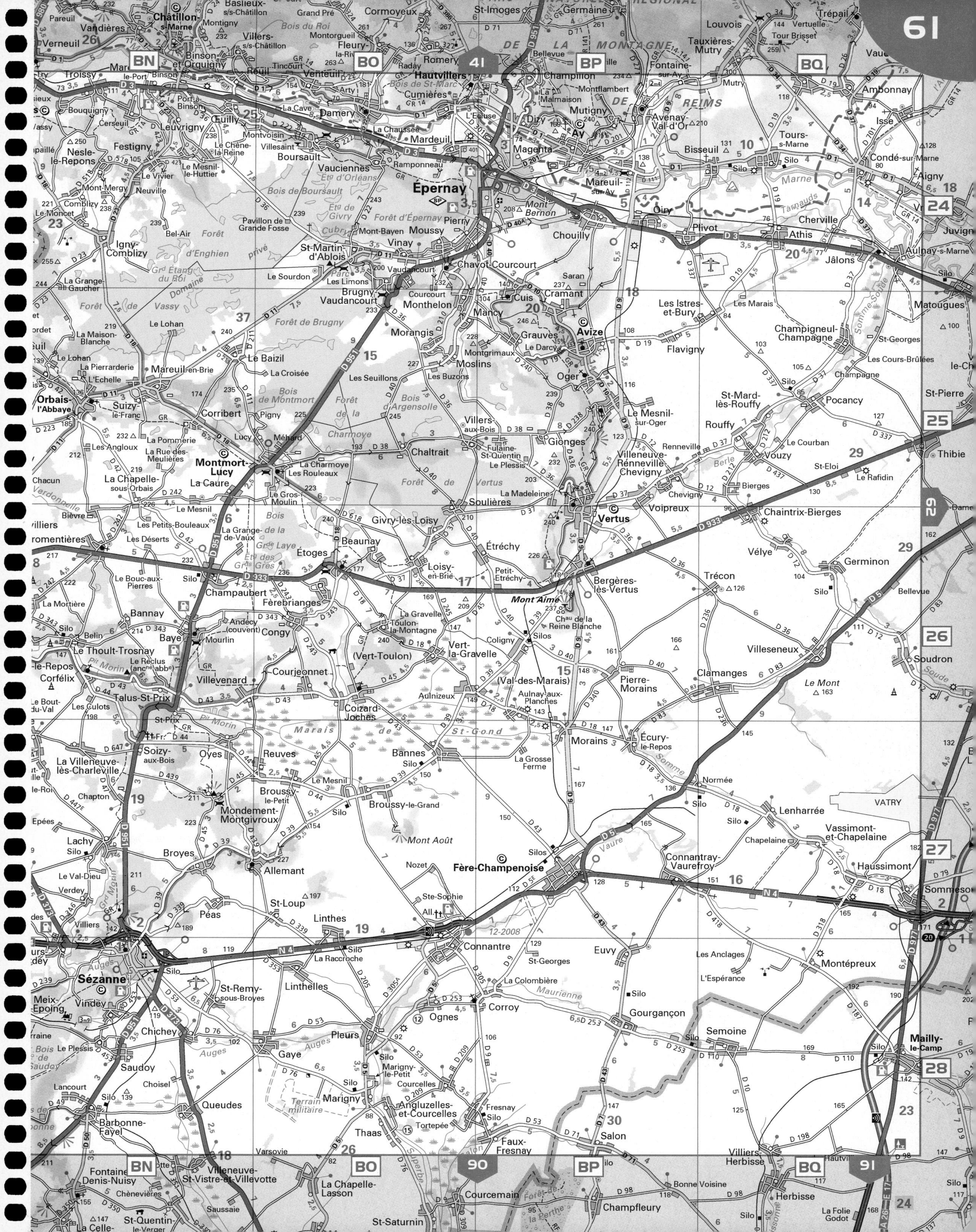
Épernay
Hautvillers
Ay
Avize
Vertus
Montmort-Lucy
Orbais-l'Abbaye
Fère-Champenoise
Sézanne
Mailly-le-Camp
Mont Aimé
Marais de St-Gond
Forêt d'Épernay
Forêt de Brugny
Cramant
Oger
Le Mesnil-sur-Oger
Bergères-lès-Vertus
Connantre
Vatry

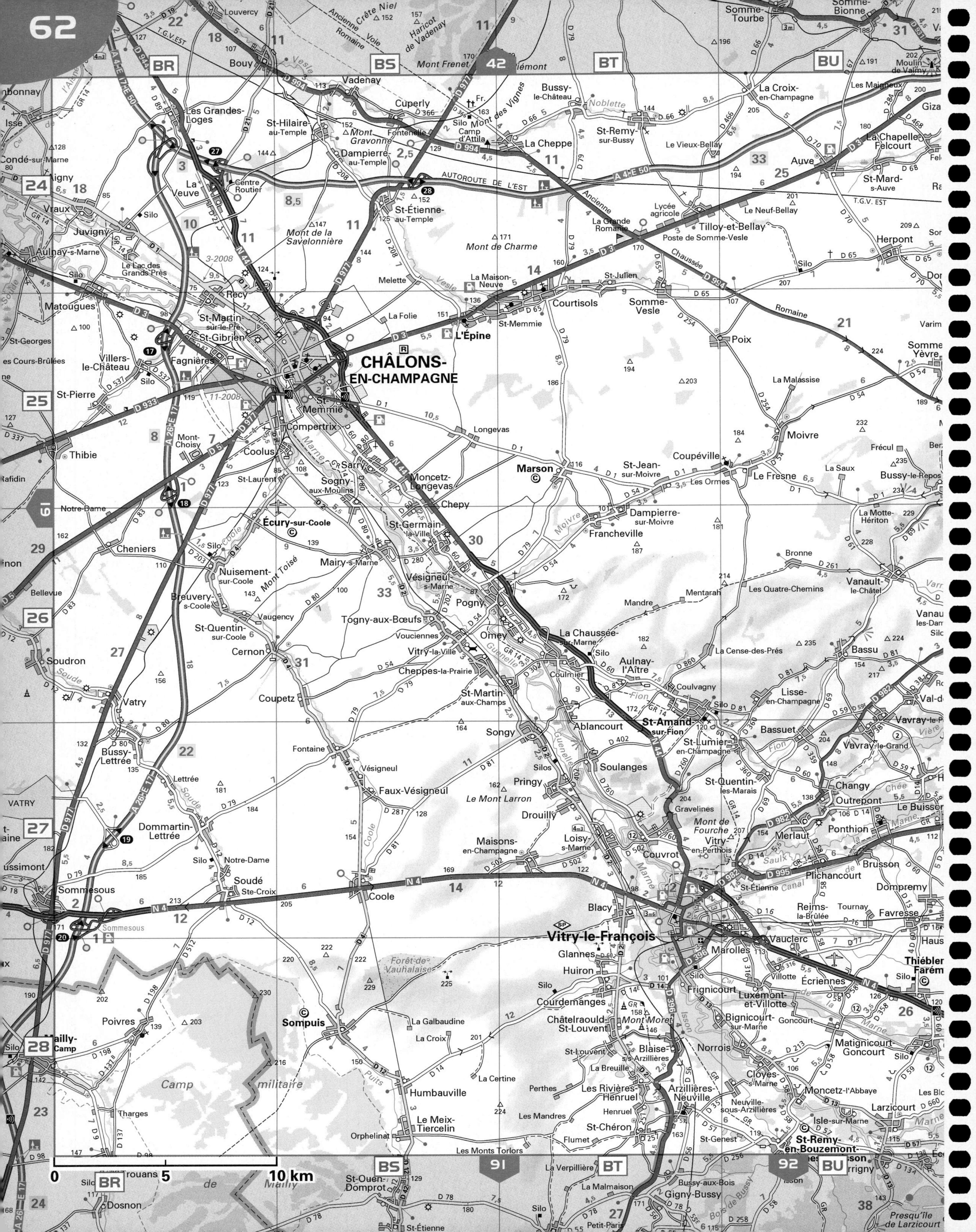

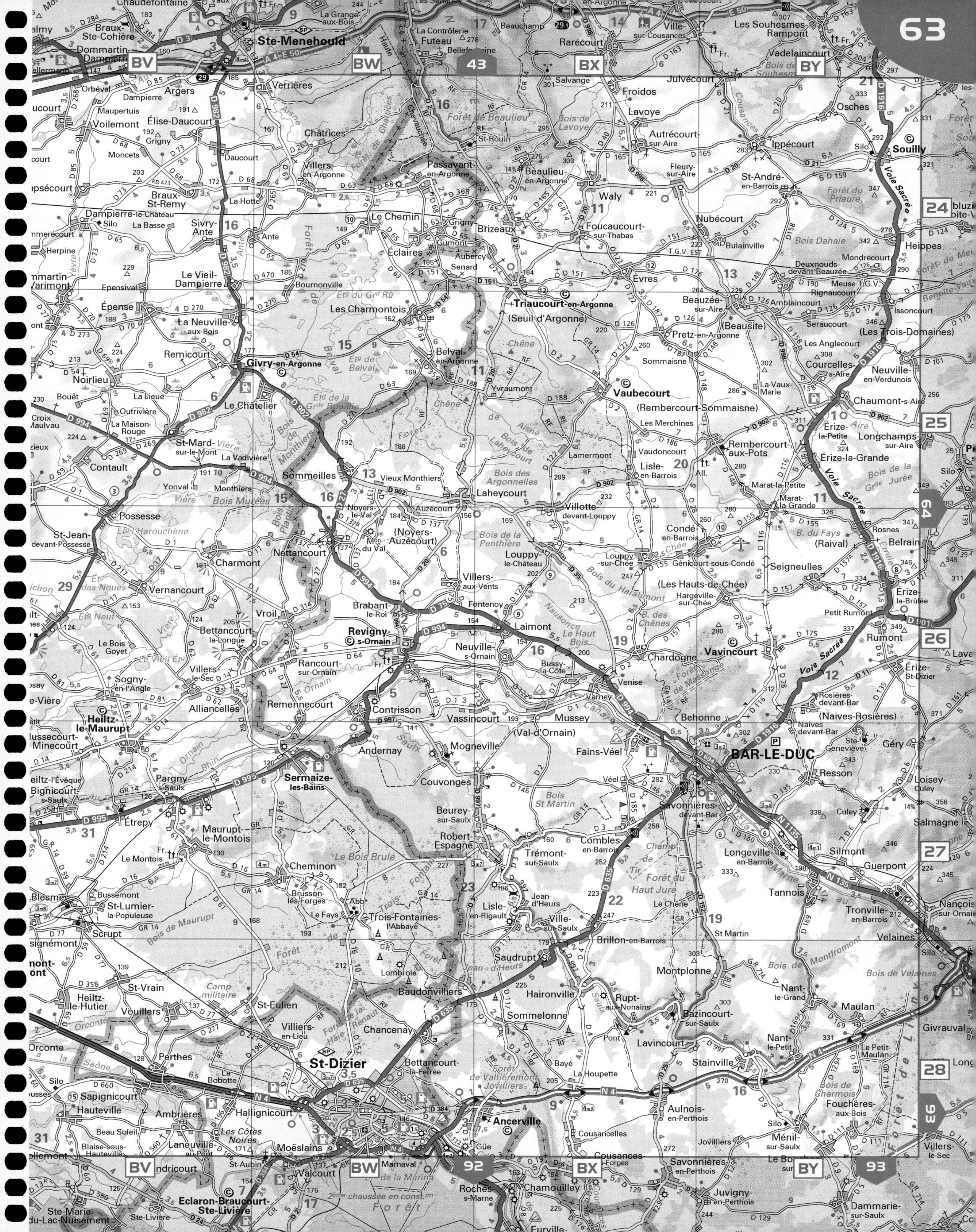

Ste-Menehould
Braux-Ste-Cohière
Dommartin-Dampierre
La Grange-aux-Bois
La Contrôlerie
Futeau
Beauchamp
Rarécourt
Ville-sur-Cousances
Les Souhesmes-Rampont
Vadelaincourt
BV
BW
43
BX
BY
24
25
26
27
28
64
93
92
Orbéval
Dampierre
Argers
Verrières
Salvange
Froidos
Julvécourt
Maupertuis
Voilemont
Élise-Daucourt
Forêt de Beaulieu
Lavoye
Osches
Châtrices
Grigny
St-Rouin
Autrécourt-sur-Aire
Ippécourt
Souilly
Moncets
Daucourt
Passavant-en-Argonne
Beaulieu-en-Argonne
Villers-en-Argonne
Fleury-sur-Aire
St-André-en-Barrois
Voie Sacrée
Braux-St-Remy
La Hotte
Waly
Dampierre-le-Château
Le Chemin
Sivry-Ante
Brizeaux
Nubécourt
Foucaucourt-sur-Thabas
Ante
Éclaires
Gumont
Aubercy
Senard
Bulainville
Bois Dahaie
Heippes
Mondrecourt
Le Vieil-Dampierre
Bournonville
Èvres
Deuxnouds-devant-Beauzée
Rignaucourt
Epensival
Épense
Les Charmontois
Triaucourt-en-Argonne
(Seuil-d'Argonne)
Beauzée-sur-Aire
Amblaincourt
Issoncourt
La Neuville-aux-Bois
Pretz-en-Argonne
(Beausite)
Seraucourt
(Les Trois-Domaines)
Remicourt
Belval-en-Argonne
Sommaisne
Les Anglecourt
Courcelles-s-Aire
Neuville-en-Verdunois
Noirlieu
Givry-en-Argonne
Yvraumont
Vaubecourt
La-Vaux-Marie
Chaumont-s-Aire
Bouët
La Lieue
Outrivière
Le Châtelier
(Rembercourt-Sommaisne)
Croix Maulvau
La Maison-Rouge
Les Merchines
Érize-la-Petite
Longchamps-sur-Aire
Rembercourt-aux-Pots
Érize-la-Grande
St-Mard-sur-le-Mont
La Vadivière
Vaudoncourt
Contault
Sommeilles
Vieux Monthiers
Lamermont
Lisle-en-Barrois
Monthiers
Bois Mutées
Yonval
Laheycourt
Marat-la-Petite
Marat-la-Grande
Possesse
Noyers-le-Val
Auzécourt
Villotte-devant-Louppy
St-Jean-devant-Possesse
(Noyers-Auzécourt)
Condé-en-Barrois
Rosnes
Belrain
(Raival)
Charmont
Nettancourt
Louppy-le-Château
Louppy-sur-Chée
Génicourt-sous-Condé
Seigneulles
Villers-aux-Vents
(Les Hauts-de-Chée)
Hargeville-sur-Chée
Vernancourt
Érize-la-Brûlée
Brabant-le-Roi
Fontenoy
Petit Rumont
Vroil
Laimont
Bettancourt-la-Longue
Revigny-s-Ornain
Rumont
Le Bois Goyet
Neuville-s-Ornain
Bussy-la-Côte
Chardogne
Vavincourt
Villers-le-Sec
Rancourt-sur-Ornain
Venise
Érize-St-Dizier
Sogny-en-l'Angle
Varney
Rosières-devant-Bar
Alliancelles
Remennecourt
Contrisson
Vassincourt
Mussey
Behonne
(Naives-Rosières)
Heiltz-le-Maurupt
(Val-d'Ornain)
Naives-devant-Bar
Minecourt
Andernay
Mogneville
Fains-Véel
Ste-Geneviève
Géry
BAR-LE-DUC
Pargny-s-Saulx
Sermaize-les-Bains
Couvonges
Véel
Resson
Loisey-Culey
Heiltz-l'Évêque
Bignicourt-s-Saulx
Savonnières-devant-Bar
Culey
Etrepy
Maurupt-le-Montois
Beurey-sur-Saulx
Bois St Martin
Salmagne
Robert-Espagne
Trémont-sur-Saulx
Combles-en-Barrois
Longeville-en-Barrois
Silmont
Le Montois
Cheminon
Le Bois Brulé
Guerpont
Tannois
Blesme
Bussemont
St-Lumier-la-Populeuse
Brusson-les-Forges
Trois-Fontaines-l'Abbaye
Lisle-en-Rigault
Jean-d'Heurs
Ville-sur-Saulx
Forêt du Haut Jure
Le Chêne
Tronville-en-Barrois
Nançois-sur-Ornain
Scrupt
Le Fays
Brillon-en-Barrois
St Martin
Velaines
Saudrupt
Montplonne
Bois de Montfromont
Bois de Velaines
Lombroie
Camp militaire
St-Vrain
Baudonvilliers
Haironville
Rupt-aux-Nonains
Nant-le-Grand
Heiltz-le-Hutier
Vouillers
St-Eulien
Sommelonne
Bazincourt-sur-Saulx
Maulan
Givrauval
Villiers-en-Lieu
Chancenay
Pont
Lavincourt
Nant-le-Petit
Le Petit-Maulan
Orconte
Perthes
St-Dizier
Bettancourt-la-Ferrée
Bayé
La Houpette
Stainville
La Bobotte
Sapignicourt
Forêt de Valtierémont Jovilliers
Bois de Charmois
Fouchères-aux-Bois
Hauteville
Ambrières
Hallignicourt
Ancerville
Aulnois-en-Perthois
Beau Soleil
Les Côtes Noires
Cousancelles
Ménil-sur-Saulx
Blaise-sous-Hauteville
Laneuville-au-Pont
Moëslains
Gûe
Cousances
Jovilliers
Villers-le-Sec
St-Aubin
Marnaval
Savonnières-en-Perthois
Le Bouchon
Valcourt
Chamouilley
Roches-s-Marne
Juvigny-en-Perthois
Dammarie-sur-Saulx
Eclaron-Braucourt-Ste-Livière
Ste-Marie-du-Lac-Nuisement
Ste-Livière
Eurville

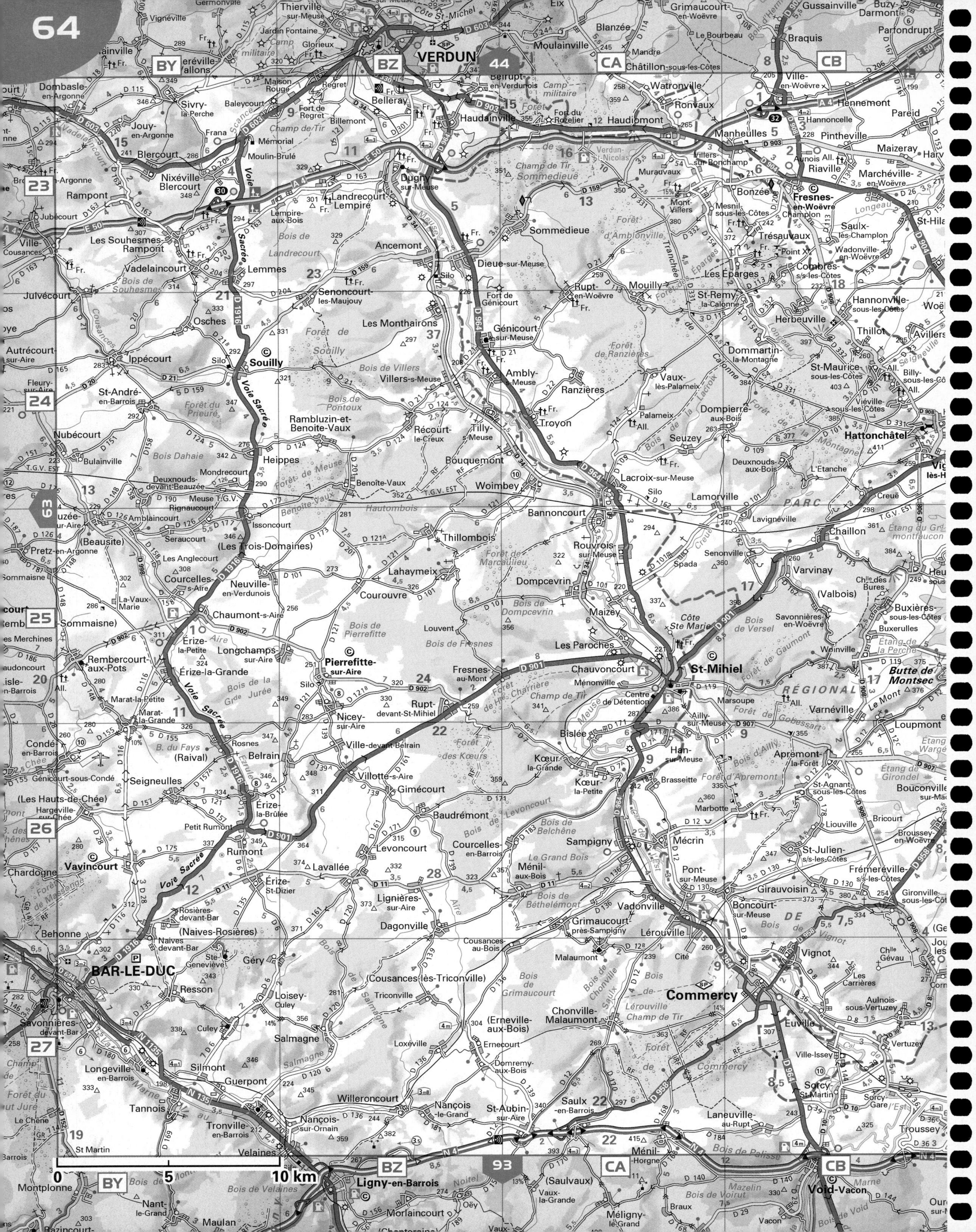

Thierville-sur-Meuse
Côte St-Michel
Grimaucourt-en-Woëvre
Gussainville
Buzy-Darmont
Vignéville
Jardin Fontaine
Glorieux
VERDUN
44
Blanzée
Moulainville
Le Bourbeau
Braquis
Parfondrupt
BY
BZ
CA
CB
Dombasle-en-Argonne
Maison Rouge
Regret
Belleray
Belrupt-en-Verdunois
Camp militaire
Châtillon-sous-les-Côtes
Watronville
Ronvaux
Ville-en-Woëvre
Hennemont
Pareid
Sivry-la-Perche
Baleycourt
Fort de Regret
Billemont
Haudainville
Fort du Rozelier
Haudiomont
Manheulles
Hannoncelle
Pintheville
Maizeray
Jouy-en-Argonne
Frana
Mémorial
Champ de Tir
Moulin-Brûlé
Blercourt
Verdun-St-Nicolas
Villers-sur-Bonchamp
Aunois
Riaville
Marchéville-en-Woëvre
Nixéville-Blercourt
Dugny-sur-Meuse
Champ de Tir Sommedieue
Muraux
Bonzée
Fresnes-en-Woëvre
Rampont
Landrecourt-Lempire
Lempire-aux-Bois
Mont-Villers
Mesnil-sous-les-Côtes
Champlon
Saulx-lès-Champlon
St-Hilaire
Jubécourt
Sommedieue
Forêt d'Amblonville
Trésauvaux
Les Souhesmes-Rampont
Bois de Landrecourt
Ancemont
Wadonville-en-Woëvre
Ville-sur-Cousances
Vadelaincourt
Lemmes
Dieue-sur-Meuse
Rupt-en-Woëvre
Mouilly
Les Éparges
Combres-s/s-les-Côtes
Julvécourt
Bois de Souhesmes
Senoncourt-les-Maujouy
Silo
Fort de Génicourt
St-Remy-la-Calonne
Herbeuville
Hannonville-sous-les-Côtes
Osches
Les Monthairons
Génicourt-sur-Meuse
Thillot
Avillers
Autrécourt-sur-Aire
Ippécourt
Souilly
Forêt de Souilly
Forêt de Ranzières
Dommartin-la-Montagne
St-Maurice-sous-les-Côtes
Bois de Villers
Villers-s-Meuse
Ambly-s-Meuse
Ranzières
Vaux-lès-Palameix
Billy-sous-les-Côtes
Fleury-sur-Aire
St-André-en-Barrois
Forêt du Prieuré
Bois de Pontoux
Palameix
Dompierre-aux-Bois
Viéville-sous-les-Côtes
Rambluzin-et-Benoite-Vaux
Récourt-le-Creux
Tilly-s-Meuse
Troyon
Hattonchâtel
Nubécourt
Seuzey
Deuxnouds-aux-Bois
Bulainville
Bois Dahaie
Heippes
Bouquemont
L'Etanche
Mondrecourt
Deuxnouds-devant-Beauzée
Forêt de Meuse
Benoite-Vaux
Woimbey
Lacroix-sur-Meuse
T.G.V. EST
Meuse T.G.V.
Rignaucourt
Hautombois
Lamorville
PARC
Creuë
Beauzée-sur-Aire
Amblaincourt
Issoncourt
Bannoncourt
Lavignéville
(Beausite)
Seraucourt
Thillombois
Chaillon
Pretz-en-Argonne
(Les Trois-Domaines)
Forêt de Marcaulieu
Rouvrois-sur-Meuse
Senonville
Sommaisne
Les Anglecourt
Lahaymeix
Spada
Varvinay
Courcelles-s-Aire
Neuville-en-Verdunois
Dompcevrin
Heudicourt
La-Vaux-Marie
Courouvre
17
Chaumont-s-Aire
Bois de Dompcevrin
Maizey
(Valbois)
Buxières-sous-les-Côtes
(Sommaisne)
Côte Ste Marie
Bois de Versel
Savonnières-en-Woëvre
Buxerulles
Les Merchines
Érize-la-Petite
Bois de Pierrefitte
Louvent
Bois de Fresnes
Les Paroches
Forêt de Gaumont
Woinville
Étang de la Perche
Rembercourt-aux-Pots
Longchamps-sur-Aire
Pierrefitte-sur-Aire
Chauvoncourt
St-Mihiel
Butte de Montsec
Érize-la-Grande
Bois de la Gde Jurée
Fresnes-au-Mont
Forêt de Hte Charrière
Ménonville
RÉGIONAL
Marat-la-Petite
Champ de Tir
Centre de Détention
Marsoupe
Varnéville
Rupt-devant-St-Mihiel
Ailly-sur-Meuse
Forêt de Gobessart
Loupmont
Marat-la-Grande
Nicey-sur-Aire
Bislée
Condé-en-Barrois
B. du Fays
Rosnes
Ville-devant-Belrain
Forêt des Kœurs
Han-sur-Meuse
Bois d'Ailly
Apremont-la-Forêt
(Raival)
Belrain
Kœur-la-Grande
Étang de Gironde
Génicourt-sous-Condé
Seigneulles
Villotte-s-Aire
Kœur-la-Petite
Brasseitte
Forêt d'Apremont
St-Agnant-sous-les-Côtes
Boucouville
(Les Hauts-de-Chée)
Gimécourt
Marbotte
Hargeville-sur-Chée
Érize-la-Brûlée
Baudrémont
Bois de Levoncourt
Bois de Belchêne
Liouville
Bricourt
Petit Rumont
Broussey-en-Woëvre
Sampigny
Mécrin
Levoncourt
Courcelles-en-Barrois
Le Grand Bois
St-Julien-s/s-les-Côtes
Rumont
Vavincourt
Lavallée
Ménil-aux-Bois
Pont-sur-Meuse
Frémeréville-s/s-les-Côtes
Chardogne
Érize-St-Dizier
Lignières-sur-Aire
Bois de Béthelémont
Girauvoisin
Gironville-sous-les-Côtes
Rosières-devant-Bar
Vadonville
Boncourt-sur-Meuse
(Naives-Rosières)
Dagonville
Grimaucourt-près-Sampigny
Lérouville
Behonne
Naives-devant-Bar
Cousances-au-Bois
Malaumont
Cité
Vignot
Gévau
BAR-LE-DUC
Ste-Geneviève
Géry
Bois de Chonville
(Cousances-lès-Triconville)
Les Carrières
Resson
Bois de Grimaucourt
Commercy
Aulnois-sous-Vertuzey
Savonnières-devant-Bar
Loisey-Culey
Triconville
Chonville-Malaumont
Lérouville Champ de Tir
Euville
Culey
Salmagne
(Erneville-aux-Bois)
Vertuzey
Longeville-en-Barrois
Loxéville
Ernecourt
Forêt de Commercy
Ville-Issey
Domremy-aux-Bois
Silmont
Guerpont
Sorcy-St-Martin
Sorcy Gare
Forêt du Jure
Tannois
Willeroncourt
Nançois-le-Grand
St-Aubin-sur-Aire
Saulx-en-Barrois
Le Chêne
Tronville-en-Barrois
Nançois-sur-Ornain
Laneuville-au-Rupt
Troussey
St Martin
Velaines
Ménil-la-Horgne
Bois de Palisse
0
5
10 km
93
Montplonne
Bois de Velaines
Ligny-en-Barrois
(Saulvaux)
Vaux-la-Grande
Bois de Voirut
Mazelin
Void-Vacon
Nant-le-Grand
Morlaincourt
Oëy
Braux
Vacon
Maulan
Méligny-le-Grand

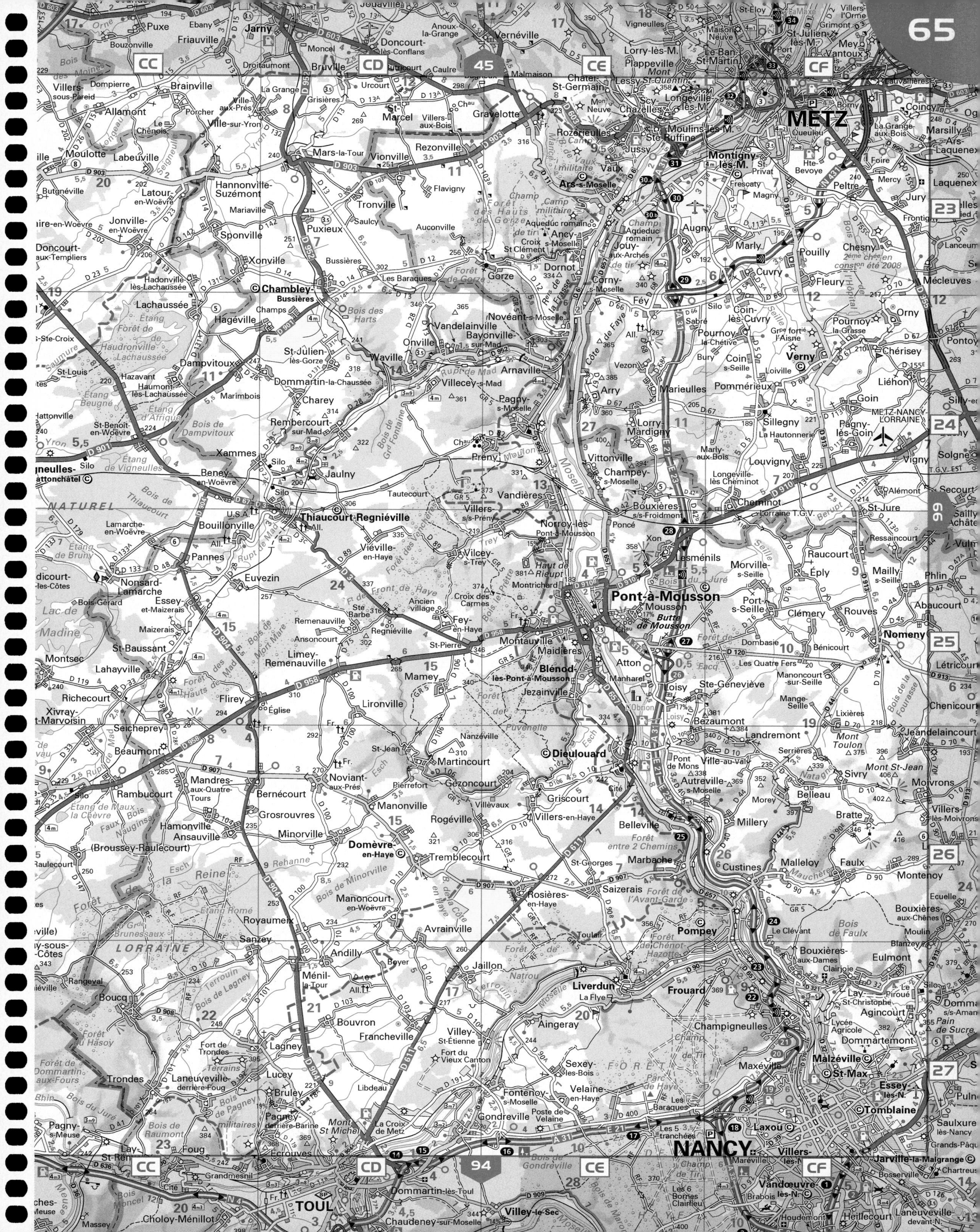
METZ
NANCY
Pont-à-Mousson
TOUL
Jarny
Doncourt-lès-Conflans
Gravelotte
Mars-la-Tour
Vionville
Rezonville
Ars-s-Moselle
Montigny-lès-M.
Chambley-Bussières
Gorze
Novéant-s-Moselle
Arnaville
Pagny-s-Moselle
Thiaucourt-Regniéville
Vandières
Dieulouard
Blénod-lès-Pont-à-Mousson
Jezainville
Nomeny
Verny
Liverdun
Frouard
Pompey
Custines
Champigneulles
Maxéville
Malzéville
Laxou
Vandœuvre-lès-N.
Tomblaine
Essey-lès-N.
Domèvre-en-Haye
Martincourt
Villey-le-Sec
Foug
Lay-St-Rémy
Dommartin-lès-Toul
Chaudeney-sur-Moselle
Gondreville
Fontenoy-s-Moselle
Velaine-en-Haye
Sexey-les-Bois
Aingeray
Lucey
Bruley
Trondes
Boucq
Lagney
Ménil-la-Tour
Andilly
Sanzey
Royaumeix
Manoncourt-en-Woëvre
Avrainville
Jaillon
Rosières-en-Haye
Saizerais
Marbache
Belleville
Millery
Sivry
Faulx
Montenoy
Bouxières-aux-Dames
Lay-St-Christophe
Eulmont
Agincourt
Dommartemont
Pournoy-la-Chétive
Marly
Pouilly
Fleury
Cuvry
Augny
Jouy-aux-Arches
Ancy-s-Moselle
Dornot
Corny-s-Moselle
Féy
Marieulles
Lorry-Mardigny
Vittonville
Champey-s-Moselle
Bouxières-s/s-Froidmont
Cheminot
Louvigny
Sillegny
Pommérieux
Goin
Liéhon
Chérisey
Orny
Pagny-lès-Goin
METZ-NANCY-LORRAINE
Vigny
Solgne
Secourt
Abaucourt
Rouves
Clémery
Bénicourt
Port-s-Seille
Morville-s-Seille
Raucourt
Éply
Mailly-s-Seille
Lesménils
Atton
Loisy
Ste-Geneviève
Bezaumont
Landremont
Ville-au-Val
Autreville-s-Moselle
Belleau
Malleloy
Montauville
Maidières
Norroy-lès-Pont-à-Mousson
Vilcey-s-Trey
Fey-en-Haye
Regniéville
Limey-Remenauville
Mamey
Lironville
Flirey
Seicheprey
Beaumont
Mandres-aux-Quatre-Tours
Bernécourt
Noviant-aux-Prés
Manonville
Rogéville
Grosrouvres
Minorville
Tremblecourt
Griscourt
Villers-en-Haye
Gézoncourt
Euvezin
Pannes
Bouillonville
Jaulny
Xammes
Charey
Rembercourt-sur-Mad
Dommartin-la-Chaussée
Waville
Onville
Villecey-s-Mad
Prény
Vandelainville
Bayonville-sur-Mad
St-Julien-lès-Gorze
Hagéville
Lachaussée
Dampvitoux
Hannonville-Suzémont
Latour-en-Woëvre
Sponville
Xonville
Puxieux
Tronville
Flavigny
Bruville
Brainville
Allamont
Moulotte
Labeuville
Jonville-en-Woëvre
Doncourt-aux-Templiers
Hadonville-lès-Lachaussée
Beney-en-Woëvre
Essey-et-Maizerais
Nonsard-Lamarche
St-Baussant
Lahayville
Montsec
Richecourt
Rambucourt
Hamonville
Ansauville
(Broussey-Raulecourt)
Lac de Madine
Forêt de la Reine
LORRAINE
Forêt de Haye
CC
CD
CE
CF
45
94

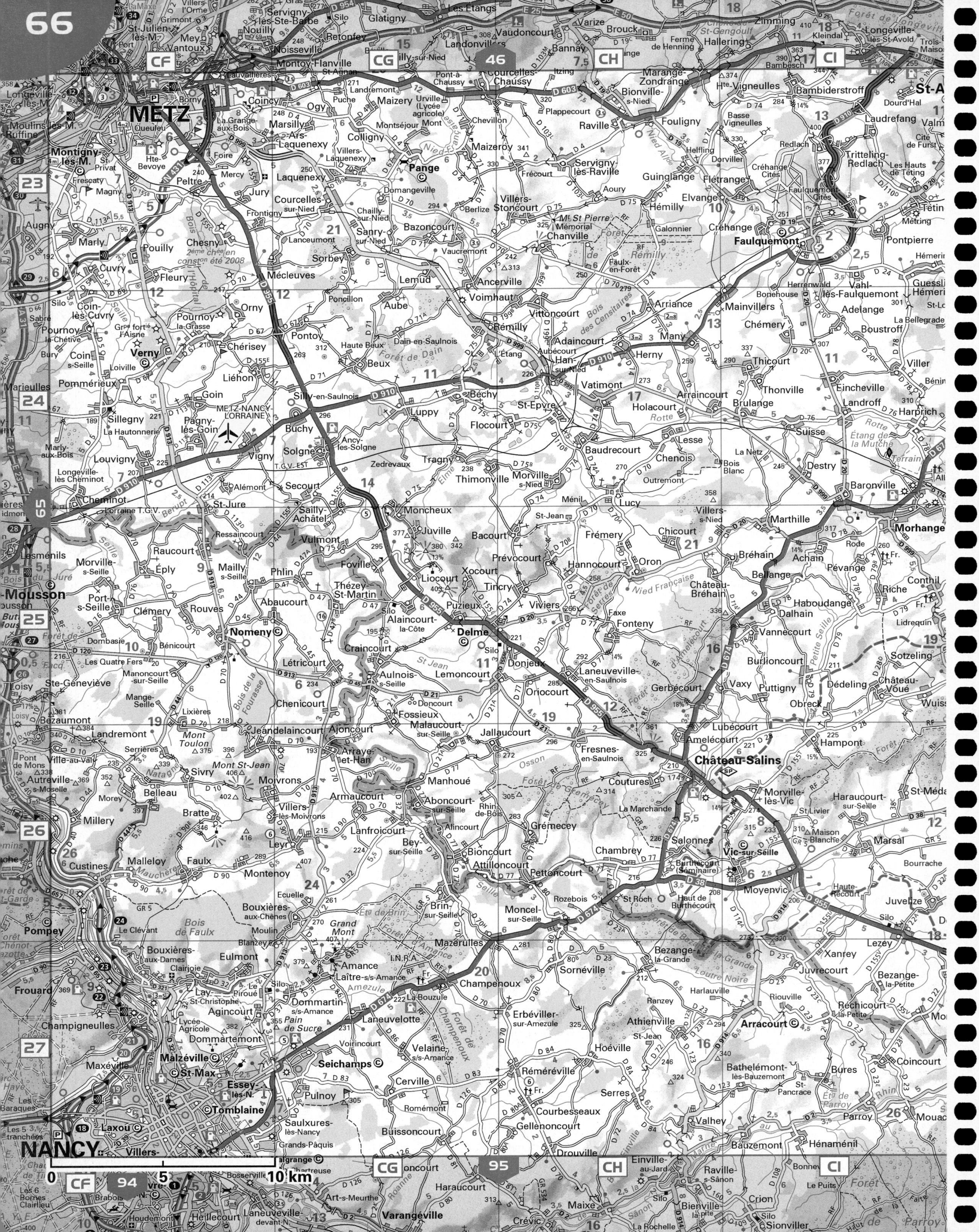

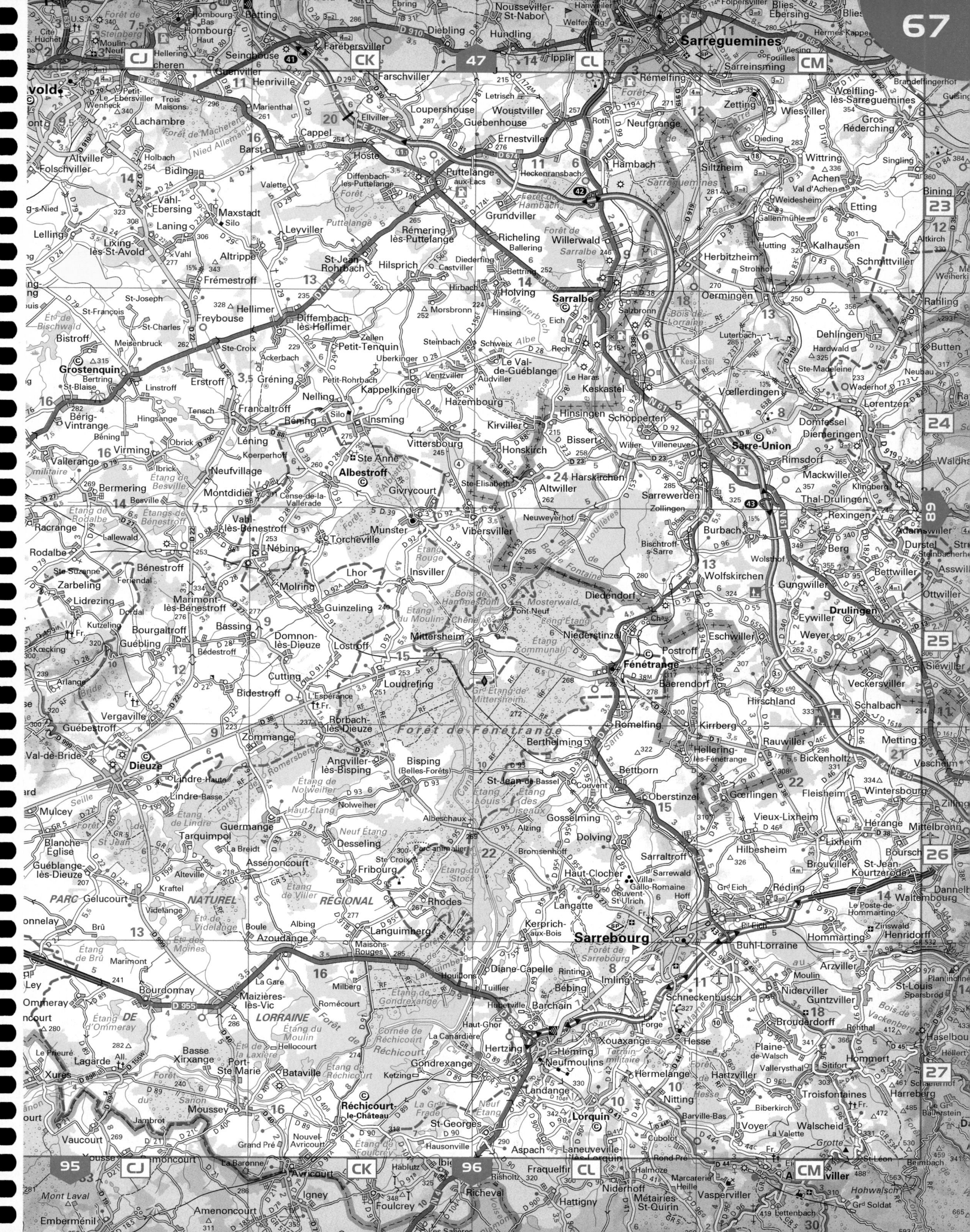

Hombourg-Bas
Hombourg-Haut
Betting
Farébersviller
Seingbouse
Diebling
Nousseviller-St-Nabor
Hundling
Sarreguemines
Blies-Ebersing
Sarreinsming
Rémelfing
Henriville
Farschviller
Loupershouse
Woustviller
Guebenhouse
Ernestviller
Neufgrange
Zetting
Wiesviller
Wœlfling-lès-Sarreguemines
Gros-Réderching
Lachambre
Marienthal
Ellviller
Cappel
Barst
Hoste
Puttelange-aux-Lacs
Diffenbach-lès-Puttelange
Heckenransbach
Hambach
Siltzheim
Wittring
Achen
Altviller
Folschviller
Holbach
Biding
Valette
Vahl-Ebersing
Maxstadt
Laning
Lelling
Lixing-lès-St-Avold
Altrippe
Leyviller
Rémering-lès-Puttelange
Grundviller
Richeling
Willerwald
Herbitzheim
Kalhausen
Etting
Bining
Hilsprich
St-Jean-Rohrbach
Frémestroff
Holving
Sarralbe
Oermingen
Schmittviller
Rahling
Hellimer
Freybouse
Diffembach-lès-Hellimer
Morsbronn
Hinsing
Salzbronn
Dehlingen
Bistroff
Grostenquin
Petit-Tenquin
Le Val-de-Guéblange
Keskastel
Vœllerdingen
Butten
Erstroff
Gréning
Kappelkinger
Hazembourg
Nelling
Francaltroff
Berig-Vintrange
Insming
Hinsingen
Schopperten
Lorentzen
Diemeringen
Léning
Vittersbourg
Kirviller
Bissert
Sarre-Union
Rimsdorf
Vallerange
Virming
Neufvillage
Ste Anne
Albestroff
Honskirch
Harskirchen
Altwiller
Mackwiller
Bermering
Montdidier
Givrycourt
Sarrewerden
Thal-Drulingen
Racrange
Vahl-lès-Bénestroff
Munster
Vibersviller
Burbach
Rexingen
Adamswiller
Rodalbe
Torcheville
Nébing
Bénestroff
Lhor
Insviller
Berg
Wolfskirchen
Zarbeling
Molring
Gungwiller
Bettwiller
Lidrezing
Marimont-lès-Bénestroff
Guinzeling
Diedendorf
Drulingen
Ottwiller
Bourgaltroff
Bassing
Domnon-lès-Dieuze
Mittersheim
Niederstinzel
Eschwiller
Eywiller
Weyer
Guébling
Lostroff
Postroff
Fénétrange
Cutting
Loudrefing
Baerendorf
Veckersviller
Hirschland
Schalbach
Bidestroff
Vergaville
Rorbach-lès-Dieuze
Guébestroff
Zommange
Romelfing
Kirrberg
Metting
Berthelming
Rauwiller
Hellering-lès-Fénétrange
Bickenholtz
Dieuze
Angviller-lès-Bisping
Bisping
Bettborn
St-Jean-de-Bassel
Vescheim
Lindre-Haute
Lindre-Basse
Gœrlingen
Fleisheim
Wintersbourg
Mulcey
Oberstinzel
Vieux-Lixheim
Guermange
Gosselming
Dolving
Hérange
Mittelbronn
Blanche-Église
Tarquimpol
Desseling
Hilbesheim
Lixheim
Guéblange-lès-Dieuze
Assenoncourt
Fribourg
Sarraltroff
Brouviller
St-Jean-Kourtzerode
Haut-Clocher
Réding
Gelucourt
Rhodes
Langatte
Waltembourg
Kerprich-aux-Bois
Languimberg
Azoudange
Sarrebourg
Buhl-Lorraine
Hommarting
Henridorff
Bourdonnay
Maizières-lès-Vic
Diane-Capelle
Imling
Arzviller
St-Louis
Schneckenbusch
Niderviller
Guntzviller
Xouaxange
Brouderdorff
Hertzing
Héming
Hesse
Plaine-de-Walsch
Hommert
Haselbourg
Lagarde
Basse Xirxange
Port-Ste Marie
Bataville
Gondrexange
Neufmoulins
Hermelange
Hartzviller
Landange
Nitting
Troisfontaines
Harreberg
Xures
Moussey
Réchicourt-le-Château
St-Georges
Lorquin
Voyer
Walscheid
Vaucourt
Aspach
Laneuveville-lès-Lorquin
Avricourt
Fraquelfing
Niderhoff
Igney
Foulcrey
Richeval
Hattigny
Métairies-St-Quirin
Vasperviller
Emberménil
Amenoncourt
Forêt de Fénétrange
PARC
NATUREL
RÉGIONAL
DE
LORRAINE
CJ
CK
CL
CM
47
95
96
23
24
25
26
27
68

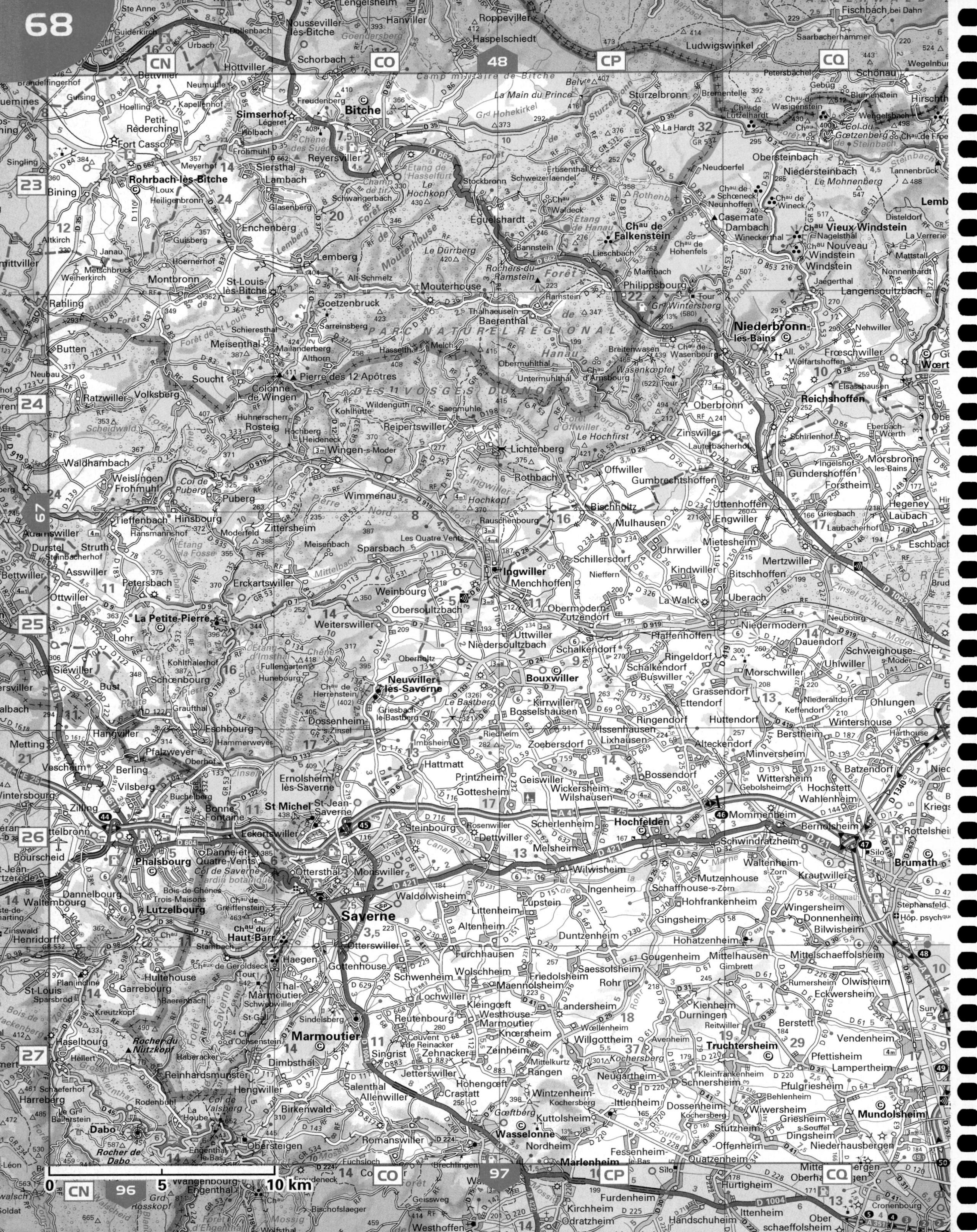

CN
CO
48
CP
CQ
23
24
25
26
27
67
96
97
0
5
10 km
Bitche
Camp militaire de Bitche
Simserhof
Rohrbach-lès-Bitche
Fort Casso
Lengelsheim
Hanviller
Roppeviller
Haspelschiedt
Nousseviller-lès-Bitche
Schorbach
Hottviller
Ludwigswinkel
Fischbach bei Dahn
Schönau
Sturzelbronn
La Main du Prince
Grd Hohekirkel
Reyersviller
Siersthal
Lambach
Enchenberg
Lemberg
Le Hochkopf
Eguelshardt
Mouterhouse
Le Dürrberg
Goetzenbruck
Montbronn
St-Louis-lès-Bitche
Meisenthal
Soucht
Pierre des 12 Apôtres
Colonne de Wingen
PARC NATUREL RÉGIONAL DES VOSGES DU NORD
Bannstein
Philippsbourg
Chau de Falkenstein
Etang de Hanau
Niederbronn-les-Bains
Reichshoffen
Oberbronn
Zinswiller
Lichtenberg
Wingen-s-Moder
Volksberg
Rosteig
Reipertswiller
Puberg
Wimmenau
Rothbach
Offwiller
Gumbrechtshoffen
Gundershoffen
Morsbronn-les-Bains
Mertzwiller
Uttenhoffen
Engwiller
Mietesheim
Ingwiller
Menchhoffen
Weinbourg
Obersoultzbach
Uttwiller
Niedersoultzbach
Bouxwiller
La Petite-Pierre
Petersbach
Erckartswiller
Sparsbach
Weiterswiller
Neuwiller-lès-Saverne
Dossenheim-s-Zinsel
Schalkendorf
Pfaffenhoffen
Niedermodern
Uberach
La Walck
Dauendorf
Schweighouse-s-Moder
Uhlwiller
Ohlungen
Wintershouse
Bossendorf
Wickersheim
Wilshausen
Geiswiller
Gottesheim
Printzheim
Hattmatt
Ernolsheim-lès-Saverne
St Michel
St-Jean-Saverne
Phalsbourg
Lutzelbourg
Saverne
Steinbourg
Dettwiller
Hochfelden
Mommenheim
Schwindratzheim
Wilwisheim
Waltenheim-s-Zorn
Brumath
Mutzenhouse
Chau du Haut-Barr
Haegen
Gottenhouse
Otterswiller
Marmoutier
Dabo
Rocher de Dabo
Rocher du Nutzkopf
Wangenbourg-Engenthal
Wasselonne
Marlenheim
Truchtersheim
Kochersberg
Mundolsheim
Hurtigheim
Ittenheim
Kirchheim
Odratzheim
Scharrachbergheim-Irmstett
Westhoffen
Romanswiller
Obersteigen
Haselbourg
Hellert
Harreberg
Arzviller
Henridorff
Dannelbourg
Garrebourg
Hultehouse
St-Louis
Vescheim
Berling
Vilsberg
Pfalzweyer
Hangviller
Metting
Zilling
Eckartswiller
Ottersthal
Monswiller
Waldolwisheim
Littenheim
Lupstein
Altenheim
Duntzenheim
Furchhausen
Wolschheim
Friedolsheim
Saessolsheim
Gougenheim
Mittelhausen
Rohr
Schwenheim
Lochwiller
Kleingoeft
Westhouse-Marmoutier
Knoersheim
Landersheim
Willgottheim
Zehnacker
Singrist
Dimbsthal
Reinhardsmunster
Hengwiller
Birkenwald
Salenthal
Allenwiller
Crastatt
Hohengoeft
Zeinheim
Rangen
Wintzenheim-Kochersberg
Neugartheim
Schnersheim
Ittlenheim
Kuttolsheim
Nordheim
Fessenheim-le-Bas
Quatzenheim
Dossenheim-Kochersberg
Stutzheim-Offenheim
Wiwersheim
Dingsheim
Griesheim-s-Souffel
Niederhausbergen
Pfulgriesheim
Lampertheim
Pfettisheim
Vendenheim
Berstett
Olwisheim
Eckwersheim
Mittelschaeffolsheim
Donnenheim
Bilwisheim
Wingersheim
Hohfrankenheim
Gingsheim
Hohatzenheim
Ingenheim
Schaffhouse-s-Zorn
Krautwiller
Bernolsheim
Rottelsheim
Wahlenheim
Hochstett
Wittersheim
Gebolsheim
Batzendorf
Minversheim
Bernolsheim
Alteckendorf
Ettendorf
Ringendorf
Huttendorf
Grassendorf
Morschwiller
Buswiller
Ringeldorf
Kirrwiller
Bosselshausen
Issenhausen
Lixhausen
Zoebersdorf
Imbsheim
Riedheim
Le Bastberg
Griesbach-le-Bastberg
Hinsbourg
Tieffenbach
Struth
Asswiller
Ottwiller
Bettwiller
Durstel
Adamswiller
Weislingen
Frohmuhl
Waldhambach
Ratzwiller
Butten
Rahling
Lohr
Siewiller
Bust
Schoenbourg
Graufthal
Eschbourg
Hammerweyer
Oberhof
Bonne-Fontaine
Buchelberg
Danne-et-Quatre-Vents
Col de Saverne
Zittersheim
Moderfeld
Weinbourg
Bischholtz
Mulhausen
Schillersdorf
Kindwiller
Bitschhoffen
Uhrwiller
Obermodern-Zutzendorf
Forstheim
Hegeney
Laubach
Eschbach
Froeschwiller
Woerth
Langensoultzbach
Windstein
Chau Vieux Windstein
Dambach
Obersteinbach
Niedersteinbach
Neunhoffen
Lembach

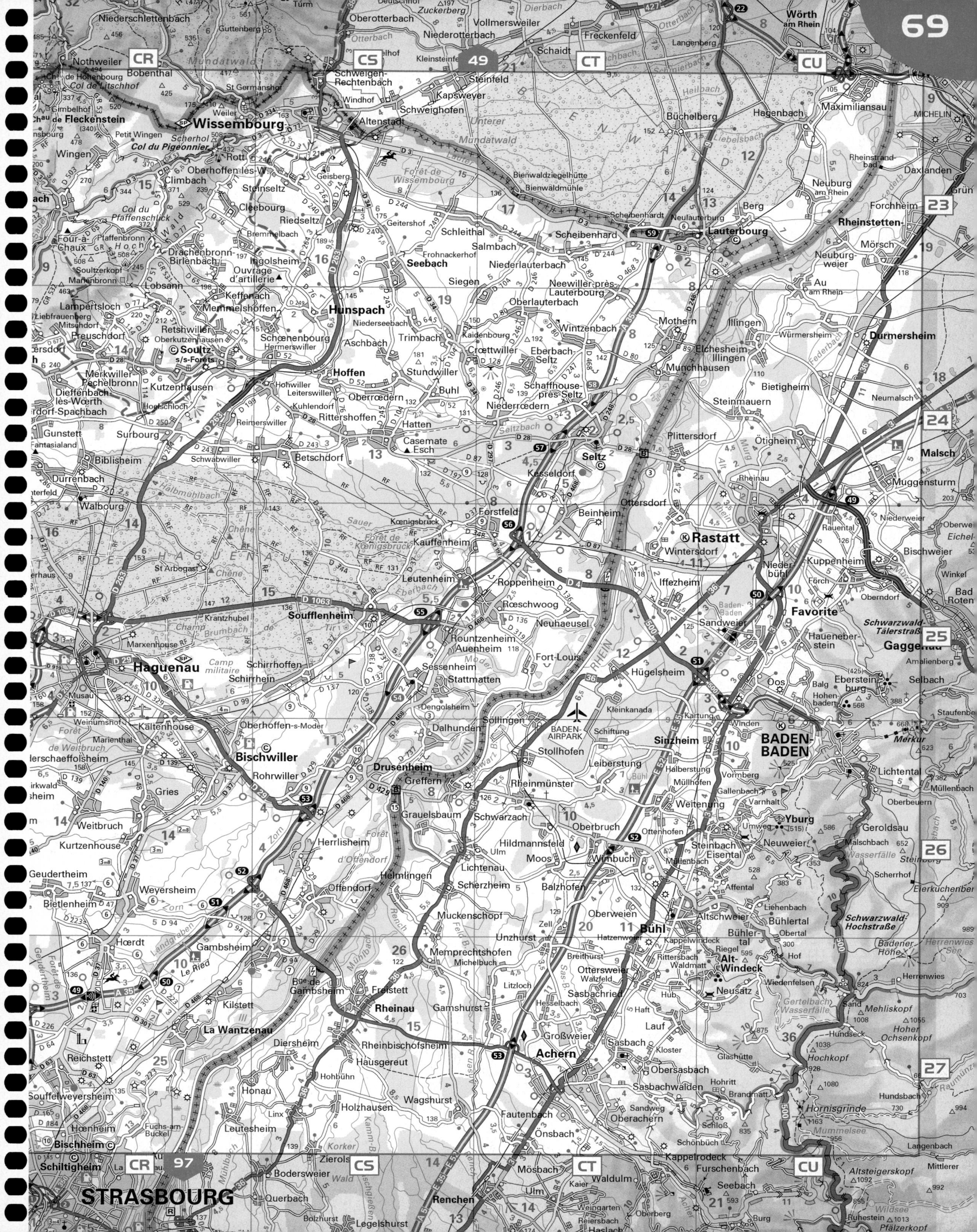
Wissembourg
Col du Pigeonnier
Mundatwald
Niederschlettenbach
Nothweiler
Bobenthal
Schweigen-Rechtenbach
Steinfeld
Kapsweyer
Schweighofen
Altenstadt
Vollmersweiler
Niederotterbach
Oberotterbach
Freckenfeld
Schaidt
Wörth am Rhein
Maximiliansau
Hagenbach
Büchelberg
Bienwaldziegelhütte
Bienwaldmühle
Neuburg am Rhein
Berg
Scheibenhardt
Lauterbourg
Daxlanden
Forchheim
Rheinstetten-
Mörsch
Neuburgweier
Au am Rhein
Durmersheim
Col du Pfaffenschlick
Four-à-Chaux
Climbach
Oberhoffen-lès-W.
Cleebourg
Riedseltz
Drachenbronn-Birlenbach
Ingolsheim
Ouvrage d'artillerie
Lobsann
Keffenach
Memmelshoffen
Retschwiller
Soultz-s/s-Forêts
Schœnenbourg
Hunspach
Seebach
Schleithal
Salmbach
Niederlauterbach
Siegen
Oberlauterbach
Neewiller-près-Lauterbourg
Wintzenbach
Mothern
Munchhausen
Elchesheim-Illingen
Bietigheim
Steinmauern
Aschbach
Trimbach
Crœttwiller
Eberbach-Seltz
Schaffhouse-près-Seltz
Hoffen
Stundwiller
Buhl
Oberrœdern
Niederrœdern
Kutzenhausen
Merkwiller-Pechelbronn
Dieffenbach-lès-Wœrth
Surbourg
Rittershoffen
Hatten
Casemate Esch
Betschdorf
Seltz
Kesseldorf
Plittersdorf
Ötigheim
Malsch
Muggensturm
Biblisheim
Durrenbach
Walbourg
Forstfeld
Beinheim
Ottersdorf
Rastatt
Wintersdorf
Kuppenheim
Bischweier
Koenigsbruck
Kauffenheim
Leutenheim
Roppenheim
Rœschwoog
Neuhaeusel
Iffezheim
Niederbühl
Förch
Favorite
Soufflenheim
Rountzenheim
Auenheim
Fort-Louis
Sandweier
Haueneberstein
Gaggenau
Haguenau
Schirrhoffen
Schirrhein
Sessenheim
Stattmatten
Hügelsheim
Oos
Ebersteinburg
Baden-Baden
Dengolsheim
Dalhunden
Söllingen
Baden-Airpark
Stollhofen
Sinzheim
Lichtental
Kaltenhouse
Oberhoffen-s-Moder
Bischwiller
Rohrwiller
Drusenheim
Herrlisheim
Offendorf
Gries
Weitbruch
Kurtzenhouse
Geudertheim
Weyersheim
Bietlenheim
Hœrdt
Gambsheim
Kilstett
La Wantzenau
Reichstett
Souffelweyersheim
Hœnheim
Bischheim
Schiltigheim
Strasbourg
Rheinmünster
Schwarzach
Greffern
Grauelsbaum
Lichtenau
Scherzheim
Helmlingen
Muckenschopf
Memprechtshofen
Freistett
Rheinau
Diersheim
Rheinbischofsheim
Hausgereut
Honau
Holzhausen
Leutesheim
Wagshurst
Gamshurst
Achern
Großweier
Fautenbach
Önsbach
Renchen
Zierolshofen
Bodersweier
Querbach
Legelshurst
Oberbruch
Hildmannsfeld
Moos
Wimbuch
Balzhofen
Oberweien
Bühl
Ottersweier
Sasbachried
Lauf
Sasbach
Obersasbach
Sasbachwalden
Kappelrodeck
Waldulm
Seebach
Steinbach
Neuweier
Yburg
Geroldsau
Altschweier
Bühlertal
Alt-Windeck
Neusatz
Hornisgrinde
Mummelsee
Hochkopf
Mehliskopf
Schwarzwald-Hochstraße
Schwarzwald-Tälerstraße
Merkur
Herrenwies
Unzhurst
Mösbach
Ulm

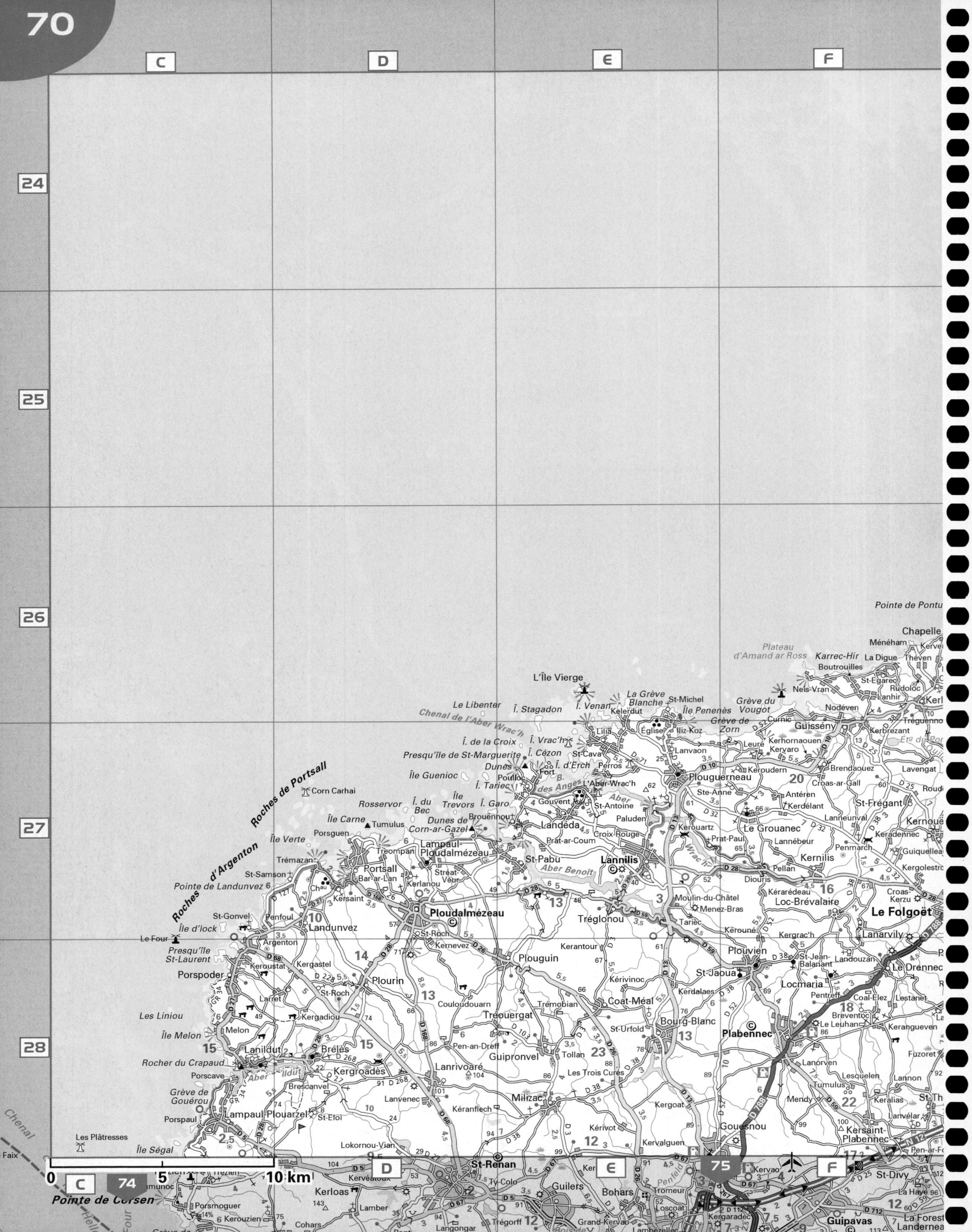

C
D
E
F
24
25
26
27
28
Pointe de Pontu
Chapelle
Ménéham
Plateau d'Amand ar Ross
Karrec-Hir
La Digue
Théven
Boutrouilles
St-Egarec
Rudoloc
Neis-Vran
Lanhir
L'Île Vierge
La Grève Blanche
St-Michel
Grève du Vougot
Le Libenter
Î. Stagadon
Î. Venan
Kelerdut
Île Penenès
Grève de Zorn
Curnic
Guissény
Nodéven
Chenal de l'Aber Wrac'h
Lilia
Église
Iliz-Koz
Kerbrezant
Î. de la Croix
Î. Vrac'h
Lanvaon
Leuré
Kerhornaouen
Kervaro
Presqu'île de St-Marguerite
Î. Cézon
St-Cava
Dunes
Î. d'Erch
Perros
Plouguerneau
Kéroudern
Brendaouez
Lavengat
Fort
Île Guenioc
Poulloc
B. des Anges
L'Aber-Wrac'h
20
Croas-ar-Gall
Î. Tariec
Ste-Anne
Antéren
Corn Carhai
Roches de Portsall
Rosservor
Î. du Bec
Île Trevors
Î. Garo
Gouvent
St-Antoine
Kerdélant
St-Frégant
Île Carne
Tumulus
Dunes de Corn-ar-Gazel
Brouennou
Landéda
Paluden
Lanneunval
Kernoué
Porsguen
Le Grouanec
Kéradennec
Île Verte
Lampaul-Ploudalmézeau
Prat-ar-Coum
Croix-Rouge
Kerouartz
Prat-Paul
Lannébeur
Penmarch
Guiquelleau
Roches d'Argenton
Tréompan
Trémazan
St-Pabu
Lannilis
Kernilis
St-Samson
Portsall
Aber Benoît
Pellan
Kergolestro
Bar-ar-Lan
Stréat-Veur
Diouris
Pointe de Landunvez
Kerlanou
Moulin-du-Châtel
Kérarédeau
16
Croas-Kerzu
Chau
Kersaint
13
Menez-Bras
Loc-Brévalaire
Le Folgoët
Ploudalmézeau
Tréglonou
Roches
St-Gonvel
Penfoul
10
Landunvez
Île d'Iock
Tariec
Kérouné
Kergrac'h
Lanarvily
Le Four
Argenton
St-Roch
Kernevez
Kerantour
Presqu'île St-Laurent
Plouvien
St-Jean-Balanant
Landouzan
Le Drennec
14
Plouguin
Kerouslat
Kergastel
St-Jaoua
Porspoder
St-Roch
Plourin
Kérivinoc
Kerdalaes
Locmaria
Pentreff
Larret
13
Coat-Méal
Coal-Elez
Lestanet
Couloudouarn
Trémobian
18
Les Liniou
Kergadiou
Tréouergat
Bourg-Blanc
Breventec
Le Leuhan
Kerangueven
Melon
St-Urfold
Plabennec
Île Melon
15
Pen-an-Dreff
13
15
Lanildut
Brélès
Guipronvel
Tollan
23
Fuzoret
Rocher du Crapaud
Kergroadès
Porscave
Lanrivoaré
Les Trois Curés
Lanorven
Aber Ildut
Lesquelen
Lannon
Brescanvel
Tumulus
Grève de Gouérou
Milizac
Mendy
22
Keralias
St-Th
Kergoat
Lanvenec
Kéranflech
Lanvélar
Chenal
Porspaul
Lampaul-Plouarzel
St-Eloi
Kérivot
Gouesnou
Kersaint-Plabennec
Les Plâtresses
2,5
12
Kervalguen
Île Ségal
Lokornou-Vian
Pen-ar-Fo
Faix
St-Renan
75
Kervao
St-Divy
0
5
10 km
74
Kervéatoux
Ty-Colo
Guilers
Bohars
Penfeld
Tromeur
La Haye
Pointe de Corsen
Kerloas
Porsmoguer
Lamber
Loscoat
12
Kerouzien
Cohars
Langongar
Trégorff
12
Grand-Kervao
Kergaradec
Guipavas
La Forest-Landerneau
Grève de
Lambézellec

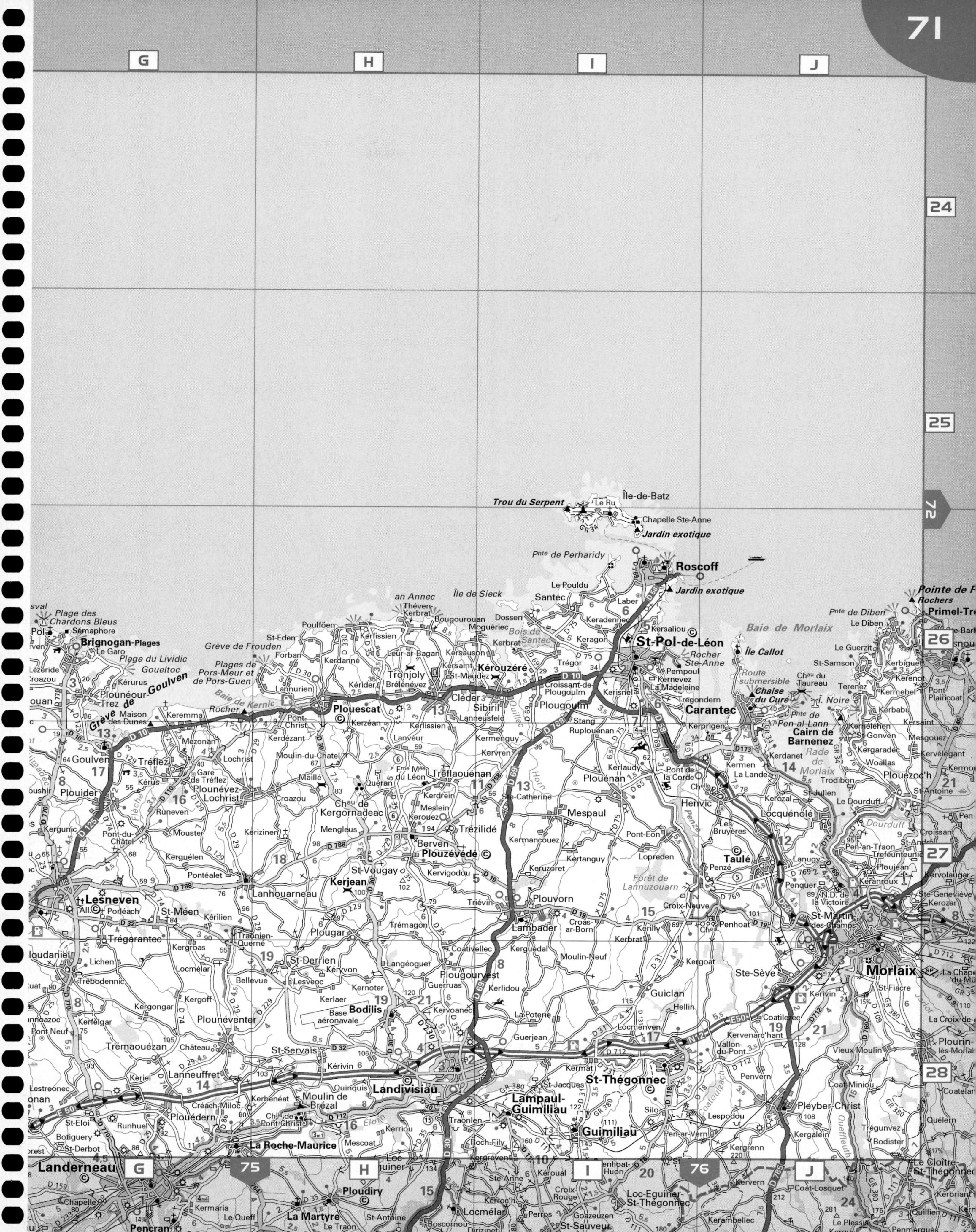
G
H
I
J
24
25
72
26
27
28
Île-de-Batz
Trou du Serpent
Le Ru
Chapelle Ste-Anne
Jardin exotique
Pte de Perharidy
Roscoff
Jardin exotique
Le Pouldu
Santec
Île de Sieck
an Annec
Théven-Kerbrat
Bougourouan
Dossen
Moguériec
Bois de Santec
Keradennec
Laber
Keragon
Kerbrat
St-Pol-de-Léon
Kersaliou
Rocher Ste-Anne
Baie de Morlaix
Île Callot
Route submersible
Chaise du Curé
Chau du Taureau
Carantec
Pte de Pen-al-Lann
Cairn de Barnenez
Rade de Morlaix
Pointe de P
Rochers
Primel-Tr
Pte de Diben
Le Diben
Le Guerzit
St-Samson
Terenez
Plage des Chardons Bleus
Sémaphore
Brignogan-Plages
Le Garo
Plage du Lividic
Goueltoc
Grève de Frouden
Plages de Pors-Meur et de Pors-Guen
Kérurus
Plounéour-Trez
Grève de Goulven
Maison des Dunes
Keremma
Rocher
Baie de Kernic
Poulfoën
St-Eden
Forban
Kerfissien
Leur-ar-Bagan
Kersauson
Kerdanné
Kersaint
St-Maudez
Kérouzéré
Tronjoly
Brélénevez
Kérider
Lannurien
Plouescat
Pont-Christ
Kerzéan
Cléder
Sibiril
Lanneusfeld
Kerlissien
Trégor
Croissant-de-Plougoulm
Plougoulm
Stang
Ruplouenan
Kerisnel
Pempoul
Kernevez
La Madeleine
Tregondern
Kerprigent
Goulven
Tréflez
Mezonan
Lochrist
Kerdézant
Moulin-du-Chatel
Lanveur
Kermenguy
Kervren
Kerlaudy
Pont de la Corde
Plouénan
Kermen
La Lande
Kerdanet
Trodibon
Plouezoc'h
Plouider
Kérus
Gare de Tréflez
Plounévez-Lochrist
Croazou
Maillé
Quéran
Fme Mée du Léon
Tréflaouénan
Kerdrein
Ste-Catherine
Henvic
St-Julien
Locquénolé
Le Dourduff
Runeven
Mouster
Kerizinen
Chau de Kergornadeac
Mengleus
Kerouez
Meslein
Trézilidé
Mespaul
Les Bruyères
Pont-Eon
Kergunic
Pont-du-Châtel
Kerguélen
Berven
Plouzévédé
St-Vougay
Kerjean
Kervigodou
Kermancouez
Kertanguy
Lopreden
Taulé
Penzé
Forêt de Lannuzouarn
Lanugy
Pen-an-Traon
Trefeunteuniou
Ploujean
Croissant
St-André
Pontéalet
Lanhouarneau
Lesneven
Porléach
St-Méen
Kérilien
Plougar
Trémagon
Triévin
Plouvorn
Lambader
Croas-ar-Born
Kerilly
Croix-Neuve
Penhoat
Penquer
N.D. de la Victoire
St-Martin-des-Champs
Kéranroux
Kervolaugar
Ste-Geneviève
Kerozar
Trégarantec
Kergroas
Traonien-Querne
Coativellec
Kerguédal
Moulin-Neuf
Kerbrat
Kergoat
Morlaix
La Chapelle-du-Mur
Lichen
Locmélar
St-Derrien
Kéryvon
Langéoguer
Plougourvest
Ste-Sève
St-Fiacre
Trébodennic
Bellevue
Lesveoc
Kernoter
Guerruas
Kerlidou
Guiclan
Hellin
Kerivin
Kergongar
Kergoff
Kerlaer
Bodilis
Base aéronavale
Kervoanec
La Poterie
Locmenven
Coatilezec
Vallon-du-Pont
Kervenarc'hant
La Croix-de-
Plounéventer
Kerfelgar
Pont Neuf
Trémaouézan
Château
St-Servais
Guerjean
Vieux Moulin
Plourin-lès-Morlaix
Lestreonec
Keriel
Lanneuffret
Kérivin
Kermat
St-Jacques
St-Thégonnec
Penvern
Coat-Miniou
Coatelan
Quinquis
Landivisiau
Kerbenéat
Moulin de Brézal
Créach-Miloc
Plouédern
Chlle de Pont-Christ
Lampaul-Guimiliau
Lespodou
Pleyber-Christ
Quélern
Silo
Trégunvez
Bodister
St-Eloi
Runhuel
Éloin
Mescoat
Kerriou
Traonlen
Guimiliau
Pen-ar-Vern
Kergalein
Botiguery
St-Derbot
La Roche-Maurice
Roch-Fily
Kergrenn
Landerneau
75
Loc-Eguiner
Kergrévens
Ste-Anne
Kéroual
Penhoat-Huon
76
Kervern
Coat-Losquet
Le Cloître-St-Thégonnec
Ploudiry
Croix-Rouge
Loc-Eguiner-St-Thégonnec
Kerbriant
Chapelle
Kermaria
Le Queff
La Martyre
St-Antoine
Kerroc'h
Locmélar
Perros
Goazeuzen
St-Sauveur
Kerambellec
Le Plessis
Quillien
Pencran
Le Traon
Boscornou
Dirizinet
Penmergues
D 10
D 788
D 19
D 69
D 58
E 50
N 12
D 712
D 32

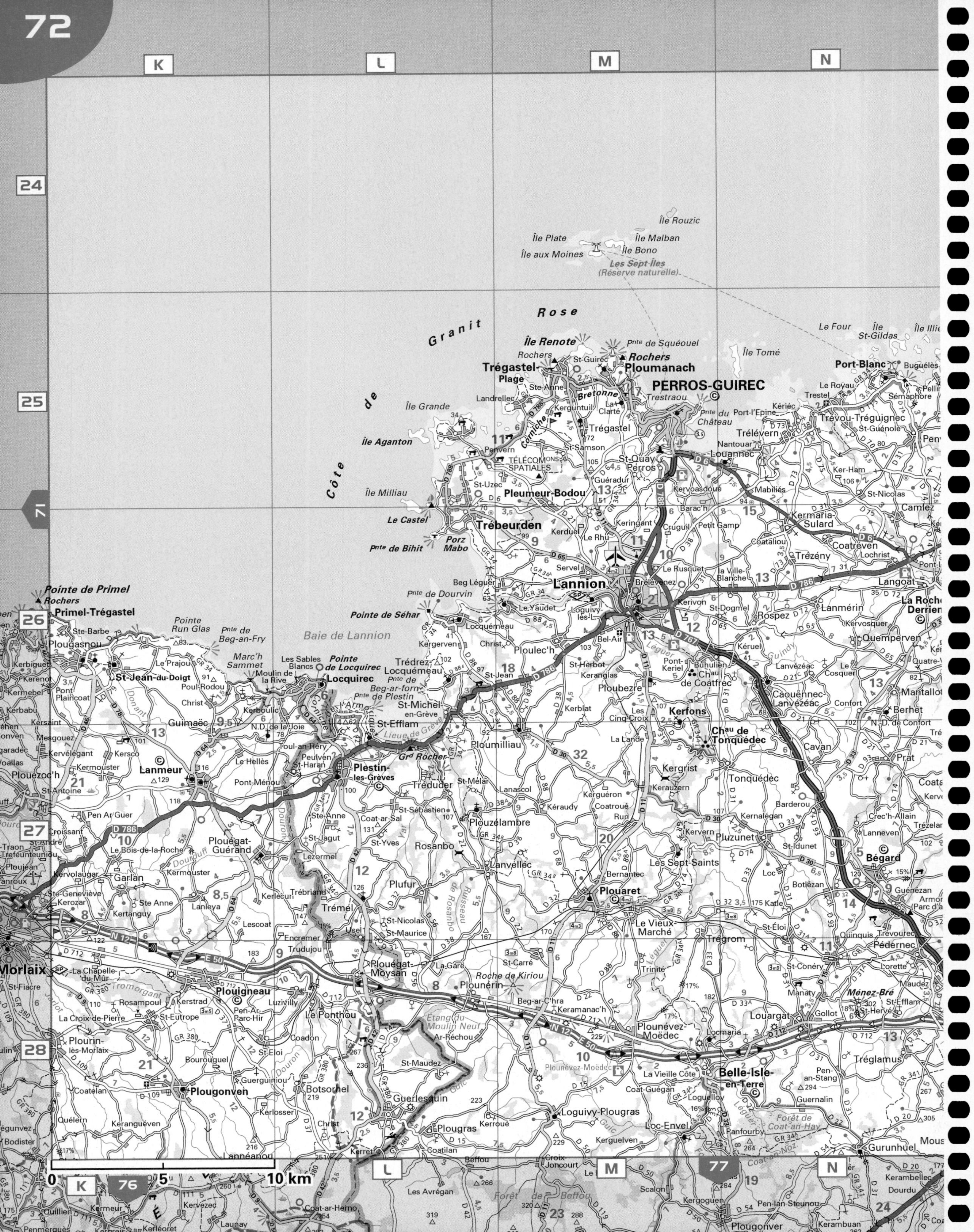
K
L
M
N
24
25
26
27
28
71
76
77
Île Rouzic
Île Plate
Île Malban
Île Bono
Île aux Moines
Les Sept Îles
(Réserve naturelle)
Côte de Granit Rose
Île Renote
Pnte de Squéouel
Rochers Ploumanach
Tregastel-Plage
PERROS-GUIREC
Trestraou
Île Tomé
Le Four
Île St-Gildas
Port-Blanc
Buguélès
Île Grande
Île Aganton
Île Milliau
Le Castel
Pnte de Bihit
Porz Mabo
Trébeurden
Pleumeur-Bodou
TÉLÉCOMMUNICATIONS SPATIALES
Trégastel
St-Quay-Perros
Louannec
Trélévern
Trévou-Tréguignec
Kermaria-Sulard
Coatréven
Trézény
Camlez
Lannion
Pointe de Primel
Rochers
Primel-Trégastel
Pointe Run Glas
Pnte de Beg-an-Fry
Baie de Lannion
Pointe de Séhar
Pnte de Dourvin
Beg Léguer
Plougasnou
St-Jean-du-Doigt
Marc'h Sammet
Pointe de Locquirec
Locquirec
Locquémeau
Ploulec'h
Trédrez-Locquémeau
St-Michel-en-Grève
St-Efflam
Lieue de Grève
Grd Rocher
Plestin-les-Grèves
Ploumilliau
Lanmeur
Guimaëc
Plouezoc'h
Plouégat-Guérand
Garlan
Ploubezre
Kerfons
Chau de Tonquédec
Tonquédec
Rospez
Quemperven
Caouënnec-Lanvézéac
Berhet
Cavan
Prat
Plouzélambre
Rosanbo
Lanvellec
Plufur
Trémel
Plouaret
Le Vieux-Marché
Les Sept-Saints
Pluzunet
Bégard
Pédernec
Ménez-Bré
Tregrom
Morlaix
Plouigneau
Plouégat-Moysan
Plounérin
Roche de Kiriou
Plounévez-Moëdec
Louargat
Belle-Isle-en-Terre
Plourin-lès-Morlaix
Plougonven
Botsorhel
Guerlesquin
Plougras
Loguivy-Plougras
Loc-Envel
Forêt de Coat-an-Hay
Gurunhuel
Tréglamus
Forêt de Beffou
0
5
10 km
N 12
E 50
D 786
D 767

O P Q R

24 25 26 27 28

Pointe du Château
Le Gouffre
Pors-Bugalez
Pors-Hir
Îles d'Er
Créac'h Maout
Sillon de Talbert
Québo
Larmor Pleubian
Laneros
Île Loaven
Anse de Pors Scaff
Plougrescant
Kermagen
Île Maudez
Le Rosédo
Le Paon
Sémaphore
La Corderie
St-Michel
Île de Bréhat
Gouermel Plage
Le Roudour
Port-Béni
Kergrec'h
L'Île à la Poule
Pleubian
St-Antoine
Lanmodez
Phare de la Croix
Île Béniguet
Le Bourg
Île Logodec
St-Gonéry
Quatre-Vents
Kerbors
Kermassac'h
Pors-Guyon
St-Gonva
La Roche Jaune
Le Launay
Pommelin
Île à Bois
Port-Clos
Grève du Guerzido
Bellevue
Kerdallec
Kermouster
Loguivy-de-la-Mer
Pointe de l'Arcouest
Kerallo
Plouguiel
Pleumeur-Gautier
St-Adrien
L'Arcouest
Lannevez
Le Bodic
Le Bot
Launay
Le Guiler
Perros-Hamon
Tréguier
Kermenguy
Ploubazlanec
Pors-Even
Le Bilo
Trédarzec
Lézardrieux
Kerloury
Kerroc'h
Île St-Riom
La Croix-Neuve
École de Trieux
Tour
Paimpol
Roches du Roho
Côte du Goëlo
Minihy-T.
St-Nicolas
Camarel
Île Lemenez
Mez de Goëlo
Langazou
Kergrist
Plounez
Kérity
Pointe de Guilben
Ste-Anne
Pleudaniel
Abbe de Beauport
Pointe de Bilfot
Pouldouran
Troguéry
Pors-Lec'h
Lancerf
Ste-Barbe
Port-Lazo
Centre de formation d'Armor
Boloi
Hengoat
L'Armorizel
Vieux-Bourg
Plourivo
Ruclé
Plouézec
St-Riom
Pointe de Minard
Pommerit-Jaudy
La Roche-Jagu
Kerléau
Bourg Blanc
St-Yves
Le Questel
Kergorlay
Penhoat
St-Jean
Kerfot
Barafot
Leinhar-Lan
Pors Pin
Pointe Berjule
Coat-Nevenez
Kerguen
Kermaria
St-Paul
La Madeleine
Le Taureau
Bréhec-en-Plouha
Pointe de la Tour
Ploëzal
Quemper-Guézennec
Yvias
Danot
Pabu
Penlan
Briantel
Petit-St-Loup
Lanloup
Kerrot
Pontrieux
Tumulus
La Noë-Verte
Plage Bonaparte
Runan
Kervic
Kervorgan
Temple
La Trinité
Plouëc-du-Trieux
La Corderie
Le Faouët
Lanleff
Plehédel
Port-Moguer
Trévos
La Trinité
Pnte de Plouha
La Belle-Église
Le Cabaret
St-Jacques
Kermaria
Kérouzel
Kerouzever
Kergrist
Kerlivan
Kérognan
Kergresquen
St-Laurent
Plouha
Le Palus-Plage
Port-Goret
Kérégal
Pnte du Bec de Vir
Brélidy
St-Clet
Tréméven
Île Harbour
Kerprovost
Lannebert
Pludual
Tréveneuc
Fonteny
Roches de St-Quay
Landebaëron
Kermaria
Clérin
Trévérec
Croix Kérizel
St-Yves
Kertugal
Pnte de St-Quay
St-Gilles-les-Bois
St-Quay-Portrieux
Kerhon
Gommenec'h
Liscorno
Beaugouyen
Froideville
St-Laurent
Le Restmeur
Lanvollon
Nonen
Pléguien
Carrefour
St-Barnabé
Kermoroc'h
Squiffiec
Pommerit-le-Vicomte
Coat-Aroa
Le Moulin
N.-D. de l'Espérance
Rangaré
Kerbellec
Le Roha
Plourhan
Étables-sur-Mer
Vieux Poirier
Tregonneau
La Croix Blanche
Le Bois-de-la-Salle
Les Godelins
BAIE
Kermilon
Folgoat
Paradis
Tressignaux
Catroual
Kermarc
St-Yves
La Croix Pierre
Tréguidel
Lantic
St-Roch
Binic
Pnte de la Rognouze
Kerhré
Kerlan
Goudelin
La Riboté
Plouisy
Pabu
Runévarec
N.-D. de-la-Cour
Prido
SAINT-
St-Patern
Le Cozen
La Grandville
Trévenais
Ste-Marguerite
Guingamp
Le Merzer
Bringolo
Les Courtillons
St-Jean
St-Quay
Le Traou
La Corderie
Le Vaudic
La Ville-Louais
Pnte de Pordic
Kernilien
Grâces
St-Agathon
St-Jean-Kerdaniel
La Ville-Chevalier
La Ville-Rouault
La Perrine
Keridret
Malaunay
Le Forville
Trégomeur
La Toise
Pordic
Les Rosaires
Guern-Hervé
St-Guignan
Tréméloir
Tournemine
Rocher des Tablettes
Danouët
Ploumagoar
Lautremen
Plélo
St-Éloi
Martin-Plage
Pnte du Rosel
Plouagat
Châtelaudren
L'Isle
La Ville-Fontaine
Kerviou
Locmaria
St-Hernin
Ste-Brigitte
St-Blaise
St-Nicolas
St-Mathurin
La Ville-Agan
La Ville-Hervy
Bois de la Roche
Kerguillerm
Resmarec
Goëlo
Les Rampes
St-Laurent-de-la-Mer
Coadout
Bois de Kerauffret
Groas-Trigent
Ville-Pieg
Le Sépulcre
Dourlan
Kertedevant
Quinquis
Les Villages
Sous-la-Tour
Pnte de Cesson
Kerguiniou
Goudemail
Trémuson
Le Vallet
Cesson
Réserve naturelle
St-Adrien
St-Roch
Kerbaëlen
Kerhamon
Seignaux
Plerneuf
St-Hervé
Marinar
Avaugour
La Croix des Maisons
Pont-Camp
La Méaugon
Ginglin
St-Ilan
Hillion

77 78

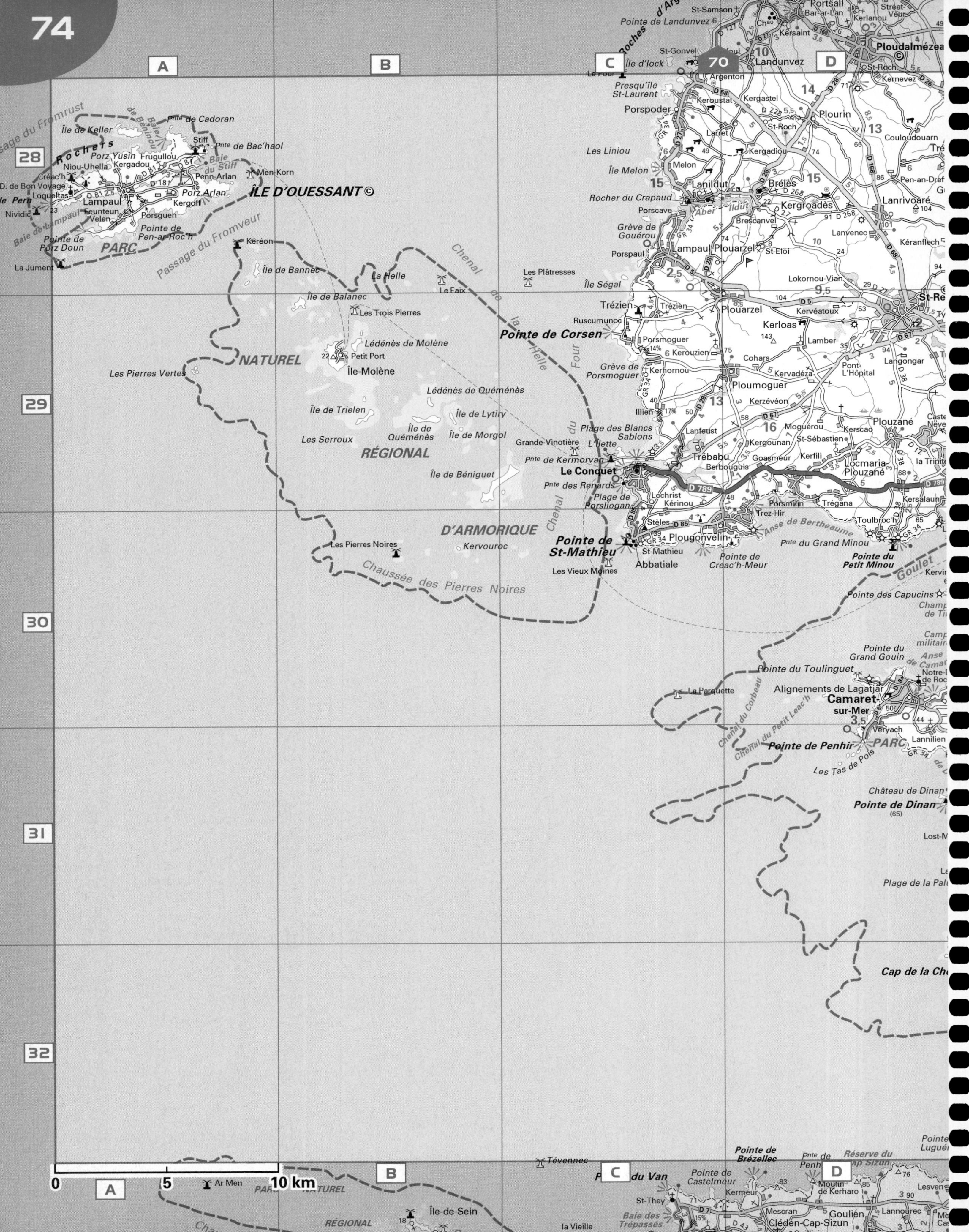

ÎLE D'OUESSANT
Lampaul
Pointe de Corsen
Le Conquet
Pointe de St-Mathieu
Plouarzel
Ploumoguer
Plougonvelin
Lampaul-Plouarzel
Lanildut
Porspoder
Landunvez
Ploudalmézeau
Portsall
Argenton
Île-Molène
Les Pierres Noires
Chaussée des Pierres Noires
PARC NATUREL RÉGIONAL D'ARMORIQUE
Chenal de la Helle
Chenal du Four
Passage du Fromveur
Camaret-sur-Mer
Pointe de Penhir
Pointe du Toulinguet
Pointe de Dinan
Cap de la Chèvre
Île-de-Sein
Cléden-Cap-Sizun
Goulien
Pointe du Van
Pointe de Brézellec
Trézien
Locmaria-Plouzané
Plouzané
Trébabu
Kerloas
Lanrivoaré
Brélès
Plourin
Plage des Blancs Sablons
Lédénès de Molène
Île de Béniguet
Île de Quéménès
Île de Trielen
Île de Bannec
Île de Balanec
Kéréon
Men-Korn
La Jument
Nividic

A
B
C
D
28
29
30
31
32
70
0
5
10 km

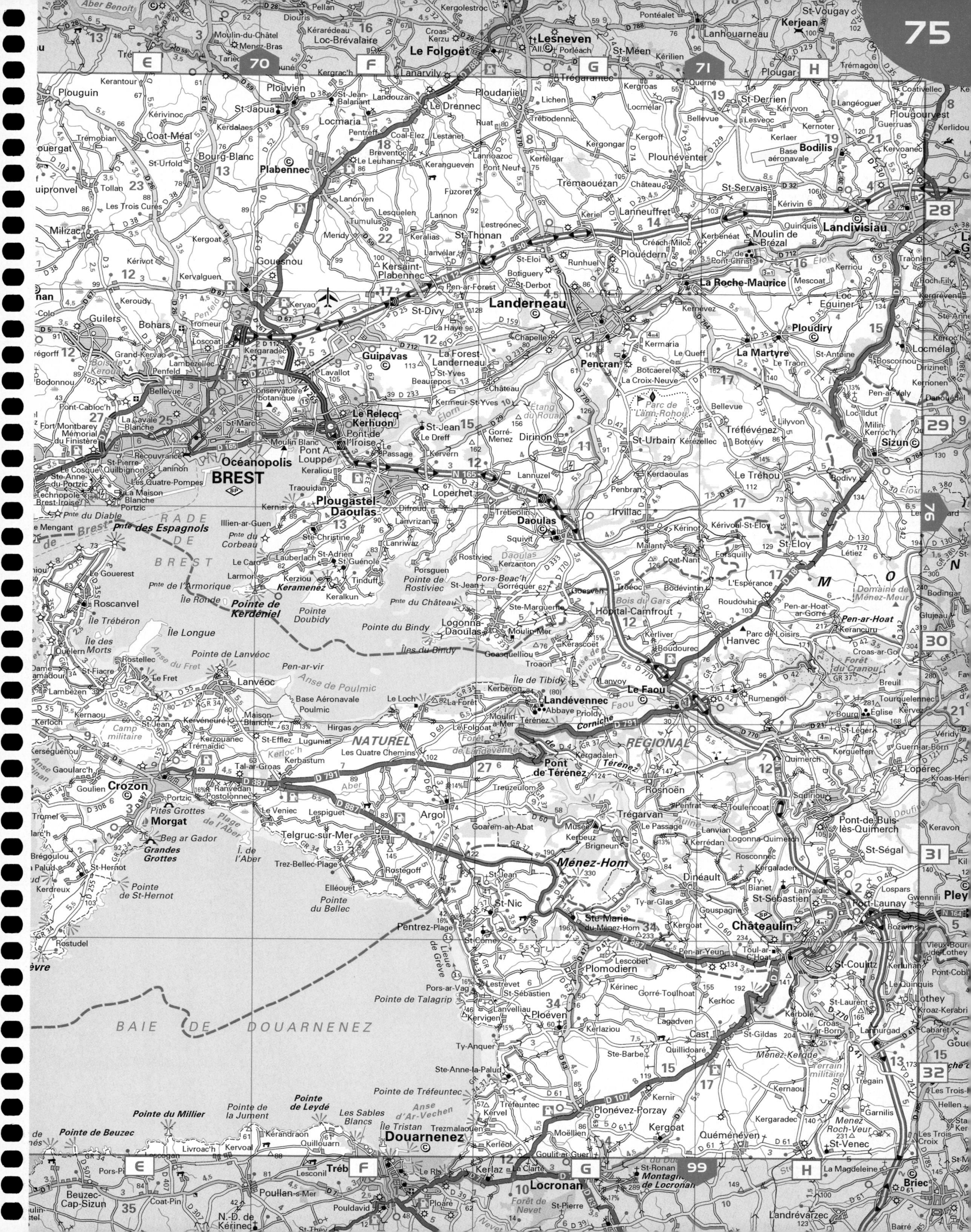

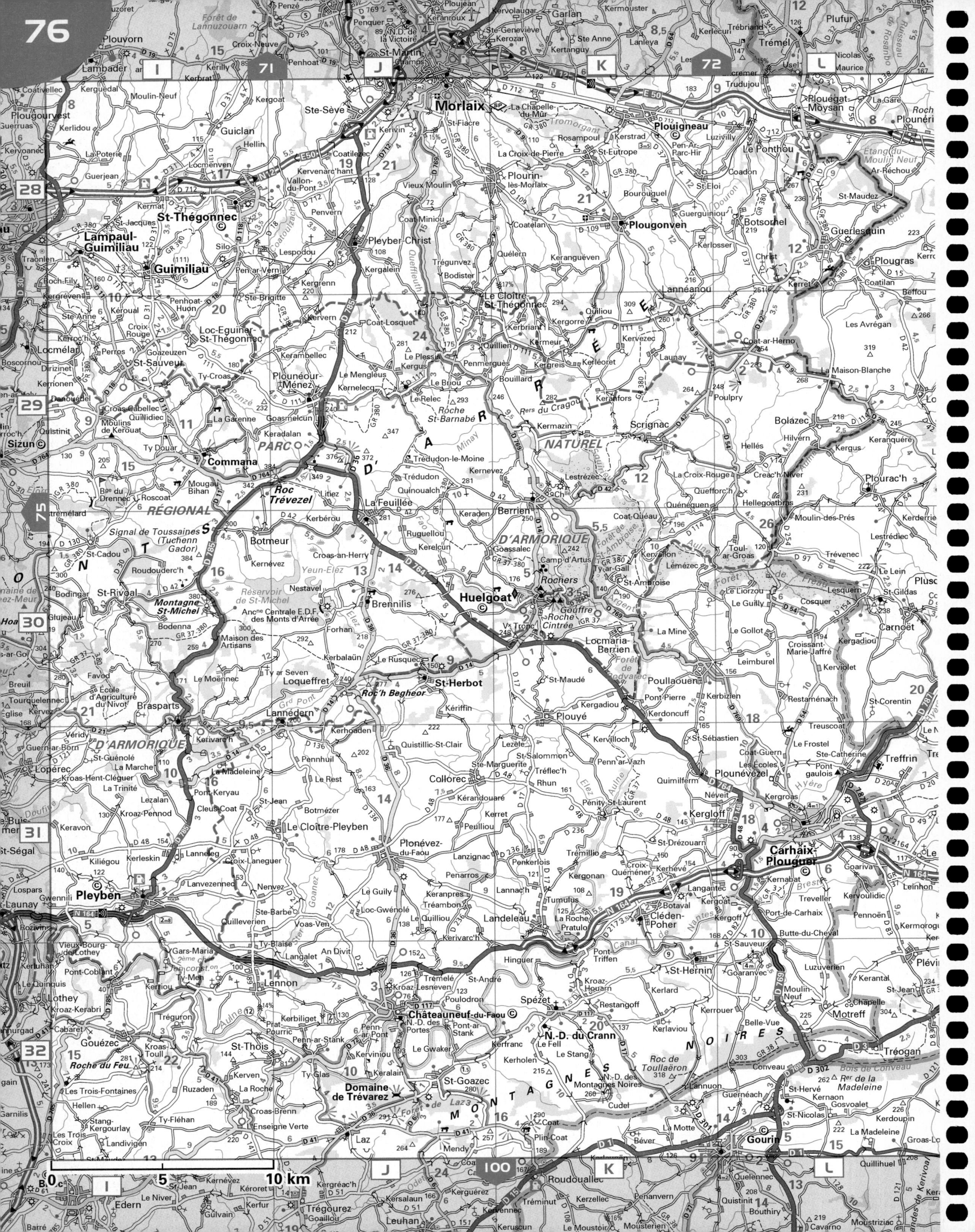
Morlaix
St-Martin-des-Champs
Ste-Sève
Plouvorn
Lambader
Plougourvest
Guiclan
Plouigneau
Plouégat-Moysan
Le Ponthou
Plourin-lès-Morlaix
Plougonven
Botsorhel
Guerlesquin
Plougras
St-Thégonnec
Lampaul-Guimiliau
Guimiliau
Pleyber-Christ
Le Cloître-St-Thégonnec
Lannéanou
Loc-Eguiner-St-Thégonnec
St-Sauveur
Locmélar
Plounéour-Ménez
Commana
Sizun
Scrignac
Bolazec
Plourac'h
Roc Trévezel
La Feuillée
Berrien
Huelgoat
Botmeur
Brennilis
St-Rivoal
Montagne St-Michel
Réservoir de St-Michel
Yeun-Elez
PARC NATUREL RÉGIONAL D'ARMORIQUE
MONTS D'ARRÉE
Locmaria-Berrien
Poullaouen
Carnoët
Loqueffret
St-Herbot
Roc'h Begheor
Brasparts
Lannédern
Plouyé
Collorec
Le Cloître-Pleyben
Plonévez-du-Faou
Kergloff
Plounévezel
Carhaix-Plouguer
Treffrin
Pleyben
Lopérec
Landeleau
Cléden-Poher
St-Hernin
Motreff
Spézet
Châteauneuf-du-Faou
N.-D. du Crann
Lennon
Gouézec
St-Thois
Domaine de Trévarez
St-Goazec
Laz
Roudouallec
Gourin
Tréogan
MONTAGNES NOIRES
Roc de Toullaëron
Roche du Feu
Canal de Nantes à Brest
Edern
Trégourez
Leuhan
0 5 10 km
71 72 75 100
I J K L
28 29 30 31 32

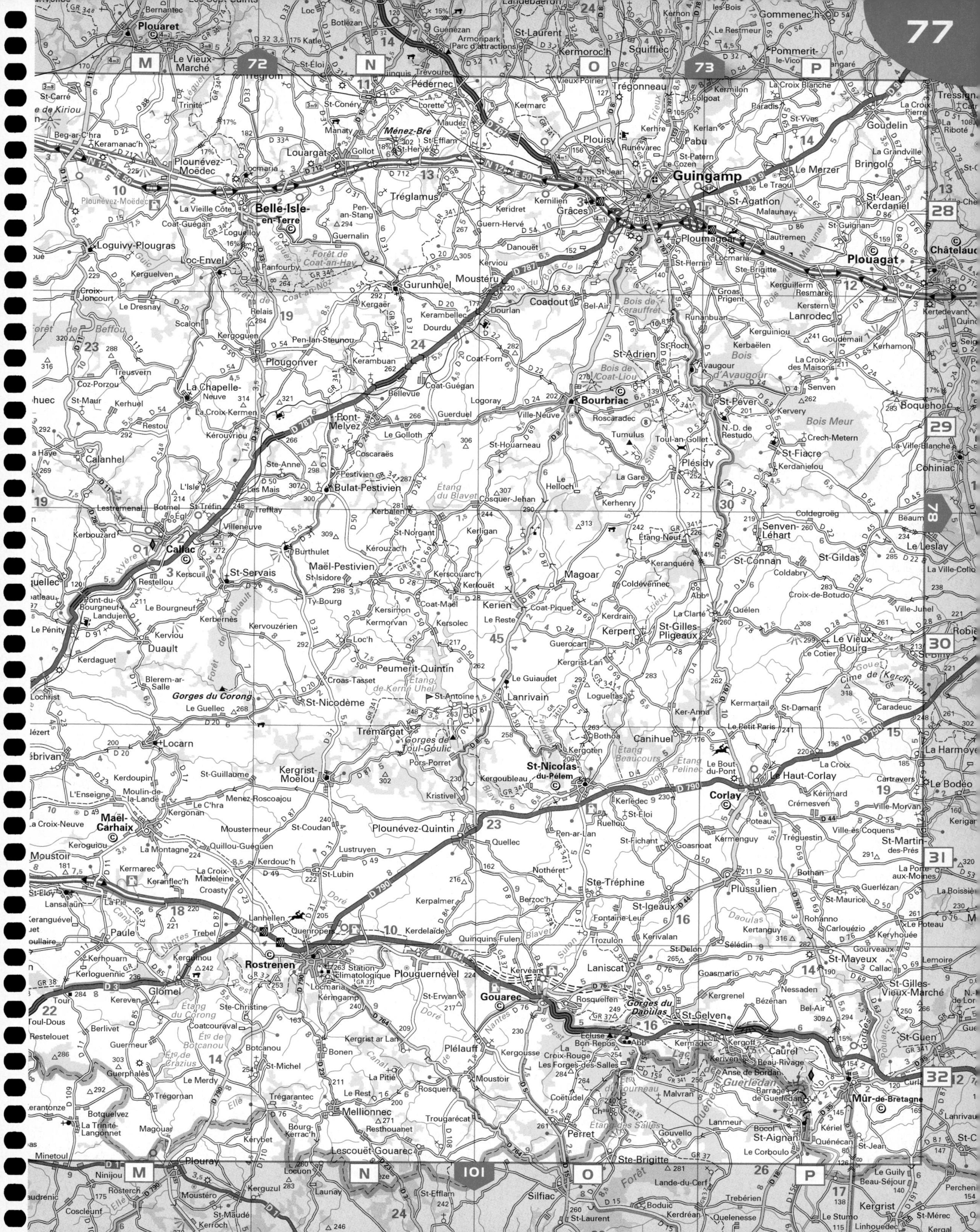
Plouaret
Le Vieux-Marché
Pédernec
Guingamp
Plouisy
Grâces
Ploumagoar
Pabu
St-Agathon
Plouagat
Châtelaudren
Goudelin
Bringolo
Belle-Isle-en-Terre
Plounévez-Moëdec
Louargat
Tréglamus
Loguivy-Plougras
Loc-Envel
Gurunhuel
Moustéru
Coadout
Bourbriac
St-Adrien
Avaugour
St-Péver
Plougonver
La Chapelle-Neuve
Pont-Melvez
Bulat-Pestivien
Calanhel
Callac
St-Servais
Maël-Pestivien
Magoar
Senven-Léhart
St-Connan
St-Gildas
Plésidy
St-Fiacre
Duault
Kerpert
St-Gilles-Pligeaux
Kerien
Peumerit-Quintin
Lanrivain
St-Nicodème
Locarn
Trémargat
Kergrist-Moëlou
St-Nicolas-du-Pélem
Canihuel
Corlay
Le Haut-Corlay
Maël-Carhaix
Plounévez-Quintin
Ste-Tréphine
St-Igeaux
Plussulien
Rostrenen
Plouguernével
Gouarec
Laniscat
St-Gelven
Glomel
Paule
Mellionnec
Plélauff
Caurel
Mûr-de-Bretagne
St-Aignan
St-Guen
St-Mayeux
St-Gilles-Vieux-Marché
Perret
Silfiac
Lescouët-Gouarec
Plouray
Forêt de Coat-an-Hay
Bois Meur
Gorges du Corong
Gorges de Toul-Goulic
Étang du Blavet
Gorges du Daoulas
Lac de Guerlédan
Abbaye de Bon-Repos
Forêt de Quénécan
N 12
N 164
D 787
D 790
72
73
78
101
M
N
O
P
28
29
30
31
32

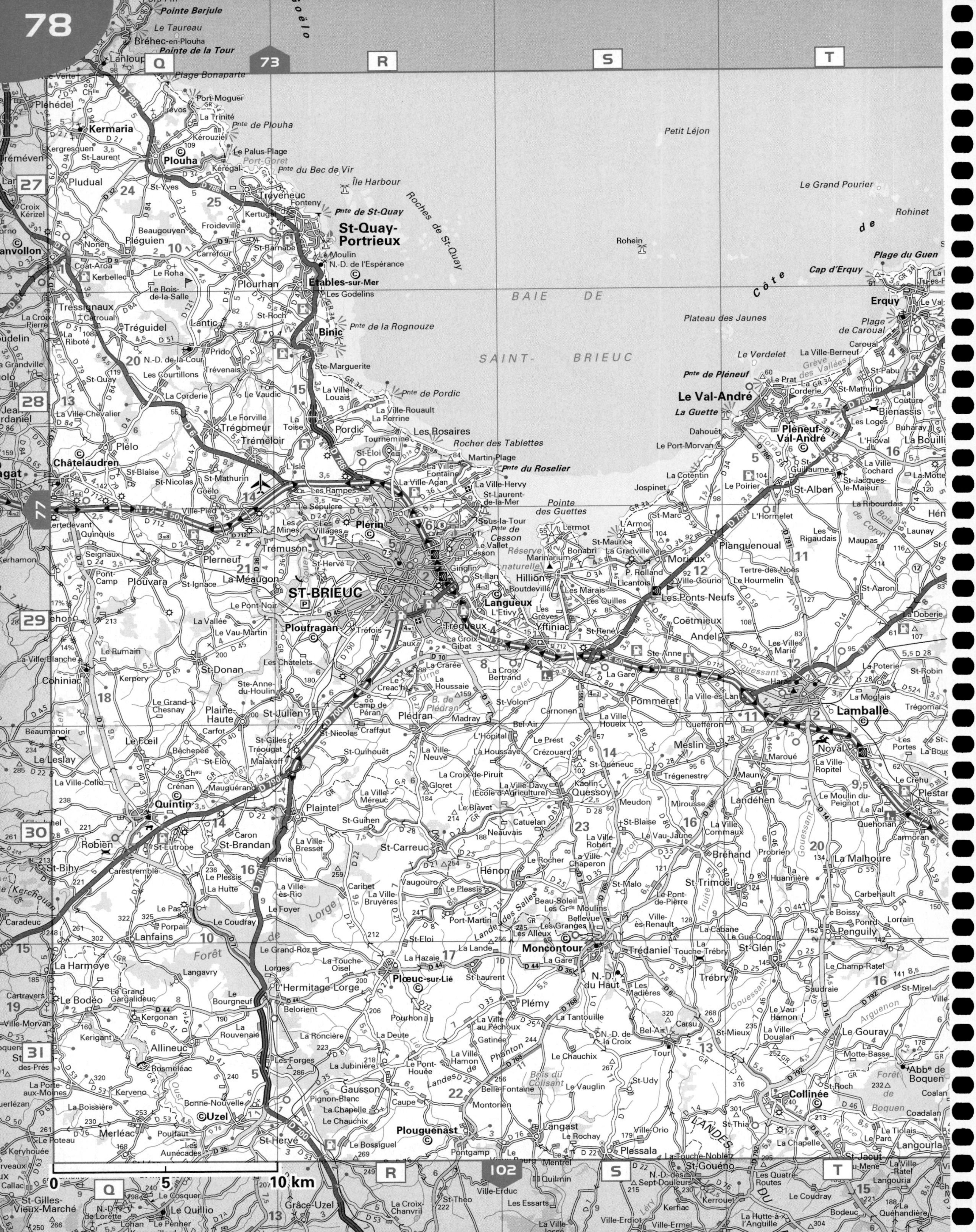

Pors Pin
Pointe Berjule
Le Taureau
Bréhec-en-Plouha
Pointe de la Tour
Lanloup
Q
73
R
S
T
Goëlo
Plage Bonaparte
Port-Moguer
Plehédel
Kermaria
Trévos
La Trinité
Pnte de Plouha
Kérouziel
Le Palus-Plage
Port-Goret
Kergresquen
St-Laurent
Plouha
Trémévent
Kérégal
Pnte du Bec de Vir
Île Harbour
27
Pludual
24
St-Yves
25
Tréveneuc
Fonteny
Roches de St-Quay
Pnte de St-Quay
Croix Kérizel
Kertugal
Beaugouyen
Froideville
St-Quay-Portrieux
Lanvollon
Nonen
Pléguien
10
Carrefour
St-Barnabé
Le Moulin
N.-D. de l'Espérance
Coat-Aroa
Kerbellec
Le Roha
Plourhan
Étables-sur-Mer
Le Bois-de-la-Salle
Les Godelins
Tressignaux
Catroual
Lantic
St-Roch
Binic
Pnte de la Rognouze
La Croix-Pierre
Tréguidel
Prido
La Riboté
La Grandville
20
N.-D. de-la-Cour
Trévenais
Ste-Marguerite
St-Quay
Les Courtillons
28
La Corderie
Le Vaudic
15
La Ville-Louais
Pnte de Pordic
13
La Ville-Chevalier
Le Forville
La Ville-Rouault
La Perrine
Trégomeur
La Toise
Pordic
Les Rosaires
Tourneminé
Rocher des Tablettes
Plélo
Tréméloir
St-Éloi
Martin-Plage
Châtelaudren
St-Blaise
Pnte du Roselier
St-Mathurin
L'Isle
La Ville-Fontaine
St-Nicolas
Goëlo
La Ville-Agan
Les Rampes
St-Laurent-de-la-Mer
Le Sépulcre
14
Ville-Pied
Pointe des Guettes
77
Plérin
Sous-la-Tour
Pnte de Cesson
Les Mines
Les Villages
17
Quinquis
Seignaux
Trémuson
Le Vallet
Cesson
Kerhamon
Plerneuf
Pont-Camp
Plouvara
St-Hervé
Réserve naturelle
Marinarium
Gingl in
21
La Méaugon
St-Ignace
St-Ilan
Boutdeville
ST-BRIEUC
Langueux
Le Pont-Noir
29
La Vallée
L'Etivy
Les Grèves
Yffiniac
Le Vau-Martin
Ploufragan
Tréfois
Trégueux
La Croix-Gibat
Caux
Le Rumain
La Ville-Blanche
Les Châtelets
La Crarée
La Houssaie
8
La Croix-Bertrand
Cohiniac
St-Donan
Kerpery
Ste-Anne-du-Houlin
18
Creac'h
Le Grand-Chesnay
Camp de Péran
B. de Plédran
St-Volon
Plaine-Haute
St-Julien
Plédran
Madray
Beaumanoir
Carfot
St-Nicolas
Craffaut
L'Hôpital
Le Fœil
St-Gilles
Bechepée
Tréougat
St-Quihouët
Le Leslay
St-Eloy
Malakoff
La Ville-Neuve
La Houssaye
La Ville-Colio
La Croix-de-Piruit
Crénan
Mauguérand
Gloret
Quintin
La Ville-Méreuc
Plaintel
30
Robien
St-Brandan
Caron
St-Guihen
St-Eutrope
La Ville-Bresset
St-Carreuc
St-Bihy
Lanvia
Carestremble
Le Plessis
La Hutte
16
Caribet
La Ville-ès-Rio
La Ville-Bruyères
Le Foyer
Le Pas
Porpair
Lanfains
Le Coudray
Caradeuc
Forêt de Lorge
Le Grand-Roz
La Touche-Oisel
La Harmoye
Langavry
Lorges
L'Hermitage-Lorge
Le Bodéo
Le Grand Gargalideuc
Le Bourgneuf
Belorient
Kergonan
La Rouvenaie
Kerigant
Allineuc
31
Bosméléac
Les Forges
La Jubinière
La Porte-aux-Moines
Kerveno
Gausson
La Boissière
Bonne-Nouvelle
Uzel
Pignon-Blanc
La Chapelle
La Chauchix
Merléac
Poulfaut
Les Aunécades
St-Hervé
Le Bossiguel
Plouguenast
Pontgamp
Le Poteau
Keryhouée
Callac
St-Gilles-Vieux-Marché
Le Cosquer
N.-D. de Lorette
Le Quillio
Le Penher
Lohan
Kergouillard
Grâce-Uzel
La Croix-Chanvril
St-Théo
Ville-Erduc
Les Essarts
La Ville-Josse
Le Quilmin
102
Petit Léjon
Le Grand Pourier
Rohinet
Rohein
Côte de
Plage du Guen
Cap d'Erquy
Erquy
BAIE DE
SAINT- BRIEUC
Plateau des Jaunes
Plage de Caroual
Caroual
Le Verdelet
La Ville-Berneuf
Grève des Vallées
Pnte de Pléneuf
Le Prat
Corderie
St-Pabu
St-Mathurin
Le Val-André
La Guette
Dahouët
Pléneuf-Val-André
Bienassis
Les Loges
Buharay
L'Hiôval
La Bouillie
Le Port-Morvan
5
La Coténtin
Le Poirier
St-Guillaume
La Ville Cochard
St-Jacques-le-Majeur
St-Alban
Jospinet
La Ribourdais
L'Hormelet
St-Marc
L'Armor
Les Rigaudais
Maupas
Launay
St-Maurice
La Granville
Bonabri
Morieux
Planguenoual
11
Tertre-des-Noës
Le Hourmelin
St-Aaron
P. Rolland
Licantois
Ville-Gourio
Les Marais
Les Quilles
Les Ponts-Neufs
La Doberie
Coëtmieux
Andel
St-René
Les Villes Marie
Ste-Anne
La Poterie
St-Robin
Haras
La Gare
Pommeret
La Ville-ès-Lan
La Moglais
Lamballe
Trégomar
Carnonen
Bel-Air
La Ville-Houeix
Quefferon
Le Prest
Crézouard
Meslin
Noyal
Les Portes
St-Quéneuc
Maroué
La Ville-Ropitel
Kaolin
Trégenestre
Mauny
Le Crehu
La Ville-Davy (École d'Agriculture)
Quessoy
Landéhen
Plestan
Meudon
Mirousse
Le Moulin du-Peignot
Le Val
Le Blavet
Catuelan
St-Blaise
La Ville Commaux
Quehonan
Neauvais
23
La Ville-Robert
Le Vau-Jaune
Carmoran
Bréhand
Probrien
La Malhoure
Hénon
Le Rocher
La Ville-Chaperon
Huannière
Vaugouro
Le Plessis
St-Malo
St-Trimoël
Beau-Soleil
Les Grds Moulins
Le Pont-de-Pierre
Carbehault
Bellevue
Ville-ès-Renault
Le Boissy
Port-Martin
Landes des Salles
Les Granges
Les Alleux
La Cabane
Le Gué-Coq
Penguily
Lorrain
St-Eloi
La Lande
Moncontour
Trédaniel
Touche-Trébry
St-Glen
La Hazaie
Plœuc-sur-Lié
St-Laurent
N.-D. du Haut
Les Madières
Trébry
Le Champ-Ratel
Saudraie
St-Mirel
Plémy
La Tantouille
Pourhon
La Ville au Péchoux
Gatinée
Carsu
Le Vau-Hamon
La Ville-Doualan
Le Gouray
La Roncière
La Deute
N.-D. de la Croix
Bel-Air
St-Mieux
Motte-Basse
Le Pont-Houée
La Ville-Hamon
Le Chauchix
Tour
Abbe de Boquen
Landes
Bois du Colisant
Le Vaulign
St-Udy
Forêt de Boquen
Belle-Fontaine
Montorien
St-Roch
Collinée
Coalan
Coadalan
Langast
Le Rochay
Ville Orio
LANDES
St-Thia
La Tiolais
Le Parc
Langourla
Le Bourg
Mentrel
Plessala
La Touche-Nobletz
La Chapelle
St-Jacut-du-Mené
La Ville-Ratel
St-Gouéno
N.-D. des Sept-Douleurs
Les Quatre Routes
Langouria
Kerfiac
Kerrouët
Le Coudray
Bodeuc
Quéhandière
Ville-Erdiot
Ville-Ermel
La Hutte-à-l'Anguille
0 5 10 km

U V W X

27 28 29 30 31 80

CÔTE D'ÉMERAUDE

Penthièvre

Cap Fréhel

Fort la Latte

Pointe de St-Cast

Anse des Sévignés

Baie de la Frênaye

Île Agot

Île de Cézembre

Le Grd Jardin

Île Harbour

Les Haies de la Conchée

Rochers sculptés

Rothéneuf

Pte du Meinga

Les Tintiaux

Île Du Guesclin

La Guimorais

Pte de la Varde

Le Minihic

ST-MALO

Rochebonne

Paramé

St-Ideuc

St-Vincent

St-Coulomb

Le Lupin

La Mare

Le Ht Pays

La Croix-Desilles

La Beuglais

Les Portes Rouges

La Massuère

La Buzardière

Grand-Frotu

St-Méloir

Blessin

DINARD

St-Lunaire

St-Enogat

Pnte du Décollé

Pnte de la Garde Guérin

Plage du Port-Hueт

Passage du Décollé

Pnte de la Vicomté

St-Servan-s-M.

Grd Aquarium

St-Briac-s-Mer

La Chapelle

La Fosse

Fourberie

Le Pont

La Ville-Agan

Lancieux

Plage du Rougeret

St-Jacut-de-la-Mer

Biord

La Richardais

Usine marémotrice

Le Bos

Passagère

Bourgneuf

Montmarin

La Jouvente

Pleurtuit

La Landriais

St-Jouan-des-Guérets

Les Gastines

St-Père

Bonaban

Château-Malo

La Magdeleine

La Chapelle-de-la-Lande

La Roche

La Gouesnière

Tregondé

St-Suliac

St-George

Les Landes

La Motte

Châteauneuf-d'Ille-et-Vilaine

Mont Garrot

Les Bagais

Langrolay-sur-Rance

La Ville-ès-Nonais

Doslet

La Mare

L'Angle

Le Havre

Le Minihic-s-Rance

Rogerais

Kergoat

Les Rues

Villou

La Ville-ès-Brets

Benâtais

Trémereuc

Trébéfour

Pleslin-Trigavou

Chiennais

La Fretay

Le Gray

La Rouxière

La Motte

Plessix-Balisson

Ville-Oger

La Ville-ès-Marchand

Le Chesnay

La Rochardais

Pont Cornou

Pont-Arson

Ploubalay

La Hamonais

La Mettrie

Le Ruais

Giclais

Beaussais

Trégon

La Ville-ès-Comte

Sables-d'Or-les-Pins

Pléhérel-Plage (Vieux-Bourg)

La Ville-Men

La Motte

La Latte

Roche-Lossoye

Plévenon

St-Géran

Le Carquois

La Ville-Roger

Trécelin

La Ville Gratien

Les Hôpitaux

Plurien

La Hazaie

Langourian

Les Rues

St-Aide

Fréhel

La Ville-Ory

La Ruée

Coët-Bily

Port-à-la-Duc

St-Germain

Le Meurtel

La Ville-Norme

La Baillie

L'Isle

St-Cast-le-Guildo

Notre-Dame

Pnte de la Garde

Le Bourg

La Chapelle

Pen-Guen

Pnte du Chevet

Pnte de Bay

Le Biot

Ste-Brigitte

Quatre Vaux

St-Jaguel

Crissouet

Pléboulle

Trecaradeuc

La Cour

Le Chesnay

L'Hôpital

Matignon

La Villeneuve

Besnard

Montbran Tour

St-Laurent

La Chapelle Houyadon

St-Jean

Le Temple

La Ville Abbé

St-Gallery

La Croix-aux-Merles

Pierres Sonnantes

St-Samson

Les Ponts-Ruellan

Les Mauffries

Ruca

Brousse

N.-D. du Guildo

Chemin-Chaussé

Rouge

Fremur

La Hauguemorais

Ville-Briend

Le Guildo

Le Kerpont

Hénanbihen

St-Pôtan

Les Vaux

Le Grand-Chemin

Le Fais

La Ville-Robert

La Saudraie

St-Pierre

Créhen

Ansal

La Ville-Téhérel

Le Clos-Noël

La Rompaie

La Rougerais

Pluduno

St-Lormel

V-Bourg

La Millière

La Ville Beuve

La Croix-Janet

Gueltas

St-Denoual

Le Haut-des Bois

La Ville-Oreux

Le Plessis-Tréhen

Étang du Guébriand

La Vallée

Quintenic

Haut-Boulay

Landébia

Plancoët

Nazareth

La Cotardais

L'Eumais

Tréguihé

La Chaudrais

La Gare

Fémulon

St-Aydes

Forêt de la Hunaudaye

Brandefer

La Haute-Lande

La Maladrie

Lesmen

Languenan

Le Bois-de-la Motte

Trigavou

La Bigotière

St-Aubin

St-Symphorien

Bois de la Ville-Hatte

Lover

Tumulus

La Caunelaye

Nisnizan

Bourseul

Carimel

Trélat

La Toise

St-Samson-s-Rance

Mordreuc

Pleudihen-s-Rance

Le Bouillon

Le Vx Bourg

Villegâte

Ht-Mesnil

Plouër-s-Rance

Port-St-Hubert

Port-St-Jean

Buet

La Rusais

Gouillon

La Costardais

Pleven

Chau de la Hunaudaye

Plorec-sur-Arguenon

Lambaudais

Le Bas-Village

La Giendrotais

Tréméur

Corseul

Camp militaire

Granville

Chau de la Garaye

La Hisse

Lyvet

La Vieille Vicomté

La Vicomté-s-R.

Val Hervelin

Le Goudais

Les Villes

St-Esprit-des-Bois

La Berthière

St-Michel-de-Plélan

Temple du Ht-Bécherel

Coëtfinet-d'en-Haut

Bois-Riou

Tréfort

Quévert

Écluse du Châtelier

Carheil

Taden

Le Châtelier

Le Frêne

La Ganterie

Tresse

Gast

Julien

Plédéliac

Le Fresne

La Gesre

St-Méloir-des-Bois

Peignehel

Les Hautières

Aucaleuc

La Lande

Les Bretz

DINAN

St-Piat

Coëtquen

St-Hélen

St-Rieul

La Brousse-ès-Biche

La Villéon

Le Temple

Petit-St-Méen

St-Maudez

La Landec

La Hydrouais

Landellé

La Freschais

Vildé-Guigalan

Ste-Anne

Lanvallay

St-Solen

Forêt de Coëtquen

Rougeolais

Les Renardières

Trémaudan

Gardisseul

Loiserie

Le Guillier

Lorgeril

Les Hautes-Touches

Beaubois

Le Breuil

Plélan-le-Petit

Châtel

Moulin-Neuf

Couavou

Trélivan

St-Esprit

La Barrière

Léhon

Tressaint

St-James

Le Pont-Roux

Les Villots

St-Pierre-de-Plesguen

La Chesnaie

Quercy

St-Igneuc

La Ville-ès-Ains

Landes

Plélan

Quéhenic

La Chapelle

Le Boculé

St-Carné

Gramont

Fautrel

Pilleverte

Le Tremblais

Les Champs-Géraux

Le Déluge

Tramain

Ranléon

Lescouët-Jugon

La Ville-d'Anne

Jugon-les-Lacs

Kergu

Le Tertre-Isaac

Le Chalonge

Trébédan

Bobital

Le Hinglé-les-Granits

Calorguen

La Huballerie

Couaquerux

Plesder

Le Breuil-Caulnette

La Croix-Juh

Le Temple

Villeneuve

La Touche-ès-Bigot

Grand Étang de Jugon

Bel-Air

Étang de Beaulieu

La Beauflais

Guérardais

Montmusson

La Giraudais

La Cocherais

Zoo

La Bourbansais

Le Bas Temple

Langouhèdre

St-Riveul

Dolo

Quesny

Étang de Rochereul

Languédias

Brusvily

Guerinais

Trévron

La Touche

Grabuisson

La Touche

Pleugueneuc

Plénée-Jugon

La Touche-ès-Gautier

Veau-Ruset

Couasclé

Mégrit

Lannouée

Le Hinglé

Le Creux

Percouet

Guinefort

Roussais

La Lande-du-Tournay

Chlle Trévinal

Le Vieux Bourg

Pondolay

La Ville

Couëdan

Rieule

Pengly

Les Ruais

Menu-Bois

Bois d'Yvignac

La Ville-Aufray

Jehan

La Touche-Joubin

Trémeur

Trédias

La Coutûme

Plumaudan

La Herviais

Les Bois

St-André-des-Eaux

Evran

La Lande

Les Vaux

Linon

Benâte

La Ville-Jouy

Sauvagère

La Gouverdière

La Gaudière

Le Paradis

Le Ruffay

Trévérien

La Roche

Ht Dily

La Moussaye

St-Trillac

Les Aulnais

La Boissière

La Louvière

St-Juvat

La Poissonnais

Le Quiou

St-Judoce

Les Dineux

Kervalan

Quesseul

Maladrie

St-Méleuc

Sévignac

Quénard

Le Plessix

Yvignac-la-Tour

Trélée

Les Six Chemins

Vieux-Bourg

Le Trénois

La Gaudinais

Le Tertre

Le Chalet

Launay

La Gare-de-Broons

Fouesnard

La Croix Guessant

Le Tisonnais

Tréfumel

Hac

Le Mauny

Trimer

Rouillac

Limoëlan

Broons

Coëtcouvran

Breuil

St-Maden

La Hte Houssais

Rehaudois

St-Thual

Le Haut-Rouillac

Le Gué-de-Rouillac

Coaquipel

Le Val

Barrage de Rophémel

Tréfat

La Ville-ès-Rieux

St-Joseph

Le Champ-du-Puits

Les Alleux

Le Fief-aux-Écoliers

Le Châtelet

La Mare-Moësa

St-Maur

Guenroc

Traveneuc

Lantran

Le Hif

La Ville-Blanchet

La Ville-Tréma

Penhouët

Le Menhil

La Roche

Les Rosais

Biheul

La Baussaine

Cambel

Recouvrance

Chesnay-Barbot

La Vesquerie

Beaumont

Guitté

Plouasne

Longaulnay

Montmuran

La Ville Bedel

La Ville-Apparition

Trouvray

La Maladrerie

Réneal

Caradeuc

Ille-Guéguen

Éréac

Deuve

Pt du Breil

L'Hermitage

L'Écouldre

Launay-Coiffel

Val-de-Rance

Quélan

La Perchée

Étang de Néal

La Tour St-Joseph

Bécherel

Cardroc

St-Léan

Château-Meslé

Pentray

Le Boschais

La Ville-Allouet

Le Chatel

L'Heusme

Kergoët

Traballiac

Les Communs

St-Pern

Miniac-s/s-Bécherel

Mérillac

Coët-Bicor

Les Blossières

Léez

St-Jouan-de-l'Isle

La Chapelle-Blanche

Ligouyer

La Guimondais

Les Iffs

103

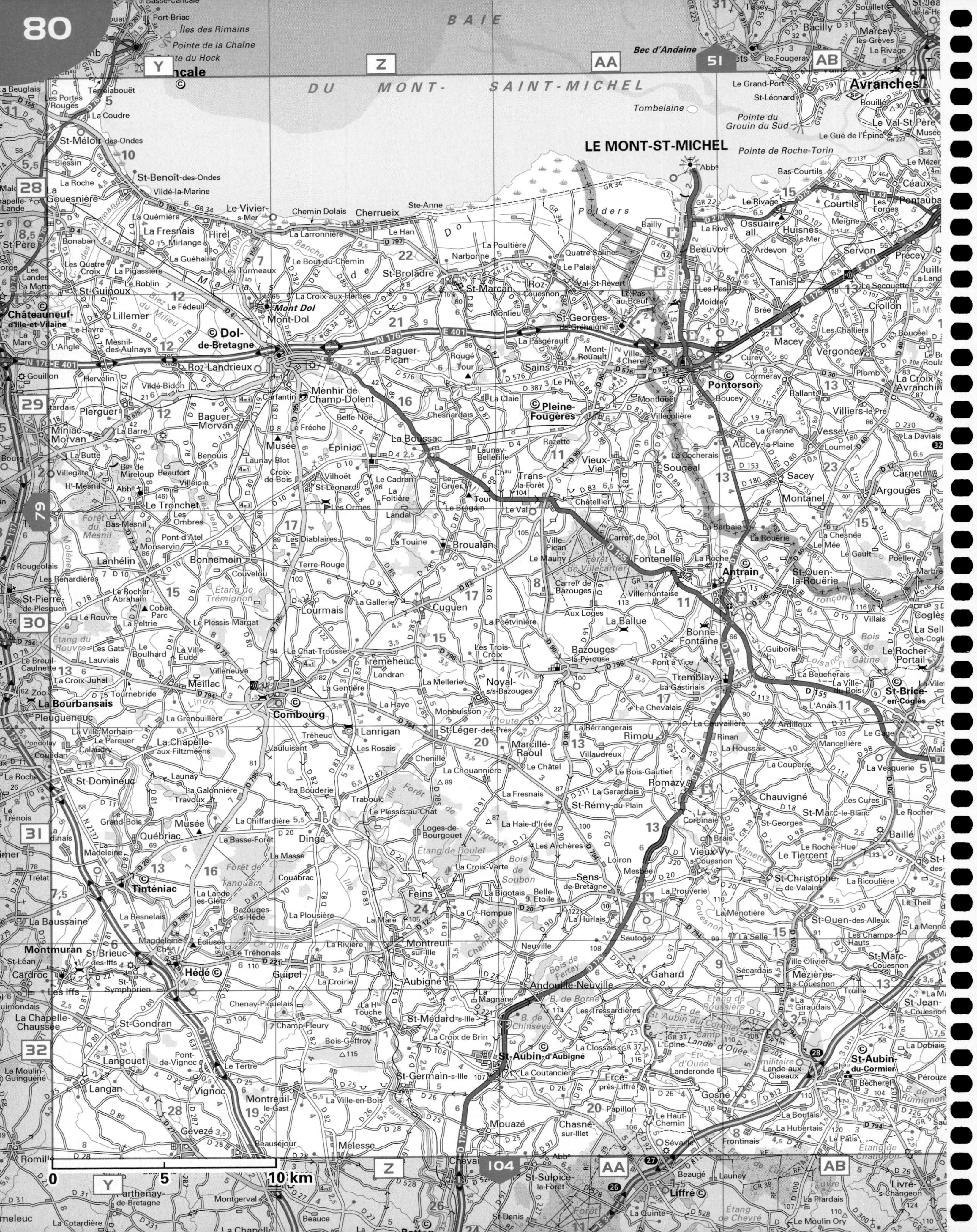
BAIE
DU MONT-SAINT-MICHEL
LE MONT-ST-MICHEL
Tombelaine
Bec d'Andaine
Pointe du Grouin du Sud
Pointe de Roche-Torin
Avranches
Le Val-St-Père
Ducey
Bacilly
Marcey-les-Grèves
Le Rivage
Pointe de la Chaîne
Îles des Rimains
Port-Briac
St-Méloir-des-Ondes
St-Benoît-des-Ondes
Vildé-la-Marine
La Gouesnière
Le Vivier-s-Mer
Cherrueix
Chemin Dolais
Ste-Anne
La Fresnais
Hirel
St-Broladre
Narbonne
La Poultière
St-Marcan
Roz-s-Couesnon
Quatre Salines
Bailly
Beauvoir
Polders
Courtils
Huisnes-s-Mer
Ardevon
Servon
Précey
Pontaubault
Ceaux
Tanis
Moidrey
Brée
Crollon
Mont Dol
Dol-de-Bretagne
Châteauneuf-d'Ille-et-Vilaine
St-Guinoux
Lillemer
St-Georges-de-Gréhaigne
Roz-Landrieux
Baguer-Pican
Sains
Pleine-Fougères
Pontorson
Macey
Vergoncey
La Croix-Avranchin
Menhir de Champ-Dolent
Baguer-Morvan
Pleugueneuc
Miniac-Morvan
Plerguer
Epiniac
La Boussac
Villiers-le-Pré
Aucey-la-Plaine
Sacey
Argouges
Carnet
Montanel
Vessey
Le Tronchet
Forêt du Mesnil
Broualan
Trans-la-Forêt
Vieux-Viel
Sougéal
Forêt de Villecartier
La Fontenelle
Antrain
St-Ouen-la-Rouërie
Lanhélin
Bonnemain
Étang de Trémignon
Cuguen
Lourmais
La Ballue
Bazouges-la-Pérouse
Tremblay
La Bourbansais
Meillac
Combourg
Tréméheuc
Noyal-s/s-Bazouges
St-Brice-en-Coglès
Coglès
St-Domineuc
La Chapelle-aux-Filtzméens
Lanrigan
St-Léger-des-Prés
Marcillé-Raoul
Rimou
Romazy
Chauvigné
St-Marc-le-Blanc
Baillé
Québriac
Dingé
Forêt de Bourgouet
St-Rémy-du-Plain
Vieux-Vy-s-Couesnon
Le Tiercent
St-Christophe-de-Valains
Tinténiac
Feins
Sens-de-Bretagne
St-Ouen-des-Alleux
Montmuran
St-Brieuc-des-Iffs
Hédé
Montreuil-sur-Ille
Guipel
Aubigné
Andouille-Neuville
Gahard
Mézières-s-Couesnon
St-Marc-s-Couesnon
St-Jean-s-Couesnon
Les Iffs
Cardroc
St-Gondran
St-Médard-s-Ille
St-Aubin-d'Aubigné
St-Aubin-du-Cormier
Langouet
Langan
Vignoc
Montreuil-le-Gast
St-Germain-s-Ille
Ercé-près-Liffré
Gosné
Gévezé
Melesse
Mouazé
Chasné-sur-Illet
Forêt de Rennes
Liffré
St-Sulpice-la-Forêt
Livré-s-Changeon
Y
Z
AA
AB
28
29
30
31
32
51
79
104
0 5 10 km

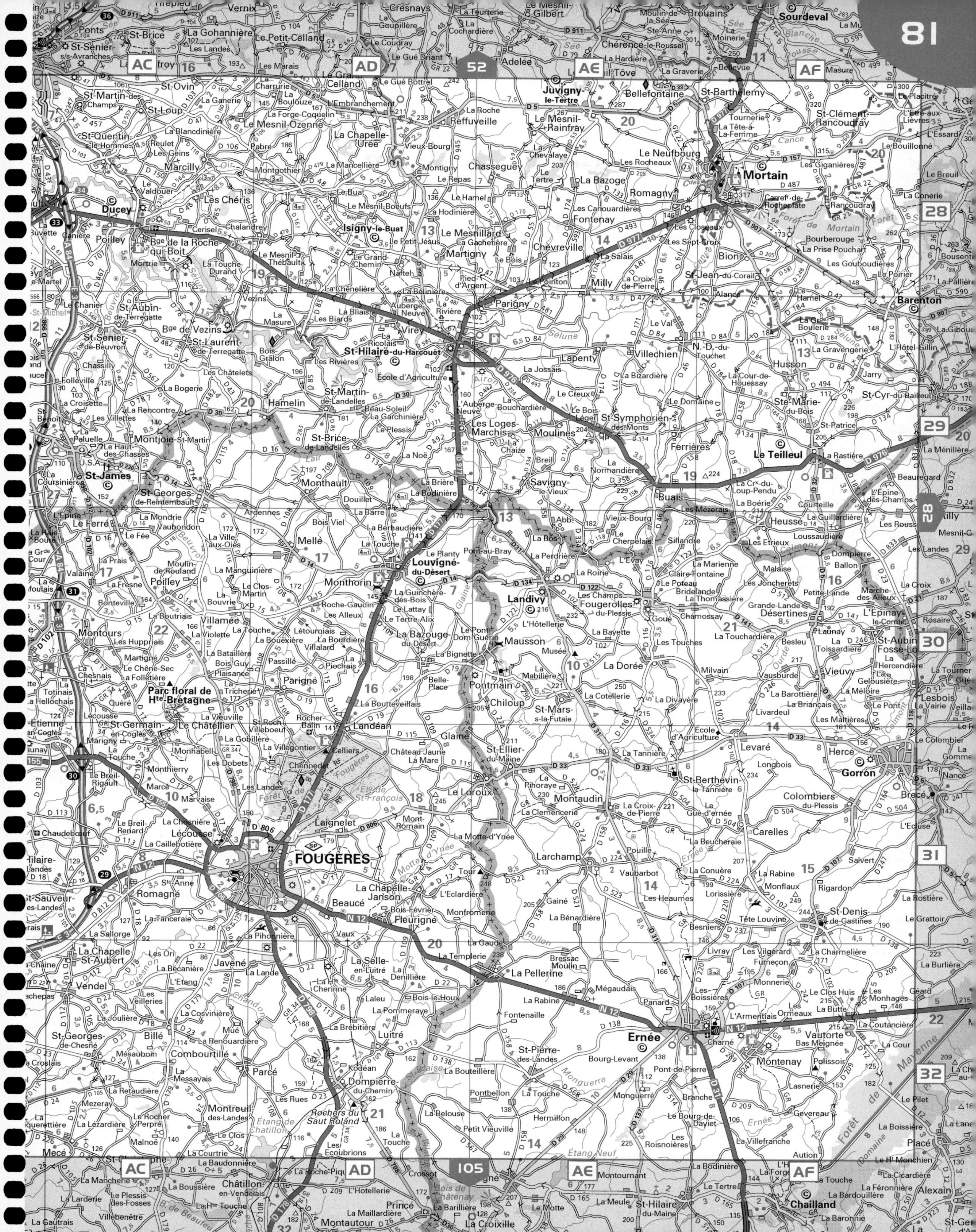

Vernix
Cresnays
Sourdeval
Ponts
St-Brice
La Gohannière
St-Senier s/s-Avranches
Le Petit-Celland
Chérencé-le-Roussel
Moulin-de-Brouains
AC
AD
52
AE
AF
Adelée
St-Ovin
Le Grand Celland
Juvigny-le-Tertre
Bellefontaine
St-Barthélemy
St-Martin-des-Champs
St-Loup
Reffuveille
St-Clément-Rancoudray
St-Quentin-sur-le-Homme
Le Mesnil-Ozenne
La Chapelle-Urée
Le Mesnil-Rainfray
Le Neufbourg
Mortain
Marcilly
Chasseguey
La Bazoge
Romagny
Ducey
Les Chéris
Isigny-le-Buat
Le Mesnillard
Chèvreville
Fontenay
Poilley
Martigny
Bion
Parigny
Milly
St-Jean-du-Corail
Barenton
St-Aubin-de-Terregatte
Virey
St-Hilaire-du-Harcouët
Lapenty
Villechien
N.-D.-du-Touchet
Husson
St-Senier-de-Beuvron
St-Laurent-de-Terregatte
Hamelin
St-Martin-de-Landelles
St-Cyr-du-Bailleul
Ste-Marie-du-Bois
Les Loges-Marchis
Moulines
St-Symphorien-des-Monts
Ferrières
Le Teilleul
Montjoie-St-Martin
St-Brice-de-Landelles
Savigny-le-Vieux
St-James
Monthault
Buais
St-Georges-de-Reintembault
Le Ferré
Heussé
Mellé
Louvigné-du-Désert
Landivy
Fougerolles-du-Plessis
Poilley
Monthorin
Villamée
Désertines
L'Epinay-le-Comte
Montours
La Bazouge-du-Désert
Mausson
La Dorée
St-Aubin-Fosse-Louvain
Parc floral de Hte-Bretagne
Parigné
Pontmain
Chiloup
St-Mars-s-la-Futaie
Vieuvy
Lesbois
St-Germain-en-Coglès
Le Châtellier
Landéan
Glaine
St-Ellier-du-Maine
Levaré
Hercé
Gorron
Le Loroux
Montaudin
St-Berthevin-la-Tannière
Colombiers-du-Plessis
Brecé
Laignelet
Lécousse
FOUGÈRES
Larchamp
Carelles
Romagné
Beaucé
La Chapelle-Janson
Fleurigné
Vaubarbot
St-Denis-de-Gastines
La Chapelle-St-Aubert
Javené
La Selle-en-Luitré
La Pellerine
Vendel
Luitré
Ernée
Montenay
Vautorte
St-Georges-de-Chesné
Billé
Combourtillé
Parcé
St-Pierre-des-Landes
Dompierre-du-Chemin
Rochers du Saut Roland
Montreuil-des-Landes
Mecé
AC
AD
105
AE
AF
Châtillon-en-Vendelais
Princé
St-Hilaire-du-Maine
Chailland
Alexain
Montautour
La Croixille
28
29
30
31
32

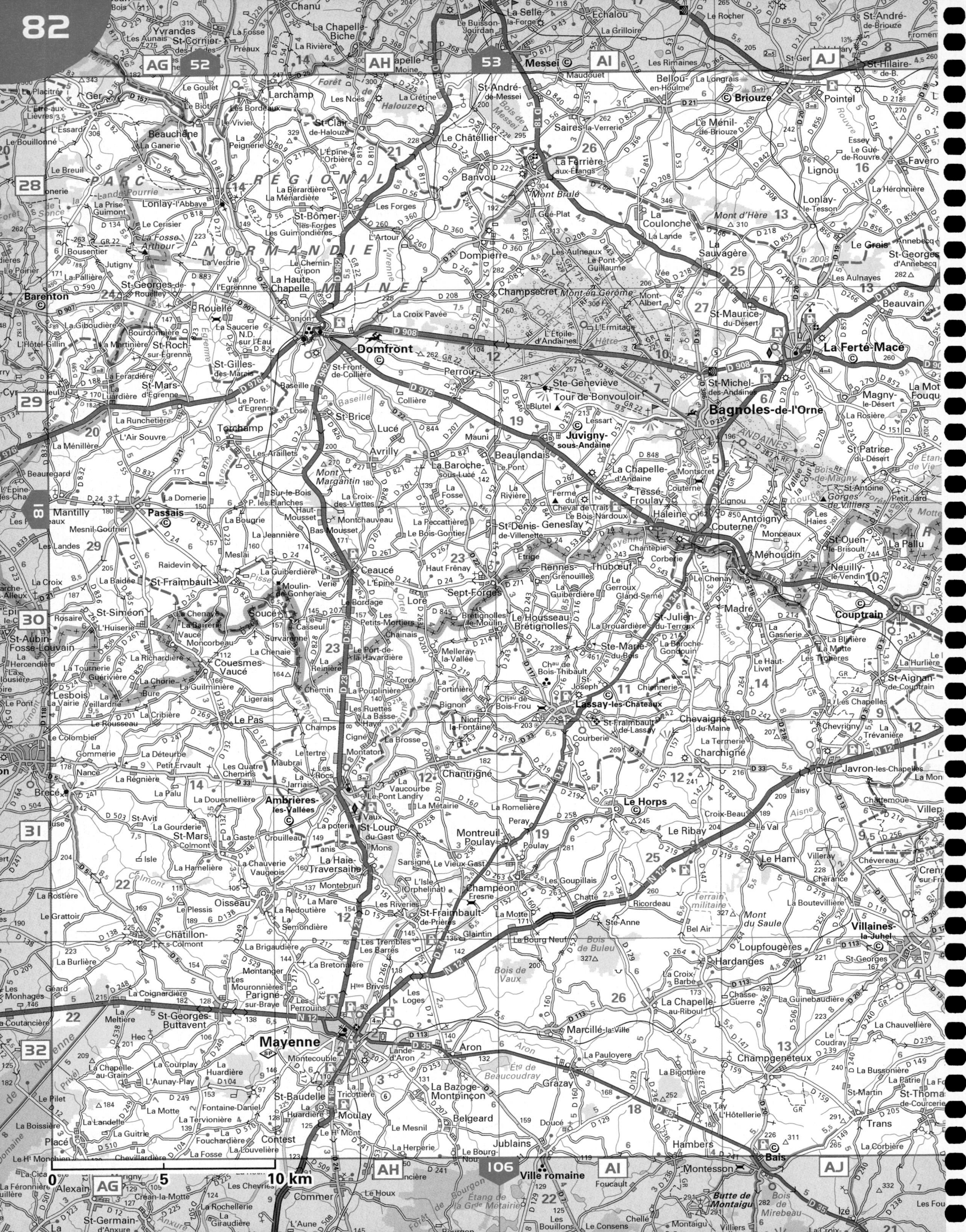
AG
52
AH
53
AI
AJ
Chanu
Yvrandes
St-Cornier-des-Landes
La Chapelle-Biche
La Selle-la-Forge
Echalou
St-André-de-Briouze
Messei
Bellou-en-Houlme
Briouze
St-Hilaire-de-B.
Le Plaitre
Ger
Larchamp
St-Clair-de-Halouze
St-André-de-Messei
Forêt de Halouze
Le Ménil-de-Briouze
Pointel
Beauchêne
Le Châtellier
Saires-la-Verrerie
Bois de Messei
La Ferrière-aux-Etangs
Lignou
Faverolles
28
PARC
RÉGIONAL
NORMANDIE
MAINE
Lonlay-l'Abbaye
St-Bômer-les-Forges
Banvou
Mont Brûlé
La Coulonche
Lonlay-le-Tesson
Mont d'Hère
La Sauvagère
Le Grais
St-Georges-d'Annebecq
Dompierre
Champsecret
Mont en Gérome
Mont-Albert
Barenton
St-Georges-de-Rouelley
La Haute-Chapelle
Rouellé
St-Maurice-du-Désert
Beauvain
La Ferté-Macé
Domfront
St-Roch-sur-Egrenne
St-Gilles-des-Marais
St-Front-de-Colliere
Perrou
Ste-Geneviève
Tour de Bonvouloir
St-Michel-des-Andaines
29
St-Mars-d'Egrenne
Bagnoles-de-l'Orne
Magny-le-Désert
Torchamp
St-Brice
Lucé
Juvigny-sous-Andaine
Avrilly
Mont Margantin
La Baroche-sous-Lucé
Beaulandais
La Chapelle-d'Andaine
Tessé-Froulay
St-Patrice-du-Désert
Mantilly
Passais
Haleine
Couterne
Antoigny
St-Ouen-le-Brisoult
Geneslay
St-Denis-de-Villenette
Ceaucé
Rennes-en-Grenouilles
Thubœuf
Méhoudin
Neuilly-le-Vendin
St-Fraimbault
Lore
Sept-Forges
Madré
Couptrain
30
St-Siméon
Soucé
Brétignolles-le-Moulin
Le Housseau-Brétignolles
St-Julien-du-Terroux
St-Aubin-Fosse-Louvain
Couesmes-Vaucé
Ste-Marie-du-Bois
Melleray-la-Vallée
Lesbois
Lassay-les-Châteaux
Chevaigné-du-Maine
St-Aignan-de-Couptrain
Le Pas
Niort-la-Fontaine
Charchigné
Javron-les-Chapelles
Chantrigné
Brecé
Ambrières-les-Vallées
Le Horps
31
St-Loup-du-Gast
Montreuil-Poulay
Le Ribay
Le Ham
St-Mars-sur-Colmont
La Haie-Traversaine
Champéon
Oisseau
St-Fraimbault-de-Prières
Mont du Saule
Villaines-la-Juhel
Châtillon-sur-Colmont
Loupfougères
Hardanges
Parigné-sur-Braye
La Chapelle-au-Riboul
St-Georges-Buttavent
32
Mayenne
Marcillé-la-Ville
Aron
Champgenéteux
La Bazoge-Montpinçon
Grazay
St-Baudelle
Moulay
Belgeard
Jublains
Hambers
Contest
Bais
0
5
10 km
AH
106
Ville romaine
AI
AJ
AG
Alexain
Montesson
St-Germain-d'Anxure
Butte de Montaigu
Izé

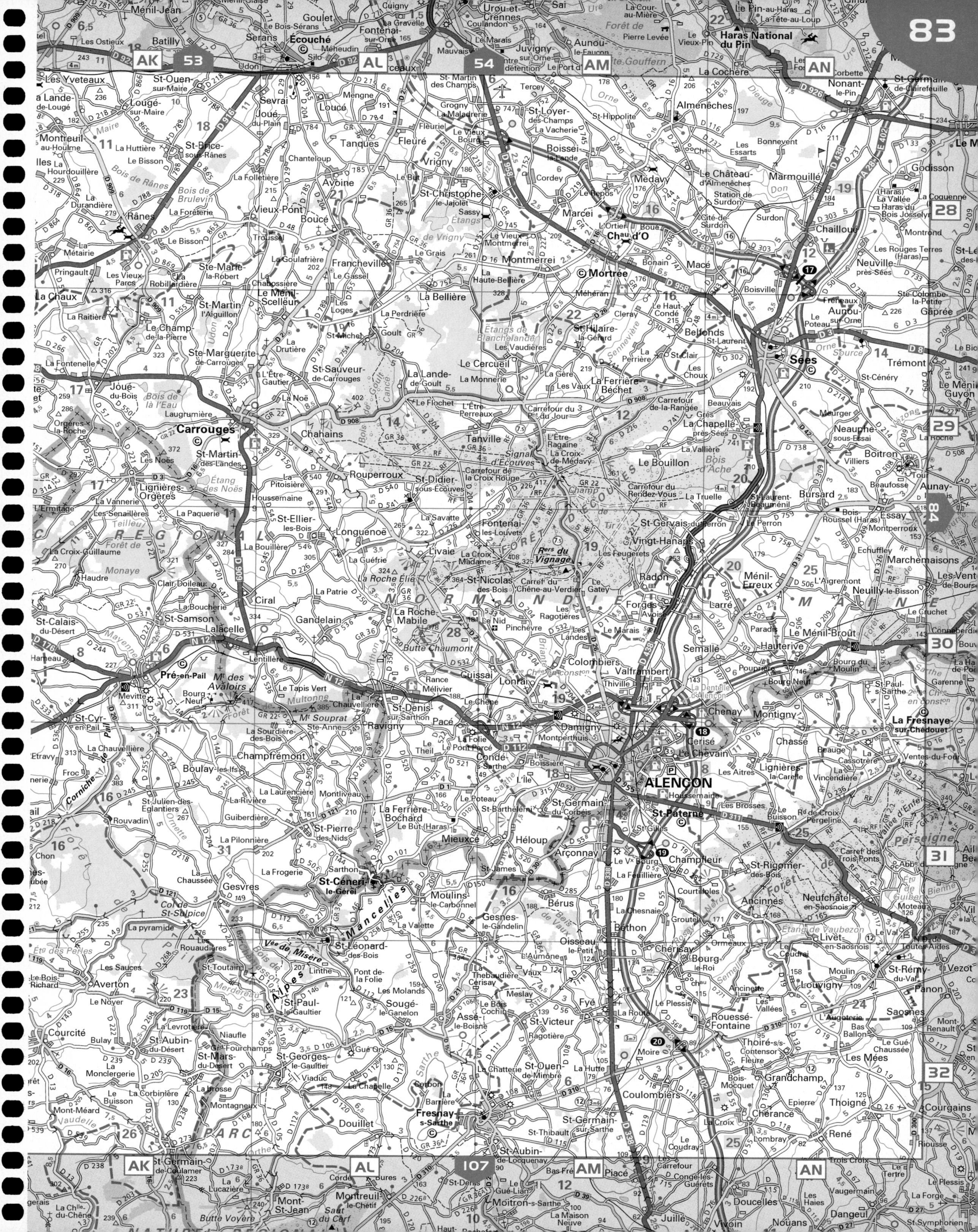
Écouché
Urou-et-Crennes
Haras National du Pin
Le Pin-au-Haras
Nonant-le-Pin
Almenêches
Médavy
Mortrée
Sées
Carrouges
Rânes
Vieux-Pont
Francheville
La Bellière
Le Cercueil
Tanville
Rouperroux
St-Didier-sous-Écouves
Longuenoë
Livaie
St-Nicolas-des-Bois
Radon
Vingt-Hanaps
St-Gervais-du-Perron
Le Bouillon
La Chapelle-près-Sées
Neauphe-sous-Essai
Aunay-les-Bois
Essay
Marchemaisons
Le Ménil-Broût
Hauterive
Semallé
Valframbert
Forges
Colombiers
Lonrai
Cuissai
Damigny
Cerisé
ALENÇON
St-Paterne
St-Germain-du-Corbéis
Condé-s-Sarthe
Héloup
Arçonnay
Mieuxcé
St-Céneri-le-Gérei
Moulins-le-Carbonnel
Gesnes-le-Gandelin
Oisseau-le-Petit
Bourg-le-Roi
Fyé
St-Léonard-des-Bois
Sougé-le-Ganelon
Assé-le-Boisne
Fresnay-s-Sarthe
St-Ouen-de-Mimbré
Coulombiers
Rouessé-Fontaine
Thoiré-s/s-Contensor
Champfleur
St-Rigomer-des-Bois
Ancinnes
Neufchâtel-en-Saosnois
Louvigny
St-Rémy-du-Val
Saosnes
Thoigné
René
Courcité
St-Aubin-du-Désert
St-Mars-du-Désert
St-Georges-le-Gaultier
St-Paul-le-Gaultier
Averton
Gesvres
St-Pierre-des-Nids
Boulay-les-Ifs
Champfrémont
Pré-en-Pail
St-Cyr-en-Pail
Lalacelle
St-Samson
Ciral
Gandelain
La Roche Mabile
St-Denis-sur-Sarthon
Pacé
La Fresnaye-sur-Chédouet
Montigny
Chenay
Lignières-la-Carelle
Douillet
St-Germain-sur-Sarthe
Piacé
Juillé
Doucelles
Dangeul
Mont-St-Jean
Moitron-s-Sarthe
FORÊT D'ÉCOUVES
NORMANDIE
MAINE
Alpes Mancelles
Forêt de Perseigne
Corniche de Pail
AK
AL
AM
AN
53
54
107
28
29
30
31
32
84

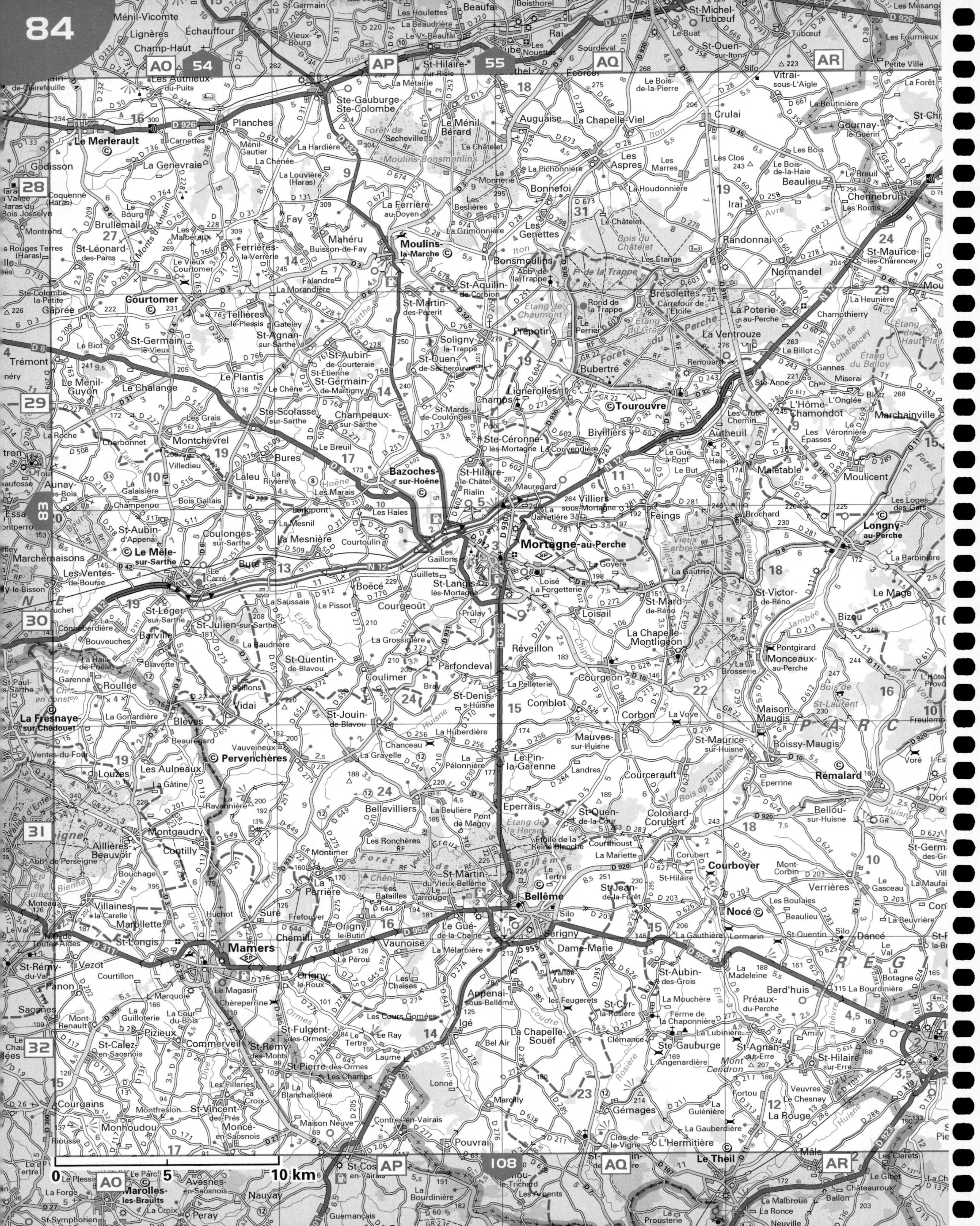

Ménil-Vicomte
Lignères
Échauffour
Champ-Haut
St-Germain
Beaufai
Rai
St-Michel-Tubœuf
St-Ouen-sur-Iton
Aube
St-Hilaire-sur-Risle
Écorcei
Vitrai-sous-L'Aigle
Les Aspres
Le Merlerault
Planches
Ste-Gauburge-Ste-Colombe
Le Ménil-Bérard
Auguaise
La Chapelle-Viel
Crulai
Gournay-le-Guérin
Godisson
La Genevraie
Forêt de Sécheville
Moulins-Bonsmoulins
Bonnefoi
Irai
Beaulieu
Chennebrun
Brullemail
St-Léonard-des-Parcs
Moulins-la-Marche
Bonsmoulins
Randonnai
St-Maurice-lès-Charencey
Normandel
Courtomer
Tellières-le-Plessis
St-Aquilin-de-Corbion
Bresolettes
La Ventrouze
St-Germain-le-Vieux
St-Agnan-sur-Sarthe
Soligny-la-Trappe
Prépotin
Forêt du Perche
Trémont
Le Plantis
Bubertré
Le Ménil-Guyon
Le Chalange
St-Germain-de-Martigny
Lignerolles
Tourouvre
L'Hôme-Chamondot
Marchainville
Ste-Scolasse-sur-Sarthe
Champeaux-sur-Sarthe
Champs
Montchevrel
Bures
Ste-Céronne-lès-Mortagne
Bivilliers
Autheuil
Maletable
Moulicent
Aunay-les-Bois
Laleu
Bazoches-sur-Hoëne
St-Hilaire-le-Châtel
Feings
Longny-au-Perche
Le Mêle-sur-Sarthe
Coulonges-sur-Sarthe
La Mesnière
Mortagne-au-Perche
Villiers-sous-Mortagne
Marchemaisons
Les Ventes-de-Bourse
Buré
Boëcé
St-Langis-lès-Mortagne
Loisé
St-Victor-de-Réno
Le Mage
Courgeoût
St-Mard-de-Réno
Bizou
St-Léger-sur-Sarthe
Barville
St-Julien-sur-Sarthe
Loisail
La Chapelle-Montligeon
Réveillon
Monceaux-au-Perche
St-Quentin-de-Blavou
Parfondeval
Courgeon
Coulimer
St-Denis-s-Huisne
Comblot
Corbon
Maison-Maugis
La Fresnaye-sur-Chédouet
Vidai
St-Jouin-de-Blavou
Mauves-sur-Huisne
St-Maurice-sur-Huisne
Boissy-Maugis
Pervenchères
Le Pin-la-Garenne
Courcerault
Rémalard
Louzes
Les Aulneaux
Bellavilliers
Eperrais
St-Ouen-de-la-Cour
Colonard-Corubert
Bellou-sur-Huisne
Montgaudry
Aillières-Beauvoir
Contilly
La Perrière
St-Martin-du-Vieux-Bellême
Bellême
St-Jean-de-la-Forêt
Courboyer
Verrières
Villaines-la-Carelle
Marollette
Suré
Origny-le-Butin
Le Gué-de-la-Chaîne
Sérigny
Noce
Dancé
St-Longis
Mamers
Chemilli
Vaunoise
Dame-Marie
St-Aubin-des-Grois
Berd'huis
St-Rémy-du-Val
Vezot
Origny-le-Roux
Appenai-sous-Bellême
Saosnes
Préaux-du-Perche
Pizieux
St-Fulgent-des-Ormes
Igé
La Chapelle-Souëf
St-Cyr-la-Rosière
St-Calez-en-Saosnois
Commerveil
St-Rémy-des-Monts
St-Pierre-des-Ormes
Ste-Gauburge
St-Agnan-sur-Erre
St-Hilaire-sur-Erre
Courgains
St-Vincent-des-Prés
Marcilly
Gémages
Monhoudou
Monce-en-Saosnois
Contres-en-Vairais
Pouvrai
L'Hermitière
Le Theil
Mâle
Marolles-les-Braults
Avesnes-en-Saosnois
Nauvay
Peray
St-Cosme-en-Vairais
0 5 10 km
AO AP AQ AR
54 55 108

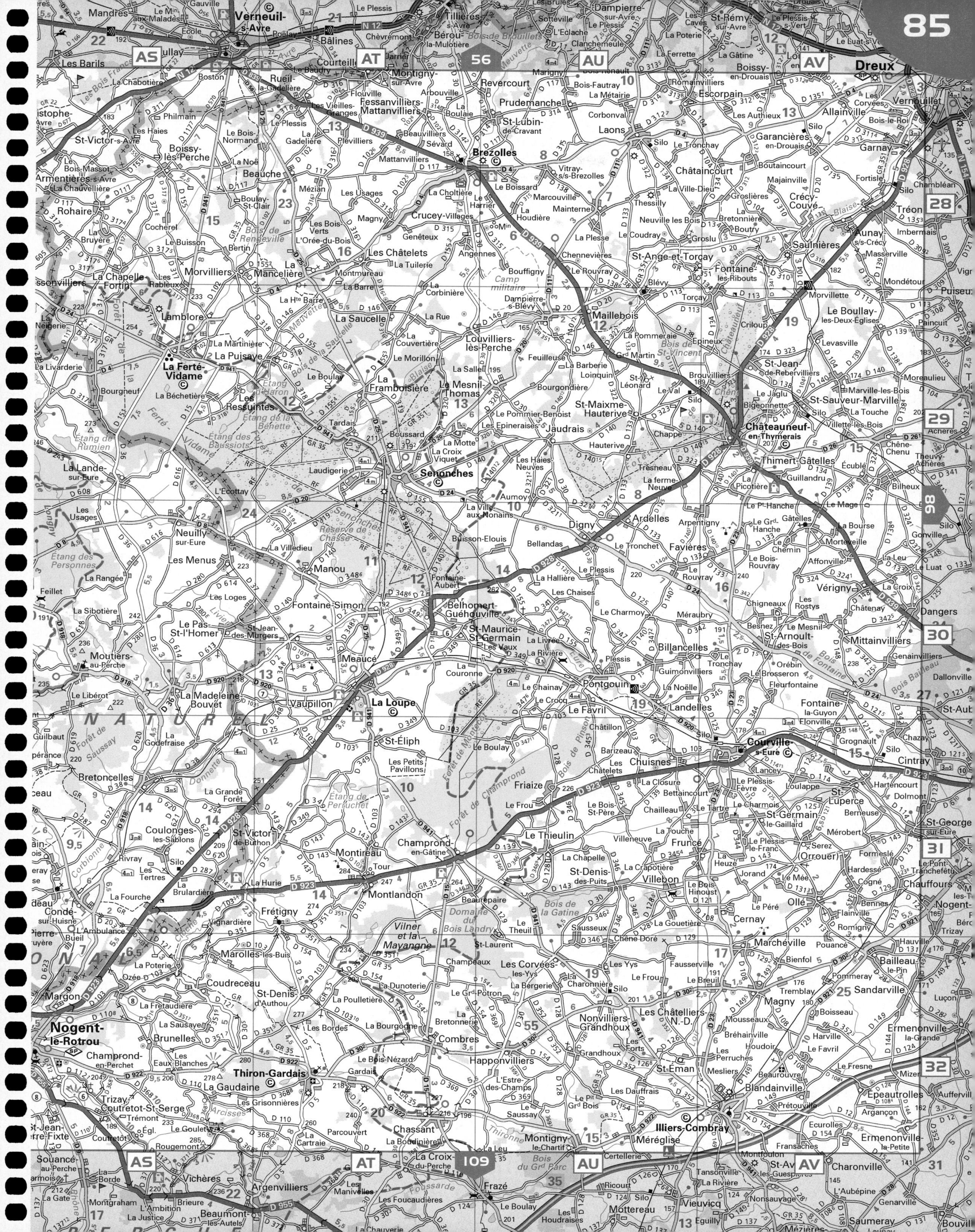
Verneuil-s-Avre
Dreux
Vernouillet
Brezolles
La Ferté-Vidame
Senonches
Châteauneuf-en-Thymerais
La Loupe
Courville-s-Eure
Nogent-le-Rotrou
Thiron-Gardais
Illiers-Combray
AS
AT
AU
AV
56
109
28
29
30
31
32
98

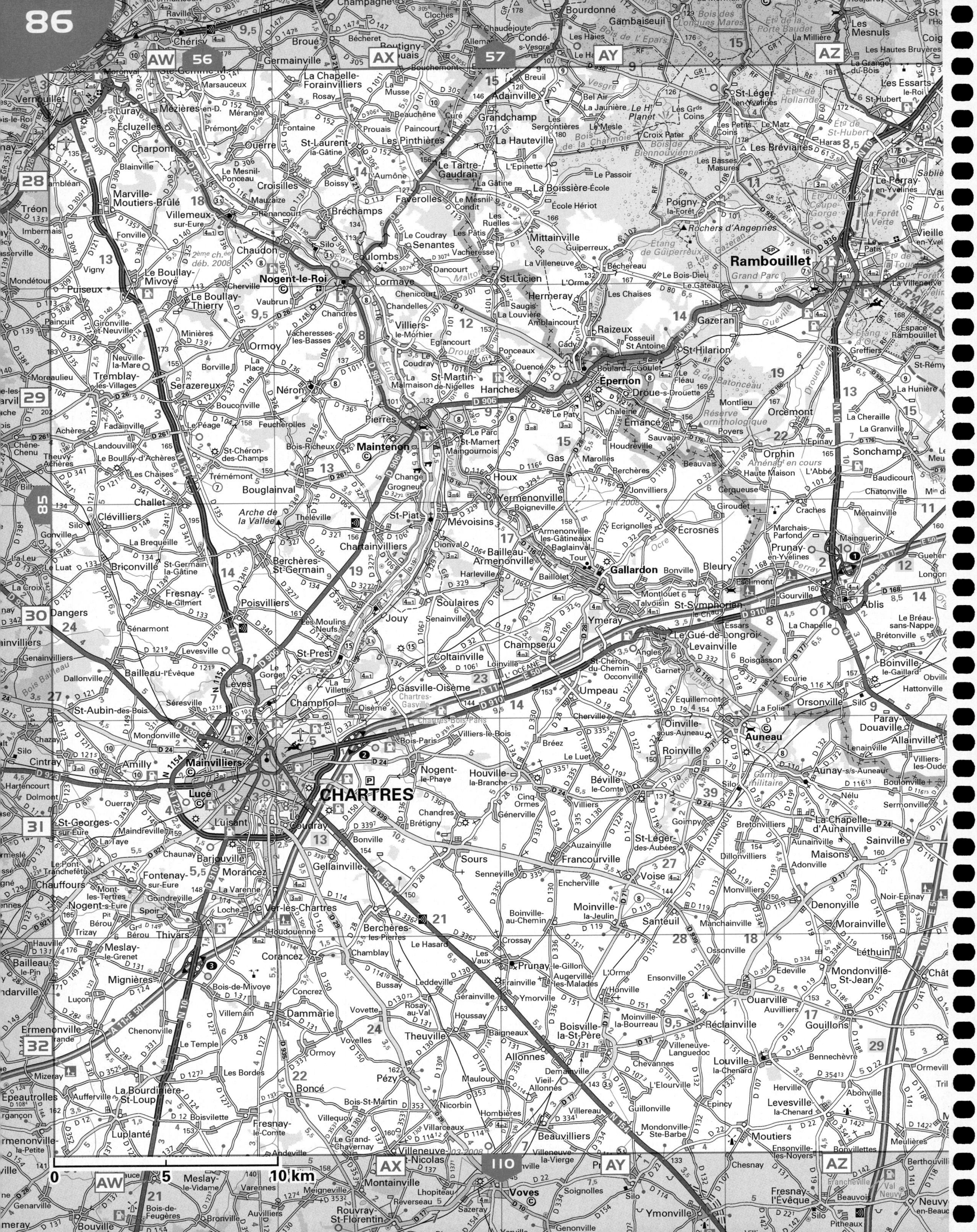

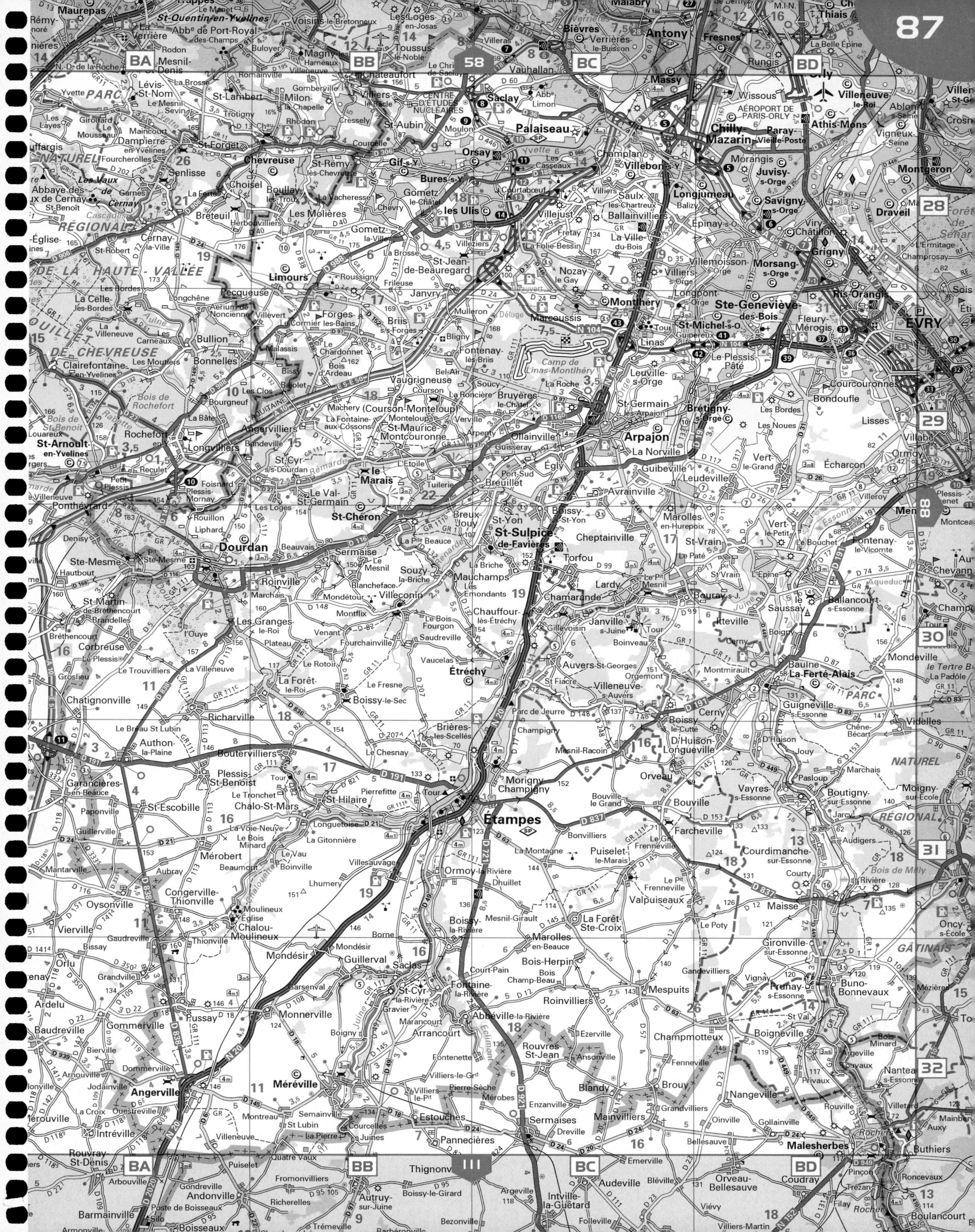
BA
BB
BC
BD
58
111
Maurepas
St-Quentin-en-Yvelines
Voisins-le-Bretonneux
Les Loges-en-Josas
Bièvres
Verrières-le-Buisson
Antony
Fresnes
Thiais
Rungis
Orly
Massy
Saclay
Palaiseau
Chilly-Mazarin
Villeneuve-le-Roi
Athis-Mons
Paray-Vieille-Poste
AÉROPORT DE PARIS-ORLY
CENTRE D'ÉTUDES NUCLÉAIRES
Chevreuse
Gif-s-Y
Orsay
Bures-s-Y
Villebon-s-Y
Morangis
Juvisy-s-Orge
Montgeron
Savigny-s-Orge
Draveil
Longjumeau
Les Ulis
Dampierre-en-Yvelines
St-Forget
Senlisse
Choisel
Cernay-la-Ville
Limours
Montlhéry
Ste-Geneviève-des-Bois
St-Michel-s-O
Linas
Ris-Orangis
ÉVRY
Fleury-Mérogis
Le Plessis-Pâté
Courcouronnes
Bondoufle
Brétigny-s-Orge
Arpajon
Forges-les-Bains
Briis-s/s-Forges
Fontenay-lès-Briis
Bruyères-le-Châtel
Camp de Linas-Montlhéry
Leuville-s-Orge
St-Germain-lès-Arpajon
Bonnelles
Bullion
Clairefontaine-en-Yvelines
Rochefort-en-Y
St-Arnoult-en-Yvelines
Longvilliers
Angervilliers
Vaugrigneuse
St-Maurice-Montcouronne
Ollainville
La Norville
Égly
Breuillet
le Marais
St-Chéron
St-Cyr-s/s-Dourdan
Dourdan
Ste-Mesme
St-Sulpice-de-Favières
Boissy-s-St-Yon
St-Yon
Cheptainville
Marolles-en-Hurepoix
St-Vrain
Lardy
Torfou
Mauchamps
Chamarande
Janville-s-Juine
Bouray-s-J.
Itteville
Ballancourt-s-Essonne
Villeconin
Souzy-la-Briche
Chauffour-lès-Étréchy
Étréchy
Les Granges-le-Roi
Corbreuse
La Forêt-le-Roi
Boissy-le-Sec
Auvers-St-Georges
Villeneuve-s-Auvers
Baulne
La Ferté-Alais
Guigneville-s-Essonne
Cerny
Videlles
Mondeville
Chatignonville
Richarville
Authon-la-Plaine
Boutervilliers
Brières-les-Scellés
Morigny-Champigny
D'Huison-Longueville
Boissy-le-Cutté
Orveau
Vayres-s-Essonne
Boutigny-s-Essonne
Moigny-s-École
Garancières-en-Beauce
Plessis-St-Benoist
St-Escobille
Chalo-St-Mars
St-Hilaire
Étampes
Bouville
Farcheville
Puiselet-le-Marais
Courdimanche-s-Essonne
Mérobert
Ormoy-la-Rivière
Congerville-Thionville
Oysonville
Chalou-Moulineux
Valpuiseaux
Maisse
Boissy-la-Rivière
La Forêt-Ste-Croix
Marolles-en-Beauce
Gironville-s-Essonne
Mondésir
Guillerval
Saclas
Bois-Herpin
Mespuits
Prunay-s-Essonne
Buno-Bonnevaux
St-Cyr-la-Rivière
Fontaine-la-Rivière
Roinvilliers
Pussay
Monnerville
Abbéville-la-Rivière
Arrancourt
Champmotteux
Boigneville
Gommerville
Rouvres-St-Jean
Méréville
Angerville
Blandy
Brouy
Nangeville
Estouches
Sermaises
Mainvilliers
Pannecières
Malesherbes
Buthiers
Rouvray-St-Denis
Thignonville
Audeville
Orveau-Bellesauve
Coudray
Andonville
Autruy-sur-Juine
Intville-la-Guétard
Boulancourt
PARC NATUREL RÉGIONAL DE LA HAUTE-VALLÉE DE CHEVREUSE
PARC NATUREL RÉGIONAL DU GÂTINAIS
28
29
30
31
32
88

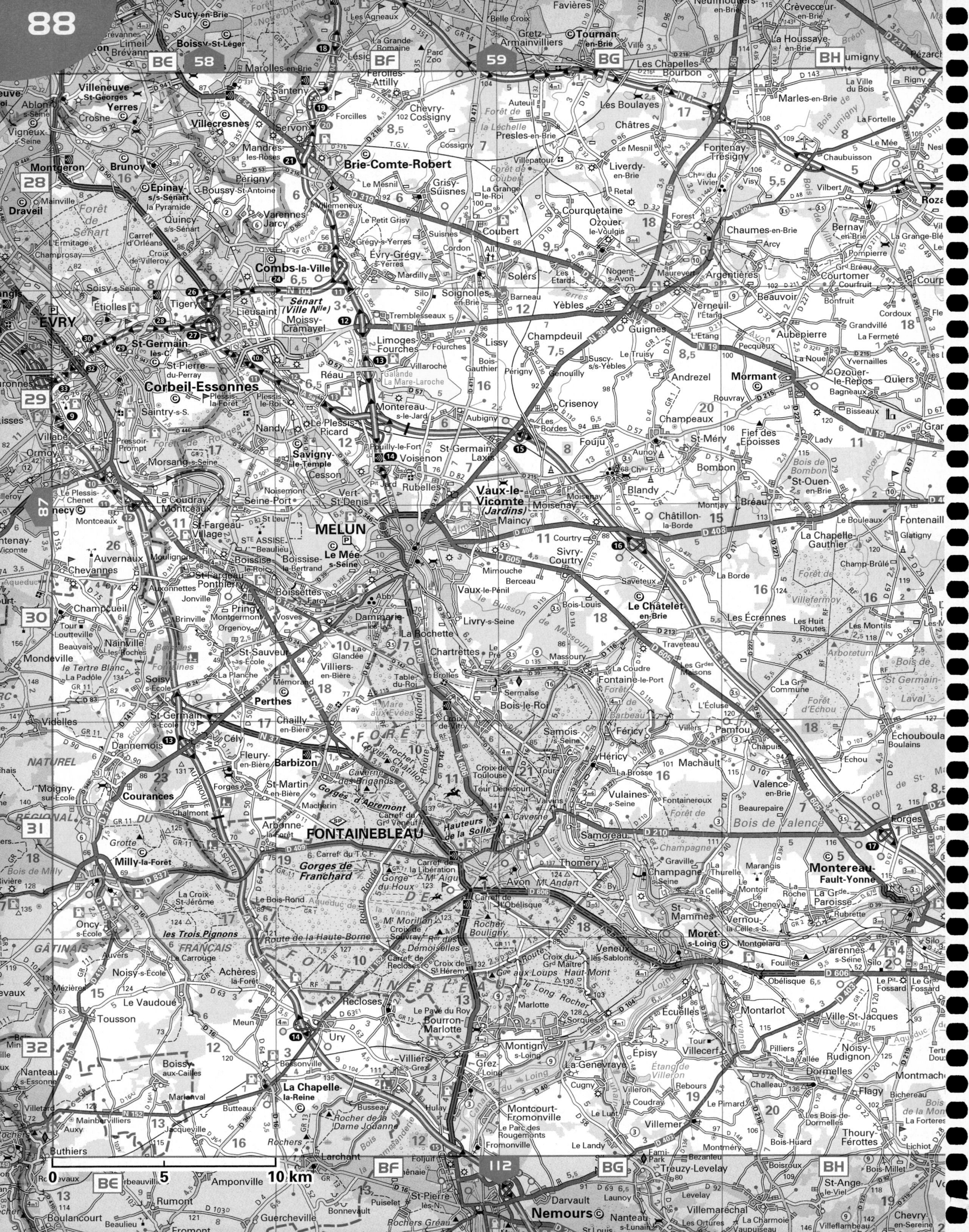

Sucy-en-Brie
Boissy-St-Léger
Tournan-en-Brie
Crèvecœur-en-Brie
La Houssaye-en-Brie
Marolles-en-Brie
Férolles-Attilly
Les Chapelles-Bourbon
Villeneuve-St-Georges
Yerres
Villecresnes
Santeny
Servon
Chevry-Cossigny
Presles-en-Brie
Les Boulayes
Châtres
Marles-en-Brie
Montgeron
Brunoy
Mandres-les-Roses
Brie-Comte-Robert
Fontenay-Trésigny
Liverdy-en-Brie
Draveil
Épinay-s/s-Sénart
Boussy-St-Antoine
Périgny
Grisy-Suisnes
Quincy-s/s-Sénart
Varennes-Jarcy
Courquetaine
Ozouer-le-Voulgis
Chaumes-en-Brie
Forêt de Sénart
Coubert
Combs-la-Ville
Évry-Grégy-s-Yerres
Soignolles-en-Brie
Solers
Nogent-s-Avon
Argentières
Courtomer
Beauvoir
Soisy-s-Seine
Étiolles
Tigery
Lieusaint
Sénart (Ville Nlle)
Moissy-Cramayel
Yèbles
Guignes
Verneuil-l'Étang
Aubepierre
EVRY
St-Germain-lès-C.
Corbeil-Essonnes
Limoges-Fourches
Lissy
Champdeuil
Réau
Andrezel
Mormant
Ozouer-le-Repos
Quiers
Saintry-s-S.
Nandy
Montereau-s-le-Jard
Crisenoy
Champeaux
Savigny-le-Temple
Cesson
Voisenon
St-Germain-Laxis
Fouju
St-Méry
Fief des Epoisses
Bombon
Blandy
Morsang-s-Seine
Le Coudray-Montceaux
Seine-Port
Vert-St-Denis
Rubelles
Vaux-le-Vicomte (Jardins)
Maincy
Moisenay
Châtillon-la-Borde
St-Ouen-en-Brie
Bréau
Fontenailles
MELUN
Le Mée-s-Seine
Sivry-Courtry
La Chapelle-Gauthier
St-Fargeau-Ponthierry
Boissise-le-Roi
Auvernaux
Chevannes
Dammarie-les-Lys
Vaux-le-Pénil
Le Châtelet-en-Brie
Les Écrennes
Champcueil
Pringy
Livry-s-Seine
La Rochette
Chartrettes
Mondeville
Nainville-les-Roches
St-Sauveur-s-École
Villiers-en-Bière
Fontaine-le-Port
Soisy-s-École
Perthes
Chailly-en-Bière
Bois-le-Roi
Samois-s-Seine
Féricy
Pamfou
Échouboulains
Videlles
St-Germain-s-École
Dannemois
Cély
Fleury-en-Bière
Barbizon
Héricy
Machault
Moigny-s-École
Courances
St-Martin-en-Bière
Vulaines-s-Seine
Valence-en-Brie
FONTAINEBLEAU
Samoreau
Forges
Milly-la-Forêt
Gorges de Franchard
Avon
Thomery
Champagne-s-Seine
Montereau-Fault-Yonne
Oncy-s-École
St Mammès
Moret-s-Loing
Noisy-s-École
Achères-la-Forêt
Veneux-les-Sablons
Varennes-s-Seine
Le Vaudoué
Tousson
Recloses
Bourron-Marlotte
Montarlot
Ville-St-Jacques
Ury
Montigny-s-Loing
Écuelles
Épisy
Villecerf
Noisy-Rudignon
Boissy-aux-Cailles
Grez-s-Loing
La Genevraye
Dormelles
La Chapelle-la-Reine
Montcourt-Fromonville
Villemer
Flagy
Thoury-Férottes
Buthiers
Larchant
Treuzy-Levelay
Amponville
Nemours
Chevry-en-Sereine
0 5 10 km

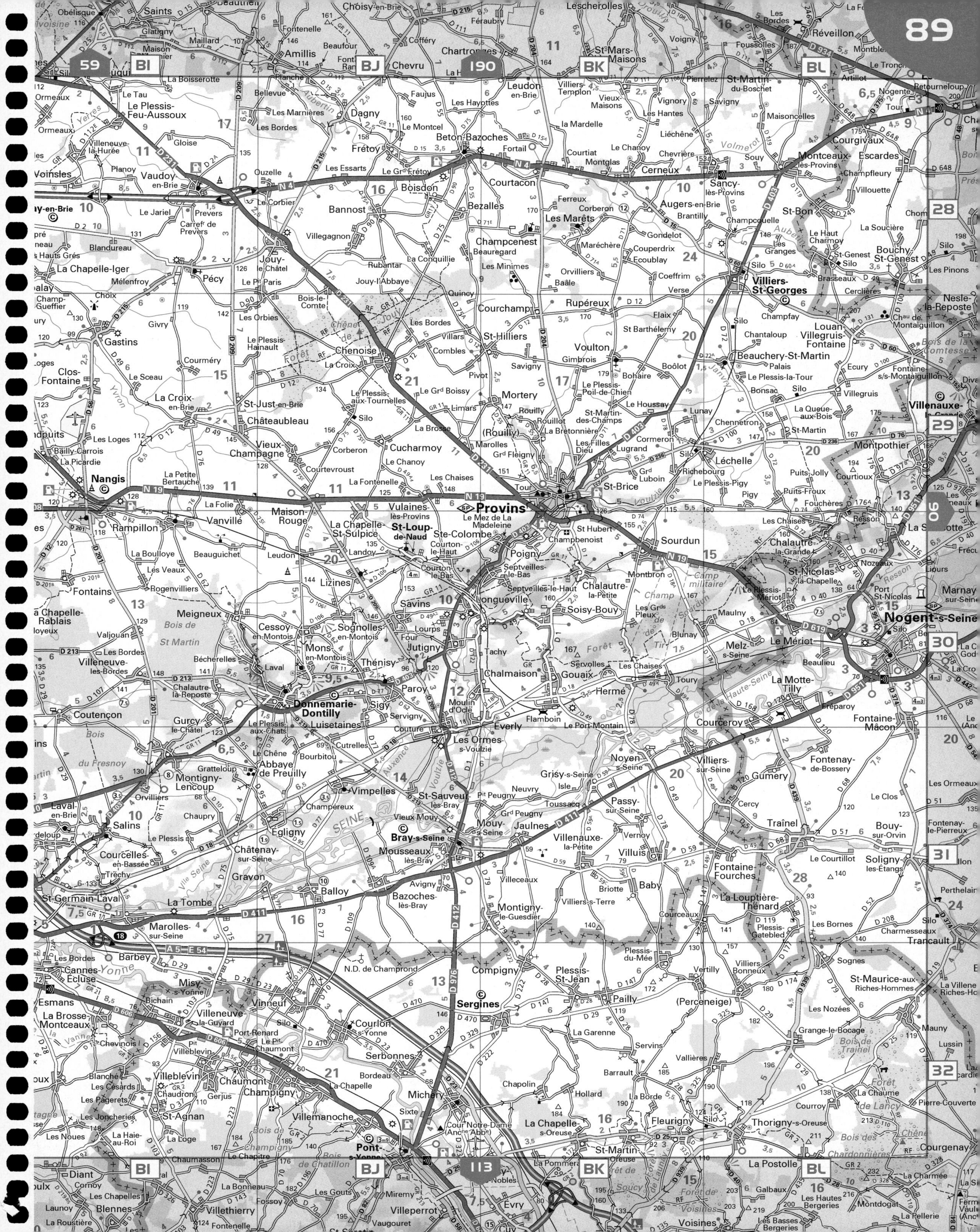

Obélisque
Saints
Choisy-en-Brie
Lescherolles
Réveillon
Amillis
Chevru
Chartronges
St-Mars-Maisons
Voigny
Foussolles
BI
BJ
190
BK
BL
59
St-Martin-du-Boschet
Leudon-en-Brie
Villiers-Templon
Vieux-Maisons
Vignory
Savigny
Nogentel
Le Plessis-Feu-Aussoux
Dagny
Faujus
Les Hayottes
Les Marnières
Le Montcel
Beton-Bazoches
la Mardelle
Les Hantes
Liéchêne
Maisoncelles
Courgivaux
Escardes
Villeneuve-la-Hurée
Gloise
Frétoy
Fortail
Courtiat
Montglas
Le Chanoy
Chevrière
Soury
Montceaux-lès-Provins
Champfleury
Voinsles
Vaudoy-en-Brie
Ouzelle
Les Essarts
Le Grd Frétoy
Boisdon
Courtacon
Cerneux
Sancy-lès-Provins
Villouette
Le Jariel
Prevers
Carrefr de Prevers
Bannost
Bezalles
Ferreux
Corberon
Les Marêts
Augers-en-Brie
Brantilly
Champcouelle
St-Bon
La Soucière
Villegagnon
Champcenest
Beauregard
Gondelot
Le Haut Charmoy
Les Granges
Bouchy-St-Genest
St-Genest
Blandureau
Jouy-le-Châtel
Le Pt Paris
Rubantar
La Conquillie
Les Minimes
Maréchère
Couperdrix
Ecoublay
Orvilliers
Baâle
Coeffrim
Villiers-St-Georges
Brasseaux
Cerclières
Les Pinons
La Chapelle-Iger
Mélenfroy
Pécy
Jouy-l'Abbaye
Quincy
Courchamp
Rupéreux
Verse
Flaix
Nesle-la-Reposte
Choix
Bois-le-Comte
Les Orbies
Givry
Les Bordes
Champfay
Chau de Montaiguillon
Gastins
Le Plessis-Hainault
Chenoise
Villars
Combles
St-Hilliers
St Barthélemy
Voulton
Gimbrois
Chantaloup
Louan-Villegruis-Fontaine
Bois de la Comtesse
Clos-Fontaine
Courméry
Le Sceau
La Croix
Savigny
Bohaire
Boôlot
Beauchery-St-Martin
Palais
Le Plessis-la-Tour
Ecury
Fontaine-s/s-Montaiguillon
La Croix-en-Brie
St-Just-en-Brie
Le Plessis-aux-Tournelles
Le Grd Boissy
Pivot
Mortery
Le Plessis-Poil-de-Chien
Le Houssay
Lunay
Bonsac
Villegruis
Villenauxe-la-Grande
Châteaubleau
Silo
Limars
Rouilly
La Brosse
(Rouilly)
Rouillot
La Bretonnière
St-Martin-des-Champs
Chennetron
La Queue-aux-Bois
St-Martin
Les Loges
Vieux-Champagne
Cucharmoy
Corberon
Le Chanoy
Marolles
Grd Fleigny
Les Filles Dieu
Lugrand
Cormeron
Léchelle
Montpothier
Bailly-Carrois
La Picardie
Nangis
La Petite Bertauche
Courtevroust
La Fontenelle
Les Chaises
Grd Luboin
Richebourg
Puits-Jolly
Courtioux
Le Plessis-Pigy
Pigy
St-Brice
Puits-Froux
Tour
La Folie
Vanvillé
Rampillon
Maison-Rouge
Vulaines-lès-Provins
Provins
Le Mez de La Madeleine
St Hubert
Champbenoist
Fouchères
Resson
Les Chaises
Sourdun
La Chapelle-St-Sulpice
St-Loup-de-Naud
Ste-Colombe
Courton-le-Haut
Landoy
Leudon
Beauguichet
La Boulloye
Poigny
Septveilles-le-Bas
Chalautre-la-Grande
Nozeaux
Les Veaux
Lizines
Courton-le-Bas
Rogenvilliers
Fontains
Septveilles-le-Haut
Chalautre-la-Petite
Montbron
Camp militaire
St-Nicolas
La Chapelle
Le Plessis-Mériot
Port St-Nicolas
Marnay-sur-Seine
La Chapelle-Rablais
Meigneux
Savins
Longueville
Soisy-Bouy
Champ
Les Grds Pleux
Maulny
Nogent-s-Seine
Valjouan
Bois de St Martin
Cessoy-en-Montois
Sognolles-en-Montois
Lourps
Four
Blunay
Le Mériot
Les Bordes
Villeneuve-les-Bordes
Bécherelles
Mons-en-Montois
Jutigny
Tachy
Forêt
Melz-s-Seine
Beaulieu
Laval
Thénisy
Chalmaison
Servolles
Gouaix
Les Chaises
Toury
La Motte-Tilly
Chalautre-la-Reposte
Donnemarie-Dontilly
Paroy
Sigy
Moulin d'Ocle
Hermé
Coutençon
Gurcy-le-Châtel
Le Plessis-aux-Chats
Luisetaines
Servigny
Couture
Flamboin
Everly
Le Port Montain
Courceroy
Fréparoy
Fontaine-Mâcon
Bois du Fresnoy
Le Chêne
Cutrelles
Bourbitou
Les Ormes-s-Voulzie
Noyen-s-Seine
Villiers-sur-Seine
Fontenay-de-Bossery
Gratteloup
Montigny-Lencoup
Abbaye de Preuilly
Vimpelles
Grisy-s-Seine
Isle
Neuvry
Gumery
Les Ormeaux
Orvilliers
Chaupry
St-Sauveur-lès-Bray
Pt Peugny
Toussacq
Passy-sur-Seine
Cercy
Le Clos
Laval-en-Brie
Salins
Champereux
Egligny
Vieux Mouy
Grd Peugny
Mouy-s-Seine
Jaulnes
Vernoy
Traînel
Bouy-sur-Orvin
Le Plessis
Bray-s-Seine
Villenauxe-la-Petite
Villuis
Courcelles-en-Bassée
Châtenay-sur-Seine
Mousseaux-lès-Bray
Fontaine-Fourches
Le Courtillot
Soligny-les-Étangs
Trèchy
Gravon
Villeceaux
Briotte
Baby
St-Germain-Laval
Balloy
Avigny
Bazoches-lès-Bray
Villiers-s-Terre
La Louptière-Thénard
Perthelain
La Tombe
Montigny-le-Guesdier
Courceaux
Plessis-Gatebled
Les Bornes
Charmesseaux
Marolles-sur-Seine
Trancault
Les Bordes
Barbey
Compigny
Plessis-du-Mée
Vertilly
Villiers-Bonneux
Sognes
Cannes-Écluse
N.D. de Champrond
Misy-s-Yonne
Vinneuf
Plessis-St-Jean
Pailly
St-Maurice-aux-Riches-Hommes
Esmans
Bichain
Sergines
(Perceneige)
La Brosse-Montceaux
Villeneuve-la-Guyard
Courlon-s-Yonne
La Garenne
Les Nozées
Port-Renard
Le Pt Chaumont
Grange-le-Bocage
Mauny
Chevinois
Pt Villeblevin
Serbonnes
Servins
Vallières
Bois de Traînel
Lussin
Blanche
Villeblevin
Bordeau
Barrault
Les Césards
Chaumont
La Chapelle
Chapolin
Hollard
La Borde
Forêt de Lancy
La Chaume
Pierre-Couverte
Les Pagerets
Chaudron
Champigny
Michery
Courroy
Les Joncheries
St-Agnan
Gerjus
Villemanoche
Sixte
La Chapelle-s-Oreuse
Fleurigny
Thorigny-s-Oreuse
Les Noues
La Haie-au-Roi
La Loge
Bois de Champigny
Cour Notre-Dame (Ancne Abbe)
Bois des Chardonnières
Courgenay
Pont-s-Yonne
St-Martin-Oreuse
Chaumasson
Le Chapitre
Bois de Chatillon
La Pommeraie
La Postolle
113
Diant
Cornoy
Les Chapelles
La Bonneau
Les Gouts
Miremy
Forêt de Soucy
Forêt de Voisines
Galbaux
Les Hautes Bergeries
Montdogat
La Charmée
Launoy
Blennes
Villethierry
Fossoy
Villeperrot
Evry
La Pellerie
La Roustière
Fontenelle
Vaugouret
Voisines
Les Basses Bergeries
28
29
30
31
32
90

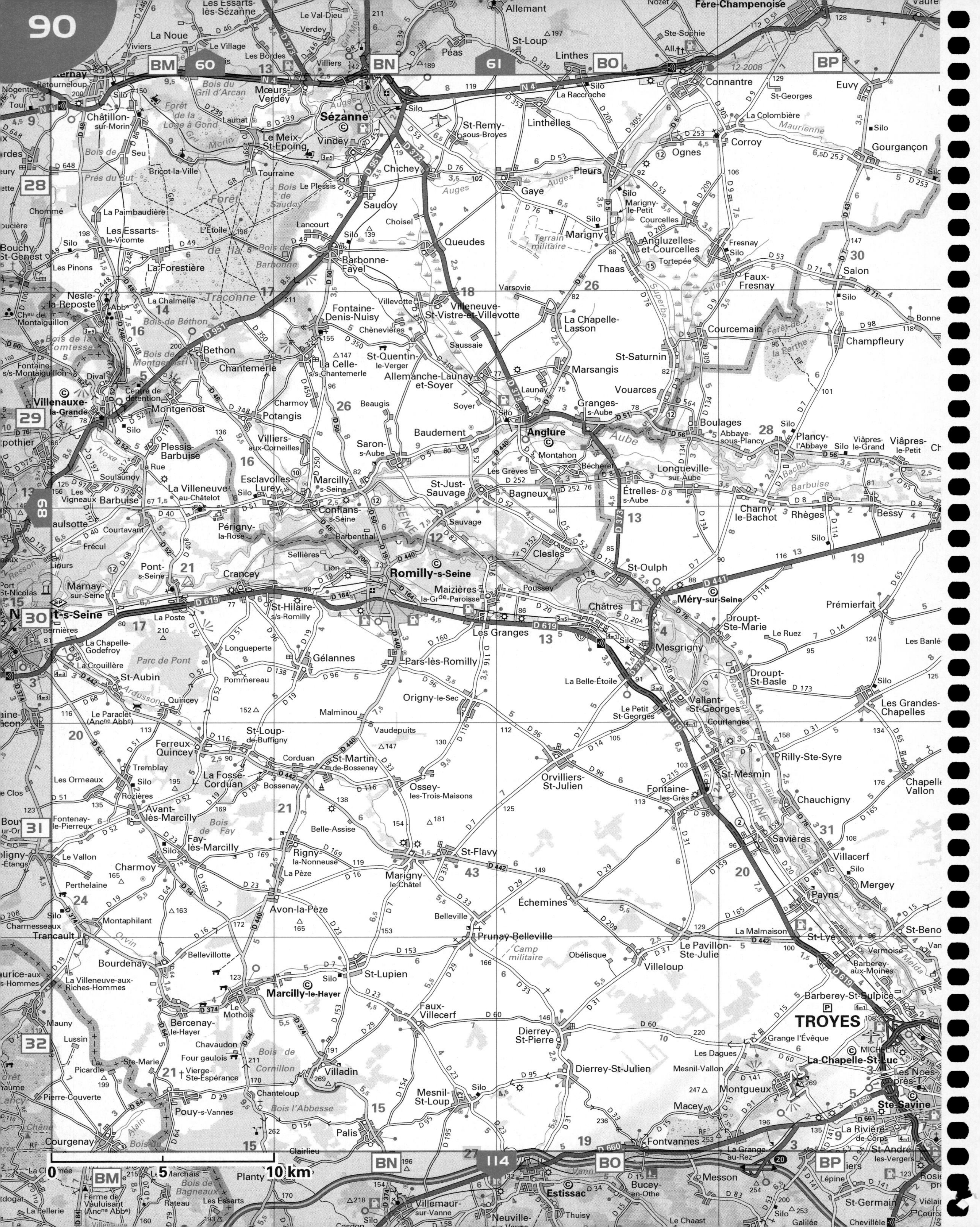

90
Les Essarts-lès-Sézanne
La Noue
Le Val-Dieu
Verdey
Allemant
Fère-Champenoise
Le Village
Les Bordes
Villiers
Péas
St-Loup
Linthes
Ste-Sophie
Connantre
BM
60
BN
61
BO
BP
Nogentel
Retourneloup
Mœurs-Verdey
Bois du Gril d'Arcan
Sézanne
La Raccroche
St-Georges
Euvy
Châtillon-sur-Morin
Forêt de la Loge à Gond
Le Meix-St-Epoing
Vindey
St-Remy-sous-Broyes
Linthelles
La Colombière
Corroy
Gourgançon
Ognes
Maurienne
Bois de Seu
Bricot-la-Ville
Tourraine
Chichey
Pleurs
Gaye
Prés du But
Le Plessis
Saudoy
Forêt de la Traconne
Auges
Marigny-le-Petit
Courcelles
Marigny
Terrain militaire
La Paimbaudière
Chommé
Les Essarts-le-Vicomte
L'Etoile
Lancourt
Choisel
Queudes
Angluzelles-et-Courcelles
Fresnay
Bouchy-St-Genest
Les Pinons
La Forestière
Barbonne-Fayel
Thaas
Tortepée
Faux-Fresnay
Salon
Nesle-la-Reposte
La Chalmelle
Château de Montaiguillon
Bois de Béthon
Villevotte
Fontaine-Denis-Nuisy
Villeneuve-St-Vistre-et-Villevotte
Varsovie
La Chapelle-Lasson
Courcemain
Champfleury
Forêt de la Perthe
Bonne
Bethon
Chènevières
Saussaie
St-Saturnin
Fontaine-s/s-Montaiguillon
Chantemerle
La Celle-s/s-Chantemerle
St-Quentin-le-Verger
Allemanche-Launay-et-Soyer
Marsangis
Dival
Centre de détention
Vouarces
Launay
Villenauxe-la-Grande
Montgenost
Charmoy
Beaugis
Soyer
Granges-s-Aube
Boulages
Potangis
Baudement
Anglure
Abbaye-sous-Plancy
Plancy-l'Abbaye
Viâpres-le-Grand
Viâpres-le-Petit
Plessis-Barbuise
Villiers-aux-Corneilles
Saron-s-Aube
Montahon
Aube
Bécheret
Longueville-sur-Aube
La Rue
Les Grèves
Bachot
Barbuise
Soulaunoy
Esclavolles-Lurey
Marcilly-s-Seine
St-Just-Sauvage
Bagneux
Étrelles-s-Aube
Charny-le-Bachot
Rhèges
Bessy
Les Vigneaux
La Villeneuve-au-Châtelot
Conflans-s-Seine
Saulsotte
Courtavant
Périgny-la-Rose
Sauvage
Barbenthal
Seine
Frécul
Clesles
St-Oulph
Liours
Sellières
Lion
Romilly-s-Seine
Pont-s-Seine
Crancey
Marnay-sur-Seine
Maizières-la-Grde-Paroisse
Poussey
Méry-sur-Seine
Prémierfait
Port St-Nicolas
Nogent-s-Seine
St-Hilaire-s/s-Romilly
Châtres
La Poste
Droupt-Ste-Marie
Le Ruez
Bernières
Les Granges
La Chapelle-Godefroy
Longueperte
Mesgrigny
Les Banlé
La Crouillière
Parc de Pont
Gélannes
Pars-lès-Romilly
St-Aubin
Pommereau
La Belle-Étoile
Droupt-St-Basle
Ardusson
Quincey
Origny-le-Sec
Le Paraclet (Ancne Abbe)
Malminou
Le Petit St-Georges
Vallant-St-Georges
Les Grandes-Chapelles
Courlanges
St-Loup-de-Buffigny
Vaudepuits
Ferreux-Quincey
Tremblay
Corduan
St-Martin-de-Bossenay
Orvilliers-St-Julien
Rilly-Ste-Syre
St-Mesmin
Les Ormeaux
La Fosse-Corduan
Bossenay
Ossey-les-Trois-Maisons
Chapelle-Vallon
Rozières
Fontaine-les-Grès
Chauchigny
Avant-lès-Marcilly
Fontenay-de-Pierreux
Bois de Fay
Belle-Assise
Savières
Fay-lès-Marcilly
Rigny-la-Nonneuse
St-Flavy
Villacerf
Le Vallon
Charmoy
La Pèze
Marigny-le-Châtel
Mergey
Perthelaine
Échemines
Payns
Avon-la-Pèze
Montaphilant
Belleville
Trancault
St-Benoît
Charmesseaux
Orvin
Prunay-Belleville
La Malmaison
St-Lyé
Camp militaire
Le Pavillon-Ste-Julie
Vermoise
Bourdenay
Bellevillotte
Obélisque
St-Lupien
Villeloup
Barberey-aux-Moines
La Villeneuve-aux-Riches-Hommes
Marcilly-le-Hayer
Barberey-St-Sulpice
Faux-Villecerf
Le Mothois
TROYES
Mauny
Bercenay-le-Hayer
Dierrey-St-Pierre
Grange l'Évêque
Lussin
Chavaudon
Bois de Cornillon
Les Dagues
La Chapelle-St-Luc
Four gaulois
Ste-Marie
Villadin
Dierrey-St-Julien
Mesnil-Vallon
Picardie
Vierge-Ste-Espérance
Les Noës-près-T.
Pierre-Couverte
Chanteloup
Mesnil-St-Loup
Montgueux
Ste-Savine
Pouy-s-Vannes
Bois l'Abbesse
Macey
Courgenay
Palis
Fontvannes
La Rivière-de-Corps
Clairlieu
St-André-les-Vergers
La Grange-au-Rez
0
5
10 km
Marchais
Planty
Messon
Bois de Bagneaux
Estissac
Bucey-en-Othe
Lépine
Ferme de Vauluisant (Ancne Abbe)
Rateau
Les Essarts
Villemaur-sur-Vanne
Neuville
Thuisy
St-Germain
La Pellerie
Le Chaast
Galilée
Chevillèle
114

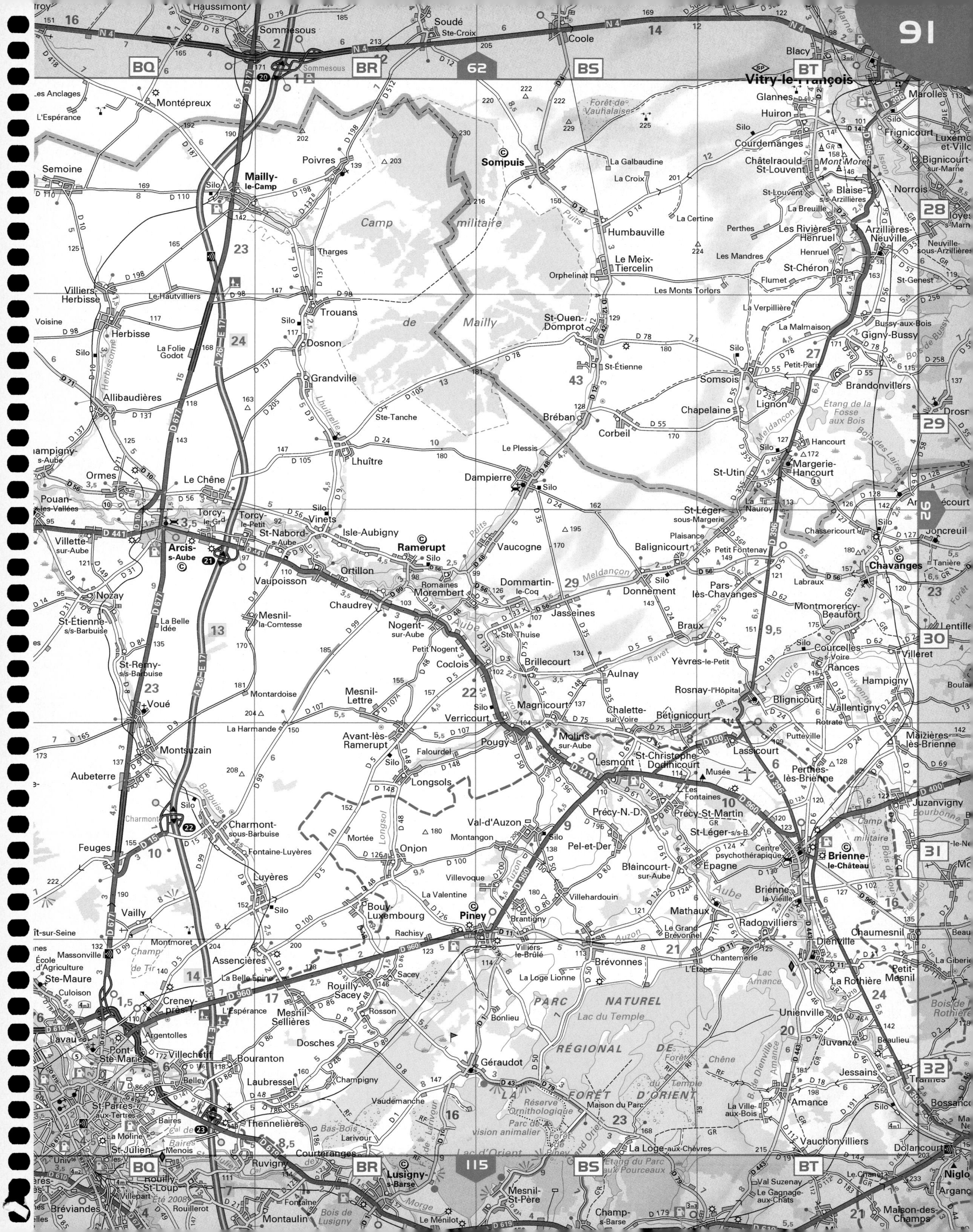

BQ
BR
62
BS
BT
115
Sommesous
Soudé
Coole
Vitry-le-François
Montépreux
L'Espérance
Les Anclages
Semoine
Mailly-le-Camp
Poivres
Sompuis
Camp militaire de Mailly
Villiers-Herbisse
Herbisse
Trouans
Dosnon
Grandville
Allibaudières
Lhuître
Le Chêne
Ormes
Pouan-les-Vallées
Torcy-le-Grd
Torcy-le-Petit
Arcis-s-Aube
Villette-sur-Aube
Nozay
St-Étienne-s/s-Barbuise
Vaupoisson
Ortillon
Isle-Aubigny
Ramerupt
St-Nabord-s-Aube
Vinets
Chaudrey
Morembert
Dommartin-le-Coq
Jasseines
Donnement
Pars-lès-Chavanges
Chavanges
Humbauville
Le Meix-Tiercelin
St-Ouen-Domprot
Somsois
Chapelaine
Lignon
Brandonvillers
Margerie-Hancourt
St-Utin
Bréban
Corbeil
Dampierre
Vaucogne
Balignicourt
Nogent-sur-Aube
Coclois
Brillecourt
Aulnay
Braux
Rosnay-l'Hôpital
Magnicourt
Verricourt
Pougy
Molins-sur-Aube
Lesmont
St-Christophe-Dodinicourt
Brienne-le-Château
Piney
Géraudot
Lusigny-s-Barse
Voué
Montsuzain
Aubeterre
Charmont-sous-Barbuise
Feuges
Vailly
Ste-Maure
Creney-près-T.
Pont-Ste-Marie
Villechétif
Bouranton
Laubressel
Thennelières
St-Parres-aux-Tertres
St-Julien
Ruvigny
Rouilly-St-Loup
Bréviandes
Courteranges
Mesnil-Sellières
Rouilly-Sacey
Assencières
Bouy-Luxembourg
Onjon
Longsols
Mesnil-Lettre
Avant-lès-Ramerupt
Val-d'Auzon
Précy-N.-D.
Précy-St-Martin
Pel-et-Der
Blaincourt-sur-Aube
Épagne
Mathaux
Radonvilliers
Brévonnes
Dienville
Unienville
Juvanzé
Jessains
Amance
Vauchonvilliers
Dolancourt
PARC NATUREL RÉGIONAL DE LA FORÊT D'ORIENT
Lac du Temple
Lac d'Orient
Maison du Parc
La Loge-aux-Chèvres
Mesnil-St-Père
Montaulin
Le Ménilot

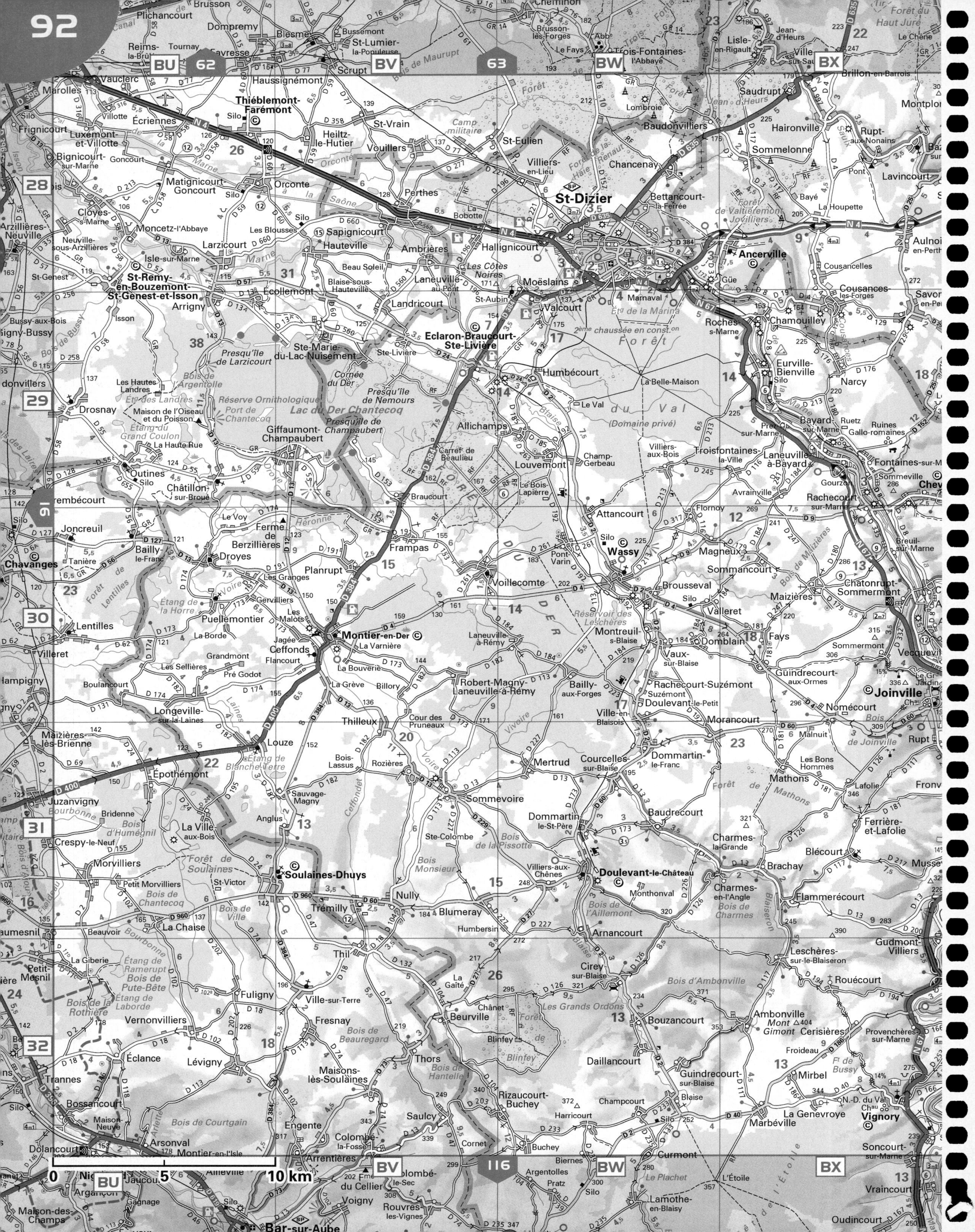
BU
62
BV
63
BW
BX
St-Dizier
Thiéblemont-Farémont
Ancerville
Eclaron-Braucourt-Ste-Livière
Lac du Der Chantecoq
Réserve Ornithologique
Giffaumont-Champaubert
Montier-en-Der
Wassy
Joinville
Soulaines-Dhuys
Doulevant-le-Château
Vignory
Bar-sur-Aube
Chavanges
Vitry-le-François
Marolles
Vauclerc
Frignicourt
Luxémont-et-Villotte
Écriennes
Bignicourt-sur-Marne
Matignicourt-Goncourt
Orconte
Perthes
Cloyes-sur-Marne
Moncetz-l'Abbaye
Larzicourt
Isle-sur-Marne
St-Remy-en-Bouzemont-St-Genest-et-Isson
Arrigny
Sapignicourt
Hauteville
Ambrières
Hallignicourt
Moëslains
Valcourt
Landricourt
Laneuville-au-Pont
Écollemont
Ste-Marie-du-Lac-Nuisement
Humbécourt
Allichamps
Louvemont
Chamouilley
Eurville-Bienville
Narcy
Bayard-sur-Marne
Roches-sur-Marne
Troisfontaines-la-Ville
Laneuville-à-Bayard
Rachecourt-sur-Marne
Drosnay
Outines
Châtillon-sur-Broué
Joncreuil
Droyes
Frampas
Planrupt
Puellemontier
Voillecomte
Brousseval
Attancourt
Magneux
Sommancourt
Chatonrupt-Sommermont
Vecqueville
Lentilles
Villeret
Ceffonds
Louze
Thilleux
Montreuil-sur-Blaise
Vaux-sur-Blaise
Domblain
Fays
Rachecourt-Suzémont
Doulevant-le-Petit
Morancourt
Nomécourt
Longeville-sur-la-Laines
Maizières-lès-Brienne
Épothémont
Juzanvigny
Crespy-le-Neuf
Morvilliers
La Ville-aux-Bois
Sommevoire
Mertrud
Courcelles-sur-Blaise
Dommartin-le-Franc
Dommartin-le-St-Père
Baudrecourt
Charmes-la-Grande
Mathons
Ferrière-et-Lafolie
Blécourt
Trémilly
Nully
Blumeray
Arnancourt
Charmes-en-l'Angle
Leschères-sur-le-Blaiseron
Gudmont-Villiers
Fuligny
Ville-sur-Terre
Fresnay
Beurville
Cirey-sur-Blaise
Bouzancourt
Ambonville
Cerisières
Vernonvilliers
Éclance
Lévigny
Thors
Maisons-lès-Soulaines
Daillancourt
Guindrecourt-sur-Blaise
Mirbel
Trannes
Bossancourt
Arsonval
Dolancourt
Montier-en-l'Isle
Engente
Colombé-la-Fosse
Saulcy
Rizaucourt-Buchey
Champcourt
Marbéville
La Genevroye
Soncourt-sur-Marne
Curmont
Lamothe-en-Blaisy
Vraincourt
Oudincourt
Forêt du Der
116
0
5
10 km

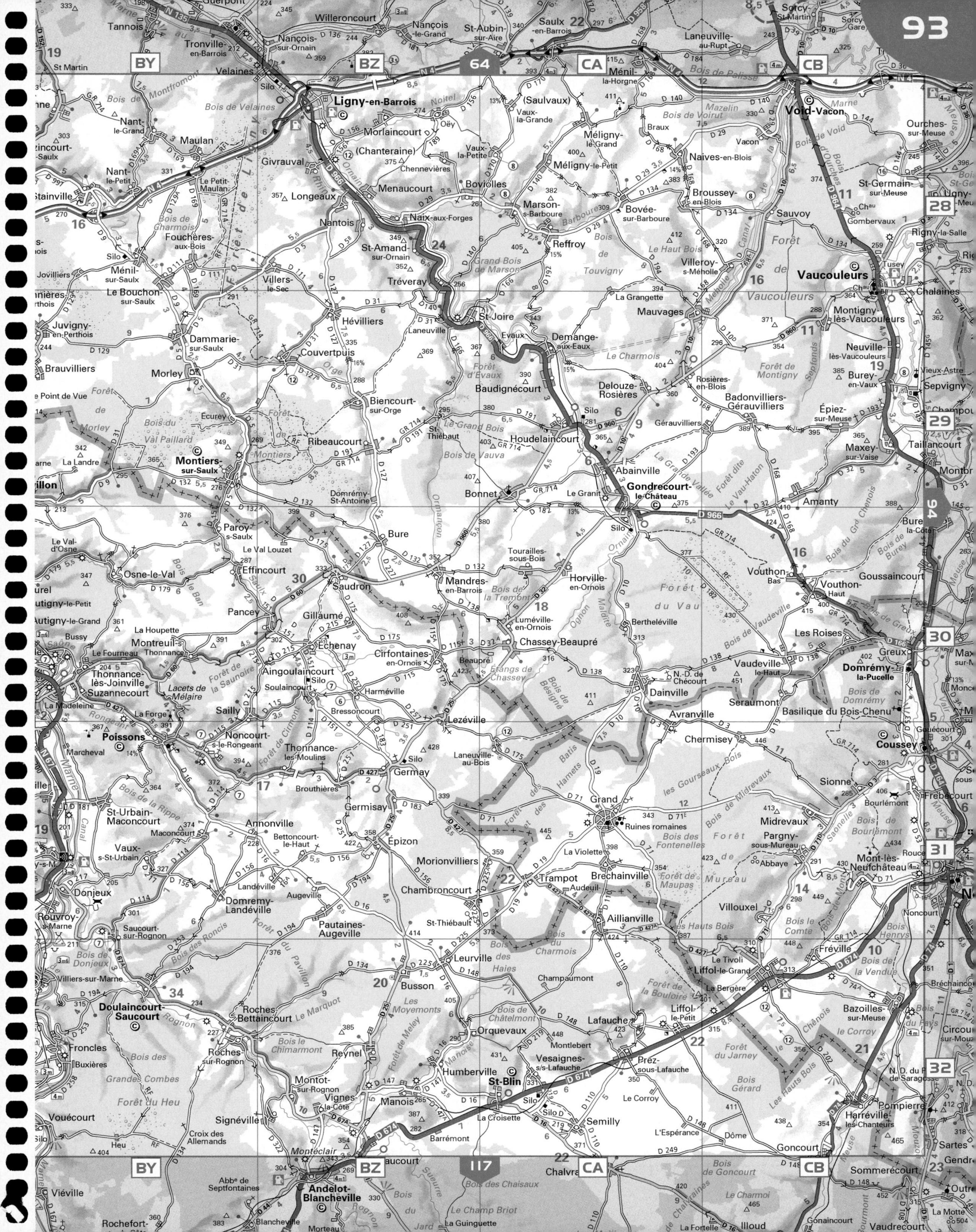
BY
BZ
64
CA
CB
28
29
30
31
32
94
117
Tannois
Willeroncourt
Nançois-le-Grand
St-Aubin-sur-Aire
Saulx-en-Barrois
Laneuville-au-Rupt
Sorcy-St-Martin
Tronville-en-Barrois
Nançois-sur-Ornain
Velaines
Ménil-la-Horgne
Ligny-en-Barrois
(Saulvaux)
Vaux-la-Grande
Void-Vacon
Nant-le-Grand
Maulan
Morlaincourt
(Chanteraine)
Oëy
Vaux-la-Petite
Méligny-le-Grand
Braux
Naives-en-Blois
Vacon
Ourches-sur-Meuse
Givrauval
Chennevières
Méligny-le-Petit
Nant-le-Petit
Menaucourt
Boviolles
Broussey-en-Blois
St-Germain-sur-Meuse
Stainville
Longeaux
Marson-s-Barboure
Bovée-sur-Barboure
Sauvoy
Gombervaux
Naix-aux-Forges
Nantois
Fouchères-aux-Bois
St-Amand-sur-Ornain
Reffroy
Rigny-la-Salle
Ménil-sur-Saulx
Villers-le-Sec
Tréveray
Villeroy-s-Méholle
Vaucouleurs
Le Bouchon-sur-Saulx
La Grangette
Chalaines
Juvigny-en-Perthois
Hévilliers
St-Joire
Mauvages
Montigny-lès-Vaucouleurs
Dammarie-sur-Saulx
Laneuville
Evaux
Demange-aux-Eaux
Neuville-lès-Vaucouleurs
Brauvilliers
Couvertpuis
Le Charmois
Burey-en-Vaux
Morley
Baudignécourt
Delouze-Rosières
Rosières-en-Blois
Vieux-Astre
Sepvigny
Biencourt-sur-Orge
Badonvilliers-Gérauvilliers
Écurey
St-Thiébaut
Houdelaincourt
Gérauvilliers
Épiez-sur-Meuse
Ribeaucourt
Maxey-sur-Vaise
Taillancourt
La Landre
Montiers-sur-Saulx
Abainville
Domrémy-St-Antoine
Bonnet
Le Granit
Gondrecourt-le-Château
Amanty
Paroy-s-Saulx
Bure
Tourailles-sous-Bois
Le Val-d'Osne
Le Val Louzet
Horville-en-Ornois
Vouthon-Bas
Goussaincourt
Osne-le-Val
Effincourt
Saudron
Mandres-en-Barrois
Vouthon-Haut
Autigny-le-Petit
Autigny-le-Grand
Pancey
Gillaumé
Luméville-en-Ornois
Bertheléville
Bussy
Montreuil-s-Thonnance
Échenay
Cirfontaines-en-Ornois
Chassey-Beaupré
Les Roises
Greux
Le Fourneau
Aingoulaincourt
Beaupré
N.-D. de Chécourt
Vaudeville-le-Haut
Domrémy-la-Pucelle
Thonnance-lès-Joinville
Suzannecourt
Soulaincourt
Harméville
Dainville
Seraumont
Basilique du Bois-Chenu
La Madeleine
La Forge
Sailly
Bressoncourt
Lezéville
Avranville
Chermisey
Poissons
Noncourt-s-le-Rongeant
Thonnance-les-Moulins
Laneuville-au-Bois
Coussey
Marcheval
Germay
Sionne
Brouthières
Grand
Frebécourt
Bourlémont
St-Urbain-Maconcourt
Annonville
Germisay
Ruines romaines
Midrevaux
Maconcourt
Bettoncourt-le-Haut
Épizon
La Violette
Pargny-sous-Mureau
Vaux-s-St-Urbain
Morionvilliers
Trampot
Brechainville
Abbaye
Mont-lès-Neufchâteau
Donjeux
Landéville
Augeville
Audeuil
Domremy-Landéville
Chambroncourt
Villouxel
Rouvroy-s-Marne
Saucourt-sur-Rognon
Pautaines-Augeville
St-Thiébault
Aillianville
Noncourt
Leurville
Fréville
Villiers-sur-Marne
Busson
Le Tivoli
Liffol-le-Grand
Champaumont
Bréchaincourt
Doulaincourt-Saucourt
Roches-Bettaincourt
La Bergère
Bazoilles-sur-Meuse
Lafauche
Liffol-le-Petit
Orquevaux
Montlebert
Froncles
Buxières
Roches-sur-Rognon
Reynel
Vesaignes-s/s-Lafauche
Prez-sous-Lafauche
Humberville
St-Blin
Montot-sur-Rognon
Vignes-la-Côte
Le Corroy
Pompierre
Vouécourt
Signéville
Manois
La Croisette
Semilly
Harréville-les-Chanteurs
Croix des Allemands
Barrémont
L'Espérance
Dôme
Sartes
Montéclair
Goncourt
Sommerécourt
Chalvraines
Andelot-Blancheville
Abbe de Septfontaines
Viéville
Rochefort
Blancheville
Morteau
Le Champ Briot
La Guinguette
La Fortelle
Illoud
Gonaincourt
Vaudrecourt
La Motte
Forêt de Vaucouleurs
Forêt de Montigny
Forêt du Vau
Forêt de Mureau
Forêt de Maupas
Forêt du Heu
Forêt du Jarney
Bois de Chaisaux
Bois de Goncourt

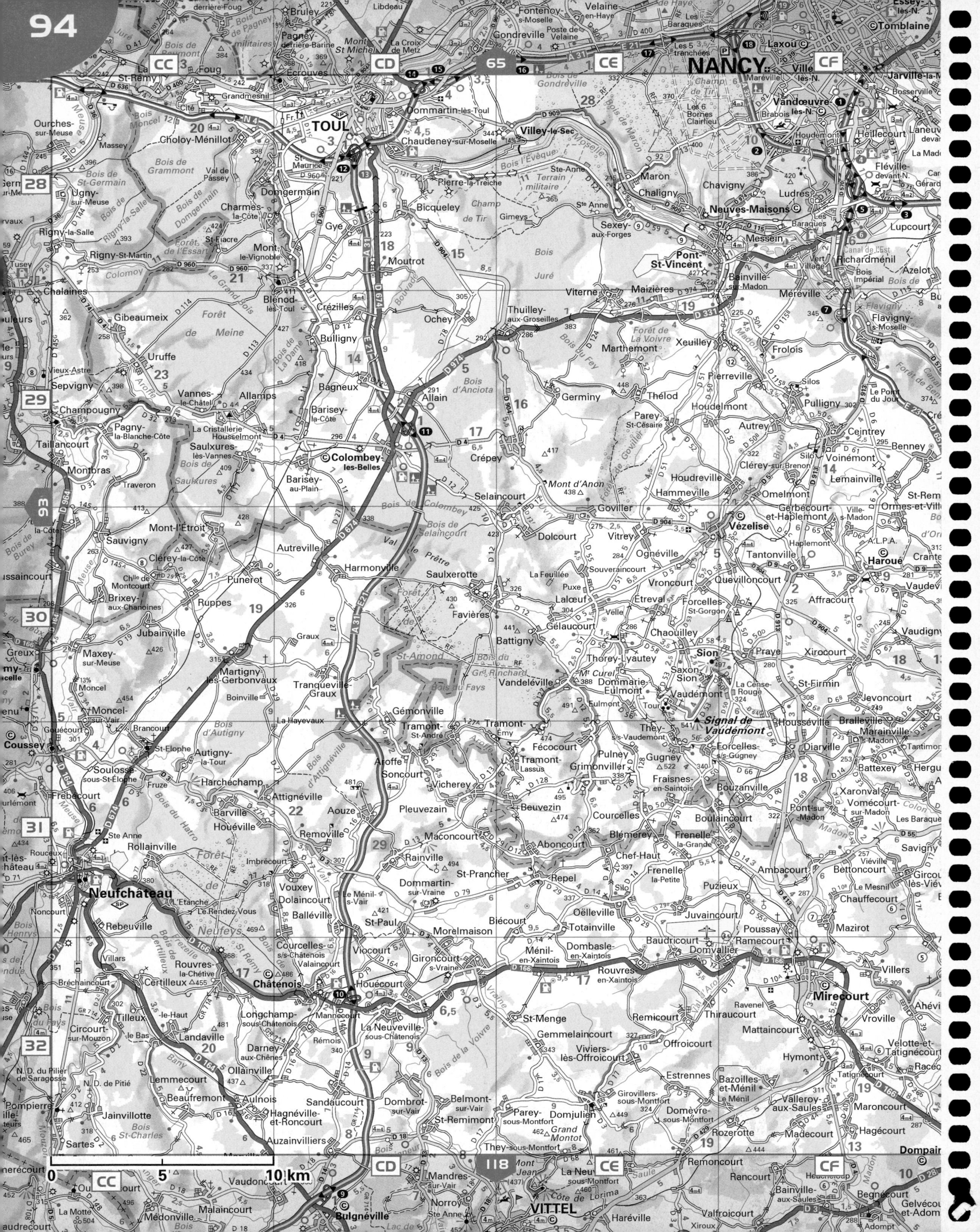

94
CC
CD
65
CE
CF
NANCY
Laxou
Tomblaine
Velaine-en-Haye
Fontenoy-s-Moselle
Gondreville
Bruley
Pagny-derrière-Barine
Libdeau
Mont St Michel
La Croix de Metz
Foug
Écrouves
St-Rémy
Lay-St-Remy
Grandmesnil
Dommartin-lès-Toul
TOUL
Villey-le-Sec
Chaudeney-sur-Moselle
Vandœuvre-lès-N.
Villers-lès-N.
Jarville-la-M.
Heillecourt
Houdemont
Fléville-devant-N.
Ludres
Chavigny
Chaligny
Maron
Neuves-Maisons
Messein
Pont-St-Vincent
Richardménil
Lupcourt
Azelot
Ourches-sur-Meuse
Choloy-Ménillot
Massey
Ugny-sur-Meuse
Domgermain
St Maurice
Pierre-la-Treiche
Bicqueley
Ste-Anne
Sexey-aux-Forges
Rigny-la-Salle
Rigny-St-Martin
Charmes-la-Côte
St-Fiacre
Mont-le-Vignoble
Gye
Moutrot
Tusey
Chalaines
Blénod-lès-Toul
Crézilles
Ochey
Thuilley-aux-Groseilles
Viterne
Maizières
Bainville-sur-Madon
Méréville
Flavigny-s-Moselle
Gibeaumeix
Forêt de Meine
Bulligny
Marthemont
Xeuilley
Frolois
Uruffe
Sepvigny
Vieux-Astre
Champougny
Vannes-le-Châtel
Allamps
Bagneux
Allain
Germiny
Thélod
Pierreville
Pulligny
Houdelmont
Parey-St-Césaire
Autrey
Ceintrey
Benney
Pagny-la-Blanche-Côte
Taillancourt
La Cristallerie
Housselmont
Saulxures-lès-Vannes
Barisey-la-Côte
Colombey-les-Belles
Crépey
Voinémont
Clérey-sur-Brenon
Lemainville
Montbras
Traveron
Barisey-au-Plain
Mont d'Anon
Houdreville
Hammeville
Omelmont
Selaincourt
Goviller
Gerbécourt-et-Haplemont
Ormes-et-Ville
Vézelise
Mont-l'Étroit
Sauvigny
Autreville
Dolcourt
Vitrey
Ognéville
Tantonville
Haroué
Clérey-la-Côte
Harmonville
Saulxerotte
Forcelles-St-Gorgon
Quevilloncourt
Vroncourt
Brixey-aux-Chanoines
Punerot
Ruppes
Favières
Laloeuf
Étreval
Affracourt
Vaudeville
Jubainville
Gélaucourt
Battigny
Chaouilley
Vaudigny
Maxey-sur-Meuse
Martigny-les-Gerbonvaux
Thorey-Lyautey
Sion
Saxon-Sion
Praye
Xirocourt
Tranqueville-Graux
Vandeléville
Dommarie-Eulmont
Vaudémont
St-Firmin
Jevoncourt
Moncel-sur-Vair
Gémonville
Signal de Vaudémont
Houssévile
Bralleville
Coussey
Autigny-la-Tour
Tramont-St-André
Tramont-Émy
Fécocourt
Pulney
Gugney
Forcelles-s/s-Gugney
Diarville
Battexey
Soulosse-sous-St-Élophe
St-Élophe
Harchéchamp
Aroffe
Soncourt
Vicherey
Tramont-Lassus
Grimonviller
Fraisnes-en-Saintois
Bouzanville
Frebécourt
Attignéville
Barville
Houéville
Pleuvezain
Beuvezin
Courcelles
Boulaincourt
Xaronval
Vomécourt-sur-Madon
Pont-sur-Madon
Ste Anne
Rollainville
Removille
Aouze
Maconcourt
Aboncourt
Blémerey
Frenelle-la-Grande
Savigny
Rainville
Chef-Haut
Frenelle-la-Petite
Ambacourt
Bettoncourt
Neufchâteau
Vouxey
Dolaincourt
Dommartin-sur-Vraine
St-Prancher
Repel
Puzieux
Chauffecourt
Rebeuville
Balléville
St-Paul
Morelmaison
Biécourt
Oëlleville
Totainville
Juvaincourt
Poussay
Mazirot
Courcelles-s/s-Châtenois
Viocourt
Gironcourt-s-Vraine
Ménil-en-Xaintois
Dombasle-en-Xaintois
Baudricourt
Domvallier
Ramecourt
Villers
Rouvres-la-Chétive
Certilleux
Châtenois
Houécourt
Rouvres-en-Xaintois
Mirecourt
Tilleux
Landaville
Longchamp-sous-Châtenois
Mannecourt
La Neuveville-sous-Châtenois
St-Menge
Remicourt
Thiraucourt
Mattaincourt
Vroville
Circourt-sur-Mouzon
Darney-aux-Chênes
Gemmelaincourt
Viviers-lès-Offroicourt
Offroicourt
Hymont
Ollainville
Estrennes
Bazoilles-et-Ménil
Tatignécourt
Lemmecourt
Beaufremont
Aulnois
Girovillers-sous-Montfort
Domèvre-sous-Montfort
Valleroy-aux-Saules
Maroncourt
Jainvillotte
Sandaucourt
Hagnéville-et-Roncourt
Dombrot-sur-Vair
Belmont-sur-Vair
St-Remimont
Parey-sous-Montfort
Domjulien
Sartes
Auzainvilliers
Grand Montot
Rozerotte
Madecourt
Hagécourt
They-sous-Montfort
Dompaire
Remoncourt
Rancourt
Bainville-aux-Saules
Begnécourt
Vaudoncourt
Mandres-sur-Vair
La Neuveville-sous-Montfort
118
Bulgnéville
Norroy
VITTEL
Haréville
Valfroicourt
Médonville
Malaincourt
La Motte
0
5
10 km

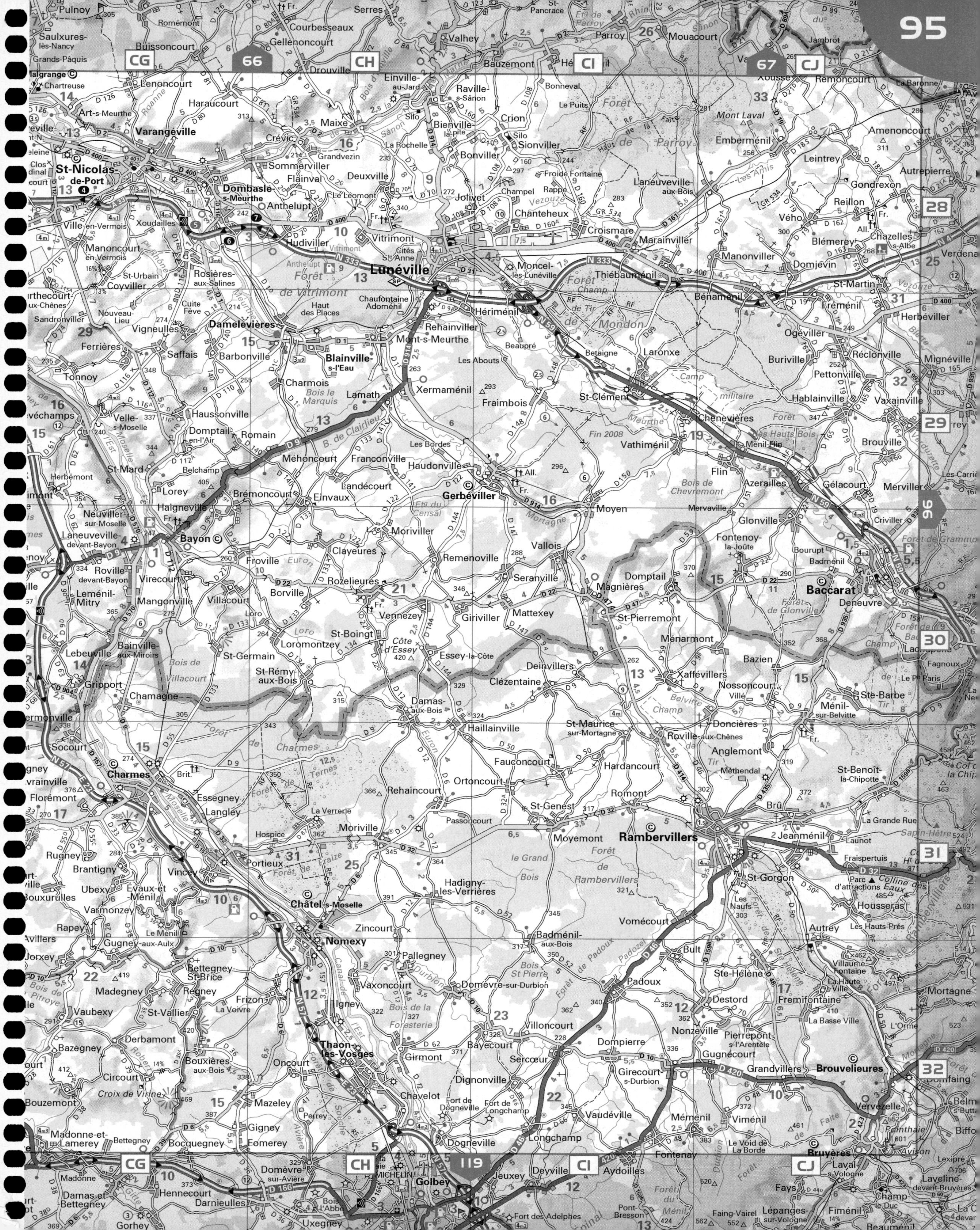
CG
66
CH
CI
67
CJ
28
29
30
31
32
96
119
Pulnoy
Romémont
Courbesseaux
Serres
Gellenoncourt
Valhey
Parroy
Mouacourt
Jambrot
Saulxures-lès-Nancy
Buissoncourt
Drouville
Bauzemont
Xousse
Remoncourt
Malgrange
Chartreuse
Lenoncourt
Haraucourt
Einville-au-Jard
Raville-s-Sânon
Bonneval
Le Puits
Forêt
Art-s-Meurthe
Varangéville
Crévic
Maixe
Bienville-la-Petite
Crion
Mont Laval
Emberménil
Amenoncourt
St-Nicolas-de-Port
Sommerviller
Grandvezin
La Rochelle
Bonviller
Sionviller
Leintrey
Autrepierre
Dombasle-s-Meurthe
Flainval
Deuxville
Jolivet
Froide Fontaine
Laneuveville-aux-Bois
Gondrexon
Anthelupt
Le Léomont
Champel
Chanteheux
Reillon
Vého
Ville-en-Vermois
Xoudailles
Croismare
Marainviller
Manonviller
Blémerey
Chazelles-s-Albe
Manoncourt-en-Vermois
Hudiviller
Vitrimont
Lunéville
Moncel-lès-Lunéville
Thiébauménil
Domjevin
Verdenal
St-Urbain
Coyviller
Rosières-aux-Salines
Forêt de Vitrimont
Bénaménil
St-Martin
Frémenil
Herbéviller
Chaufontaine
Adoménil
Hériménil
Haut des Places
Rehainviller
Forêt de Mondon
Ogéviller
Damelevières
Vigneulles
Mont-s-Meurthe
Beaupré
Nouveau-Lieu
Sandronviller
Ferrières
Saffais
Barbonville
Blainville-s-l'Eau
Les Abouts
Betaigne
Laronxe
Buriville
Réclonville
Mignéville
Tonnoy
Charmois
Lamath
Xermaménil
Fraimbois
Camp militaire
Pettonville
Hablainville
Vaxainville
Haussonville
Bois le Marquis
St-Clément
Chenevières
Velle-s-Moselle
Domptail-en-l'Air
Romain
B. de Clairlieu
Les Bordes
Fin 2008
Vathiménil
Ménil-Flin
Brouville
St-Mard
Méhoncourt
Franconville
Haudonville
Flin
Azerailles
Gélacourt
Merviller
Belchamp
Lorey
Brémoncourt
Einvaux
Landécourt
Gerbéviller
Moyen
Mervaville
Criviller
Haigneville
Neuviller-sur-Moselle
Moriviller
Mortagne
Glonville
Laneuveville-devant-Bayon
Bayon
Clayeures
Vallois
Fontenoy-la-Joûte
Bourupt
Badménil
Roville-devant-Bayon
Froville
Euron
Remenoville
Domptail
Baccarat
Deneuvre
Virecourt
Rozelieures
Seranville
Magnières
Leménil-Mitry
Mangonville
Villacourt
Borville
Vennezey
Giriviller
Mattexey
St-Pierremont
Forêt de Glonville
St-Boingt
Loromontzey
Côte d'Essey
Essey-la-Côte
Ménarmont
Lebeuville
Bainville-aux-Miroirs
St-Germain
Bazien
St-Rémy-aux-Bois
Deinvillers
Xaffévillers
Fagnoux
Bois de Villacourt
Clézentaine
Nossoncourt
Gripport
Chamagne
Ste-Barbe
Damas-aux-Bois
Ménil-sur-Belvitte
Belvitte
Haillainville
St-Maurice-sur-Mortagne
Doncières
Socourt
Forêt de Charmes
Roville-aux-Chênes
Anglemont
Charmes
Fauconcourt
Hardancourt
St-Benoît-la-Chipotte
Méthendal
Florémont
Essegney
Rehaincourt
Ortoncourt
Romont
Langley
La Verrerie
St-Genest
Brû
Moriville
Passoncourt
Rambervillers
La Grande Rue
Jeanménil
Hospice
Moyemont
Launot
Rugney
Portieux
Forêt de Rambervillers
Fraispertuis
Brantigny
Vincey
le Grand Bois
St-Gorgon
Parc d'attractions
Ubexy
Évaux-et-Ménil
Hadigny-les-Verrières
Les Naufs
Housseras
Varmonzey
Châtel-s-Moselle
Vomécourt
Autrey
Rapey
Zincourt
Les Hauts-Prés
Le Ménil
Nomexy
Badménil-aux-Bois
Gugney-aux-Aulx
Pallegney
Bult
Villaume Fontaine
Bettegney-St-Brice
Bois St Pierre
Ste-Hélène
Madegney
Regney
Vaxoncourt
Domèvre-sur-Durbion
Padoux
Forêt de Padoux
Mortagne
Frizon
Igney
Fremifontaine
Vaubexy
St-Vallier
La Voivre
Bois de la Foresterie
Destord
La Basse Ville
Derbamont
Villoncourt
Nonzeville
Bazegney
Thaon-les-Vosges
Bayecourt
Dompierre
Pierrepont-s-l'Arentèle
Circourt
Bouxières-aux-Bois
Oncourt
Girmont
Sercœur
Gugnécourt
Grandvillers
Brouvelieures
Croix de Virine
Dignonville
Girecourt-s-Durbion
Domfaing
Bouzemont
Mazeley
Chavelot
Fort de Dogneville
Fort de Longchamp
Vaudéville
Vervezelle
Perrey
Méménil
Viménil
Madonne-et-Lamerey
Bettegney
Gigney
Longchamp
Bocquegney
Fomerey
Dogneville
Le Void de La Borde
Bruyères
Fontenay
Domèvre-sur-Avière
Michelin
Jeuxey
Deyvillers
Aydoilles
Laval-s-Vologne
Madonne
Hennecourt
Golbey
Fays
Laveline-devant-Bruyères
Damas-et-Bettegney
Darnieulles
Bois de l'Abbé
Pont-Bresson
Forêt du Ménil
Faing-Vairel
Lépanges-sur-Vologne
Champ-le-Duc
Gorhey
Uxegney
Fort des Adelphes
Fiménil
Beaumenil

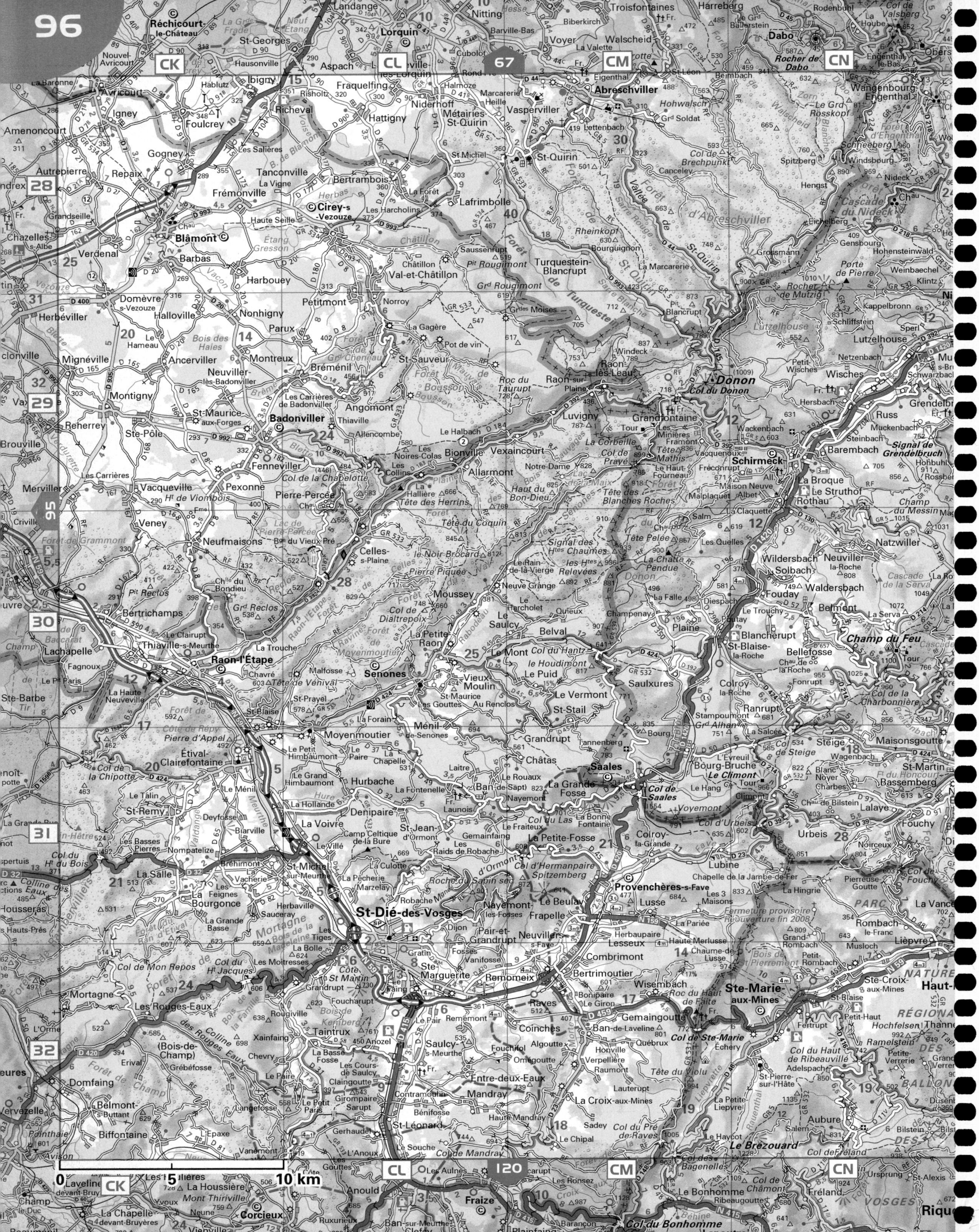
Réchicourt-le-Château
Landange
Lorquin
Nitting
Troisfontaines
Harreberg
Biberkirch
Voyer
Walscheid
Dabo
Rocher de Dabo
Col de Valsberg
St-Georges
Nouvel-Avricourt
Hausonville
Aspach
Barville-Bas
Abreschviller
Wangenbourg-Engenthal
CK
CL
67
CM
CN
La Baronne
Avricourt
Ibigny
Fraquelfing
Niderhoff
Métairies-St-Quirin
Vasperviller
Hohwalsch
Igney
Foulcrey
Richeval
Hattigny
Le Grd Rosskopf
Amenoncourt
Gogney
Les Salières
St-Quirin
Col de Brechpunkt
Schneeberg
Autrepierre
Repaix
Tanconville
Bertrambois
Canceley
Windsburg
28
Frémonville
La Vigne
Cirey-s-Vezouze
Lafrimbolle
Vallée de la Sarre Rouge
Forêt d'Abreschviller
Hengst
Nideck
Cascade du Nideck
Blâmont
Haute Seille
Les Harcholins
Rheinkopf
Bourguignon
Chazelles-s-Albe
Verdenal
Barbas
Châtillon
Saussenrupt
Pt Rougimont
Turquestein-Blancrupt
La Marcarerie
Grossmann
Gensbourg
Hohensteinwald
Harbouey
Val-et-Châtillon
Grd Rougimont
Porte de Pierre
Weinbaechel
Klintz
25
Rocher de Mutzig
31
Herbéviller
Domèvre-s-Vezouze
Halloville
Nonhigny
Petitmont
Norroy
Grdes Moises
Blancrupt
Kappelbronn
Schliffstein
Parux
La Gagère
Pot de vin
Lutzelhouse
Sperl
Lunéville
Mignéville
Le Hameau
Bois des Haies
Anzerviller
Montreux
St-Sauveur
Bréménil
Forêt de Turquestein
Windeck
Raon-lès-Leau
Donon
Col du Donon
Netzenbach
Wisches
Neuviller-lès-Badonviller
Roc du Taurupt
Raon-sur-Plaine
Petit-Wisches
Hersbach
Montigny
Les Carrières de Badonviller
Angomont
29
Badonviller
Thiaville
Allencombe
St-Maurice-aux-Forges
Luvigny
Grandfontaine
Les Minières
Wackenbach
Russ
Muckenbach
Grendelbruch
Signal de Grendelbruch
Reherrey
Ste-Pôle
Le Halbach
Vexaincourt
Bionville
La Corbeille
Col de Prayé
Tête Mathis
Framont
Vacquenoux
Schirmeck
Barembach
Steinbach
Brouville
Fenneviller
Les Noires-Colas
Les Collins
Allarmont
Notre-Dame
Le Haut Fourneau
Fréconrupt
Maison Neuve
Albet
La Broque
Le Struthof
Rothau
Merviller
Les Carrières
Vacqueville
Ht de Viombois
Pexonne
Col de la Chapelotte
Pierre-Percée
La Hallière
Tête des Herrins
Haut du Bon-Dieu
Tête des Blanches Roches
Malplaquet
Champ du Messin
95
Criviller
Veney
Tête du Coquin
La Claquette
Salm
Chaupo
Tête Pelée
Natzwiller
Forêt de Grammont
Neufmaisons
Lac de Pierre-Percée
Bgs du Vieux Pré
Celles-s-Plaine
Le Noir Brocard
Signal des Htes Chaumes
Les Htes Relevées
La Chatte Pendue
Les Quelles
Wildersbach
Neuviller-la-Roche
Solbach
Cascade de la Serva
Chle du Bondieu
Pt Reclos
Pierre Piquée
Le Rain-de-la-Vierge
Neuve Grange
Fouday
Waldersbach
Belmont
Mousscy
Col de Dialtrepoix
Le Harcholet
Le Saulcy
Quieux
Champenay
La Falle
Diespach
Le Trouchy
La Serva
30
Bertrichamps
Grd Reclos
Forêt de Moyenmoutier
La Petite Raon
Belval
Plaine
Blancherupt
Champ du Feu
Le Clairupt
Baccarat
Lachapelle
Thiaville-s-Meurthe
La Trouche
Raon-l'Étape
Le Mont
Col du Hantz
St-Blaise-la-Roche
Bellefosse
Fagnoux
Le Pt Paris
Chavré
Tête de Ventval
Senones
Vieux Moulin
Le Houdimont
Le Puid
Saulxures
Colroy-la-Roche
Fonrupt
Ste-Barbe
La Haute Neuveville
St-Prayel
St-Maurice
Les Gouttes
Au Renclos
Le Vermont
St-Stail
Ranrupt
Col de la Charbonnière
Forêt de Côte de Répy
Pierre d'Appel
St-Blaise
La Forain
Moyenmoutier
Ménil-de-Senones
Grandrupt
Tannenberg
Bourg
Stampoumont
Grd Alhan
La Salcée
Steige
Col de Steige
Maisonsgoutte
Étival-Clairefontaine
Le Petit Himbaumont
Le Paire
La Chapelle
Châtas
Saales
Bourg-Bruche
L'Evreuil
Le Climont
Wagenbach
St-Martin
Bassemberg
Col de la Chipotte
Le Grand Himbaumont
Hurbache
Laitre
Le Rouaux
Ban-de-Sapt
La Grande Fosse
Col de Saales
Le Hang
Blanc Noyer
Charbes
Le Talin
Le Ménil
La Fontenelle
Nayemont
Launois
Voyemont
Chau de Bilstein
Lalaye
St-Remy
Deyfosse
La Hollande
Denipaire
Col du Las
La Bonne Fontaine
Col d'Urbeis
Urbeis
Fouchy
La Voivre
Biarville
Le Fraiteux
Camp Celtique de la Bure
St-Jean-d'Ormont
Gemainfaing
La Petite-Fosse
Colroy-la-Grande
Les Basses Pierres
Nompatelize
Le Villé
Les Raids de Robache
Lubine
Noirceux
Col du Ht du Bois
La Salle
Bréhimont
St-Michel-sur-Meurthe
La Vacherie
La Culotte
Col d'Hermanpaire
Spitzemberg
Provenchères-s-Fave
Chapelle de la Jambe-de-Fer
Pierreuse-Goutte
Col de Fouchy
21
Les Feignes
La Bourgonce
La Pêcherie
Marzelay
Roche du Sapin sec
Le Beulay
Les 3 Maisons
Lusse
La Hingrie
Housseras
Herbaville
Robache
Nayemont-les-Fosses
Frapelle
La Vancelle
Saucerey
St-Dié-des-Vosges
Fermeture provisoire Réouverture fin 2008
Rombach-le-Franc
La Grande Basse
Mortagne
Dijon
Pair-et-Grandrupt
Neuvillers-s-Fave
Herbaupaire
La Pariée
Les Tiges
Lesseux
Haute Merlusse
Grand Rombach
Lièpvre
Musloch
La Bolle
Gratin
Fosses
Vanifosse
Combrimont
Chaume-de-Lusse
Bois de Pierremont
Petit-Rombach
Col de Mon Repos
Col du Ht Jacques
Les Moitresses
Côte St Martin
Ste-Marguerite
Remomeix
Bertrimoutier
Ste-Croix-aux-Mines
Grandrupt
Le Faing
Wisembach
Roc du Haut de Faîte
Ste-Marie-aux-Mines
Les Rouges-Eaux
Foucharupt
Raves
Bonipaire
Le Giron
Gemaingoutte
St-Blaise
Petit-Haut
L'Orme
Bois de Kemberg
Rougiville
Le Pair
Remémont
Coinches
Ban-de-Laveline
Fertrupt
Hochfelsen
Thannenkirch
Taintrux
Anozel
Saulcy-s-Meurthe
Fouchifol
Algoutte
Col de Ste-Marie
Échery
Ramelstein
Col du Haut de Ribeauvillé
Xainfaing
Omégoutte
Honville
Verpellière
Raumont
Adelspach
Petite-Verrerie
32
Colline des Rouges Eaux
Bois-de-Champ
La Basse Fosse
Les Cours-de-Saulcy
Chevry
Grébéfosse
Erival
Tête du Violu
St-Pierre-sur-l'Hâte
Domfaing
Forêt de Champ
Le Paire
Claingoutte
Giropaire
Sarupt
Entre-deux-Eaux
Lauterupt
Mandray
Belmont-s-Buttant
Langefosse
Le Petit Paris
Contramoulin
Bénifosse
La Croix-aux-Mines
La Petite Lièpvre
19
Aubure
Haute Mandray
Sadey
Col du Pré de-Raves
St-Léonard
Biffontaine
L'Epaxe
Gerhaudel
Le Chipal
Le Haycot
Le Brézouard
Col de Fréland
Vanémont
L'Anoux
Le Souche
Col de Mandray
Pointhaie
Aviss
18
0
5
10 km
Laveline-devant-Bruyères
Les Aulnes
120
Les Ronsez
Col des Bagenelles
Urspruch
St-Alexis
La Houssière
Anould
Mont Thiriville
Fraize
Col de Chamont
Fréland
Champ-le-Duc
La Chapelle-devant-Bruyères
Yvoux
Neune
Corcieux
Ruxurieux
Le Bonhomme
Ribeaugoutte
Vosges
Vienville
Ban-sur-Meurthe-Clefcy
Plainfaing
Col du Bonhomme

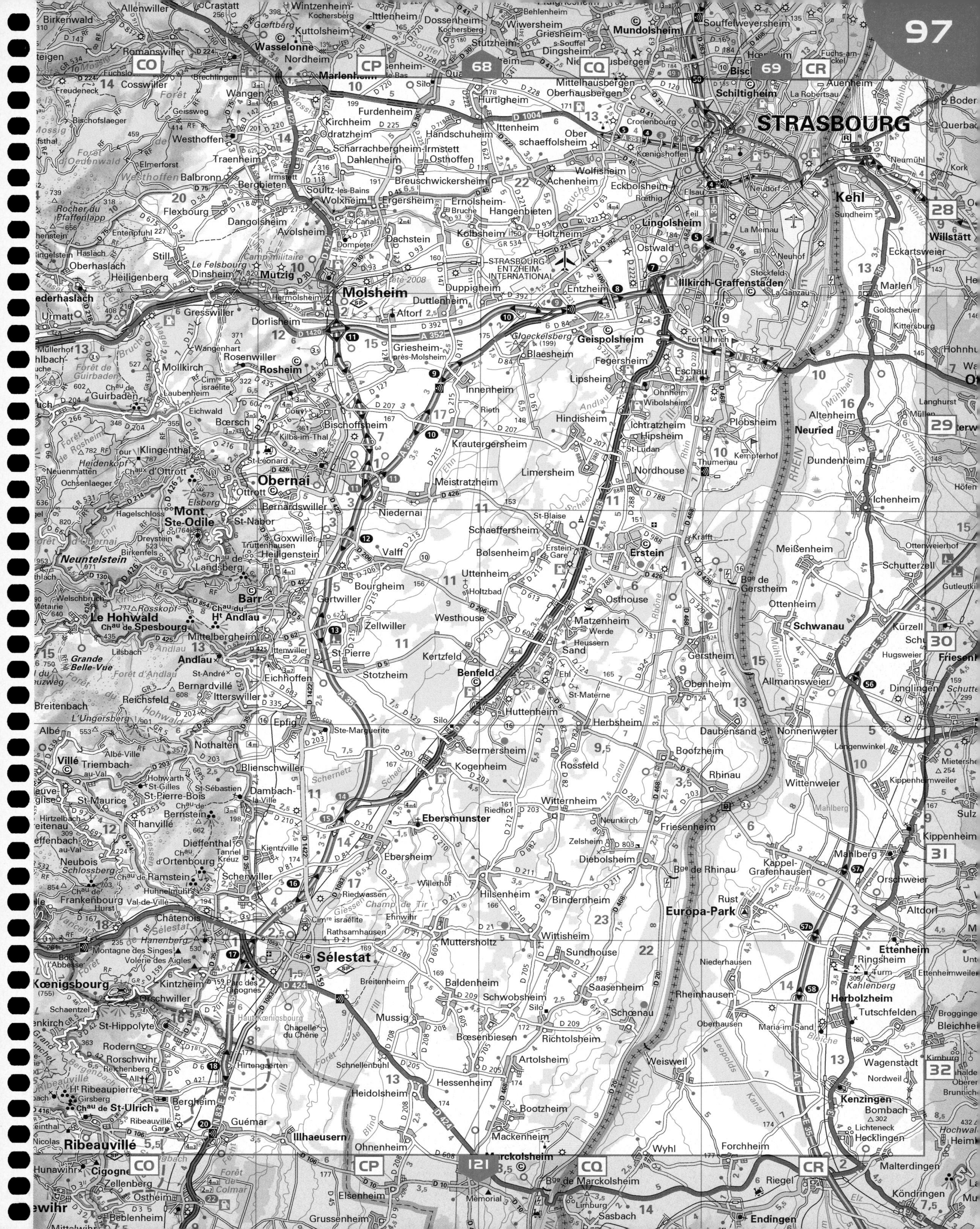

STRASBOURG
Kehl
Molsheim
Obernai
Sélestat
Erstein
Benfeld
Ribeauvillé
Marckolsheim
Europa-Park
Illkirch-Graffenstaden
Schiltigheim
Lingolsheim
Ostwald
Geispolsheim
Wasselonne
Marlenheim
Mutzig
Rosheim
Barr
Andlau
Le Hohwald
Mont Ste-Odile
Dambach-la-Ville
Kœnigsbourg
Bergheim
Guémar
Illhaeusern
Neuried
Schwanau
Mahlberg
Ettenheim
Herbolzheim
Kenzingen
Rust
Kappel-Grafenhausen
Endingen
Riegel
Wyhl
Weisweil
Rhinau
Gerstheim
Plobsheim
Eschau
Fegersheim
Lipsheim
Blaesheim
Entzheim
Duppigheim
Duttlenheim
Dachstein
Altorf
Dorlisheim
Westhoffen
Traenheim
Balbronn
Flexbourg
Dangolsheim
Avolsheim
Soultz-les-Bains
Wolxheim
Ergersheim
Ernolsheim-Bruche
Hangenbieten
Kolbsheim
Holtzheim
Achenheim
Wolfisheim
Eckbolsheim
Oberhausbergen
Mittelhausbergen
Hurtigheim
Ittenheim
Handschuheim
Furdenheim
Kirchheim
Odratzheim
Dahlenheim
Osthoffen
Breuschwickersheim
Strasbourg-Entzheim International
Innenheim
Krautergersheim
Meistratzheim
Niedernai
Valff
Bourgheim
Gertwiller
Zellwiller
St-Pierre
Stotzheim
Epfig
Kogenheim
Sermersheim
Huttenheim
Herbsheim
Boofzheim
Daubensand
Friesenheim
Diebolsheim
Bindernheim
Hilsenheim
Ebersmunster
Ebersheim
Wittisheim
Sundhouse
Saasenheim
Schœnau
Richtolsheim
Artolsheim
Bœsenbiesen
Mussig
Baldenheim
Muttersholtz
Hessenheim
Heidolsheim
Ohnenheim
Bootzheim
Mackenheim
Elsenheim
Sasbach
Limburg
Kintzheim
Orschwiller
St-Hippolyte
Rorschwihr
Scherwiller
Châtenois
Thanvillé
Villé
Breitenbach
Klingenthal
Ottrott
Bœrsch
Bischoffsheim
Goxwiller
Heiligenstein
Mittelbergheim
Eichhoffen
Itterswiller
Nothalten
Blienschwiller
Benfeld
Sand
Matzenheim
Osthouse
Westhouse
Uttenheim
Bolsenheim
Schaeffersheim
Hindisheim
Limersheim
Nordhouse
Hipsheim
Ichtratzheim
Altenheim
Dundenheim
Ichenheim
Meißenheim
Ottenheim
Allmannsweier
Nonnenweier
Wittenweier
Kippenheim
Orschweier
Altdorf
Ringsheim
Wagenstadt
Bombach
Hecklingen
Malterdingen
Köndringen
Marlen
Willstätt
Eckartsweier

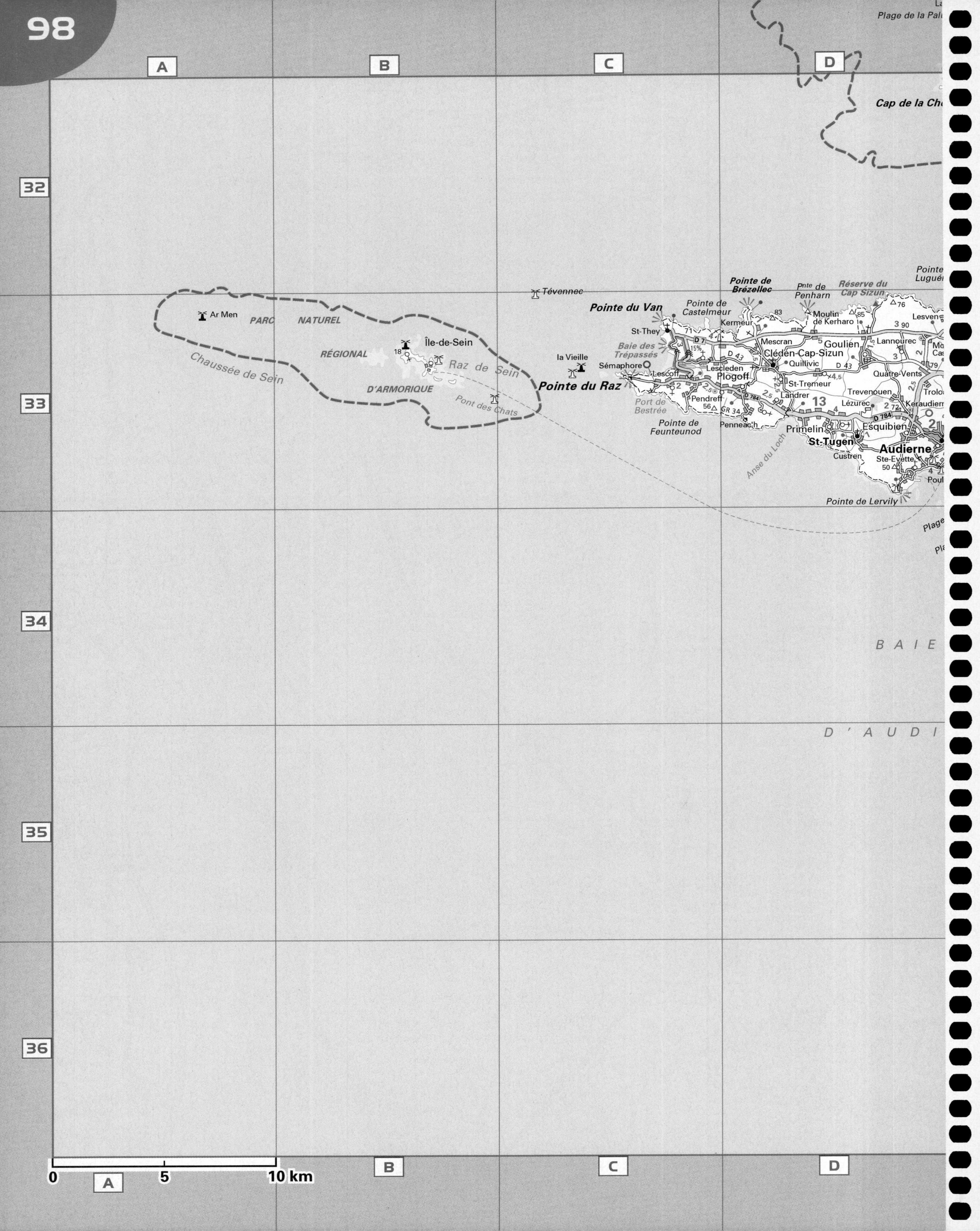
A
B
C
D
32
33
34
35
36
Plage de la Pal
Cap de la Ch
Ar Men
PARC
NATUREL
RÉGIONAL
D'ARMORIQUE
Chaussée de Sein
Île-de-Sein
Raz de Sein
Pont des Chats
Tévennec
la Vieille
Sémaphore
Pointe du Raz
Pointe du Van
St-They
Baie des Trépassés
Lescoff
Port de Bestrée
Pointe de Feunteunod
Pointe de Castelmeur
Pointe de Brézellec
Pnte de Penharn
Réserve du Cap Sizun
Moulin de Kerharo
Kermeur
Mescran
Goulien
Cléden-Cap-Sizun
Quillivic
Lescleden
Plogoff
St-Tremeur
Landrer
Pendreff
Penneach
Primelin
St-Tugen
Esquibien
Audierne
Custren
Ste-Evette
Anse du Loch
Lesven
Lannourec
Quatre-Vents
Trevenouen
Lézurec
Keraudiern
Pointe de Lervily
Pointe
Lugué
BAIE
D'AUDI
0
5
10 km

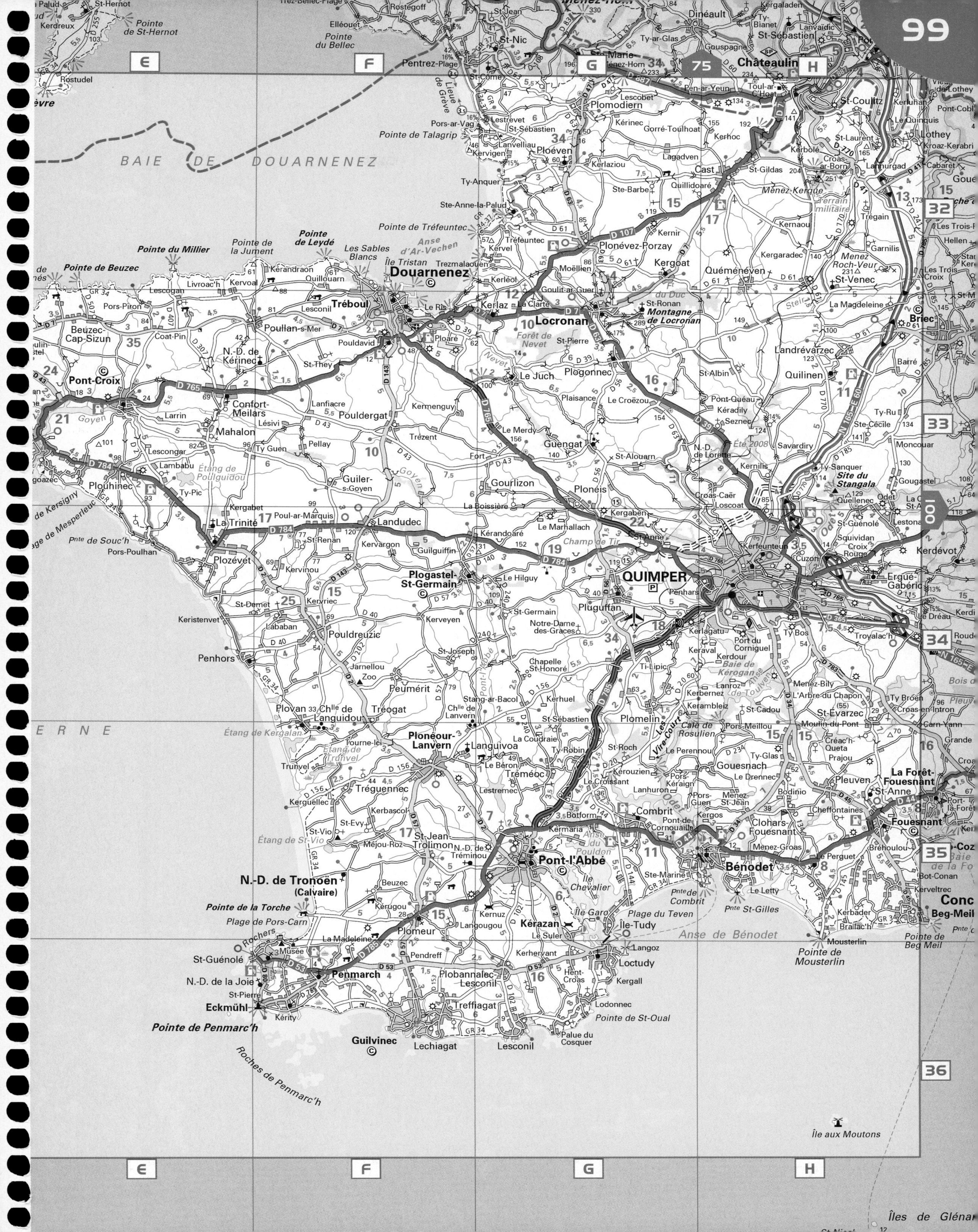
E
F
G
H
75
BAIE DE DOUARNENEZ
Pointe de St-Hernot
Rostudel
Pointe du Bellec
Pentrez-Plage
St-Nic
Châteaulin
Dinéault
St-Sébastien
Plomodiern
St-Coulitz
Pointe de Talagrip
Ploéven
Cast
St-Gildas
Ménez-Kerque
Lothey
Ste-Anne-la-Palud
Pointe de Tréfeuntec
Plonévez-Porzay
Kergoat
Quéménéven
Pointe du Millier
Pointe de Beuzec
Pointe de la Jument
Pointe de Leydé
Les Sables Blancs
Île Tristan
Douarnenez
Tréboul
Kerlaz
Locronan
Montagne de Locronan
Briec
Beuzec-Cap-Sizun
Poullan-s-Mer
Forêt de Nevet
Landrévarzec
Quilinen
Pont-Croix
Confort-Meilars
Le Juch
Plogonnec
Mahalon
Pouldergat
Guengat
N.-D. de Lorette
Plouhinec
Gourlizon
Ploneis
Site du Stangala
La Trinité
Landudec
Pointe de Souc'h
Plozévet
Plogastel-St-Germain
QUIMPER
Ergué-Gabéric
Kerdévot
Pluguffan
Pouldreuzic
Penhors
Pont-l'Abbé
Baie de Kérogan
Plovan
Tréogat
Peumérit
Plonéour-Lanvern
Plomelin
Gouesnach
Pleuven
La Forêt-Fouesnant
St-Évarzec
Fouesnant
Tréguennec
Tréméoc
Combrit
Clohars-Fouesnant
Bénodet
Étang de St-Vio
N.-D. de Tronoën (Calvaire)
Pointe de la Torche
Plage de Pors-Carn
Plomeur
Kérazan
Île-Tudy
Anse de Bénodet
Pointe de Mousterlin
Beg-Meil
St-Guénolé
Penmarch
Loctudy
Eckmühl
Pointe de Penmarc'h
Guilvinec
Lechiagat
Lesconil
Pointe de St-Oual
Roches de Penmarc'h
Île aux Moutons
Îles de Glénan
32
33
34
35
36
100

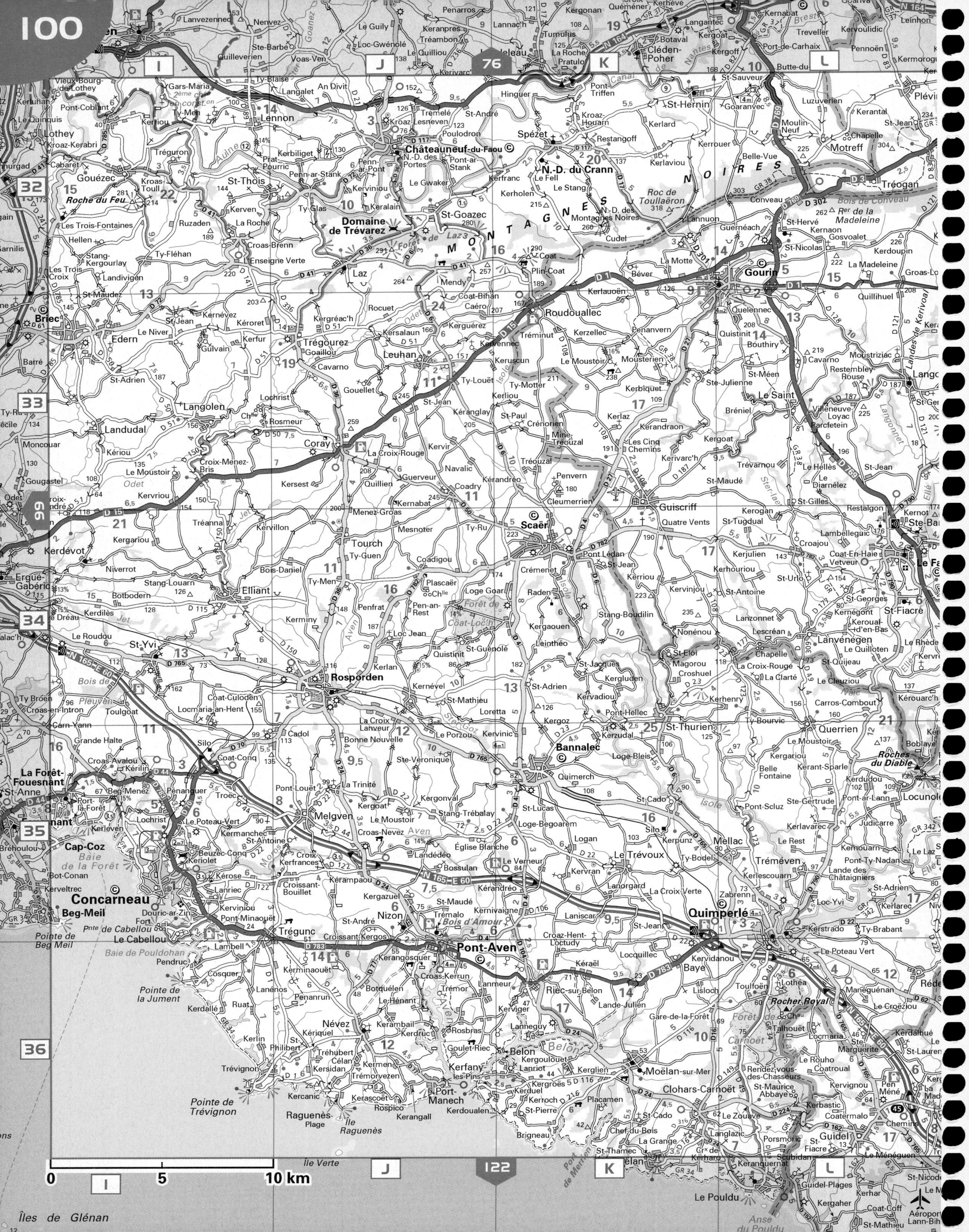

Lanvezennec
Nevez
Le Guily
Loc-Gwénolé
Penarros
Lannac'h
Kergonan
Quéménet
Langantec
Kergoat
Botaval
Cléden-Poher
Port-de-Carhaix
Butte-du-
Kervoulidic
Pennoën
Leinhon
Keranpres
Tréambon
Le Quilliou
Ste-Barbe
Voas-Ven
Quilleverien
Tumulus
La Roche
Pratulo
76
I
J
K
L
Vieux-Bourg-de-Lothey
Gars-Maria
Ty-Blaise
Langalet
An Divit
Hinguer
Pont-Triffen
St-Sauveur
Kerlhuan
Pont-Coblant
Ty-Men
Kerliou
Lennon
Tremelé
St-André
St-Hernin
Goaranvec
Luzuverien
Kerantal
Plévin
Le Quinquis
Kroaz-Lesneven
Pouldrom
Kroaz-Houarn
Kerlard
Moulin-Neuf
Chapelle
St-Jean
Lothey
Kroaz-Kerabri
Tréguron
Kerbiliget
Châteauneuf-du-Faou
N.-D. des Portes
Spézet
Restangoff
Kerrouer
Belle-Vue
Motreff
Cabaret
Prat-Pourric
Pont-ar-Stank
Penn-ar-Pont
N.-D. du Crann
Kerlaviou
Gouézec
St-Thois
Penn-ar-Stank
Le Gwaker
Kerfranc
Le Fell
Le Stang
Noires
Tréogan
32
Roche du Feu
Kroas-Toull
Kerviniou
Keralain
Kerholen
Roc de Toullaëron
Conveau
Bois de Conveau
Ruzaden
Kerven
Ty-Glas
St-Goazec
Montagnes Noires
Lannuon
St-Hervé
Rer de la Madeleine
Les Trois-Fontaines
La Roche
Domaine de Trévarez
Forêt de Laz
N.-D. des Montagnes Noires
Guernéach
Kernaon
Gosvoalet
Hellen
Croas-Brenn
Cudel
St-Nicolas
Kerdoupin
Stang-Kergourlay
Ty-Fléhan
Coat
La Motte
Gourin
La Madeleine
Groas-Lo
Les Trois Croix
Landivigen
L'Enseigne Verte
Laz
Mendy
Plin-Coat
Béver
Kerlauoën
Quillihuel
St-Maudez
Coat-Bihan
Caéro
Roudouallec
Quelennec
Briec
Kernevez
St-Jean
Kéroret
Kergréac'h
Rocuet
Tréminut
Kerzellec
Penanvern
Quistinit
Bouthiry
Edern
Le Niver
Kerfur
Trégourez
Goaillou
Kersalaun
Kerguérez
Kervennec
Le Moustoir
Mousterien
Cavarno
Moustriziac
Landes de Kerivoal
Barré
Gulvain
Leuhan
Keruscun
Restembley-Rouse
Langonnet
St-Adrien
Cavarno
Gouellet
Ty-Louët
Ty-Motter
Kerbiquet
Ste-Julienne
St-Méen
Le Saint
Lochrist
St-Jean
Kerliou
Kéranglay
St-Paul
Crénorien
Kerlaz
Kerandraon
Bréniel
Villeneuve-Loyac
Parcfetein
33
Langolen
Landudal
Rosmeur
Coray
La Croix-Rouge
Kervir
Mine-Tréouzal
Les Cinq Chemins
Kergoat
Kériou
Croix-Menez-Bris
Le Moustoir
Navalic
Tréouzal
Kerivarc'h
Trévarnou
Le Hellès
St-Jean
Moncouar
Gougastel
Odet
Kersest
Quillien
Guerveur
Kérandréo
Penvern
St-Maudé
Le Diarnélez
Kervriou
Coadry
Cleumerrien
Guiscriff
St-Gilles
Restalgon
Kernabat
Menez-Groas
Scaër
Quatre Vents
Kerogan
St-Tugdual
Ste-Ba
Tréanna
Kervillon
Mesnoter
Ty-Ru
Lambellegue
Kergariou
Tourch
Ty-Guen
Pont Lédan
Kerjulien
Croajou
Coat-En-Haie
Vetveur
Kerdévot
Coadigou
Crémenet
St-Jean
Kerhouriou
Le Fa
Niverrot
Bois-Daniel
Kerriou
St-Urlo
Ergué-Gabéric
Stang-Louarn
Ty-Men
Plascaër
Loge Goar
Raden
Kervinjou
St-Antoine
Elliant
Botbodern
Penfrat
Pen-an-Rest
Forêt de Coat-Loc'h
St-Georges
Kerdilès
Kerminy
Stang-Boudilin
Lanzonnet
Kernégont
Keroual-d'en-Bas
St-Fiacre
34
Jet
Loc Jean
Kergaouen
Nonénou
Lescréan
Lanvénégen
Le Rhède
Le Roudou
St-Yvi
Quistinit
St-Guénolé
Leinthéo
St-Eloi
Chapelle
Le Quilloten
N 165 - E 60
Kerlan
St-Jacques
Magorou
La Croix-Rouge
St-Quijeau
Bois de Pleuven
Rosporden
Kernével
St-Adrien
Kergluden
Croshuel
La Clarté
Le Cleuziou
Ty Broën
Croas-en-Intron
Coat-Culoden
Locmaria-an-Hent
St-Mathieu
Loretta
Kervadiou
Kerhenry
Carros-Combout
Kérouarc'h
Toulgoat
La Croix Lanveur
Kergoz
Pont-Hellec
Ty-Bourvic
Carn-Yann
Cadol
Le Porzou
Kervinic
Kerzudal
St-Thurien
Querrien
Grande Halte
Bonne Nouvelle
Bannalec
Loge-Bleis
Le Moustoir
Boblaye
Croas-Avalou
Kérilin
Silo
Coat-Conq
Ste-Véronique
Kergariou
Kerant-Sparle
Roches du Diable
La Forêt-Fouesnant
St-Anne
Beg-Menez
Pénanguer
Troëc
Pont-Louët
La Trinité
Quimerch
Belle Fontaine
Kerdudou
Locunolé
Port-la-Forêt
Lochrist
Le Poteau-Vert
Kergoat
Kergonval
Stang-Trébalay
St-Cado
St-Lucas
Isole
Pont-Sclüz
Ste-Gertrude
Pont-ar-Lann
35
Kerleven
Kermanchec
Melgven
Le Moustoir
Loge-Begoarem
Silo
Kerlavarec
Judicarre
Bréhoulou
Cap-Coz
St-Antoine
Croas-Nevez
Aven
Église Blanche
Logan
Kerpunz
Mellac
Le Rest
Kernouarn
Baie de la Forêt
Kériolet
Beuzec-Conq
Croix-Kerfrances
Landédéo
Bossulan
Le Verneur
Le Trévoux
Ty-Bodel
Tréméven
Pont-Ty-Nadan
Le Laz
Bot-Conan
Kérose
Kérampaou
Kervran
Kerlescouarn
Lande des Châtaigniers
Kerveltrec
Concarneau
Lanriec
Croissant-Bouillet
Kergazuel
Kérandréo
Lanorgard
La Croix-Verte
Zabrenn
St-Adrien
Beg-Meil
Kerviniou
Douric-ar-Zin
St-Maudé
Kernivaigne
Quimperlé
Loc-Yvi
Kerlarec
Fort
Pont-Minaouët
Trémalo
Bois d'Amour
Laniscar
St-Jean
Kerstrado
Ty-Brabant
Pointe de Beg Meil
Pointe de Cabellou
Le Cabellou
Trégunc
St-André
Nizon
Croissant-Kergos
Croaz-Hent-Loctudy
Pont-Aven
Kervidanou
Le Poteau Vert
Baie de Pouldohan
Lambell
Kerangosquer
Kéraël
Locquillec
Baye
Rédé
Pendruc
Kerminaouët
Croas-Kerrun
Lanmeur
Riec-sur-Belon
Lislock
Toulfoën
Lothéa
Manéguénan
Cosquer
Trémor
Lande-Julien
Rocher Royal
Le Croëziou
Pointe de la Jument
Lanénos
Botquélen
Penanrun
Le Hénant
Kerviger
Gare-de-la-Forêt
Forêt de Carnoët
Talhouët
Kerdalhué
Kerdallé
Ruat
Névez
Kérambail
Kerdruc
Lanneguy
Locmaria
Ste-Marguerite
St-Lauren
36
Kerlin
Kériquel
Philibert
Rosbras
Goulet-Riec
Belon
Le Rouho
Coatroual
Tréhubert
Célan
Kersidan
Kermen
Trémorvezen
Kerfany-les-Pins
Kergoulouet
Lanriot
Kerglien
Moëlan-sur-Mer
Rendez-vous-des-Chasseurs
Trévignon
Kercanic
Kerascoët
Rospico
Kerangall
Port-Manech
Kerdoualen
Kergroës
Kerduel
Kerroch
St-Pierre
Placamen
Clohars-Carnoët
St-Maurice Abbaye
Kervignou
Pen Méné
Pointe de Trévignon
Raguenès-Plage
Île Raguenès
Brigneau
St-Cado
Chef-du-Bois
Le Zouave
Kerbastic
Coatermalo
Chemins
La Grange
Langlazic
Porsmoric
Guidel
St-Fiacre
St-Thamec
Crx de Keriaro
Kerenquernat
Scubidan
Le Méneguen
Île Verte
0
5
10 km
122
Guidel-Plages
St-Nicode
Kerhar
Le Pouldu
Kergaher
Coat-Coff
Aéroport Lann-Bihoué
Îles de Glénan
Anse du Pouldu

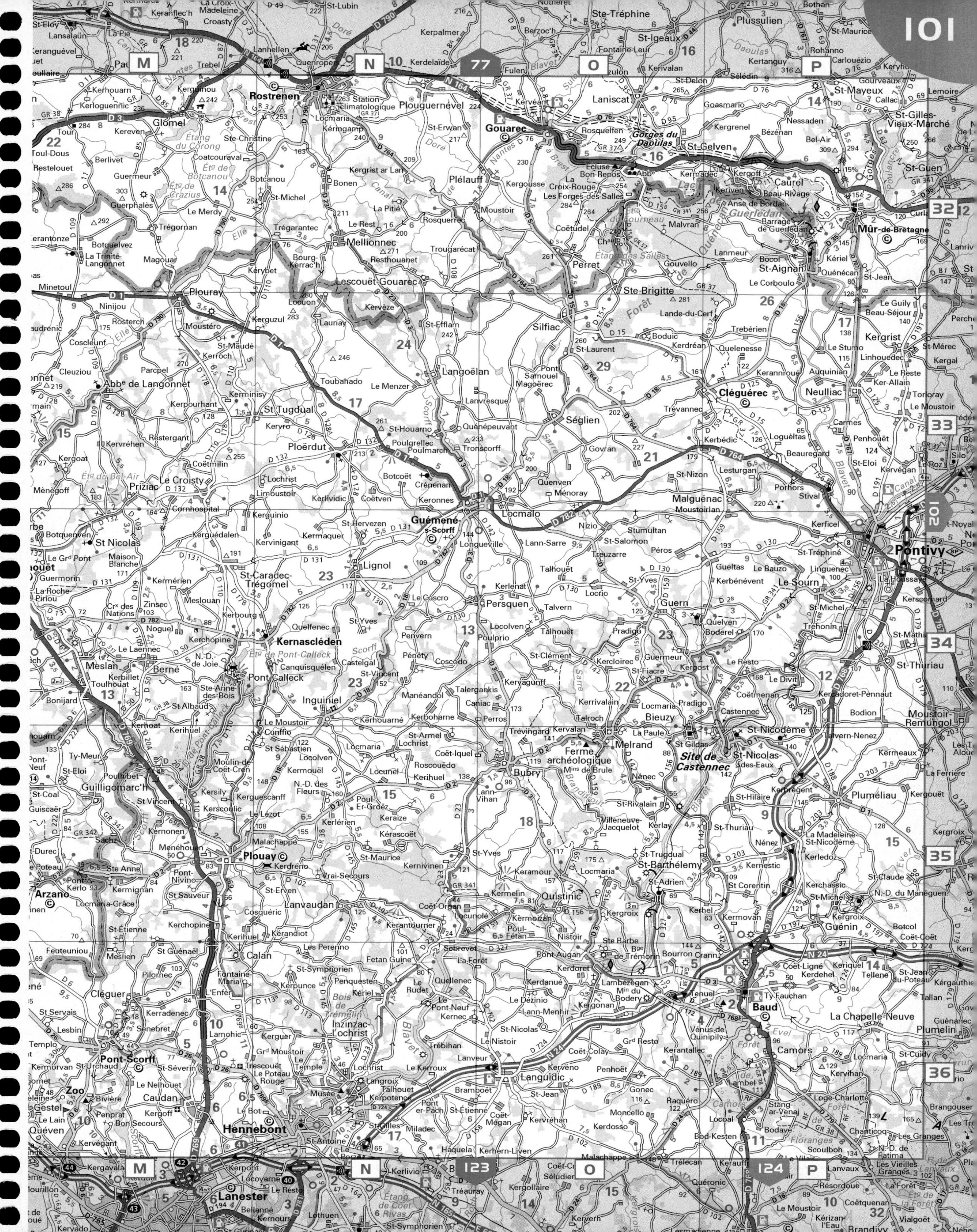
Rostrenen
Gouarec
Mûr-de-Bretagne
Plouray
Silfiac
Cléguérec
Guémené-s-Scorff
Pontivy
Kernascléden
Plouay
Baud
Hennebont
Lanester
Pont-Scorff
Arzano
Languidic
Inzinzac-Lochrist
Melrand
Bubry
Quistinic
Guerlédan
Site de Castennec
Gorges du Daoulas

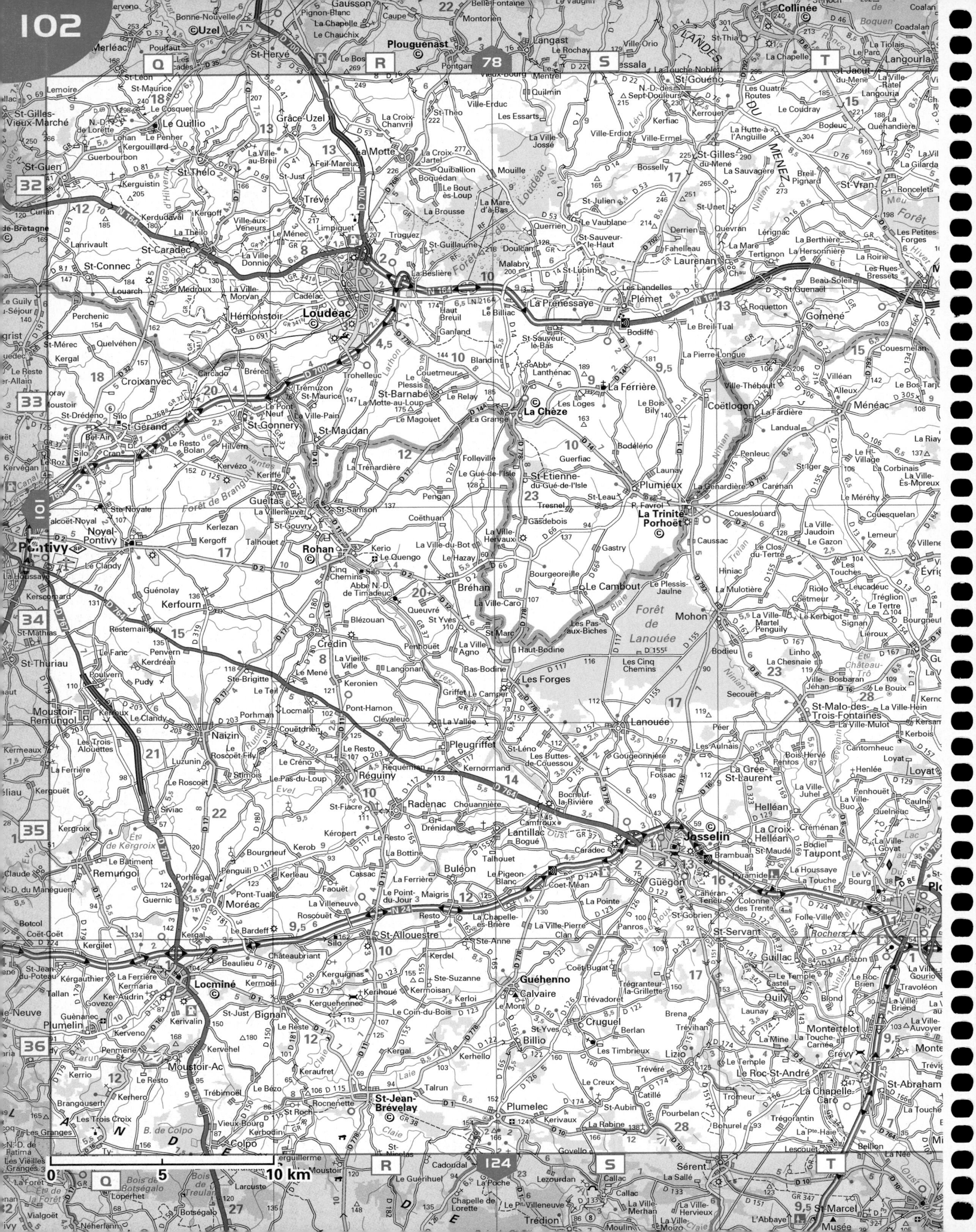

Q
R
S
T
78
124
32
33
34
35
36
101
Uzel
Plouguenast
Collinée
Merléac
St-Hervé
Langast
Le Quillio
Grâce-Uzel
La Motte
St-Thélo
Trévé
St-Gilles-du-Mené
St-Gouéno
Plessala
Langourla
St-Vran
Laurenan
St-Caradec
Loudéac
Hémonstoir
La Prénessaye
Plémet
Gomené
Ménéac
Croixanvec
St-Gérand
St-Gonnery
St-Barnabé
St-Maudan
La Chèze
La Ferrière
Coëtlogon
Plumieux
La Trinité-Porhoët
Pontivy
Noyal-Pontivy
Gueltas
Rohan
Bréhan
Kerfourn
Crédin
Mohon
Forêt de Lanouée
Les Forges
Lanouée
Naizin
Pleugriffet
Réguiny
Radenac
Moustoir-Remungol
Remungol
Moréac
Lantillac
Buléon
Josselin
Guégon
Locminé
St-Allouestre
Guéhenno
St-Servant
Guillac
Quily
Bignan
Cruguel
Lizio
Moustoir-Ac
St-Jean-Brévelay
Plumelec
Colpo
Sérent
0
5
10 km

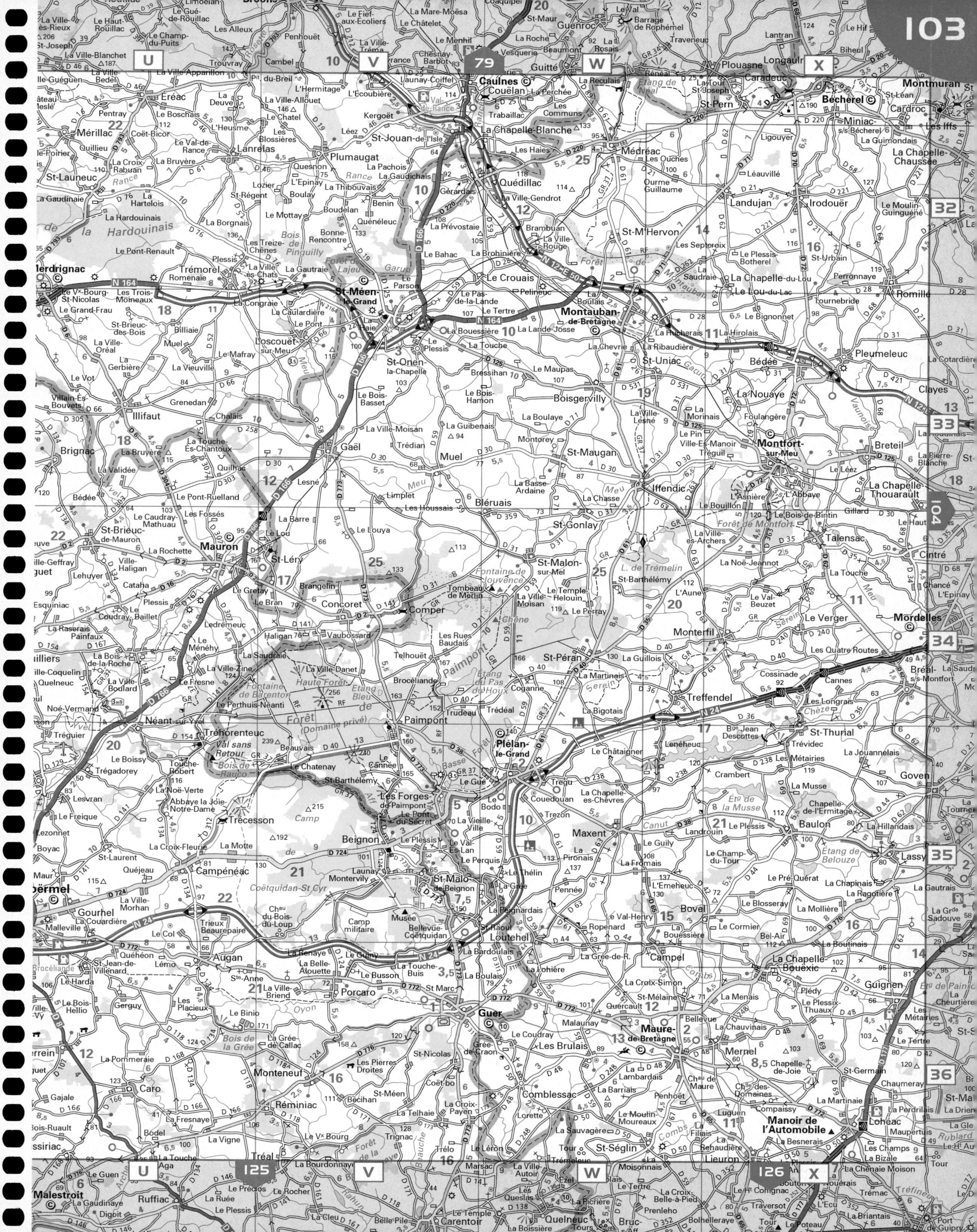

U
V
W
X
79
125
126
32
33
34
35
36
104
Caulnes
Bécherel
Montmuran
Médréac
Quédillac
Irodouër
Landujan
La Chapelle-du-Lou
Romillé
Montauban-de-Bretagne
St-Méen-le-Grand
Mérillac
Ménéac
Eréac
Lanrelas
Plumaugat
St-Jouan-de-l'Isle
La Chapelle-Blanche
St-Launeuc
Trémorel
Merdrignac
Le Crouais
Boisgervilly
St-Onen-la-Chapelle
Bédée
Pleumeleuc
La Nouaye
Montfort-sur-Meu
Breteil
Iffendic
St-Maugan
Muel
Gaël
Illifaut
Brignac
Mauron
St-Léry
Concoret
Comper
Bléruais
St-Gonlay
St-Malon-sur-Mel
Talensac
Cintré
Mordelles
Le Verger
Monterfil
Paimpont
Plélan-le-Grand
St-Péran
Treffendel
Bréal-s/s-Montfort
St-Thurial
Goven
Baulon
Lassy
Maxent
Néant-sur-Yvel
Tréhorenteuc
Tréçesson
Beignon
Campénéac
Ploërmel
Augan
St-Malo-de-Beignon
Guer
Porcaro
Maure-de-Bretagne
Bovel
Campel
Guignen
Lohéac
Les Brulais
Comblessac
Mernel
Monteneuf
Caro
Réminiac
Carentoir
Malestroit
Ruffiac
Quelneuc
Sixt-s/-Aff
Lieuron
Manoir de l'Automobile
Forêt de Paimpont
Fontaine de Barenton
Tombeau de Merlin
Fontaine de Jouvence
Coëtquidan-St Cyr
N 164
N 24
N 12
D 166
D 766
D 773
D 772

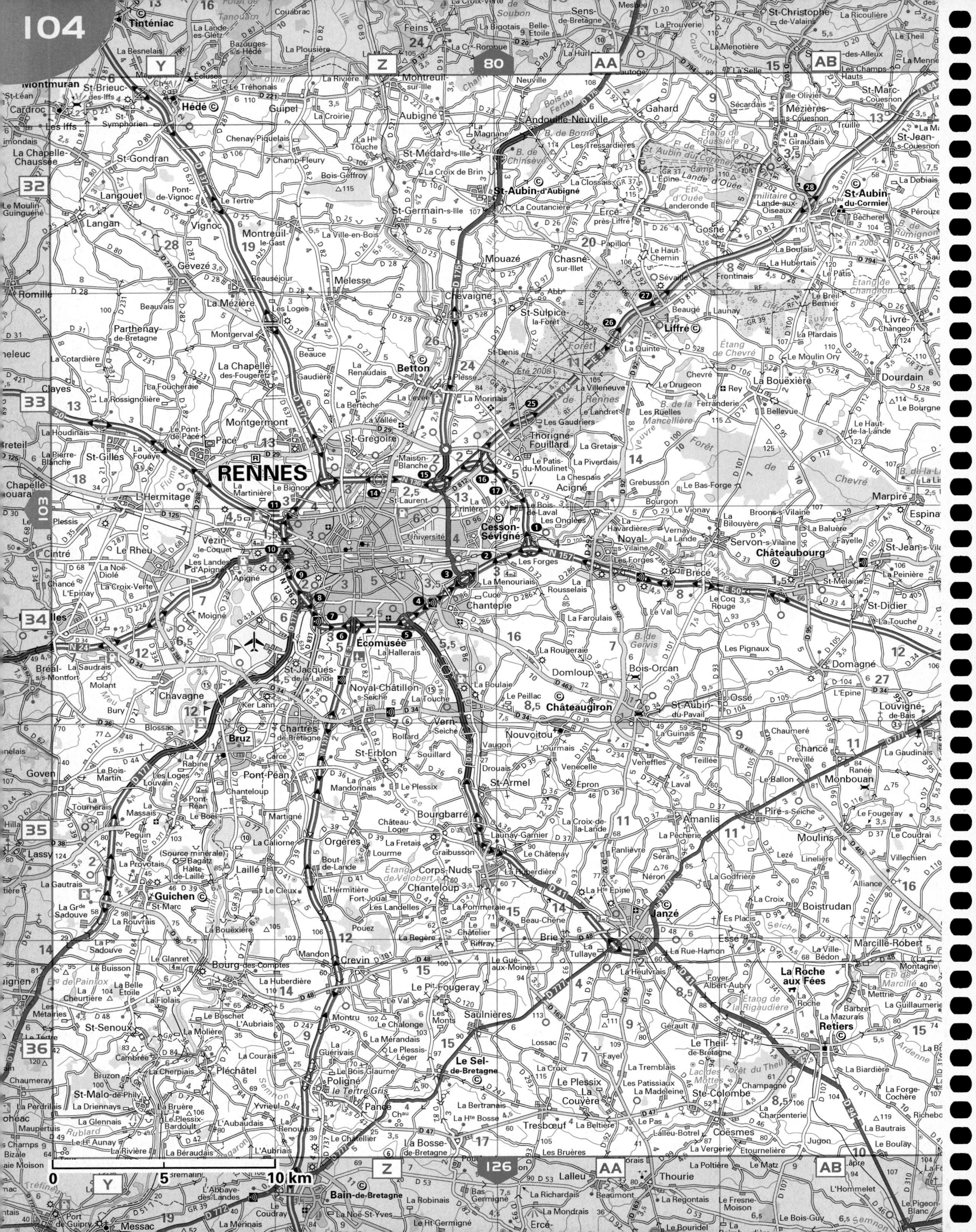

Tinténiac
Hédé
Montmuran
Feins
Sens-de-Bretagne
St-Christophe-de-Valains
Montreuil-sur-Ille
Guipel
Aubigné
Andouillé-Neuville
Gahard
Mézières-s-Couesnon
St-Marc-s-Couesnon
St-Gondran
Langouet
St-Médard-s-Ille
St-Aubin-d'Aubigné
St-Aubin-du-Cormier
St-Germain-s-Ille
Vignoc
Montreuil-le-Gast
Mouazé
Chasné-sur-Illet
Gosné
Gévezé
Melesse
Chevaigné
St-Sulpice-la-Forêt
Liffré
Livré-s-Changeon
La Mézière
Parthenay-de-Bretagne
La Chapelle-des-Fougeretz
Betton
Dourdain
La Bouëxière
Montgermont
Pacé
St-Grégoire
Thorigné-Fouillard
St-Gilles
RENNES
L'Hermitage
Cesson-Sévigné
Acigné
Vezin-le-Coquet
Le Rheu
Noyal-s-Vilaine
Servon-s-Vilaine
Châteaubourg
Brecé
St-Didier
Chantepie
Écomusée
Domloup
Châteaugiron
St-Jacques-de-la-Lande
Noyal-Châtillon-s-Seiche
Chavagne
Vern-s-Seiche
Bruz
Chartres-de-Bretagne
Nouvoitou
St-Aubin-du-Pavail
Ossé
Domagné
Louvigné-de-Bais
St-Erblon
Pont-Péan
St-Armel
Goven
Bourgbarré
Orgères
Amanlis
Piré-s-Seiche
Moulins
Laillé
Guichen
Corps-Nuds
Chanteloup
Janzé
Brie
Boistrudan
Crevin
Bourg-des-Comptes
Esse
Marcillé-Robert
La Roche aux Fées
Saulnières
Retiers
St-Senoux
Pléchâtel
Le Sel-de-Bretagne
Le Theil-de-Bretagne
Le Plessix
La Couyère
Ste-Colombe
St-Malo-de-Phily
Poligné
Pancé
Tresbœuf
Coësmes
La Bosse-de-Bretagne
Bain-de-Bretagne
Thourie
Messac
0 5 10 km

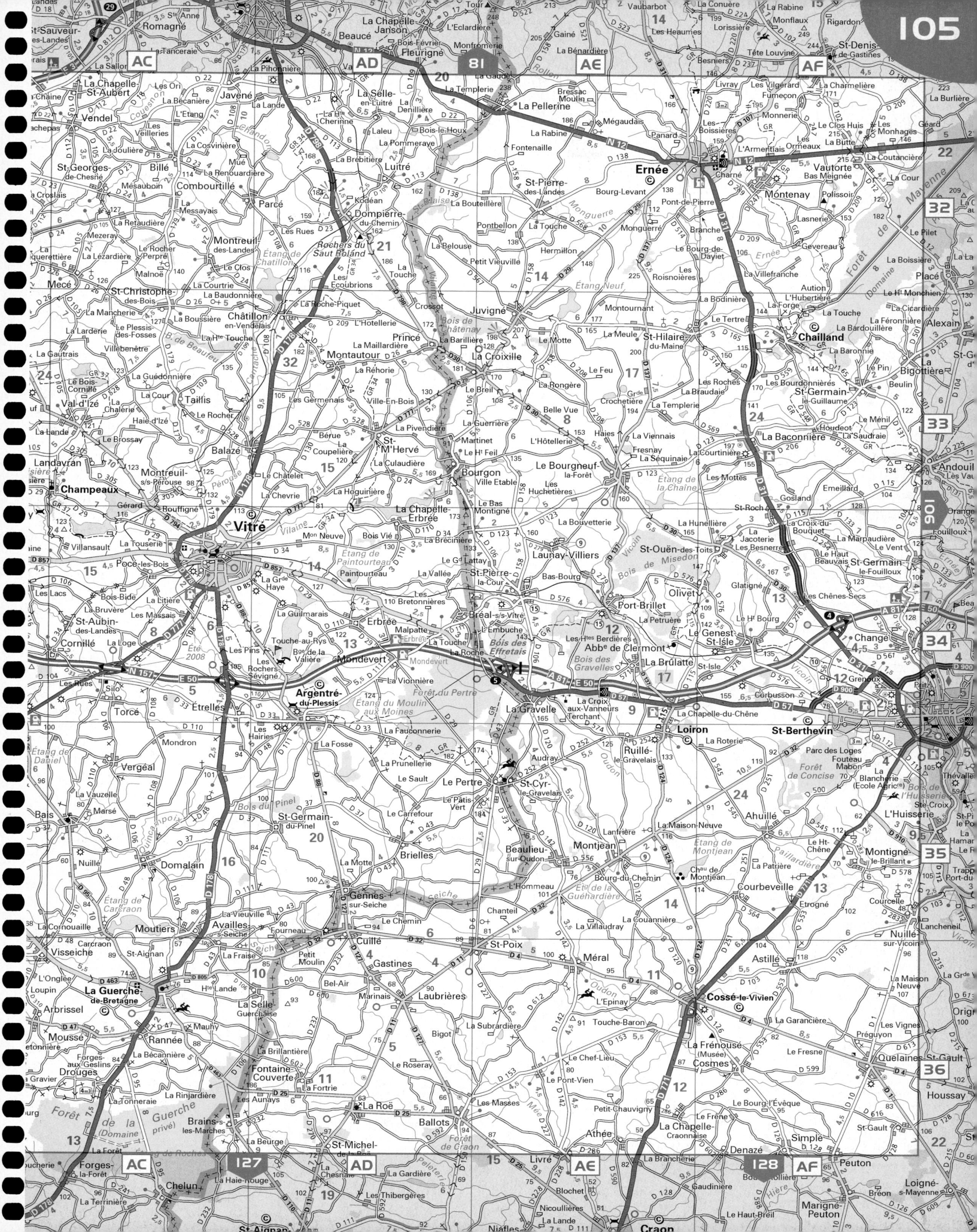
Vitré
Ernée
Chailland
Argentré-du-Plessis
La Guerche-de-Bretagne
Cossé-le-Vivien
Loiron
St-Berthevin
Craon
Montjean
Champeaux
Châtillon-en-Vendelais
Juvigné
Montenay
Bourgon
Port-Brillet
Le Pertre
Gennes-sur-Seiche
Cuillé
Méral

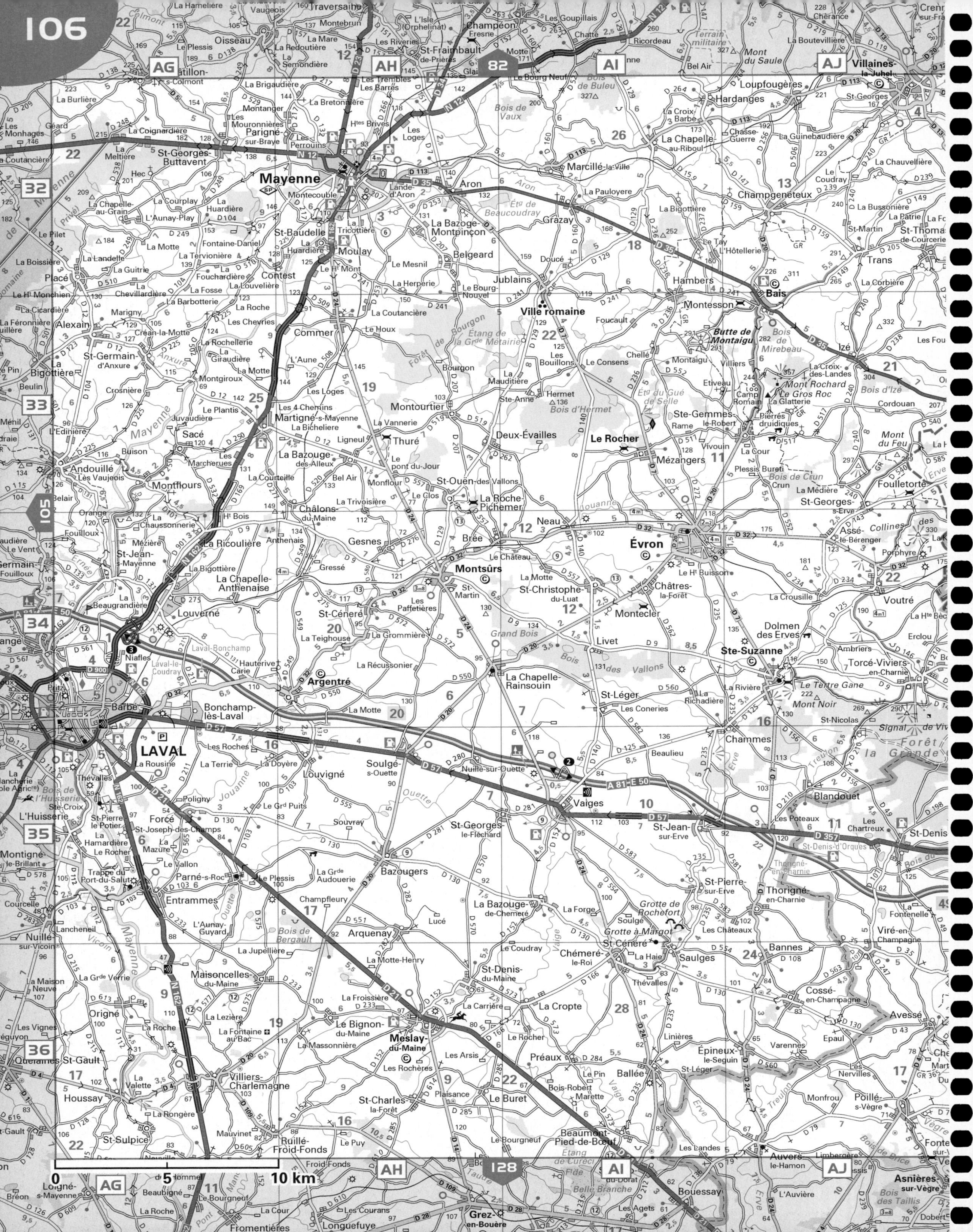

AG
AH
AI
AJ
82
128
32
33
34
35
36
105
Mayenne
Villaines-la-Juhel
Champéon
St-Fraimbault-de-Prières
Oisseau
Parigné-sur-Braye
St-Georges-Buttavent
Loupfougères
Hardanges
La Chapelle-au-Riboul
Marcillé-la-Ville
Champgeneteux
Aron
La Bazoge-Montpinçon
Moulay
St-Baudelle
Grazay
Belgeard
Jublains
Hambers
Bais
Ville romaine
Contest
Commer
Alexain
St-Germain-d'Anxure
Martigné-s-Mayenne
Montourtier
Deux-Évailles
Le Rocher
Mézangers
Ste-Gemmes-le-Robert
Butte de Montaigu
Mont Rochard
Le Gros Roc
Izé
Sacé
Andouillé
Montflours
La Bazouge-des-Alleux
Thuré
St-Ouën-des-Vallons
La Roche-Pichemer
Châlons-du-Maine
Neau
Évron
Assé-le-Bérenger
St-Georges-s-Erve
Foulletorte
St-Jean-s-Mayenne
La Chapelle-Anthenaise
Gesnes
Montsûrs
St-Christophe-du-Luat
Châtres-la-Forêt
Voutré
Louverné
St-Céneré
Montecler
Livet
Dolmen des Erves
Ste-Suzanne
Torcé-Viviers-en-Charnie
Argentré
La Chapelle-Rainsouin
St-Léger
Chammes
Bonchamp-lès-Laval
LAVAL
Louvigné
Soulgé-s-Ouette
Vaiges
St-Jean-sur-Erve
Blandouet
St-Denis-d'Orques
L'Huisserie
Forcé
St-Georges-le-Fléchard
Bazougers
Parné-s-Roc
Entrammes
St-Pierre-sur-Erve
Thorigné-en-Charnie
La Bazouge-de-Chemeré
Grotte de Rochefort
Grotte à Margot
Arquenay
Chémeré-le-Roi
St-Céneré
Saulges
Bannes
Viré-en-Champagne
Nuillé-sur-Vicoin
Maisoncelles-du-Maine
St-Denis-du-Maine
Cossé-en-Champagne
Origné
Le Bignon-du-Maine
Meslay-du-Maine
La Cropte
Avessé
Préaux
Ballée
Épineux-le-Seguin
Villiers-Charlemagne
Houssay
St-Charles-la-Forêt
Le Buret
Poillé-s-Vègre
St-Sulpice
Ruillé-Froid-Fonds
Beaumont-Pied-de-Bœuf
Auvers-le-Hamon
Bouessay
Grez-en-Bouère
Asnières-sur-Vègre
Forêt de Bourgon
Bois d'Hermet
Grand Bois
Bois des Vallons
Forêt de la Grande Charnie
Bois de Bergault
Bois de l'Huisserie
Mayenne
Jouanne
Vaige
Erve
0
5
10 km

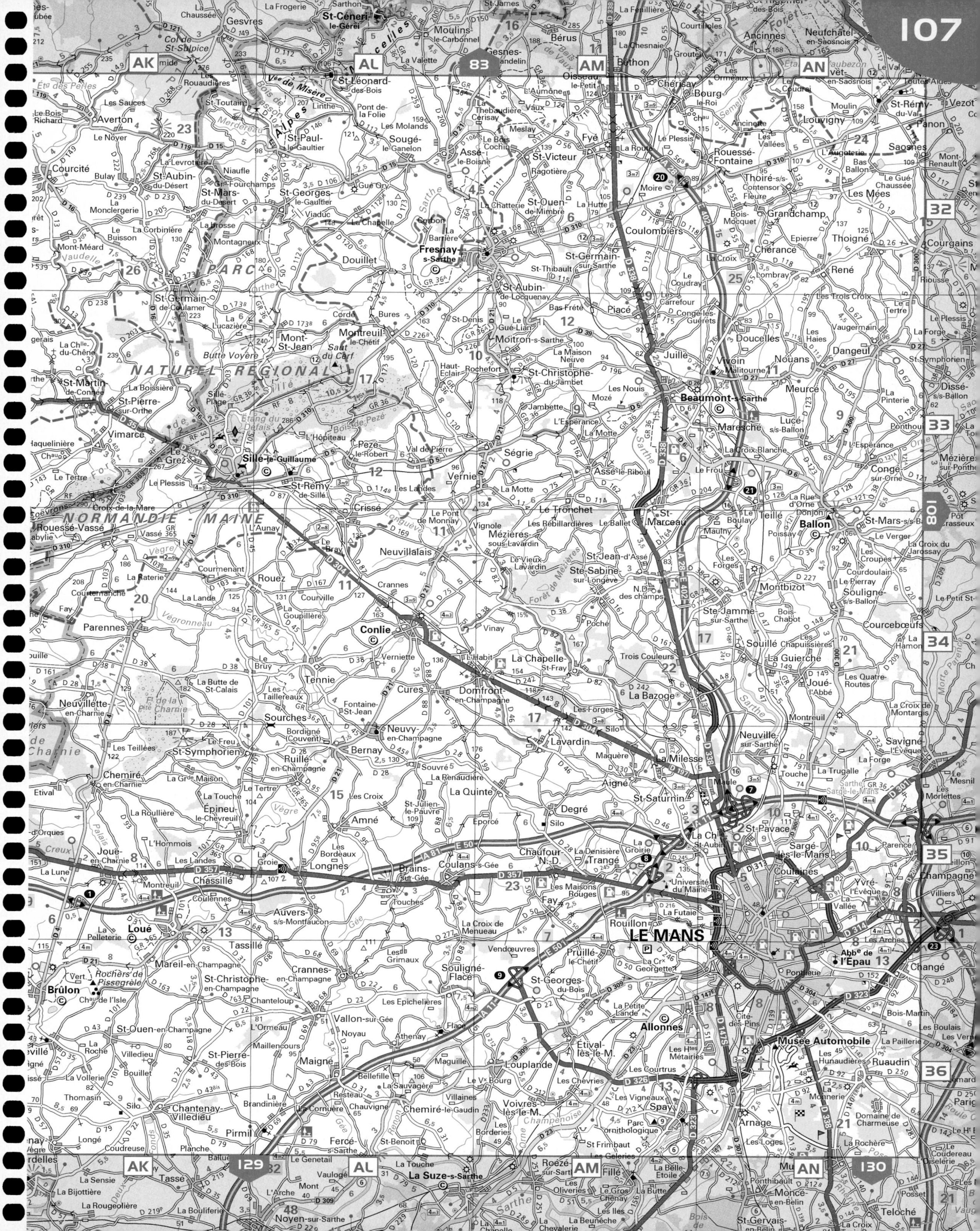

AK
AL
AM
AN
83
129
130
32
33
34
35
36
108
St-Céneri-le-Gérei
Gesvres
Moulins-le-Carbonnel
Bérus
Béthon
Ancinnes
Neufchâtel-en-Saosnois
St-Léonard-des-Bois
Oisseau-le-Petit
Chérisay
Bourg-le-Roi
St-Rémy-du-Val
Averton
St-Paul-le-Gaultier
Sougé-le-Ganelon
Assé-le-Boisne
St-Victeur
Fyé
Rouessé-Fontaine
Louvigny
Saosnes
Courcité
St-Aubin-du-Désert
St-Mars-du-Désert
St-Georges-le-Gaultier
St-Ouen-de-Mimbré
Thoiré-s/s-Contensor
Grandchamp
Les Mées
Fresnay-s-Sarthe
Coulombiers
Douillet
St-Germain-sur-Sarthe
Chérancé
Thoigné
René
St-Aubin-de-Locquenay
Piacé
St-Germain-de-Coulamer
Mont-St-Jean
Montreuil-le-Chétif
Moitron-s-Sarthe
Doucelles
Juillé
Vivoin
Nouans
Dangeul
St-Christophe-du-Jambet
Beaumont-s-Sarthe
PARC NATUREL RÉGIONAL NORMANDIE-MAINE
St-Martin-de-Connée
St-Pierre-sur-Orthe
Vimarcé
Sillé-le-Guillaume
Ségrie
Assé-le-Riboul
Maresche
Meurcé
Lucé-s/s-Ballon
St-Rémy-de-Sillé
Pezé-le-Robert
Vernie
Le Tronchet
St-Marceau
Ballon
St-Mars-s/s-Ballon
Conge-sur-Orne
Mézières-sous-Lavardin
Rouessé-Vassé
Crissé
Neuvillalais
St-Jean-d'Assé
Ste-Sabine-sur-Longève
Montbizot
Souligné-s/s-Ballon
Rouez
Cures
Conlie
La Chapelle-St-Fray
Ste-Jamme-sur-Sarthe
Souillé
Courceboeufs
Parennes
Tennie
Domfront-en-Champagne
La Bazoge
La Guierche
Joué-l'Abbé
Neuvillette-en-Charnie
Sourches
Neuvy-en-Champagne
Lavardin
La Milesse
Neuville-sur-Sarthe
Savigné-l'Évêque
St-Symphorien
Ruillé-en-Champagne
Bernay
Chemiré-en-Charnie
La Quinte
Aigné
St-Saturnin
Épineu-le-Chevreuil
Amné
Degré
St-Pavace
Sargé-lès-le-Mans
Joué-en-Charnie
Longnes
Chaufour-N.-D.
Trangé
Coulaines
Yvré-l'Évêque
Chassillé
Brains-sur-Gée
Coulans-s-Gée
Fay
Loué
Auvers-s/s-Montfaucon
Tassillé
Rouillon
LE MANS
Changé
Mareil-en-Champagne
Cranness-en-Champagne
Souligné-Flacé
Pruillé-le-Chétif
St-Georges-du-Bois
Abbe de l'Épau
Brûlon
St-Christophe-en-Champagne
Vallon-sur-Gée
Allonnes
Musée Automobile
St-Ouen-en-Champagne
Maigné
Étival-lès-le-M.
Ruaudin
St-Pierre-des-Bois
Louplande
Chantenay-Villedieu
Chemiré-le-Gaudin
Voivres-lès-le-M.
Spay
Arnage
Pirmil
Fercé-s-Sarthe
La Suze-s-Sarthe
Roézé-sur-Sarthe
Fillé
Moncé-en-Belin
Noyen-sur-Sarthe
Teloché

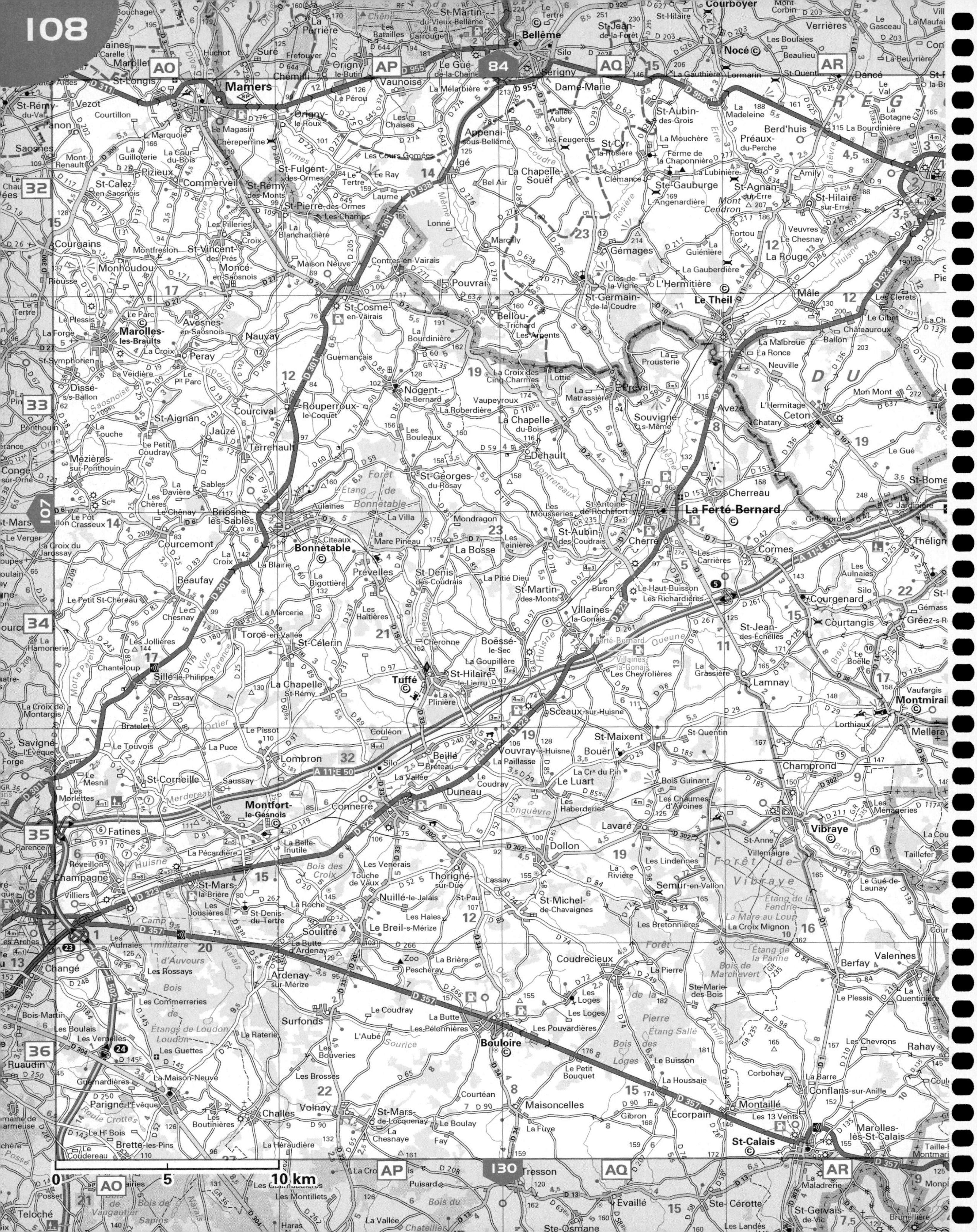
AO
AP
84
AQ
AR
32
33
34
35
36
107
130
Mamers
Bellême
St-Martin-du-Vieux-Bellême
La Perrière
St-Jean-de-la-Forêt
Courboyer
Noce
Verrières
Dancé
Mont-Corbin
Sérigny
Dame-Marie
Origny-le-Butin
Le Gué-de-la-Chaîne
Vaunoise
Chemilli
Suré
St-Longis
Marollette
Huchot
St-Rémy-du-Val
Vezot
Panon
Saosnes
Courtillon
Le Magasin
Chèreperrine
Orgny-le-Roux
La Mélarbière
Le Pérou
Les Chaises
Appenai-sous-Bellême
Igé
St-Aubin-des-Grois
Berd'huis
Préaux-du-Perche
La Madeleine
La Botagne
St-Cyr-la-Rosière
La Mouchère
Ferme de la Chaponnière
Les Feugerets
Vallée Aubry
La Lubinière
Ste-Gauburge
St-Agnan-sur-Erre
St-Hilaire-sur-Erre
Amily
La Chapelle-Souëf
Bel Air
Clémance
Mont Cendron
Marquoie
La Guilloterie
La Cour-du-Bois
Mont-Renault
Pizieux
Commerveil
St-Rémy-des-Monts
St-Fulgent-des-Ormes
Le Tertre
Le Ray
Les Cours Gomées
St-Calez-en-Saosnois
St-Pierre-des-Ormes
Les Champs
Laume
Lonné
Marcilly
Gémages
Fortou
La Rouge
Veuvres
Le Chesnay
La Guiénière
La Gauberdière
L'Hermitière
Le Theil
Mâle
Courgains
Montfreslon
St-Vincent-des-Prés
Moncé-en-Saosnois
Monhoudou
Maison Neuve
Contres-en-Vairais
La Blanchardière
Les Pilleries
La Croix
Riousse
Pouvrai
Clos-de-la-Vigne
St-Germain-de-la-Coudre
Bellou-le-Trichard
Les Arpents
Les Clerets
Le Gibet
Châteauroux
Ballon
Le Plessis
Le Parc
Marolles-les-Braults
Avesnes-en-Saosnois
Nauvay
St-Cosme-en-Vairais
La Bourdinière
La Forge
La Croix
Peray
St-Symphorien
La Veidière
Guemançais
Nogent-le-Bernard
La Croix des Cinq Charmes
La Lottie
La Prousterie
La Malbroue
La Ronce
Neuville
Dissé-s/s-Ballon
Rouperroux-le-Coquet
La Roberdière
Vaupeyroux
La Matrassière
Préval
Souvigné-s-Même
Avezé
L'Hermitage
Ceton
Chatary
Mon Mont
St-Aignan
Courcival
Jauzé
Terrehault
La Touche
Le Petit Coudray
Les Bouleaux
La Chapelle-du-Bois
Dehault
Ponthouin
Mézières-sur-Ponthouin
Congé-sur-Orne
La Davière
Sables
Les Chères
Briosne-lès-Sables
Le Chênay
Aulaines
Forêt de Bonnétable
Étang de Bonnétable
St-Georges-du-Rosay
Montreteaux
St-Antoine-de-Rochefort
La Ferté-Bernard
Cherreau
Le Gué
St-Bomer
Le Jardinière
Le Pôt Crasseux
La Villa
Mondragon
Les Mousseries
Les Tainières
St-Aubin-des-Coudrais
Cherré
Cormes
Théligny
La Croix du Jarossay
Courcemont
Bonnétable
Citeaux
La Mare Pineau
La Bosse
Les Carrières
Les Aulnaies
Silo
La Croix
La Blairie
La Bigottière
Prévelles
St-Denis-des-Coudrais
La Pitié Dieu
St-Martin-des-Monts
Le Buron
Le-Haut-Buisson
Les Richardières
Courgenard
Beaufay
Le Petit St-Chéreau
Le Chesnay
La Mercerie
Les Haltières
Villaines-la-Gonais
St-Jean-des-Échelles
Courtangis
Gréez-s-Roc
La Hamonerie
Les Jollières
Torcé-en-Vallée
St-Célerin
Cheronne
Boëssé-le-Sec
La Grassière
Lamnay
Le Boëlle
Chanteloup
Sillé-le-Philippe
Passay
La Chapelle-St-Rémy
Tuffé
St-Hilaire-le-Lierru
La Plinière
La Goupillère
Les Chevrolières
Vaufargis
Montmirail
Lorthiaux
Melleray
La Croix de Montargis
Bratelet
Le Pissot
Sceaux-sur-Huisne
St-Maixent
St-Quentin
Savigné-l'Évêque
Le Touvois
La Puce
Couléon
Lombron
Beillé
Bréteau
Vouvray-s-Huisne
La Paillasse
Bouër
Champrond
St-Corneille
Saussay
La Vallée
Le Mesnil
Les Morlettes
Duneau
Le Coudray
Le Luart
La Crx du Pin
Bois Guinant
Les Chaumes d'Avoines
Les Ménageries
Montfort-le-Gesnois
Connerré
Les Haberderies
Vibraye
Fatines
Parence
Réveillon
La Belle-Inutile
Lavaré
Dollon
St-Anne
Villemaigre
La Pécardière
Champagné
Bois des Croix
Les Venérais
Touche de Vaux
Thorigné-sur-Dué
Lassay
La Rivière
Les Lindennes
Forêt de Vibraye
Taillefer
Le Gué-de-Launay
St-Mars-la-Brière
Les Jousières
St-Denis-du-Tertre
La Roche
Nuillé-le-Jalais
St-Paul
St-Michel-de-Chavaignes
Semur-en-Vallon
Étang de la Fendrie
La Mare au Loup
La Croix Mignon
Villiers
Camp militaire d'Auvours
Les Aulnaies
Soulitré
Les Haies
Le Breil-s-Mérize
Les Bretonnières
Les Arches
La Butte d'Ardenay
Zoo
La Brière
Pescheray
Coudrecieux
Forêt de la Pierre
Étang de la Panne
Bois de Marchevert
Berfay
Valennes
Changé
Les Rossays
Ardenay-sur-Mérize
La Pierre
Ste-Marie-des-Bois
Le Plessis
La Quentinière
Bois-Martin
Les Commerreries
Étangs de Loudon
Le Coudray
Surfonds
Les Loges
Les Pelonnières
Les Pouvardières
Pierre
Étang Sallé
La Butte
Les Boulais
Les Vernelles
La Raterie
L'Aubé
Sourice
Bouloire
Les Chevrons
Rahay
Ruaudin
Les Guettes
Les Bouveries
Bois des Loges
Le Buisson
Le Petit Bouquet
Corbohay
La Barre
Guémardières
La Maison-Neuve
Les Brosses
Courtéan
La Houssaie
Conflans-sur-Anille
Parigné-l'Évêque
Challes
Volnay
Maisoncelles
Montaillé
Gibron
Écorpain
Les 13 Vents
Les Boutinières
St-Mars-de-Locquenay
Le Boulay
La Chesnaye
Fay
La Fuye
St-Calais
Marolles-lès-St-Calais
Le Ht Bois
Brette-les-Pins
La Héraudière
Le Coudereau
Tresson
Puisard
Les Montillets
Bois du
Évaillé
Ste-Cérotte
La Maladrerie
St-Gervais-de-Vic
Posset
Teloché
Bois de Vaugautier
Sapins
La Vallée
Haras
Ste-Osmane
Les Landes
Brunellière
0
5
10 km

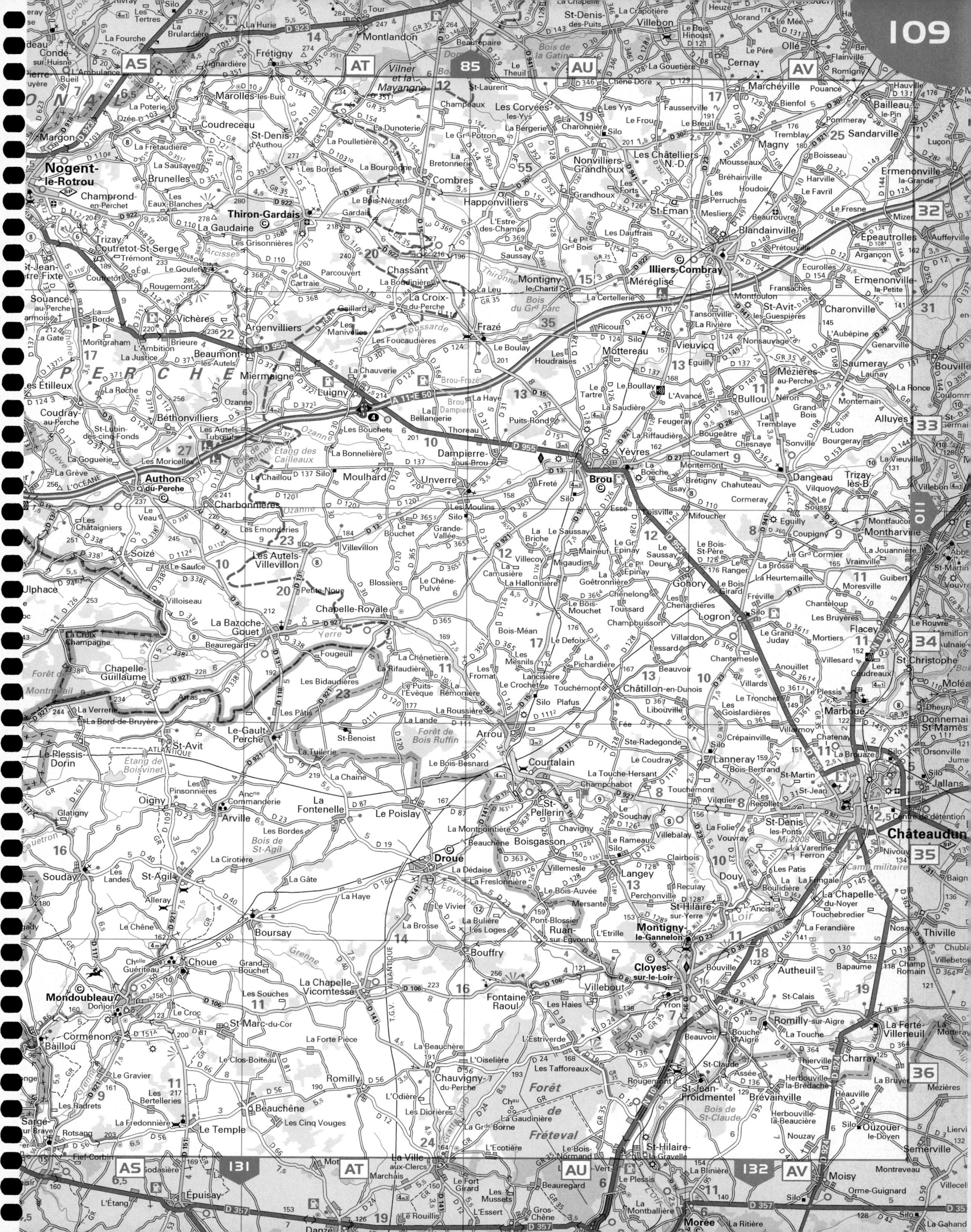
Nogent-le-Rotrou
Thiron-Gardais
Frétigny
Montlandon
Marolles-les-Buis
Coudreceau
St-Denis-d'Authou
Combres
Happonvilliers
Les Corvées-les-Yys
Nonvilliers-Grandhoux
Les Châtelliers-N.-D.
Magny
Sandarville
Ermenonville-la-Grande
Illiers-Combray
Méréglise
Blandainville
St-Éman
Montigny-le-Chartif
Chassant
La Croix-du-Perche
Frazé
Argenvilliers
Vichères
Beaumont-les-Autels
Miermaigne
Luigny
PERCHE
Authon-du-Perche
Béthonvilliers
Charbonnières
Soizé
Les Autels-Villevillon
Moulhard
Unverre
Dampierre-sous-Brou
Brou
Yèvres
Mottereau
Vieuvicq
Bullou
Dangeau
Mézières-au-Perche
Saumeray
Alluyes
Charonville
Bouville
Trizay-lès-B.
Montharville
Logron
Gohory
Chapelle-Royale
La Bazoche-Gouet
Chapelle-Guillaume
Le-Gault-Perche
Arrou
Courtalain
Châtillon-en-Dunois
Lanneray
Marboué
Châteaudun
St-Christophe
Flacey
Jallans
St-Denis-les-Ponts
La Fontenelle
Le Poislay
St-Pellerin
Boisgasson
Droué
Arville
Oigny
St-Agil
Souday
Boursay
Choue
Mondoubleau
Cormenon
Baillou
St-Marc-du-Cor
La Chapelle-Vicomtesse
Fontaine-Raoul
Ruan-sur-Egvonne
Langey
Montigny-le-Gannelon
Cloyes-sur-le-Loir
Douy
La Chapelle-du-Noyer
Thiville
Autheuil
Romilly-sur-Aigre
La Ferté-Villeneuil
Charray
Romilly
Chauvigny-du-Perche
Forêt de Fréteval
St-Jean-Froidmentel
Brévainville
Ouzouer-le-Doyen
Le Temple
La Ville-aux-Clercs
Épuisay
Morée
Moisy
AS
AT
AU
AV
85
131
132
32
33
34
35
36
110

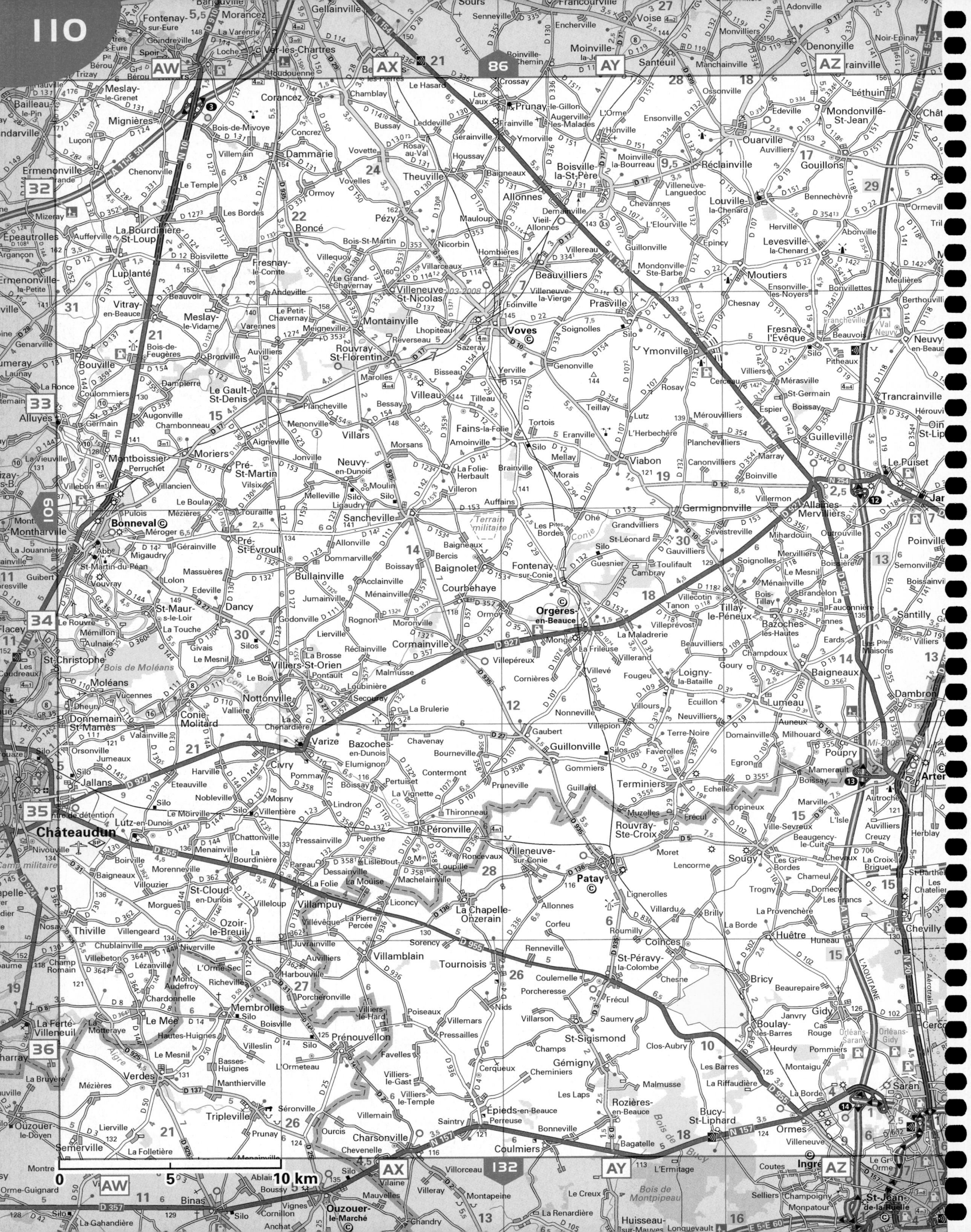

Fontenay-sur-Eure
Morancez
Gellainville
Sours
Francourville
Voise
Adonville
Ver-lès-Chartres
Houdouenne
Boinville-le-Chemin
Moinville-la-Jeulin
Santeuil
Manchainville
Denonville
Noir-Épinay
AW
AX
86
AY
AZ
Meslay-le-Grenet
Corancez
Chamblay
Le Hasard
Crossay
Prunay-le-Gillon
Ossonville
Léthuin
Bailleau-le-Pin
Mignières
Bois-de-Mivoye
Concrez
Bussay
Leddeville
Frainville
Augerville-les-Malades
L'Orme
Ensonville
Edeville
Mondonville-St-Jean
Luçon
Villemain
Dammarie
Vovette
Rosay-au-Val
Gérainville
Ymorville
Honville
Ouarville
Auvilliers
Gouillons
Ermenonville-la-Grande
Chenonville
Ormoy
Vovelles
Theuville
Houssay
Baigneaux
Boisville-la-St-Père
Moinville-la-Bourreau
Réclainville
32
Le Temple
Allonnes
Villeneuve-Languedoc
Louville-la-Chenard
Bennechèvre
Mizeray
Les Bordes
Bonce
Pézy
Mauloup
Demainville
Vieil-Allonnes
Chevannes
L'Elourville
Herville
Abonville
Épeautrolles
Aufferville
La Bourdinière-St-Loup
Bois-St-Martin
Nicorbin
Hombières
Guillonville
Epincy
Levesville-la-Chenard
Argançon
Boisvilette
Fresnay-le-Comte
Villequoy
Villarceaux
Villereau
Mondonville-Ste-Barbe
Moutiers
Ermenonville-la-Petite
Luplanté
Le Grand-Chavernay
Beauvilliers
Ensonville-les-Noyers
Bonvillettes
Meulières
Vitray-en-Beauce
Beauvoir
Andeville
Villeneuve-St-Nicolas
Villeneuve-la-Vierge
Chesnay
Berthouville
31
Meslay-le-Vidame
Le Petit-Chavernay
Montainville
Foinville
Prasville
Fresnay-l'Évêque
Francheville
Val Neuvy
Neuvy-en-Beauce
Genarville
21
Varennes
Meigneville
Lhopiteau
Voves
Soignolles
Silo
Beauvois
Bois-de-Feugères
Auvilliers
Rouvray-St-Florentin
Reverseau
Sazeray
Ymonville
Pitheaux
Bouville
Bronville
Genonville
Villiers
Launay
La Ronce
Dampierre
Marolles
Bisseau
Yerville
Mérasville
Coulommiers
Le Gault-St-Denis
Villeau
Tilleau
Teillay
Rosay
Cerceau
St-Germain
Trancrainville
33
Alluyes
St-Germain
Augonville
Plancheville
Bessay
Espier
Boissay
Hérouville
Chambonneau
Menonville
Villars
Fains-la-Folie
Tortois
Lutz
Mérouvilliers
Guilleville
Oinville-St-Liphard
Aigneville
Eranville
L'Herbechère
Planchevilliers
La Vieuville
Moriers
Pré-St-Martin
Jonville
Morsans
Amoinville
Mellay
Viabon
Marray
Le Puiset
Montboissier
Perruchet
Neuvy-en-Dunois
La Folie-Herbault
Brainville
Morais
Canonvilliers
Boinville
Villebon
Vilsix
Moulin
Villeron
19
Villancien
Melleville
Silo
Ligaudry
Auffains
Villermon
Allaines-Mervilliers
Janville
Le Boulay
Mézières
Touraille
Sancheville
Terrain militaire
Ohé
Grandvilliers
Bonneval
Méroger
Les Pites Bordes
Sevestreville
Mihardouin
Outrouville
Poinville
Montharville
Géranville
Pré-St-Evroult
Allonville
Baigneaux
Bercis
St-Léonard
Gauvilliers
30
Mervilliers
La Jouannière
Migaudry
Dommarville
14
Fontenay-sur-Conie
Guesnier
Toulifault
Soignolles
Boissière
Semonville
St-Martin-du-Péan
Bullainville
Boissay
Baignolet
Cambray
Le Mesnil
Vouvray
Massuères
Acclainville
Bois-Tillay
Ménainville
Boissainville
Guibert
Lolon
Edeville
Jumainville
Ménainville
Courbehaye
Brandelon
St-Maur-sur-le-Loir
Dancy
Ormoy
Orgères-en-Beauce
Villecotin
Tanon
Tilly-le-Péneux
La Fauconnière
Santilly
Le Rouvre
Godonville
Rognon
Moronville
Villeprévost
Bazoches-les-Hautes
Pannes
Flacey
Mémillon
La Touche
Lierville
Cormainville
Monge
La Frileuse
La Maladrerie
Eards
Aulnaie
Givais
Silos
Réclainville
Beauvilliers
Les Pites Maisons
Villiers
Le Mesnil
La Brosse
Villiers-St-Orien
Villepéreux
Villerand
Champdoux
Goury
St-Christophe
Bois de Moléans
Malmusse
Cornières
Villevé
Fougeu
Loigny-la-Bataille
Baigneaux
Les Coudreaux
Le Bois
Pontault
Moléans
Loubinière
Ecuillon
Dambron
Vucennes
Nottonville
Secouray
12
Villours
Lumeau
Dheury
Vallière
La Brulerie
Nonneville
Neuvilliers
Auneux
Donnemain-St-Mamès
Conie-Molitard
La Chenardière
Villepion
Milhouard
Valainville
Chavenay
Gaubert
Terre-Noire
Orsonville
21
Varize
Bazoches-en-Dunois
Bourneville
Guillonville
Faverolles
Domainville
Poupry
Jumeaux
Harville
Civry
Elumignon
Contermont
Silos
Egron
Jallans
Eteauville
Pommay
Pertuiset
Gommiers
Terminiers
Mameraul
Artenay
Nobleville
Mosny
Boissay
La Vignette
Pruneville
Echelles
Boissay
Silo
Lindron
Guillard
Autroche
35
Le Moiréville
Villentière
Thironneau
Muzelles
Topineux
Marville
Châteaudun
Lutz-en-Dunois
Chattonville
Péronville
Frécul
15
L'Isle
Auvilliers
Herblay
Nivouville
Menainville
La Bourdinière
Pressainville
Puerthe
Villeneuve-sur-Conie
Rouvray-Ste-Croix
Ville-Sevreux
Beaugency-le-Cuit
Creuzy
Camp militaire
Boirville
Morenneville
Pareau
Lislebout
Roncevaux
Moret
Sougy
Les Gdes Bordes
Cheveaux
La Croix-Briquet
Baigneaux
Villouzier
Dessainville
La Mouise
Machelainville
Loupille
28
Patay
Lencorme
Chameul
St-Barthélemy
Les Chatelier
Apelle
St-Cloud-en-Dunois
La Folie
Liconcy
Lignerolles
Trogny
Domecy
15
Thiville
Morgues
Villeloup
Villampuy
La Chapelle-Onzerain
Allonnes
Villardu
Brilly
La Provenchère
Les Francs
Nosay
Villengeard
Ozoir-le-Breuil
Villevêque
La Pierre Percée
Corfeu
6
Roumilly
La Borde
Huêtre
Chevilly
Chublainville
Juvrainville
Sorency
Coinces
Huneau
Villebeton
Lézanville
Niverville
Auvilliers
Villamblain
Tournoisis
Renneville
St-Péravy-la-Colombe
15
Champ Romain
L'Orme-Sec
Harbouville
Chesne
Bricy
Mont Audefroy
Richeville
27
26
Coulemelle
Porcheresse
Beaurepaire
19
Chardonnelle
Porcheronville
Villiers-le-Hard
Nids
Frécul
Gidy
Le Mée
Membrolles
Silo
Boisville
Poiseaux
Villemars
Villarson
Saumery
Boulay-les-Barres
Janvry
Cas Rouge
Orléans-Saran
Orléans-Gidy
La Ferté-Villeneuil
La Motteraye
Hautes-Huignes
Villeslin
Prénouvellon
Pressailles
St-Sigismond
Clos-Aubry
10
Heurdy
Pommiers
36
Charray
Le Mesnil
Basses-Huignes
L'Ormeteau
Favelles
Champs
Gémigny
Les Barres
Montaigu
La Bruyère
Verdes
Manthierville
Villiers-le-Gast
Cerqueux
Cheminiers
La Riffaudière
Saran
Mézières
Villiers-le-Temple
Malmusse
Les Laps
La Borde
Tripleville
Séronville
Villemain
Épieds-en-Beauce
Perreuse
Rozières-en-Beauce
Bois de Bucy
Bucy-St-Liphard
Ormes
Ouzouer-le-Doyen
Lierville
21
Prunay
26
Ourcis
Charsonville
Saintry
Bonneville
18
Villeneuve
Semerville
La Folletière
Chevenelle
Coulmiers
Bagatelle
Montre
AX
132
Villorceau
AY
L'Ermitage
Coutes
Ingré
AZ
Le Gd Orme
0
5
10 km
AW
Abliz
Boussy
Vilaine
Mauvelles
Villeray
Montapeine
Le Creux
Bois de Montpipeau
Selliers
Champoigny
Monpatour
St-Jean-de-la-Ruelle
Orme-Guignard
11
Binas
Vignes
Cornillon
Silo
La Gahandière
Ouzouer-le-Marché
Chandry
13
La Renardière
Huisseau-sur-Mauves
16
Longuevault
Anchat

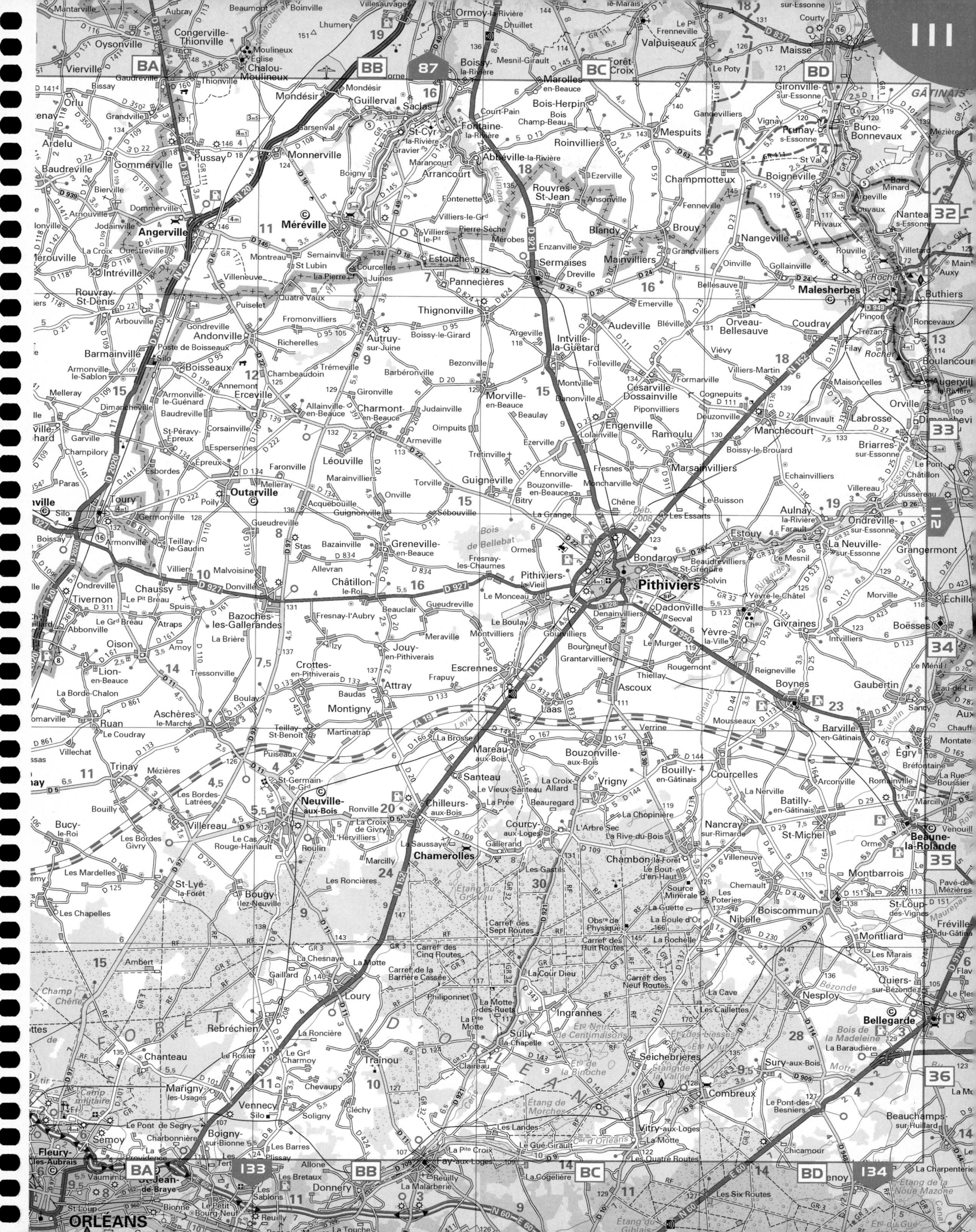
BA
BB
BC
BD
87
133
134
32
33
34
35
36
112
Mantarville
Aubray
Beaumont
Boinville
Villesauvage
Ormoy-la-Rivière
Dhuillet
le-Marais
Fontenay-le-Vicomte
sur-Essonne
Courty
Oysonville
Congerville-Thionville
Lhumery
Moulineux
Eglise
Chalou-Moulineux
Boissy-la-Rivière
Mesnil-Girault
Forêt-Croix
Frenneville
Valpuiseaux
Maisse
Le Poty
Vierville
Gaudreville
Thionville
Mondésir
Marolles-en-Beauce
Bissay
Orlu
Mondésir
Guillerval
Saclas
Court-Pain
Bois-Herpin
Gironville-sur-Essonne
GÂTINAIS
Grandville
St-Cyr-la-Rivière
Fontaine-la-Rivière
Champ-Beau
Gandevilliers
Vignay
Prunay-s-Essonne
Buno-Bonnevaux
Ardelu
Garsenval
Gravier
Roinvilliers
Mespuits
Baudreville
Gommerville
Russay
Monnerville
Marancourt
Abbéville-la-Rivière
Arrancourt
Ezerville
Champmotteux
Boigneville
St Val
Bierville
Boigny
Rouvres-St-Jean
Ansonville
Fontenette
Bois Minard
Argeville
Touvaux
Dommerville
Méréville
Villiers-le-Grd
Fenneville
Nanteau-s-Essonne
Arnouville
Jodainville
Angerville
Pierre-Sèche
Villiers-le-Pit
Mérobes
Blandy
Brouy
Nangeville
Privaux
Ouestreville
La Croix
Semainville
Montreau
St Lubin
Courcelles
Estouches
Enzanville
Sermaises
Mainvilliers
Grandvilliers
Rouville
Villetard
Mérouville
Intréville
Villeneuve
La Pierre
Juines
Pannecières
Dreville
Oinville
Gollainville
Malesherbes
Main
Auxy
Buthiers
Rouvray-St-Denis
Quatre Vaux
Puiselet
Bellesauve
Emerville
Thignonville
Fromonvilliers
Audeville
Bléville
Orveau-Bellesauve
Coudray
Pinçon
Roncevaux
Arbouville
Gondreville
Andonville
Autruy-sur-Juine
Boissy-le-Girard
Argeville
Intville-la-Guétard
Trézan
Filay
Richerelles
Vievy
Barmainville
Poste de Boisseaux
Silo
Boisseaux
Bezonville
Folleville
Villiers-Martin
Rocher
Boulancourt
Armonville-le-Sablon
Trémeville
Chambeaudoin
Barbéronville
Montville
Formarville
Augerville-la-Rivière
Melleray
Annemont
Erceville
Gironville
Morville-en-Beauce
Césarville-Dossainville
Cognepuits
Maisoncelles
Armonville-le-Guénard
Dimancheville
Allainville-en-Beauce
Charmont-en-Beauce
Judainville
Danonville
Beaulay
Piponvilliers
Douzonville
Invault
Labrosse
Orville
Baudreville
Oimpuits
Engenville
Manchecourt
Dimancheville
Garville
Corsainville
St-Péravy-Epreux
Espersennes
Armeville
Ezerville
Lolainville
Ramoulu
Boissy-le-Brouard
Briarres-sur-Essonne
Champilory
Épreux
Faronville
Léouville
Tretinville
Marsainvilliers
Le Pont
Châtillon
Esbordes
Marainvilliers
Melleray
Torville
Guigneville
Ennorville
Fresnes
Echainvilliers
Paras
Onville
Moncharville
Bouzonville-en-Beauce
Villereau
Fousseréau
Toury
Poily
Outarville
Acquebouille
Bitry
Chêne
Le Buisson
Aulnay-la-Rivière
Ondreville-sur-Essonne
Germonville
Guignonville
Sébouville
Déb. 2008
Les Essarts
Farault
Boissay
Armonville
Teillay-le-Gaudin
Gueudreville
Stas
Bazainville
Greneville-en-Beauce
Bois de Bellebat
La Grange
Estouy
La Neuville-sur-Essonne
Grangermont
Ormes
Bondaroy
Beaudrevilliers
Le Mesnil
St-Grégoire
Villiers
Malvoisine
Allevran
Fresnay-les-Chaumes
Pithiviers-le-Vieil
Pithiviers
Solvin
Ondreville
Chaussy
Donville
Châtillon-le-Roi
Le Monceau
Dadonville
Yèvre-le-Châtel
Morville
Échilleuses
Tivernon
Le Pit Breau
Spuis
Gueudreville
Denainvilliers
Secval
Le Grd Breau
Abbonville
Atraps
Bazoches-les-Gallerandes
Fresnay-l'Aubry
Beauclair
Le Boulay
Givraines
Boësses
La Brière
Meraville
Montvilliers
Gourvilliers
Yèvre-la-Ville
Intvilliers
Oison
Amoy
Izy
Jouy-en-Pithiverais
Bourgneuf
Le Murger
Le Ménil
Lion-en-Beauce
Tressonville
Crottes-en-Pithiverais
Escrennes
Grantarvilliers
Rougemont
Reigneville
Gaubertin
Frapuy
Thiellay
Boynes
Eau-de-Lin
La Borde-Chalon
Attray
Baudas
Ascoux
Sancy
Boulay
Laas
Aux
Comarville
Aschères-le-Marché
Montigny
Mousseaux
Ruan
Le Coudray
Teillay-St-Benoît
Martinatrap
Layet
Verrine
Barville-en-Gâtinais
Chauffour
Montale
Villechat
La Brosse
Mareau-aux-Bois
Bouzonville-aux-Bois
Égry
Trinay
Mézières
Puiseaux
Bréfontaine
Bouilly-en-Gâtinais
Courcelles
Arconville
Romainville
La Rue Boussier
St-Germain-le-Grd
Santeau
Vrigny
Les Bordes-Latrées
Le Vieux-Santeau
La Croix-Allard
La Nerville
Batilly-en-Gâtinais
Marcilly
Bouilly
Neuville-aux-Bois
Ronville
Chilleurs-aux-Bois
La Prée
Beauregard
La Chopinière
Bucy-le-Roi
Villereau
La Croix de Givry
Courcy-aux-Loges
L'Arbre Sec
Nancray-sur-Rimarde
St-Michel
Beaune-la-Rolande
Vénouille
Les Bordes Givry
Le Cas Rouge-Hainault
L'Hervilliers
La Saussaye
Gallerand
La Rive-du-Bois
Orme
Roulin
Chamerolles
Chambon-la-Forêt
Villeneuve
Les Mardelles
Marcilly
Les Gastils
Le Bout d'en-Haut
Montbarrois
Pavé-de-Mézières
Les Roncières
Étang du Grd Vau
Source Minérale
Chemault
St-Lyé-la-Forêt
Bougy-lez-Neuville
Les Poteries
Boiscommun
St-Loup-des-Vignes
Les Chapelles
La Guette
Nibelle
Fréville-du-Gâtinais
Carrefr des Sept Routes
Obsre de Physique
La Boule d'Or
Carrefr des Huit Routes
La Rochelle
Montliard
Carrefr des Cinq Routes
Ambert
La Chesnaye
La Motte
Les Marais
Gaillard
Carrefr de la Barrière Cassée
La Cour Dieu
Carrefr des Neuf Routes
Quiers-sur-Bézonde
Champ Chêne
Loury
Philiponnet
La Cave
Nesploy
La Motte-des-Ruets
Ingrannes
Les Caillettes
Bellegarde
Rebréchien
La Roncière
La Pite Motte
Sully-la-Chapelle
Étg Neuf de Centimaisons
Étg des Liesses
Étg Neuf
Bois de la Madeleine
La Baraudière
Chanteau
Le Rosier
Le Grd Charmoy
Trainou
Seichebrières
Sury-aux-Bois
Motte
Clairau
Étg de la Binoche
Étang de la Vallée
Camp militaire
Marigny-les-Usages
Chevaupy
Combreux
Le Pont-de-Besniers
Vennecy
Cléchy
Étang de Morches
Beauchamps-sur-Huillard
Semoy
Le Pont de Segry
Charbonnière
Boigny-sur-Bionne
Silo
Soligny
Les Landes
Vitry-aux-Loges
Chicamour
Les Barres
La Pite Croix
Le Gué-Girault
Canal d'Orléans
La Motte
Fleury-les-Aubrais
La Providence
Plissay
Fay-aux-Loges
Les Quatre Routes
Vaumimbert
St-Jean-de-Braye
Allone
Les Bretaux
Reuilly
La Cogelière
Venoy
La Charpenterie
Étang de la Noue Mazone
Les Sablons
Donnery
La Malabarrie
Les Six Routes
St-Loup
Bionne
Le Petit Bourg-Neuf
Reuilly
Étang du Gibiais
ORLÉANS
La Touche
Canal

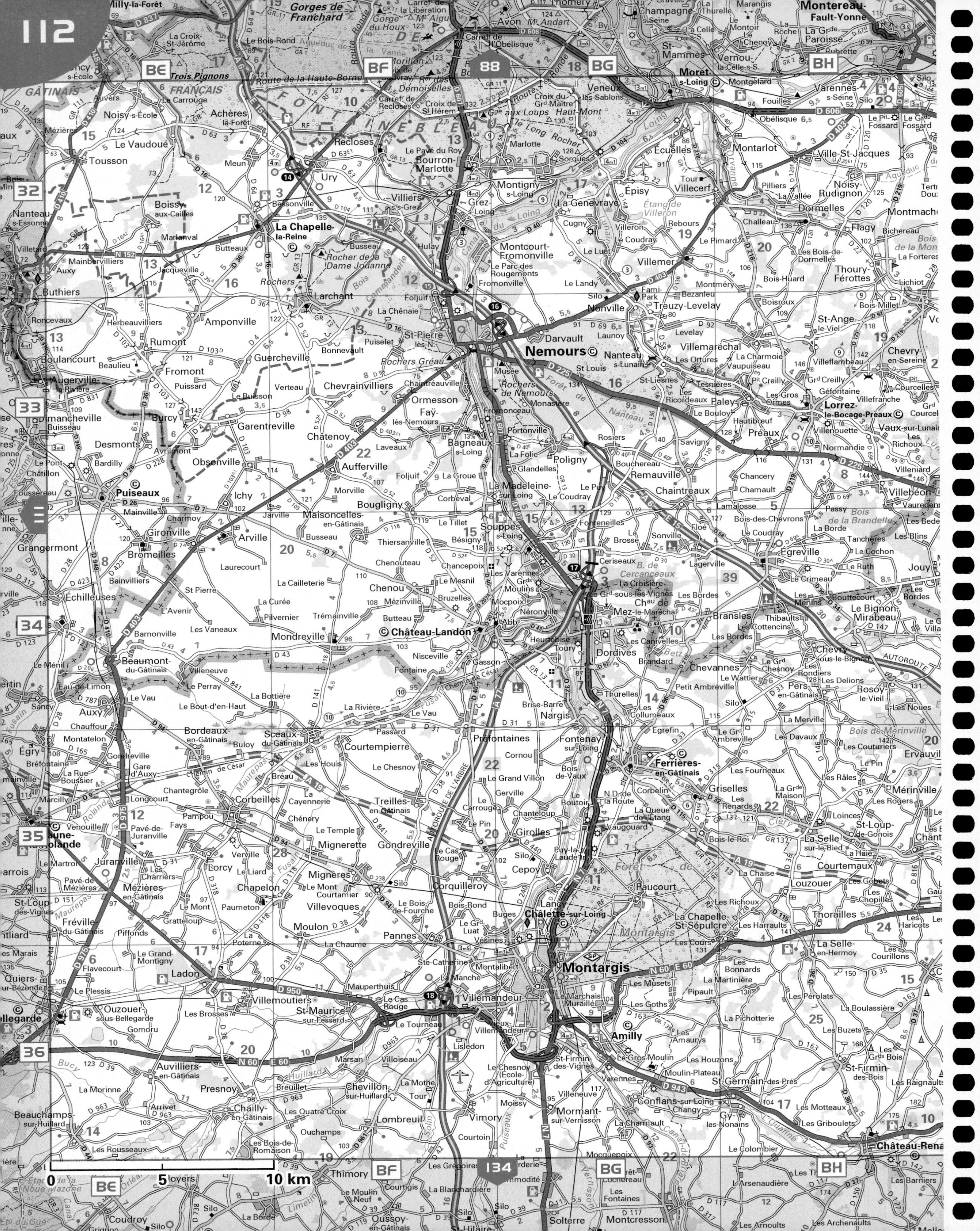
Milly-la-Forêt
Gorges de Franchard
Avon
Champagne-sur-Seine
Montereau-Fault-Yonne
BE
BF
88
BG
BH
Trois Pignons
GÂTINAIS FRANÇAIS
FONTAINEBLEAU
Moret-sur-Loing
St-Mammès
Veneux-les-Sablons
Achères-la-Forêt
Noisy-s-École
Recloses
Bourron-Marlotte
Ury
Le Vaudoué
Tousson
Écuelles
Montarlot
Ville-St-Jacques
Villecerf
Épisy
Montigny-s-Loing
Grez-s-Loing
La Genevraye
Boissy-aux-Cailles
La Chapelle-la-Reine
Nanteau-s-Essonne
32
Larchant
Villemer
Dormelles
Flagy
Montcourt-Fromonville
Nonville
Treuzy-Levelay
Buthiers
Amponville
Rumont
Guercheville
Boulancourt
Nemours
Darvault
St-Pierre-lès-N.
Villemaréchal
Chevry-en-Sereine
Lorrez-le-Bocage-Préaux
33
Burcy
Garentreville
Chevrainvilliers
Ormesson
Paley
Préaux
Desmonts
Obsonville
Châtenoy
Bagneaux-s-Loing
Poligny
Remauville
Aufferville
Puiseaux
Ichy
Bougligny
Maisoncelles-en-Gâtinais
La Madeleine-sur-Loing
Chaintreaux
Villebéon
Gironville
Arville
Bromeilles
Souppes-s-Loing
Égreville
Jouy
Grangermont
Chenou
Château-Landon
Échilleuses
Mez-le-Maréchal
Bransles
Le Bignon-Mirabeau
34
Mondreville
Beaumont-du-Gâtinais
Dordives
Chevry-sous-le-Bignon
Chevannes
Auxy
Nargis
Rosoy-le-Vieil
Bordeaux-en-Gâtinais
Sceaux-du-Gâtinais
Préfontaines
Fontenay-sur-Loing
Ferrières-en-Gâtinais
Courtempierre
Égry
Corbeilles
Griselles
Mérinville
35
Beaune-la-Rolande
Treilles-en-Gâtinais
Girolles
St-Loup-de-Gonois
Mignerette
Gondreville
Juranville
Lorcy
Chapelon
Mignères
Courtemaux
Corquilleroy
Paucourt
La Chapelle-St-Sépulcre
Mézières-en-Gâtinais
Villevoques
Châlette-sur-Loing
Fréville-du-Gâtinais
Moulon
Pannes
Thorailles
La Selle-en-Hermoy
Ladon
Montargis
Villemoutiers
Villemandeur
St-Maurice-sur-Fessard
Ouzouer-sous-Bellegarde
Bellegarde
Amilly
36
Auvilliers-en-Gâtinais
St-Firmin-des-Bois
St-Germain-des-Prés
Presnoy
Chevillon-sur-Huillard
Conflans-sur-Loing
Chailly-en-Gâtinais
Vimory
Mormant-sur-Vernisson
Gy-les-Nonains
Château-Renard
Beauchamps-sur-Huillard
Lombreuil
Thimory
134
0
5
10 km

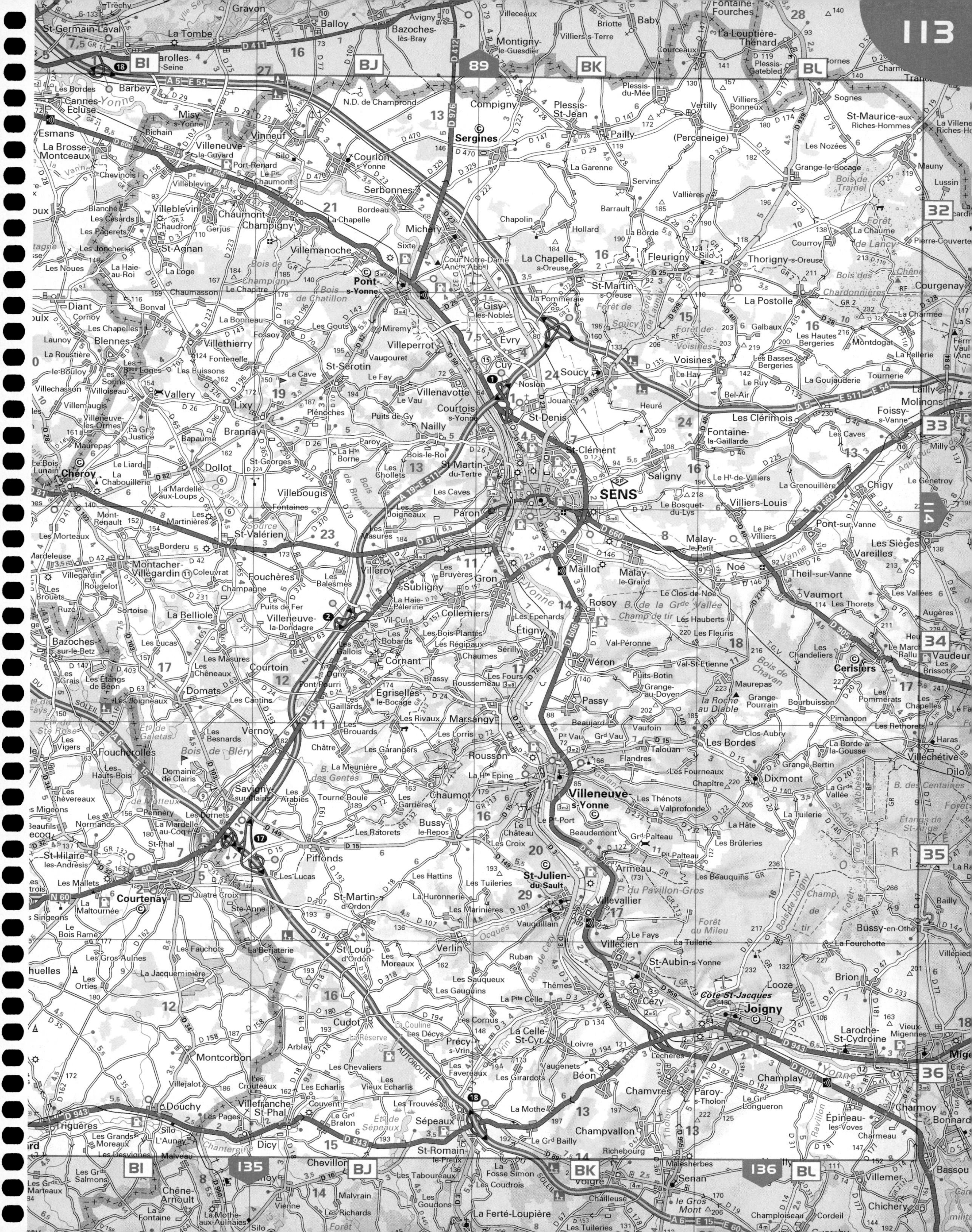
BI
BJ
BK
BL
89
135
136
32
33
34
35
36
114
Sens
Sergines
Pont-s-Yonne
Villeneuve-s-Yonne
St-Julien-du-Sault
Joigny
Courtenay
Chéroy
Cerisiers
Villeneuve-la-Guyard
Chaumont
Champigny
Courlon-s-Yonne
Serbonnes
Michery
Villemanoche
Gisy-les-Nobles
Evry
Cuy
Soucy
Voisines
St-Denis
St-Clément
Saligny
Malay-le-Petit
Malay-le-Grand
Maillot
Rosoy
Gron
Paron
St-Martin-du-Tertre
Subligny
Villeroy
Collemiers
Étigny
Véron
Passy
Marsangy
Rousson
Dixmont
Armeau
Villevallier
Villecien
St-Aubin-s-Yonne
Cézy
Champlay
Paroy-s-Tholon
Chamvres
Béon
Champvallon
Senan
Volgré
La Celle-St-Cyr
Précy-s-Vrin
Sépeaux
St-Romain-le-Preux
Cudot
St-Loup-d'Ordon
Verlin
St-Martin-d'Ordon
Piffonds
Savigny-sur-Clairis
Fouchères
St-Valérien
Villebougis
Vallery
Lixy
Brannay
Dollot
Domats
Courtoin
Vernoy
Chigy
Villiers-Louis
Theil-sur-Vanne
Vaumort
Noé
Pont-sur-Vanne
Foissy-s-Vanne
Molinons
Thorigny-s-Oreuse
Fleurigny
La Chapelle-s-Oreuse
St-Martin-s-Oreuse
Compigny
Plessis-St-Jean
Pailly
Vinneuf
Misy-s-Yonne
Barbey
Montacher-Villegardin
Villethierry
Blennes
Bazoches-sur-le-Betz
St-Hilaire-les-Andrésis
Douchy
Villefranche-St-Phal
Triguères
Chevillon
La Ferté-Loupière
Laroche-St-Cydroine
Épineau-les-Voves
Charmoy
Brion
Bussy-en-Othe
Vaudeurs
Migennes
Côte St-Jacques
Forêt du Mileu
Bois de Chavan
F^t du Pavillon-Gros
A 5 – E 54
A 19 – E 511
A 6 – E 15
A 5 – E 511
D 606
D 660
D 943
D 81
D 905

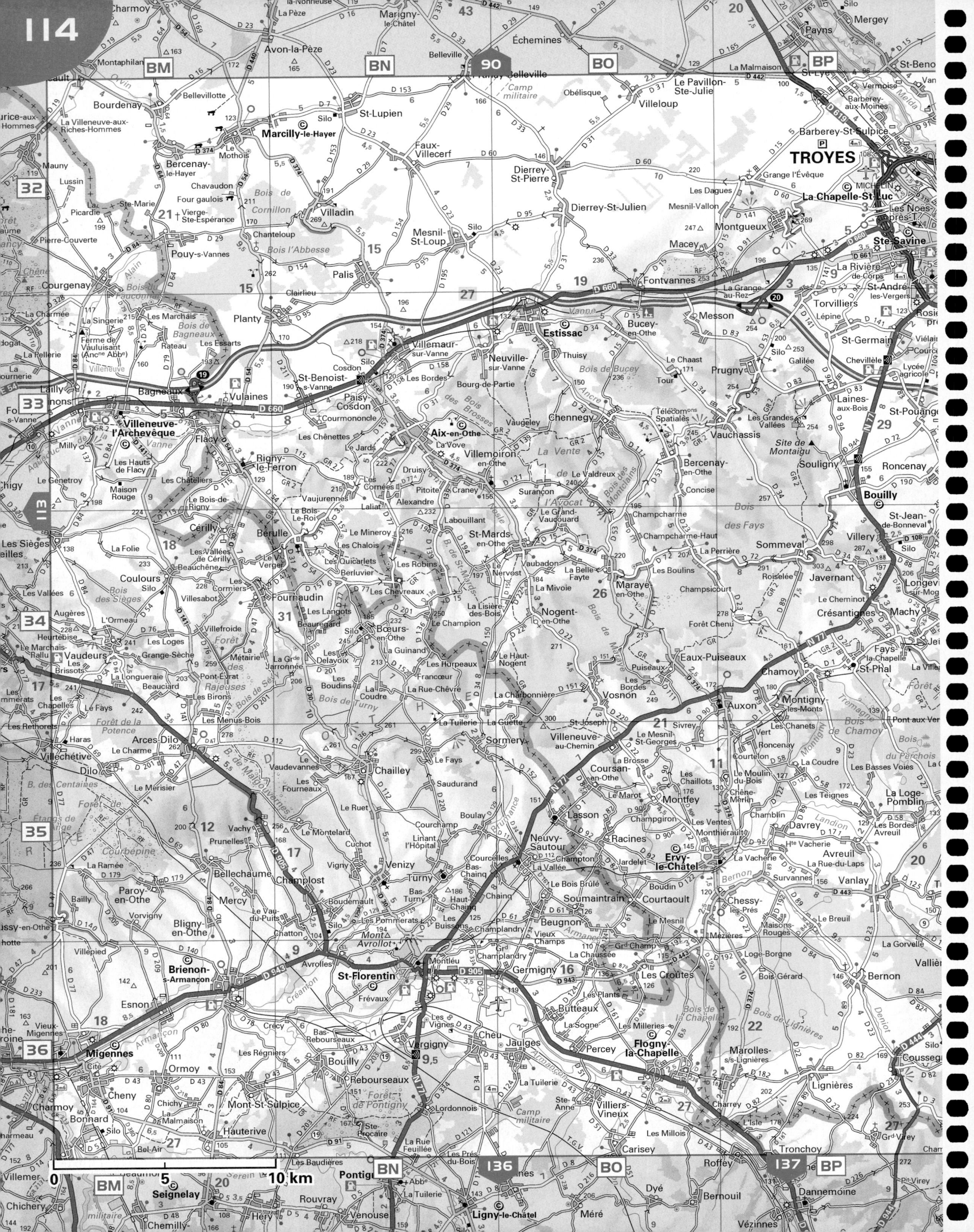
Charmoy
la-Nonneuse
La Pèze
Marigny-le-Châtel
Échemines
Payns
Mergey
Silo
Avon-la-Pèze
Belleville
Montaphilan
BM
BN
90
BO
BP
St-Lyé
La Malmaison
St-Beno
Le Pavillon-Ste-Julie
Bellevillotte
Camp militaire
Obélisque
Villeloup
Vermoise
Barberey-aux-Moines
Bourdenay
St-Lupien
Silo
La Villeneuve-aux-Riches-Hommes
Marcilly-le-Hayer
Faux-Villecerf
Barberey-St-Sulpice
Le Mothois
TROYES
Bercenay-le-Hayer
Dierrey-St-Pierre
Grange l'Évêque
Mauny
Lussin
32
Chavaudon
Four gaulois
Bois de Cornillon
Les Dagues
MICHELIN
La Chapelle-St-Luc
Dierrey-St-Julien
Mesnil-Vallon
Les Noës-près-T.
Picardie
Ste-Marie
Vierge-Ste-Espérance
Villadin
Montgueux
Pierre-Couverte
Chanteloup
Bois l'Abbesse
Mesnil-St-Loup
Silo
Macey
Ste-Savine
Pouy-s-Vannes
15
La Rivière-de-Corps
Courgenay
Palis
Fontvannes
St-André-les-Vergers
Bois du Fauconnier
Clairlieu
La Grange au-Rez
Torvilliers
15
27
19
D 660
Lépine
La Charmée
La Singerie
Les Marchais
Bois de Bagneaux
Planty
Vanne
Bucey-en-Othe
Messon
Ferme de Vauluisant (Ancne Abbe)
Rateau
Les Essarts
Estissac
St-Germain
La Pellerie
Villemaur-sur-Vanne
Neuville-sur-Vanne
Thuisy
Silo
Galilée
Chevillèle
Lycée agricole
Villeneuve
Cosdon
Le Chaast
Bois de Bucey
Prugny
St-Benoist-s-Vanne
Les Bordes
Bourg-de-Partie
Tour
Bagneaux
Vulaines
Lailly
Paisy-Cosdon
Laines-aux-Bois
33
Villeneuve-l'Archevêque
Cournononcle
Bois des Brosses
Chennegy
Télécommunications Spatiales
St-Pouange
Flacy
Aix-en-Othe
Vaugeley
Les Grandes Vallées
29
Milly
Les Chênettes
La Vove
Vauchassis
Le Jards
Villemoiron-en-Othe
La Vente
Site de Montaigu
Rigny-le-Ferron
Bercenay-en-Othe
Souligny
Roncenay
Les Hauts de Flacy
Druisy
Le Valdreux
Le Genetroy
Les Châteliers
Pitoite
Craney
Bois des Moniclains
Chigy
Les Cornées
Surançon
Concise
Bouilly
Maison Rouge
Le Bois-de-Rigny
Laliat
Alexandre
l'Avocat
113
Le Bois-Le-Roi
Labouillant
Le Grand-Vaucouard
Champcharme
Bois des Fays
St-Jean-de-Bonneval
Cérilly
Bérulle
Le Mineroy
St-Mards-en-Othe
Champcharme-Haut
Sommeval
Villery
Les Sièges
18
La Folie
Les Chalois
La Perrière
Silo
Les Vallées-de-Cérilly
Les Quicarlets
Le Verger
Les Robins
B. de St-Mards
Vaubadon
La Belle Fayte
Les Boulins
Roiselée
Javernant
Beauchêne
Berluvier
Le Nervost
Coulours
Silo
Les Cormiers
La Mivoie
Maraye-en-Othe
26
Longeville-sur-Mog
Les Vallées
Bois des Sièges
Villesabot
Fournaudin
Les Chevreaux
La Lisière-des-Bois
Nogent-en-Othe
Champsicourt
Le Cheminot
Augères
31
Les Langots
Le Champion
Crésantignes
Machy
34
L'Ormeau
Beauregard
Forêt Chenu
Heurtebise
Villefroide
Bœurs-en-Othe
Bois de Maraye
Le Marchais-Rallu
Vaudeurs
Les Loges
La Métairie
La Guinand
Fays-la-Chapelle
Les Brissots
Grange-Sèche
Forêt des Rajeuses
La Grde Jarronnée
Les Delayoix
Le Haut-Nogent
Eaux-Puiseaux
St-Phal
La Villeneuve
17
La Longueraie
Pont-Évrat
Les Hurpeaux
Puiseaux
Chamoy
Forêt
Les Chapelles
Beauciard
Les Boudins
Francœur
Les Bordes
Les Birons
La Coudre
La Rue-Chèvre
La Charbonnière
Vosnon
Montigny-les-Monts
Bois de Sévy
Bois de Turny
Les Fays
Forêt de la Potence
Les Menus-Bois
La Tuilerie
La Guette
St-Joseph
21
Sivrey
Auxon
Les Chanets
Pont aux Ver
Les Rethorets
Haras
Arces-Dilo
Sormery
Villeneuve-au-Chemin
Le Mesnil-St-Georges
Vert
Roncenay
Bois de Chamoy
Villechétive
Le Charme
B. de Malgouvernes
Vaudevannes
Le Fays
Courtelon
Bois du Perchois
Dilo
Chailley
Coursan-en-Othe
La Brosse
11
Le Moulin-du-Bois
La Coudre
Les Basses Voies
B. des Centaines
Les Fourneaux
Saudurand
Les Chaillots
Chêne-Merlin
Les Teignes
La Loge-Pomblin
Le Mérisier
Forêt de Ste-Anne
Le Ruet
Le Marot
Montfey
Chamblin
Davrey
12
Vachy
Boulay
Lasson
Champgiron
Les Ventes
Les Bordes-Avreuil
Étangs de Vauvrage
35
Prunelles
Le Montelard
Courchamp
Linant l'Hôpital
Neuvy-Sautour
Racines
Monthiérault
Hte Vacherie
Avreuil
Forêt de Courbépine
Cuchot
17
Courcelles
Champton
Jardelet
Ervy-le-Châtel
La Vacherie
La Rue-du-Laps
20
La Ramée
Bellechaume
Vigny
Venizy
Bas-Chainq
La Vallée
Survannes
Vanlay
Champlost
Turny
Le Bois Brûlé
Bernon
Paroy-en-Othe
Bailly
Mercy
Bas-Turny
Haut-Chainq
Chainq
Boudin
Soumaintrain
Courtaoult
Chessy-les-Prés
Boudemault
Les Pommerats
Le Vau-du-Puits
Vorvigny
Bligny-en-Othe
Silo
Les Buissons
Champlandry
Beugnon
Le Mesnil
Maisons-Rouges
Le Breuil
Chatton
Mont Avrollot
Vieux Champs
Mézières
La Gorvelle
Villepied
9
Avrolles
Grd Champlandry
Grd Champ
La Chaussée
Loge-Borgne
Brienon-s-Armançon
Montléu
Germigny
16
Les Croûtes
Bois-Gérard
Bernon
St-Florentin
Fréveaux
D 905
Les Plants
Vallières
Esnon
Créanton
Butteaux
Bois de la Chapelle
Bois de Lignières
18
Vieux-Migennes
Crécy
Les Vignes
La Sogne
Les Millieres
22
Bas-Rebourseaux
Chéu
Jaulges
Percey
Flogny-la-Chapelle
Marolles-s/s-Lignières
36
Migennes
Les Régniers
Vergigny
Coussegrey
Ormoy
Bouilly
Cité
Rebourseaux
La Tuilerie
Lignières
Cheny
Chichy
Mont-St-Sulpice
Forêt de Pontigny
Lordonnois
Ste-Anne
Villiers-Vineux
27
Charrey
Charmoy
Bonnard
La Malmaison
Camp militaire
L'Isle
Grd-Virey
Silo
Hauterive
Ste-Procaire
Les Millois
27
Bel-Air
La Rue Feuillée
Carisey
Tronchoy
Les Prés-du-Bois
Roffey
Villemer
0
5
10 km
Les Baudières
BN
136
BO
137
BP
Pt-Virey
BM
Seignelay
20
Pontigny
Abbe
La Tuilerie
Dyé
Bernouil
Dannemoine
Chichery
militaire
Rouvray
Ligny-le-Châtel
Chemilly
Héry
Venouse
Méré
Vézinnes

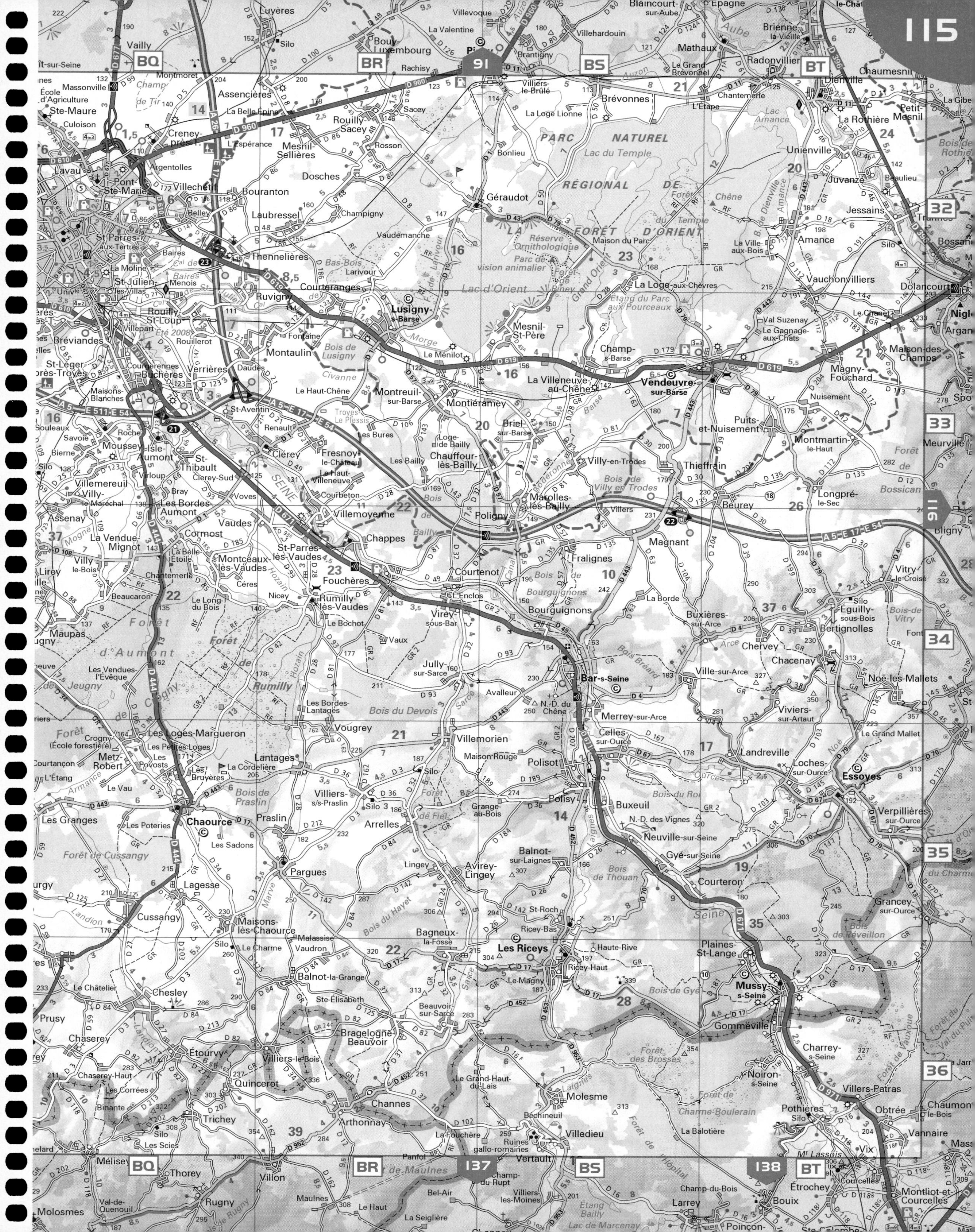

BQ
BR
BS
BT
91
Vailly
Luyères
Bouy-Luxembourg
Piney
Villevoque
La Valentine
Brantigny
Villehardouin
Blaincourt-sur-Aube
Épagne
Brienne-la-Vieille
Mathaux
Radonvillier
Le Grand Brévonnel
Aube
Rachisy
Montmoret
Massonville
École d'Agriculture
Ste-Maure
Culoison
Assencières
La Belle Épine
Rouilly-Sacey
Sacey
Villiers-le-Brûlé
Brévonnes
La Loge Lionne
Chantemerle
L'Étape
Dienville
Petit-Mesnil
La Rothière
Creney-près-T.
L'Espérance
Mesnil-Sellières
Rosson
Bonlieu
PARC NATUREL RÉGIONAL DE LA FORÊT D'ORIENT
Lac du Temple
Lac Amance
Unienville
Juvanze
Jessains
Lavau
Argentolles
Pont-Ste-Marie
Villechétif
Bouranton
Dosches
Géraudot
Chêne
Laubressel
Champigny
Vaudemanche
Réserve Ornithologique
Parc de vision animalier
Maison du Parc
Amance
La Ville-aux-Bois
St-Parres-aux-Tertres
Baires
Thennelières
La Moline
Larivour
Bas-Bois
Lac d'Orient
La Loge-aux-Chèvres
Vauchonvilliers
Dolancourt
St-Julien-les-Villas
Menois
Courteranges
Ruvigny
Lusigny-s-Barse
Étang du Parc aux Pourceaux
Val Suzenay
Le Gagnage-aux-Chats
Le Chanet
Rouilly-St-Loup
Villepart
Bréviandes
Rouillerot
Fontaine
Bois de Lusigny
Mesnil-St-Père
Champ-s-Barse
Maison-des-Champs
St-Léger-près-Troyes
Courgerennes
Buchères
Verrières
Daudes
Montaulin
Le Ménilot
La Villeneuve-au-Chêne
Vendeuvre-sur-Barse
Magny-Fouchard
Maisons-Blanches
Le Haut-Chêne
Montreuil-sur-Barse
Montiéramey
Nuisement
Souleaux
Roche
Savoie
Moussey
Bierne
Isle-Aumont
St-Aventin
Renault
Troyes-Le Plessis
Les Bures
Loge-de-Bailly
Briel-sur-Barse
Puits-et-Nuisement
Montmartin-le-Haut
Meurville
Clérey
Fresnoy-le-Château
Le Haut-Villeneuve
Les Bailly
Chauffour-lès-Bailly
Villy-en-Trodes
Bois de Villy en Trodes
Thieffrain
Forêt de Bossican
St-Thibault
Clerey-Sud
Virloup
Villemereuil
Villy-le-Maréchal
Bray
Les Bordes-Aumont
Voves
Courbeton
Marolles-lès-Bailly
Villers
Beurey
Longpré-le-Sec
Assenay
Vaudes
Villemoyenne
Poligny
Magnant
Bligny
Cormost
La Vendue-Mignot
Chappes
Villy-le-Bois
La Belle Étoile
Montceaux-lès-Vaudes
St-Parres-lès-Vaudes
Fouchères
Courtenot
Fralignes
Bois de Bourguignons
Vitry-le-Croisé
Chantemerle
Céres
Beaucaron
Le Long-du-Bois
Nicey
Rumilly-lès-Vaudes
L'Enclos
Bourguignons
La Borde
Buxières-sur-Arce
Eguilly-sous-Bois
Bois-de-Vitry
Maupas
Forêt d'Aumont
Le Bochot
Virey-sous-Bar
Bertignolles
Vaux
Chervey
Chacenay
Les Vendues-l'Évêque
Jeugny
Forêt de Rumilly
Jully-sur-Sarce
Bar-s-Seine
Bois Bréard
Ville-sur-Arce
Noë-les-Mallets
Avalleur
N.-D. du Chêne
Les Bordes-Lantages
Bois du Devois
Merrey-sur-Arce
Viviers-sur-Artaut
Forêt de Crogny
Crogny (École forestière)
Les Loges-Margueron
Vougrey
Villemorien
Celles-sur-Ource
Le Grand Mallet
Les Petites-Loges
Les Povosts
Metz-Robert
Courtançon
L'Étang
Les Bruyères
La Cordelière
Lantages
Maison Rouge
Polisot
Landreville
Loches-sur-Ource
Essoyes
Le Vau
Bois de Praslin
Villiers-s/s-Praslin
Forêt de Fiel
Grange-au-Bois
Polisy
Buxeuil
Bois du Roi
Verpillières-sur-Ource
Les Granges
Les Poteries
Chaource
Praslin
Arrelles
N.-D. des Vignes
Neuville-sur-Seine
Les Sadons
Forêt de Cussangy
Balnot-sur-Laignes
Lingey
Avirey-Lingey
Gyé-sur-Seine
Bois de Thouan
Courteron
Bois du Charme
Lagesse
Pargues
Bois du Hayet
St-Roch
Ricey-Bas
Grancey-sur-Ource
Cussangy
Maisons-lès-Chaource
Bagneux-la-Fosse
Les Riceys
Haute-Rive
Ricey-Haut
Plaines-St-Lange
Bois de Séveillon
Malassise
Vaudron
Le Charme
Balnot-la-Grange
Le Magny
Bois de Gyé
Mussy-s-Seine
Le Châtelier
Chesley
Ste-Élisabeth
Beauvoir-sur-Sarce
Gomméville
Prusy
Chaserey
Bragelogne-Beauvoir
Charrey-s-Seine
Étourvy
Villiers-le-Bois
Le Grand-Haut-du-Lais
Forêt des Brosses
Noiron-s-Seine
Chaserey-Haut
Quincerot
Les Corrées
Binante
Trichey
Channes
Molesme
Forêt de Charme-Boulerain
Villers-Patras
Pothières
Obtrée
Chaumont-le-Bois
Arthonnay
Béchineuil
Villedieu
La Balotière
Vannaire
Silo
Les Scies
La Fouchère
Ruines gallo-romaines
Vertault
Forêt de l'Hôpital
Mt Lassois
Vix
Mélisey
Thorey
Villon
137
138
Champ-du-Rupt
Villiers-les-Moines
Bel-Air
Étang Bailly
Champ-du-Bois
Étrochey
Courcelles
Montliot-et-Courcelles
Val-de-Quenouil
Rugny
Molosmes
Maulnes
Le Haut
La Seiglière
Larrey
Boux
Lac de Marcenay
32
33
34
35
36
116

116
Soulaines-Dhuys
Doulevant-le-Château
Petit Morvilliers
St-Victor
Bois de Chantecoq
Trémilly
Nully
Blumeray
Villiers-aux-Chênes
Monthonval
Charmes-en-l'Angle
Bois de Charmes
Flammerécourt
Bois de l'Aillemont
BU
BV
92
BW
BX
Beauvoir
Thil
Leschères-sur-le-Blaiseron
Gudmont-Villiers
La Giberie
Étang de Ramerupt
Bois de Pute-Bête
Étang de Laborde
Petit-Mesnil
Bois de la Rothière
Fuligny
Ville-sur-Terre
La Gaîté
Cirey-sur-Blaise
Bois d'Ambonville
Rouécourt
Chânet
Les Grands Ordons
Vernonvilliers
Fresnay
Beurville
Forêt de Blinfey
Bouzancourt
Ambonville
Mont Gimont
Cerisières
Provenchères-sur-Marne
Bois de Beauregard
Blinfey
Froideau
Ft de Bussy
Éclance
Lévigny
Maisons-lès-Soulaines
Thors
Bois de Hantelle
Daillancourt
Guindrecourt-sur-Blaise
Mirbel
Trannes
Rizaucourt-Buchey
Champcourt
Blaise
N.-D. du Val
Vignory
Bossancourt
Maison-Neuve
Bois de Courtgain
Engente
Saulcy
Harricourt
La Genevroye
Marbéville
Colombé-la-Fosse
Curmont
Soncourt-sur-Marne
Dolancourt
Arsonval
Montier-en-l'Isle
Cornet
Buchey
Biernes
Nigloland
Jaucourt
Ailleville
Arrentières
Fme du Cellier
Colombé-le-Sec
Argentolles
Pratz
Silo
Le Plachet
L'Étoile
Vraincourt
Arganҫon
Gagnage
Voigny
Rouvres-les-Vignes
Lamothe-en-Blaisy
Maison-des-Champs
Bar-sur-Aube
Oudincourt
Fravaux
Proverville
Lavilleneuve-aux-Fresnes
Colombey-les-Deux-Églises
Mémorial
La Boisserie
Ormoy-lès-Sexfontaines
Lamancine
Spoy
Ste-Germaine
Lignol-le-Château
Forêt de l'Étoile
Sexfontaines
Annéville-la-Prairie
Couvignon
Fontaine
Belroy
La Pipière
Lachapelle-en-Blaisy
Meures
Meurville
Le Val Perdu
Bayel
La Belle Idée
Forêt des Dhuits
Juzennecourt
Marault
Forêt de Bossican
Bois de Pimeux
Baroville
La Borde
Blaisy
Bergères
Laharmand
Bois de Barramont
La Bretonnière
Montheries
Gillancourt
Côte d'Alun
Bligny
Étang du Patis
Urville
Arconville
Forges-St-Bernard
Clairvaux
Maison Centrale (Ancne Abbe)
Lavilleneuve-au-Roi
Sarcicourt
Brethenay
Vitry-le-Croisé
Fraville
Longchamp-sur-Aujon
Rennepont
St-Martin-sur-la-Renne
Jonchery
Outre-Aube
Forêt de Bois-Gérard
Euffigneix
Buxereuilles
Champignol-lez-Mondeville
Fontaine St-Bernard
Maranville
Vaudrémont
Autreville-sur-la-Renne
Buxières-lès-Villiers
Villiers-le-Sec
Fontarce
Ville-s/s-la-Ferté
Juvancourt
Moulin
Viaduc
Cirfontaines-en-Azois
Aizanville
Braux-le-Châtel
Valdelancourt
CHAUMONT
Joë-les-Mallets
Fays-Haut
Laferté-sur-Aube
Varencey
Pont-la-Ville
Bricon
St-Usage
Bois de Laferté
Orges
Montsaon
Les Fosses
Fontette
Grand Mallet
Fins
Forêt de Châteauvillain-Orges
Châteauvillain
Semoutiers-Montsaon
Le Val-du-Four
Essey-les-Ponts
Blessonville
Villars-en-Azois
Silvarouvres
Marmesse
Châteauvillain-Val-Marnay
Ste-Anastasie
Corgebin
Verpillières
Cunfin
Ste-Anne
Forêt de Beaumont
La Forge
Forêt d'Oisellemont
La Folie
Dinteville
Derville
Maison Renaud
Richebourg
Bois du Charmoi
Beaumont
Lanty-sur-Aube
Bois de la Longe
Bonshommes
Forêt de Châteauvillain et d'Arc
Grancey-sur-Ource
Valfond
Créancey
Val-des-Dames
Bois de Lanty
Bon Air
Bois des Forts
Forêt de Vigne-Rouget
Ormoy-sur-Aube
Montribourg
Autricourt
Les Essarts
Gevrolles
Champigny
La Lucine
Coupray
Carrefr de la Croix-de-Fer
Latrecey-Ormoy-sur-Aube
Fme du Mont
St-Roch
Cour-l'Évêque
Maison Paulin
Riel-les-Eaux
Montigny-sur-Aube
Mont Rémin
Forêt du Val du Puits
Forêt du Montot
Veuxhaulles-sur-Aube
Bois de Faye
Arc-en-Barrois
La Venducé
Bugnières
Belan-sur-Ource
Bois de Dancevoir
La Jarrie
Maison-Fouin
Val-Bruant
Thoires
Bois de la Fontaine
Dancevoir
Montrot
N.-D. de Montrot
Patras
Chaumont-le-Bois
Brion-sur-Ource
Bissey-la-Côte
Le Souhy
Courban
Boudreville
Aubepierre-sur-Aube
Obtrée
Mosson
Longue
Vannaire
Massingy
Lignerolles
Giey-sur-Aujon
Courcelles-s-Aujon
Eriseul
0
5
10 km
BU
BV
138
BW
BX
Montliot-et-Courcelles
Silos
Langres
Layer-sur-Roche
Crépan
Les Goulles
La Chaume
Etufs
Cascade
St-Loup-sur-Aujon
Marigny
Bois
14
A 5
E 17
E 54
D 619
D 396
D 965
D 65
N 67

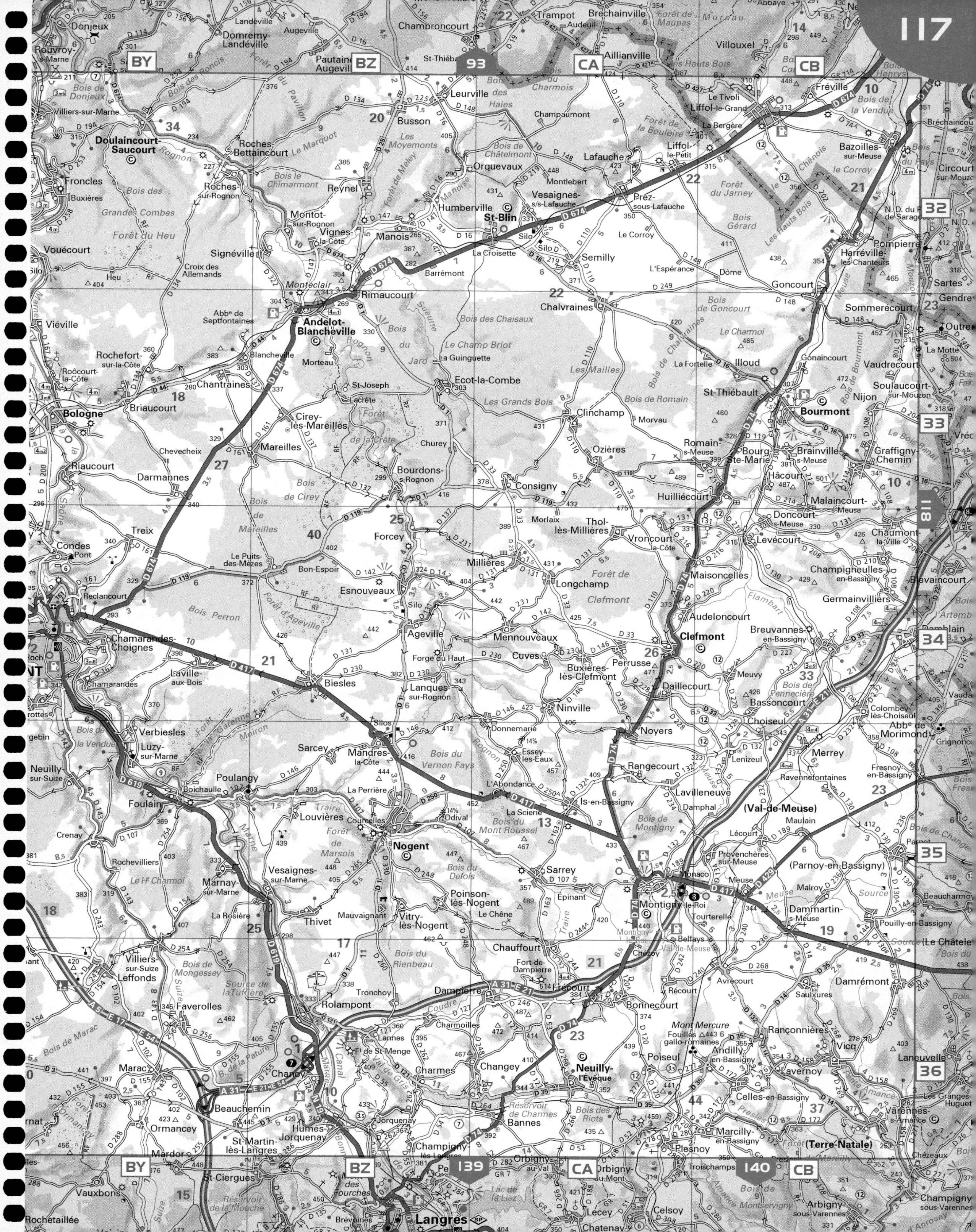

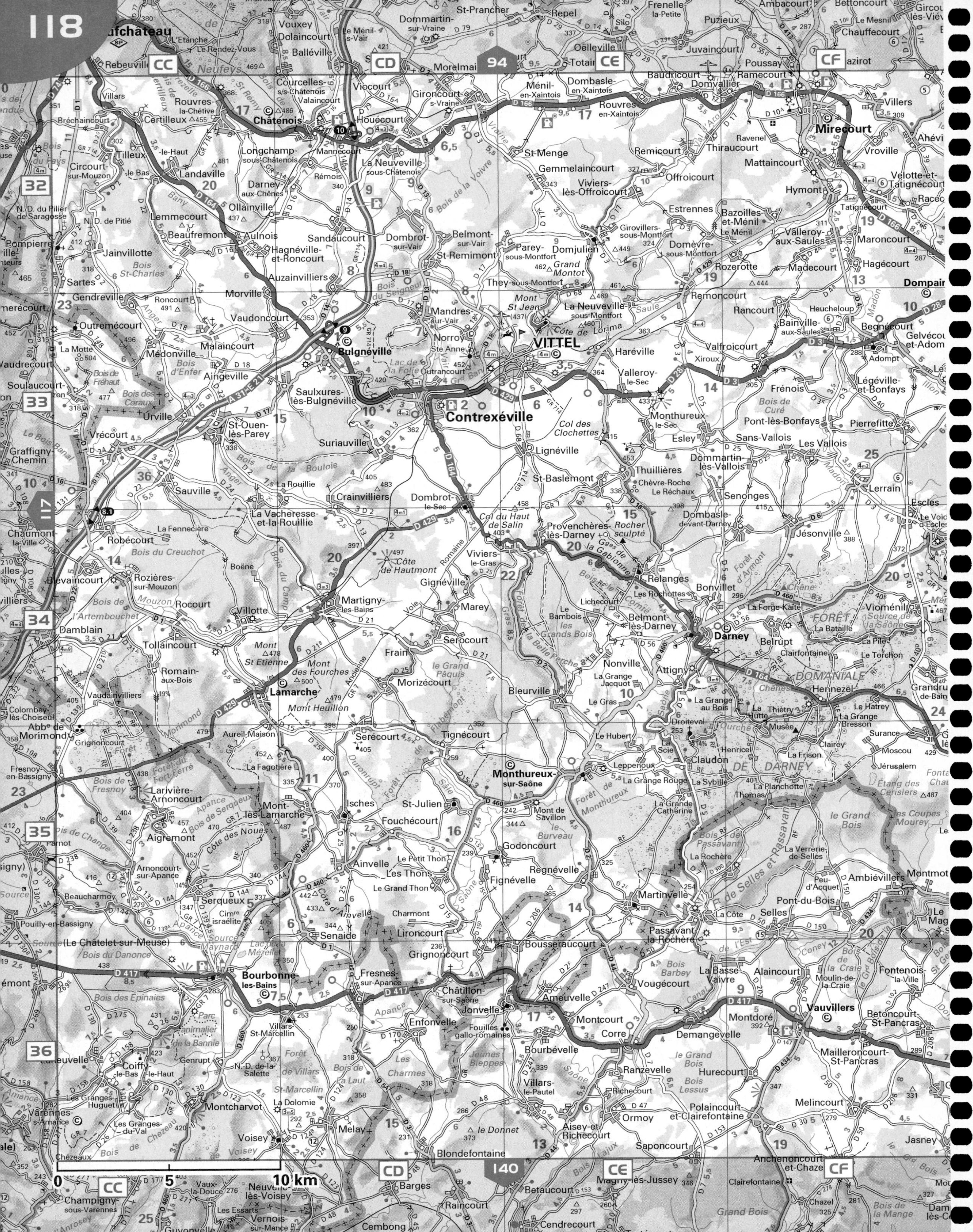
CC
CD
94
CE
CF
Neufchâteau
Vouxey
Dolaincourt
Balléville
Dommartin-sur-Vraine
St-Prancher
Repel
Frenelle-la-Petite
Puzieux
Ambacourt
Bettoncourt
Rebeuville
Morelmaison
Oëlleville
Juvaincourt
Poussay
Courcelles-s/s-Châtenois
Viocourt
Gironcourt-s-Vraine
Ménil-en-Xaintois
Dombasle-en-Xaintois
Baudricourt
Domvallier
Ramecourt
Villars
Rouvres-la-Chétive
Châtenois
Houécourt
Rouvres-en-Xaintois
Mirecourt
Bréchaincourt
Certilleux
Valaincourt
Tilleux
Longchamp-sous-Châtenois
Mannecourt
La Neuveville-sous-Châtenois
St-Menge
Remicourt
Thiraucourt
Vroville
Circourt-sur-Mouzon
Landaville
Rémois
Gemmelaincourt
Offroicourt
Mattaincourt
Darney-aux-Chênes
Viviers-lès-Offroicourt
Hymont
Velotte-et-Tatignécourt
Ollainville
Lemmecourt
Beaufremont
Aulnois
Sandaucourt
Dombrot-sur-Vair
Belmont-sur-Vair
Estrennes
Bazoilles-et-Ménil
Valleroy-aux-Saules
Maroncourt
Pompierre
Jainvillotte
Hagnéville-et-Roncourt
St-Remimont
Parey-sous-Montfort
Domjulien
Girovillers-sous-Montfort
Domèvre-sous-Montfort
Rozerotte
Madecourt
Hagécourt
Sartes
Auzainvilliers
They-sous-Montfort
Grand Montot
Remoncourt
Dompaire
Gendreville
Roncourt
Morville
Vaudoncourt
Mandres-sur-Vair
Mont St Jean
La Neuveville-sous-Montfort
Rancourt
Heucheloup
Bainville-aux-Saules
Begnécourt
Gelvécourt-et-Adompt
Outremécourt
Malaincourt
Bulgnéville
Norroy
VITTEL
Haréville
Valfroicourt
La Motte
Médonville
Aingeville
Lac de la Folie
Outrancourt
Ste Anne
Côte de Lorima
Xiroux
Adompt
Vaudrecourt
Soulaucourt-sur-Mouzon
Saulxures-lès-Bulgnéville
Contrexéville
Valleroy-le-Sec
Frénois
Légéville-et-Bonfays
Urville
St-Ouen-lès-Parey
Suriauville
Col des Clochettes
Monthureux-le-Sec
Esley
Pont-lès-Bonfays
Pierrefitte
Vrécourt
Graffigny-Chemin
Lignéville
Sans-Vallois
Les Vallois
Dommartin-lès-Vallois
Sauville
La Rouillie
Crainvilliers
St-Baslemont
Thuillières
Chèvre-Roche
Le Réchaux
Senonges
Lerrain
Chaumont-la-Ville
La Vacheresse-et-la-Rouillie
Dombrot-le-Sec
Col du Haut de Salin
Provenchères-lès-Darney
Rocher sculpté
Dombasle-devant-Darney
Jésonville
Escles
Robécourt
Bois du Creuchot
Côte de Hautmont
Viviers-le-Gras
Relanges
Bonvillet
Blevaincourt
Rozières-sur-Mouzon
Boëne
Gignéville
Les Rochottes
Viménil
Rocourt
Villotte
Martigny-les-Bains
Marey
Lichecourt
Le Bambois
Belmont-lès-Darney
Darney
Belrupt
Damblain
Tollaincourt
Mont St Etienne
Frain
Serocourt
La Forge-Kaitel
Forêt Domaniale de Darney
Romain-aux-Bois
Mont des Fourches
Morizécourt
Nonville
Attigny
Clairfontaine
Le Torchon
Lamarche
Mont Heuillon
Bleurville
La Grange Jacquot
Le Gras
Hennezel
Colombey-lès-Choiseul
Vaudainvilliers
Abbe de Morimond
Grignoncourt
Aureil-Maison
Serécourt
Tignécourt
Le Hubert
Droiteval
La Hutte
Thiétry
Musée
La Grange Bresson
Surance
Moscou
Jérusalem
La Fagotière
Scie
Claudon
Henricel
Clairey
La Frison
Fresnoy-en-Bassigny
Larivière-Arnoncourt
Monthureux-sur-Saône
Leppenoux
La Grange Rouge
La Sybille
Étang des Cerisiers
Mont-lès-Lamarche
Isches
St-Julien
Mont de Savillon
La Grande Catherine
La Planchotte
Thomas
Aigremont
Fouchécourt
Godoncourt
Les Coupes Mourey
Parnot
Ainvelle
Le Petit Thon
Les Thons
Fignévelle
Regnévelle
La Verrerie-de-Selles
La Rochère
Ambiévillers
Montmotier
Arnoncourt-sur-Apance
Le Grand Thon
Martinvelle
Peu-d'Acquet
Pont-du-Bois
Beaucharmoy
Serqueux
Charmont
Passavant-la-Rochère
La Côte
Selles
Pouilly-en-Bassigny
Senaide
Lironcourt
Bousseraucourt
(Le Châtelet-sur-Meuse)
Bois du Danonce
Grignoncourt
Bois Barbey
La Basse-Vaivre
Alaincourt
Fontenois-la-Ville
Bourbonne-les-Bains
Fresnes-sur-Apance
Châtillon-sur-Saône
Ameuvelle
Vougécourt
Moulin-de-la-Craie
Jonvelle
Montcourt
Corre
Montdoré
Vauvillers
Bétoncourt-St-Pancras
Bois des Epinaies
Villars-St-Marcellin
Enfonvelle
Fouilles gallo-romaines
Demangevelle
Mailleroncourt-St-Pancras
Parc animalier de la Bannie
Genrupt
Bourbévelle
Ranzevelle
Hurecourt
Coiffy-le-Bas
Coiffy-le-Haut
N.-D. de-la-Salette
Villars-le-Pautel
Le Grand Bois
Bois Lessus
Richecourt
Montcharvot
La Dolomie
Les Granges-Huguet
Varennes-s-Amance
Les Granges-du-Val
Melay
Le Donnet
Aisey-et-Richecourt
Ormoy
Polaincourt-et-Clairefontaine
Melincourt
Voisey
Jasney
Chézeaux
Bois de Chezeau
Blondefontaine
Saponcourt
Anchenoncourt-et-Chazel
140
0
5
10 km
Champigny-sous-Varennes
Vaux-la-Douce
Neuvelle-lès-Voisey
Barges
Magny-lès-Jussey
Clairefontaine
Chazel
Les Essarts
Vernois-sur-Mance
Raincourt
Betaucourt
Grand Bois
Bois de la Mange
Guyonvelle
Cembong
Cendrecourt

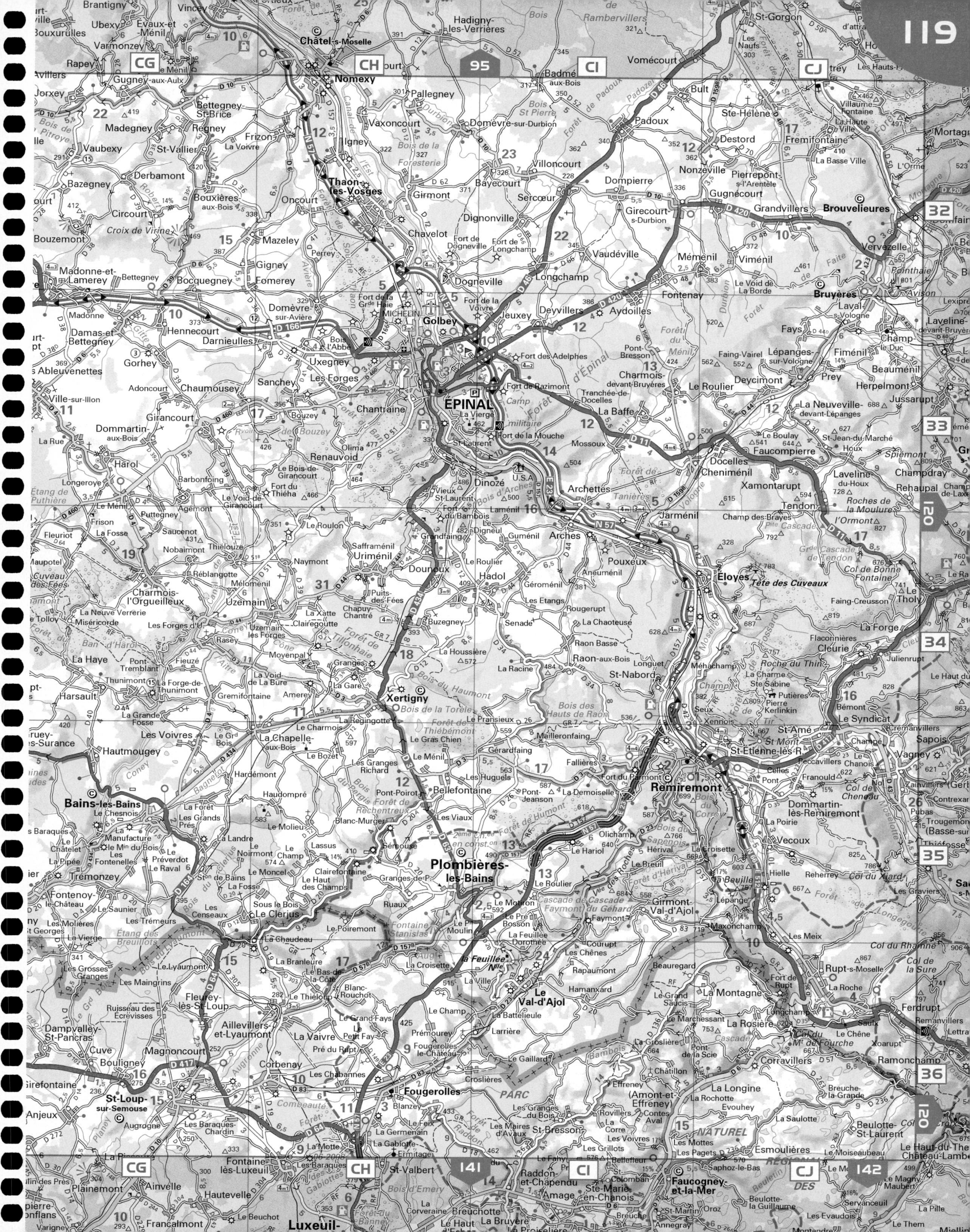
CG
CH
95
CI
CJ
Brantigny
Vincey
Ubexy
Évaux-et-Ménil
Châtel-s-Moselle
Hadigny-les-Verrières
Rambervillers
St-Gorgon
Varmonzey
Rapey
Nomexy
Vomécourt
Badménil-aux-Bois
Gugney-aux-Aulx
Pallegney
Bult
Bettegney-St-Brice
Vaxoncourt
Domèvre-sur-Durbion
Padoux
Ste-Hélène
Madegney
Regney
Frizon
Igney
Destord
Fremifontaine
Vaubexy
St-Vallier
La Voivre
Villoncourt
Nonzeville
Pierrepont-s-l'Arentèle
Derbamont
Thaon-les-Vosges
Bayecourt
Dompierre
Gugnécourt
Bazegney
Bouxières-aux-Bois
Oncourt
Girmont
Sercœur
Grandvillers
Brouvelieures
Circourt
Dignonville
Girecourt-s-Durbion
Croix de Virine
Bouzemont
Mazeley
Chavelot
Fort de Dogneville
Fort de Longchamp
Vaudéville
Mémenil
Viménil
Vervezelle
Gigney
Madonne-et-Lamerey
Bocquegney
Fomerey
Dogneville
Longchamp
Fontenay
Le Void de la Borde
Bruyères
Domèvre-sur-Avière
Jeuxey
Deyvillers
Aydoilles
Laval-s-Vologne
Madonne
Hennecourt
Golbey
Damas-et-Bettegney
Darnieulles
Fays
Gorhey
Uxegney
Fort des Adelphes
Pont-Bresson
Faing-Vairel
Lépanges-sur-Vologne
Fiménil
Les Ableuvenettes
Sanchey
Les Forges
Charmois-devant-Bruyères
Beauménil
Adoncourt
Chaumousey
ÉPINAL
Fort de Razimont
Le Roulier
Deycimont
Prey
Herpelmont
Ville-sur-Illon
Chantraine
Tranchée-de-Docelles
La Baffe
La Neuveville-devant-Lépanges
Jussarupt
Girancourt
Bouzey
La Vierge
Camp militaire
Dommartin-aux-Bois
Fort de la Mouche
St-Laurent
Mossoux
Le Boulay
Faucompierre
St-Jean-du-Marché
La Rue
Harol
Renauvoid
Olima
Docelles
Cheniméil
Laveline-du-Houx
Champdray
Le Bois-de-Girancourt
Barbonfoing
Dinozé
Archettes
Xamontarupt
Rehaupal
Longeroye
Étang de Puthière
Fort du Thiéha
Vieux St-Laurent
Le Void-de-Girancourt
Jarménil
Tendon
Le Ménil
Agémont
Fort du Bambois
Laménil
Roches de la Moulure
Puttegney
Frison
Saucenot
Le Roulon
Grandfaing
Gumenil
Arches
Champ des Brayes
Fleuriot
La Fosse
Nobaimont
Thiélouze
Safframénil
Uriménil
Le Roulier
Pouxeux
Éloyes
Tête des Cuveaux
Col de Bonne Fontaine
Réblangotte
Naymont
Dounoux
Hadol
Aneuménil
Le Tholy
Cuveau des Fées
Charmois-l'Orgueilleux
Méloménil
Uzemain
Puits-des-Fées
Géroménil
Les Etangs
Faing-Creusson
La Neuve Verrerie
Miséricorde
Chapuy-Chantré
La Xatte
Clairegoutte
Buzegney
Senade
Rougerupt
La Chaoteuse
Les Forges d'U.
Uzemain les Forges
Forêt de Tillonhaie
Rasey
La Forge
Flaconnières
Cleurie
Moyenpal
La Houssière
Raon Basse
Raon-aux-Bois
Longuet
Méhachamp
Roche du Thin
Julienrupt
La Haye
Pont-Tremblant
Fieuzé
La Charme
Ste Sabine
Putières
Granges
La Void de la Bure
La Racine
St-Nabord
Thunimont
La Forge-de-Thunimont
La Gare
Xertigny
Pierre Kerlinkin
Bémont
Harsault
Gremifontaine
Amerey
Bois du Haumont
Bois des Hauts de Raon
Seux
Le Syndicat
La Grande Fosse
La Régingotte
Bois de la Torelle
Le Pransieux
Xennois
St-Amé
Cremanvillers
Les Voivres
Le Charmois
Thiébémont
Mailleronfaing
Le Gd Bois
La Chapelle-aux-Bois
Le Gras Chien
Gérardfaing
St-Etienne-lès-R.
Champé
Sapois
Hautmougey
Le Bozet
Le Ménil
Fallières
Peccavillers
Vagney
Hardémont
Les Granges Richard
Les Huguels
Fort du Parmont
Remiremont
Celles
Le Chanois
Franould
Pont
Zainvillers
Bains-les-Bains
Haudompré
Pont-Poirot
Bellefontaine
Pont-Jeanson
La Demoiselle
Col de Cheneau
Le Chesnois
Forêt de Rechentreux
Dommartin-lès-Remiremont
Contrexard
La Forêt
Les Grands Prés
Les Baraques
La Manufacture
Le Molieu
Blanc-Murger
Les Viaux
Forêt de Humont
Olichamp
Bois du Sapenois
La Poirie
Pubas
Trougemont
Le Châtelet
Le Min du Bois
La Landre
Lassus
Sémouse
Le Hariol
Hérival
Vecoux
Thiéfosse
La Pipée
Les Fontenelles
Préverdot
Le Noirmont
Le Champ
La Croisette
Le Raval
Plombières-les-Bains
Le Breuil
Hielle
Reherrey
Col du Xiard
Trémonzey
St de Bains
Le Moncel
Clairefontaine
Le Haut des Champs
Granges-de-P.
Le Roulier
Forêt d'Hérival
Fontenoy-le-Château
La Fosse
Le Saunier
Sous le Bois
Ruaux
Le Mothon
Cascade de Faymont
Cascade du Géhard
Girmont-Val-d'Ajol
Lépange
Les Graviers
Les Molières
Les Trémeurs
Les Censeaux
Le Clerjus
Le Pré Bosson
Faymont
Maxonchamp
St Georges
Étang des Breuillots
La Vierge
La Chaudeau
Le Poirement
Fontaine Stanislas
Moulin
La Feuillée Dorothée
Courupt
Les Chênes
Les Meix
Col du Rhamne
La Branleure
La Feuillée Nlle
Rapaumont
Les Grosses Granges
Le Lyaumont
Le Bas-de-la-Côte
La Croisette
Beauregard
Rupt-s-Moselle
Col de la Sure
Les Maingrins
Fleurey-lès-St-Loup
Blanc-Rouchot
La Ville
Le Val-d'Ajol
Hamanxard
Fort de Rupt
La Roche
Ruisseau des Écrevisses
Le Thiélouze
La Montagne
Le Grand Saucis
Ferdrupt
Aillevillers-et-Lyaumont
Le Grand Fays
Le Champ
La Batteleule
Longchamp
Remanvillers
Dampvalley-St-Pancras
La Vaivre
Le Petit Fay
Prémourey
Larrière
Le Marchessant
La Rosière
Col du Mt de Fourche
Le Chêne
Cuve
Pré du Rupt
Fougerolles-le-Château
La Croslière
Pont de la Scie
Xoarupt
Magnoncourt
Bouligney
Corbenay
Le Gaillard
Châtillon
Corravillers
Ramonchamp
Girefontaine
Les Chabannes
Croslières
Effreney
La Longine
Breuche-la-Grande
St-Loup-sur-Semouse
Fougerolles
PARC
(Amont-et-Effreney)
La Rochotte
Evouhey
Anjeux
Blanzey
Les Granges du Bois
Rovillers
Contres Aval
La Saulotte
Beulotte-St-Laurent
Augrogne
Les Baraques-Chardin
La Germenain
Les Maires d'Avaux
St-Bresson
La Corre
Les Voivres
NATUREL
La Gabiotte
Ermitage
Les Grillots
Les Mottes
Les Pagets
Esmoulières
Le Moiseaubeau
Le Haut-du-Them-Château-Lambert
La Motte
Fontaine-lès-Luxeuil
St-Valbert
141
Raddon-et-Chapendu
Le Fahy
Bellefleur
Saphoz-le-Bas
RÉGIONAL
142
Plainemont
Ainvelle
Hautevelle
Amage
Ste-Marie-en-Chanois
St-Colomban
Faucogney-et-la-Mer
DES
Le Magny
Maubert
Servanceuil
Bois d'Emery
La Corveraine
Breuchotte
Beulotte-la-Guillaume
St-Martin
Oroz
La Pille
Conflans
Francalmont
Le Beuchot
Luxeuil-
Le Haut
La Bruyère
Annegray
Les Evaudois
Le Them
Varigney

CK
CL
CM
CN
96
32
33
34
35
36
119
142
143
St-Dié-des-Vosges
Provenchères-s-Fave
Chapelle de la Jambe-de-Fer
La Salle
La Bourgonce
Nayemont
Le Beulay
Frapelle
Lusse
Rombach-le-Franc
Lièpvre
Ste-Marguerite
Remomeix
Combrimont
Bertrimoutier
Wisembach
Ste-Marie-aux-Mines
Col de Mon Repos
Mortagne
Les Rouges-Eaux
Taintrux
Saulcy-s-Meurthe
Raves
Coinches
Gemaingoutte
Col de Ste-Marie
Col du Haut de Ribeauvillé
Domfaing
Entre-deux-Eaux
Mandray
La Croix-aux-Mines
Belmont-s-Buttant
Biffontaine
St-Léonard
Col de Mandray
Le Brézouard
Aubure
Laveline-devant-Bruyères
Les Poulières
La Houssière
Corcieux
Anould
Fraize
Plainfaing
Col du Bonhomme
Le Bonhomme
Fréland
Lapoutroie
Kaysersberg
Aumontzey
Vienville
Ban-sur-Meurthe-Clefcy
Col du Plafond
Gerbépal
Col du Louchbach
Orbey
Granges-s-Vologne
Champ de Roches
Champdray
Rehaupal
Le Valtin
Col de Martimpré
Col du Surceneux
Gazon du Faing
Les Trois-Épis
Turckheim
Liézey
Gérardmer
Xonrupt-Longemer
Roche du Diable
Col de la Schlucht
Munster
Le Tholy
Col de Sapois
Hohneck
Col de Falimont
Col du Sattel
Muhlbach-s-M.
Luttenbach-près-M.
Eschbach-au-Val
Sapois
Vagney
Rochesson
La Bresse
Kastelberg
Metzeral
Mittlach
Schnepfenried
Sondernach
Wasserbourg
Col de Menufosse
Col des Feignes
Col de Bramont
Petit Ballon
Col du Herrenberg
Wildenstein
Thiéfosse
Cornimont
Saulxures-s-Moselotte
Grand Ventron
Ventron
Lautenbach
Murbach
Guebwiller
Col d'Oderen
Le Markstein
Kruth
Oderen
Grand Ballon
Soultz-Haut-Rhin
Col du Rhamne
Ferdrupt
Le Ménil
Bussang
Petit Drumont
Col de Bussang
Urbès
Fellering
Husseren-Wesserling
St-Amarin
Le Thillot
Fresse-s-Moselle
Mollau
Storckensohn
St-Maurice-sur-Moselle
Malmerspach
Moosch
Willer-s-Thur
Vieil Armand
Thann
Cernay
Wattwiller
Ballon d'Alsace
Col du Ballon
Oberbruck
Le Rossberg
0
5
10 km

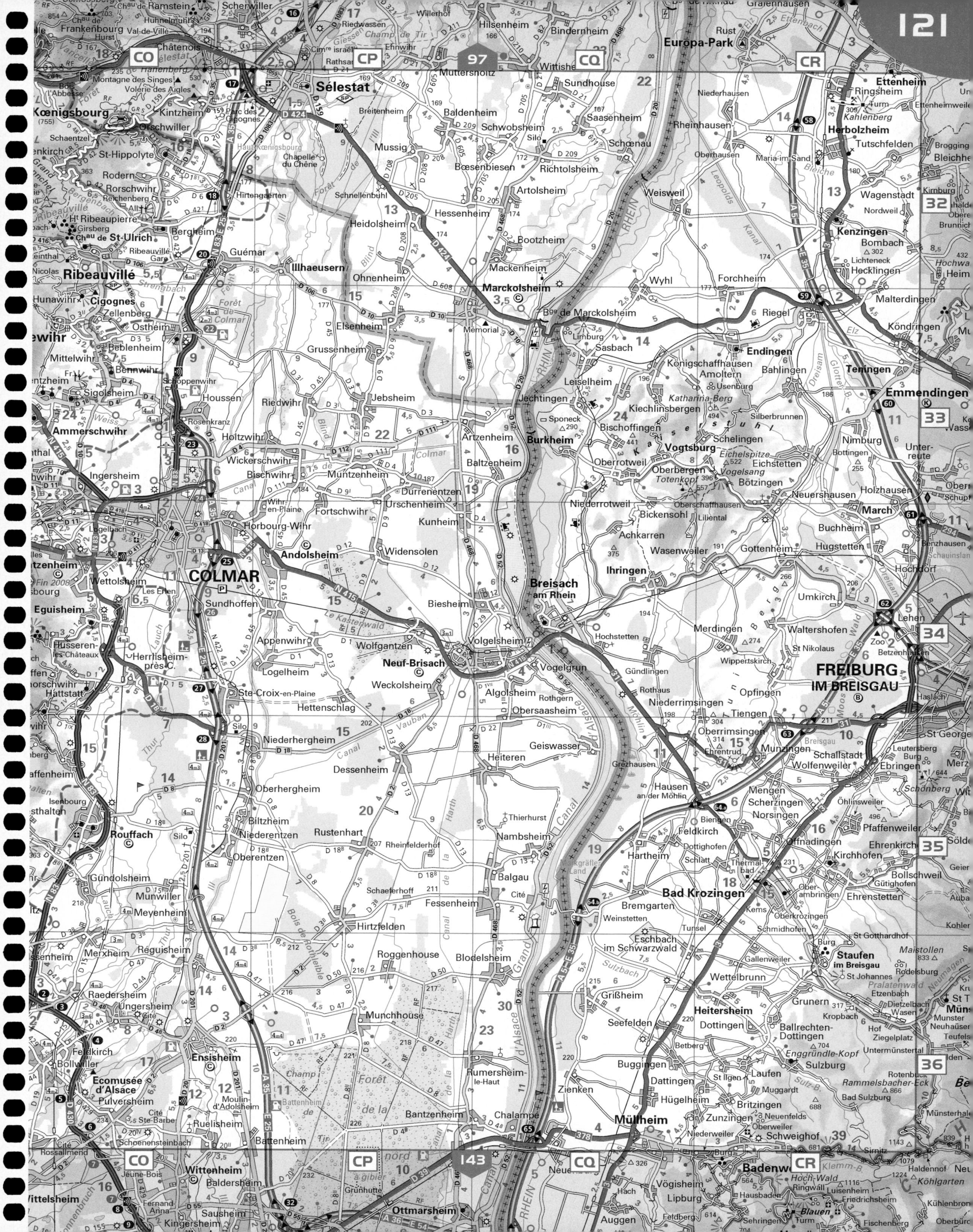

CO
CP
CQ
CR
97
143
32
33
34
35
36
Sélestat
Europa-Park
Ettenheim
Herbolzheim
Kenzingen
Ribeauvillé
Marckolsheim
Endingen
Emmendingen
COLMAR
Breisach am Rhein
Neuf-Brisach
FREIBURG IM BREISGAU
Bad Krozingen
Staufen im Breisgau
Ensisheim
Müllheim
Rouffach
Eguisheim
Ottmarsheim
Kaiserstuhl

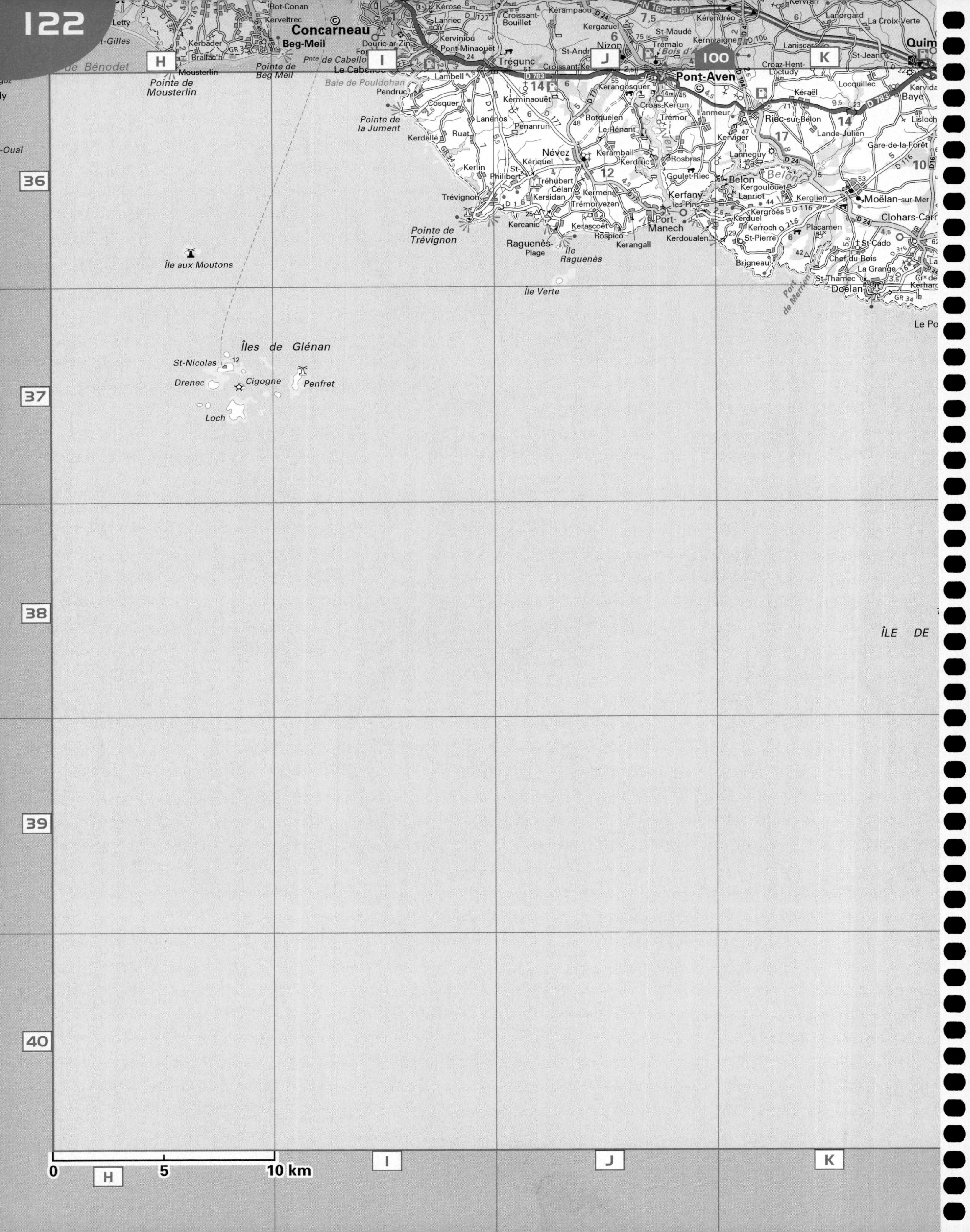
Concarneau
Beg-Meil
Pointe de Mousterlin
Pointe de Beg Meil
Le Cabellou
Baie de Pouldohan
Pointe de la Jument
Trégunc
Pont-Aven
Nizon
Névez
Pointe de Trévignon
Raguenès-Plage
Île Raguenès
Île Verte
Port-Manech
Kerfany-les-Pins
Riec-sur-Belon
Moëlan-sur-Mer
Clohars-Carr
Doëlan
Brigneau
Île aux Moutons
Îles de Glénan
St-Nicolas
Drenec
Cigogne
Penfret
Loch
ÎLE DE
H
I
J
K
36
37
38
39
40
100
0
5
10 km

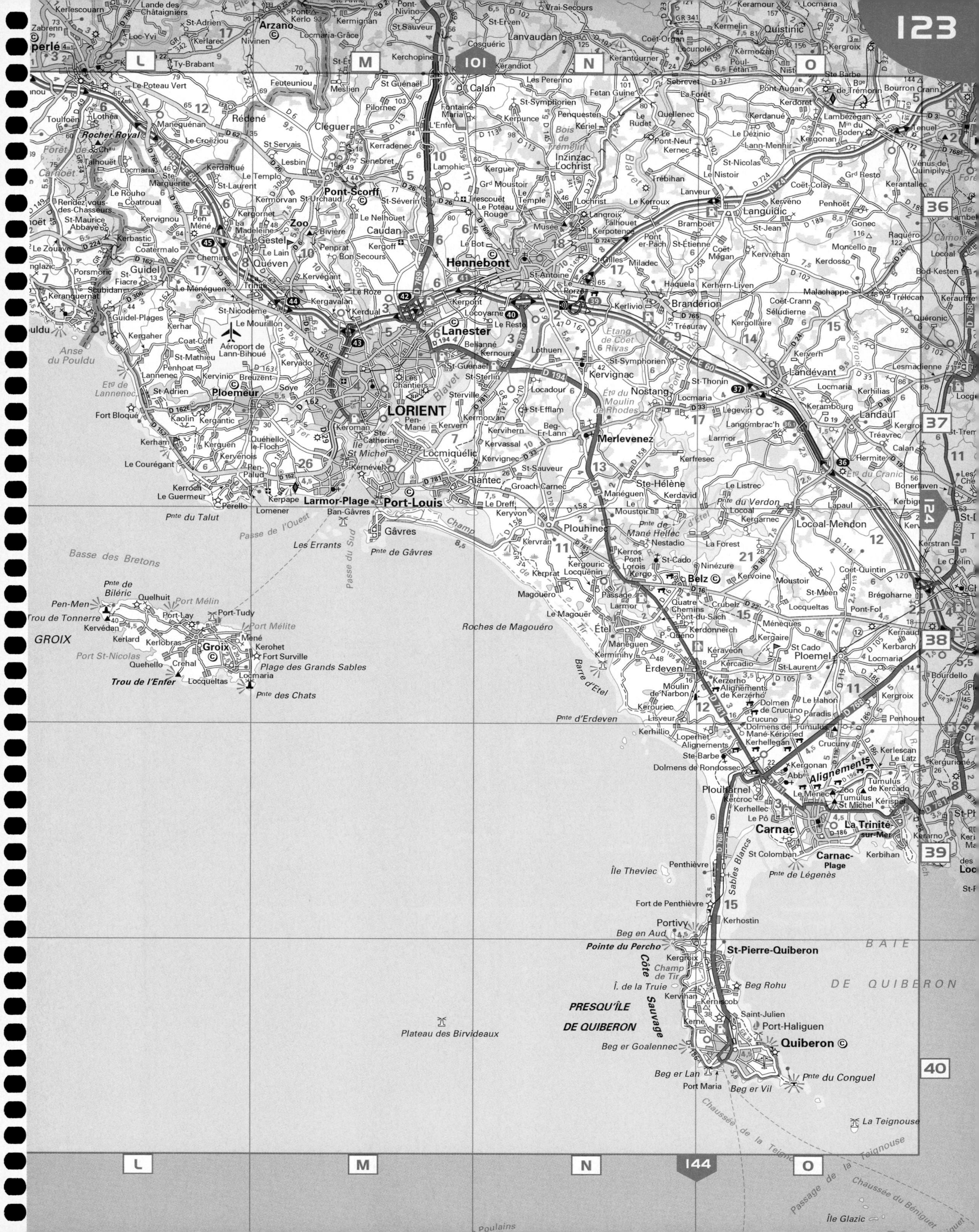
L
M
101
N
O
Kerlescouarn
Lande des Châtaigniers
Arzano
Pont-Kerlo
Kermignan
St Sauveur
St-Erven
Lanvaudan
Vrai-Secours
Kermeur
Quistinic
Locmaria
Quimperlé
St-Adrien
Loc-Yvi
Kerlarec
Nivinen
Locmaria-Grâce
Cosquéric
Coët-Organ
Locunolé
Kermorvan
Kergroix
Ty-Brabant
Kerchopine
Kerandiot
Kerantourner
Poul-Fétan
Nistin
Le Poteau Vert
Feuteuniou
St Guénaël
Calan
Les Perenno
Fetan Guine
Sobrevet
La Forêt
Pont-Augan
Ste Barbe
Bourron
Crann
Meslien
Toulfoën
Lothéa
Rédené
Pilornec
Fontaine Maria
St-Symphorien
Penquesten
Quellenec
Kerdoret
Lambézegan
Rocher Royal
Manéguénan
Le Croëziou
Cléguer
L'Enfer
Kerpunce
Kériel
Le Rudet
Kerdanué
Le Dézinio
Kergonan
Forêt de Carnoët
Talhouët
Kerradenec
St Servais
Lesbin
Senebret
Lamohic
Kerguer
Inzinzac-Lochrist
Le Pont-Neuf
Kernec
Lann-Menhir
Vénus de Quinipily
Kerdalhué
Le Templo
Grd Moustoir
St-Nicolas
Trébihan
Le Nistoir
Grd Resto
Coët-Colay
Kerantallec
Locmaria
Ste Marguerite
St-Laurent
Pont-Scorff
St-Séverin
Trescouët
Le Poteau Rouge
Le Temple
Lochrist
Le Kerroux
Lanveur
Kervéno
Penhoët
Le Rouho
Coatroual
Rendez-vous-des-Chasseurs
St-Maurice Abbaye
Kervignou
Kermorvan
St-Urchaud
Kergornet
Le Nelhouet
Languidic
Zoo
La Madeleine
Pen Méné
Caudan
Langroix
Talhouet
Bramboët
Gonec
St-Jean
Raquéro
Kerbastic
Coatermalo
Gestel
Bivière
Kergoff
Penprat
Bon Secours
Le Bot
Musée
Kerpotence
Pont er-Pach
St-Étienne
Coët-Mégan
Moncello
Le Zouave
Le Lain
Hennebont
Kervréhan
Kerdosso
Locoal
Guidel
Quéven
St-Gilles
Miladec
Porsmoric
Chemin
St Fiacre
Kervégant
St-Antoine
Haquela
Kerhern-Liven
Bod-Kesten
Kerangwernat
Scubidan
Le Méneguen
Trinité
Le Roze
Le Porzo
Malachappe
Trélecan
Guidel-Plages
Kergavalan
Kerdual
Kerpont
Kerlivio
Brandérion
Coët-Crann
Séludierne
Quéronic
St-Nicodème
Locoyarne
Le Resto
Tréauray
Kergollaire
Anse du Pouldu
Kerhar
Le Mourillon
Aéroport de Lann-Bihoué
Lanester
Etang de Coët Rivas
Kergaher
Coat-Coff
Bellanné
Kernours
Lothuen
St-Symphorien
Kerverh
Lesmadienne
St-Mathieu
Penhoat
Keryado
St-Guénaël
St Sterlin
Kervignac
Landévant
Étg de Lannenec
Lannenec
Kervinio
Breuzent
Soye
Les Chantiers
St-Thonin
Locmaria
Kerhilias
St-Adrien
Ploemeur
Stervilie
Locadour
Nostang
Kerambourg
Landaul
Fort Bloqué
Kaolin
Kergantic
LORIENT
Pen-Mané
St-Efflam
Étg du Moulin de Rhodes
Legevin
Tréavrec
Kerham
Kerguen
Quéhello le-Floch
Keroman
Ste Catherine
Ile St Michel
Kervern
Kermorvan
Kervihern
Beg-Er-Lann
Merlevenez
Langombrac'h
Larmor
Le Courégant
Kervénois
Pen-Palud
Kernével
Locmiquélic
Kervassal
Kervignec
Kerfresec
L'Hermite
Étg du Cranic
Kerroch
Le Guermeur
Perello
Lomener
Kerpape
Larmor-Plage
Port-Louis
Riantec
St-Sauveur
Groach-Carnec
Le Dreff
Ste-Hélène
Le Listrec
Manéguen
Kerdavid
Pnte du Verdon
Locoal
Kergarnec
Locoal-Mendon
Lapaul
Pnte du Talut
Ban-Gâvres
Gâvres
Passe de l'Ouest
Les Errants
Passe du Sud
Pnte de Gâvres
Kervyon
Plouhinec
Le Moustoir
Pnte de Mané Hellec
Nestadio
La Forest
Kerstran
Le Crélin
Basse des Bretons
Kervran
Kerprat
Kergouric
Locquênin
Kerros
Pont-Lorois
Kergo
St-Cado
Belz
Ninézure
Kervoine
Moustoir
Coët-Quintin
St-Méen
Brégoharne
Pnte de Biléric
Quelhuit
Port Mélin
Pen-Men
Trou de Tonnerre
Port-Lay
Port-Tudy
Port Mélite
Kervédan
GROIX
Kerlard
Kerlobras
Groix
Méné
Kerohet
Fort Surville
Plage des Grands Sables
Port St-Nicolas
Quehello
Crehal
Locmaria
Trou de l'Enfer
Locqueltas
Pnte des Chats
Magouëro
Le Magouër
Roches de Magouéro
Passage
Larmor
Quatre Chemins
Pont-du-Sach
Crubelz
Locqueltas
Pont-Fol
Étel
P.-Quéno
Kerdonnerch
Ménèques
Kergaire
St Cado
Ploemel
Kernaud
Kerbarch
Maneguen
Kerminihy
Kéraveon
Locmaria
Barre d'Etel
Erdeven
Kercadio
St-Laurent
Bourdello
Moulin de Narbon
Kerzerho
Alignements de Kerzerho
Le Hahon
Kergroix
Kerouriec
Lisveur
Dolmen de Crucuno
Crucuno
Paradis
Penhouet
Pnte d'Erdeven
Kerhillio
Dolmens de Tumulus
Mané-Kérioned
Kerhellegan
Crucuny
Kerlescan
Le Latz
Alignements
Ste-Barbe
Dolmens de Rondossec
Kergonan
Kerguriônée
Plouharnel
Abb
Tumulus de Kercado
Kercroc
Kerhellec
Le Ménec
Zoo
Tumulus St Michel
Kérispel
Le Pô
Carnac
La Trinité-sur-Mer
Île Theviec
Penthièvre
St Colomban
Carnac-Plage
Kerbihan
Pnte de Légenès
Sables Blancs
Fort de Penthièvre
Kerhostin
Portivy
Beg en Aud
Pointe du Percho
St-Pierre-Quiberon
BAIE DE QUIBERON
Côte Sauvage
Kergroix
Champ de Tir
Î. de la Truie
Beg Rohu
Kervihan
Kerniscob
PRESQU'ÎLE DE QUIBERON
Saint-Julien
Kerne
Port-Haliguen
Plateau des Birvideaux
Beg er Goalennec
Quiberon
Beg er Lan
Port Maria
Beg er Vil
Pnte du Conguel
La Teignouse
Chaussée de la Teignouse
Passage de la Teignouse
Chaussée du Béniguet
Île Glazic
Poulains
36
37
38
39
40
124
144

Remungol
Moréac
Locminé
Baud
Camors
La Chapelle-Neuve
Plumelin
Moustoir-Ac
Bignan
St-Jean-Brévelay
Guéhenno
Cruguel
Lizio
Plumelec
Sérent
Callac
Trédion
Plaudren
Colpo
Brandivy
Pluvigner
Grand-Champ
Locmaria-Grd-Champ
Locqueltas
Monterblanc
Elven
Forteresse de Largoët
St-Nolff
Plumergat
Brech
Ste-Anne-d'Auray
Auray
Pluneret
Plescop
Meucon
St-Avé
Mériadec
Trefflean
La Vraie-Croix
Sulniac
Plougoumelen
Ploeren
Bono
Crach
Baden
Arradon
VANNES
Séné
Theix
Noyalo
La Trinité-Surzur
Lauzach
Berric
Larmor-Baden
Île-aux-Moines
Île-d'Arz
Locmariaquer
St-Philibert
Surzur
Le Hézo
St-Armel
Ambon
Arzon
Port-Navalo
Tumiac
Sarzeau
Presqu'île de Rhuys
St-Gildas-de-Rhuys
Chau de Suscinio
Le Tour-du-Parc
Damgan
Pénestin
GOLFE DU MORBIHAN
BAIE DE QUIBERON
Méaban
Anse de Suscinio
Rade de Penerf
Pnte de Penvins
Pnte de St-Jacques
Pnte du Grd-Mont
Pnte de Kervoyal
Pnte du Halguen
Plateau de la Recherche
LANDES DE LANVAUX
N 24
N 165
N 166
E 60
D 780
D 775
MICHELIN
0
5
10 km
P
Q
R
S
36
37
38
39
40
101
102
123

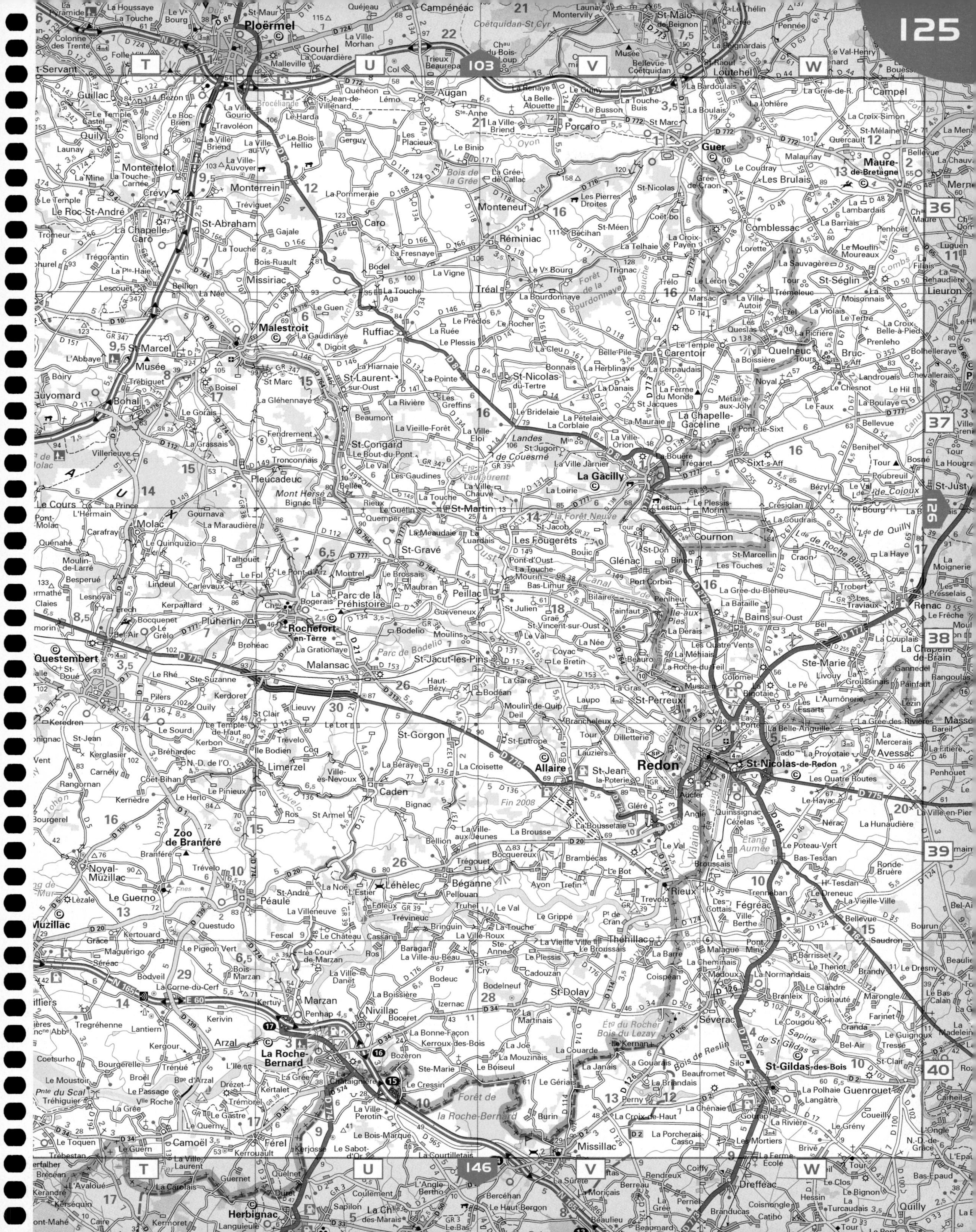

125
103
146
36
37
38
39
40
126
T
U
V
W
Ploërmel
Campénéac
Augan
Guer
Maure-de-Bretagne
Porcaro
Monteneuf
Réminiac
Caro
Missiriac
Malestroit
St-Marcel
Ruffiac
Tréal
Carentoir
Comblessac
St-Séglin
Lieuron
Quelneuc
La Chapelle-Gaceline
La Gacilly
St-Laurent-sur-Oust
St-Congard
Pleucadeuc
St-Martin
Les Fougerêts
Glénac
St-Gravé
Peillac
Rochefort-en-Terre
Pluherlin
Malansac
St-Jacut-les-Pins
Questembert
Molac
Limerzel
Caden
Allaire
St-Jean-la-Poterie
Redon
St-Nicolas-de-Redon
St-Perreux
Bains-sur-Oust
Ste-Marie
Renac
Avessac
Rieux
Béganne
Péaule
Le Guerno
Muzillac
Noyal-Muzillac
Zoo de Branféré
Marzan
Nivillac
Arzal
La Roche-Bernard
Théhillac
St-Dolay
Fégréac
Sévérac
St-Gildas-des-Bois
Guenrouet
Missillac
Férel
Camoël
Herbignac
Dreffeac
Quilly

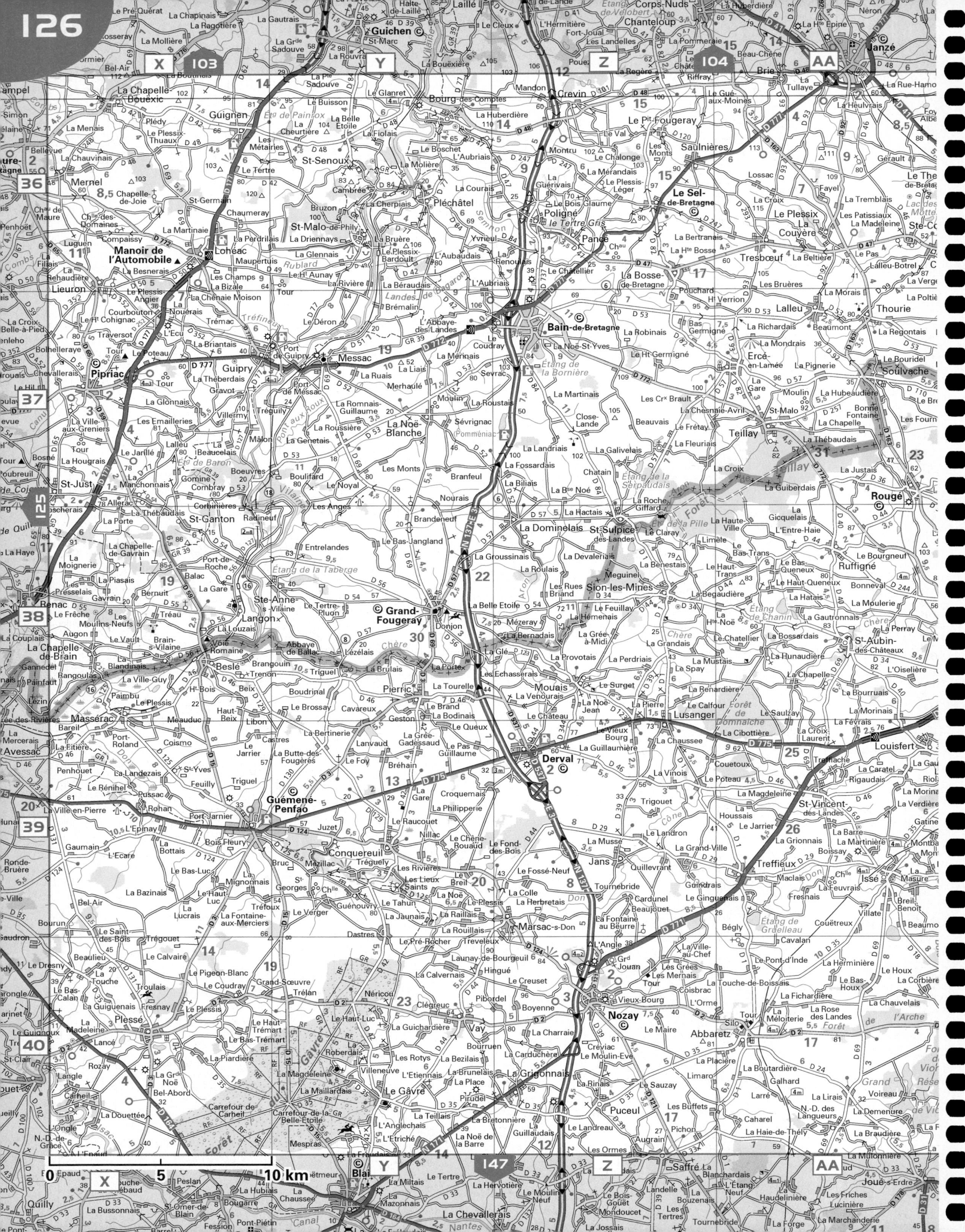
X
103
Y
Z
104
AA
Guichen
Janzé
Corps-Nuds
Chanteloup
Crevin
Bourg-des-Comptes
Guignen
Lohéac
Manoir de l'Automobile
St-Senoux
Pléchâtel
St-Malo-de-Phily
Poligné
Pancé
Le Sel-de-Bretagne
Saulnières
Tresbœuf
Le Plessix
Bain-de-Bretagne
La Bosse-de-Bretagne
Lalleu
Thourie
Messac
Port de Guipry
Guipry
Pipriac
Lieuron
Ercé-en-Lamée
Soulvache
Teillay
Rougé
La Noë-Blanche
St-Ganton
Langon
Ste-Anne-s-Vilaine
Grand-Fougeray
La Dominelais
St-Sulpice-des-Landes
Sion-les-Mines
Ruffigné
Renac
Brain-s-Vilaine
La Chapelle-de-Brain
Beslé
Masserac
Avessac
Pierric
Mouais
Lusanger
St-Aubin-des-Châteaux
Derval
Louisfert
Guémené-Penfao
Conquereuil
Marsac-s-Don
Jans
Treffieux
St-Vincent-des-Landes
Issé
Nozay
Vay
Abbaretz
Plessé
Le Gâvre
La Grigonnais
Puceul
Saffré
Blain
Joué-s-Erdre
36
37
38
39
40
125
147
0
5
10 km

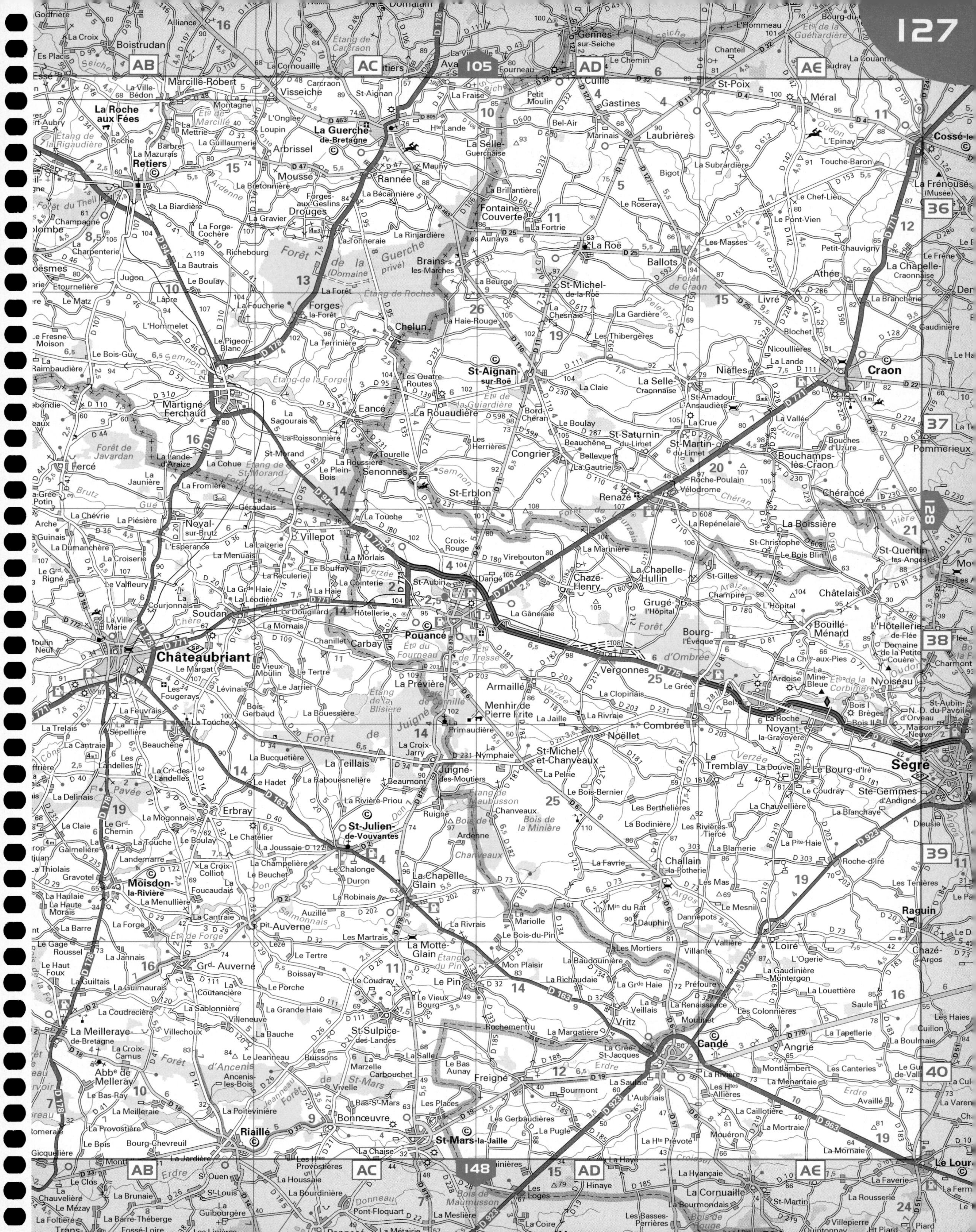
AB
AC
AD
AE
105
148
36
37
38
39
40
128
Gennes-sur-Seiche
Visseiche
Marcillé-Robert
La Roche aux Fées
Retiers
La Guerche-de-Bretagne
Arbrissel
Rannée
Moussé
Drouges
Forêt de la Guerche (Domaine privé)
La Selle-Guerchaise
Fontaine-Couverte
Brains-s-les-Marches
Méral
Cossé-le-Vivien
Gastines
Laubrières
La Roë
Ballots
Athée
La Chapelle-Craonnaise
Livré
St-Michel-de-la-Roë
St-Aignan-sur-Roë
Chelun
Forges-la-Forêt
Martigné-Ferchaud
Eancé
La Rouaudière
La Selle-Craonnaise
Niafles
Craon
St-Saturnin-du-Limet
St-Martin-du-Limet
Congrier
Senonnes
St-Erblon
Renazé
Bouchamps-lès-Craon
Chérancé
La Boissière
St-Quentin-les-Anges
Pommerieux
Noyal-sur-Brutz
Villepot
Soudan
Châteaubriant
Pouancé
Carbay
Chazé-Henry
La Chapelle-Hullin
Grugé-l'Hôpital
Bourg-l'Évêque
Châtelais
Bouillé-Ménard
L'Hôtellerie-de-Flée
Nyoiseau
Vergonnes
Armaillé
Menhir de Pierre Frite
Noëllet
Combrée
Noyant-la-Gravoyère
Segré
Le Bourg-d'Iré
Ste-Gemmes-d'Andigné
St-Michel-et-Chanveaux
Le Tremblay
La Prévière
Juigné-des-Moutiers
La Teillais
Forêt de Juigné
Erbray
St-Julien-de-Vouvantes
Moisdon-la-Rivière
La Chapelle-Glain
Challain-la-Potherie
Raguin
Loiré
Chazé-sur-Argos
Grd-Auverne
St-Pit-Auverne
La Motte-Glain
Le Pin
Vritz
Candé
Angrie
La Meilleraye-de-Bretagne
Abbe de Melleray
Riaillé
Bonnœuvre
St-Sulpice-des-Landes
Freigné
St-Mars-la-Jaille
Le Louroux-Béconnais
La Cornouaille

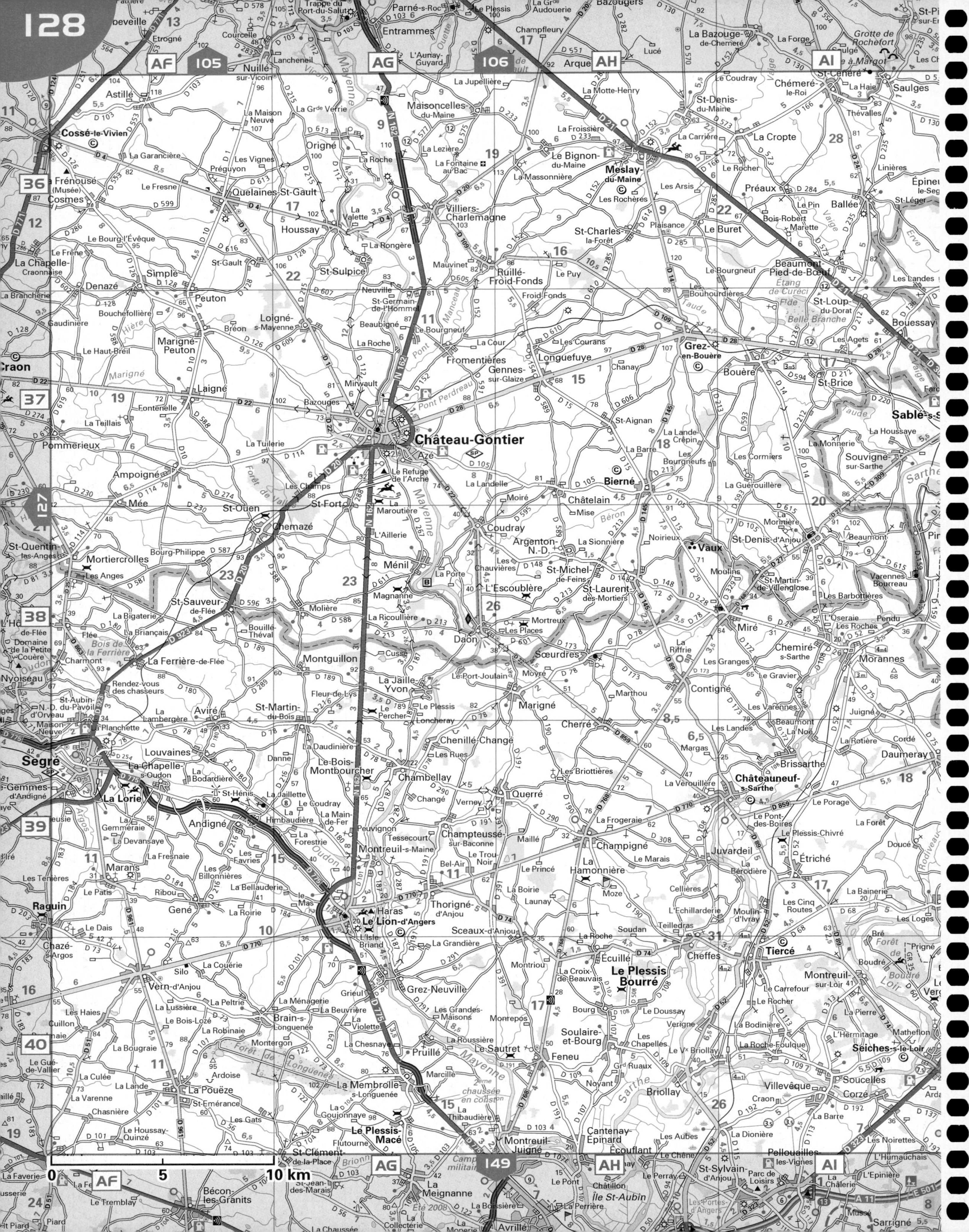
AF
105
AG
106
AH
AI
Entrammes
Parné-s-Roc
Nuillé-sur-Vicoin
L'Aunay-Guyard
Arquenay
La Bazouge-de-Chemeré
St-Cénéré
Saulges
Chémeré-le-Roi
Astillé
Maisoncelles-du-Maine
Cossé-le-Vivien
Origné
Le Bignon-du-Maine
Meslay-du-Maine
La Cropte
St-Denis-du-Maine
Quelaines-St-Gault
Houssay
Villiers-Charlemagne
Préaux
Ballée
La Frénouse (Musée)
Cosmes
36
La Chapelle-Craonnaise
Simple
St-Sulpice
St-Charles-la-Forêt
Le Buret
Beaumont-Pied-de-Bœuf
Denazé
Peuton
Ruillé-Froid-Fonds
St-Loup-du-Dorat
Bouessay
Loigné-s-Mayenne
Marigné-Peuton
Fromentières
Gennes-sur-Glaize
Longuefuye
Grez-en-Bouère
Bouère
St-Brice
Craon
Laigné
37
Bazouges
Château-Gontier
Azé
Sablé-s-Sarthe
Pommerieux
Ampoigné
Bierné
Souvigné-sur-Sarthe
Mée
St-Ouen
Chemazé
St-Fort
Châtelain
Coudray
Argenton-N.-D.
St-Michel-de-Feins
St-Laurent-des-Mortiers
St-Denis-d'Anjou
Vaux
127
St-Quentin-les-Anges
Mortiercrolles
Ménil
L'Escoublère
St-Martin-de-Villenglose
St-Sauveur-de-Flée
Daon
Miré
38
La Ferrière-de-Flée
Montguillon
Sœurdres
Chemiré-s-Sarthe
Morannes
La Jaille-Yvon
Contigné
Aviré
St-Martin-du-Bois
Marigné
Cherré
Segré
Louvaines
La Chapelle-s-Oudon
Chenillé-Changé
Daumeray
Le Bois-Montbourcher
Chambellay
Brissarthe
Châteauneuf-s-Sarthe
La Lorie
Querré
39
Andigné
Champteussé-sur-Baconne
Champigné
Juvardeil
Marans
Montreuil-s-Maine
Étriché
Raguin
Gené
Le Lion-d'Angers
Thorigné-d'Anjou
Chazé-s-Argos
Sceaux-d'Anjou
Cheffes
Tiercé
Vern-d'Anjou
Grez-Neuville
Écuillé
Le Plessis Bourré
Montreuil-sur-Loir
40
Brain-s-Longuenée
Soulaire-et-Bourg
Seiches-s-le-Loir
La Pouëze
Pruillé
Feneu
Briollay
La Membrolle-s-Longuenée
Villevêque
Soucelles
Corzé
Le Plessis-Macé
Cantenay-Épinard
Montreuil-Juigné
Écouflant
Pellouailles-les-Vignes
St-Sylvain-d'Anjou
Bécon-les-Granits
La Meignanne
Avrillé
Sarrigné
0
5
10 km
AG
149
AH
AI
AF

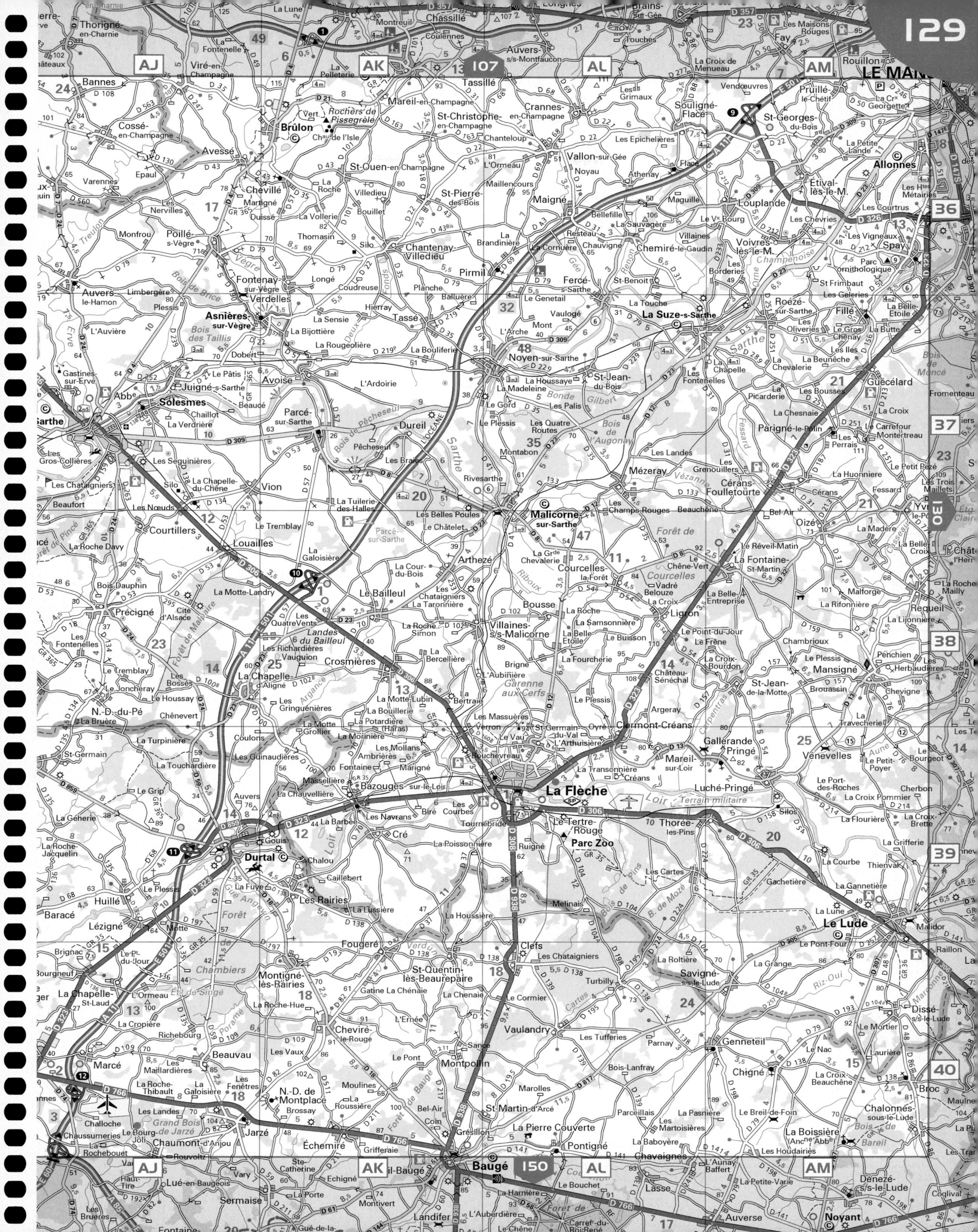

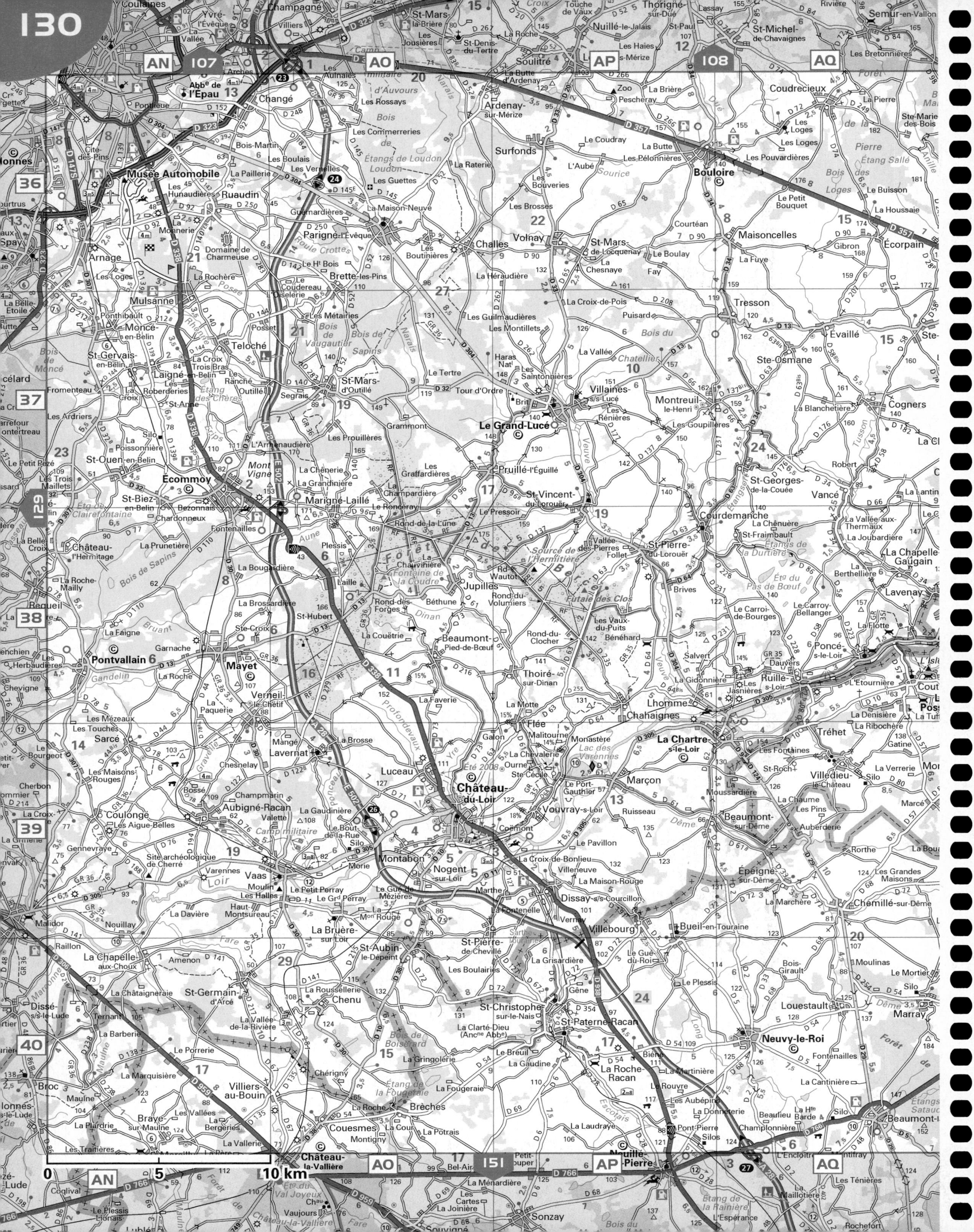
AN
107
AO
AP
108
AQ
36
37
38
39
40
129
151
Abbe de l'Épau
Changé
Musée Automobile
Arnage
Mulsanne
Ruaudin
Parigné-l'Évêque
Challes
Volnay
St-Mars-de-Locquenay
Bouloire
Maisoncelles
Écorpain
Coudrecieux
Ardenay-sur-Mérize
Surfonds
Tresson
Teloché
St-Gervais-en-Belin
Laigné-en-Belin
St-Mars-d'Outillé
Villaines-s/s-Lucé
Le Grand-Lucé
Montreuil-le-Henri
Ste-Osmane
Évaillé
Cognérs
Écommoy
St-Ouen-en-Belin
Marigné-Laillé
Pruillé-l'Éguillé
St-Vincent-du-Lorouër
St-Georges-de-la-Couée
Vancé
Courdemanche
St-Pierre-du-Lorouër
Jupilles
Beaumont-Pied-de-Bœuf
Thoiré-sur-Dinan
Pontvallain
Mayet
Verneil-le-Chétif
Sarcé
Lavernat
Luceau
Château-du-Loir
Vouvray-s-Loir
Marçon
La Chartre-s-le-Loir
Lhomme
Chahaignes
Ruillé-s-Loir
Poncé-s-le-Loir
Lavenay
La Chapelle-Gaugain
Tréhet
Villedieu-le-Château
Beaumont-sur-Dême
Épeigné-sur-Dême
Chemillé-sur-Dême
Aubigné-Racan
Coulongé
Vaas
Montabon
Nogent-sur-Loir
Dissay-s/s-Courcillon
Villebourg
Bueil-en-Touraine
La Bruère-sur-Loir
St-Aubin-le-Dépeint
St-Pierre-de-Chevillé
La Chapelle-aux-Choux
St-Germain-d'Arcé
Chenu
St-Christophe-sur-le-Nais
St-Paterne-Racan
Neuvy-le-Roi
Louestault
Marray
Dissé-s/s-le-Lude
Broc
Villiers-au-Bouin
La Roche-Racan
Braye-sur-Maulne
Couesmes
Brèches
Château-la-Vallière
Neuillé-Pont-Pierre
Beaumont-la-Ronce
Sonzay
Forêt de Bercé
Camp militaire d'Auvours
Étangs de Loudon
Loir
0
5
10 km

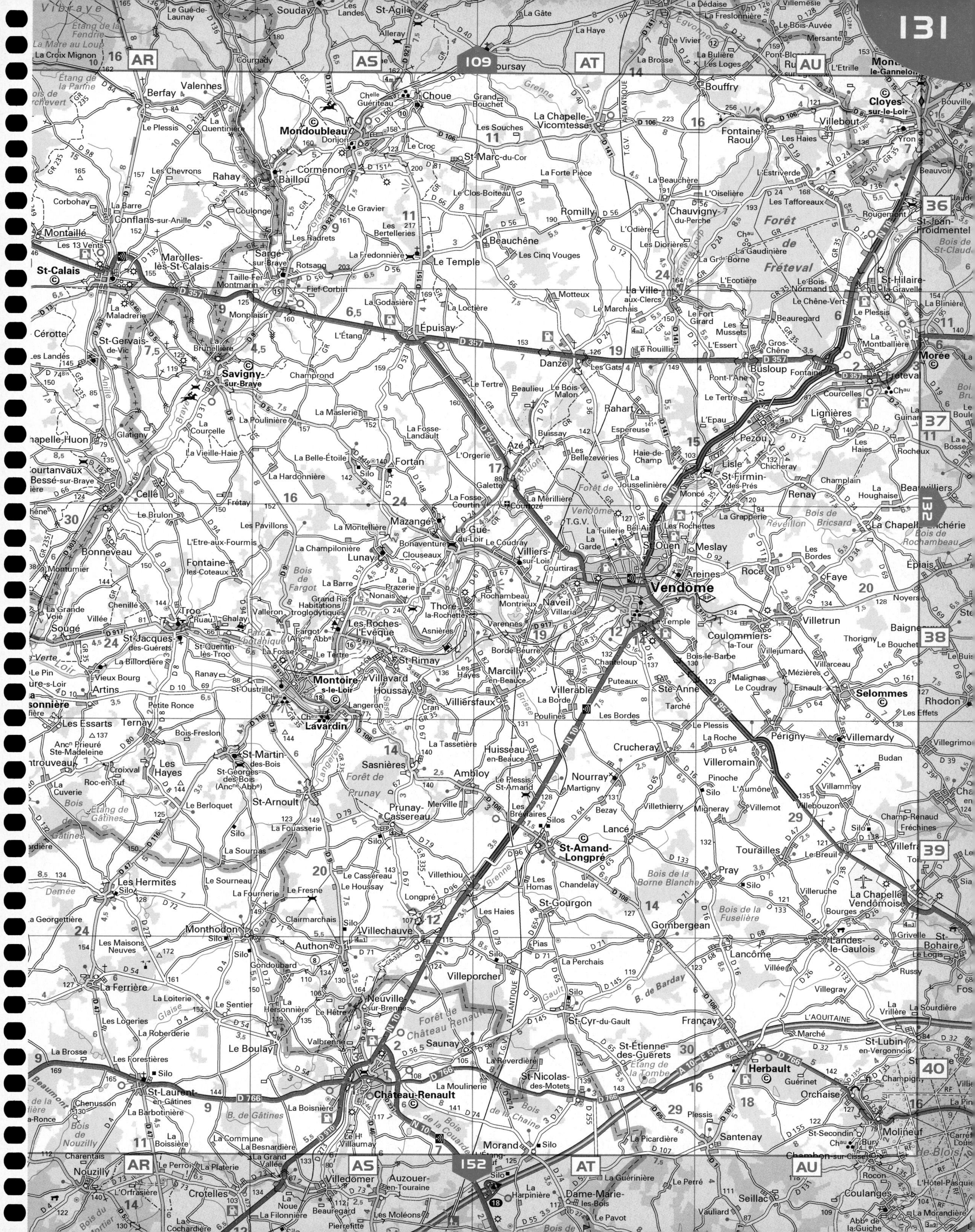

Souday
St-Agil
La Chapelle-Vicomtesse
Bouffry
Cloyes-sur-le-Loir
Mondoubleau
Choue
Cormenon
Baillou
St-Marc-du-Cor
Fontaine-Raoul
Villebout
Berfay
Valennes
Rahay
Conflans-sur-Anille
Montaillé
St-Calais
Marolles-lès-St-Calais
Sargé-sur-Braye
Le Temple
Beauchêne
Romilly
Chauvigny-du-Perche
Forêt de Fréteval
St-Jean-Froidmentel
St-Hilaire-la-Gravelle
La Ville-aux-Clercs
Épuisay
Danzé
Busloup
Morée
Fréteval
Savigny-sur-Braye
St-Gervais-de-Vic
Cérotte
Rahart
Azé
Pezou
Lignières
Fortan
Mazangé
Lunay
Le Gué-du-Loir
Villiers-sur-Loir
Vendôme
St-Ouen
Meslay
Areines
Faye
Epiais
Bessé-sur-Braye
Cellé
Bonneveau
Fontaine-les-Coteaux
Troo
Sougé
St-Jacques-des-Guérets
Les Roches-l'Évêque
Thoré-la-Rochette
Naveil
Villetrun
Coulommiers-la-Tour
Selommes
Montoire-sur-le-Loir
Lavardin
St-Rimay
Houssay
Villiersfaux
Ste-Anne
Villerable
Périgny
Villemardy
Ternay
Les Hayes
St-Martin-des-Bois
St-Arnoult
Sasnières
Ambloy
Huisseau-en-Beauce
Crucheray
Nourray
Villeromain
Prunay-Cassereau
St-Amand-Longpré
Lancé
Tourailles
La Chapelle-Vendômoise
Les Hermites
Monthodon
Authon
Villechauve
St-Gourgon
Gombergean
Landes-le-Gaulois
La Ferrière
Villeporcher
Neuville-sur-Brenne
Saunay
St-Cyr-du-Gault
Françay
St-Lubin-en-Vergonnois
Le Boulay
St-Laurent-en-Gâtines
Château-Renault
St-Nicolas-des-Motets
St-Étienne-des-Guérets
Herbault
Orchaise
Molineuf
Santenay
Morand
Nouzilly
Villedômer
Auzouer-en-Touraine
Dame-Marie-les-Bois
Seillac
Coulanges

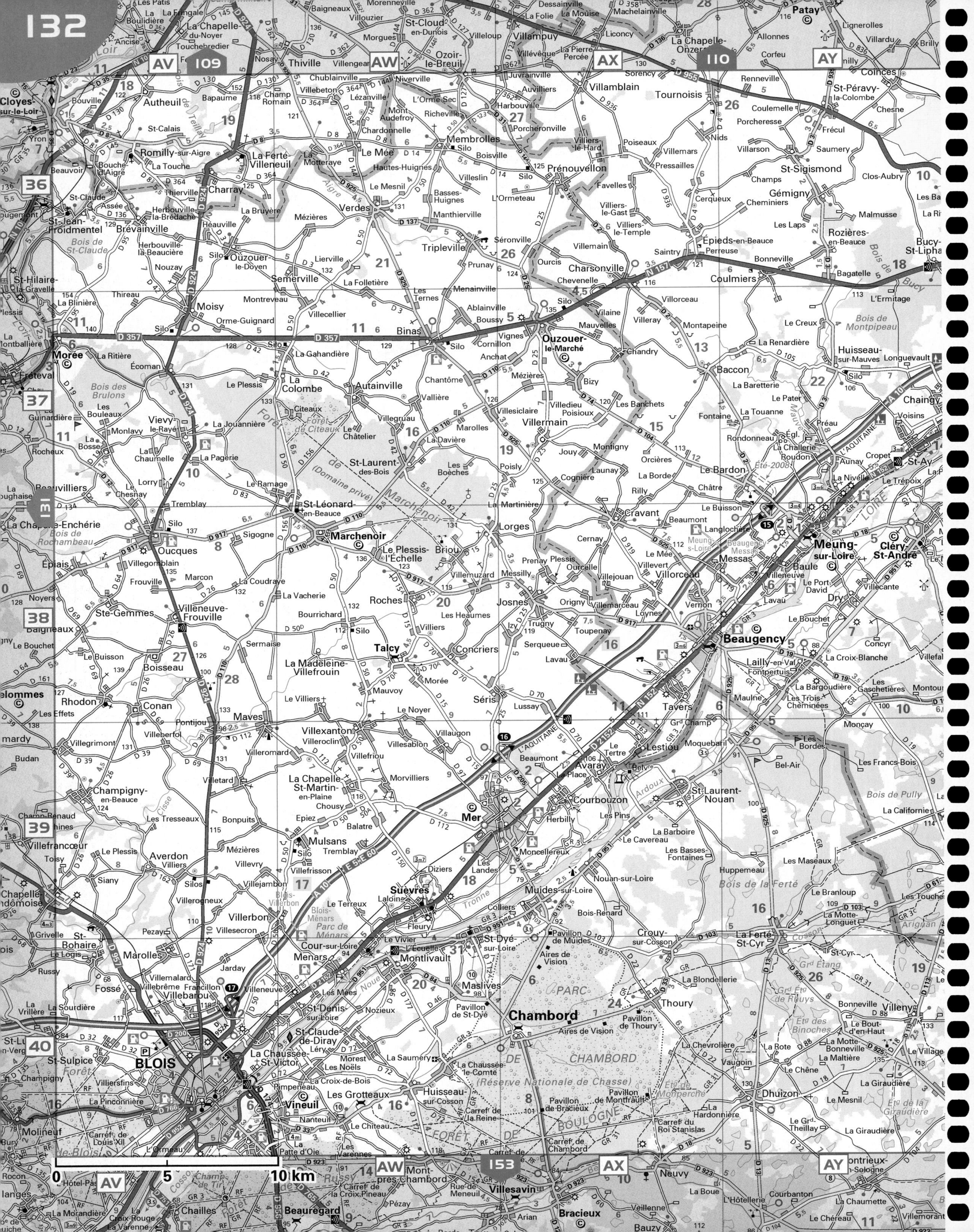
109
110
AV
AW
AX
AY
36
37
38
39
40
131
153
Patay
Cloyes-sur-le-Loir
Thiville
Ozoir-le-Breuil
St-Cloud-en-Dunois
Villampuy
La Chapelle-Onzerain
Lignerolles
Coinces
St-Péravy-la-Colombe
Autheuil
Villamblain
Tournoisis
Romilly-sur-Aigre
La Ferté-Villeneuil
Le Mée
Membrolles
Prénouvellon
Charray
Verdes
St-Sigismond
Gémigny
St-Jean-Froidmentel
Brévainville
Ouzouer-le-Doyen
Tripleville
Charsonville
Épieds-en-Beauce
Coulmiers
Rozières-en-Beauce
Bucy-St-Liphard
Semerville
Moisy
Binas
Ouzouer-le-Marché
Baccon
Huisseau-sur-Mauves
Morée
Fréteval
Autainville
La Colombe
Vievy-le-Rayé
Villermain
Chaingy
St-Laurent-des-Bois
Forêt de Marchenoir
St-Léonard-en-Beauce
Marchenoir
Le Plessis-l'Échelle
Briou
Lorges
Cravant
Le Bardon
St-Ay
Oucques
Meung-sur-Loire
Cléry-St-André
Messas
Villorceau
Roches
Josnes
Beaugency
Villeneuve-Frouville
Ste-Gemmes
Talcy
Concriers
Lailly-en-Val
Tavers
Boisseau
Rhodon
Conan
La Madeleine-Villefrouin
Séris
Maves
Villexanton
Avaray
Lestiou
Champigny-en-Beauce
La Chapelle-St-Martin-en-Plaine
Mer
Courbouzon
St-Laurent-Nouan
Mulsans
Averdon
Suèvres
Muides-sur-Loire
Villerbon
Nouan-sur-Loire
La Ferté-St-Cyr
Crouy-sur-Cosson
St-Bohaire
Marolles
Ménars
Cour-sur-Loire
Montlivault
St-Dyé-sur-Loire
Maslives
Chambord
Thoury
Villeny
Villebarou
St-Denis-sur-Loire
St-Claude-de-Diray
Blois
La Chaussée-St-Victor
Vineuil
Huisseau-sur-Cosson
Dhuizon
St-Sulpice
Forêt de Blois
Parc de Chambord (Réserve Nationale de Chasse)
Forêt de Boulogne
Mont-près-Chambord
Villesavin
Neuvy
Bracieux
Chailles
Beauregard
Fontrieux-en-Sologne
0 5 10 km

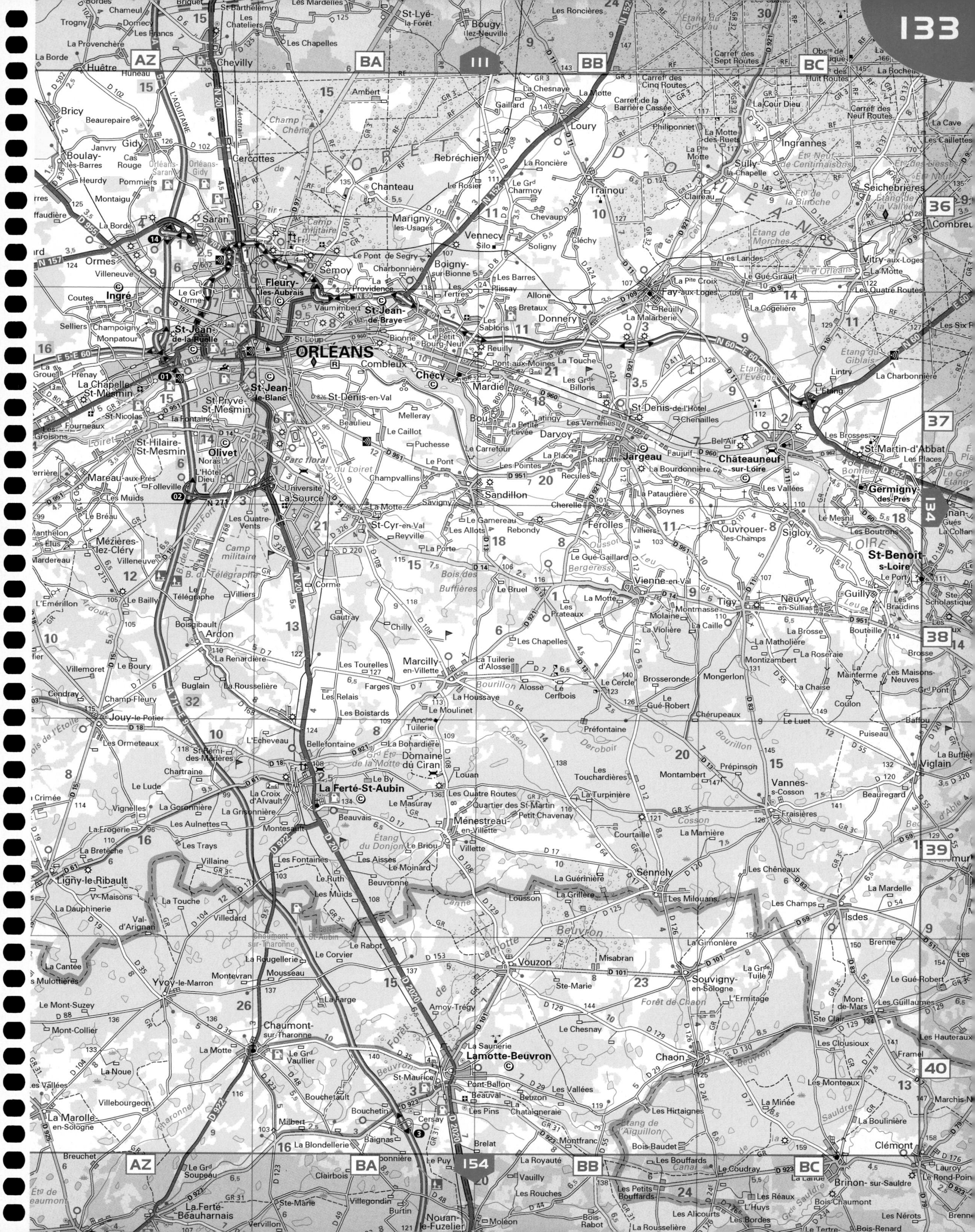
Chevilly
Bougy-lez-Neuville
Loury
Ingrannes
Cercottes
Rebréchien
Chanteau
Traînou
Seichebrières
Sully-la-Chapelle
Marigny-les-Usages
Vennecy
Saran
Ormes
Ingré
Fleury-les-Aubrais
Semoy
Boigny-sur-Bionne
Fay-aux-Loges
Vitry-aux-Loges
St-Jean-de-la-Ruelle
St-Jean-de-Braye
Donnery
ORLÉANS
Combleux
Chécy
Mardié
La Chapelle-St-Mesmin
St-Jean-le-Blanc
St-Pryvé-St-Mesmin
St-Denis-en-Val
St-Denis-de-l'Hôtel
Bou
Darvoy
Jargeau
Châteauneuf-sur-Loire
St-Martin-d'Abbat
Germigny-des-Prés
St-Hilaire-St-Mesmin
Olivet
Mareau-aux-Prés
La Source
Sandillon
Férolles
Ouvrouer-les-Champs
Sigloy
St-Benoît-s-Loire
Mézières-lez-Cléry
St-Cyr-en-Val
Vienne-en-Val
Tigy
Neuvy-en-Sullias
Guilly
Ardon
Marcilly-en-Villette
Jouy-le-Potier
Viglain
La Ferté-St-Aubin
Vannes-s-Cosson
Ménestreau-en-Villette
Sennely
Ligny-le-Ribault
Isdes
Vouzon
Souvigny-en-Sologne
Yvoy-le-Marron
Chaumont-sur-Tharonne
Lamotte-Beuvron
Chaon
La Marolle-en-Sologne
Clémont
Brinon-sur-Sauldre
La Ferté-Beauharnais
Nouan-le-Fuzelier
AZ
BA
BB
BC
111
154
36
37
38
39
40
134
LOIRE
FORÊT D'ORLÉANS
Forêt de Chaon
Beuvron
Cosson
Sauldre
A 71 - E 9
N 20
D 2020
N 60
A 10 - E 60

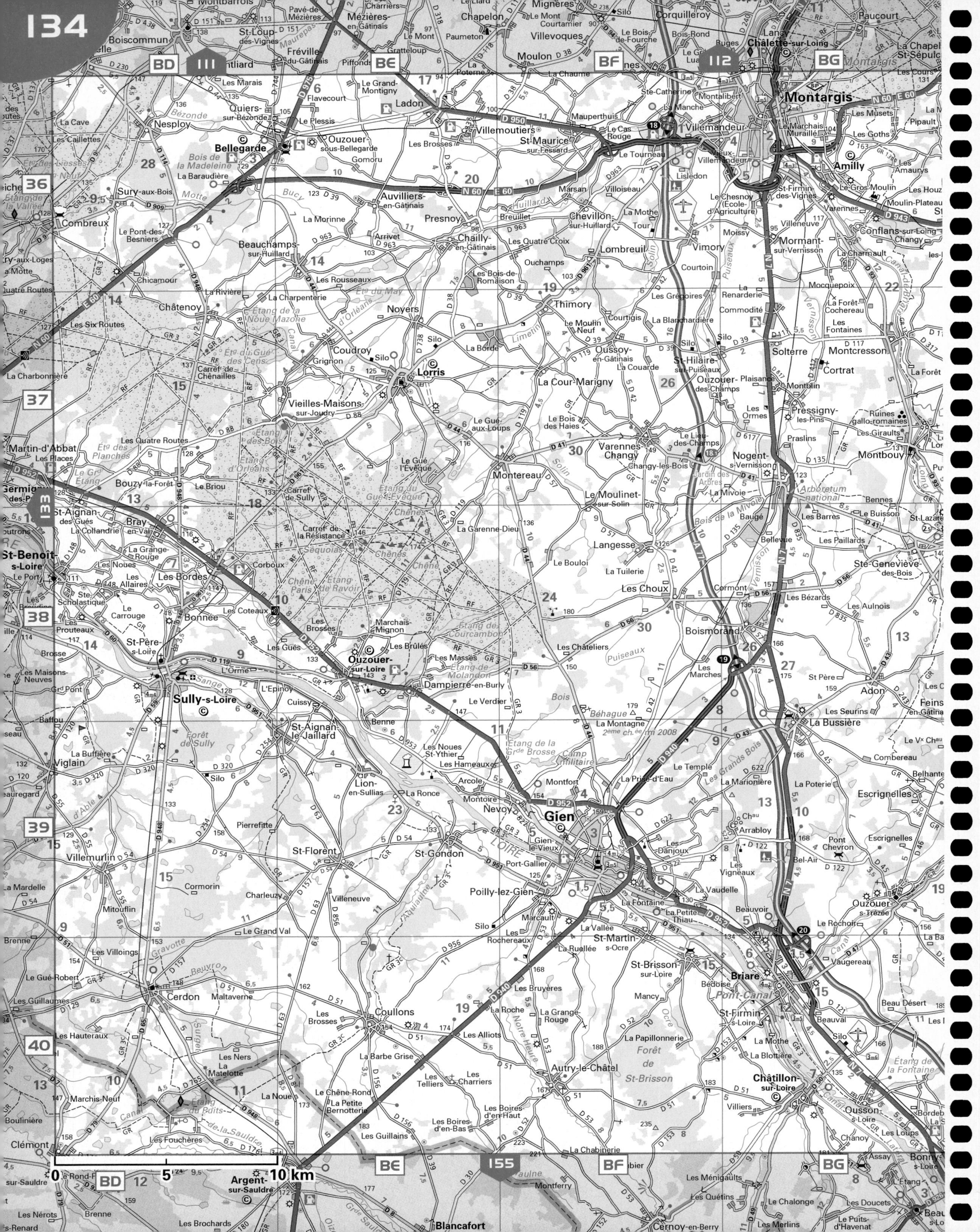

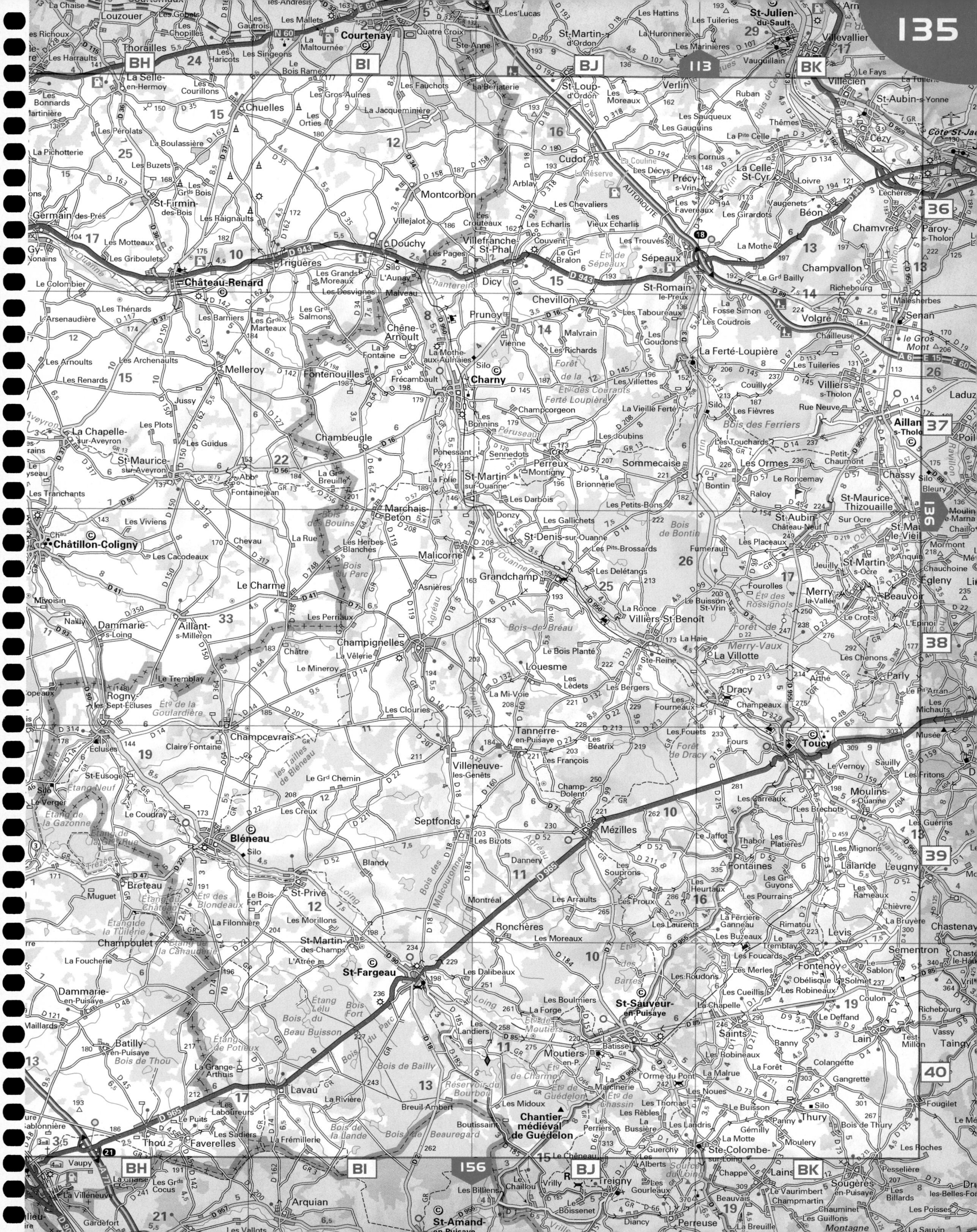

Courtenay
St-Julien-du-Sault
Villevallier
Louzouer
Thorailles
BH
BI
BJ
BK
113
La Selle-en-Hermoy
Chuelles
St-Martin-d'Ordon
St-Loup-d'Ordon
Verlin
Villecien
St-Aubin-s-Yonne
Cézy
Cudot
Montcorbon
La Celle-St-Cyr
Précy-s-Vrin
St-Firmin-des-Bois
Béon
Chamvres
Paroy-s-Tholon
Douchy
Villefranche-St-Phal
Sépeaux
Champvallon
Triguères
Château-Renard
Dicy
St-Romain-le-Preux
Chevillon
Prunoy
Chêne-Arnoult
Volgre
Senan
Melleroy
Fontenouilles
Charny
La Ferté-Loupière
Villiers-s-Tholon
La Chapelle-sur-Aveyron
Chambeugle
Aillant-s-Tholon
St-Maurice-sur-Aveyron
Perreux
Sommecaise
Les Ormes
Chassy
St-Martin-sur-Ouanne
Marchais-Beton
St-Aubin-Château-Neuf
St-Maurice-Thizouaille
Châtillon-Coligny
St-Denis-sur-Ouanne
Malicorne
Grandchamp
St-Martin-s-Ocre
Le Charme
Villiers-St-Benoît
Merry-la-Vallée
Égleny
Dammarie-s-Loing
Aillant-s-Milleron
Champignelles
Beauvoir
La Villotte
Louesme
Rogny-les-Sept-Écluses
Dracy
Tannerre-en-Puisaye
Champcevrais
Toucy
Villeneuve-les-Genêts
Moulins-s-Ouanne
Septfonds
Mézilles
Bléneau
Fontaines
Lalande
Leugny
St-Privé
Breteau
Ronchères
Levis
Champoulet
St-Martin-des-Champs
St-Fargeau
Sementron
Fontenoy
Dammarie-en-Puisaye
St-Sauveur-en-Puisaye
Saints
Lain
Batilly-en-Puisaye
Moutiers-en-P.
Lavau
Chantier médiéval de Guédelon
Thury
Thou
Faverelles
Ste-Colombe-sur-Loing
Treigny
Lains
Sougères-en-Puisaye
Arquian
St-Amand-en-Puisaye
156
36
37
38
39
40
136
D 943
D 965
A 6 - E 15 - E 60
N 60

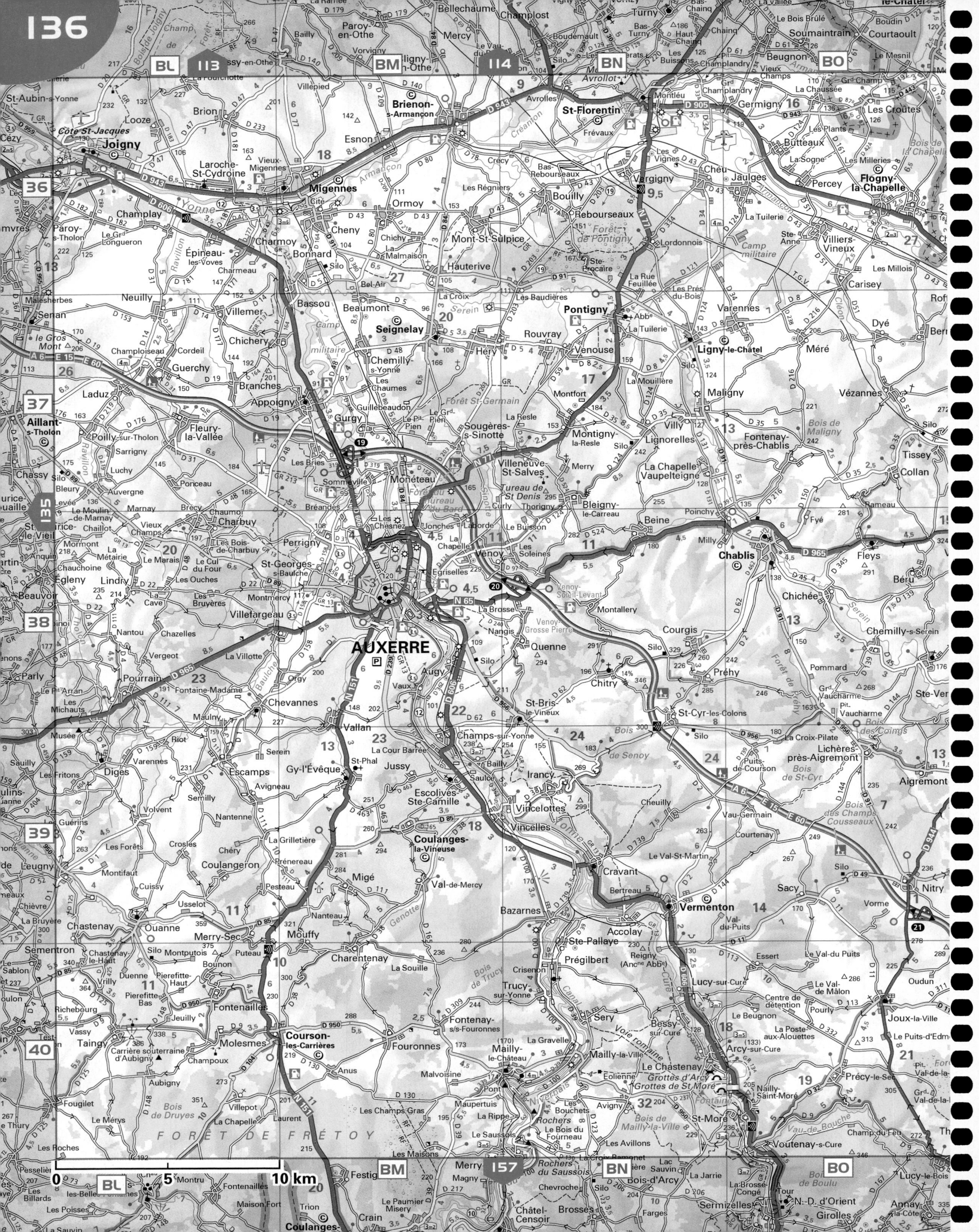

BL
113
BM
114
BN
BO
Joigny
St-Aubin-s-Yonne
Côte St-Jacques
Cézy
Looze
Brion
Laroche-St-Cydroine
Vieux-Migennes
Migennes
Esnon
Brienon-s-Armançon
Paroy-en-Othe
Bellechaume
Champlost
Mercy
St-Florentin
Avrolles
Frévaux
Germigny
Les Croûtes
Butteaux
Flogny-la-Chapelle
Percey
Jaulges
Chéu
Vergigny
Bouilly
Rebourseaux
Forêt de Pontigny
Lordonnois
Villiers-Vineux
Carisey
Champlay
Paroy-s-Tholon
Épineau-les-Voves
Charmoy
Bonnard
Cheny
Chichy
Ormoy
Mont-St-Sulpice
Hauterive
Neuilly
Villemer
Senan
Bassou
Beaumont
Seignelay
Rouvray
Héry
Pontigny
Venouse
Ligny-le-Châtel
Varennes
Méré
Dyé
Chichery
Guerchy
Branches
Appoigny
Chemilly-s-Yonne
Maligny
Vézannes
Laduz
Aillant-s-Tholon
Fleury-la-Vallée
Poilly-sur-Tholon
Gurgy
Sougères-s-Sinotte
Montigny-la-Resle
Villy
Lignorelles
Fontenay-près-Chablis
Tissey
Collan
Villeneuve-St-Salves
La Chapelle-Vaupelteigne
Chassy
Monéteau
Bleigny-le-Carreau
Beine
Chablis
Fleys
Béru
Charbuy
Perrigny
Venoy
St-Georges-s-Baulche
Égleny
Lindry
Villefargeau
Chichée
Courgis
Chemilly-s-Serein
AUXERRE
Quenne
Augy
Chitry
Préhy
St-Cyr-les-Colons
Pourrain
Chevannes
Vallan
St-Bris-le-Vineux
Champs-sur-Yonne
Lichères-près-Aigremont
Aigremont
Diges
Escamps
Gy-l'Évêque
Jussy
Irancy
Escolives-Ste-Camille
Vincelottes
Vincelles
Coulanges-la-Vineuse
Coulangeron
Migé
Val-de-Mercy
Cravant
Vermenton
Sacy
Nitry
Bazarnes
Accolay
Ste-Pallaye
Prégilbert
Chastenay
Ouanne
Merry-Sec
Mouffy
Charentenay
Trucy-sur-Yonne
Lucy-sur-Cure
Fontenailles
Molesmes
Courson-les-Carrières
Fouronnes
Fontenay-s/s-Fouronnes
Mailly-le-Château
Mailly-la-Ville
Arcy-sur-Cure
Joux-la-Ville
Bessy-sur-Cure
Le Chastenay
Grottes d'Arcy
Grottes de St-Moré
St-Moré
Voutenay-s-Cure
Précy-le-Sec
Taingy
Aubigny
Bois de Druyes
FORÊT DE FRÉTOY
Festigny
Merry
Magny
Châtel-Censoir
Brosses
Bois-d'Arcy
Sermizelles
Girolles
Annay-la-Côte
Lucy-le-Bois
Coulanges-
157
BL
BM
BN
BO
36
37
38
39
40
135
0
5
10 km

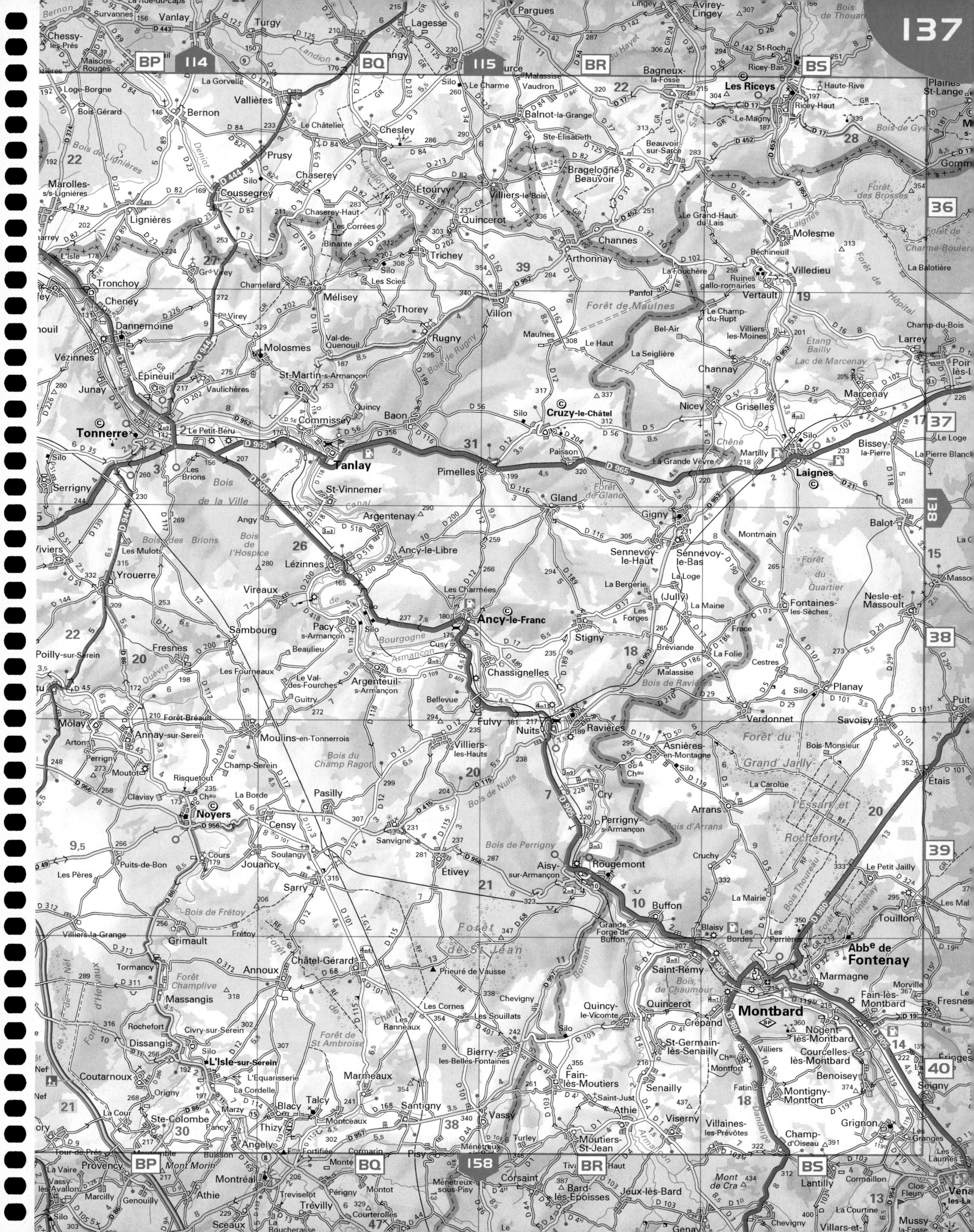

Tonnerre
Tanlay
Ancy-le-Franc
Noyers
Montbard
Laignes
Les Riceys
Cruzy-le-Châtel
Nuits
L'Isle-sur-Serein
Abbaye de Fontenay
Forêt de Maulnes
Forêt de St Jean
Forêt du Grand Jailly

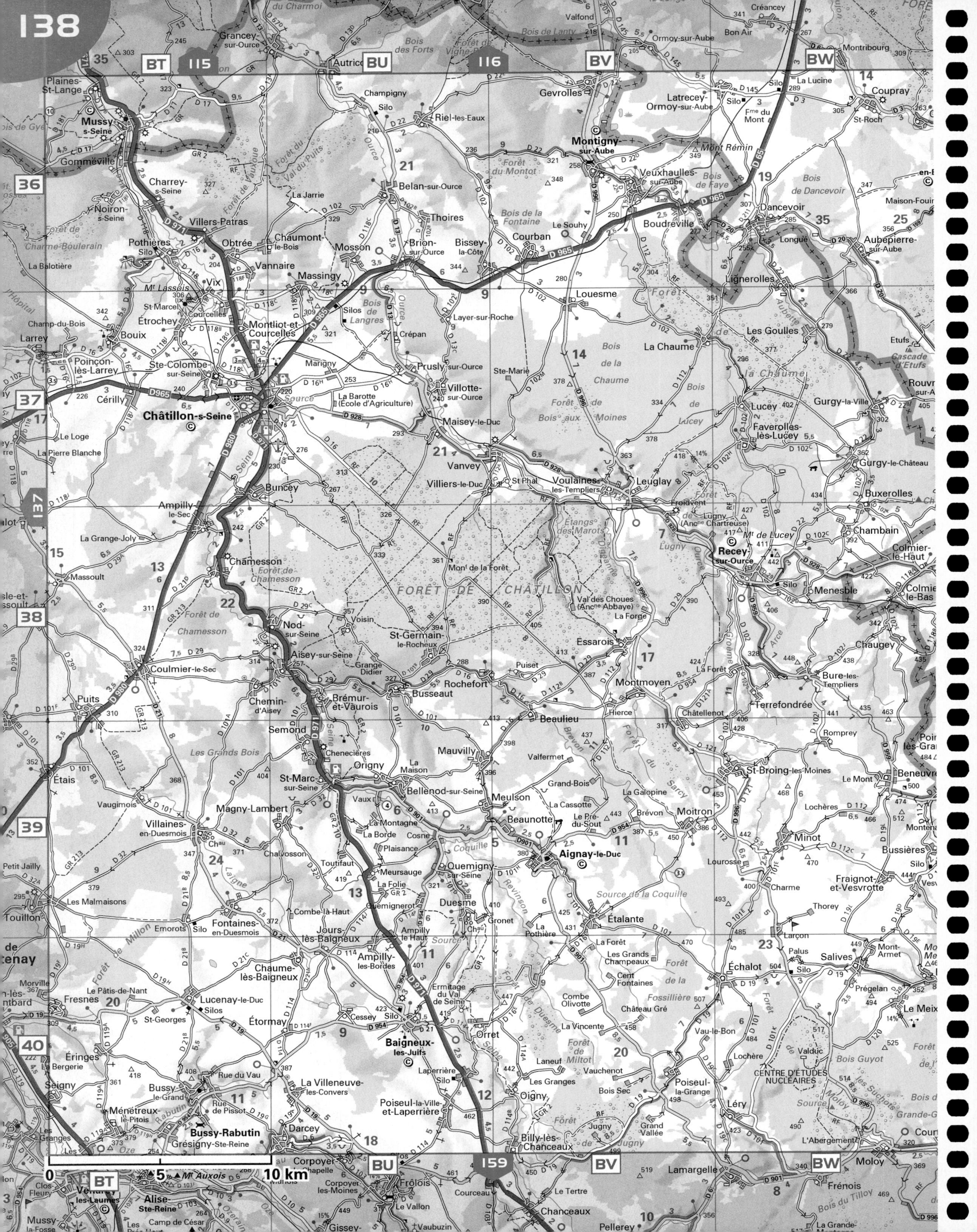

BT
115
BU
116
BV
BW
36
37
137
38
39
40
159
Grancey-sur-Ource
Autricourt
Valfond
Créancey
Bon Air
Ormoy-sur-Aube
Montribourg
Plaines-St-Lange
Mussy-s-Seine
Gommeville
Gevrolles
Latrecey-Ormoy-sur-Aube
La Lucine
Coupray
St-Roch
Champigny
Riel-les-Eaux
Montigny-sur-Aube
Mont Rémin
Charrey-s-Seine
Belan-sur-Ource
La Jarrie
Veuxhaulles-sur-Aube
Bois de Faye
Dancevoir
Maison-Fouine
Noiron-s-Seine
Villers-Patras
Thoires
Courban
Boudreville
Aubepierre-sur-Aube
Pothières
Obtrée
Chaumont-le-Bois
Mosson
Brion-sur-Ource
Bissey-la-Côte
Longué
La Balotière
Vannaire
Massingy
Vix
Lignerolles
Louesme
St Marcel
Étrochey
Courcelles
Montliot-et-Courcelles
Layer-sur-Roche
Champ-du-Bois
Larrey
Boux
Crépan
La Chaume
Les Goulles
Etufs
Poinçon-lès-Larrey
Ste-Colombe-sur-Seine
Marigny
Prusly-sur-Ource
Villotte-sur-Ource
Ste-Marie
Cérilly
Châtillon-s-Seine
La Barotte (École d'Agriculture)
Maisey-le-Duc
Lucey
Gurgy-la-Ville
Faverolles-lès-Lucey
Le Loge
La Pierre Blanche
Vanvey
Villiers-le-Duc
St Phal
Voulaines-les-Templiers
Leuglay
Gurgy-le-Château
Buncey
Buxerolles
Ampilly-le-Sec
Lugny (Ancne Chartreuse)
Recey-sur-Ource
Chambain
La Grange-Joly
Chamesson
Forêt de Chamesson
Mont de la Forêt
Colmier-le-Haut
Massoult
FORÊT DE CHÂTILLON
Val des Choues (Ancne Abbaye)
Menesble
Colmier-le-Bas
La Forge
Nod-sur-Seine
Voisin
St-Germain-le-Rocheux
Essarois
Chaugey
Aisey-sur-Seine
Coulmier-le-Sec
Grange Didier
Puiset
Montmoyen
La Forêt
Bure-les-Templiers
Puits
Chemin-d'Aisey
Brémur-et-Vaurois
Busseaut
Rochefort
Hierce
Terrefondrée
Beaulieu
Châtellenot
Semond
Les Grands Bois
Chenecières
Mauvilly
Romprey
Étais
Valfermet
St-Broing-les-Moines
Origny
La Maison
Le Mont
Beneuvre
St-Marc-sur-Seine
Grand-Bois
Bellenod-sur-Seine
Meulson
La Galopine
Vaugimois
Magny-Lambert
Vaux
La Cassotte
Lochères
Villaines-en-Duesmois
La Montagne
Beaunotte
Le Pré-du-Sout
Brévon
Moitron
La Borde
Cosne
Aignay-le-Duc
Minot
Bussières
Plaisance
Chalvosson
Toutifaut
Quemigny-sur-Seine
Lourosse
Petit Jailly
Meursaugue
Fraignot-et-Vesvrotte
La Folie
Source de la Coquille
Charme
Les Malmaisons
Duesme
Thorey
Touillon
Combe-la-Haut
Quemignerot
Gronet
La Pothière
Étalante
Emorots
Fontaines-en-Duesmois
Jours-lès-Baigneux
Ampilly-le-Haut
La Forêt
Larçon
Les Grands Champeaux
Mont-Armet
Salives
Ampilly-les-Bordes
Échalot
Palus
Chaume-lès-Baigneux
Cent Fontaines
Forêt de la Fossillière
Prégelan
Le Meix
Morville
Le Pâtis-de-Nant
Ermitage du Val de Seine
Combe Olivotte
Fresnes
Lucenay-le-Duc
Château Gré
St-Georges
Étormay
Cessey
La Vincente
Vau-le-Bon
Orret
Baigneux-les-Juifs
Éringes
La Bergerie
Laneuf
Vauchenot
Forêt de Miltot
Valduc
Bois Guyot
Seigny
Rue du Vau
Lochère
CENTRE D'ÉTUDES NUCLÉAIRES
Bussy-le-Grand
Laperrière
Les Granges
Poiseul-la-Grange
Ménétreux-le-Pitois
La Villeneuve-les-Convers
Bois Sec
Rue de Pissot
Poiseul-la-Ville-et-Laperrière
Oigny
Léry
Bussy-Rabutin
Darcey
Jugny
Grand Vallée
L'Abergement
Les Granges
Grésigny-Ste-Reine
Billy-lès-Chanceaux
Corpoyer-la-Chapelle
Lamargelle
Moloy
0
5
10 km
Mt Auxois
Clos-Fleury
Venarey-les-Laumes
Alise-Ste-Reine
Camp de César
Corpoyer-les-Moines
Frôlois
Frénois
Courceau
Le Tertre
Le Vallon
Chanceaux
Mussy-la-Fosse
Gissey
Vaubuzin
Pellerey
Bois du Tilloy
La Grande

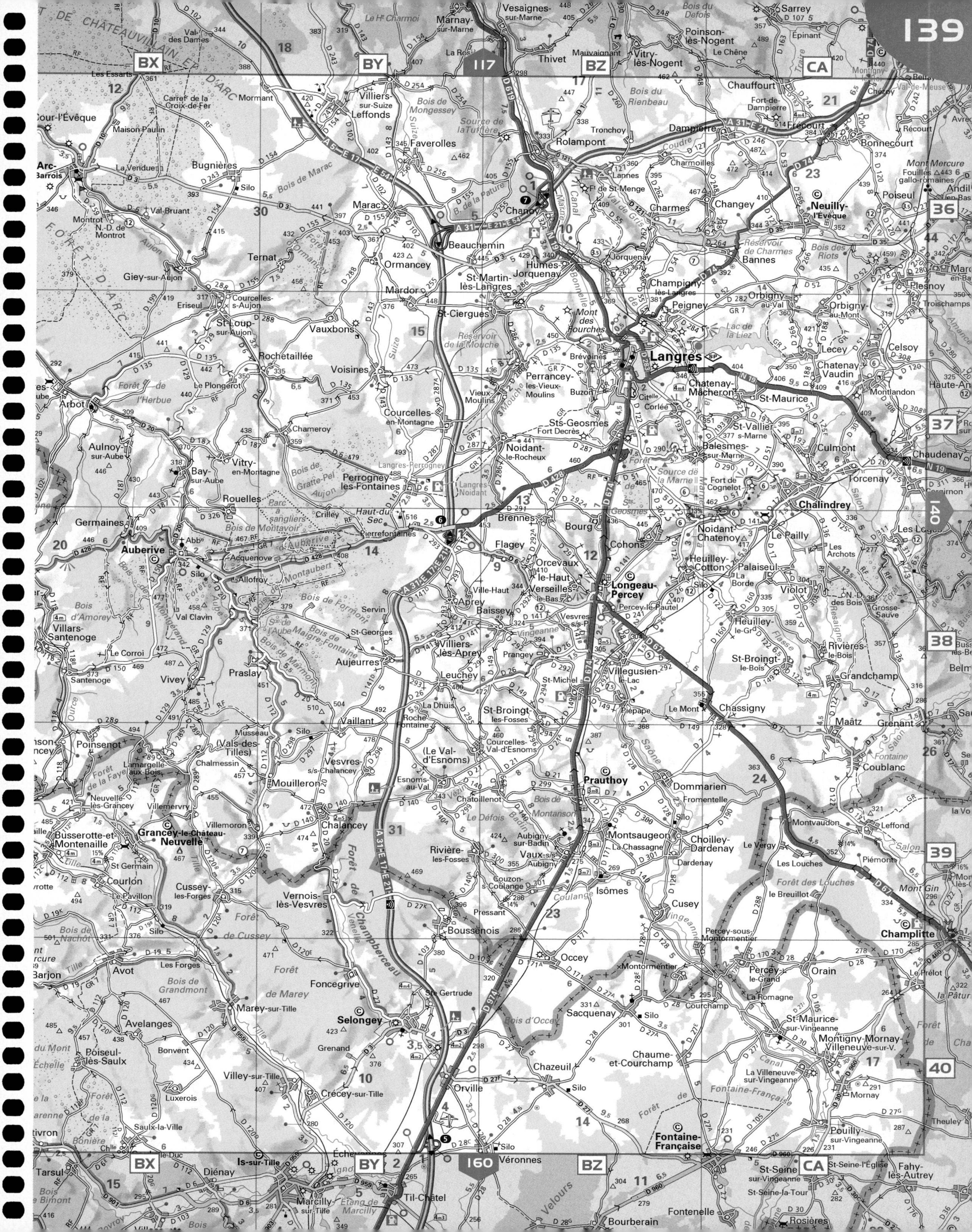

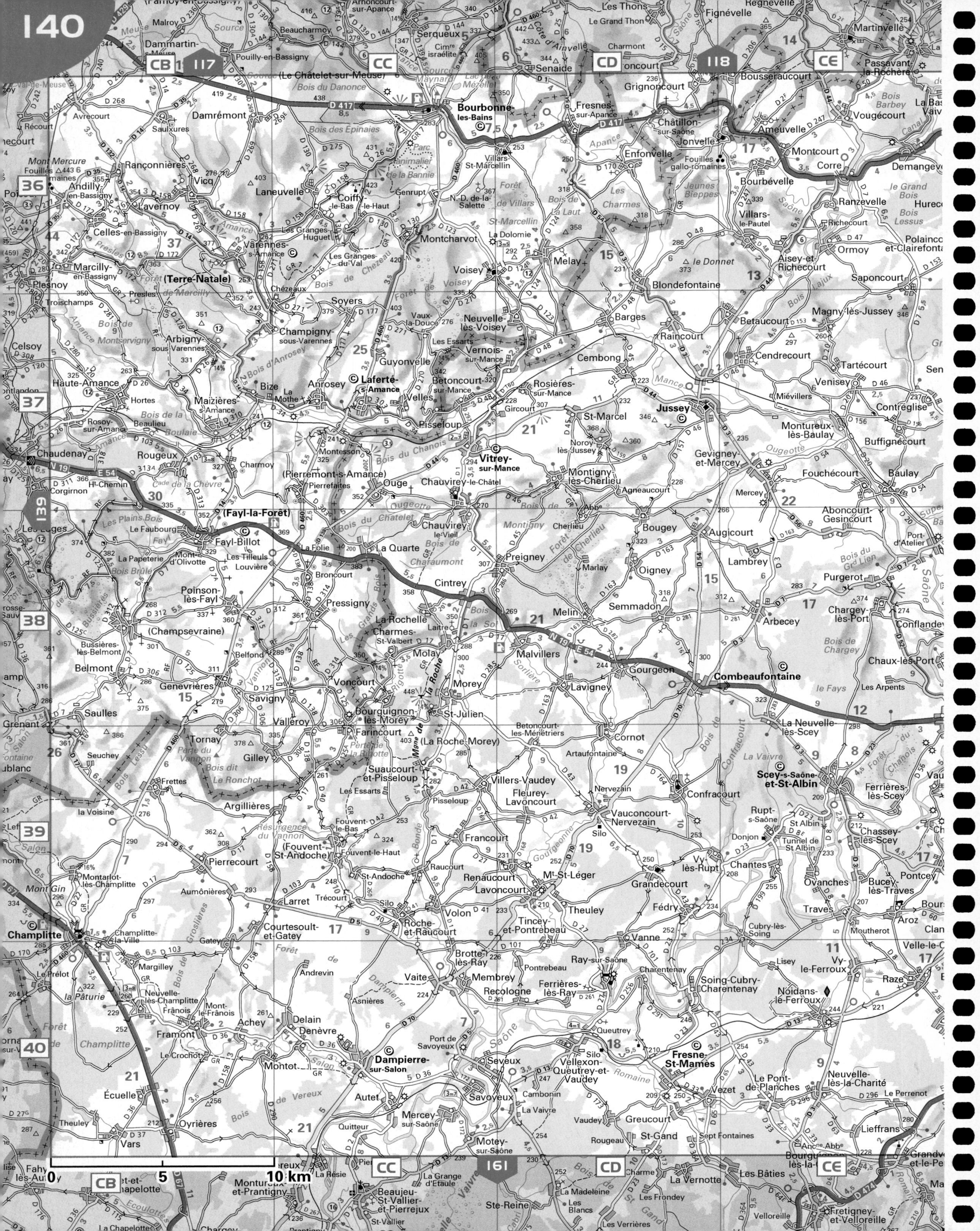
CB
117
CC
CD
118
CE
36
37
38
39
40
139
161
Bourbonne-les-Bains
Serqueux
Senaide
Fresnes-sur-Apance
Châtillon-sur-Saône
Jonvelle
Bousseraucourt
Grignoncourt
Passavant-la-Rochère
Martinvelle
Vougécourt
Ameuvelle
Montcourt
Corre
Enfonvelle
Bourbévelle
Ranzevelle
Villars-le-Pautel
Aisey-et-Richecourt
Ormoy
Polaincourt-et-Clairefontaine
Saponcourt
Blondefontaine
Melay
Voisey
Montcharvot
Coiffy-le-Haut
Laneuvelle
Vicq
Rançonnières
Andilly-en-Bassigny
Lavernoy
Celles-en-Bassigny
Varennes-sur-Amance
Marcilly-en-Bassigny
Plesnoy
Damrémont
Dammartin-sur-Meuse
Pouilly-en-Bassigny
Avrecourt
Saulxures
Soyers
Champigny-sous-Varennes
Arbigny-sous-Varennes
Haute-Amance
Celsoy
Maizières-sur-Amance
Bize
Anrosey
Laferté-sur-Amance
Guyonvelle
Velles
Betoncourt-sur-Mance
Vernois-sur-Mance
Neuvelle-lès-Voisey
Pisseloup
Barges
Raincourt
Betaucourt
Magny-lès-Jussey
Cendrecourt
Tartécourt
Cembong
Rosières-sur-Mance
St-Marcel
Jussey
Venisey
Contréglise
Montureux-lès-Baulay
Buffignécourt
Vitrey-sur-Mance
Montigny-lès-Cherlieu
Gevigney-et-Mercey
Fouchécourt
Baulay
Chaudenay
Rougeux
Charmoy
Ouge
Chauvirey-le-Châtel
Chauvirey-le-Vieil
Fayl-Billot
(Fayl-la-Forêt)
Bougey
Augicourt
Aboncourt-Gesincourt
Lambrey
Purgerot
La Quarte
Preigney
Oigney
Cintrey
Poinson-lès-Fayl
Pressigny
Semmadon
Melin
Arbecey
Chargey-lès-Port
La Rochelle
Charmes-St-Valbert
Molay
Malvillers
Gourgeon
Combeaufontaine
Chaux-lès-Port
Belmont
Genevrières
Savigny
Voncourt
Morey
Lavigney
St-Julien
Bourguignon-lès-Morey
Saulles
Tornay
Vaîlleroy
Farincourt
Gilley
Cornot
La Neuvelle-lès-Scey
Scey-sur-Saône-et-St-Albin
Villers-Vaudey
Fleurey-Lavoncourt
Confracourt
Argillières
Vauconcourt-Nervezain
Chassey-lès-Scey
Pierrecourt
Francourt
Renaucourt
Lavoncourt
Mt-St-Léger
Grandecourt
Vy-lès-Rupt
Chantes
Ovanches
Bucey-lès-Traves
Traves
Larret
Roche-et-Raucourt
Volon
Theuley
Fédry
Champlitte
Courtesoult-et-Gatey
Tincey-et-Pontrebeau
Vanne
Brotte-lès-Ray
Ray-sur-Saône
Membrey
Recologne
Ferrières-lès-Ray
Soing-Cubry-Charentenay
Noidans-le-Ferroux
Vy-le-Ferroux
Delain
Denèvre
Achey
Framont
Dampierre-sur-Salon
Seveux
Vellexon-Queutrey-et-Vaudey
Fresne-St-Mamès
Montot
Autet
Savoyeux
Vezet
Le Pont-de-Planches
Neuvelle-lès-la-Charité
Écuelle
Oyrières
Vars
Mercey-sur-Saône
Motey-sur-Saône
Greucourt
St-Gand
Lieffrans
La Vernotte
Les Bâties
Beaujeu-St-Vallier-et-Pierrejux
Ste-Reine
Fretigney-et-Velloreille
0
5
10 km

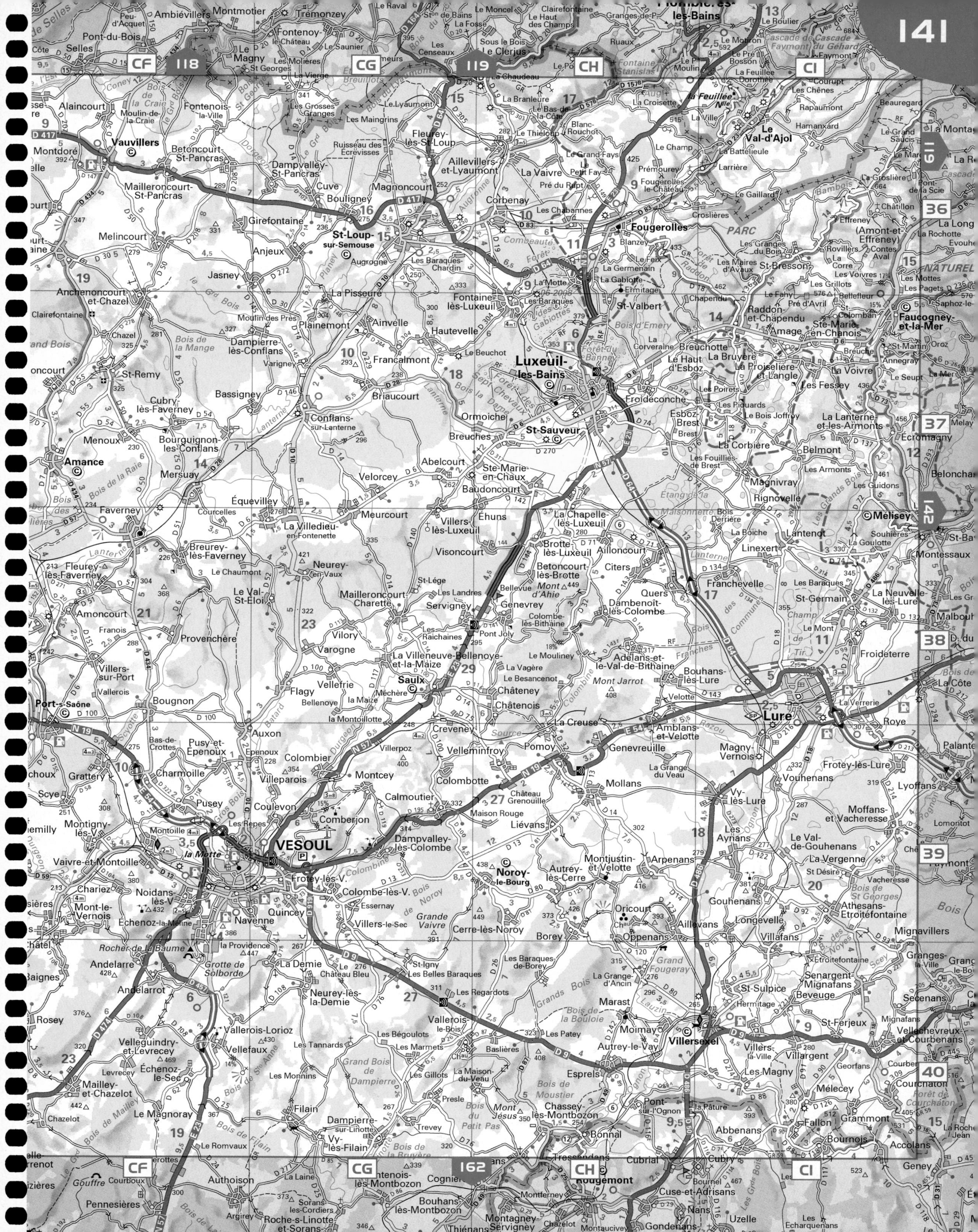

CF
118
CG
119
CH
CI
Ambiévillers
Montmotier
Trémonzey
Plombières-les-Bains
Pont-du-Bois
Selles
Fontenoy-le-Château
Le Magny
Le Clerjus
Alaincourt
Fontenois-la-Ville
Vauvillers
Betoncourt-St-Pancras
Dampvalley-St-Pancras
Mailleroncourt-St-Pancras
Fleurey-lès-St-Loup
Aillevillers-et-Lyaumont
La Vaivre
Le Val-d'Ajol
Magnoncourt
Corbenay
Girefontaine
St-Loup-sur-Semouse
Fougerolles
Melincourt
Anjeux
Jasney
Anchenoncourt-et-Chazel
Fontaine-lès-Luxeuil
St-Valbert
Raddon-et-Chapendu
Faucogney-et-la-Mer
Dampierre-lès-Conflans
Plainemont
Ainvelle
Hautevelle
Francalmont
Luxeuil-les-Bains
Breuchotte
St-Remy
Bassigney
Briaucourt
Froideconche
Cubry-lès-Faverney
Conflans-sur-Lanterne
Ormoiche
St-Sauveur
Esboz-Brest
Menoux
Bourguignon-lès-Conflans
Breuches
Amance
Mersuay
Abelcourt
Ste-Marie-en-Chaux
Belmont
Écromagny
Velorcey
Baudoncourt
Magnivray
Rignovelle
Faverney
Équevilley
Meurcourt
Villers-lès-Luxeuil
Ehuns
La Chapelle-lès-Luxeuil
Mélisey
La Villedieu-en-Fontenette
Brotte-lès-Luxeuil
Ailloncourt
Lantenot
Breurey-lès-Faverney
Neurey-en-Vaux
Visoncourt
Citers
Linexert
Fleurey-lès-Faverney
Betoncourt-lès-Brotte
Franchevelle
Le Val-St-Eloi
Mailleroncourt-Charette
Servigney
Genevrey
Dambenoît-lès-Colombe
St-Germain
La Neuvelle-lès-Lure
Amoncourt
Provenchère
Vilory
Varogne
Froideterre
Villers-sur-Port
La Villeneuve-Bellenoye-et-la-Maize
Adelans-et-le-Val-de-Bithaine
Saulx
Bouhans-lès-Lure
Port-s-Saône
Bougnon
Flagy
Vellefrie
Châteney
Châtenois
Lure
Roye
Auxon
Creveney
La Creuse
Amblans-et-Velotte
Pusy-et-Epenoux
Velleminfroy
Pomoy
Genevreuille
Magny-Vernois
Frotey-lès-Lure
Charmoille
Colombier
Villeparois
Montcey
Colombotte
Mollans
Vouhenans
Lyoffans
Grattery
Scye
Pusey
Coulevon
Calmoutier
Vy-lès-Lure
Moffans-et-Vacheresse
Montigny-lès-V.
Comberjon
Liévans
VESOUL
Dampvalley-lès-Colombe
Les Aynans
Le Val-de-Gouhenans
Vaivre-et-Montoille
Frotey-lès-V.
Noroy-le-Bourg
Autrey-lès-Cerre
Montjustin-et-Velotte
Arpenans
La Vergenne
Chariez
Noidans-lès-V.
Colombe-lès-V.
Gouhenans
Athesans-Etroitefontaine
Mont-le-Vernois
Quincey
Villers-le-Sec
Oricourt
Échenoz-la-Méline
Navenne
Cerre-lès-Noroy
Borey
Oppenans
Aillevans
Longevelle
Mignavillers
Andelarre
La Demie
Villafans
Senargent-Mignafans
Andelarrot
Neurey-lès-la-Demie
St-Sulpice
Beveuge
Secenans
Rosey
Vallerois-Lorioz
Vallerois-le-Bois
Marast
Moimay
Villersexel
St-Ferjeux
Velleguindry-et-Levrecey
Vellefaux
Autrey-le-Vay
Villargent
Mailley-et-Chazelot
Échenoz-le-Sec
Esprels
Les Magny
Mélecey
Courchaton
Le Magnoray
Filain
Dampierre-sur-Linotte
Chassey-lès-Montbozon
Pont-sur-l'Ognon
Grammont
Vy-lès-Filain
Bonnal
Abbenans
Fallon
Bournois
Accolans
Authoison
Cognières
Rougemont
Cubry
Geney
Pennesières
Bouhans-lès-Montbozon
Cuse-et-Adrisans
Roche-s-Linotte-et-Sorans
Montagney-Servigney
Nans
Uzelle
Thiénans
Gondenans
162
CF
CG
CH
CI
36
37
38
39
40
119
142

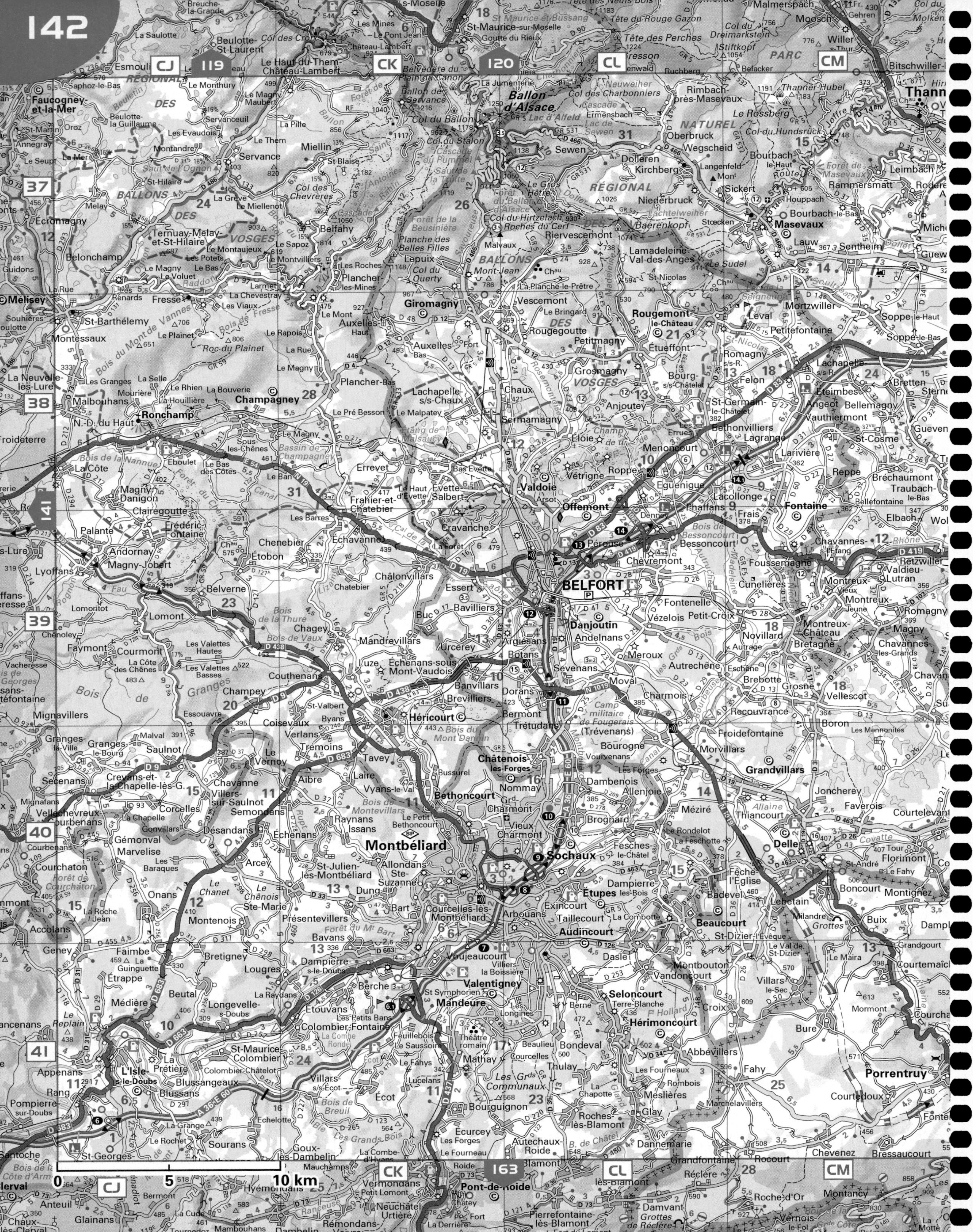

Belfort
Montbéliard
Sochaux
Héricourt
Thann
Masevaux
Porrentruy
Delle
Ballon d'Alsace
Giromagny
Ronchamp
Champagney
Valdoie
Offemont
Danjoutin
Audincourt
Valentigney
Hérimoncourt
Beaucourt
Grandvillars
Fontaine
Rougemont-le-Château
L'Isle-sur-le-Doubs
Mandeure
Pont-de-Roide
Étupes
Bethoncourt
Châtenois-les-Forges
Faucogney-et-la-Mer
Mélisey
Servance
BALLONS DES VOSGES
PARC NATUREL RÉGIONAL
0 5 10 km

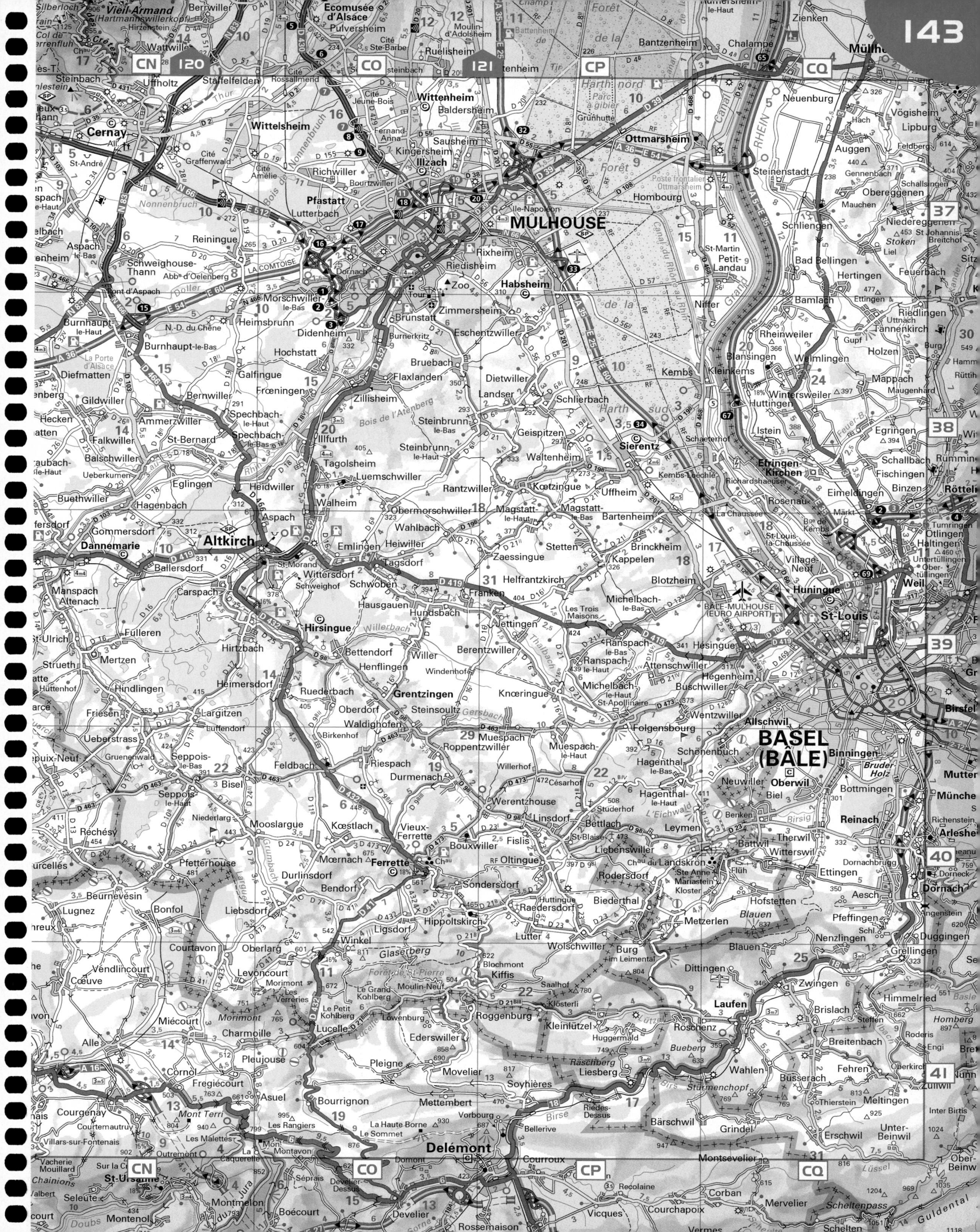

CN
120
CO
121
CP
CQ
Vieil-Armand
Ecomusée d'Alsace
Pulversheim
Ruelisheim
Bantzenheim
Chalampe
Zienken
Neuenburg
Cernay
Wittelsheim
Wittenheim
Baldersheim
Sausheim
Kingersheim
Illzach
Ottmarsheim
Steinenstadt
Auggen
Richwiller
Pfastatt
Lutterbach
Hombourg
MULHOUSE
Rixheim
Riedisheim
Habsheim
Zoo
Brunstatt
Zimmersheim
Didenheim
Morschwiller-le-Bas
Heimsbrunn
Reiningue
Schweighouse-Thann
Aspach-le-Bas
Burnhaupt-le-Haut
Burnhaupt-le-Bas
Schliengen
Bad Bellingen
Niffer
Petit-Landau
Eschentzwiller
Hochstatt
Bruebach
Flaxlanden
Dietwiller
Landser
Schlierbach
Kembs
Kleinkems
Blansingen
Diefmatten
Galfingue
Frœningen
Zillisheim
Bernwiller
Spechbach-le-Haut
Spechbach-le-Bas
Ammerzwiller
St-Bernard
Illfurth
Steinbrunn-le-Bas
Steinbrunn-le-Haut
Geispitzen
Sierentz
Waltenheim
Tagolsheim
Luemschwiller
Heidwiller
Eglingen
Hagenbach
Walheim
Rantzwiller
Kœtzingue
Uffheim
Efringen-Kirchen
Aspach
Altkirch
Dannemarie
Gommersdorf
Ballersdorf
Emlingen
Heiwiller
Wahlbach
Magstatt-le-Haut
Magstatt-le-Bas
Bartenheim
Zaessingue
Stetten
Brinckheim
Kappelen
Tagsdorf
Wittersdorf
Schwoben
Carspach
Helfrantzkirch
Franken
Blotzheim
Huningue
Weil
Hausgauen
Hundsbach
Jettingen
Michelbach-le-Bas
BALE-MULHOUSE (EURO AIRPORT)
St-Louis
Hirsingue
Fulleren
Hirtzbach
Bettendorf
Henflingen
Willer
Berentzwiller
Ranspach-le-Bas
Ranspach-le-Haut
Hésingue
Attenschwiller
Hegenheim
Buschwiller
Mertzen
Heimersdorf
Hindlingen
Ruederbach
Grentzingen
Knœringue
Michelbach-le-Haut
Oberdorf
Steinsoultz
Waldighofen
Largitzen
Friesen
Ueberstrass
Seppois-le-Bas
Seppois-le-Haut
Feldbach
Riespach
Durmenach
Roppentzwiller
Muespach
Muespach-le-Haut
Folgensbourg
Wentzwiller
Allschwil
BASEL (BÂLE)
Binningen
Schönenbuch
Hagenthal-le-Bas
Hagenthal-le-Haut
Neuwiller
Oberwil
Biel
Bottmingen
Reinach
Bisel
Mooslargue
Kœstlach
Vieux-Ferrette
Bouxwiller
Fislis
Werentzhouse
Linsdorf
Bettlach
Leymen
Therwil
Ettingen
Aesch
Dornach
Pfetterhouse
Durlinsdorf
Mœrnach
Ferrette
Oltingue
Liebenswiller
Rodersdorf
Bendorf
Sondersdorf
Raedersdorf
Biederthal
Metzerlen
Hofstetten
Beurnevesin
Bonfol
Liebsdorf
Ligsdorf
Hippoltskirch
Lutter
Wolschwiller
Burg im Leimental
Blauen
Pfeffingen
Nenzlingen
Grellingen
Courtavon
Oberlarg
Winkel
Glaserberg
Kiffis
Dittingen
Zwingen
Vendlincourt
Levoncourt
Lugnez
Cœuve
Moulin-Neuf
Laufen
Brislach
Himmelried
Miécourt
Charmoille
Lucelle
Roggenburg
Kleinlützel
Röschenz
Breitenbach
Alle
Pleujouse
Ederswiler
Pleigne
Movelier
Liesberg
Wahlen
Fehren
Cornol
Fregiécourt
Asuel
Bourrignon
Mettembert
Soyhières
Büsserach
Meltingen
Courgenay
Mont Terri
Les Rangiers
Vorbourg
Bärschwil
Grindel
Erschwil
Delémont
Courroux
Montsevelier
St-Ursanne
Montmelon
Develier
Corban
Mervelier
Boécourt
Vicques
Courchapoix
Rossemaison
37
38
39
40
41

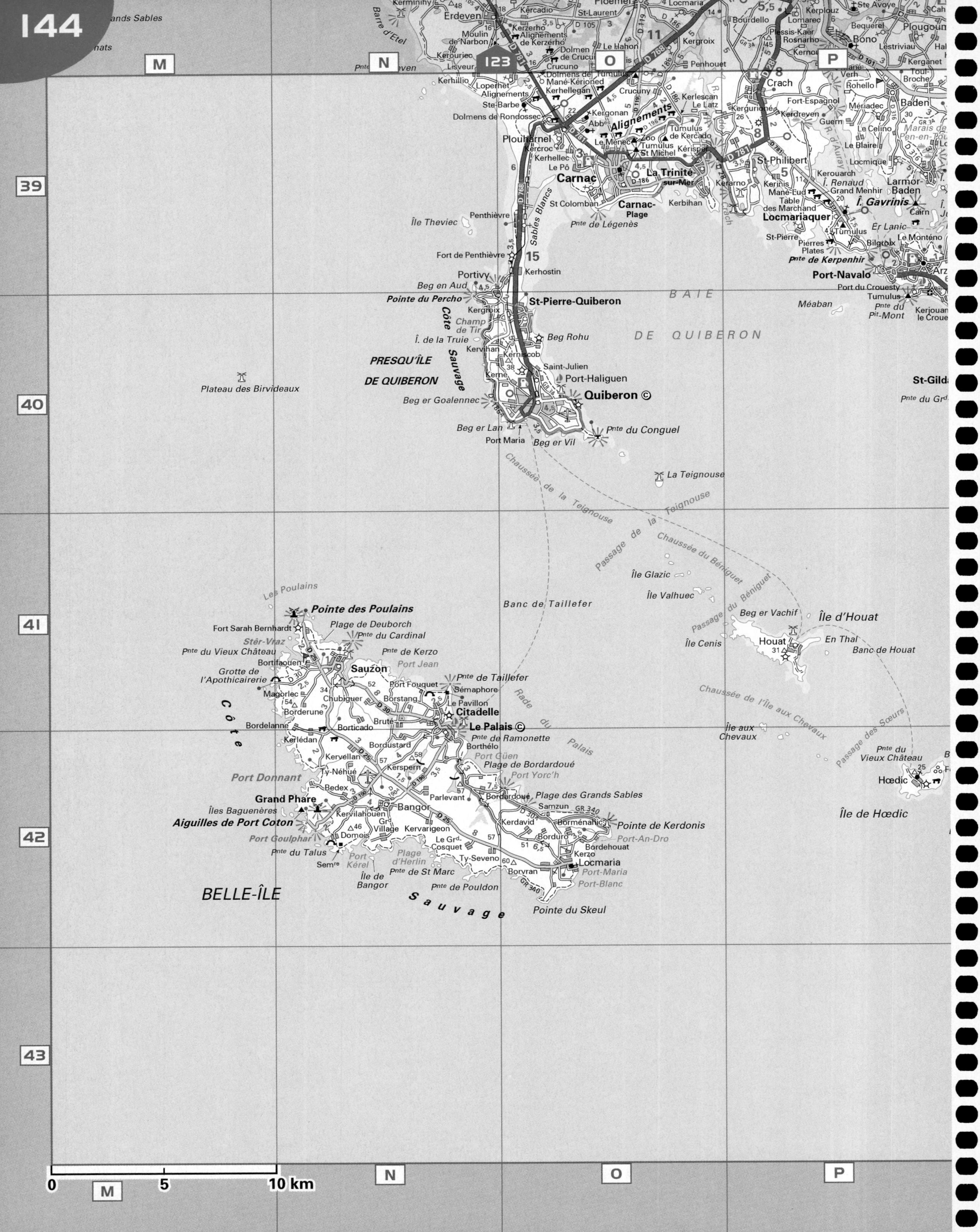
M
N
O
P
123
39
40
41
42
43
Erdeven
Ploemel
Locmaria
Carnac
La Trinité-sur-Mer
Carnac-Plage
St-Philibert
Locmariaquer
Crach
Baden
Bono
Plouharnel
Alignements
Î. Gavrinis
Port-Navalo
Île Theviec
Penthièvre
Fort de Penthièvre
Sables Blancs
Pnte de Légenès
Portivy
Kerhostin
Beg en Aud
Pointe du Percho
St-Pierre-Quiberon
BAIE
DE QUIBERON
Méaban
Côte Sauvage
Î. de la Truie
Beg Rohu
PRESQU'ÎLE DE QUIBERON
Kerniscob
Saint-Julien
Port-Haliguen
Quiberon ©
Plateau des Birvideaux
Beg er Goalennec
Beg er Lan
Port Maria
Beg er Vil
Pnte du Conguel
La Teignouse
Chaussée de la Teignouse
Passage de la Teignouse
Chaussée du Béniguet
Île Glazic
Île Valhuec
Banc de Taillefer
Passage du Béniguet
Beg er Vachif
Île d'Houat
Houat
En Thal
Banc de Houat
Île Cenis
Chaussée de l'Île aux Chevaux
Île aux Chevaux
Passage des Sœurs
Pnte du Vieux Château
Hœdic
Île de Hœdic
St-Gildas
Les Poulains
Pointe des Poulains
Fort Sarah Bernhardt
Plage de Deuborch
Pnte du Cardinal
Pnte du Vieux Château
Pnte de Kerzo
Port Jean
Sauzon
Grotte de l'Apothicairerie
Pnte de Taillefer
Port Fouquet
Sémaphore
Le Pavillon
Citadelle
Le Palais ©
Rade du Palais
Pnte de Ramonette
Borthélo
Bordelanne
Côte Sauvage
Port Donnant
Plage de Bordardoué
Port Yorc'h
Bordardoué
Plage des Grands Sables
Samzun
Pointe de Kerdonis
Port-An-Dro
Grand Phare
Îles Baguenères
Aiguilles de Port Coton
Port Goulphar
Pnte du Talus
Bangor
Kervilahouen
Port Kérel
Île de Bangor
Plage d'Herlin
Pnte de St Marc
Pnte de Pouldon
Locmaria
Port-Maria
Port-Blanc
Pointe du Skeul
BELLE-ÎLE
0
5
10 km

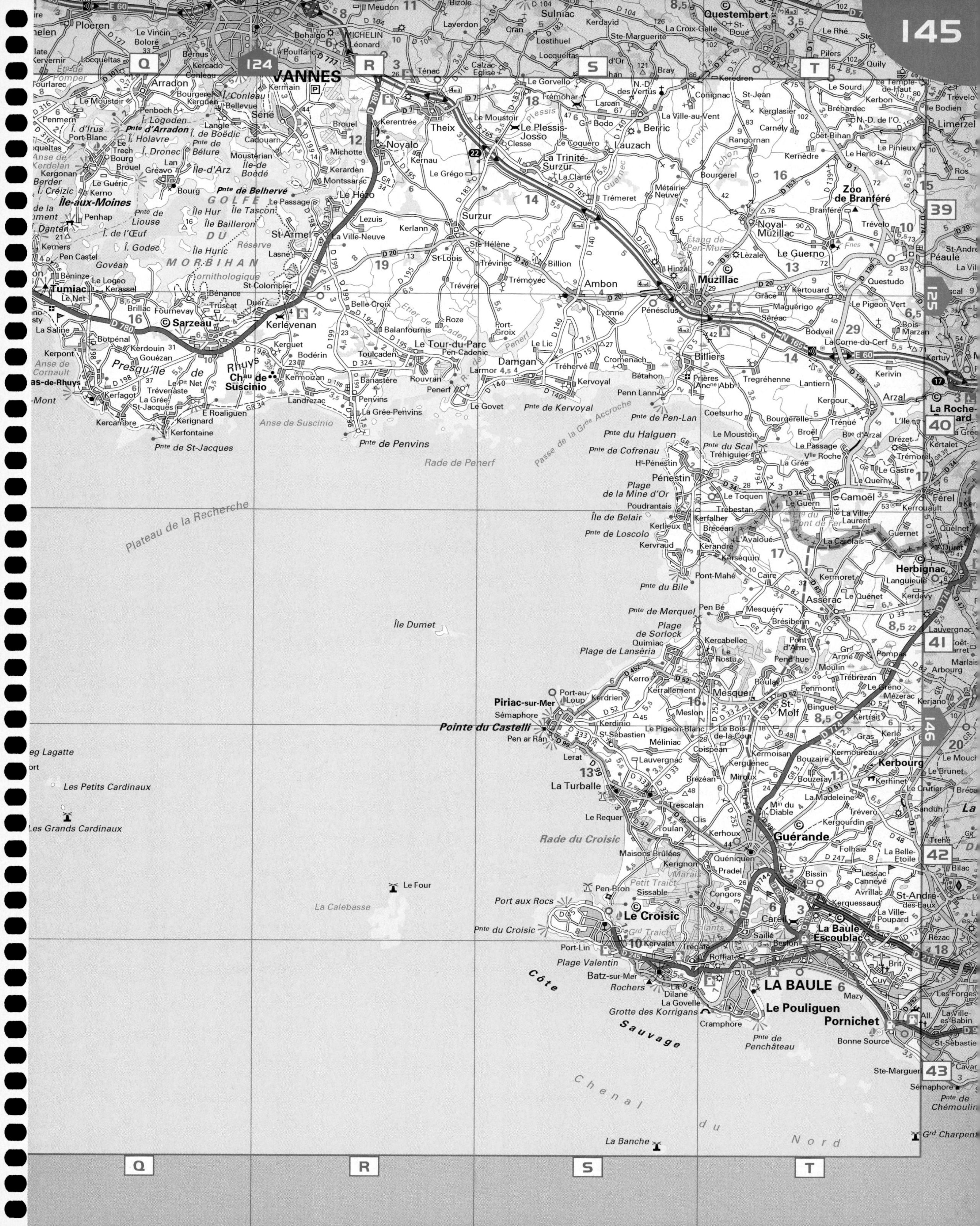
VANNES
Sarzeau
Presqu'île de Rhuys
GOLFE DU MORBIHAN
Muzillac
Damgan
Pénestin
Herbignac
Piriac-sur-Mer
Pointe du Castelli
La Turballe
Guérande
Le Croisic
LA BAULE
Le Pouliguen
Pornichet
Rade de Penerf
Plateau de la Recherche
Île Dumet
Rade du Croisic
Côte Sauvage
Chenal du Nord
Les Petits Cardinaux
Les Grands Cardinaux
Le Four
La Banche
La Calebasse
Q
R
S
T

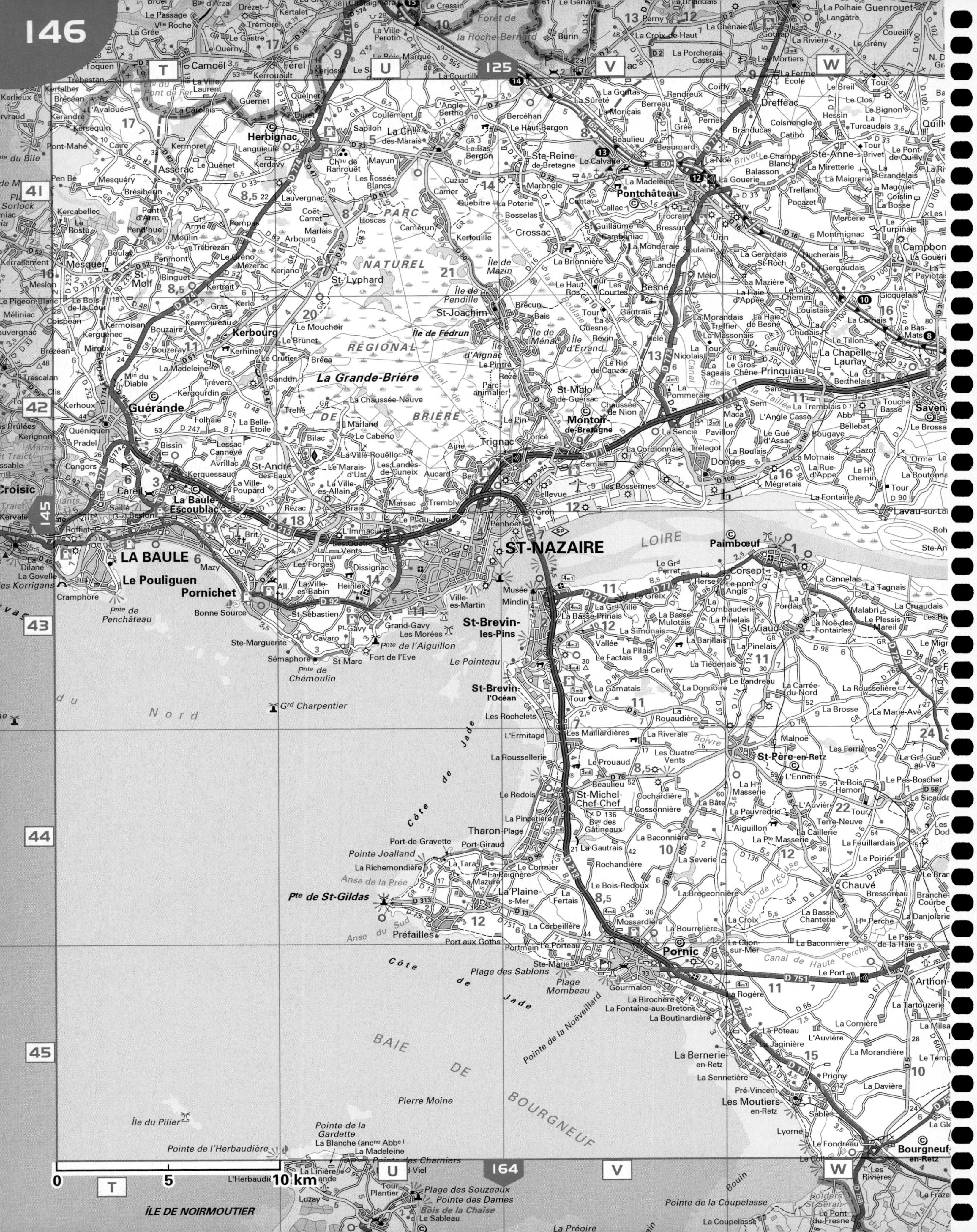

125
164
145
T
U
V
W
41
42
43
44
45
0
5
10 km
Herbignac
Guérande
Kerbourg
St-Lyphard
St-Joachim
Île de Fédrun
PARC
NATUREL
RÉGIONAL
DE
BRIÈRE
La Grande-Brière
Pontchâteau
Ste-Reine-de-Bretagne
Crossac
Besné
Drefféac
Ste-Anne-s-Brivet
Campbon
La Chapelle-Launay
Prinquiau
Savenay
Montoir-de-Bretagne
St-Malo-de-Guersac
Trignac
Donges
Lavau-sur-Loire
ST-NAZAIRE
LOIRE
Paimbœuf
Corsept
St-Brevin-les-Pins
St-Brevin-l'Océan
Mindin
St-Viaud
St-Père-en-Retz
St-Michel-Chef-Chef
Tharon-Plage
La Plaine-s-Mer
Préfailles
Pte de St-Gildas
Pornic
Chauvé
Arthon
La Bernerie-en-Retz
Les Moutiers-en-Retz
Bourgneuf-en-Retz
LA BAULE
La Baule-Escoublac
Le Pouliguen
Pornichet
Croisic
Mesquer
St-Molf
Assérac
Camoël
Férel
St-André-des-Eaux
Pointe de Penchâteau
Pte de Chémoulin
Pte de l'Aiguillon
Grd Charpentier
Côte de Jade
Nord
BAIE DE BOURGNEUF
Pierre Moine
Île du Pilier
Pointe de l'Herbaudière
ÎLE DE NOIRMOUTIER
Forêt de la Roche-Bernard
Canal de Haute Perche
Plage des Sablons
Plage Mombeau
Pointe de la Coupelasse

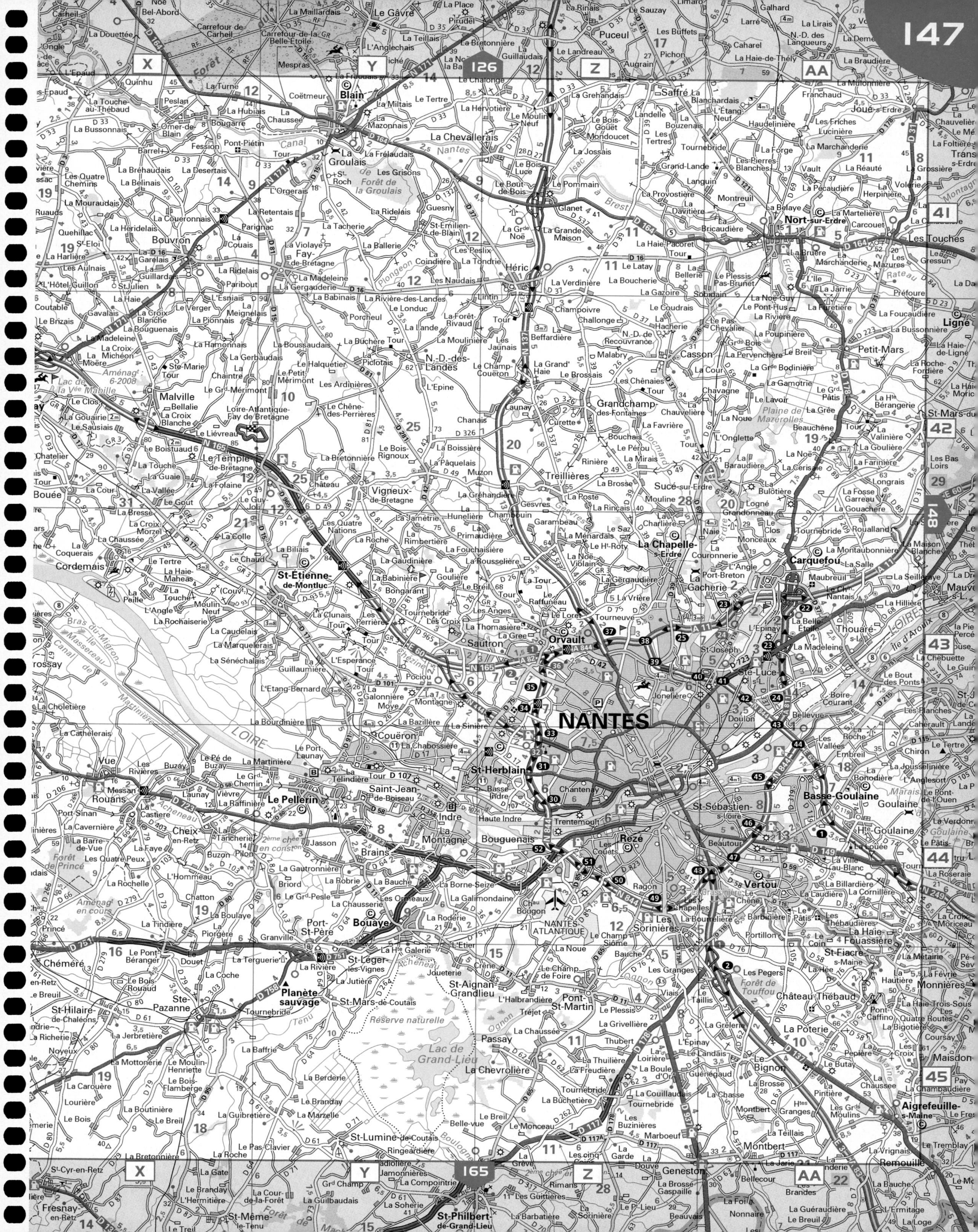
126
165
148
41
42
43
44
45
X
Y
Z
AA
NANTES
Blain
Le Gâvre
Puceul
Saffré
Joué-sur-Erdre
Nort-sur-Erdre
La Chevallerais
Bouvron
Fay-de-Bretagne
Héric
Les Touches
Petit-Mars
Ligné
Casson
Sucé-sur-Erdre
Treillières
Grandchamp-des-Fontaines
Vigneux-de-Bretagne
Le Temple-de-Bretagne
Malville
Cordemais
St-Étienne-de-Montluc
Sautron
Orvault
La Chapelle-s-Erdre
Carquefou
Thouaré-s-L.
Ste-Luce-s-L.
St-Herblain
Couëron
Le Pellerin
Rouans
Vue
Cheix-en-Retz
Saint-Jean-de-Boiseau
Indre
Bouguenais
Rezé
St-Sébastien-s-Loire
Basse-Goulaine
Vertou
Les Sorinières
Bouaye
Brains
Port-St-Père
St-Léger-les-Vignes
Planète sauvage
Ste-Pazanne
St-Hilaire-de-Chaléons
Chéméré
St-Mars-de-Coutais
St-Aignan-Grandlieu
Pont-St-Martin
Lac de Grand-Lieu
Réserve naturelle
La Chevrolière
Passay
Château-Thébaud
La Haie-Fouassière
St-Fiacre-s-Maine
Aigrefeuille-s-Maine
Remouillé
Montbert
Geneston
Le Bignon
St-Lumine-de-Coutais
St-Philbert-de-Grand-Lieu
St-Même-le-Tenu
Fresnay-en-Retz
St-Cyr-en-Retz
NANTES ATLANTIQUE
Forêt de la Groulais
Canal de Nantes à Brest
LOIRE
Forêt du Gâvre
Forêt de Touffou

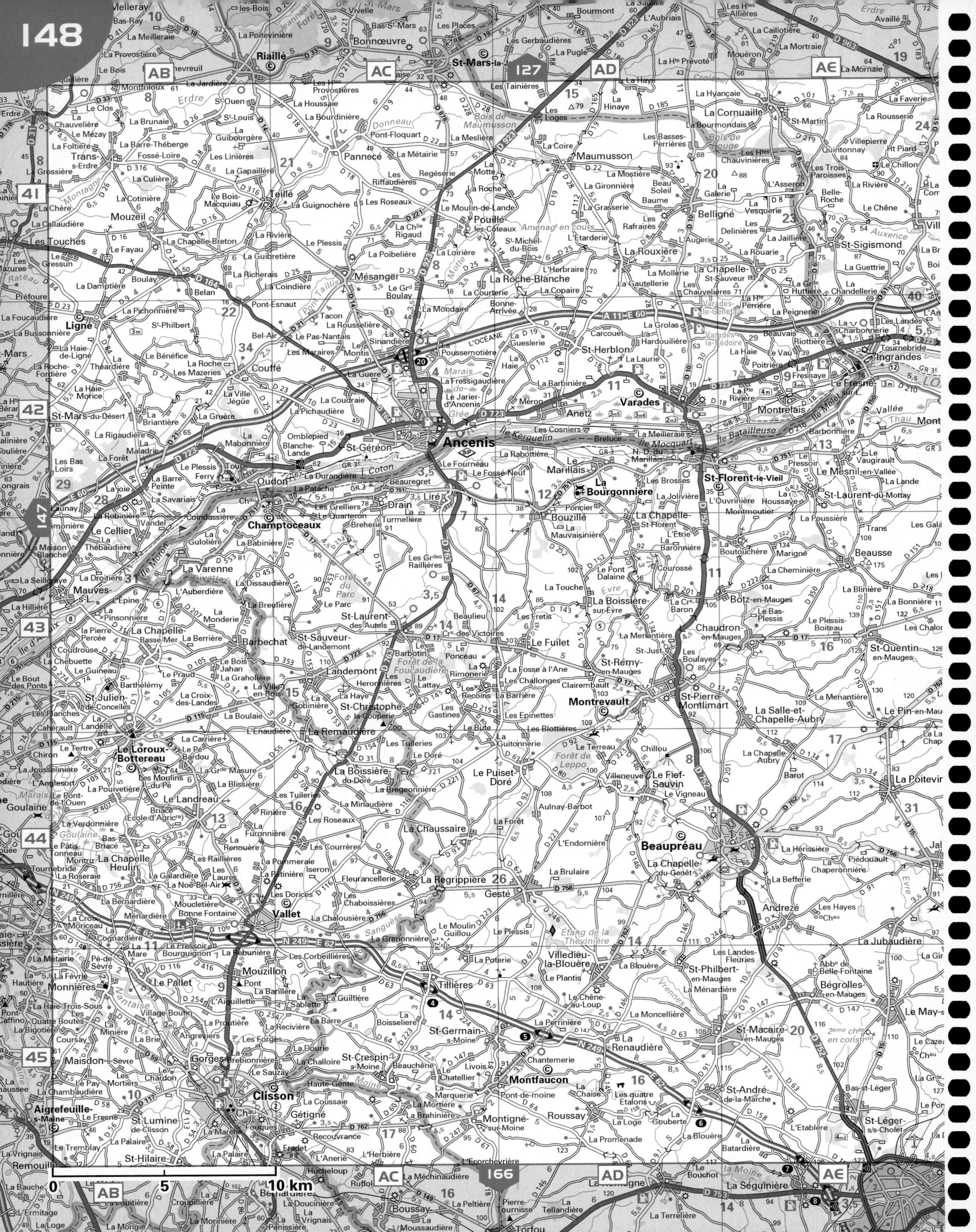

AB
AC
AD
AE
127
166
147
41
42
43
44
45
Riaillé
St-Mars-la-Jaille
Bonnœuvre
Teillé
Pannecé
Maumusson
Mouzeil
Les Touches
Ligné
Mésanger
La Roche-Blanche
Belligné
La Rouxière
La Chapelle-St-Sauveur
St-Sigismond
Couffé
Pouillé-les-Coteaux
St-Herblon
Varades
Anetz
Ingrandes
Montrelais
Le Fresne-sur-Loire
Ancenis
St-Géréon
Oudon
Liré
Drain
Champtoceaux
Bouzillé
La Bourgonnière
St-Florent-le-Vieil
Le Marillais
La Chapelle-St-Florent
St-Laurent-du-Mottay
Le Mesnil-en-Vallée
Le Cellier
Mauves-s-L.
La Varenne
St-Laurent-des-Autels
Landemont
La Boissière-sur-Èvre
Le Fuilet
St-Rémy-en-Mauges
Botz-en-Mauges
Beausse
Chaudron-en-Mauges
St-Quentin-en-Mauges
Barbechat
St-Sauveur-de-Landemont
La Chapelle-Basse-Mer
St-Julien-de-Concelles
Le Loroux-Bottereau
St-Christophe-la-Couperie
La Remaudière
La Boissière-du-Doré
Le Puiset-Doré
Montrevault
St-Pierre-Montlimart
La Salle-et-Chapelle-Aubry
Le Pin-en-Mauges
Le Fief-Sauvin
Le Landreau
La Chaussaire
Beaupréau
La Chapelle-Heulin
La Regrippière
Gesté
Vallet
Andrezé
La Jubaudière
Mouzillon
Le Pallet
Tillières
Villedieu-la-Blouère
St-Philbert-en-Mauges
Bégrolles-en-Mauges
Le May-s-Èvre
La Poitevinière
Monnières
Maisdon-s-Sèvre
St-Germain-s-Moine
St-Crespin-s-Moine
St-Macaire-en-Mauges
Gorges
Clisson
Gétigné
Montfaucon
Montigné-sur-Moine
Roussay
St-André-de-la-Marche
St-Léger-s/s-Cholet
Aigrefeuille-s-Maine
St-Lumine-de-Clisson
St-Hilaire-de-Clisson
Remouillé
La Séguinière
Boussay
Torfou
Goulaine
Vandel
A 11 - E 60
N 249 - E 62
D 723
D 923
D 763
D 752
D 762
D 164
D 756
0
5
10 km

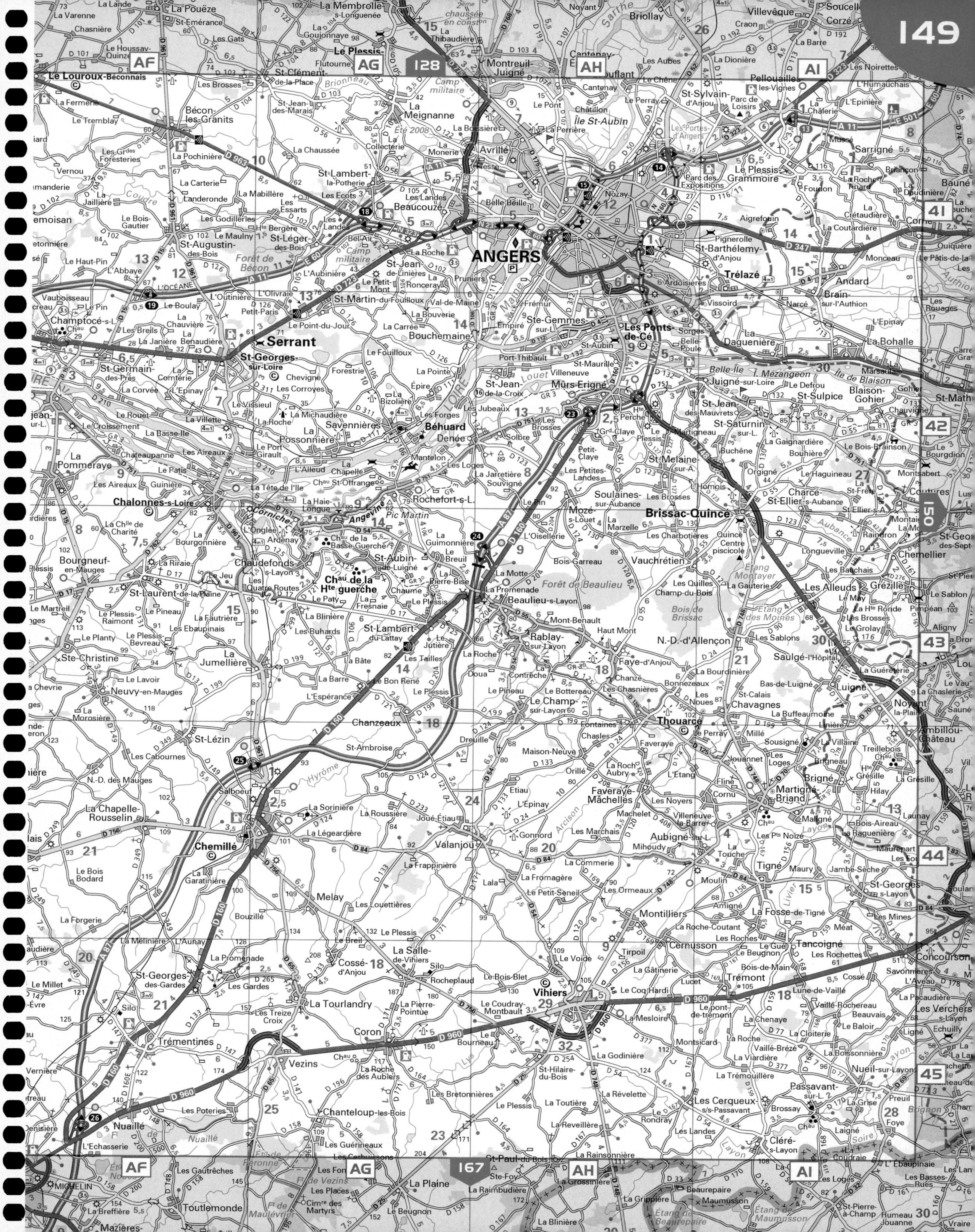

ANGERS
Serrant
Les Ponts-de-Cé
Trélazé
Brissac-Quincé
Béhuard
Chalonnes-s-Loire
Chemillé
Vihiers
Thouarcé
St-Georges-sur-Loire
Le Louroux-Béconnais
Bécon-les-Granits
Avrillé
Beaucouzé
Bouchemaine
Savennières
Rochefort-s-L.
Beaulieu-s-Layon
Rablay-sur-Layon
St-Lambert-du-Lattay
Chaudefonds-s-Layon
St-Laurent-de-la-Plaine
La Jumellière
Neuvy-en-Mauges
Chanzeaux
Melay
Valanjou
Martigné-Briand
Aubigné-sur-L.
Doué
Faveraye-Mâchelles
Montilliers
Cernusson
Coron
Vezins
Nuaillé
Trémentines
La Tourlandry
Chanteloup-les-Bois
St-Paul-du-Bois
Passavant-sur-L.
Nueil-sur-Layon
Concourson
Tigné
Les Alleuds
Saulgé-l'Hôpital
St-Saturnin-sur-L.
St-Melaine-sur-A.
Soulaines-sur-Aubance
Mûrs-Erigné
Juigné-sur-Loire
St-Sulpice
Blaison-Gohier
Andard
Brain-sur-l'Authion
St-Barthélemy-d'Anjou
St-Sylvain-d'Anjou
Le Plessis-Grammoire
Sarrigné
Pellouailles-les-Vignes
Briollay
La Membrolle-s-Longuenée
La Pouëze
La Meignanne
St-Clément-de-la-Place
St-Lambert-la-Potherie
St-Léger-des-Bois
St-Augustin-des-Bois
St-Martin-du-Fouilloux
St-Jean-de-Linières
Ste-Gemmes-sur-L.
St-Jean-de-la-Croix
Champtocé-s-L.
St-Germain-des-Prés
La Possonnière
La Pommeraye
Bourgneuf-en-Mauges
Ste-Christine
St-Lézin
La Chapelle-Rousselin
St-Georges-des-Gardes
Cossé-d'Anjou
La Salle-de-Vihiers
Forêt de Beaulieu
Forêt de Bécon
AF
AG
AH
AI
128
167
150
41
42
43
44
45
MICHELIN

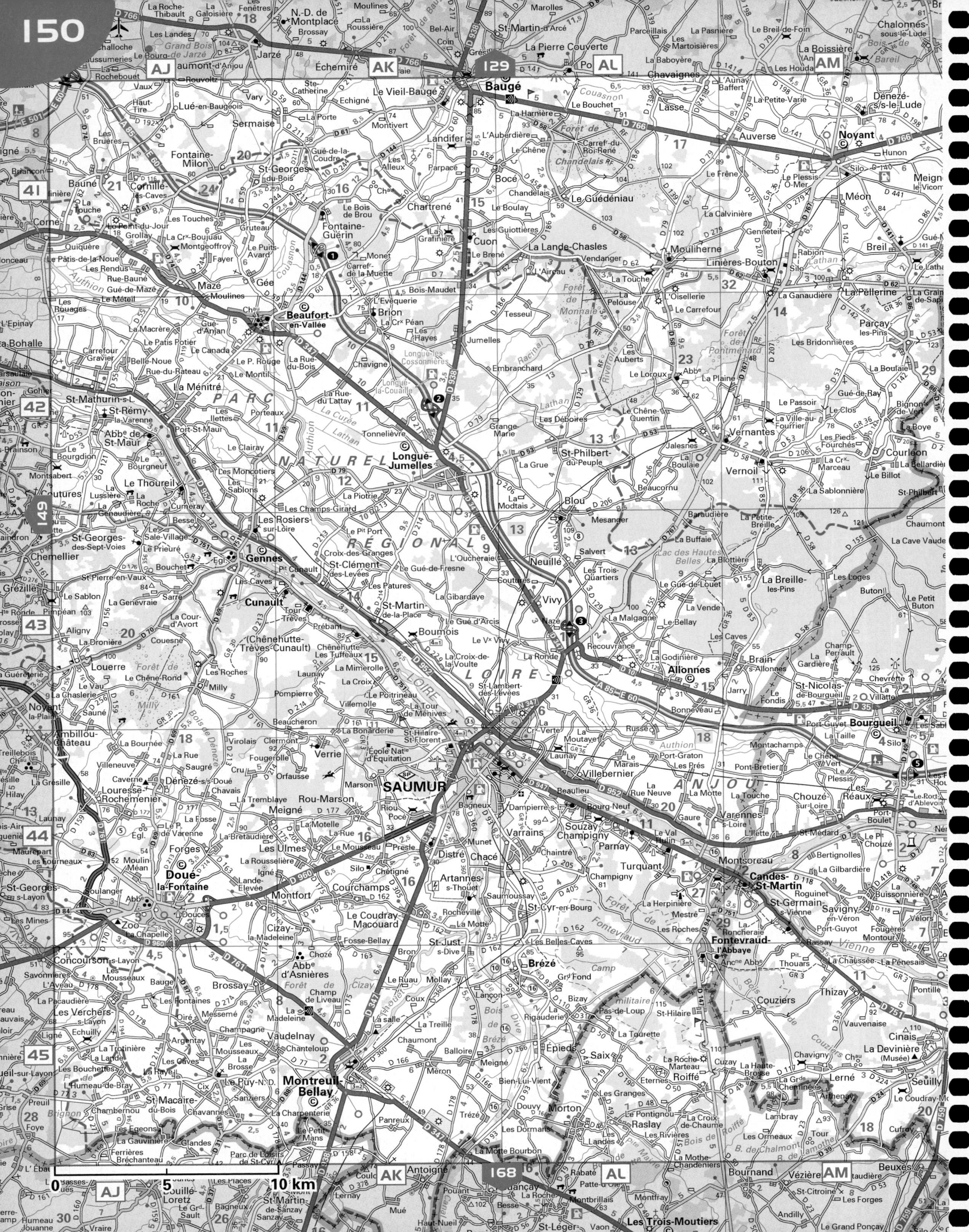

149
129
168
AJ
AK
AL
AM
41
42
43
44
45
Baugé
Le Vieil-Baugé
Jarzé
Échemiré
Chavaignes
Noyant
Auverse
Mouliherne
Linières-Bouton
Breil
La Pellerine
Parçay-les-Pins
Beaufort-en-Vallée
Mazé
Longué-Jumelles
Brion
Jumelles
Vernantes
Vernoil
Courléon
St-Philbert-du-Peuple
Blou
Neuillé
Vivy
Allonnes
Brain-s-Allonnes
Bourgueil
St-Nicolas-de-Bourgueil
Gennes
Cunault
St-Rémy-la-Varenne
St-Mathurin-s-L.
La Ménitré
Le Thoureil
Les Rosiers-sur-Loire
St-Clément-des-Levées
St-Martin-de-la-Place
Boumois
SAUMUR
Bagneux
Villebernier
Varrains
Souzay-Champigny
Parnay
Turquant
Montsoreau
Candes-St-Martin
Fontevraud-l'Abbaye
Chouzé-sur-Loire
Varennes-s-Loire
Doué-la-Fontaine
Dénezé-s/s-Doué
Louresse-Rochemenier
Meigné
Les Ulmes
Distré
Chacé
Artannes-s-Thouet
St-Cyr-en-Bourg
Brézé
St-Just-s-Dive
Montreuil-Bellay
Le Coudray-Macouard
Cizay-la-Madeleine
Concourson-s-Layon
Les Verchers-s-Layon
Le Puy-N.-D.
St-Macaire-du-Bois
Épieds
Saix
Roiffé
Morton
Raslay
Couziers
Thizay
Lerné
Seuilly
Les Trois-Moutiers
PARC NATUREL RÉGIONAL LOIRE-ANJOU
LOIRE
Forêt de Chandelais
Forêt de Monnaie
Forêt de Pontménard
Forêt de Fontevraud
A 85-E 60
D 766
D 938
D 347
D 952
D 947
D 960
D 761
D 751
0
5
10 km

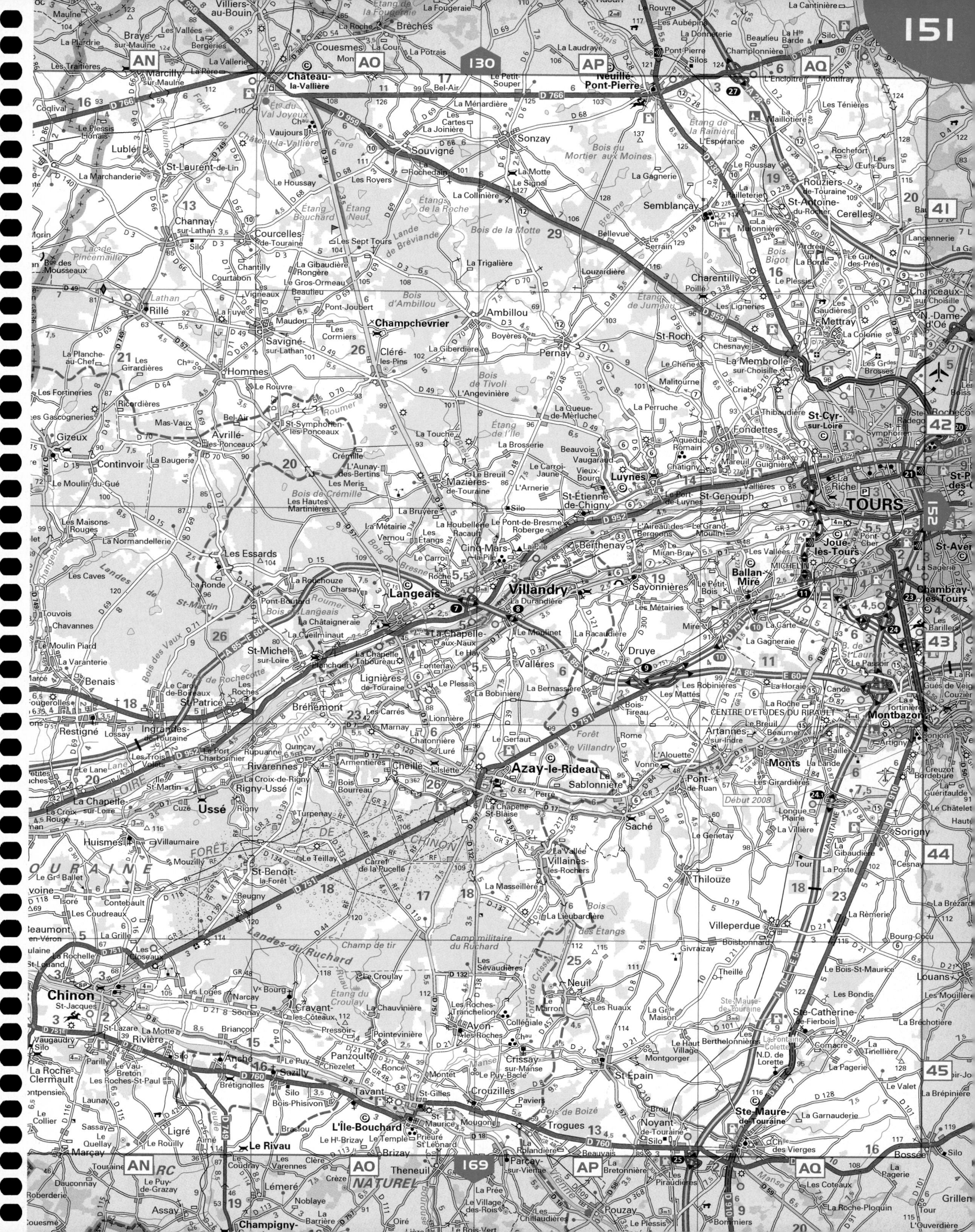

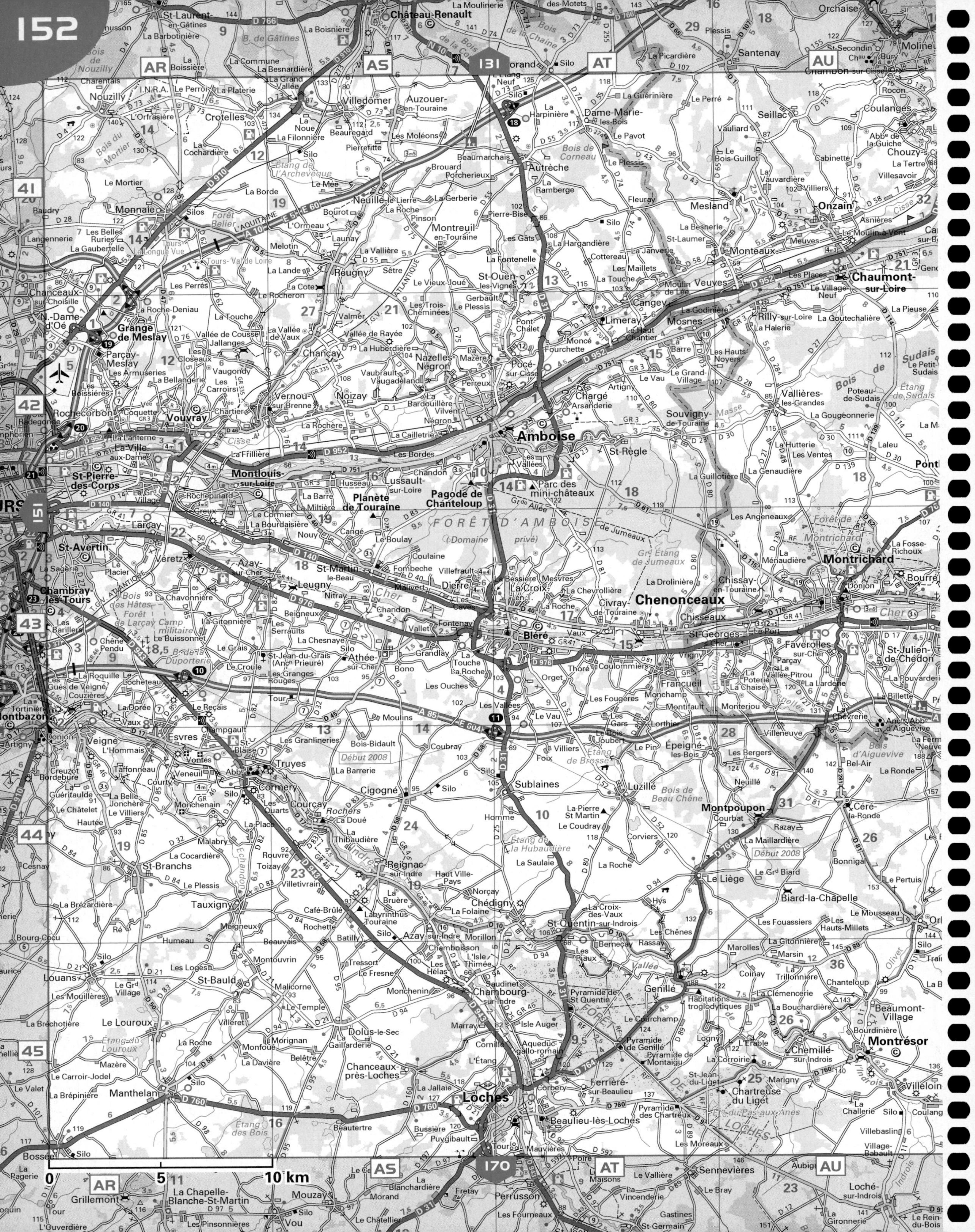
Château-Renault
St-Laurent-en-Gâtines
Nouzilly
Crotelles
Villedômer
Auzouer-en-Touraine
Autrèche
Dame-Marie-les-Bois
Santenay
Seillac
Coulanges
Chouzy-s-Cisse
Onzain
Mesland
Monteaux
Veuves
Chaumont-sur-Loire
Rilly-sur-Loire
Mosnes
Cangey
Limeray
Monnaie
Reugny
Neuillé-le-Lierre
Montreuil-en-Touraine
St-Ouen-les-Vignes
Pocé-sur-Cisse
Nazelles-Négron
Chançay
Noizay
Vernou-sur-Brenne
Vouvray
Rochecorbon
Grange de Meslay
Parçay-Meslay
Chanceaux-sur-Choisille
N.-Dame-d'Oé
Amboise
Chargé
Souvigny-de-Touraine
Vallières-les-Grandes
St-Règle
Montlouis-sur-Loire
Lussault-sur-Loire
Pagode de Chanteloup
Planète de Touraine
Parc des mini-châteaux
FORÊT D'AMBOISE
St-Pierre-des-Corps
Larçay
Véretz
Azay-sur-Cher
St-Avertin
Chambray-lès-Tours
St-Martin-le-Beau
Dierre
La Croix-en-Touraine
Bléré
Civray-de-Touraine
Chenonceaux
Chisseaux
Chissay-en-Touraine
Montrichard
St-Georges-sur-Cher
Faverolles-sur-Cher
St-Julien-de-Chédon
Athée-sur-Cher
Francueil
Épeigné-les-Bois
Montbazon
Veigné
Esvres
Truyes
Cormery
Courçay
Cigogné
Sublaines
Luzillé
Montpoupon
Céré-la-Ronde
St-Branchs
Tauxigny
Reignac-sur-Indre
Azay-sur-Indre
Chédigny
St-Quentin-sur-Indrois
Le Liège
Biard-la-Chapelle
Genillé
Chambourg-sur-Indre
Dolus-le-Sec
Louans
Le Louroux
Manthelan
Chanceaux-près-Loches
Loches
Beaulieu-lès-Loches
Ferrière-sur-Beaulieu
Chartreuse du Liget
Chemillé-sur-Indrois
Montrésor
Villeloin
Beaumont-Village
Orbigny
Loché-sur-Indrois
Sennevières
Perrusson
Bossée
Mouzay
La Chapelle-Blanche-St-Martin
Grillemont
0 5 10 km
AR
AS
AT
AU
131
151
170
41
42
43
44
45

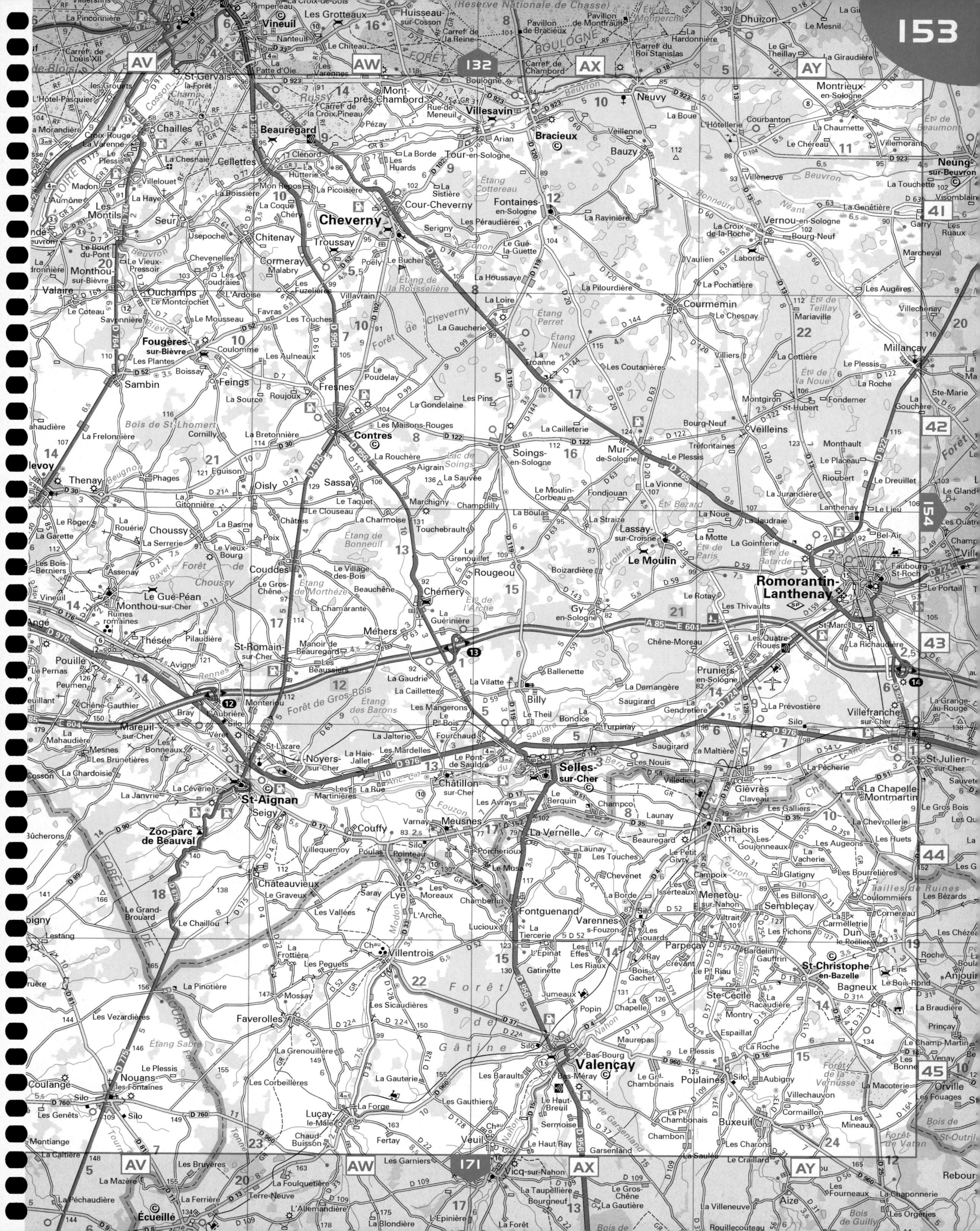

Cheverny
Contres
Romorantin-Lanthenay
Selles-sur-Cher
St-Aignan
Valençay
Zoo-parc de Beauval
Beauregard
Bracieux
Villesavin
Fougères-sur-Bièvre
Le Moulin
St-Christophe-en-Bazelle
Chémery
Mur-de-Sologne
Soings-en-Sologne
Gy-en-Sologne
Pruniers-en-Sologne
Villefranche-sur-Cher
Chabris
Meusnes
Thésée
Monthou-sur-Cher
Couddes
Thenay
Oisly
Sassay
Fresnes
Cour-Cheverny
Neuvy
Neung-sur-Beuvron
Courmemin
Veilleins
Millançay
Écueillé
Luçay-le-Mâle
Vicq-sur-Nahon
Poulaines
Fontguenand
Villentrois
Faverolles
Nouans-les-Fontaines
AV
AW
AX
AY
132
171
154

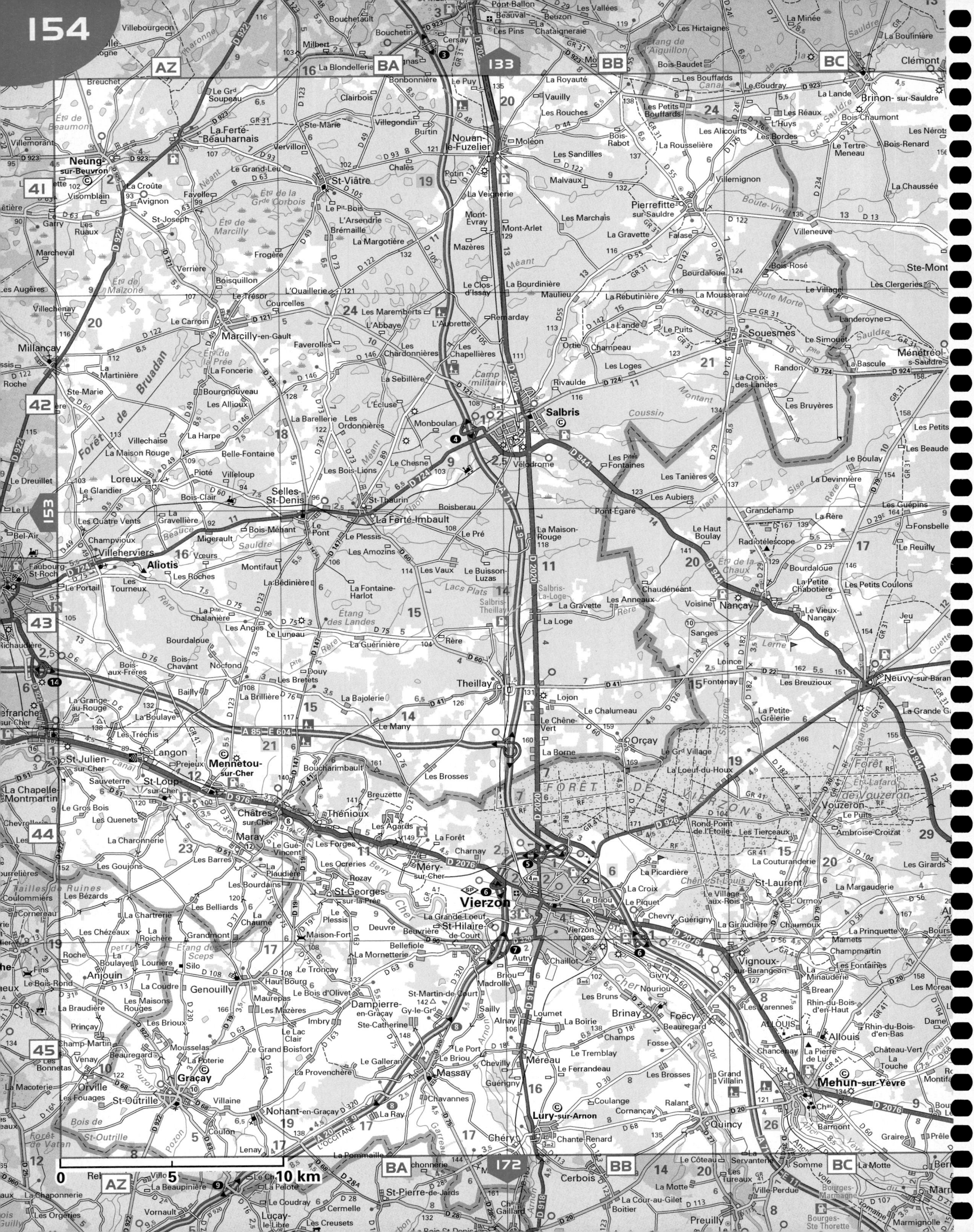

AZ
BA
133
BB
BC
41
42
43
44
45
153
172
Neung-sur-Beuvron
La Ferté-Beauharnais
St-Viâtre
Nouan-le-Fuzelier
Pierrefitte-sur-Sauldre
Brinon-sur-Sauldre
Clémont
Souesmes
Ménétréol-s-Sauldre
Salbris
Marcilly-en-Gault
Millançay
Loreux
Selles-St-Denis
La Ferté-Imbault
Villeherviers
Aliotis
Romorantin
Nançay
Neuvy-sur-Barangeon
Theillay
Orçay
Langon
Mennetou-sur-Cher
St-Julien-sur-Cher
St-Loup-sur-Cher
Châtres-sur-Cher
Maray
Thénioux
Méry-sur-Cher
St-Georges-sur-la-Prée
Vierzon
St-Hilaire-de-Court
Vouzeron
St-Laurent
Vignoux-sur-Barangeon
Foëcy
Brinay
Allouis
Mehun-sur-Yèvre
Genouilly
Anjouin
Dampierre-en-Graçay
Graçay
St-Outrille
Nohant-en-Graçay
Massay
Méreau
Lury-sur-Arnon
Quincy
Chéry
Cerbois
Lucay-le-Libre
Forêt de Vierzon
Forêt de Bruadan
Camp militaire
Étang de l'Aiguillon
Étang de Marcilly
Étang de Beaumont
Radiotélescope
Sauldre
Cher
Yèvre
Arnon
A 85 - E 604
A 71
A 20 - E 9 L'OCCITANE
D 2020
D 2076
D 976
D 944
D 922
D 724
0
5
10 km

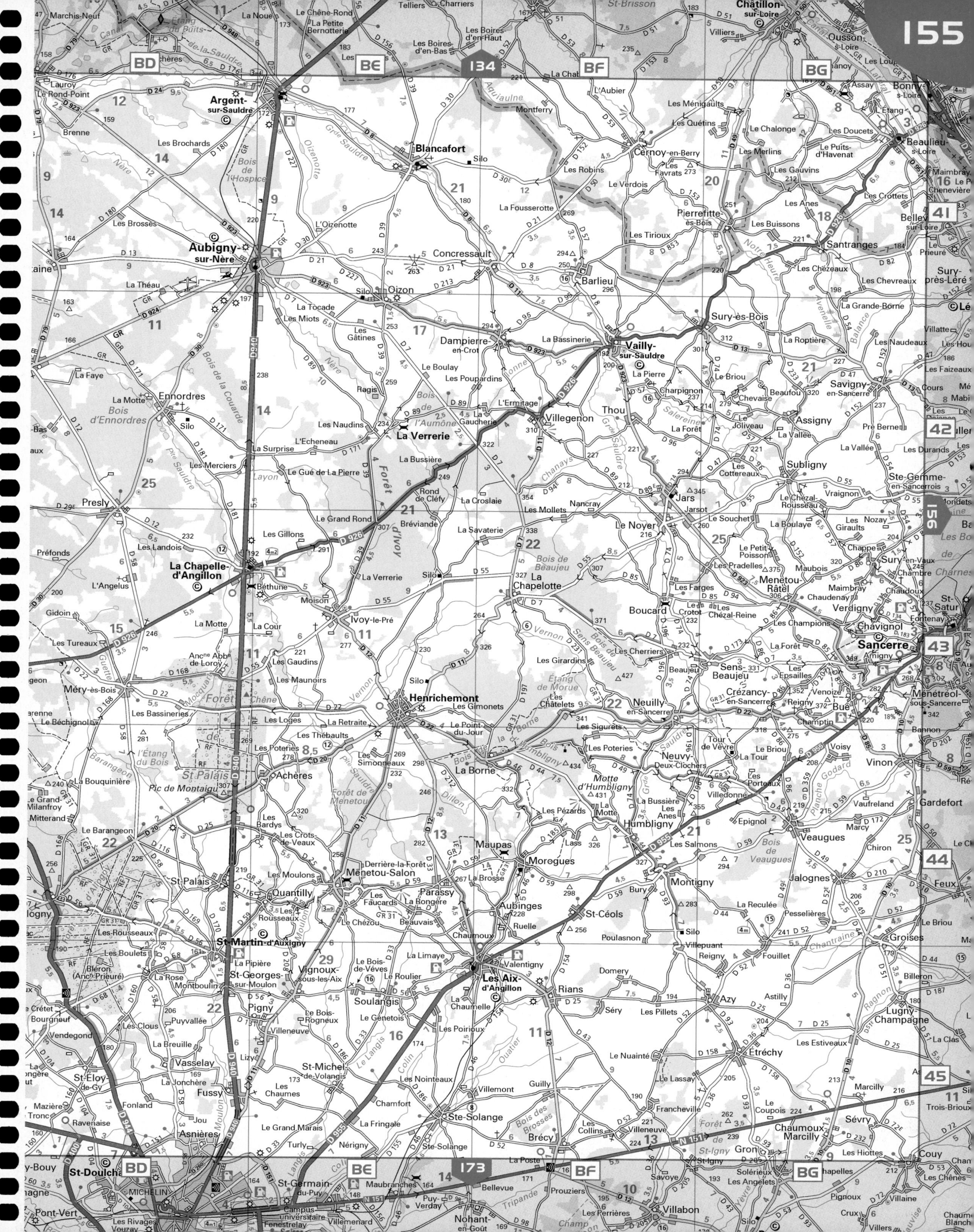
Argent-sur-Sauldre
Blancafort
Aubigny-sur-Nère
Concressault
Oizon
Barlieu
Cernoy-en-Berry
Pierrefitte-ès-Bois
Santranges
Beaulieu-s-Loire
Châtillon-sur-Loire
Bonny-s-Loire
Ousson-s-Loire
Belleville-sur-Loire
Sury-ès-Bois
Vailly-sur-Sauldre
Dampierre-en-Crot
La Verrerie
Villegenon
Ennordres
Presly
La Chapelle-d'Angillon
Ivoy-le-Pré
Henrichemont
Jars
Le Noyer
Menetou-Râtel
Savigny-en-Sancerre
Subligny
Assigny
Sancerre
Chavignol
Verdigny
Sury-en-Vaux
St-Satur
Ménétréol-sous-Sancerre
Sens-Beaujeu
Crézancy-en-Sancerre
Neuilly-en-Sancerre
Bué
Neuvy-Deux-Clochers
Humbligny
Vinon
Veaugues
Méry-ès-Bois
Achères
La Borne
Morogues
Menetou-Salon
Quantilly
St-Palais
St-Martin-d'Auxigny
St-Georges-sur-Moulon
Vignoux-sous-les-Aix
Les Aix-d'Angillon
Rians
Aubinges
St-Céols
Montigny
Jalognes
Groises
Azy
Étréchy
Lugny-Champagne
Sévry
Chaumoux-Marcilly
Ste-Solange
Brécy
Soulangis
Pigny
Vasselay
Fussy
St-Michel-de-Volangis
Asnières
St-Doulchard
St-Eloy-de-Gy
St-Germain-du-Puy
Villabon
Couy
Gron
Forêt d'Ivoy
Forêt de St-Palais
Bois de Veaugues
BD
BE
BF
BG
134
173
41
42
43
44
45
156

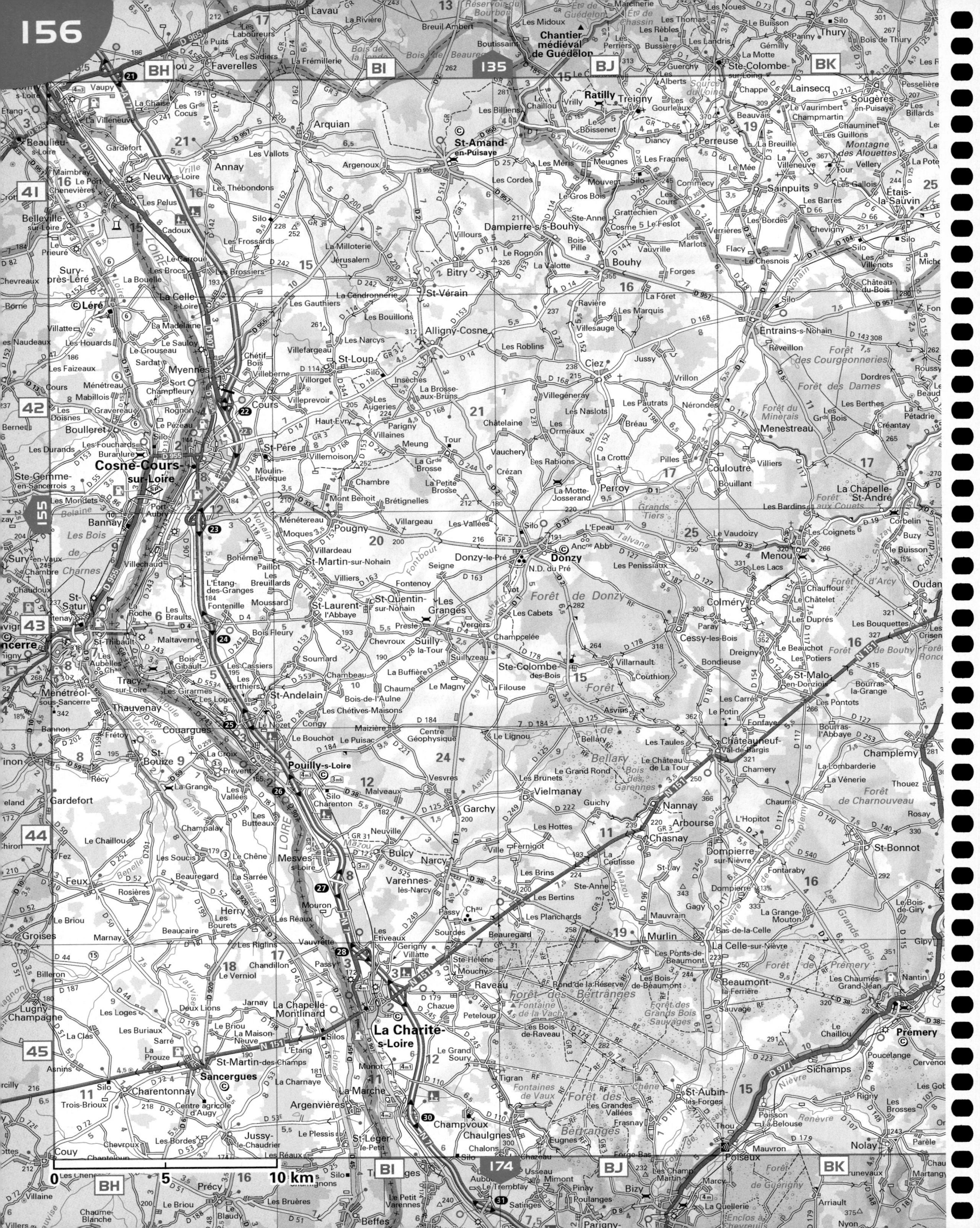

135
BH
BI
BJ
BK
Lavau
Faverelles
Chantier médiéval de Guédelon
Ratilly
Treigny
Ste-Colombe-sur-Loing
Thury
Lainsecq
Sougères-en-Puisaye
Arquian
St-Amand-en-Puisaye
Perreuse
Annay
Neuvy-s-Loire
Sainpuits
Étais-la-Sauvin
Belleville-sur-Loire
Dampierre-s/s-Bouhy
Bouhy
Sury-près-Léré
Bitry
St-Vérain
Léré
Entrains-s-Nohain
Alligny-Cosne
Ciez
St-Loup
Myennes
Cours
Menestreau
Boulleret
St-Père
Cosne-Cours-sur-Loire
Couloutre
La Chapelle-St-André
Perroy
Pougny
Donzy
Menou
Bannay
St-Martin-sur-Nohain
Forêt de Donzy
St-Satur
Sancerre
St-Laurent-l'Abbaye
St-Quentin-sur-Nohain
Colméry
Ménétréol-sous-Sancerre
Suilly-la-Tour
Cessy-les-Bois
Ste-Colombe-des-Bois
St-Malo-en-Donziois
Thauvenay
St-Andelain
Couargues
Châteauneuf-Val-de-Bargis
St-Bouize
Pouilly-s-Loire
Champlemy
Gardefort
Vielmanay
Garchy
Nannay
Arbourse
Chasnay
Mesves-s-Loire
Bulcy
Narcy
Dompierre-sur-Nièvre
St-Bonnot
Varennes-lès-Narcy
Feux
Herry
Murlin
La Celle-sur-Nièvre
Raveau
Beaumont-la-Ferrière
Forêt des Bertranges
La Chapelle-Montlinard
La Charité-s-Loire
Premery
Sancergues
St-Martin-des-Champs
Charentonnay
Argenvières
Champvoux
Chaulgnes
St-Aubin-les-Forges
Sichamps
Nolay
Poiseux
Jussy-le-Chaudrier
St-Léger-le-Petit
174
0 5 10 km

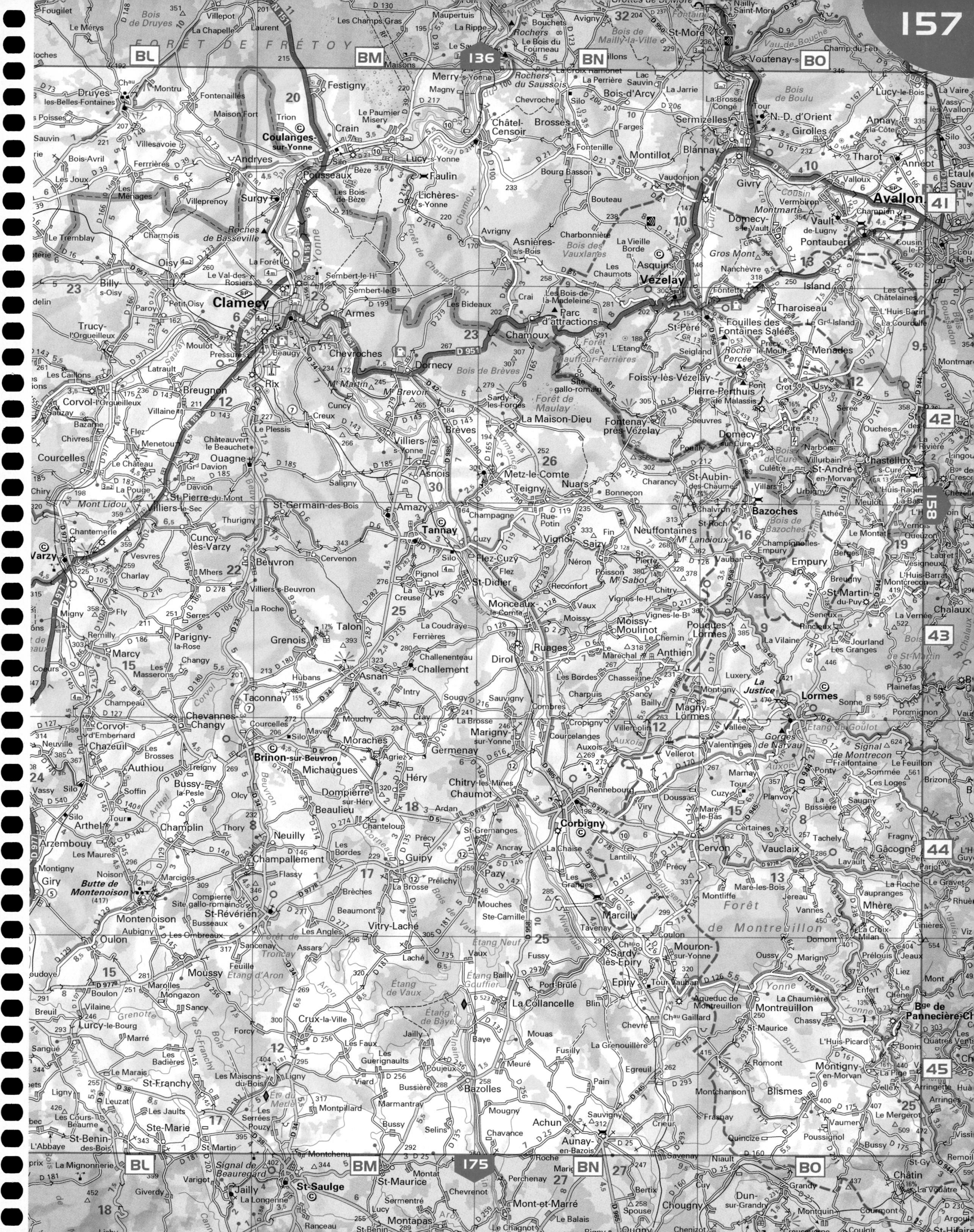
FORÊT DE FRÉTOY
BL
BM
136
BN
BO
Coulanges-sur-Yonne
Clamecy
Vézelay
Avallon
Varzy
Tannay
Bazoches
Lormes
Corbigny
Brinon-sur-Beuvron
St-Saulge
Châtel-Censoir
Druyes-les-Belles-Fontaines
Andryes
Surgy
Pousseaux
Lucy-s-Yonne
Merry-s-Yonne
Asquins
St-Père
Fontenay-près-Vézelay
Pierre-Perthuis
Chamoux
Dornecy
Armes
Asnois
Metz-le-Comte
Amazy
Monceaux-le-Comte
Ruages
Dirol
Challement
Asnan
Grenois
Talon
Marigny-sur-Yonne
Germenay
Chitry-les-Mines
Chaumot
Guipy
Champallement
St-Révérien
Montenoison
Butte de Montenoison
Epiry
Sardy-lès-Epiry
Mouron-sur-Yonne
Montreuillon
Forêt de Montreuillon
La Collancelle
Bazolles
Achun
Aunay-en-Bazois
Crux-la-Ville
St-Franchy
Ste-Marie
St-Benin-des-Bois
Moussy
Lucy-le-Bourg
Oulon
Arthel
Champlin
Neuilly
Dompierre-sur-Héry
Héry
Michaugues
Moraches
Chevannes-Changy
Chazeuil
Corvol-d'Embernard
Authiou
Bussy-la-Pesle
Marcy
Parigny-la-Rose
Beuvron
Cuncy-lès-Varzy
Villiers-le-Sec
St-Pierre-du-Mont
Ouagne
Breugnon
Corvol-l'Orgueilleux
Courcelles
Rix
Trucy-l'Orgueilleux
Billy-s-Oisy
Oisy
Chastellux-s-Cure
St-André-en-Morvan
Empury
St-Martin-du-Puy
Marigny-l'Église
Gorges de Narvau
Étang du Goulot
Vauclaix
Cervon
Mhère
Montigny-en-Morvan
Bge de Pannecière-Chaumard
Châtin
Dun-sur-Grandry
Chougny
Mont-et-Marré
Montapas
St-Maurice
Jailly
St-Martin
158
41
42
43
44
45
175

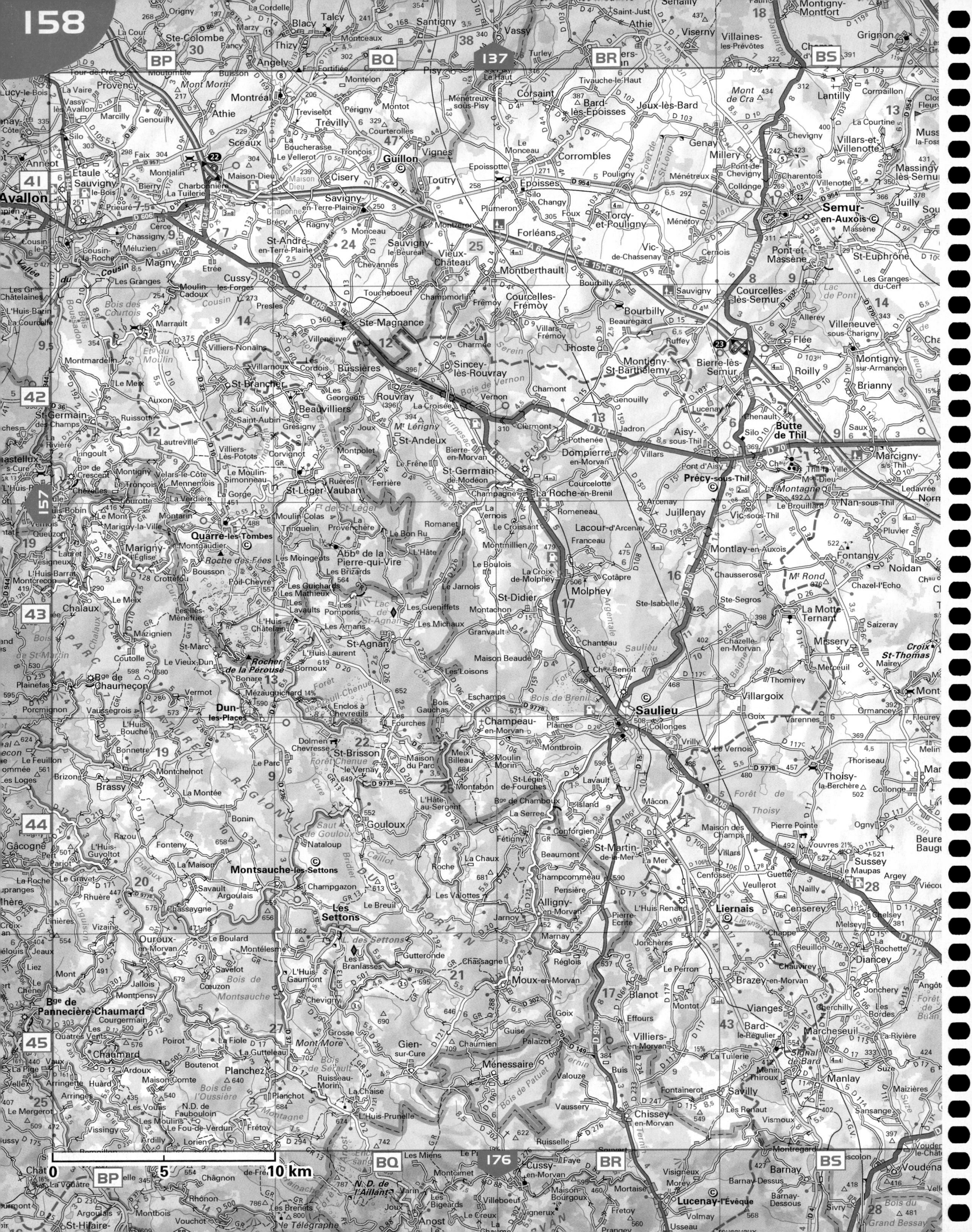
BP
BQ
137
BR
BS
Origny
La Cordelle
Blacy
Talcy
Santigny
Vassy
Saint-Just
Athie
Viserny
Villaines-les-Prévôtes
Montigny-Montfort
Grignon
Ste-Colombe
Thizy
Angely
Montceaux
Pisy
Turley
Moutomble
Buisson
Provency
Mont Morin
Montréal
Montelon
Le Haut
Corsaint
Tivauche-le-Haut
Bard-lès-Époisses
Jeux-lès-Bard
Mont de Cra
Lantilly
Cormaillon
Lucy-le-Bois
La Vaire
Vassy-lès-Avallon
Athie
Marcilly
Genouilly
Treviselot
Trévilly
Périgny
Montot
Courterolles
Ménétreux-sous-Pisy
Villars-et-Villenotte
Sceaux
Vignes
Guillon
Le Monceau
Corrombles
Genay
Millery
Chevigny
Massingy-lès-Semur
Annéot
Étaule
Sauvigny-le-Bois
Faix
Montjalin
Bierry
Charbonnière
La Tuilerie
Maison-Dieu
La Boucherasse
Le Vellerot
Tronçois
Cisery
Toutry
Epoissotte
Époisses
Pouligny
Ménétreux
Pont-de-Chevigny
Collonge
Charentois
Villenotte
Avallon
Prieuré
Savigny-en-Terre-Plaine
Chaponne
Brécy
Ragny
Plumeron
Changy
Torcy-et-Pouligny
Ménétoy
Semur-en-Auxois
Massène
Jully
Cousin-le-Pont
Cousin-la-Roche
Méluzien
Chassigny
La Cerce
St-André-en-Terre-Plaine
Monceau
Sauvigny-le-Beuréal
Vieux-Château
Montzeron
Forléans
Vic-de-Chassenay
Cernois
Pont-et-Massène
St-Euphrône
Vallée du Cousin
Magny
Étrée
Chevannes
Montberthault
Les Granges
Les Gr.des Châtelaines
Moulin Cadoux
Cussy-les-Forges
Presles
Toucheboeuf
Champmorlin
Frémoy
Courcelles-Frémoy
Bourbilly
Sauvigny
Courcelles-lès-Semur
Les Granges-du-Cerf
Lac de Pont
L'Huis-Bazin
Bois des Courtois
La Courcelle
Marrault
Ste-Magnance
Villars-Frémoy
Beauregard
Ruffey
Allerey
Villeneuve-sous-Charigny
Flée
Bois Boussedon
Villiers-Nonains
Étang du Moulin
Villeneuve
La Charmée
Serein
Thoste
Montigny-St-Barthélemy
Bierre-lès-Semur
Roilly
Montigny-sur-Armançon
Montmardelin
Villarnoux
Les Cordois
Bussières
Sincey-lès-Rouvray
Bois de Vernon
Brianny
Le Meix
St-Branchet
Auxon
Les Georgeots
Rouvray
Vernon
Chamont
Genouilly
Lucenay
St-Germain-des-Champs
Ruissotte
Sully
Beauvilliers
Saint-Aubin
Grésigny
Joux
La Croisée
Mt Lérigny
Clermont
Jadron
Aisy-sous-Thil
Chenault
Butte de Thil
Saux
La Rivière
Lautreville
Villiers-lès-Potots
Corvignot
St-Andeux
Pothenée
Dompierre-en-Morvan
Villars
Pont d'Aisy
Thil-la-Ville
Marcigny-s/s-Thil
Chastellux-s-Cure
Lingoult
Bois de Crescent
Montigny
Velars-le-Côte
Le Moulin-Simonneau
Montpolet
Le Frêne
Bierre-en-Morvan
St-Germain-de-Modéon
Précy-sous-Thil
Mt-Dieu
La Montagne
Ledavrée
Chézelles
Les Tronçois
Mennemois
Ruères
Ferrière
Champagne
La Roche-en-Brenil
Courcelotte
Arcenay
Juillenay
Le Brouillard
Nan-sous-Thil
La Verdière
Gorge
St-Léger-Vauban
Ft de St-Léger
Romanée
Romeneau
Vic-sous-Thil
St-Bobin
Le Mont
Marigny-la-Ville
Montarin
Moulin-Colas
Tinquelin
Provenchère
Romanet
Le Bon Ru
La Vernois
Le Croissant
Lacour-d'Arcenay
Pluvier
Quarré-les-Tombes
Queuzon
Marigny-l'Église
Le Montgaudier
Roche des Fées
Abbe de la Pierre-qui-Vire
L'Hâte
Montmillien
Franceau
Montlay-en-Auxois
Fontangy
Noidan
Laurent
Vésigneux
L'Huis-Barrat
Montcreçon
Crottefou
Bousson
Poil-Chèvre
Les Moingeots
Les Brizards
Le Boulois
La Croix-de-Molphey
Cotâpre
Chausserose
Mt Rond
Chazel-l'Écho
Chalaux
Le Meix
Les Guichards
Les Mathieux
Les Lavaults
Les Pompons
Lac de St-Agnan
Les Gueniffets
Le Jarnois
Molphey
St-Didier
Montachon
Ste-Isabelle
Ste-Segros
La Motte-Ternant
Mazignien
Les Iles-Ménéfrier
L'Huis-Châtelain
Les Amans
Les Michaux
Granvault
Chanteau
Saulieu
Chazelle-en-Morvan
Missery
Saizeray
Croix St-Thomas
Mairey
Bois de St-Martin
Parc
St-Marc
Le Vieux-Dun
Coutolle
Rocher de la Pérouse
L'Huis Laurent
St-Agnan
Maison Beaude
Merceuil
Thomirey
Plainefas
Bge de Chaumeçon
Bonare
Bornoux
Les Loisons
Ch.au-Benoît
Bois de Brenil
Forêt de Breuil-Chenue
Mézauguichard
Vermot
Dun-les-Places
Enclos à Chevreuils
Eschamps
Bois Gauchas
Villargoix
Goix
Varennes
Ormancey
Porcmignon
Vaussegrois
Les Fourches
Champeau-en-Morvan
Les Plaines
Collonges
Vrilly
Fleurey
L'Huis-Bouché
Bonnetre
Naturel
Dolmen Chevresse
St-Brisson
Forêt Chenue
Maison du Parc
Meix Billeau
Moulin Morin
Montbroin
Le Vernois
Thoriseau
Le Feuillon
Les Loges
Brizon
Brassy
Montchelnot
Le Parc
Le Vernay
Montabon
St-Léger-de-Fourches
Lavault
Thoisy-la-Berchère
Collonge
La Montée
Régional
L'Hâte-au-Sergent
Bge de Chamboux
La Serrée
Island
Mâcon
Forêt de Thoisy
Bonin
Gouloux
Saut de Gouloux
Fétigny
Confórgien
Maison des Champs
Pierre Pointe
Ogny
Gâcogne
Razou
Fonteny
Nataloup
Caillot
La Chaux
Beaumont
St-Martin-de-la-Mer
Villars
Vouvres
Sussey
Beurey-Bauguay
L'Huis-Guyottot
La Maison
Montsauche-les-Settons
Roche
La Mer
Le Maupas
Argey
La Roche
Le Gravet
Rhuère
Savault
Argoulais
Champgazon
Les Valottes
Champcommeau
Pensière
Centosse
Veullerot
La Guette
Nailly
Chassaygne
Le Breuil
Alligny-en-Morvan
Pierre-Écrite
L'Huis Renaud
Liernais
Censerey
Melsey
Vizaine
Les Settons
Jarnoy
Chelsey
Ouroux-en-Morvan
Le Boulard
L. des Settons
Marnay
Jonchères
Chappe
Reuillon
Diancey
Jeaux
Montélesme
Les Branlasses
Gutteronde
Chassagne
Réglois
Le Perron
Brazey-en-Morvan
Chauvirey
Liez
Mont
Savelot
Coeuzon
Bois de Montsauche
L'Huis-Gaumont
Chevigny
Moux-en-Morvan
Blanot
Montot
Vianges
Cherchilly
Jonchery
Les Bordes
Bge de Pannecière-Chaumard
Jallois
Montpensy
Courgermain
Goix
Effours
Bard-le-Régulier
Marcheseuil
La Rivière
Quatres Vents
Chaumard
Poirot
La Fiole
La Gutteleau
Mont Moré
Grosse
Gien-sur-Cure
Chaumien
Guise
Palaizot
Villiers-en-Morvan
La Tuilerie
Signal de Bard
Suze
Vaux
La Pige
Vellerot
Arringette
Huard
Ardoux
Boutenot
Planchez
Bois de Sérault
Ruisseau-Morin
Ménessaire
Buis
Menin
Thiroux
Manlay
Arringes
Maison-Comte
Bois de l'Oussière
Valouze
Fontainerot
Savilly
Maizières
Le Mergerot
Les Voues
N.D. de Faubouloin
Planchot
La Chaise
Bois de Patuet
Vaussery
Les Renaut
Vismoux
Sansange
Vissigny
Les Moulins
Le Fou-de-Verdun
Montagne
Fretoy
L'Huis-Prunelle
Chissey-en-Morvan
Ardilly
Lorien
Ruisselle
Montregard
0
5
10 km
BQ
176
BR
BS
Les Miens
Cussy-en-Morvan
Faye
Barnay
Voudenay
Châtin
La Voudre
Chagnon
Montoimet
N. D. de l'Aillant
Maison Bourgoux
Visigneux
Morey
Barnay-Dessus
Barnay-Dessous
Sivry
Rhonon
Villeboeuf
Mortaise
Lucenay-l'Évêque
Bois du Grand Bessay
Argoulais
Montbois
Vouchot
Les Brenets
Le Télégraphe
Les Bigeards
Anost
Le Creux
Vignerux
Fretoy
Prangey
Volmay
Usseau
St-Hilaire
Vauclaix
Montbard
D 606
D 954
D 980
D 906
D 70
A 6
E 15-E 60
D 9778

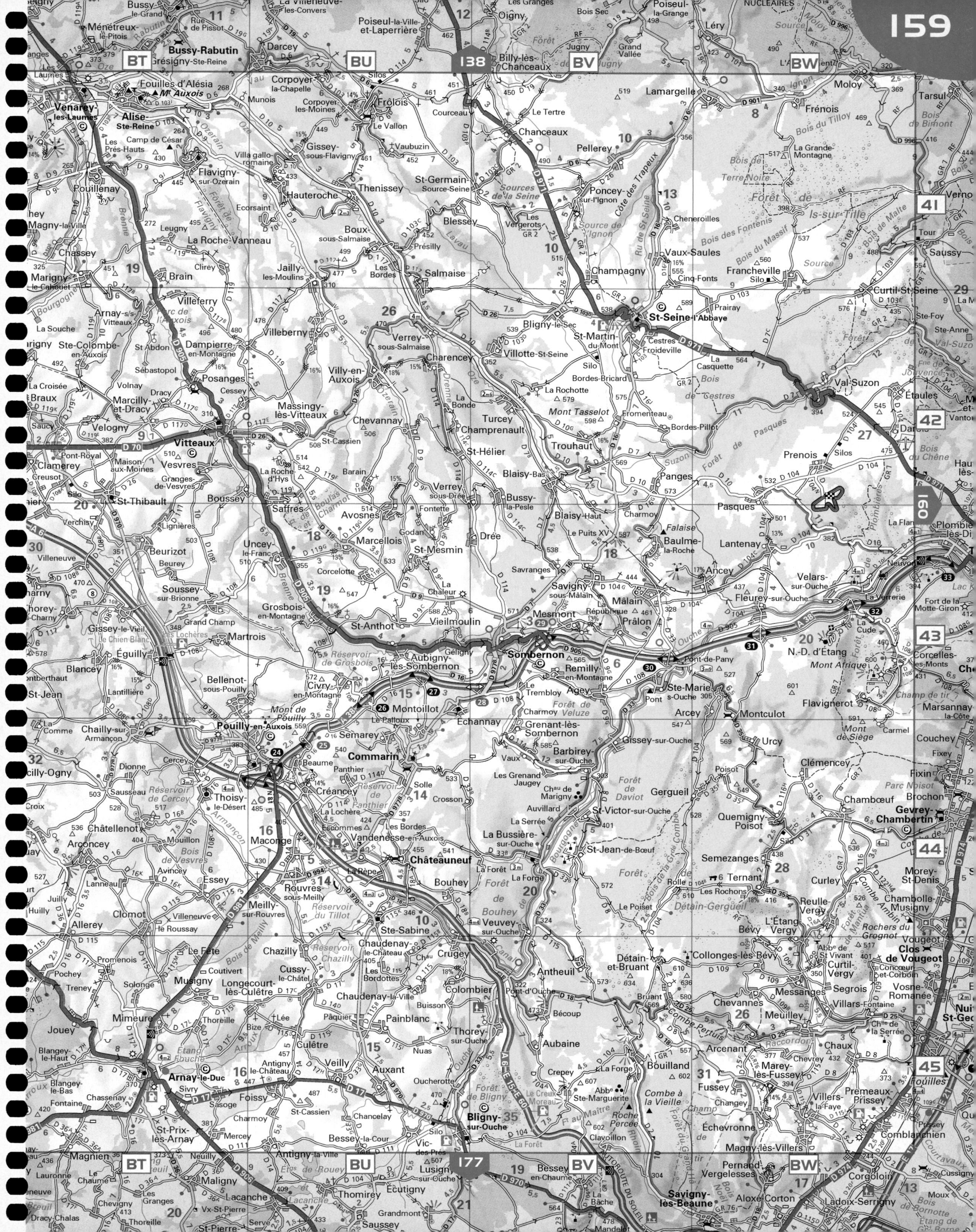

Bussy-Rabutin
Ménétreux-le-Pitois
Darcey
Poiseul-la-Ville-et-Laperrière
Oigny
Billy-lès-Chanceaux
Poiseul-la-Grange
Léry
Moloy
BT
BU
138
BV
BW
Venarey-les-Laumes
Alise-Ste-Reine
Fouilles d'Alésia
Mt Auxois
Corpoyer-la-Chapelle
Frôlois
Lamargelle
Frénois
Tarsul
Chanceaux
Pellerey
Flavigny-sur-Ozerain
Gissey-sous-Flavigny
Pouillenay
Hauteroche
Thenissey
St-Germain-Source-Seine
Sources de la Seine
Poncey-sur-l'Ignon
Forêt de Is-sur-Tille
41
Blessey
Chenerolles
Magny-la-Ville
La Roche-Vanneau
Boux-sous-Salmaise
Présilly
Vaux-Saules
Saussey
Chassey
Jailly-les-Moulins
Salmaise
Champagny
Francheville
Marigny-le-Cahouet
Brain
Curtil-St-Seine
Villeferry
Arnay-s/s-Vitteaux
St-Seine-l'Abbaye
Bligny-le-Sec
Villeberny
Verrey-sous-Salmaise
St-Martin-du-Mont
Ste-Colombe-en-Auxois
Dampierre-en-Montagne
Charencey
Villotte-St-Seine
Posanges
Villy-en-Auxois
Val-Suzon
Étaules
Marcilly-et-Dracy
Velogny
Massingy-lès-Vitteaux
Chevannay
Turcey
Champrenault
Trouhaut
42
Vitteaux
Vesvres
St-Hélier
Prenois
Blaisy-Bas
Panges
Clamerey
Boussey
Verrey-sous-Drée
Bussy-la-Pesle
Pasques
St-Thibault
Saffres
Avosnes
Blaisy-Haut
Baulme-la-Roche
Lantenay
Plombières-lès-Dijon
Beurizot
Uncey-le-Franc
Marcellois
St-Mesmin
Drée
Savranges
Ancey
Velars-sur-Ouche
Soussey-sur-Brionne
Corcelotte
Savigny-sous-Mâlain
Mâlain
Fleurey-sur-Ouche
Gissey-le-Vieil
Grosbois-en-Montagne
Vieilmoulin
Mesmont
Pralon
Martrois
Éguilly
St-Anthot
Sombernon
Remilly-en-Montagne
N.-D. d'Étang
43
Corcelles-les-Monts
Blancey
Aubigny-lès-Sombernon
Pont-de-Pany
Mont Afrique
Bellenot-sous-Pouilly
Civry-en-Montagne
Montoillot
Agey
Ste-Marie-s-Ouche
Flavignerot
Pouilly-en-Auxois
Chailly-sur-Armançon
Semarey
Echannay
Grenant-lès-Sombernon
Arcey
Montculot
Marsannay-la-Côte
Commarin
Gissey-sur-Ouche
Urcy
Couchey
Dionne
Barbirey-sur-Ouche
Clémencey
Fixin
Thoisy-le-Désert
Créancey
Marigny
Gergueil
Brochon
Châtellenot
Macongé
Vandenesse-en-Auxois
St-Victor-sur-Ouche
Quemigny-Poisot
Gevrey-Chambertin
Arconcey
Châteauneuf
La Bussière-sur-Ouche
St-Jean-de-Bœuf
Semezanges
44
Essey
Rouvres-sous-Meilly
Bouhey
Ternant
Curley
Morey-St-Denis
Meilly-sur-Rouvres
Ste-Sabine
Veuvey-sur-Ouche
Reulle-Vergy
Chambolle-Musigny
Clomot
Allerey
L'Étang-Vergy
Vougeot
Clos de Vougeot
Chazilly
Chaudenay-le-Château
Crugey
Détain-et-Bruant
Collonges-lès-Bévy
Curtil-Vergy
Musigny
Longecourt-lès-Culêtre
Cussy-le-Châtel
Colombier
Antheuil
Messanges
Vosne-Romanée
Segrois
Mimeure
Chaudenay-la-Ville
Painblanc
Thorey-sur-Ouche
Bécoup
Chevannes
Meuilley
Nuits-St-Georges
Jouey
Culêtre
Aubaine
Arcenant
Chaux
Arnay-le-Duc
Antigny-le-Château
Veilly
Auxant
Bouilland
Marey-lès-Fussey
45
Foissy
Oucherotte
Ste-Marguerite
Fussey
Villers-la-Faye
Premeaux-Prissey
Bligny-sur-Ouche
Combe à la Vieille
Échevronne
Comblanchien
St-Prix-lès-Arnay
Bessey-la-Cour
Magny-lès-Villers
Magnien
Antigny-la-Ville
Vic-des-Prés
Lusigny-sur-Ouche
177
Bessey-en-Chaume
Pernand-Vergelesses
Corgoloin
Maligny
Thomirey
Ecutigny
Savigny-lès-Beaune
Aloxe-Corton
Ladoix-Serrigny
Lacanche
Saussey

BX
BY
139
BZ
CA
41
42
43
44
45
159
178
Crécey-sur-Tille
Orville
Fontaine-Française
Pouilly-sur-Vingeanne
Luxerois
Saulx-le-Duc
Is-sur-Tille
Échevannes
Véronnes
Tarsul
Diénay
Marcilly-sur-Tille
Til-Châtel
Villecomte
Bourberain
Fontenelle
St-Seine-sur-Vingeanne
Rosières
Lux
Étoile de La Duchesse
Licey-sur-Vingeanne
Attricourt
Vernot
Gemeaux
Dampierre-et-Flée
Chaignay
Bèze
Beaumont-sur-Vingeanne
Lœuilley
Broye-les-Loups-et-Verfontaine
Saussy
Pichanges
Spoy
Blagny-sur-Vingeanne
Champagne-sur-Vingeanne
Épagny
Marsannay-le-Bois
Noiron-sur-Bèze
Curtil-St-Seine
Savigny-le-Sec
Flacey
Viévigne
Oisilly
Renève
Essertenne-et-Cecey
Beire-le-Châtel
Tanay
Norges-la-Ville
Clénay
Brognon
Mirebeau-sur-Bèze
Messigny-et-Vantoux
Bretigny
St-Julien
Cheuge
Jancigny
Asnières-lès-Dijon
Arceau
Magny-St-Médard
Savolles
Bézouotte
Bellefond
Charmes
Hauteville-lès-Dijon
Ruffey-lès-Echirey
Orgeux
Cuiserey
St-Sauveur
Talmay
Ahuy
Varois-et-Chaignot
Marandeuil
Montmançon
Daix
Fontaine-lès-Dijon
Belleneuve
Trochères
Maxilly-sur-Saône
DIJON
Plombières-lès-Dijon
Talant
Arc-sur-Tille
Binges
Drambon
Couternon
Étevaux
Heuilley-sur-Saône
St-Apollinaire
Remilly-sur-Tille
Perrigny-sur-l'Ognon
St-Léger-Triey
Quetigny
Cirey-lès-Pontailler
Pontailler-sur-Saône
Bressey-sur-Tille
Tellecey
Vonges
Corcelles-les-Monts
Sennecey-lès-Dijon
Chevigny-St-Sauveur
Chenôve
Izier
Cessey-sur-Tille
Chambeire
Vielverge
Longvic
Neuilly-lès-Dijon
Marsannay-la-Côte
Crimolois
Magny-sur-Tille
Labergement-Foigney
Longchamp
Lamarche-sur-Saône
Ouges
Couchey
Perrigny-lès-Dijon
Fauverney
Genlis
Magny-Montarlot
Poncey-lès-Athée
Fixey
Bretenière
Varanges
Beire-le-Fort
Premières
Fixin
Brochon
Chevigny
Fénay
Rouvres-en-Plaine
Athée
Flammerans
Gevrey-Chambertin
Saulon-la-Rue
Thorey-en-Plaine
Marliens
Longeault
Collonges-lès-Premières
Villers-les-Pots
Barges
Pluvault
Saulon-la-Chapelle
Tart-le-Haut
Morey-St-Denis
St-Philibert
Broindon
Longecourt-en-Plaine
Pluvet
Soirans
Tréclun
Auxonne
Chambolle-Musigny
Noiron-sous-Gevrey
Tart-le-Bas
Tart-l'Abbaye
Tillenay
Échigey
Champdôtre
Épernay-sous-Gevrey
Savouges
Pont
Vougeot
Clos de Vougeot
Gilly-lès-Cîteaux
Corcelles-lès-Cîteaux
Aiserey
Labergement-lès-Auxonne
Villers-Rotin
Izeure
Flagey-Échezeaux
St-Bernard
Bessey-lès-Cîteaux
Trouhans
Flagey-lès-Auxonne
Billey
Vosne-Romanée
Nuits-St-Georges
Villebichot
Aubigny-en-Plaine
Pont Hémery
Les Maillys
Brazey-en-Plaine
Montot
Boncourt-le-Bois
Agencourt
Abbaye de Cîteaux
Échenon
Sampans
Quincey
St-Nicolas-lès-Cîteaux
Magny-lès-Aubigny
St-Usage
St-Jean-de-Losne
Laperrière-sur-Saône
St-Symphorien-sur-Saône
Champvans
Comblanchien
Gerland
Charrey-sur-Saône
Esbarres
Losne
Samerey
Foucherans
Bonnencontre
Damparis
Broin
Le Port-de-Charrey
Chaugey
Abergement-la-Ronce
Auvillars-sur-Saône
Pagny-la-Ville
Borde-Martenne
Aumur
Serrigny
Argilly
Bagnot
Lechâtelet
Belvoye
0
5
10 km

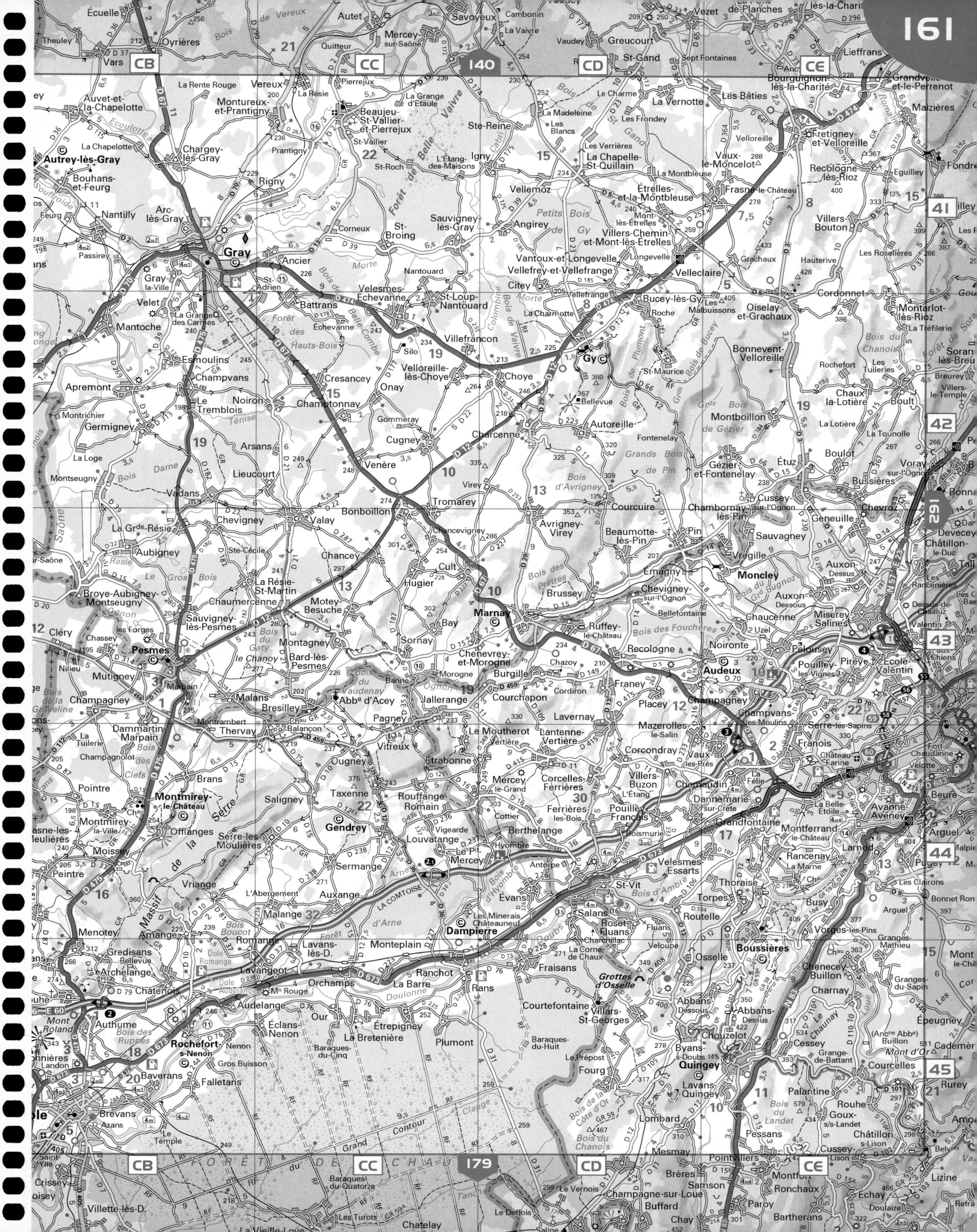

140
179
CB
CC
CD
CE
41
42
43
44
45
Gray
Autrey-lès-Gray
Arc-lès-Gray
Gray-la-Ville
Mantoche
Apremont
Esmoulins
Champvans
Noiron
Le Tremblois
Germigney
Arsans
Lieucourt
Vadans
Chevigney
Aubigney
Pesmes
Mutigney
Champagney
Dammartin-Marpain
Montmirey-le-Château
Offlanges
Moissey
Peintre
Menotey
Gredisans
Archelange
Authume
Rochefort-s-Nenon
Baverans
Brevans
Ancier
Battrans
Cresancey
Champtonnay
Onay
Vellexon
Cugney
Venère
Bonboillon
Valay
Chancey
La Résie-St-Martin
Motey-Besuche
Montagney
Bard-lès-Pesmes
Malans
Bresilley
Thervay
Ougney
Taxenne
Gendrey
Sermange
Auxange
Malange
Romange
Lavans-lès-D.
Lavangeot
Orchamps
Audelange
Éclans-Nenon
Falletans
Velesmes-Echevanne
St-Loup-Nantouard
Villefrancon
Choye
Charcenne
Tromarey
Hugier
Cult
Marnay
Sornay
Bay
Chenevrey-et-Morogne
Jallerange
Pagney
Vitreux
Étrabonne
Rouffange
Romain
Louvatange
Le Moutherot
Mercey-le-Grand
Dampierre
Ranchot
Rans
Plumont
La Bretenière
Étrepigney
Gy
Angirey
Vellemoz
Sauvigney-lès-Gray
Broing
Igny
Ste-Reine
Beaujeu-St-Vallier-et-Pierrejux
Mercey-sur-Saône
Savoyeux
Autet
Vereux
Montureux-et-Prantigny
Chargey-lès-Gray
Rigny
Auvet-et-la-Chapelotte
Vars
Oyrières
Écuelle
St-Gand
Greucourt
Vezet
La Vernotte
La Chapelle-St-Quillain
Étrelles-et-la-Montbleuse
Villers-Chemin-et-Mont-lès-Etrelles
Vantoux-et-Longevelle
Vellefrey-et-Vellefrange
Citey
Bucey-lès-Gy
Autoreille
Avrigney-Virey
Courcuire
Beaumotte-lès-Pin
Pin
Brussey
Ruffey-le-Château
Burgille
Courchapon
Lantenne-Vertière
Corcelles-Ferrières
Ferrières-les-Bois
Berthelange
St-Vit
Évans
Salans
Fraisans
Courtefontaine
Villars-St-Georges
Fourg
Audeux
Recologne
Noironte
Champagney
Emagny
Moncley
Chaucenne
Placey
Franey
Lavernay
Mazerolles-le-Salin
Corcondray
Champvans-les-Moulins
Chemaudin
Dannemarie-sur-Crête
Grandfontaine
Velesmes-Essarts
Thoraise
Torpes
Routelle
Osselle
Boussières
Abbans-Dessous
Byans-s-Doubs
Quingey
Lavans-Quingey
Lombard
Pessans
Fretigney-et-Velloreille
Frasne-le-Château
Vaux-le-Moncelot
Velleclaire
Oiselay-et-Grachaux
Bonnevent-Velloreille
Montboillon
Gézier-et-Fontenelay
Étuz
Cussey-sur-l'Ognon
Geneuille
Chevroz
Sauvagney
Vregille
Auxon-Dessus
Auxon-Dessous
Miserey-Salines
Pelousey
Pouilley-les-Vignes
École-Valentin
Serre-les-Sapins
Franois
Pirey
Avanne-Aveney
Montferrand-le-Château
Rancenay
Busy
Arguel
Chenecey-Buillon
Cessey
Courcelles
Rouhe
Goux-s/s-Landet
Châtillon-s-Lison
Cussey-Lison
Lizine
Échay
Montfort
Ronchaux
Paroy
Bartherans
Buffard
Champagne-sur-Loue
Brères
Samson
Mesmay
Chay
Villette-lès-D.
Crissey
Chatelay
Forêt de Chaux
Massif de la Serre
Villers-Bouton
Recologne-lès-Rioz
Maizières
Grandvelle-et-le-Perrenot
Cordonnet
Montarlot-lès-Rioz
Chaux-la-Lotière
Boult
Voray-sur-l'Ognon
Bussières
Devecey
Châtillon-le-Duc

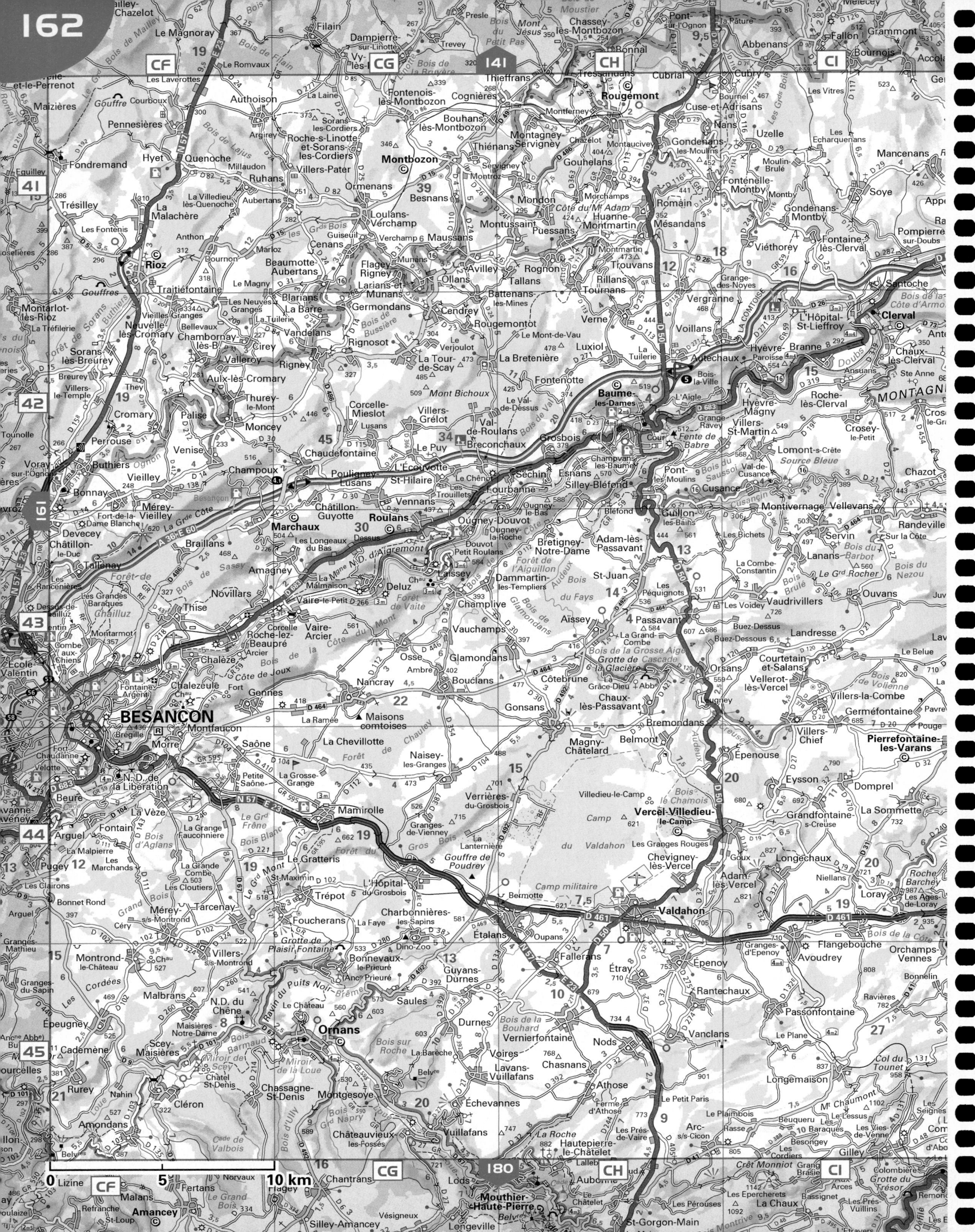
CF
CG
141
CH
CI
41
42
43
44
45
161
180
Mailley-Chazelot
Le Magnoray
Filain
Dampierre-sur-Linotte
Vy-lès-Filain
Trevey
Presle
Mont Jésus
Chassey-lès-Montbozon
Bonnal
Pont-sur-l'Ognon
La Pâture
Abbenans
Fallon
Grammont
Bournois
Accolans
Le Romvaux
Les Laverottes
Thieffrans
Tressandans
Cubrial
Cubry
Rougemont
Authoison
Fontenois-lès-Montbozon
Cognières
Cuse-et-Adrisans
Nans
Les Vitres
Maizières
Courboux
Gouffre
Pennesières
Sorans-lès-Cordiers
Roche-s-Linotte-et-Sorans-les-Cordiers
Bouhans-lès-Montbozon
Montferney
Montagney-Servigney
Chazelot
Gondenans-les-Moulins
Uzelle
Les Echarquenans
Hyet
Quenoche
Argirey
Montbozon
Thiénans
Gouhelans
Fondremand
Millaudon
Ruhans
Villers-Pater
Servigney
Montrozé
Moulin-Brûlé
Mancenans
Ormenans
Besnans
Mondon
Fontenelle-Montby
Montby
Soye
Trésilley
La Malachère
La Villedieu-lès-Quenoche
Aubertans
Loulans-Verchamp
Côte du Mt Adam
Morchamps
Huanne-Montmartin
Romain
Mésandans
Gondenans-Montby
Les Fontenis
Anthon
Guiseuil
Verchamp
Maussans
Montussaint
Puessans
Viéthorey
Fontaine-lès-Clerval
Pompierre-sur-Doubs
Rioz
Marloz
Cenans
Dournon
Beaumotte-Aubertans
Flagey-Rigney
Munans
Larians-et-Munans
Avilley
Ollans
Rognon
Tallans
Montmartin
Trouvans
Rillans
Tournans
Grange-des-Noyes
Santoche
Gouffres
Traitiéfontaine
Le Magny
Blarians
Battenans-les-Mines
Vergranne
Montarlot-lès-Rioz
La Tréfilerie
Les Neuves Granges
Vieilles Granges
La Tuilerie
La Barre
Germondans
Bois de Bussière
Cendrey
Rougemontot
Verne
L'Hôpital-St-Lieffroy
Clerval
Forêt de Sorans
Neuvelle-lès-Cromary
Bellevaux
Chambornay-lès-B.
Vandelans
Voillans
LA COMTOISE
Sorans-lès-Breurey
Cirey
Rignosot
Le Verjoulot
Le Mont-de-Vau
Luxiol
Hyèvre-Paroisse
Branne
Chaux-lès-Clerval
Breurey
Valleroy
Rigney
La Tour-de-Scay
La Bretenière
La Tuilerie
Autechaux
Villers-le-Temple
Aulx-lès-Cromary
Fontenotte
Bois-la-Ville
Ansuans
Ste Anne
Thurey-le-Mont
Mont Bichoux
Baume-les-Dames
L'Aigle
Roche-lès-Clerval
MONTAGNE
Cromary
Palise
Corcelle-Mieslot
Villers-Grélot
Le Val-de-Dessus
Hyèvre-Magny
Villers-St-Martin
Crosey-le-Petit
Perrouse
Venise
Moncey
Lusans
Val-de-Roulans
Bois de Val
Grange Ravey
Fente de Babre
Cour
Tounolle
Buthiers
Chaudefontaine
Le Puy
Breconchaux
Grosbois
Lomont-s-Crête
Source Bleue
Voray-sur-l'Ognon
Vieilley
Champoux
Pouligney-Lusans
L'Écouvotte
Le Chênot
Séchin
Esnans
Champvans-les-Baume
Pont-les-Moulins
Val-de-Cusance
Chazot
Bonnay
Besançon
St-Hilaire
Les Trouillets
Fourbanne
Silley-Bléfond
Cusance
Montivernage
Vellevans
Mérey-Vieilley
Châtillon-Guyotte
Vennans
Ougney-Douvot
Bléfond
Guillon-les-Bains
Randevillers
Fort-de-la-Dame Blanche
La Grde Côte
Marchaux
Roulans
Ougney-la-Roche
Les Bichets
Servin
Sur la Côte
Devecey
Châtillon-le-Duc
A 36-E 60
Braillans
Les Longeaux du Bas
Douvot
Petit Roulans
Bretigney-Notre-Dame
Adam-lès-Passavant
Lanans
Bois du Barbot
Tallenay
Forêt de
Bois de Sassey
Amagney
La Mme N.D. d'Aigremont
Laissey
Dammartin-les-Templiers
St-Juan
La Combe-Constantin
Le Grd Rocher
Bois du Nezou
Les Rancenières
Novillars
Malmaison
Deluz
Forêt de l'Aiguillon
Les Péquignots
Ouvans
Les Grandes Baraques
Chailluz
Thise
Vaire-le-Petit
Forêt de Vaîte
Champlive
Bois de Glamondans
Bois du Fays
Les Voidey
Vaudrivillers
Montarmot
Corcelle
Roche-lez-Beaupré
Vaire-Arcier
Côte du Mont
Vauchamps
Aïssey
Passavant
Buez-Dessus
Buez-Dessous
Landresse
École-Valentin
Combe-aux-Chiens
Arcier
La Grand Combe
Bois de la Grosse Aige
Grotte de la Glacière
Grotte de Cascade
Courtetain-et-Salans
Le Belue
Chalèze
Côte de Joux
Osse
Glamondans
Orsans
Villers-lès-Vercel
Vellerot-lès-Vercel
Bois de Vollenne
Fontaine-Argent
Chalezeule
Fort
Nancray
Ambre
Bouclans
Côtebrune
Grâce-Dieu
Abbaye
Villers-la-Combe
BESANÇON
Gennes
Maisons comtoises
Gonsans
Chaux-lès-Passavant
Leugney
Germéfontaine
Pavre
Bregille
Montfaucon
La Ramée
Bremondans
Villers-Chief
Pouge
Fort Chaudanne
Velotte
Morre
Saône
La Chevillotte
Forêt de Chauley
Magny-Châtelard
Belmont
Épenoux
Pierrefontaine-les-Varans
N.D. de la Libération
Petite Saône
La Grosse-Grange
Naisey-les-Granges
Villedieu-le-Camp
Bois le Chamois
Eysson
Domprel
Beure
Verrières-du-Grosbois
Vercel-Villedieu-le-Camp
Grandfontaine-s-Creuse
La Sommette
La Vèze
Mamirolle
Camp
du Valdahon
Arguel
Fontain
Le Grd Frêne
La Grange Fauconnière
Bois d'Aglans
Granges-de-Vienney
La Lanternière
Les Granges Rouges
Chevigney-lès-Vercel
Longechaux
La Malpierre
Pugey
Les Marchands
Bois Blanc
Le Gratteris
Gros Bois
Gouffre de Poudrey
Forêt du
Adam-lès-Vercel
Niellans
Roche Barchey
Loray
Les Ages-de-Loray
La Grande Combe
Les Cloutiers
Le Grd Mont
St-Maximin
Trépot
L'Hôpital-du-Grosbois
Camp militaire
Bermotte
Valdahon
Les Clairons
Bonnet Rond
Arguel
Mérey-s/s-Montrond
Tarcenay
Foucherans
Charbonnières-les-Sapins
Étalans
Oupans
Grand Bois
Céry
La Faye
Grotte de Plaisir Fontaine
Dino-Zoo
Granges-d'Epenoy
Flangebouche
Orchamps-Vennes
Granges-Mathieu
Villers-s/s-Montrond
Montrond-le-Château
Bonnevaux-le-Prieuré
Anc. Prieuré
Guyans-Durnes
Fallerans
Étray
Épenoy
Avoudrey
Granges-du-Sapin
Cordées
Malbrans
N.D. du Chêne
Ravin du Puits Noir
Brême
Saules
Rantechaux
Bonnelin
Ravières
Épeugney
Maisières-Notre-Dame
Le Château
Durnes
Bois de la Bouhard
Vernierfontaine
Nods
Passonfontaine
Vanclans
Le Plane
Cademène
Scey-Maisières
Bois Barmaud
Miroir de Scey
Ornans
Miroir de la Loue
Bois sur Roche
La Barèche
Voires
Chasnans
Lavans-Vuillafans
Col du Tounot
Courcelles
Châtel St-Denis
Chassagne-St-Denis
Belvre
Longemaison
Rurey
Nahin
Cléron
Montgesoye
Échevannes
Athose
Ferme d'Athose
Le Petit Paris
Mt Chaumont
Amondans
Bois Napry
Bois de Valbois
Châteauvieux-les-Fossés
Vuillafans
La Roche
Hautepierre-le-Châtelet
Les Prés-de-Vaire
Arc-s/s-Cicon
Le Plaimbois
Rasse
Beuqueru
Les Baraques
Le Lessus
Les Vies-de-Venne
Besongey
Gilley
Les Cordiers
Belvoirs
0
5
10 km
Lizine
Norvaux
Flagey
Chantrans
Lods
Mouthier-Haute-Pierre
Aubonne
Le Châtelet
Crêt Monniot
Grange Brasié
Colombière
Grotte du Trésor
Malans
Fertans
Le Grand Bois
Refranche
St-Loup
Amancey
Silley-Amancey
Vésigneux
Longeville
St-Gorgon-Main
Les Pérouses
Les Epercherets
La Chaux
Bassignet
Les Prés-Vuillins
Les Étravers

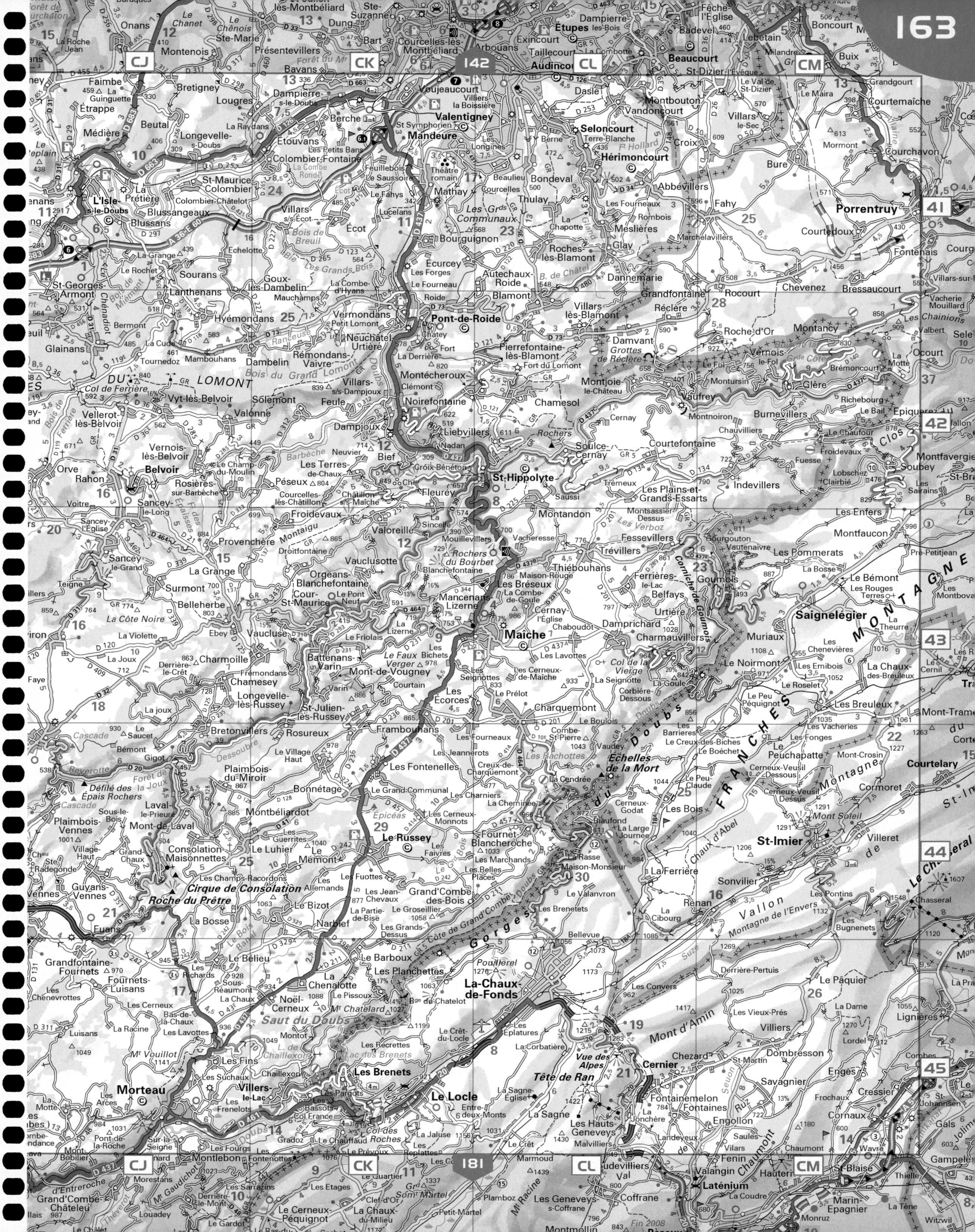
CJ
CK
142
CL
CM
Onans
Montenois
Bavans
Étupes
Audincourt
Beaucourt
Valentigney
Mandeure
Seloncourt
Hérimoncourt
L'Isle-s-le-Doubs
Porrentruy
41
Pont-de-Roide
Blamont
Grandfontaine
Réclère
Damvant
Grottes de Réclère
Roche-d'Or
Montancy
DU LOMONT
Montécheroux
Glère
Vaufrey
Chamesol
Belvoir
St-Hippolyte
Soubey
42
Fleurey
Montandon
Indevillers
Saignelégier
FRANCHES MONTAGNES
Maîche
43
Le Noirmont
Les Breuleux
Charquemont
Échelles de la Mort
Courtelary
St-Imier
44
Le Russey
Cirque de Consolation
Roche du Prêtre
Gorges du Doubs
La-Chaux-de-Fonds
Saut du Doubs
Les Brenets
Le Locle
Morteau
Villers-le-Lac
Vue des Alpes
Tête de Ran
Cernier
Chasseral
45
Vallon de St-Imier
Mont d'Amin
Fontainemelon
Fontaines
Valangin
Laténium
Marin-Epagnier
St-Blaise
181

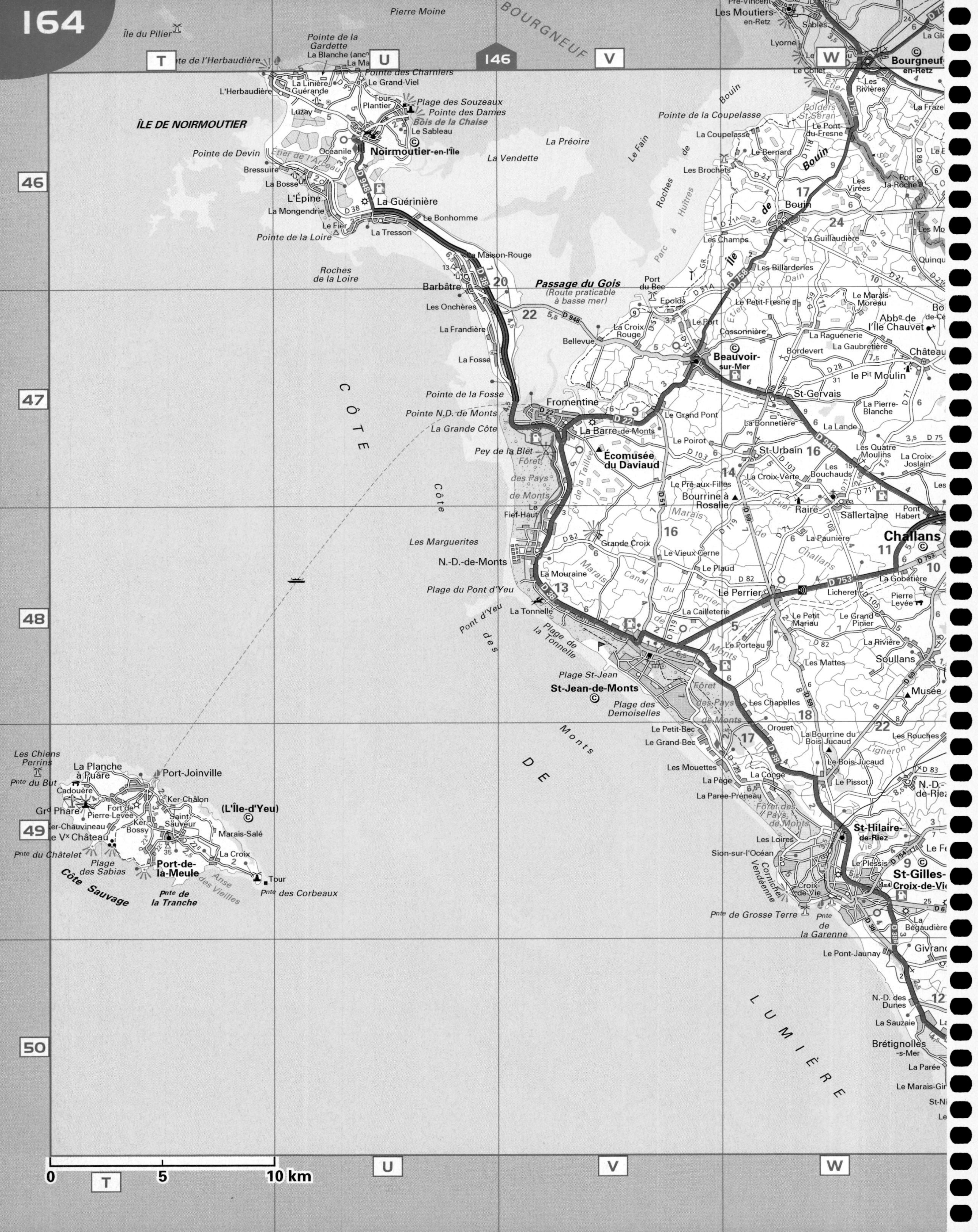
146
T
U
V
W
46
47
48
49
50
Île du Pilier
Pierre Moine
BOURGNEUF
Pointe de la Gardette
La Blanche
Pte de l'Herbaudière
Pointe des Charniers
Le Grand-Viel
L'Herbaudière
La Linière
Guérande
Tour Plantier
Plage des Souzeaux
Pointe des Dames
Bois de la Chaise
Luzay
Le Sableau
ÎLE DE NOIRMOUTIER
Pointe de Devin
Océanile
Noirmoutier-en-l'Île
Étier de l'Arceau
Bressuire
La Bosse
L'Épine
La Guérinière
La Mongendrie
Le Bonhomme
Le Fier
La Tresson
Pointe de la Loire
La Maison-Rouge
Roches de la Loire
Barbâtre
Les Onchères
La Frandière
La Fosse
Pointe de la Fosse
Pointe N.D. de Monts
La Grande Côte
Pey de la Blet
Forêt des Pays de Monts
Le Fief-Haut
Les Marguerites
N.-D.-de-Monts
La Mouraine
Plage du Pont d'Yeu
La Tonnelle
Pont d'Yeu
Plage de la Tonnelle
Plage St-Jean
St-Jean-de-Monts
Plage des Demoiselles
Le Petit-Bec
Le Grand-Bec
Les Mouettes
La Pège
La Paree-Préneau
Forêt des Pays de Monts
Les Loires
Sion-sur-l'Océan
Corniche Vendéenne
Croix-de-Vie
Pte de Grosse Terre
Pte de la Garenne
Le Pont-Jaunay
N.-D. des Dunes
La Sauzaie
Brétignolles-s-Mer
La Parée
La Marais-Gir
St-Ni
CÔTE
Côte
DE
Monts
LUMIÈRE
La Préoire
La Vendette
Le Fain
Roches de Bouin
Parc à Huîtres
Passage du Gois
(Route praticable à basse mer)
Port du Bec
Epoids
Bellevue
La Croix Rouge
Fromentine
La Barre-de-Monts
Écomusée du Daviaud
Le Grand Pont
Le Poirot
Beauvoir-sur-Mer
Le Port
Cossonnière
Les Pré-aux-Filles
Bourrine à Rosalie
Marais
Grande Croix
Le Vieux Cerne
Le Plaud
Canal du Perrier
Le Perrier
La Caillèterie
Le Porteau
Les Chapelles
Orouet
La Bourrine du Bois Jucaud
Le Bois-Jucaud
La Conge
Le Pissot
St-Hilaire-de-Riez
Le Plessis
St-Gilles-Croix-de-Vie
La Bégaudière
Givrand
Pointe de la Coupelasse
La Coupelasse
Le Bernard
Les Brochets
Le Pont-du-Fresne
Bouin
Île de Bouin
Les Champs
La Guillaudière
Les Billarderies
Le Petit-Fresne
Étier du Dain
Le Marais-Moreau
Abbe de l'Île Chauvet
La Raguenerie
La Gaubretière
Bordevert
Château
le Pt Moulin
St-Gervais
La Pierre-Blanche
La Bonnetière
La Lande
St-Urbain
Les Quatre Moulins
La Croix-Joslain
La Croix-Verte
Les Bouchauds
Raire
Sallertaine
Pont Habert
Challans
La Paunière
Marais de Challans
Licheret
La Gobetière
Pierre Levée
Le Petit Mariau
Le Grand Pinier
La Rivière
Soullans
Les Mattes
Musée
Les Rouches
Ligneron
N.-D.-de-Riez
Les Moutiers-en-Retz
Pré-Vincent
Sables
Lyonne
Le Collet
Bourgneuf-en-Retz
Étier
Les Rivières
Polders St-Seran
La Fraze
Port-la-Roche
Les Virées
Quinqu
Les Chiens Perrins
La Planche à Puare
Pte du But
Port-Joinville
Cadouère
Ker-Châlon
Grd Phare
Fort de Pierre-Levée
Ker-Chauvineau
Ker-Bossy
Saint-Sauveur
(L'Île-d'Yeu)
Marais-Salé
Le Vx Château
Pte du Châtelet
Plage des Sabias
Port-de-la-Meule
La Croix
Anse des Vieilles
Tour
Pte des Corbeaux
Côte Sauvage
Pte de la Tranche
D 948
D 38
D 22
D 51
D 21
D 59
D 82
D 103
D 119
D 753
D 758
D 71
D 75
D 83
D 754
0
5
10 km

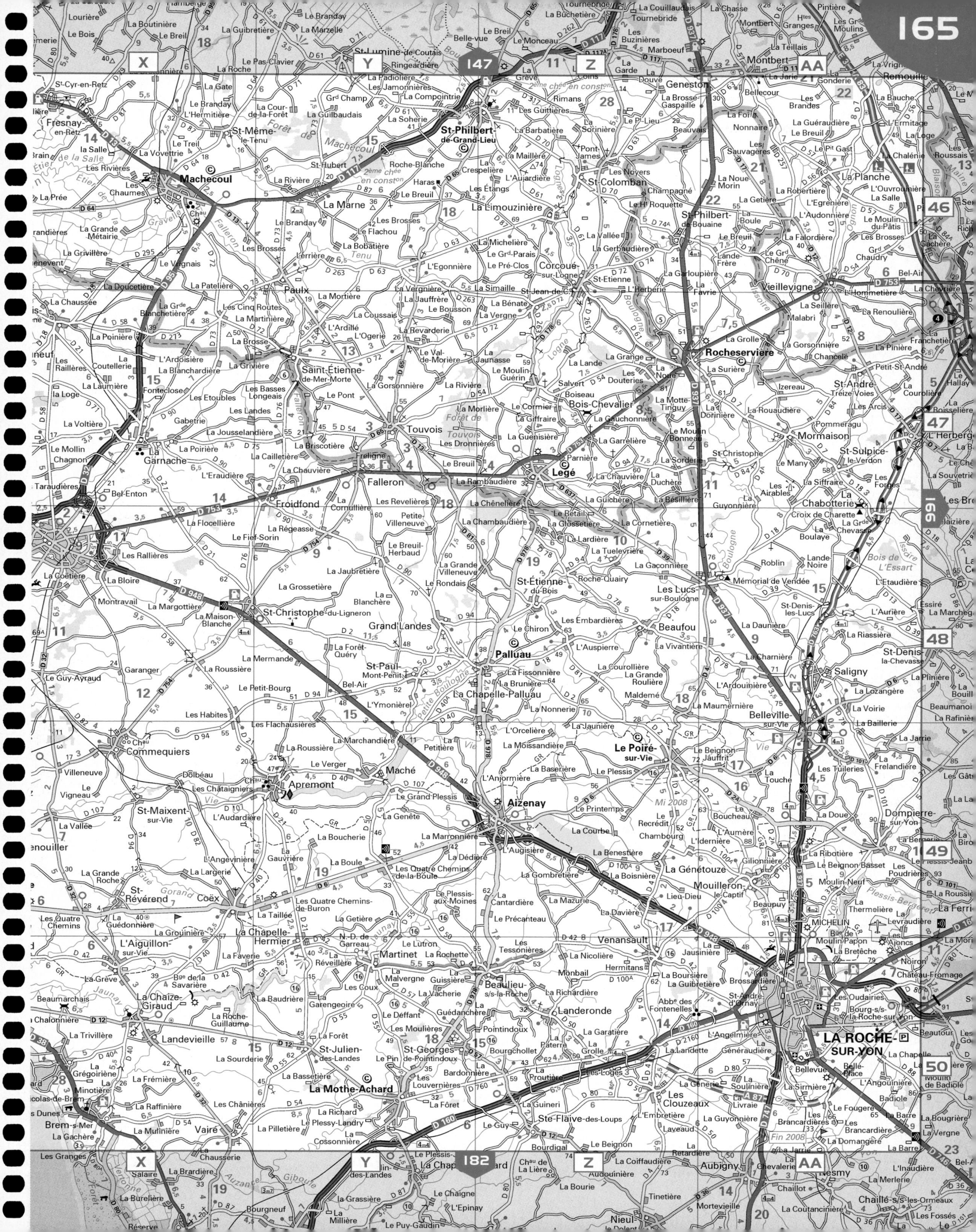
X
Y
147
Z
AA
St-Philbert-de-Grand-Lieu
Machecoul
St-Colomban
Geneston
Montbert
St-Philbert-de-Bouaine
La Marne
La Limouzinière
Corcoué-sur-Logne
Vieillevigne
Paulx
Saint-Étienne-de-Mer-Morte
Rocheservière
Touvois
Bois-Chevalier
Legé
Falleron
Froidfond
La Garnache
St-André-Treize-Voies
Mormaison
St-Sulpice-le-Verdon
Chabotterie
St-Étienne-du-Bois
Les Lucs-sur-Boulogne
Mémorial de Vendée
St-Christophe-du-Ligneron
Grand'Landes
Palluau
Beaufou
St-Paul-Mont-Penit
La Chapelle-Palluau
Saligny
Belleville-sur-Vie
St-Denis-la-Chevasse
Commequiers
Apremont
Maché
Aizenay
Le Poiré-sur-Vie
Dompierre-sur-Yon
St-Maixent-sur-Vie
Coëx
St-Révérend
La Génétouze
Mouilleron-le-Captif
L'Aiguillon-sur-Vie
La Chapelle-Hermier
Martinet
Venansault
La Chaize-Giraud
Beaulieu-s/s-la-Roche
Landeronde
Landevieille
St-Julien-des-Landes
St-Georges-de-Pointindoux
La Mothe-Achard
LA ROCHE-SUR-YON
Les Clouzeaux
Ste-Flaive-des-Loups
Brem-s-Mer
Vairé
Aubigny
Nesmy
Chaillé-s/s-les-Ormeaux
Fin 2008
Mi 2008
182
46
47
48
49
50
166

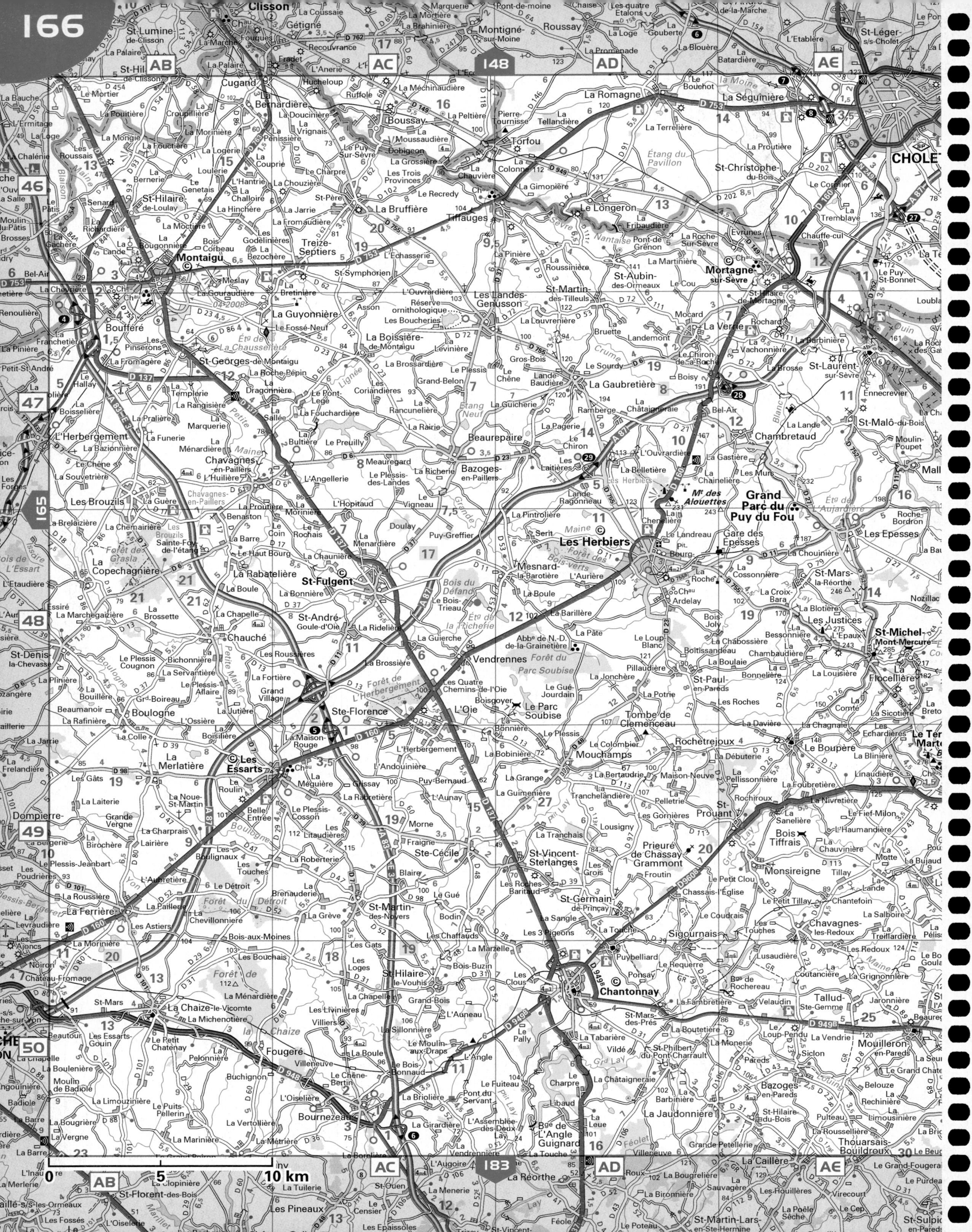
Clisson
Gétigné
Montigné-sur-Moine
Roussay
St-Léger-s/s-Cholet
148
AB
AC
AD
AE
Cugand
La Bernardière
Boussay
Torfou
La Romagne
La Séguinière
Cholet
St-Hilaire-de-Loulay
La Bruffière
Tiffauges
Le Longeron
St-Christophe-du-Bois
Montaigu
Treize-Septiers
St-Aubin-des-Ormeaux
Mortagne-sur-Sèvre
Les Landes-Genusson
St-Martin-des-Tilleuls
La Guyonnière
Boufféré
La Boissière-de-Montaigu
La Verrie
St-Georges-de-Montaigu
La Gaubretière
St-Laurent-sur-Sèvre
L'Herbergement
Beaurepaire
Chambretaud
St-Malô-du-Bois
Chavagnes-en-Paillers
Bazoges-en-Paillers
Mallièvre
Les Brouzils
Grand Parc du Puy du Fou
Mt des Alouettes
Les Herbiers
Les Epesses
Sainte-Foy-de-l'étang
La Copechagnière
La Rabatelière
St-Fulgent
Mesnard-la-Barotière
St-Mars-la-Réorthe
Chauché
St-André-Goule-d'Oie
Les Justices
St-Michel-Mont-Mercure
St-Denis-la-Chevasse
Vendrennes
St-Paul-en-Pareds
Boulogne
Ste-Florence
L'Oie
Le Parc Soubise
Tombe de Clemenceau
La Flocellière
Les Essarts
Merlatière
Mouchamps
Rochetrejoux
Le Boupère
Dompierre-
St-Prouant
Bois Tiffrais
Ste-Cécile
St-Vincent-Sterlanges
Prieuré de Chassay-Grammont
Monsireigne
La Ferrière
St-Martin-des-Noyers
St-Germain-de-Prinçay
Chavagnes-les-Redoux
Sigournais
La Chaize-le-Vicomte
St-Hilaire-le-Vouhis
Chantonnay
Tallud-Ste-Gemme
Fougeré
Mouilleron-en-Pareds
Bazoges-en-Pareds
Bournezeau
La Jaudonnière
Thouarsais-Bouildroux
183
La Réorthe
La Caillère
St-Florent-des-Bois
St-Martin-Lars-en-Ste-Hermine
0
5
10 km
46
47
48
49
50
165

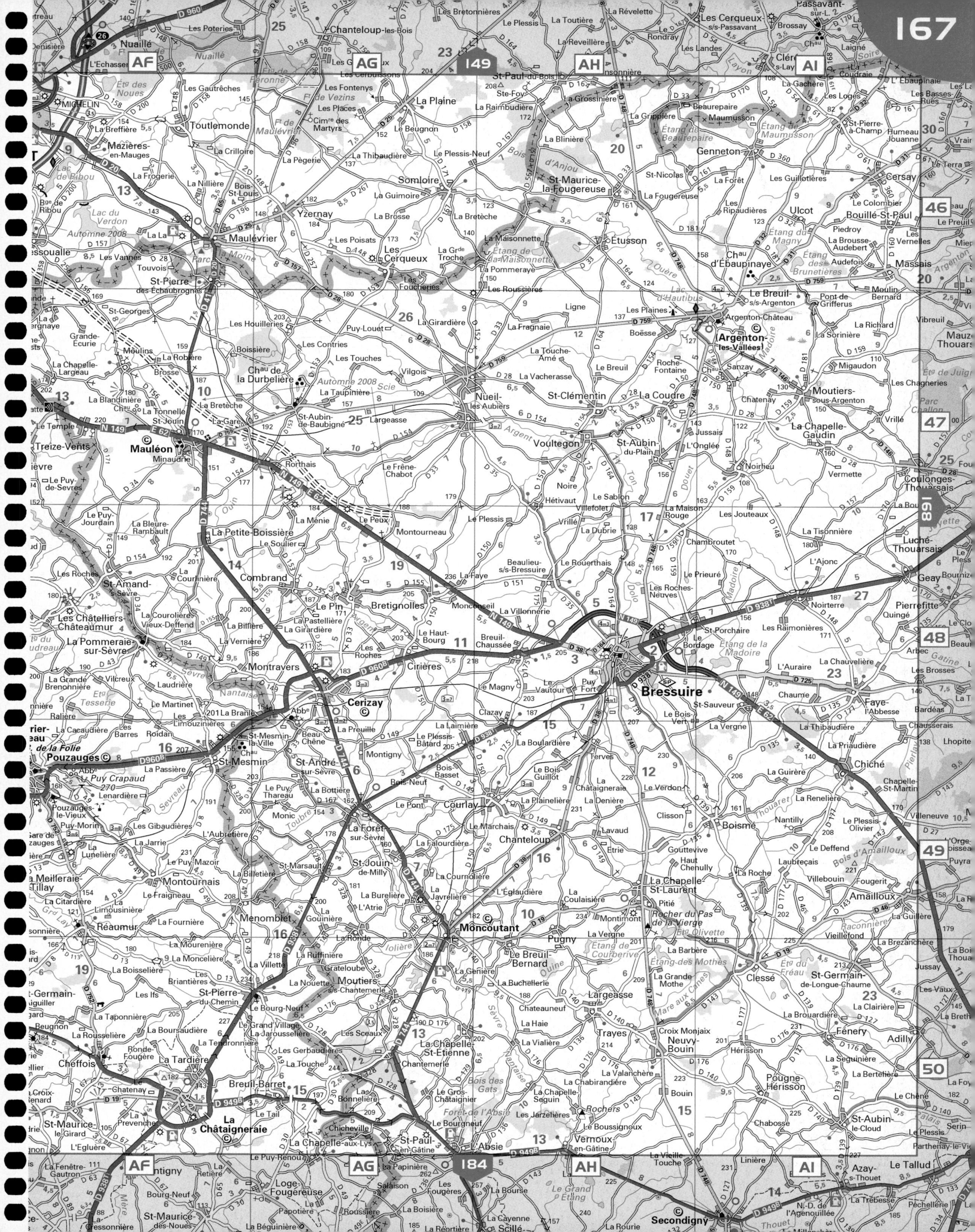

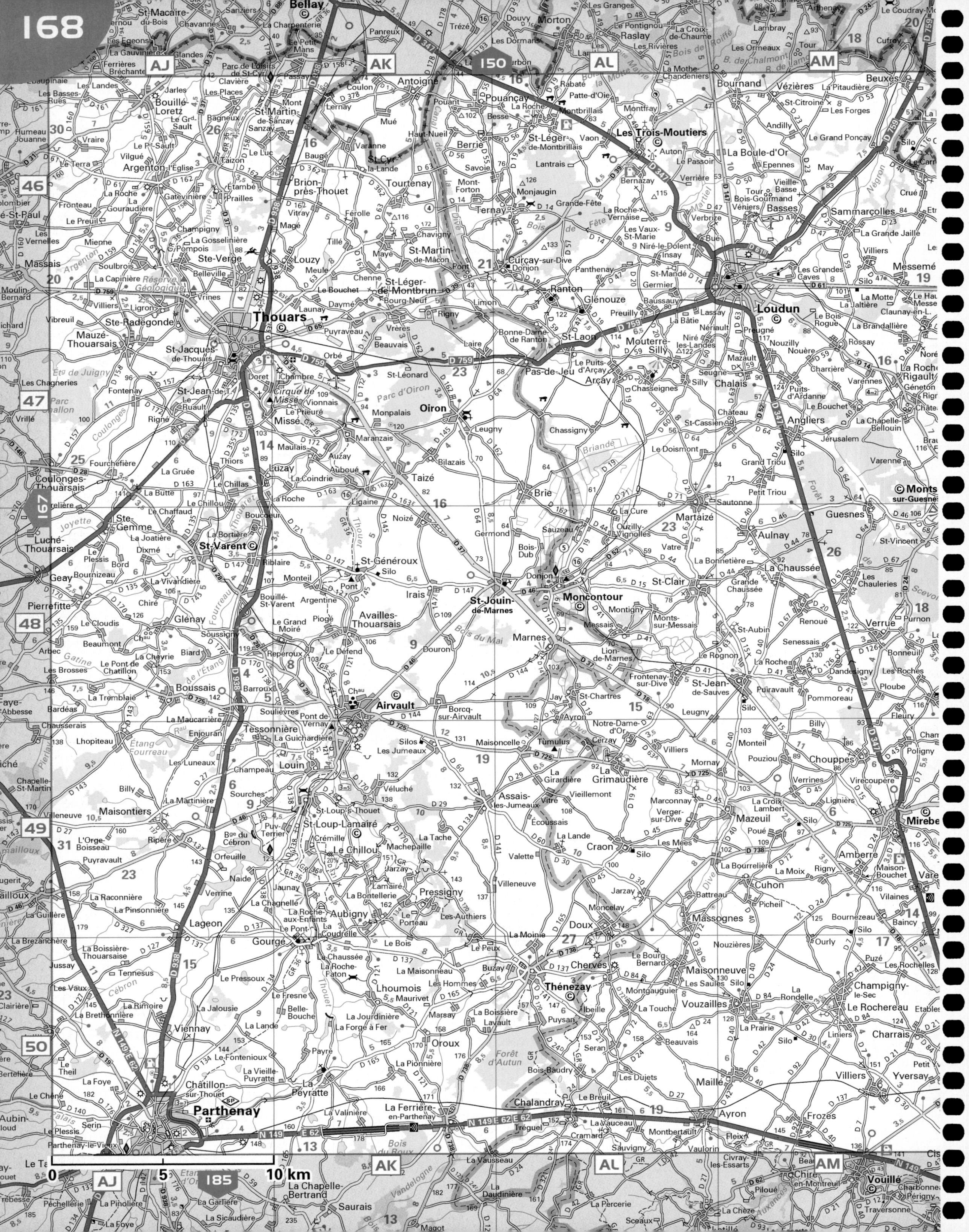

168
AJ
AK
AL
AM
150
185
167
46
47
48
49
50
Bellay
Morton
Raslay
Antoigne
Pouançay
Les Trois-Moutiers
St-Léger-de-Montbrillais
Berrie
Argenton-l'Église
Bouillé-Loretz
St-Martin-de-Sanzay
Brion-près-Thouet
Tourtenay
Ternay
Mauzé-Thouarsais
Ste-Radegonde
Thouars
St-Jacques-de-Thouars
St-Jean-de-Thouars
Ste-Verge
Louzy
St-Martin-de-Mâcon
St-Léger-de-Montbrun
Curçay-sur-Dive
Ranton
Glénouze
Loudun
St-Laon
Pas-de-Jeu
Mouterre-Silly
Arçay
Chalais
Oiron
Missé
Taizé
Brie
Luzay
Coulonges-Thouarsais
Luché-Thouarsais
Ste-Gemme
St-Varent
St-Généroux
Irais
St-Jouin-de-Marnes
Moncontour
Marnes
Martaizé
Aulnay
La Chaussée
St-Clair
Angliers
Glénay
Pierrefitte
Geay
Availles-Thouarsais
Airvault
Boussais
Louin
Tessonnière
Assais-les-Jumeaux
La Grimaudière
Frontenay-sur-Dive
St-Jean-de-Sauves
Mazeuil
Craon
Maisontiers
St-Loup-Lamairé
Le Chillou
Pressigny
Aubigny
Lageon
Gourgé
Doux
Thénezay
Cherves
Massognes
Maisonneuve
Vouzailles
Champigny-le-Sec
Le Rochereau
Cuhon
Amberre
Mirebeau
Viennay
Lhoumois
Oroux
Chatillon-sur-Thouet
Parthenay
La Peyratte
La Ferrière-en-Parthenay
Chalandray
Ayron
Maillé
Frozes
Villiers
Yversay
Vouillé
Chiré-en-Montreuil
La Chapelle-Bertrand
Saurais
0
5
10 km

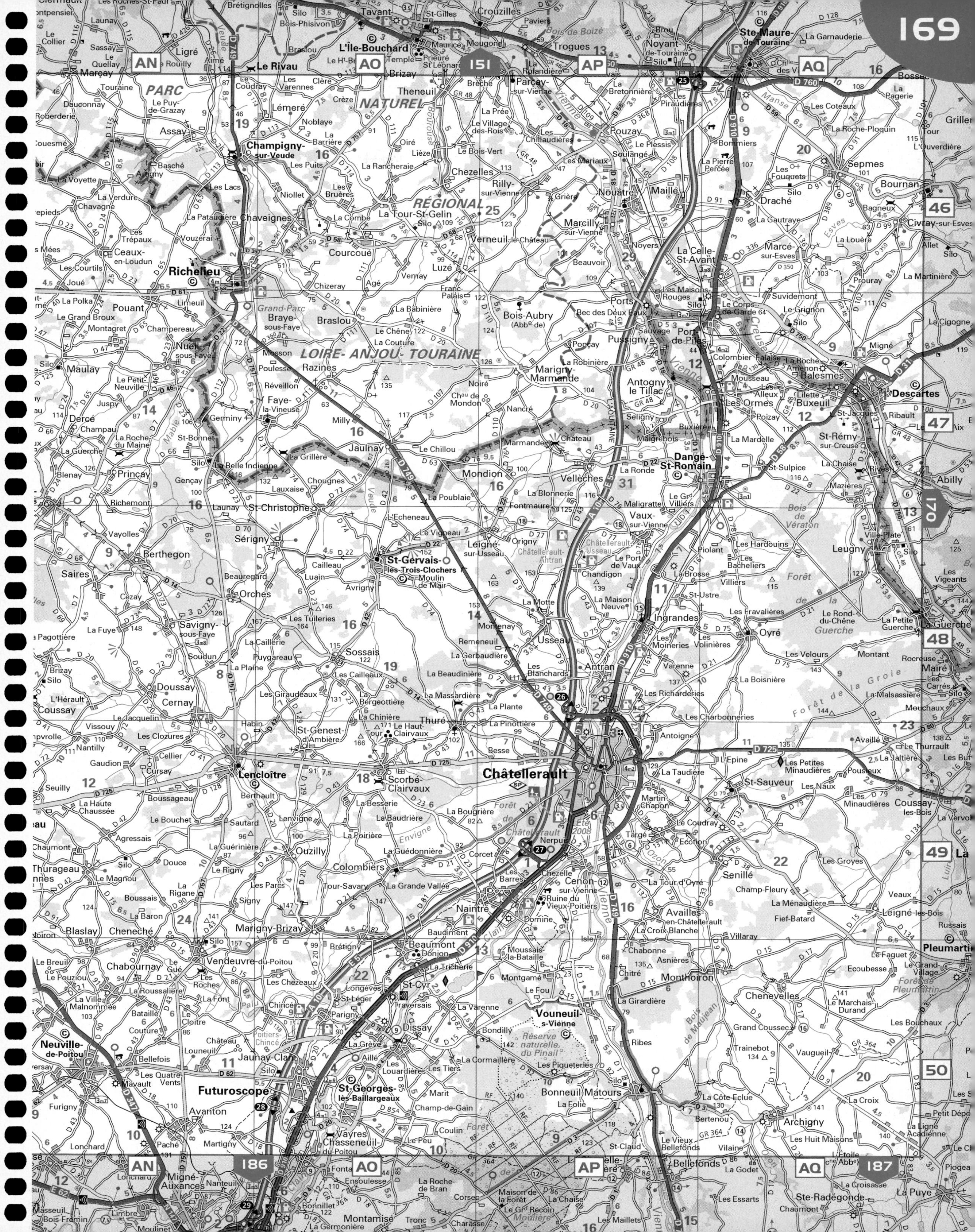

AN
AO
151
AP
AQ
L'Île-Bouchard
Ste-Maure-de-Touraine
PARC NATUREL RÉGIONAL LOIRE-ANJOU-TOURAINE
Champigny-sur-Veude
Richelieu
Le Rivau
Nouâtre
Port-de-Piles
Descartes
Dangé-St-Romain
St-Gervais-les-Trois-Clochers
Châtellerault
Lencloître
Scorbé-Clairvaux
Vouneuil-s-Vienne
Neuville-de-Poitou
Futuroscope
St-Georges-lès-Baillargeaux
Jaunay-Clan
Bonneuil-Matours
Réserve naturelle du Pinail
Forêt de la Guerche
Forêt de la Groie
La Guerche
Pleumartin
Archigny
Monthoiron
Availles-en-Châtellerault
Naintré
Beaumont
Dissay
Chasseneuil-du-Poitou
Ste-Radégonde
46
47
48
49
50
170
186
187

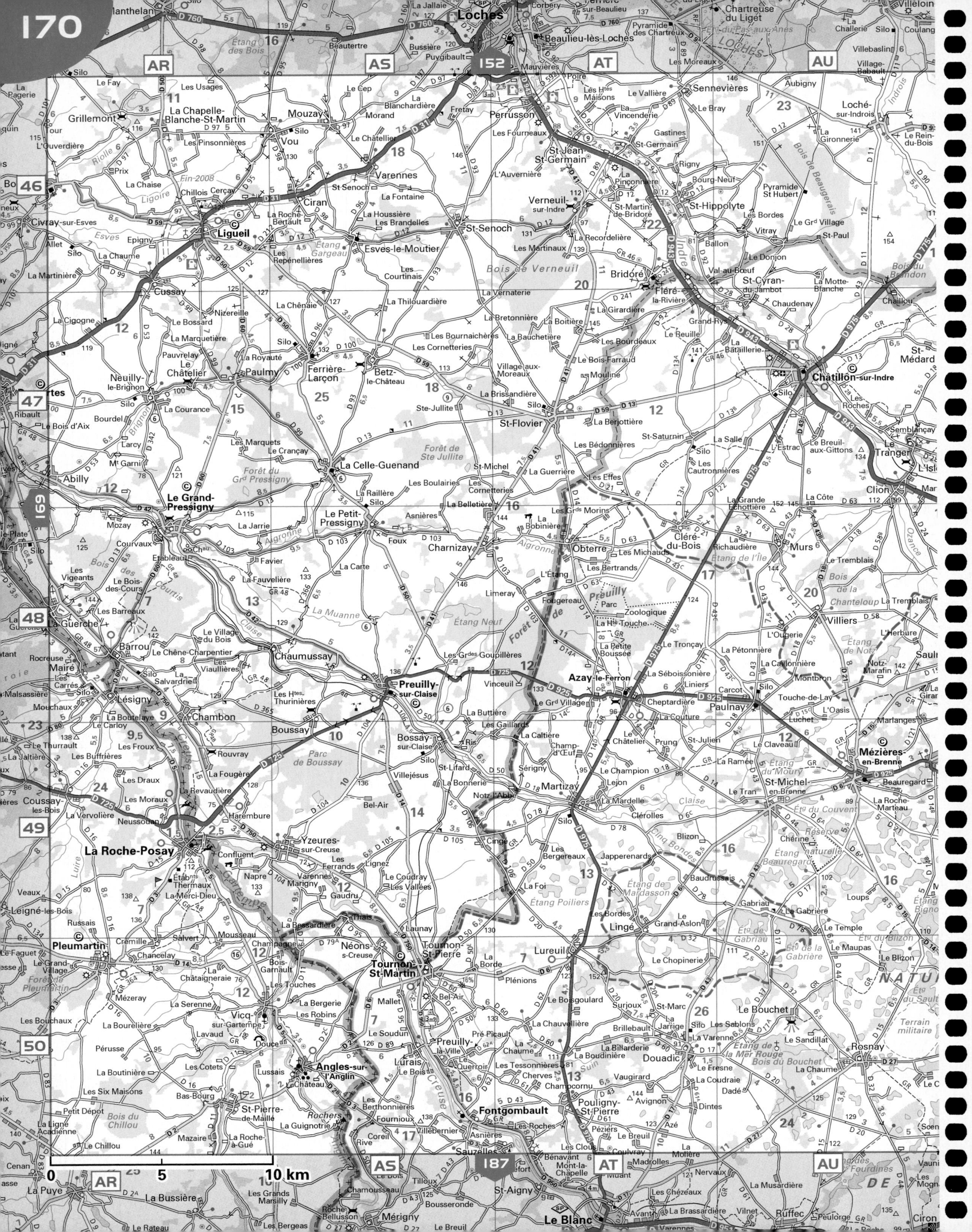

AR
AS
AT
AU
152
187
46
47
48
49
50
169
Loches
Beaulieu-lès-Loches
Chartreuse du Liget
Pyramide des Chartreux
Forêt de Loches
Manthelan
Étang des Bois
Beautertre
Bussière
Puygibault
Mauvières
Corbery
Sennevières
Aubigny
Loché-sur-Indrois
Les Moreaux
Villeloin
Challerie
Villebasling
Village-Babault
Le Fay
Les Usages
La Chapelle-Blanche-St-Martin
Grillemont
Mouzay
Vou
Le Cep
La Blanchardière
Morand
Fretay
Perrusson
Les Fourneaux
Le Châtelier
Les Pinsonnières
L'Ouverdière
Varennes
St-Senoch
Ciran
La Fontaine
La Houssière
Les Brandelles
Chillois
Cerçay
Ligoire
Fin-2008
Civray-sur-Esves
Ligueil
Esves
Epigny
Esves-le-Moutier
Étang Gargeau
Les Repénellières
Allet
La Chaume
La Martinière
Cussay
Nizereille
La Chênaie
Les Courtinais
La Thilouardière
Bois de Verneuil
St-Jean-St-Germain
L'Auverniere
Verneuil-sur-Indre
La Pinçonnière
St-Martin-de-Bridoré
La Recordelière
Les Martinaux
Bridoré
Fléré-la-Rivière
La Vernaterie
St-Hippolyte
Les Bordes
Vitray
Ballon
Le Donjon
Val-au-Bœuf
St-Cyran-du-Jambot
Chaudenay
La Motte-Blanche
Bourg-Neuf
Rigny
Gastines
St-Germain
La Vincenderie
Le Bray
Le Vallière
Les Htes Maisons
Pyramide St Hubert
Bois de Beaugerais
Le Grd Village
St-Paul
Bois du Brandon
Chaillou
La Cigogne
Le Bossard
La Marquetière
Pauvrelay
Le Châtelier
La Royauté
Paulmy
Ferrière-Larçon
Betz-le-Château
Neuilly-le-Brignon
La Courance
Ribault
Le Bois d'Aix
Bourdel
Larcy
Mt Garni
Abilly
Les Marquets
Le Crançay
Forêt du Grd Pressigny
Le Grand-Pressigny
La Celle-Guenand
Forêt de Ste Jullite
Ste-Jullite
St-Flovier
La Bretonnière
Les Bournaichères
Les Cornetteries
La Boitière
La Bauchetière
Village-aux-Moreaux
La Brissandière
La Girardière
Les Bourdeaux
Le Bois-Farraud
Mouline
Grand-Rys
Le Reuille
La Bataillerie
Châtillon-sur-Indre
St-Médard
Les Roches
Semblançay
Le Tranger
L'Isle
Clion
La Berjottière
Les Bédonnières
St-Saturnin
La Salle
L'Estrac
Le Breuil-aux-Gittons
Les Cautronnières
La Guerrière
St-Michel
Les Effes
Les Boulaires
La Raillère
La Belletière
Le Petit-Pressigny
Asnières
Charnizay
La Bobinière
Les Grds Morins
La Grande Echottière
La Côte
Mozay
Courvaux
La Jarrie
Foux
Favier
Aigronne
Obterre
Cléré-du-Bois
La Richaudière
Murs
Le Tremblais
Les Michauds
Les Bertrands
Étang de l'Île
Bois de la Chanteloup
Les Vigeants
Bois des Courtis
Les Bois-des-Cours
La Carte
La Fauvelière
La Muanne
Limeray
L'Étang
Fougereau
Forêt de Preuilly
Parc Zoologique
La Hte Touche
Étang Neuf
La Petite Boussée
Le Tronçay
La Pétonnière
Villiers
L'Ougerie
Étang de Notz
L'Herbure
La Guerche
Les Barreaux
Barrou
Le Village du Bois
Le Chêne-Charpentier
Chaumussay
Les Viaullières
Rocreuse
Maire
Les Carrés
Malsassière
Mouchaux
Lésigny
Salvardrie
Les Htes Thurinières
Preuilly-sur-Claise
Les Grdes Goupillères
Vinceuil
Azay-le-Ferron
La Séboissonière
Liniers
La Caillonnière
Montbron
Notz-Marafin
Le Grd Village
Cheptardière
La Couture
Paulnay
Carcot
Touche-de-Lay
L'Oasis
Luchet
Marlanges
La Boutelaye
Le Carloy
Chambon
Boussay
Le Thurrault
Les Froux
La Jaltière
Les Buffrières
Rouvray
Parc de Boussay
Bossay-sur-Claise
La Buttière
Les Gaillards
La Caltière
Champ-d'Œuf
Le Châtelier
Prung
St-Julien
Le Claveau
Mézières-en-Brenne
La Fougère
Les Draux
Coussay-les-Bois
La Revaudière
Les Moraux
La Vervolière
Neussouan
Harembure
Villejésus
St-Lifard
Ris
Sérigny
Martizay
Le Champion
Lejon
La Ramée
Étang du Moury
St-Michel-en-Brenne
Le Tran
Beauregard
La Roche-Marteau
Étg du Couvent
Bel-Air
Notz-l'Abbé
La Bonnerie
La Mardelle
Clérolles
Claise
La Roche-Posay
Yzeures-sur-Creuse
Confluent
Lignez
Les Ferrands
Varennes
Marigny
Napre
Étabts Thermaux
La Merci-Dieu
Cingé
Les Bergereaux
Jappérenards
Cinq Bondes
Blizon
Chérine
Étang Beauregard
Réserve naturelle
Veaux
Leigné-les-Bois
Russais
Le Coudray
Les Vallées
Gaudru
La Foi
Étang Poiliers
Étang de Mardasson
Baudrussais
Gabriau
La Gabrière
Loups
Pleumartin
Crémille
Salvert
Mousseau
La Bessardière
Thais
Launay
Champagne
Néons-s-Creuse
Les Bordes
Linge
Grand-Aslon
Étg de Gabriau
Étg de la Gabrière
Le Temple
Étg du Blizon
Le Maupas
Le Blizon
Le Faguet
Le Grand-Village
Forêt de Pleumartin
Chancelay
Bois-Garnault
Tournon-St-Pierre
Tournon-St-Martin
La Borde
Plénions
Lureuil
Le Chopinerie
La Châtaigneraie
Mézeray
Les Touches
La Serenne
La Bergerie
Les Robins
Mallet
Bel-Air
Le Boisgoulard
Surjoux
St-Marc
Le Bouchet
Les Bouchaux
La Bourelière
Vicq-sur-Gartempe
Lavaud
Douce
Le Soudun
Pré Picault
La Chauvellière
Brillebault
La Jarrige
Les Sablons
La Varenne
Étang de la Mer Rouge
Bois du Bouchet
Le Sandillat
Terrain militaire
Rosnay
La Chaume
Pérusse
La Boutinière
Les Cotets
Lussais
Angles-sur-l'Anglin
Lurais
Le Bois
Preuilly-la-Ville
Le Quérroir
Les Tessonnières
La Boudinière
La Billarderie
Douadic
Le Fresne
La Coudraie
Dadé
Les Six Maisons
Bas-Bourg
St-Pierre-de-Maillé
Bois du Chillou
Les Berthonnières
Fourníoux
Rochers
Fontgombault
Cherves
Champcornu
Pouligny-St-Pierre
Vaugirard
Avignon
Dintes
Le Petit Dépot
La Ligne Acadienne
Mazaire
La Roche-à-Gué
Le Chillou
La Guignotrie
Coreil
Rive
Villebernier
Asnières
Les Roches
Péziers
Le Breuil
Azé
Sauzelles
Les Clous
Coulvray
La Molière
Cenan
La Puye
La Bussière
Les Grands Marsilly
Chamousseau
Roche-Bellusson
Mérigny
Tilloux
Bousseronde
Le Breuil
St-Aigny
Bénavent
Mont-la-Chapelle
Madrolles
Nervaux
Les Chézeaux
La Brassardière
Vilnet
Ruffec
La Musardière
Peulorge
Le Blanc
Ciron
Le Rateau
Les Bergeaux
0
5
10 km

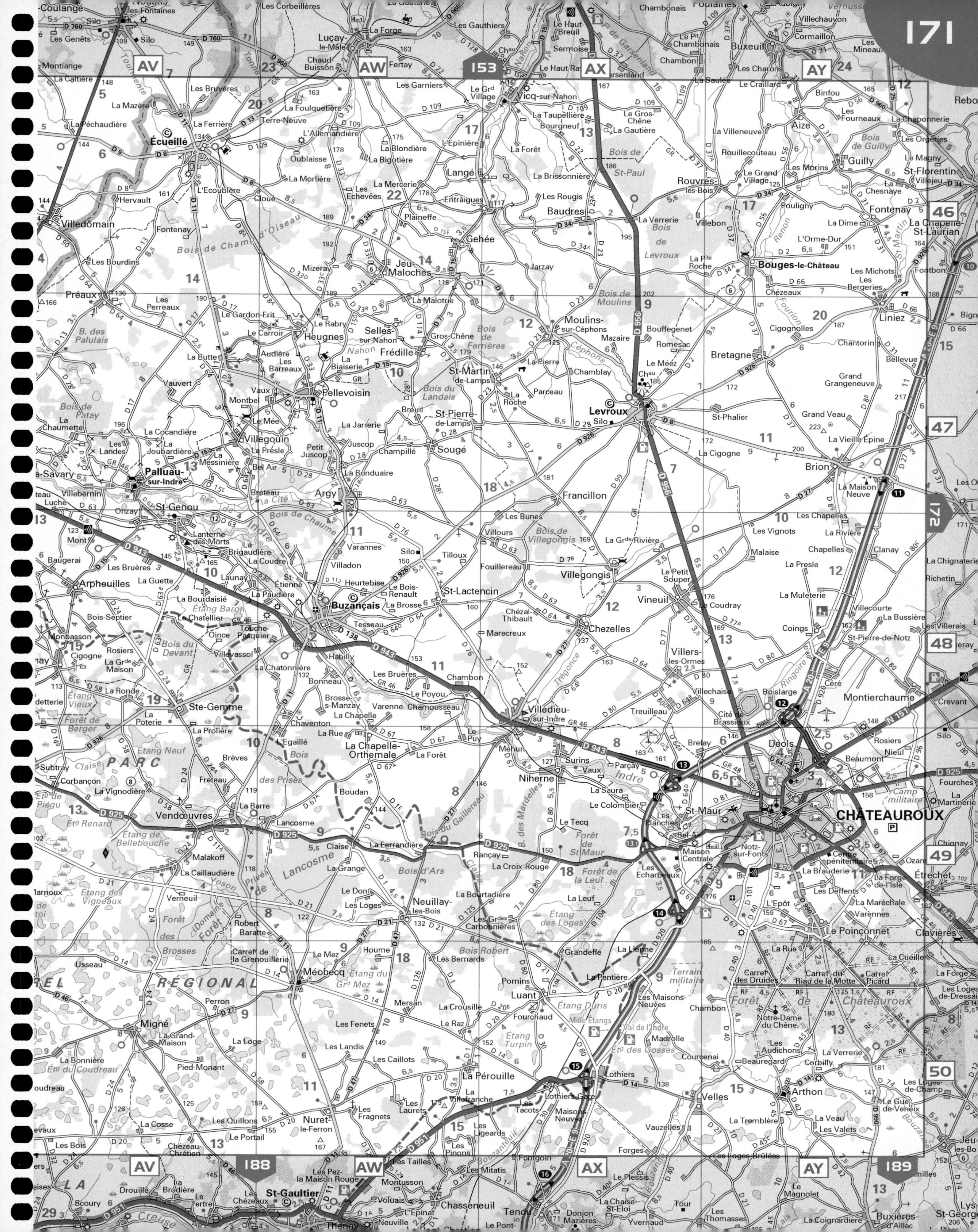

Écueillé
Levroux
Buzançais
Châteauroux
Déols
Villedieu-sur-Indre
Palluau-sur-Indre
Pellevoisin
Bouges-le-Château
Méobecq
St-Gaultier
Ardentes

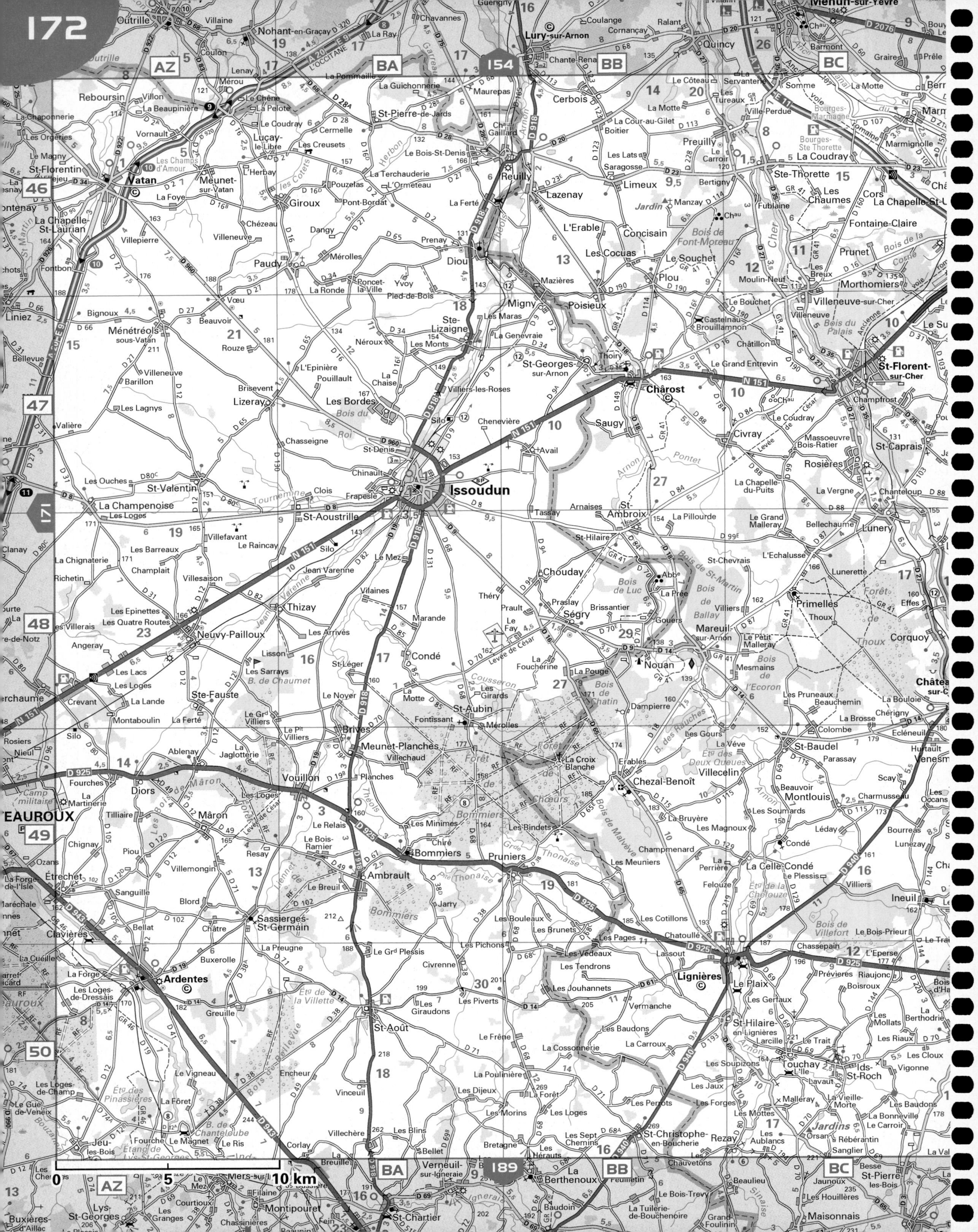

Outrille
Villaine
Nohant-en-Graçay
La Ray
Chavannes
Lury-sur-Arnon
Coulange
Cornançay
Ralant
Quincy
Mehun-sur-Yèvre
L'OCCITANE
AZ
BA
154
BB
BC
Chante-Rena
Barmont
Graire
Prêle
La Pommaille
La Guichonnerie
Maurepas
Cerbois
Le Côteau
La Servanterie
Somme
La Motte
Reboursin
Villon
Mérou
La Beaupinière
Le Chêne
La Pelote
St-Pierre-de-Jards
Les Tureaux
Ville-Perdue
Bourges-Marmagne
La Chaponnerie
Le Coudray
Cermelle
Chaux-Gaillard
La Cour-au-Gilet
Boitier
Les Orgeries
Vornault
Luçay-le-Libre
Les Creusets
Preuilly
Le Carroir
Bourges-Ste Thorette
Marmignolle
La Coudray
Le Magny
Les Champs d'Amour
Le Bois-St-Denis
Les Lats
Saragosse
St-Florentin
Vatan
Meunet-sur-Vatan
L'Herbay
Les Cotets
La Terchauderie
Reuilly
Limeux
Bertigny
Ste-Thorette
Cors
46
Pouzelas
L'Orméteau
Lazenay
Manzay
Jardin
Fublaine
Les Chaumes
La Chapelle-St-U
La Foye
Giroux
Pont-Bordat
La Ferté
La Chapelle-St-Laurian
Chézeau
Concisain
L'Erable
Fontaine-Claire
Villeneuve
Villepierre
Dangy
Prenay
Bois de Font-Moreau
Les Cocuas
Le Souchet
Prunet
Bois de la Corne
Fontbon
Paudy
Mérolles
Diou
Plou
Moulin-Neuf
Les Breux
Morthomiers
Poncet-la-Ville
Yvoy
Pied-de-Bois
La Ronde
Mazières
Migny
Poisieux
Le Bouchet
Villeneuve-sur-Cher
Liniez
Vœu
Bignoux
Beauvoir
Les Maras
Ste-Lizaigne
Castelnau Brouillamnon
Bois du Palais
Ménétréols-sous-Vatan
La Genevraie
Néroux
Les Monts
Châtillon
St-Florent-sur-Cher
Bellevue
Rouze
L'Epinière
St-Georges-sur-Arnon
Thoiry
Le Grand Entrevin
Champfrost
Villeneuve
Barillon
Pouillault
La Chaise
Villiers-les-Roses
Chârost
Brisevent
Lizeray
Les Bordes
Bois du Roi
47
Les Lagnys
Silo
Chenevière
Saugy
Le Coudray
Civray
Massoeuvre
Bois-Ratier
St-Caprais
Valière
Chasseigne
St-Denis
Avail
Pontet
Rosières
Les Ouches
St-Valentin
Chinault
Issoudun
Frapesle
Clois
Tournemine
Arnon
La Chapelle-du-Puits
La Vergne
Chanteloup
La Champenoise
Les Loges
St-Aoustrille
Tassay
Arnaises
St-Ambroix
La Pillourde
Le Grand Malleray
Bellechaume
Lunery
171
Villefavant
Le Raincay
St-Hilaire
Clanay
Les Barreaux
La Chignaterie
Champlait
Silo
Le Mez
Jean Varenne
Chouday
St-Chevrais
L'Echalusse
Lunerette
Richetin
Villesaison
Bois de Luc
Bois de St-Martin
La Prée
Primelles
Forêt de Thoux
Les Epinettes
Les Quatre Routes
Thizay
Vilaines
Théry
Prault
Praslay
Brissantier
Villiers
Effes
48
Les Villerais
Neuvy-Pailloux
Marande
Les Arrivés
Le Fay
Ségry
Gouers
Mareuil-sur-Arnon
Thoux
Corquoy
Angeray
Lisson
Condé
Levée de César
La Foucherine
Nouan
Le Petit Malleray
Les Lacs
Les Sarrays
B. de Chaumet
St-Léger
La Pouge
Mesmains
Bois de l'Ecoron
Château-sur-Cher
Les Loges
Crevant
La Lande
Ste-Fauste
Le Noyer
La Motte
Cousseron
Les Girards
Bois de Chatin
Dampierre
Les Pruneaux
Beauchemin
La Bouloie
Montaboulin
La Ferté
Le Grd Villiers
Fontissant
St-Aubin
Mérolles
Chérigny
La Brosse
Colombe
Ecléneuil
Le Pt Villiers
Brives
Les Gours
St-Baudel
Hurtault
Rosiers
Nieul
Ablenay
Jaglotterie
Meunet-Planches
Villechaud
Forêt de Chœurs
La Croix Blanche
Erables
La Vève
Etg des Deux Queues
Parassay
Fourches
Camp militaire
Diors
Vouillon
Planches
Chezal-Benoît
Villecelin
Scay
La Martinerie
Les Loges
Beauvoir
Montlouis
Charmusseau
Tilliaire
Mâron
Le Relais
Bommiers
Les Bindets
La Bruyère
Les Soumards
EAUROUX
49
Les Minimes
Les Magnoux
Léday
Chignay
Piou
Resay
Le Bois-Ramier
Chiré
Bommiers
Pruniers
Thonaise
Champmenard
Condé
Bourreas
Lunezay
Ozans
Villemongin
Les Meuniers
La Perrière
La Celle-Condé
Le Plessis
La Forge-de-l'Isle
Etrechet
Ambrault
Le Breuil
Félouze
Etg de la Chelouze
Villiers
Sanguille
Blord
Jarry
Inéuil
Sassierges-St-Germain
Les Bouleaux
Les Cotillons
Bellat
Châtre
Les Brunets
Bois de Villefort
Le Bois-Prieur
Clavières
Les Pichons
Les Pages
Chatouille
Chassepain
La Preugne
Le Grd Plessis
Les Védeaux
Lassout
L'Eperse
La Cueille
Buxerolle
Civrenne
Les Tendrons
Prévières
Riaujonc
La Forge
Ardentes
Lignières
Le Plaix
Boisroux
Les Loges-de-Dressais
Etg de la Villette
Les Giraudons
Les Piverts
Les Jouhannets
Vermanche
Les Gerfaux
La Berthodrie
Greuille
St-Août
Les Baudons
St-Hilaire-en-Lignières
Les Mollats
Larcille
Le Trait
Les Riaux
50
Le Frêne
La Carroux
La Cossonnerie
Les Soupizons
Touchay
L'Ile
Les Cloux
Vigonne
Encheur
Le Vigneau
La Poulinière
Ids-St-Roch
Les Loges-de-Champ
Etg des Pinassières
Vinceuil
Les Dijeux
La Forêt
Les Jaux
Lavaut
Le Gué-de-Veneix
La Forêt
Les Morins
Les Loges
Les Perrots
Les Forges
Malleray
La Vieille-Morte
Les Baudons
Les Mottes
La Bonneville
Le Carroir
B. de Chanteloube
Villechère
Les Blins
Les Sept Chemins
St-Christophe-en-Bouchérie
Rezay
Orsan
Jardins
Rébérantin
Jeu-les-Bois
Fourche
Le Magnet
Le Ris
Etang de Lys-St-Georges
Corlay
Bellet
Bretagne
Les Hérauts
Les Aublancs
Sanglier
La Val
0
5
10 km
La Breuille
Verneuil-sur-Igneraie
189
La Berthenoux
Chauvetons
Besse
St-Pierre-les-Bois
Jaunoux
Les Houillières
Feuilletin
Beaulieu
Sinaise
AZ
Mers-sur-Indre
Le Mez
Filaine
Courtioux
Montipouret
Les Granges
Lys-St-Georges
Buxières-d'Aillac
Chassignères
St-Chartier
Baudoin
Le Bois-Trevy
La Tuilerie-de-Bouchenoire
Grand-Foulinin
Maisonnais

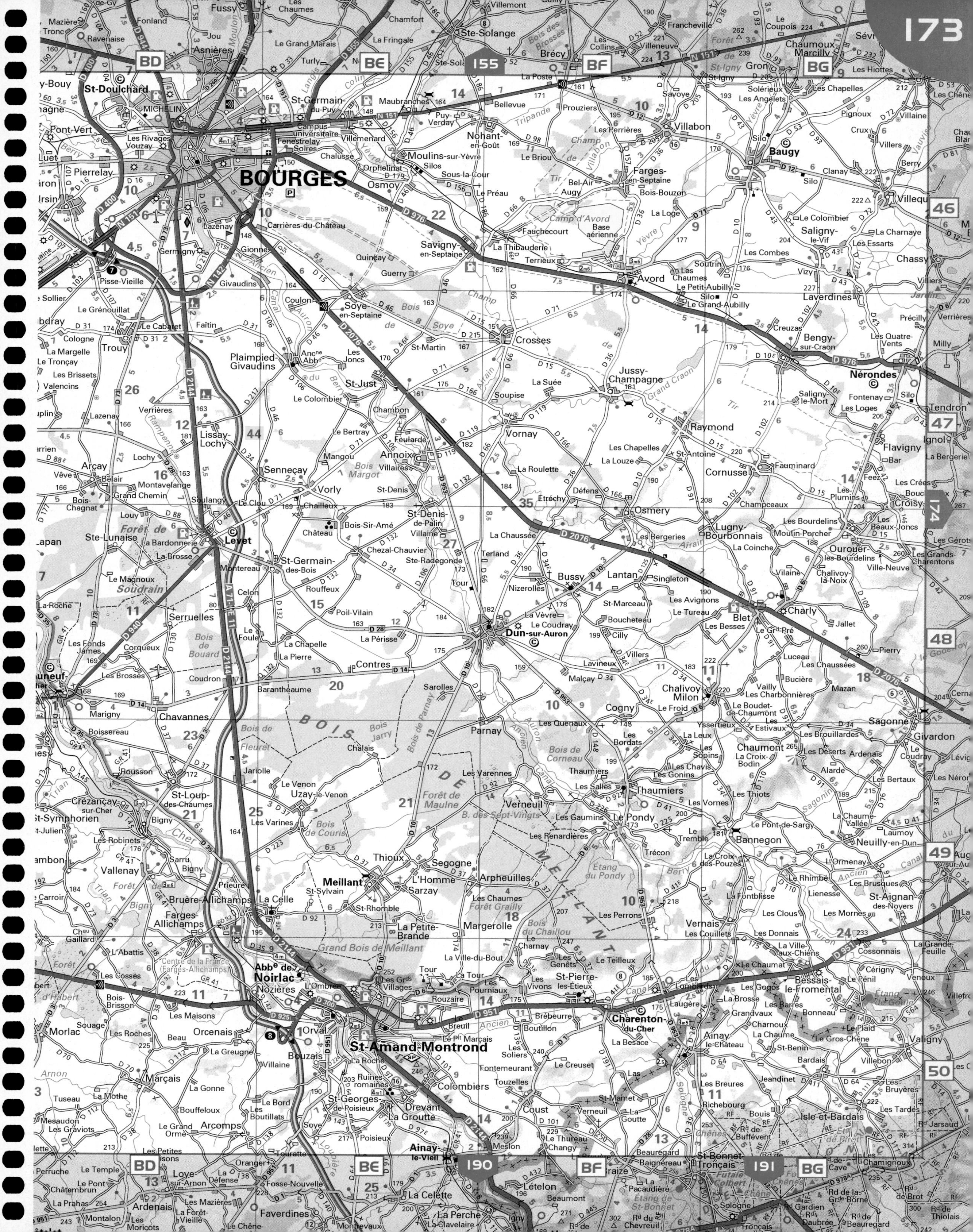
BD
BE
155
BF
BG
BOURGES
St-Doulchard
Asnières
Ste-Solange
Brécy
Villabon
Baugy
Farges-en-Septaine
Avord
Savigny-en-Septaine
Moulins-sur-Yèvre
Nohant-en-Goût
Jussy-Champagne
Bengy-sur-Craon
Nérondes
Crosses
Plaimpied-Givaudins
St-Just
Trouy
Levet
Lissay-Lochy
Senneçay
Vorly
Annoix
Vornay
Raymond
Cornusse
Osmery
Lugny-Bourbonnais
St-Germain-des-Bois
Dun-sur-Auron
Bussy
Lantan
Blet
Charly
Croisy
Chalivoy-Milon
Cogny
Parnay
Contres
Serruelles
Chavannes
Sagonne
Givardon
Chaumont
Thaumiers
Le Pondy
Bannegon
Verneuil
Uzay-le-Venon
St-Loup-des-Chaumes
Crézançay-sur-Cher
Vallenay
Meillant
Thiou
Arpheuilles
Bruère-Allichamps
Farges-Allichamps
La Celle
Abbe de Noirlac
Nozières
Orval
St-Amand-Montrond
Charenton-du-Cher
Bessais-le-Fromental
Ainay-le-Château
Coust
Colombiers
Drevant
La Groutte
Marçais
Ainay-le-Vieil
190
191
Ardenais
Faverdines
La Celette
La Perche
Saulzais-le-Potier
St-Bonnet-Tronçais
Isle-et-Bardais
Valigny
46
47
48
49
50
174

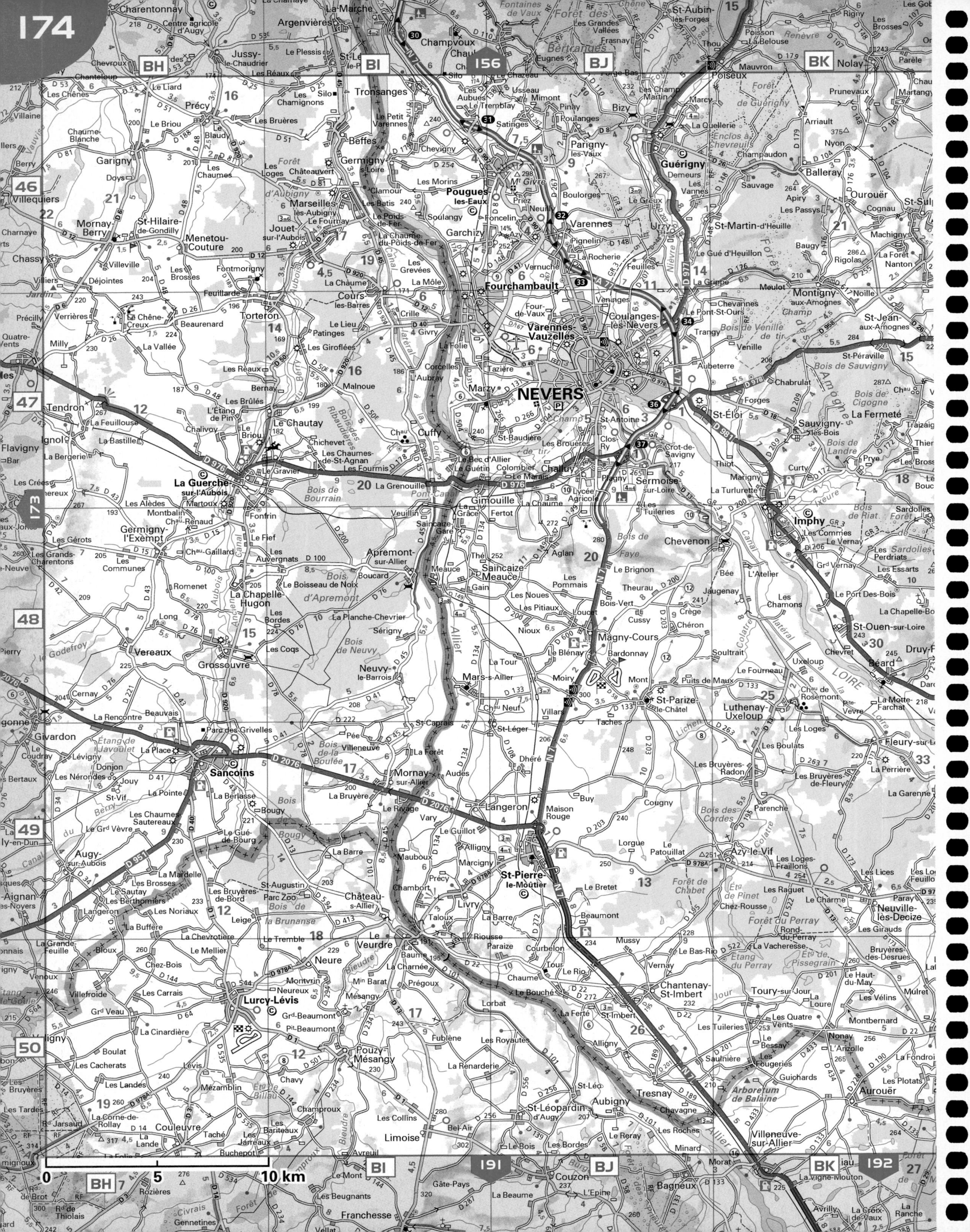

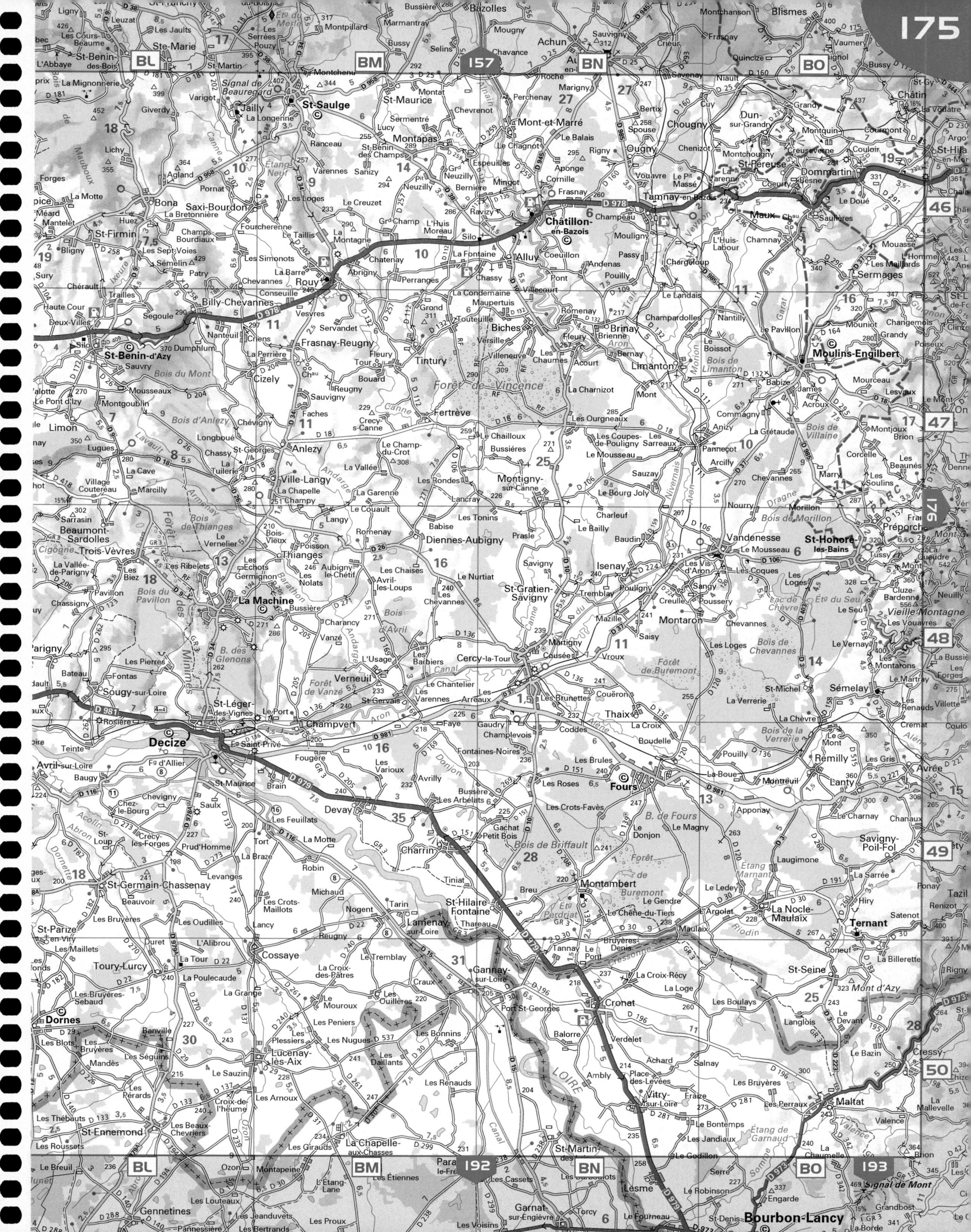
175
BL
BM
157
BN
BO
46
47
176
48
49
50
192
193
St-Saulge
St-Benin-d'Azy
Châtillon-en-Bazois
Moulins-Engilbert
La Machine
St-Honoré-les-Bains
Decize
Fours
Cercy-la-Tour
Vandenesse
Montaron
Sémelay
Rémilly
Ternant
La Nocle-Maulaix
Cronat
Dornes
Lucenay-lès-Aix
Cossaye
Devay
Champvert
Verneuil
St-Léger-des-Vignes
Diennes-Aubigny
Thianges
St-Gratien-Savigny
Isenay
Limanton
Biches
Tintury
Frasnay-Reugny
Anlezy
Ville-Langy
Montigny-sur-Canne
Forêt de Vincence
Forêt de Buremont
Bois de Briffault
Montambert
St-Hilaire-Fontaine
Charrin
Gannay-sur-Loire
Vitry-sur-Loire
Maltat
Cressy
St-Seine
Bourbon-Lancy
Garnat-sur-Engièvre
Gennetines
St-Ennemond
Toury-Lurcy
St-Germain-Chassenay
Sougy-sur-Loire
Rouy
Alluy
Tamnay-en-Bazois
Dun-sur-Grandry
Achun
Bazolles
LOIRE
D 978
D 981
D 979
D 973

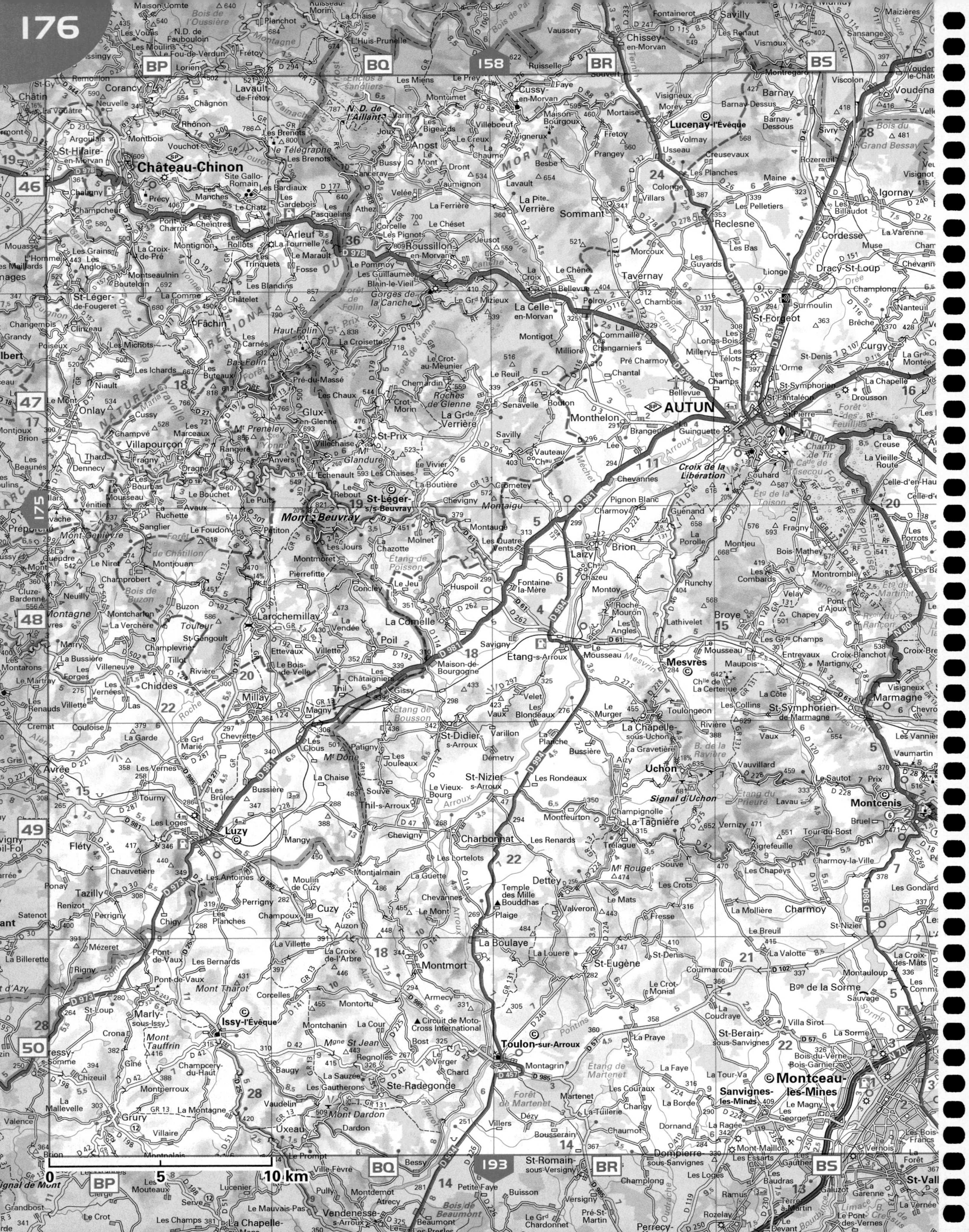
BP
BQ
158
BR
BS
46
47
48
49
50
175
193
Château-Chinon
Site Gallo-Romain
Lucenay-l'Évêque
MORVAN
AUTUN
St-Léger-s/s-Beuvray
Mont Beuvray
Haut-Folin
Mt Preneley
Gorges de la Canche
Roches de Glenne
Croix de la Libération
Larochemillay
Luzy
Étang-s-Arroux
Mesvres
Uchon
Signal d'Uchon
St-Didier-s-Arroux
St-Nizier-s-Arroux
Charbonnat
Temple des Mille Bouddhas
La Boulaye
Toulon-sur-Arroux
Issy-l'Évêque
Montmort
Cuzy
Ste-Radegonde
Mont Dardon
Uxeau
Montcenis
Montceau-les-Mines
Sanvignes-les-Mines
St-Forgeot
Curgy
Dracy-St-Loup
Cordesse
Igornay
Reclesne
Tavernay
Sommant
La Celle-en-Morvan
Monthelon
Broye
Marmagne
St-Symphorien-de-Marmagne
La Chapelle-sous-Uchon
La Tagnière
St-Eugène
Charmoy
St-Berain-sous-Sanvignes
Arleuf
Anost
Roussillon-en-Morvan
Glux-en-Glenne
Villapourçon
Onlay
Chiddes
Millay
Poil
La Comelle
Laizy
Brion
Savilly
Chissey-en-Morvan
Cussy-en-Morvan
Circuit de Moto-Cross International
0
5
10 km

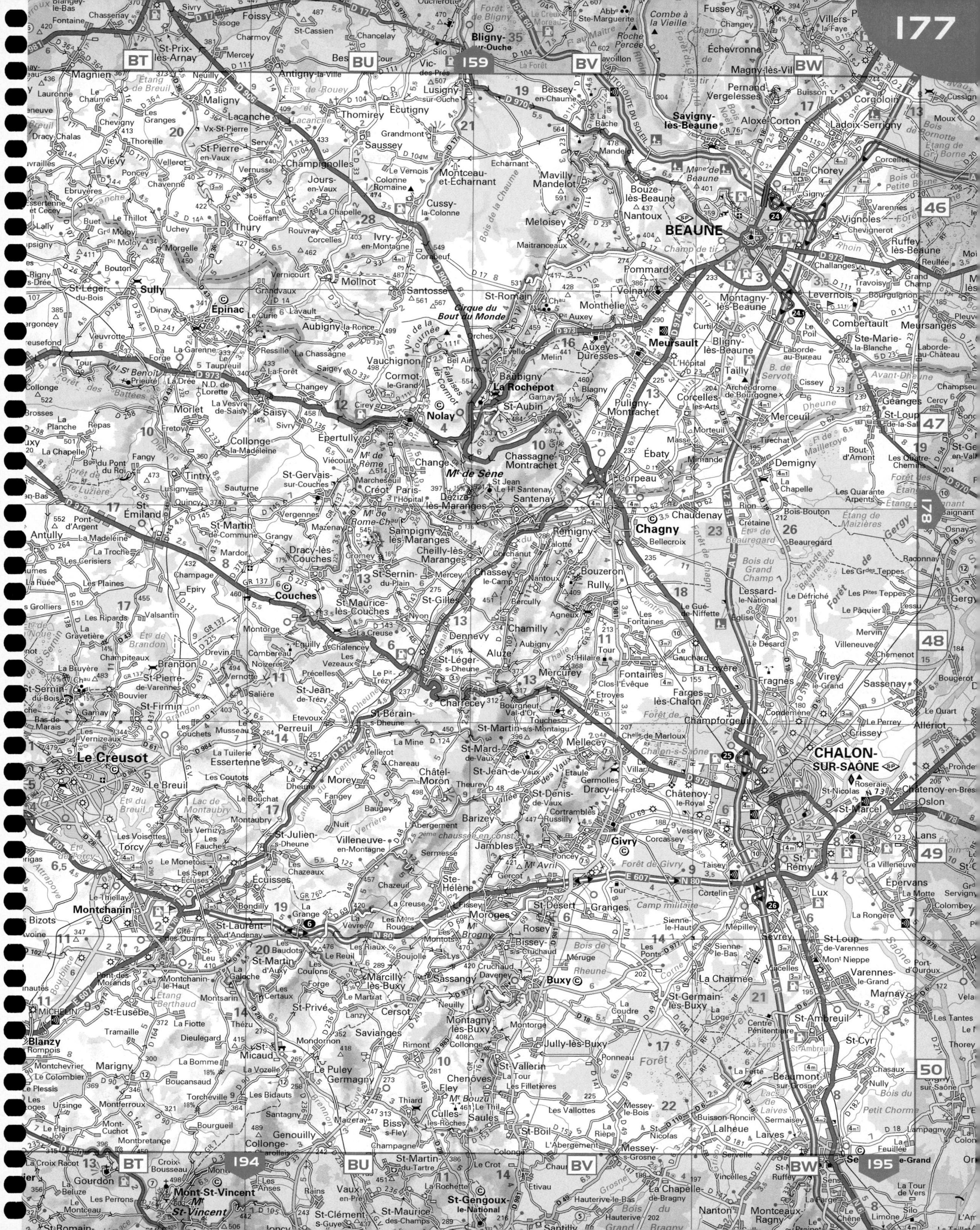

BT
BU
159
BV
BW
Bligny-sur-Ouche
Sivry
Foissy
Chancelay
St-Cassien
St-Prix-lès-Arnay
Magnien
Antigny-la-Ville
Vic-des-Prés
Lusigny-sur-Ouche
Bessey-en-Chaume
Savigny-lès-Beaune
Pernand-Vergelesses
Aloxe-Corton
Ladoix-Serrigny
Corgoloin
Échevronne
Magny-lès-Villers
Fussey
Combe à la Vieille
Maligny
Lacanche
Thomirey
Écutigny
Saussey
Champignolles
Jours-en-Vaux
Montceau-et-Echarnant
Cussy-la-Colonne
Mavilly-Mandelot
Bouze-lès-Beaune
Nantoux
BEAUNE
Chorey
Vignoles
Ruffey-lès-Beaune
Thury
Ivry-en-Montagne
Meloisey
Pommard
Volnay
Montagny-lès-Beaune
Levernois
Combertault
Meursanges
Sully
Épinac
Molinot
Santosse
St-Romain
Monthelie
Auxey-Duresses
Meursault
Bligny-lès-Beaune
Tailly
Aubigny-la-Ronce
Vauchignon
Cirque du Bout du Monde
Cormot-le-Grand
Baubigny
La Rochepot
St-Aubin
Puligny-Montrachet
Corcelles-les-Arts
Merceuil
Morlet
Saisy
Nolay
Épertully
Chassagne-Montrachet
Ébaty
Demigny
Collonge-la-Madeleine
Mt de Sène
Change
Santenay
Corpeau
Chagny
Chaudenay
St-Gervais-sur-Couches
Créot
Paris-l'Hôpital
Dezize-lès-Maranges
St-Émiland
St-Martin-de-Commune
Sampigny-lès-Maranges
Cheilly-lès-Maranges
Remigny
Dracy-lès-Couches
Chassey-le-Camp
Bouzeron
Rully
Couches
St-Sernin-du-Plain
St-Maurice-lès-Couches
St-Gilles
Dennevy
Chamilly
Aluze
Mercurey
Fontaines
Farges-lès-Chalon
Fragnes
Brandon
St-Pierre-de-Varennes
St-Sernin-du-Bois
St-Léger-s-Dheune
St-Jean-de-Trézy
Charrecey
St-Firmin
St-Bérain-s-Dheune
Perreuil
St-Martin-s/s-Montaigu
Mellecey
Champforgeuil
Le Creusot
Essertenne
St-Mard-de-Vaux
Châtel-Moron
St-Jean-de-Vaux
CHALON-SUR-SAÔNE
Le Breuil
Morey
St-Denis-de-Vaux
Dracy-le-Fort
Châtenoy-le-Royal
St-Marcel
Torcy
St-Julien-s-Dheune
Villeneuve-en-Montagne
Barizey
Jambles
Givry
St-Rémy
Écuisses
Ste-Hélène
St-Désert
Montchanin
St-Laurent-d'Andenay
Moroges
Rosey
Sevrey
St-Martin-d'Auxy
Marcilly-lès-Buxy
Sassangy
Buxy
St-Germain-lès-Buxy
Varennes-le-Grand
St-Eusèbe
St-Privé
Cersot
Montagny-lès-Buxy
St-Ambreuil
Blanzy
Marigny
Mont-Saint-Vincent
Le Puley
Germagny
Saviange
Jully-lès-Buxy
St-Vallerin
Chenôves
Beaumont-sur-Grosne
Genouilly
Collonge-en-Charollais
Bissy-s-Fley
Culles-les-Roches
Saules
St-Boil
Messey-s-Grosne
Lalheue
Laives
Gourdon
194
195
St-Gengoux-le-National
St-Martin-du-Tartre
46
47
48
49
50
178

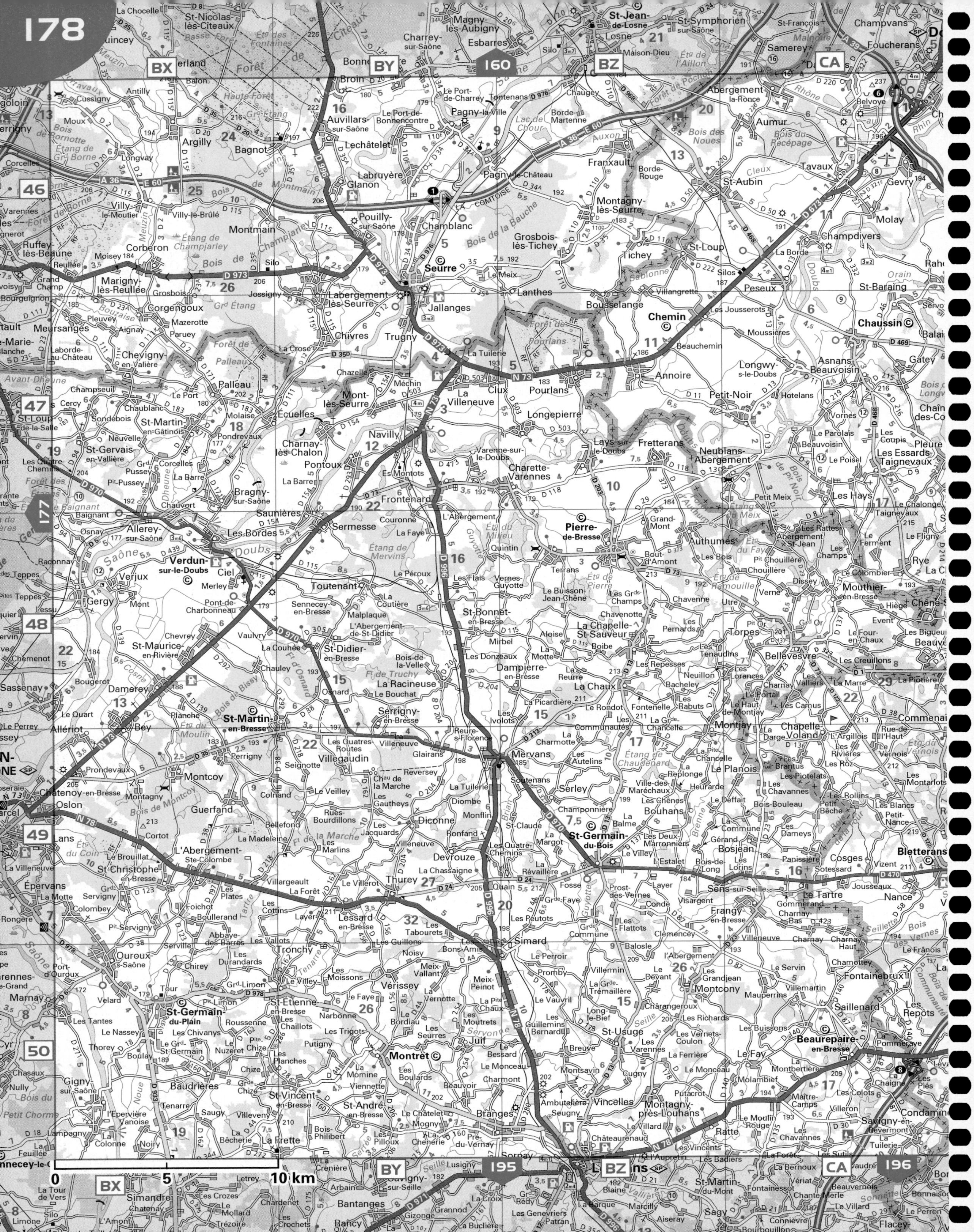
St-Nicolas-lès-Cîteaux
Magny-lès-Aubigny
St-Jean-de-Losne
St-Symphorien-sur-Saône
Champvans
Foucherans
Samerey
Losne
Esbarres
Charrey-sur-Saône
Broin
Auvillars-sur-Saône
Pagny-la-Ville
Pagny-le-Château
Abergement-la-Ronce
Aumur
Tavaux
Gevry
Moux
Argilly
Bagnot
Lechâtelet
Labruyère
Glanon
Franxault
St-Aubin
Montagny-lès-Seurre
Villy-le-Moutier
Pouilly-sur-Saône
Chamblanc
Montmain
Corberon
Grosbois-lès-Tichey
Tichey
St-Loup
Champdivers
Molay
Ruffey-lès-Beaune
Marigny-lès-Reullée
Seurre
Labergement-lès-Seurre
Jallanges
Lanthes
Bousselange
Chemin
Peseux
St-Baraing
Chaussin
Corgengoux
Meursanges
Chivres
Trugny
Annoire
Longwy-sur-le-Doubs
Asnans-Beauvoisin
Gatey
Chevigny-en-Valière
Palleau
Mont-lès-Seurre
La Villeneuve
Clux
Pourlans
Petit-Noir
Écuelles
Longepierre
St-Martin-en-Gâtinois
St-Gervais-en-Vallière
Charnay-lès-Chalon
Navilly
Pontoux
Lays-sur-le-Doubs
Fretterans
Neublans-Abergement
Charette-Varennes
Bragny-sur-Saône
Frontenard
Pierre-de-Bresse
Les Hays
Allerey-sur-Saône
Saunières
Sermesse
Les Bordes
Authumes
Verdun-sur-le-Doubs
Ciel
Verjux
Gergy
Toutenant
Sennecey-en-Bresse
St-Bonnet-en-Bresse
La Chapelle-St-Sauveur
Mouthier-en-Bresse
Torpes
Bellevesvre
St-Maurice-en-Rivière
St-Didier-en-Bresse
Dampierre-en-Bresse
La Chaux
Damerey
Sassenay
St-Martin-en-Bresse
Serrigny-en-Bresse
La Racineuse
Montjay
Chapelle-Voland
Alleriot
Bey
Villegaudin
Mervans
Le Planois
Montcoy
Guerfand
Serley
Bouhans
Châtenoy-en-Bresse
Oslon
Lans
Diconne
St-Germain-du-Bois
Bosjean
Bletterans
L'Abergement-Ste-Colombe
St-Christophe-en-Bresse
Devrouze
Thurey
Sens-sur-Seille
Cosges
Épervans
Lessard-en-Bresse
Simard
Frangy-en-Bresse
Nance
Ouroux-sur-Saône
Tronchy
Fontainebrux
Vérissey
Montcony
St-Germain-du-Plain
St-Étienne-en-Bresse
Saillenard
Beaurepaire-en-Bresse
Juif
St-Usuge
Montret
Baudrières
Gigny-sur-Saône
St-Vincent-en-Bresse
St-André-en-Bresse
Branges
Vincelles
Montagny-près-Louhans
Savigny-en-Revermont
Ratte
La Frette
Louhans
Simandre
Bantanges
Sagy
St-Martin-du-Mont
Sornay
BX
BY
BZ
CA
160
177
195
196
46
47
48
49
50
0
5
10 km

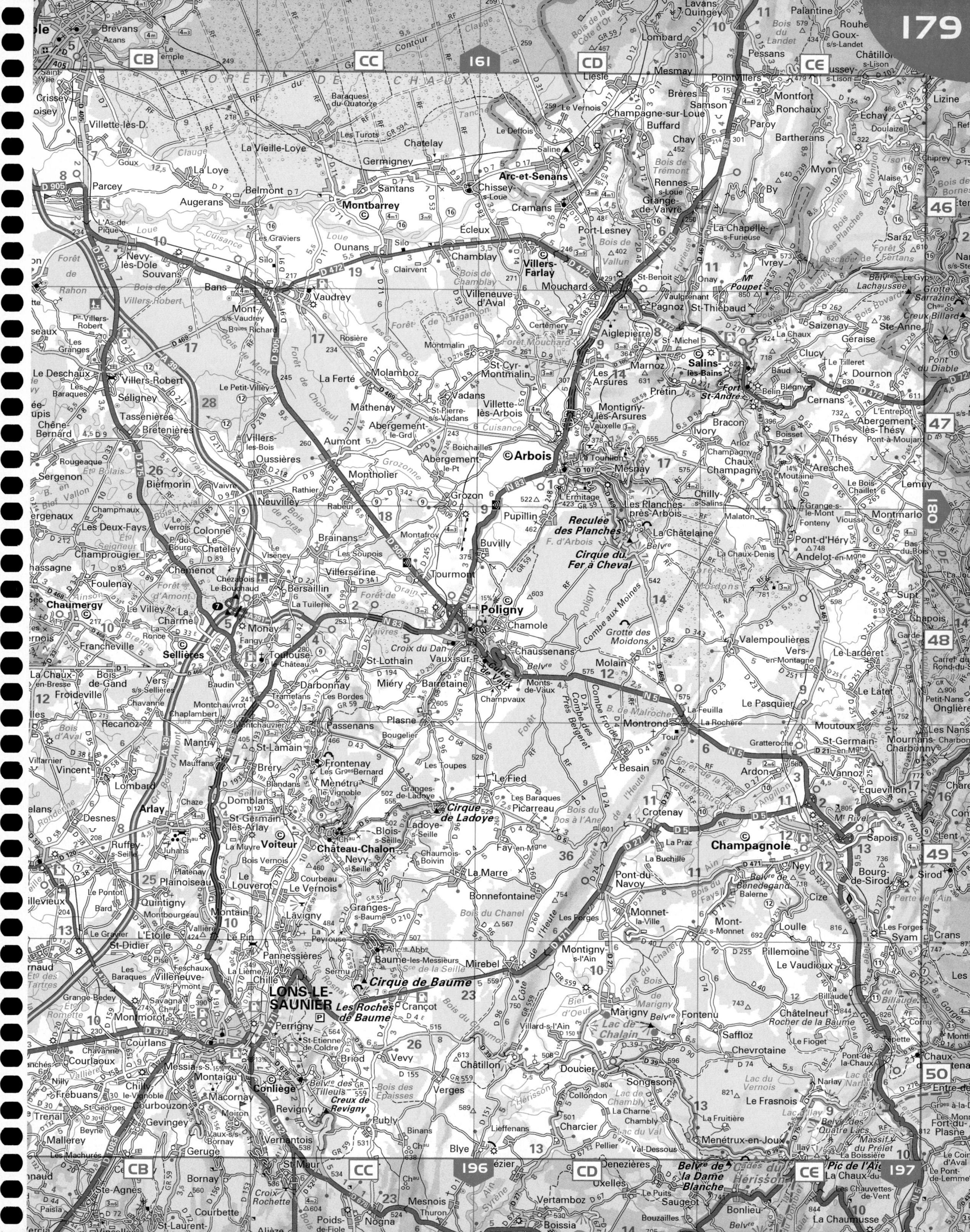
179
CB
CC
161
CD
CE
Forêt de Chaux
Arc-et-Senans
Montbarrey
Villers-Farlay
Mouchard
Salins-les-Bains
Fort St-André
Arbois
Reculée des Planches
Cirque du Fer à Cheval
Poligny
Chaumergy
Sellières
Arlay
Voiteur
Château-Chalon
Cirque de Ladoye
Champagnole
Lons-le-Saunier
Cirque de Baume
Les Roches de Baume
Baume-les-Messieurs
Conliège
Creux de Revigny
Lac de Chalain
Pic de l'Aigle
Belvre de la Dame Blanche
Culée de Vaux
Grotte des Moidons
Forêt des Moidons
Bourg-de-Sirod
Nozeroy
Clucy
Dournon
Mont Poupet
Vaudrey
Tourmont
Montrond
Crotenay
Doucier
Châtillon
Mirebel
Pont-du-Navoy
46
47
48
49
50
180
196
197

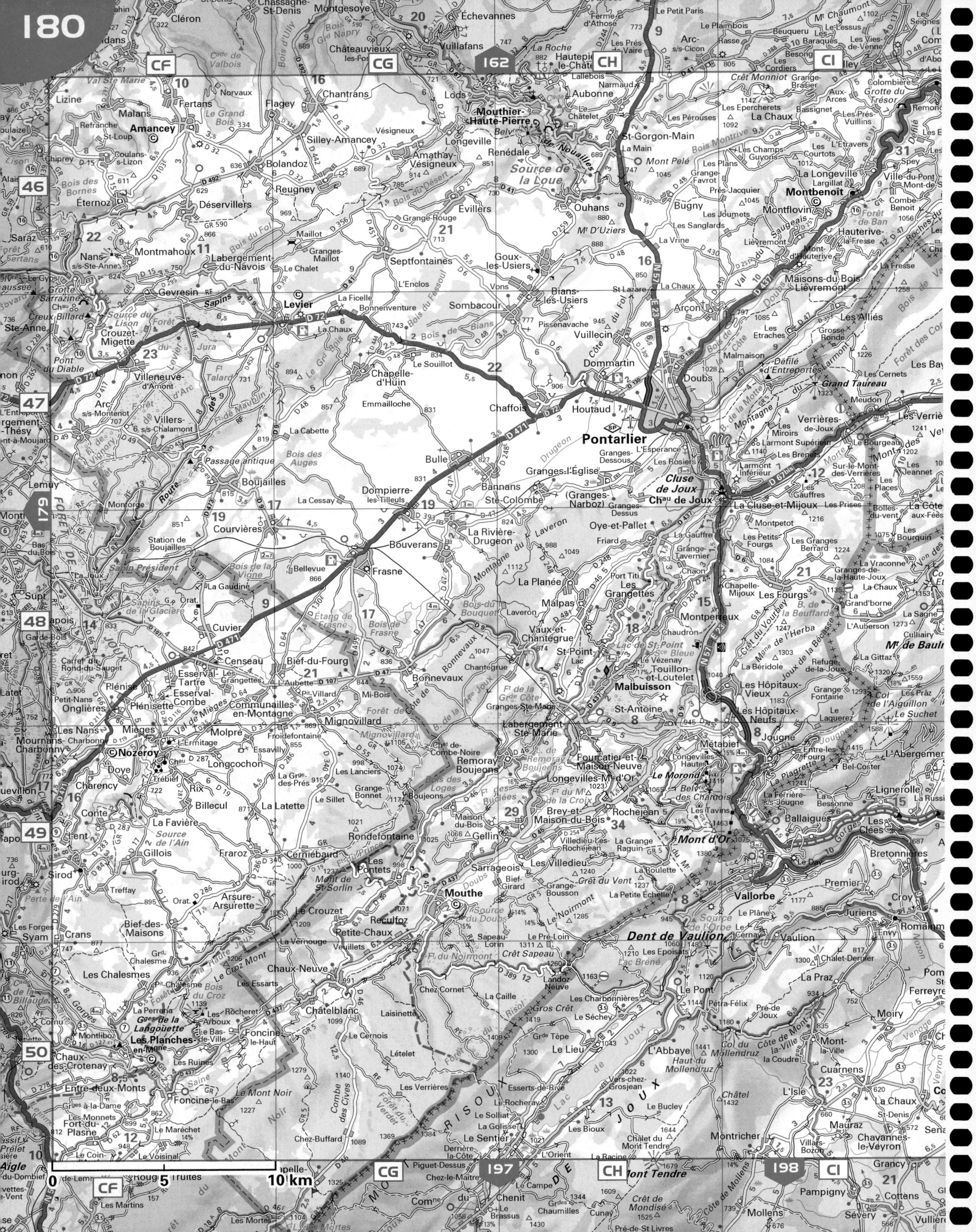

CF
CG
162
CH
CI
Cléron
Chassagne-St-Denis
Montgesoye
Échevannes
Vuillafans
Châteauvieux-les-Fossés
La Roche
Hautepierre-le-Châtel
Arc-s/s-Cicon
Le Plaimbois
Mt Chaumont
Val Ste Marie
Norvaux
Fertans
Flagey
Chantrans
Lods
Mouthier-Haute-Pierre
Aubonne
Narmaud
Crêt Monniot
Lizine
Malans
Amancey
Refranche
St-Loup
Silley-Amancey
Longeville
Renédale
Gorges de Nouailles
St-Gorgon-Main
La Chaux
Grotte du Trésor
Coulans-s-Lizon
Bolandoz
Amathay-Vésigneux
Source de la Loue
Mont Pelé
Les Plans
La Longeville
Lison
Reugney
Éternoz
Bois des Bornes
Déservillers
Évillers
Ouhans
Bugny
Montbenoît
Montflovin
Grange-Rouge
Mt D'Uziers
Les Sanglards
Maillot
Saraz
Nans-s/s-Ste-Anne
Montmahoux
Labergement-du-Navois
Septfontaines
Goux-les-Usiers
La Vrine
Hauterive-la-Fresse
Lièvremont
Le Chalet
L'Enclos
Sombacour
Bians-les-Usiers
Vons
St Lazare
La Chaux
Arçon
Maisons-du-Bois-Lièvremont
Gevresin
Levier
La Ficelle
Bonnenventure
Les Alliés
Ste-Anne
Crouzet-Migette
Source du Lison
Grotte Sarrazine
Creux Billard
La Chaux
Bois de Bians
Pissenavache
Vuillecin
Côte du Fol
Dommartin
Doubs
Malmaison
Défilé d'Entreportes
Grand Taureau
Pont du Diable
Villeneuve-d'Amont
Forêt du Jura
Chapelle-d'Huin
Le Souillot
Emmailloche
Chaffois
Houtaud
Pontarlier
Les Cernets
Les Bayards
Meudon
Verrières-de-Joux
Les Verrières
Arc-s/s-Montenot
Villers-s/s-Chalamont
La Cabette
Bois des Auges
Bulle
Granges-Dessous
L'Espérance
Les Rosiers
Larmont Supérieur
Les Miroirs
Les Brenets
Passage antique
Boujailles
Granges-l'Église
Cluse de Joux
Chau de Joux
Lemuy
Dompierre-les-Tilleuls
Bannans
Ste-Colombe
(Granges-Narboz)
La Cluse-et-Mijoux
Les Places
Montorge
La Cessay
Courvières
Station de Boujailles
La Rivière-Drugeon
Oye-et-Pallet
Montpetot
Bouverans
Friard
La Gauffre
Les Petits-Fourgs
Les Granges Berrard
Bellevue
Frasne
Grange-Tavernier
Chaon
La Vraconne
Sapin Président
La Joux
La Gaudine
Montagne du Laveron
La Planée
Port Titi
Les Grangettes
Chapelle-Mijoux
Les Fourgs
Granges-de-la-Haute-Joux
La Chaux
Sapins de la Glacière
Étang de Frasne
Bois de Frasne
Bois du Bouquet
Malpas
Laveron
Montperreux
La Grand'borne
La Sagne
Mt de Baulmes
Cuvier
Vaux-et-Chantegrue
Lac de St-Point
Source Bleue
Chaudron
L'Auberson
Garde-Bois
Carre du Rond-du-Sauget
Censeau
Bief-du-Fourg
Bonnevaux
Chantegrue
St-Point-Lac
Le Vezenay
Touillon-et-Loutelet
Malbuisson
La Béridole
Refuge de-la-Joux
La Gittaz
Plénise
Esserval-Tartre
Les Grangettes
L'Aubette
Mi-Bois
Les Hôpitaux-Vieux
Grange Fontaine
Col de l'Aiguillon
Le Suchet
Petit-Nans
Onglières
Plénisette
Esserval-Combe
Communailles-en-Montagne
Mignovillard
Granges-Ste-Marie
St-Antoine
Les Hôpitaux-Neufs
Le Laquerez
Les Nans
Mournans-Charbonny
Mièges
Molpré
L'Ermitage
Froidefontaine
Labergement-Ste-Marie
Jougne
Métabief
Nozeroy
Essavilly
Chet de Combe-Noire
Remoray-Boujeons
Foucatier-et-Maison-Neuve
Entre-les-Fourg
L'Abergement
Bel-Coster
Doye
Longcochon
Les Lanciers
Longevilles-Hautes
Le Morond
Charency
Trébief
Rix
La Grge des-Prés
Grange-Bonnet
Boujeons
Longevilles-Mt-d'Or
Belvédère des Chamois
Ligneroll
Billecul
Le Sillet
La Ferrière-s/s-Jougne
La Bessonne
Les Tavins
Ballaigues
Conte
La Latette
Maison-du-Bois
Brey-et-Maison-du-Bois
Rochejean
Les Clées
La Favière
Source de l'Ain
Rondefontaine
Gellin
Villedieu-Les-Rochejean
La Grange Raguin
Mont d'Or
Lent
Gillois
Fraroz
Cerniébaud
Les Pontets
Les Villedieu
Bretonnières
Sirod
Treffay
Mont de St Sorlin
Sarrageois
Bief-Girard
Crêt du Vent
La Roulette
Grange-Bousson
La Petite Échelle
Le Day
Premier
Arsure-Arsurette
Mouthe
Vallorbe
Croy
Perte de l'Ain
Le Crouzet
Source du Doubs
Le Noirmont
Juriens
Romainmôtier
Les Forges
Syam
Crans
Bief-des-Maisons
Reculfoz
Petite-Chaux
Sapeau
Le Pré-Loin
Source de l'Orbe
Le Cernay
Dent de Vaulion
Vaulion
Envy
La Vernouge
Veuillets
Crêt Sapeau
Les Epoisats
Chalet-Dernier
Chalesme
Les Chalesmes
Le Croz Mont
Chaux-Neuve
Lac Brenet
Pt Chalesme
Bois du Croz
Les Essarts
Landoz-Neuve
Le Pont
La Praz
Gorges de la Langouette
La Perrena
Rocherel
Les Arboux
Chez Cornet
La Caille
Gros Crêt
Les Charbonnières
Pétra-Félix
Ferreyres
Cornu
Châtelblanc
Laisinette
Le Séchey
Pré-de-Joux
Moiry
Montliboz
Les Planches-en-Mgne
Le Bas-de-Ville
Foncine-le-Haut
Le Cernois
Grde Tèpe
Mont-la-Ville
Chaux-des-Crotenay
Les Ruines
Lételet
Le Lieu
L'Abbaye
Col du Mollendruz
Haut du Mollendruz
La Coudre
Cuarnens
Entre-deux-Monts
Saine
Foncine-le-Bas
Les Verrières
Esserts-de-Rive
Vers-chez-Grosjean
Forêt du Risoux
Lac de Joux
Châtel
L'Isle
Grges à-la-Dame
Le Mont Noir
Les Monnets
Fort-du-Plasne
Le Maréchet
Combe des Cives
Forêt du Verdet
Le Rocheray
Le Solliat
La Golisse
Les Bioux
Le Bucley
Chalet du Mont Tendre
La Chaux
St-Denis
Mauraz
Chavannes-le-Veyron
Villars-Bozon
Montricher
Chez-Buffard
Le Sentier
L'Orient
Derrière-la-Côte
La Racine
Le Coin
Le Voisinal
Aigle
Piguet-Dessus
Mont Tendre
Chez-le-Maitre
Le Campe
Grancy
Pampigny
Cottens
Sévery
Mollens
Le Chenit
Le Brassus
Grdes Chaumilles
Crêt de Mondisé
Cunay
Pré-de-St Livres
Côte de Mollens
Les Mortes
Les Martins
Risoux
197
198
179
46
47
48
49
50
0 5 10 km

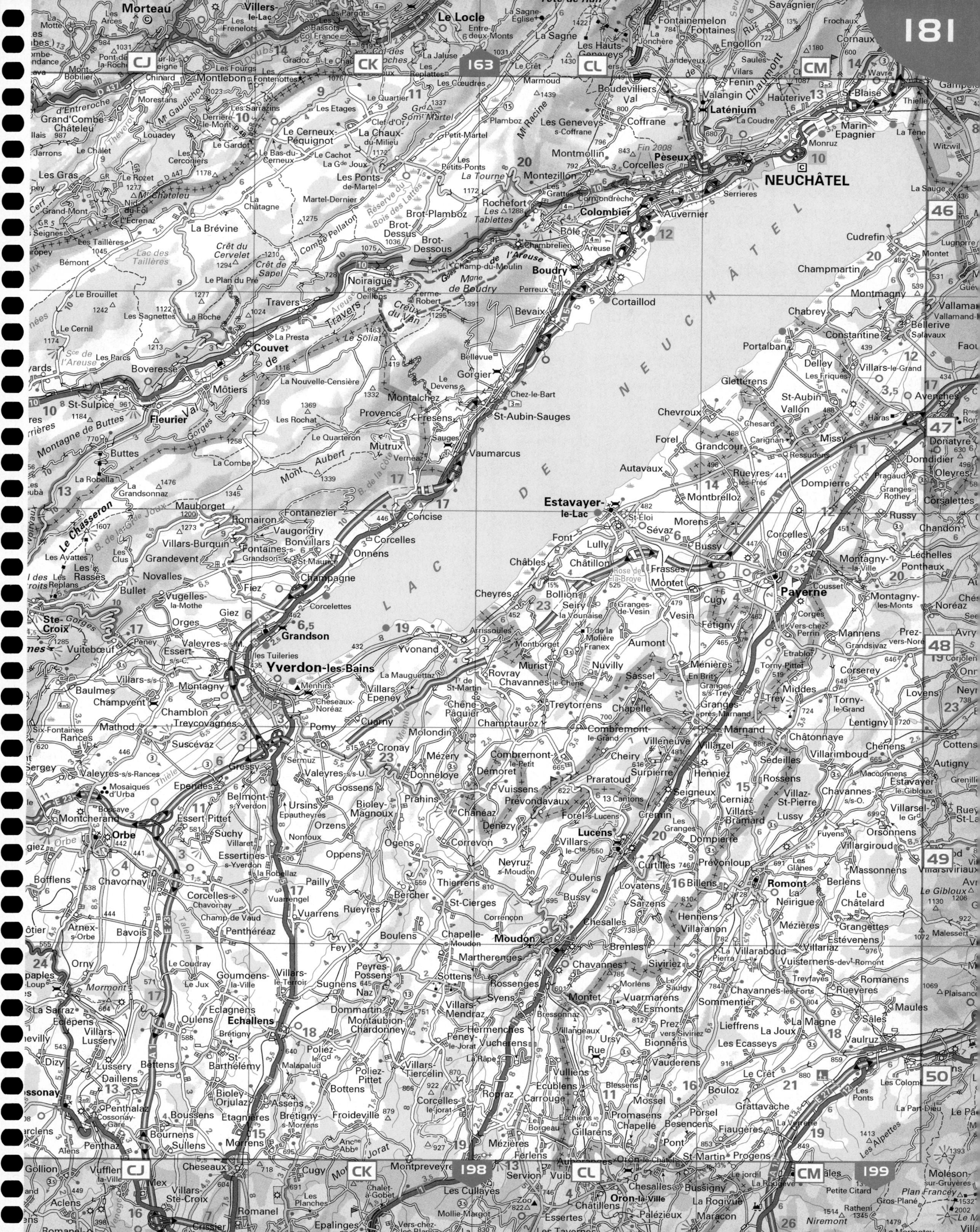
Morteau
Villers-le-Lac
Le Locle
La Sagne
Fontainemelon
Savagnier
CJ
CK
163
CL
CM
Montlebon
Les Fourgs
Boudevilliers
Valangin
Laténium
St-Blaise
Hauterive
Marin-Epagnier
Grand'Combe-Châteleu
La Chaux-du-Milieu
Le Cerneux-Péquignot
Les Geneveys-s-Coffrane
Coffrane
Montmollin
Peseux
Corcelles
NEUCHÂTEL
Les Ponts-de-Martel
Rochefort
Colombier
Auvernier
Serrières
Montezillon
La Brévine
Brot-Plamboz
Brot-Dessous
Boudry
Cortaillod
Cudrefin
Champmartin
Montmagny
Noiraigue
Travers
Couvet
Bevaix
Chabrey
Constantine
Portalban
Vallamand
Bellerive
Môtiers
Fleurier
St-Sulpice
Buttes
Boveresse
Gorgier
Chez-le-Bart
St-Aubin-Sauges
Montalchez
Provence
Fresens
Mutrux
Vaumarcus
Delley
Gletterens
Villars-le-Grand
Avenches
Chevroux
Forel
Grandcour
Missy
Autavaux
Estavayer-le-Lac
Rueyres-les-Prés
Montbrelloz
Dompierre
Domdidier
Corcelles
Concise
Onnens
Grandson
Font
Lully
Sévaz
Morens
Bussy
Payerne
Châbles
Châtillon
Frasses
Montet
Cheyres
Bollion
Seiry
Cugy
Fétigny
LAC DE NEUCHÂTEL
Ste-Croix
Vuiteboeuf
Yverdon-les-Bains
Yvonand
Arrissoules
Murist
Nuvilly
Aumont
Ménières
Sassel
Rovray
Treytorrens
Chapelle
Granges-près-Marnand
Marnand
Trey
Middes
Lovens
Lentigny
Montagny
Baulmes
Champvent
Chamblon
Treycovagnes
Mathod
Rances
Suscévaz
Pomy
Cuarny
Cronay
Molondin
Chêne-Pâquier
Champtauroz
Combremont-le-Grand
Villeneuve
Villarzel
Sédeilles
Villarimboud
Chénens
Cottens
Valeyres-s-Rances
Mosaiques d'Urba
Gressy
Ependes
Valeyres-s-Ursins
Donneloye
Mézery
Démoret
Cheiry
Surpierre
Henniez
Rossens
Orbe
Montcherand
Belmont-s-Yverdon
Essert-Pittet
Suchy
Ursins
Orzens
Bioley-Magnoux
Prahins
Chanéaz
Vuissens
Prévondavaux
Forel-s-Lucens
Praratoud
Seigneux
Cerniaz
Villars-Bramard
Villaz-St-Pierre
Lussy
Chavannes-s-O.
Villarsel-le-Gd
Orsonnens
Villargiroud
Lucens
Curtilles
Prévonloup
Romont
Chavornay
Oppens
Ogens
Correvon
Neyruz-s-Moudon
Oulens
Billens
Berlens
Massonnens
Le Châtelard
Pailly
Corcelles-s-Chavornay
Bercher
Thierrens
St-Cierges
Lovatens
Sarzens
Hennens
Villaranon
La Neirigue
Grangettes
Bavois
Penthéréaz
Vuarrens
Rueyres
Boulens
Chapelle-s-Moudon
Moudon
Chesalles
Brenles
Siviriez
Villaraboud
Vuisternens-dev^t-Romont
Orny
La Sarraz
Eclépens
Goumoens-la-Ville
Villars-le-Terroir
Sugnens
Peyres-Possens
Sottens
Martherenges
Rossenges
Syens
Chavannes
Montet
Vuarmarens
Esmonts
Sommentier
Maules
Sâles
Romanens
Rueyres
Eclagnens
Echallens
Dommartin
Montaubion-Chardonney
Villars-Mendraz
Hermenches
Vucherens
Ursy
Bionnens
Lieffrens
La Joux
La Magne
Vaulruz
Villars-Lussery
Dizy
Lussery
Bettens
St-Barthélemy
Poliez-le-Gd
Poliez-Pittet
Villars-Tiercelin
Peney-le-Jorat
Rue
Vauderens
Le Crêt
Les Ecasseys
Daillens
Bioley-Orjulaz
Bottens
Corcelles-le-Jorat
Ropraz
Carrouge
Vulliens
Ecublens
Mossel
Bouloz
Grattavache
Penthalaz
Cossonay-Gare
Boussens
Etagnières
Bretigny-s-Morrens
Froideville
Promasens
Chapelle
Porsel
Besencens
Fiaugères
Bournens
Sullens
Morrens
Mézières
Ferlens
Gillarens
Pont
St-Martin
Progens
Gollion
Vufflens-la-Ville
Cheseaux
Cugy
Montpreveyres
198
Servion
Oron-le-Châtel
Bussigny
Le Jordil
La Rougève
CM
199
Moléson-sur-Gruyères
Aclens
Mex
Villars-Ste-Croix
Romanel
Epalinges
Les Cullayes
Chesalles
Oron-la-Ville
Châtillens
Palézieux
La Rogivue
Maracon
Petite Citard
Gros-Plané
Essertes
46
47
48
49
50

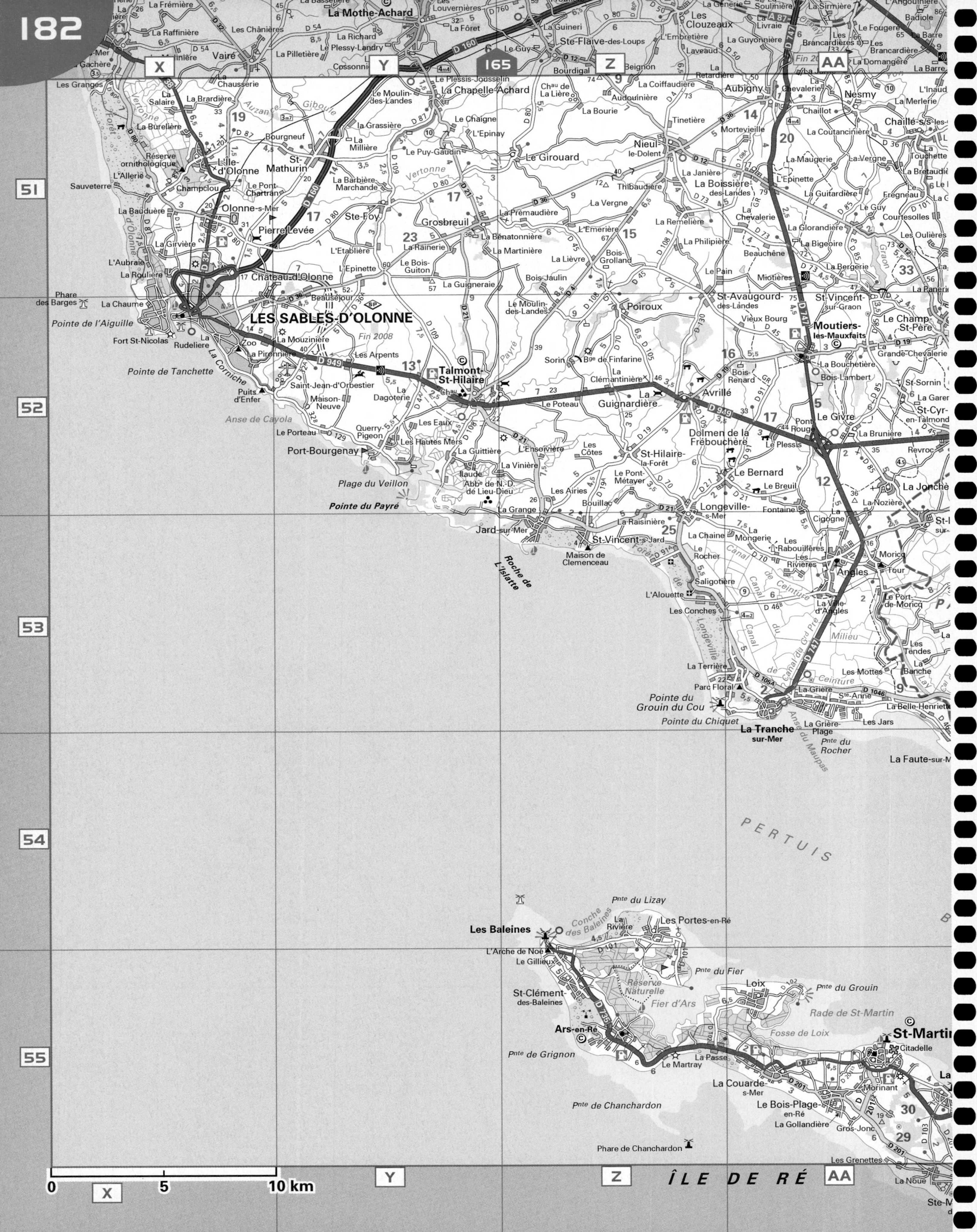
La Mothe-Achard
La Frémière
La Raffinière
Vairé
Les Chânières
La Richard
Le Plessy-Landry
La Pilletière
Cossonnière
Les Louvernières
La Forêt
Le Guy
Ste-Flaive-des-Loups
La Guinerì
Les Clouzeaux
La Génerie
Soulinière
La Sirmière
L'Angoulinière
Badiole
Livraie
La Guyonnière
L'Embretière
Laveaud
Le Fougeré
Brancardières
Les Brancardières
La Barre
La Domangère
Bourdigal
Beignon
X
Y
165
Z
AA
Les Granges
La Gachère
Chausserie
Le Plessis-Jousselin
La Chapelle-Achard
Le Moulin-des-Landes
Chau de La Lière
La Coiffaudière
Audouinière
Aubigny
Chevalerie
Nesmy
L'Inaud
La Merlerie
Chaillot
La Salaire
La Bradière
Auzance
Giboule
La Burelière
19
la Grassière
La Millière
Le Chaigne
L'Epinay
La Bourie
Tinetière
Mortevieille
14
20
Chaillé-s/s-les-Ormeaux
La Coutancinière
Réserve ornithologique
L'Ile-d'Olonne
Bourgneuf
St-Mathurin
Le Puy-Gaudin
Le Girouard
Nieul-le-Dolent
La Maugerie
La Vergne
La Touchette
La Bretaudière
L'Allerie
Champclou
Sauveterre
51
Le Pont-Chartran
La Barbière-Marchande
Vertonne
17
La Janière
La Boissière-des-Landes
L'Epinette
La Guitardière
Frégneau
Le Guy
Courtesolles
La Bauduère
Olonne-s-Mer
Ste-Foy
Grosbreuil
La Prémaudière
La Vergne
Thibaudière
La Chevalerie
La Remelière
Pierre Levée
23
La Bénatonnière
La Martinière
L'Emerière
15
La Philipière
La Glorandière
La Bigeoire
Les Oulières
La Girvière
L'Etablière
La Rainerie
Bois-Grolland
La Lièvre
Beauchêne
La Bergerie
33
L'Aubraie
La Rouliere
L'Epinette
Le Bois-Guiton
Château-d'Olonne
La Guigneraie
Bois Jaulin
Le Pain
Miotières
Phare des Barges
La Chaume
Beauséjour
LES SABLES-D'OLONNE
Le Moulin-des-Landes
Poiroux
St-Avaugourd-des-Landes
St-Vincent-sur-Graon
La Panerie
Le Champ-St-Père
Pointe de l'Aiguille
Fort St-Nicolas
Rudeliere
Zoo
La Mouzinière
Fin 2008
Vieux Bourg
Moutiers-les-Mauxfaits
La Grande-Chevalerie
La Pironnière
Les Arpents
Sorin
Bge de Finfarine
16
La Bouchetière
Bois-Lambert
Pointe de Tanchette
La Corniche
13
Talmont-St-Hilaire
La Clémantinière
Bois-Renard
St-Sornin
Saint-Jean-d'Orbestier
La Dagoterie
Chau
Avrillé
La Garenne
Puits d'Enfer
52
Maison-Neuve
Le Poteau
La Guignardière
St-Cyr-en-Talmondais
Anse de Cayola
Le Porteau
Querry-Pigeon
Les Eaux
Dolmen de la Frébouchère
Le Givre
La Brunière
Les Hautes Mers
L'Ensoivière
Les Côtes
St-Hilaire-la-Forêt
Le Plessis
Port-Bourgenay
La Guittière
La Vinière
Revroc
Plage du Veillon
Ilaude
Abbe de N.-D. de Lieu-Dieu
Le Pont-Métayer
Le Bernard
Le Breuil
12
La Jonchère
Les Airies
Bouillac
Fontaine
La Nozière
Pointe du Payré
La Grange
Longeville-s-Mer
Cigogne
Jard-sur-Mer
La Raisinière
25
St-Vincent-s-Jard
La Chaine
La Mongerie
Les Rabouillères
Les Rivières
Moricq
Tour
Maison de Clemenceau
Le Rocher
Roche de L'Islatte
Angles
Saligotière
L'Alouette
Canal de Ceinture
Le Port-de-Moricq
La Ville-d'Angles
Les Conches
53
Milieu
Les Tendes
La Banche
Longeville
La Terrière
Les Mottes
Parc Floral
La Grière
Ste-Anne
La Belle-Henriette
Pointe du Grouin du Cou
Pointe du Chiquet
La Tranche-sur-Mer
La Grière-Plage
Les Jars
Pte du Rocher
Anse du Maupas
La Faute-sur-Mer
PERTUIS
54
Pte du Lizay
Les Baleines
Conche des Baleines
La Rivière
Les Portes-en-Ré
L'Arche de Noé
Le Gillieux
Pte du Fier
Réserve Naturelle
Fier d'Ars
Loix
Pte du Grouin
St-Clément-des-Baleines
Rade de St-Martin
Ars-en-Ré
Fosse de Loix
St-Martin
Citadelle
55
Pte de Grignon
Le Martray
La Passe
La Couarde-s-Mer
Morinant
30
Pte de Chanchardon
Le Bois-Plage-en-Ré
La Gollandière
Gros-Jonc
29
Phare de Chanchardon
Les Grenettes
ÎLE DE RÉ
La Noue
Ste-Marie
0
5
10 km

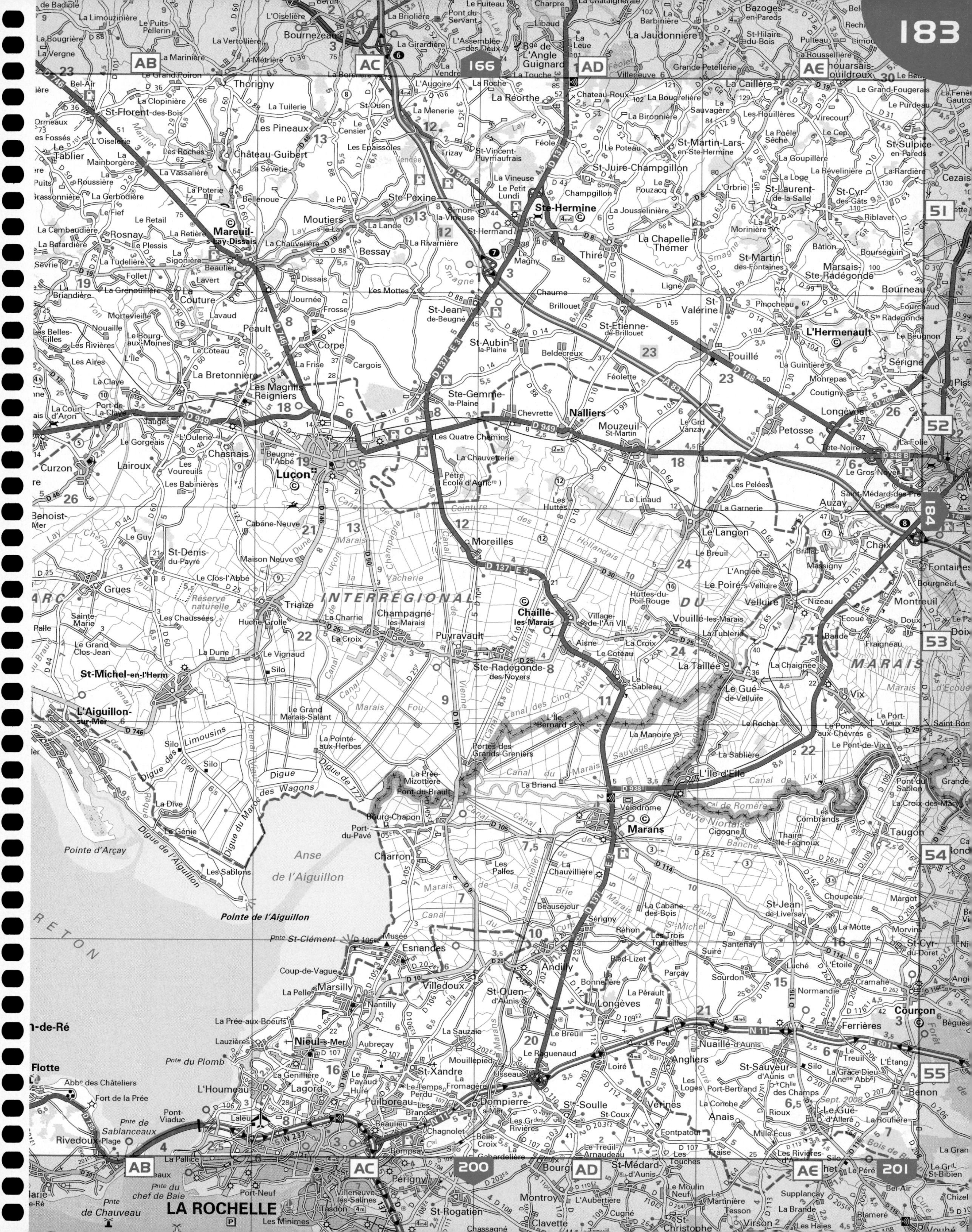
AB
AC
AD
AE
166
184
200
201
51
52
53
54
55
Bournezeau
La Jaudonnière
Bazoges-en-Pareds
St-Hilaire-du-Bois
Thorigny
La Réorthe
Chateau-Roux
Le Grand-Fougerais
St-Florent-des-Bois
Les Pineaux
Château-Guibert
Féole
St-Martin-Lars-en-Ste-Hermine
St-Sulpice-en-Pareds
Cezais
St-Juire-Champgillon
St-Laurent-de-la-Salle
St-Cyr-des-Gâts
Ste-Pexine
Ste-Hermine
Mareuil-s-Lay-Dissais
Moutiers-s-le-Lay
Rosnay
Bessay
La Chapelle-Thémer
St-Martin-des-Fontaines
Marsais-Ste-Radégonde
Thiré
Bourneau
La Couture
St-Jean-de-Beugné
St-Etienne-de-Brillouet
St-Valérine
L'Hermenault
Péault
Corpe
St-Aubin-la-Plaine
Pouillé
Sérigné
La Bretonnière
Les Magnils-Reigniers
Ste-Gemme-la-Plaine
Nalliers
Mouzeuil-St-Martin
Petosse
Longèves
Chasnais
Lairoux
Curzon
Luçon
Les Quatre Chemins
Auzay
Le Langon
Moreilles
Chaix
Grues
St-Denis-du-Payré
Triaize
Champagné-les-Marais
Chaillé-les-Marais
Vouillé-les-Marais
Le Poiré-s-Velluire
Velluire
Montreuil
Fontaines
Puyravault
Ste-Radegonde-des-Noyers
St-Michel-en-l'Herm
L'Aiguillon-sur-Mer
La Taillée
Le Gué-de-Velluire
Vix
INTERRÉGIONAL
MARAIS
L'Ile-d'Elle
Marans
Taugon
Pointe d'Arçay
Anse de l'Aiguillon
Charron
Pointe de l'Aiguillon
Digue de l'Aiguillon
Digue du Maroc des Wagons
St-Jean-de-Liversay
Esnandes
Andilly
Marsilly
Villedoux
St-Ouen-d'Aunis
Longèves
Nieul-s-Mer
Courçon
Ferrières
Nuaillé-d'Aunis
Angliers
St-Sauveur-d'Aunis
Benon
L'Houmeau
Lagord
St-Xandre
Puilboreau
Dompierre-s-Mer
Ste-Soulle
Vérines
Anais
Rivedoux-Plage
LA ROCHELLE
Périgny
St-Médard-d'Aunis
Bourgneuf
Montroy
Clavette
St-Rogatien
St-Christophe
Virson
La Jarrie
Le Thou

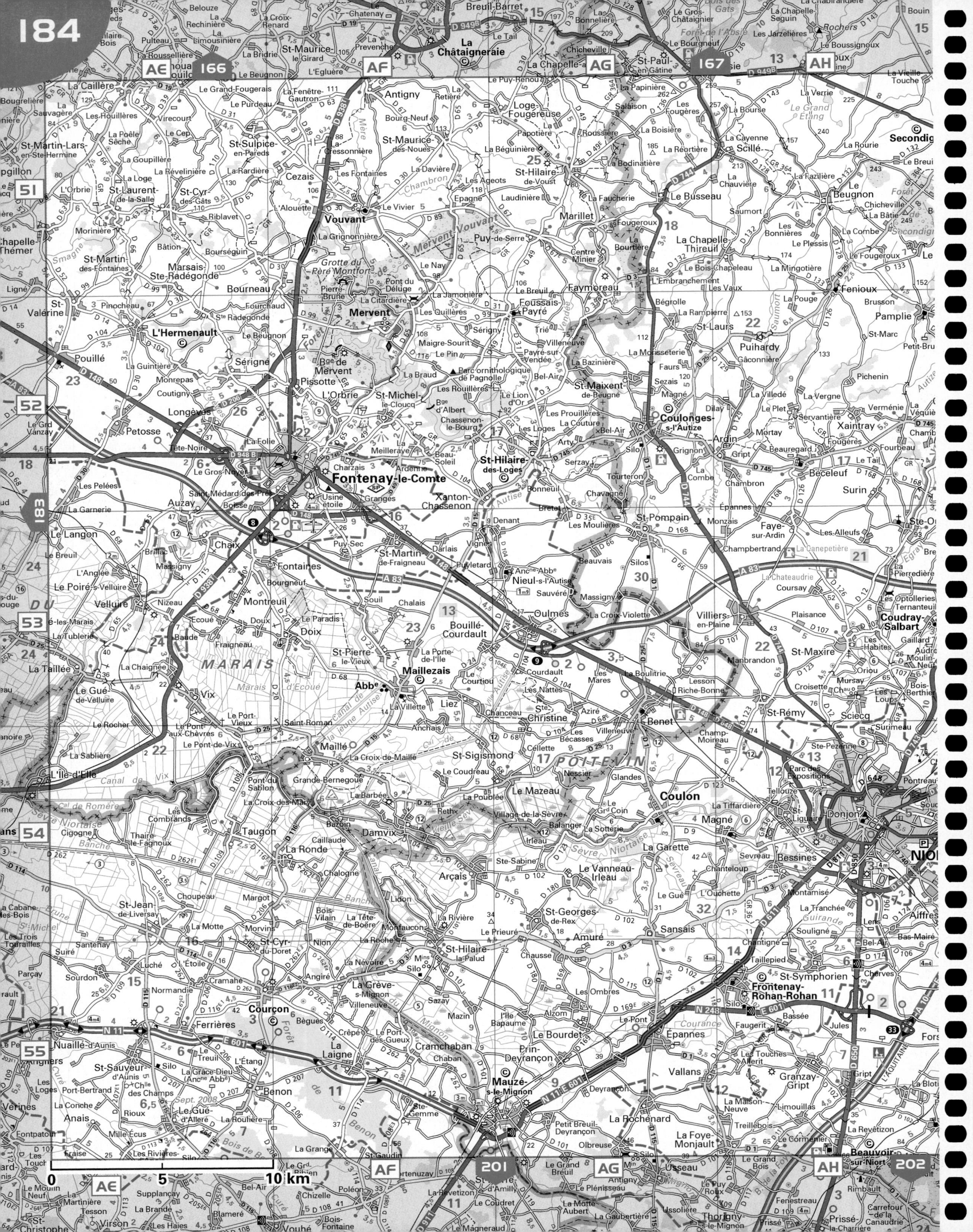

166
167
183
201
202
AE
AF
AG
AH
51
52
53
54
55
La Châtaigneraie
Vouvant
Mervent
L'Hermenault
Fontenay-le-Comte
St-Hilaire-des-Loges
Coulonges-s-l'Autize
Maillezais
Benet
Coulon
Niort
Marais Poitevin
Courçon
Mauzé-s-le-Mignon
Frontenay-Rohan-Rohan
Beauvoir-sur-Niort
Coudray-Salbart
Sept. 2008
0
5
10 km

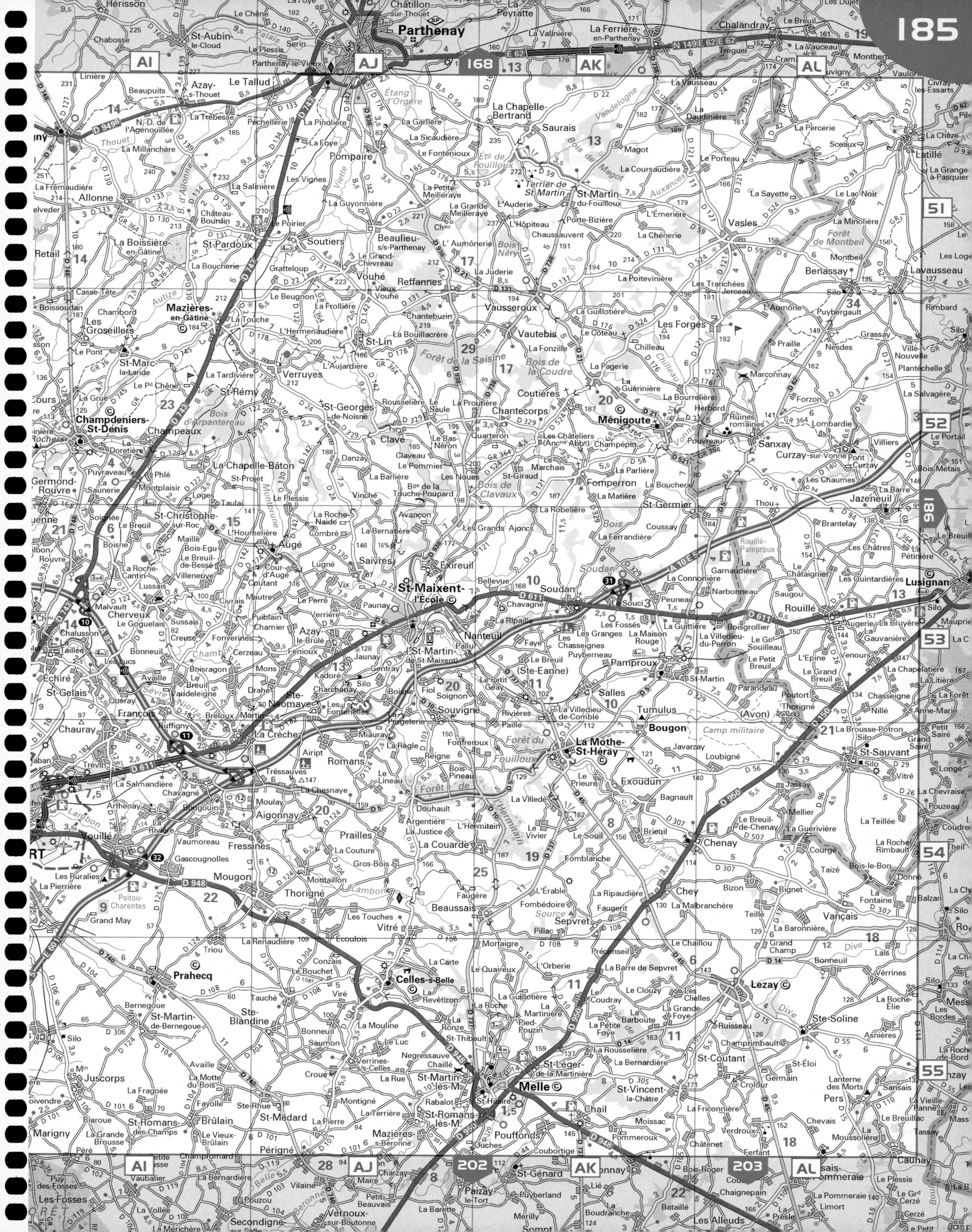

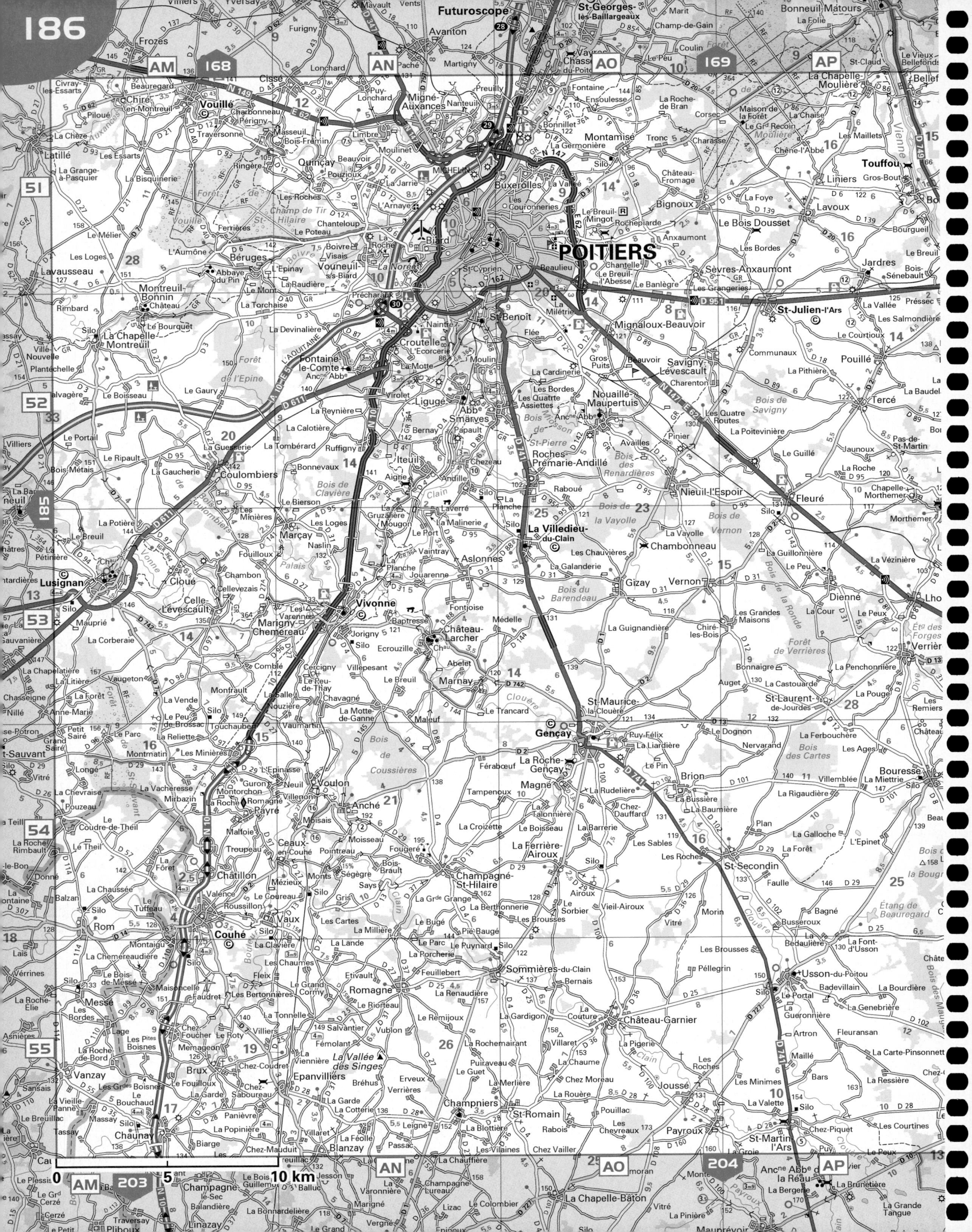

Futuroscope
St-Georges-lès-Baillargeaux
Bonneuil-Matours
Avanton
Vouillé
Migné-Auxances
Quinçay
Buxerolles
Montamisé
Touffou
POITIERS
Béruges
Vouneuil-s/s-Biard
Biard
St-Benoît
Mignaloux-Beauvoir
St-Julien-l'Ars
Savigny-Lévescault
Nouaillé-Maupertuis
Lavausseau
Montreuil-Bonnin
La Chapelle-Montreuil
Fontaine-le-Comte
Croutelle
Ligugé
Smarves
Coulombiers
Lusignan
Iteuil
Roches-Prémarie-Andillé
Nieuil-l'Espoir
Fleuré
La Villedieu-du-Clain
Marçay
Vivonne
Aslonnes
Gizay
Vernon
Dienné
Celle-Lévescault
Marigny-Chémereau
Château-Larcher
Marnay
St-Maurice-la-Clouère
Gençay
St-Laurent-de-Jourdes
La Roche-Gençay
Magné
Brion
Bouresse
Voulon
Anché
Payré
Châtillon
Champagné-St-Hilaire
La Ferrière-Airoux
St-Secondin
Couhé
Vaux
Sommières-du-Clain
Usson-du-Poitou
Romagne
Château-Garnier
Brux
Epanvilliers
Champniers
St-Romain
Joussé
Payroux
St-Martin-l'Ars
Chaunay
Blanzay
Vanzay
La Chapelle-Bâton
Forêt de Vouillé-St-Hilaire
Forêt de l'Epine
Bois de Savigny
Forêt de Verrières
Bois de Coussières
Bois des Cartes
La Vallée des Singes
0 5 10 km
AM AN AO AP
168 169 203 204
51 52 53 54 55 185

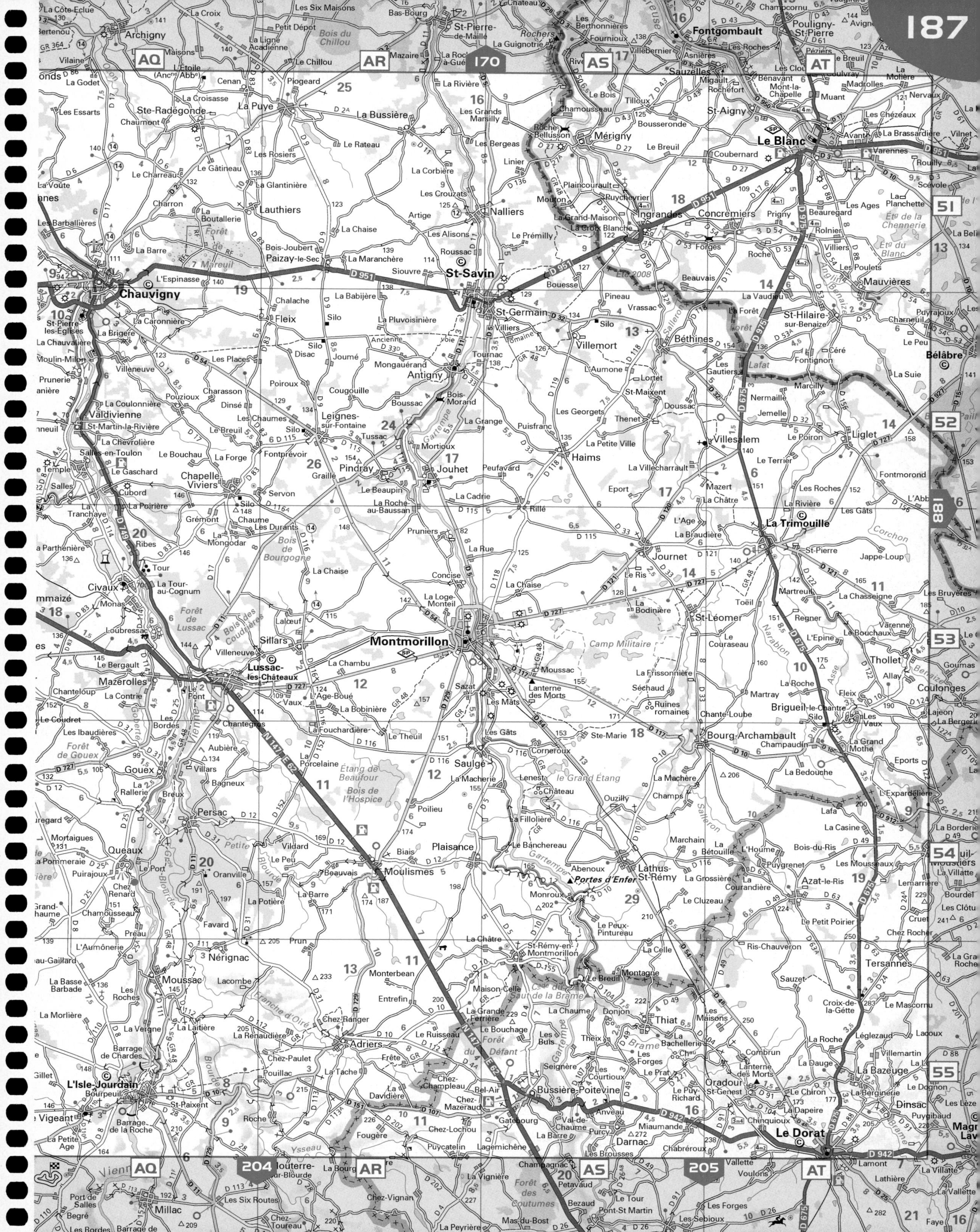

AQ
AR
AS
AT
170
51
52
53
54
55
188
204
205
Archigny
La Croix
Les Six Maisons
Bas-Bourg
St-Pierre-de-Maillé
Fontgombault
Pouligny-St-Pierre
Les Berthonnières
Fourniou
Villebernier
Asnières
Sauzelles
Les Roches
Petit Dépôt
Bois du Chillou
La Ligne Acadienne
Le Chillou
Mazaire
La Guignotrie
La Godet
Cenan
Piogeard
La Rivière
Le Bois
Tilloux
Migault
Rochefort
Bénavant
Mont-la-Chapelle
Muant
Madrolles
Nervaux
Les Essarts
Ste-Radégonde
Chaumont
La Croisasse
La Puye
La Bussière
Les Grands Marsilly
Chamousseau
Bousseronde
St-Aigny
Le Blanc
Les Chézeaux
Avant
La Brassardière
Le Rateau
Les Bergeas
Mérigny
Le Breuil
Coubernard
Varennes
Les Rosiers
Le Gâtineau
Le Charreau
La Corbière
Linier
Rouilly
La Voûte
La Glantinière
Les Crouzats
Plaincourault
Puychevrier
Ingrandes
Concremiers
Prigny
Beauregard
Les Ages
La Planchette
Scévole
Charron
Lauthiers
Artige
Nalliers
La Grand-Maison
La Croix Blanche
Rolnier
Été de la Chennerie
Les Barballières
La Boutallerie
Forêt de Mareuil
La Chaise
Les Alisons
Le Prémilly
Forges
Roche
Villiers
Été du Blanc
La Barre
Bois-Joubert
Paizay-le-Sec
La Maranchère
Roussac
Siouvre
St-Savin
Beauvais
Les Poulets
Mauvières
L'Espinasse
Chauvigny
Bouesse
Chalache
La Babijère
St-Germain
Pineau
Vrassac
La Vaudieu
La Forêt
St-Hilaire-sur-Benaize
Charneuil
St-Pierre-les-Églises
Fleix
Silo
La Pluvoisinière
Villiers
Villemort
Béthines
La Brigere
La Caronnière
Ancienne voie romaine
Disac
Joumé
Tournac
Lafat
Céré
Fontignon
Le Peu
Bélâbre
La Chauvalière
Moulin-Milon
Villeneuve
Les Places
Mongauérand
Antigny
L'Aumone
Les Gautiers
Lortet
La Suie
Prunerie
Charasson
Poiroux
Cougouille
Bois-Morand
St-Maixent
Nermaille
Marcilly
La Coulonnière
Pouzioux
Dinsé
Boussac
Doussac
Jemelle
Valdivienne
St-Martin-la-Rivière
Les Chaumes
Leignes-sur-Fontaine
La Grange
Puisfranc
Les Georgets
Thenet
Liglet
La Chevrolière
Le Breuil
Tussac
Mortioux
La Petite Ville
Villesalem
Le Poiron
Salles-en-Toulon
Le Bouchau
La Forge
Fontprévoir
Pindray
Jouhet
Haims
Le Terrier
Le Temple
Le Gaschard
Chapelle-Viviers
Graillé
Peufavard
La Villecharrault
Fontmorond
Salles
Cubord
Servon
Le Beaupin
La Cadrie
Eport
Mazert
Les Roches
L'Abb
La Tranchaye
La Poirière
La Roche-au-Baussan
Rillé
La Châtre
La Rivière
La Trimouille
Les Gâts
Grémont
Chaume
Les Durants
Pruniers
L'Age
La Braudière
Corchon
La Parthenière
Ribes
La Mongodar
Bois de Bourgogne
La Rue
Journet
St-Pierre
Jappe-Loup
Tour
La Tour-au-Cognum
La Chaise
Concise
La Chaise
Le Ris
Civaux
Monas
Forêt de Lussac
Bois des Coudrières
La Loge-Monteil
La Bodinière
Martreuil
La Chasseigne
Les Bruyères
Toëil
St-Léomer
Regner
Loubressac
Laleuf
Sillars
Montmorillon
Camp Militaire
Le Couraseau
L'Epine
La Bouchaux
Varenne
Villeneuve
Lussac-les-Châteaux
La Chambu
Moussac
Lanterne des Morts
La Frissonnière
Thollet
Allay
Goumas
Le Bergault
Mazerolles
Sazat
Séchaud
La Roche
Coulonges
Chanteloup
La Contrie
Le Pont
L'Age-Boué
Vaux
Les Mâts
Ruines romaines
Martray
Brigueil-le-Chantre
Fleix
Lajeon
La Bergerie
Le Coudret
Les Bordes
Les Ibaudières
Chantegros
La Bobinière
Chante-Loube
Les Vaux
Forêt de Gouex
Aubière
La Fouchardière
Le Theuil
Les Gâts
Ste-Marie
Bourg-Archambault
Champaudin
La Grand Mothe
Gouex
Villars
La Porcelaine
Corneroux
Eports
Étang de Beaufour
Saulgé
Lenest
le Grand Étang
La Machère
La Bedouche
Rallerie
Bagneux
Bois de l'Hospice
La Macherie
Château
Champs
Ouzilly
L'Expardelière
Breux
Poilieu
Persac
La Fillolière
Lafa
La Casine
La Borderie
Mortaigues
Queaux
Vildard
Biais
Plaisance
Le Banchereau
Marchain
La Bétouille
L'Houme
Bois-du-Ris
La Pommeraie
Puirajoux
Le Port
Oranville
Le Peu
Moulismes
Abenoux
Portes d'Enfer
Lathus-St-Rémy
Puygrenet
Les Mousseaux
Azat-le-Ris
La Villatte
Chez Renard
Grand-Chaume
Beauvais
La Potière
La Barre
Monroux
La Grossière
La Courandière
Lemarrière
Bourdel
Chamousseau
Favard
Le Peux-Pintureau
Le Cluzeau
Le Petit Poirier
Les Clôtu
Préau
L'Aumônerie
Prun
La Châtre
St-Rémy-en-Montmorillon
Ris-Chauveron
Chez Rocher
Tersannes
Nérignac
Monterbean
La Celle
La Basse Barbade
Les Roches
Moussac
Lacombe
Le Breuil
Montagne
Sauzet
Entrefin
Maison-Celle
Saut de la Brame
Croix-de-la-Gette
Le Mascornu
La Morlière
La Vergne
La Laitière
La Renaudière
Chez-Ranger
La Grande Ferrière
La Chaume
Donjon
Thiat
Les Maisons
Le Bouchage
Barrage de Chardes
Adriers
Le Ruisseau
Forêt du Défant
Les Buis
Theix
Brame
La Bachellerie
La Roche
Léglezaud
Chez-Paulet
Frête
Les Forges
Combrun
Lanterne des Morts
La Dauge
Villemartin
Gillet
Pouillac
La Tache
Seignère
Les Courtioux
Le Prat
La Bazeuge
L'Isle-Jourdain
Bourpeuil
Chez-Champleau
Bel-Air
Bussière-Poitevine
Oradour-St-Genest
Le Chiron
La Bergienière
Le Dognon
St-Paixent
Davidière
Chez-Mazeraud
Le Puy-Richard
La Dapeire
Dinsac
Vigeant
Barrage de la Roche
Roche
Chez-Lochou
Gatebourg
Val-de-Chaume
Anveau
Miaumande
Chinquioux
Puygibaud
La Petite Age
Fougère
Puycatelin
Lagemichêne
La Barre
Purcy
Darnac
Chabréroux
Le Dorat
Les Brousses
Lamont
La Villatte
Ysseau
Moulterre-sur-Blourde
La Bourg
Champagnac
Vallette
Voulons
Lathière
Port de Salles
Millac
Les Six Routes
La Vignière
Forêt des Coutumes
Petavaud
Le Tour
Les Forges
La Vallette
Begré
Chez-Vignan
Bezaud
Pont-St Martin
Les Bordes
Barrage de Jousseau
Chez-Toureau
La Peyrière
Mas-du-Bost
Les Sebioux
Faye
Vienne
Gartempe
Salleron
Benaize
Blourde
Narablon
Asse
Anglin
N 147
E 62
D 951
D 942
D 975
D 675
D 727

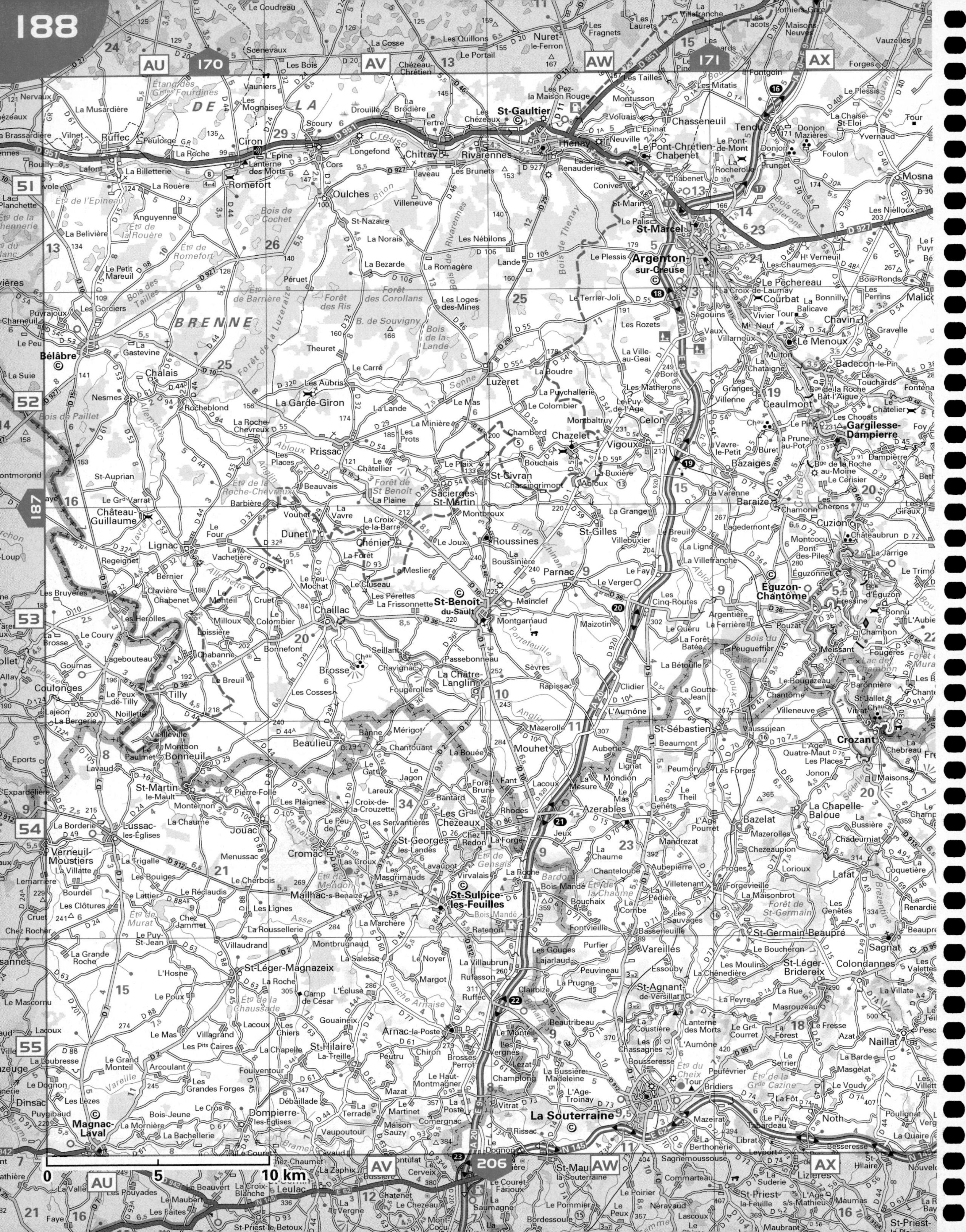

AU
170
AV
AW
171
AX
51
52
53
54
55
187
206
St-Gaultier
Thenay
Le Pont-Chrétien-Chabenet
St-Marcel
Argenton-sur-Creuse
Bélâbre
Ruffec
Ciron
Rivarennes
Chitray
Oulches
BRENNE
Chalais
Rochebiond
La Garde-Giron
Luzeret
Prissac
Chazelet
St-Civran
Sacierges-St-Martin
Celon
Vigoux
Bazaiges
Ceaulmont
Gargilesse-Dampierre
Le Menoux
Chavin
Badecon-le-Pin
Baraize
Cuzion
Éguzon-Chantôme
Château-Guillaume
Lignac
Dunet
Chénier
Roussines
St-Gilles
Parnac
St-Benoît-du-Sault
Chaillac
Tilly
Coulonges
Lussac-les-Églises
Verneuil-Moustiers
Jouac
Cromac
Mailhac-s-Benaize
St-Georges-les-Landes
St-Sulpice-les-Feuilles
Azerables
St-Sébastien
Crozant
La Chapelle-Baloue
St-Germain-Beaupré
St-Léger-Magnazeix
St-Agnant-de-Versillat
St-Léger-Bridereix
Arnac-la-Poste
St-Hilaire-la-Treille
La Souterraine
Magnac-Laval
Dompierre-les-Églises
Naillat
Noth
Vareilles
0
5
10 km

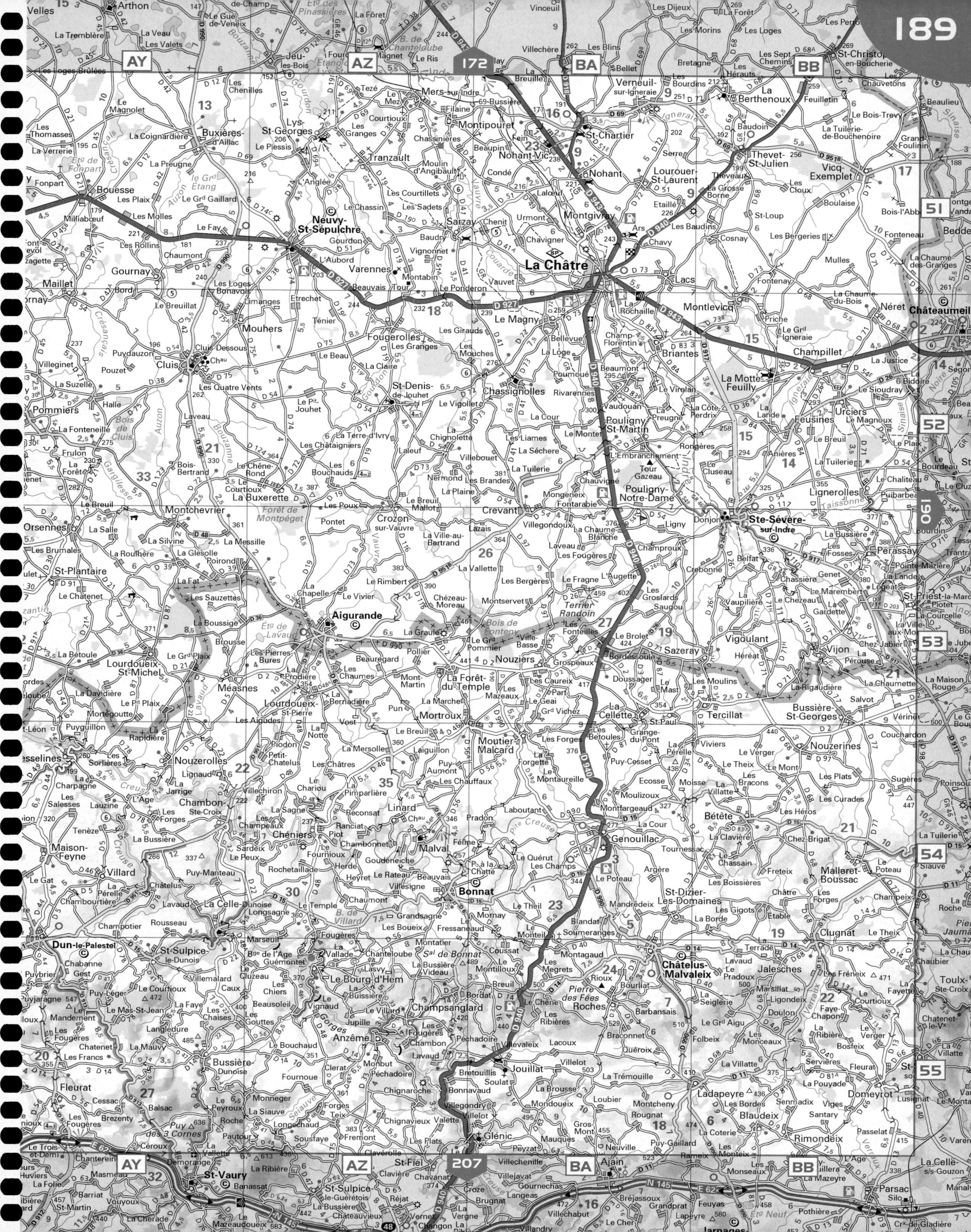
AY
AZ
172
BA
BB
51
52
53
54
55
190
207
La Châtre
Neuvy-St-Sépulchre
Aigurande
Ste-Sévère-sur-Indre
Châteaumeillant
Bonnat
Genouillac
Châtelus-Malvaleix
Dun-le-Palestel
St-Vaury
Arthon
Jeu-les-Bois
Mers-sur-Indre
Lys-St-Georges
Buxières-d'Aillac
Bouesse
Montipouret
Nohant-Vic
St-Chartier
Nohant
Montgivray
Lourouer-St-Laurent
Thevet-St-Julien
Vicq-Exemplet
Cluis
Mouhers
Fougerolles
St-Denis-de-Jouhet
Chassignolles
Le Magny
Briantes
Champillet
Pouligny-St-Martin
Pouligny-Notre-Dame
Crozon-sur-Vauvre
Crevant
Montchevrier
Orsennes
St-Plantaire
Lourdoueix-St-Michel
Méasnes
Nouziers
Mortroux
Moutier-Malcard
Tercillat
Vijon
Bussière-St-Georges
Nouzerines
Nouzerolles
Chambon-Ste-Croix
Linard
Malval
Chéniers
Le Bourg-d'Hem
Champsanglard
Anzême
Jouillat
Glénic
St-Sulpice-le-Dunois
Bussière-Dunoise
Fleurat
Ladapeyre
Jalesches
Clugnat
Domeyrot
St-Fiel
Ajain
St-Sulpice-le-Guérétois
Gorges de la Creuse
Puy des 3 Cornes
Pierre des Fées

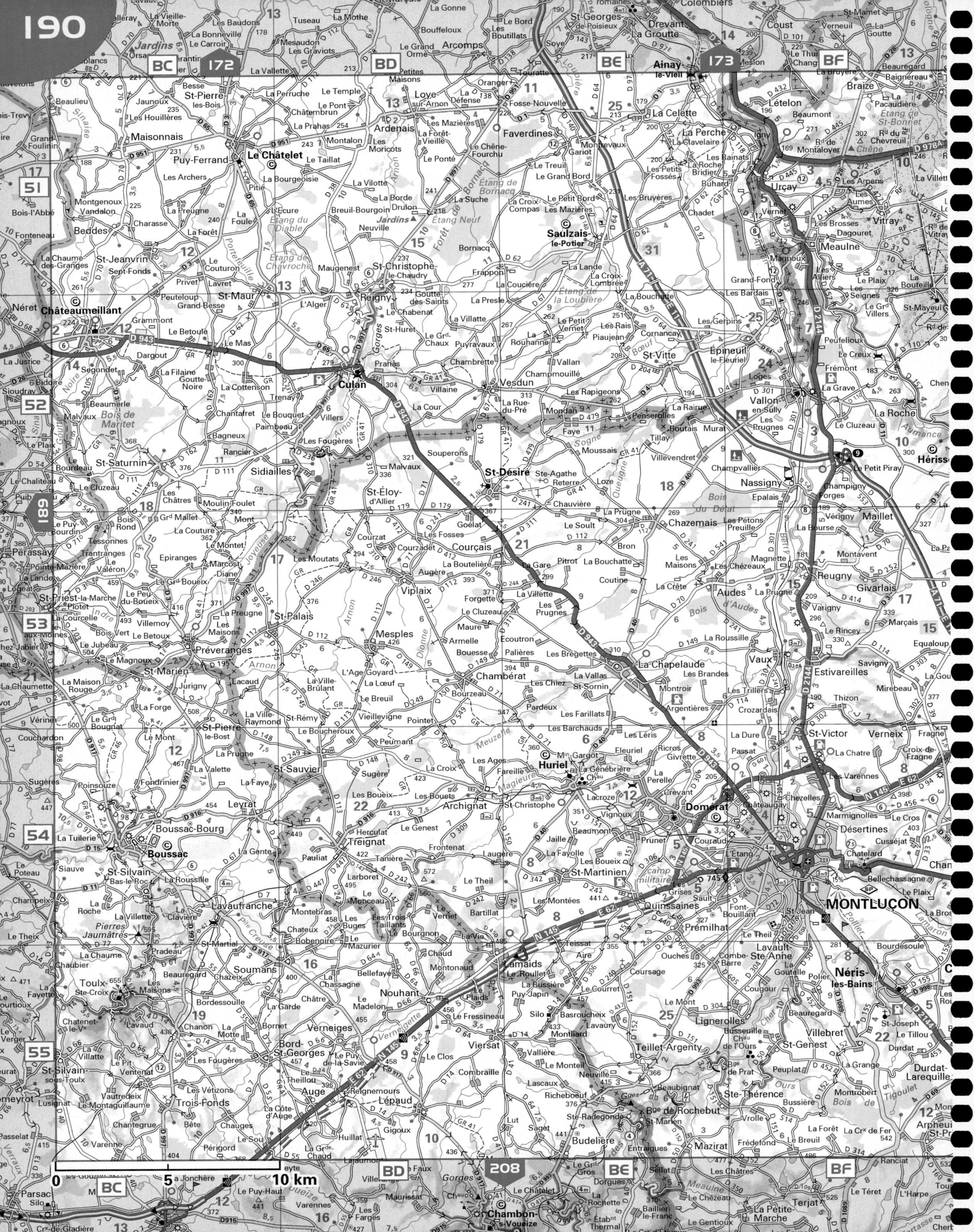

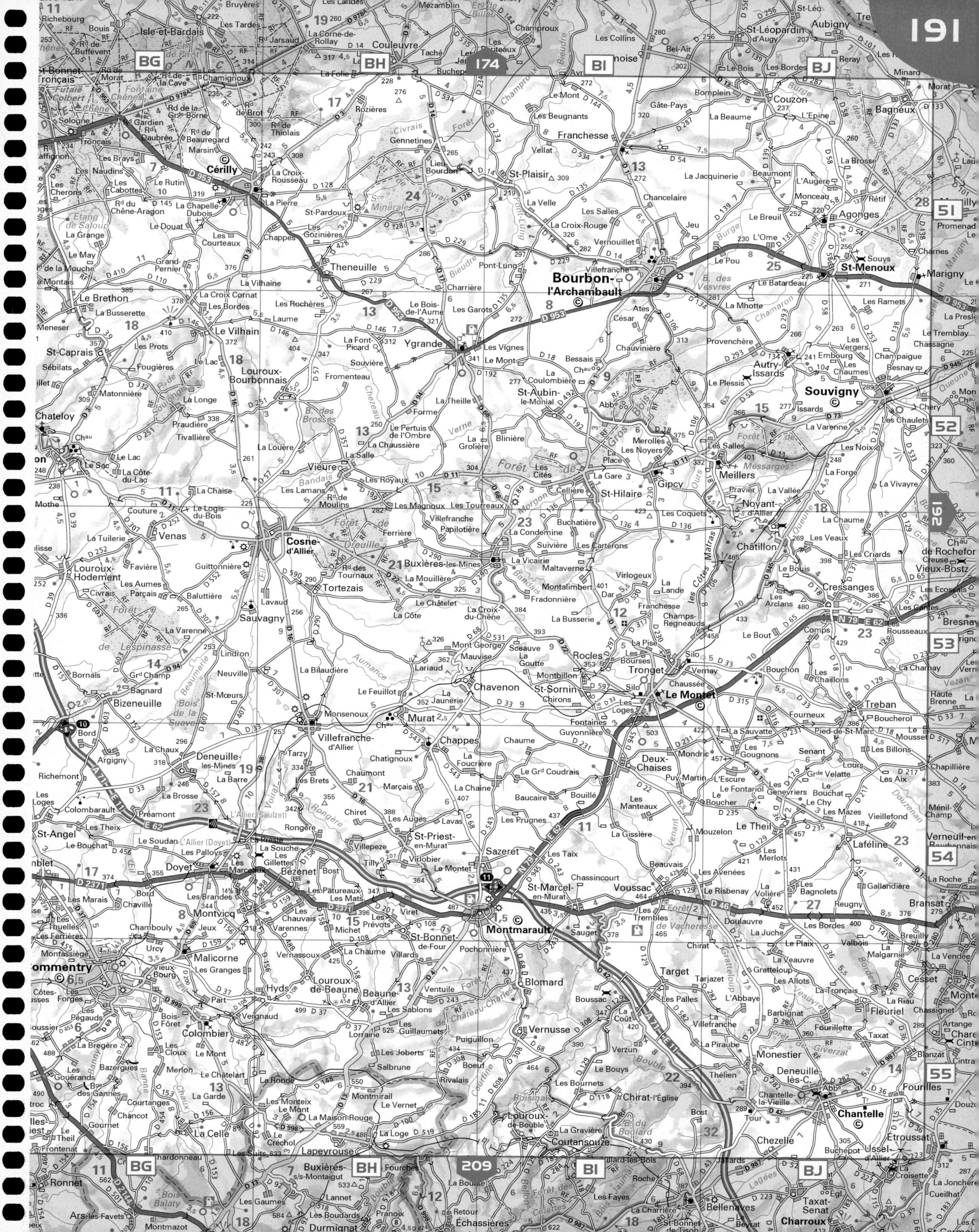
174
209
BG
BH
BI
BJ
51
52
53
54
55
261
Cérilly
Isle-et-Bardais
Couleuvre
Champroux
St-Léopardin-d'Augy
Aubigny
Franchesse
Couzon
Bagneux
St-Plaisir
Theneuille
Bourbon-l'Archambault
Agonges
St-Menoux
Marigny
Le Brethon
Le Vilhain
Ygrande
Louroux-Bourbonnais
St-Aubin-le-Monial
Autry-Issards
Souvigny
St-Caprais
Vieure
Cosne-d'Allier
Buxières-les-Mines
St-Hilaire
Gipcy
Meillers
Noyant-d'Allier
Châtillon
Venas
Louroux-Hodement
Tortezais
Sauvagny
Cressanges
Bresnay
Rocles
Tronget
Le Montet
Chavenon
St-Sornin
Treban
Bizeneuille
Murat
Villefranche-d'Allier
Chappes
Deux-Chaises
Deneuille-les-Mines
Montvicq
Doyet
Bézenet
St-Priest-en-Murat
Sazeret
Montmarault
St-Marcel-en-Murat
Voussac
Le Theil
Laféline
Bransat
Commentry
Malicorne
Hyds
Louroux-de-Beaune
Beaune-d'Allier
St-Bonnet-de-Four
Blomard
Target
Fleuriel
Cesset
Colombier
Vernusse
Monestier
Deneuille-lès-C.
Fourilles
Chantelle
Chirat-l'Église
La Celle
Louroux-de-Bouble
Coutansouze
Lapeyrouse
Étroussat
Ussel-d'Allier
Buxières-s/s-Montaigut
Ronnet
Ars-les-Favets
Durmignat
Échassières
Bellenaves
Taxat-Senat
Charroux
Forêt de Civrais
Forêt de Gros Bois
Forêt des Messages
Forêt de Dreuille
Forêt de Lespinasse
Forêt de Château-Charles
Forêt de Vacheresse
Forêt de Giverzat

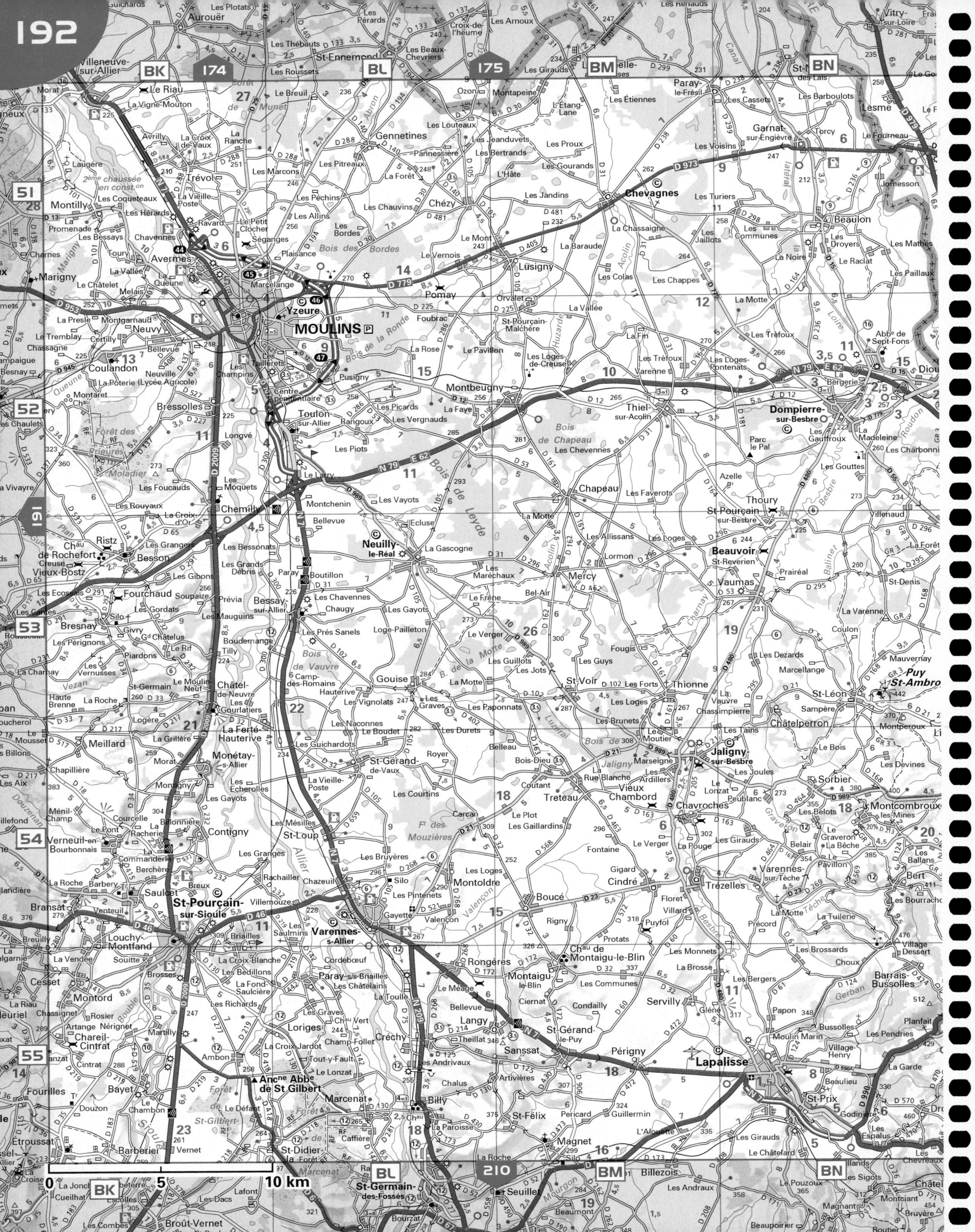
BK
174
BL
175
BM
BN
51
52
53
54
55
191
210
Aurouër
Villeneuve-sur-Allier
St-Ennemond
Les Beaux-Chevriers
Croix-de-l'Heume
Les Arnoux
Vitry-sur-Loire
Paray-le-Frésil
Montapeine
Ozon
Les Étiennes
Le Riau
La Vigne-Mouton
Le Breuil
Forêt de Munet
Gennetines
Les Louteaux
Les Jeanduvets
Les Bertrands
Les Proux
Les Gourands
Garnat-sur-Engièvre
Torcy
Le Fourneau
Lesme
Les Barboulots
Les Cassets
Les Voisins
Trévol
Avrilly
La Croix-de-Vaux
La Ranche
Les Marcons
Les Pitreaux
La Forêt
L'Hâte
Chevagnes
Les Turiers
Jomesson
Beaulon
Montilly
Laugère
Les Coqueteaux
La Vieille-Poste
Les Pêchins
Chézy
Les Chauvins
Les Jandins
La Chassaigne
Les Jaillots
Les Communes
Les Droyers
Les Mathés
Les Hérards
Ravard
Le Petit Clocher
Séganges
Les Allins
Les Bordes
Bois des Bordes
Plaisance
Le Vernois
Le Mont
Lusigny
La Baraude
Les Colas
Les Chappes
La Noire
Le Raclat
Les Paillaux
Marigny
Avermes
La Vallée
Le Châtelet
Melais
La Queune
Marcelange
Pomay
Orvalet
La Vallée
La Motte
Yzeure
MOULINS
Foubrac
St-Pourçain-Malchère
La Fin
Les Trefoux
Abbaye de Sept-Fons
Neuvy
La Presle
Montgarnaud
Le Tremblay
Certilly
Chassagne
Bellevue
Coulandon
Neuville
La Poterie (Lycée Agricole)
Les Taillerets
Les Champins
Bois de la Ronde
La Rose
Le Pavillon
Les Loges-de-Creuse
Les Trefoux
Varenne
Les Loges-Pontenats
La Bergerie
Diou
Montaret
Pusigny
Centre pénitentiaire
Montbeugny
Thiel-sur-Acolin
Dompierre-sur-Besbre
Bressolles
Toulon-sur-Allier
Les Picards
La Faye
Rangoux
Les Vergnauds
Bois de Chapeau
Les Chevennes
Les Gauffroux
La Madeleine
Les Charbonni
Les Chaulets
Forêt des Prieurés Moladier
Longvé
Les Piots
Parc le Pal
Les Goutes
Le Larry
Bois de Leyde
Azelle
Thoury
Villenaud
Les Moquets
Les Foucauds
Chemilly
Montchenin
Les Vayots
Chapeau
Les Faverots
St-Pourçain-sur-Besbre
La Vivayre
Les Rouyaux
La Croix-d'Or
Bellevue
Ecluse
La Motte
Château de Rochefort
Ristz
Les Grangers
Besson
Les Bessonats
Neuilly-le-Réal
La Gascogne
Les Allissans
Les Loges
Beauvoir
Vieux-Bostz
Les Gibons
Les Grands Débris
Paray
Boutillon
Les Maréchaux
Mercy
Lormon
St-Reverien
Vaumas
Prairéal
St-Denis
Fourchaud
Soupaize
Prévia
Bessay-sur-Allier
Les Chavennes
Chaugy
Les Gayots
Le Frêne
Bel-Air
Les Gordats
Les Mauguins
Les Cantes
Bresnay
Silo
Givry
Gd Châtelus
Boudemange
Les Prés Sanels
Loge-Pailleton
Le Verger
Coulion
Les Pérignons
Le Rif
Tilly
Piardons
Bois de Vauvre
B. de la Motte
Fougis
Les Dezards
Mauvernay
Marcellange
La Chamay
Les Vernusses
Camp-des-Romains
Hauterive
Gouise
La Motte
Les Guillots
Les Jots
Les Guys
St-Voir
Les Forts
Thionne
St-Léon
Puy St-Ambroise
St-Germain
Le Moulin-Neuf
Châtel-de-Neuvre
Les Gourlatiers
Les Vignolats
Les Graves
Les Paponnats
Les Loges
Les Brunets
La Vauvre
Chassimpierre
Sampère
Haute Brenne
La Roche
Logère
La Ferté-Hauterive
Les Naconnes
Le Boudet
Les Durets
Bois de Jaligny
Le Moutier
Les Tains
Châtelperron
Montperoux
Meillard
La Grillère
Monétay-s-Allier
Morat
Les Guichardots
St-Gérand-de-Vaux
Royer
Belleau
Bois-Dieu
Marseigne
Jaligny-sur-Besbre
Le Bois
Les Devines
Chapillière
Les Aix
Montigny
Les Echerolles
La Vieille-Poste
Les Courtins
Coutant
Rue Blanche
Les Ardillers
Vieux Chambord
Les Joules
Le Lonzat
Peublanc
Sorbier
Montcombroux-les-Mines
Ménil-Champ
Courcelle
Les Gayots
Treteau
Chavroches
Les Belots
Le Pont
La Racherie
Contigny
Les Mésilles
St-Loup
Carcan
Fôt des Mouzières
Le Plot
Les Gaillardins
Fontaine
Le Verger
La Pouge
Les Giraulds
Le Graveron
La Bêche
Belair
Le Pavillon
Verneuil-en-Bourbonnais
La Commanderie
Berchère
Les Granges
Allier
Les Bruyères
Les Loges
Montoldre
Gigard
Cindré
Trézelles
Varennes-sur-Tèche
Les Ballans
Bert
La Roche
Barbery
Saulcet
Breux
Rachailler
Chazeuil
Silo
Les Pintenets
Floret
Villard
La Motte
Les Bourrachot
St-Pourçain-sur-Sioule
Villemouze
Gayette
Valençon
Bouce
Rigny
Puyfol
Précord
La Tuilerie
Bransat
Venteuil
Breuilly
Louchy-Montfand
Briailles
Les Saulmins
Varennes-s-Allier
Protats
Village Dessert
Cesset
La Vendée
Souitte
La Croix-Blanche
Les Bedillons
Cordebœuf
Rongères
Château de Montaigu-le-Blin
Les Monnets
Les Brossards
Choux
Barrais-Bussolles
Brosses
La Fond-Saulcière
Paray-s-s-Briailles
Les Châtelains
Montaigu-le-Blin
La Brosse
Les Bergers
Montord
La Riau
Les Richards
La Toulle
Le Méage
Ciernat
Les Communes
Condailly
Servilly
Glène
Papon
Chassignet
Artange
Nérignet
Rosier
Les Graves
Château Vert
Loriges
Bellevue
Langy
Bussolles
Planfait
Chareil-Cintrat
Martilly
La Croix-Jardot
Champ-Follet
Créchy
Theillat
St-Gérand-le-Puy
Moulin Marin
Les Pendries
Cintrat
Ambon
Tout-y-Fault
Le Lonzat
Les Andrivaux
Sanssat
Périgny
Lapalisse
Village-Henry
La Garde
Fourilles
Bayet
Ancne Abbe de St Gilbert
Marcenat
Chalus
Artivières
Beaulieu
Douzon
Le Chambon
Le Défant
Forêt de St-Gilbert
Billy
St-Félix
Guillermin
St-Prix
Godinière
Etroussat
Barberier
Vernet
St-Didier-la-Forêt
Caffière
La Paroisse
Magnet
L'Alouette
Les Giraulds
Les Espalus
La Roche
Le Châtelard
Billezois
Les Andraux
Le Pouzoux
Montciant
Magnant
Bruyère
Beaupoirier
St-Germain-des-Fossés
Seuillet
Beaumont
Bourzat
Cueilhat
La Jonc
Escolles
Les Dacs
Lafont
Broût-Vernet
Les Combes
0
5
10 km

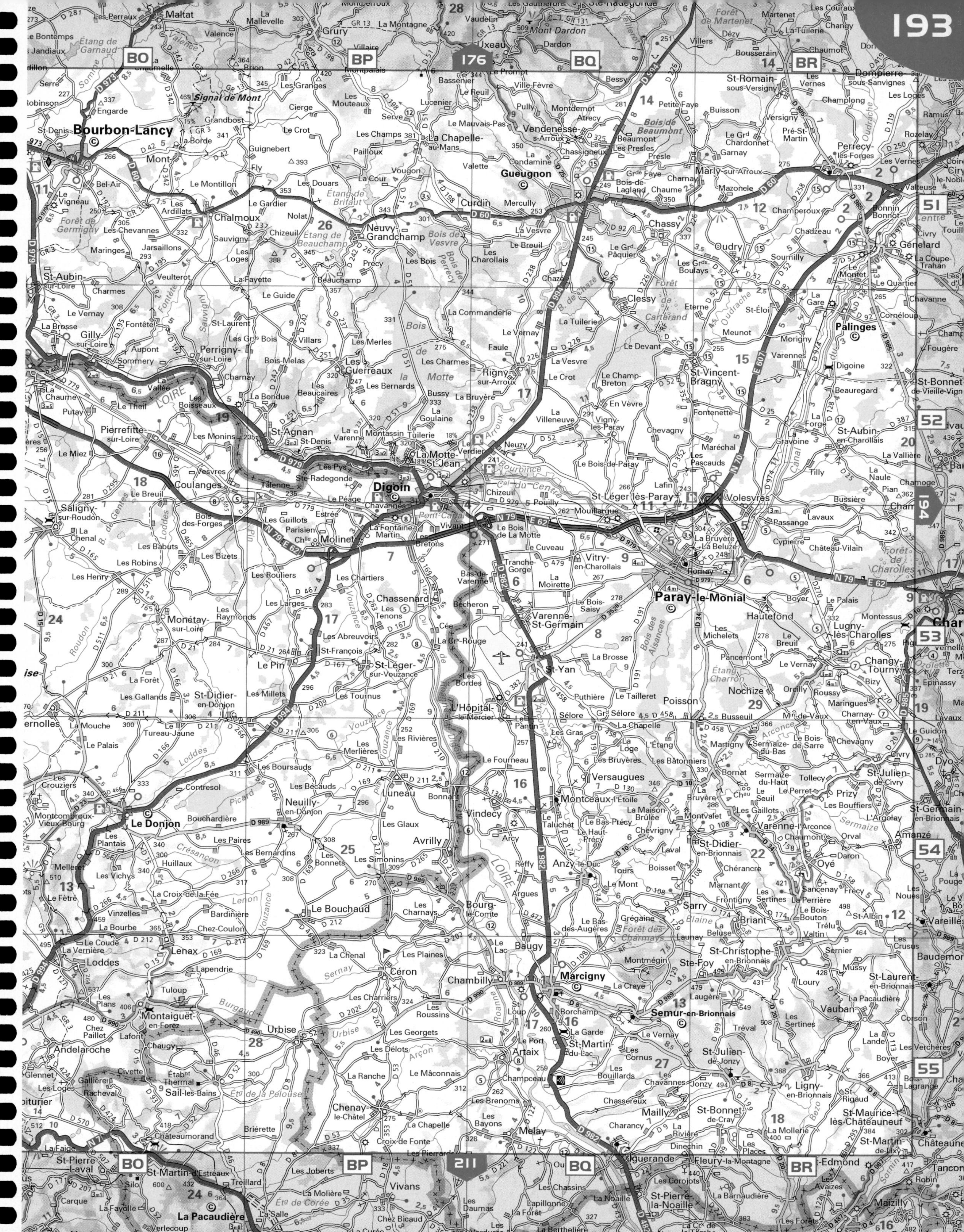

BO
BP
176
BQ
BR
51
52
53
54
55
194
211
Maltat
Grury
Uxeau
Mont Dardon
Bourbon-Lancy
Signal de Mont
Étang de Garnaud
Gueugnon
Vendenesse-s-Arroux
La Chapelle-au-Mans
Perrecy-les-Forges
Génelard
Palinges
Digoin
Paray-le-Monial
Gilly-sur-Loire
Perrigny-sur-Loire
Chalmoux
Neuvy-Grandchamp
Rigny-sur-Arroux
St-Vincent-Bragny
Clessy
St-Agnan
La Motte-St-Jean
Molinet
Coulanges
Pierrefitte-sur-Loire
Saligny-sur-Roudon
Chassenard
Monétay-sur-Loire
St-Léger-sur-Vouzance
St-Didier-en-Donjon
St-Yan
Varenne-St-Germain
Vitry-en-Charollais
Volesvres
Hautefond
Lugny-lès-Charolles
Changy
Le Donjon
Neuilly-en-Donjon
Luneau
L'Hôpital-le-Mercier
Montceaux-l'Étoile
Versaugues
Vindecy
Avrilly
Anzy-le-Duc
Varenne-l'Arconce
St-Julien-de-Civry
Prizy
Amanzé
Oyé
Lenax
Loddes
Le Bouchaud
Bourg-le-Comte
Baugy
Marcigny
Céron
Chambilly
Semur-en-Brionnais
St-Christophe-en-Brionnais
St-Laurent-en-Brionnais
Vauban
Montaiguët-en-Forez
Urbise
Andelaroche
Sail-les-Bains
Artaix
St-Martin-du-Lac
St-Julien-de-Jonzy
Ligny-en-Brionnais
St-Bonnet-de-Cray
Mailly
St-Maurice-lès-Châteauneuf
Chenay-le-Châtel
Melay
Iguerande
Fleury-la-Montagne
St-Pierre-la-Noaille
St-Martin-d'Estréaux
La Pacaudière
Vivans
Maizilly
LOIRE
Canal du Centre
Forêt de Germigny
Forêt des Charnays
Forêt de Charolles

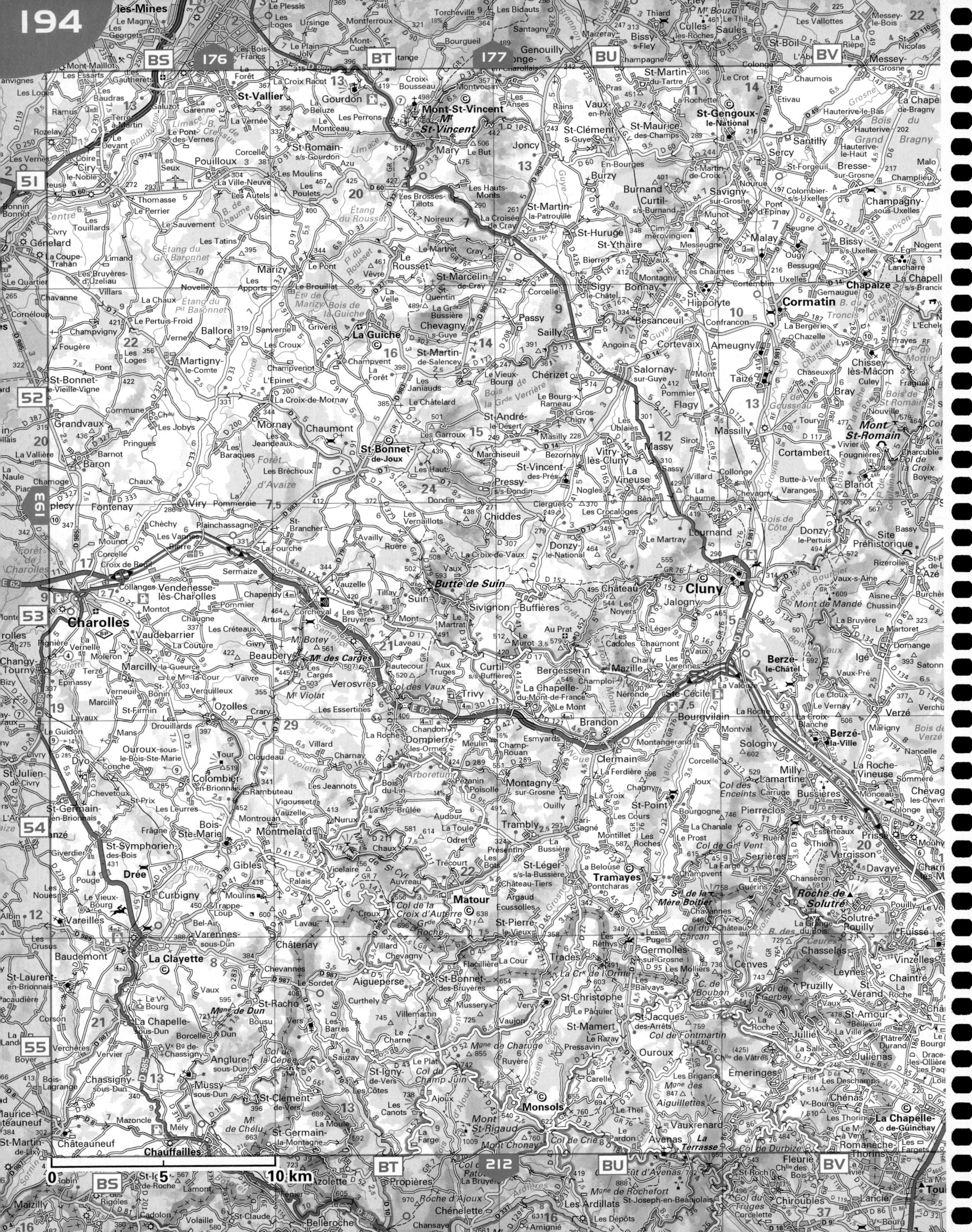
BS
176
BT
177
BU
BV
St-Vallier
Gourdon
Mont-St-Vincent
Mt St-Vincent
St-Romain-s/s-Gourdon
Joncy
St-Gengoux-le-National
St-Clément-s-Guye
Pouilloux
Génelard
St-Martin-la-Patrouille
St-Huruge
St-Ythaire
Malay
Marizy
Le Rousset
St-Marcelin-de-Cray
Sigy-le-Châtel
Bonnay
St-Hippolyte
Cormatin
Chapaize
La Guiche
Chevagny-s-Guye
St-Martin-de-Salencey
Ballore
Martigny-le-Comte
St-Bonnet-de-Vieille-Vigne
Chérizet
Salornay-sur-Guye
Cortevaix
Ameugny
Taizé
Flagy
Grandvaux
Mornay
Chaumont
St-Bonnet-de-Joux
St-André-le-Désert
Massilly
Cortambert
Mont St-Romain
Baron
St-Vincent-des-Prés
Pressy-s/s-Dondin
La Vineuse
Massy
Blanot
Viry
Fontenay
Chiddes
Donzy-le-National
Lournand
Donzy-le-Pertuis
Site Préhistorique
Charolles
Vendenesse-lès-Charolles
Butte de Suin
Suin
Sivignon
Buffières
Château
Cluny
Jalogny
Mt des Cargès
Berzé-le-Châtel
Igé
Verosvres
Curtil-s/s-Buffières
Trivy
Bergesserin
Mazille
Ste-Cécile
Bourgvilain
Berzé-la-Ville
Verzé
Marcilly-la-Gueurce
Ozolles
Dompierre-les-Ormes
Brandon
Clermain
Sologny
Milly-Lamartine
Ouroux-sous-le-Bois-Ste-Marie
Colombier-en-Brionnais
Montagny-sur-Grosne
St-Point
Pierreclos
Bussières
Montmelard
St-Symphorien-des-Bois
Bois-Ste-Marie
Gibles
Trambly
Tramayes
St-Léger-s/s-la-Bussière
Dree
Curbigny
Matour
Roche de Solutré
Solutré-Pouilly
Vareilles
La Clayette
Varennes-sous-Dun
Châtenay
St-Pierre-le-Vieux
Trades
Germolles-sur-Grosne
Chasselas
Fuissé
Aigueperse
St-Bonnet-des-Bruyères
St-Christophe
St-Jacques-des-Arrêts
Pruzilly
Leynes
Chaintré
Vinzelles
La Chapelle-sous-Dun
Mussery
St-Mamert
Ouroux
Juliénas
St-Amour-Bellevue
Anglure-sous-Dun
Chassigny-sous-Dun
Mussy-sous-Dun
St-Clément-de-Vers
St-Igny-de-Vers
Monsols
Émeringes
Chénas
Châteauneuf
Chauffailles
St-Germain-la-Montagne
Mont St-Rigaud
Mont Chonay
Avenas
Vauxrenard
La Terrasse
Col de Durbize
La Chapelle-de-Guinchay
Romanèche-Thorins
Fleurie
Chiroubles
Propières
Azolette
Chénelette
Les Ardillats
St-Joseph-en-Beaujolais
Mgne de Rochefort
Roche d'Ajoux
Belleroche
212
51
52
53
54
55
193
0
5
10 km

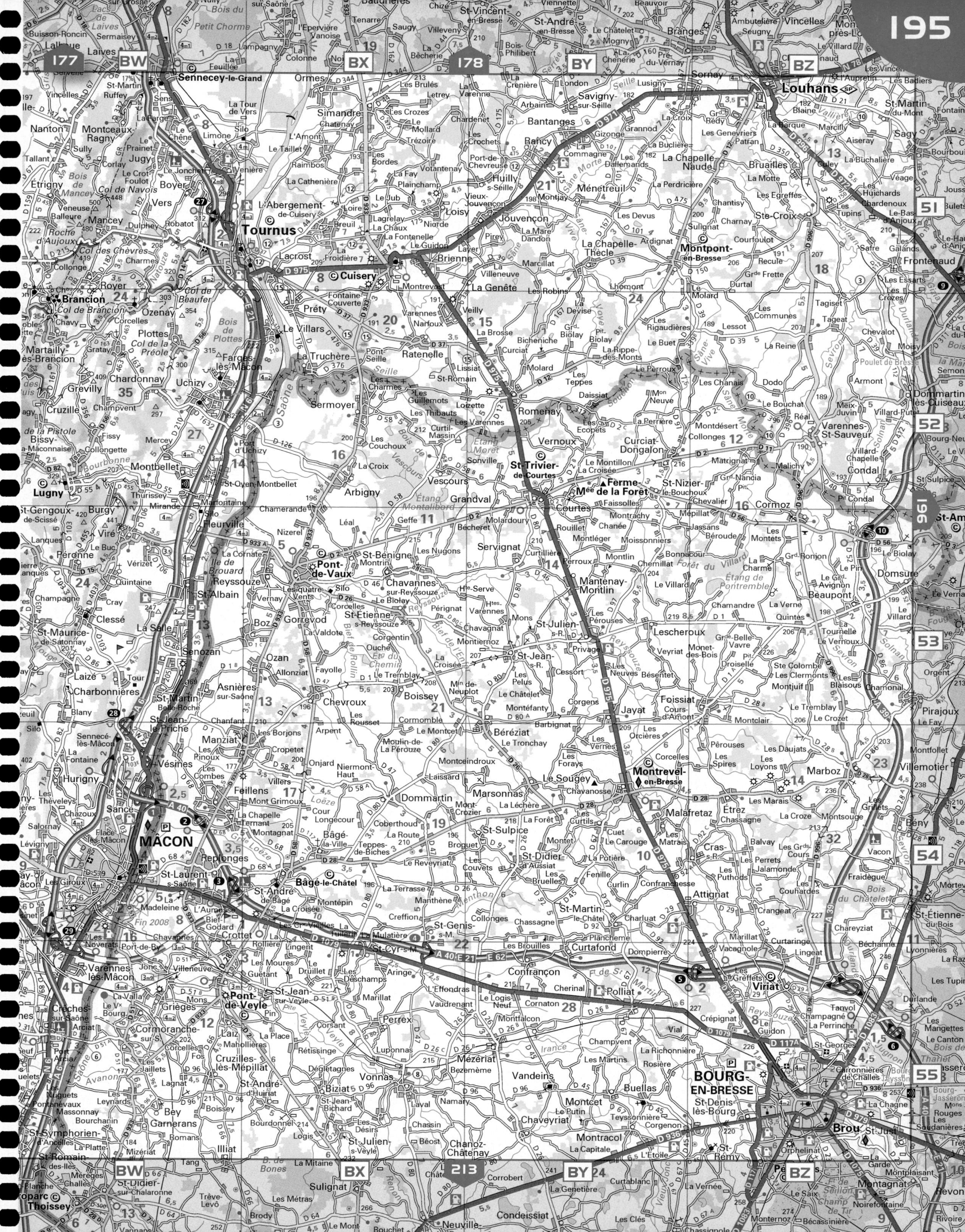
177
BW
BX
178
BY
BZ
Sennecey-le-Grand
Louhans
Tournus
Cuisery
Brancion
Montpont-en-Bresse
Romenay
St-Trivier-de-Courtes
Pont-de-Vaux
Montrevel-en-Bresse
Mâcon
Bâgé-le-Châtel
Pont-de-Veyle
Viriat
Bourg-en-Bresse
Brou
Lugny
Thoissey
51
52
53
54
55
196
BW
BX
213
BY
BZ

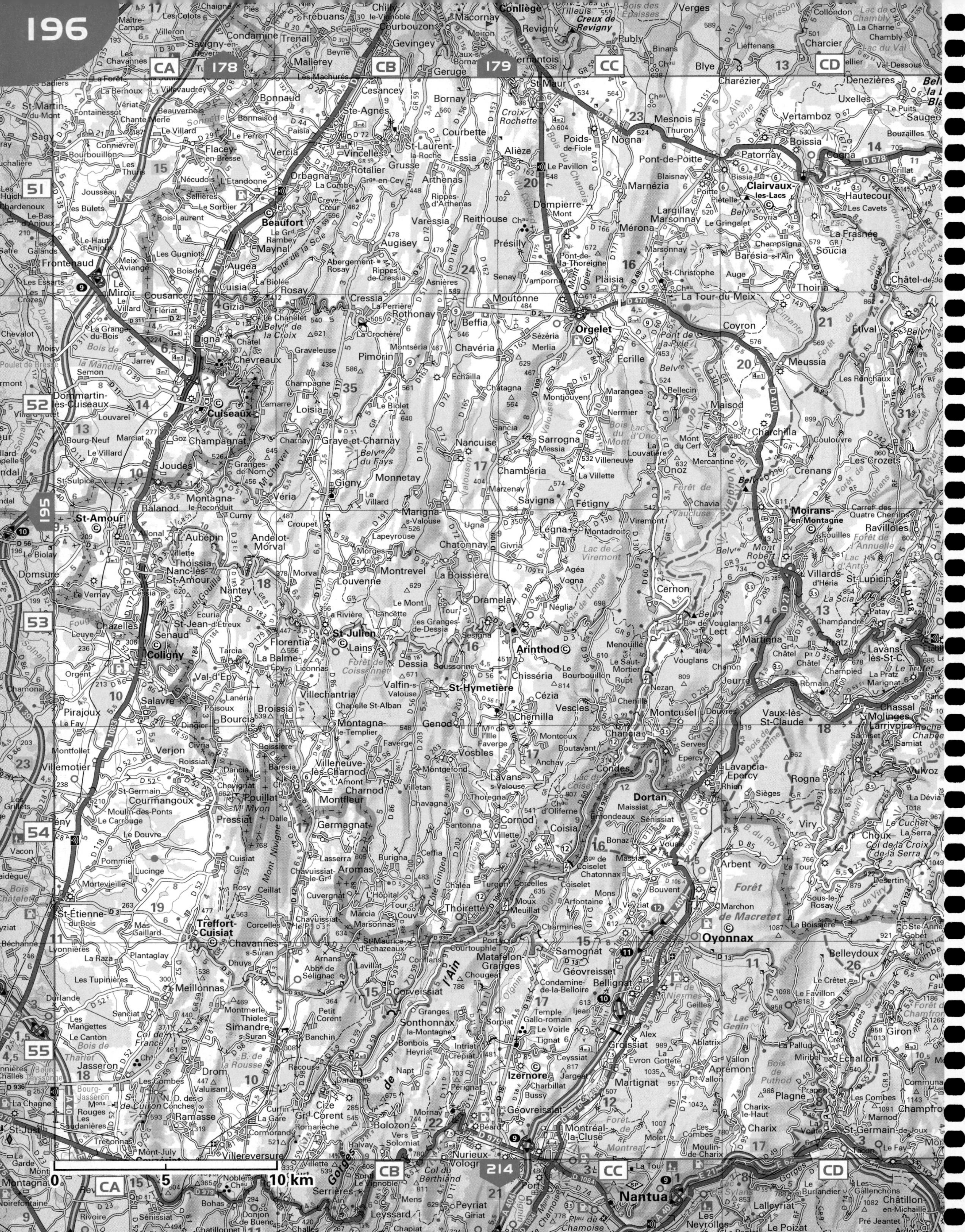
CA
178
CB
179
CC
CD
51
52
53
54
55
195
214
0
5
10 km
Conliège
Beaufort
Orgelet
Clairvaux-les-Lacs
Cuiseaux
St-Amour
Coligny
St-Julien
Arinthod
Moirans-en-Montagne
St-Hymetière
Dortan
Oyonnax
Treffort-Cuisiat
Izernore
Nantua
Lac de Vouglans
Forêt de Coissonnet
Forêt de Macretet
Mont Nivigne
Gorges de l'Ain
Lac de Chambly
Lac du Val
Lac de Virement
Lac de Coiselet
Col de la Croix de la Serra
Col du Berthiand
Lac de Genin
Lac de Sylans
Montréal-la-Cluse
Pont-de-Poitte
St-Claude
Lavans-lès-St-C.
Bourg-Jasseron
Villereversure
Simandre-s-Suran
Chavannes-s-Suran
Montfleur
Pouillat
Thoirette
Matafelon-Granges
Samognat
Geovreisset
Bellignat
Groissiat
Martignat
Apremont
Échallon
Charix
St-Germain-de-Joux
Châtillon-en-Michaille
Port
Poizat

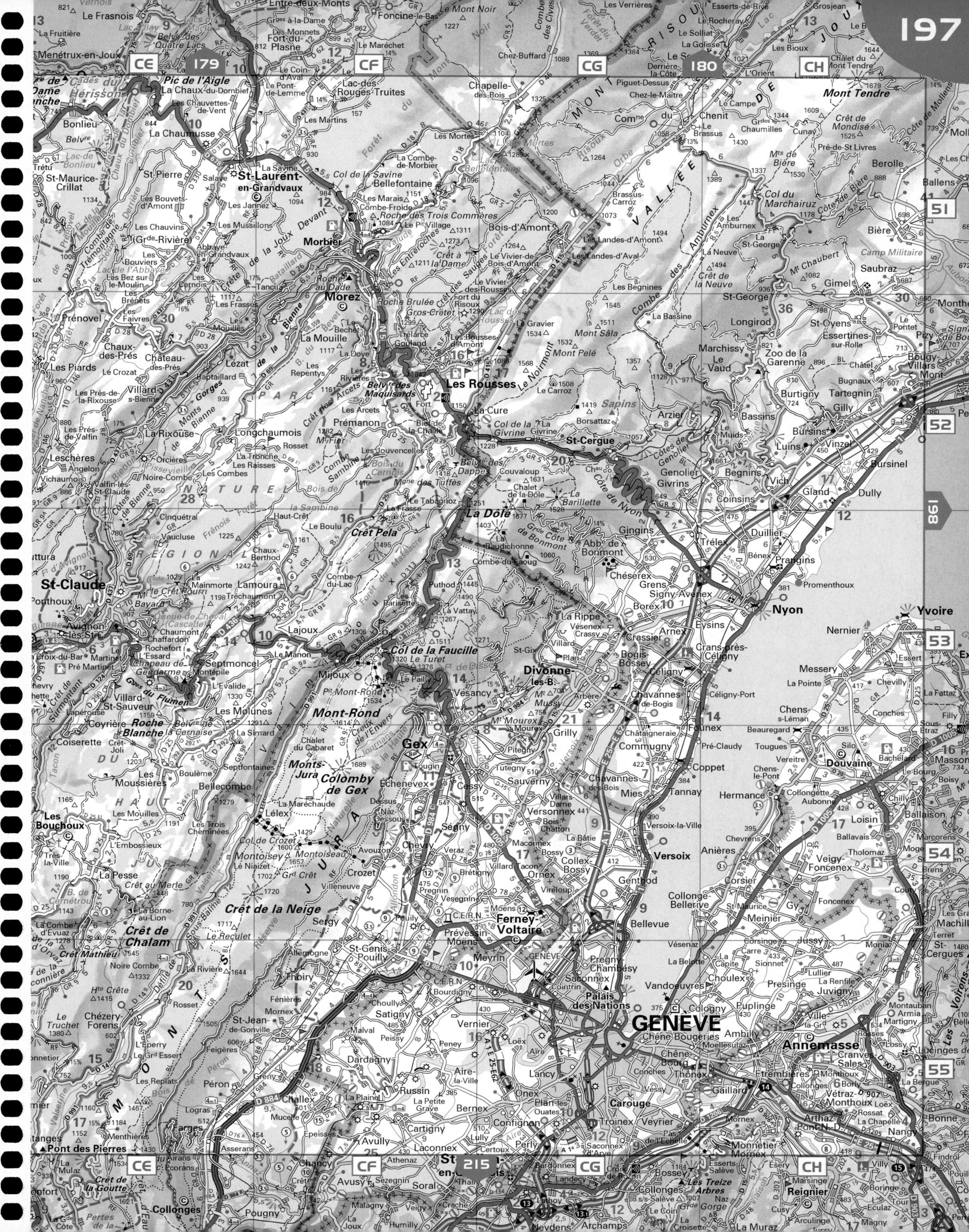
CE
179
CF
CG
180
CH
51
52
53
54
55
198
215
Le Frasnois
Foncine-le-Bas
Le Mont Noir
Les Verrières
Ménétrux-en-Joux
Pic de l'Aigle
La Chaux-du-Dombief
Lac-des-Rouges-Truites
Chapelle-des-Bois
MONT RISOUX
Le Brassus
Mont Tendre
Bonlieu
La Chaumusse
St-Laurent-en-Grandvaux
Col de la Savine
Bellefontaine
St-Pierre
St-Maurice-Crillat
Roche des Trois Commères
Bois-d'Amont
Col du Marchairuz
VALLÉE DE JOUX
Morbier
Morez
Les Rousses
Bière
Gimel
St-George
Longirod
Marchissy
Prénovel
Lézat
La Mouille
Mont Sâla
Mont Pelé
Les Piards
Chaux-des-Prés
Château-des-Prés
Villard-s-Bienne
La Rixouse
Longchaumois
Prémanon
La Cure
St-Cergue
Arzier
Bassins
Burtigny
Gilly
Rolle
Luins
Vinzel
Bursinel
Begnins
Genolier
Gland
Dully
La Dôle
Crêt Pela
PARC NATUREL RÉGIONAL
Gingins
Trélex
Duillier
Prangins
St-Claude
Lamoura
Chéserex
Grens
Signy-Avenex
Nyon
Yvoire
Lajoux
Col de la Faucille
Mijoux
Divonne-les-B.
Crans-près-Céligny
Céligny
Nernier
Messery
Septmoncel
Mont-Rond
Gex
Grilly
Founex
Commugny
Coppet
Chens-s-Léman
Douvaine
Monts-Jura
Colomby de Gex
Cessy
Sauverny
Tannay
Mies
Hermance
Lélex
Ségny
Versonnex
Versoix
Anières
Loisin
Les Bouchoux
Chevry
Col de Crozet
Crozet
Collex-Bossy
Genthod
Veigy-Foncenex
Crêt de la Neige
Sergy
Ferney-Voltaire
Bellevue
Crêt de Chalam
Prévessin-Moëns
Collonge-Bellerive
Meinier
St-Genis-Pouilly
Meyrin
Thoiry
Pregny-Chambésy
Vandœuvres
Jussy
Palais des Nations
GENÈVE
Chêne-Bougeries
Annemasse
Satigny
Vernier
Dardagny
Aire-la-Ville
Lancy
Onex
Carouge
Thônex
Gaillard
Russin
Bernex
Confignon
Troinex
Veyrier
Péron
Challex
Cartigny
Avully
Perly
Laconnex
Pont des Pierres
Chancy
St-Julien-en-Genevois
Collonges
Reignier
Les Treize Arbres
Monnetier-Mornex
Bonne
Pougny
Soral

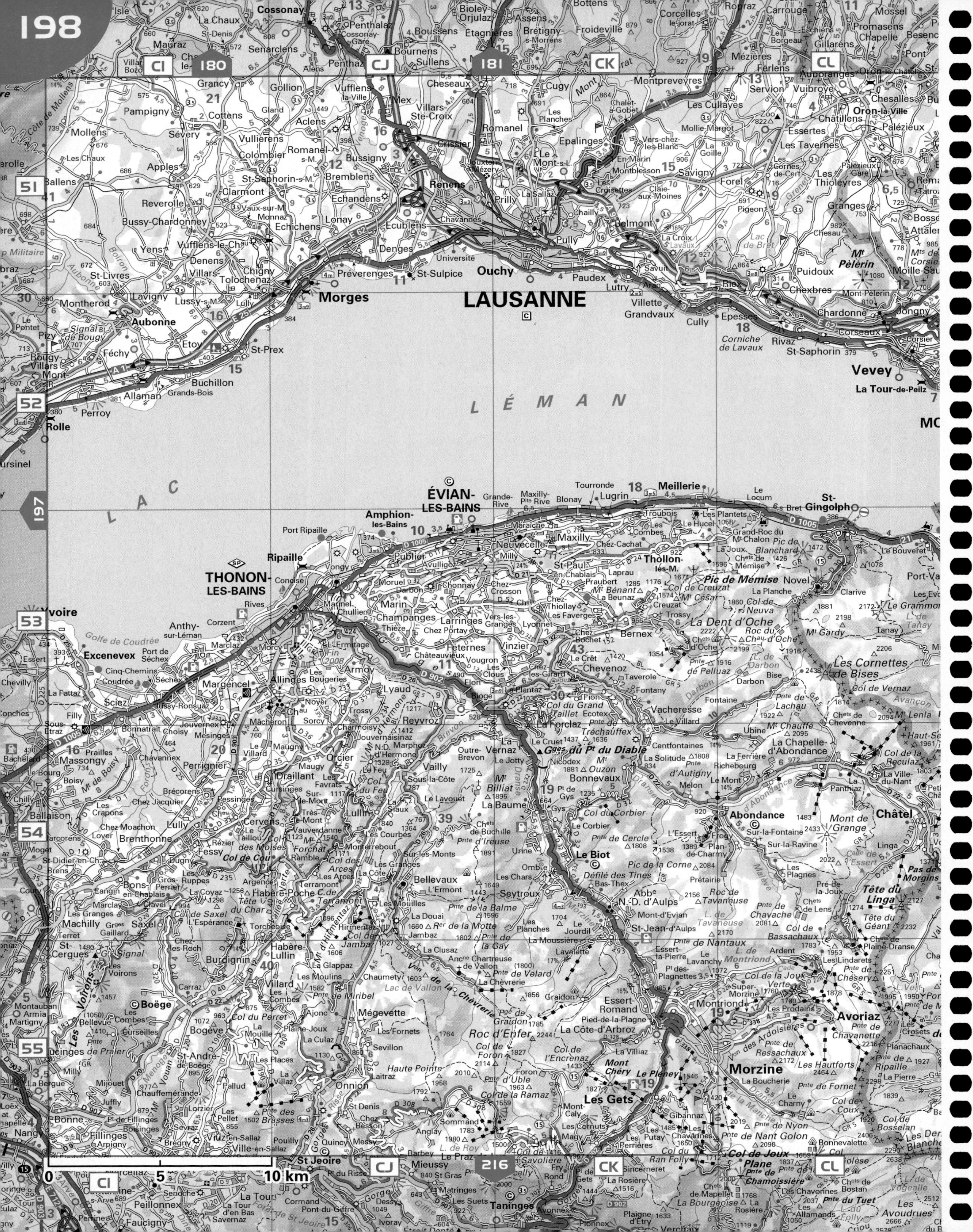

180
181
CI
CJ
CK
CL
51
52
53
54
55
197
216
LAUSANNE
LÉMAN
LAC
Cossonay
Penthalaz
Bournens
Sullens
Cheseaux
Romanel
Crissier
Renens
Prilly
Pully
Ouchy
Paudex
Lutry
Villette
Grandvaux
Cully
Epesses
Corniche de Lavaux
Rivaz
St-Saphorin
Chexbres
Puidoux
Chardonne
Jongny
Corseaux
Vevey
La Tour-de-Peilz
Mt Pèlerin
Morges
Préverenges
St-Sulpice
Ecublens
Denges
Echandens
Bussigny
Aclens
Vufflens-la-Ville
Mex
Gollion
Grancy
Cottens
Sévery
Pampigny
Mollens
Apples
Ballens
Bussy-Chardonney
Yens
Vufflens-le-Château
Denens
Villars-s-Yens
Tolochenaz
Lully
Lussy-s-M.
Lavigny
St-Livres
Montherod
Aubonne
Féchy
Etoy
St-Prex
Buchillon
Allaman
Perroy
Rolle
Epalinges
Le Mont-s-L.
Belmont
Savigny
Forel
Montpreveyres
Les Cullayes
Servion
Oron-la-Ville
Palézieux
Mézières
Ferlens
Cugy
Froideville
Ropraz
Carrouge
Corcelles-le-Jorat
Mossel
Promasens
ÉVIAN-LES-BAINS
Amphion-les-Bains
Publier
Maxilly
Lugrin
Meillerie
St-Gingolph
Neuvecelle
Thollon-les-M.
Pic de Mémise
La Dent d'Oche
Bernex
Novel
Port Ripaille
Ripaille
THONON-LES-BAINS
Anthy-sur-Léman
Yvoire
Excenevex
Golfe de Coudrée
Margencel
Sciez
Allinges
Armoy
Lyaud
Marin
Champanges
Larringes
Féternes
Vinzier
Chevenoz
Vacheresse
La Chapelle-d'Abondance
Abondance
Châtel
Mont de Grange
Les Cornettes de Bises
Col du Corbier
Le Biot
Défilé des Tines
Bonnevaux
Mt Ouzon
Gges du Pt du Diable
La Forclaz
Vailly
Reyvroz
Orcier
Draillant
Perrignier
Massongy
Douvaine
Ballaison
Cervens
Lully
Brenthonne
Fessy
Col de Cou
Habère-Poche
Bellevaux
Seytroux
St-Jean-d'Aulps
Abbe N.-D. d'Aulps
Montriond
Morzine
Avoriaz
Tête du Linga
Pas de Morgins
Les Gets
Mont Chéry
Le Pleney
Col de Joux Plane
Roc d'Enfer
Mégevette
Villard
Boëge
Bogève
Habère-Lullin
Burdignin
Saxel
Machilly
St-Cergues
Les Voirons
Onnion
St Jeoire
Mieussy
Taninges
La Tour
Peillonnex
Faucigny
Fillinges
Bonne
Nangy
0
5
10 km

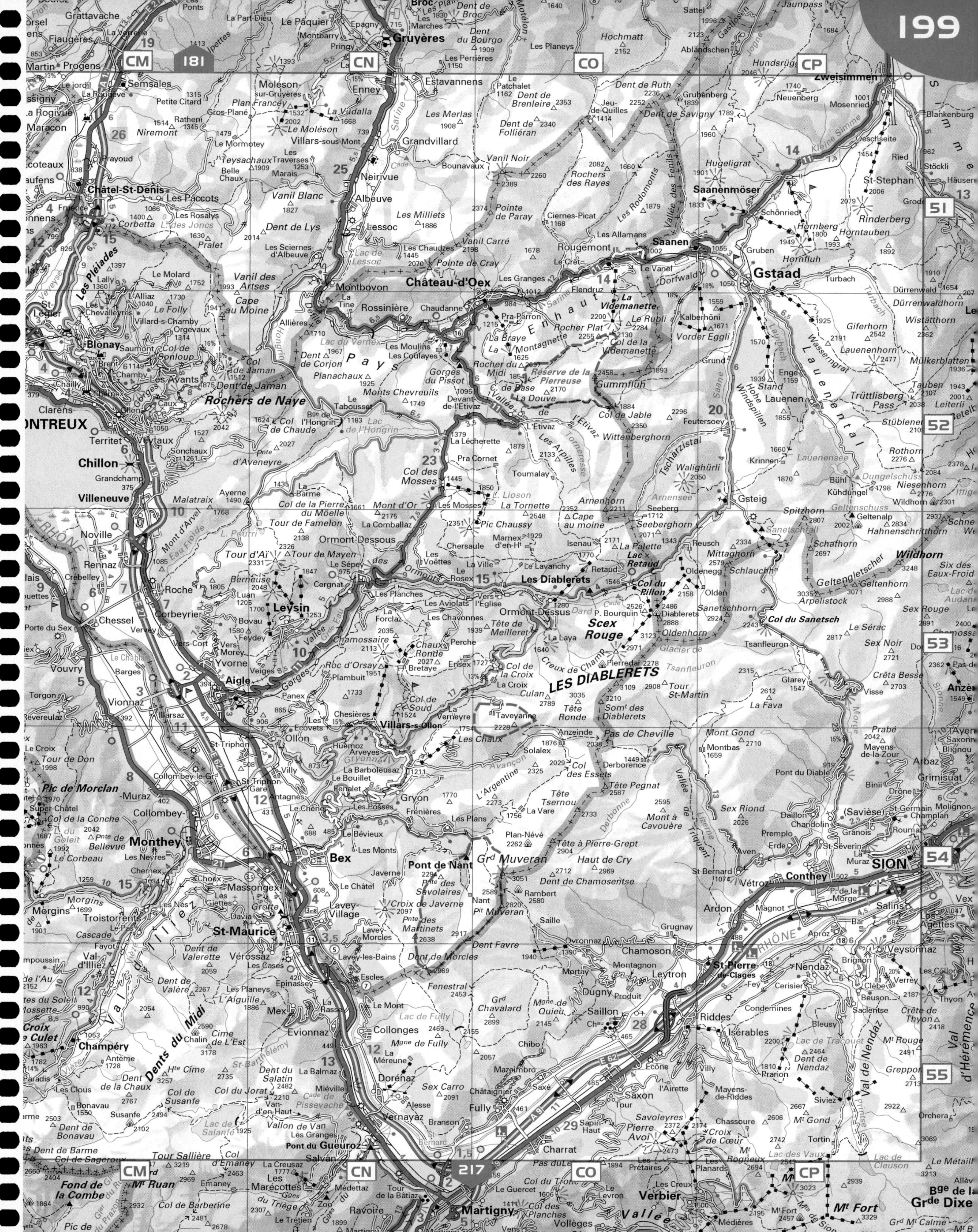
CM
181
CN
CO
CP
Gruyères
Zweisimmen
Châtel-St-Denis
Blonay
MONTREUX
Chillon
Villeneuve
Rochers de Naye
Château-d'Oex
Rossinière
Montbovon
Saanen
Gstaad
Pays d'Enhaut
Col des Mosses
Leysin
Aigle
Les Diablerets
LES DIABLERETS
Scex Rouge
Villars-s-Ollon
Ollon
Bex
Monthey
St-Maurice
Champéry
Dents du Midi
Val d'Illiez
Grd Muveran
Pont de Nant
Col du Sanetsch
Wildhorn
Lauenen
Gsteig
SION
Conthey
Ardon
Chamoson
Leytron
Saillon
Riddes
Fully
Saxon
Martigny
Verbier
Mt Fort
217
Gd Dixe
51
52
53
54
55

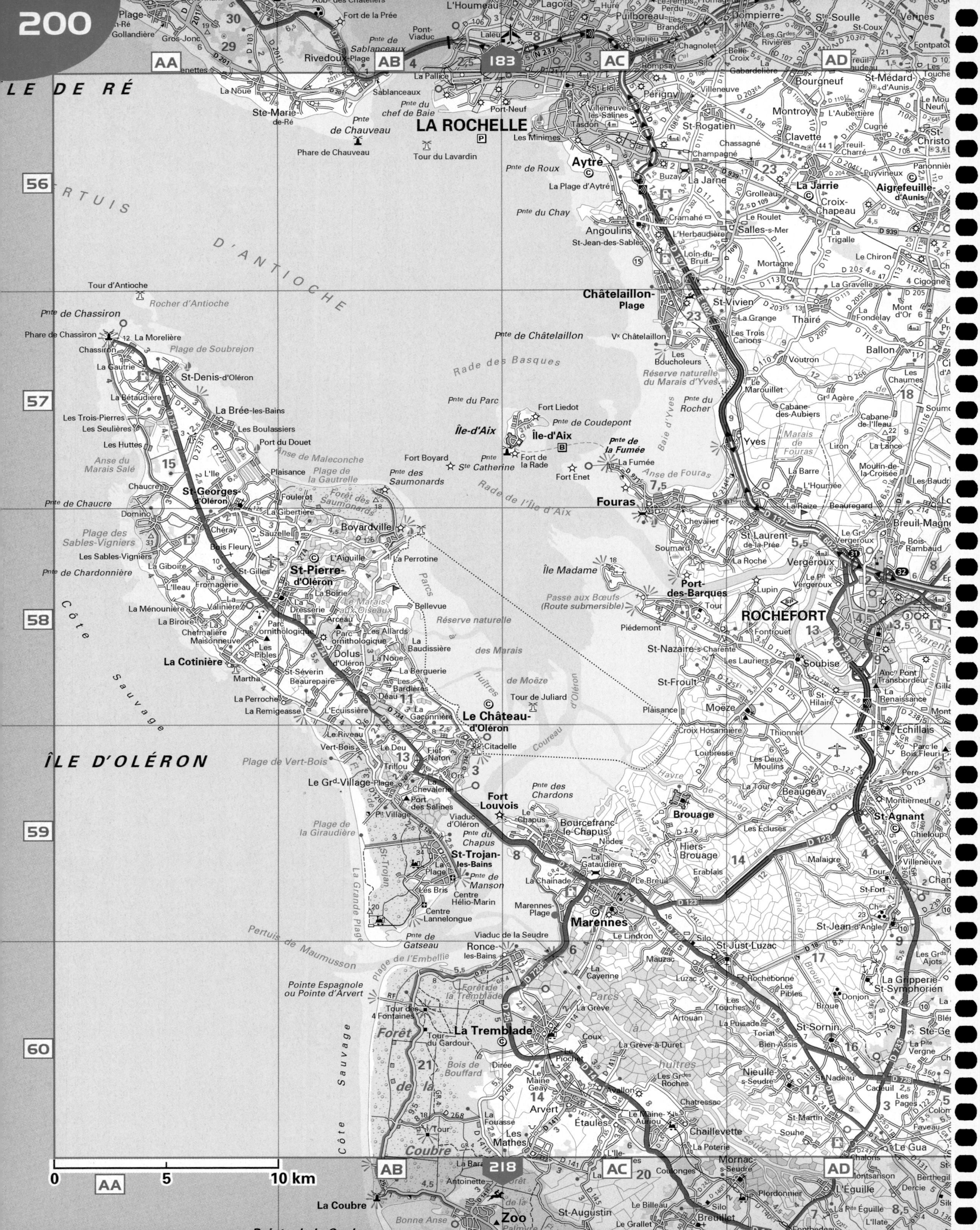

AA
AB
AC
AD
183
218
ÎLE DE RÉ
PERTUIS D'ANTIOCHE
ÎLE D'OLÉRON
Côte Sauvage
LA ROCHELLE
ROCHEFORT
Rivedoux-Plage
Sablanceaux
Ste-Marie-de-Ré
La Noue
L'Houmeau
Lagord
Puilboreau
Dompierre-s-Mer
Périgny
Aytré
Angoulins
St-Jean-des-Sables
Châtelaillon-Plage
La Jarne
La Jarrie
Aigrefeuille-d'Aunis
Croix-Chapeau
Salles-s-Mer
St-Rogatien
Montroy
Clavette
Thairé
Ballon
St-Vivien
Yves
Fouras
Île-d'Aix
Fort Boyard
Fort Liedot
Fort Enet
Île Madame
Port-des-Barques
Soubise
St-Nazaire-s-Charente
Moëze
Echillais
St-Agnant
Beaugeay
Brouage
Hiers-Brouage
Marennes
Bourcefranc-le-Chapus
Fort Louvois
St-Just-Luzac
La Tremblade
Arvert
Étaules
Chaillevette
Les Mathes
La Coubre
Ronce-les-Bains
St-Trojan-les-Bains
Le Château-d'Oléron
Dolus-d'Oléron
St-Pierre-d'Oléron
St-Georges-d'Oléron
St-Denis-d'Oléron
La Brée-les-Bains
Boyardville
La Cotinière
Chassiron
Phare de Chassiron
Tour d'Antioche
Rade des Basques
Rade de l'Île d'Aix
Pertuis de Maumusson
Forêt de la Coubre
St-Sornin
Nieulle-s-Seudre
Mornac-s-Seudre
L'Éguille
Breuillet
St-Augustin
Zoo
Pointe Espagnole ou Pointe d'Arvert
56
57
58
59
60
0
5
10 km

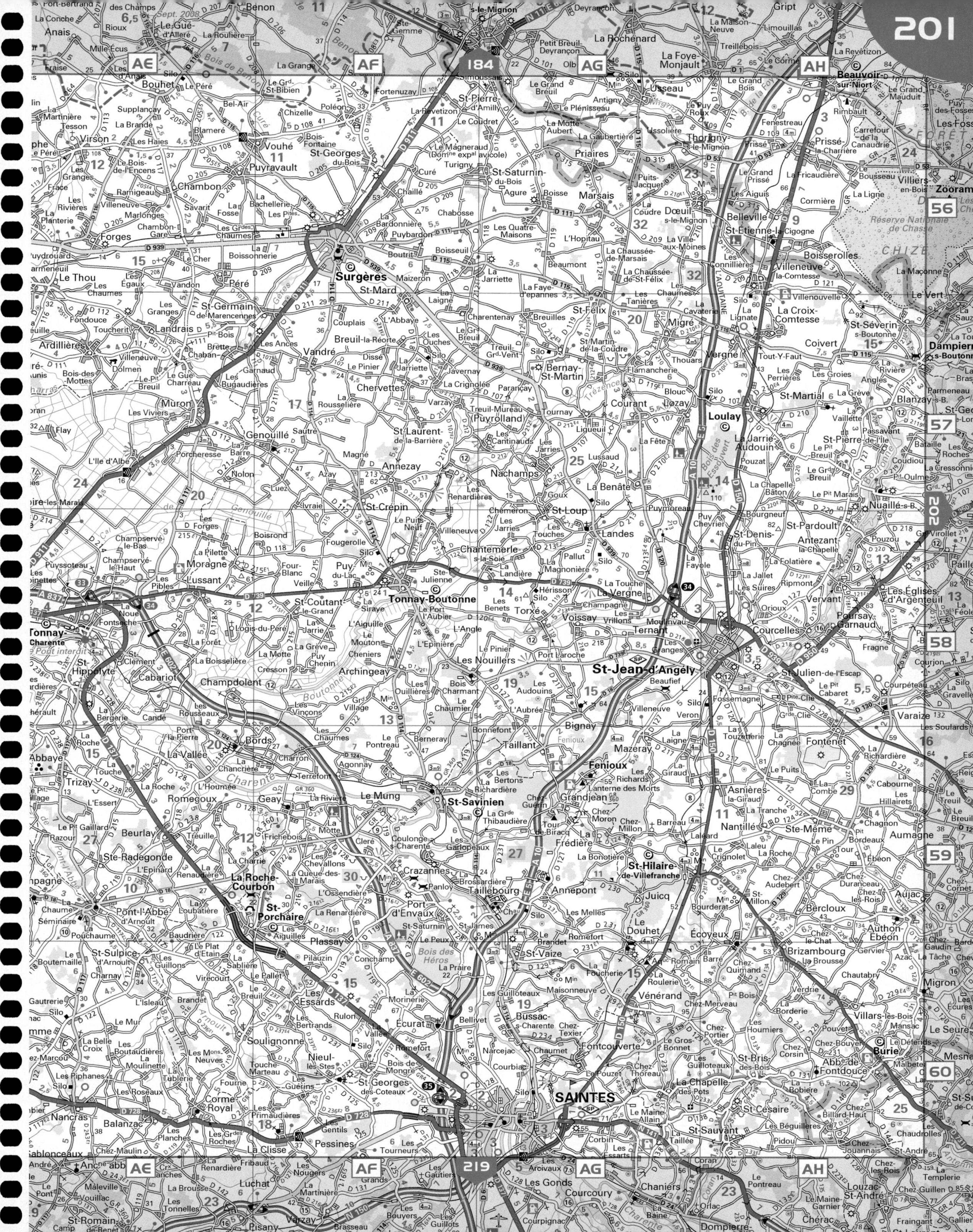
AE
AF
AG
AH
184
219
56
57
58
59
60
202
Surgères
Tonnay-Boutonne
St-Jean-d'Angély
Loulay
St-Savinien
La Roche-Courbon
St-Porchaire
Taillebourg
St-Hilaire-de-Villefranche
SAINTES
Burie
Beauvoir-sur-Niort
Dampierre-s-Boutonne
Tonnay-Charente
Forêt de Chizé
Réserve Nationale de Chasse
Zooram
Usseau
Marsais
Priaires
St-Félix
Migré
Courant
Lozay
Bernay-St-Martin
Nachamps
Annezay
St-Crépin
Genouillé
Muron
Vandré
Chervettes
Puyravault
Vouhé
Virson
Forges
Péré
Le Thou
Landrais
Ardillières
Moragne
Lussant
Archingeay
Les Nouillers
Torxé
Voissay
Bignay
Mazeray
Fenioux
Grandjean
Annepont
Juicq
Écoyeux
Brizambourg
Bords
Champdolent
Cabariot
St-Hippolyte
Trizay
Romegoux
Geay
Beurlay
Ste-Radegonde
Pont-l'Abbé-d'Arnoult
St-Sulpice-d'Arnoult
Plassay
Crazannes
Port-d'Envaux
Écurat
Bussac-s-Charente
Fontcouverte
Le Douhet
Vénérand
Nieul-lès-Saintes
Corme-Royal
Pessines
Balanzac
Nancras
Soulignonne
St-Georges-des-Coteaux
Chaniers
Les Gonds
Courcoury
Luchat
Pisany
Varzay
St-Romain-de-Benet
St-Sauvant
St-Césaire
La Chapelle-des-Pots
St-Bris-des-Bois
Villars-les-Bois
Migron
Authon-Ébéon
Aujac
Bercloux
Nantillé
Ste-Même
Asnières-la-Giraud
Fontenet
Varaize
Courcelles
Vervant
Poursay-Garnaud
Les Églises-d'Argenteuil
Nuaillé-s-B.
St-Pardoult
Antezant-la-Chapelle
St-Denis-du-Pin
Blanzay-s-B.
St-Martial
Coivert
St-Séverin-s-Boutonne
La Croix-Comtesse
Villeneuve-la-Comtesse
Vergné
Bois des Essouverts
Charente
Boutonne
Bois des Héros
Louzac-St-André

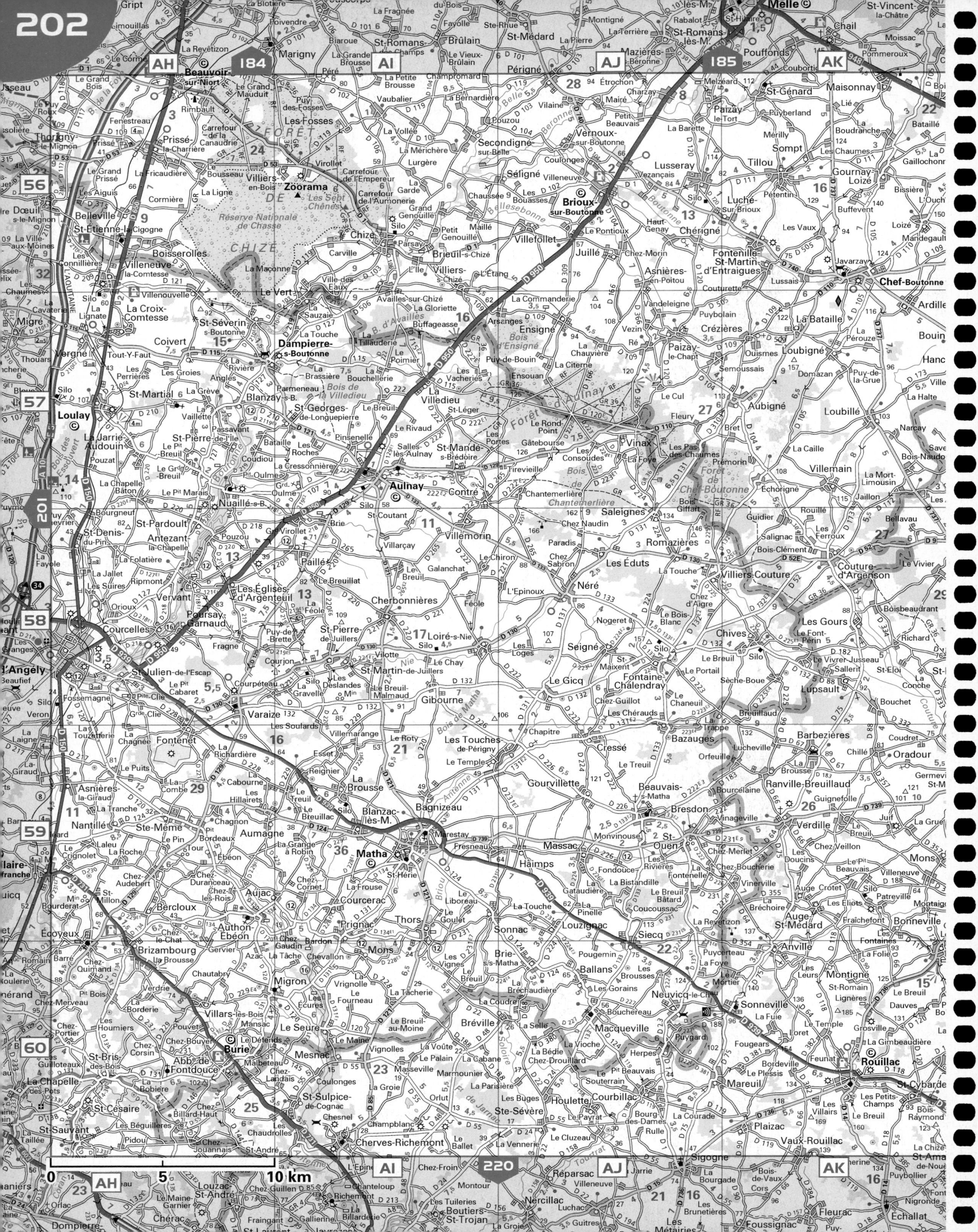

AH
184
AI
AJ
185
AK
220
56
57
58
59
60
201
Beauvoir-sur-Niort
Marigny
St-Romans-des-Champs
Brûlain
St-Médard
Melle
Chail
Périgné
Mazières-sur-Béronne
Pouffonds
Maisonnay
Prissé-la-Charrière
Les Fosses
Secondigné-sur-Belle
Vernoux-sur-Boutonne
Lusseray
Tillou
Sompt
Gournay-Loizé
Zoorama
Forêt de Chizé
Réserve Nationale de Chasse
Belleville
St-Étienne-la-Cigogne
Boisserolles
Villeneuve-la-Comtesse
Brioux-sur-Boutonne
Chizé
Brieuil-s-Chizé
Villefollet
Juillé
Chérigné
Fontenille-St-Martin-d'Entraigues
Chef-Boutonne
Le Vert
Availles-sur-Chizé
La Croix-Comtesse
St-Séverin-s-Boutonne
Dampierre-s-Boutonne
Ensigné
Paizay-le-Chapt
Crézières
Loubigné
La Bataille
Ardilleux
Loulay
St-Martial
Blanzay-s-B.
St-Georges-de-Longuepierre
La Villedieu
Forêt d'Aulnay
Aubigné
Loubillé
St-Pierre-de-l'Isle
Salles-lès-Aulnay
St-Mandé-s-Brédoire
Vinax
Aulnay
Contré
Villemain
Nuaillé-s-B.
Forêt de Chef-Boutonne
St-Pardoult
St-Denis-du-Pin
Antezant-la-Chapelle
Villemorin
Saleignes
Romazières
Les Éduts
Néré
Villiers-Couture
Couture-d'Argenson
Paillé
Les Églises-d'Argenteuil
Cherbonnières
Vervant
Poursay-Garnaud
Courcelles
Loiré-s-Nie
Seigné
Chives
Les Gours
St-Jean-d'Angély
St-Julien-de-l'Escap
St-Martin-de-Juillers
Fontaine-Chalendray
Le Gicq
Gibourne
Lupsault
Varaize
Fontenet
Les Touches-de-Périgny
Cressé
Bazauges
Barbezières
Oradour
Asnières-la-Giraud
Blanzac-lès-M.
Gourvillette
Beauvais-s-Matha
Ranville-Breuillaud
Bagnizeau
Bresdon
Nantillé
Ste-Même
Aumagne
Matha
Massac
Haimps
St-Ouen
Verdille
Mons
Bercloux
Aujac
Courcerac
Thors
Sonnac
Louzignac
Siecq
Auge-St-Médard
Bonneville
Brizambourg
Authon-Ébéon
Prignac
Mons
Brie-s-Matha
Ballans
Anville
Montigné
Migron
Bréville
Neuvicq-le-Château
Sonneville
Burie
Macqueville
Rouillac
St-Bris-des-Bois
Mesnac
Mareuil
St-Cybardeaux
St-Césaire
St-Sulpice-de-Cognac
Courbillac
Houlette
Ste-Sévère
Plaizac
Vaux-Rouillac
St-Sauvant
Cherves-Richemont
Sigogne
Échallat
Boutiers-St-Trojan
Nercillac
Fleurac
0 5 10 km

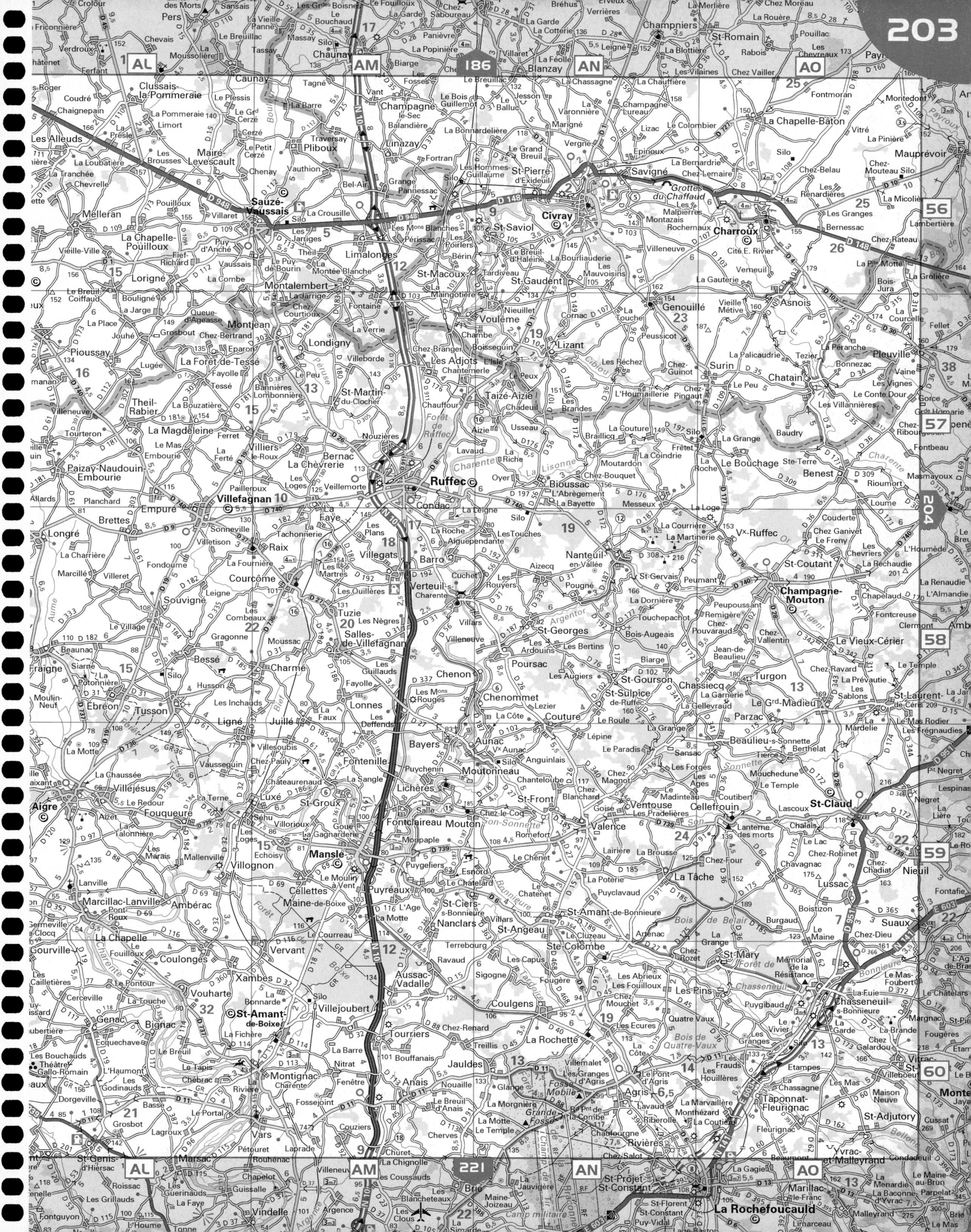
AL
AM
186
AN
AO
Pers
Chaunay
Champniers
St-Romain
Blanzay
Clussais-la-Pommeraie
Les Alleuds
Mairé-Levescault
Pliboux
Linazay
Sauzé-Vaussais
Melleran
Civray
Charroux
Savigné
St-Saviol
Limalonges
Lorigné
Montalembert
St-Macoux
St-Gaudent
Genouillé
Asnois
Montjean
Londigny
Vouléme
Lizant
Surin
Chatain
Pleuville
Pioussay
La Forêt-de-Tessé
Les Adjots
Taizé-Aizie
St-Martin-du-Clocher
Theil-Rabier
La Magdeleine
Villiers-le-Roux
Bernac
La Chèvrerie
Ruffec
Bioussac
Le Bouchage
Benest
Paizay-Naudouin-Embourie
Villefagnan
Empuré
Brettes
Condac
Longré
Raix
Villegats
Barro
Nanteuil-en-Vallée
Vx-Ruffec
St-Coutant
Champagne-Mouton
Courcôme
Verteuil-s-Charente
Souvigné
Tuzie
Salles-de-Villefagnan
St-Georges
Le Vieux-Cérier
Charmé
Chenon
Poursac
St-Gourson
Turgon
St-Sulpice-de-Ruffec
Chassiecq
Le Grd-Madieu
St-Laurent-de-Céris
Ebréon
Tusson
Ligné
Juillé
Lonnes
Chenommet
Couture
Parzac
Bayers
Aunac
Beaulieu-s-Sonnette
Fontenille
Moutonneau
Villejésus
Luxé
St-Groux
Lichères
Aigre
Fouqueure
Fontclaireau
Mouton
St-Front
Ventouse
Cellefrouin
St-Claud
Valence
Mansle
Villognon
Puyréaux
Nieuil
La Tâche
Lussac
Marcillac-Lanville
Ambérac
Cellettes
Maine-de-Boixe
St-Ciers-s-Bonnieure
Nanclars
St-Angeau
St-Amant-de-Bonnieure
Suaux
Gourville
Coulonges
Vervant
Ste-Colombe
St-Mary
Xambes
Aussac-Vadalle
Vouharte
Villejoubert
Coulgens
Les Pins
Chasseneuil-s-Bonnieure
Genac
Bignac
St-Amant-de-Boixe
Tourriers
La Rochette
Jauldes
Montignac-Charente
Anais
Agris
Taponnat-Fleurignac
Vars
Rivières
St-Adjutory
AL
AM
221
AN
AO
Marsac
Brie
St-Projet-St-Constant
La Rochefoucauld
56
57
58
59
60
204

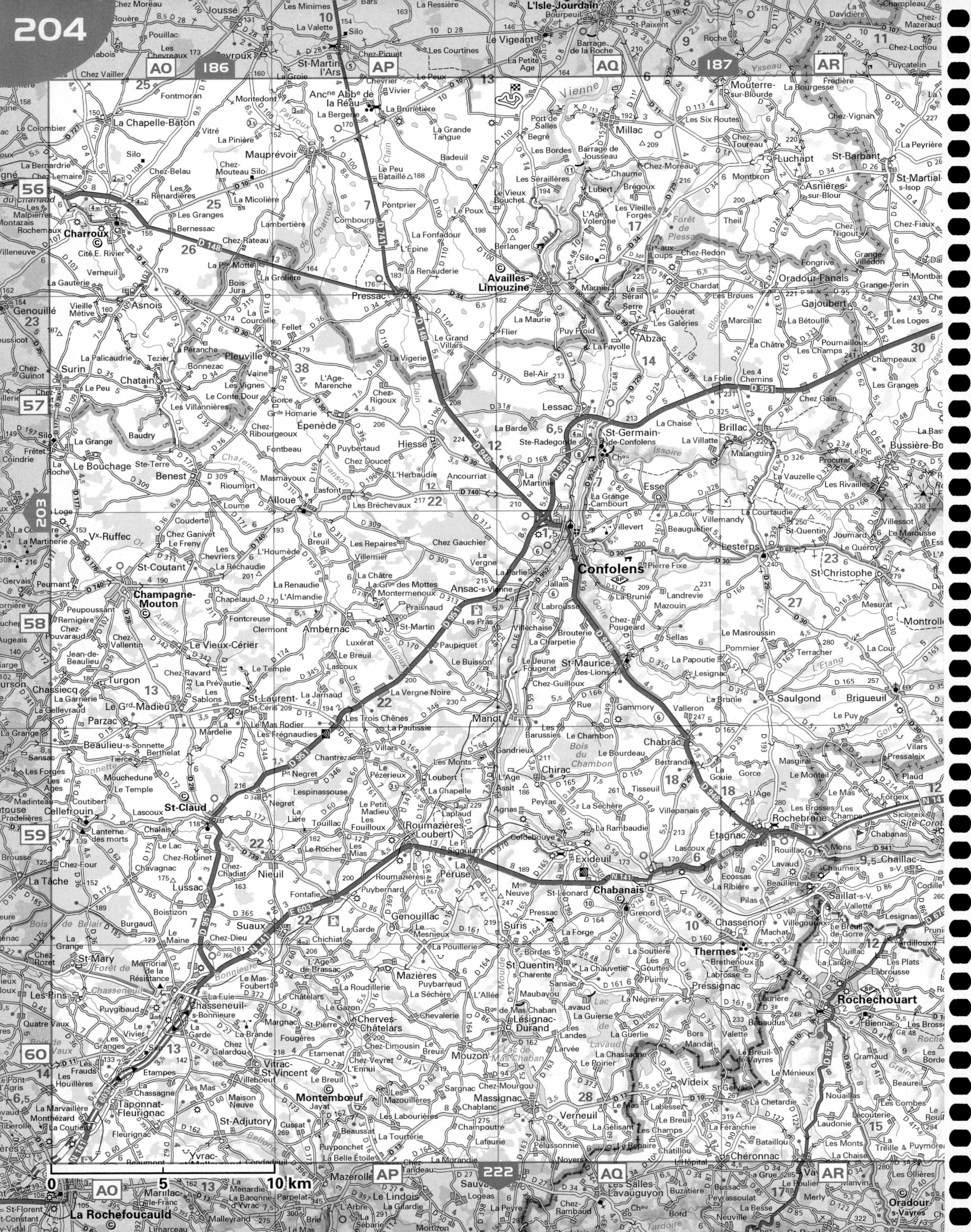

AO
186
AP
AQ
187
AR
56
57
58
59
60
203
222
L'Isle-Jourdain
Le Vigeant
St-Martin-l'Ars
Mauprévoir
La Chapelle-Bâton
Charroux
Millac
Luchapt
St-Barbant
Asnières-sur-Blour
Availles-Limouzine
Pressac
Oradour-Fanais
Gajoubert
Genouillé
Asnois
Pleuville
Surin
Abzac
Lessac
St-Germain-de-Confolens
Brillac
Bussière-Boffy
Benest
Hiesse
Épenède
Alloue
Esse
Confolens
Lesterps
St-Christophe
Champagne-Mouton
Ansac-s-Vienne
Ambernac
Le Vieux-Cérier
St-Maurice-des-Lions
Saulgond
Brigueuil
Turgon
St-Laurent-de-Céris
Manot
Chabrac
Parzac
Beaulieu-s-Sonnette
St-Claud
Chirac
Étagnac
Rochebrune
Roumazières-Loubert
Exideuil
Chabanais
Chaillac-s-Vienne
Saillat-s-V.
Nieuil
Lussac
Suaux
Genouillac
Suris
Chassenon
Thermes
St-Mary
St-Quentin-s-Charente
Pressignac
Rochechouart
Chasseneuil-s-Bonnieure
Mazières
Cherves-Châtelars
Lésignac-Durand
Vitrac-St-Vincent
Mouzon
Taponnat-Fleurignac
Montembœuf
Massignac
Videix
Verneuil
Chéronnac
St-Adjutory
La Rochefoucauld
Les Salles-Lavauguyon
Oradour-s-Vayres
0
5
10 km

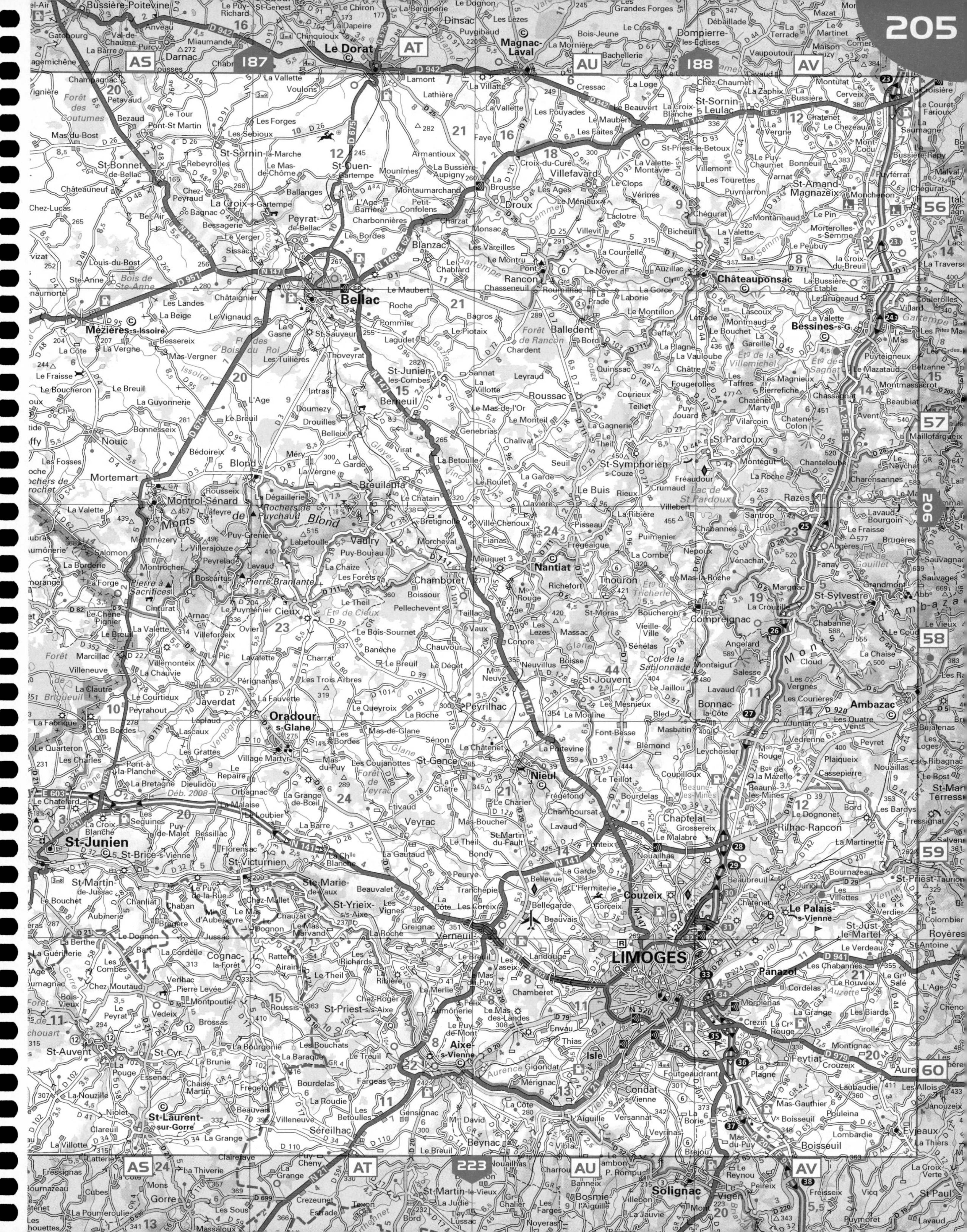

Le Dorat
Magnac-Laval
Bellac
Mézières-s-Issoire
Châteauponsac
Bessines-s-G.
St-Junien
Oradour-s-Glane
Nantiat
Nieul
Compreignac
Ambazac
LIMOGES
Aixe-s-Vienne
St-Laurent-sur-Gorre
Solignac
Le Palais-s-Vienne
Panazol
Couzeix
Isle
Monts de Blond
Monts d'Ambazac

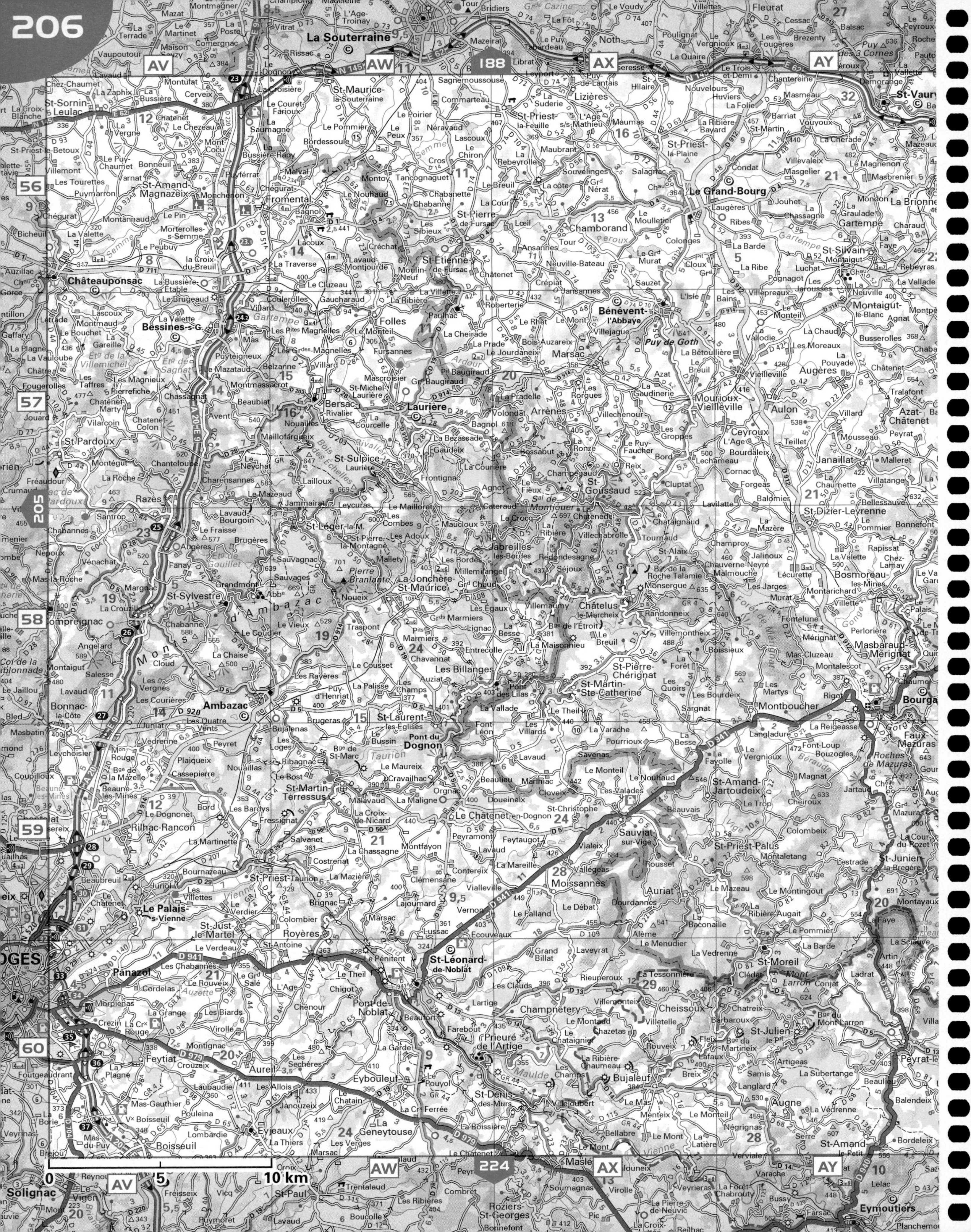

188
AV
AW
AX
AY
La Souterraine
St-Maurice-la-Souterraine
St-Sornin-Leulac
St-Priest-la-Feuille
Lizières
St-Priest-la-Plaine
Le Grand-Bourg
St-Vaury
St-Amand-Magnazeix
Fromental
St-Pierre-de-Fursac
Chamborand
St-Etienne-de-Fursac
Châteauponsac
Bessines-s-G.
Folles
Bénévent-l'Abbaye
Marsac
Puy de Goth
Montaigut-le-Blanc
Augères
Bersac-s-Rivalier
Laurière
Arrènes
Mourioux-Vieilleville
Aulon
Azat-Châtenet
St-Pardoux
St-Sulpice-Laurière
St-Goussaud
Janaillat
Razès
St-Léger-la-M.
Jabreilles-les-Bordes
St-Dizier-Leyrenne
La Jonchère-St-Maurice
Pierre Branlante
Châtelus-le-Marcheix
Bosmoreau-les-Mines
St-Sylvestre
Monts d'Ambazac
Compreignac
Les Billanges
Masbaraud-Mérignat
Ambazac
St-Pierre-Chérignat
St-Martin-Ste-Catherine
St-Laurent-les-Eglises
Pont du Dognon
Montboucher
Bourganeuf
Faux-Mazuras
Roches de Mazuras
St-Amand-Jartoudeix
St-Martin-Terressus
Rilhac-Rancon
Le Châtenet-en-Dognon
Sauviat-sur-Vige
St-Priest-Palus
St-Junien-la-Bregère
St-Priest-Taurion
Moissannes
Le Palais-s-Vienne
St-Just-le-Martel
Royères
St-Léonard-de-Noblat
St-Moreil
Panazol
Pont-de-Noblat
Cheissoux
Champnétery
Prieuré de l'Artige
St-Julien-le-Petit
Peyrat-le-Château
Feytiat
Aureil
Eybouleuf
Bujaleuf
St-Denis-des-Murs
Augne
Boisseuil
La Geneytouse
St-Amand-le-Petit
Eymoutiers
Solignac
224
0
5
10 km
56
57
58
59
60
205

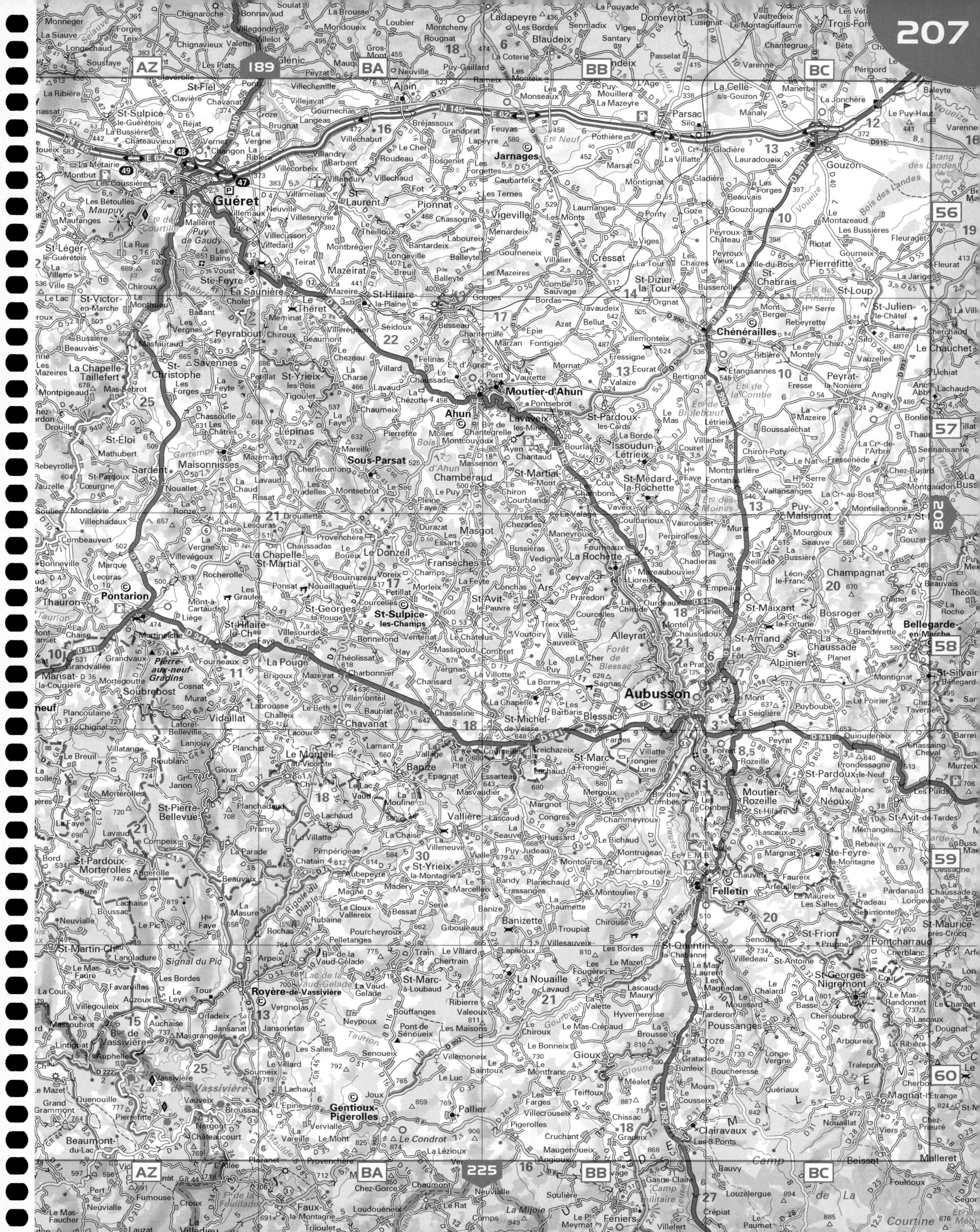
AZ
189
BA
BB
BC
Guéret
Jarnages
Gouzon
Chénérailles
Moutier-d'Ahun
Ahun
Sous-Parsat
Pontarion
St-Sulpice-les-Champs
Aubusson
Felletin
Royère-de-Vassivière
Gentioux-Pigerolles
Bellegarde-en-Marche
St-Hilaire-le-Château
Peyrat-la-Nonière
Lac de Vassivière
Lac de la Vaud-Gelade
Camp militaire
56
57
58
59
60
208
225

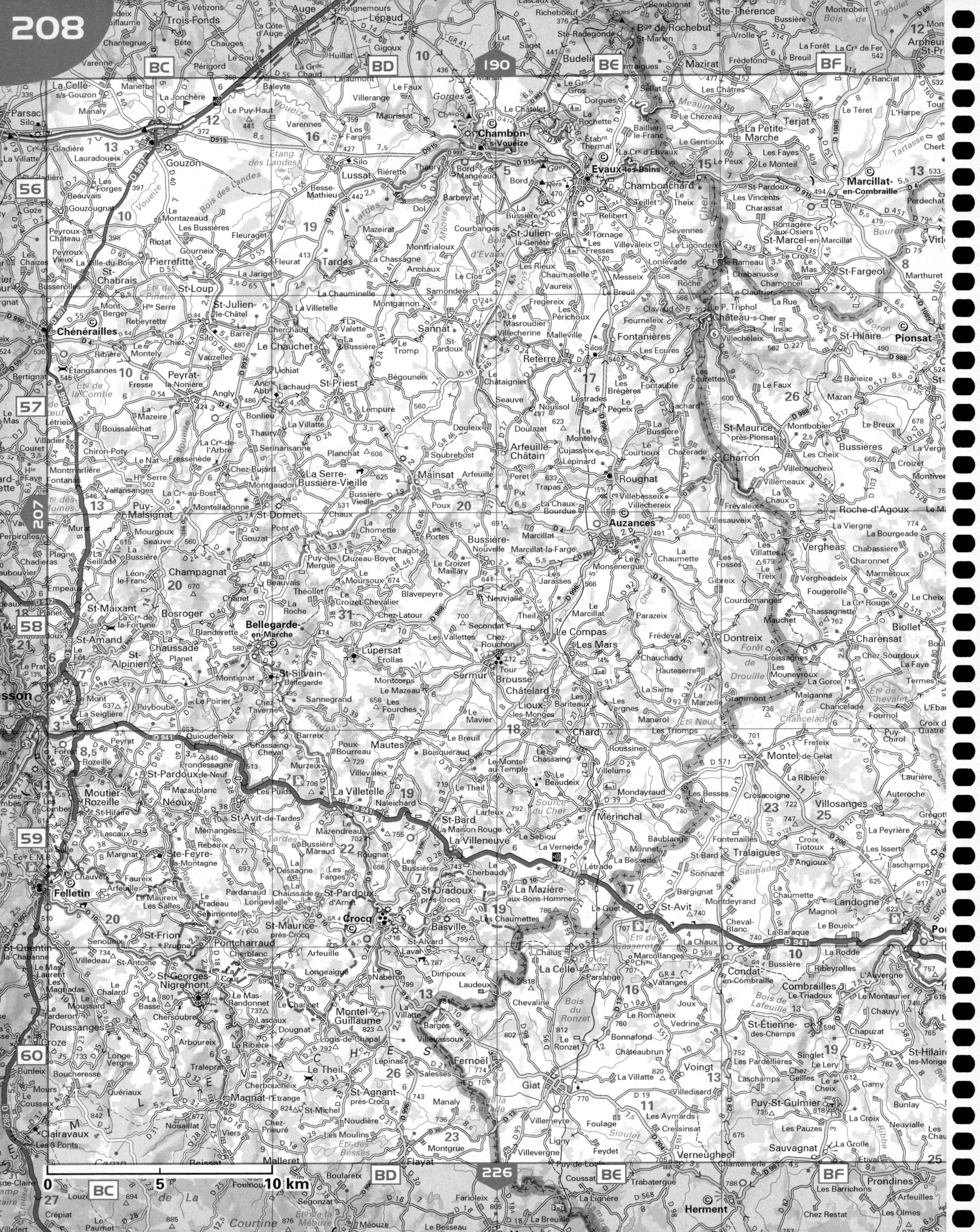

BC
BD
190
BE
BF
56
57
58
59
60
207
226
Auge
Lépaud
Trois-Fonds
Chambon-s-Voueize
Evaux-les-Bains
Budelière
Chambonchard
Marcillat-en-Combraille
Gouzon
Lussat
Tardes
St-Julien-la-Genête
Château-s-Cher
Pionsat
St-Fargeol
St-Marcel-en-Marcillat
Chénérailles
St-Chabrais
Pierrefitte
St-Loup
Sannat
St-Priest
Fontanières
Reterre
St-Maurice-près-Pionsat
Charron
Mainsat
Arfeuille-Châtain
Rougnat
Auzances
Vergheas
Roche-d'Agoux
Champagnat
Bellegarde-en-Marche
Lupersat
Sermur
Brousse
Dontreix
Charensat
Biollet
Le Compas
Les Mars
Mautes
Chard
Lioux-les-Monges
Montel-de-Gelat
Villosanges
Mérinchal
St-Bard
La Villeneuve
Tralaigues
Landogne
St-Avit
Felletin
Moutier-Rozeille
Néoux
St-Pardoux-le-Neuf
Crocq
Basville
St-Oradoux-près-Crocq
La Mazière-aux-Bons-Hommes
Condat-en-Combraille
Combrailles
St-Georges-Nigremont
Poussanges
Montel-Guillaume
La Celle
St-Étienne-des-Champs
Fernoël
Giat
Voingt
Puy-St-Gulmier
Magnat-l'Étrange
Clairavaux
Sauvagnat
Verneugheol
Flayat
Herment
Mallerer
0
5
10 km

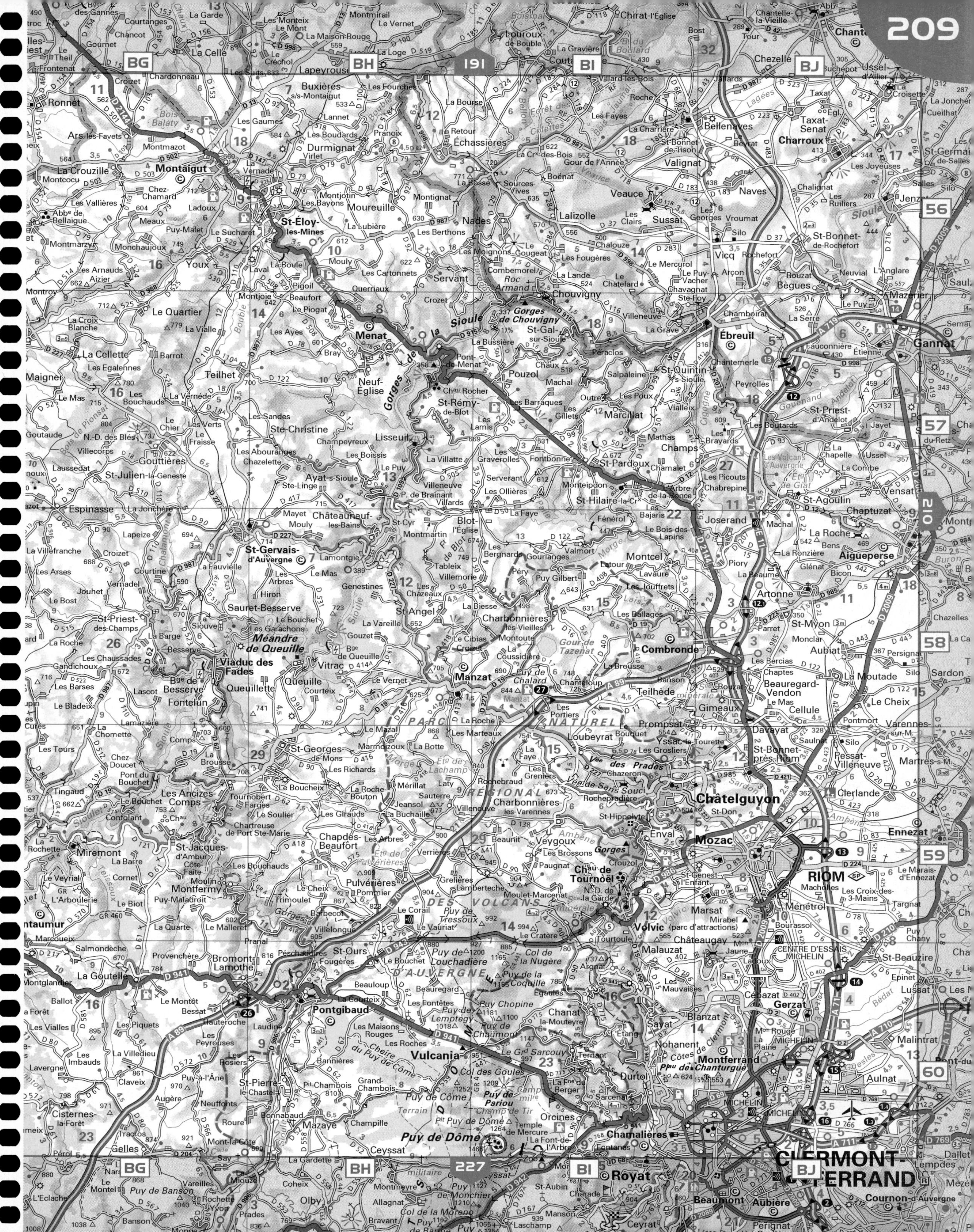

BG
BH
191
BI
BJ
Montaigut
St-Éloy-les-Mines
Menat
Gorges de Chouvigny
Chouvigny
Ébreuil
Gannat
St-Gervais-d'Auvergne
Aigueperse
Combronde
Manzat
Viaduc des Fades
Méandre de Queuille
Châtelguyon
Mozac
RIOM
Volvic
Pontgibaud
Vulcania
Puy de Dôme
Chamalières
Royat
CLERMONT-FERRAND
Montferrand
Gerzat
Ennezat
Aulnat
Beaumont
Aubière
Cournon-d'Auvergne
PARC NATUREL RÉGIONAL DES VOLCANS D'AUVERGNE
Charroux
Bellenaves
Naves
Vicq
St-Pardoux
Artonne
Aubiat
Davayat
Ménétrol
Malauzat
Châteaugay
Cébazat
Blanzat
Sayat
Durtol
Orcines
Ceyssat
Mazaye
Bromont-Lamothe
St-Ours
Pulvérières
St-Georges-de-Mons
Les Ancizes-Comps
Miremont
St-Jacques-d'Ambur
Montfermy
Queuille
Vitrac
Sauret-Besserve
St-Priest-des-Champs
Gouttières
St-Julien-la-Geneste
Espinasse
Youx
Servant
Neuf-Église
Ste-Christine
St-Rémy-de-Blot
Lisseuil
Ayat-s-Sioule
Châteauneuf-les-Bains
Blot-l'Église
St-Angel
Charbonnières-les-Vieilles
Loubeyrat
Charbonnières-les-Varennes
Tournoël
Enval
Marsat
A 71
A 89
A 710
A 719
D 2009
56
57
58
59
60
210
227

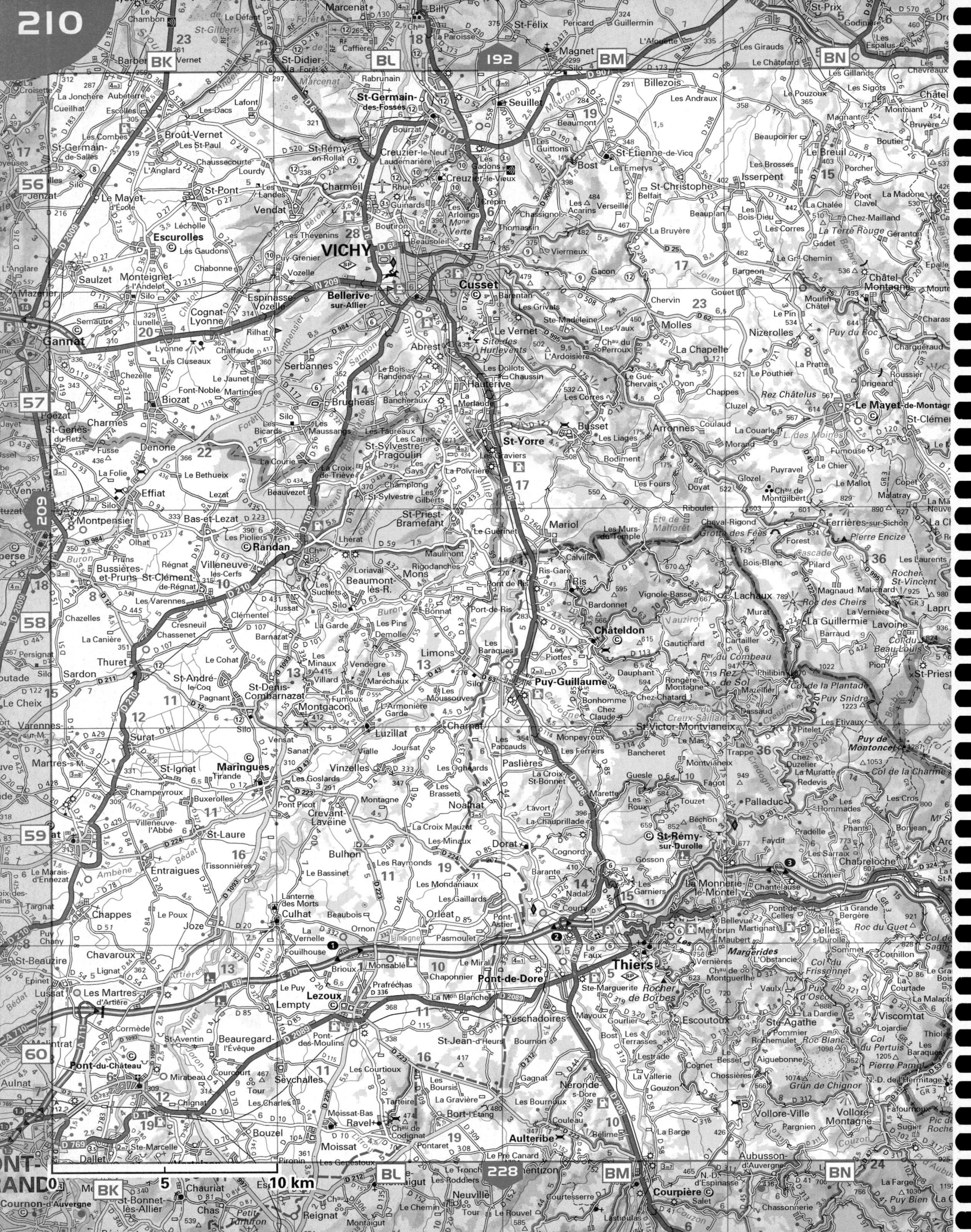
BK
BL
192
BM
BN
Marcenat
Billy
St-Félix
Magnet
St-Prix
Le Vernet
St-Didier-la-Forêt
Billezois
St-Germain-des-Fossés
Seuillet
Les Andraux
Châtel
Barberier
Jenzat
Escolles
Brout-Vernet
Creuzier-le-Neuf
St-Étienne-de-Vicq
St-Germain-de-Salles
St-Rémy-en-Rollat
Bost
Le Breuil
Charmeil
Creuzier-le-Vieux
St-Christophe
Isserpent
St-Pont
Le Mayet-d'École
Vendat
Escurolles
VICHY
Cusset
Saulzet
Monteignet-s-l'Andelot
Bellerive-sur-Allier
Châtel-Montagne
Espinasse-Vozelle
Cognat-Lyonne
Gannat
Abrest
Molles
Nizerolles
La Chapelle
Serbannes
Hauterive
Biozat
Brugheas
Le Mayet-de-Montagne
Charmes
St-Genès-du-Retz
Busset
Arronnes
Denone
St-Sylvestre-Pragoulin
St-Yorre
Effiat
Mariol
Montpensier
Bas-et-Lezat
St-Priest-Bramefant
Ferrières-sur-Sichon
Randan
Bussières-et-Pruns
St-Clément-de-Régnat
Villeneuve-les-Cerfs
Ris
Beaumont-lès-R.
Mons
Lachaux
Châteldon
Thuret
Limons
Puy-Guillaume
Sardon
St-André-le-Coq
St-Denis-Combarnazat
Montgacon
Luzillat
Charnat
St-Victor-Montvianeix
Surat
St-Ignat
Maringues
Vinzelles
Paslières
Puy de Montoncel
Noalhat
Palladuc
Crevant-Laveine
St-Rémy-sur-Durolle
St-Laure
Entraigues
Bulhon
Dorat
Chabreloche
La Monnerie-le-Montel
Chappes
Culhat
Joze
Orléat
Thiers
Les Martres-d'Artière
Lezoux
Pont-de-Dore
Celles-s-Durolle
Lempty
Peschadoires
Escoutoux
Viscomtat
Ste-Agathe
Pont-du-Château
Beauregard-l'Évêque
St-Jean-d'Heurs
Seychalles
Néronde-s-Dore
Vollore-Ville
Vollore-Montagne
Ravel
Moissat
Bouzel
Aulteribe
Dallet
Aubusson-d'Auvergne
Courpière
228
10 km

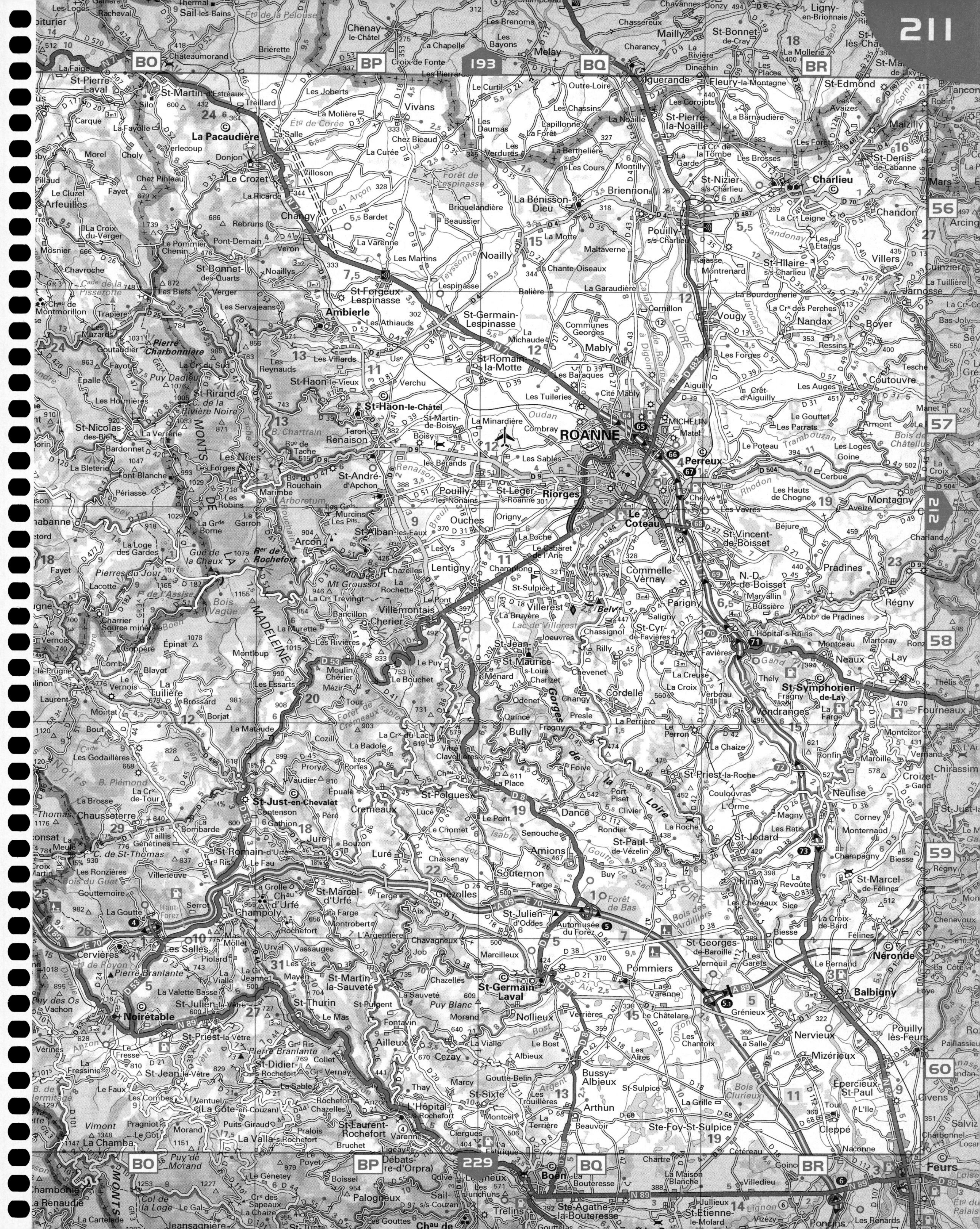

BO
BP
193
BQ
BR
56
57
58
59
60
212
229
ROANNE
Riorges
Le Coteau
Perreux
Charlieu
La Pacaudière
St-Martin-d'Estréaux
St-Pierre-Laval
Changy
Ambierle
St-Forgeux-Lespinasse
St-Germain-Lespinasse
St-Haon-le-Châtel
St-Haon-le-Vieux
Renaison
St-André-d'Apchon
St-Alban-les-Eaux
Villerest
Lentigny
Villemontais
Cherier
Commelle-Vernay
St-Cyr-de-Favières
L'Hôpital-s-Rhins
St-Symphorien-de-Lay
Régny
Pradines
N.-D.-de-Boisset
St-Vincent-de-Boisset
Montagny
Mably
Briennon
Pouilly-s/s-Charlieu
Noailly
St-Nizier-s/s-Charlieu
Vougy
Nandax
Boyer
Coutouvre
Chandon
Villers
Jarnosse
Maizilly
St-Denis-de-Cabanne
Iguerande
Melay
Vivans
Arfeuilles
St-Nicolas-des-Biefs
Les Noës
St-Rirand
Arcon
MONTS DE LA MADELEINE
Gorges de la Loire
Bully
Dancé
St-Polgues
Cremeaux
St-Just-en-Chevalet
Champoly
St-Marcel-d'Urfé
Grézolles
Souternon
Amions
St-Paul-de-Vézelin
St-Jodard
Neulise
Croizet-s-Gand
Pinay
St-Marcel-de-Félines
Néronde
Balbigny
St-Georges-de-Baroille
Pommiers
St-Germain-Laval
St-Julien-d'Oddes
Nollieux
Noirétable
Cervières
Les Salles
St-Martin-la-Sauveté
St-Didier-s-Rochefort
St-Laurent-Rochefort
Boën
Bussy-Albieux
Arthun
Ste-Foy-St-Sulpice
Nervieux
Mizérieux
Épercieux-St-Paul
Cleppé
Pouilly-lès-Feurs
Feurs
Sail-s/s-Couzan
Trelins
Ste-Agathe-la-Bouteresse
St-Étienne-le-Molard
Poncins
La Chamba
Jeansagnière

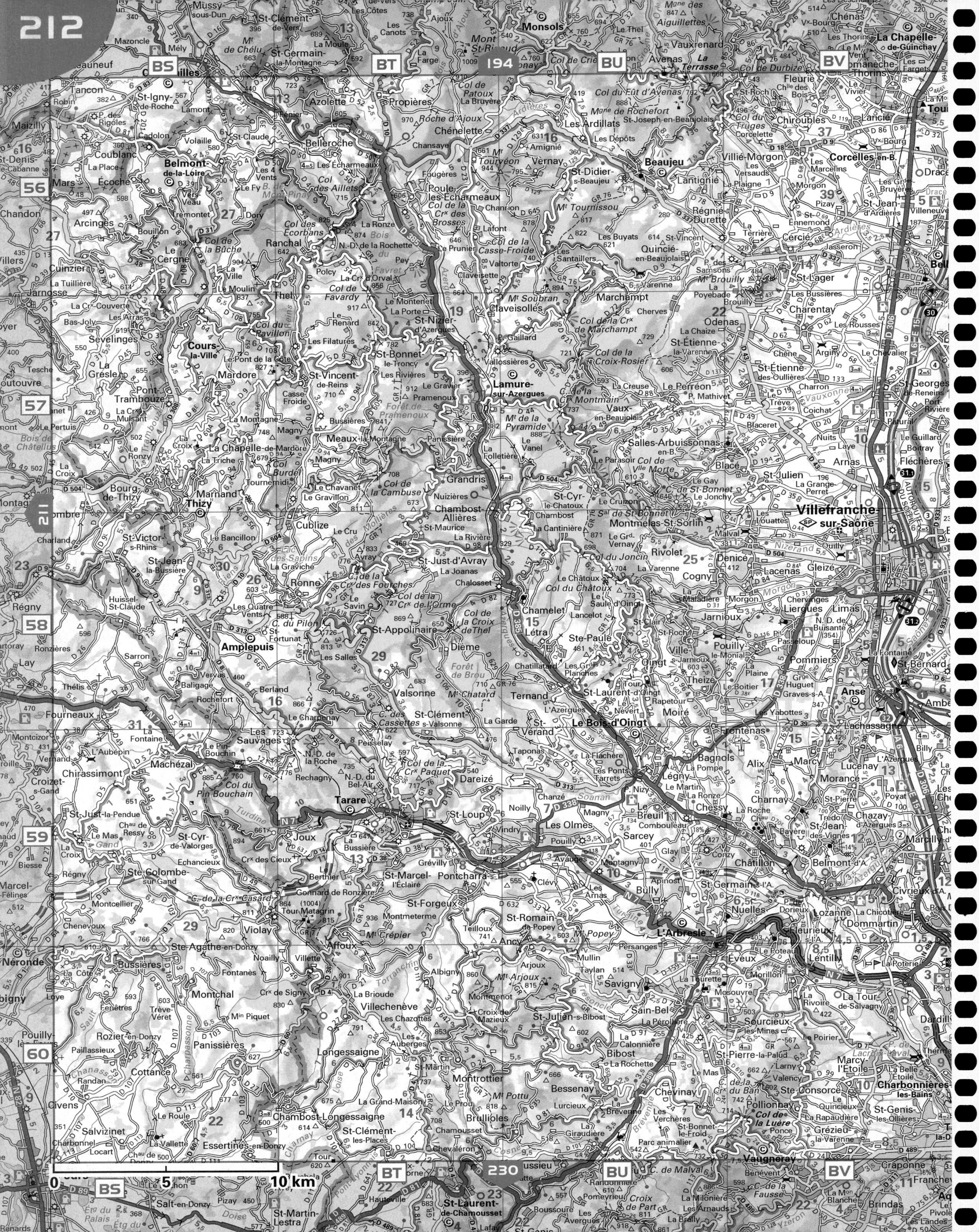
BS
BT
194
BU
BV
56
57
58
59
60
211
230
Mussy-sous-Dun
St-Clément-de-Vers
Monsols
Aiguillettes
Vauxrenard
Avenas
La Chapelle-de-Guinchay
St-Germain-la-Montagne
Propières
Azolette
St-Igny-de-Roche
Belleroche
Chénelette
Les Ardillats
Chiroubles
Beaujeu
Belmont-de-la-Loire
Coublanc
Villié-Morgon
Corcelles-en-B.
St-Didier-s-Beaujeu
Lantignié
Poule-les-Echarmeaux
Ranchal
Régnié-Durette
Quincié-en-Beaujolais
Cercié
Cuinzier
St-Lager
Claveisolles
Marchampt
Odenas
Charentay
St-Nizier-d'Azergues
Sevelinges
Cours-la-Ville
St-Bonnet-le-Troncy
St-Étienne-la-Varenne
St-Étienne-des-Oullières
Lamure-sur-Azergues
Le Perréon
St-Georges-de-Reneins
Pont-Trambouze
Mardore
St-Vincent-de-Reins
Vaux-en-Beaujolais
Salles-Arbuissonnas-en-B.
Blacé
Arnas
Meaux-la-Montagne
Grandris
Bourg-de-Thizy
Thizy
Marnand
St-Cyr-le-Chatoux
Chambost-Allières
Montmelas-St-Sorlin
Villefranche-sur-Saône
Cublize
St-Victor-s-Rhins
Rivolet
Denicé
Gleizé
St-Jean-la-Bussière
St-Just-d'Avray
Ronno
Régny
Chamelet
Lacenas
Liergues
Limas
Amplepuis
St-Appolinaire
Létra
Ste-Paule
Jarnioux
Pommiers
Dième
Oingt
Theizé
Valsonne
Ternand
St-Laurent-d'Oingt
Anse
St-Clément-s-Valsonne
Le Bois-d'Oingt
Moiré
Fourneaux
Les Sauvages
St-Vérand
Lachassagne
Machézal
Chirassimont
Dareizé
Bagnols
Alix
Marcy
Lucenay
Légny
Morancé
Tarare
St-Loup
Charnay
Chessy
Les Olmes
Le Breuil
Chazay-d'Azergues
St-Just-la-Pendue
Joux
Sarcey
St-Cyr-de-Valorges
Ste-Colombe-sur-Gand
Pontcharra-s-T.
Châtillon
Belmont-d'A.
St-Marcel-l'Éclaire
Bully
St-Germain-s-l'A.
Civrieux-d'A.
St-Forgeux
Nuelles
Lozanne
Violay
L'Arbresle
Fleurieux-s-l'A.
Dommartin
Ste-Agathe-en-Donzy
Affoux
Ancy
St-Romain-de-Popey
Éveux
Lentilly
Néronde
Bussières
Savigny
Montchal
Villechenève
Sain-Bel
La Tour-de-Salvagny
Sourcieux-les-Mines
Rozier-en-Donzy
Panissières
Longessaigne
Bibost
St-Pierre-la-Palud
Marcy-l'Étoile
Cottance
Montrottier
Bessenay
Chevinay
Ste-Consorce
Charbonnières-les-Bains
Pollionnay
Brullioles
Salvizinet
Chambost-Longessaigne
St-Clément-les-Places
Grézieu-la-Varenne
Essertines-en-Donzy
Vaugneray
Salt-en-Donzy
St-Martin-Lestra
St-Laurent-de-Chamousset
Brindas
0
5
10 km

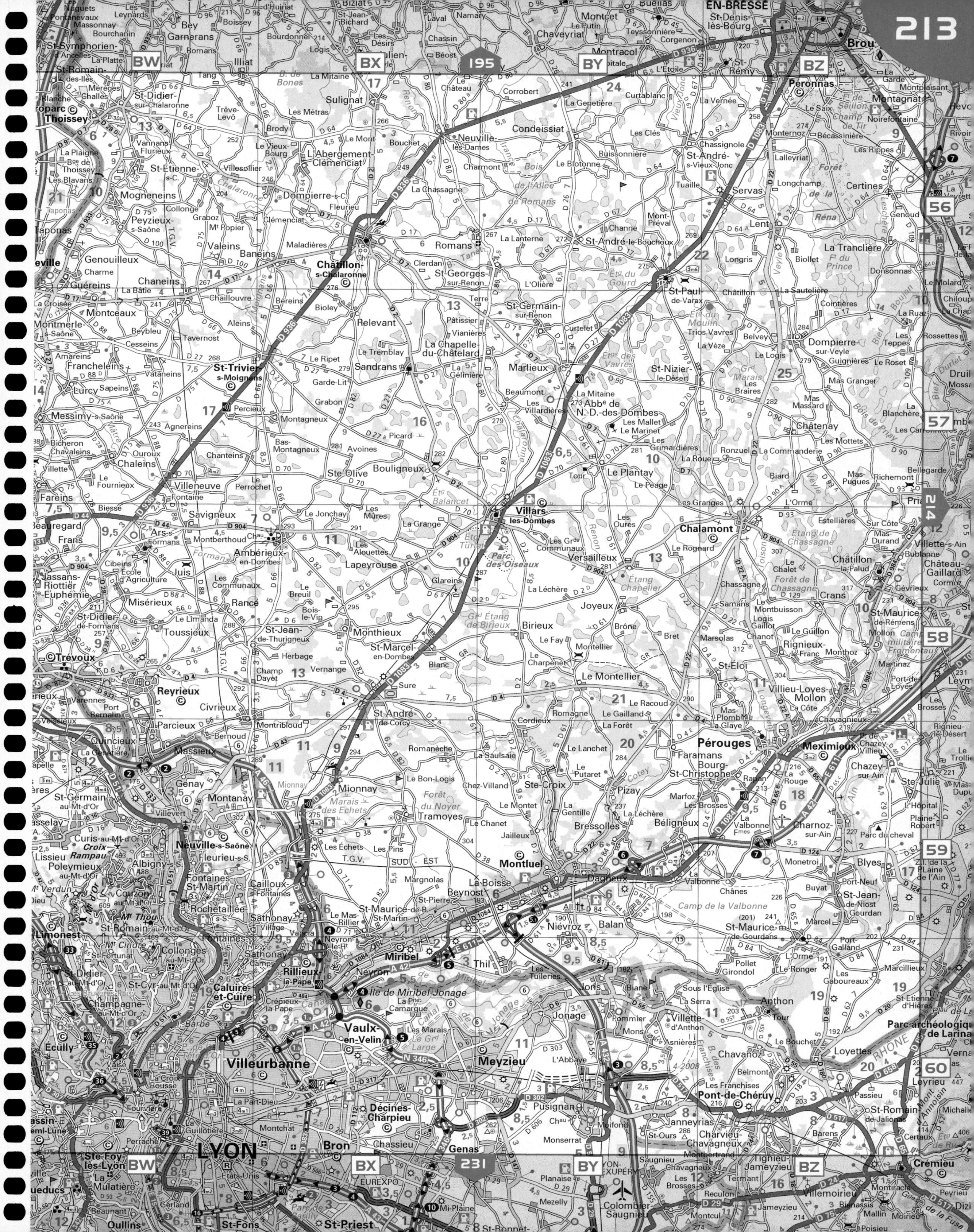

BW
BX
195
BY
BZ
Bourg-en-Bresse
Brou
Péronnas
St-Denis-lès-Bourg
Montagnat
Thoissey
St-Didier-sur-Chalaronne
Neuville-les-Dames
Condeissiat
St-André-s-Vieux-Jonc
Servas
St-Étienne-s-C.
Mogneneins
Dompierre-s-C.
L'Abergement-Clémenciat
Châtillon-s-Chalaronne
Romans
St-Georges-sur-Renon
St-André-le-Bouchoux
St-Paul-de-Varax
Lent
56
Montceaux
Montmerle-s-Saône
St-Germain-sur-Renon
Relevant
La Chapelle-du-Châtelard
Dompierre-sur-Veyle
St-Nizier-le-Désert
Marlieux
St-Trivier-s-Moignans
Sandrans
Francheleins
Messimy-s-Saône
Abbe de N.-D.-des-Dombes
57
Chaleins
Bouligneux
Le Plantay
Villars-les-Dombes
Chalamont
Savigneux
Ambérieux-en-Dombes
Lapeyrouse
Parc des Oiseaux
Versailleux
214
Châtillon-la-Palud
Misérieux
Joyeux
Birieux
Monthieux
St-Marcel-en-Dombes
Trévoux
58
Rignieux-le-Franc
Reyrieux
Le Montellier
Villieu-Loyes-Mollon
St-André-de-Corcy
Pérouges
Meximieux
Mionnay
Ste-Croix
Montanay
Tramoyes
Bressolles
Béligneux
Neuville-s-Saône
Montluel
Dagneux
59
Miribel
Nièvroz
Balan
Rillieux-la-Pape
Caluire-et-Cuire
Vaulx-en-Velin
Jonage
Anthon
Villeurbanne
Meyzieu
Chavanoz
60
Pont-de-Chéruy
Décines-Charpieu
Pusignan
Bron
Genas
LYON
231
Colombier-Saugnieu
Crémieu
Vénissieux
St-Priest
St-Fons
Oullins
Écully
Limonest

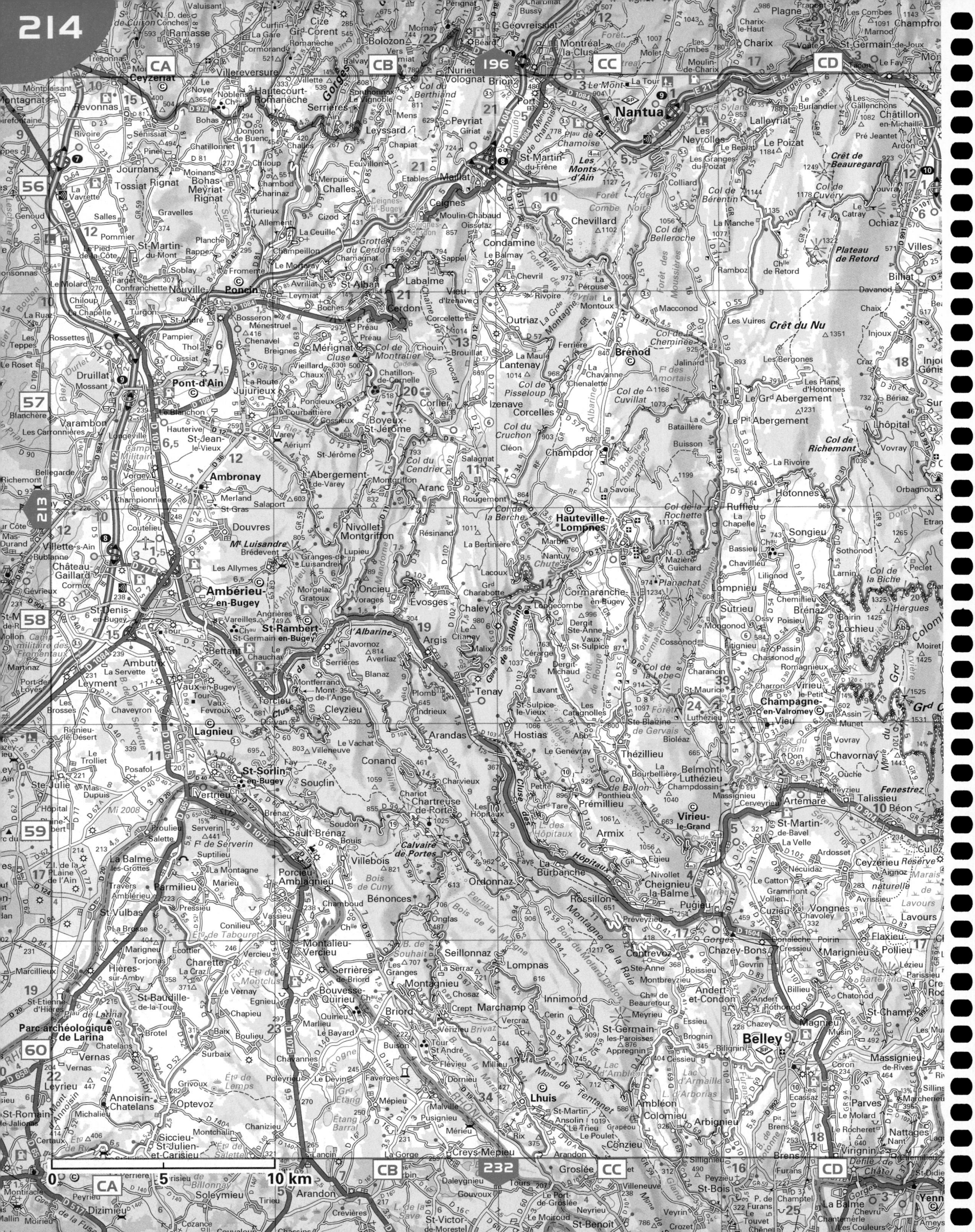

CA
CB
196
CC
CD
56
57
58
59
60
213
232
Ceyzériat
Nantua
Pont-d'Ain
Poncin
Ambronay
Ambérieu-en-Bugey
St-Rambert-en-Bugey
Lagnieu
St-Sorlin-en-Bugey
Brénod
Hauteville-Lompnes
Champagne-en-Valromey
Virieu-le-Grand
Belley
Lhuis
Parc archéologique de Larina
Crêt du Nu
Plateau de Retord
Crêt de Beauregard
Les Monts d'Ain
Calvaire de Portes
0
5
10 km

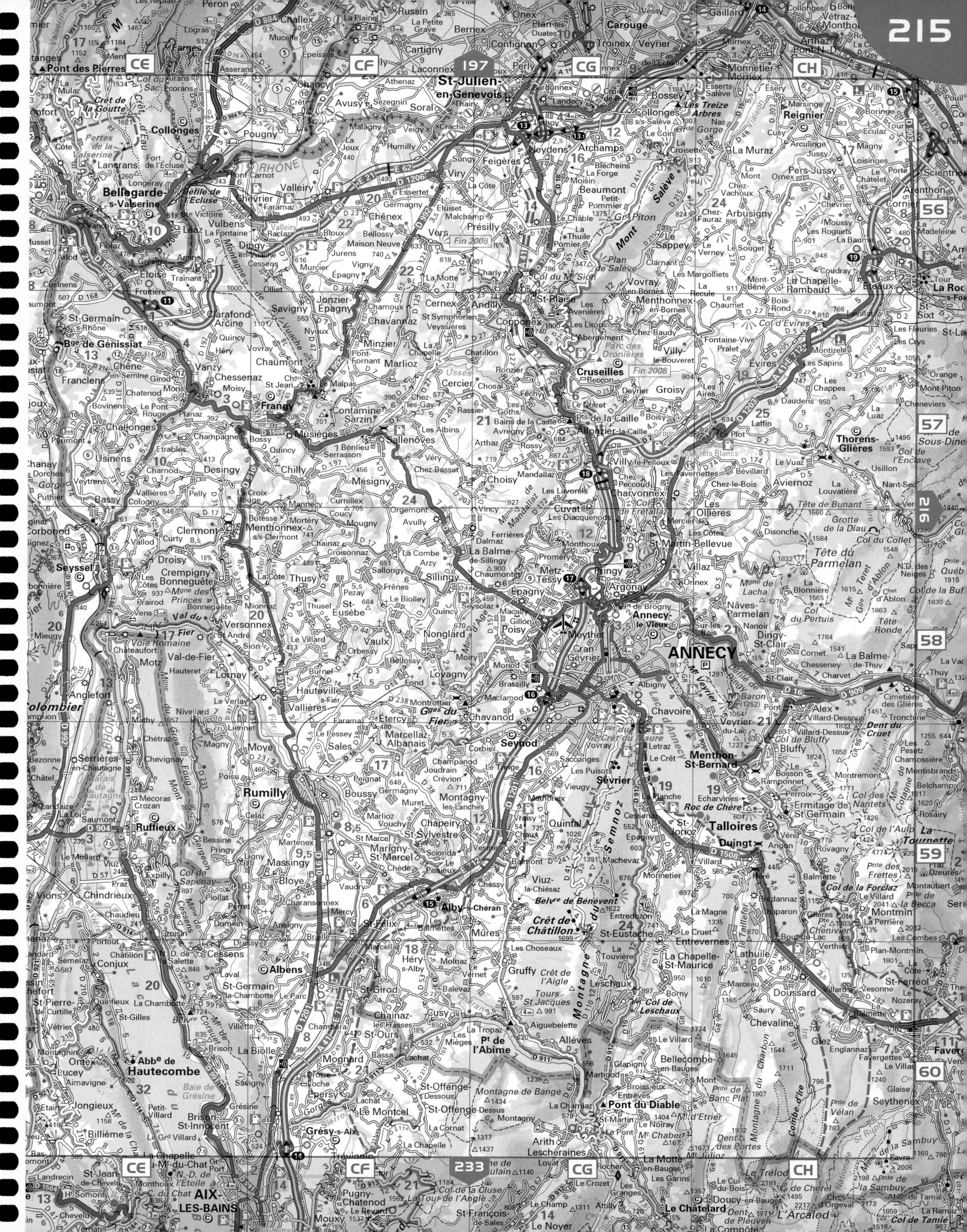

CE
CF
197
CG
CH
St-Julien-en-Genevois
Carouge
Bellegarde-s-Valserine
Collonges
Défilé de l'Écluse
RHÔNE
Reignier
Mont Salève
Cruseilles
Frangy
Seyssel
Thorens-Glières
ANNECY
Annecy-le-Vieux
Rumilly
Seynod
Sévrier
Menthon-St-Bernard
Talloires
Duingt
Ruffieux
Albens
Alby-s-Chéran
Montagne du Semnoz
Tête du Parmelan
Crêt de Châtillon
Col de Leschaux
Abbe de Hautecombe
Grésy-s-Aix
Pont du Diable
Le Châtelard
Aix-les-Bains
233
56
57
58
59
60
216

Les Gets
Samoëns
Sixt-Fer-à-Cheval
Taninges
Cluses
Bonneville
La Roche-s-Foron
Mont-Saxonnex
Marignier
St Jeoire
Flaine
Sallanches
Plateau d'Assy
Passy
Combloux
St-Gervais-les-Bains
Les Houches
Le Grand-Bornand
La Clusaz
Thônes
Col des Aravis
MEGÈVE
Praz-s-Arly
Flumet
N.-D.-de-Bellecombe
Les Contamines-Montjoie
Ugine
Faverges
Beaufort
Albertville
Chaine du Bargy
Chaîne des Aravis
Mont Joly
Aigle Croche
Col du Joly
Col des Saisies
Cormet de Roselend
10 km

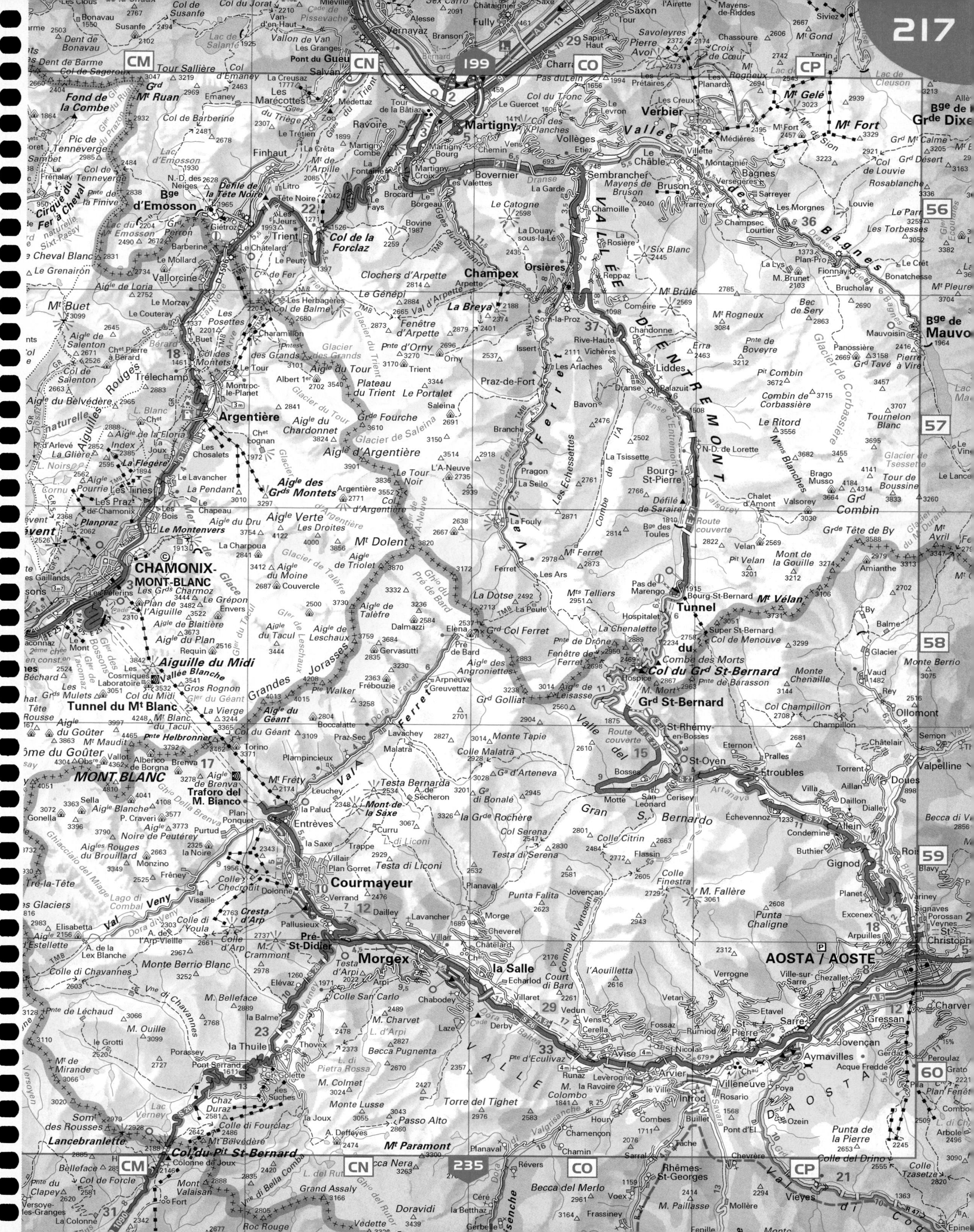
CM
CN
CO
CP
199
235
56
57
58
59
60
Martigny
Verbier
Vallée de Bagnes
Le Châble
Sembrancher
Bagnes
Bruson
Champex
Orsières
VALLÉE D'ENTREMONT
Liddes
Bourg-St-Pierre
Tunnel du Grd St-Bernard
Col du Grd St-Bernard
Grd St-Bernard
Mt Vélan
Grd Combin
Combin de Corbassière
Bge de Mauvoisin
Mt Gelé
Mt Fort
Bge de Grde Dixence
Col de la Forclaz
Trient
Finhaut
Salvan
Fully
Saxon
Vernayaz
Les Marécottes
Bge d'Emosson
Vallorcine
Col de Balme
Argentière
Aigle d'Argentière
Aigle Verte
Aigle des Grds Montets
Mt Dolent
CHAMONIX-MONT-BLANC
Mer de Glace
Aiguille du Midi
Vallée Blanche
Tunnel du Mt Blanc
MONT BLANC
Traforo del M. Bianco
Grandes Jorasses
Val Ferret
Ferret
La Fouly
Praz-de-Fort
Grd Golliat
Courmayeur
Entrèves
Pré-St-Didier
Morgex
La Salle
La Thuile
Col du Pit St-Bernard
Lancebranlette
Valle del Gran S. Bernardo
St-Rhémy-en-Bosses
St-Oyen
Etroubles
Allein
Gignod
AOSTA / AOSTE
Sarre
Aymavilles
Villeneuve
Arvier
Avise
Introd
Rhêmes-St-Georges
VALLE D'AOSTA
Valpelline
Ollomont
Mt Paramont
Testa di Liconi
M. Fallère
Punta Chaligne
Becca di Nona
Mont Vélan
Aigle de Bionnassay
Dôme du Goûter
Aigles Rouges
Réserve naturelle des Aiguilles Rouges

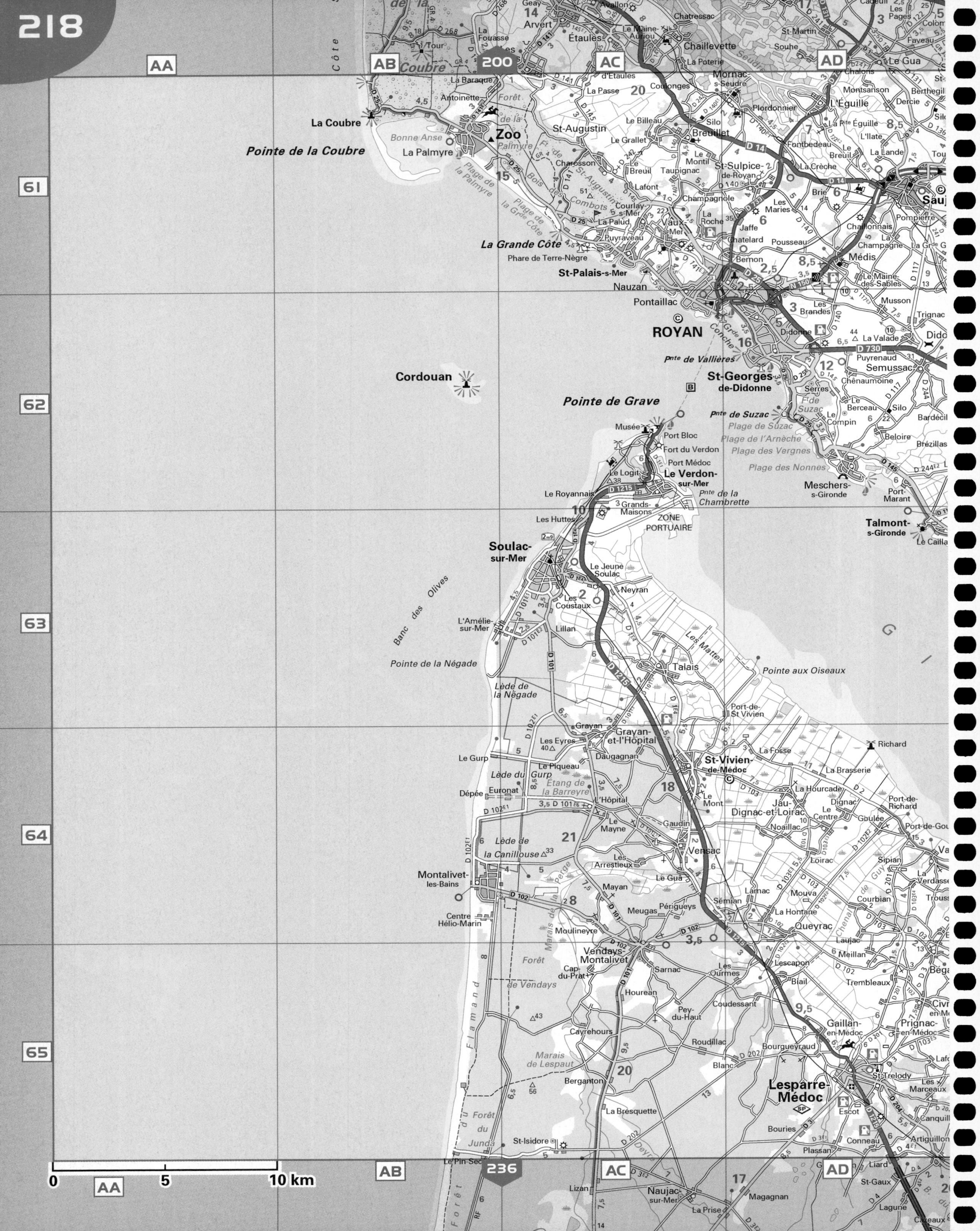

200
236
AA
AB
AC
AD
61
62
63
64
65
0
5
10 km
La Coubre
Pointe de la Coubre
La Palmyre
Zoo
Bonne Anse
St-Augustin
Breuillet
St-Sulpice-de-Royan
Vaux-s-Mer
La Grande Côte
Phare de Terre-Nègre
St-Palais-s-Mer
Nauzan
Pontaillac
ROYAN
Médis
Saujon
Cordouan
Pointe de Grave
Pte de Vallières
St-Georges-de-Didonne
Semussac
Pte de Suzac
Plage de Suzac
Plage de l'Arnèche
Plage des Vergnes
Plage des Nonnes
Meschers-s-Gironde
Talmont-s-Gironde
Le Verdon-sur-Mer
Port Bloc
Fort du Verdon
Port Médoc
Pte de la Chambrette
ZONE PORTUAIRE
Soulac-sur-Mer
Banc des Olives
L'Amélie-sur-Mer
Pointe de la Négade
Lède de la Négade
Talais
Pointe aux Oiseaux
Grayan-et-l'Hôpital
St-Vivien-de-Médoc
Jau-Dignac-et-Loirac
Lède du Gurp
Etang de la Barreyre
Euronat
Lède de la Canillouse
Montalivet-les-Bains
Centre Hélio-Marin
Vensac
Queyrac
Vendays-Montalivet
Forêt de Vendays
Marais de Lespaut
Gaillan-en-Médoc
Lesparre-Médoc
Forêt du Junca
St-Isidore
Le Pin-Sec
Naujac-sur-Mer
D 1215
D 25
D 730
D 101
D 102

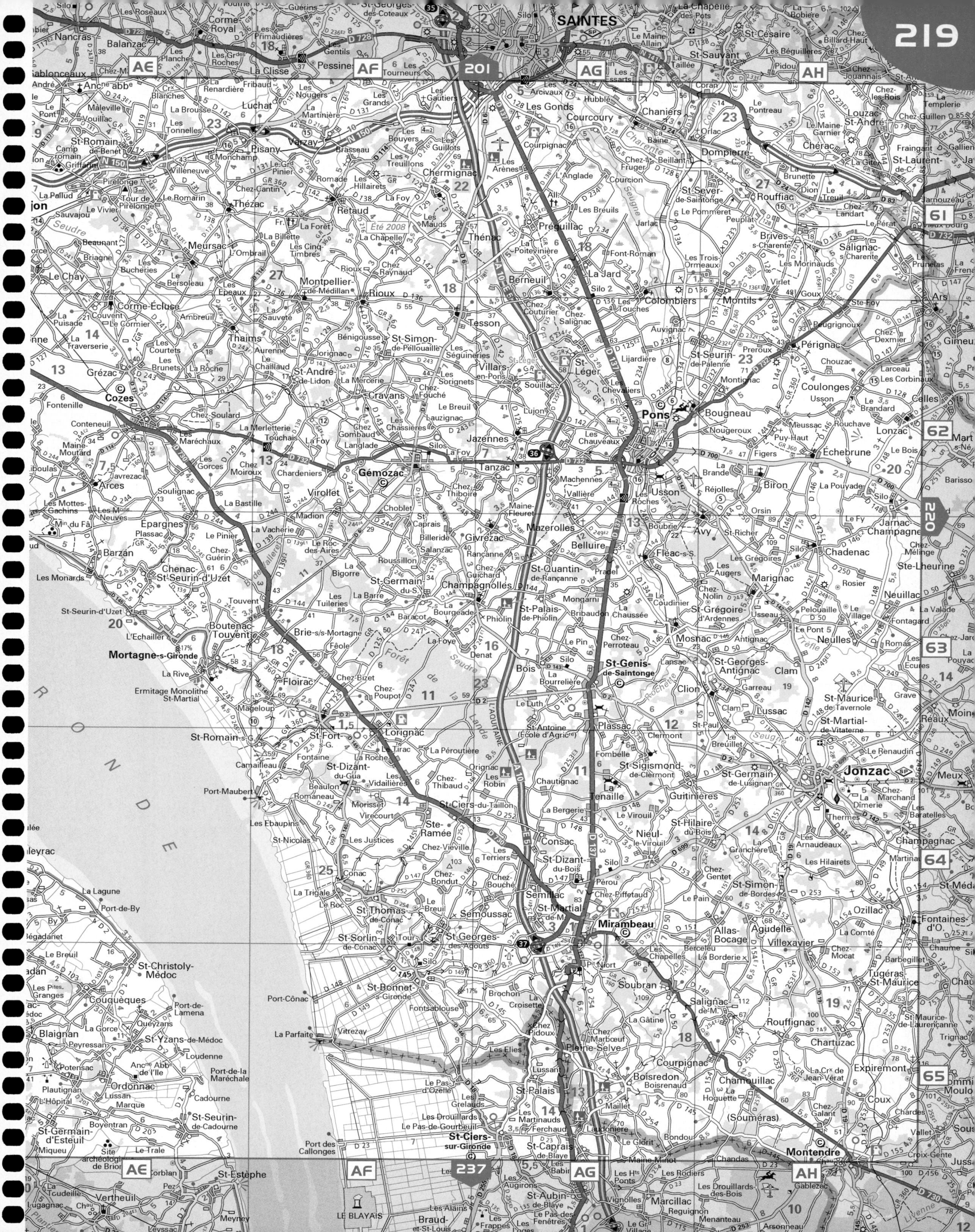
SAINTES
AE
AF
AG
AH
201
Saujon
Cozes
Mortagne-s-Gironde
Gémozac
Pons
St-Genis-de-Saintonge
Jonzac
Mirambeau
St-Ciers-sur-Gironde
Montendre
Thénac
Pisany
Meursac
Corme-Écluse
Montpellier-de-Médillan
Rioux
Tesson
Préguillac
Berneuil
Colombiers
Montils
Pérignac
Chérac
Rouffiac
Brives-s-Charente
Salignac-s-Charente
St-Simon-de-Pelouaille
St-André-de-Lidon
Cravans
Villars-en-Pons
St-Léger
Tanzac
Jazennes
Arces
Épargnes
Barzan
Chenac-St-Seurin-d'Uzet
Boutenac-Touvent
Brie-s/s-Mortagne
Floirac
St-Fort-s-G.
Lorignac
St-Dizant-du-Gua
St-Ciers-du-Taillon
Consac
Semillac
St-Martial-de-M.
St-Thomas-de-Conac
St-Georges-des-Agoûts
St-Sorlin-de-Conac
St-Bonnet-s-Gironde
Pleine-Selve
St-Palais
Boisredon
Chamouillac
Courpignac
Soubran
Salignac-de-M.
Rouffignac
Chartuzac
Expiremont
Coux
Allas-Bocage
Agudelle
Villexavier
Ozillac
Tugéras-St-Maurice
St-Germain-de-Lusignan
Guitinières
St-Sigismond-de-Clermont
Plassac
Clion
Mosnac
St-Georges-Antignac
Clam
Neulles
Lussac
St-Maurice-de-Tavernole
St-Martial-de-Vitaterne
Champagnac
Marignac
Chadenac
Jarnac-Champagne
Échebrune
Biron
Usson
Avy
Fléac-s-S.
Belluire
Mazerolles
Givrezac
Champagnolles
St-Germain-du-S.
St-Quentin-de-Rançanne
St-Palais-de-Phiolin
Bois
Nieul-le-Virouil
St-Hilaire-du-Bois
St-Simon-de-Bordes
Bougneau
Coulonges
Lonzac
St-Seurin-de-Palenne
Virollet
Thaims
Grézac
GIRONDE
St-Christoly-Médoc
Couquèques
St-Yzans-de-Médoc
Blaignan
Ordonnac
St-Seurin-de-Cadourne
St-Germain-d'Esteuil
St-Estèphe
Vertheuil
LE BLAYAIS
237
61
62
63
64
65
220

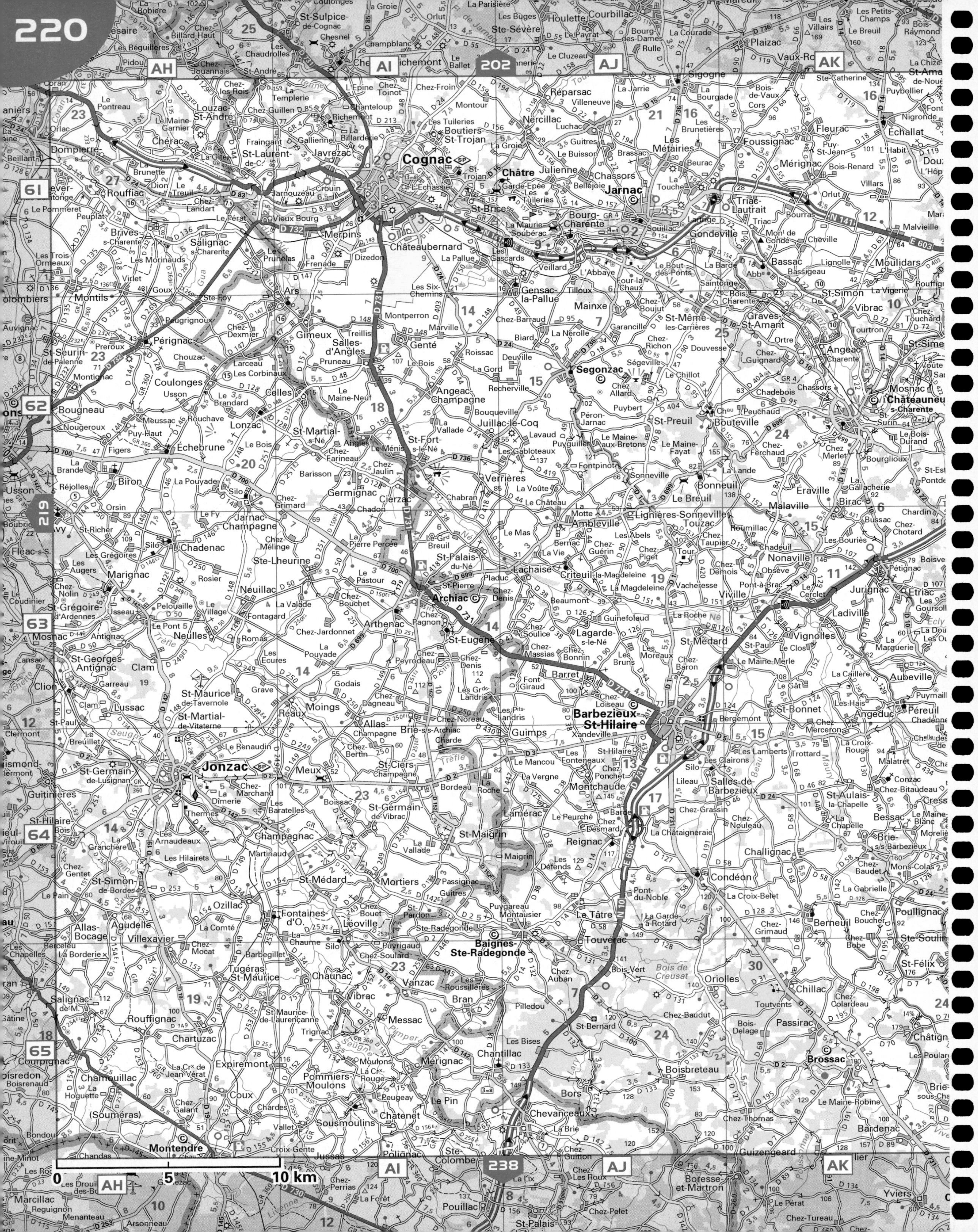
AH
AI
202
AJ
AK
61
62
63
64
65
219
238
Cognac
Jarnac
Châteauneuf-s-Charente
Segonzac
Archiac
Barbezieux-St-Hilaire
Jonzac
Baignes-Ste-Radegonde
Montendre
Brossac
St-Sulpice-de-Cognac
Richemont
Javrezac
Châteaubernard
Merpins
Gensac-la-Pallue
Bourg-Charente
Triac-Lautrait
Gondeville
Bassac
St-Simon
Vibrac
Angeac-Charente
Salles-d'Angles
Gimeux
Genté
Ars
Pérignac
St-Seurin-de-Palenne
Coulonges
Celles
Lonzac
St-Martial-s-Né
St-Fort-s-le-Né
Juillac-le-Coq
Angeac-Champagne
Verrières
Lignières-Sonneville
Bouteville
St-Preuil
Bonneuil
Malaville
Éraville
Birac
Ambleville
Criteuil-la-Magdeleine
Lachaise
St-Palais-du-Né
Jarnac-Champagne
Chadenac
Marignac
Neuillac
Arthenac
St-Eugène
Lagarde-s-le-Né
Viville
Nonaville
Jurignac
Ladiville
Vignolles
St-Médard
Salles-de-Barbezieux
St-Bonnet
Angeduc
Aubeville
Péreuil
Guimps
Brie-s/s-Archiac
St-Ciers-Champagne
Meux
St-Germain-de-Lusignan
Champagnac
St-Germain-de-Vibrac
St-Maigrin
Lamérac
Reignac
Challignac
Condéon
Touvérac
Oriolles
Chillac
Passirac
Boisbreteau
Chantillac
Chevanceaux
Pommiers-Moulons
Messac
Vanzac
Chaunac
Fontaines-d'O.
Léoville
Ozillac
Agudelle
Allas-Bocage
Villexavier
Tugéras-St-Maurice
Rouffignac
Chartuzac
Expiremont
Coux
Sousmoulins
Chatenet
Mérignac
Bors
Bardenac
Polignac
Ste-Colombe
Boresse-et-Martron
Yviers
0
5
10 km

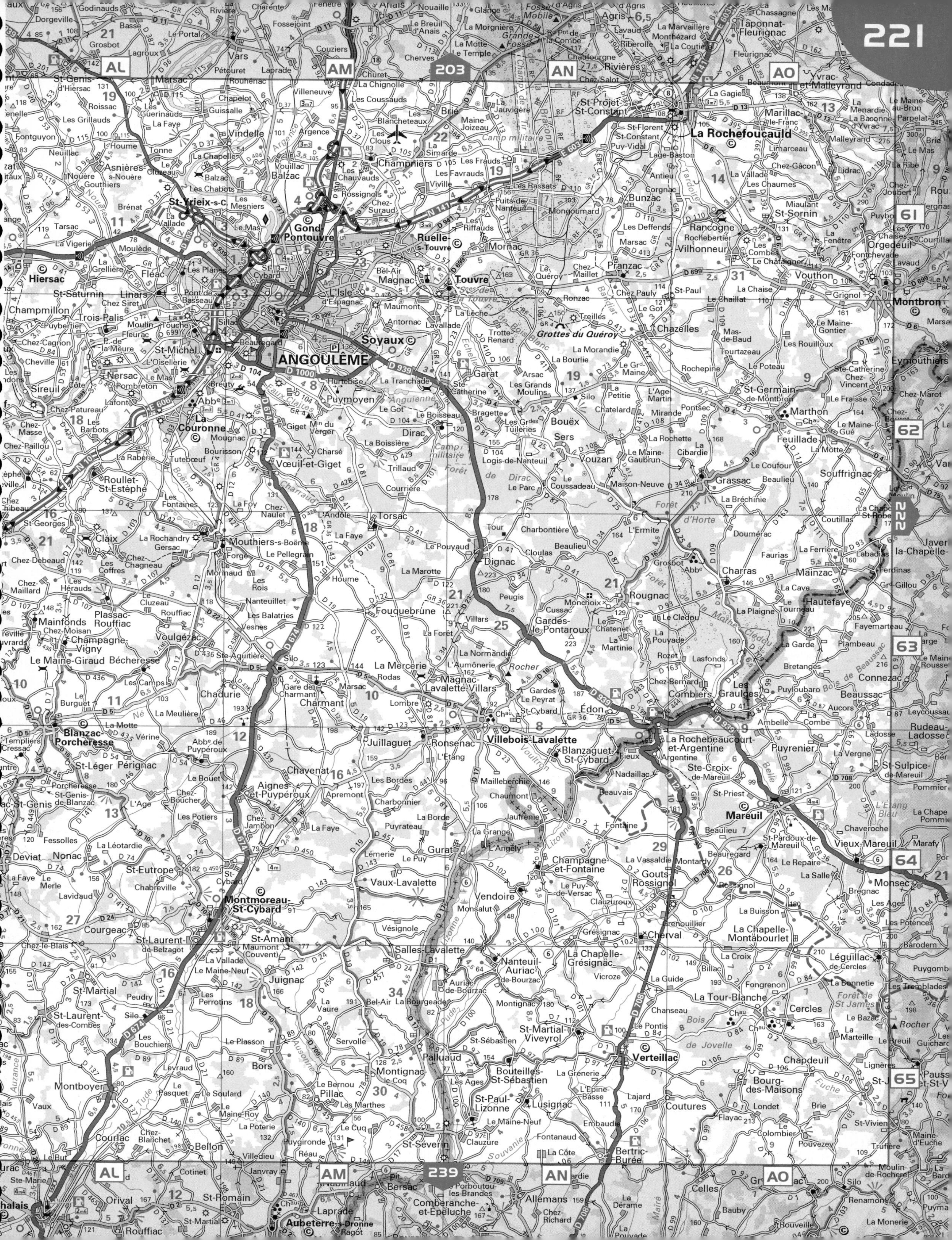

AL AM 203 AN AO

St-Genis-d'Hiersac
Marsac
Vars
Churet
Brie
St-Projet-St-Constant
Rivières
La Rochefoucauld
Taponnat-Fleurignac
Yvrac-et-Malleyrand
Vindelle
Balzac
Champniers
St-Yrieix-s-C.
Asnières-s-Nouère
Gond-Pontouvre
Ruelle-s-Touvre
Mornac
Puits-de-Nanteuil
Bunzac
Rancogne
Vilhonneur
Orgedeuil
Hiersac
Fléac
Linars
St-Saturnin
Trois-Palis
L'Isle-d'Espagnac
Magnac-s-T.
Touvre
Pranzac
Vouthon
Montbron
St-Michel
ANGOULÊME
Soyaux
Grottes du Quéroy
Chazelles
Eymouthiers
Nersac
La Couronne
Puymoyen
Garat
Bouëx
St-Germain-de-Montbron
Marthon
Roullet-St-Estèphe
Vœuil-et-Giget
Dirac
Vouzan
Grassac
Feuillade
Souffrignac
Claix
Mouthiers-s-Boëme
Torsac
Dignac
Charras
Mainzac
Rougnac
Plassac-Rouffiac
Voulgézac
Fouquebrune
Gardes-le-Pontaroux
Hautefaye
Champagne-Vigny
Bécheresse
Ste-Aquitière
Silo
La Mercerie
Magnac-Lavalette-Villars
Édon
Combiers
Connezac
Blanzac-Porcheresse
Chadurie
Charmant
Villebois-Lavalette
La Rochebeaucourt-et-Argentine
Puyrenier
Beaussac
Pérignac
Juillaguet
Ronsenac
Blanzaguet-St-Cybard
Ste-Croix-de-Mareuil
Mareuil
Chavenat
Aignes-et-Puypéroux
Gurat
Champagne-et-Fontaine
Gouts-Rossignol
Vieux-Mareuil
Monsec
Nonac
St-Eutrope
Montmoreau-St-Cybard
Vaux-Lavalette
Vendoire
La Chapelle-Montabourlet
Courgeac
St-Amant
Salles-Lavalette
Nanteuil-Auriac-de-Bourzac
La Chapelle-Grésignac
Cherval
Léguillac-de-Cercles
Juignac
La Tour-Blanche
Cercles
St-Martial-Viveyrol
Verteillac
Palluaud
Bouteilles-St-Sébastien
Chapdeuil
Bourg-des-Maisons
Montboyer
Pillac
Montignac-le-Coq
St-Paul-Lizonne
Lusignac
Coutures
Courlac
Bellon
St-Séverin
Bertric-Burée

AL AM 239 AN AO

Chalais
St-Romain
Aubeterre-s-Dronne
Bersac
Comberanche-et-Epeluche
Allemans
Celles

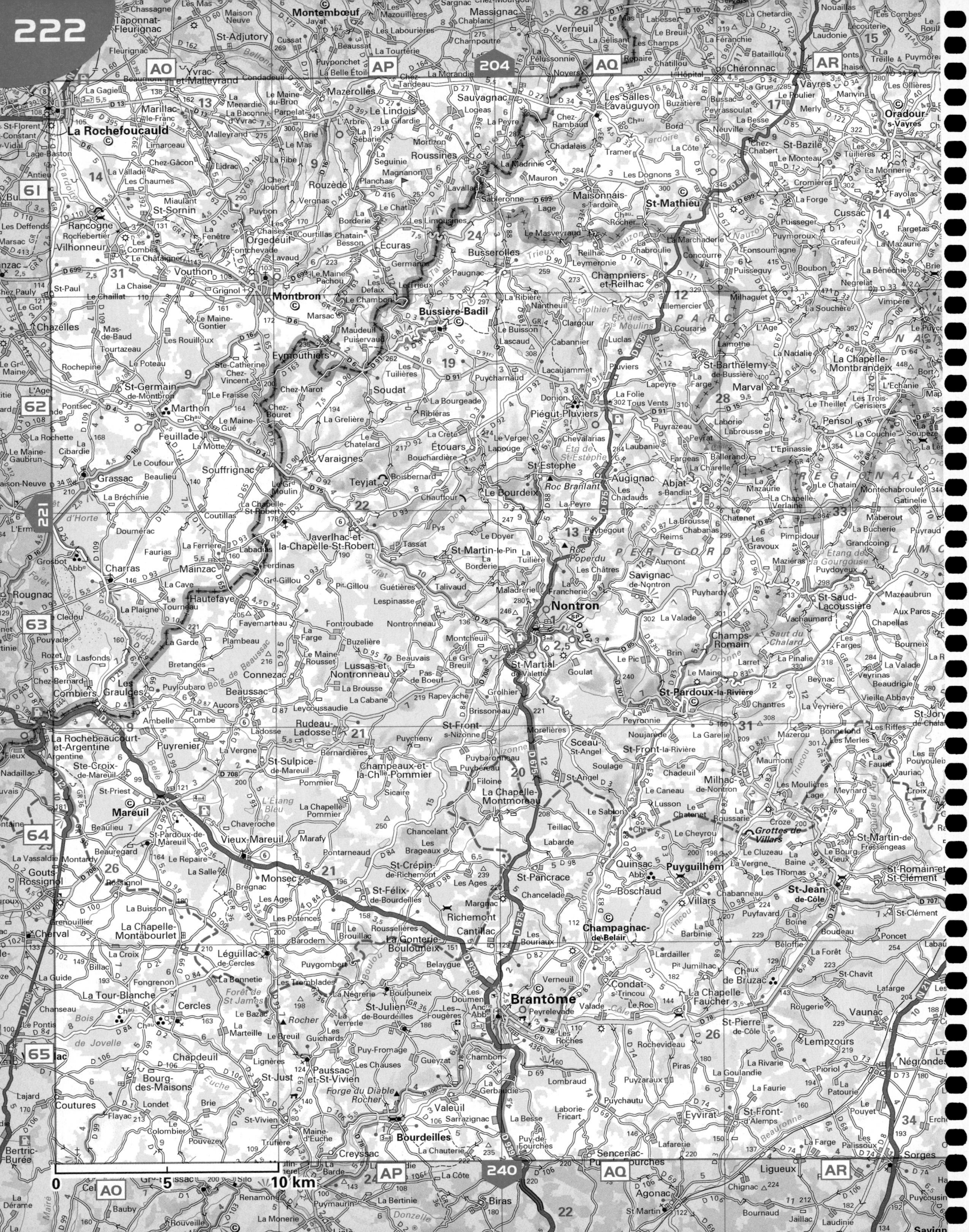
La Rochefoucauld
Montbron
Bussière-Badil
Nontron
Piégut-Pluviers
St-Mathieu
St-Pardoux-la-Rivière
Mareuil
Brantôme
Bourdeilles
Champagnac-de-Belair
Puyguilhem
St-Jean-de-Côle
Vieux-Mareuil
Javerlhac-et-la-Chapelle-St-Robert
St-Estèphe
Roc Branlant
Grottes de Villars
Forge du Diable
0
5
10 km
AO
AP
AQ
AR
204
240
221
61
62
63
64
65

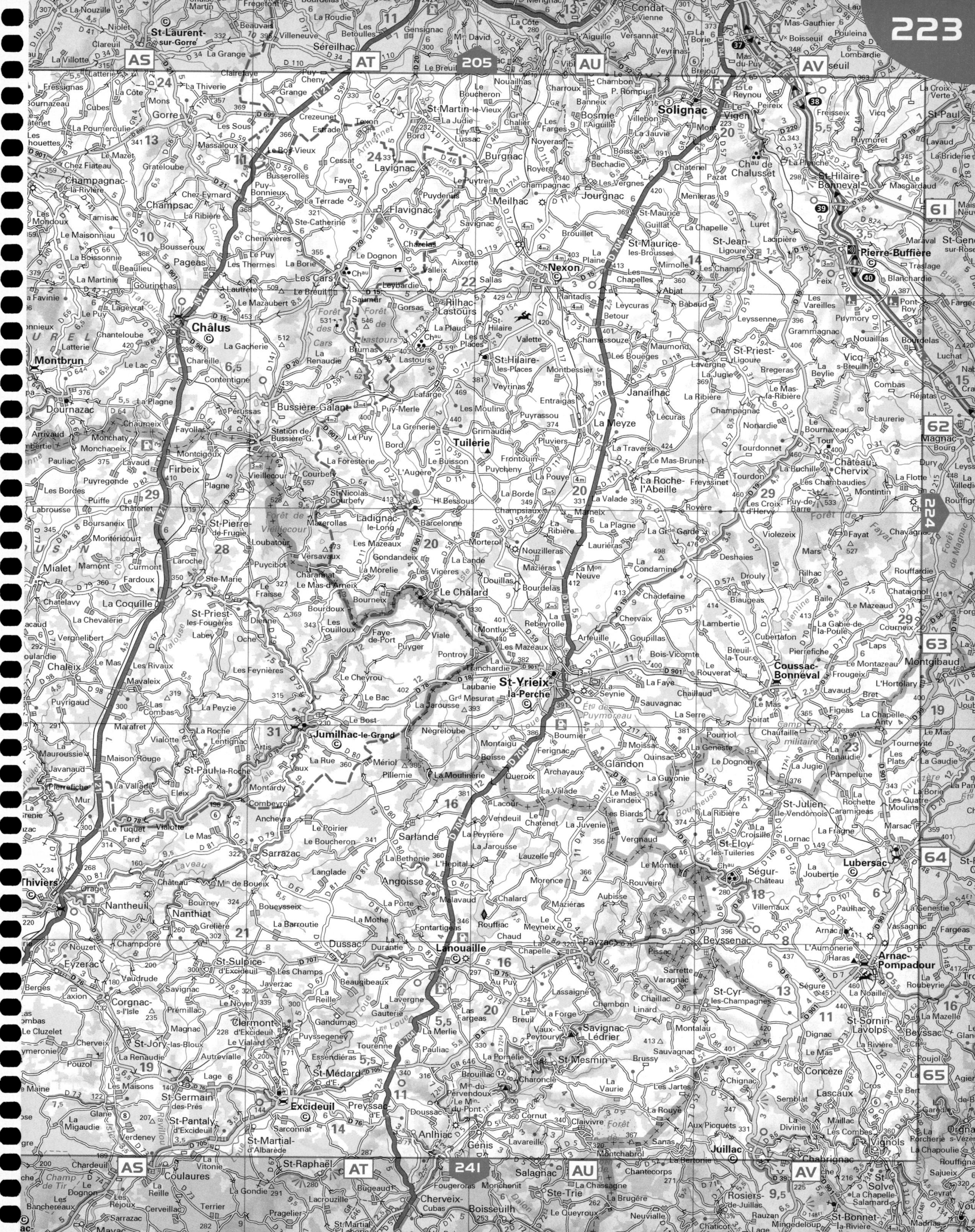
AS
AT
205
AU
AV
St-Laurent-sur-Gorre
Séreilhac
Condat-s-Vienne
Solignac
Le Vigen
Bosmie-l'Aiguille
Burgnac
Lavignac
Flavignac
Meilhac
Jourgnac
Champagnac-la-Rivière
Champsac
Pageas
Les Cars
Nexon
Rilhac-Lastours
St-Hilaire-Bonneval
Pierre-Buffière
St-Maurice-les-Brousses
St-Jean-Ligoure
Châlus
Montbrun
Dournazac
St-Hilaire-les-Places
St-Priest-Ligoure
Janailhac
Bussière-Galant
La Meyze
Firbeix
Tuilerie
La Roche-l'Abeille
Château-Chervix
St-Pierre-de-Frugie
Ladignac-le-Long
Magnac Bourg
La Coquille
Le Chalard
St-Priest-les-Fougères
St-Yrieix-la-Perche
Coussac-Bonneval
Jumilhac-le-Grand
St-Paul-la-Roche
Glandon
St-Julien-le-Vendômois
Sarlande
St-Éloy-les-Tuileries
Ségur-le-Château
Lubersac
Thiviers
Nantheuil
Nanthiat
Angoisse
Lanouaille
Payzac
Beyssenac
Arnac-Pompadour
St-Sulpice-d'Excideuil
Savignac-Lédrier
St-Cyr-les-Champagnes
St-Sornin-Lavolps
Excideuil
St-Médard-d'E.
St-Mesmin
Génis
Juillac
Vignols
AS
AT
241
AU
AV
St-Raphaël
Salagnac
Cherveix-Cubas
Ste-Trie
Rosiers-de-Juillac
St-Bonnet-la-Rivière
61
62
63
64
65
224

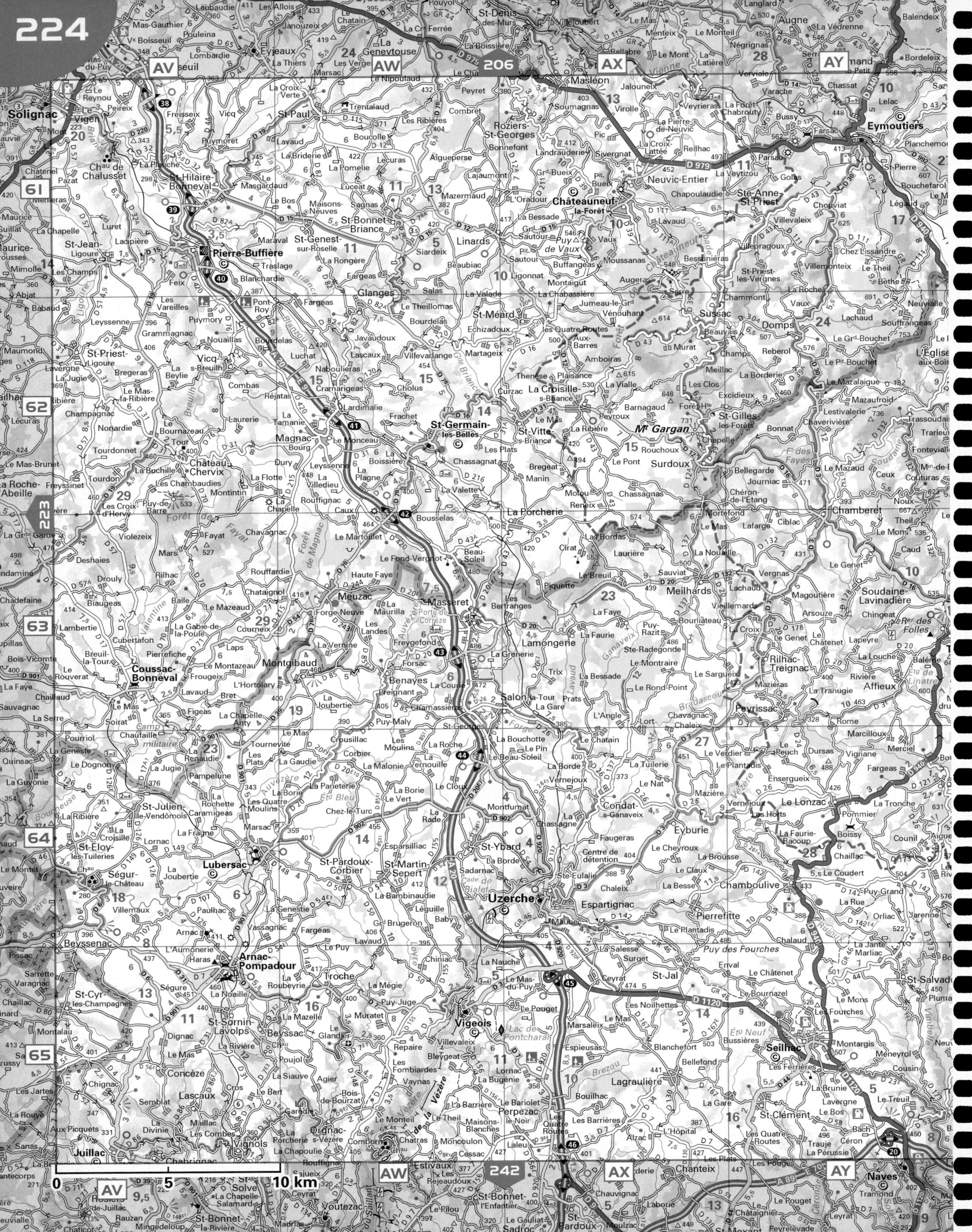

AV
AW
AX
AY
206
242
61
62
63
64
65
223
Solignac
St-Hilaire-Bonneval
Pierre-Buffière
Châteauneuf-la-Forêt
Eymoutiers
Neuvic-Entier
Masléon
St-Denis-des-Murs
La Geneytouse
Eyjeaux
St-Paul
St-Bonnet-Briance
St-Genest-sur-Roselle
Linards
Roziers-St-Georges
Glanges
St-Méard
Sussac
Domps
St-Germain-les-Belles
La Croisille-s-Briance
St-Vitte-s-Briance
Surdoux
St-Gilles-les-Forêts
Mt Gargan
Château-Chervix
Magnac-Bourg
Vicq-s-Breuilh
St-Priest-Ligoure
La Porcherie
Chamberet
Meilhards
Masseret
Meuzac
Lamongerie
Coussac-Bonneval
Montgibaud
Benayes
Salon-la-Tour
Rilhac-Treignac
Affieux
Soudaine-Lavinadière
Peyrissac
Condat-s-Ganaveix
Le Lonzac
Eyburie
Lubersac
Ségur-le-Château
St-Julien-le-Vendômois
St-Éloy-les-Tuileries
St-Ybard
Uzerche
Espartignac
Chamboulive
Pierrefitte
Arnac-Pompadour
Beyssenac
Troche
Vigeois
St-Jal
Seilhac
St-Clément
Lagraulière
Perpezac-le-Noir
St-Cyr-les-Champagnes
St-Sornin-Lavolps
Beyssac
Juillac
Vignols
Orgnac-s-Vézère
Estivaux
Chanteix
Naves
Voutezac
St-Bonnet-la-Rivière
St-Bonnet-l'Enfantier
Sadroc
Forêt de Fayat
Forêt de Magnac
Puy des Fourches
Lac de Pontcharal
Camp militaire
0
5
10 km

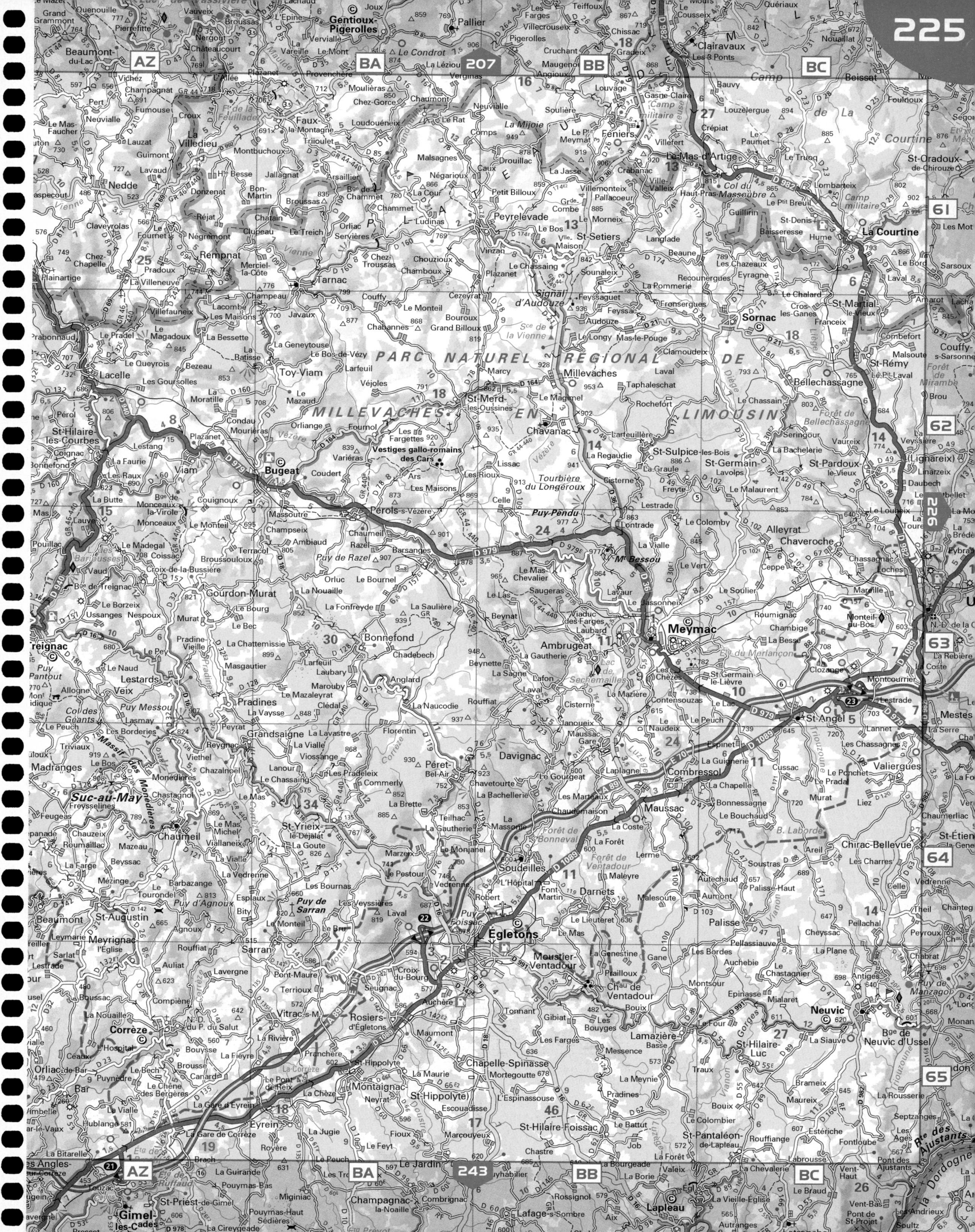
AZ
BA
207
BB
BC
61
62
63
64
65
226
243
PARC NATUREL RÉGIONAL DE MILLEVACHES EN LIMOUSIN
Gentioux-Pigerolles
Pallier
Clairavaux
Nedde
Rempnat
Tarnac
Peyrelevade
Féniers
La Courtine
Sornac
St-Setiers
Millevaches
St-Merd-les-Oussines
Chavanac
Bugeat
Viam
Toy-Viam
Lacelle
Pérols-s-Vézère
Vestiges gallo-romains des Cars
Tourbière du Longéroux
Puy Pendu
Mt Bessou
Meymac
Ambrugeat
St-Sulpice-les-Bois
St-Germain-Lavolps
Alleyrat
Chaveroche
Bellechassagne
St-Rémy
St-Pardoux-le-Vieux
Treignac
Gourdon-Murat
Bonnefond
Pradines
Grandsaigne
Chaumeil
Suc-au-May
Massif des Monédières
St-Yrieix-le-Déjalat
Davignac
Maussac
Combressol
St-Angel
Valiergues
Soudeilles
Égletons
Moustier-Ventadour
Chau de Ventadour
Rosiers-d'Égletons
Montaignac-St-Hippolyte
Chapelle-Spinasse
St-Hilaire-Foissac
Lamazière-Basse
St-Hilaire-Luc
Neuvic
St-Pantaléon-de-Lapleau
Lapleau
Corrèze
Meyrignac-l'Église
St-Augustin
Sarran
Puy de Sarran
Chirac-Bellevue
Palisse
Darnets
Gimel-les-Cascades
St-Priest-de-Gimel
Champagnac-la-Noaille
D 979
D 1089
D 982
D 36
A 89
E 70

BC
BD
208
BE
BF
61
62
63
64
65
225
244
La Courtine
Sornac
Eygurande
Herment
Bourg-Lastic
Ussel
Meymac
St-Angel
Neuvic
Bort-les-Orgues
Tauves
Champs-s-Tarentaine-Marchal
Saignes
Ydes
Madic
Lanobre
Messeix
Savennes
Singles
Confolent-Port-Dieu
Monestier-Merlines
St-Merd-la-Breuille
Lastic
Tortebesse
Briffons
St-Julien-Puy-Lavèze
St-Sulpice
St-Sauves-d'Auvergne
Avèze
Larodde
Trémouille-St-Loup
Bagnols
Cros
Labessette
Beaulieu
Val
Thalamy
St-Bonnet-près-Bort
Veyrières
Margerides
St-Victour
Mestes
St-Fréjoux
St-Étienne-aux-Clos
Aix
St-Pardoux-le-Neuf
St-Pardoux-le-Vieux
St-Germain-Lavolps
Alleyrat
Chaveroche
St-Rémy
Bellechassagne
Courteix
Couffy-s-Sarsonne
Lamazière-Haute
St-Oradoux-de-Chirouze
St-Martial-le-Vieux
Valiergues
Combressol
Palisse
Chirac-Bellevue
Liginiac
Sarroux
St-Julien-près-Bort
Roche-le-Peyroux
Ste-Marie-Lapanouze
St-Étienne-la-Geneste
Sérandon
St-Hilaire-Luc
St-Pantaléon-de-Lapleau
Lapleau
Veyrières
Sauvat
Le Monteil
Antignac
Vebret
St-Amandin
Marchal
Trémouillat
Forêt de Châteauvert
Forêt de Mirambel
Forêt de Bellechassagne
Camp militaire
PLATEAU DE LIMOUSIN
Plateau
Gorges du Chavanon
Gorges de la Dordogne
Site de St-Nazaire
Bge de Marèges
Rte des Ajustants
PARC
Gges de la Rhue
Site du Mont
Orgues
E 70
A 89
D 2089
D 979
D 982
D 1089
D 922
0
5
10 km

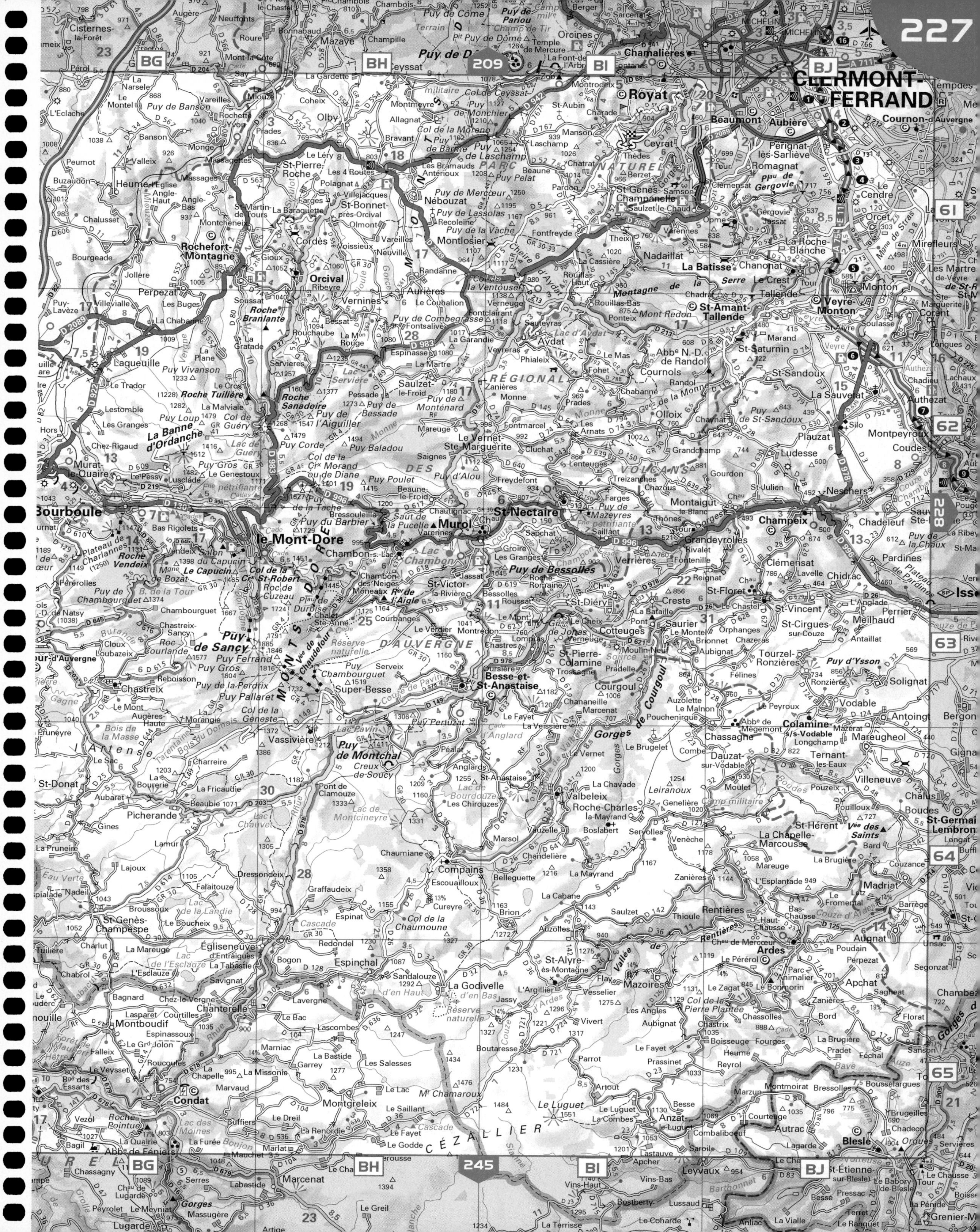

BG
BH
209
BI
BJ
Chamalières
CLERMONT-FERRAND
Royat
Beaumont
Aubière
Cournon-d'Auvergne
Ceyrat
Puy de Dôme
Puy de Côme
Puy de Pariou
Orcines
Ceyssat
Mazaye
Olby
Allagnat
Bravant
Col de Ceyssat
Puy de Laschamp
St-Pierre-Roche
Les 4 Routes
Nébouzat
Puy de Mercœur
Puy de Lassolas
Puy de la Vache
Montlosier
St-Genès-Champanelle
Pérignat-lès-Sarliève
Romagnat
Plau de Gergovie
Le Cendre
Orcet
Mirefleurs
Les Martres-de-Veyre
Rochefort-Montagne
Orcival
Cordès
Vernines
Aurières
Col de la Ventouse
Nadaillat
La Batisse
Chanonat
Le Crest
St-Amant-Tallende
Veyre-Monton
Tallende
Corent
Montagne de la Serre
Roche Branlante
Puy de Combegrasse
Aydat
Lac d'Aydat
Saulzet-le-Froid
Laqueuille
Puy Vivanson
Roche Tuilière
Roche Sanadoire
Puy de l'Aiguiller
Puy de Bessade
Puy de Monténard
St-Saturnin
Abbe N.-D. de Randol
Cournols
St-Sandoux
La Sauvetat
Authezat
Olloix
Montpeyroux
Coudes
Plauzat
Ludesse
La Banne d'Ordanche
Lac de Guéry
Col de Guéry
Murat-le-Quaire
Puy Gros
Puy Corde
Puy Baladou
Col de la Croix Morand
Puy Poulet
Le Vernet-Ste-Marguerite
Saignes
Puy d'Alou
Montaigut-le-Blanc
Champeix
Neschers
Chadeleuf
La Bourboule
le Mont-Dore
Murol
St-Nectaire
Saut de la Pucelle
Puy du Barbier
Plateau de Charlannes
Roche Vendeix
Le Capucin
Col de la Croix St-Robert
Chambon-sur-Lac
Lac Chambon
Puy de Bessolles
Verrières
Grandeyrolles
St-Floret
Creste
Saurier
St-Vincent
St-Cirgues-sur-Couze
Meilhaud
Perrier
Issoire
Pardines
Plateau de Pardines
Puy de Chambourguet
Chambourguet
Puy de Sancy
St-Victor-la-Rivière
Chambon-des-Neiges
Roc de l'Aigle
Courbanges
Montredon
Cotteuges
St-Pierre-Colamine
Tourzel-Ronzières
Puy d'Ysson
Solignat
Vodable
Colamine-s/s-Vodable
Antoingt
Puy Ferrand
Puy de la Perdrix
Puy Pallaret
Puy Chambourguet
Super-Besse
Besse-et-St-Anastaise
Courgoul
Gorges de Courgoul
Chastreix
Col de la Geneste
Lac Pavin
Vassivière
Puy de Montchal
Creux de Soucy
Puy Pertuzat
Dauzat-sur-Vodable
Ternant-les-Eaux
Villeneuve
Mareugheol
St-Donat
Picherande
Lac Chauvet
Lac de Montcineyre
Valbeleix
Roche-Charles-la-Mayrand
Leiranoux
Camp militaire
St-Hérent
La Chapelle-Marcousse
Vée des Saints
St-Germain-Lembron
Compains
Chaumiane
Brion
Rentières
Madriat
Col de la Chaumoune
St-Genès-Champespe
Égliseneuve-d'Entraigues
Lac de l'Esclauze
Espinchal
La Godivelle
St-Alyre-ès-Montagne
Mazoires
Ardes
Apchat
Vallée de Rentières
Col de la Pierre Plantée
Chanterelle
Montboudif
Condat
Marcenat
Montgreleix
Mt Chamaroux
Le Luguet
Anzat-le-Luguet
Blesle
Autrac
Bousselargues
Gorges de l'Alagnon
CÉZALLIER
Roche Pointue
Abbe de Féniers
Lac des Moines
245
Chassagny
Lugarde
Serres
Leyvaux
St-Étienne-sur-Blesle
Grenier-Montgon
61
62
63
64
65
228

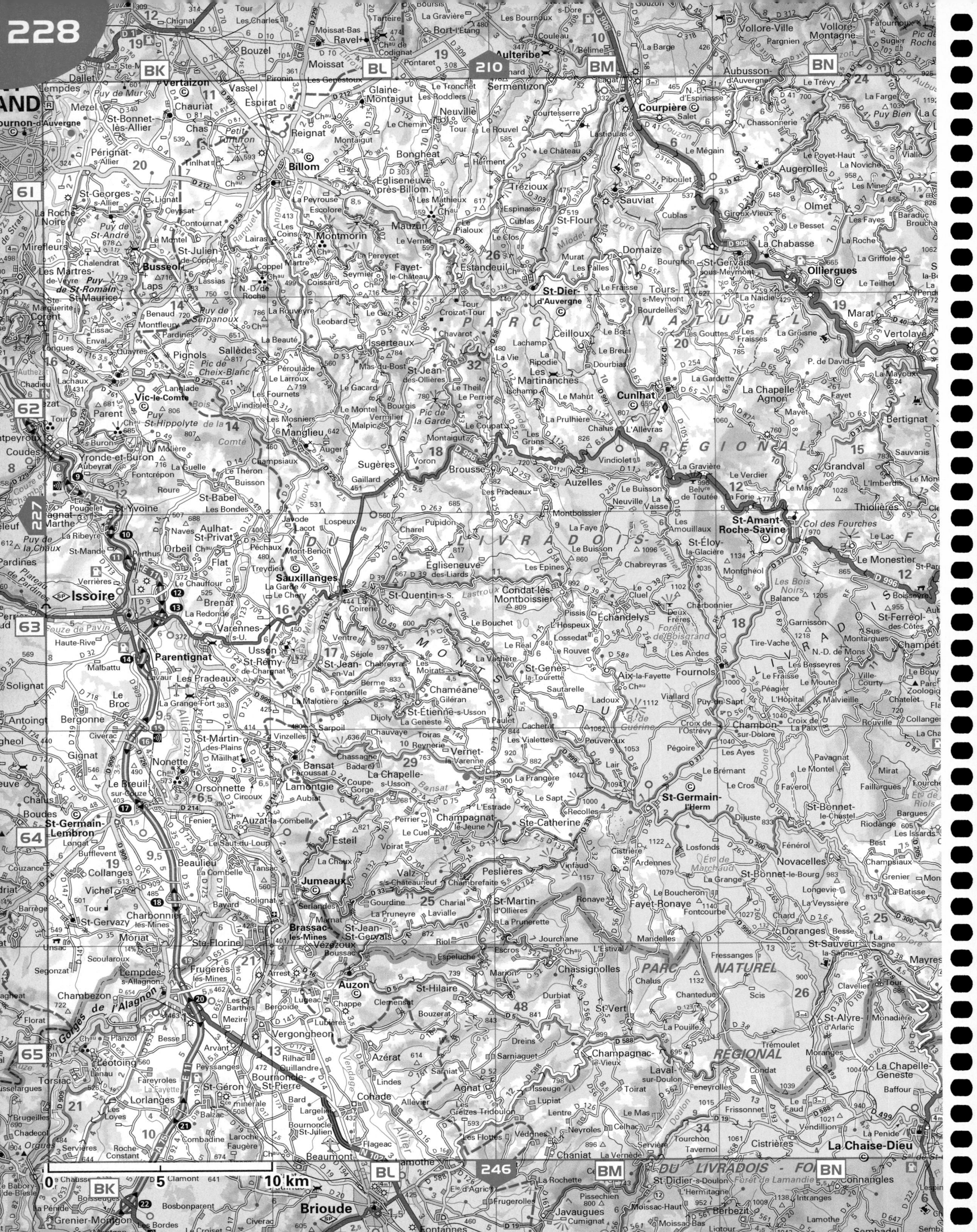
210
246
BK
BL
BM
BN
Vertaizon
Billom
Reignat
Bongheat
Egliseneuve-près-Billom
Mauzun
Montmorin
Estandeuil
Fayet-le-Château
St-Dier-d'Auvergne
Courpière
Sermentizon
Aulteribe
Sauviat
Trézioux
Domaize
Augerolles
Olmet
Olliergues
La Chabasse
Vertolaye
Marat
Cunlhat
Tours-s-Meymont
Ceilloux
PARC NATUREL RÉGIONAL DU LIVRADOIS-FOREZ
St-Jean-des-Ollières
Isserteaux
Pic de la Garde
Manglieu
Sugères
Brousse
Auzelles
Vic-le-Comte
Busséol
Sallèdes
Pignols
Yronde-et-Buron
St-Yvoine
Issoire
Parentignat
Sauxillanges
Usson
Varennes-s-U.
St-Quentin-s-S.
Condat-lès-Montboissier
Échandelys
St-Amant-Roche-Savine
St-Éloy-la-Glacière
Col des Fourches
Le Monestier
Fournols
Aix-la-Fayette
St-Genès-la-Tourette
St-Jean-en-Val
Chaméane
St-Étienne-s-Usson
MONTS DU LIVRADOIS
Nonette
Orsonnette
Bansat
La Chapelle-s-Usson
Vernet-la-Varenne
St-Germain-l'Herm
Chambon-sur-Dolore
St-Germain-Lembron
Champagnat-le-Jeune
Ste-Catherine
Esteil
Jumeaux
Brassac-les-Mines
Auzon
St-Hilaire
Chassignolles
Fayet-Ronaye
Novacelles
St-Bonnet-le-Bourg
Doranges
St-Sauveur-la-Sagne
Ste-Florine
Lempdes-s-Allagnon
Gorges de l'Alagnon
Vergongheon
Azérat
Champagnac-le-Vieux
Laval-sur-Doulon
La Chaise-Dieu
St-Géron
Bournoncle-St-Pierre
Lorlanges
Brioude
Beaumont
Cohade
St-Alyre-d'Arlanc
La Chapelle-Geneste
Tour
Mayres
0 5 10 km

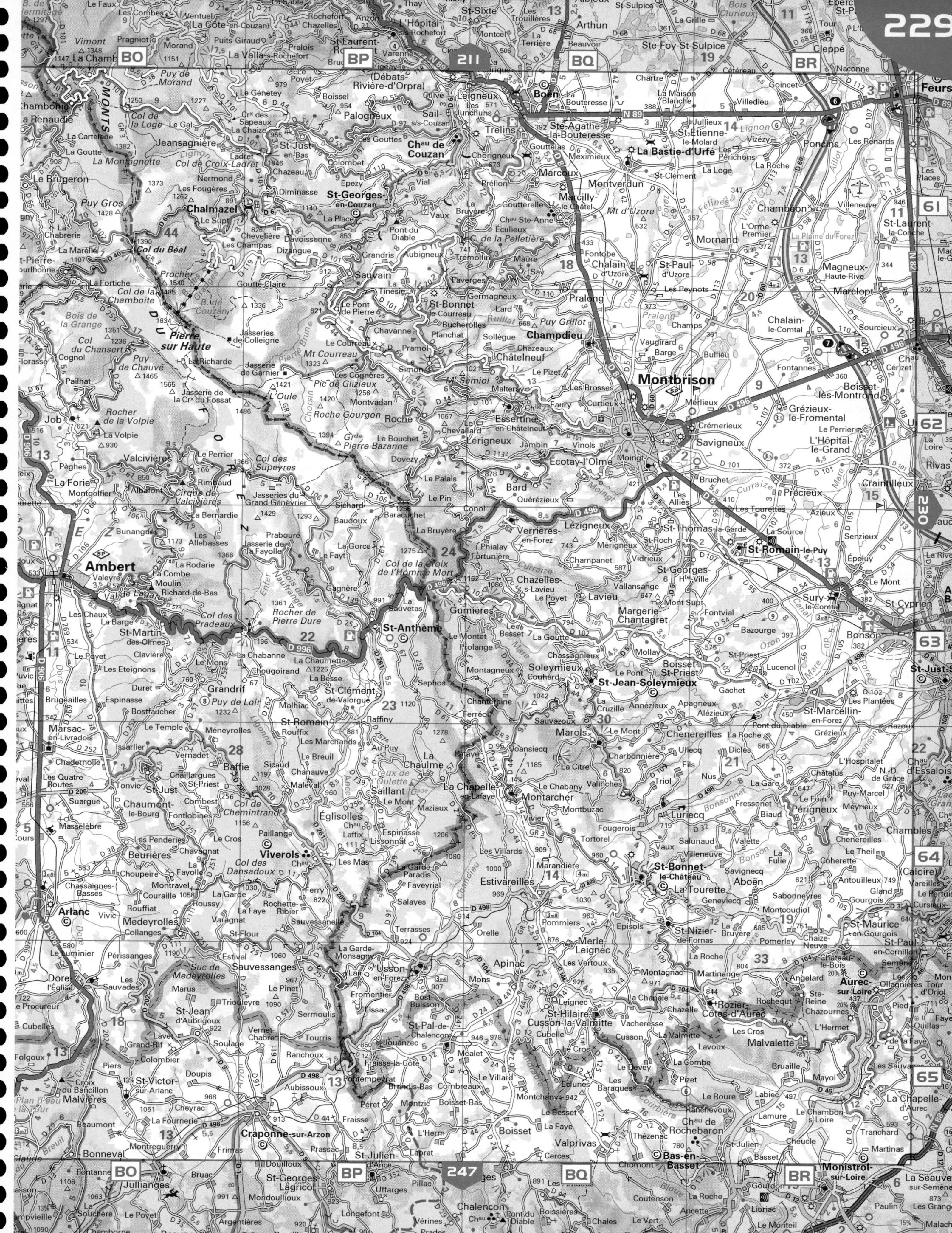

BO
BP
211
BQ
BR
Boën
Feurs
St-Laurent-Rochefort
L'Hôpital-s-Rochefort
St-Sixte
Arthun
Ste-Foy-St-Sulpice
Cleppé
Pragniot
Vimont
La Valla-s-Rochefort
Puy de Morand
Leigneux
Ste-Agathe-la-Bouteresse
St-Étienne-le-Molard
La Bastie-d'Urfé
Poncins
Jeansagnière
Palogneux
Chau de Couzan
Trelins
Sail-s/s-Couzan
Col de la Loge
Col de Croix-Ladret
Le Brugeron
Marcoux
Montverdun
Chalmazel
St-Georges-en-Couzan
Puy Gros
Marcilly-le-Châtel
Mt d'Uzore
Chambéon
St-Laurent-la-Conche
Col du Béal
C. de la Pelletière
Mornand
Chalain-d'Uzore
St-Paul-d'Uzore
Magneux-Haute-Rive
Sauvain
Marclopt
Col de la Chamboite
Pierre sur Haute
Pralong
St-Bonnet-le-Courreau
Puy Grillot
Champdieu
Chalain-le-Comtal
Mt Courreau
Châtelneuf
Pic de Glizieux
Montbrison
Roche Gourgon
Roche
Essertines-en-Châtelneuf
Grézieux-le-Fromental
Savigneux
L'Hôpital-le-Grand
Lérigneux
Ecotay-l'Olme
Moingt
Rocher de la Volpie
Valcivières
Col des Supeyres
Bard
Précieux
Craintilleux
Cirque de Valcivières
Jasseries du Grand Genévrier
Lézigneux
St-Thomas-la-Garde
Verrières-en-Forez
St-Romain-le-Puy
Ambert
Col de la Croix de l'Homme Mort
Chazelles-s-Lavieu
St-Georges-Hte-Ville
Sury-le-Comtal
St-Cyprien
Val de Lagat
Col des Pradeaux
Rocher de Pierre Dure
St-Anthème
Gumières
Lavieu
Margerie-Chantagret
Bonson
St-Martin-des-Olmes
Soleymieux
St-Jean-Soleymieux
Boisset-St-Priest
St-Just-St-Rambert
Grandrif
Puy de Loir
St-Clément-de-Valorgue
St-Marcellin-en-Forez
Marsac-en-Livradois
St-Romain
Marols
Chenereilles
Baffie
La Chaulme
Sauvessanges
Col de Chemintrand
La Chapelle-en-Lafaye
Montarcher
Luriecq
Périgneux
Chaumont-le-Bourg
Saillant
Églisolles
Chambles
Viverols
Beurières
Col des Dansadoux
Estivareilles
St-Bonnet-le-Château
Aboën
Arlanc
Medeyrolles
St-Nizier-de-Fornas
St-Maurice-en-Gourgois
Apinac
Merle-Leignec
Usson-en-Forez
Suc de Medeyrolles
Aurec-sur-Loire
Dore-l'Église
St-Jean-d'Aubrigoux
St-Hilaire-Cusson-la-Valmitte
Rozier-Côtes-d'Aurec
St-Pal-de-Chalencon
Malvalette
St-Victor-sur-Arlanc
Pontempeyrat
Malvières
Craponne-sur-Arzon
Chau de Rochebaron
La Chapelle-d'Aurec
Bonneval
Valprivas
Bas-en-Basset
St-Julien-d'Ance
247
Monistrol-sur-Loire
Jullianges
St-Georges-Lagricol
Chalencon
La Séauve-sur-Semène
Beaune-sur-Arzon
61
62
63
64
65
230

BS
BT
212
BU
BV
Feurs
Chambost-Longessaigne
St-Clément-les-Places
Essertines-en-Donzy
Brullioles
Brussieu
Courzieu
Vaugneray
Pollionnay
Col de la Luère
Craponne
Salt-en-Donzy
St-Martin-Lestra
St-Laurent-de-Chamousset
Les Halles
Haute-Rivoire
St-Barthélemy-Lestra
Ste-Foy-l'Argentière
St-Genis-l'Argentière
Montromant
Yzeron
Brindas
St-Laurent-de-Vaux
Chaponost
61
Valeille
Souzy
Virigneux
Aveize
Duerne
Thurins
Messimy
St-Laurent-la-Conche
St-Cyr-les-Vignes
Meys
Rochefort
Soucieu-en-Jarrest
Magneux-le-Gabion
St-Martin-en-Haut
Rontalon
Orliénas
Bellegarde-en-Forez
Maringes
Viricelles
Grézieu-le-Marché
Pomeys
La Chapelle-sur-Coise
Signal de St-André
St-André-le-Puy
Montrond-les-Bains
Chazelles-s-Lyon
St-Symphorien-sur-Coise
St-André-la-Côte
Chaussan
Mornant
Taluyers
62
Cuzieu
Unias
Larajasse
Coise
Riverie
St-Sorlin
St-Denis-s-Coise
St-Médard-en-Forez
Ste-Catherine
St-Didier-s/s-Riverie
St-Andéol-le-Château
St-Galmier
Chevrières
Châtelus
St-Maurice-s-Dargoire
St-Jean-de-Touslas
Chamboeuf
Grammond
Marcenod
St-Romain-en-Jarez
St-Martin-la-Plaine
St-Joseph
Dargoire
229
Veauchette
Aveizieux
La Gimond
Tartaras
Echalas
Veauche
St-Bonnet-les-Oules
Fontanès
St-Christo-en-Jarez
Chagnon
Genilac
Trèves
Andrézieux-Bouthéon
St-Cyprien
St-Héand
Valfleury
Cellieu
Châteauneuf
Rive-de-Gier
63
Lorette
La Grand-Croix
Longes
St-Just-St-Rambert
La Fouillouse
L'Etrat
La Tour-en-Jarez
La Talaudière
Sorbiers
St-Chamond
Farnay
St-Paul-en-Jarez
Ste-Croix-en-Jarez
La Chapelle-Villars
St-Priest-en-Jarez
L'Horme
Pavezin
Villars
St-Jean-Bonnefonds
Chuyer
St-Genest-Lerpt
Roche-la-Molière
La Terrasse-s-Dorlay
St-Michel-s-Rhône
64
ST-ETIENNE
Pélussin
Chavanay
Doizieux
La Valla-en-Gier
Unieux
La Ricamarie
Le Chambon-Feugerolles
PARC
Crêt de l'Œillon
Mont Pilat
Gouffre d'Enfer
Planfoy
Bessey
Roisey
Firminy
NATUREL RÉGIONAL
Véranne
Lupé
Maclas
Le Bessat
DU PILAT
St-Ferréol-d'Auroure
St-Romain-les-Atheux
St-Appolinard
65
St-Just-Malmont
Colombier
Pont-Salomon
St-Genest-Malifaux
Col du Grand Bois ou de la République
St-Julien-Molin-Molette
La Chapelle-d'Aurec
Thélis-la-Combe
La Versanne
Jonzieux
Crêt de Chaussitre
St-Didier-
Bourg-Argental
248
St-Marcel-lès-Annonay
Marlhes
St-Régis-du-Coin
St-Sauveur-en-Rue
Burdignes
Peaugres
0
5
10 km

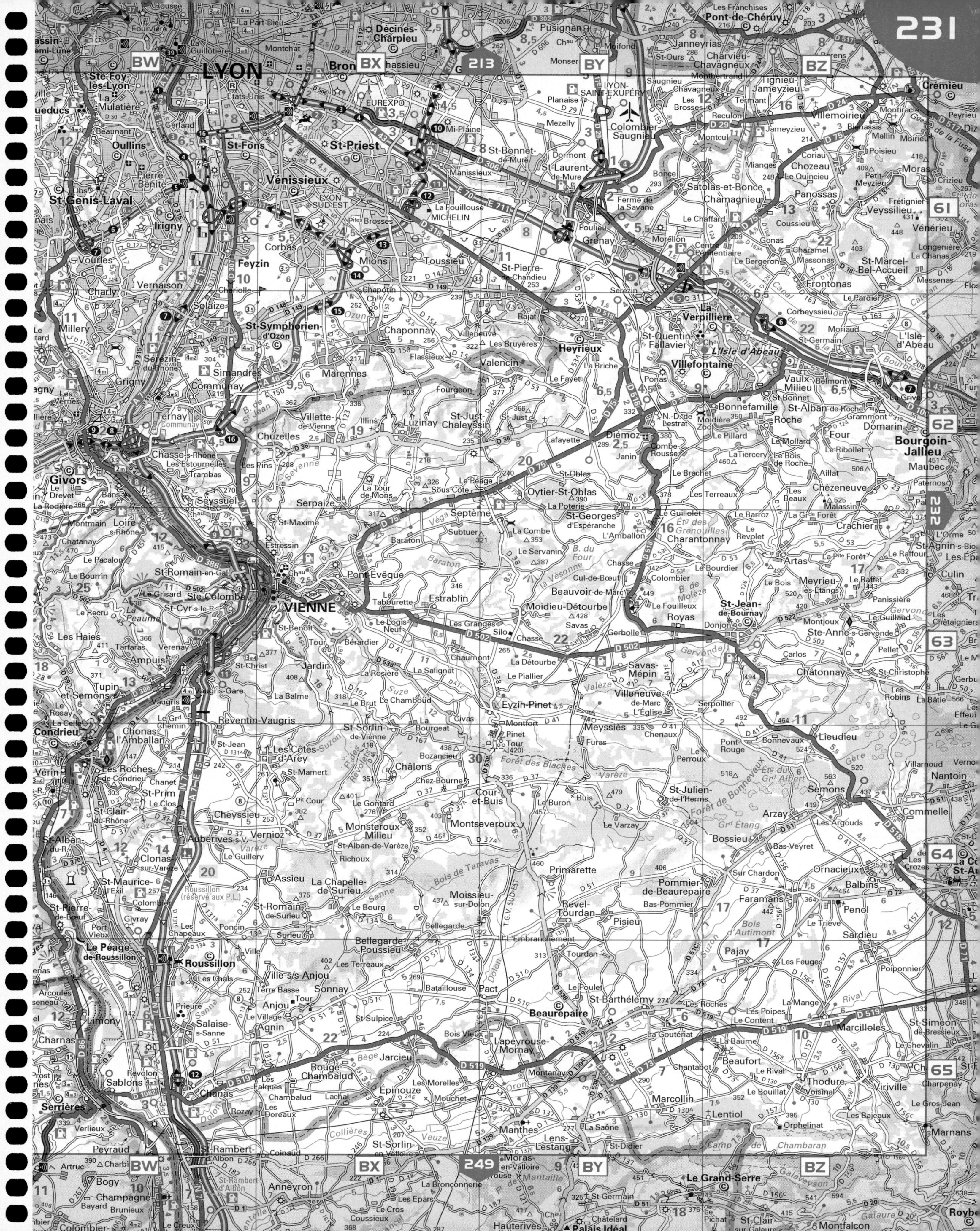
LYON
Villeurbanne
Décines-Charpieu
Bron
Pusignan
Pont-de-Chéruy
Crémieu
Ste-Foy-lès-Lyon
La Mulatière
Oullins
St-Fons
St-Priest
Vénissieux
St-Genis-Laval
Irigny
Corbas
Mions
Feyzin
Vourles
Charly
Vernaison
Solaize
St-Symphorien-d'Ozon
Chaponnay
Heyrieux
La Verpillière
St-Quentin-Fallavier
Villefontaine
L'Isle-d'Abeau
Vaulx-Milieu
Bourgoin-Jallieu
Millery
Grigny
Givors
Chasse-s-Rhône
Simandres
Communay
Ternay
Marennes
Valencin
Luzinay
Chuzelles
Diémoz
Oytier-St-Oblas
Septème
Serpaize
Seyssuel
Pont-Évêque
VIENNE
Estrablin
Moidieu-Détourbe
Royas
St-Jean-de-Bournay
Châtonnay
Ste-Colombe
St-Romain-en-Gal
St-Cyr-s-le-Rhône
Ampuis
Tupin-et-Semons
Condrieu
Les Roches-de-Condrieu
Chonas-l'Amballan
Reventin-Vaugris
St-Sorlin-de-Vienne
Eyzin-Pinet
Meyssiès
Lieudieu
Semons
Arzay
Commelle
Cour-et-Buis
Montseveroux
Châlons
St-Prim
St-Clair-du-Rhône
Cheyssieu
Auberives-s-Varèze
Clonas-sur-Varèze
St-Maurice-l'Exil
Roussillon
Le Péage-de-Roussillon
Primarette
Revel-Tourdan
Pisieu
Pommier-de-Beaurepaire
Faramans
Ornacieux
Beaurepaire
St-Barthélemy
Pact
Sonnay
Ville-s/s-Anjou
Anjou
Agnin
Salaise-s-Sanne
Sablons
Chanas
Serrières
Lapeyrouse-Mornay
Épinouze
Manthes
Lens-Lestang
Moras-en-Valloire
Marcollin
Beaufort
Thodure
Viriville
Marcilloles
St-Siméon-de-Bressieux
Marnans
Le Grand-Serre
St-Rambert-d'Albon
Anneyron
Hauterives
Palais Idéal
BW
BX
BY
BZ
213
249
61
62
63
64
65
232

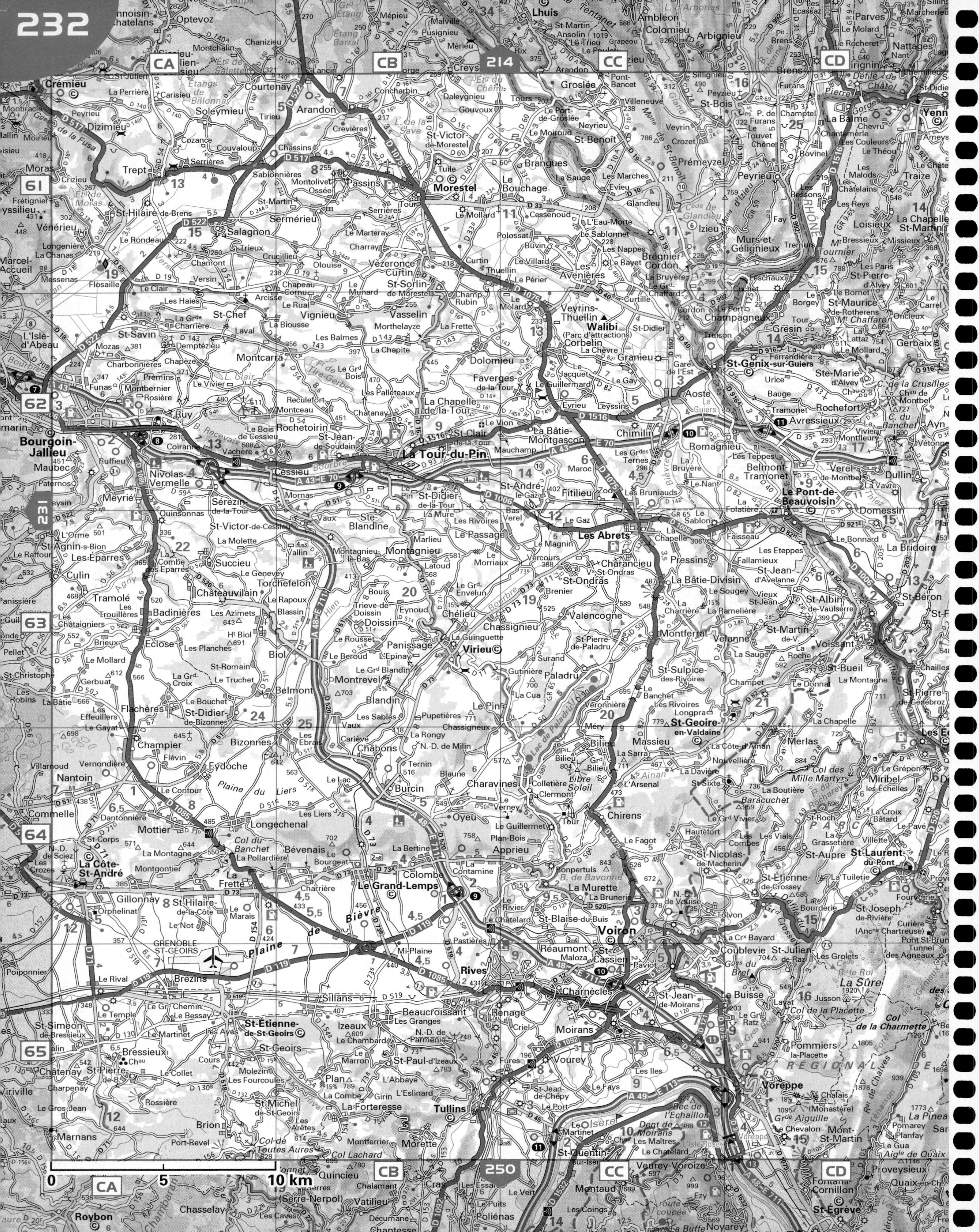
CA
CB
CC
CD
214
250
231
61
62
63
64
65
Crémieu
Morestel
Bourgoin-Jallieu
La Tour-du-Pin
Les Abrets
St-Genix-sur-Guiers
Le Pont-de-Beauvoisin
Virieu
Le Grand-Lemps
La Côte-St-André
Voiron
Rives
Tullins
Voreppe
St-Geoire-en-Valdaine
St-Étienne-de-St-Geoirs
Walibi
Lac de Paladru
Plaine de Bièvre
Plaine du Liers
GRENOBLE-ST-GEOIRS
RHÔNE
Lhuis
Yenne
Aoste
Les Avenières
St-Laurent-du-Pont
St-Egrève
Roybon
Moirans
Chimilin
Dolomieu
Montagnieu
Chabons
Apprieu
Colombe
St-Chef
Salagnon
Soleymieu
Courtenay
0
5
10 km

CE
CF
215
CG
CH
AIX-LES-BAINS
CHAMBÉRY
La Motte-Servolex
Le Bourget-du-Lac
Cognin
Drumettaz-C.
Grésy-s-Aix
Pont du Diable
Le Châtelard
L'Arcalod
PARC NATUREL RÉGIONAL DU MASSIF DES BAUGES
Mont Revard
Dent du Chat
Mont Molard Noir
Cr^x du Nivolet
St-Alban-Leysse
La Ravoire
Challes-les-Eaux
Montmélian
St-Pierre-d'Albigny
Miolans
Chamousset
Chamoux-sur-Gelon
Grésy-sur-Isère
Vallon de Bellevaux
Col du Granier
Mont Granier
Les Marches
Myans
Apremont
Chapareillan
Pontcharra
La Rochette
Détrier
Allevard
St-Pierre-d'Allevard
Le Touvet
Goncelin
Entremont-le-Vx
St-Pierre-d'Entremont
Cirque de St-Même
St-Christophe
Les Échelles
Couvent de la Grde Chartreuse
St-Pierre-de-Chartreuse
Charmant Som
Dent de Crolles
Crolles
Lumbin
Tencin
Froges
Bernin
St-Ismier
St-Nazaire-les-Eymes
Brignoud
Theys
Les Adrets
BELLEDONNE
CHARTREUSE
Pic du Frêne
Le Collet d'Allevard
St-Colomban-des-Villards
La Toussuire
St-Sorlin-d'Arves
La Chambre
Col du Glandon
Col de la Croix de Fer
Massif des Sept Laux
Le Rocher Blanc
Col des Sept Laux
61
62
63
64
65
234
CE
CF
251
CG
CH

CI
CJ
CK
CL
216
252
61
62
63
64
65
233
Albertville
Arêches
Boudin
Bge de Roselend
Aigle du Grd Fond
La Terrasse
Cormet de Roselend
Vallée des Chapieux
Le Roignais
Bourg-St-Maurice
Le Grd Mont
Col de la Louze
Cormet d'Arêches
Crêt du Rey
Grignon
Tours-en-Savoie
La Bâthie
Frontenex
Monthion
N.-D.-des-Millières
St-Vital
Ste-Hélène
La Grde Lanche
St-Paul-s-Isère
Cevins
Rognaix
Feissons-sur-Isère
Grd Arc
Bonvillaret
Col de Basmont
Randens
Aiguebelle
Mt Bellachat
Montgirod
Aime
Granier
Landry
Bellentre
Peisey-Nancroix
Mâcot-la-Plagne
La Plagne
Sommet Bellecôte
Roche de Mio
Col de Frête
Col de la Grde Forcle
Mt Jovet
Roc du Bécoin
La Grande Rochette
Croix de Feissons
Bonneval
La Léchère
Aigueblanche
Moûtiers
Salins-les-Thermes
Valmorel
Crève Tête
Grd Pic de la Lauzière
Col de la Madeleine
Le Cheval Noir
St-François-Longchamp
Brides-les-Bains
Bozel
Champagny-en-Vanoise
St-Bon-Tarentaise
Courchevel 1550
Courchevel 1850
La Tania
Méribel
Croix des Verdons
Mt Bel-Air
Somt de la Saulire
Pralognan-la-Vanoise
St-Martin-de-Belleville
Tougnète
Mt de la Challe
Roc des Trois Marches
Mt du Vallon
Les Menuires
Mt de la Chambre
Val-Thorens
Aigle de Péclet
Cime de Caron
Pnte de la Masse
Grand Perron des Encombres
Le Mollard des Bœufs
Aigle de la Grde Moenda
La Chambre
St-Avre
St-Jean-de-Maurienne
St-Julien-Mont-Denis
Col des Encombres
MASSIF DE LA VANOISE
PARC
Cirque de Génépy
Dent Parrachée
Pnte de l'Observatoire
Aigle Doran
Aussois
Orelle
Montricher
St-Martin-d'Arc
Argentine
Épierre
St-Léger
Montsapey
0 5 10 km

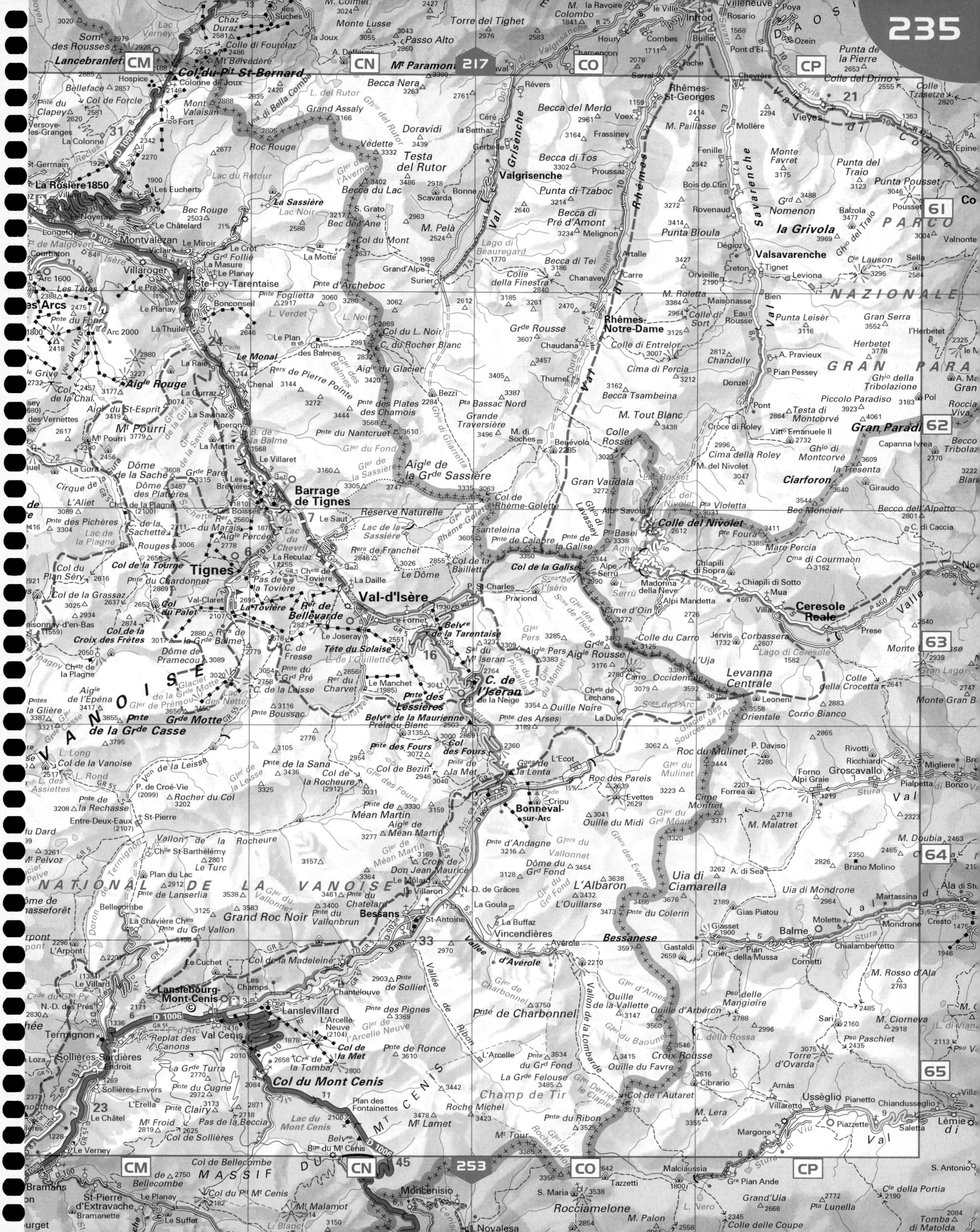
CM
CN
217
CO
CP
Col du Pt St-Bernard
Lancebranlette
Mt Paramont
Becca Nera
Grand Assaly
Doravidi
Testa del Rutor
Vedette
Roc Rouge
Becca du Lac
La Sassière
Lac Noir
Bec de l'Ane
Col du Mont
M. Pelà
La Rosière 1850
Montvalezan
Villaroger
Ste-Foy-Tarentaise
Les Arcs
Arc 2000
Arc 1600
Le Monal
Aigle Rouge
Mt Pourri
Dôme de la Sache
Barrage de Tignes
Tignes
Val-d'Isère
Aigle de la Grde Sassière
Col de Rhême-Golette
Col de la Galise
C. de l'Iseran
Tête du Solaise
Pte des Lessières
Belvre de la Maurienne
Col des Fours
Bonneval-sur-Arc
Ouille du Midi
Pte d'Andagne
Dôme du Grd Fond
L'Albaron
Bessans
Vincendières
Bessanese
Uia di Ciamarella
Levanna Centrale
Ceresole Reale
Gran Paradiso
Ciarforon
Colle del Nivolet
Valgrisenche
Rhêmes-Notre-Dame
Rhêmes-St-Georges
Valsavarenche
la Grivola
PARCO NAZIONALE GRAN PARADISO
Grande Traversière
Gran Vaudala
Col de la Vanoise
VANOISE
Pte de la Grde Casse
Grd Roc Noir
NATIONAL DE LA VANOISE
Lanslebourg-Mont-Cenis
Lanslevillard
Val Cenis
Termignon
Sollières-Sardières
Col du Mont Cenis
Lac du Mont Cenis
Pte de Charbonnel
Croix Rousse
Champ de Tir
Roche Michel
Pte du Ribon
Col de l'Autaret
Usseglio
Balme
Groscavallo
Rocciamelone
Moncenisio
Novalesa
Bramans
MASSIF DU Mt CENIS
Val di Cogne
Val di Rhêmes
Val Grisenche
Val Savarenche
Val di Viù
Val Grande
253
61
62
63
64
65
21
31
24
16
33
23
45

AA
AB
AC
AD
218
254
66
67
68
69
70
Lesparre-Médoc
La Bresquette
Escot
Bouries
Marceaux
Canquill
Artiguillon
Gausseron
Liard
St-Gaux
Lagune
Cazeaux
Le Pin-Sec
St-Isidore
Lizan
Naujac-sur-Mer
La Prise
Magagnan
Lande de Vignolles
Hourtin-Plage
Le Pit Mont
Contaut
Louley
Marais dit Palu
Les Genêts
C.F.M.
Cartignac
Le Port
Piqueyrot
Bas-Bré
Hourtin
Hourtin-Port
Lagunan
Silo
Haut-Bré
Pey-de-Camin
Lachanau
Sémignan
Berle de Caillava
Lac
Pointe-Blanche
d'Hourtin-
Carcans
Le Crohot-de France
La Gracieuse
Phares d'Hourtin
Lupian
Ste-Hélène-de-Hourtin
Garthieu
Mourlan
Craste Lambert
Forêt de St-Laurent
Ste-Hélène-de-l'etang
Berdillan
Le Crohot-des-Cavales
Bombannes
Pipeyrous
Craste
Couyras
Carcans-Plage
Villeneuve
Couyrasseau
Maubuisson
Le Pouch
Carcans
Troussas
Berron
Cap-de-Ville
Mayne-Pauvre
Le Montaut
Raouset
Réserve naturelle
Étang de Cousseau
Canal de Jonction
Marais
L'Alexandre
Brach
Devinas
Lande de Ludée
Landes de Méogas
Grand Ludée
Petit Ludée
Lacanau-Océan
Le Huga
l'Ardilouse
Talaris
Le Moutchic
Carreyre
Méogas
Landes du Bourg
Constantenins
Lac de Lacanau
Le Tedey
Narsot
Lande de Villeneuve Taussac
Le Devès
Mejos
Taussac
Le Port
Lacanau
Le Lion
La Grde Escourre
Les Nerps
Au Chalet
Aux Andraux
Planque-Peyre
Longarisse
Ste-Hélène
Lède du Grd Bernos
Le Bernos
Craste de la Levade
Tronquats
Mistre
Bedillon
Étang de Batejin
Landes de Lacousteyre
Le Grand Courgas
Le Petit Courgas
Landes du Gartiou-Croutat
Craste de Castagnot
Saumos
Dunes du Hugney
Étang de Batourtot
Landes d'Eyron
Grand Bos
Le Gressier
Étang de Lède Basse
Le Porge-Océan
Maisonneuve
Petit Bos
Serigas
Lescarran
Le Temple
Vignas
Gleyse Vielle
Le Porge
Sautuges
Dunes de Partillot
Le Crastieu
La Jenny
Laruau
Bois de Boutas
Lande des Courtious Brûlés
Forêt du Porge
Lauros
Le Pas-du-Bouc
Terrain militaire
Silo
Maisonnieu
Les Dorat
Lège-Cap-Ferret
Grand Crohot Océan
Dune du Crohot
Mautans
Blagon
0
5
10 km

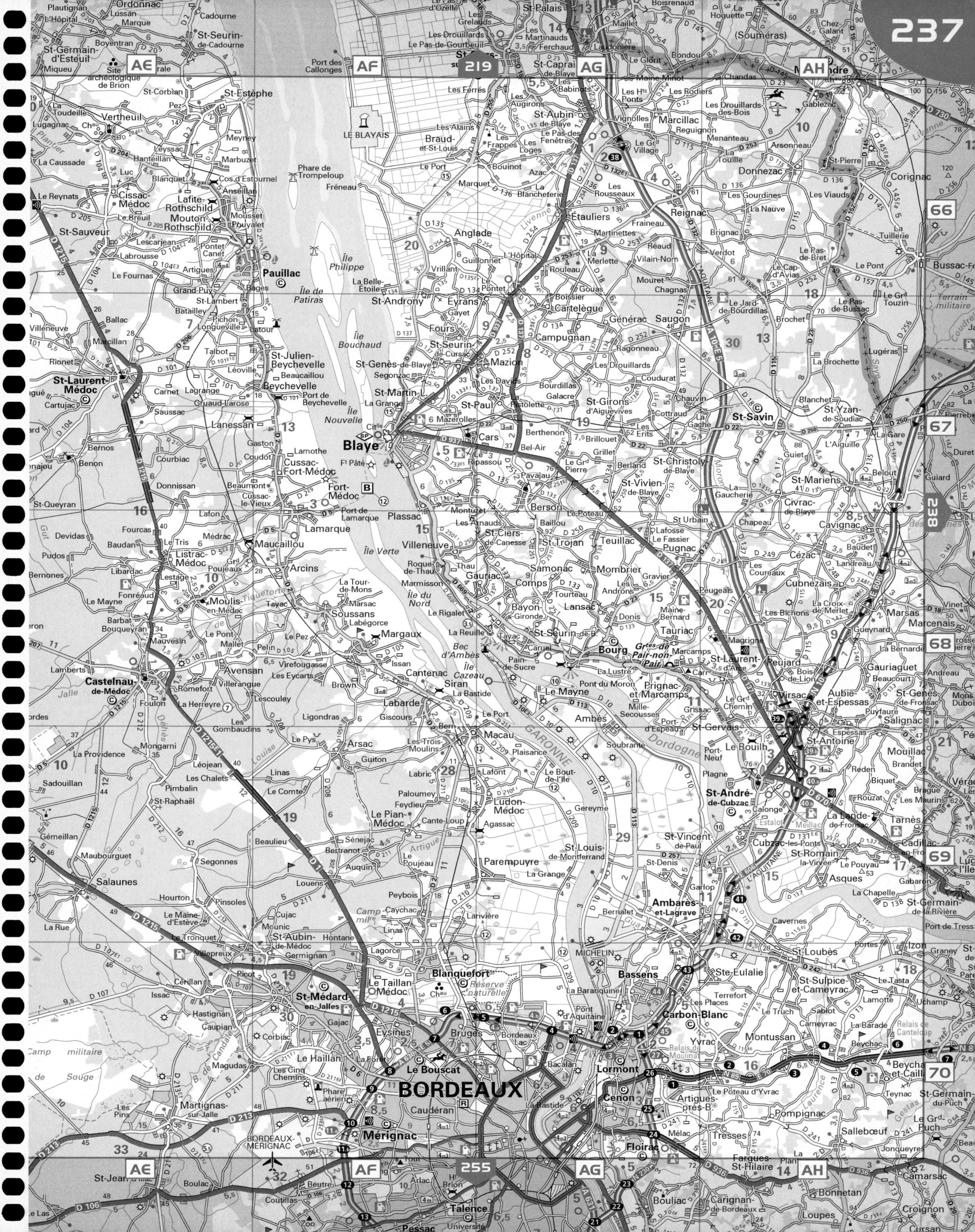
AE
AF
AG
AH
219
255
66
67
68
69
70
238
St-Estèphe
Vertheuil
Cissac-Médoc
Lafite-Rothschild
Mouton-Rothschild
Pauillac
St-Sauveur
St-Julien-Beychevelle
Beychevelle
St-Laurent-Médoc
Lanessan
Cussac-Fort-Médoc
Fort-Médoc
Lamarque
Listrac-Médoc
Moulis-en-Médoc
Maucaillou
Arcins
Soussans
Margaux
Avensan
Castelnau-de-Médoc
Cantenac
Labarde
Macau
Arsac
Ludon-Médoc
Le Pian-Médoc
Parempuyre
Blanquefort
Le Taillan-Médoc
St-Médard-en-Jalles
St-Aubin-de-Médoc
Eysines
Le Haillan
Bruges
Le Bouscat
BORDEAUX
Mérignac
BORDEAUX-MÉRIGNAC
Caudéran
Talence
Pessac
Martignas-sur-Jalle
Salaunes
Le Fournas
Blaye
Plassac
Villeneuve
Bourg
Tauriac
Lansac
Samonac
Bayon-s-Gironde
Gauriac
St-Ciers-de-Canesse
Berson
Cars
St-Paul
Mazion
St-Seurin-de-Cursac
Fours
Eyrans
St-Androny
Anglade
Braud-et-St-Louis
St-Aubin-de-Blaye
St-Caprais-de-Blaye
Étauliers
Reignac
Marcillac
Donnezac
Générac
Saugon
Campugnan
Cartelègue
St-Girons-d'Aiguevives
St-Savin
St-Christoly-de-Blaye
St-Vivien-de-Blaye
Cavignac
Cézac
Cubnezais
Marsas
Pugnac
Teuillac
Mombrier
St-Trojan
Prignac-et-Marcamps
St-Laurent-d'Arce
Peujard
Gauriaguet
Virsac
Aubie-et-Espessas
St-Antoine
Salignac
St-Gervais
St-André-de-Cubzac
Cubzac-les-Ponts
St-Romain-la-Virvée
Asques
St-Vincent-de-Paul
Ambarès-et-Lagrave
St-Louis-de-Montferrand
Ambès
Bassens
Carbon-Blanc
Lormont
Cenon
Floirac
Artigues-près-B.
Yvrac
Montussan
St-Loubès
Ste-Eulalie
St-Sulpice-et-Cameyrac
Beychac-et-Caillau
Pompignac
Tresses
Fargues-St-Hilaire
Salleboeuf
Bonnetan
Carignan-de-Bordeaux
Bouliac
Corignac
Bussac-Forêt
St-Yzan-de-Soudiac
St-Mariens
Civrac-de-Blaye
Laruscade
Île Philippe
Île de Patiras
Île Bouchaud
Île Nouvelle
Île Verte
Île du Nord
Bec d'Ambès
Île Cazeau
GARONNE
Dordogne
LE BLAYAIS
Phare de Trompeloup
L'AQUITAINE
MICHELIN
Camp militaire
Terrain militaire
Réserve naturelle

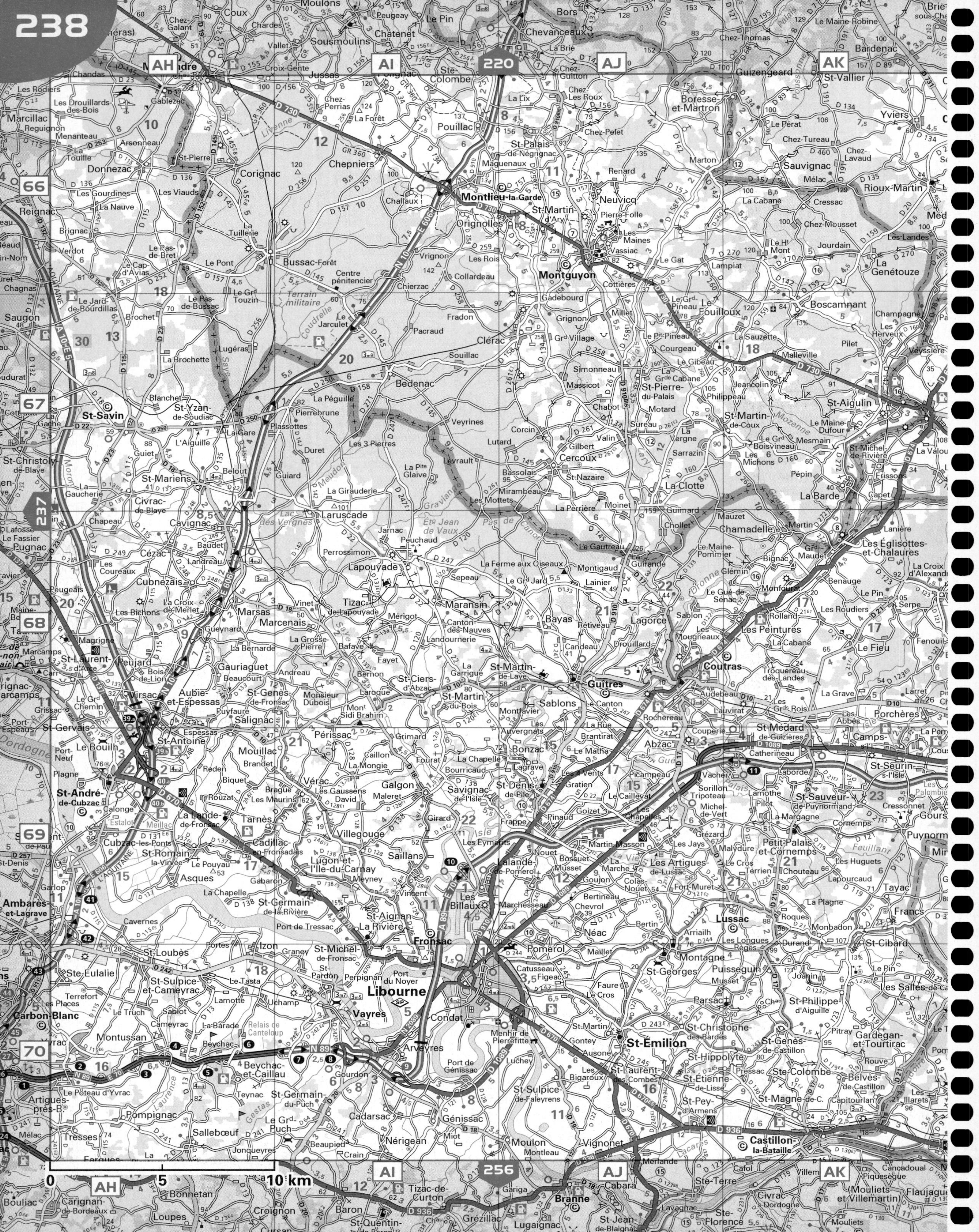
AH
AI
AJ
AK
220
256
66
67
68
69
70
237
Montlieu-la-Garde
Montguyon
Neuvicq
St-Martin-d'Ary
Orignolles
Chevanceaux
Pouillac
Corignac
Chepniers
Bussac-Forêt
Clérac
Bedenac
Cercoux
St-Savin
St-Yzan-de-Soudiac
Cavignac
Laruscade
Lapouyade
Guîtres
Coutras
St-Médard-de-Guizières
St-Seurin-s-l'Isle
St-André-de-Cubzac
Cubzac-les-Ponts
St-Germain-de-la-Rivière
Fronsac
Libourne
Vayres
Pomerol
Lussac
Montagne
St-Georges
Puisseguin
St-Émilion
St-Christophe-des-Bardes
St-Hippolyte
St-Laurent-des-Combes
St-Pey-d'Armens
Castillon-la-Bataille
Petit-Palais-et-Cornemps
St-Sauveur-de-Puynormand
Les Églisottes-et-Chalaures
St-Aigulin
La Genétouze
Boscamnant
Sauvignac
Bayas
Lagorce
Abzac
Les Artigues-de-Lussac
Galgon
Saillans
Villegouge
Vérac
Tarnès
Ambarès-et-Lagrave
Carbon-Blanc
Ste-Eulalie
St-Loubès
Arveyres
Génissac
Moulon
Branne
Nérigean
Tizac-de-Curton
Artigues-près-B.
Tresses
Pompignac
St-Sulpice-et-Cameyrac
Beychac-et-Caillau
Montussan
Dordogne
Isle
0
5
10 km

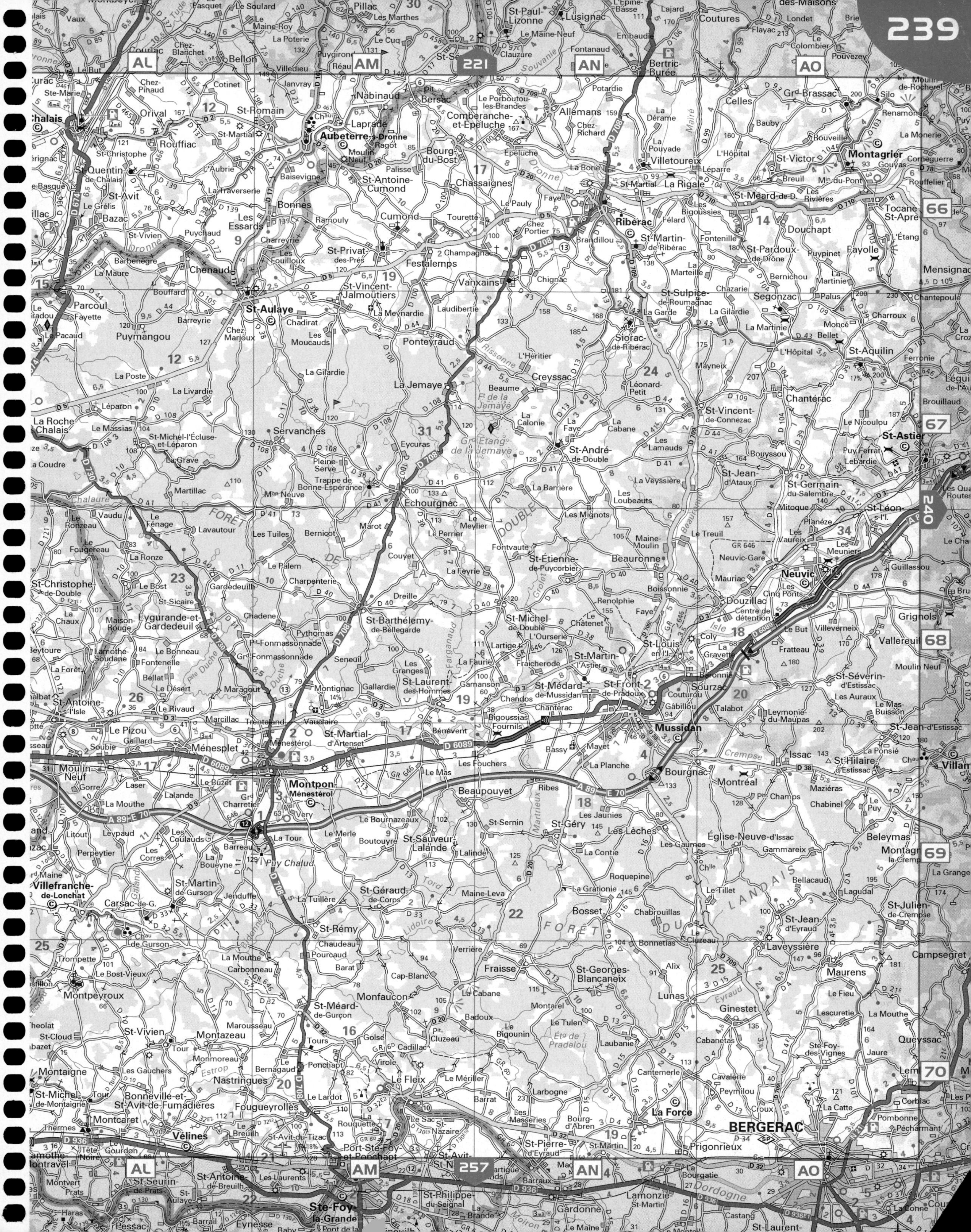
AL
AM
221
AN
AO
St-Paul-Lizonne
Lusignac
Bertric-Burée
Pillac
Chalais
Orival
St-Romain
Aubeterre-s-Dronne
Nabinaud
Bersac
Comberanche-et-Epeluche
Allemans
Celles
Gd Brassac
Montagrier
Rouffiac
Bourg-du-Bost
Villetoureix
St-Victor
St-Quentin-de-Chalais
St-Antoine-Cumond
Chassaignes
La Rigale
St-Méard-de-D.
Tocane-St-Apre
66
Bazac
Les Essards
Bonnes
Cumond
Ribérac
St-Martin-de-Ribérac
Douchapt
Fayolle
St-Privat-des-Prés
Festalemps
St-Pardoux-de-Drône
Chenaud
Vanxains
Mensignac
Parcoul
St-Aulaye
St-Vincent-Jalmoutiers
St-Sulpice-de-Roumagnac
Segonzac
Puymangou
Ponteyraud
Siorac-de-Ribérac
St-Aquilin
La Jemaye
Creyssac
Chantérac
La Roche-Chalais
Servanches
St-Michel-l'Écluse-et-Léparon
St-Vincent-de-Connezac
67
St-Astier
St-André-de-Double
St-Jean-d'Ataux
St-Germain-du-Salembre
Échourgnac
St-Léon-s-l'I.
240
St-Christophe-de-Double
Beauronne
Neuvic
Eygurande-et-Gardedeuil
St-Barthélemy-de-Bellegarde
St-Michel-de-Double
Douzillac
Grignols
St-Louis-en-l'I.
68
Vallereuil
St-Antoine-s-l'Isle
St-Laurent-des-Hommes
St-Martin-l'Astier
St-Médard-de-Mussidan
St-Front-de-Pradoux
Sourzac
St-Séverin-d'Estissac
Le Pizou
Ménesplet
St-Martial-d'Artenset
Mussidan
St-Jean-d'Estissac
Moulin-Neuf
Montpon-Ménestérol
Beaupouyet
Bourgnac
Montréal
Issac
St-Hilaire-d'Estissac
Villefranche-de-Lonchat
St-Sauveur-Lalande
St-Géry
Les Lèches
Église-Neuve-d'Issac
Beleymas
69
St-Martin-de-Gurson
St-Géraud-de-Corps
Carsac-de-G.
St-Rémy
Bosset
St-Jean-d'Eyraud
St-Julien-de-Crempse
Fraisse
St-Georges-Blancaneix
Laveyssière
Campsegret
Montpeyroux
Monfaucon
Lunas
Maurens
St-Méard-de-Gurçon
Ginestet
St-Vivien
Montazeau
Queyssac
Montaigne
Nastringues
Le Fleix
70
St-Michel-de-Montaigne
Bonneville-et-St-Avit-de-Fumadières
Fougueyrolles
La Force
Vélines
St-Pierre-d'Eyraud
Prigonrieux
BERGERAC
Port-Ste-Foy-et-Ponchapt
257
St-Antoine-de-Breuilh
Ste-Foy-la-Grande
Gardonne
Lamonzie-St-Martin
FORÊT DE LA DOUBLE
FORÊT DU LANDAIS
Dronne
Isle
Dordogne
A 89 - E 70
D 708
D 6089
D 936

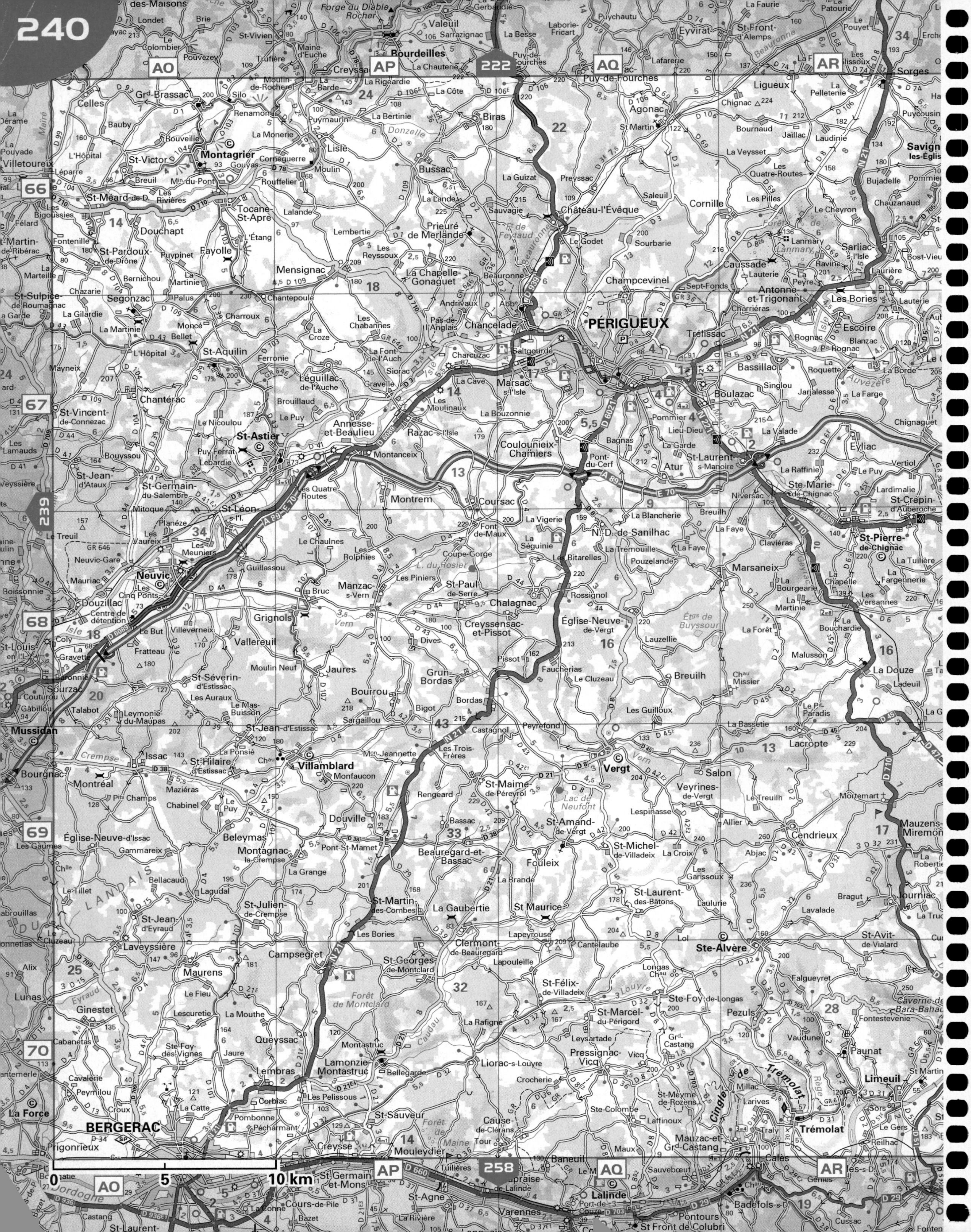
AO
AP
AQ
AR
222
258
239
66
67
68
69
70
Bourdeilles
Valeuil
Forge du Diable
Brie
Lisle
Biras
Agonac
Ligueux
Sorges
Puy-de-Fourches
Grd-Brassac
Celles
Montagrier
St-Victor
Tocane-St-Apre
St-Méard-de-D.
Douchapt
St-Pardoux-de-Drône
Fayolle
Mensignac
Bussac
Prieuré de Merlande
La Chapelle-Gonaguet
Château-l'Évêque
Cornille
Sarliac-s-l'Isle
Champcevinel
Antonne-et-Trigonant
Segonzac
St-Aquilin
Chancelade
PÉRIGUEUX
Trélissac
Escoire
Bassillac
Boulazac
Marsac-s-l'Isle
Chantérac
Léguillac-de-l'Auche
Annesse-et-Beaulieu
Razac-s-l'Isle
Coulounieix-Chamiers
St-Astier
St-Laurent-s-Manoire
Atur
Eyliac
St-Vincent-de-Connezac
St-Jean-d'Ataux
St-Germain-du-Salembre
St-Léon-s-l'I.
Montrem
Coursac
N.-D.-de-Sanilhac
St-Pierre-de-Chignac
Neuvic
Douzillac
Grignols
Manzac-s-Vern
St-Paul-de-Serre
Chalagnac
Creyssensac-et-Pissot
Église-Neuve-de-Vergt
Marsaneix
Vallereuil
Jaures
Bourrou
Grun-Bordas
Breuilh
La Douze
Mussidan
St-Séverin-d'Estissac
St-Jean-d'Estissac
Villamblard
Vergt
Salon
Lacropte
Bourgnac
Montréal
Issac
St-Hilaire-d'Estissac
Douville
St-Maime-de-Péreyrol
Veyrines-de-Vergt
Église-Neuve-d'Issac
Beleymas
Montagnac-la-Crempse
Beauregard-et-Bassac
St-Amand-de-Vergt
St-Michel-de-Villadeix
Cendrieux
Mauzens-Miremont
Fouleix
St-Julien-de-Crempse
St-Martin-des-Combes
La Gaubertie
St Maurice
St-Laurent-des-Bâtons
Journiac
Laveyssière
Campsegret
St-Georges-de-Montclard
Clermont-de-Beauregard
Ste-Alvère
St-Avit-de-Vialard
Maurens
Forêt de Montclard
St-Félix-de-Villadeix
Ste-Foy-de-Longas
Pezuls
Paunat
Lunas
Ginestet
Queyssac
St-Marcel-du-Périgord
Lembras
Lamonzie-Montastruc
Liorac-s-Louyre
Pressignac-Vicq
Limeuil
Cingle de Trémolat
Trémolat
La Force
BERGERAC
St-Sauveur
Cause-de-Clérans
Mauzac-et-Grd-Castang
Creysse
Mouleydier
Lalinde
Badefols-s-D.
Calès
St-Germain-et-Mons
St-Agne
Couze
Prigonrieux
LANDAIS
Dordogne
0
5
10 km

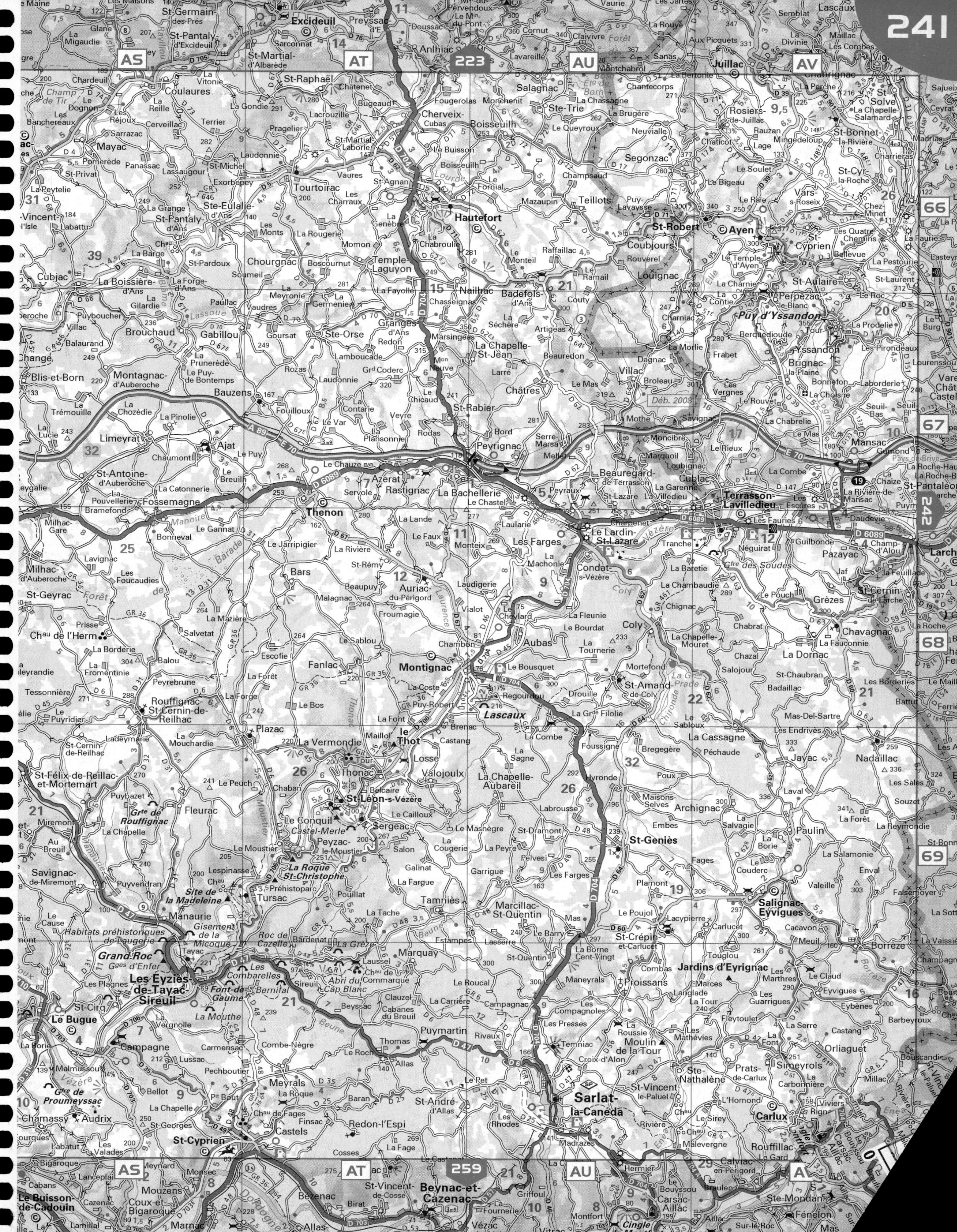
AS
AT
AU
AV
223
259
242
66
67
68
69
Excideuil
St-Germain-des-Prés
Anlhiac
Juillac
Lascaux
Coulaures
Salagnac
Ste-Trie
Cherveix-Cubas
Boisseuilh
St-Raphaël
Mayac
Tourtoirac
Hautefort
St-Robert
Ayen
Ste-Eulalie-d'Ans
St-Pantaly-d'Ans
Chourgnac
Temple-Laguyon
Nailhac
Badefols-d'Ans
Louignac
Coubjours
Perpezac-le-Blanc
Puy d'Yssandon
Yssandon
St-Cyprien
St-Aulaire
Cubjac
La Boissière-d'Ans
Brouchaud
Gabillou
Ste-Orse
Granges-d'Ans
La Chapelle-St-Jean
Châtres
Villac
Blis-et-Born
Montagnac-d'Auberoche
Bauzens
St-Rabier
Limeyrat
Ajat
Peyrignac
Azerat
Rastignac
La Bachellerie
Beauregard-de-Terrasson
Terrasson-Lavilledieu
Mansac
Thenon
Fossemagne
St-Antoine-d'Auberoche
Milhac-d'Auberoche
Les Farges
Le Lardin-St-Lazare
Condat-s-Vézère
Larche
Pazayac
Auriac-du-Périgord
Bars
St-Geyrac
Coly
Chavagnac
St-Cernin-de-Larche
Grèzes
Aubas
Montignac
Fanlac
La Dornac
St-Amand-de-Coly
Rouffignac-St-Cernin-de-Reilhac
Lascaux
Plazac
le Thot
Thonac
Valojoulx
La Chapelle-Aubareil
La Cassagne
Jayac
Nadaillac
St-Léon-s-Vézère
Archignac
St-Geniès
Paulin
Fleurac
Sergeac
Peyzac-le-Moustier
La Roque St-Christophe
Tursac
Site de la Madeleine
Tamniès
Marcillac-St-Quentin
Salignac-Eyvigues
Manaurie
Les Eyzies-de-Tayac-Sireuil
Grand Roc
Font-de-Gaume
Marquay
Proissans
Jardins d'Eyrignac
Borrèze
Le Bugue
Campagne
Meyrals
Puymartin
Sarlat-la-Canéda
Ste-Nathalène
Simeyrols
Carlux
Audrix
St-Cyprien
Castels
St-Vincent-de-Cosse
Beynac-et-Cazenac
Carsac-Aillac
Cingle de Montfort
Le Buisson-de-Cadouin
Coux-et-Bigaroque
Fénelon
A 89
E 70
D 704
D 6089

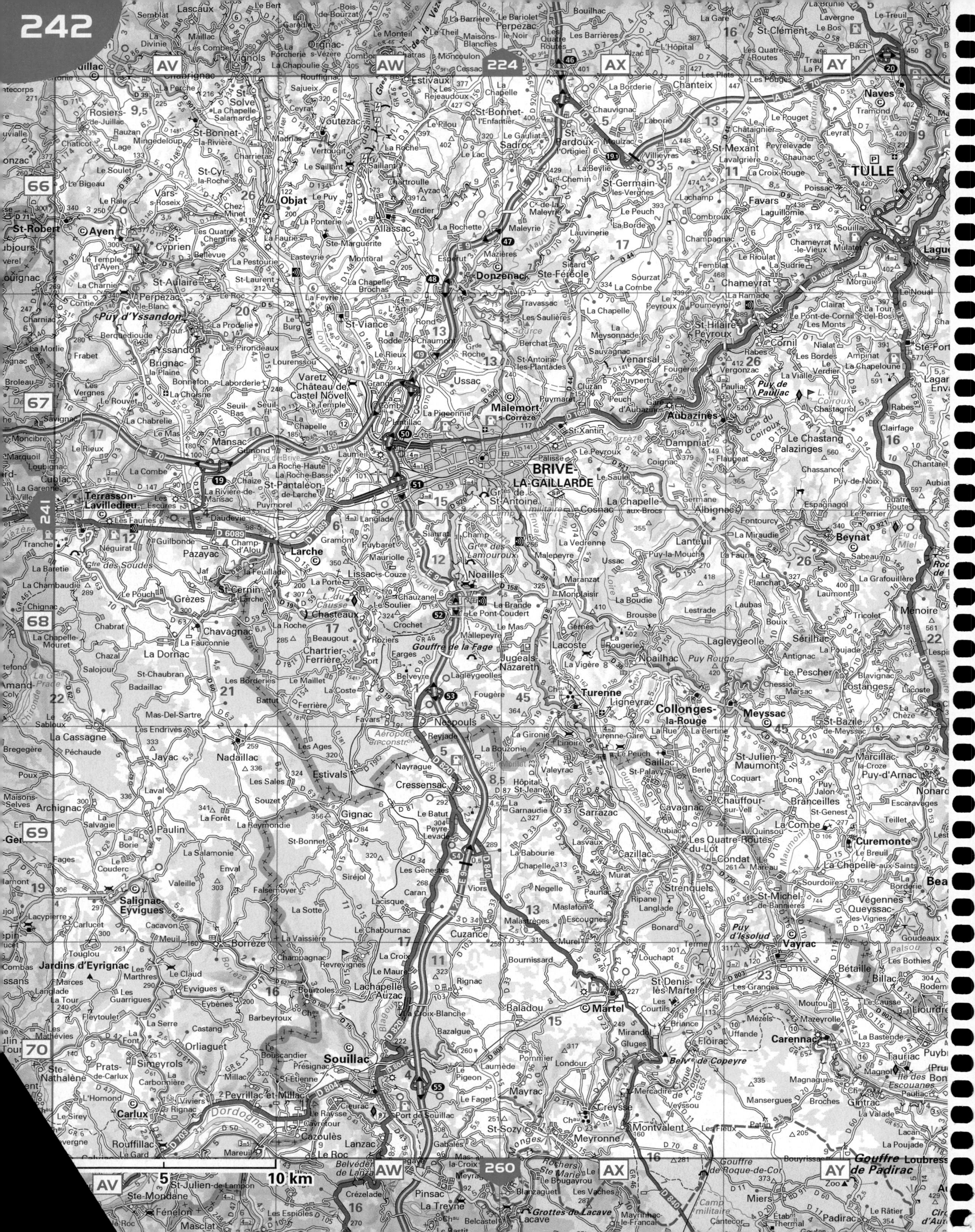
AV
AW
224
AX
AY
66
67
68
69
70
241
260
5
10 km
TULLE
BRIVE-LA-GAILLARDE
Objat
Ayen
St-Robert
Allassac
Donzenac
Malemort-s-Corrèze
Aubazines
Terrasson-Lavilledieu
Larche
Noailles
Turenne
Collonges-la-Rouge
Meyssac
Beynat
Curemonte
Vayrac
Martel
Souillac
Salignac-Eyvigues
Carlux
Carennac
Naves
Cressensac
Nespouls
Lissac-s-Couze
Chasteaux
St-Cernin-de-Larche
Chavagnac
Pazayac
Mansac
St-Pantaléon-de-Larche
Cublac
Ussac
Varetz
Château de Castel Novel
St-Viance
Yssandon
Puy d'Yssandon
St-Aulaire
Perpezac-le-Blanc
Vars-s-Roseix
St-Cyr-la-Roche
St-Bonnet-la-Rivière
St-Solve
Voutezac
Vignols
Sadroc
St-Pardoux-l'Ortigier
St-Germain-les-Vergnes
St-Mexant
Chanteix
St-Clément
Favars
Chameyrat
Ste-Féréole
St-Hilaire-Peyroux
Cornil
Sérilhac
Ménoire
Lanteuil
Dampniat
Albignac
Cosnac
Jugeals-Nazareth
Lacoste
Noailhac
Ligneyrac
Saillac
St-Julien-Maumont
Chauffour-sur-Vell
Branceilles
Sarrazac
Cavagnac
Les Quatre-Routes-du-Lot
Condat
Strenquels
St-Michel-de-Bannières
Queyssac-les-Vignes
St-Denis-lès-Martel
Floirac
Belvédère de Copeyre
Creysse
Meyronne
Montvalent
Gouffre de Padirac
Lacave
Grottes de Lacave
Pinsac
Lanzac
Cazoulès
Peyrillac-et-Millac
Rouffillac
Ste-Nathalène
Prats-de-Carlux
Simeyrols
Orliaguet
Borrèze
Jayac
Nadaillac
Estivals
Gignac
Archignac
Paulin
Jardins d'Eyrignac
Lachapelle-Auzac
Cuzance
Baladou
Gouffre de la Fage
Puy d'Issolud
Puy de Pauliac
Dordogne
Corrèze

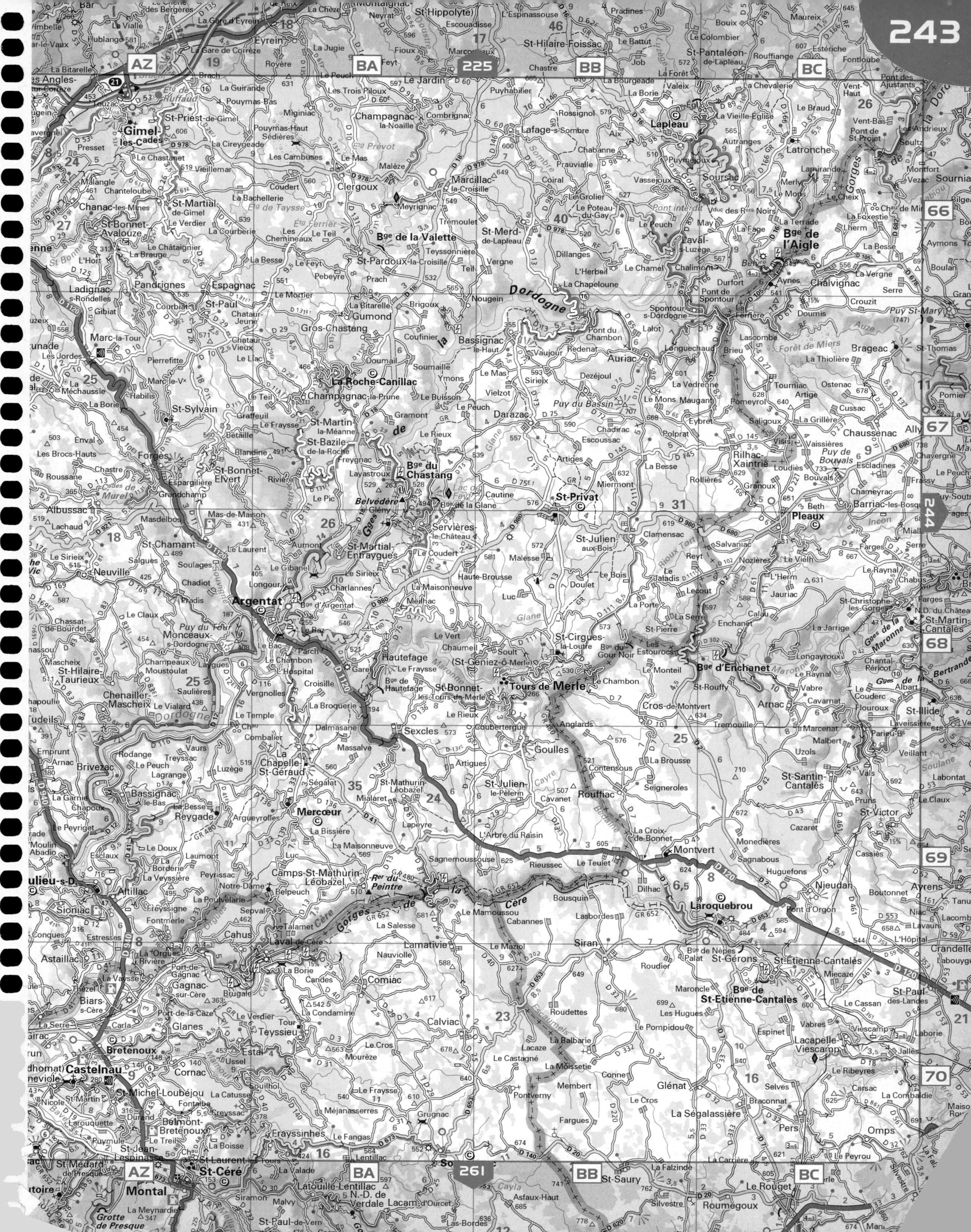

AZ
BA
BB
BC
225
261
244
66
67
68
69
70
Lapleau
Gimel-les-Cades
St-Priest-de-Gimel
Champagnac-la-Noaille
Lafage-s-Sombre
Clergoux
Marcillac-la-Croisille
St-Martial-de-Gimel
St-Bonnet-Avalouze
Bge de la Valette
St-Pardoux-la-Croisille
St-Merd-de-Lapleau
Bge de l'Aigle
Chalvignac
Latronche
Soursac
Dordogne
Gumond
Gros-Chastang
La Roche-Canillac
Champagnac-la-Prune
St-Martin-la-Méanne
St-Bazile-de-la-Roche
Bge du Chastang
Bassignac-le-Haut
Auriac
Darazac
St-Privat
Pleaux
Rilhac-Xaintrie
Chaussenac
Brageac
Servières-le-Château
St-Martial-Entraygues
Argentat
Monceaux-s-Dordogne
St-Chamant
Forgès
Albussac
St-Sylvain
Marc-la-Tour
St-Julien-aux-Bois
St-Cirgues-la-Loutre
Tours de Merle
Bge d'Enchanet
Hautefage
St-Bonnet-les-Tours-de-Merle
Sexcles
Goulles
St-Hilaire-Taurieux
La Chapelle-St-Géraud
Mercœur
Camps-St-Mathurin-Léobazel
Rouffiac
Montvert
Laroquebrou
St-Santin-Cantalès
Arnac
St-Victor
Nieudan
Laval-de-Cère
Gorges de la Cère
Siran
St-Étienne-Cantalès
Bge de St-Étienne-Cantalès
Comiac
Calviac
Glanes
Teyssieu
Bretenoux
Castelnau
St-Michel-Loubéjou
Belmont-Bretenoux
St-Céré
St-Laurent-les-Tours
Montal
Glénat
La Ségalassière
Lacapelle-Viescamp
Sousceyrac
St-Saury
Roumégoux

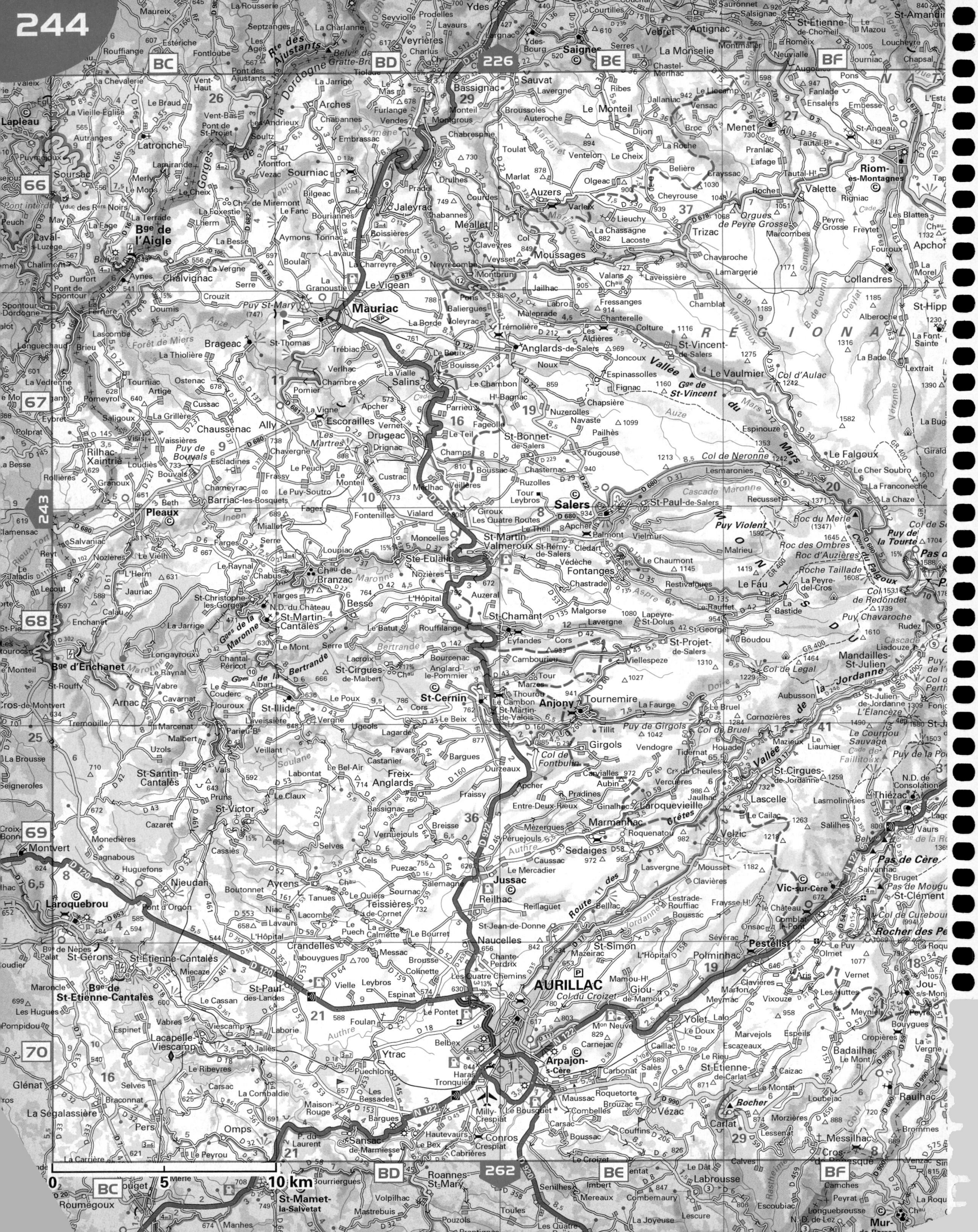

BC
BD
226
BE
BF
243
66
67
68
69
70
Mauriac
Salers
Pleaux
Aurillac
Arpajon-s-Cère
St-Cernin
Laroquebrou
Vic-sur-Cère
Riom-ès-Montagnes
Saignes
Jussac
Bge de l'Aigle
Bge d'Enchanet
Bge de St-Étienne-Cantalès
Gorges de la Dordogne
Rte des Ajustants
Vallée du Mars
Vallée de la Jordanne
Puy Violent
Puy Mary
Col de Neronne
Col d'Aulac
Pas de Cère
Route des Crêtes
Gge de St-Vincent
Orgues de Peyre Grosse
Cascade Maronne
Puy de Bouvals
Forêt de Miers
Ggés de la Maronne
Ggés de la Bertrande
Anglards-de-Salers
St-Martin-Valmeroux
St-Cirgues-de-Jordanne
Mandailles-St-Julien
Thiézac
Pestéils
Polminhac
Tournemire
Anjony
Laroquevieille
Marmanhac
Sedaiges
St-Simon
Naucelles
Reilhac
Ytrac
Sansac-de-Marmiesse
St-Paul-des-Landes
Nieudan
Ayrens
St-Victor
St-Santin-Cantalès
Arnac
St-Illide
St-Martin-Cantalès
Chaussenac
Ally
Escorailles
Drugeac
Salins
Fontanges
St-Projet-de-Salers
St-Paul-de-Salers
St-Bonnet-de-Salers
St-Vincent-de-Salers
Le Vaulmier
Trizac
Moussages
Auzers
Le Falgoux
Collandres
Apchon
Menet
Le Monteil
Bassignac
Sourniac
Jaleyrac
Arches
Chalvignac
Brageac
Barriac-les-Bosquets
Rilhac-Xaintrie
Lapleau
Soursac
Latronche
0 5 10 km
262
Roannes-St-Mary
St-Mamet-la-Salvetat
Labrousse

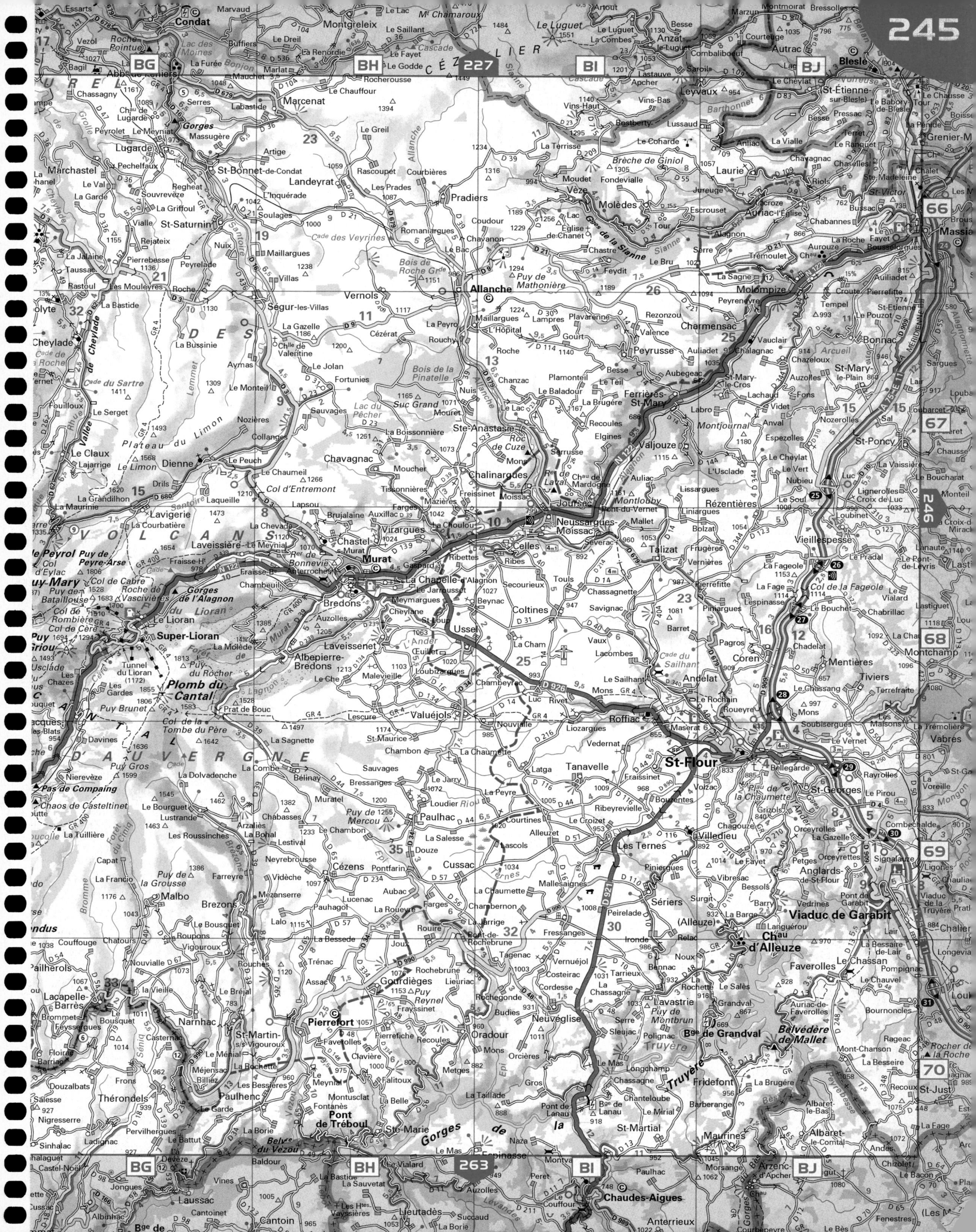

BG
BH
BI
BJ
227
263
66
67
68
69
70
246
Condat
Montgreleix
Mt Chamaroux
Le Luguet
Anzat-le-Luguet
Autrac
Blesle
Marcenat
Lugarde
St-Bonnet-de-Condat
Landeyrat
Pradiers
Laurie
Molèdes
Auriac-l'Église
Massiac
St-Saturnin
Maillargues
Allanche
Vernols
Ségur-les-Villas
Molompize
Charmensac
Peyrusse
Cheylade
Ferrières-St-Mary
Valjouze
Ste-Anastasie
Chavagnac
Chalinargues
Dienne
Lavigerie
Laveissière
Murat
Neussargues-Moissac
Joursac
Virargues
Celles
Talizat
Bonnac
St-Mary-le-Plain
St-Poncy
Super-Lioran
Le Lioran
Albepierre-Bredons
Laveissenet
Ussel
Coltines
Andelat
Coren
Mentières
Tiviers
Plomb du Cantal
Valuéjols
Roffiac
St-Flour
Tanavelle
St-Georges
Paulhac
Les Ternes
Villedieu
Cussac
Cézens
Malbo
Brezons
Viaduc de Garabit
Chau d'Alleuze
Faverolles
Pierrefort
Gourdièges
Neuvéglise
Narnhac
Paulhenc
Thérondels
Pont de Tréboul
Ste-Marie
Gorges de la Truyère
Fridefont
Belvédère de Mallet
Bge de Grandval
St-Martial
Albaret-le-Comtal
Chaudes-Aigues
Lacapelle-Barrès
St-Martin-s/s-Vigouroux
Oradour
Monts du Cantal
Puy Mary
Puy Griou
Col de Prat de Bouc
Plateau du Limon
Col d'Entremont
Col de la Fageole
Planèze

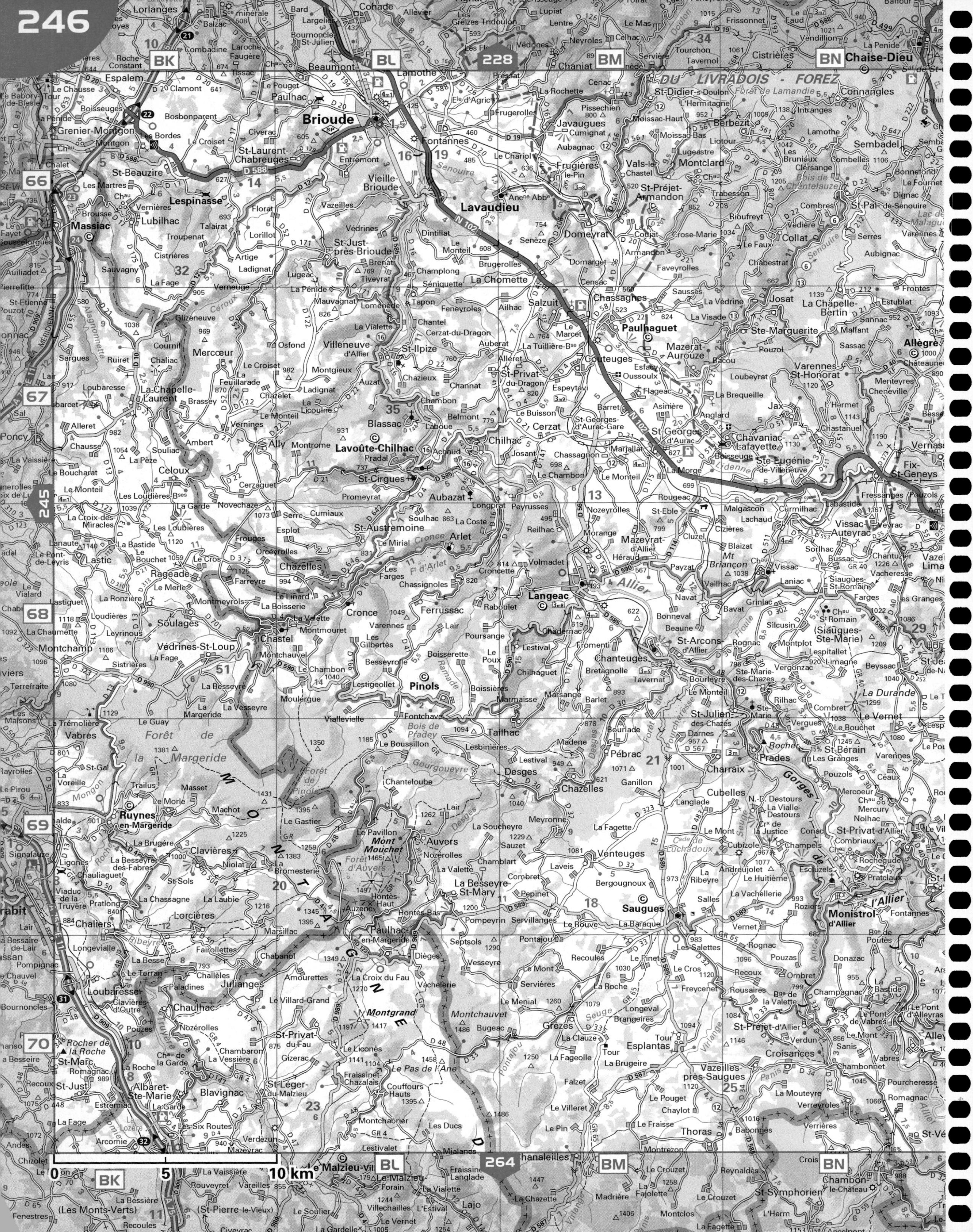
BK
BL
228
BM
BN
Chaise-Dieu
DU LIVRADOIS - FOREZ
Brioude
Lavaudieu
Massiac
Lespinasse
St-Beauzire
St-Laurent-Chabreuges
Vieille-Brioude
St-Just-près-Brioude
Domeyrat
St-Préjet-Armandon
Vals-le-Chastel
Montclard
Frugières-le-Pin
Javaugues
Fontannes
Paulhac
Espalem
Grenier-Montgon
Lorlanges
Beaumont
Lamothe
Bournoncle-St-Julien
Cistrières
Berbezit
Sembadel
St-Didier-s-Doulon
Connangles
St-Pal-de-Senouire
Collat
Josat
La Chapelle-Bertin
Allègre
Paulhaguet
Chassagnes
Salzuit
La Chomette
Couteuges
Mazerat-Aurouze
Ste-Marguerite
Varennes-St-Honorat
St-Privat-du-Dragon
Villeneuve-d'Allier
St-Ilpize
Lavoûte-Chilhac
Blassac
Chilhac
Cerzat
St-Georges-d'Aurac
Chavaniac-Lafayette
Ste-Eugénie-de-Villeneuve
Fix-St-Geneys
La Chapelle-Laurent
Mercœur
Lubilhac
Celoux
St-Cirgues
Aubazat
Arlet
St-Austremoine
Chazelles
Rageade
Lastic
Langeac
Mazeyrat-d'Allier
Vissac-Auteyrac
Cronce
Ferrussac
Chastel
Soulages
Védrines-St-Loup
Pinols
St-Arcons-d'Allier
Chanteuges
Siaugues-St-Romain
Montchamp
Vabres
Tailhac
Pébrac
Charraix
St-Julien-des-Chazes
Prades
Ste-Marie-des-Chazes
St-Bérain
Forêt de la Margeride
Ruynes-en-Margeride
Clavières
Desges
Chazelles
Cubelles
Gorges de l'Allier
Auvers
Mont Mouchet
Venteuges
Saugues
Monistrol-d'Allier
St-Privat-d'Allier
Paulhac-en-Margeride
Lorcières
Chaliers
Loubaresse
Chaulhac
Julianges
Montgrand
Grèzes
Esplantas
St-Préjet-d'Allier
Croisances
Alleyras
Albaret-Ste-Marie
Blavignac
St-Privat-du-Fau
St-Léger-du-Malzieu
Vazeilles-près-Saugues
Thoras
MONTAGNE
0
5
10 km
Malzieu-Ville
BK
BL
264
BM
BN
Chanaleilles
Le Malzieu-Forain
St-Symphorien
Chambon-le-Château
66
67
68
69
70
245

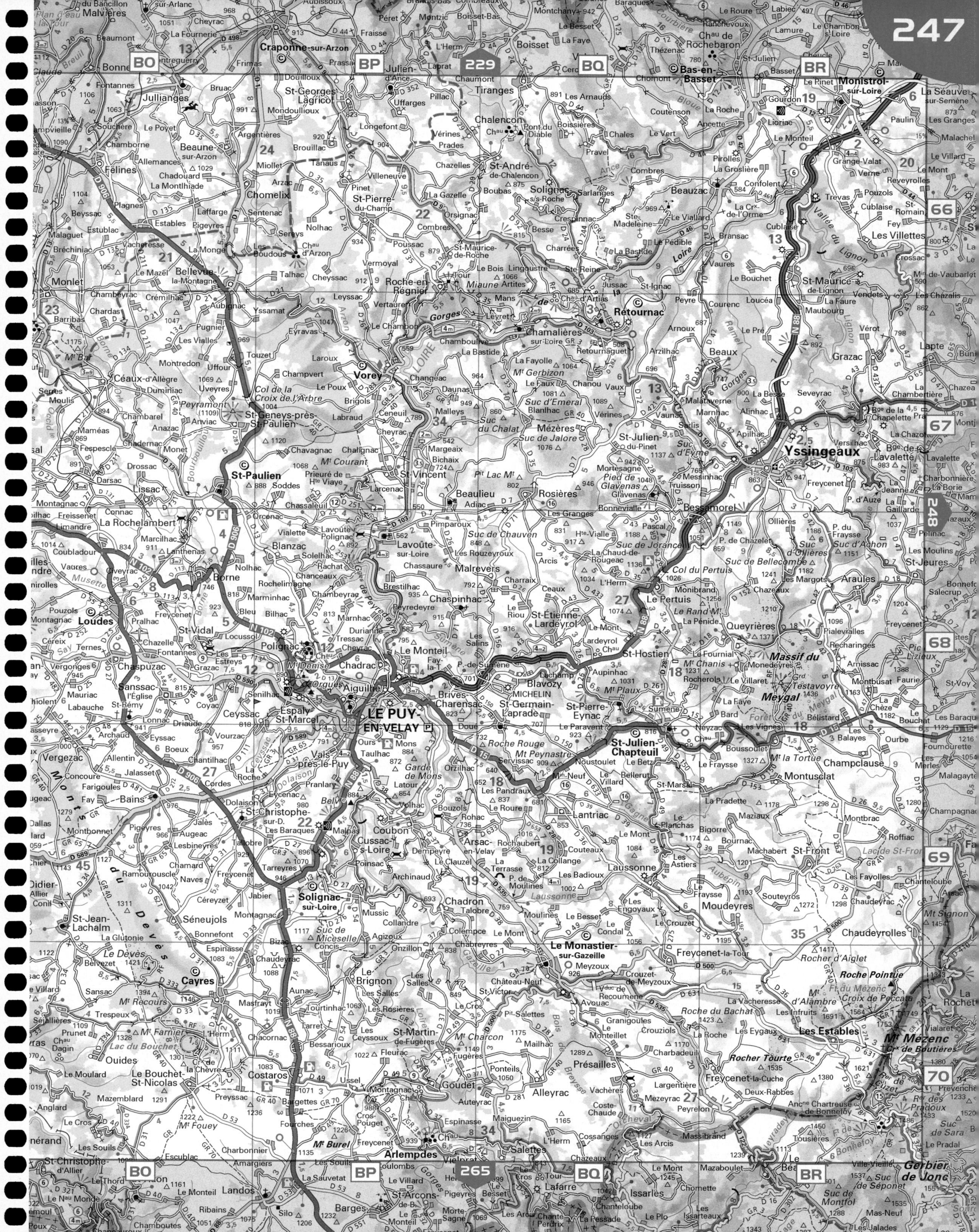
BO
BP
229
BQ
BR
Craponne-sur-Arzon
Bas-en-Basset
Monistrol-sur-Loire
Chalencon
Retournac
Vorey
Yssingeaux
St-Paulien
Loudes
Polignac
LE PUY-EN-VELAY
Espaly-St-Marcel
Aiguilhe
Brives-Charensac
St-Germain-Laprade
St-Julien-Chapteuil
Le Monastier-sur-Gazeille
Solignac-sur-Loire
Cayres
Costaros
Le Bouchet-St-Nicolas
Arlempdes
Les Estables
Mt Mézenc
Gerbier de Jonc
Massif du Meygal
Gorges de la Loire
66
67
68
69
70
248
265

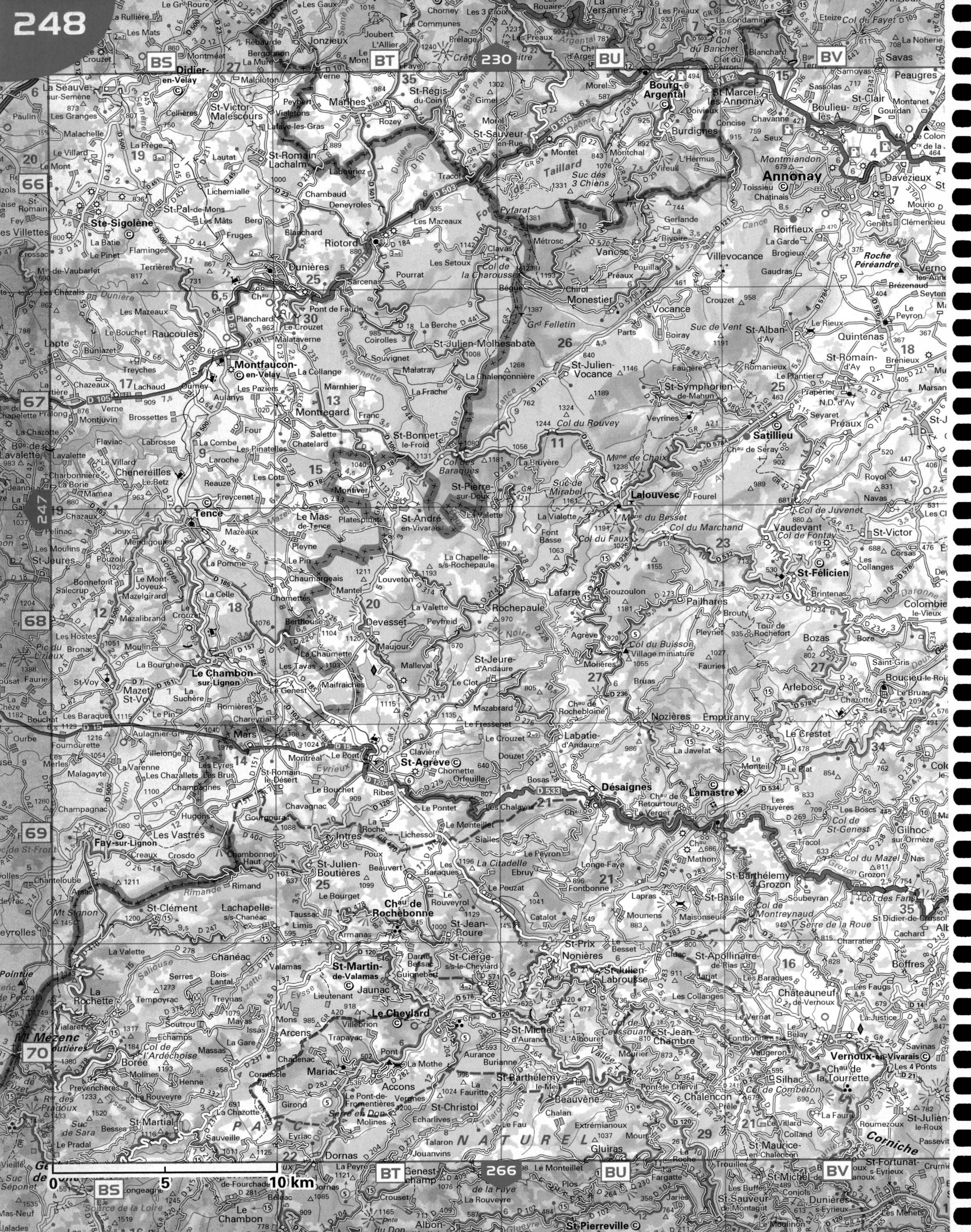
230
BS
BT
BU
BV
Bourg-Argental
Annonay
St-Marcel-lès-Annonay
Davézieux
Ste-Sigolène
Dunières
Riotord
Montfaucon-en-Velay
Tence
Le Chambon-sur-Lignon
St-Agrève
Désaignes
Lamastre
Satillieu
Lalouvesc
St-Félicien
Vernoux-en-Vivarais
Le Cheylard
St-Martin-de-Valamas
Fay-sur-Lignon
Mt Mézenc
St-Pierreville
St-Bonnet-le-Froid
Rochepaule
Devesset
Col du Rouvey
Col des Baraques
Col du Buisson
Col de la Charousse
Suc des 3 Chiens
Taillard
Cance
Eyrieux
Corniche
P A R C
N A T U R E L
66
67
68
69
70
247
266
0
5
10 km

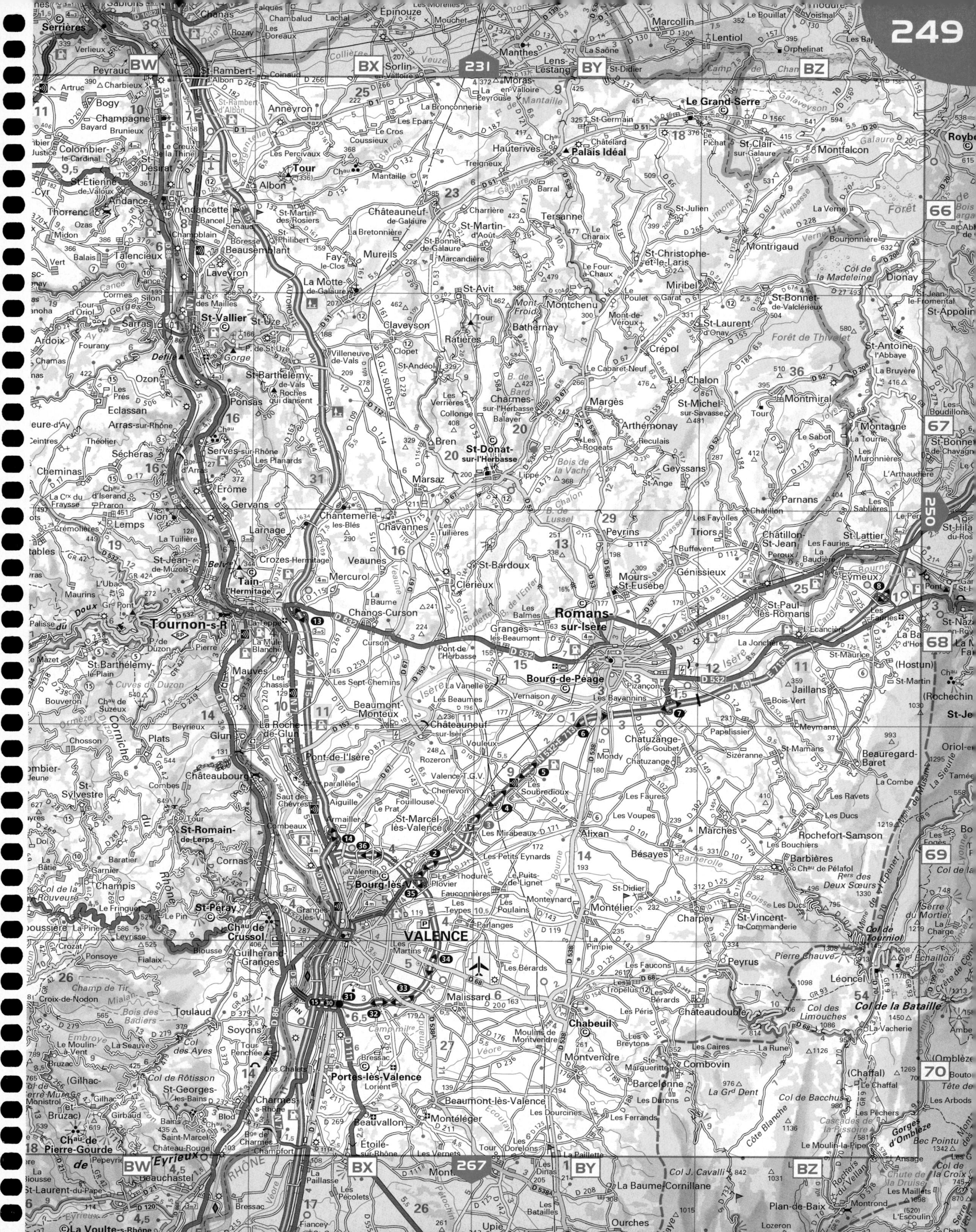

Serrières
Chanas
Épinouze
Manthes
Lens-Lestang
Marcollin
Lentiol
St-Rambert-d'Albon
Moras-en-Valloire
Le Grand-Serre
Anneyron
Hauterives
Palais Idéal
St-Clair-sur-Galaure
Montfalcon
Tour
Albon
Andancette
Andance
Châteauneuf-de-Galaure
St-Martin-d'Août
Tersanne
Beausemblant
Mureils
Montrigaud
St-Christophe-et-le-Laris
Laveyron
La Motte-de-Galaure
St-Avit
Montchenu
Miribel
St-Bonnet-de-Valclérieux
St-Vallier
St-Uze
Claveyson
Ratières
Bathernay
St-Laurent-d'Onay
Crépol
St-Barthélemy-de-Vals
Ozon
Charmes-sur-l'Herbasse
Margès
Le Chalon
St-Michel-sur-Savasse
Montmiral
Ponsas
Eclassan
Arras-sur-Rhône
Arthémonay
Montagne
Sécheras
Serves-sur-Rhône
Bren
St-Donat-sur-l'Herbasse
Geyssans
Cheminas
Érôme
Marsaz
Parnans
Gervans
Chantemerle-les-Blés
Chavannes
Peyrins
Triors
Châtillon-St-Jean
St-Lattier
Lemps
Larnage
Crozes-Hermitage
Veaunes
St-Bardoux
Mours-St-Eusèbe
Génissieux
Eymeux
Tain-l'Hermitage
Mercurol
Clérieux
Romans-sur-Isère
St-Paul-lès-Romans
Tournon-s-R
Chanos-Curson
Granges-les-Beaumont
St-Barthélemy-le-Plain
Mauves
Bourg-de-Péage
Pizançon
Jaillans
Beaumont-Monteux
Châteauneuf-sur-Isère
Chatuzange-le-Goubet
Glun
La Roche-de-Glun
Pont-de-l'Isère
Beauregard-Baret
Châteaubourg
Valence T.G.V.
St-Sylvestre
St-Marcel-lès-Valence
Alixan
Marches
Rochefort-Samson
St-Romain-de-Lerps
Cornas
Bésayes
Barbières
Bourg-lès-V.
Montélier
Charpey
St-Vincent-la-Commanderie
St-Péray
Ch^au de Crussol
VALENCE
Guilherand-Granges
Peyrus
Léoncel
Col de Tourniol
Malissard
Toulaud
Soyons
Chabeuil
Châteaudouble
Col de la Bataille
Montvendre
Combovin
St-Georges-les-Bains
Portes-lès-Valence
Barcelonne
Charmes-s-Rhône
Beaumont-lès-Valence
Beauvallon
Montéléger
Ch^au de Pierre-Gourde
Étoile-sur-Rhône
Beauchastel
St-Laurent-du-Pape
La Baume-Cornillane
Plan-de-Baix
Upie
Ourches
La Voulte-s-Rhône
BW
BX
BY
BZ
231
267
250
66
67
68
69
70

CA
CB
CC
CD
232
268
66
67
68
69
70
249
Tullins
St-Quentin-sur-Isère
Voreppe
St-Égrève
Fontanil-Cornillon
Proveyseux
Roybon
Chasselay
Poliénas
Vinay
L'Albenc
Varacieux
Murinais
Sassenage
Fontaine
Seyssinet-Pariset
St-Nizier-du-Moucherotte
Le Moucherotte
Échirolles
Le Pont-de-Claix
Claix
St-Marcellin
St-Sauveur
Malleval-en-Vercors
Izeron
Autrans
Méaudre
Lans-en-Vercors
Villard-de-Lans
St-Paul-de-Varces
Varces-Allières-et-Risset
Vif
Rencurel
St-Romans
Beauvoir-en-Royans
St-Hilaire-du-Rosier
St-Just-de-Claix
Pont-en-Royans
Auberives-en-Royans
St-Nazaire-en-Royans
St-Thomas-en-Royans
Ste-Eulalie-en-Royans
Choranche
Châtelus
Gorges de la Bourne
St-Julien-en-Vercors
St-Martin-en-Vercors
Corrençon-en-Vercors
La Gde Moucherolle
St-Jean-en-Royans
St-Laurent-en-Royans
Échevis
Grds Goulets
Combe Laval
Oriol-en-Royans
St-Martin-le-Colonel
La Chapelle-en-Vercors
St-Agnan-en-Vercors
Vassieux-en-Vercors
Bouvante
Château-Bernard
St-Andéol
St-Guillaume
St-Paul-lès-Monestier
Monestier-de-Clermont
Gresse-en-Vercors
Le Grd Veymont
Mt Aiguille
Col de Rousset
Clelles
Chichilianne
St-Michel-les-Portes
St-Martin-de-Clelles
Pont de Brion
Roissard
Sinard
Avignonet
Treffort
Col de la Bataille
St-Julien-en-Quint
Marignac-en-Diois
Chamaloc
MONTAGNE DE LANS
PARC NATUREL RÉGIONAL DU VERCORS
Réserve Naturelle des Hauts Plateaux du Vercors
0
5
10 km

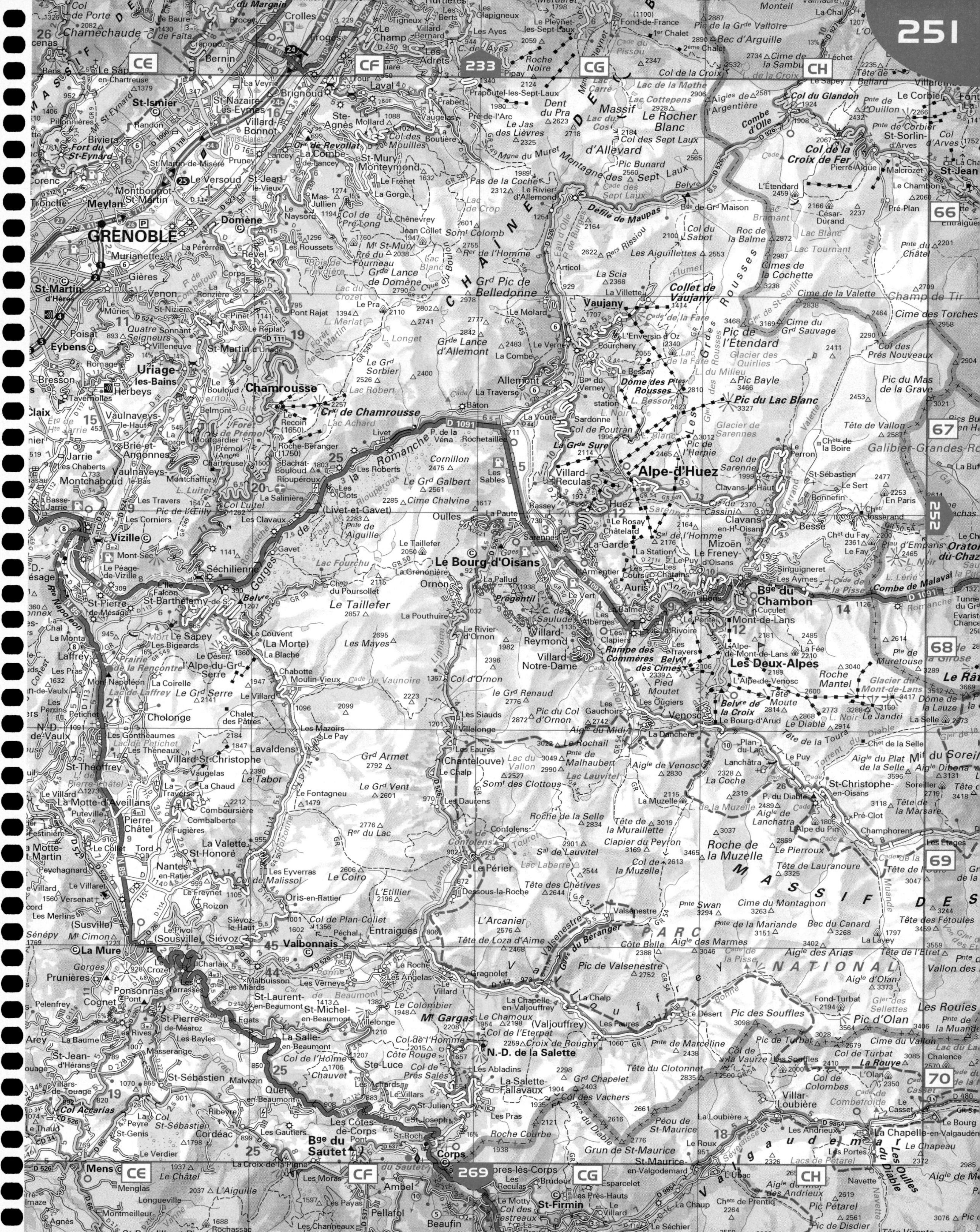
CE
CF
CG
CH
233
269
252
66
67
68
69
70
GRENOBLE
Meylan
St-Ismier
Domène
Crolles
Froges
Brignoud
Laval
St-Martin-d'Hères
Eybens
Uriage-les-Bains
Chamrousse
Vizille
Séchilienne
Le Bourg-d'Oisans
Alpe-d'Huez
Vaujany
Allemont
Pic de l'Étendard
Col du Glandon
Col de la Croix de Fer
St-Sorlin-d'Arves
Massif
Chaîne de Belledonne
Grd Pic de Belledonne
Bge du Chambon
Mont-de-Lans
Les Deux-Alpes
Venosc
Le Taillefer
Col d'Ornon
Valbonnais
La Mure
Laffrey
Lac de Laffrey
St-Théoffrey
La Motte-d'Aveillans
Parc National
Massif des
Valgaudemar
Le Désert
N.-D. de la Salette
Corps
Bge du Sautet
St-Firmin
Mens
Ambel
Pic d'Olan
Roche de la Muzelle
Pic du Lac Blanc
Dôme des Pics Rousses
Col du Sabot
Défilé de Maupas
Romanche
Rochetaillée
Oz
Ornon
Villard-Reculas
Huez
Auris
Clavans
Besse
Mizoën
St-Christophe-en-Oisans
Les Rouies
Chalence
La Chapelle-en-Valgaudémar

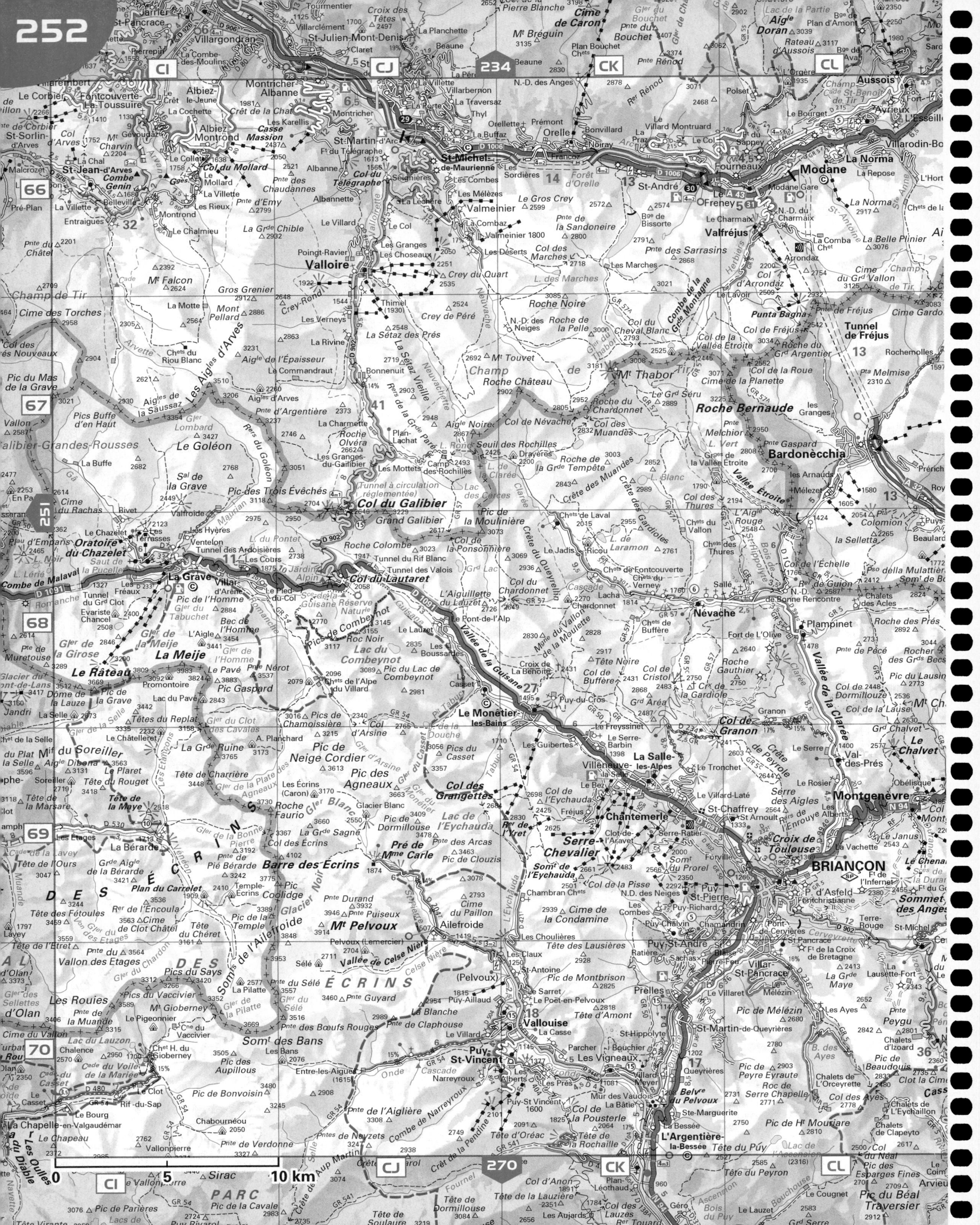

St-Julien-Mont-Denis
Villargondran
Cime de Caron
Aussois
Albiez-Montrond
Fontcouverte-la-Toussuire
St-Jean-d'Arves
Col du Mollard
St-Martin-d'Arc
St-Michel-de-Maurienne
Col du Télégraphe
Orelle
Valmeinier
Modane
La Norma
Fourneaux
Valfréjus
Valloire
Tunnel de Fréjus
Mt Thabor
Roche Château
Roche Bernaude
Bardonècchia
Les Aigles d'Arves
Le Goléon
Pic des Trois Évêchés
Col du Galibier
Grand Galibier
Oratoire du Chazelet
La Grave
Col du Lautaret
Tunnel du Rif Blanc
Tunnel des Valois
Névache
Vallée Étroite
Vallée de la Clarée
La Meije
Le Râteau
Pic Gaspard
Lac du Combeynot
Vallée de la Guisane
Le Monêtier-les-Bains
Col de Granon
La Salle-les-Alpes
Montgenèvre
Pic des Agneaux
Col des Grangettes
Serre-Chevalier
Chantemerle
Villeneuve-la-Salle
Croix de Toulouse
BRIANÇON
Barre des Écrins
Pré de Mme Carle
Mt Pelvoux
Ailefroide
La Bérarde
DES ÉCRINS
Vallouise
Puy-St-Vincent
L'Argentière-la-Bessée
Pic de Bonvoisin
Pic de Ht Mouriare
Prelles
Villar-St-Pancrace
St-Martin-de-Queyrières
Les Rouies
Somt des Bans
La Chapelle-en-Valgaudémar
PARC
Sirac
Pic du Béal Traversier
0 5 10 km

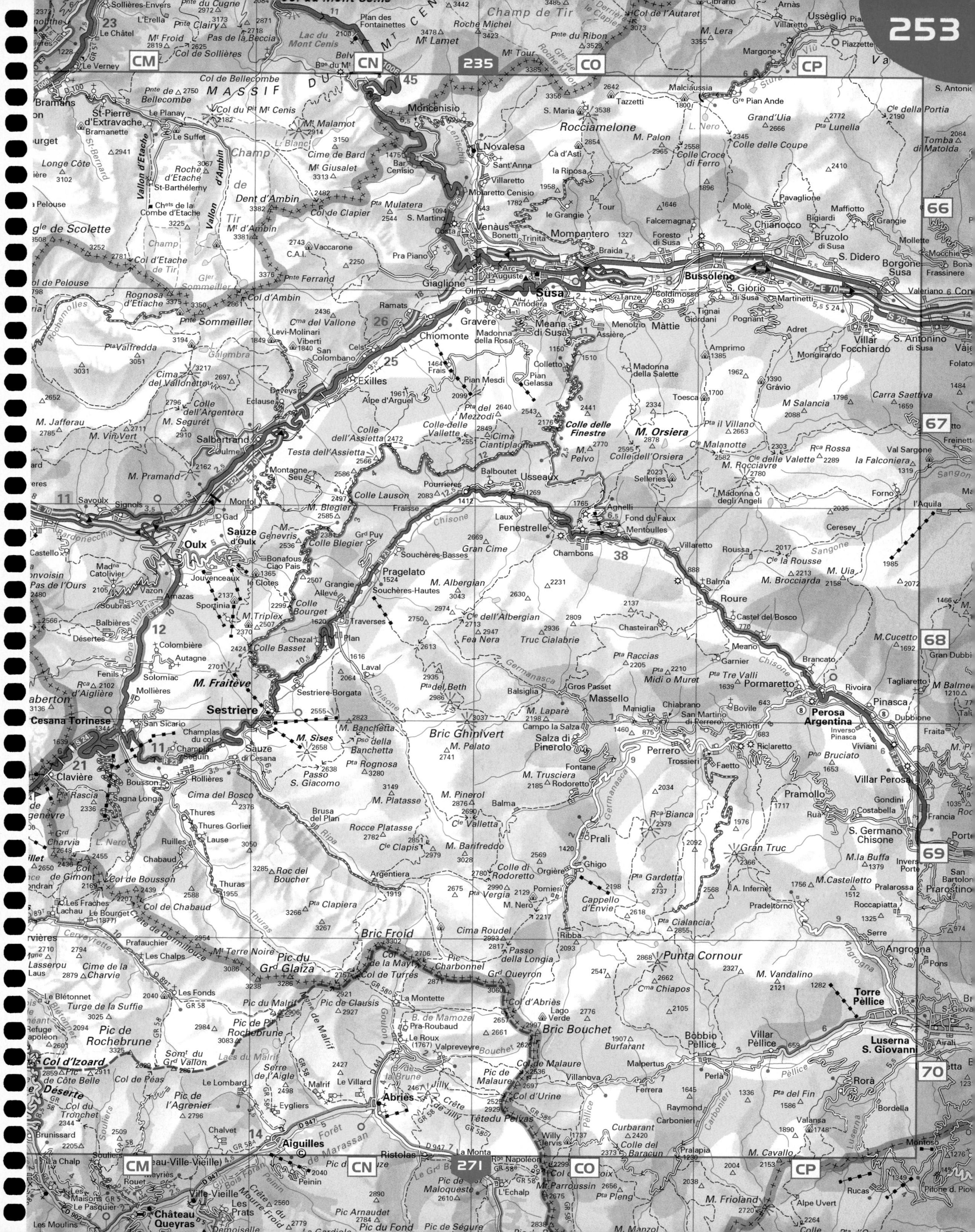
CM
CN
235
CO
CP
Bramans
St-Pierre d'Extravache
Col du Pt Mt Cenis
MASSIF DU Mt CENIS
Lac du Mont Cenis
Champ de Tir
Moncenisio
Novalesa
Rocciamelone
Colle Croce di Ferro
Colle delle Coupe
Roche Michel
Mt Lamet
Dent d'Ambin
Mt d'Ambin
Col de Clapier
Pta Mulatera
Venàus
Mompantero
Chianocco
Bruzolo di Susa
S. Didero
Borgone Susa
Bussoleno
S. Giorio di Susa
Susa
Gravere
Meana di Susa
Mattie
Villar Focchiardo
S. Antonino di Susa
Chiomonte
Exilles
Col d'Ambin
Pnte Sommeiller
Salbertrand
Colle dell'Assietta
M. Orsiera
Colle delle Finestre
Usseaux
Fenestrelle
Oulx
Sauze d'Oulx
Pragelato
M. Albergian
Roure
Perosa Argentina
Pinasca
Villar Perosa
Sestriere
M. Fraitève
Cesana Torinese
Clavière
M. Sises
Bric Ghinivert
Salza di Pinerolo
Perrero
Prali
Pomaretto
Massello
Gran Truc
S. Germano Chisone
Bric Froid
Pic du Grd Glaiza
Punta Cornour
Torre Pèllice
Luserna S. Giovanni
Bric Bouchet
Bobbio Pèllice
Villar Pèllice
Abriès
Aiguilles
Château Queyras
Col d'Izoard
Pic de Rochebrune
A 32
E 70
S 24
S 25
R 23
66
67
68
69
70
271

AA
AB
236
AC
AD
71
72
73
74
75
Lauros
Le Pas-du-Bouc
Courtius Brûlés
Terrain militaire
Silo
Maisonnieu
Les Dorat
Grand Crohot Océan
Dune du Grd Crohot
Lège-Cap-Ferret
Mautans
Blagon
Le Cousteau de la Machine
Réserve naturelle
Arès
Les Chalets
Les Nargues
D 106
La Pignada
Jane-de-Boy
Claouey
La Grde Heyre
Josaume
La Huillarde
Dune de Bayle
Les Jacquets
Andernos-les-Bains
Le Mauret
BASSIN
Le Truc Vert
Le Petit Piquey
Le Grand Piquey
Taussat
Cassy
PARC NATUREL
La Pointe Emile
Piraillan
Le Canon
L'Herbe
D'ARCACHON
Le Renet
Le Nan
Lanton
Lubec
Parcs à huîtres
Île aux Oiseaux
Pnte de Branne
Certes
Hougueyra
La Possession
Villa-Algérienne
La Vigne
La Courbe
Audenge
Réservoirs à Poissons
RÉGIONAL
Les Trucailles
ARCACHON
Belisaire
Bas-Vallon
Vigneau
Les Argentières
Cap Ferret
Les Abatilles
Pnte de l'Aiguillon
La Hume
Port de Larros
Gujan-Mestras
Parc ornithologique du Teich
Tagon
Biganos
Testarc
Lacanau-de-Mios
Quartier-Bas
Le Moulleau
Les Bordes
Pyla-sur-Mer
Ruat
Le Teich
Facture
Florence
Les Douils
Cap Ferret
La Teste-de-Buch
Meyran
Parc de loisirs
Lamothe
Le Voisin
Pilat-Plage
Les Miguelots
Balanos
Banc du Toulinguet
Forêt d'Arcachon
Le Truc de la Truque
Forêt Nezer
Mios
Caze
Arnauton
Petit Caudos
Peyot
Lillet
Dune du Pilat
Réserve naturelle du Banc d'Arguin
Le Courneau
Zoo
Montmorency
Moura
Hobre
Peylon
Larrieu
Peylahon
Argilas
Gaillouneys
Forêt usagère
Dunes de Ginestras
Champ
Gassian
Castandet
Paris
de la Teste
Arnautille
Pointe d'Arcachon
Caudos
D 108
Salles
Perrin
Cazaux
Le Caplanne
Bade
Forêt
de Tir
La Salie
Le Mayne
Béguey
Forêt de Lagnereau
Le Petit Lagnereau
Lanot
la Teste
Langeot
Bilos
Champ de Tir
Curepipe
Bernon
Étang de Cazaux
Louse
Dunes des Places
et de Sanguinet
Sanguinet
Lombard
Le Bougès
Forêt de Salles
Lugos
Les Hautes Rives
Sillac
Méoule
Courneilley
Once
Port-Maguide
Le Clerc
Forêt de Lugos
Biscarrosse-Plage
Petite Male
Silo
Camontès
Ispes
Gare de Lugos
Marian
En Mayotte
Canal
Forêt usagère de Biscarrosse
Nigon
Navarrosse
Goubern
La Broutasse
CENTRE D'ESSAIS
Bosque
En Belliard
Millas
Lilaire
Pt Étang de Biscarrosse
En Bergoin
Narp
Trappe
En Hill
Le Muret
Biscarrosse
Bidaou
La Crabette
Hourtiquets
Forêt de Biscarrosse
Larreillet
En Bonnet
Étang de Biscarrosse
0
5
10 km
AA
AB
272
AC
273
AD
Lahitte
Les Mouliès
Le Bôo
DES LANDES
et de Parentis
Naoutoy
Parentis-en-Born
Le Lac
Bourruque
Mothes
Le Muret

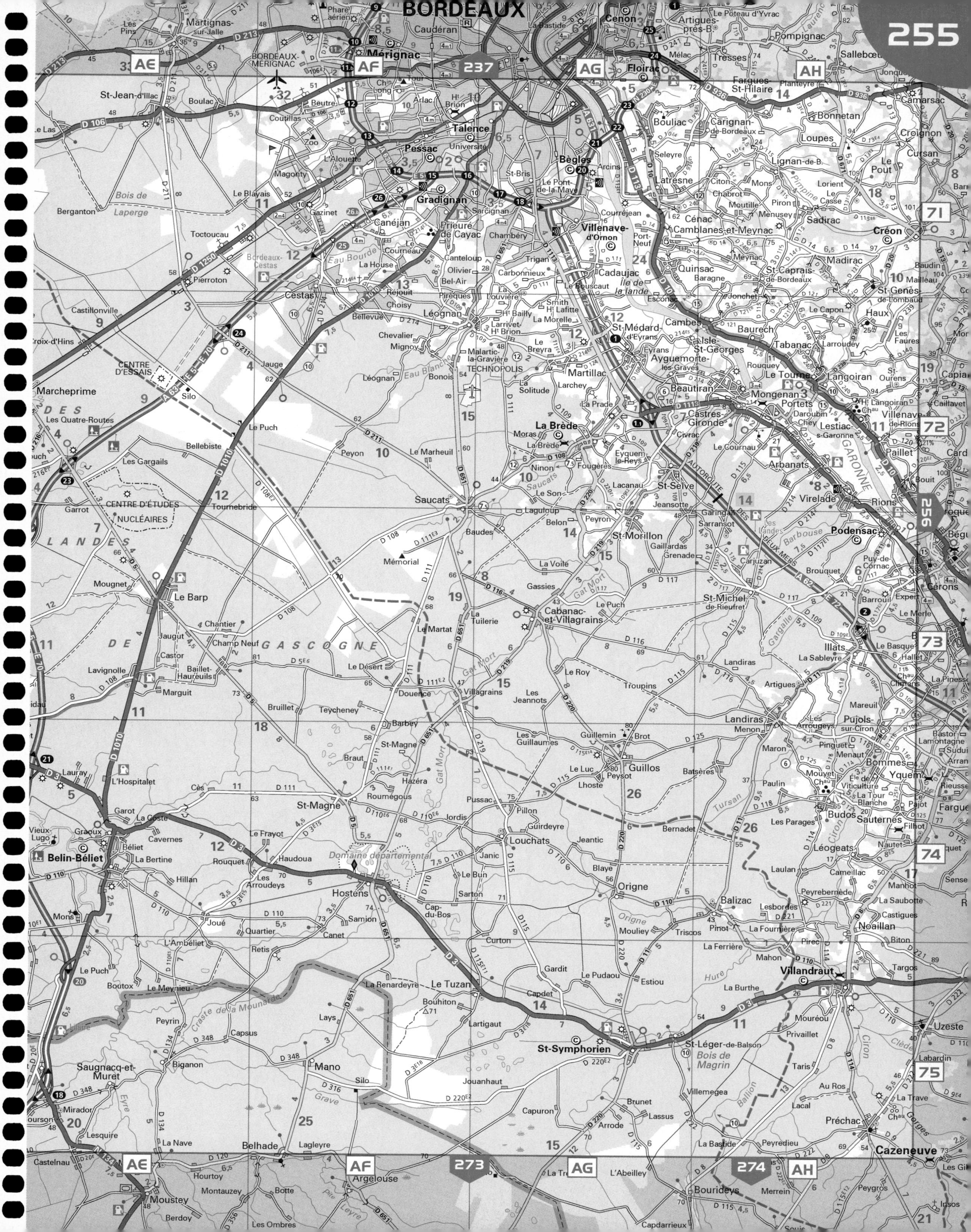
BORDEAUX
Martignas-sur-Jalle
Les Pins
Phare aérien
Caudéran
Cenon
Artigues-près-B.
Le Poteau d'Yvrac
Pompignac
Salleboeuf
La Bastide
Mérignac
BORDEAUX-MERIGNAC
Tresses
Mélac
Floirac
Fargues-St-Hilaire
Camarsac
St-Jean-d'Illac
Boulac
Beutre
Arlac
Talence
Pessac
Université
Bouliac
Carignan-de-Bordeaux
Bonnetan
Loupes
Croignon
Cursan
Le Las
Coutillas
Zoo
L'Alouette
Bègles
Magonty
Latresne
Lignan-de-B.
Le Pout
Bois de Laperge
Le Blayais
Gazinet
Gradignan
Sarcignan
St-Bris
Le Pont-de-la-Maye
Citon
Chabrot
Mons
Lorient
Piron
Le Casse
Berganton
Canéjan
Prieuré de Cayac
Chambéry
Villenave-d'Ornon
Courréjean
Port-Neuf
Cénac
Camblanes-et-Meynac
Sadirac
Créon
Toctoucau
Bordeaux-Cestas
Le Courneau
La House
Canteloup
Olivier
Bel-Air
Trigan
Carbonnieux
Cadaujac
Île de la lande
Quinsac
Baragne
St-Caprais-de-Bordeaux
Madirac
Baudin
Pierroton
Cestas
Réjouit
Choisy
Bellevue
Pirèques
La Louvière
Smith H. Lafitte
Le Bouscaut
Esconac
Jonchet
St-Genès-de-Lombaud
Haux
Castillonville
Léognan
Larrivet-H. Brion
La Morelle
St-Médard-d'Eyrans
Cambes
Baurech
Tabanac
Les Faures
Chevalier
Mignoy
Malartic-la-Gravière
Le Breyra
Eyrans
Isle-St-Georges
Ayguemorte-les-Graves
Rouquey
Le Tourne
Langoiran
St-Ourens
Croix-d'Hins
CENTRE D'ESSAIS
Jauge
Léognan
Eau Blanche
Bonois
TECHNOPOLIS
Martillac
Larchey
La Solitude
Beautiran
Mongenan
Portets
Daroubin
Chey
Lestiac-s-Garonne
Villenave-de-Rions
Capian
Marcheprime
Silo
La Prade
Castres-Gironde
Paillet
DES
Les Quatre-Routes
Le Puch
La Brède
Moras
Civrac
Le Cournau
Arbanats
GARONNE
Bellebiste
Peyon
Le Marheuil
Eyquem-le-Reys
Fougères
Les Gargails
Ninon
Saucats
Lacanau
St-Selve
Jeansotte
Virelade
Rions
Garrot
CENTRE D'ÉTUDES NUCLÉAIRES
Tournebride
Le Son
Laguloup
Belon
Peyron
Garingat
Sarransot
Les Landes
Podensac
Barbouse
Bégu
LANDES
Baudes
Mémorial
St-Morillon
Gaillardas
Grenade
Carjuzan
Puy-de-Cornac
Brouquet
Cérons
Mougnet
Le Barp
La Voile
Gassies
Gat Mort
St-Michel-de-Rieufret
Barrouil
Expert
Le Merle
Chantier
Le Martat
La Tuilerie
Cabanac-et-Villagrains
Le Puch
Jaugut
Castor
Champ Neuf
DE GASCOGNE
Illats
Le Basque
Hallet
La Sableyre
Lavignolle
Baillet-Haureuils
Marguit
Le Désert
Douence
Villagrains
Les Jeannots
Le Roy
Troupins
Landiras
Artigues
Chau Climens
La Pinesse
Bruillet
Teycheney
Mareuil
Pujols-sur-Ciron
Barbey
Les Guillaumes
Guillemin
Brot
Landiras
Menon
Les Arrougeys
Bastor-Lamontagne
St-Magne
Braut
Hazéra
Guillos
Peysot
Le Luc
Lhoste
Batsères
Maron
Pinguet
Menaut
Bommes
Yquem
Sudui
Arran
Lauray
L'Hospitalet
Cès
Roumégous
Pussac
Paulin
Mouyet
Chau
Ile de Viticulture
La Tour Blanche
Rieusse
Pajot
Fargue
St-Magne
Pillon
Jordis
Guirdeyre
Tursan
Budos
Sauternes
Les Parages
Filhot
Garot
La Coste
Cavernes
Le Frayot
Louchats
Jeantic
Bernadet
Vieux-Lugo
Graoux
Béliet
Belin-Béliet
La Bertine
Rouquet
Haudoua
Domaine départemental
Janic
Le Bun
Blaye
Léogeats
Nautet
Laulan
Cameillac
Manhot
Hillan
Les Arroudeys
Hostens
Sarton
Origne
Balizac
Peyrebernède
La Saubotte
Sense
Mons
Joué
Quartier
Samion
Canet
Cap-du-Bos
Mouliey
Triscos
Pinot
Lesbordes
La Fournière
Castigues
Noaillan
L'Ambéliet
Retis
Curton
Pirec
Biton
La Ferrière
Mahon
Le Puch
Gardit
Le Pudaou
Estiou
Targos
Villandraut
Boutox
Le Meynieu
La Renardeyre
Le Tuzan
Capdet
La Burthe
Hure
Uzeste
Bouhiton
Lays
Peyrin
Lartigaut
Capsus
Craste de la Mounarde
Mouréou
Privaillet
Clède
St-Symphorien
St-Léger-de-Balson
Bois de Magrin
Labardin
Biganon
Mano
Saugnacq-et-Muret
Silo
Jouanhaut
Taris
Au Ros
La Trave
Mirador
Grave
Eyre
Brunet
Lassus
Villemegea
Lacal
Capuron
Préchac
Lesquire
Arrode
La Nave
Belhade
Lagleyre
La Bastide
Peyredieu
Cazeneuve
Castelnau
Hourtoy
Argelouse
La Tr
L'Abeilley
Les Gi
Montauzey
Botte
Bourideys
Merrein
Peygros
Moustey
Berdoy
Les Ombres
Leyre
Capdarrieux
Insos
AE
AF
AG
AH
237
273
274
256
71
72
73
74
75
AUTOROUTE DES DEUX-MERS
A 62
A 63
D 1010
D 1250
D 3
D 651
D 220
D 211
D 108
D 110
D 115
D 116
D 219
D 113
D 10
D 936
D 213
D 106

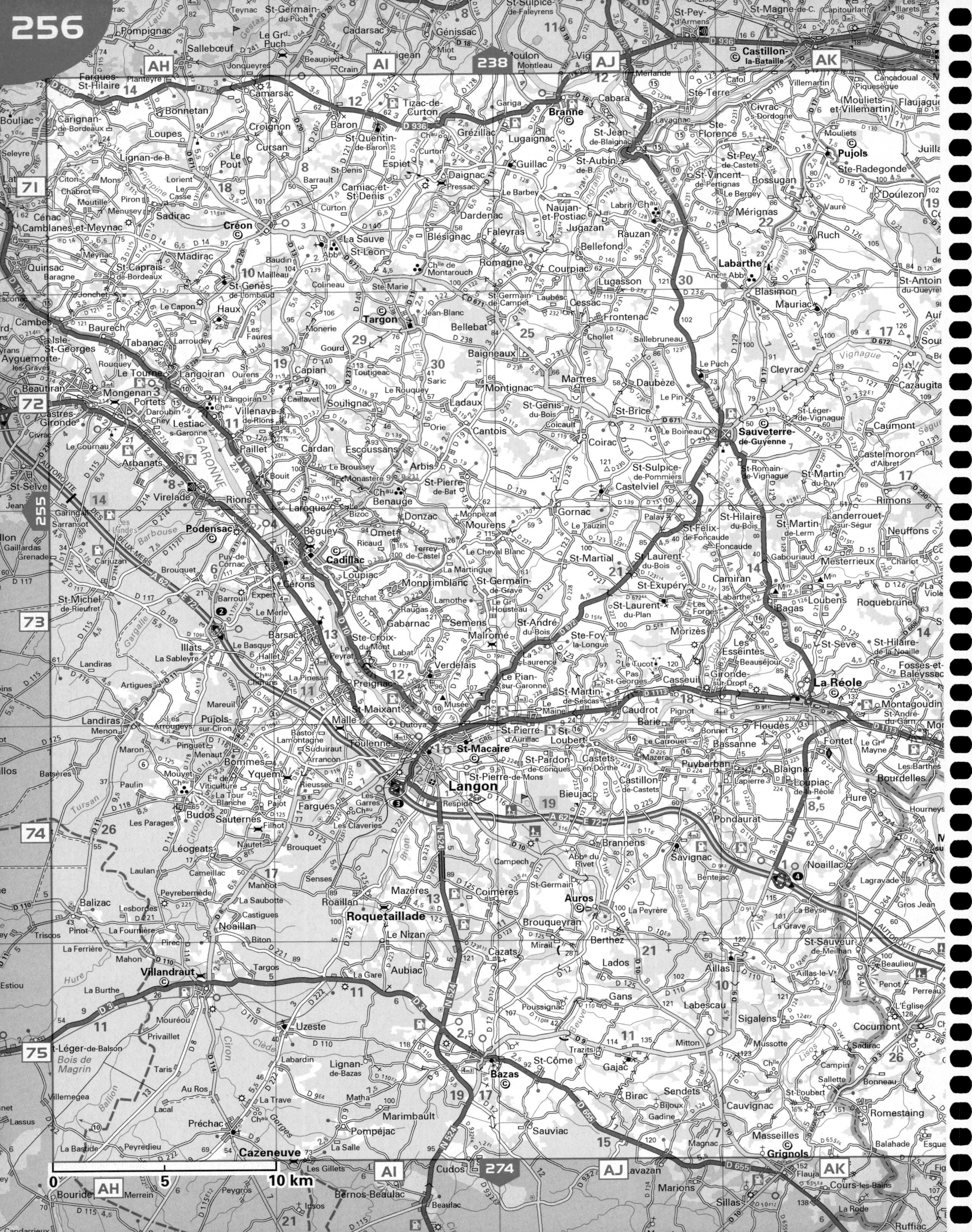
AH
AI
238
AJ
AK
71
72
73
74
75
255
274
Pompignac
St-Germain-du-Puch
Cadarsac
Génissac
St-Sulpice-de-Faleyrens
St-Pey-d'Armens
St-Magne-de-C.
Castillon-la-Bataille
Salleboeuf
Le Grd-Puch
Moulon
Montleau
Fargues-St-Hilaire
Camarsac
Tizac-de-Curton
Branne
Cabara
Ste-Terre
Civrac-s-Dordogne
Flaujagues
Bouliac
Carignan-de-Bordeaux
Bonnetan
Croignon
Baron
St-Quentin-de-Baron
Grézillac
Lugaignac
St-Jean-de-Blaignac
Ste-Florence
Pujols
Loupes
Cursan
Le Pout
Lignan-de-B.
Espiet
Daignac
Guillac
St-Aubin-de-B.
St-Pey-de-Castets
St-Vincent-de-Pertignas
Bossugan
Ste-Radegonde
Camiac-et-St-Denis
Naujan-et-Postiac
Mérignas
Doulezon
Sadirac
Créon
Dardenac
Faleyras
Jugazan
Rauzan
Cénac
Camblanes-et-Meynac
La Sauve
St-Léon
Blésignac
Bellefond
Ruch
Quinsac
St-Caprais-de-Bordeaux
Madirac
Romagne
Courpiac
Labarthe
St-Genès-de-Lombaud
Lugasson
Blasimon
St-Antoine-du-Queyret
Haux
St-Germain-de-Campet
Cessac
Frontenac
Mauriac
Cambes
Baurech
Targon
Bellebat
Isle-St-Georges
Tabanac
Ayguemorte-les-Graves
Baigneaux
Le Tourne
Langoiran
Capian
Le Puch
Cleyrac
Cazaugitat
Beautiran
Mongenan
Portets
Soulignac
Montignac
Martres
Daubèze
Castres-Gironde
Lestiac-s-Garonne
Villenave-de-Rions
Ladaux
St-Genis-du-Bois
St-Brice
Sauveterre-de-Guyenne
St-Léger-de-Vignague
Caumont
Paillet
Cardan
Escoussans
Cantois
Coirac
Arbanats
Arbis
St-Pierre-de-Bat
St-Sulpice-de-Pommiers
St-Romain-de-Vignague
Castelmoron-d'Albret
St-Martin-du-Puy
St-Selve
Virelade
Rions
Benauge
Castelviel
Gornac
Rimons
Laroque
Landerrouet-sur-Ségur
Podensac
Béguey
Omet
Donzac
Mourens
St-Hilaire-du-Bois
St-Félix-de-Foncaude
St-Martin-de-Lerm
Neuffons
Cadillac
St-Martial
St-Laurent-du-Bois
Loupiac
Monprimblanc
St-Germain-de-Grave
Camiran
Mesterrieux
Cérons
St-Exupéry
Loubens
Roquebrune
St-Michel-de-Rieufret
Gabarnac
St-Laurent-du-Plan
Bagas
Barsac
Semens
St-André-du-Bois
Morizès
Illats
Ste-Croix-du-Mont
Malromé
Ste-Foy-la-Longue
Les Esseintes
St-Sève
St-Hilaire-de-la-Noaille
Landiras
Verdelais
Le Pian-sur-Garonne
Casseuil
Gironde-sur-Dropt
La Réole
Fosses-et-Baleyssac
Preignac
St-Martin-de-Sescas
Caudrot
Montagoudin
Pujols-sur-Ciron
St-Maixant
Barie
Floudès
Fontet
Toulenne
St-Macaire
St-Pierre-d'Aurillac
St-Loubert
Bassanne
Bommes
St-Pardon-de-Conques
Castets-en-Dorthe
Puybarban
Blaignac
Yquem
Langon
St-Pierre-de-Mons
Castillon-de-Castets
Loupiac-de-la-Réole
Bourdelles
Budos
Sauternes
Fargues
Bieujac
Pondaurat
Hure
Léogeats
Brannens
Savignac
Noaillac
Balizac
Mazères
Coimères
Auros
Roquetaillade
Noaillan
Le Nizan
Brouqueyran
Berthez
St-Sauveur-de-Meilhan
Villandraut
Cazats
Lados
Aillas
Aubiac
Gans
Labescau
Uzeste
Sigalens
Cocumont
St-Léger-de-Balson
Bazas
St-Côme
Gajac
Lignan-de-Bazas
Birac
Sendets
Cauvignac
Préchac
Marimbault
Pompéjac
Sauviac
Masseilles
Grignols
Romestaing
Cazeneuve
Cudos
Lavazan
Marions
Sillas
Cours-les-Bains
Bourideys
Bernos-Beaulac
Ruffiac
GARONNE
AUTOROUTE DES DEUX MERS
0
5
10 km

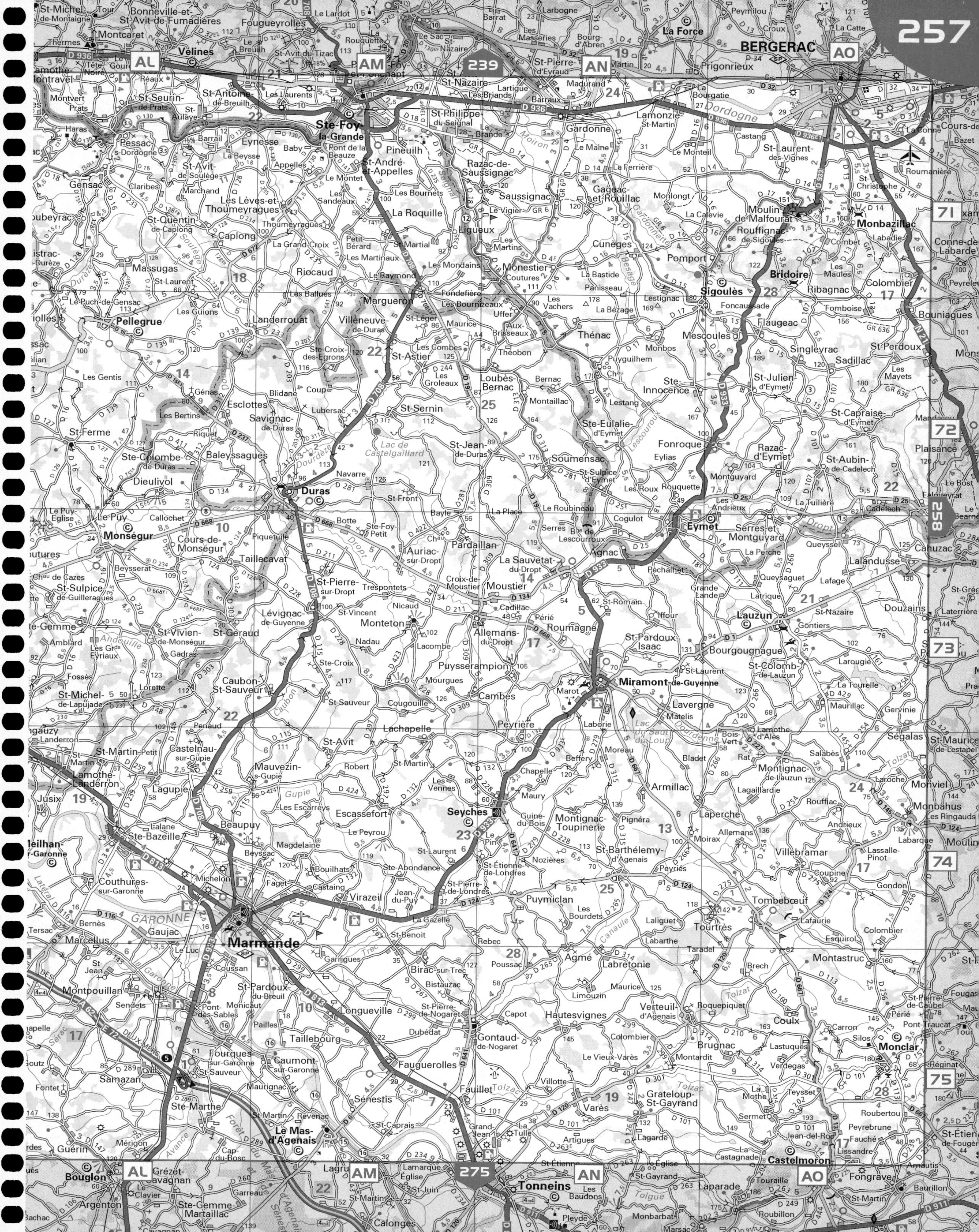
BERGERAC
La Force
Vélines
Ste-Foy-la-Grande
Pineuilh
Gardonne
Prigonrieux
Lamonzie-St-Martin
St-Laurent-des-Vignes
Monbazillac
Pomport
Sigoulès
Bridoire
Ribagnac
Saussignac
Razac-de-Saussignac
Gageac-et-Rouillac
Cunèges
Ligueux
La Roquille
Margueron
Riocaud
Monestier
Thénac
Mescoules
Flaugeac
Singleyrac
Sadillac
St-Perdoux
Pellegrue
Landerrouat
Villeneuve-de-Duras
St-Astier
Loubès-Bernac
Ste-Innocence
St-Julien-d'Eymet
Esclottes
Savignac-de-Duras
St-Sernin
Soumensac
Ste-Eulalie-d'Eymet
Fonroque
Razac-d'Eymet
St-Capraise-d'Eymet
St-Aubin-de-Cadelech
Plaisance
St-Ferme
Ste-Colombe-de-Duras
Baleyssagues
Dieulivol
Duras
St-Jean-de-Duras
Eymet
Serres-et-Montguyard
Monségur
Cours-de-Monségur
Taillecavat
Auriac-sur-Dropt
Pardaillan
La Sauvetat-du-Dropt
Agnac
Lalandusse
St-Sulpice-de-Guilleragues
St-Pierre-sur-Dropt
Moustier
Lévignac-de-Guyenne
Monteton
Allemans-du-Dropt
Roumagne
Lauzun
Douzains
St-Géraud
St-Vivien-de-Monségur
Puysserampion
St-Pardoux-Isaac
Bourgougnague
Miramont-de-Guyenne
Caubon-St-Sauveur
Cambes
Lavergne
St-Colomb-de-Lauzun
Castelnau-sur-Gupie
Lachapelle
Peyrière
Ségalas
St-Avit
Mauvezin-s-Gupie
Armillac
Montignac-de-Lauzun
Monviel
Lamothe-Landerron
Lagupie
Escassefort
Seyches
Montignac-Toupinerie
Laperche
Monbahus
Ste-Bazeille
Beaupuy
St-Barthélemy-d'Agenais
Villebramar
Couthures-sur-Garonne
Virazeil
Puymiclan
Tombebœuf
Tourtrès
Marmande
Agmé
Labretonie
Montastruc
Montpouillan
St-Pardoux-du-Breuil
Longueville
Hautesvignes
Verteuil-d'Agenais
Coulx
Taillebourg
Gontaud-de-Nogaret
Brugnac
Monclar
Fourques-sur-Garonne
Caumont-sur-Garonne
Fauguerolles
Samazan
Ste-Marthe
Sénestis
Fauillet
Varès
Grateloup-St-Gayrand
Le Mas-d'Agenais
Castelmoron
Fongrave
Bouglon
Grézet-Cavagnan
Tonneins
Argenton
Ste-Gemme-Martaillac
GARONNE
Dordogne
AL
AM
AN
AO
239
275
258
71
72
73
74
75

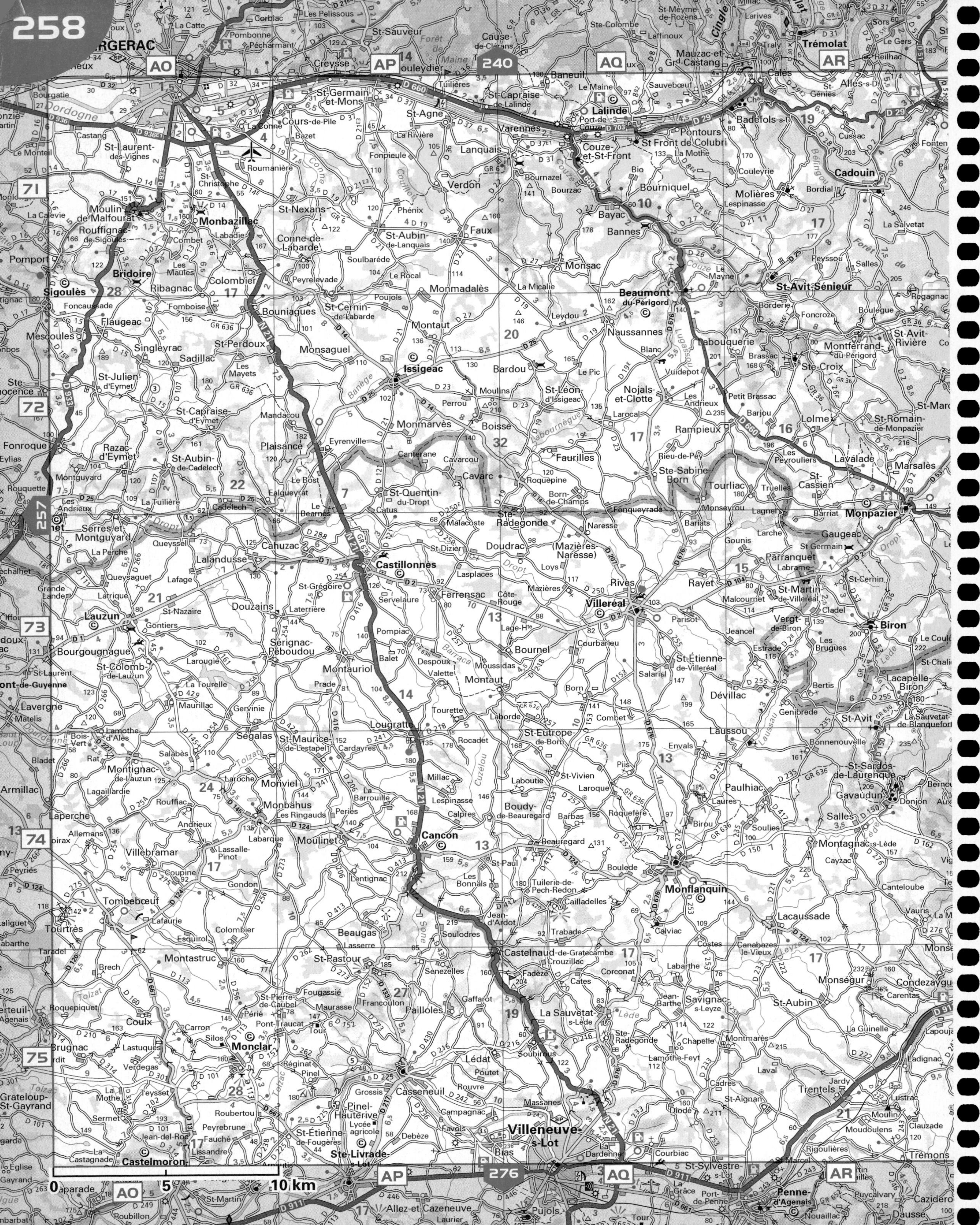

AO
AP
240
AQ
AR
71
72
73
74
75
257
276
Dordogne
Creysse
Mouleydier
St-Germain-et-Mons
Cours-de-Pile
St-Agne
St-Capraise-de-Lalinde
Lalinde
Port-de-Couze
Couze-et-St-Front
St Front de Colubri
Pontours
Badefols-s-D
Cadouin
Trémolat
Alles-s-D
St-Laurent-des-Vignes
Roumanière
Lanquais
Varennes
Verdon
Bournazel
Bourniquel
Molières
Moulin de Malfourat
Monbazillac
St-Nexans
Faux
Bayac
Bannes
Rouffignac-de-Sigoulès
Conne-de-Labarde
St-Aubin-de-Lanquais
Monsac
Pomport
Bridoire
Sigoulès
Ribagnac
Colombier
Monmadalès
Beaumont-du-Périgord
St-Avit-Sénieur
Flaugeac
Bouniagues
St-Cernin-de-Labarde
Montaut
Naussannes
Mescoules
Singleyrac
St-Perdoux
Monsaguel
Issigeac
Bardou
Labouquerie
Montferrand-du-Périgord
Ste-Croix
St-Avit-Rivière
Sadillac
St-Julien-d'Eymet
St-Léon-d'Issigeac
Nojals-et-Clotte
St-Capraise-d'Eymet
Monmarvès
Boisse
Rampieux
Lolme
St-Romain-de-Monpazier
Razac-d'Eymet
Plaisance
Eyrenville
Faurilles
Lavalade
Marsalès
Fonroque
St-Aubin-de-Cadelech
Cavarc
Ste-Sabine-Born
Tourliac
St-Cassien
St-Quentin-du-Dropt
Monpazier
Serres-et-Montguyard
Cadelech
Ste-Radegonde
Gaugeac
Cahuzac
Lalandusse
Castillonnès
Doudrac
(Mazières-Naresse)
Rives
Parranquet
Rayet
St-Martin-de-Villeréal
Villeréal
Ferrensac
Lauzun
Douzains
Sérignac-Péboudou
Bourgougnague
Bournel
St-Étienne-de-Villeréal
Biron
Montauriol
Montaut
Dévillac
Lacapelle-Biron
St-Avit
Lavergne
Ségalas
St-Maurice-de-Lestapel
Lougratte
Laussou
Montignac-de-Lauzun
Monviel
Monbahus
Cancon
Paulhiac
St-Sardos-de-Laurenque
Gavaudun
Salles
Armillac
Moulinet
Villebramar
Monflanquin
Montagnac-s-Lède
Tombebœuf
Tourtrès
Beaugas
Lacaussade
Castelnaud-de-Gratecambe
Montastruc
St-Pastour
Monségur
Condezaygues
Pailloles
La Sauvetat-s-Lède
Savignac-s-Leyze
St-Aubin
Monclar
Brugnac
Coulx
Lédat
Casseneuil
Trentels
Pinel-Hauterive
St-Étienne-de-Fougères
Villeneuve-s-Lot
Ste-Livrade-s-Lot
St-Sylvestre-s-Lot
Penne-d'Agenais
Castelmoron
Pujols
Allez-et-Cazeneuve
0
5
10 km

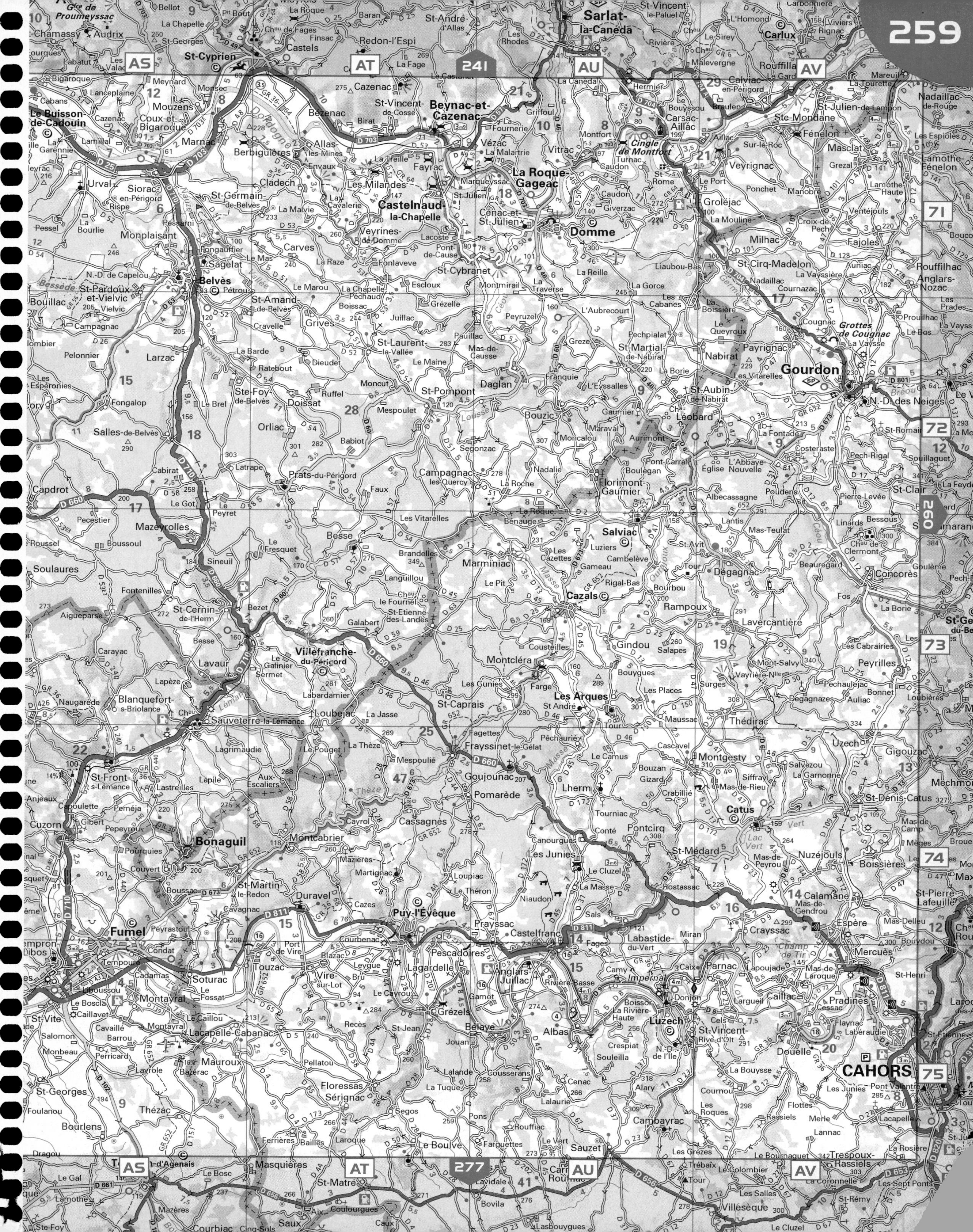
241
277
AS
AT
AU
AV
71
72
73
74
75
260
Sarlat-la-Canéda
St-Cyprien
Le Buisson-de-Cadouin
Beynac-et-Cazenac
Carlux
La Roque-Gageac
Castelnaud-la-Chapelle
Domme
Belvès
Gourdon
Salviac
Cazals
Villefranche-du-Périgord
Les Arques
Catus
Bonaguil
Fumel
Puy-l'Évêque
Luzech
CAHORS
Cingle de Montfort
Grottes de Cougnac
Dordogne
Lot
Lac Vert

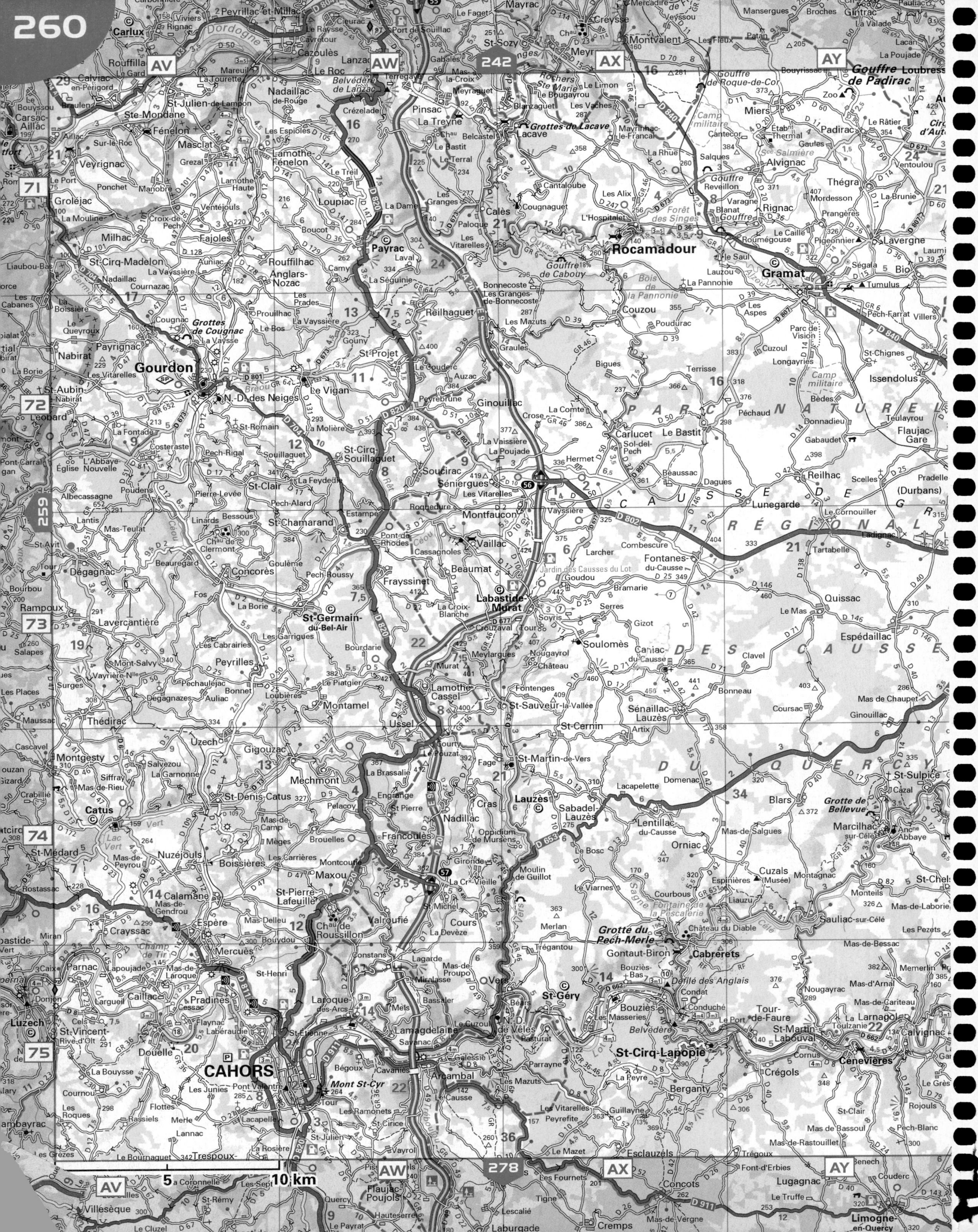

Carlux
Peyrillac-et-Millac
Dordogne
Souillac
Mayrac
Creysse
Montvalent
Martel
AV
AW
242
AX
AY
Gouffre de Padirac
Gouffre de Roque-de-Cor
Le Roc
Cazoulès
Lanzac
Belvédère de Lanzac
St-Sozy
Meyronne
Rochers Ste Marie
Nadaillac-de-Rouge
St-Julien-de-Lampon
Ste-Mondane
Fénelon
Pinsac
La Treyne
Lacave
Grottes de Lacave
Miers
Padirac
Alvignac
Thégra
Rignac
Veyrignac
Masclat
Lamothe-Fénelon
Loupiac
Grolejac
Calès
Rocamadour
L'Hospitalet
Forêt des Singes
Gramat
Milhac
Fajoles
Payrac
Gouffre de Cabouy
St-Cirq-Madelon
Rouffilhac
Anglars-Nozac
Reilhaguet
Couzou
Grottes de Cougnac
Gourdon
Le Vigan
N.-D. des Neiges
St-Projet
Ginouillac
Parc de Vision
Camp militaire
Issendolus
PARC NATUREL RÉGIONAL DES CAUSSES DU QUERCY
Léobard
Carlucet
Le Bastit
Flaujac-Gare
St-Cirq-Souillaguet
Soucirac
Séniergues
Montfaucon
Reilhac
Lunegarde
St-Clair
St-Chamarand
Vaillac
Concorès
Dégagnac
Frayssinet
Labastide-Murat
Jardin des Causses du Lot
Quissac
Espédaillac
St-Germain-du-Bel-Air
Lavercantière
Soulomès
Caniac-du-Causse
Peyrilles
Montamel
Lamothe-Cassel
St-Sauveur-la-Vallée
Sénaillac-Lauzès
Thédirac
Ussel
St-Cernin
Uzech
Gigouzac
St-Martin-de-Vers
Montgesty
Mechmont
Lauzès
Sabadel-Lauzès
Blars
St-Sulpice
Grotte de Bellevue
Catus
St-Denis-Catus
Nadillac
Cras
Lentillac-du-Causse
Marcilhac-sur-Célé
St-Médard
Nuzéjouls
Boissières
Francoulès
Orniac
Maxou
St-Pierre-Lafeuille
Cuzals
Calamane
Crayssac
Espère
Valroufié
Cours
Château de Roussillon
Grotte du Pech-Merle
Cabrerets
Sauliac-sur-Célé
Mercuès
Vers
St-Géry
Bouziès
Défilé des Anglais
Luzech
Parnac
Caillac
Pradines
Laroque-des-Arcs
Lamagdelaine
Tour-de-Faure
St-Martin-Labouval
Calvignac
Douelle
CAHORS
Mont St-Cyr
Arcambal
St-Cirq-Lapopie
Cénevières
Crégols
Bergany
Trespoux
Esclauzels
278
Concots
Lugagnac
Limogne-en-Quercy
Flaujac-Poujols
Villesèque
5
10 km
71
72
73
74
75
259

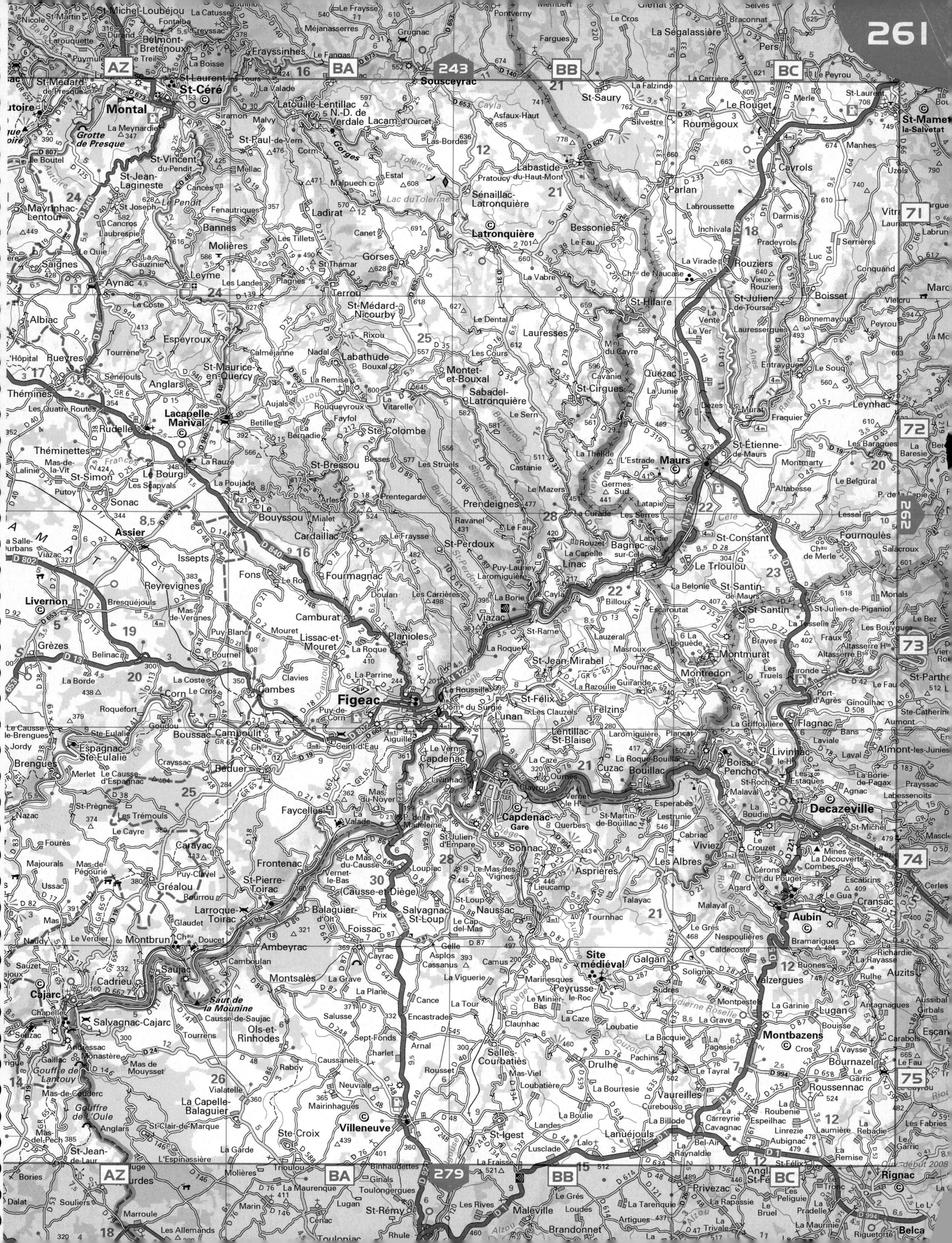

AZ BA BB BC 243 71 72 73 74 75 292 279

St-Michel-Loubéjou
Belmont-Bretenoux
St-Laurent-les-Tours
St-Céré
Montal
Frayssinhes
Sousceyrac
Pontverny
Fargues
La Ségalassière
Pers
Le Rouget
Roumégoux
St-Saury
St-Mamet-la-Salvetat
Latouille-Lentillac
N.-D. de Verdale
Lacam-d'Ourcet
St-Paul-de-Vern
Gorges
Labastide-du-Haut-Mont
Sénaillac-Latronquière
Latronquière
Parlan
Cayrols
St-Vincent-du-Pendit
St-Jean-Lagineste
Mayrinhac-Lentour
Ladirat
Lac du Tolerme
Bessonies
Saignes
Bannes
Molières
Leyme
Aynac
Gorses
Terrou
St-Médard-Nicourby
Rouziers
St-Julien-de-Toursac
Boisset
St-Hilaire
Albiac
Espeyroux
St-Maurice-en-Quercy
Rueyres
Labathude
Montet-et-Bouxal
Sabadel-Latronquière
Lauresses
St-Cirgues
Quézac
Leynhac
Thémines
Anglars
Lacapelle-Marival
Rudelle
Ste-Colombe
Théminettes
St-Simon
Le Bourg
St-Bressou
Maurs
St-Étienne-de-Maurs
Sonac
Assier
Le Bouyssou
Cardaillac
Prendeignes
St-Perdoux
Bagnac-sur-Célé
St-Constant
Fournoulès
Issepts
Reyrevignes
Fons
Fourmagnac
Livernon
Camburat
Lissac-et-Mouret
Planioles
Viazac
Linac
St-Santin-de-Maurs
Grèzes
Cambes
Figeac
Capdenac
St-Jean-Mirabel
St-Félix
Lunan
Montmurat
Montredon
Felzins
Lentillac-St-Blaise
Cuzac
Bouillac
Livinhac-le-Haut
Flagnac
Boisse-Penchot
Decazeville
Espagnac-Ste-Eulalie
Brengues
Boussac
Camboulit
Béduer
Faycelles
Capdenac-Gare
Sonnac
Asprières
Viviez
Les Albres
Aubin
Cransac
Frontenac
Grealou
St-Pierre-Toirac
Larroque-Toirac
Balaguier-d'Olt
Salvagnac-St-Loup
Naussac
Montbrun
Ambeyrac
Foissac
Site médiéval
Galgan
Valzergues
Cajarc
Cadrieu
Saujac
Saut de la Mounine
Montsalès
Peyrusse-le-Roc
Salvagnac-Cajarc
Ols-et-Rinhodes
Montbazens
Lugan
Gouffre de Lantouy
Salles-Courbatiès
Drulhe
Vaureilles
Roussennac
Bournazel
La Capelle-Balaguier
Villeneuve
Ste-Croix
St-Igest
Lanuéjouls
Rignac
Privezac
Maleville
Belcastel

Oct.-début 2008

BC
BD
244
BE
BF
71
72
73
74
75
261
280
St-Mamet-la-Salvetat
Roannes-St-Mary
Le Rouget
Roumégoux
Cayrols
Marcolès
Vitrac
Lacapelle-del-Fraisse
Lafeuillade-en-Vézie
Prunet
Labrousse
Teissières-lès-Bouliès
Vezels-Roussy
Mur-de-Barrez
Leucamp
Ladinhac
Murols
Labesserette
Sansac-Veinazès
St-Antoine
Leynhac
Calvinet
Junhac
Lapeyrugue
Montsalvy
Puy de l'Arbre
St-Hippolyte
Bge de Couesque
Campouriez
St-Amans-des-Cots
Maurs
St-Étienne-de-Maurs
Sénezergues
Mourjou
Cassaniouze
St-Constant
Fournoulès
Le Trioulou
St-Santin-de-Maurs
St-Santin
Montmurat
Montredon
Vieillevie
Grd-Vabre
St-Parthem
Conques
Site du Bancarel
Entraygues-s-T.
Puy de Montabès
Espeyrac
Sénergues
Golinhac
Florentin-la-Capelle
Le Nayrac
Estaing
Gorges du Lot
Flagnac
Livinhac-le-Ht
Boisse-Penchot
Decazeville
Aubin
Cransac
Firmi
Noailhac
St-Cyprien-s-Dourdou
Pic de Kaymard
St-Félix-de-Lunel
Campuac
Pruines
Villecomtal
Mouret
Nauviale
Sébrazac
Viviez
Les Albres
Bouillac
Valzergues
Auzits
Montbazens
Lugan
Bournazel
Escandolières
St-Christophe-Vallon
Marcillac-Vallon
Muret-le-Chau
Rodelle
Salles-la-Source
Causse du Comtal
Causse de Lanhac
Vaureilles
Goutrens
Clairvaux-d'Aveyron
Valady
Nuces
Belcastel
Balsac
Onet-l'eglise
Concourès
0
5
10 km

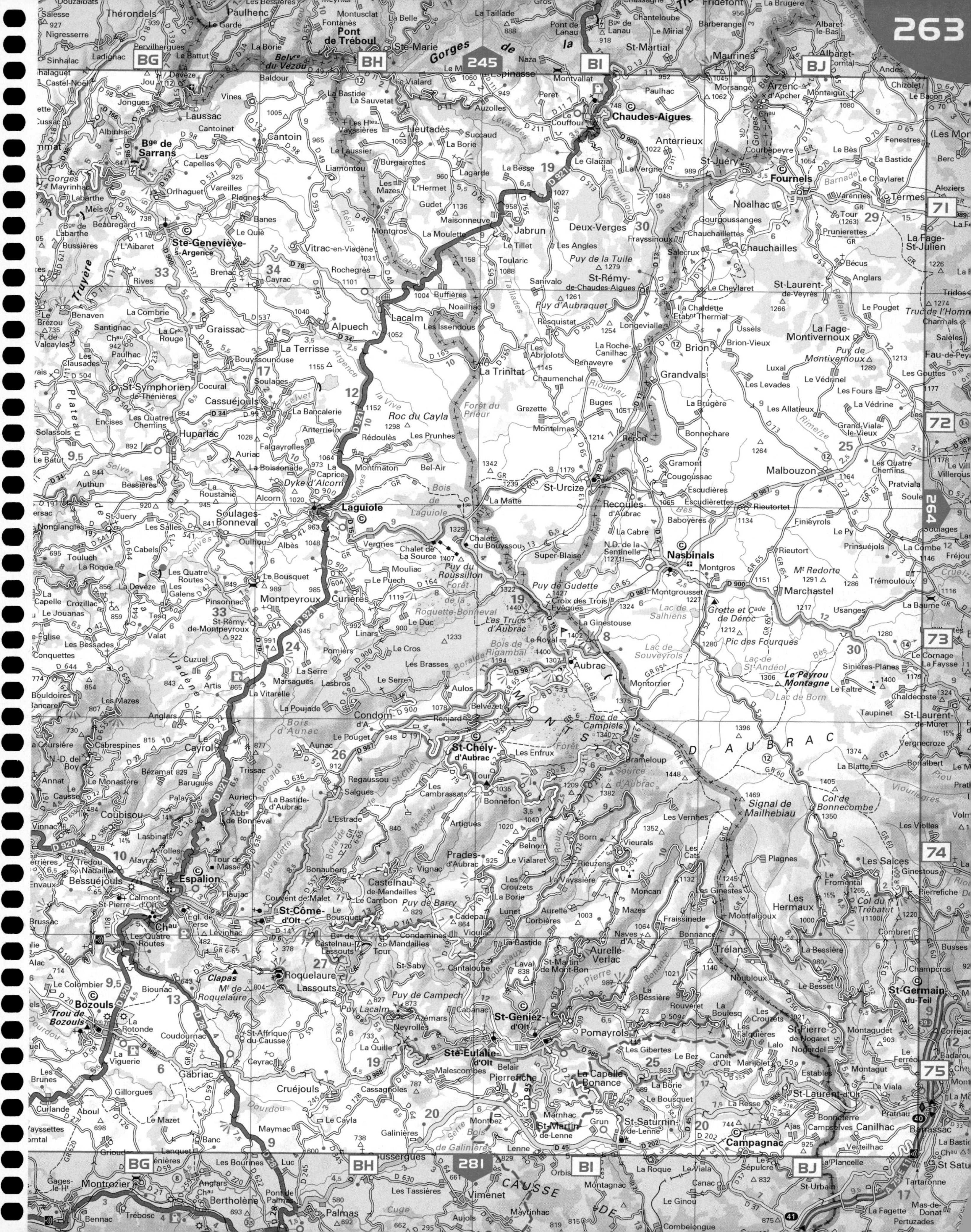
BG
BH
BI
BJ
245
281
264
71
72
73
74
75
Pont de Tréboul
Gorges de la Truyère
Chaudes-Aigues
Anterrieux
St-Juéry
Fournels
Noalhac
Termes
Deux-Verges
Jabrun
Lieutadès
Cantoin
Lacalm
Alpuech
La Terrisse
La Trinitat
Grandvals
Brion
La Fage-Montivernoux
Ste-Geneviève-s-Argence
Vitrac-en-Viadène
Graissac
St-Symphorien-de-Thénières
Cassuéjouls
Huparlac
Laguiole
Soulages-Bonneval
Montpeyroux
Curières
St-Urcize
Recoules-d'Aubrac
Nasbinals
Marchastel
Malbouzon
Aubrac
St-Chély-d'Aubrac
Condom-d'Aubrac
Roc du Cayla
Dyke d'Alcorn
Puy de Gudette
Les Truc d'Aubrac
Pic des Fourques
Le Peyrou Montagne
Signal de Mailhebiau
Col de Bonnecombe
Monts d'Aubrac
Prades-d'Aubrac
Espalion
St-Côme-d'Olt
Castelnau-de-Mandailles
Roquelaure
Bozouls
Trou de Bozouls
St-Geniez-d'Olt
Ste-Eulalie-d'Olt
Pomayrols
Trélans
St-Germain-du-Teil
St-Laurent-d'Olt
Campagnac
St-Saturnin-de-Lenne
La Capelle-Bonance
Gabriac
Cruéjouls
Palmas
Vimenet
Montrozier
Bertholène
Causse

BK
BL
BM
BN
246
282
263
71
72
73
74
75
Albaret-Ste-Marie
Blavignac
St-Léger-du-Malzieu
Le Malzieu-Ville
Le Malzieu-Forain
Chanaleilles
Thoras
St-Symphorien
Chambon-le-Château
St-Chély-d'Apcher
Prunières
Apcher
St-Alban-sur-Limagnole
Ste-Eulalie
Grandrieu
Les Bessons
Rimeize
Fontans
St-Denis-en-Margeride
La Panouse
Aumont-Aubrac
Javols
Serverette
La Villedieu
St-Sauveur-de-Ginestoux
Les Laubies
St-Amans
Estables
St-Gal
Ste-Colombe-de-Peyre
St-Sauveur-de-Peyre
Roc de Peyre
Signal de Randon
Truc de Fortunio
Châteauneuf-de-Randon
Le Buisson
Ribennes
Recoules-de-Fumas
Rieutort-de-Randon
Lac de Charpal
Lachamp
Parc à loups du Gévaudan
St-Léger-de-Peyre
Antrenas
Servières
Montrodat
Marvejols
Chastel-Nouvel
Badaroux
Mende
Pelouse
Allenc
Laubert
Chirac
Le Monastier-Pin-Moriès
Palhers
St-Bonnet-de-Chirac
Grèzes
Barjac
Balsièges
St-Bauzile
Lanuéjols
Bagnols-les-Bains
St-Julien-du-Tournel
St-Germain-du-Teil
Les Salelles
Chanac
Esclanèdes
St-Étienne-du-Valdonnez
La Canourgue
Banassac
Col de Montmirat
Causse de Mende
Causse de Changefège
Mt Mimat
Plateau du Palais du Roi
M A R G E R I D E
Réserve de Bisons d'Europe
Roc de Fenestre
Col du Cheval Mort
Col de la Croix-de-Bor
Col des Trois Sœurs
Col de la Pierre Plantée
Col de la Tourette
Col de Vielbougue
Col des Issartets
Truc du Midi
Truc de Grèzes
Can de la Roche
Roc des Laubies
La Croix de Maître Vidal
Mont Chabrio
0
5
10 km

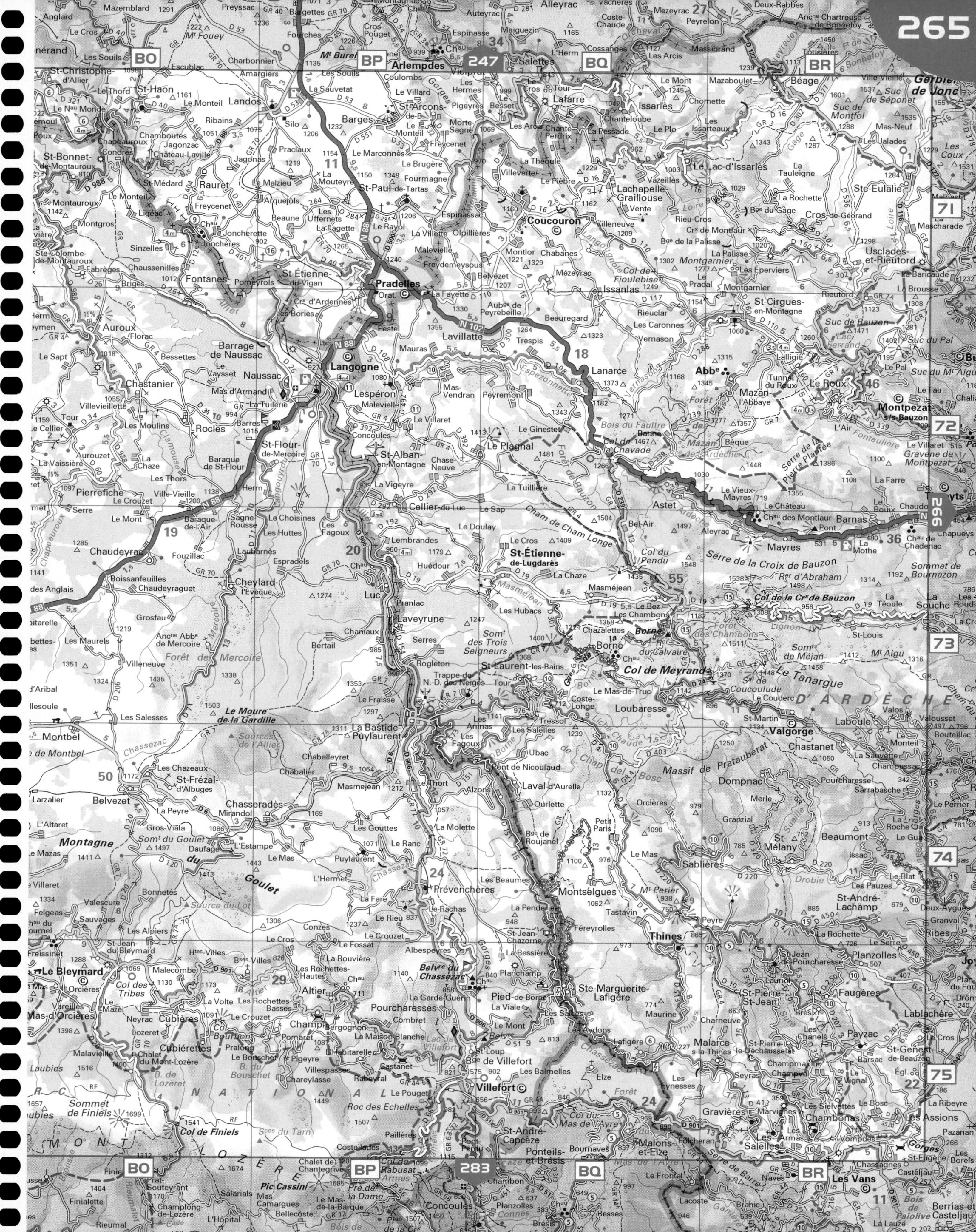

Arlempdes
Coucouron
Pradelles
Langogne
Naussac
Barrage de Naussac
Lespéron
St-Flour-de-Mercoire
St-Alban-en-Montagne
Le Plagnal
Lavillatte
Lanarce
Issarlès
Le Lac-d'Issarlès
Lachapelle-Graillouse
St-Cirgues-en-Montagne
Mazan-l'Abbaye
Montpezat-s/s-Bauzon
Col de la Chavade
Mayres
Barnas
Astet
St-Étienne-de-Lugdarès
Col du Pendu
Col de la Crx de Bauzon
Serre de la Croix de Bauzon
Laveyrune
Luc
Cheylard-l'Évêque
Chaudeyrac
Pierrefiche
Auroux
Rocles
Chastanier
Forêt de Mercoire
Borne
Col de Meyrand
St-Laurent-les-Bains
Loubaresse
Valgorge
Le Tanargue
D'ARDÈCHE
La Bastide-Puylaurent
Massif de Prataubérat
Laval-d'Aurelle
St-Frézal-d'Albuges
Belvezet
Chasseradès
Montagne du Goulet
Prévenchères
Montselgues
Sablières
Thines
St-Mélany
Beaumont
St-André-Lachamp
Le Bleymard
Altier
Pourcharesses
Cubières
Cubiérettes
Villefort
Pied-de-Borne
Ste-Marguerite-Lafigère
Malarce-s-la-Thines
Faugères
Payzac
Chambonas
Les Salelles
Les Vans
Berrias-et-Casteljau
Concoules
Ponteils-et-Brésis
Malons-et-Elze
St-André-Capcèze
Col de Finiels
Sommet de Finiels
Pic Cassini
MONT LOZÈRE
PARC NATIONAL
BO
BP
BQ
BR
247
283
266
71
72
73
74
75

248
BS
BT
BU
BV
71
72
73
74
75
265
284
Aubenas
Privas
Vals-les-Bains
Antraigues-s-Volane
Largentière
Joyeuse
Vallon-Pont-d'Arc
Villeneuve-de-Berg
Viviers
Bourg-St-Andéol
Pierrelatte
St-Pierreville
Burzet
Meyras
Thueyts
Jaujac
Vogüé
Ruoms
Chomérac
Alba-la-Romaine
St-Montan
Rochemaure
Mézilhac
Chalencon
Le Cheylard
Col de l'Escrinet
Plateau du Coiron
Pic de Chenavari
Gorges de la Beaume
Parc Aérocity
Sommet de Bournazon
Col de la Fayolle
PARC NATUREL RÉGIONAL DES MONTS D'ARDÈCHE
0 5 10 km

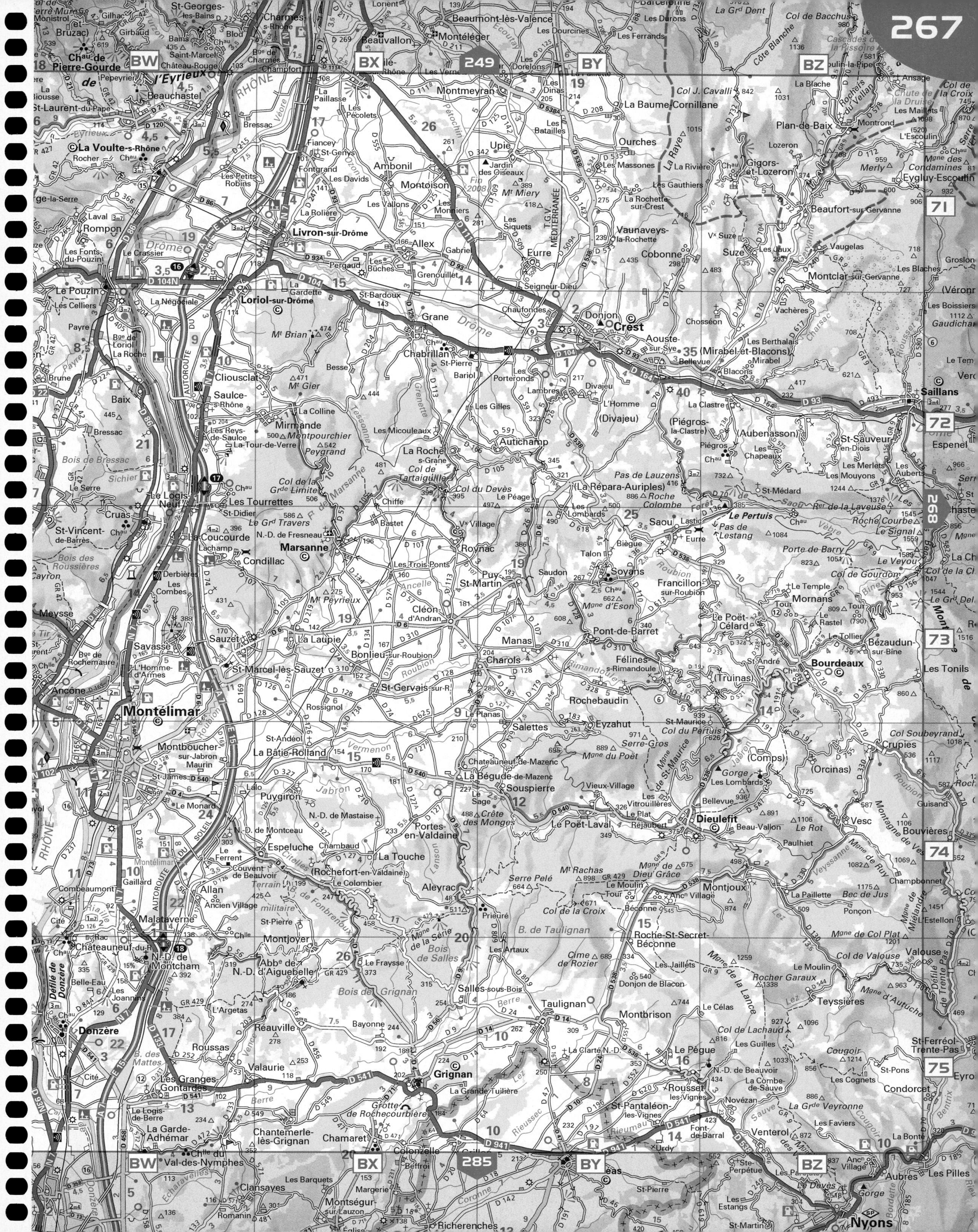
BW
BX
249
BY
BZ
Beaumont-lès-Valence
Montéléger
Beauvallon
Charmes-s-Rhône
St-Georges-les-Bains
Chau de Pierre-Gourde
Beauchastel
St-Laurent-du-Pape
La Voulte-s-Rhône
Montmeyran
La Baume-Cornillane
Ourches
Upie
Ambonil
Montoison
Livron-sur-Drôme
Allex
Loriol-sur-Drôme
Le Pouzin
Rompon
Grane
Chabrillan
Crest
Aouste-sur-Sye
Eurre
Vaunaveys-la-Rochette
Cobonne
Suze
Plan-de-Baix
Gigors-et-Lozeron
Beaufort-sur-Gervanne
Montclar-sur-Gervanne
Saillans
Cliousclat
Saulce-s-Rhône
Mirmande
Baix
Cruas
Autichamp
La Roche-s-Grane
Col de Tartaiguille
Marsanne
Roynac
Puy-St-Martin
Soyans
Saou
Francillon-sur-Roubion
Le Poët-Célard
Bourdeaux
Bézaudun-sur-Bine
Mornans
Cléon-d'Andran
La Laupie
Sauzet
Savasse
Manas
Charols
Pont-de-Barret
Félines-s-Rimandoule
Bonlieu-sur-Roubion
St-Marcel-lès-Sauzet
St-Gervais-sur-R.
Rochebaudin
Montélimar
Montboucher-sur-Jabron
La Bâtie-Rolland
Salettes
Eyzahut
La Bégude-de-Mazenc
Souspierre
Puygiron
Portes-en-Valdaine
Le Poët-Laval
Dieulefit
Vesc
Espeluche
La Touche
Allan
Rochefort-en-Valdaine
Aleyrac
Montjoux
Malataverne
Montjoyer
Châteauneuf-du-R.
Roche-St-Secret-Béconne
Donzère
Réauville
Salles-sous-Bois
Taulignan
Montbrison
Le Pègue
Roussas
Valaurie
Grignan
Les Granges-Gontardes
La Garde-Adhémar
Chantemerle-lès-Grignan
Chamaret
Colonzelle
Rousset-les-Vignes
St-Pantaléon-les-Vignes
Venterol
Teyssières
St-Ferréol-Trente-Pas
Condorcet
Nyons
Aubres
Les Pilles
Valouse
Crupies
Bouvières
Clansayes
Montségur-sur-Lauzon
Richerenches
285
268
71
72
73
74
75
RHÔNE
Drôme
Roubion
Jabron
Lez
AUTOROUTE DU SOLEIL
T.G.V. MÉDITERRANÉE

CA
CB
250
CC
CD
Col de Rousset
St-Julien-en-Quint
Clelles
Chichilianne
Marignac-en-Diois
Chamaloc
St-Andéol
Vachères-en-Quint
Ponet-et-St-Auban
Col de Menée
St-Maurice-en-Trièves
Lalley
Ste-Croix
Pontaix
Die
Treschenu-Creyers
Cirque d'Archiane
Molières-Glandaz
Laval-d'Aix
Barsac
Vercheny
Saillans
Châtillon-en-Diois
Aurel
Glandage
Col de Grimone
Grimone
St-Roman
Menglon
Espenel
St-Benoît-en-Diois
Rimon-et-Savel
Recoubeau-Jansac
Boulc
Col de Cabre
La Chaudière
Aucelon
Montlaur-en-Diois
Luc-en-Diois
Miscon
Pradelle
Poyols
Lesches-en-Diois
Val-Maravel
Brette
Jonchères
Beaumont-en-Diois
Beaurières
La Beaume
St-Nazaire-le-Désert
Volvent
Charens
Bellegarde-en-Diois
St-Dizier-en-Diois
Gumiane
Chalancon
Establet
Valdrôme
La Motte-Chalancon
La Charce
Bruis
Montmorin
Cornillon-sur-l'Oule
Pommerol
Villeperdrix
Rémuzat
Rosans
Ribeyret
L'Épine
Sahune
Montréal-les-Sources
Verclause
St-André-de-Rosans
Pelonne
286
0
5
10 km
71
72
73
74
75
267

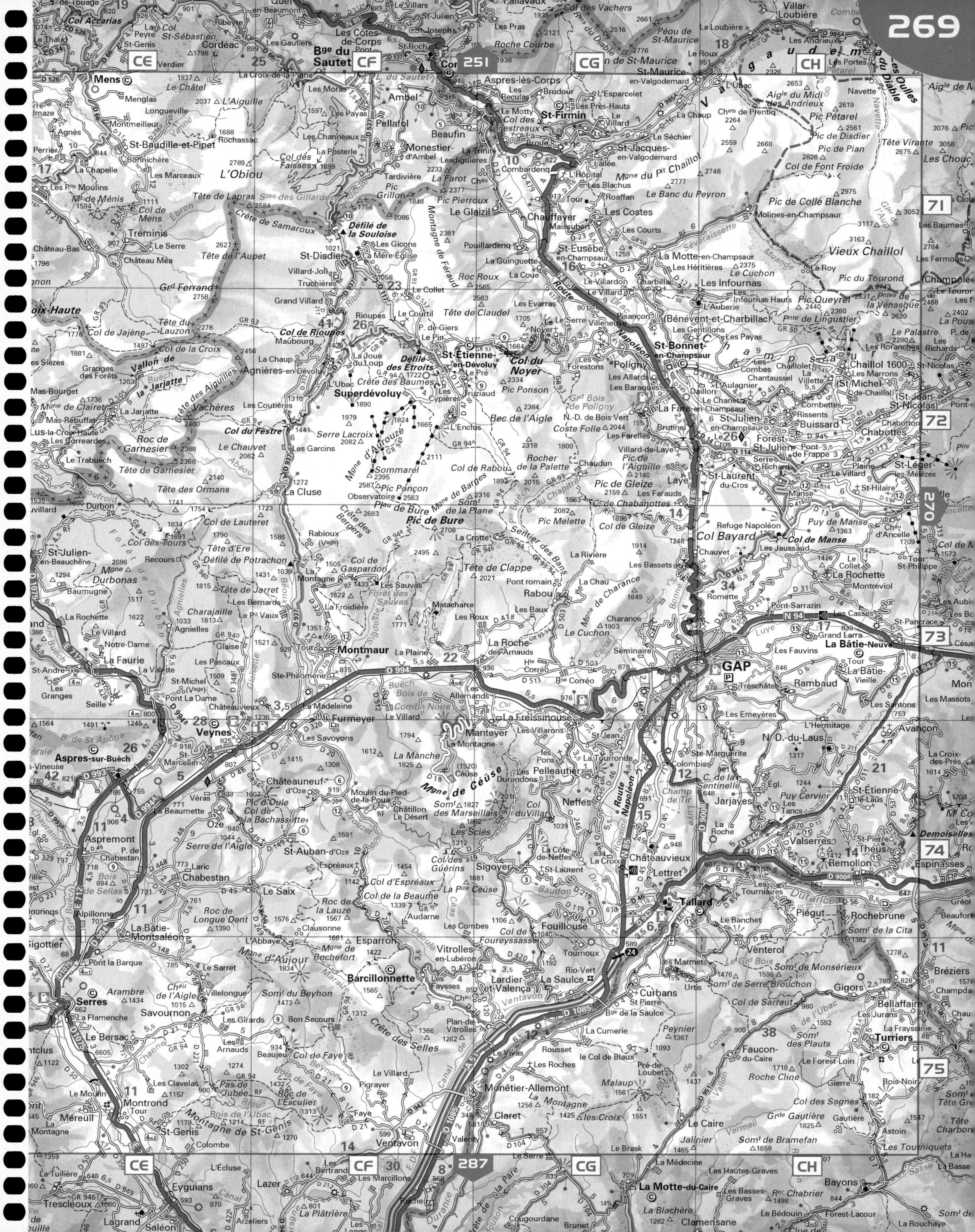

Col Accarias
Les Côtes-de-Corps
Bge du Sautet
Corps
Aspres-lès-Corps
St-Maurice-en-Valgodemard
Villar-Loubière
Mens
Ambel
Pellafol
Beaufin
Monestier-d'Ambel
St-Firmin
St-Jacques-en-Valgodemard
St-Baudille-et-Pipet
L'Obiou
Pic Pétarel
Pic de Colle Blanche
Vieux Chaillol
Tête de Lapras
Crête de Samaroux
Défilé de la Souloise
Tréminis
Le Glaizil
Chauffayer
Les Costes
St-Disdier
Montagne de Féraud
St-Eusèbe-en-Champsaur
La Motte-en-Champsaur
Les Infournas
Grd Ferrand
Tête du Lauzon
Col de Rioupes
Col de la Croix
Vallon de la Jarjatte
Crête des Aiguilles
Agnières-en-Dévoluy
Défilé des Etroits
St-Étienne-en-Dévoluy
Col du Noyer
Superdévoluy
Pic Ponson
Bénévent-et-Charbillac
St-Bonnet-en-Champsaur
Chaillol 1600
St-Michel-de-Chaillol
St-Jean-St-Nicolas
Poligny
La Fare-en-Champsaur
St-Julien-en-Champsaur
Buissard
Chabottes
Forest-St-Julien
Col du Festre
Vachères
Roc de Garnesier
Serre Lacroix
Mgne d'Aurouze
Bec de l'Aigle
Rocher de la Palette
Pic de l'Aiguille
Sommarel
Pic Ponçon
Observatoire
La Cluse
Pic de Bure
Pic de Gleize
Laye
St-Laurent-du-Cros
St-Léger-les-Mélèzes
Col de Lauteret
Col Bayard
Col de Manse
Puy de Manse
Pic Melette
Col de Gaspardon
Tête de Clappe
Forêt des Sauvas
Rabou
La Rochette
Mgne de Charance
Montmaur
La Roche-des-Arnauds
GAP
La Bâtie-Neuve
La Bâtie-Vieille
Rambaud
Veynes
Aspres-sur-Buëch
Furmeyer
La Freissinouse
Manteyer
Pelleautier
N.-D.-du-Laus
Châteauneuf-d'Oze
Mgne de Céüse
Neffes
Route Napoléon
Jarjayes
St-Étienne-le-Laus
Valserres
Théus
Remollon
Espinasses
Chabestan
Le Saix
Sigoyer
Châteauvieux
Lettret
Tallard
Rochebrune
La Bâtie-Montsaléon
Esparron
Vitrolles
Barcillonnette
Lardier-et-Valença
La Saulce
Curbans
Venterol
Gigors
Bellaffaire
Turriers
Serres
Savournon
Crête des Selles
Col de Faye
Montrond
Monêtier-Allemont
Claret
Faucon-du-Caire
Le Caire
Ventavon
Eyguians
Lazer
Trescléoux
Lagrand
La Motte-du-Caire
Clamensane
Bayons
CE
CF
CG
CH
251
287
71
72
73
74
75
270

CI
CJ
252
CK
CL
Le Clot
Rif-du-Sap
Pic de Bonvoisin
Chabournéou
Pte de Verdonne
Pte de l'Aiglière
Crête de Prarol
Crête de l'Aup Martin
Puy-St Vincent
Col de la Pousterle
L'Oréac
Mur des Vaudois
La Bâtie
Belvre du Pelvoux
Ste-Marguerite
La Bessée
L'Argentière-la-Bessée
Tête du Puy
Roc de Serre Chapelle
L'Urceyrette
Col des Ayes
Chalets de L'Eychaillon
Pic de Ht Mouriare
Chalets de Clapeyto
La Salce
Aigle de Morges
Sirac
Pic de Vallonpierre
PARC
Pic de la Cavale
Pic de Parières
Lacs de Crupillouse
Tête Virante
Les Choucières Vertes
Puy Rivarol
Pré Chaumette
Pas de la Cavale
Tête de Soulaure
Crête de Dormillouse
Tête de Dormillouse
Col d'Anon
Tête de la Lauzière
Plan-Léothaud
Les Aujards
Col des Lauzes
Rer Tourad
Freissinières
Les Roberts
Gérø
Bois du Puy
Tête du Peyron
Le Couguet
Le Lauzet
Grd Serre de la Cavale
Pic du Béal Traversier
Pic des Esparges Fines
Arvieux
Pic du Gazon
Col de Furfande
Chets de Furfande
Chaumeille
Pntes de Rougnoux
NATIONAL
Dormillouse
Vallée de
Freissinières
Les Viollins
Les Ribes
Les Mensals
Pallon
La Roche-de-Rame
L'Adroit
PARC
Gouffre de Gourfouran
Prareboul
Bois Noir
Col du Lauzet
Les Clots
Mgne de Céüda
Col de Prelles
Pte des Estaris
Col de Freissinières
Cascades
Somt de Prelles
Aigle de Cédera
Roc des Hommes
Grd Lac des Estaris
DES
Le Piquet
Tête de Gaulent
Le Chambon
Champcella
Le Villard
Les Baumes
Les Gondouins
Les Fermons
Les Borels
Méollion
Somt Drouvet
Grd Pinier
Lac Faravel
Le Ponteil
St-Crépin
Prachaval
Champoléon
Le Tourond
Les Martins
Roc d'Alibrandes
Forest-des-Estaris
Pt Pinier
ÉCRINS
Tête de Vautisse
Roche Charnière
Chanteloube
Les Achards
Les Eymards
Eygliers
La Font-d'Eygliers
Combe du
Orcières-Merlette
La Pousterle
P. de Corbière
Les Garnauds
Les Marches
Les Estaris
Les Veyers
Prapic
Le Tuba
Pic de Rochelaire
Tête de Couleau
L'Alp
Truchet
Réotier
Mont-Dauphin
Guillestre
Le Palastre
Les Richards
Coche
Les Usclas
Montcheny
Orcières
Les Audiberts
La Saulce
Roc Blanc
Tête de Fouran
Les Casses
Fontaine
Pied-la-Viste
Mon-du-Roy
St-Nicolas
Drac Noir
Les Ricous
Serre-Eyraud
Le Carabrut
Tête des Maïtz
Col des Tourettes
Bel-Pinet
Les Clots
Barbein
Risoul
Combe Chauve
Peyre-Haute
Gaudissard
Pont-du-Fossé
Archinard
Pte de la Diablée
Le Pain de Sucre
La Serre
Cde de la Pisse
Tête de Clotinaille
St-Alban
St-Clément-sur-Durance
Chabottonnes
Pite Autane
Grde Autane
Le Barle
Le Mourre Froid
Rabious
St-Étienne
Risoul 1850
St-Léger-les-Mélezes
La Coupa
Tête de Soleil Bœuf
St-Marcellin
Chaméyer
Châteauroux-les-Alpes
Lac de Siguret
Belvre de l'Homme de Pierre
Pic du Clocher
Col de Chérine
Col de Valbelle
Crête de Razis
Ste-Marie-de-Vars
(Vars)
St-Marcel
Ancelle
Pte de Fleurendon
Les Gourniers
Pte de Serre
Tête de Lucy
Pic de Pied Brun
Tête de l'Hivernet
Bramafan
St-Roch
Siguret
Tête de Colly
Chau d'Ancelle
Col de Moissière
Le Piolit
Les Parias
Réallon
Les Fontaniers
La Reste
Le Mileu
C. de la Cloche
La Mayt
Peyrol
Forest
Tour St-Philippe
La Pousterle
Les Méans
Mt Guillaume
Chalvet
St-André-d'Embrun
Pramouton
Pic de Chabrières
Les Claux
Pic de Chabrières
Les Rousses
Le Château
Caléyère
Les Croix
Les Rencuraux
Pic St-André
Les Escondus
Les Aubins
Naune-Raze
Les Borels
Les Croix de Viandre
L. de St-Apollinaire
Le Villard
Puy-St-Eusèbe
Le Pt Puy
Le Coin
Pic de Crévoux
Les Andrieux
Les Truchets
Embrun
Les Vabres
Praveyral
La Chalp
Pte de l'Eyssina
Neuve
Les Césaris
Le Martouret
Bourget
Les Gourés
St-Apollinaire
Chérines
(Puy-Sanières)
Les Gaillards
Crévoux
Chorges
Montgardin
La Paroisse
Prunières
Serre-Ponçon
Crots
Baratier
St-Sauveur
Fl de Méale
Le Méale
Col du Crachet
Les Massots
Les Olliviers
Les Bernards
Pont de Savines
Le Poët
Le Pic Haut
Mgne de Parpaillon
Les Chaussins
Montmirail
Le Forest
Les Salettes
Les Orres
Le Château
Avançon
Le Fein
Les Chappas
Savines-le-Lac
Beauvillard
Villard-Robert
St-Jean
Les Sagnettes
Les Ribes
Vachères
Tête de Vallon Claous
La Croix-des-Prés
Chanteloube
St Michel
Lanthelme
Pontis
Forêt de Morgon
Forêt de Boscodon
Abbe de Boscodon
Le Melezet
Pramouton
Rocher de Serre
La Grde Combe
Col Lebraut
Moulettes
Ene des Miracles
Pic de Morgon
Crête du Lauzet
Col de Parpaillon
Grd Parpaillon
Viere
La Faure
Chabrand
Les Hyvans
Demoiselles coiffées
Les Fabres
Tête de la Mazelière
Pic de Boussolenc
Cabane du Grd Parpaillon
Mt Colombis
Les Aymes
Col de Pontis
L'Adroit-de-Pontis
Pic de Charance
Cirque de Morgon
Cirque du Bragousse
Bois du Lauzerot
Cne de Siguret
Demoiselles coiffées
Belvre J. Wilhem
Sauze-du-Lac
Col de la Rousse
La Grde Cabane
Scés de Jérusalem
Cne du Vallon
Arête du Pt Parpaillon
Rousset
Espinasses
Bge de Serre-Ponçon
Les Celliers
Ubaye
Joug de l'Aigle
Le Pouzenc
Cne de L'Eyssalette
Grd Bérard
Tête de Croués
Port-St-Pierre
P. du Villaret
Le Pt Ferrand
L'Aupillon
Grde Éperviere
Le Collet
Les Terrasses
Chancelas
Tête de la Gipière
La Montagnette
Col de l'Ane
Col des Orres
Col de la Pare
La Chalanche
La Bréole
Le Villaret
Cade de Costeplane
Gréolier
Beaufort
Costebelle
Les Eyrauds
Le Lautaret
St-Vincent-les-Forts
La Pare
Cervière
Les Plastres
Pont Romain
La Romeyère
Les Passours
St-Flavi
Mgne de la Scie
La Garde
La Rouvière
Les Chabrands
Les Berlies
Clot du Dou
Bois Noir
Le Lauzet-Ubaye
Tête de Louis XVI
L'Aubrée
Les Dalis
Basse-Chalanche
Bouzoulières
Charamel
Les Goirands
Les Rollands
Brèziers
Mgne de Seymuit
L'Eygave
Fermeyer
Col St-Jean
Le Seuil
Grande Blache
La Chanenche
Le Treou
Tato
Malpasset
Champdarène
Col des Fillys
Les Allards
Risolet
St-Jean
Dormillouse
Batterie
Le Villard
(Méolans-Revel)
Rioclar
Les Prats
Miraval
Champ de Tir
Les Allemands
Bellaffaire
Les Jurans
Chaumenc
Les Garcinets
La Frayssinie
(Montclar)
Champanastay
La Fresquière
La Frache
Faucon-de-B.
Chaudon
Méolans
Les Thuiles
La Lauze
St-Pons
Villaudemard
la Chapelle
Serre-Nauzet
Le Martinet
Gaudeissard
Les Guérins
Barcelonnette
Col des Garcinets
Hauts Savornins
Col Bas
Pic de Savernes
Siolane des Besses
Clot Meyran
La Maure
Conchette
Pra-Soubeiran
Le Sauze
Les Dorats
St-Martin-lès-Seyne
Villette
Les Besses
Pra-Loup
Les Sagnières
Montclar
Pompiéry
Pic de Bernardez
St-Barthélemy
Roche Bénite
Uvernet-Fours
Bois-Noir
Le Col
Somt de Tête Grosse
Les Rougiers
Selonnet
Pite Séolane
Costebelle
Molanès
Super-Sauze
Tête de Charbonnier
Crête des Mélèzes
Surville
La Liberne
Neillère
Les Clarionds
Pont du Fau
Gaudissard
Astoin
Les Tourniquets
Bas-Chardavon
Cit
St-Pons
L'Abbaye de Laverq
Grde Séolane
Péguieu
Le Chapeau de Gendarme
0
5
10 km
CI
Seyne
CJ
Le Fau
288
Aiguillette
CK
Col des Thuiles
20
CL
Tête Grosse
Chardavon
Les Agneliers
Tête de la Sestrière
Bachelard
Le Villard-des-Arnaud
Somt de la Chanau
Col du Fanget
Ste-Rose
Grand-Puy
Maure
Cabane des Mulets
Tête de Chabrière
Tête de Vescal
Le Villard d'Abas
La Rouchaye
Col de Maure
Plan Bas

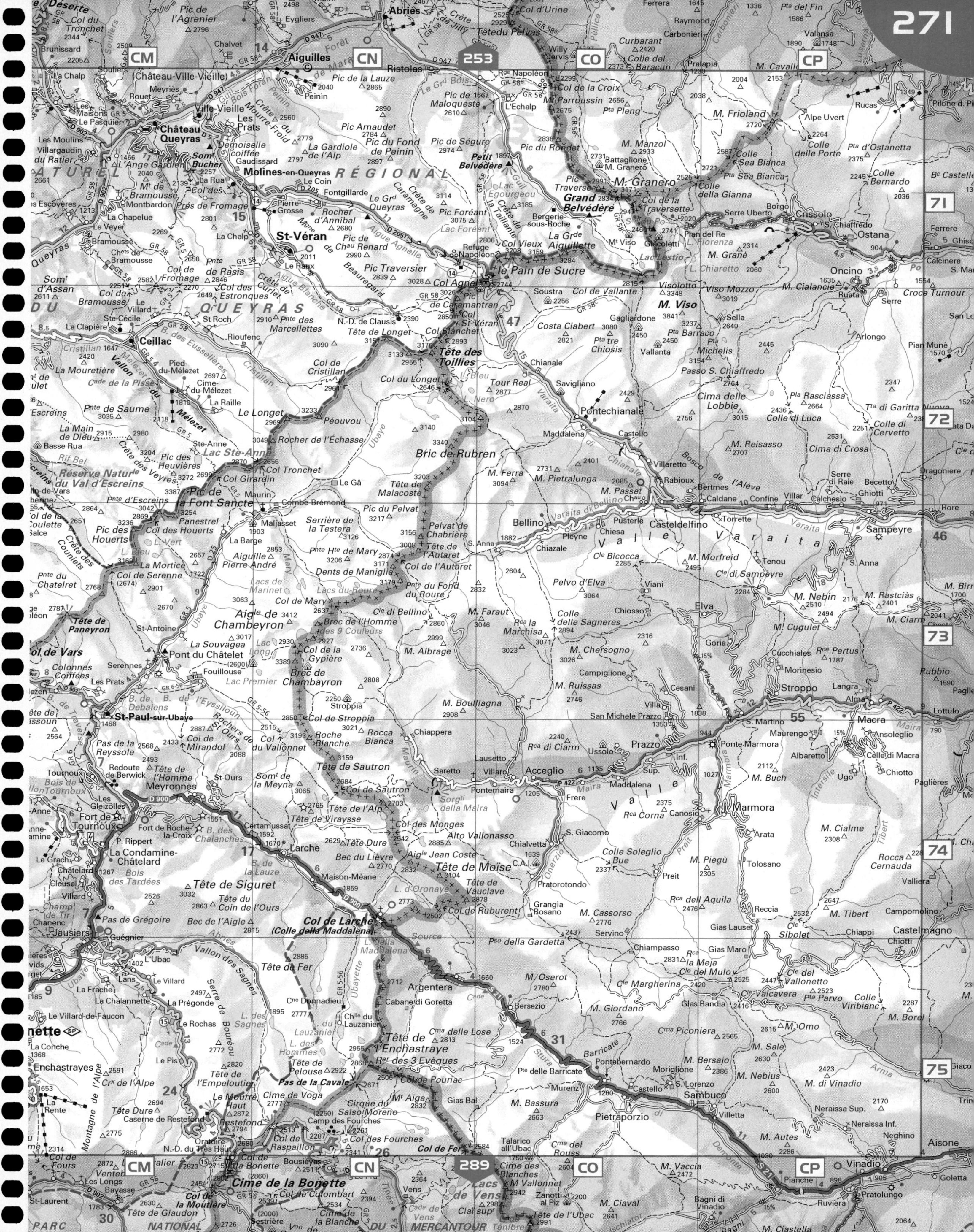
CM
CN
253
CO
CP
Abriès
Aiguilles
Ristolas
Col d'Urine
Tête du Pelvas
Col du Tronchet
Pic de l'Agrenier
Château-Ville-Vieille
Ville-Vieille
Château Queyras
Les Prats
Molines-en-Queyras
RÉGIONAL
St-Véran
Pic de la Lauze
Pic de Malaquesse
Pic Arnaudet
Pic du Fond de Peinin
Pic de Ségure
Petit Belvédère
Pic du Rondet
Col de la Croix
M. Parrioussin
M. Frioland
M. Granero
Grand Belvédère
Col de la Traversette
Colle della Gianna
Crissolo
Ostana
M. Granè
Oncino
Le Pain de Sucre
Col Agnel
Col Vieux
La Grde Aiguillette
Visolotto
Viso Mozzo
M. Viso
Col de Vallante
Pic de Caramantran
Col St-Véran
Col Blanchet
Tête des Toillies
Costa Ciabert
Pta Barracco
Sella
QUEYRAS
Ceillac
Col des Estronques
Pic Traversier
Col de Rasis
Col de Fromage
Tête de Longet
N.-D. de Clausis
Col de Cristillan
Col du Longet
Chianale
Tour Real
Pontechianale
Colle di Luca
Colle di Cervetto
Cima di Crosa
Le Longet
Péouvou
Rocher de l'Échasse
Bric de Rubren
Lac Ste-Anne
Col Girardin
Col Tronchet
Pic de la Font Sancte
Maurin
Combe Brémond
Tête de Malacoste
M. Ferra
M. Pietralunga
M. Passet
Rabioux
Bertmes
Caldane
Confine
Villar
Calchesio
Sampeyre
Bellino
Pleyne
Chiesa
Casteldelfino
Valle Varaita
Maljasset
Serrière de la Testera
Pic du Pelvat
Pelvat de Chabrière
Tête de l'Autaret
Col de l'Autaret
Dents de Maniglia
Col de Serenne
Pic des Houerts
Aiguille Pierre André
M. Morfreid
Cle di Sampeyre
Pelvo d'Elva
Elva
M. Nebin
M. Rastcias
Col de Mary
Aigle de Chambeyron
Brec de l'Homme
Cle di Bellino
M. Faraut
Rca la Marchisa
Colle delle Sagneres
Col de Vars
Tête de Paneyron
Pont du Châtelet
La Souvagea
Col de la Gypière
Brec de Chambeyron
M. Albrage
M. Chersogno
M. Cugulet
Rce Pertus
St-Paul-sur-Ubaye
Col de Stroppia
M. Boulliagna
M. Ruissas
Stroppo
Macra
San Michele Prazzo
Col de Mirandol
Col du Vallonnet
Roche Blanche
Rocca Bianca
Chiappera
Rca di Ciarm
Prazzo
Ponte Marmora
Tête de Sautron
Saretto
Acceglio
Maddalena
Valle Maira
Marmora
M. Buch
Meyronnes
Col de Sautron
Tête de l'Alp
Col des Monges
Alto Vallonasso
Rca Corna
Canosio
M. Cialme
Fort de Tournoux
Larche
Tête Dure
Tête de Moïse
Colle Soleglio Bue
M. Piegù
Rocca Cernauda
La Condamine-Châtelard
Tête de Siguret
Maison-Méane
Tête de Vauclave
Col de Ruburent
Pratorotondo
Rca dell Aquila
M. Cassorso
Pas de Grégoire
Jausiers
Col de Larche (Colle della Maddalena)
Pso della Gardetta
Cle Sibolet
M. Tibert
Castelmagno
Tête de Fer
Argentera
M. Oserot
Rca la Meja
Cle del Mulo
Cle del Vallonetto
Cle Margherina
M. Giordano
Cle Valcavera
Colle Viribianc
Bersezio
Tête de l'Enchastraye
Cma delle Lose
Rer des 3 Evêques
Cma Piconiera
M. Omo
M. Sale
M. Borel
Pas de la Cavale
Col de Pouriac
Pontebernardo
M. Bersaio
M. Nebius
M. di Vinadio
Cime de Voga
Cirque du Salso Moreno
Col des Fourches
M. Bassura
Sambuco
Pietraporzio
Col de Restefond
Col de Fer
Col de Raspaillon
Cime de la Bonette
Col de la Moutière
Col de Colombart
Lacs de Vens
Cime des Blanches
M. Vallonnet
Tête de l'Ubac
M. Ciaval
M. Vaccia
Vinadio
Aisone
Pratolungo
Bagni di Vinadio
289
PARC NATIONAL DU MERCANTOUR
71
72
73
74
75

Biscarrosse
Hourtiquets
En Bonnet
Étang de Biscarrosse et de Parentis
CENTRE D'ESSAIS DES LANDES
Zone militaire interdite
Lahitte
Les Mouliès
Le Bôo
Naoutoy
Bourruque
Parentis-en-Born
Le Lac
Poms
Ychoux
Gastes
Le Pourjeau
Esleys
Les Espalanques
Herran
Les Forges
Hillan
Lucats
Dupouy
Haou
Maynage
Lafont
Pelouche
Mongaillard
Forêt de Piche
St-Trosse
Forêt de Ligautenx
Forêt de Ste-Eulalie
P. de l'Oustaline
Ste-Eulalie-en-Born
Grand Ligautenx
Petit Ligautenx
Pontenx-les-Forges
Souleyraou
Guirosse
Menaut
Bestaven
Lette de Serbiat
Étang d'Aureilhan
Bouricos
Baxente
Lüe
Jean de Crabe
Cantaloup
Gaillard
Mimizan-Plage
Merquedey
Vigon
Daricau
Aureilhan
La Barde
St-Paul-en-Born
Larrousseau
Médous
Mimizan
Abb
Baschoc
Villenave
Haza
Gillet
Grué
Méneou
Terrenave
Cantaure
Mariné
Réserve
Salin
Chéou
Angoulin
Forêt de Mimizan
Lette d'Esting
Esting
Archus
Leych
Gaye
Escource
Jouanicot
Bias
Jouanon
Cap-de-Pin
Bouheben
Capas
Lisacq
Forêt de St-Julien-en-Born
Larden
Lestajau
Salbert
Contis-Plage
Lesbordes
Silo
P. Rose
Tresse
Tuquelets du Nord
La Lette
Le Cusson
Contis-les-Marais
Courant de Contis
Caoule
Guetch
Mézos
Les Pignats
Tuquelets du Sud
St-Julien-en-Born
Casteja
Onesse
Onesse-et-Laharie
Lafitte
Laharie
Cap-de-l'Homy Plage
Tuc-Gaillat
Le Cout
Grand Coulin
Hourre
Morcenx
Lit-et-Mixe
Uza
Harenoin
Padaou
Sindères
Lévignacq
Garrosse
Miquéou
Moulin-Vieux
Lugadets
Naboude
Le Bouscat
Mixe
Vignacot
Carpit
Vignac
Louise
Frouas
Forêt de Vielle-St-Girons
Bernadic
Le Souquet
Lesperon
Mathiouic
Caillaube
St-Girons-Plage
St-Girons
Boucaou
Cerbouéyre
Labaste
Bernadon
Criéré
(Vielle-St-Girons)
Jeantot
Gracian
Péliou
Lassalle
Gournau
Rion-des-Landes
Vielle
Mansenes
Linxe
Arnaoutchot
Pouin
Leurteyroun
Courant d'Huchet
Étang de Léon
Pas du Loup
Pichelèbe
Escalus
(St-Michel-Escalus)
Castets
Réserve naturelle
Lestage
Z
AA
AB
AC
254
292
293
76
77
78
79
80
0 5 10 km

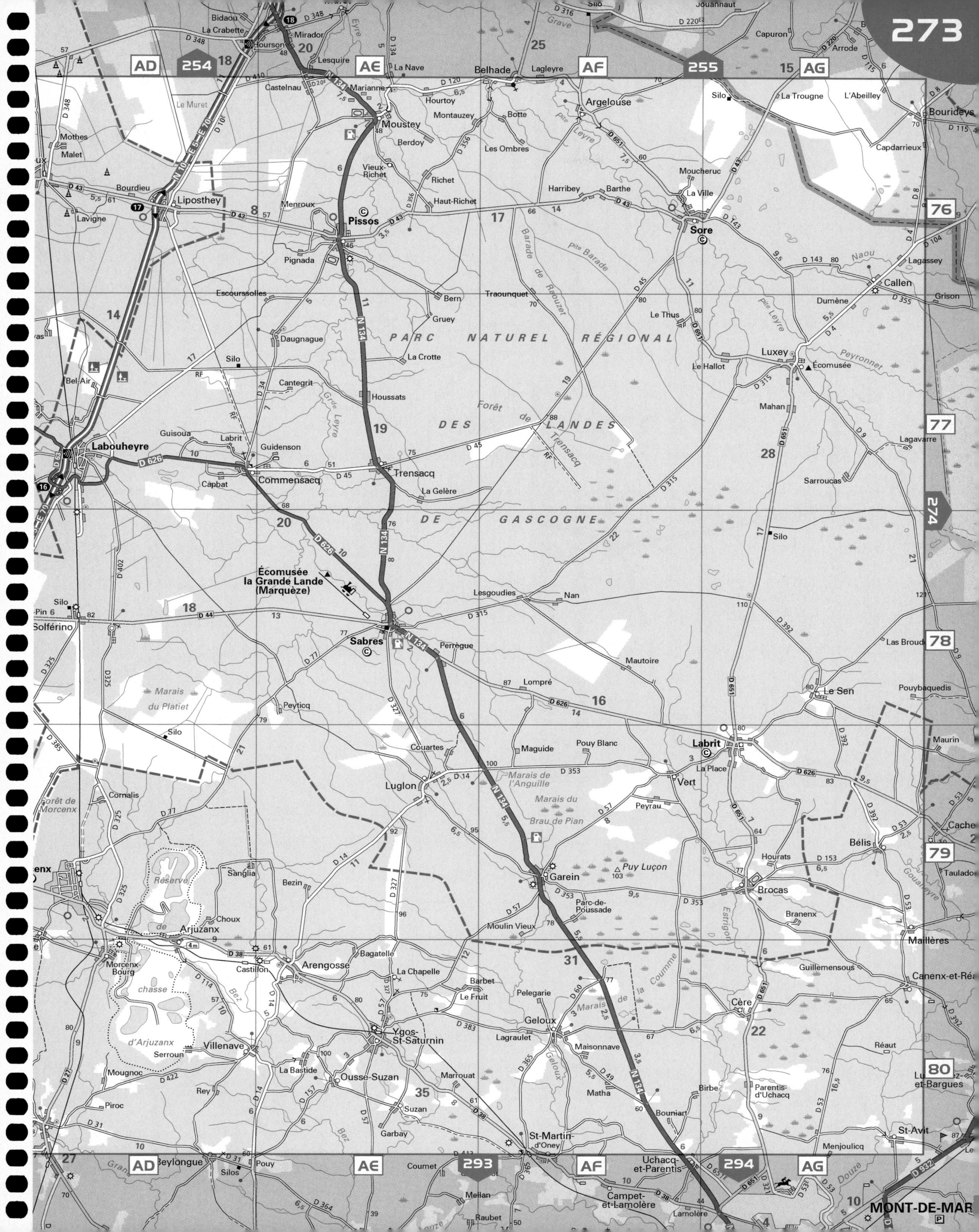
AD
254
AE
AF
255
AG
76
77
274
78
79
80
293
294
Bidaou
La Crabette
Hourson
Mirador
Lesquire
La Nave
Belhade
Lagleyre
Castelnau
Marianne
Moustey
Hourtoy
Montauzey
Botte
Argelouse
Berdoy
Les Ombres
Le Muret
Mothes
Malet
Vieux-Richet
Richet
Haut-Richet
Harribey
Barthe
Moucheruc
La Ville
Silo
La Trougne
L'Abeilley
Bourideys
Capdarrieux
Capuron
Arrode
Jouannaut
Bourdieu
Liposthey
Lavigne
Menroux
Pissos
Sore
Pignada
Escourssolles
Bern
Traounquet
Gruey
Le Thus
Callen
Lagassey
Dumène
Grison
Luxey
Écomusée
Le Hallot
Daugnague
La Crotte
PARC NATUREL RÉGIONAL
DES LANDES
DE GASCOGNE
Forêt de Trensacq
Barade de Raouzet
Bel-Air
Cantegrit
Houssats
Mahan
Lagavarre
Labouheyre
Guisoua
Labrit
Guidenson
Trensacq
Commensacq
Capbat
La Gelère
Sarroucas
Silo
Écomusée la Grande Lande (Marquèze)
Lesgoudies
Nan
Solférino
Sabres
Perrègue
Mautoire
Las Broude
Marais du Platiet
Peyticq
Lompré
Le Sen
Pouybaquedis
Silo
Couartes
Maguide
Pouy Blanc
Labrit
Vert
La Place
Maurin
Cornalis
Forêt de Morcenx
Luglon
Marais de l'Anguille
Marais du Brau de Pian
Peyrau
Bélis
Cache
Tauladon
Morcenx
Réserve de chasse d'Arjuzanx
Sanglia
Bezin
Garein
Puy Luçon
Hourats
Brocas
Parc-de-Poussade
Branenx
Maillères
Choux
Arjuzanx
Moulin Vieux
Castillon
Arengosse
Bagatelle
La Chapelle
Guillemensous
Canenx-et-Réaut
Morcenx-Bourg
Barbet
Le Fruit
Pelegarie
Cère
Geloux
Lagraulet
Maisonnave
Villenave
Serroun
Ygos-St-Saturnin
Réaut
Mougnoc
La Bastide
Ousse-Suzan
Marrouat
Matha
Birbe
Parentis-d'Uchacq
Piroc
Rey
Suzan
Bouniart
Garbay
St-Martin-d'Oney
St-Avit
Menjoulicq
Beylongue
Silos
Pouy
Coumet
Uchacq-et-Parentis
Campet-et-Lamolère
Lamolère
Mellan
Raubet
MONT-DE-MARSAN
N 134
D 626
D 651
D 315
D 43
D 44
D 38

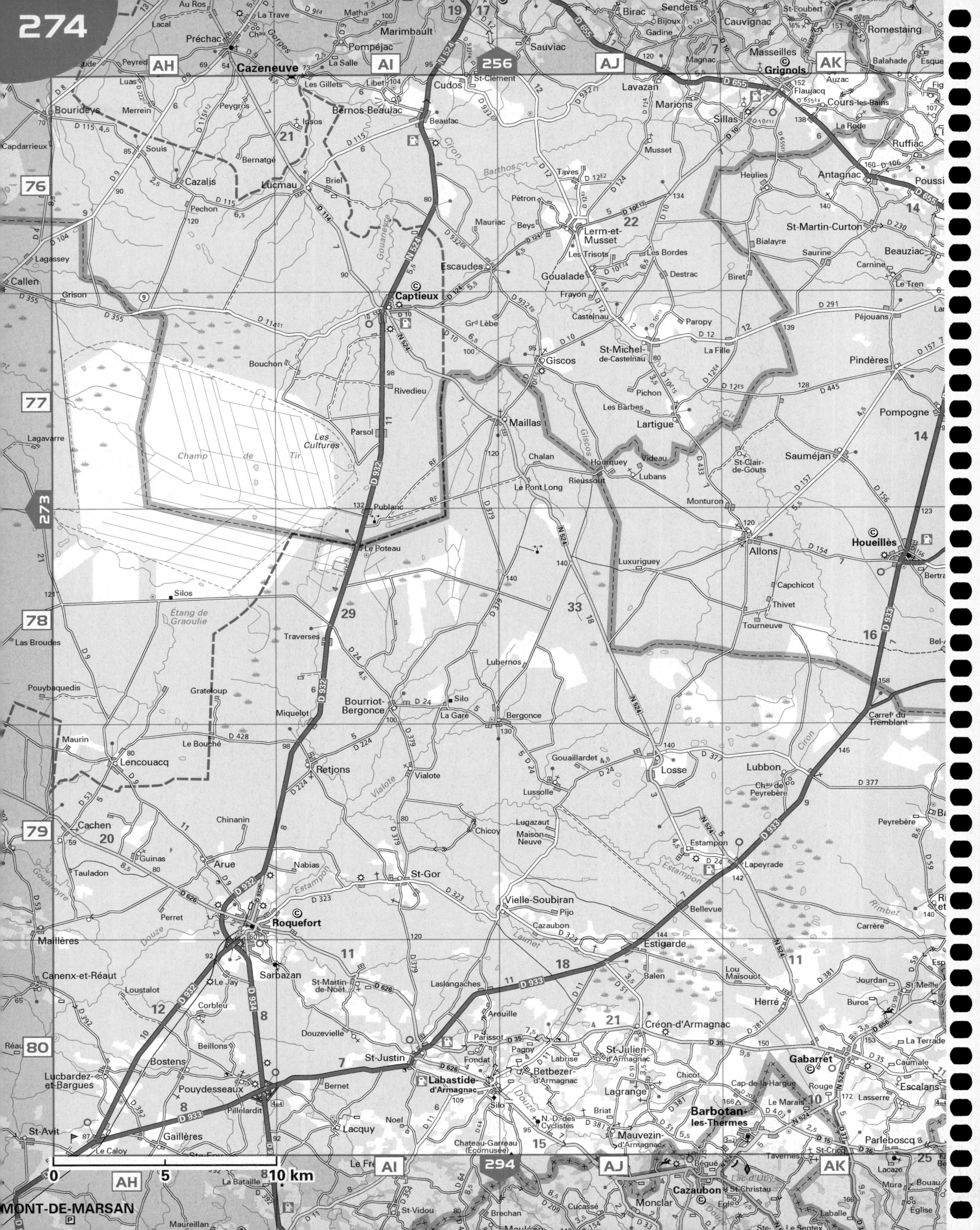

AH
AI
AJ
AK
256
294
19
17
273
76
77
78
79
80
Au Ros
La Trave
Matha
Marimbault
Pompéjac
La Salle
Lacal
Préchac
Peyred
Cazeneuve
Les Gillets
Libet
Luas
Merrein
Peygros
Bourideys
Bernos-Beaulac
Beaulac
Insos
Capdarrieux
Souis
Bernatgé
Cazalis
Lucmau
Briel
Pechon
Lagassey
Callen
Grison
Captieux
Cudos
St-Clément
Sauviac
Birac
Sendets
Bijoux
Gadine
Cauvignac
St-Loubert
Romestaing
Masseilles
Grignols
Magnac
Lavazan
Marions
Sillas
Flaujacq
Auzac
Cours-les-Bains
Balahade
La Rode
Ruffiac
Heulies
Antagnac
Poussi
Musset
Taves
Pètron
Mauriac
Beys
Lerm-et-Musset
Les Trisots
Les Bordes
Escaudes
Goualade
Destrac
Frayon
Biret
St-Martin-Curton
Bialayre
Saurine
Beauziac
Carnine
Le Tren
Castelnau
Paropy
Pèjouans
Grd Lèbe
St-Michel-de-Castelnau
La Fille
Giscos
Pindères
Bouchon
Rivedieu
Pichon
Les Barbes
Lartigue
Pompogne
Maillas
Parsol
Les Cultures
Champ de Tir
Lagavarre
Chalan
Hourquey
Videau
Lubans
Rieussout
Le Pont Long
St-Clair-de-Gouts
Sauméjan
Publanc
Monturon
Allons
Houeillès
Le Poteau
Luxuriguey
Capchicot
Thivet
Tourneuve
Silos
Étang de Graoulie
Las Broudes
Traverses
Lubernos
Pouybaquedis
Grateloup
Bourriot-Bergonce
Silo
La Gare
Bergonce
Miquelot
Carref du Tremblant
Maurin
Le Bouché
Retjons
Lencouacq
Vialote
Gouaillardet
Losse
Lubbon
Chau de Peyrebère
Lussolle
Peyrebère
Chinanin
Cachen
Lugazaut
Maison Neuve
Chicoy
Estampon
Lapeyrade
Guinas
Arue
Tauladon
Nabias
St-Gor
Vielle-Soubiran
Pijo
Bellevue
Perret
Roquefort
Cazaubon
Carrère
Maillères
Estigarde
Sarbazan
Canenx-et-Réaut
Loustalot
Le Jay
St-Martin-de-Noët
Laslangaches
Balen
Lou Maisouot
Jourdan
St-Meille
Corbleu
Herré
Buros
Arouille
Créon-d'Armagnac
Douzevielle
Beillons
Parisot
Pagny
Labrise
St-Julien-d'Armagnac
La Terrade
Gabarret
Caumale
St-Justin
Fondat
Bostens
Betbezer-d'Armagnac
Lucbardez-et-Bargues
Labastide-d'Armagnac
Bernet
Chicot
Cap-de-la-Hargue
Rouge
Escalans
Pouydesseaux
Lagrange
Le Marais
Lasserre
Pillelardit
Briat
Barbotan-les-Thermes
Noel
N.-D.-des Cyclistes
Mauvezin-d'Armagnac
Lacquy
St-Avit
Gaillères
Le Caloy
Chateau-Garreau (Ecomusée)
Parleboscq
St-Cricq
Tavernes
Bégué
Lac d'Uby
Le Fre
La Bataille
Cazaubon
St-Christau
Lacaze
Mura
Bouau
MONT-DE-MARSAN
Monclar
Cucassé
Brechan
St-Vidou
Maureillan
Laballe
Eglise
Le Sentex
0
5
10 km

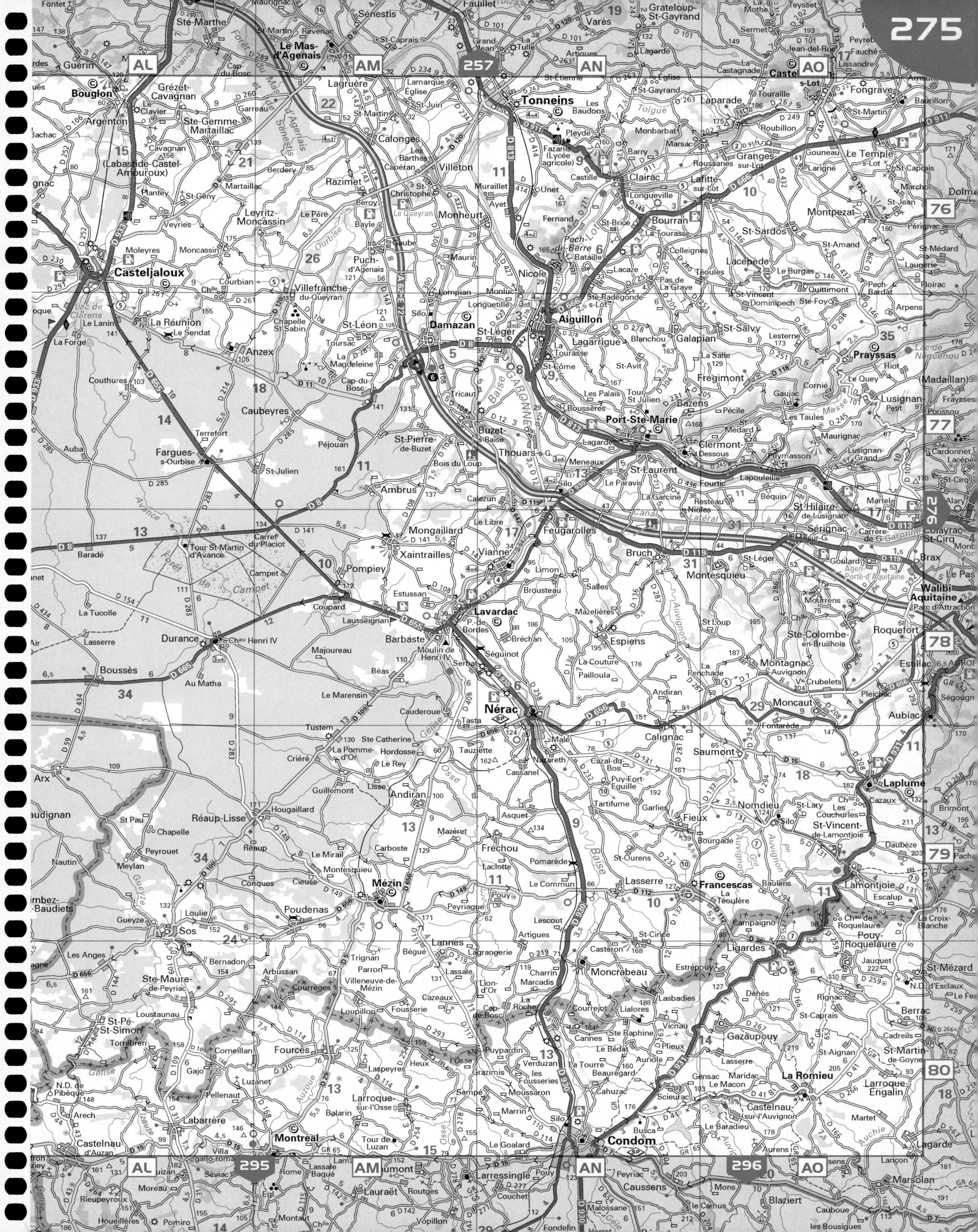

Ste-Marthe
Sénestis
Le Mas-d'Agenais
Fauillet
Varès
Grateloup-St-Gayrand
AL
AM
257
AN
AO
Guérin
Bouglon
Grézet-Cavagnan
Lagruère
Tonneins
Argenton
Ste-Gemme-Martaillac
Calonges
Fauguerolles
Clairac
Lafitte-sur-Lot
Granges-sur-Lot
Le Temple-sur-Lot
Villeton
Razimet
Monheurt
Leyritz-Moncassin
Montpezat
Bourran
St-Sardos
Casteljaloux
Puch-d'Agenais
Nicolle
Lacépède
Villefranche-du-Queyran
Damazan
St-Léger
Aiguillon
La Réunion
St-Léon
Lagarrigue
Galapian
St-Salvy
Prayssas
Anzex
Fregimont
Caubeyres
Buzet-s-Baïse
Port-Ste-Marie
Clermont-Dessous
St-Pierre-de-Buzet
Thouars-s-G.
St-Laurent
Fargues-s-Ourbise
Ambrus
Feugarolles
Mongaillard
Xaintrailles
Vianne
Bruch
Montesquieu
Pompiey
Lavardac
Barbaste
Espiens
Ste-Colombe-en-Bruilhois
Roquefort
Durance
Nérac
Montagnac-s-Auvignon
Moncaut
Aubiac
Boussès
Calignac
Saumont
Laplume
Andiran
Réaup-Lisse
Fieux
Nomdieu
St-Vincent-de-Lamontjoie
Fréchou
Mézin
Francescas
Lasserre
Lamontjoie
Poudenas
Sos
Moncrabeau
Ligardes
Pouy-Roquelaure
Ste-Maure-de-Peyriac
St-Pé-St-Simon
Fourcès
Gazaupouy
La Romieu
Larroque-sur-l'Osse
Montréal
Condom
Castelnau-d'Auzan
295
296
Larressingle
Marsolan

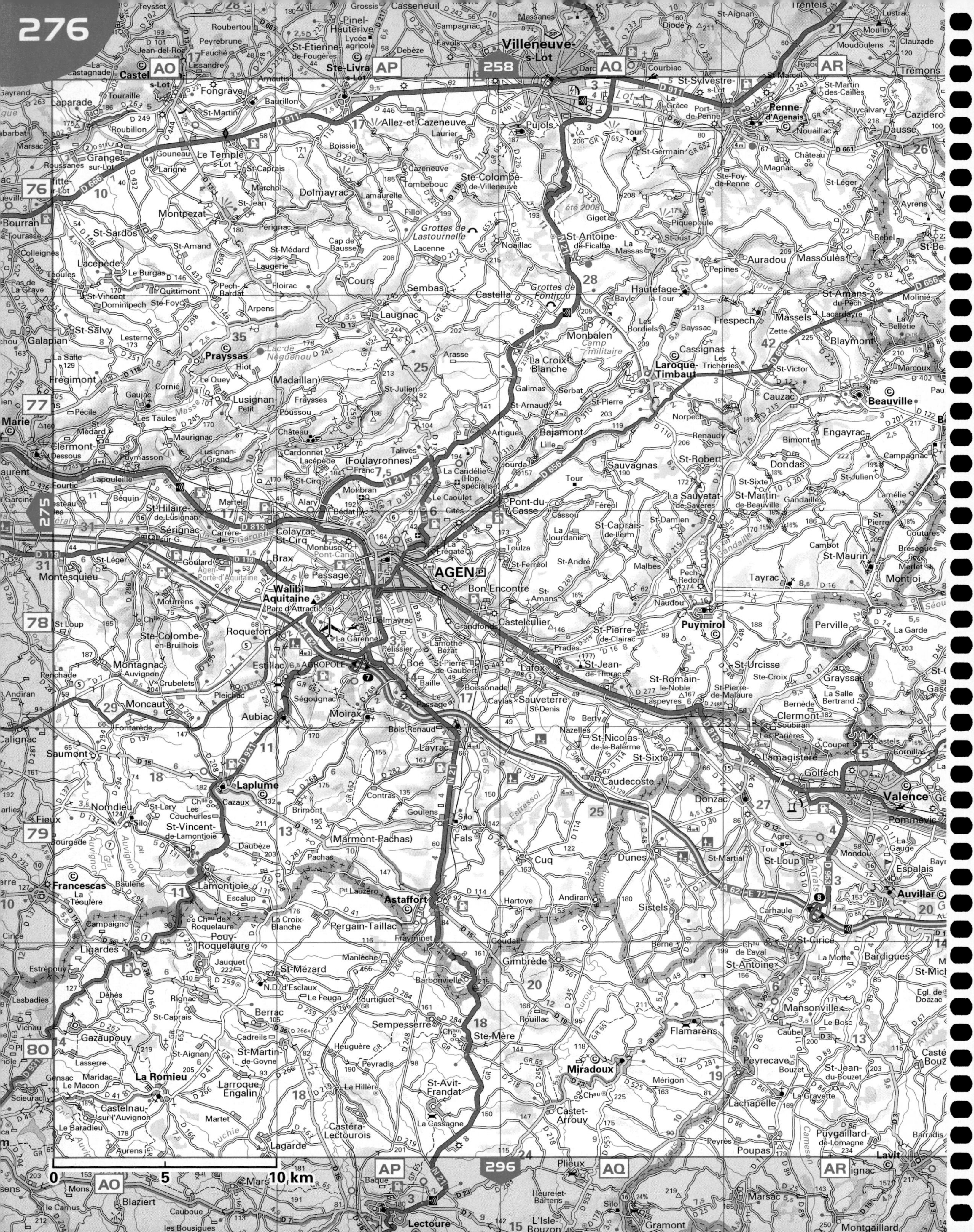
276
AO
AP
AQ
AR
258
296
275
76
77
78
79
80
Villeneuve-s-Lot
Castel-s-Lot
Ste-Livrade-s-Lot
St-Étienne-de-Fougères
Pinel-Hauterive
Casseneuil
Penne-d'Agenais
St-Sylvestre-s-Lot
Fongrave
Le Temple-s-Lot
Granges-sur-Lot
Allez-et-Cazeneuve
Pujols
Ste-Colombe-de-Villeneuve
Dolmayrac
Montpezat
St-Sardos
Lacépède
Laugnac
Prayssas
Madaillan
Lusignan-Petit
Clermont-Dessous
Foulayronnes
St-Antoine-de-Ficalba
Hautefage-la-Tour
Frespech
Massels
Monbalen
La Croix Blanche
Laroque-Timbaut
Cassignas
Beauville
Bajamont
Sauvagnas
St-Robert
La Sauvetat-de-Savères
St-Martin-de-Beauville
Dondas
Engayrac
Pont-du-Casse
AGEN
Bon-Encontre
Colayrac-St-Cirq
Brax
Le Passage
Walibi Aquitaine (Parc d'Attractions)
Sérignac-sur-G.
St-Hilaire-de-Lusignan
Montesquieu
Roquefort
Ste-Colombe-en-Bruilhois
Estillac
Montagnac-s-Auvignon
Moncaut
Aubiac
Boé
Castelculier
St-Pierre-de-Clairac
Puymirol
St-Jean-de-Thurac
Lafox
Sauveterre-St-Denis
St-Romain-le-Noble
St-Urcisse
Grayssas
Perville
Tayrac
Montjoi
St-Maurin
Clermont-Soubiran
Lamagistère
Golfech
Valence
Layrac
Moirax
St-Nicolas-de-la-Balerme
St-Sixte
Caudecoste
Donzac
Dunes
Sistels
St-Loup
Auvillar
St-Cirice
Laplume
Saumont
Nomdieu
St-Vincent-de-Lamontjoie
Lamontjoie
Francescas
Astaffort
Pergain-Taillac
Cuq
Fals
Gimbrède
St-Antoine
Mansonville
Flamarens
Miradoux
Castet-Arrouy
Peyrecave
St-Jean-du-Bouzet
Lachapelle
Puygaillard-de-Lomagne
Lavit
Ligardes
Gazaupouy
La Romieu
Castelnau-sur-l'Auvignon
Larroque-Engalin
St-Mézard
Berrac
Sempesserre
Ste-Mère
St-Avit-Frandat
Castéra-Lectourois
Lagarde
Lectoure
Plieux
Gramont
0 5 10 km

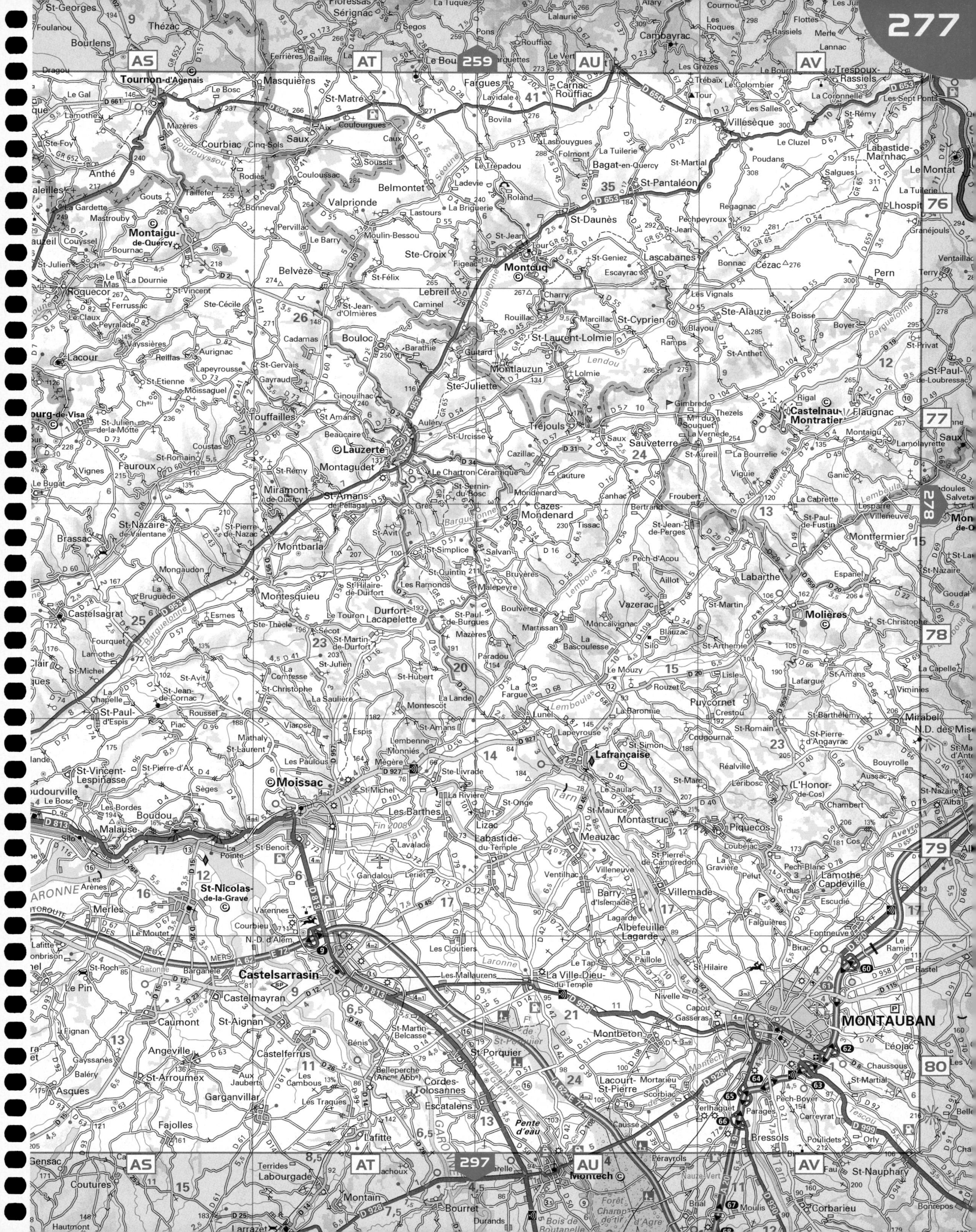
AS
AT
AU
AV
259
297
76
77
78
79
80
278
Tournon-d'Agenais
Masquières
St-Matré
Fargues
Carnac-Rouffiac
Cambayrac
Trespoux-Rassiels
Villesèque
Labastide-Marnhac
Le Montat
Lhospitalet
Courbiac
Saux
Anthé
Montaigu-de-Quercy
Belmontet
Valprionde
Bagat-en-Quercy
St-Pantaléon
St-Daunès
Montcuq
Lascabanes
Ste-Croix
Belvèze
Roquecor
Lebreil
Pern
Cézac
Bouloc
St-Laurent-Lolmie
St-Cyprien
Ste-Alauzie
Montlauzun
Ste-Juliette
Lacour
Touffailles
Lauzerte
Tréjouls
Sauveterre
Castelnau-Montratier
Flaugnac
Fauroux
Montagudet
Miramont-de-Quercy
St-Amans-de-Pellagal
Cazes-Mondenard
St-Nazaire-de-Valentane
Brassac
Montbarla
Montfermier
Labarthe
Montesquieu
Castelsagrat
Durfort-Lacapelette
Vazerac
Molières
Puycornet
Lafrançaise
Moissac
Mirabel
St-Vincent-Lespinasse
Boudou
Malause
Montastruc
Piquecos
Meauzac
St-Nicolas-de-la-Grave
Villemade
Barry-d'Islemade
Albefeuille-Lagarde
Castelsarrasin
Castelmayran
La Ville-Dieu-du-Temple
MONTAUBAN
Montbeton
Lacourt-St-Pierre
St-Porquier
Angeville
Castelferrus
St-Arroumex
Garganvillar
Fajolles
Cordes-Tolosannes
Escatalens
Bressols
Montech
Labourgade
Coutures
St-Nauphary
Corbarieu
Bourret
Garonne
Tarn
A 62
E 72
A 20

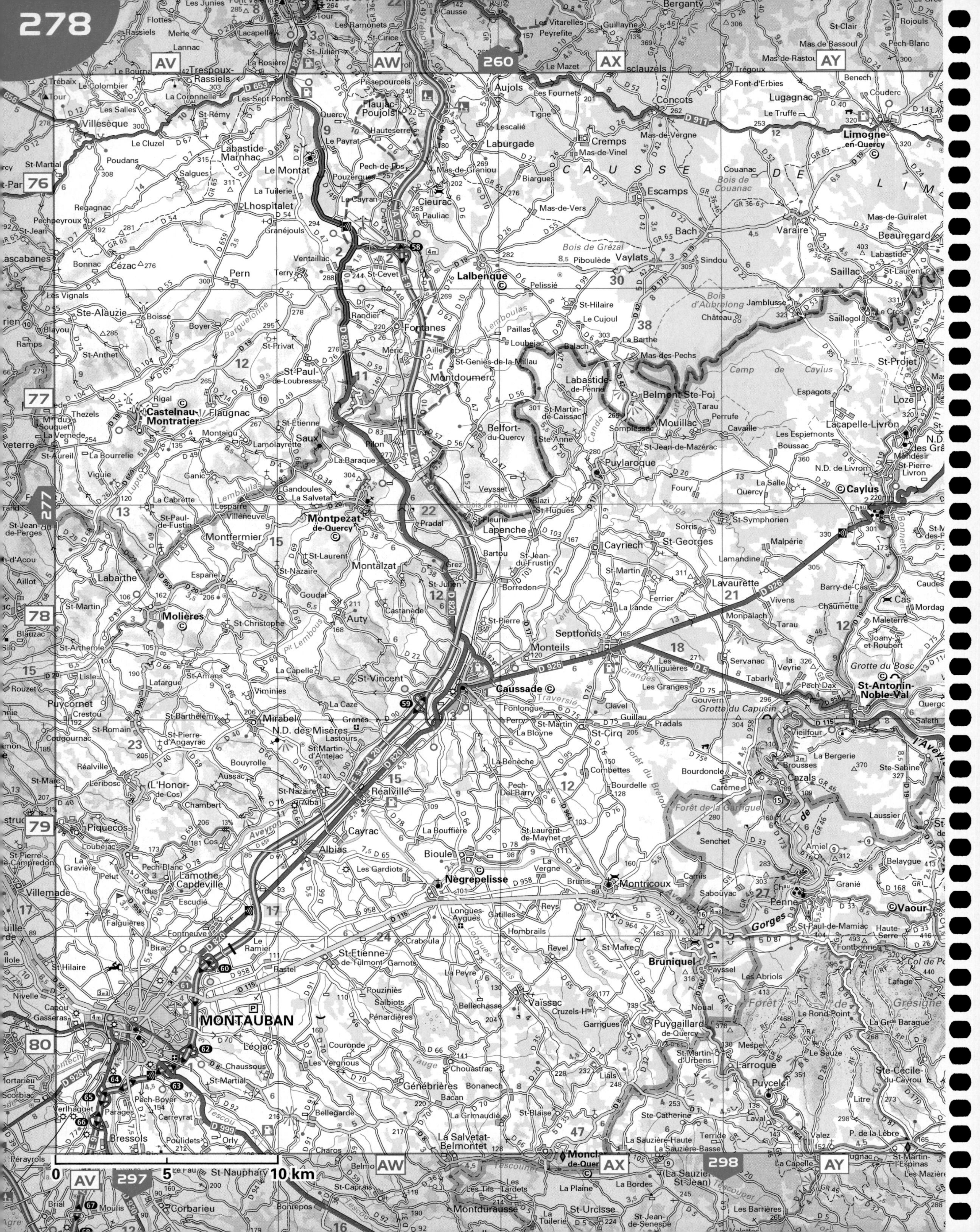
AV
AW
AX
AY
260
Trespoux-Rassiels
Villesèque
Labastide-Marnhac
Le Montat
Lhospitalet
Flaujac-Poujols
Cieurac
Aujols
Laburgade
Cremps
Concots
Lugagnac
Limogne-en-Quercy
CAUSSE DE LIM
Escamps
Bach
Varaire
Beauregard
Lalbenque
Vaylats
Bois de Grézal
Bois d'Aubrelong
Cézac
Pern
Ste-Alauzie
Fontanes
St-Paul-de-Loubressac
Montdoumerc
Labastide-de-Penne
Belmont-Ste-Foi
Camp de Caylus
St-Projet
Castelnau-Montratier
Flaugnac
Belfort-du-Quercy
Mouillac
Lacapelle-Livron
Puylaroque
Caylus
Montpezat-de-Quercy
Molières
Montfermier
Labarthe
Montalzat
Lapenche
Cayriech
St-Georges
Septfonds
Monteils
Lavaurette
Caussade
St-Antonin-Noble-Val
Grotte du Bosc
Grotte du Capucin
Mirabel
Réalville
Piquecos
Albias
Cayrac
Bioule
Nègrepelisse
Montricoux
Penne
Vaour
Gorges de l'Aveyron
Bruniquel
Forêt de la Garrigue
Forêt de Grésigne
Puycelci
Puygaillard-de-Quercy
Vaïssac
Lamothe-Capdeville
Villemade
MONTAUBAN
Léojac
Génébrières
La Salvetat-Belmontet
Bressols
Monclar-de-Quercy
Corbarieu
Montdurausse
St-Urcisse
Aveyron
Tescou
A 20
D 820
D 926
D 115
D 958
D 999
76
77
78
79
80
277
297
298
0
5
10 km

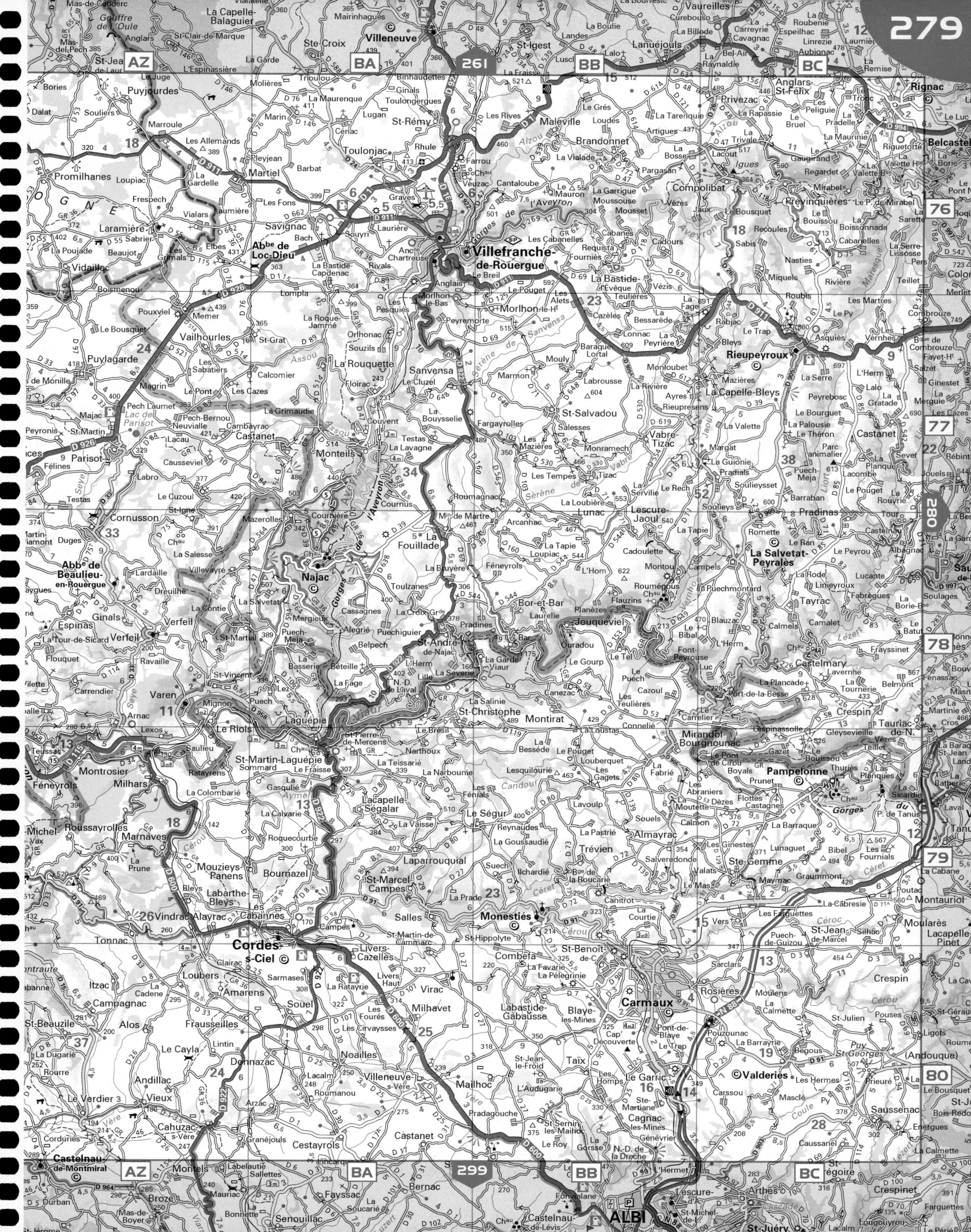
AZ
BA
261
BB
BC
Villeneuve
Ste-Croix
Rignac
Belcastel
Promilhanes
Martiel
Savignac
Laramière
Abbe de Loc-Dieu
Vidaillac
Villefranche-de-Rouergue
Maleville
Brandonnet
Compolibat
Prévinquières
Privezac
Anglars-St-Félix
La Bastide-l'Évêque
Morlhon-le-Ht
Rieupeyroux
Sanvensa
La Rouquette
Puylagarde
Parisot
Castanet
Monteils
St-Salvadou
Vabre-Tizac
La Capelle-Bleys
Lunac
Lescure-Jaoul
La Salvetat-Peyralès
Cornusson
Abbe de Beaulieu-en-Rouergue
Najac
La Fouillade
Verfeil
Varen
St-André-de-Najac
Jouqueviel
Castelmary
Crespin
Laguépie
St-Christophe
Montirat
Mirandol-Bourgnounac
Pampelonne
St-Martin-Laguépie
Lacapelle-Ségalar
Le Ségur
Almayrac
Trévien
Ste-Gemme
Mouzieys-Panens
Bournazel
Laparrouquial
St-Marcel-Campes
Monestiés
Vindrac-Alayrac
Les Cabannes
Cordes-s-Ciel
Livers-Cazelles
Salles
Combefa
Carmaux
Rosières
Souel
Virac
Milhavet
Labastide-Gabausse
Blaye-les-Mines
Donnazac
Noailles
Villeneuve-s-Vère
Mailhoc
Taïx
Le Garric
Valderiès
Saussenac
Cahuzac-s-Vère
Castanet
Cestayrols
Cagnac-les-Mines
Castelnau-de-Montmiral
299
ALBI
St-Juéry
Arthès
Lescure-d'A.
76
77
78
79
80
280
D 911
D 926
D 922
D 600
N 88

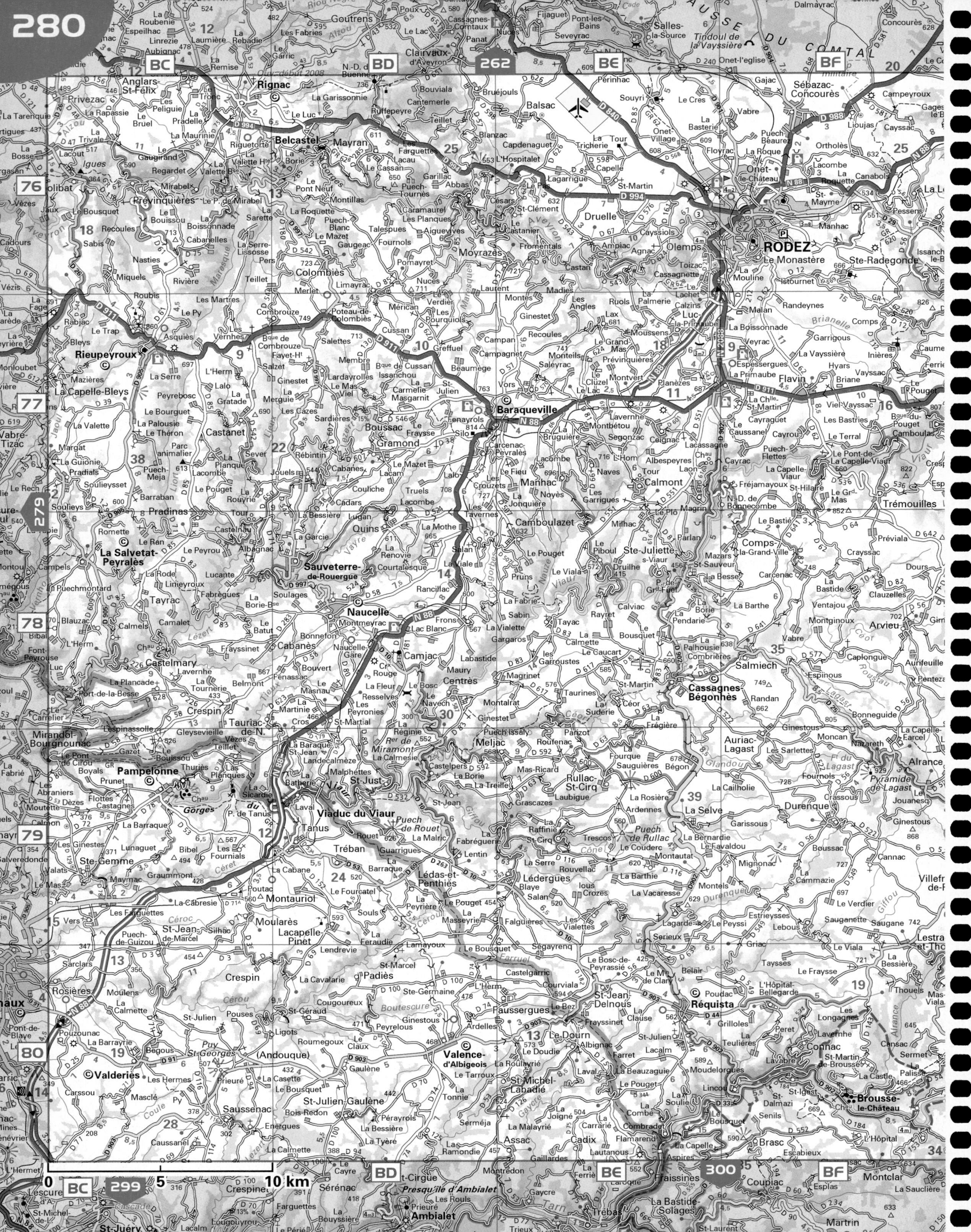

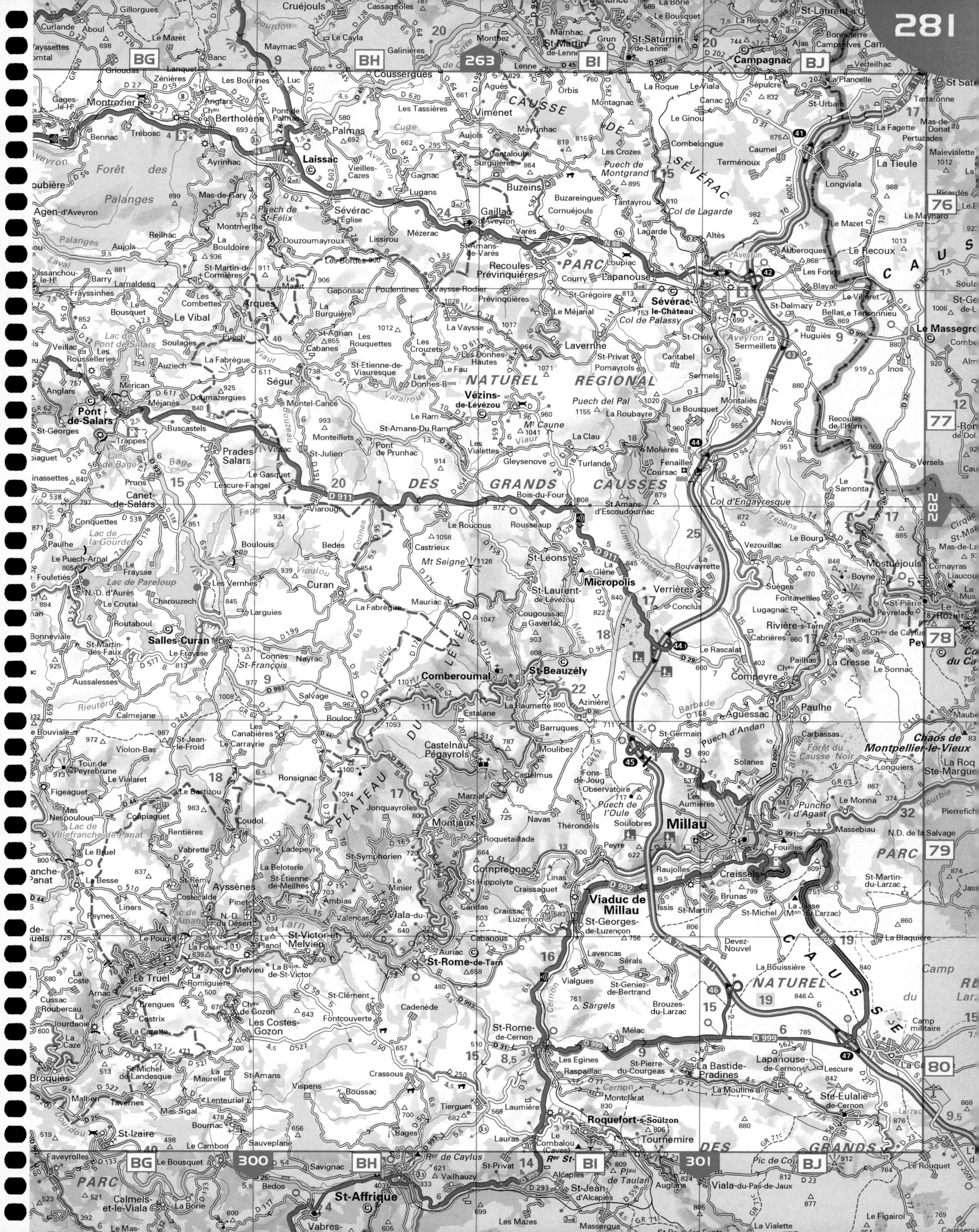

BG
BH
BI
BJ
263
300
301
282
76
77
78
79
80
Laissac
Sévérac-le-Château
Campagnac
Vézins-de-Lévézou
Pont-de-Salars
Salles-Curan
St-Beauzély
Millau
Viaduc de Millau
Comberoumal
Micropolis
St-Rome-de-Tarn
Roquefort-s-Soulzon
St-Affrique
Le Massegros
Chaos de Montpellier-le-Vieux
CAUSSE DE SÉVÉRAC
PARC NATUREL RÉGIONAL DES GRANDS CAUSSES
PLATEAU DU LÉVÉZOU
Forêt des Palanges
Lac de Pont de Salars
Lac de Pareloup
Lac de Villefranche-de-Panat
Montrozier
Bertholène
Palmas
Gaillac-d'Aveyron
Buzeins
Lapanouse
Arques
Ségur
Curan
St-Léons
Verrières
Aguessac
Compeyre
Rivière-s-Tarn
Mostuéjouls
Creissels
St-Georges-de-Luzençon
Castelnau-Pégayrols
Montjaux
Ayssènes
Le Truel
Les Costes-Gozon
St-Victor-et-Melvieu
Tournemire
La Bastide-Pradines
Lapanouse-de-Cernon
Ste-Eulalie-de-Cernon
Col de Lagarde
Col de Palassy
Col d'Engayresque
Mt Seigne
Puech d'Andan
Puech de l'Oule
Puncho d'Agast
Aveyron
Tarn
Viaur
Dourdou
Cernon

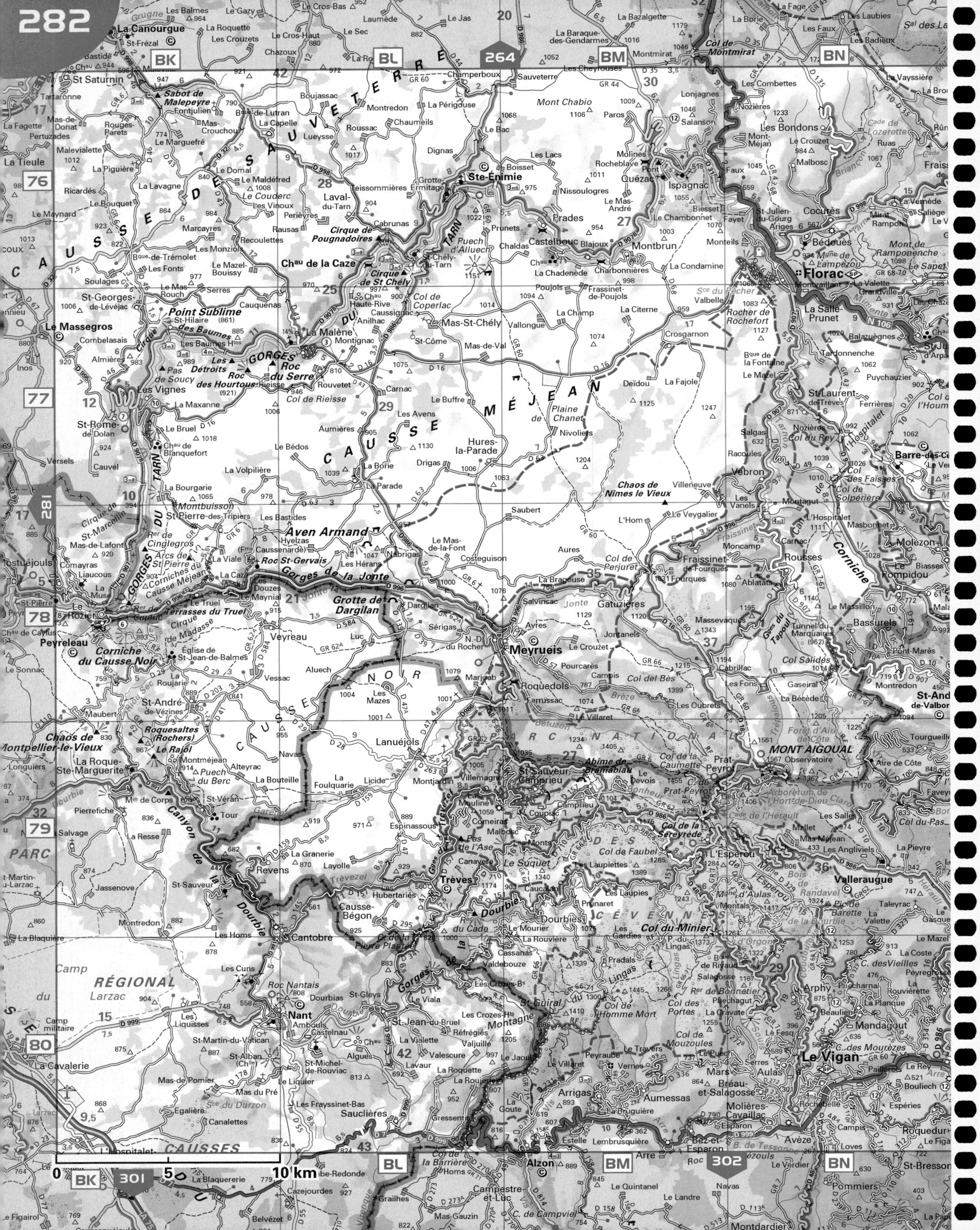

La Canourgue
St-Frézal
BK
BL
BM
BN
264
St Saturnin
Sabot de Malepeyre
CAUSSE DE SAUVETERRE
Sauveterre
Champerboux
Mont Chabio
Lonjagnes
Nozières
Les Bondons
Mont-Méjan
Col de Montmirat
Montmirat
La Bazalgette
La Fage
Les Laubies
Fontjulien
Boujassac
Montredon
La Périgouse
Chaumeils
Lueysse
Roussac
Dignas
La Capelle
Le Bac
Paros
Salanson
Mas-de-Donat
Rouges-Parets
Malevialette
La Tieule
76
77
78
79
80
Le Domal
Le Maldéfred
Le Couderc
Les Vinoux
La Piguière
La Lavagne
Ricardés
Le Bouquet
Le Maynard
Marcayres
Perieyres
Rausas
Laval-du-Tarn
Teissommières
Grotte Ermitage
Ste-Énimie
Boisset
Les Lacs
Nissoulogres
Molines
Rocheblave
Quézac
Ispagnac
Faux
Le Mas-André
Prades
Biesset
Le Chambonnet
Fayet
St-Julien-du-Gourg
Cocurès
Bédouès
Mont de Ramponenche
Florac
Montbrun
Castelbouc
Blajoux
Puech d'Alluech
Chaldas
Prunets
Cirque de Pougnadoires
Cabrunas
Chau de la Caze
Cirque de St Chély
St-Chély-du-Tarn
Recoulettes
Les Monziols
Bque-de-Trémolet
Les Fonts
Le Mazel-Bouissy
Soulages
St-Georges-de-Lévéjac
Les Mas-Rouch
Serres
Cauquenas
Chau Haute-Rive
Caussignac
Col de Coperlac
Mas-St-Chély
Vallongue
Le Champ
Poujols
Frassinet-de-Poujols
La Chadenède
Charbonnières
La Condamine
La Citerne
Monteils
Valbelle
Rocher de Rochefort
La Salle-Prunet
N 106
Le Massegros
Point Sublime
St-Hilaire
Cirque des Baumes
Les Baumes Htes
Combelasais
Almières
La Malène
Montignac
Anilhac
St-Côme
Mas-de-Val
Crosgarnon
Bque de la Fontaine
Le Mazel
Tardonnenche
Puychauzier
Les Détroits
GORGES DU TARN
Roc du Serre
Roc des Hourtous
Pas de Soucy
Rieisse
Rouvetet
Col de Rieisse
Carnac
Le Buffre
Deïdou
La Fajole
Les Vignes
La Maxanne
St-Rome-de-Dolan
Le Bruel
Chau de Blanquefort
Les Avens
Aumières
Le Bédos
CAUSSE MÉJEAN
Plaine de Chanet
Nivoliers
Hures-la-Parade
Drigas
La Borie
La Parade
La Volpilière
La Bourgarie
Montbuisson
St-Pierre-des-Tripiers
Chaos de Nîmes le Vieux
Villeneuve
Vébron
Les Vanels
Salgas
Racoules
St-Laurent-de-Trèves
Nozières
Col du Rey
Ferrières
Barre-des-Cévennes
Col des Faïsses
Col de Solpérière
Montagut
Masbonnet
Molezon
Corniche
Le Pompidou
Les Bastides
Aven Armand
Hyelzas
Caussenarde
Nabrigas
Le Mas-de-la-Font
Costeguison
Saubert
L'Hom
Le Veygalier
Aures
Col de Perjuret
Fraissinet-de-Fourques
Fourques
Moncamp
Carnac
Rousses
Les Ablatats
La Bragouse
Cirque de St-Marcellin
Mas-de-Lafont
Cinglegros
Arcs de St Pierre
Corniches du Causse Méjean
La Viale
Roc St-Gervais
Les Hérans
Gorges de la Jonte
Les Douzes
Le Maynial
Le Truel
Terrasses du Truel
Grotte de Dargilan
Dargilan
Sérigas
Salvinsac
Gatuzières
Le Rozier
Capluc
Cirque de Madasse
Veyreau
Luc
N.-D. du Rocher
Meyrueis
Ayres
Le Crouzet
Jontanels
Massevaques
Tunnel du Marquaires
Bassurels
Le Massillou
Peyreleau
Corniche du Causse Noir
Église de St-Jean-de-Balmes
Aluech
Vessac
CAUSSE NOIR
Marjoab
Roquedols
Pourcarès
Campis
Col del Bès
Cabrillac
Col Salidès
Gaseiral
Montredon
St-André-de-Valborgne
Le Sonnac
La Roujarie
St-André-de-Vézines
Maubert
Les Mazes
Lanuéjols
Ferrussac
Le Villaret
Les Fons
La Bécède
Les Oubrets
Chaos de Montpellier-le-Vieux
Roquesaltes (Rochers)
Le Rajol
Navas
PARC NATIONAL DES CÉVENNES
Mont Aigoual
Observatoire
Aire de Côte
Longuiers
La Roque-Ste-Marguerite
Montméjean
Puech du Berc
Alteyrac
La Bouteille
La Foulquarie
Licide
Montjardin
Villemagne
St-Sauveur-Camprieu
Abîme de Bramabiau
Le Devois
Col de la Caumette
Prat-Peyrot
Arboretum de l'Hort-de-Dieu
Cade de l'Hérault
Mln de Corps
St-Véran
Tour
Pierrefiche
Salvage
La Resse
Canyon de la Dourbie
Espinassous
Coupiac
Camprieu
Col de la Séreyrède
L'Espérou
Mallet
Les Salles
Col du Pas
Mas Méjean
Les Angliviels
La Pieyre
Valleraugue
PARC
St-Martin-du-Larzac
Jassenove
St-Sauveur
Revens
La Granerie
Layolle
Trévezel
Trèves
Le Suquet
Col de Faubel
Les Laupiettes
Caucalan
Les Laupies
Prunaret
Mne d'Aulas
Col du Minier
Montrédon
La Blaquière
Les Homs
Cantobre
Causse-Bégon
Col de la Pierre Plantée
Dourbies
Cévennes
Le Mourier
La Rouvière
Cassanas
Valdebouze
Camp
RÉGIONAL
du
Larzac
Les Cuns
Roc Nantais
Dourbias
St-Gleys
Gorges de la Dourbie
Les Crozes-Bas
Pradals
Col de l'Homme Mort
Col des Portes
Arphy
Puechagut
La Cravate
Mandagout
Camp militaire
Les Liquisses
Nant
Ambouls
Castelnau
St-Jean-du-Bruel
Les Crozes-Hts
Montagne
St-Guiral
Réfrégiés
Valjuille
Col de Mouzoules
St-Martin-du-Vatican
St-Alban
Algues
La Vialette
Valescure
Le Jaoul
Le Travers
Le Puech
Le Vigan
La Cavalerie
Mas-de-Pomier
Mas du Pré
St-Michel-de-Rouviac
Lavaur
La Roquette
La Roujarie
Le Villaret
Peyraube
Vernes
Mars
Aulas
Bréau-et-Salagosse
Arrigas
Aumessas
La Bruguière
Molières-Cavaillac
Rochebelle
Egalière
Sce du Durzon
Canalettes
Les Frayssinet-Bas
Sauclières
Gressentis
Le Liquier
La Goute
Estelle
Lembrusquière
Bez-et-Esparon
Esparon
Avèze
Campis
Roquedur
L'Hospitalet-du-Larzac
CAUSSES
0
5
10 km
BK
301
BL
BM
302
BN
Col de la Barrière
Homs
Alzon
Arre
Navas
Le Verdier
St-Bresson
La Blaquererie
Cazejourdes
Campestre-et-Luc
Grailhes
Le Quintanel
Le Landre
Pommiers
Mas-Gauzin
C. de Campviel
Belvézet
Montdardier
Le Figairol
Caussenuéjouls
281

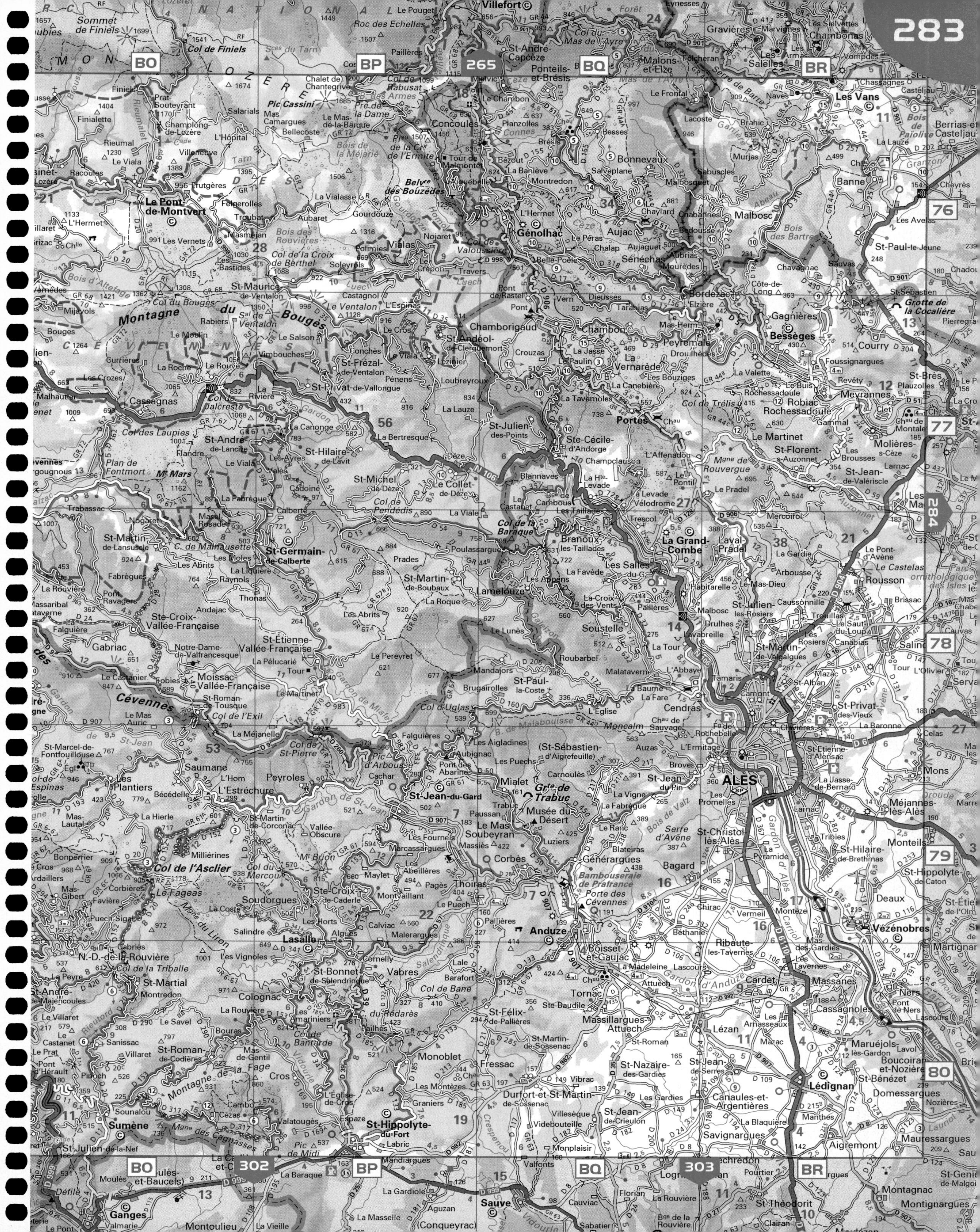

Villefort
Sommet de Finiels
Col de Finiels
Roc des Echelles
Le Pouget
Mont Lozère
BO
BP
265
BQ
BR
24
St-André-Capcèze
Ponteils-et-Brésis
Malons-et-Elze
Gravières
Chambonas
Les Salelles
Les Vans
Pic Cassini
Col de Rabusat
Concoules
Bellecoste
Finialette
Rieumal
Le Viala
Racoules
Villeneuve
Frutgères
Le Pont-de-Montvert
L'Hermet
Belvre des Bouzèdes
Génolhac
Bonnevaux
Malbosquet
Aujac
Sénéchas
Malbosc
Banne
Berrias-et-Casteljau
76
St-Paul-le-Jeune
Vialas
Col de la Croix de Berthel
Bois des Rouvières
28
21
34
Col de Valoussière
Chamborigaud
Bordezac
Gagnières
Bessèges
Grotte de la Cocalière
Courry
Montagne du Bougès
Cévennes
St-Maurice-de-Ventalon
Col du Bougès
Le Ventalon
Rabiers
St-Andéol-de-Clerguemort
St-Frézal-de-Ventalon
Vimbouches
Cassagnas
Col de Jalcreste
St-Privat-de-Vallongue
56
La Vernarède
Peyremale
Robiac-Rochessadoule
Meyrannes
St-Brès
12
Portes
Col de Trélis
Le Martinet
Molières-s-Cèze
77
St-André-de-Lancize
St-Hilaire-de-Lavit
Plan de Fontmort
Mt Mars
St-Julien-des-Points
Ste-Cécile-d'Andorge
Champclauson
Mgne de Rouvergue
St-Florent-s-Auzonnet
St-Jean-de-Valériscle
St-Michel-de-Dèze
Le Collet-de-Dèze
Col de Pendédis
N 106
Blannaves
Le Pontil
La Levade
27
Les Mages
284
St-Martin-de-Lansuscle
St-Germain-de-Calberte
Col de la Baraque
Branoux-les-Taillades
La Grand-Combe
Laval-Pradel
38
21
Le Pont-d'Avène
Rousson
St-Martin-de-Boubaux
Lamelouze
Les Salles-du-Gardon
Ste-Croix-Vallée-Française
Gabriac
Notre-Dame-de-Valfrancesque
St-Étienne-Vallée-Française
Soustelle
14
St-Julien-les-Rosiers
Les Rosiers
St-Martin-de-Valgalgues
Salindres
78
Moissac-Vallée-Française
St-Roman-de-Tousque
Col de l'Exil
Mandajors
St-Paul-la-Coste
Cendras
St-Privat-des-Vieux
Col d'Uglas
B. de Malabousse
Moncalm
St-Marcel-de-Fontfouillouse
53
Col de St-Pierre
Pic d'Arbousse
(St-Sébastien-d'Aigrefeuille)
ALÈS
St-Étienne-d'Alensac
Mons
Les Plantiers
Saumane
L'Estréchure
Peyroles
St-Jean-du-Gard
Mialet
Grte de Trabuc
Musée du Désert
St-Jean-du-Pin
Méjannes-lès-Alès
Col de l'Asclier
Le Fageas
Soudorgues
Ste-Croix-de-Caderle
Thoiras
Corbès
Générargues
Bambouseraie de Prafrance
Porte des Cévennes
St-Christol-lès-Alès
Bagard
16
St-Hilaire-de-Brethmas
Monteils
79
St-Hippolyte-de-Caton
Deaux
Lasalle
Anduze
Boisset-et-Gaujac
Ribaute-les-Tavernes
Vézénobres
N.-D.-de-la-Rouvière
St-Martial
St-Bonnet-de-Salendrinque
Vabres
Col de Bane
Tornac
Cardet
Massanes
Cassagnoles
St-André-de-Majencoules
Colognac
C. du Rédarès
St-Félix-de-Pallières
Massillargues-Attuech
Lézan
Maruéjols-lès-Gardon
St-Roman-de-Codières
Montagne de la Fage
Col de Bantarde
Monoblet
Fressac
St-Nazaire-des-Gardies
St-Jean-de-Serres
Boucoiran-et-Nozières
80
Cros
Durfort-et-St-Martin-de-Sossenac
Canaules-et-Argentières
Lédignan
St-Bénézet
Domessargues
Sumène
Mgne des Cagnasses
St-Hippolyte-du-Fort
19
St-Jean-de-Crieulon
Savignargues
Aigremont
Mauressargues
St-Julien-de-la-Nef
Pic de Midi
302
303
Moulès-et-Baucels
La Baraque
Sauve
Logrian
St-Théodorit
Montagnac
Ganges
13
15
11
10
Montoulieu
La Vieille
(Conqueyrac)

BS
BT
266
BU
BV
St-Alban-Auriolles
Sampzon
Vallon-Pont-d'Arc
Chalamelas
Labastide
Les Tessiers
Vieux-Vallon
Les Tunnels
Rimouren
Les Hellys
Les Pastroux
N.-D. de Cousignac
Charnève
Margeries
Grospierres
Salavas
Pont d'Arc
Cirque
Bois des Bruyères
Plateau des Gras
Belvre du Serre de Tourre
Aven de Marzal
Bois Bouchas
Belvres de Gaud
Belvres de la Hte Corniche
Réserve naturelle
GORGES DE L'ARDÈCHE
Pas du Mousse
B. de Saleyron
Labastide-de-Virac
Les Crottes
Mas de Serret
Belvres de Gournier
Maladrerie des Templiers
La Madeleine
St-Marcel
Belve du Ranc-Pointu
Sauze
Bidon
Fontaynes
Vinsas
Le Liby
Bois de Sorbier
Bourg-St-Andéol
St-Ferréol
Bois des Géantes
Pierrelatte
St-Roch
Berrias-et-Casteljau
Bois de Païolive
Comps
Le Rouret
Le Chastelas
La Croisée-de-Jalès
Beaulieu
Les Laurents
Maison-Neuve
Casteljau
Les Borels
La Lauze
Granzon
76
Cheyrès
Pléoux
Les Avelas
Les Divols
Bessas
Vagnas
Brujas
La Trouillère
Chabriac
Mas Bonnaure
Aven de la Forestière
Aven d'Orgnac
Barjac
Bois de Laval
Le Garn
St-Paul-le-Jeune
Chadouillet
St-André-de-Cruzières
Mas Reboul
Grotte de la Cocalière
St-Sébastien
Pierregras
St-Sauveur-de-Cruzières
St Privas
Mas Lozart
Orgnac-l'Aven
St-Privat-de-Champclos
Malataverne
Laval-St-Roman
Aiguèze
St-Martin-d'A.
Le Bosquet
St-Just
Lapalud
RHÔNE
Fremigières
St-Marcel-d'Ardèche
St-Sulpice
Trignan
Les Blaches
Île de St-Étienne de Dion
La Dalgonne
Cauviac
Mas Imbert
St-Geniès
Cabiac
Chau de Féreyrolles
Randu-Chabrier
Avéjan
Monteils
Alleyrac
Issirac
Pierrebrune
Trescouvieux
St-Julien-de-Peyrolas
Garidel
Grange-Neuve
Pancrace
Lamotte-du-Rhône
Les Barringues
Île du Malatras
St-Brès
Plauzolles
Le Pont
La Croisée
77
St-Ambroix
Chau de Montalet
Molières-s-Cèze
St-Étienne-de-Sermentin
St-Jean-de-Maruejols-et-Avéjan
Cèze
Montclus
Gges de la Cèze
Bernas
St-Christol-de-Rodières
Salazac
Cabaresse
St-Paulet-de-Caisson
Pont-St-Esprit
Belvezet
St-Victor-de-Malcap
Tharaux
Le Mattas
Le Clap
Sabonadière
St-André-de-Roquepertuis
Anc^ne Chartreuse de Valbonne
Carsan
St-Alexandre
Larnac
Le Moulinet
Rochegude
L'Agasse
Le Courau
Frigoulet
Esbrezun
Cornillon
Forêt
Mas-d'Arnave
St-Denis
Aubarine
Theyrargues
Méjannes-le-Clap
La Vérune
Goudargues
Privat
St-Laurent-de-Carnols
Aujac
283
Potelières
Rivières
Boisson
St-Julien-de-Cassagnas
Auzon
Bois de Goudargues
La Bastide
St-Gély
St-Sauveur
Les Cellettes
Les Fonts
St-Michel-d'Euzet
St-Georges
Le Luguet
La Bégude
Chau d'Allègre
Fons-s-Lussan
La Léque
Merderis
Les Concluses
Gges de l'Aiguillon
La Roque-sur-Cèze
Cade du Sautadet
Fantaisie
St-Nazaire
Vénéjan
Le Castelas
Parc ornithologique des Isles
(Allègre-les-Fumades)
Arlinde
Défilé d'Argensol
Les Fumades-les-Bains
Brissac
Mas Chabert
Les Vieilles Fumades
Gouffre des Aiguières
Mas d'Atuech
Malataverne
Goussargues
Verfeuil
St-André-d'Olérargues
Donnat
Moncaut
St-Gervais
St-Martin
Mas-de-Rouvière
Chau de Gicon
Bagnols-s-Cèze
Carmignan
78
Cauvas
Salindres
Tour
Servas
L'Olivier
Navacelles
Bouquet
Le Puech
Vendras
Saussines
Lussan
Tour
Coulongres
Carme
Combe
Sabran
Colombier
Paniscoule
Chusclan
Dent de Signac
Orsan
Chau du Bouquet
Les Plans
Guidon du Bouquet
Brouzet-lès-Alès
Le Mas d'Amouroux
Audabiac
Avègue
Les Opiats
Charavel
Cadignac
Mégier
St-Marcel-de-Careiret
Celas
Vallérargues
Ermitage du St-Sépulcre
Les Imbres
Montron
Courac
Plateau du Camp de César
Maruejols-les-Bois
Seynes
Alauzène
Mons
St-Just-et-Vacquières
La Bruguière
St-Laurent-la-Vernède
Cavillargues
St-Pons-la-Calm
Tresques
Laudun-l'Ardoise
Méjannes-lès-Alès
Droude
Marrevieille
Fontarèches
Mas Carrière
St-Jean
Tave
Pougnadoresse
Le Pin
Connaux
Ribas
79
Montels
Vacquières
Bois de la Vièle
Le Puget
Belvézet
Le Montellier
Bois de St-Quentin
La Bastide-d'Engras
Gaujac
Oppidum
St-Paul-les-Fonts
La Grange Noire
Palus
Le Chabian
Euzet
Bruyes
Bourdiguet
Le Mas de la Vieille-Église
Bois de Vallabrix
Vallabrix
Alzon
Veyre
St-Jean
St-Victor-la-Coste
St-Hippolyte-de-Caton
Bézut
Marignac
Bois de Larnac
Larnac
Foussargues
Labaume
Masmolène
Le Castella (Chau)
Deaux
St-Étienne-de-l'Olm
Mas-de-Clary
Le Grd Chemin
Aigaliers
St-Médiers
St-Quentin-la-Poterie
St-Victor-des-Oules
La Capelle-et-Masmolène
Pouzilhac
B. de St-Victor
Vézénobres
St-Jean-de-Ceyrargues
Baron
Gattigues
Mt Aigu
St-Hippolyte-de-Montaigu
Martignargues
Foissac
Montaren-et-St-Médiers
Moulin Neuf
Ste-Baume
Mas-de-Pré
La Bruyerette
Serviers-et-Labaume
Flaux
St-Maurice-de-Cazevieille
St-Césaire-de-Gauzignan
Grd Serre d'Aureillac
Uzès
Haras
St-Siffret
Tour
Forêt de Malmont
Forêt de Tavel
Ners
Pont de Ners
Lascours
Cruviers-Lascours
Castelnau-Valence
Collorgues
Aubussargues
Chalier
Valliguières
Brot
St-Pierre
Grd Belly
Garrigues-Ste-Eulalie
Aureillac
Arpaillargues-et-Aureillac
Pont des Charrettes
St-Maximin
Bois de Castille
Forêt de Rochefort
80
Brignon
Castelnau
St-Dézéry
Grand Mas
Argilliers
St-Caprais
Castillon-du-Gard
St-Hilaire-d'Ozilhan
Boucoiran-et-Nozières
Bénézet
Moussac
Ste-Eulalie
Bourdic
Malaigue
Sagriès
Vers-Pont-du-Gard
Castille
Domessargues
Nozières
La Réglisserie
St-Chaptes
Sanilhac-Sagriès
Les Tuileries
Les Croisées
Le Mour de la Coudette
Maurressargues
Sauzet
Gardon
Blauzac
Collias
Pont du Gard
Remoulins
La Tour
0
5
10 km
BS
303
BT
BU
304
BV
Montagnac
Montignargues
Aubarne
Pont St-Nicolas
Ste-Anastasie
Russan
Gges du Gardon
La Baume
St-Privat
Lafoux
St-Bonnet-du-Gard
Rabasse
Estézargues
Fournès
Les Fosses de Fournès
La Rouvière
Dions
Gouffre Espeluca
Le Castélas

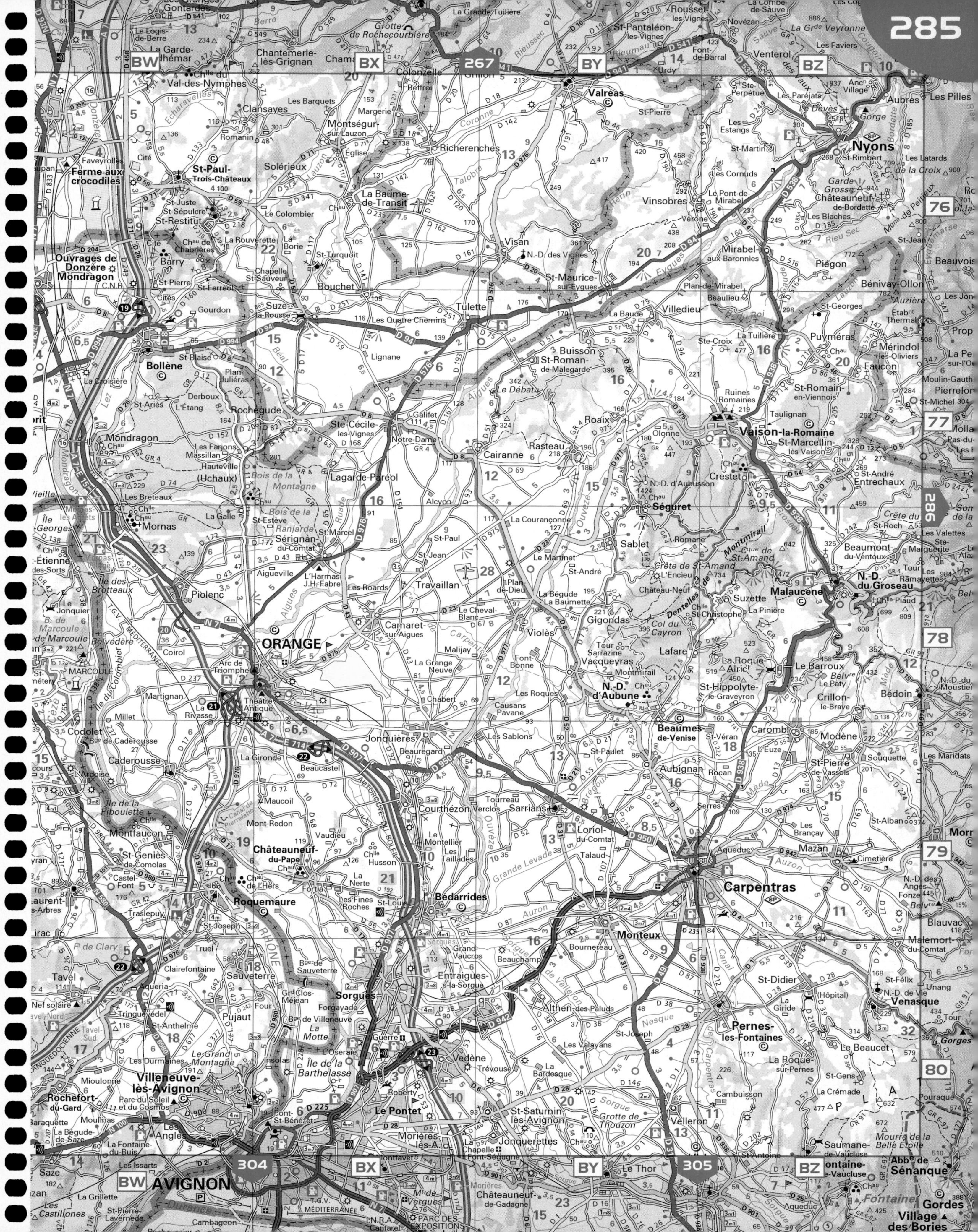
BW
BX
BY
BZ
267
304
305
76
77
78
79
80
286
Valréas
Nyons
St-Paul-Trois-Châteaux
Bollène
Orange
Vaison-la-Romaine
Carpentras
Avignon
Villeneuve-lès-Avignon
Châteauneuf-du-Pape
Sorgues
Monteux
Pernes-les-Fontaines
Le Pontet
Roquemaure
Malaucène
Beaumes-de-Venise
Bédarrides
Courthézon
Jonquières
Sarrians
Piolenc
Mornas
Mondragon
Rochegude
Ste-Cécile-les-Vignes
Tulette
Visan
Vinsobres
Richerenches
Suze-la-Rousse
Cairanne
Rasteau
Séguret
Sablet
Gigondas
Vacqueyras
Violès
Travaillan
Camaret-sur-Aigues
Sérignan-du-Comtat
Lagarde-Paréol
Buisson
St-Roman-de-Malegarde
Roaix
Crestet
Mirabel-aux-Baronnies
Puyméras
Faucon
St-Maurice-sur-Eygues
Bouchet
La Baume-de-Transit
Montségur-sur-Lauzon
Solérieux
Clansayes
Chantemerle-lès-Grignan
Colonzelle
Grillon
Caderousse
Codolet
Montfaucon
Sauveterre
Pujaut
Rochefort-du-Gard
Les Angles
Vedène
Entraigues-sur-la-Sorgue
Althen-des-Paluds
Aubignan
Loriol-du-Comtat
Mazan
Caromb
Modène
Bédoin
Crillon-le-Brave
Le Barroux
Lafare
La Roque-Alric
Suzette
Beaumont-du-Ventoux
Venasque
St-Didier
Velleron
St-Saturnin-lès-Avignon
Jonquerettes
Châteauneuf-de-Gadagne
Le Thor
Abbaye de Sénanque
Gordes
Village des Bories
Fontaine-de-Vaucluse
Dentelles de Montmirail
N.-D. du Groseau
N.-D. d'Aubune
Ferme aux crocodiles
Ouvrages de Donzère Mondragon
Grotte de Rochecourbière
Grotte de Thouzon

268
CA
CB
CC
CD
285
305
306
76
77
78
79
80
BARONNIES
MONT VENTOUX
VAUCLUSE
PLATEAU DE VAUCLUSE
Rosans
Montréal-les-Sources
Verclause
Sorbiers
Arpavon
Le Poët-Sigillat
Ste-Jalle
Montaulieu
Rochebrune
Bellecombe-Tarendol
St-Sauveur-Gouvernet
Lemps
Montferrand-la-Fare
Roussieux
Montjay
Chanousse
Villebois-les-Pins
Étoile-St-Cyrice
Bésignan
Vercoiran
Ste-Euphémie-s-O.
Beauvoisin
Buis-les-Baronnies
St-Auban-sur-l'Ouvèze
Montguers
Montauban-sur-l'Ouvèze
Laborel
Ste-Colombe
Col de Perty
Propiac
La Roche-sur-le-Buis
La Rochette-du-Buis
Mérindol-les-Oliviers
La Penne-sur-l'Ouvèze
Le Poët-en-Percip
Izon-la-Bruisse
Ballons
Pierrelongue
Eygaliers
Plaisians
Mollans-sur-Ouvèze
Aulan
Eygalayes
Lachau
Mévouillon
Villefranche-le-Château
Vers-sur-Méouge
St-Léger-du-Ventoux
Brantes
Séderon
Savoillan
Reilhanette
Montbrun-les-Bains
Barret-de-Lioure
Montfroc
Curel
Les Omergues
Ferrassières
Aurel
Sault
St-Trinit
Revest-du-Bion
Bédoin
Flassan
Mormoiron
Villes-sur-Auzon
Monieux
St-Christol
Banon
Blauvac
Méthamis
Malemort-du-Comtat
Venasque
Simiane-la-Rotonde
Montsalier
Murs
Lioux
St-Saturnin-lès-Apt
Rustrel
Oppedette
Gordes
Village des Bories
Roussillon
Villars
Gorges de la Nesque
Colorado
0
5
10 km

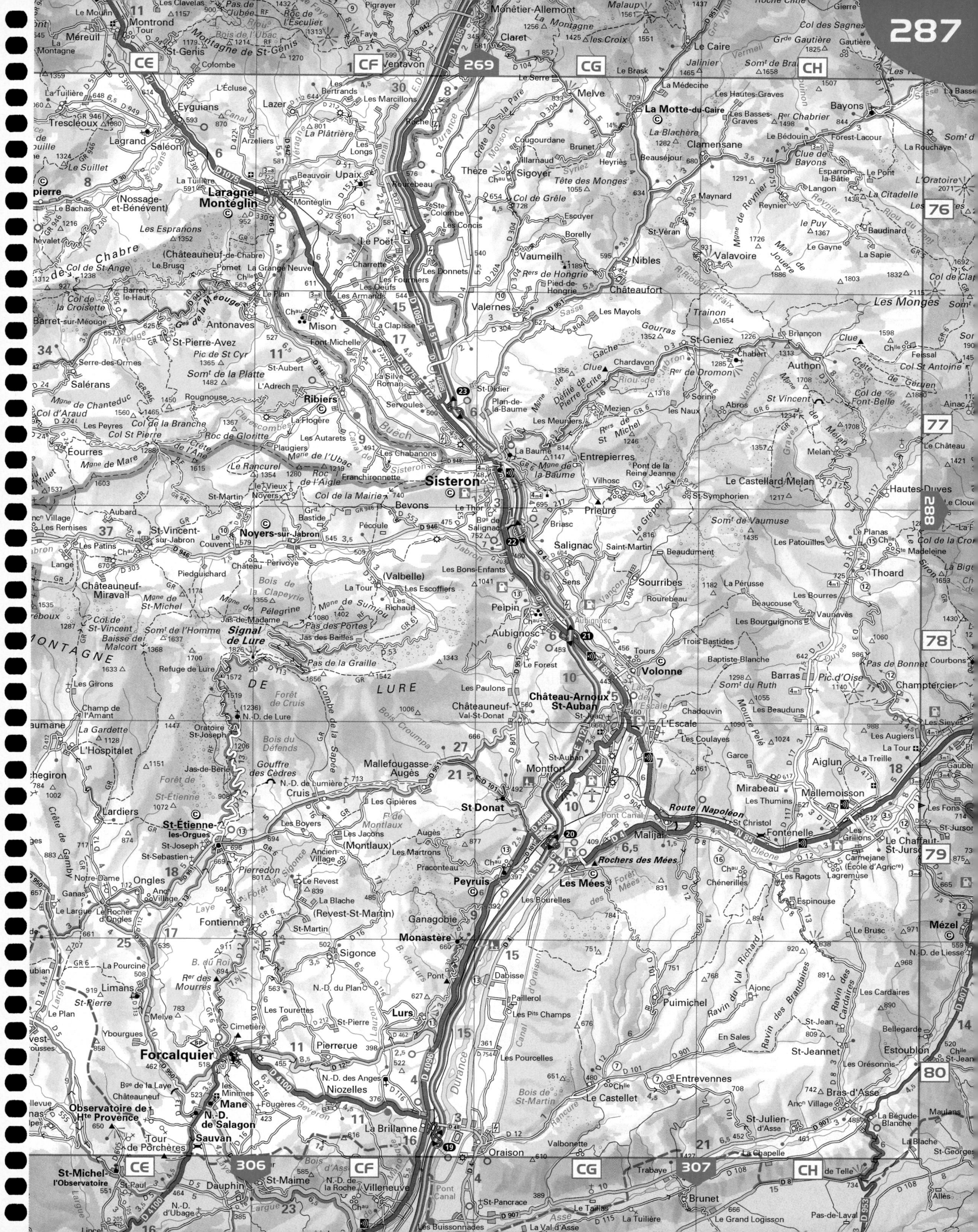
CE
CF
269
CG
CH
76
77
288
78
79
80
306
307
Montrond
Méreuil
St-Genis
Montagne de St-Genis
Ventavon
Monêtier-Allemont
Claret
Le Caire
La Motte-du-Caire
Melve
Bayons
Clamensane
Eyguians
Trescléoux
Lagrand
Saléon
Lazer
Upaix
Laragne-Montéglin
Thèze
Sigoyer
Tête des Monges
Vaumeilh
Nibles
Valavoire
Châteaufort
Le Poët
Mison
Antonaves
Barret-sur-Méouge
Valernes
St-Pierre-Avez
Salérans
Ribiers
St-Geniez
Authon
Les Monges
Sisteron
Entrepierres
Le Castellard-Melan
Hautes-Duyes
Éourres
Noyers-sur-Jabron
St-Vincent-sur-Jabron
Bevons
Salignac
Sourribes
Thoard
Châteauneuf-Miravail
Signal de Lure
Montagne de Lure
Peipin
Aubignosc
Volonne
Château-Arnoux-St-Auban
Châteauneuf-Val-St-Donat
L'Escale
Champtercier
Mallefougasse-Augès
Montfort
Aiglun
Mirabeau
Mallemoisson
Cruis
St Donat
Route Napoléon
Malijai
St-Étienne-les-Orgues
Lardiers
Ongles
Peyruis
Les Mées
Rochers des Mées
Le Chaffaut-St-Jurson
Mézel
Ganagobie
Monastère
Sigonce
Limans
Lurs
Puimichel
Forcalquier
Pierrerue
Niozelles
Entrevennes
Estoublon
Mane
N.-D. de Salagon
Observatoire de Hte Provence
Sauvan
La Brillanne
Oraison
St-Julien-d'Asse
Bras-d'Asse
St-Michel-l'Observatoire
Dauphin
St-Maime
Villeneuve
Brunet
Durance
A 51
N 85
D 4085
D 4096
D 4100
D 1075

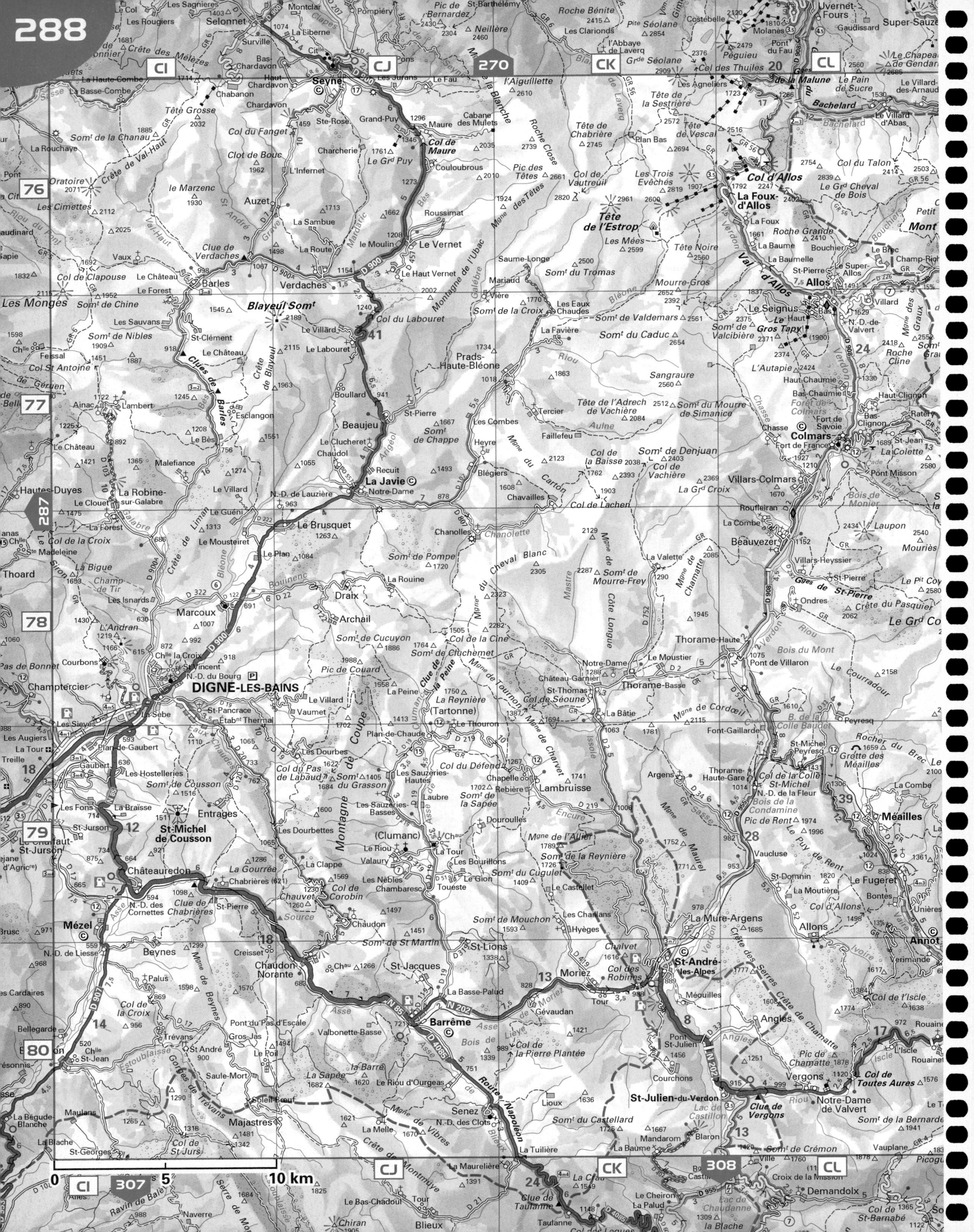
CI
CJ
CK
CL
270
76
77
78
79
80
287
307
308
Selonnet
Seyne
Col de Maure
Le Vernet
Verdaches
Barles
Blayeul Somt
Col du Labouret
Prads-Haute-Bléone
Tête de l'Estrop
Col d'Allos
La Foux-d'Allos
Allos
Colmars
Beauvezer
Villars-Colmars
La Javie
Le Brusquet
Marcoux
DIGNE-LES-BAINS
Thorame-Haute
Thorame-Basse
Col de Séoune
St-Michel de Cousson
Entrages
Châteauredon
Mézel
Chaudon-Norante
Barrême
St-Jacques
Moriez
St-André-les-Alpes
St-Julien-du-Verdon
Vergons
Col de Toutes Aures
Méailles
Annot
Allons
La Mure-Argens
Senez
Route Napoléon
Clue de Taulanne
Majastres
Col des Robines
Lac de Castillon
Demandolx
0
5
10 km

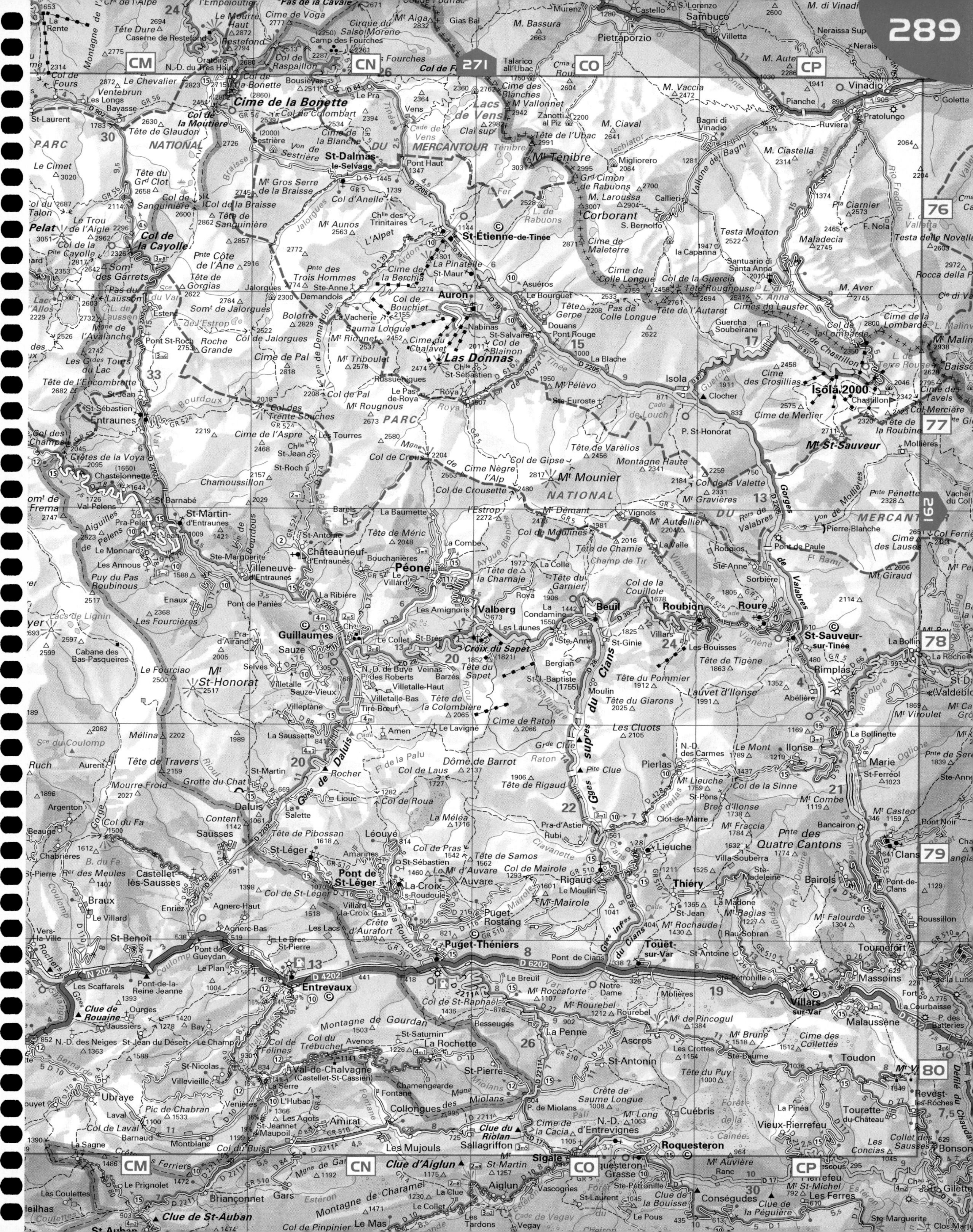
Cime de la Bonette
Col de la Bonette
Restefond
Camp des Fourches
Col de Raspaillon
Col de Fours
Col de la Moutière
Tête de Glaudon
PARC NATIONAL DU MERCANTOUR
Lacs de Vens
St-Dalmas-le-Selvage
Mt Ténibre
Sambuco
Pietraporzio
Vinadio
Bagni di Vinadio
Pratolungo
Corborant
Col de la Cayolle
Col de la Braisse
Mt Gros Serre
St-Étienne-de-Tinée
La Pinatelle
St-Maur
Auron
Las Donnas
Cime de la Bercha
Col de Bouchiet
Roya
Isola
Isola 2000
Col de la Lombarde
Mt St-Sauveur
Col de la Valette
Mt Mounier
Col de Crous
Entraunes
Col des Champs
Crêtes de la Voya
Chastelonnette
St-Martin-d'Entraunes
Villeneuve-d'Entraunes
Châteauneuf-d'Entraunes
Péone
Valberg
Beuil
Roubion
Roure
St-Sauveur-sur-Tinée
Rimplas
Guillaumes
Croix du Sapet
Tête du Sapet
Gorges du Cians
Gges de Daluis
Daluis
Mt St-Honorat
Dôme de Barrot
Pierlas
Ilonse
Marie
Clans
Bairols
Lieuche
Thiéry
Touët-sur-Var
Pont de St-Léger
St-Léger
Puget-Théniers
Puget-Rostang
La-Croix-s-Roudoule
Entrevaux
Clue de Rouaine
Villars-sur-Var
Massoins
Malaussène
Tournefort
Col de St-Raphaël
La Penne
Ascros
St-Antonin
Toudon
La Rochette
St-Pierre
Val-de-Chalvagne
Ubraye
Amirat
Collongues
Clue du Riolan
Sallagriffon
Sigale
Roquesteron
Cuébris
Vieux-Pierrefeu
Revest-les-Roches
Tourette-du-Château
Clue d'Aiglun
Aiglun
Briançonnet
Gars
Clue de St-Auban
Consègudes
Clue de la Péguière
Les Ferres
Bonson
N 202
D 6202
D 4202
D 2202
D 2205
CM
CN
CO
CP
271
291
76
77
78
79
80

CM
CN
289
CO
CP
St-Étienne-de-Tinée
Auron
Las Donnas
Isola
Isola 2000
Col de la Cayolle
Col de la Lombarde
Entraunes
St-Martin-d'Entraunes
Châteauneuf-d'Entraunes
Villeneuve-d'Entraunes
Péone
Valberg
Beuil
Roubion
Roure
St-Sauveur-sur-Tinée
Guillaumes
Mt St-Honorat
Mt Mounier
PARC NATIONAL DU MERCANTOUR
Gges de Daluis
Gges sup res du Cians
Gges infres du Cians
Daluis
Sausses
Annot
Entrevaux
Puget-Théniers
Touët-sur-Var
Villars-sur-Var
Malaussène
Lieuche
Thiéry
Rigaud
Pierlas
Ilonse
Rimplas
Clans
Tournefort
Massoins
Toudon
Ascros
Sigale
Roquesteron
Aiglun
Briançonnet
St-Auban
Clue de St-Auban
Clue d'Aiglun
Col de Bleine
Thorenc
Gréolières
Coursegoules
Bézaudun-les-Alpes
Cipières
Valderoure
Montagne du Cheiron
Montagne de Charamel
N 202
D 6202
D 4202
0
5
10 km
CM
308
CN
CO
309
CP
Col de Vence
Baou de St-Jeannet
Plateau de Calern
77
78
79
80
81
288

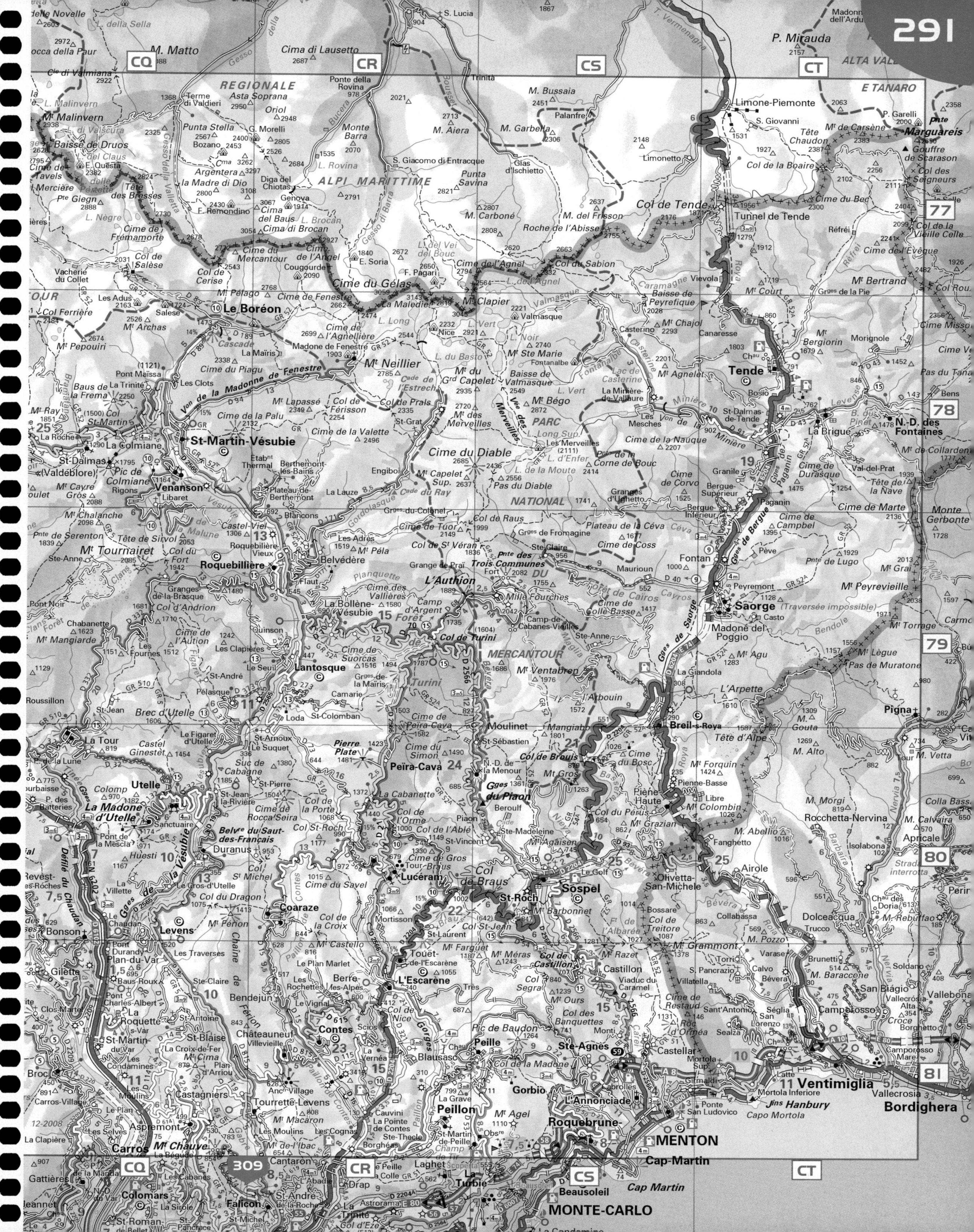
CQ
CR
CS
CT
M. Matto
Cima di Lausetto
P. Mirauda
ALTA VALLE
E TANARO
REGIONALE
ALPI MARITTIME
Terme di Valdieri
M. Bussaia
Limone-Piemonte
M. Malinvern
Baisse de Druos
M. Aiera
M. Garbella
Palanfre
Mt de Carsène
Pte Marguareis
Col de la Boaire
Col de Tende
Tunnel de Tende
M. del Frisson
Roche de l'Abisse
Cima del Baus
Cima di Brocan
Cime du Mercantour
Cime de l'Agnel
Col du Sabion
Cime du Gélas
Mt Clapier
Mt Bertrand
Col de Salèse
Col de Cerise
Le Boréon
Cime de Fenestre
Valmasque
Mt Chajol
Tende
Col Ferrière
Mt Archas
Mt Pepouiri
Madone de Fenestre
Mt Neillier
Mt Ste Marie
Mt Agnelet
Von de la Madonne de Fenestre
Cime du Piagu
Mt du Grd Capelet
Baisse de Valmasque
Lac de Casterine
Mt Bégo
Vallée des Merveilles
PARC
La Brigue
N.-D. des Fontaines
St-Martin-Vésubie
La Colmiane
St-Dalmas (Valdeblore)
Pic de Colmiane
Venanson
Cime du Diable
Les Merveilles
Cime de la Nauque
Corne de Bouc
Pas du Diable
NATIONAL
Mt Tournairet
Roquebillière
Belvédère
Cime de Tuor
Col de Raus
Plateau de la Céva
Cime de Coss
Fontan
Pte des Trois Communes
L'Authion
Mille Fourches
Saorge
Gges de Saorge
Mt Peyrevieille
Madone del Poggio
La Bollène-Vésubie
Forêt de Cairos
Col de Turini
MERCANTOUR
Mt Lègue
Pas de Muratone
Lantosque
Turini
Mt Ventabren
L'Arpette
Brec d'Utelle
Peïra-Cava
Moulinet
Breil-s-Roya
Tête d'Alpe
Pigna
La Tour
Col de Brouis
Utelle
La Madone d'Utelle
Gges du Piaon
Piène-Haute
Rocchetta-Nervina
Lucéram
Col de Braus
Sospel
Olivetta-San-Michele
Airole
Apricale
Coaraze
Levens
Mt Barbonnet
Dolceacqua
Mt Grammont
Castillon
Touët-de-l'Escarène
L'Escarène
Berre-les-Alpes
Contes
Pic de Baudon
Peille
Ste-Agnès
Castellar
Ventimiglia
Bordighera
Camporosso
Vallecrosia
Châteauneuf
Tourrette-Levens
Peillon
Gorbio
L'Annonciade
Roquebrune-
MENTON
Cap-Martin
Cap Martin
Aspremont
Carros
Mt Chauve
Colomars
Falicon
St-André-de-la-Roche
La Turbie
Beausoleil
MONTE-CARLO
Laghet
Drap
Gattières
Bonson
Gilette
St-Martin-du-Var
Castagniers
309
77
78
79
80
81

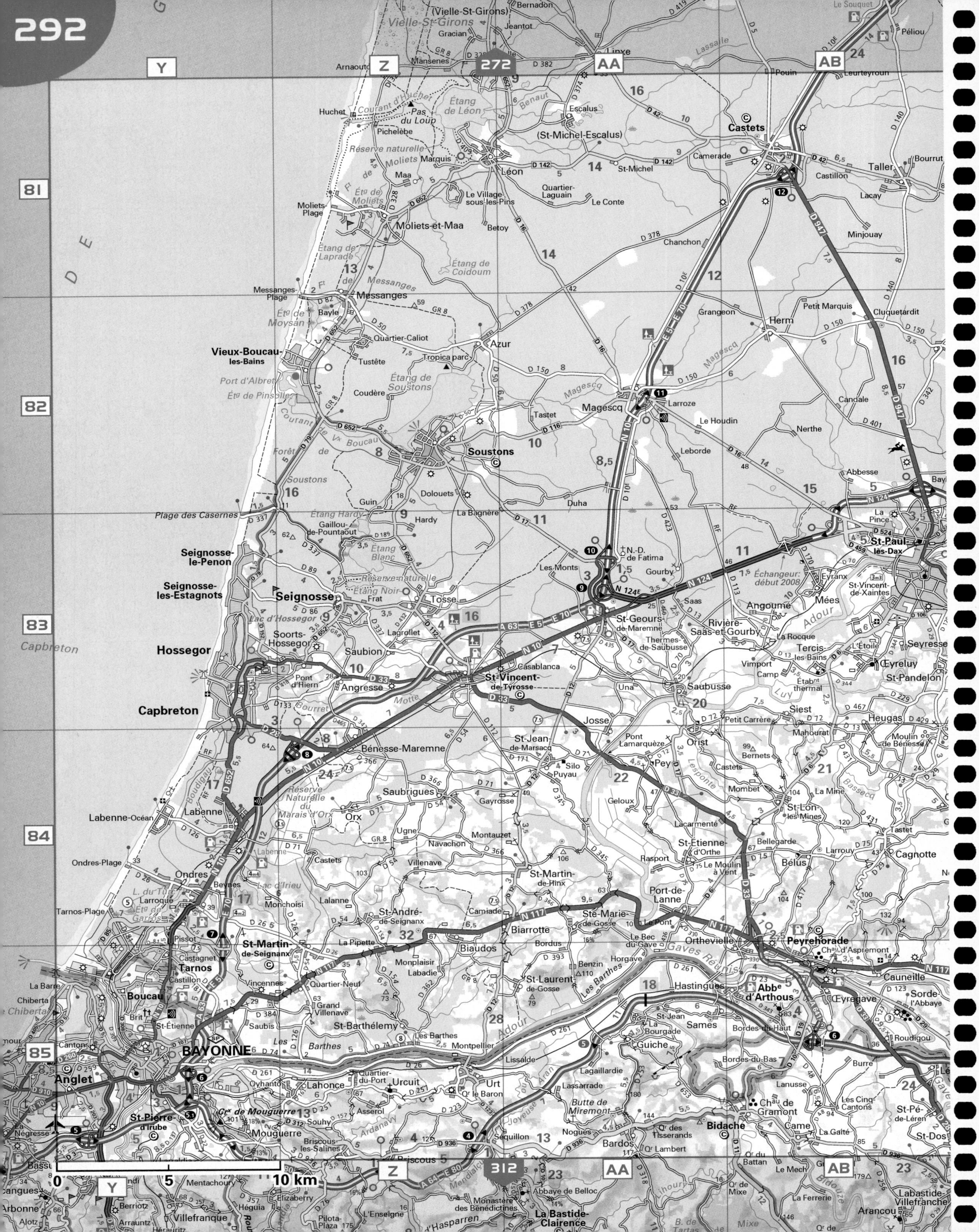
272
312
Y
Z
AA
AB
81
82
83
84
85
(Vielle-St-Girons)
Vielle-St-Girons
Bernadon
Jeantot
Gracian
Linxe
Arnaouto
Mansenes
Le Souquet
Péliou
Pouin
Leurteyroun
Huchet
Courant d'Huchet
Pas du Loup
Pichelèbe
Étang de Léon
Escalus
(St-Michel-Escalus)
Castets
Camerade
Castillon
Taller
Bourrut
Réserve naturelle
Marquis
Léon
St-Michel
Maa
Moliets-Plage
Moliets-et-Maa
Le Village-sous-les-Pins
Quartier-Laguain
Le Conte
Betoy
Lacay
Minjouay
Étang de Laprade
Étang de Coidoum
Chanchon
Messanges-Plage
Messanges
Bayle
Étg de Moysan
Grangeon
Herm
Petit Marquis
Cluquetardit
Quartier-Caliot
Vieux-Boucau-les-Bains
Tustête
Tropica parc
Azur
Port d'Albret
Étg de Pinsolle
Étang de Soustons
Coudère
Magescq
Larroze
Candale
Tastet
Le Houdin
Nerthe
Courant de Vx Boucau
Forêt de Soustons
Soustons
Leborde
Abbesse
Dolouets
Duha
Guin
Étang Hardy
Hardy
La Bagnère
Plage des Casernes
La Pince
St-Paul-lès-Dax
Gaillou-de-Pountaout
Étang Blanc
N.-D. de Fatima
Seignosse-le-Penon
Réserve naturelle
Les Monts
Gourby
Échangeur: début 2008
Eyranx
Seignosse-les-Estagnots
Seignosse
Étang Noir
Frat
Tosse
Saas
Angoume
Mées
St-Vincent-de-Xaintes
Lac d'Hossegor
St-Geours-de-Maremne
Rivière-Saas-et-Gourby
Adour
Soorts-Hossegor
Lagrollet
Thermes-de-Saubusse
La Rocque
Tercis-les-Bains
L'Étoile
Seyresse
Capbreton
Hossegor
Saubion
Casablanca
Vimport
Camp
Œyreluy
St-Pandelon
Pont d'Hiern
Angresse
St-Vincent-de-Tyrosse
Una
Saubusse
Étabnt thermal
Capbreton
Bourret
Motte
Josse
Petit Carrère
Siest
Heugas
St-Jean-de-Marsacq
Pont Lamarquèze
Orist
Mahourat
Moulin de Bénesse
Bénesse-Maremne
Silo Puyau
Pey
Bernets
Castets
Labenne
Réserve Naturelle du Marais d'Orx
Saubrigues
Gayrosse
Geloux
Mombet
St-Lon-les-Mines
La Mine
Labenne-Océan
Orx
Lacarmenté
Tastet
Ugne
Montauzet
Navachon
St-Étienne-d'Orthe
Bellegarde
Larrouy
Cagnotte
Ondres-Plage
Labenne
Castets
Villenave
Rasport
Le Moulin à Vent
Bélus
Ondres
St-Martin-de-Hinx
Port-de-Lanne
L. du Turc
Beyres
Lac d'Irieu
Larroqué
Monchoisi
Tarnos-Plage
Étg de Garros
Lalanne
Camiade
St-André-de-Seignanx
Ste-Marie-de-Gosse
Le Pont
Pissot
Biarrotte
Le Bec du Gave
Orthevielle
Peyrehorade
St-Martin-de-Seignanx
La Pipette
Bordus
Castagnet
Tarnos
Monplaisir
Biaudos
Benzin
Horgave
Gaves Réunis
Chau d'Aspremont
Castillon
Labadie
St-Laurent-de-Gosse
Les Barthes
Cauneille
Vincennes
Quartier-Neuf
Hastingues
Abbe d'Arthous
Sorde-l'Abbaye
La Barre
Chiberta
Boucau
Grand Villenave
Œyregave
Brit
St-Étienne
Saubis
St-Barthélemy
St-Jean
La Bourgade
Sames
Bordes-du-Haut
Cantons
Les Barthes
Montpellier
Roudigou
Anglet
BAYONNE
Lissalde
Guiche
Bordes-du-Bas
Quartier-du-Port
Lagaillardie
Burre
Oyhanto
Lahonce
Urcuit
Urt
Qr le Baron
Lassarrade
Lanusse
Les Cinq Cantons
St-Pé-de-Léren
St-Pierre-d'Irube
Crx de Mouguerre
Asserol
Butte de Miremont
Chau de Gramont
Négresse
Mouguerre
Souhy
Bidache
Came
La Galté
St-Dos
Briscous-les-Salines
Séquillon
Nogues
Qr des Tisserands
Bardos
Qr Lambert
Briscous
Qr du Battan
Le Mech
Mentachoury
Qr de Mixe
Labastide-Villefranche
Berriotz
Elizaberry
Monastère des Bénédictines
Abbaye de Belloc
La Ferrerie
Arbonne
Villefranque
Héguia
Pilota-Plaza
L'Enseigne
La Bastide-Clairence
Arancou
Alotz
Arrauntz
Mixe
d'Hasparren
0
5
10 km

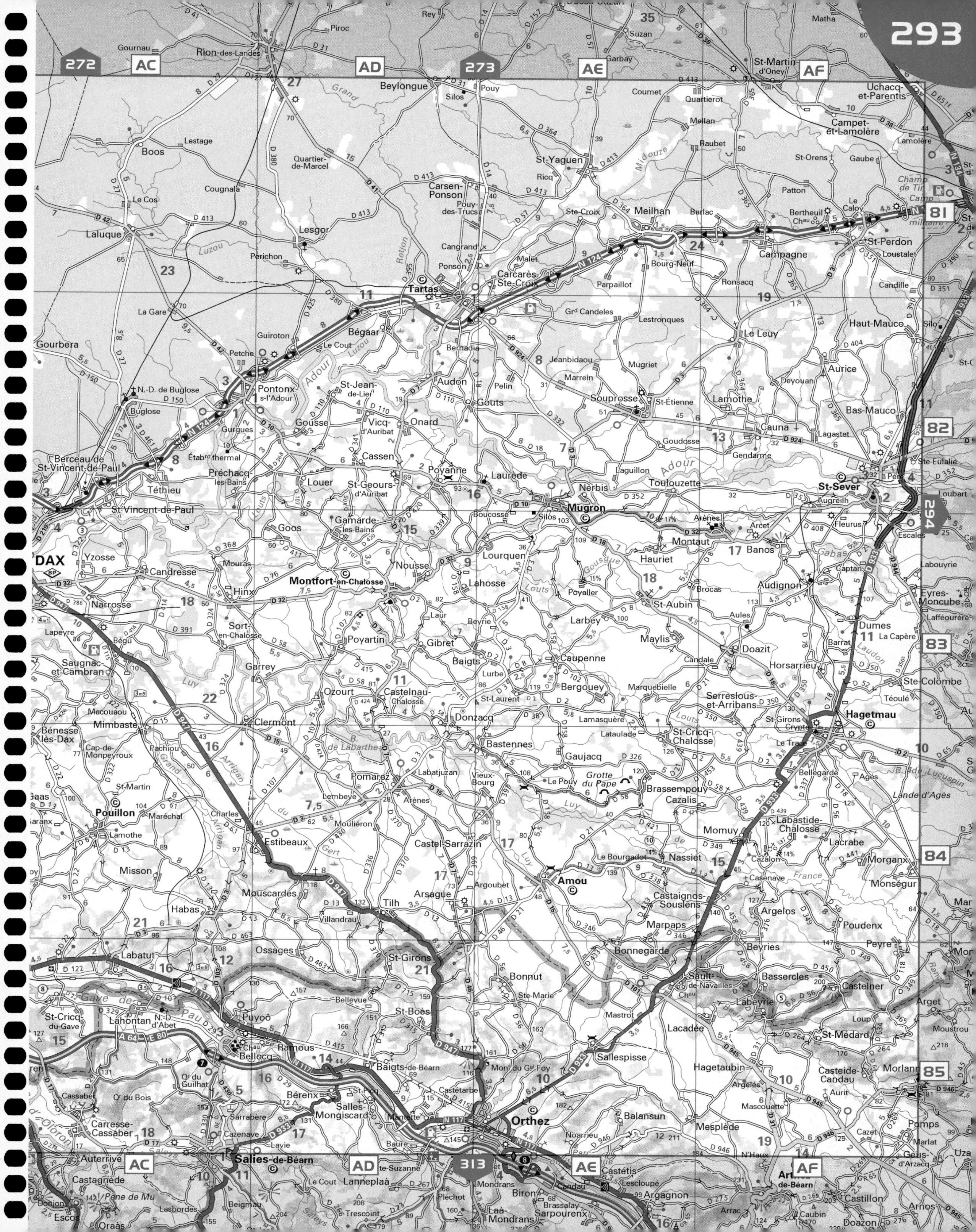

272
AC
AD
273
AE
AF
Gournau
Rion-des-Landes
Piroc
Rey
Suzan
Garbay
St-Martin-d'Oney
Matha
Beylongue
Silos
Pouy
Coumet
Quartierot
Uchacq-et-Parentis
Mellan
Campet-et-Lamolère
Raubet
Lamolère
Lestage
Boos
Quartier-de-Marcel
St-Yaguen
Ricq
St-Orens
Gaube
Cougnala
Carsen-Ponson
Patton
Le Cos
Pouy-des-Trucs
Ste-Croix
Meilhan
Barlac
Bertheuil
Le Caloy
Laluque
Lesgor
81
St-Perdon
Luzou
Perichon
Cangrand
Malet
Campagne
Loustalet
23
Ponson
Bourg-Neuf
Carcarès-Ste-Croix
Parpaillot
Ronsacq
Candille
Tartas
La Gare
Grd Candeles
Lestronques
19
Bégaar
Haut-Mauco
Gourbera
Guiroton
Le Leuy
Petche
Le Cout
Bernadia
Jeanbidaou
Mugriet
Aurice
Adour
N.-D. de Buglose
Pontonx-s-l'Adour
St-Jean-de-Lier
Audon
Marrein
Deyouan
Buglose
Pelin
Souprosse
St-Étienne
Lamothe
Gouts
Bas-Mauco
Gousse
Vicq-d'Auribat
Onard
Gurgues
Cauna
82
Goudosse
Lagastet
Étabnt thermal
Gendarme
Berceau de St-Vincent-de-Paul
Cassen
Ste-Eulalie
Poyanne
Laurede
Laguillon
Préchacq-les-Bains
Louer
St-Geours-d'Auribat
Nerbis
Toulouzette
St-Sever
Téthieu
Mugron
Loubart
St-Vincent-de-Paul
Boucosse
Silos
Augreilh
Goos
Gamarde-les-Bains
Arènes
Fleurus
294
Arcet
Escalès
Montaut
DAX
Yzosse
Lourquen
Hauriet
Banos
Candresse
Nousse
Mouras
Hinx
Montfort-en-Chalosse
Lahosse
Poyaller
Brocas
Audignon
Labouyrie
Narrosse
St-Aubin
Eyres-Moncube
Sort-en-Chalosse
Laur
Larbey
Aules
Lafféourère
Lapeyre
Beyrie
Dumes
Bégu
Poyartin
Maylis
La Capère
Gibret
Doazit
Barrat
83
Saugnac-et-Cambran
Garrey
Baigts
Caupenne
Candale
Horsarrieu
Lurbe
Bergouey
Marquebielle
Ste-Colombe
Ozourt
Castelnau-Chalosse
St-Laurent
Serreslous-et-Arribans
Téoulé
Macouaou
Donzacq
Lamasquère
Hagetmau
Mimbaste
Clermont
Lataulade
St-Girons
Crypte
Bénesse-lès-Dax
St-Cricq-Chalosse
Bastennes
Le Trace
Cap-de-Monpeyroux
Pachiou
Gaujacq
B. de Labarthe
Bellegarde
Pomarez
Labatjuzan
Vieux-Bourg
Le Pouy
Grotte du Pape
Agès
St-Martin
Brassempouy
Lande d'Agès
Lembeye
Arènes
Cazalis
Pouillon
Maréchal
Lamothe
Charles
Labastide-Chalosse
Moulièron
Estibeaux
Momuy
Castel-Sarrazin
Lacrabe
Nassiet
Le Bourgadot
Morganx
84
Misson
Cazalon
Mouscardès
Amou
Casenave
Monségur
Argoubet
Castaignos-Souslens
Arsague
Argelos
Habas
Tilh
Villandrau
Marpaps
Poudenx
Bonnegarde
Beyries
Peyre
Ossages
Labatut
St-Girons
Bonnut
Sault-de-Navailles
Basssercles
Castelner
Bellevue
Ste-Marie
Labeyrie
Arget
St-Cricq-du-Gave
Lahontan
N.-D. d'Abet
Puyoô
St-Boès
Mastrot
Loupi
Lacadée
St-Médard
Moustrou
Ramous
Bellocq
Sallespisse
Hagetaubin
Baigts-de-Béarn
Mont du Gal Foy
Castéide-Candau
Morlanne
85
Qr du Guilhat
Cassaber
Qr du Bois
Bérenx
Castétarbe
Argelès
Aurit
Salles-Mongiscard
Mascouette
Balansun
Carresse-Cassaber
Sarrabère
Orthez
Pomps
Cazenave
Mesplède
Noarrieu
Cazet
Lavie
Baure
Marlat
Auterrive
Salies-de-Béarn
te-Suzanne
313
Castétis
Geus-d'Arzacq
Castagnède
Le Cout
Lanneplaà
Mondrans
Lescloupé
Artix de-Béarn
Uza
Pène de Mu
Plèchot
Biron
Candau
Argagnon
Castillon
Donjon
Lasbordes
Beigmau
Trescoint
Laà-Mondrans
Brassalay
Sarpourenx
Arrac
Caubin
Arnos
Escos
Oraàs
Doazon

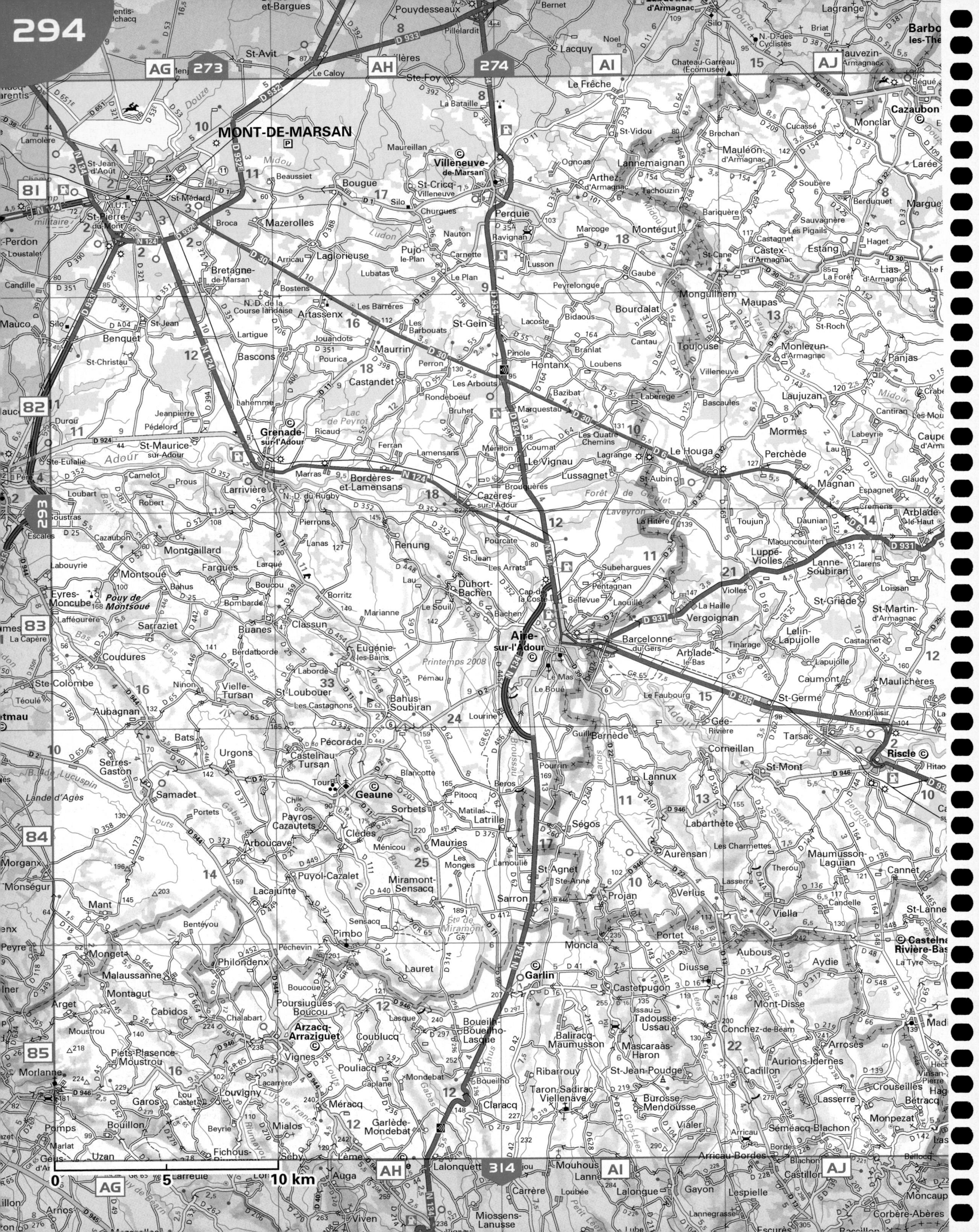

MONT-DE-MARSAN
St-Avit
Pouydesseaux
Lacquy
Noel
Bernet
Le Frêche
St-Pierre-du-Mont
St-Jean-d'Aout
St-Médard
Bougue
Mazerolles
Beaussiet
Maureillan
Villeneuve-de-Marsan
St-Cricq-Villeneuve
Perquie
Ognoas
Arthez-d'Armagnac
Lannemaignan
Mauléon-d'Armagnac
Brechan
St-Vidou
Monclar
Cazaubon
Larée
Tachouzin
Soubère
Berduquet
Montégut
Bariquère
Sauvagnère
Les Pigails
Castagnet
Castex-d'Armagnac
Estang
Haget
Marcoge
Ravignan
Lusson
Nauton
Carnette
Pujo-le-Plan
Laglorieuse
Broca
Bretagne-de-Marsan
Lubatas
Le Plan
Gaube
Peyrelongue
Bidaous
Bourdalat
Monguilhem
Maupas
Lias-d'Armagnac
St-Roch
Monlezun-d'Armagnac
Toujouse
Cantau
Branlat
Loubens
Hontanx
Pinole
St-Gein
Lacoste
Artassenx
Les Barrères
Les Barbouats
Jouandots
Pourica
Maurrin
Perron
Castandet
Les Arbouts
Rondeboeuf
Bruhet
Marquestau
Bazibat
Laberège
Bascaules
Villeneuve
Laujuzan
Panjas
Cantiran
Mormès
Labeyrie
Le Houga
Perchède
Magnan
Glaudy
Espagnet
Cremens
Arblade-le-Haut
Lagrange
Les Quatre Chemins
Coumat
Le Vignau
Mérillon
Lussagnet
Forêt de Gleulet
St-Aubin
Laveyron
La Hitère
Toujun
Daunian
Maouncounten
Lupé-Violles
Lanne-Soubiran
Clarens
Loissan
Benquet
St-Christau
Bascons
Lartigue
St-Jean
Silo
Mauco
Candille
Loustalet
Jeanpierre
Pédelord
Lahemme
Grenade-sur-l'Adour
Ricaud
Lac de Peyrot
Durou
St-Maurice-sur-Adour
Ste-Eulalie
Camelot
Prous
Larrivière
Marras
Bordères-et-Lamensans
Lamensans
Ferran
Cazères-sur-l'Adour
Brouquères
N.-D. du Rugby
Loubart
Robert
Soustras
Escales
Cazaubon
Montgaillard
Fargues
Larqué
Lanas
Pierrons
Renung
Pourcate
St-Jean
Les Arrats
Subehargues
Pentagnan
Laouille
Bellevue
Violles
La Haille
Vergoignan
St-Griède
St-Martin-d'Armagnac
Labouyrie
Montsoué
Bahus
Boucou
Lau
Duhort-Bachen
Cap de la Coste
Eyres-Moncube
Pouy de Montsoué
Lafféourère
Bombarde
Borritz
Marianne
Le Souil
Bachen
Sarraziet
Buanes
Classun
Aire-sur-l'Adour
Barcelonne-du-Gers
Arblade-le-Bas
Tinarage
Lelin-Lapujolle
Castagnet
La Capère
Coudures
Berdatborde
Eugénie-les-Bains
Laborde
Printemps 2008
Pémau
Le Mas
Le Boué
Le Faubourg
Lapujolle
Caumont
Maulichères
Ste-Colombe
Téoule
Ninon
Vielle-Tursan
St-Loubouer
Les Castagnons
Bahus-Soubiran
Lourine
Gée-Rivière
St-Germé
Monplaisir
Aubagnan
Bats
Urgons
Pécorade
Castelnau-Tursan
Bernède
Corneillan
Tarsac
Riscle
Serres-Gaston
Samadet
Lande d'Agès
Tourl
Geaune
Blancotte
Pitocq
Beros
Pourrin
Lannux
St-Mont
Portets
Chile
Sorbets
Matilas
Latrille
Ségos
Labarthète
Payros-Cazautets
Clèdes
Ménicou
Mauries
Aurensan
Les Charmettes
Maumusson-Laguian
Morganx
Arboucave
Les Monges
Lamoulié
St-Agnet
Ste-Anne
Therou
Cannet
Monségur
Puyol-Cazalet
Miramont-Sensacq
Sarron
Projan
Verlus
Lasserre
Candelle
St-Lanne
Lacajunte
Mant
Vielle
Bentéyou
Sensacq
Pimbo
Portet
Castelnau-Rivière-Basse
Aubous
Aydie
La Tyre
Peyre
Monget
Péchevin
Moncla
Diusse
Malaussanne
Philondenx
Lauret
Garlin
Castetpugon
Montagut
Boucoue
Mont-Disse
Arget
Cabidos
Poursiugues-Boucoue
Lasque
Boueilh-Boueilho-Lasque
Tadousse-Ussau
Conchez-de-Béarn
Chalabart
Moustrou
Arzacq-Arraziguet
Coublucq
Baliracq-Maumusson
Mascaraàs-Haron
Arrosès
Piets-Plasence-Moustrou
Vignes
Aurions-Idernes
Morlanne
Pouliacq
Caplane
Mondebat
Ribarrouy
St-Jean-Poudge
Cadillon
Crouseilles
Lacarrère
Boueilho
Taron-Sadirac-Viellenave
Burosse-Mendousse
Lasserre
Betracq
Garos
Lou Castet
Louvigny
Méracq
Claracq
Viàler
Monpezat
Bouillon
Beyrie
Mialos
Garlède-Mondebat
Séméacq-Blachon
Pomps
Marlat
Uzan
Fichous-Riumayou
Sèby
Lème
Lalonquette
Arricau
Arricau-Bordes
Bellocq
0
5
10 km
Auga
Mouhous
Lanne
Lalongue
Gayon
Lespielle
Castillon
Moncaup
Carrère
Loubée
Lannegrasse
Corbère-Abères
Arnos
Viven
Miossens-Lanusse
AG
AH
AI
AJ
273
274
314
81
82
83
84
85
293

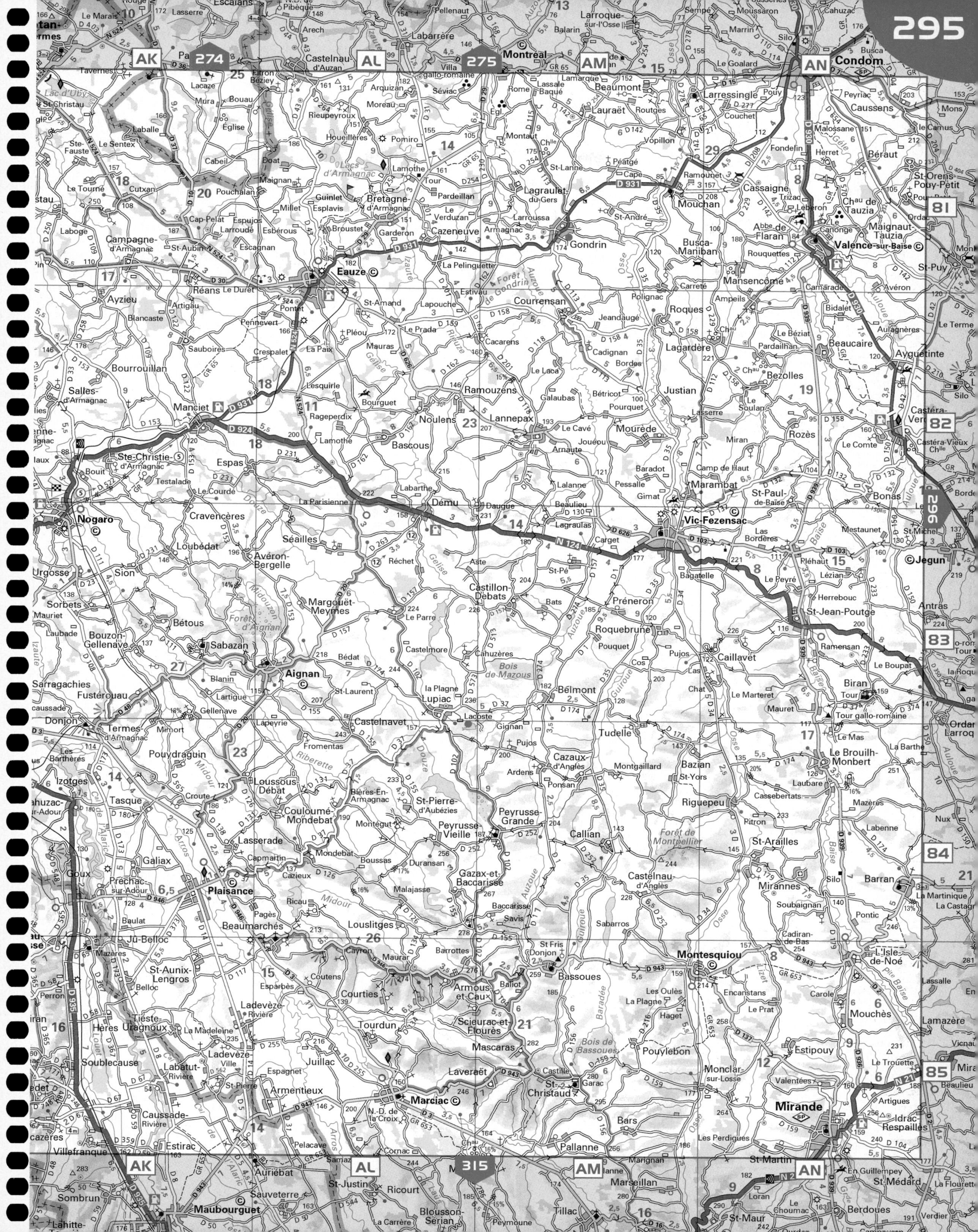
AK
274
AL
275
AM
AN
Condom
Montréal
Castelnau-d'Auzan
Labarrère
Larroque-sur-l'Osse
Beaumont
Larressingle
Lauraët
Lac d'Uby
Lacaze
Mura
Bouau
Eglise
Laballe
Le Sentex
Cabeil
Le Tourné
Cutxan
Pouchahan
Maignan
Lacs d'Armagnac
Lamothe
Tour
Pardeillan
Bretagne-d'Armagnac
Lagraulet-du-Gers
Mouchan
Cassaigne
Ramounet
St-Lanne
Campagne-d'Armagnac
Cap-Pelat
Espujos
Larroudé
Esbérous
Escagnan
St-Aubin
Laboge
Broustet
Garderon
Cazeneuve
Armagnac
Larroussa
Gondrin
Busca-Maniban
Abbe de Flaran
Valence-sur-Baïse
Maignaut-Tauzia
Chau de Tauzia
St-Orens-Pouy-Petit
Caussens
Béraut
Eauze
Réans
Le Duret
La Pelinguette
Forêt de Gondrin
Courrensan
Estivau
St-Amand
Lapouche
Le Prada
Ayzieu
Blancaste
Artigau
Pontet
Pennevert
Pléou
Mauras
Cacarens
Jeandaugé
Polignac
Roques
Lagardère
Cadignan
Bordes
Beaucaire
Ayguetinte
Bezolles
Justian
Sauboires
Crespalet
La Paix
Bourrouillan
Lesquirle
Ramouzens
La Laca
Galaubas
Bétricot
Pourquet
Salles-d'Armagnac
Manciet
Bourguet
Rageperdix
Noulens
Lannepax
Le Cavé
Mourède
Lasserre
Rozès
Castéra-Verduzan
Lamothe
Bascous
Arnaute
Jouéou
Miran
Le Comte
Ste-Christie-d'Armagnac
Espas
Testalade
Le Courdé
Labarthe
Démù
Daugue
Lalanne
Baradot
Pessalle
Gimat
Camp de Haut
Marambat
St-Paul-de-Baïse
Bonas
Nogaro
Cravencères
La Parisienne
Beaulieu
Lagraulas
Carget
Vic-Fezensac
Las Bordères
Mestaunet
St-Michel
Jegun
Loubédat
Séailles
Avéron-Bergelle
Réchet
Aste
St-Pé
Bagatelle
Le Peyré
Pléhaut
Lézian
Urgosse
Sion
Castillon-Debats
Bats
Préneron
Herrebouc
St-Jean-Poutge
Antras
Sorbets
Margouët-Meymes
Le Parre
Mauriet
Bétous
Forêt d'Aignan
Roquebrune
Ramensan
Laubade
Bouzon-Gellenave
Sabazan
Castelmore
Cahuzères
Pouquet
Pujos
Caillavet
Le Boupat
Bédat
Bois de Mazous
Cos
Sarragachies
Fustérouau
Aignan
la Plagne
Lupiac
Belmont
Chat
Le Marteret
Biran
Tour
Blanin
Lartigue
St-Laurent
Mauret
Tour gallo-romaine
Donjon
Gellenave
Lapeyrie
Castelnavet
Lacoste
Gignan
Tudelle
Termes-d'Armagnac
Mimort
Fromentas
Pujos
Le Mas
Les Barthères
Pouydraguin
Riberette
Cazaux-d'Anglès
Montgaillard
Bazian
Le Brouilh-Monbert
La Barthe
St-Yors
Ardens
Ponsan
Izotges
Loussous-Débat
Bières-En-Armagnac
Laubare
Tasque
Croute
St-Pierre-d'Aubézies
Riguepeu
Cassebertats
Couloumé-Mondebat
Peyrusse-Grande
Mazères
Montégut
Pitron
Peyrusse-Vieille
Callian
Forêt de Montpellier
St-Arailles
Labenne
Lasserade
Capmartin
Galiax
Mondebat
Boussas
Duransan
Goux
Préchac-sur-Adour
Plaisance
Cazieux
Gazax-et-Baccarisse
Castelnau-d'Anglès
Miramnes
Barran
Malajasse
Silo
La Martinique
Soubaignan
Ricau
Midour
Baccarisse
Savis
Pontic
Baulat
Pagès
Beaumarchés
Louslitges
Sabarros
Cadiran-de-Bas
Ju-Belloc
Mazères
Cayron
Maurar
Barrottes
St Fris
Donjon
Montesquiou
L'Isle-de-Noé
St-Aunix-Lengros
Belloc
Coutens
Esparbès
Armous-et-Cau
Ballot
Bassoues
Encarnstans
Courties
Les Oulès
La Plagne
Le Prat
Carole
Mouchès
Perron
Ladevèze-Rivière
Tourdun
Scieurac-et-Flourès
Haget
Lamazère
Tieste-Uragnoux
Hères
La Madeleine
Mascaras
Bois de Bassoues
Poulebon
Estipouy
Soublecause
Ladevèze-Ville
Juillac
Labatut-Rivière
Laveraët
Castille
Monclar-sur-Losse
Le Trouette
Espagnet
St-Pierre
Armentieux
St-Christaud
Garac
Valentées
Artigues
Marciac
N.-D. de la Croix
Mirande
Idrac-Respailles
Caussade-Rivière
Bars
Les Perdigues
Estirac
Villefranque
Pelacave
Cornac
Pallanne
Berdoues
AK
AL
315
AM
AN
Auriébat
St-Justin
Ricourt
Marseillan
St-Martin
En Guillempey
St-Médard
Sombrun
Sauveterre
Maubourguet
Blousson-Sérian
Tillac
Loran
Le Choumac
St-Maur
Lahitte
La Carrère
Peymoune
81
82
83
84
85
296

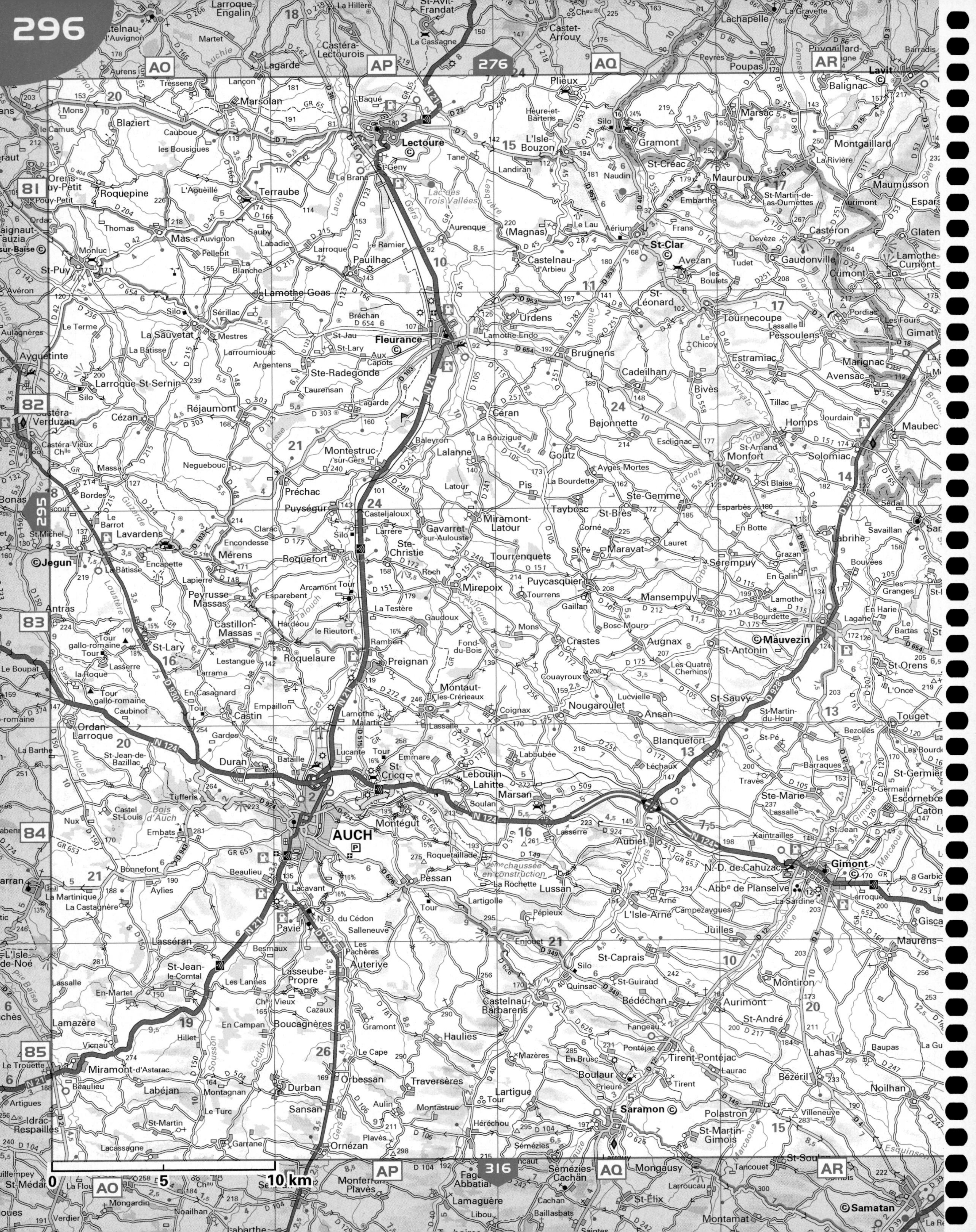
AO
AP
AQ
AR
276
295
316
81
82
83
84
85
Larroque-Engalin
St-Avit-Frandat
La Cassagne
Castéra-Lectourois
Castet-Arrouy
Lachapelle
La Gravette
Puygaillard-de-Lomagne
Lagarde
Plieux
Poupas
Lavit
Balignac
Tressens
Lançon
Marsolan
Baqué
Heure-et-Bartens
Silo
Gramont
Marsac
Mons
Blaziert
Cauboue
les Bousigues
Lectoure
L'Isle-Bouzon
Montgaillard
St-Geny
Tane
Landiran
Naudin
St-Créac
Mauroux
La Rivière
Maumusson
Orens-Puy-Petit
Pouy-Petit
Roquepine
L'Aouëillé
Terraube
Le Brana
Lac des Trois Vallées
Embarthe
St-Martin-de-Las-Oumettes
Aurimont
Espars
Ordac
Laignaut-Tauzia
Thomas
Mas-d'Auvignon
Sauby
Labadie
Aurenque
(Magnas)
Le Lau
Aérium
Frans
Castéron
Glaten
Monluc
Pellebit
Larroque
Le Ramier
St-Clar
Devèze
Lamothe-Cumont
St-Puy
La Blanche
Pauilhac
Castelnau-d'Arbieu
Avezan
Tudet
Gaudonville
les Boulets
Cumont
Avéron
Lamothe-Goas
St-Léonard
Aulagnères
Le Terme
Sérillac
Bréchan
Urdens
Tournecoupe
Pordiac
La Sauvetat
Mestres
St-Jau
Lamothe-Endo
Lassalle
Pessoulens
Les Fours
Gimat
La Batisse
St-Lary
Fleurance
Brugnens
Le Chicoy
Ayguetinte
Larroumiouac
Argentens
Aux Capots
Estramiac
Marignac
Larroque-St-Sernin
Ste-Radegonde
Cadeilhan
Avensac
Laurensan
Bivès
Castéra-Verduzan
Cézan
Réjaumont
Lagarde
Céran
Tillac
Bajonnette
Homps
Jourdain
Maubec
Castéra-Vieux
Massa
Negueboue
Montestruc-sur-Gers
Baleyron
Lalanne
La Bouzigue
Goutz
Esclignac
St-Amand
Monfort
Solomiac
Bordes
Préchac
Latour
Pis
Ayges-Mortes
La Bourdette
St Blaise
Sédail
Bonas
Puységur
Taybosc
Ste-Gemme
Esparbès
Le Barrot
Lavardens
Casteljaloux
Clarac
Larrère
Gavarret-sur-Aulouste
Miramont-Latour
St-Brès
Corné
En Botte
Savaillan
Labrihe
St-Michel
Jegun
Encondesse
Mérens
Silo
Ste-Christie
Tourrenquets
St-Pé
Maravat
Lauret
Grazan
Encapette
La Bâtisse
Roquefort
Roch
Sérempuy
Bouvées
En Galin
Lapierre
Arcamont
Tour
Mirepoix
Puycasquier
Tourrens
Les Granges
Peyrusse-Massas
Esparebent
La Testère
Mansempuy
Lamothe
La Bourdette
Antras
Castillon-Massas
Gaudoux
Gaillan
Bosc-Mouro
En Harie
Lagahe
Les Bartas
Tour gallo-romaine
St-Lary
Hardéou
le Rieutort
Rambert
Mons
Crastes
Augnax
Mauvezin
Le Boupat
Lasserre
Lestangue
Roquelaure
Fond-du-Bois
St-Antonin
Les Quatre Chemins
St-Orens
La Roque
Larrama
Preignan
Couayroux
L'Once
Caubinot
En Casagnard
Empaillon
Montaut-les-Créneaux
Lucvielle
St-Sauvy
Castin
Lamothe
Malartic
Coignax
Nougaroulet
Ansan
St-Martin-du-Hour
Touget
Ordan-Larroque
Gardes
Lassalle
Blanquefort
Bezolles
St-Pé
La Barthe
St-Jean-de-Bazillac
Duran
Bataille
Lucante
Tour
Emmare
St-Cricq
Labbubée
Léchaux
Les Barraques
Les Bourdes
St-Germier
Tufferis
Leboulin
Lahitte
Marsan
Travès
Ste-Marie
St-Germain
Escornebœuf
Castel St-Louis
Bois d'Auch
Soulan
Lasserre
Lassalle
Caton
Nux
Embats
Montégut
AUCH
Aubiet
Xaintrailles
St-Jean
Roquetaillade
2ème chaussée en construction
N.-D. de Cahuzac
Gimont
Garbic
Barran
Bonnefont
Beaulieu
Aylies
Pessan
La Rochette
Lussan
Abbe de Planselve
La Martinique
La Castagnère
Lacavant
Lartigolle
Arné
Campezaygues
La Sardine
Larroque
Giscaro
Tour
Pépieux
L'Isle-Arné
Pavie
N.-D. du Cédon
Salleneuve
Juilles
Lasséran
Enjouet
Maurens
L'Isle-de-Noé
Besmaux
Les Pachères
Silo
St-Caprais
St-Jean-le-Comtal
Auterive
Quinsac
St-Guiraud
Montiron
Lassalle
En-Martet
Les Lannes
Lasseube-Propre
Cazaux
Castelnau-Barbarens
Bédéchan
Aurimont
Chau Vieux
Lamazère
En Campan
Boucagnères
Gramont
Fangeau
St-André
Hillet
Haulies
Pontéjac
Tirent-Pontéjac
Lahas
Baupas
Vicnau
Le Cape
Mazères
En Brusc
Laurac
Le Trouette
Miramont-d'Astarac
Boulaur
Prieuré
Tirent
Bézéril
Noilhan
Beaulieu
Labéjan
Montagnan
Durban
Orbessan
Traversères
Artigues
Lartigue
Le Turc
Sansan
Aulin
Montastruc
Tour
Saramon
Polastron
Villeneuve
Idrac-Respailles
St-Martin
Héréchou
St-Martin-Gimois
Plavès
Garrane
Lacassagne
Ornézan
Sémézies
St-Soulan
Larroux
Tancouet
Mongausy
Sémézies-Cachan
Fagès
Abbatial
Monferran-Plavès
St-Médard
La Flou
Mongardin
Noailhan
Verdier
Labarthe
Lamaguère
Cachan
Baillasbats
St-Élix
Larroucau
Montamat
Samatan
0
5
10 km
N 21
N 124
D 928
D 654
D 953
Gers
Arrats
Gimone
Auloue
Osse
Arçon
Sousson
Cédon
Baïse
Aulouste
Orbe
Lauze
Esquinson
Marcaoue
Loustère
Talouch

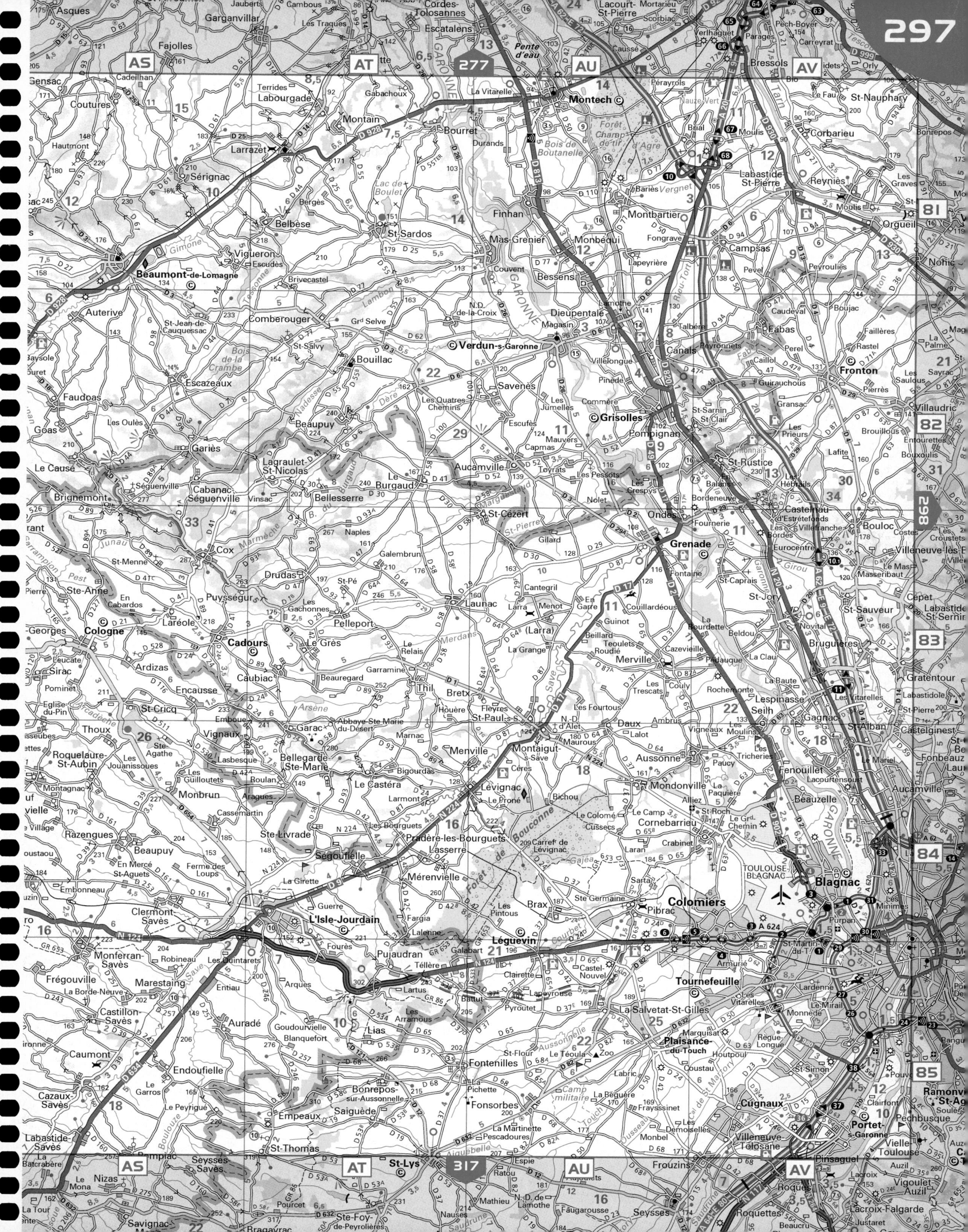

AS
AT
AU
AV
277
317
298
81
82
83
84
85
Asques
Garganvillar
Cordes-Tolosannes
Escatalens
Lacourt-St-Pierre
Fajolles
Gensac
Cadelhan
Terrides
Labourgade
Gabachoux
Montech
Couture
Montain
Bourret
La Vitarelle
Larrazet
Durands
Bois de Boutanelle
Forêt
Champ de tir d'Agre
Sérignac
Lac de Boulet
Finhan
Montbartier
Labastide-St-Pierre
Reyniès
Bressols
Corbarieu
St-Nauphary
Orgueil
Belbèse
St-Sardos
Mas-Grenier
Monbéqui
Campsas
Nohic
Vigueron
Escudès
Beaumont-de-Lomagne
Brivecastel
Couvent
Bessens
Lapeyrière
Pevel
Peyrouliès
Auterive
Comberouger
Grd Selve
N.D. de-la-Croix
Dieupentale
Fabas
St-Jean-de-Cauquessac
St-Salvy
Magasin
Verdun-s-Garonne
Canals
Bouillac
Villelongue
Pinède
Fronton
Baysole
Faudoas
Escazeaux
Savenès
Les Quatres Chemins
Les Jumelles
Commère
Grisolles
Villaudric
Goas
Les Oulès
Beaupuy
Escufès
Mauvers
Capmas
Pompignan
St-Sarnin
St-Clair
Garlès
Lagraulet-St-Nicolas
Le Burgaud
Aucamville
Toyrats
Les Pessots
St-Rustice
Le Causé
Brignemont
Séguenville
Cabanac-Séguenville
Vinsac
Bellesserre
St-Cézert
Nolet
Ondes
Castelnau-d'Estrétefonds
Bouloc
Cox
Naples
Gilard
Grenade
Villefranche
Eurocentre
Villeneuve-lès-Bouloc
St-Menne
Galembrun
Cantegril
Fontaine
St-Caprais
Ste-Anne
En Cabardos
Drudas
St-Pé
Puysségur
Les Gachonnes
Launac
Larra
Menot
En Garre
Couillardéous
St-Jory
St-Sauveur
Labastide-St-Sernin
Cologne
Laréole
Pelleport
Guinot
La Bourdette
Beldou
Novital
Bruguières
Cadours
Le Grès
Le Relais
La Grange
Beillard
Teoulets
Roudié
Merville
Cazevieille
Pédauque
La Clau
Sirac
Ardizas
Caubiac
Garramine
Beauregard
Thil
Bretx
Les Trescats
Couly
Rochemonte
La Baute
Gratentour
Encausse
Fleyres
Houère
St-Paul-s-S.
Les Fourtous
Daux
Ambrus
Lespinasse
Seilh
Les Vitarelles
Labastidolle
St-Pierre
St-Cricq
Emboue
Abbaye Ste-Marie du-Désert
Marnac
N.D. d'Alet
Lalot
Vigneaux
Gagnac
St-Alban
Castelginest
Thoux
Garac
Vignaux
Maurous
Montaigut-s-Save
Les Moulins
Roquelaure-St-Aubin
Ste-Agathe
Les Jouanissoues
Lasbesque
Bellegarde-Ste-Marie
Menville
Cères
Aussonne
Paucy
Les Tricheries
Fonbeauzard
Le Mariel
Les Guilloutets
Roulan
Bigourdas
Fenouillet
Lacourtensourt
Montagnac
Monbrun
Aragues
Le Castéra
Lévignac
Le Prone
Bichou
Mondonville
La Paquière
Aucamville
Beauzelle
Cassemartin
Larmont
Le Colomé
Le Camp
Alliez
St-Roch
Cornebarrieu
Le Grd-Chemin
Razengues
Ste-Livrade
Les Bourguets
Pradère-les-Bourguets
Carrefr de Lévignac
Cussecs
Beaupuy
Ségoufielle
Lasserre
Forêt de Bouconne
Laran
Crabinet
En Mercé
St-Aguets
Ferme des Loups
La Girette
Mérenville
Toulouse-Blagnac
Blagnac
Embonneau
Clermont-Savès
Guerre
L'Isle-Jourdain
Fargia
Les Pintous
Brax
Ste Germaine
Pibrac
Colomiers
Les Minimes
Purpan
Monferran-Savès
Robineau
Les Quintarets
Fourès
Lalenne
Pujaudran
Léguevin
Galabart
Tellère
Castel-Nouvel
Armurié
St-Martin-du-T.
Frégouville
Marestaing
Clairette
Tournefeuille
La Borde-Neuve
Entiau
Arques
Lartus
Battut
Lapeyrouse
Pyroutet
Lardenne
Le Mirail
Castillon-Savès
Auradé
Goudourvielle
Blanquefort
Les Arramous
Lias
La Salvetat-St-Gilles
Les Vitarelles
Monnède
Caumont
Endoufielle
Fontenilles
St-Flour
Le Téoula
Zoo
Plaisance-du-Touch
Marquisat
Houtpoul
Regue-Longue
St-Simon
Le Garros
Coustau
Labric
Cazaux-Savès
Le Peyrigué
Bonrepos-sur-Aussonnelle
La Pichette
Fonsorbes
Camp militaire
La Bégueré
Frayssinet
Cugnaux
Clairfont
Ramonville-St-Agne
Empeaux
Saiguède
La Martinette
Pescadoures
Les Demoiselles
Monbel
Villeneuve-Tolosane
Portet-s-Garonne
Pechbusque
Vieille-Toulouse
Labastide-Savès
St-Thomas
Pompiac
Seysses-Savès
St-Lys
Aiguebelle
Espie
Frouzins
Pinsaguel
Auzil
Vigoulet-Auzil
Le Mona
Nizas
Ratou
Mathieu
N.-D. de Lamothe
Fauguarousse
Seysses
Roques
Lacroix
La Tour
Savignac
Pourcet
Ste-Foy-de-Peyrolières
Nauses
Roquettes
Lacroix-Falgarde
Beaucru
GARONNE
Tarn
A 62
A 20
A 624
N 124
N 224
N 20
D 928
D 813
D 820
Pente d'eau

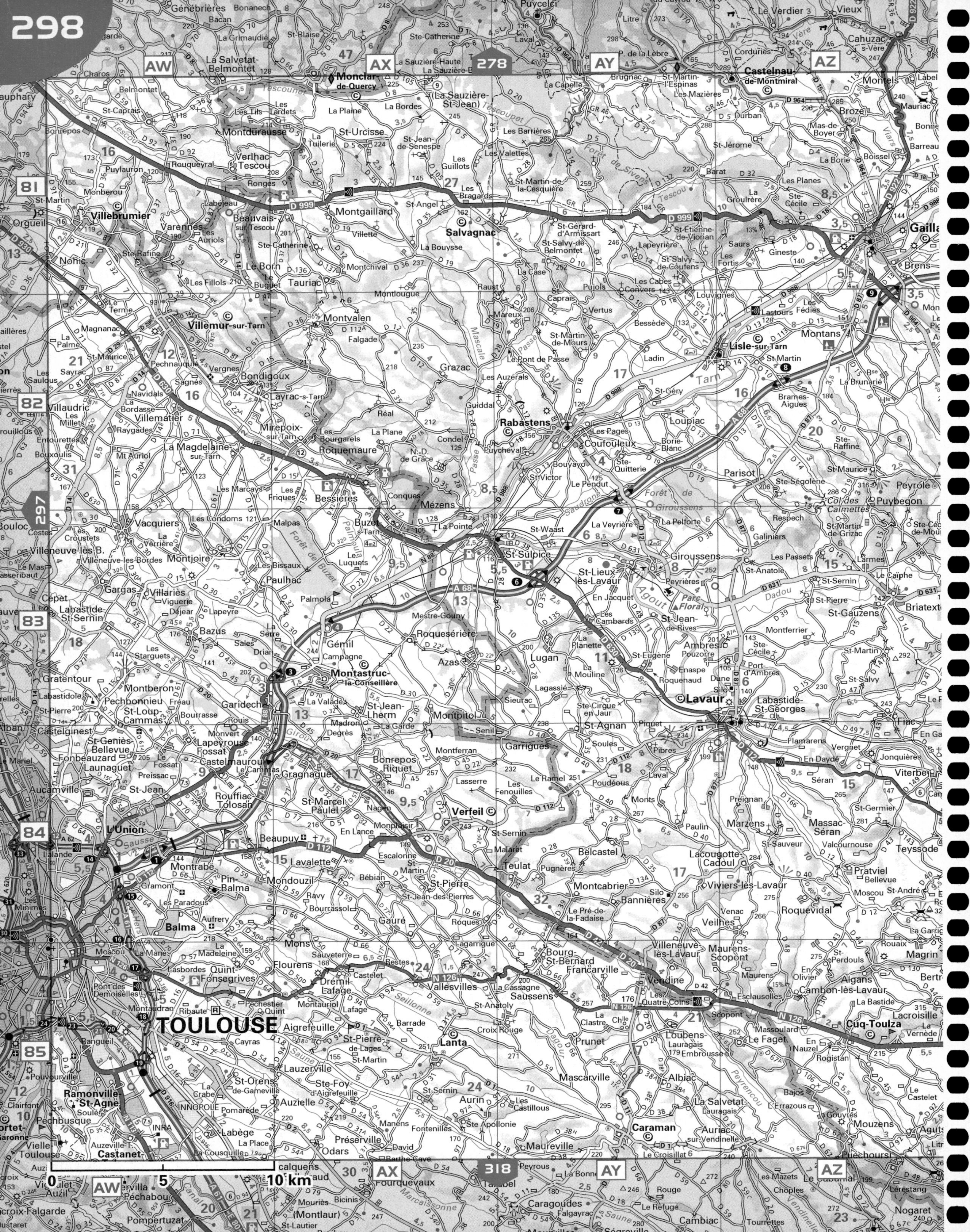

AW
AX
278
AY
AZ
Génébrières
Puycelci
Vieux
Cahuzac-s-Vère
La Salvetat-Belmontet
Monclar-de-Quercy
Castelnau-de-Montmiral
Montels
Montdurausse
St-Urcisse
Verlhac-Tescou
Villebrumier
Orgueil
Montgaillard
Salvagnac
Gailla
Beauvais-sur-Tescou
Nohic
Tauriac
Brens
Villemur-sur-Tarn
Montvalen
Lisle-sur-Tarn
Montans
Bondigoux
Grazac
Layrac-s-Tarn
Villaudric
Villematier
Mirepoix-sur-Tarn
Rabastens
Coufouleux
Loupiac
Brames-Aigues
La Magdelaine-sur-Tarn
Roquemaure
Parisot
Peyrole
Puybegon
Bessières
Mézens
Buzet-s-Tarn
Vacquiers
Montjoire
St-Sulpice
St-Lieux-lès-Lavaur
Giroussens
Villeneuve-lès-B.
Paulhac
Gargas
Villariès
St-Jean-de-Rives
Briatexte
St-Gauzens
Labastide-St-Sernin
Bazus
Roquesérière
Gémil
Montastruc-la-Conseillère
Azas
Lugan
Ambres
Gratentour
Montberon
Pechbonnieu
St-Loup-Cammas
Garidech
St-Jean-Lherm
Montpitol
Lavaur
Labastide-St-Georges
Fiac
Castelginest
St-Geniès-Bellevue
Lapeyrouse-Fossat
Castelmaurou
Gragnague
Bonrepos-Riquet
Garrigues
St-Agnan
Pibres
Viterbe
Fonbeauzard
Launaguet
Aucamville
St-Jean
Rouffiac-Tolosan
St-Marcel-Paulel
Verfeil
Teulat
Montcabrier
Bannières
Marzens
Massac-Séran
Teyssode
L'Union
Beaupuy
Lavalette
Belcastel
Lacougotte-Cadoul
Viviers-lès-Lavaur
Montrabé
Pin-Balma
Mondouzil
St-Pierre
Roquevidal
Balma
Gauré
Mons
Bourg-St-Bernard
Francarville
Villeneuve-lès-Lavaur
Maurens-Scopont
Magrin
Quint-Fonsegrives
Flourens
Drémil-Lafage
Vallesvilles
Saussens
Vendine
Cambon-lès-Lavaur
Algans
TOULOUSE
Aigrefeuille
Lanta
Prunet
Loubens-Lauragais
Le Faget
Cuq-Toulza
Ramonville-St-Agne
Lauzerville
St-Orens-de-Gameville
Ste-Foy-d'Aigrefeuille
Aurin
Mascarville
Albiac
La Salvetat-Lauragais
Mouzens
Pechbusque
Labège
Auzielle
Préserville
Odars
Caraman
Auriac-sur-Vendinelle
Maureville
Castanet-Tolosan
Vieille-Toulouse
Fourquevaux
Caragoudes
Cambiac
Nogaret
Pompertuzat
Ségreville
318
0 5 10 km
297
81
82
83
84
85

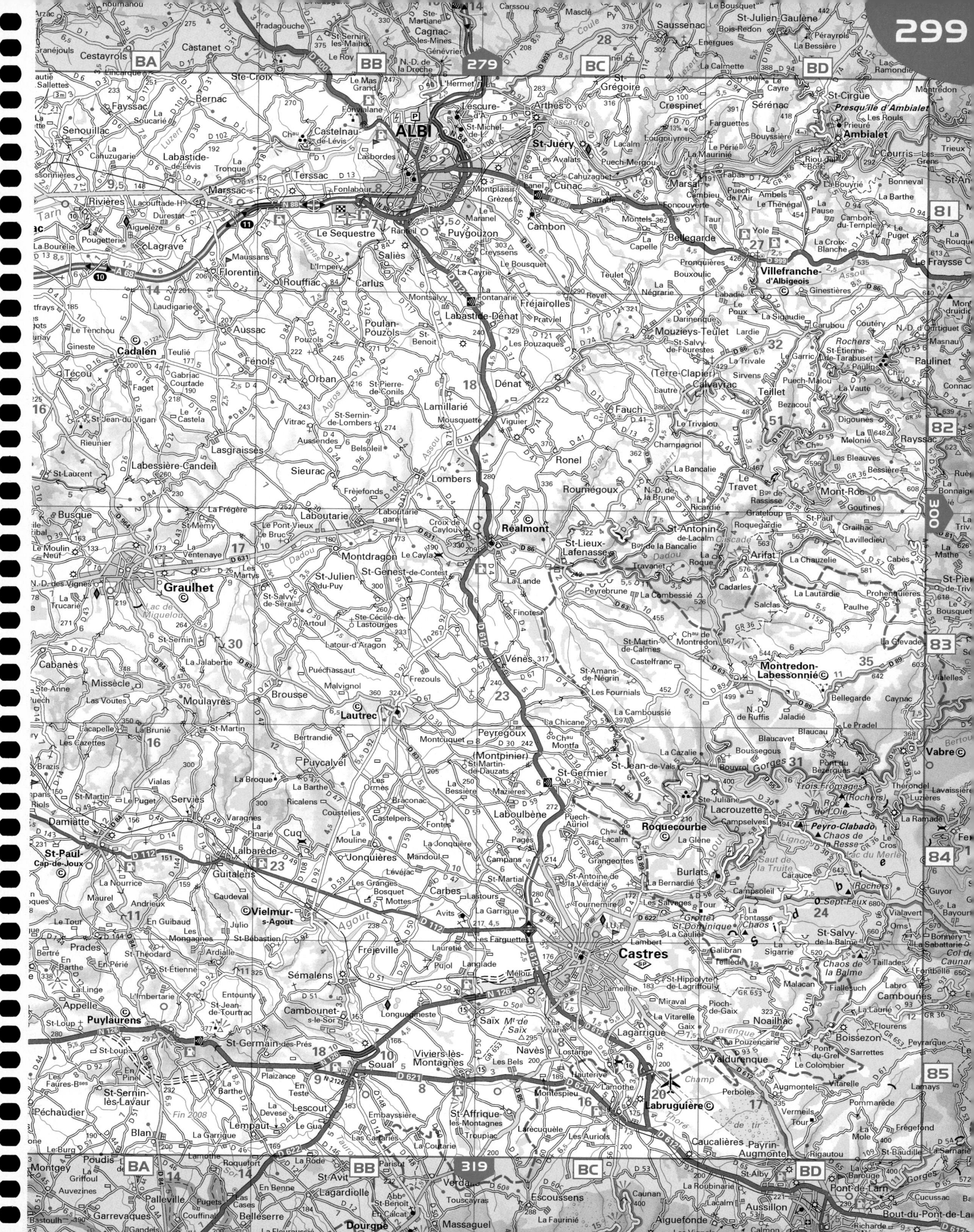

BA
BB
BC
BD
279
319
81
82
83
84
85
300
ALBI
Castanet
Cestayrols
Fayssac
Bernac
Senouillac
Castelnau-de-Lévis
Labastide-de-Lévis
Lescure-d'A.
Arthès
St-Juéry
St-Grégoire
Crespinet
Sérénac
Ambialet
Presqu'île d'Ambialet
Courris
Terssac
Marssac-s-T.
Rivières
Lagrave
Florentin
Le Sequestre
Puygouzon
Cambon
Cunac
Marsal
Bellegarde
Villefranche-d'Albigeois
Rouffiac
Carlus
Saliès
Fréjairolles
Labastide-Dénat
Mouzieys-Teulet
Cadalen
Aussac
Fénols
Orban
Poulan-Pouzols
Dénat
Lamillarié
Fauch
Calvayrac
Teillet
Paulinet
Lasgraisses
Labessière-Candeil
Sieurac
Lombers
Ronel
Roumégoux
Rayssac
Mont-Roc
Graulhet
Busque
Laboutarie
Montdragon
Réalmont
St-Lieux-Lafenasse
St-Antonin-de-Lacalm
Arifat
St-Julien-du-Puy
St-Genest-de-Contest
Montredon-Labessonnié
Vénès
Missècle
Moulayrès
Brousse
Lautrec
Peyregoux
St-Germier
Vabre
Roquecourbe
Lacrouzette
Burlats
Damiatte
St-Paul-Cap-de-Joux
Guitalens
Cuq
Jonquières
Carbes
Vielmur-s-Agout
Castres
Sémalens
Fréjeville
Puylaurens
Cambounet-s-le-Sor
Saïx
Noailhac
Boissezon
St-Germain-des-Prés
Soual
Viviers-lès-Montagnes
Navès
Lagarrigue
Valdurenque
St-Sernin-lès-Lavaur
Péchaudier
Lempaut
Lescout
St-Affrique-les-Montagnes
Labruguière
Aussillon
Pont-de-Larn
Dourgne
Verdalle
Escoussens
Belleserre
Palleville
Garrevaques
Montgey
Poudis

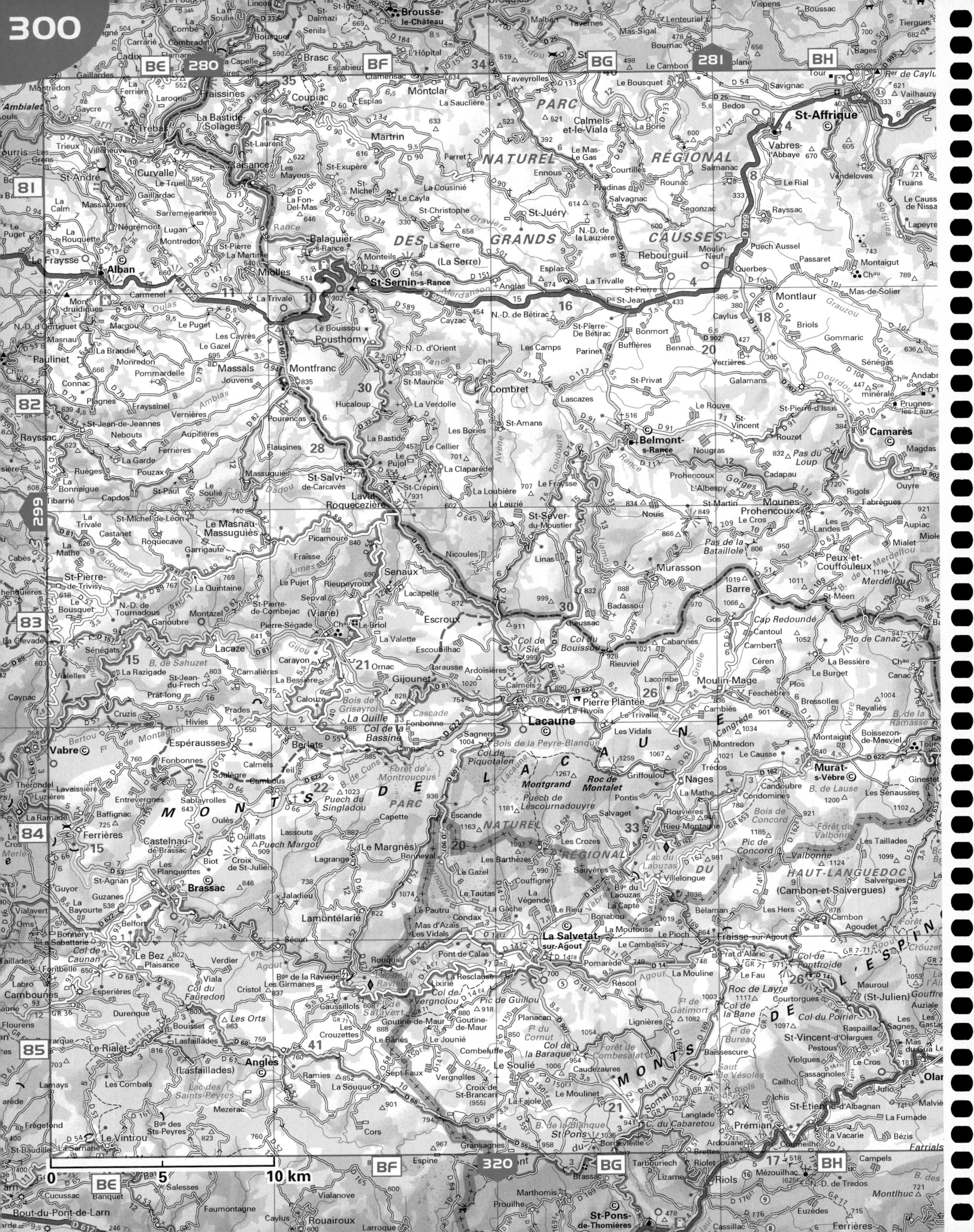
BE
280
BF
BG
281
BH
81
82
83
84
85
299
320
Brousse-le-Château
Montclar
Coupiac
St-Affrique
Vabres-l'Abbaye
PARC
NATUREL
RÉGIONAL
DES
GRANDS
CAUSSES
Plaisance
Alban
St-Sernin-s-Rance
Balaguier-s-Rance
St-Juéry
Rebourguil
Montlaur
Belmont-s-Rance
Camarès
Combret
Pousthomy
Montfranc
Massals
Laval-Roquecezière
St-Salvi-de-Carcavès
Le Masnau-Massuguiès
Murasson
Barre
Peux-et-Couffouleux
Lacaune
Murat-s-Vèbre
Vabre
Brassac
Ferrières
Anglès
La Salvetat-sur-Agout
MONTS DE LACAUNE
PARC NATUREL RÉGIONAL DU HAUT-LANGUEDOC
MONTS DE L'ESPINOUSE
St-Pons-de-Thomières
Riols
Prémian
Olargues
Fraisse-sur-Agout
Col de Sié
Col du Bouissou
Lac du Laouzas
Lac de la Raviège
Roc de Montalet
Cap Redoundé
St-Vincent-d'Olargues
0
5
10 km

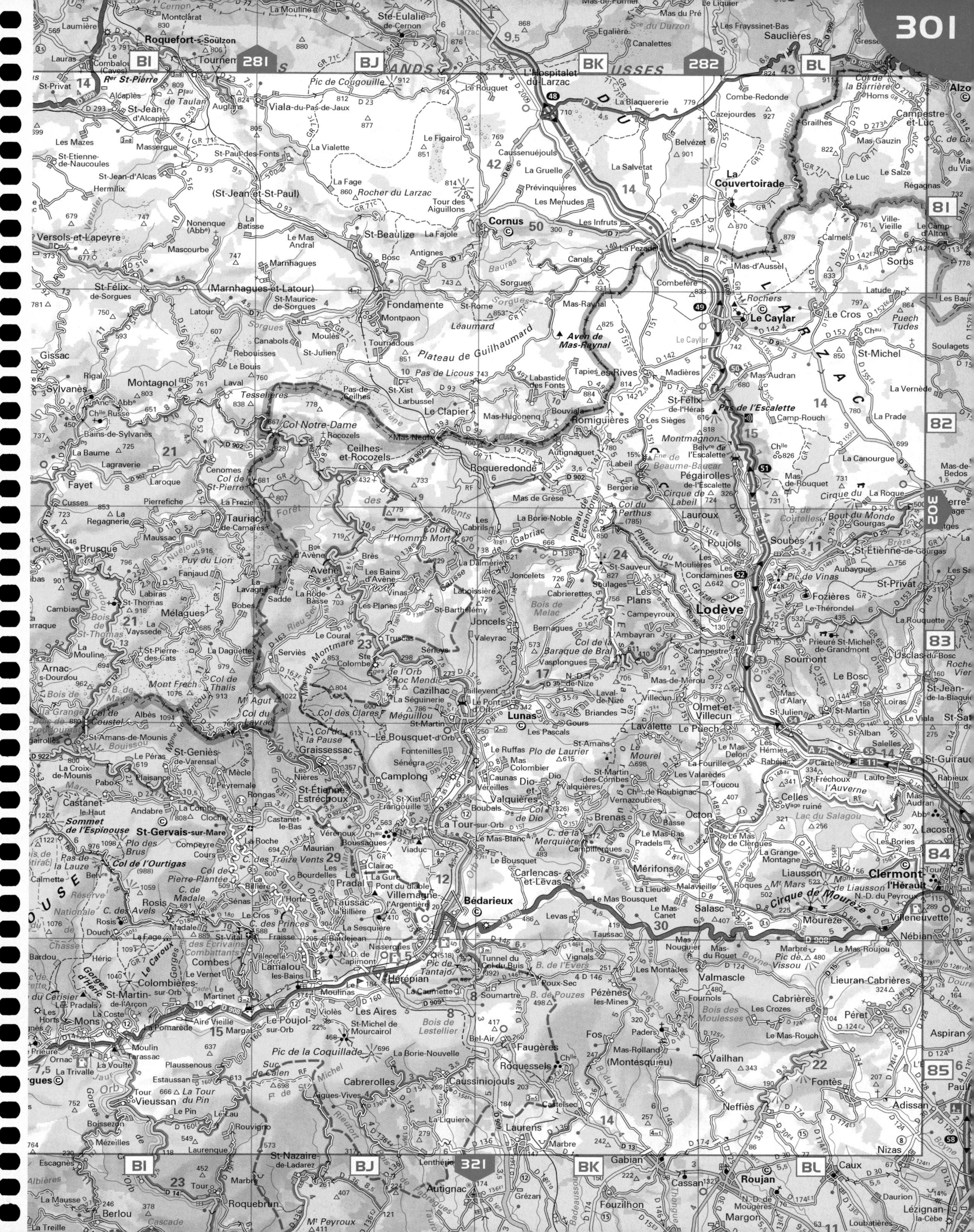
281
282
BI
BJ
BK
BL
81
82
83
84
85
302
321
Roquefort-s-Soulzon
Ste-Eulalie-de-Cernon
L'Hospitalet-du-Larzac
Sauclières
Canalettes
Egalière
Les Frayssinet-Bas
Mas du Pré
Alzon
St-Privat
St-Jean-d'Alcapiès
Viala-du-Pas-de-Jaux
Pic de Cougouille
Le Rouquet
La Blaquererie
Cazejourdes
Combe-Redonde
Campestre-et-Luc
Le Figairol
Caussenuéjouls
La Gruelle
La Salvetat
Belvézet
La Couvertoiraide
St-Etienne-de-Naucoules
Masserque
St-Paul-des-Fonts
Hermilix
(St-Jean-et-St-Paul)
La Fage
Rocher du Larzac
Tour des Aiguillons
Prévinquières
Les Menudes
Les Infruts
Cornus
St-Beaulize
La Fajole
Le Mas Andral
Versols-et-Lapeyre
Mascourbe
Nonenque (Abbe)
Marnhagues
Antignes
Bosc
Canals
La Pezade
Mas-d'Aussel
Sorbs
Ville-Vieille
Le Camp-d'Alton
St-Félix-de-Sorgues
(Marnhagues-et-Latour)
St-Maurice-de-Sorgues
Sorgues
Combefère
Fondamente
Montpaon
St-Rome
Mas-Raynal
Le Caylar
Rochers
Le Cros
Puech Tudes
Léaumard
Aven de Mas-Raynal
Plateau de Guilhaumard
Tournadous
Moulès
St-Julien
Canabols
Rebouisses
Le Bouis
Gissac
Latour
Soulagets
St-Michel
Mas Audran
Madières
Les Rives
Tapies
Labastide des Fonts
Pas de Licous
Sylvanès
Montagnol
Laval
Tesselières
Pas-de-Ceilhes
St-Xist
Larbussel
Le Clapier
Mas-Hugonenq
Bouviala
Romiguières
St-Félix-de-l'Héras
Pas de l'Escalette
Les Sièges
Camp-Rouch
La Prade
La Vernède
Col Notre-Dame
Rocozels
Ceilhes-et-Rocozels
Mas-Neuf
Bains-de-Sylvanès
La Baume
Lagraverie
Cenomes
Col de St-Pierre
Autignaguet
Roqueredonde
Montmagnon
Belvre de l'Escalette
Pégairolles-de-l'Escalette
Fne de Beaume-Baucar
Labeil
Bergerie
Cirque de Labeil
La Canourgue
Mas-de-Rouquet
Cirque du
La Roque
Mas-de-Bedos
Fayet
Laroque
Pierrefiche
La Frezie
Mas de Grèse
La Borie-Noble
Col du Perthus
Lauroux
Cusses
La Regagnerie
Tauriac-de-Camarès
Forêt des Monts
Col de l'Homme Mort
Les Cabrils
Gabriac
Plateau de l'Escandorgue
Plateau du Grézac
Poujols
Soubès
Bout du Monde
Gourgas
St-Etienne-de-Gourgas
Brusque
Maussac
Puy du Lion
Fanjaud
Bre d'Avène
Avène
Brès
St-Sauveur
Soulages
La Dalmérie
Joncelets
Cabrierettes
Les Plans
Lodève
Les Condamines
Les Moulières
Pic de Vinas
Fozières
Aubaygues
St-Privat
Le-Thérondel
Labiras
St-Thomas
Mélagues
La Vayssède
Lavagne
Sadde
Bobes
Les Bains d'Avène
La Rode-Basse
Vinas
Les Planes
St-Barthélemy
Laboissière
Joncels
Bois de Melac
Campeyroux
L'Ambayran
La Rouquette
Prieuré St-Michel-de-Grandmont
Usclas-du-Bosc
Cambias
Bois de St-Thomas
La Mouline
Arnac-s-Dourdou
St-Pierre-des-Cats
La Daguette
Le Coural
Serviès
Mgne de Montmare
Truscas
Ste Colombe
Gges de l'Orb
Sérieys
Valeyrac
Bernagues
Col de la Baraque de Bral
Vasplongues
Campestre
Soumont
Le Bosc
St-Jean-de-la-Blaquière
Mont Frech
Col de Thalis
Mt Agut
Roc Mendic
Cazilhac
Taillevent
Le Pont d'Orb
La Séguinerie
Méguillou
Col des Clares
Lunas
Les Pascals
N-D de-Nize
Laval-de-Nize
Briandes
Gours
Mas-de-Mérou
Villecun
Olmet-et-Villecun
Mas-d'Alary
St-Julien
St-Martin
Loiras
Le Viala
Col de Coustel
Albès
Col du Layrac
La Grange
St-Amans-de-Mounis
Bouissou
St-Geniès-de-Varensal
Graissessac
Col de la Pause
Le Bousquet-d'Orb
Fontenilles
Sénégra
Le Ruffas
Mas Colombier
Plo de Laurier
St-Amans
Le Mourel
Lavalette
Le Puech
Les Hémies
Le Mas-Delon
Rabéjac
Cartels
St-Alban
Salelles
St-Guiraud
La Croix-de-Mounis
Le Péras
Pabo
Plaisance
Mècle
Peyremale
Rongas
Les Nières
St-Étienne-Estréchoux
Camplong
Caunas
Véreilles
Dio-et-Valquières
St-Martin-des-Combes
Valquières
Chlle de Roubignac
La Fourille
Les Valarèdes
Toucou
St-Fréchoux
L'Auverne
Laulo
Rabieux
Castanet-le-Haut
Andabre
La Combe
Clochet
Castanet-le-Bas
St-Xist
Frangouille
Boubals
Col de Dio
Vernazoubres
Brenas
Octon
Celles
Vge ruiné
Lac du Salagou
Mas Audran
Lacoste
Sommet de l'Espinouse
St-Gervais-sur-Mare
Compeyre
Courts
La Roche
Vérenoux
Boussagues
Viaduc
La Tour-sur-Orb
Le Mas-Blanc
C. de la Merquière
Campillergues
Basse
Le Mas-Bas
Pradels
Le Mas de Clergues
La Grange-Montagne
Les Bories
Plo des Brus
Pas de la Lauze
Col de l'Ourtigas
C. des Treize Vents
Maurian
Clairac
La Gure
Pont du diable
Le Pradal
Le Bousquet
Carlencas-et-Levas
Mérifons
La Lieude
Malavieille
Roques
Liausson
Mgne de Liausson
Mts Mars
Clermont-l'Hérault
N.-D. du Peyrou
Calmette
Belvre
C. de Pierre-Plantée
C. de Madale
Bourdelles
Billière
Villemagne-l'Argentière
Bédarieux
Le Mas Bousquet
Le Mas-Canet
Salasc
Cirque de Mourèze
Mourèze
Villeneuvette
Réserve Nationale
Rosis
C. des Avels
Sénas
L'Horte
Taussac-la-Billière
Le Cros
C. des Princes
La Sesquière
Levas
Taussac
Mas Nouguier
Mas du Rouet
Marbre
Pic de Vissou
Le Mas-Roujou
Nébian
Madale
St-Vital
Fraisse
Bardejean
Chasse
Bardou
Héric
Le Caroux
La Fage
Gorges d'Héric
Fd des Ecrivains Combattants
Villecelle
Combes
Lamalou-les-Bains
N.-D. de Capimont
Nissergues
Pic de Tantajo
Tunnel du Col du Buis
Les Vignals
B. de l'Evers
Les Montades
Valmascle
Lieuran-Cabrières
St-Martin-de-l'Arçon
Colombières-sur-Orb
Le Vernet
Le Martinet
Hérépian
Moulinas
La Caumette
Poux-Sec
B. de Pouzes
Pézènes-les-Mines
Fournols
Bois des Moulesses
Cabrières
Les Crozes
Les Pradals
Les Horts
Mons
La Coste
Aire Vieille
Le-Poujol-sur-Orb
Les Aires
Violès
St-Michel de Mourcairol
Bois de Lestellier
Soumartre
Bel-Air
Fos
Paders
Péret
Le Mas-Rouch
Aspiran
La Pomarède
Margal
Prieuré
Ornac
Moulin Tarassac
La Trivalle
La Voulte
Pic de la Coquillade
La Borie-Nouvelle
Faugères
Roquessels
Mas-Rolland (Montésquieu)
Vailhan
Fontès
Plaussenous
Estaussan
La Tour du Pin
Tour
Vieussan
Suc de Calen
St Michel
Cabrerolles
Caussiniojouls
Castelsec
Neffiès
Adissan
Le Pin
Le Lau
Boissezon
Rouvignol
Mézeilles
Laurenque
Aigues-Vives
La Liquière
Laurens
Nizas
St-Nazaire-de-Ladarez
Lenthéric
Marbre
Gabian
Cassan
Roujan
Caux
Escagnès
Albières
Tour
Marbre
Autignac
Grézan
Fouzilhon
N.-D. de Mougères
Margon
Daurion
Lézignan-la-Cèbe
La Mausse
Berlou
Roquebrun
Cascade
Mt Peyroux
Loubatières
La Treille
A 75
E 11
LARZAC

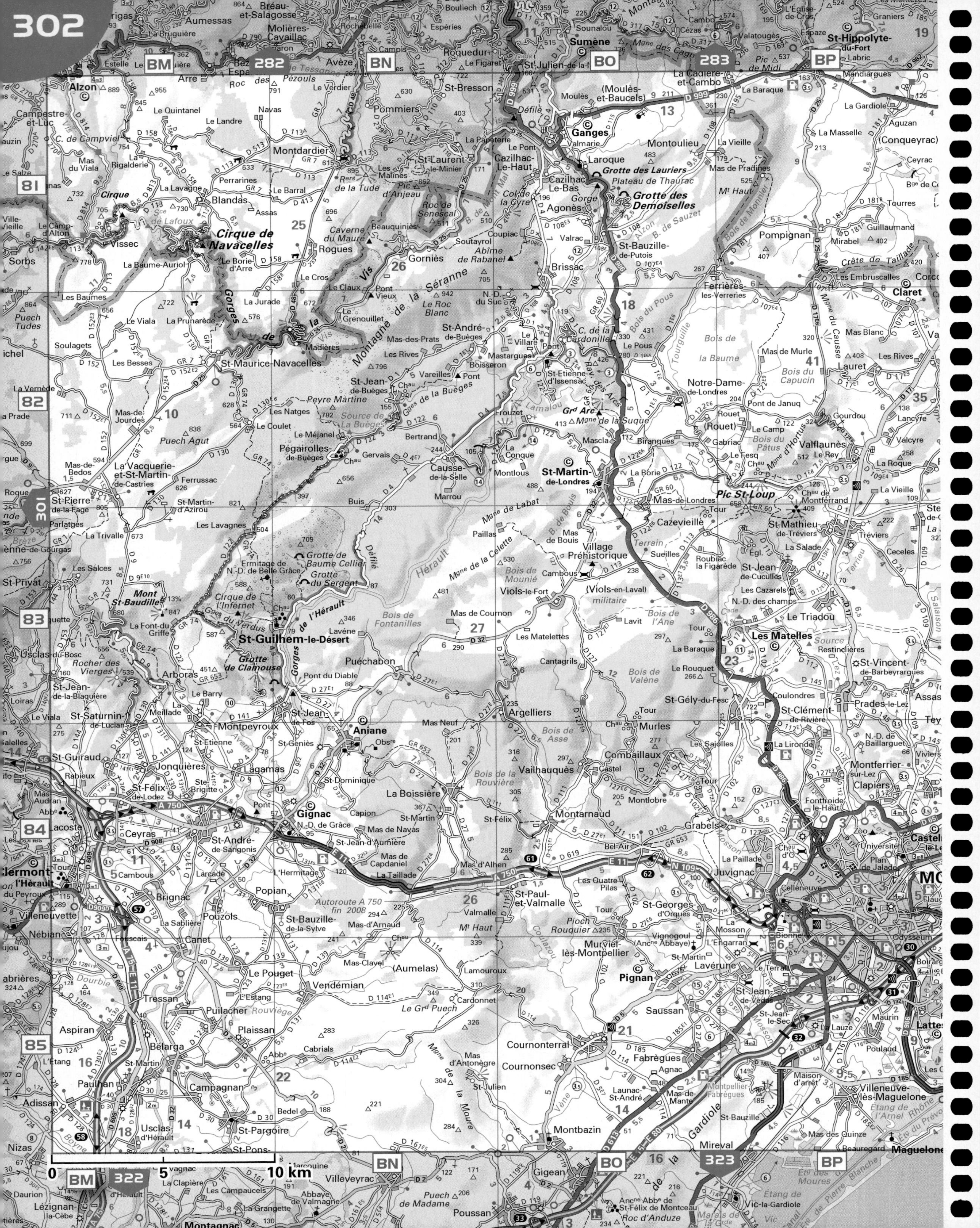

282
283
BM
BN
BO
BP
81
82
83
84
85
301
322
323
Alzon
Arre
Avèze
Sumène
St-Hippolyte-du-Fort
La Cadière-et-Cambo
St-Bresson
Pommiers
Ganges
Montoulieu
Montdardier
St-Laurent-le-Minier
Cazilhac-Le-Haut
Laroque
Grotte des Lauriers
Cazilhac-Le-Bas
Grotte des Demoiselles
Agonès
Blandas
Cirque de Navacelles
Vissec
Rogues
Gorniès
Brissac
St-Bauzille-de-Putois
Pompignan
Ferrières-les-Verreries
Claret
Montagne de la Séranne
Gorges de la Vis
St-Maurice-Navacelles
St-André-de-Buèges
St-Jean-de-Buèges
Notre-Dame-de-Londres
Lauret
Pégairolles-de-Buèges
Causse-de-la-Selle
St-Martin-de-Londres
Valflaunès
Pic St-Loup
St-Mathieu-de-Tréviers
Cazevieille
Village Préhistorique
La Vacquerie-et-St-Martin-de-Castries
St-Pierre-de-la-Fage
Grotte de Baume Cellier
Grotte du Sergent
Mont St-Baudille
Cirque de l'Infernet
Viols-le-Fort
Les Matelles
St-Guilhem-le-Désert
Grotte de Clamouse
Gorges de l'Hérault
Puéchabon
Arboras
St-Gély-du-Fesc
St-Vincent-de-Barbeyrargues
St-Clément-de-Rivière
Assas
Prades-le-Lez
St-Jean-de-Fos
Aniane
Argelliers
Murles
Montpeyroux
St-Saturnin-de-Lucian
St-Guiraud
Jonquières
Lagamas
Combaillaux
Vailhauquès
Montferrier-sur-Lez
Clapiers
St-Félix-de-Lodez
Gignac
La Boissière
Montarnaud
Grabels
Lacoste
Ceyras
St-André-de-Sangonis
Juvignac
Clermont-l'Hérault
Brignac
Popian
St-Paul-et-Valmalle
St-Georges-d'Orques
Villeneuvette
Nébian
Pouzols
St-Bauzille-de-la-Sylve
Murviel-lès-Montpellier
Canet
Le Pouget
Vendémian
(Aumelas)
Pignan
Lavérune
Tressan
Puilacher
Saussan
Aspiran
Plaissan
Bélarga
Cournonterral
Cournonsec
Fabrègues
Paulhan
Campagnan
Adissan
Usclas-d'Hérault
St-Pargoire
Montbazin
Mireval
Villeneuve-lès-Maguelone
Maguelone
Nizas
Villeveyrac
Gigean
Vic-la-Gardiole
Lézignan-la-Cèbe
Montagnac
Poussan
0
5
10 km

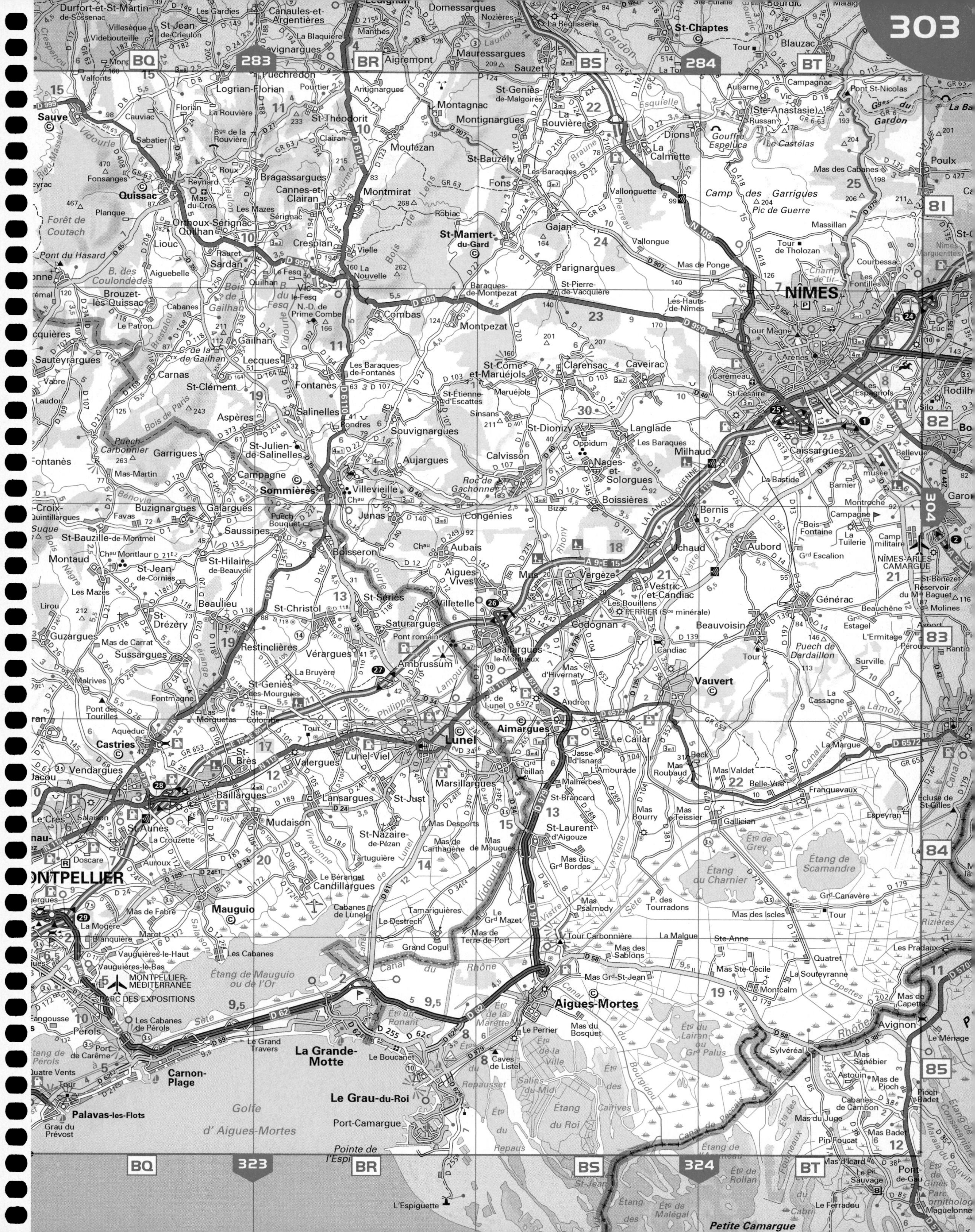
Durfort-et-St-Martin-de-Sossenac
Canaules-et-Argentières
Domessargues
St-Chaptes
Blauzac
Villesèque
St-Jean-de-Crieulon
Savignargues
Aigremont
Mauressargues
Sauzet
La Réglisserie
BQ
283
BR
BS
284
BT
Puechredon
Logrian-Florian
Antignargues
St-Geniès-de-Malgoirès
Aubarne
Campagnac
Pont St-Nicolas
Sauve
Cauviac
St-Théodorit
Montagnac
Montignargues
La Rouvière
Ste-Anastasie
Russan
Gardon
Sabatier
Moulézan
St-Bauzély
Dions
La Calmette
Gouffre Espeluca
Le Castélas
Poulx
Fonsanges
Quissac
Bragassargues
Cannes-et-Clairan
Montmirat
Fons
Vallonguette
Camp des Garrigues
Pic de Guerre
Mas des Cabanes
Forêt de Coutach
Orthoux-Sérignac-Quilhan
Liouc
Crespian
Robiac
St-Mamert-du-Gard
Gajan
Vallongue
Massillan
Tour de Tholozan
Pont du Hasard
Sardan
Vic-le-Fesq
La Nouvelle
Parignargues
Mas de Ponge
Courbessac
B. des Coulondèdes
Brouzet-lès-Quissac
Baraques-de-Montpezat
St-Pierre-de-Vacquière
Les-Hauts-de-Nîmes
NÎMES
Combas
Montpezat
Le Patron
Gailhan
Lecques
Carnas
St-Clément
Fontanès
Salinelles
Sauteyrargues
Vabre
Laudou
Les Baraques-de-Fontanès
St-Côme-et-Maruéjols
Clarensac
Caveirac
Tour Magne
Arènes
St-Étienne-d'Escattes
Maruéjols
Carémeau
St-Césaire
Les Espagnols
Rodilhan
Aspères
Bois de Paris
Puech-Carbonnier
Souvignargues
Sinsans
St-Dionizy
Oppidum
Langlade
Les Baraques
Milhaud
Caissargues
St-Julien-de-Salinelles
Garrigues
Aujargues
Calvisson
Nages-et-Solorgues
Bellevue
Fontanès
Mas-Martin
Campagne
Sommières
Villevieille
Roc de Gachonne
La Bastide
Barnier
Boissières
Montroche
Buzignargues
Galargues
Favas
Junas
Congénies
Bizac
Bernis
Campagne
Bois-Fontaine
La Tuilerie
Camp militaire
Saussines
Puech-Bouquet
St-Bauzille-de-Montmel
Montaud
Montlaur
St-Hilaire-de-Beauvoir
Boisseron
Aubais
Uchaud
Aubord
Grd Escalion
NÎMES-ARLES CAMARGUE
St-Jean-de-Cornies
Aigues-Vives
Mus
Vergèze
Vestric-et-Candiac
Générac
Les Mazes
Beaulieu
St-Christol
St-Séries
Villetelle
Les Bouillens
PERRIER (Sce minérale)
Beauchêne
Molines
Lirou
St-Drézéry
Saturargues
Codognan
Beauvoisin
Grd Estagel
L'Ermitage
Guzargues
Mas de Carrat
Sussargues
Restinclières
Pont romain
Vérargues
Gallargues-le-Montueux
Candiac
Tour
Puech de Dardaillon
Surville
Malrives
La Bruyère
Ambrussum
Mas d'Hivernaty
Vauvert
Fontmagne
St-Geniès-des-Mourgues
P. de Lunel
Andron
La Cassagne
Pont des Tourilles
Las Morguetas
Ste-Colombe
Castries
Aqueduc
St-Brès
Tour
Lunel
Aimargues
Le Cailar
La Margue
Vendargues
Valergues
Lunel-Viel
Jasse-d'Isnard
L'Amourade
Beck
Mas Roubaud
Mas Valdet
Belle-Vue
Jacou
Baillargues
Marsillargues
Grd Teillan
Malherbes
Franquevaux
Le Crès
Salaison
St-Aunès
Lansargues
St-Just
St-Brancard
Mas Bourry
Mas Teissier
Gallician
Espeyran
Écluse de St-Gilles
La Crouzette
Mudaison
Mas Desports
St-Nazaire-de-Pézan
Mas de Carthagène
Mas de Mougues
St-Laurent-d'Aigouze
Étg de Grey
Étang de Scamandre
Doscare
Auroux
Tartuguière
Mas du Grd Bordes
Étang du Charnier
MONTPELLIER
Le Bérenget
Candillargues
Mas Psalmody
P. des Tourradons
Grd-Canavère
Mas de Fabre
Mauguio
Cabanes de Lunel
Le Destrech
Tamariguières
Le Grd Mazet
Mas de Terre-de-Port
Mas des Iscles
Tour
La Mogère
Marot
Blanquière
Vauguières-le-Haut
Vauguières-le-Bas
Les Cabanes
Grand Cogul
Tour Carbonnière
La Malgue
Ste-Anne
Mas des Sablons
Quatret
Les Pradaux
MONTPELLIER-MÉDITERRANÉE
PARC DES EXPOSITIONS
Étang de Mauguio ou de l'Or
Canal du Rhône à Sète
Mas Grd-St-Jean
Mas Ste-Cécile
La Souteyranne
Montcalm
Mas de Capette
Aigues-Mortes
Étg du Ponant
Étg de la Marette
Le Perrier
Mas du Bosquet
Avignon
Le Ménage
Fangousse
Les Cabanes de Pérols
Pérols
Le Grand Travers
La Grande-Motte
Le Boucanet
Caves de Listel
Étg de la Ville
Étg du Lairan ou Grd Palus
Sylvéréal
Mas Sénébier
Étang de Pérols
Port de Carême
Quatre Vents
Carnon-Plage
Repausset
Salins-du-Midi
Étg des Caitives
Astouin
Mas de Pioch
Pioch-Badet
Palavas-les-Flots
Grau du Prévost
Golfe d'Aigues-Mortes
Le Grau-du-Roi
Port-Camargue
Étg du Repaus
Étang du Roi
Cabanes de Cambon
Mas du Juge
Mas Badet
Pin-Foucat
Pointe de l'Espiguette
Étang de Malagroy
Étg de Rollan
Mas d'Icard
Le Pti Sauvage
Pont-de-Gau
Parc ornithologique
Maguelonne
L'Espiguette
Étang des Dous
Étg de Malégal
Le Ferradou
Petite Camargue
BQ
323
BR
BS
324
BT
81
82
83
84
85
304

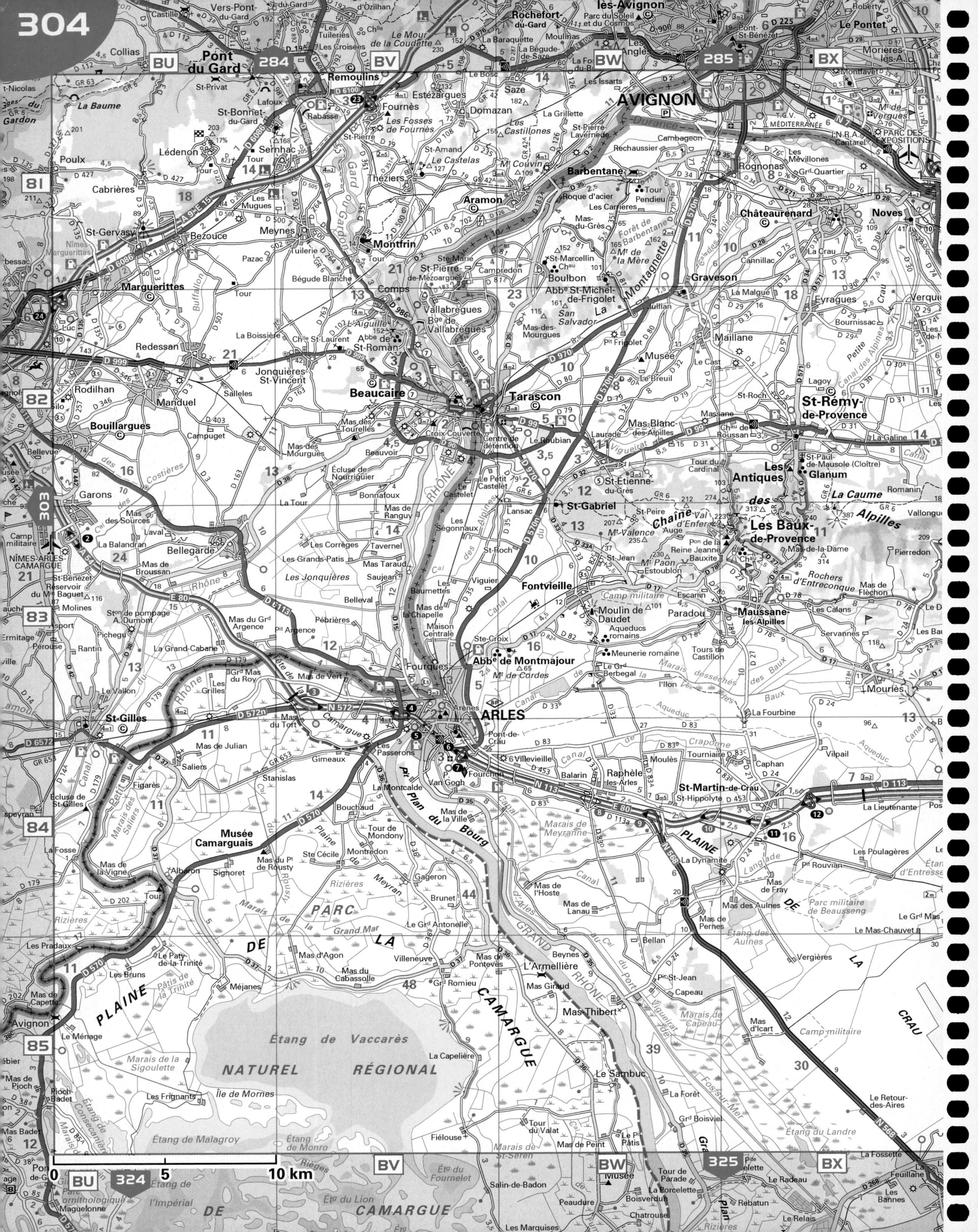

Pont du Gard
Remoulins
AVIGNON
Villeneuve-lès-Avignon
Le Pontet
Rochefort-du-Gard
Les Angles
Morières-lès-A.
Montfavet
Estézargues
Fournès
Saze
Domazan
Barbentane
Rognonas
Châteaurenard
Noves
Aramon
Théziers
Meynes
Montfrin
Lédenon
Sernhac
Cabrières
Poulx
St-Gervasy
Bezouce
Marguerittes
Redessan
Manduel
Rodilhan
Bouillargues
Jonquières-St-Vincent
Beaucaire
Tarascon
Vallabrègues
Comps
Boulbon
Abbe St-Michel-de-Frigolet
La Montagnette
Graveson
Maillane
Eyragues
St-Rémy-de-Provence
Glanum
Les Antiques
Mas-Blanc-des-Alpilles
St-Étienne-du-Grès
St-Gabriel
Chaîne des Alpilles
Les Baux-de-Provence
Fontvieille
Moulin de Daudet
Paradou
Maussane-les-Alpilles
Mouriès
Abbe de Montmajour
Fourques
ARLES
St-Gilles
Bellegarde
Garons
NÎMES-ARLES-CAMARGUE
Raphèle-les-Arles
St-Martin-de-Crau
Musée Camarguais
Albaron
Mas-Thibert
Le Sambuc
Étang de Vaccarès
PARC NATUREL RÉGIONAL DE CAMARGUE
PLAINE DE LA CRAU
Salin-de-Badon
Maguelonne
0 5 10 km

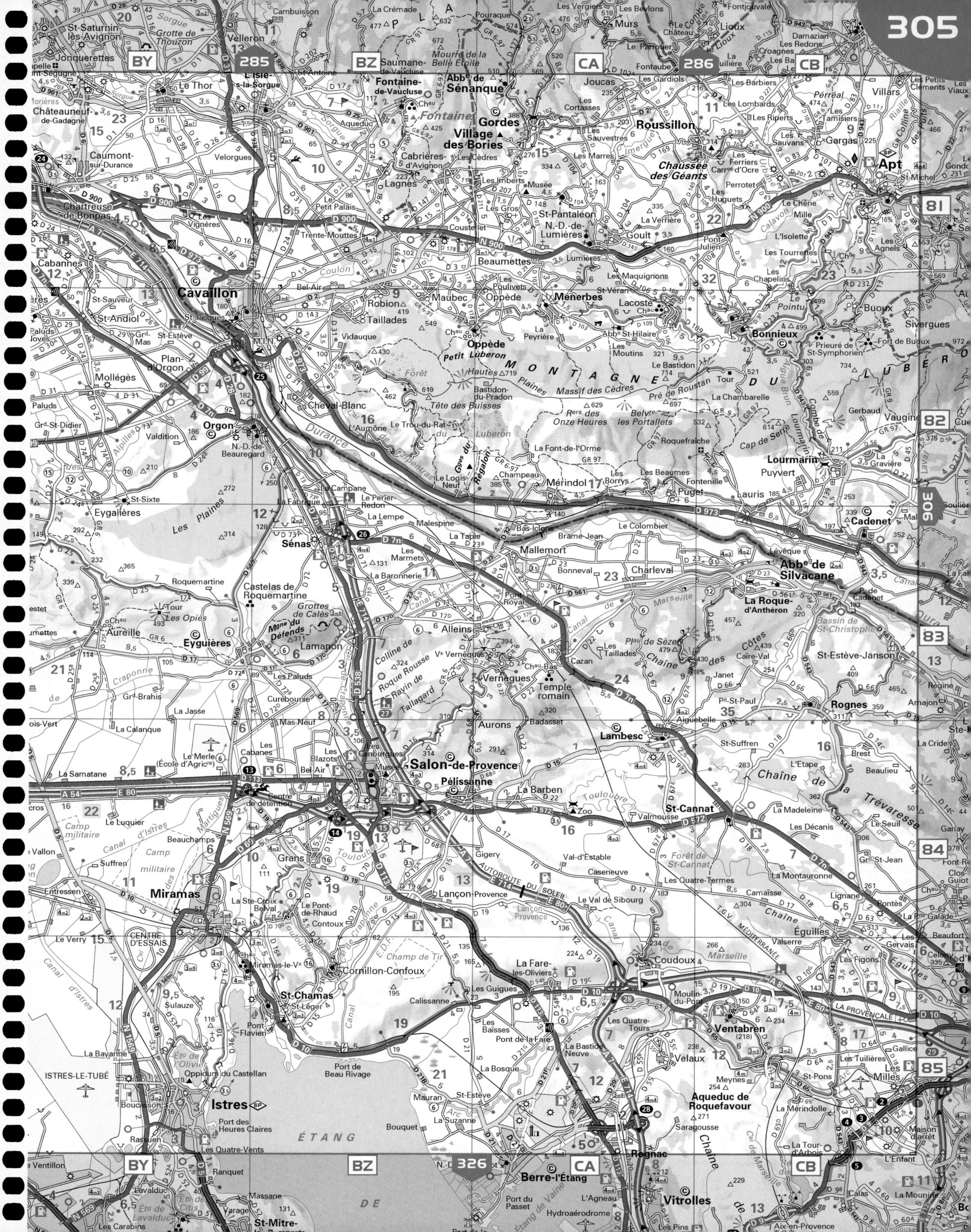
285
286
BY
BZ
CA
CB
326
81
82
83
84
85
306
St-Saturnin-lès-Avignon
Jonquerettes
Velleron
Cambuisson
La Crémade
Pouraque
Les Vergiers
Les Beylons
Murs
Le Château
Fontjouvale
Lioux
Damazian
Les Redons
Croagnes
Saumane-de-Vaucluse
Mourre de la Belle Étoile
L'Isle-sur-la-Sorgue
Le Thor
Fontaine-de-Vaucluse
Abbe de Sénanque
Joucas
Les Gardiols
Les Barbiers
Villars
Châteauneuf-de-Gadagne
Gordes
Village des Bories
Roussillon
Caumont-sur-Durance
Velorgues
Cabrières-d'Avignon
Les Cèdres
Chaussée des Géants
Gargas
Apt
Lagnes
Les Imberts
Le Petit Palais
Chartreuse de Bonpas
St-Pantaléon
N.-D.-de-Lumières
Goult
Perrotet
Les Huguets
La Verrière
Trente-Moutes
Coustellet
Pont-Julien
Cabannes
Beaumettes
Lumières
Les Maquignons
Cavaillon
Bel-Air
Robion
Taillades
Maubec
Oppède
Ménerbes
Lacoste
Bonnieux
Buoux
Sivergues
St-Sauveur
St-Andiol
St-Estève
Vidauque
Oppède
Petit Luberon
MONTAGNE DU LUBERON
Prieuré de St-Symphorien
Fort de Buoux
Plan-d'Orgon
Mollégès
Le Bastidon
Hautes Plaines
Massif des Cèdres
Pré de Roustan
La Chambarelle
Bastidon-du-Pradon
Cheval-Blanc
Tête des Buisses
Gerbaud
Vaugine
Orgon
N.-D.-de-Beauregard
Valdition
L'Aumône
Le Trou-du-Rat
Rers des Onze Heures
Belvre les Portallets
Roquefraîche
Cap de Serre
Durance
Lourmarin
Puyvert
La Font-de-l'Orme
Gges du Régalon
Champeau
Mérindol
Les Borrys
Les Beaumes
Fontenille
Puget
Lauris
St-Sixte
La Campane
Le Perrier
Redon
La Fabrique
La Lempe
Eygalières
Les Plaines
Malespine
Le Colombier
Cadenet
Sénas
La Tapie
Bas-Icônes
Brame-Jean
Mallemort
Les Marmets
Bonneval
Charleval
Abbe de Silvacane
Lévêque
La Baronnerie
Roquemartine
Castelas de Roquemartine
Pont-Royal
La Roque-d'Anthéron
Grottes de Calès
Tour Les Opiès
Mgne du Défends
Alleins
Aureille
Eyguières
Lamanon
Bassin de St-Christophe
Les Taillades
Plau de Sèze
Chaîne des Côtes
Caire-Val
Colline de Roque Rousse
Vernègues
Cazan
Temple romain
St-Estève-Janson
Craponne
Les Paluds
Ravin de Tallagard
Janet
Grd-Brahis
Curebourse
Rognes
Pit-St-Paul
La Jasse
Aiguebelle
Mas-Neuf
Aurons
Badasset
La Calanque
Lambesc
Le Merle (École d'Agricre)
Les Cabanes
Les Blazots
Les Canourgues
St-Suffren
La Samatane
Salon-de-Provence
Pélissanne
Chaîne de la Trévaresse
La Barben
A 54
E 80
Centre de détention
Le Luquier
Camp militaire
Canal d'Istres
Zoo
St-Cannat
Valmousse
La Madeleine
Les Décanis
Beauchamps
Grans
Gigery
Val-d'Estable
Forêt de St-Cannat
Suffren
Caseneuve
Les Quatre-Termes
La Montauronne
Entressen
Miramas
Lançon-Provence
AUTOROUTE DU SOLEIL
Le Val de Sibourg
Camaïsse
Lignane
La Ste-Croix
Belval
Le Pont-de-Rhaud
Contoux
Le Verry
CENTRE D'ESSAIS
Champ de Tir
TGV MÉDITERRANÉE
Éguilles
Miramas-le-Vx
Cornillon-Confoux
Coudoux
Valserre
Les Figons
La Fare-les-Oliviers
Les Guigues
St-Chamas
St-Léger
Calissanne
Sulauze
Moulin-du-Pont
LA PROVENCALE
Ventabren
Les Quatre-Tours
Pont-Flavien
Les Baïsses
Pont de la Fare
La Bastide-Neuve
Velaux
La Bayanne
Oppidum du Castellan
Port de Beau Rivage
La Bosque
ISTRES-LE-TUBÉ
Meynes
Les Tuilières
Les Milles
St-Pons
Boucasson
Istres
Mauran
St-Estève
Aqueduc de Roquefavour
La Mérindolle
Port des Heures Claires
La Suzanne
Bouquet
Saragousse
ÉTANG DE BERRE
Rassuen
Les Quatre-Vents
La Tour-d'Arbois
Ventillon
Ranquet
Berre-l'Étang
Rognac
Chaîne de Vitrolles
L'Enfant
Lavalduc
Massane
Port du Passet
L'Agneau
Vitrolles
Calas
La Mounine
Les Carabins
St-Mitre-
Varage
Hydroaérodrome
Les Pins
Aix-en-Provence

CC
286
CD
CE
287
CF
81
82
83
84
85
305
327
Oppedette
Gorges d'Oppedette
Vachères
N.-D. de Bellevue
Aubenas-les-Alpes
Observatoire de Hte Provence
Mane
N.-D. de Salagon
Sauvan
Niozelles
La Brillanne
Gignac
Colorado
Carrés d'Ocre
Ste-Croix-à-Lauze
St-Michel-l'Observatoire
Dauphin
St-Maime
Villeneuve
Apt
Viens
Caseneuve
Reillanne
Prieuré de Carluc
St-Martin-les-Eaux
Volx
Saignon
St-Martin-de-Castillon
Céreste
Villemus
Montjustin
Montfuron
Manosque
Mont d'Or
Mt des Espels
Castellet
Auribeau
Mourre Nègre
Grand Luberon
Sivergues
P A R C
N A T U R E L
R É G I O N A L
D U
L U B E R O N
Vitrolles-en-Luberon
Pierrevert
Mont Toutes Aures
Ste-Tulle
Cabrières-d'Aigues
Peypin-d'Aigues
La Motte-d'Aigues
La Bastide-des-Jourdans
Vaugines
Cucuron
Gréoux-les-Bains
St-Martin-de-la-Brasque
Grambois
Corbières
Sannes
Ansouis
Beaumont-de-Pertuis
Vinon-sur-Verdon
Verdon
La Tour-d'Aigues
Villelaure
Mirabeau
Défilé de Mirabeau
Pertuis
La Bastidonne
Durance
CENTRE D'ÉTUDES DE CADARACHE (C.E.A.)
St-Paul-lès-Durance
Ginasservis
Somt de Malacoste
Le Puy-Ste-Réparade
Peyrolles-en-Provence
Jouques
Meyrargues
Forêt de Peyrolles
Mgne de Vautubière
Rians
Bois de Mont Major
Venelles
Artigues
Esparron
Colline St-Pierre
Gorges de l'Infernet
Bois de la Gardiole
Vauvenargues
St-Marc-Jaumegarde
Montagne Ste-Victoire
La Croix de Provence
Pic des Mouches
Puyloubier
Pain de Munition
Oppidum d'Entremont
AIX-EN-PROVENCE
Le Tholonet
St-Antonin-sur-Bayon
Beaurecueil
Montagne du Cengle
Pourrières
Châteauneuf-le-Rouge
Meyreuil
Rousset
Ollières
St-Maximin-la-Ste-Baume
Gardanne
Fuveau
Trets
Peynier
Bouc-Bel-Air
Mont Aurélien
0
5
10 km

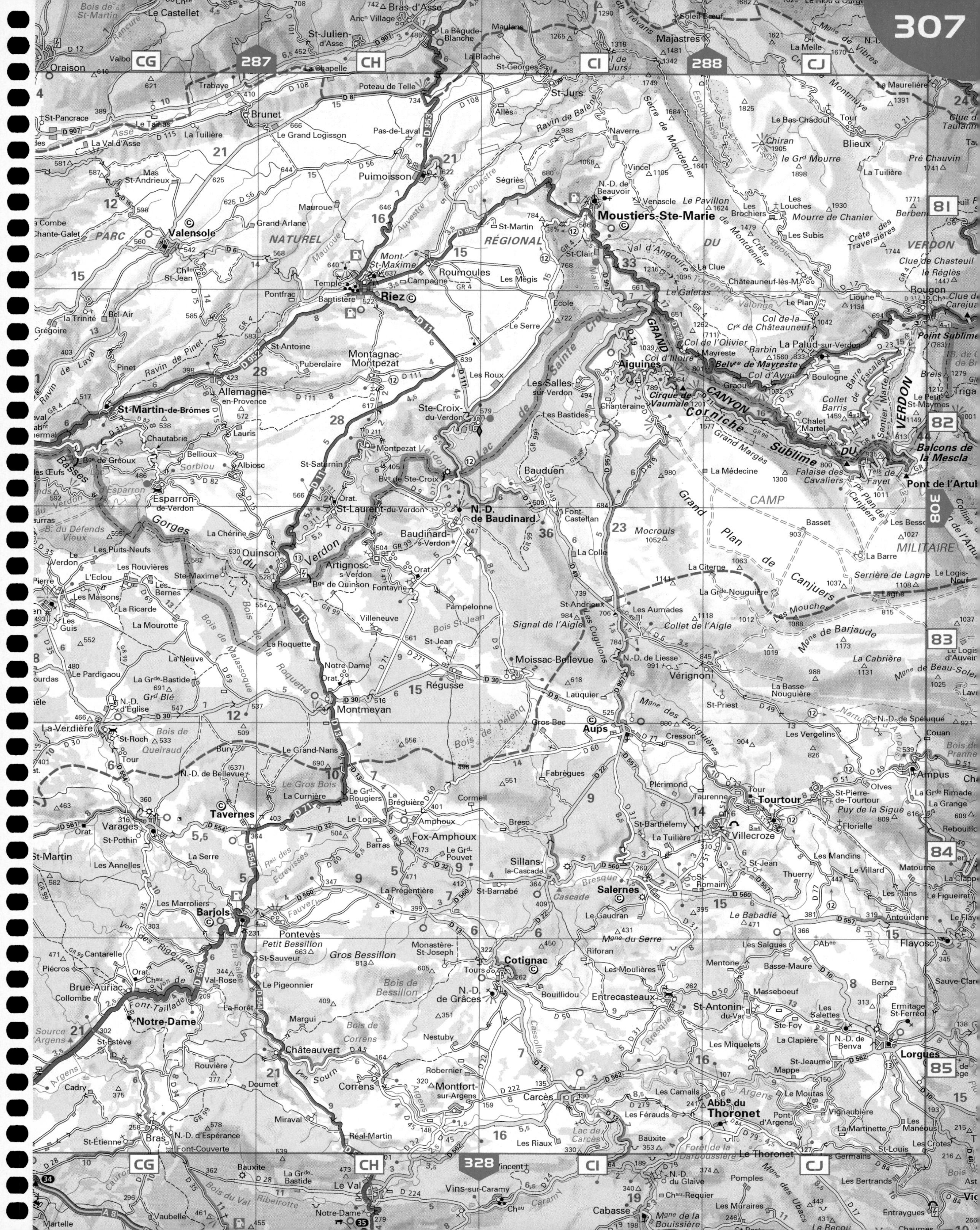
CG
287
CH
CI
288
CJ
Oraison
Valbo
Le Castellet
Bras-d'Asse
St-Julien-d'Asse
La Bégude-Blanche
Maulans
Majastres
Brunet
Puimoisson
Valensole
PARC
NATUREL
RÉGIONAL
DU
VERDON
Riez
Roumoules
Moustiers-Ste-Marie
St-Jurs
Blieux
Allemagne-en-Provence
St-Martin-de-Brômes
Montagnac-Montpezat
Ste-Croix-du-Verdon
Les Salles-sur-Verdon
Aiguines
Cirque de Vaumale
GRAND CANYON
Corniche Sublime
Balcons de la Mescla
Pont de l'Artuby
La Palud-sur-Verdon
Point Sublime
Esparron-de-Verdon
Gorges du Verdon
Quinson
St-Laurent-du-Verdon
N.-D. de Baudinard
Baudinard-s-Verdon
Artignosc-s-Verdon
Bauduen
CAMP
Grand Plan de Canjuers
MILITAIRE
Moissac-Bellevue
Régusse
Montmeyan
Aups
La Verdière
Tavernes
Varages
Fox-Amphoux
Sillans-la-Cascade
Salernes
Villecroze
Tourtour
Ampus
Barjols
Pontevès
Cotignac
Entrecasteaux
St-Antonin-du-Var
Lorgues
Flayosc
Brue-Auriac
Notre-Dame
Châteauvert
Correns
Montfort-sur-Argens
Carcès
Abbe du Thoronet
Bras
Le Val
Vins-sur-Caramy
Cabasse
328
81
82
83
84
85
308

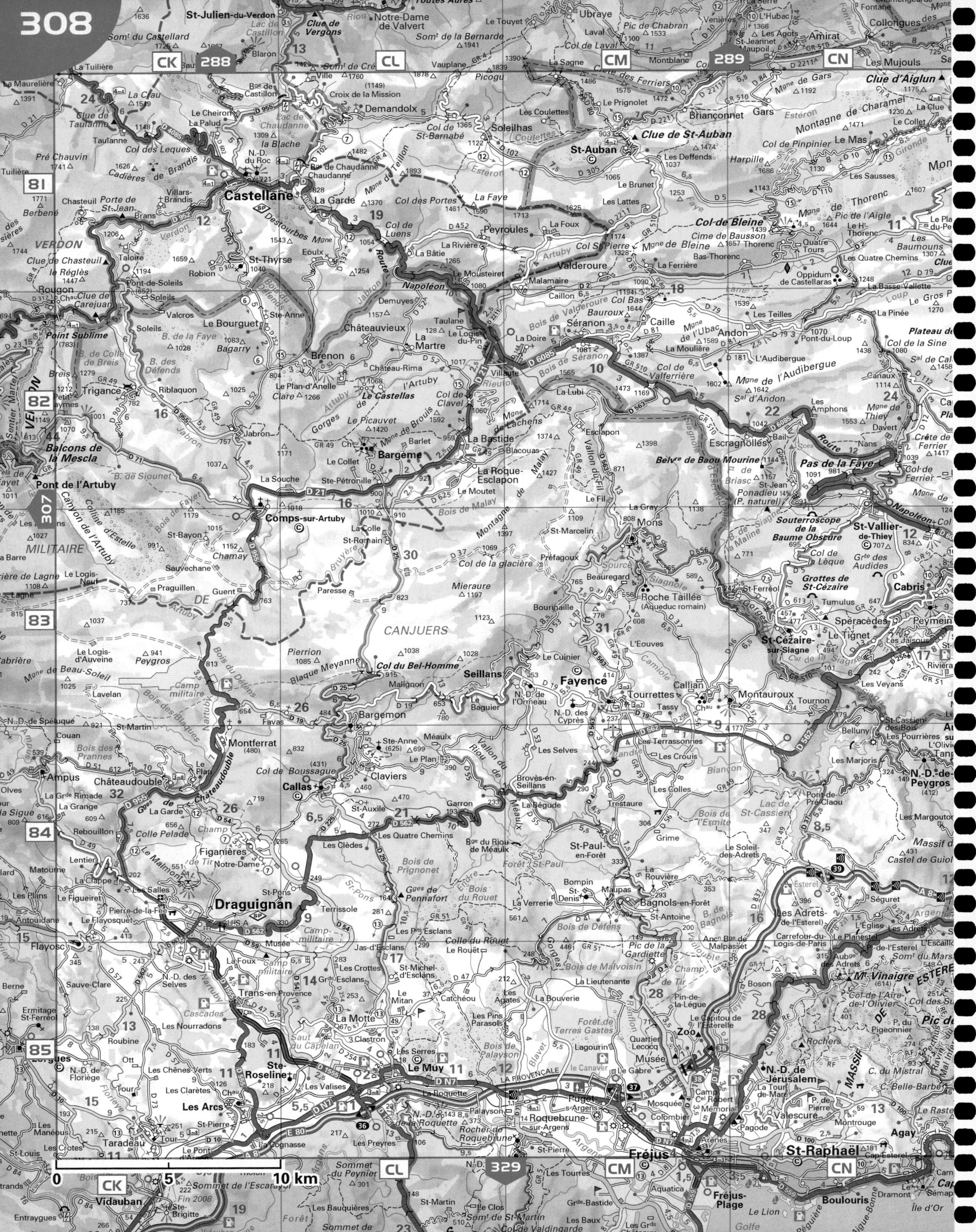
CK
288
CL
CM
289
CN
81
82
83
84
85
307
329
0
5
10 km
St-Julien-du-Verdon
Clue de Vergons
Notre-Dame de Valvert
Ubraye
Pic de Chabran
Amirat
Collongues
Somt du Castellard
Somt de la Bernarde
La Tuilière
Vauplane
Les Mujouls
Clue d'Aiglun
Castillon
Demandolx
Croix de la Mission
Col de Taulanne
Taulanne
Col des Leques
Lac de Chaudanne
Soleilhas
Clue de St-Auban
St-Auban
Briançonnet
Gars
Montagne de Charamel
Col de Pinpinier
Le Mas
Castellane
Cadières de Brandis
Villars-Brandis
La Garde
Col des Portes
La Faye
Chasteuil
Porte de St-Jean
Brans
Col de Luens
Peyroules
La Foux
Col St-Pierre
Mgne de Bleine
Col de Bleine
Thorenc
VERDON
Clue de Chasteuil
Taloire
St-Thyrse
Robion
Eoulx
La Bâtie
Valderoure
La Ferrière
Bas-Thorenc
Les Quatre Chemins
Oppidum de Castellaras
Rougon
Clue de Carejuan
Pont-de-Soleils
Soleils
Napoléon
Demuyes
Le Mousteiret
Malamaire
Caillon
Col Bas
Bauroux
Séranon
Caille
Andon
Les Teilles
Le Gros Pa
La Pinée
Point Sublime
Valcros
Le Bourguet
Ste-Anne
Châteauvieux
Taulane
Le Logis-du-Pin
La Doire
Mgne de l'Ubac
La Moulière
Pont-du-Loup
Plateau de
Col de la Sine
B. de Colle de Breis
B. de la Faye
Bagarry
Brenon
La Martre
Château-Rima
Bois de Séranon
Col de Valferrière
L'Audibergue
Mgne de l'Audibergue
Breis
Trigance
Riblaquon
Le Plan-d'Anelle
Clare
Le Castellas
Col de Clavel
Villaute
Rieuto
La Lubi
Sal d'Andon
Canaux
Balcons de la Mescla
Jabron
Gorges de l'Artuby
Le Picauvet
Mgne de Brouis
La Bastide
Mgne de Lachens
Esclapon
Escragnolles
Bail
Les Amphons
Mgne de Thiey
Davert
Nans
Route
Pas de la Faye
Crête de Ferrier
Col de Ferrier
B. de Siounet
Le Collet
Barlet
Bargème
Blacouas
Vallon du Fil
Belvre de Baou Mourine
St-Jean
Ponadieu (P. naturel)
Pont de l'Artuby
La Souche
Ste-Pétronille
La Roque-Esclapon
Le Moutet
Le Fil
Canyon de l'Artuby
Colline d'Estelle
Comps-sur-Artuby
La Colle
St-Romain
Bois de Malay
Montagne de Malay
Mons
La Gray
Souterroscope de la Baume Obscure
St-Vallier-de-Thiey
MILITAIRE
St-Bayon
Chamay
Sauvechane
Bruyère
Col de la glacière
St-Marcelin
Préfagoux
La Maline
Col de la Lèque
Grtes des Audides
Cabris
Grottes de St-Cézaire
Le Logis-Neuf
Praguillen
Guent
Paresse
Mieraure
Beauregard
Source
Siagnole
Roche Taillée (Aqueduc romain)
St-Ferréol
Tumulus
Spéracèdes
Peymein
Lagne
DE
Artuby
CANJUERS
Bourigaille
L'Eouves
Gorges
St-Cézaire-sur-Siagne
Le Tignet
Les Jaisous
Le Logis-d'Auveine
Peygros
Pierrion
Blaque Meyanne
Col du Bel-Homme
Seillans
Le Cuinier
Fayence
Callian
Montauroux
Tournon
Camiole
Les Veyans
Mgne de Beau-Soleil
Camp militaire
Lavelan
Bois du Défens
Malignon
N.-D. de l'Ormeau
Tourrettes
Tassy
Le Baguier
N.-D. des Cyprès
N.-D. de Spéluque
St-Martin
Favas
Bargemon
Couan
Montferrat
Ste-Anne
Méaulx
Les Terrassonnes
Les Crouis
Belluny
St-Cassien-des-Bois
Les Pourrières
Bois des Prannes
Le Plan
Les Selves
Ampus
Châteaudouble
Col de Boussague
Claviers
Callas
Vallon du Riou de Méaulx
Brovès-en-Seillans
Les Colles
Biançon
Les Marjoris
N.-D.-de-Peygros
Pont-de-Pré-Claou
La Gde Rimade
La Grange
La Garde
Gges de Châteaudouble
St-Auxile
Garron
La Bégude
Trestaure
Lac de St-Cassien
Les Margoutons
Reboulion
Colle Pelade
Figanières
Notre-Dame
Les Clèdes
Les Quatre Chemins
Bgedu Riou de Méaulx
Bois de l'Ermite
Grime
St-Paul-en-Forêt
Forêt St-Paul
Le Soleil-des-Adrets
Massif d
Castel de Guiol
Lentier
Matourne
La Clappe
Les Salles
Draguignan
Bois de Prignonet
Gges de Pennafort
Bois du Rouet
Bompin
St-Denis
Maupas
La Rouvière
Reyran
Bagnols-en-Forêt
Les Plans
Le Figueiret
Pierre-de-la-Fée
Antouidane
Le Flayosquet
St-Pons
Terrissole
Camp militaire
La Verrerie
St-Antoine
Bois de Défens
B. de Bagnols
Les Adrets-de-l'Esterel
Séguret
Flayosc
Musée
Jas-d'Esclans
Colle du Rouet
Le Rouët
Pic de la Gardiette
Ancn Bge de Malpasset
Carrefour-du-Logis-de-Paris
Le Planestel
P.-de-l'Esterel
Somt du Marsat
Mt Vinaigre
La Foux
N.-D. des Selves
Les Crottes
Grds Esclans
St-Michel-d'Esclans
Bois de Malvoisin
Champ de Tir
La Lieutenante
Boson
Berne
Sauve-Clare
Trans-en-Provence
Nartuby
Le Mitan
Catchéou
Les Agates
La Bouverie
Pin-de-la-Lègue
Col de l'Aire de l'Olivier
Col des Suvières
Pic de
Ermitage St-Ferréol
Cascades
Les Nourradons
La Motte
Les Pins Parasols
Forêt de Terres Gastes
Le Capitou de l'Esterelle
Zoo
Roubine
Saut du Capelan
Clastron
Les Serres
Bois de Palayson
Lagourin
Quartier Lecocq
Musée
Rochers
Lorgues
N.-D. de Florièges
Ott
Les Chênes-Verts
Ste-Roseline
Le Muy
Le Canaver
Le Gabre
N.-D. de Jérusalem
La Tour de Mare
C. du Mistral
C. Belle-Barbe
Les Clarètes
Les Valises
LA PROVENÇALE
La Roquette
Puget-s-Argens
Mosquée
Camp Robert
Mémorial
Les Arcs
St-Pierre
Tour
N.-D. de la Roquette
Palayson
Rocher de Roquebrune
Roquebrune-sur-Argens
Colombier
Valescure
Montrouge
Pagode
Agay
Les Maneous
Taradeau
Les Crotes
St-Louis
Le Pont-d'Argens
La Cognasse
Les Preyres
St-Pierre
Arènes
Fréjus
St-Raphaël
Cap Esterel
Sommet du Peynier
Sommet de l'Escaravet
Les Tourres
Aquatica
Fréjus-Plage
Boulouris
Dramont
Cap
Vidauban
Ste-Brigitte
Fin 2008
Entraygues
Les Bauquières
St-Martin
Le Clos
Somt de St-Martin
Col de Valdingarde
Grde-Bastide
Les Baux
Les Grds Châteaux
Le Lion
Golfe
Île d'Or
Forêt
Sommet de

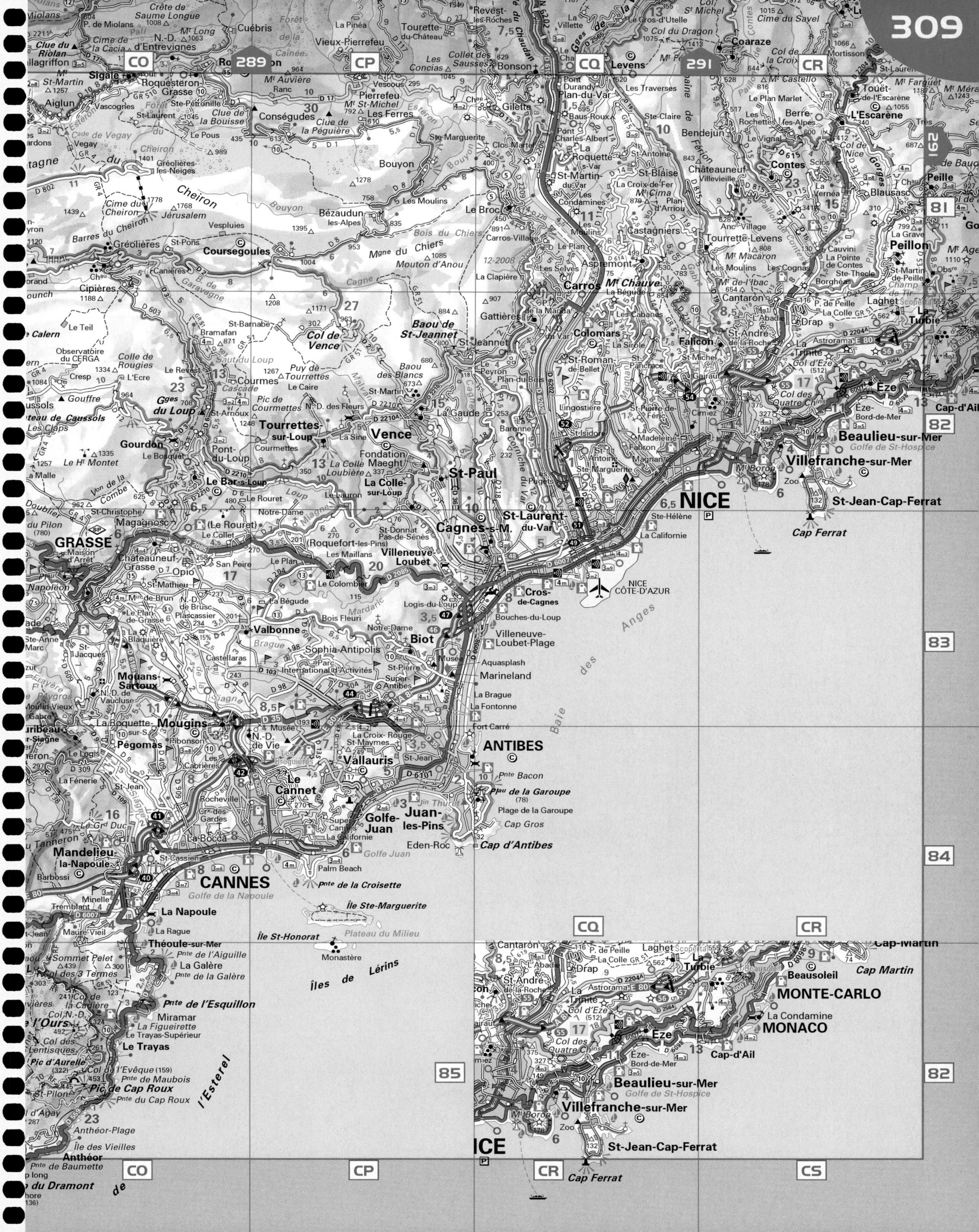

289
291
CO
CP
CQ
CR
CS
81
82
83
84
85
NICE
CANNES
ANTIBES
GRASSE
MONACO
MONTE-CARLO
Vence
St-Paul
Cagnes-s-M.
Villeneuve-Loubet
Biot
Valbonne
Sophia-Antipolis
Mougins
Vallauris
Golfe-Juan
Juan-les-Pins
Le Cannet
Mandelieu-la-Napoule
La Napoule
Théoule-sur-Mer
Le Trayas
Anthéor
Pégomas
Mouans-Sartoux
Châteauneuf-Grasse
Opio
Le Bar-s-Loup
Gourdon
Tourrettes-sur-Loup
Coursegoules
Gréolières
Cipières
St-Jeannet
Gattières
Carros
St-Laurent-du-Var
Cros-de-Cagnes
La Gaude
Levens
Contes
L'Escarène
Peille
Peillon
Tourrette-Levens
Aspremont
Falicon
Colomars
Èze
Beausoleil
Cap-d'Ail
La Turbie
Beaulieu-sur-Mer
Villefranche-sur-Mer
St-Jean-Cap-Ferrat
Cap Ferrat
Cap Martin
Cap d'Antibes
Baie des Anges
Golfe Juan
Golfe de la Napoule
Île Ste-Marguerite
Île St-Honorat
Îles de Lérins
l'Esterel
NICE CÔTE-D'AZUR

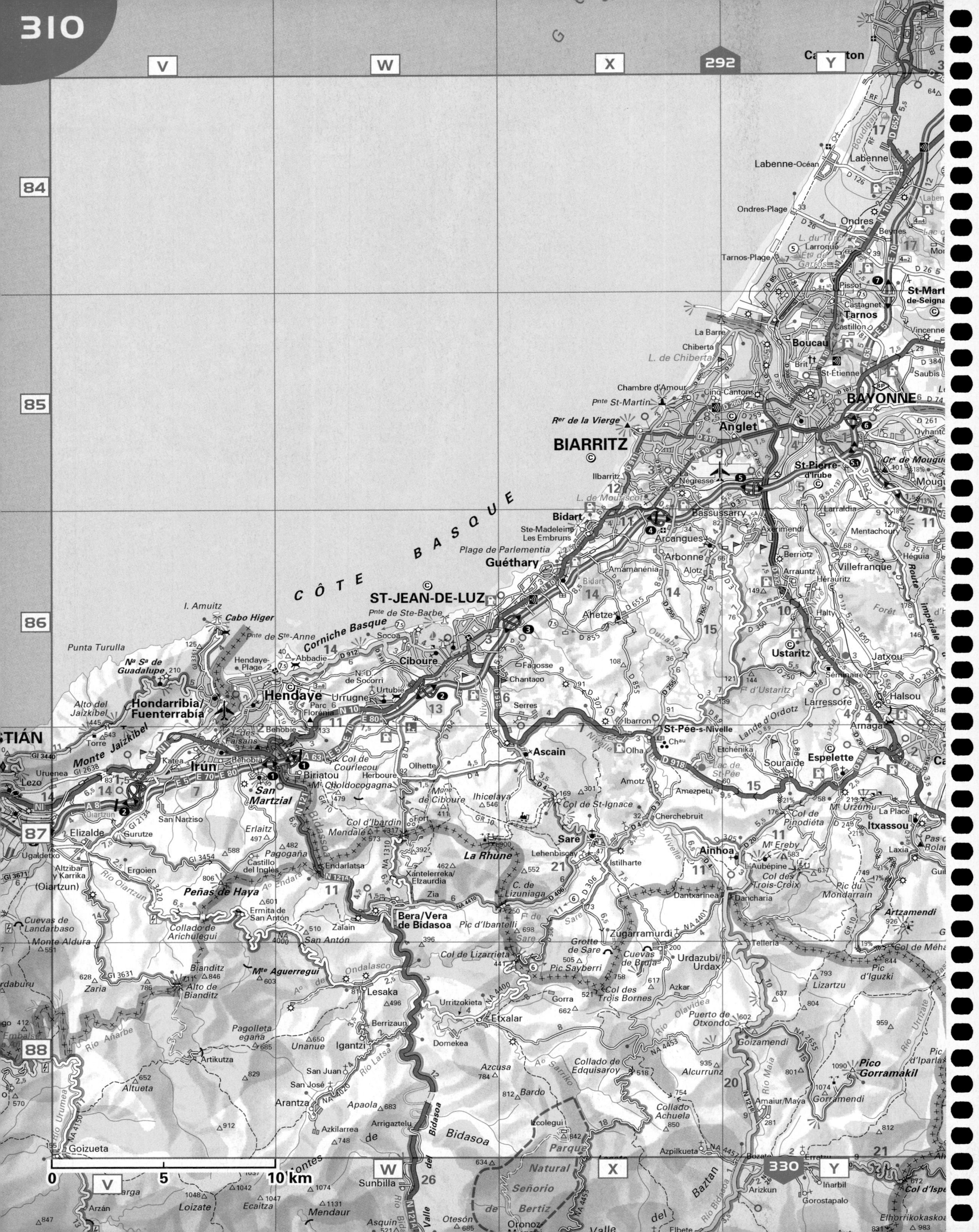

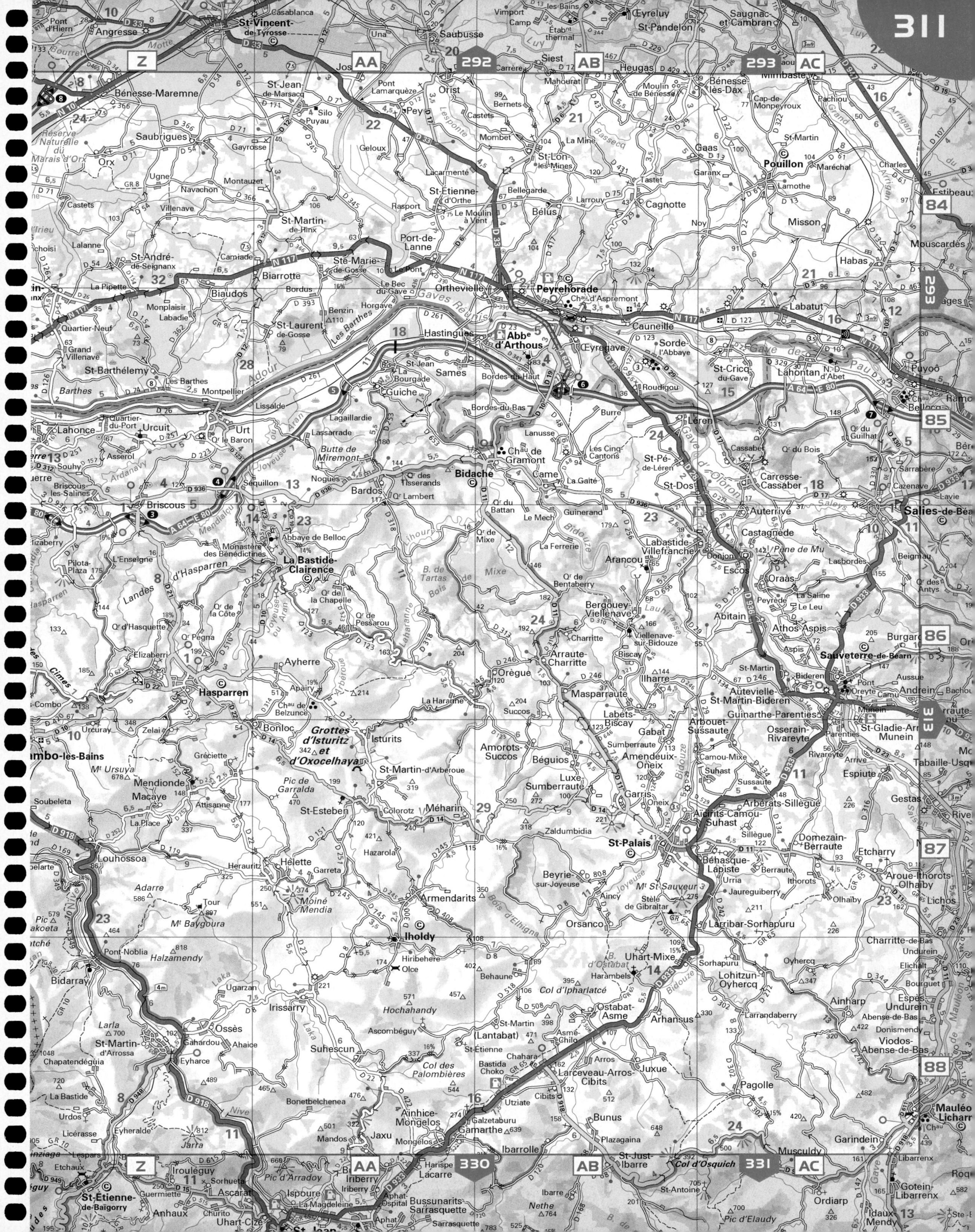
St-Vincent-de-Tyrosse
Angresse
Saubusse
Œyreluy
St-Pandelon
Saugnac-et-Cambran
Siest
Heugas
Mimbaste
Bénesse-Maremne
St-Jean-de-Marsacq
Orist
Bénesse-lès-Dax
Cap-de-Monpeyroux
Pey
Saubrigues
Orx
Gaas
Pouillon
St-Lon-les-Mines
Bellegarde
St-Étienne-d'Orthe
Port-de-Lanne
Bélus
Cagnotte
Misson
Mouscardès
Habas
St-André-de-Seignanx
Ste-Marie-de-Gosse
Biarrotte
Biaudos
Orthevielle
Peyrehorade
Labatut
Hastingues
Abbe d'Arthous
Œyregave
Sorde-l'Abbaye
St-Cricq-du-Gave
Lahontan
Puyoô
Bellocq
St-Laurent-de-Gosse
St-Barthélemy
Guiche
Sames
Bordes-du-Haut
Léren
Lahonce
Urcuit
Urt
Bidache
Came
St-Pé-de-Léren
St-Dos
Carresse-Cassaber
Salies-de-Béarn
Briscous
Bardos
Auterrive
Castagnède
La Bastide-Clairence
Labastide-Villefranche
Escos
Oraàs
Arancou
Bergouey-Viellenave
Abitain
Athos-Aspis
Sauveterre-de-Béarn
Hasparren
Ayherre
Orègue
Masparraute
Ilharre
Autevielle-St-Martin-Bideren
Guinarthe-Parenties
Osserain-Rivareyte
St-Gladie-Arrive-Munein
Bonloc
Grottes d'Isturitz et d'Oxocelhaya
Isturits
Amorots-Succos
Béguios
Amendeuix-Oneix
Gabat
Arbouet-Sussaute
Cambo-les-Bains
Mendionde
Macaye
St-Martin-d'Arberoue
Méharin
Luxe-Sumberraute
Garris
Aïcirits-Camou-Suhast
Arbérats-Sillègue
St-Esteben
St-Palais
Béhasque-Lapiste
Domezain-Berraute
Etcharry
Louhossoa
Hélette
Armendarits
Beyrie-sur-Joyeuse
Aroue-Ithorots-Olhaïby
Iholdy
Orsanco
Larribar-Sorhapuru
Charritte-de-Bas
Bidarray
Uhart-Mixe
Lohitzun-Oyhercq
Irissarry
Ostabat-Asme
Arhansus
Ainharp
Ossès
St-Martin-d'Arrossa
Suhescun
Larceveau-Arros-Cibits
Juxue
Pagolle
Viodos-Abense-de-Bas
Mauléon-Licharre
Aïnhice-Mongelos
Gamarthe
Bunus
Garindein
Ibarrolle
St-Just-Ibarre
Musculdy
Col d'Osquich
Irouléguy
St-Étienne-de-Baïgorry
Ascarat
Anhaux
Uhart-Cize
Iriberry
Ispoure
Lacarre
Bussunarits-Sarrasquette
Ordiarp
Gotein-Libarrenx
Idaux-Mendy
Z
AA
AB
AC
292
293
330
331
84
85
86
87
88

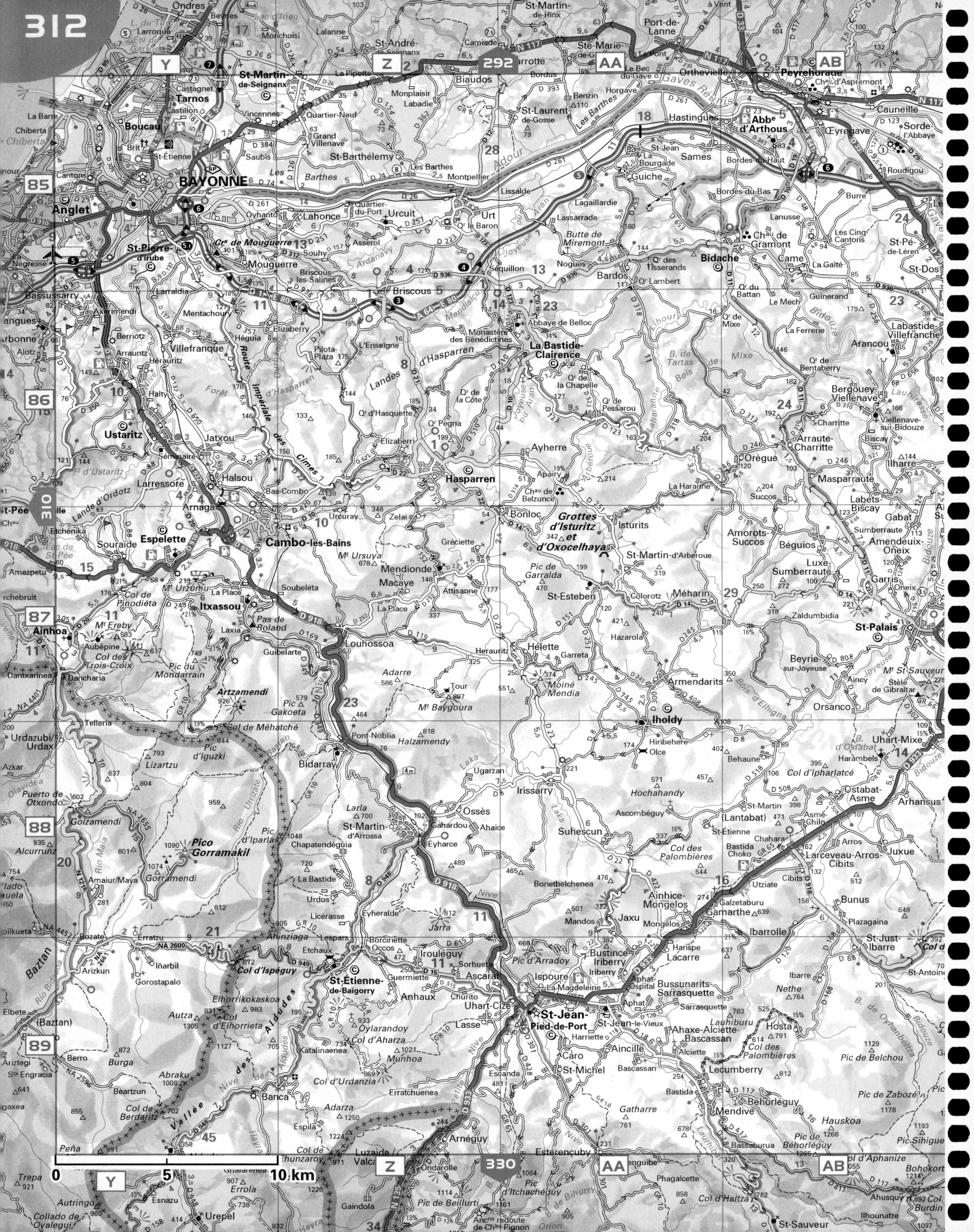
Ondres
St-Martin-de-Seignanx
St-André-de-Seignanx
St-Martin-de-Hinx
Port-de-Lanne
Peyrehorade
Orthevielle
Tarnos
Boucau
Biaudos
St-Laurent-de-Gosse
Hastingues
Abbe d'Arthous
Œyregave
Cauneille
St-Barthélemy
BAYONNE
Anglet
Biarritz
Urcuit
Urt
Lahonce
Guiche
Sames
St-Pierre-d'Irube
Mouguerre
Briscous
Bidache
Came
Bardos
Bassussarry
Villefranque
La Bastide-Clairence
Arancou
Labastide-Villefranche
Ustaritz
Halsou
Larressore
Hasparren
Ayherre
Orègue
Bergouey-Viellenave
Arraute-Charritte
Masparraute
Ilharre
Espelette
Cambo-les-Bains
Bonloc
Grottes d'Isturitz et d'Oxocelhaya
Isturitz
Amorots-Succos
Béguios
Labets-Biscay
Gabat
Amendeuix-Oneix
St-Martin-d'Arberoue
Mendionde
Macaye
Itxassou
Ainhoa
Louhossoa
Hélette
Méharin
St-Esteben
St-Palais
Garris
Luxe-Sumberraute
Armendarits
Iholdy
Orsanco
Bidarray
Irissarry
Ossès
Suhescun
St-Martin-d'Arrossa
Uhart-Mixe
Ostabat-Asme
Larceveau-Arros-Cibits
Juxue
Ainhice-Mongelos
Gamarthe
Ibarrolle
St-Just-Ibarre
Irouléguy
Ascarat
Bustince-Iriberry
Lacarre
St-Étienne-de-Baïgorry
Anhaux
Uhart-Cize
St-Jean-Pied-de-Port
St-Jean-le-Vieux
Ahaxe-Alciette-Bascassan
Lecumberry
Mendive
Caro
St-Michel
Lasse
Banca
Arnéguy
Estérençuby
Urdazubi/Urdax
Elizondo
Pico Gorramakil
Artzamendi
Col d'Ispéguy
Col de Méhatché
Mt Baygoura
Pic de Béhorléguy
0 5 10 km

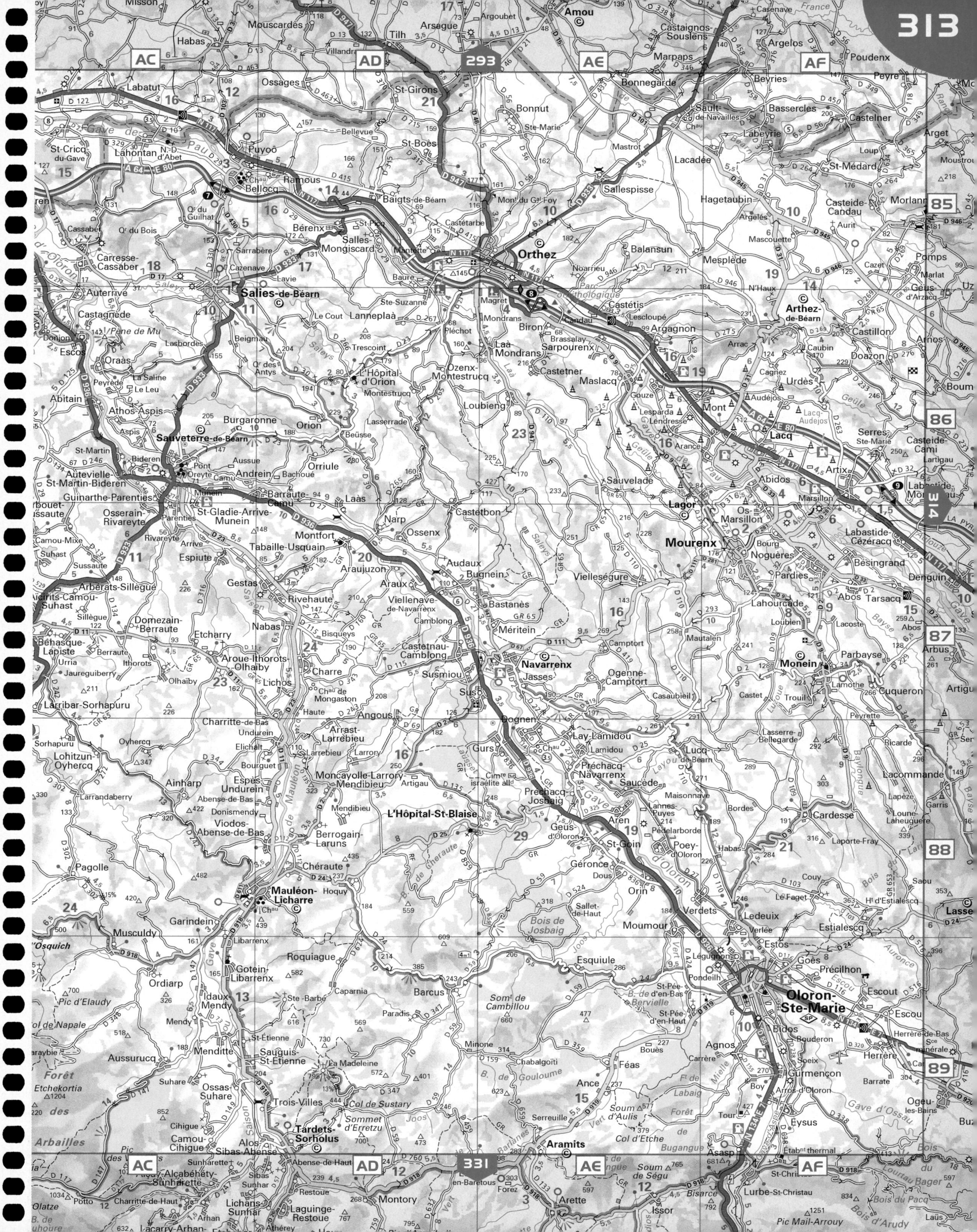
AC
AD
AE
AF
293
331
Misson
Mouscardès
Habas
Arsague
Tilh
Argoubet
Amou
Castaignos-Souslens
Argelos
Poudenx
Marpaps
Labatut
Ossages
St-Girons
Bonnegarde
Beyries
Peyre
Bonnut
Sault-de-Navailles
Bassercles
Castelner
St-Cricq-du-Gave
Lahontan
Puyoô
Bellevue
St-Boès
Ste-Marie
Labeyrie
Arget
Mastrot
Lacadée
Loup
St-Médard
Bellocq
Ramous
Sallespisse
Baigts-de-Béarn
Mont du Gal Foy
Hagetaubin
Casteide-Candau
Morlanne
Cassaber
Bérenx
Salles-Mongiscard
Castétarbe
Orthez
Balansun
Mespléde
Argelès
Mascouette
Aurit
Pomps
Carresse-Cassaber
Sarrabère
Cazenave
Noarrieu
Cazet
Marlat
Auterrive
Salies-de-Béarn
Lavie
Baure
Ste-Suzanne
Magret
Castétis
N'Haux
Arthez-de-Béarn
Géus-d'Arzacq
Castagnède
Le Cout
Lanneplaà
Mondrans
Biron
Candau
Lescloupé
Argagnon
Castillon
Arnos
Pène de Mu
Donjon
Escos
Lasbordes
Plèchot
Brassalay
Sarpourenx
Arrac
Caubin
Doazon
Oraàs
Beigmau
Trescoint
Laà-Mondrans
Castetner
Maslacq
Cagnez
Urdès
Peyrède
La Saline
Le Leu
L'Hôpital-d'Orion
Ozenx-Montestrucq
Montestrucq
Audéjos
Mont
Boumourt
Abitain
Athos-Aspis
Aspis
Loubieng
Gouze
Lesparda
Lendresse
Lacq-Audejos
Burgaronne
Orion
Lasserrade
Beüsse
Arance
Lacq
Serres-Ste-Marie
Casteide-Cami
St-Martin
Sauveterre-de-Béarn
Bideren
Aussue
Orriule
Lartigau
Autevielle-St-Martin-Bideren
Pont
Oreyte
Camu
Andrein
Bachoué
Sauvelade
Abidos
Artix
Labastide-Monréjeau
Guinarthe-Parenties
Munein
Barraute-Camu
Laàs
Castetbon
Lagor
Marsillon
Osserain-Rivareyte
St-Gladie-Arrive-Munein
Narp
Os-Marsillon
Labastide-Cézéracq
Camou-Mixe
Parenties
Rivareyte
Arrive
Ossenx
Mourenx
Bourg
Noguères
Suhast
Espiute
Montfort
Tabaille-Usquain
Audaux
Bugnein
Besingrand
Denguin
Sussaute
Araujuzon
Vielleségure
Pardies
Arbérats-Sillègue
Gestas
Araux
Lahourcade
Abos
Tarsacq
Aïcirits-Camou-Suhast
Rivehaute
Viellenave-de-Navarrenx
Bastanès
Loubien
Lacoste
Sillègue
Domezain-Berraute
Nabas
Camblong
Méritein
Mautalen
Béhasque-Lapiste
Etcharry
Bisqueys
Camptort
Arbus
Berraute
Castetnau-Camblong
Navarrenx
Monein
Parbayse
Urria
Ithorots
Aroue-Ithorots-Olhaïby
Ogenne-Camptort
Lamothe
Jaureguiberry
Olhaïby
Lichos
Charre
Susmiou
Jasses
Casaubieil
Castet
Trouilh
Cuqueron
Larribar-Sorhapuru
Chau de Mongaston
Haute
Angous
Sus
Dognen
Peyrette
Charritte-de-Bas
Undurein
Arrast-Larrebieu
Lay-Lamidou
Lamidou
Lasserre-Bellegarde
Sorhapuru
Oyhercq
Elichalt
Larrebieu
Larrory
Gurs
Lucq-de-Béarn
Ricarde
Lohitzun-Oyhercq
Bourguet
Préchacq-Navarrenx
Ainharp
Espès-Undurein
Moncayolle-Larrory-Mendibieu
Artigau
Cimre israélite
Saucède
Lacommande
Larrandaberry
Abense-de-Bas
Donismendy
Mendibieu
Préchacq-Josbaig
Maisonnave
Lapèze
Loune-Laheuguère
Garris
Viodos-Abense-de-Bas
L'Hôpital-St-Blaise
Lannes-Puyes
Bordes
Cardesse
Aren
Geüs-d'Oloron
Berrogain-Laruns
Pèdelarborde
Pagolle
St-Goin
Poey-d'Oloron
Habas
Laporte-Fray
Chéraute
Géronce
Dous
Mauléon-Licharre
Hoquy
Orin
Couy
Le Faget
Hi d'Estialescq
Sallet-de-Haut
Verdets
Ledeuix
Garindein
Bois de Josbaig
Moumour
Verlée
Estialescq
Musculdy
Libarrenx
Estos
Goès
Précilhon
Roquiague
Esquiule
Gotein-Libarrenx
Ordiarp
Idaux-Mendy
Caparnia
Barcus
Somt de Cambillou
St-Pée-d'en-Bas
Pondeilh
Oloron-Ste-Marie
Escout
Pic d'Elaudy
Ste-Barbe
Paradis
St-Pée-d'en-Haut
Col de Napale
Mendy
St-Étienne
Minone
Agnos
Bidos
Bouderon
Escou
Herrère-de-Bas
Aussurucq
Menditte
Sauguis-St-Étienne
La Madeleine
Chabalgoïti
Boués
Carrère
Herrère
Féas
Soeix
Gurmençon
Forêt Etchekortia
Suhare
Ossas-Suhare
B. de Gouloume
Ance
Barrate
Trois-Villes
Col de Sustary
Boy
Arros-d'Oloron
Ogeu-les-Bains
Forêt des Arbailles
Cihigue
Sommet d'Erretzu
Serreuille
Soum d'Aulis
Col d'Etche
Tour
Eysus
Camou-Cihigue
Tardets-Sorholus
Alos-Sibas-Abense
Aramits
Asasp
Étabt thermal
Sunharette
Alcabéhéty-Sunharette
Abense-de-Haut
Sibas
Soum de Ségu
St-Christau
Lurbe-St-Christau
Potto
Charritte-de-Haut
Restoue
en-Barétous
Forez
Montory
Arette
Bisarce
Issor
Pic Mail-Arrouy
Bois du Pacq
Courtau Bager
Lichans-Sunhar
Laguinge-Restoue
Lacarry-Arhan-Charritte-de-Haut
Arhan
Athérey
85
86
87
88
89
314

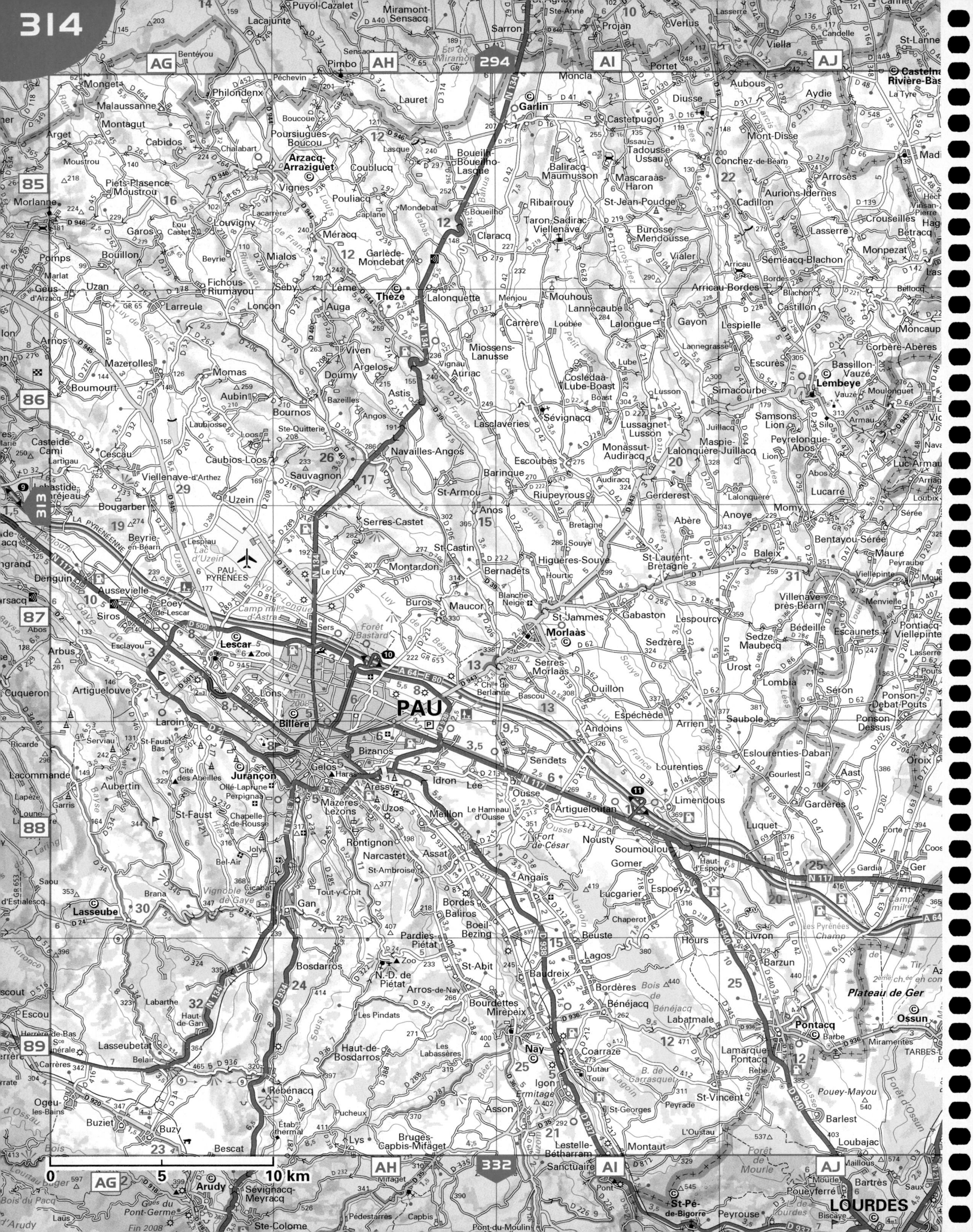
314
Puyol-Cazalet
Miramont-Sensacq
Sarron
Ste-Anne
Projan
Verlus
Lasserre
Viella
Candelle
St-Lanne
Lacajunte
Bentéyou
Pimbo
Sensacq
294
AG
AH
AI
AJ
Portet
Castelnau-Rivière-Basse
Mongets
Philondenx
Péchevin
Moncla
Aubous
Aydie
Malaussanne
Lauret
Garlin
Diusse
La Tyre
Montagut
Boucoue
Castetpugon
Mont-Disse
Arget
Cabidos
Poursiugues-Boucou
Ussau
Tadousse-Ussau
Conchez-de-Béarn
Madiran
Moustrou
Chalabart
Arzacq-Arraziguet
Lasque
Boueilh-Boueilho-Lasque
Baliracq-Maumusson
Mascaraàs-Haron
Arrosès
85
Piets-Plasence-Moustrou
Coublucq
Vignes
Aurions-Idernes
Morlanne
Pouliacq
Mondebat
Ribarrouy
St-Jean-Poudge
Cadillon
Caplane
Boueilho
Taron-Sadirac-Viellenave
Crouseilles
Vinsan-Pierre
Lou Castet
Louvigny
Lacarrère
Garos
Méracq
Claracq
Burosse-Mendousse
Lasserre
Betracq
Bouillon
Beyrie
Mialos
Garlède-Mondebat
Vialer
Monpezat
Pomps
Arricau
Séméacq-Blachon
Marlat
Geus-d'Arzacq
Uzan
Fichous-Riumayou
Seby
Lème
Thèze
Lalonquette
Menjou
Mouhous
Arricau-Bordes
Bellocq
Larreule
Lonçon
Auga
Carrère
Lannecaube
Loubée
Lalongue
Gayon
Lespielle
Blachon
Castillon
Moncaup
Arnos
Miossens-Lanusse
Corbère-Abères
Viven
Argelos
Lannegrasse
Escurès
Bassillon-Vauzé
Mazerolles
Momas
Doumy
Vignau
Auriac
Coslédaà-Lube-Boast
Lube
Lusson
Boumourt
Aubin
Astis
Simacourbe
Lembeye
Vauzé
Moulonguet
86
Bournos
Angos
Bazeilles
Sévignacq
Samsons-Lion
Laubiosse
Loos
Ste-Quitterie
Lasclaveries
Lussagnet-Lusson
Juillacq
Armau
Silo
Casteide-Cami
Lartigau
Cescau
Caubios-Loos
Navailles-Angos
Monassut-Audiracq
Maspie-Lalonquère-Juillacq
Peyrelongue-Abos
Lion
Sauvagnon
Escoubès
Luc-Armau
Viellenave-d'Arthez
Barinque
Abos
Arriag
Labastide-Cézéracq
Uzein
St-Armou
Riupeyrous
Audiracq
Gerderest
Lucarré
Lalonquère
Momy
Loubix
Bougarber
LA PYRÉNÉENNE
Anos
Anoye
Sérée
Serres-Castet
Bretagne
Abère
Beyrie-en-Béarn
Lespiau
Lac d'Uzein
PAU-PYRÉNÉES
Souye
Bentayou-Sérée
St-Castin
Maure
Montardon
Bernadets
Higuères-Souye
St-Laurent-Bretagne
Baleix
Peyraube
Denguin
Aussevielle
Le Luy
Hourtic
Viellepinte
Arsacq
Buros
Blanche Neige
Villenave-près-Béarn
Menvielle
Siros
Poey-de-Lescar
Camp militaire d'Astra
Maucor
Gabaston
Lespourcy
Pontiacq-Viellepinte
Abos
87
Sers
Forêt Bastard
St-Jammes
Morlaàs
Bédeille
Escaunets
Lescar
Zoo
Esclayou
Sedzère
Sedze-Maubecq
Arbus
Serres-Morlaàs
Urost
Lasserre
Lombia
Cuqueron
Artiguelouve
Lons
Chle de Berlanne
Bascou
Ouillon
Séron
Ponson-Debat-Pouts
PAU
Laroin
Billère
Espéchède
Arrien
Saubole
Ponson-Dessus
Andoins
Ricarde
Serviau
St-Faust-Bas
Bizanos
Sendets
Eslourenties-Daban
Oroix
Lacommande
Cité des Abeilles
Jurançon
Gelos
Haras
Idron
Lourenties
Gourlest
Aast
Aubertin
Ollé-Laprune
Perpignaa
Aressy
Lée
Ousse
Limendous
Garris
St-Faust
Chapelle-de-Rousse
Mazères-Lezons
Uzos
Meillon
Le Hameau d'Ousse
Artigueloutan
Gardères
88
Jolys
Rontignon
Fort de César
Nousty
Luquet
Porte
Coos
Bel-Air
Narcastet
Assat
Soumoulou
Gomer
Haut-d'Espoey
Gardia
Ger
Saou
Vignoble de Gaye
Cicabat
St-Ambroise
Angaïs
Espoey
Brana
Tout-y-Croît
Lucgarier
d'Estialescq
Lasseube
Gan
Bordes
Baliros
Camp militaire
Boeil-Bezing
Chaperot
Les Pyrénées Champ de Tir
Pardies-Piétat
Beuste
Hours
Livron
Lagos
Barzun
Zoo
Bosdarros
N.-D. de Piétat
St-Abit
Baudreix
2ème ch. en cor
Labarthe
Haut-de-Gan
Arros-de-Nay
Bordères
Bois de Bénéjacq
Bénéjacq
Plateau de Ger
Escou
Les Pindats
Bourdettes
Mirepeix
Labatmale
Pontacq
Ossun
Barbe
Miramontès
Herrère-de-Bas
Lasseubetat
Haut-de-Bosdarros
Les Labassères
Nay
Coarraze
Lamarque-Pontacq
Rebé
TARBES-L
89
Carrères
Belair
Dutau
Tour
B. de Garrasquet
Ogeu-les-Bains
d'Ossau
Rébénacq
Igon
Ermitage
Peyrade
St-Vincent
Pouey-Mayou
Forêt d'Ossun
Buzy
Pucheux
Asson
St-Georges
Barlest
Buziet
Étab. thermal
L'Oustau
Loubajac
Bois
Bescat
Lys
Bruges-Capbis-Mifaget
Lestelle-Bétharram
Sanctuaire
Montaut
Forêt de Mourle
Maillous
0
5
10 km
AG
AH
AI
AJ
332
Arudy
Mifaget
Pont
St-Pé-de-Bigorre
Mourle
Poueyferré
Bartrès
Saux
Bois du Pacq
Sévignacq-Meyracq
Gès du Pont-Germé
Fin 2008
Lurbe
Peyrouse
LOURDES
Biscaye
Laùs
Pédestarrès
Capbis
Ste-Colome
Pont-du-Moulin
d'Arudy
LA
Fin 2008
A 64 - E 80
N 117
N 134
313

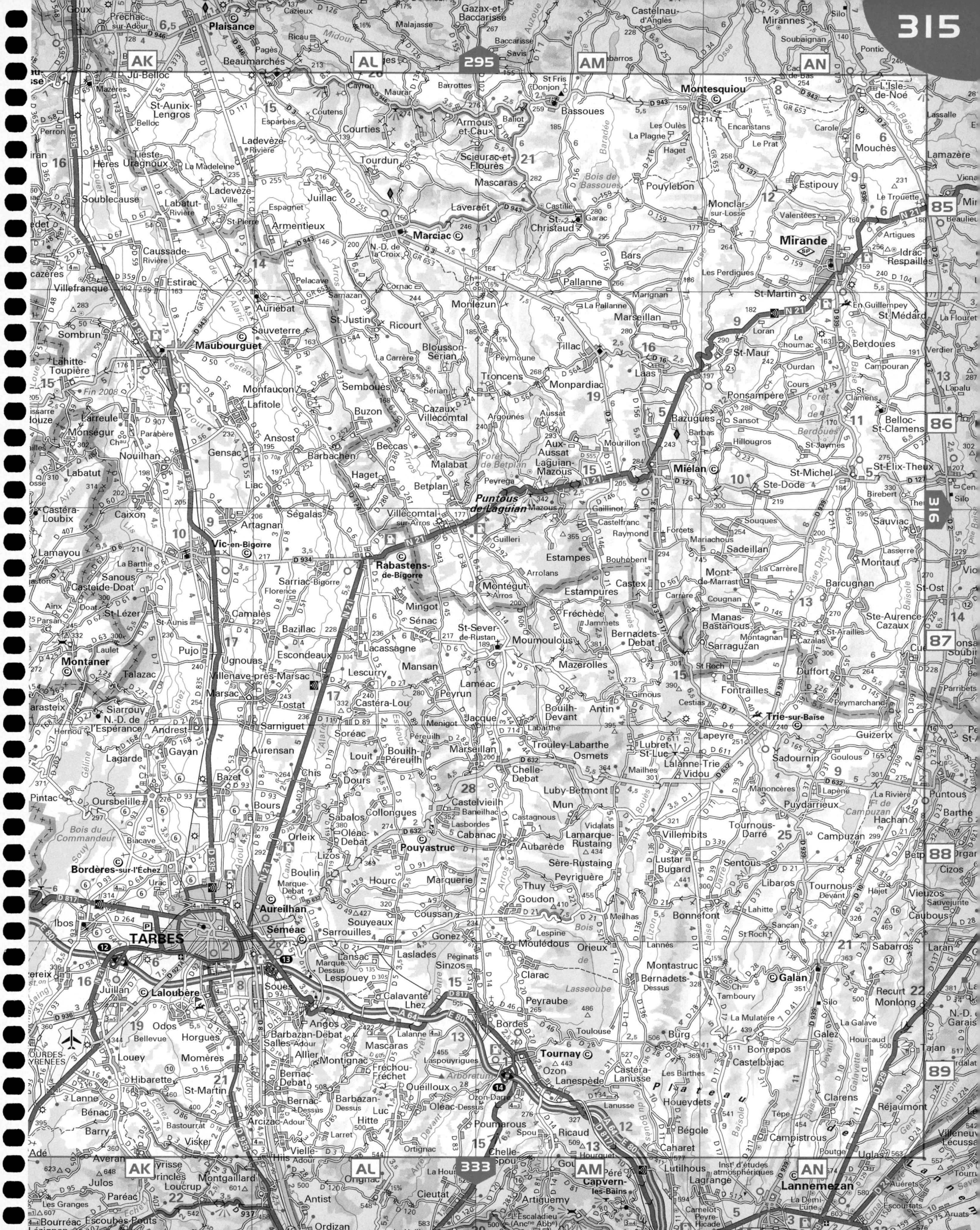

AK
AL
295
AM
AN
Plaisance
Préchac-sur-Adour
Goux
Beaumarchés
Gazax-et-Baccarisse
Castelnau-d'Anglès
Mirannes
Montesquiou
L'Isle-de-Noé
Ju-Belloc
St-Aunix-Lengros
Bassoues
Courties
Armous-et-Cau
Scieurac-et-Flourès
Tourdun
Mascaras
Juillac
Pouylebon
Estipouy
Mouchès
Laveraët
Marciac
St-Christaud
Monclar-sur-Losse
Mirande
Soublecause
Labatut-Rivière
Armentieux
Caussade-Rivière
Estirac
Auriébat
Maubourguet
Sauveterre
St-Justin
Ricourt
Monlezun
Pallanne
Marseillan
Tillac
St-Martin
St-Médard
Berdoues
Blousson-Sérian
Troncens
Monpardiac
Laas
St-Maur
Lahitte-Toupière
Larreule
Monségur
Monfaucon
Lafitole
Sembouès
Buzon
Cazaux-Villecomtal
Bazugues
Ponsampère
Belloc-St-Clamens
Nouilhan
Gensac
Ansost
Barbachen
Beccas
Haget
Malabat
Betplan
Aux-Aussat
Laguian-Mazous
Mielan
St-Michel
St-Elix-Theux
Castéra-Loubix
Caixon
Artagnan
Ségalas
Villecomtal-sur-Arros
Puntous de Laguian
Ste-Dode
Sauviac
Vic-en-Bigorre
Rabastens-de-Bigorre
Estampes
Sadeillan
Montaut
Lamayou
Sanous
Sarriac-Bigorre
Montégut-Arros
Estampures
Castex
Mont-de-Marrast
Barcugnan
St-Ost
Camalès
Mingot
Sénac
Fréchède
Manas-Bastanous
Ste-Aurence-Cazaux
St-Lézer
Montaner
Pujo
Bazillac
Escondeaux
Lacassagne
St-Sever-de-Rustan
Moumoulous
Bernadets-Debat
Sarraguzan
Duffort
Ugnouas
Villenave-près-Marsac
Lescurry
Mansan
Mazerolles
Fontrailles
Talazac
Marsac
Tostat
Castéra-Lou
Laméac
Peyrun
Bouilh-Devant
Antin
Trie-sur-Baïse
Siarrouy
N.-D. de l'Espérance
Andrest
Sarniguet
Soréac
Jacque
Labarthe
Lapeyre
Guizerix
Lagarde
Gayan
Aurensan
Louit
Bouilh-Péreuilh
Marseillan
Trouley-Labarthe
Osmets
Lubret-St-Luc
Lalanne-Trie
Sadournin
Bazet
Chis
Dours
Chelle-Debat
Vidou
Pintac
Oursbelille
Bours
Castelvieilh
Luby-Betmont
Mun
Puydarrieux
Puntous
Sabalos
Collongues
Oléac-Debat
Cabanac
Lamarque-Rustaing
Villembits
Tournous-Darré
Campuzan
Orleix
Pouyastruc
Aubarède
Sère-Rustaing
Lustar
Bugard
Sentous
Bordères-sur-l'Échez
Lizos
Boulin
Hourc
Marquerie
Peyriguère
Thuy
Goudon
Libaros
Tournous-Devant
Vieuzos
Aureilhan
Coussan
Bonnefont
Cizos
Souyeaux
Séméac
Sarrouilles
Ibos
TARBES
Gonez
Mouledous
Orieux
Sabarros
Laran
Lansac
Laslades
Sinzos
Clarac
Montastruc
Bernadets-Dessus
Galan
Juillan
Laloubère
Lespouey
Soues
Calavanté
Lhez
Peyraube
Recurt
Monlong
Odos
Horgues
Angos
Barbazan-Debat
Salles-Adour
Allier
Mascaras
Bordes
Tournay
Burg
Bonrepos
Galez
Tajan
Louey
Momères
Montignac
Fréchou-Fréchet
Ozon
Castéra-Lanusse
Castelbajac
Hibarette
St-Martin
Bernac-Debat
Oueilloux
Lanespède
Lanne
Bénac
Bernac-Dessus
Barbazan-Dessus
Oléac-Dessus
Ozon-Darré
Houeydets
Clarens
Réjaumont
Barry
Arcizac-Adour
Luc
Hitte
Poumarous
Ricaud
Bègole
Visker
Vielle-Adour
Larret
Ortignac
Chelle-Spou
Spou
Caharet
Campistrous
Uglas
Villeneuve-Lécussan
AK
AL
333
AM
AN
Averan
Julos
Paréac
Loucrup
Montgaillard
Orignac
Antist
Cieutat
Ordizan
Capvern-les-Bains
Artiguemy
Lutilhous
Lagrange
Lannemezan
Bourréac
Escoubès-Pouts
Lézignan
85
86
87
88
89
316

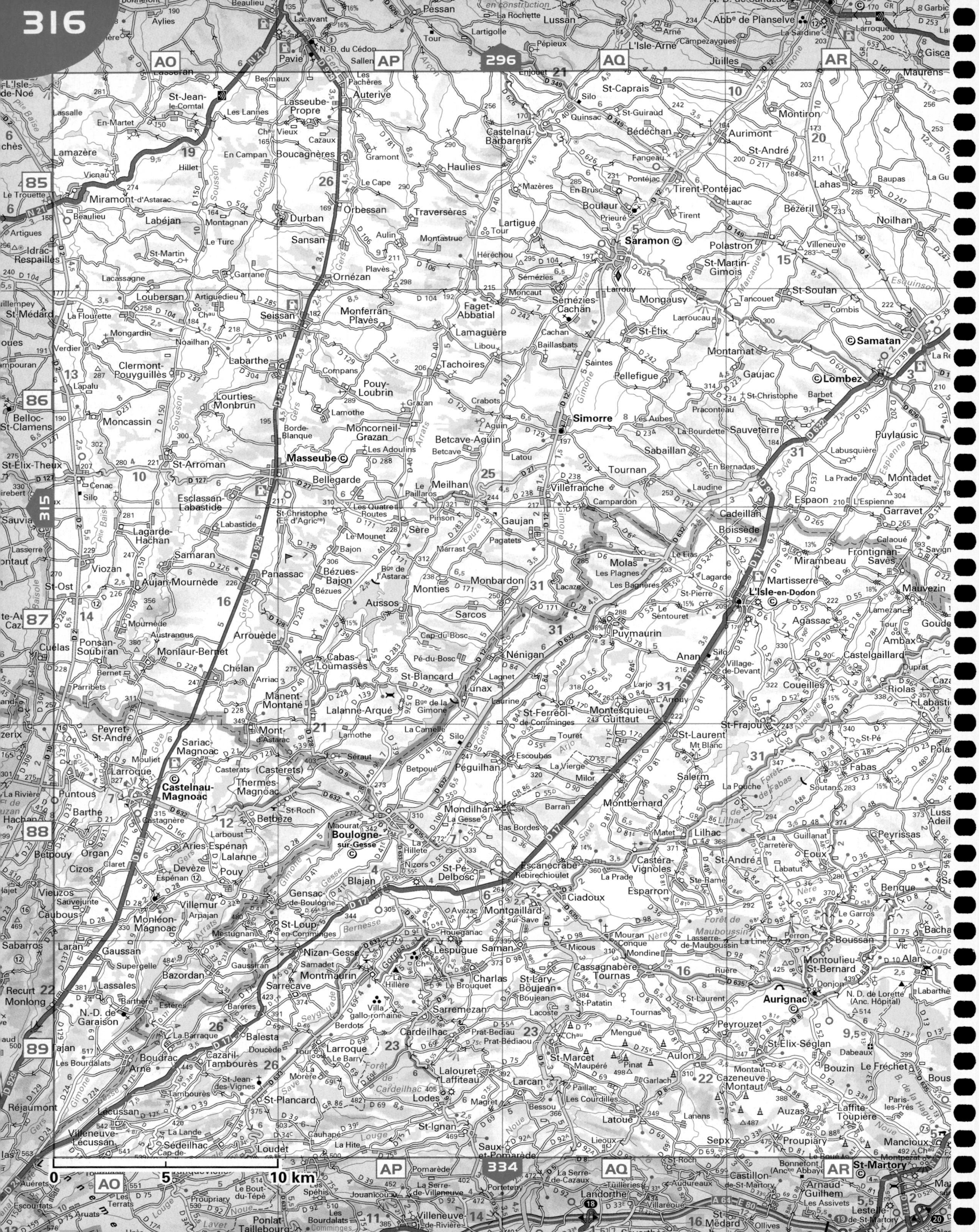
316
296
334
AO
AP
AQ
AR
85
86
87
88
89
315
Beaulieu
Pessan
Lussan
L'Isle-Arné
Abbé de Planselve
Aylies
Lacavant
N.-D. du Cédon
Pavie
Tour
Lartigolle
La Rochette
Juilles
Campezaygues
La Sardine
Larroque
Maurens
Lasseran
Besmaux
Les Pachères
Auterive
Enjouet
St-Caprais
Silo
Quinsac
St-Guiraud
Montiron
L'Isle-de-Noé
St-Jean-le-Comtal
Lasseube-Propre
Lassalle
Les Lannes
En-Martet
Cazaux
Castelnau-Barbarens
Bédéchan
Aurimont
St-André
Lamazère
En Campan
Boucagnères
Gramont
Haulies
Fangeau
Lahas
Baupas
Vicnau
Hillet
Le Cape
Pontéjac
Tirent-Pontéjac
Miramont-d'Astarac
Mazères
En Brusc
Laurac
Le Trouette
Orbessan
Traversères
Boulaur
Prieuré
Tirent
Bézéril
Noilhan
Beaulieu
Labéjan
Durban
Montagnan
Lartigue
Artigues
Sansan
Aulin
Montastruc
Saramon
Polastron
Villeneuve
Idrac-Respailles
Le Turc
St-Martin
Héréchou
Sémézies
St-Martin-Gimois
Garrane
Plavès
Ornézan
Lacassagne
Moncaut
Larrouy
Mongausy
Tancouet
St-Soulan
Loubersan
Artiguedieu
Seissan
Faget-Abbatial
Sémézies-Cachan
Combis
St-Médard
La Flourette
Monferran-Plavès
Larroucau
Mongardin
Noailhan
Lamaguère
Cachan
St-Élix
Samatan
Verdier
Libou
Baillasbats
Montamat
Clermont-Pouyguillès
Labarthe
Tachoires
Saintes
Compans
Pellefigue
Gaujac
Lombez
Pouy-Loubrin
St-Christophe
Barbet
Lapalu
Lourties-Monbrun
Grazan
Crabots
Praconteau
Belloc-St-Clamens
Moncassin
Lamothe
Aguin
Simorre
Les Aubes
La Bourdette
Sauveterre
Puylausic
Borde-Blanque
Moncorneil-Grazan
Betcave-Aguin
Labusquière
Betcave
Sabaillan
Masseube
Les Adoulins
Latou
St-Élix-Theux
St-Arroman
En Bernadas
La Prade
Montadet
Bellegarde
Tournan
Cenac
Meilhan
Silo
Esclassan-Labastide
Le Paillaros
Villefranche
Laudine
L'Espienne
Espaon
Les Quatre Routes
Campardon
Garravet
St-Christophe
Labastide
Pinson
Gaujan
Cadeillan
Sère
Boissède
Lagarde-Hachan
Le Mounet
Pagatets
Calaoué
Frontignan-Savès
Samaran
Bajon
Marrast
Mirambeau
Molas
Le Lias
Viozan
Panassac
Bèzues-Bajon
Les Plagnes
Lagarde
Martisserre
Mauvezin
Aujan-Mournède
Monties
Monbardon
Lacaze
Les Bagnères
St-Pierre
L'Isle-en-Dodon
Bézues
Le Sentouret
Agassac
Aussos
Sarcos
Mournède
Arrouède
Puymaurin
Ponsan-Soubiran
Austranous
Cap-du-Bosc
Ambax
Cuélas
Monlaur-Bernet
Cabas-Loumassès
Nénigan
Anan
Castelgaillard
Pé-du-Bosc
Village-de-Devant
Chélan
Bernet
Arriac
St-Blancard
Lagnet
Larjo
Coueilles
Riolas
Parribets
Lunax
L'Arrouy
Manent-Montané
Laurine
St-Ferréol-de-Comminges
Montesquieu-Guittaut
Lalanne-Arqué
Peyret-St-André
Mont-d'Astarac
Lamothe
La Camelle
Tourret
St-Laurent
St-Frajou
St-Pé
Silo
Mt Blanc
Sariac-Magnoac
Escoubas
Mouliet
Séraut
Fabas
Péguilhan
La Vierge
Larroque
Casterats (Casterets)
Betpoué
Salerm
Milor
Thermes-Magnoac
Le Soutan
Castelnau-Magnoac
Puntous
La Pouche
Forêt de Fabas
Barran
Montbernard
Barthe
St-Roch
Castagnère
Mondilhan
Betbèze
Lilhac
La Gesse
Hachan
Larboust
Boulogne-sur-Gesse
Las Bordes
Matet
Peyrissas
Maourat
Guillanat
La Carretère
Aries-Espénan
Lalanne
Betpouy
Organ
La Hillete
Eoux
Castéra-Vignoles
Claret
St-André
Devèze
Escanecrabe
Labatut
Cizos
Pouy
Espénan
Nizors
Rebirechioulet
Ste-Rame
St-Pé-Delbosc
La Prade
Blajan
Benque
Vieuzos
Sauvejunte
Gensac-de-Boulogne
Ciadoux
Esparron
Le Garros
Caubous
Villemur
Arpajan
Montgaillard-sur-Save
Avezac
Monléon-Magnoac
St-Loup-en-Comminges
Forêt de Mauboussin
Lasserre-de-Mauboussin
Bacha
Mestugnan
Bernesse
Mouran
Conque
Mondine
Houeganac
Sabarros
Laran
Gaussan
Nizan-Gesse
Lespugue
Saman
Micous
La Line
Perron
Boussan
Supergelle
Samadet
Cassagnabère-Tournas
Ruère
Montoulieu-St-Bernard
Alan
Bazordan
Gaussiran
Montmaurin
Charlas
St-Lary-Boujean
Lassales
La Hillère
Le Brouquet
Boujean
Aurignac
Donjon
N. D. de Lorette (Anc. Hôpital)
Labarthe
Recurt
Monlong
Sarrecave
Villa gallo-romaine
St-Patatin
St-Laurent
Barthère
Estères
Sarremezan
Lacoste
N.-D. de Garaison
Barères
Tournas
Peyrouzet
Berdots
St-Élix-Séglan
Cardeilhac
Prat-Bediau
Mengué
La Barraque
Balesta
Dabeaux
Doucède
Larroque
Le Barry
Pinat
Aulon
Tajan
Boudrac
Cazaril-Tambourès
St-Marcet
Maupéré
Garlach
Cazeneuve-Montaut
Bouzin
Le Fréchet
Les Bourdalats
Arné
Morère
Forêt de Cardeilhac
Lalouret-Laffiteau
Larcan
Montaut
St-Jean-des-Vignes
Paillac
Les Courdilles
Tambourès
Réjaumont
St-Plancard
Lodes
Magret
Bessou
Paris-les-Prés
Laffite-Toupière
Auzas
Lécussan
Latoue
Lanens
La Lande
Cauhapé
St-Ignan
Villeneuve-Lécussan
Sédeilhac
Loudet
La Hite
Saux-et-Pomarède
Lieoux
Sepx
Proupiary
Mancioux
Montpezat
St-Martory
Bonnefont (Anc. Abbaye)
Arnaud-Guilhem
Les Assivets
Lestelle-de-St-Martory
Castillon-de-St-Martory
St-Roch
Pomarède
Portetény
La Serre-de-Cazaux
Landorthe
Tuileries
Audureaux
Villaréoué
St-Médard
Les Spéhis
La Serre-de-Villeneuve
Jouanicou
Villeneuve-de-Rivière
Les Bourdalats
Ponlat-Taillebourg
Le Bout-du-Tépé
Proupriary
Les Terrats
Escourtats
Auérets
Aruats
0
5
10 km

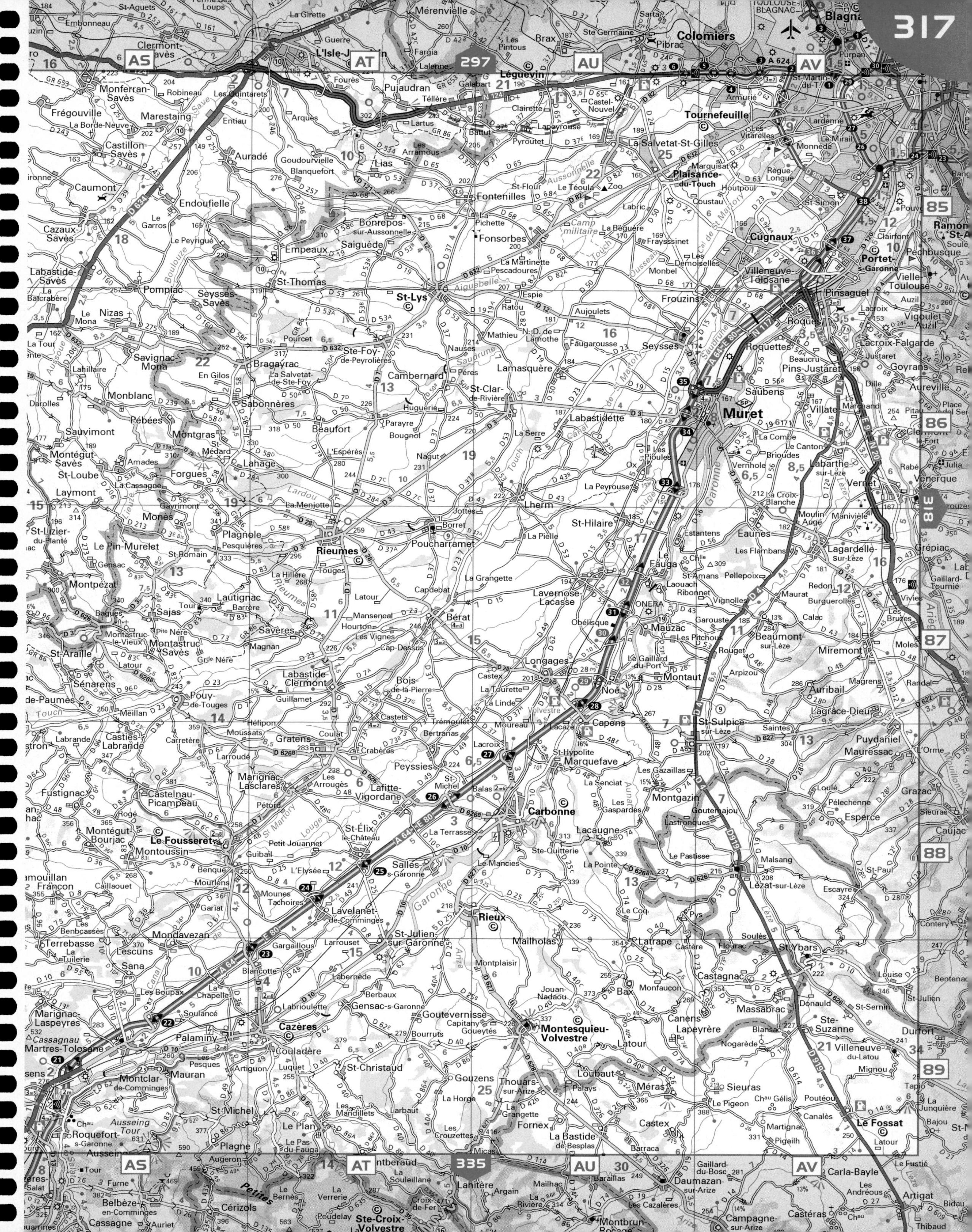

Colomiers
Léguevin
L'Isle-Jourdain
Tournefeuille
Plaisance-du-Touch
Cugnaux
Fonsorbes
St-Lys
Muret
Portet-s-Garonne
Rieumes
Bérat
Carbonne
Rieux
Cazères
Montesquieu-Volvestre
Le Fousseret
Noé
Lézat-sur-Lèze
Le Fossat
Ste-Croix-Volvestre

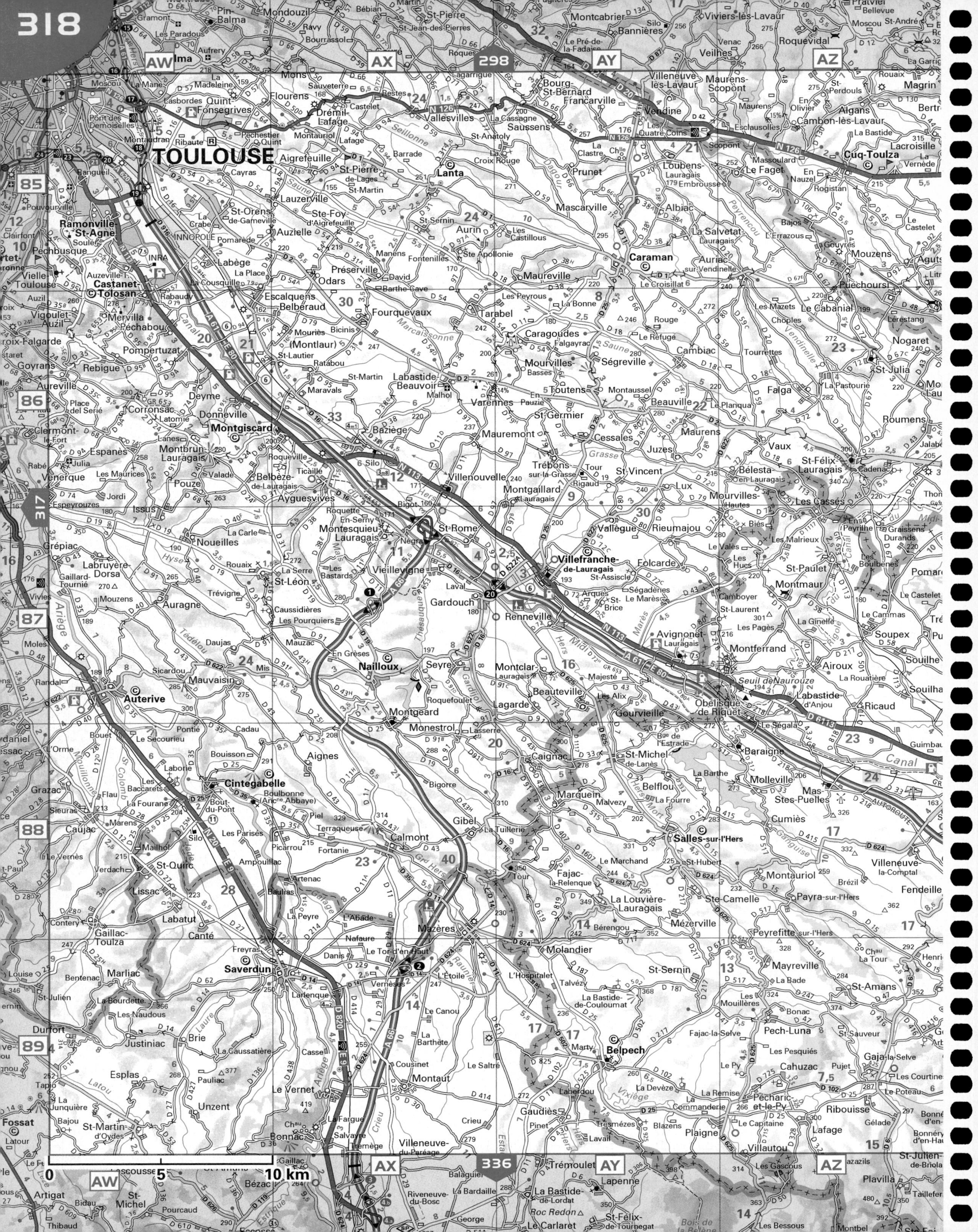

BA
BB
BC
BD
299
337
85
86
87
88
89
320
Castres
Vielmur-s-Agout
Puylaurens
St-Germain-des-Prés
Soual
Viviers-lès-Montagnes
Saïx
Navès
Lagarrigue
Valdurenque
Labruguière
Revel
Sorèze
Dourgne
Massaguel
St-Amancet
Cahuzac
Durfort
Arfons
Mazamet
Aussillon
Pont-de-Larn
Aiguefonde
Escoussens
Verdalle
St-Avit
Lagardiolle
PARC NATUREL RÉGIONAL
MONTAGNE NOIRE
Pic de Montaud
Forêt de Montaud
Les Cammazes
Les Brunels
Labécède-Lauragais
Saissac
Fontiers-Cabardès
Cuxac-Cabardès
Mas-Cabardès
Castelnaudary
St-Papoul
Villepinte
Alzonne
Bram
Montolieu
Moussoulens
Pezens
Villesèquelande
Caux-et-Sauzens
Pennautier
Conques-sur-Orbiel
Villegailhenc
Villemoustaussou
CARCASSONNE
La Cité
Montréal
Fanjeaux
Arzens
Alairac
Lavalette
Cazilhac
Palaja
Roullens
Cavanac
Preixan
Labastide-Esparbairenque
Roquefère
Salsigne
Lastours
Limousis
Villardonnel
Aragon
Ventenac-Cabardès
Laurac
Villasavary
Prouille
Villeneuve-lès-Montréal
Brézilhac
Lasbordes
Pexiora
Montagne Noire
Bassin de St-Ferréol
Pas du Sant
Mont Alric
Grotte de Calel
Caunan
Fin 2008

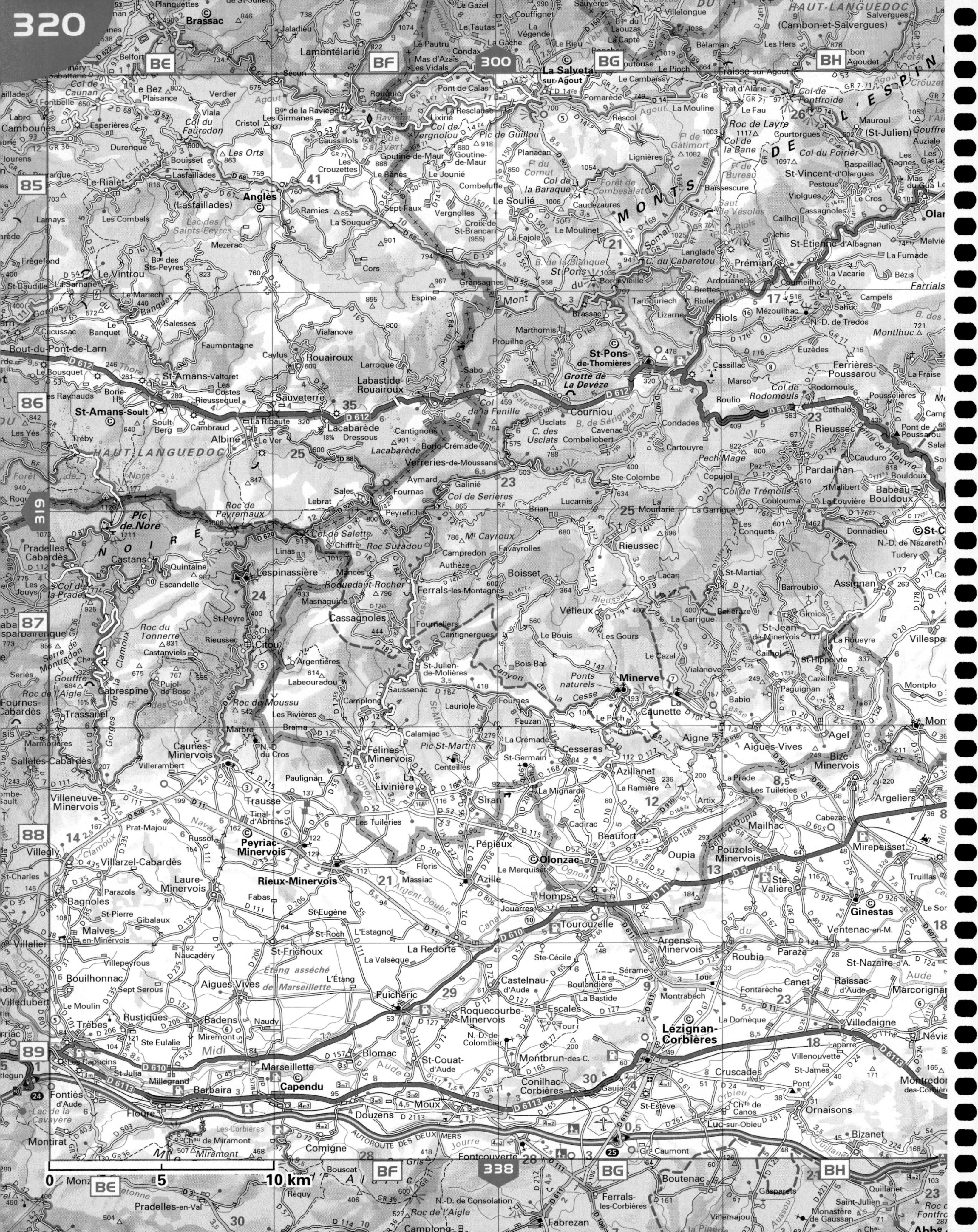
BE
BF
300
BG
BH
85
86
87
88
89
319
338
Brassac
Lamontélarié
La Salvetat-sur-Agout
Fraisse-sur-Agout
HAUT-LANGUEDOC
(Cambon-et-Salvergues)
Anglès
Le Soulié
MONTS DE L'ESPINOUSE
St-Vincent-d'Olargues
Olargues
St-Étienne-d'Albagnan
Prémian
St-Pons-de-Thomières
Riols
Rouairoux
Labastide-Rouairoux
St-Amans-Soult
St-Amans-Valtoret
Le Vintrou
Sauveterre
Lacabarède
Albine
Verreries-de-Moussans
Courniou
Pardailhan
Ferrières-Poussarou
Rieussec
Babeau-Bouldoux
Pic de Nore
NOIRE
Pradelles-Cabardès
Lespinassière
Castans
Ferrals-les-Montagnes
Boisset
Cassagnoles
Vélieux
Minerve
La Caunette
St-Jean-de-Minerve
Assignan
Citou
Cabrespine
Trassanel
Caunes-Minervois
Félines-Minervois
Cesseras
Azillanet
Aigues-Vives
Agel
Bize-Minervois
Argeliers
Villeneuve-Minervois
Trausse
La Livinière
Siran
Peyriac-Minervois
Rieux-Minervois
Pépieux
Olonzac
Beaufort
Oupia
Pouzols-Minervois
Mailhac
Mirepeisset
Laure-Minervois
Azille
Homps
Tourouzelle
Ginestas
Villegly
Bagnoles
Malves-en-Minervois
St-Frichoux
La Redorte
Argens-Minervois
Roubia
Paraza
Bouilhonnac
Aigues-Vives
Puichéric
Castelnau-d'Aude
Roquecourbe-Minervois
Escales
Lézignan-Corbières
Canet
Raissac-d'Aude
Marcorignan
Trèbes
Rustiques
Badens
Villedaigne
Marseillette
Blomac
St-Couat-d'Aude
Montbrun-des-C.
Conilhac-Corbières
Capendu
Barbaira
Fontiès-d'Aude
Floure
Douzens
Moux
Cruscades
Ornaisons
Montirat
Comigne
Fontcouverte
Boutenac
Ferrals-les-Corbières
Fabrezan
Pradelles-en-Val
Camplong
AUTOROUTE DES DEUX MERS
Étang asséché de Marseillette
0
5
10 km

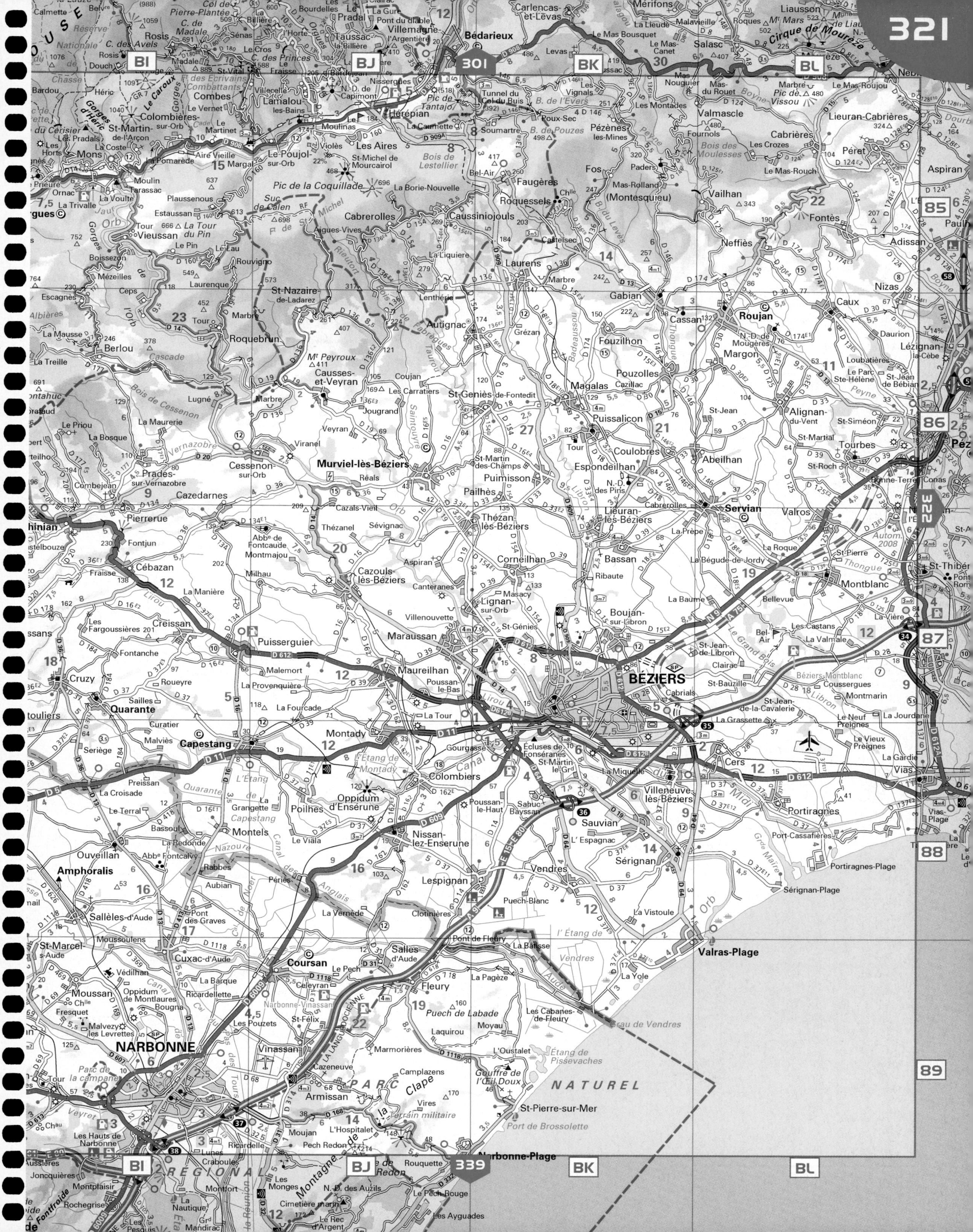

321
BI
BJ
BK
BL
301
339
85
86
87
88
89
322
Bédarieux
Carlencas-et-Levas
Mérifons
Liausson
Cirque de Mourèze
Salasc
Lamalou-les-Bains
Hérépian
Colombières-sur-Orb
St-Martin-de-l'Arçon
Mons
Combes
Le Poujol-sur-Orb
Les Aires
Faugères
Roquessels
Caussiniojouls
Cabrerolles
Pic de la Coquillade
Vieussan
Roquebrun
Berlou
St-Nazaire-de-Ladarez
Causses-et-Veyran
Autignac
Laurens
Gabian
Neffiès
Vailhan
Fos
Pézènes-les-Mines
Valmascle
Lieuran-Cabrières
Cabrières
Péret
Aspiran
Fontès
Adissan
Nizas
Caux
Roujan
Cassan
Margon
Fouzilhon
Pouzolles
Magalas
Puissalicon
St-Geniès-de-Fontedit
Alignan-du-Vent
Lézignan-la-Cèbe
Tourbes
Abeilhan
Coulobres
Espondeilhan
Servian
Valros
Montblanc
Murviel-lès-Béziers
Cessenon-sur-Orb
Prades-sur-Vernazobre
Cazedarnes
Pierrerue
Puimisson
Pailhès
Thézan-lès-Béziers
Lieuran-lès-Béziers
Bassan
Corneilhan
Cazouls-lès-Béziers
Lignan-sur-Orb
Boujan-sur-Libron
Maraussan
Maureilhan
Puisserguier
Cébazan
Creissan
Cruzy
Quarante
Capestang
Montady
Colombiers
Oppidum d'Ensérune
Nissan-lez-Ensérune
Poilhes
Montels
BÉZIERS
Villeneuve-lès-Béziers
Cers
Sauvian
Sérignan
Portiragnes
Vias
Vendres
Lespignan
Valras-Plage
Sérignan-Plage
Portiragnes-Plage
Ouveillan
Amphoralis
Sallèles-d'Aude
Cuxac-d'Aude
Coursan
Salles-d'Aude
Fleury
Moussan
NARBONNE
Vinassan
Armissan
St-Pierre-sur-Mer
Narbonne-Plage
Gouffre de l'Œil Doux
PARC NATUREL RÉGIONAL
Montagne de la Clape
Grau de Vendres
Étang de Pissevaches

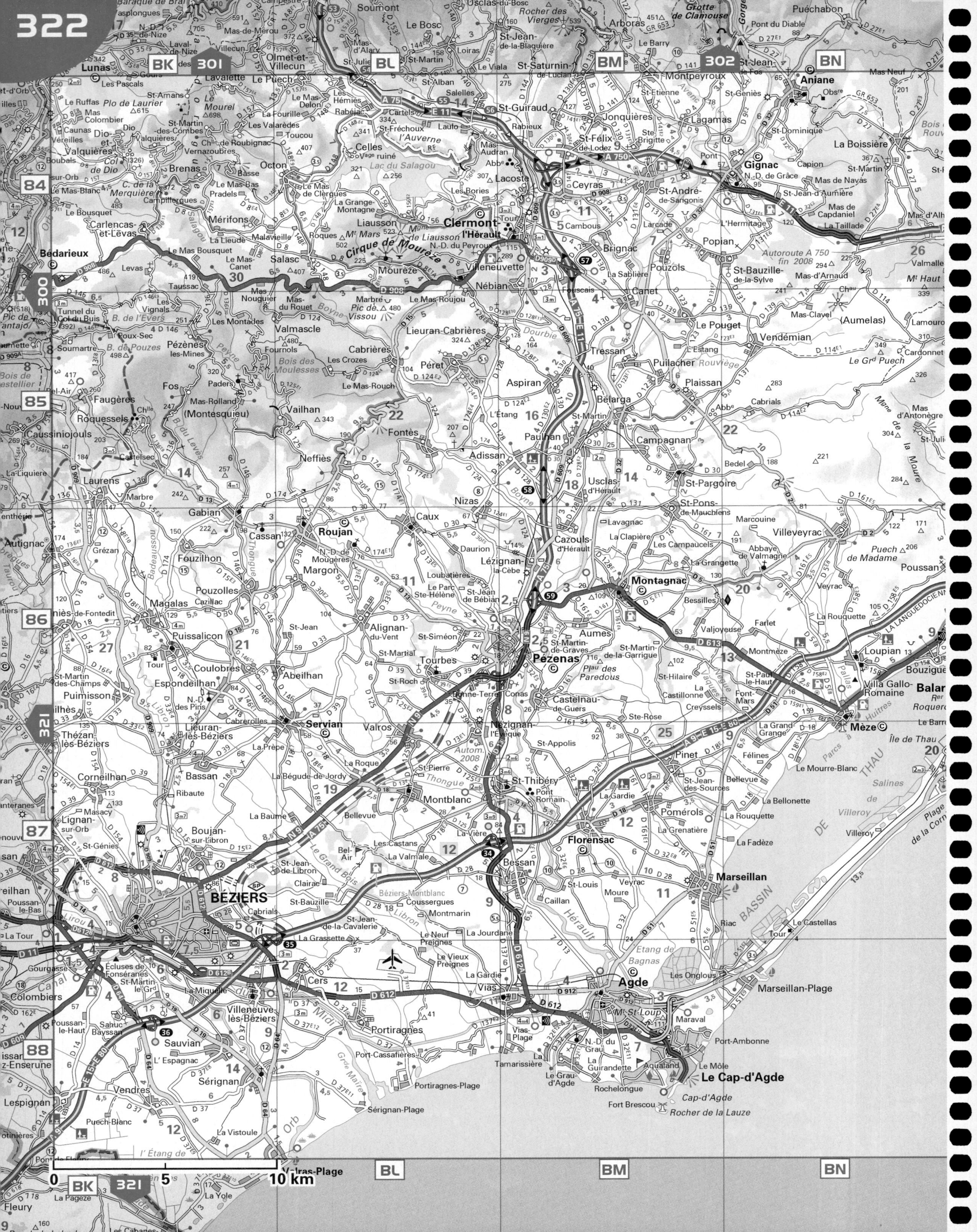
BK
BL
BM
BN
301
302
300
321
84
85
86
87
88
Lunas
Soumont
Le Bosc
Usclas-du-Bosc
Arboras
Grotte de Clamouse
Puéchabon
Pont du Diable
St-Jean-de-Fos
Aniane
Montpeyroux
Lavalette
Le Puech
St-Alban
Salelles
St-Saturnin-de-Lucian
St-Guiraud
Jonquières
Lagamas
St-Félix-de-Lodez
Gignac
Bédarieux
Octon
Celles
Lac du Salagou
Brenas
Mérifons
Liausson
Clermont-l'Hérault
Cirque de Mourèze
Mourèze
Villeneuvette
Salasc
Nébian
Ceyras
St-André-de-Sangonis
Brignac
Popian
Pouzols
Canet
St-Bauzille-de-la-Sylve
Le Pouget
Vendémian
Tressan
Puilacher
Plaissan
Bélarga
Aspiran
Lieuran-Cabrières
Péret
Cabrières
Fontès
Vailhan
Neffiès
Faugères
Roquessels
Caussiniojouls
Laurens
Gabian
Cassan
Roujan
Caux
Nizas
Adissan
Paulhan
Usclas-d'Hérault
Campagnan
St-Pargoire
St-Pons-de-Mauchiens
Villeveyrac
Montagnac
Lézignan-la-Cèbe
Cazouls-d'Hérault
Margon
Fouzilhon
Pouzolles
Magalas
Puissalicon
Alignan-du-Vent
Tourbes
Pézenas
Aumes
Castelnau-de-Guers
Servian
Valros
Nézignan-l'Évêque
Mèze
Loupian
Bouzigues
Villa Gallo-Romaine
Pinet
Pomérols
Florensac
St-Thibéry
Montblanc
Bessan
Marseillan
BASSIN DE THAU
BÉZIERS
Cers
Vias
Agde
Villeneuve-lès-Béziers
Sauvian
Sérignan
Portiragnes
Portiragnes-Plage
Sérignan-Plage
Valras-Plage
Vendres
Lespignan
Le Cap-d'Agde
Marseillan-Plage
Étang de Bagnas
Rocher de la Lauze
Fort Brescou
Canal du Midi
Orb
Hérault
Fleury
0
5
10 km

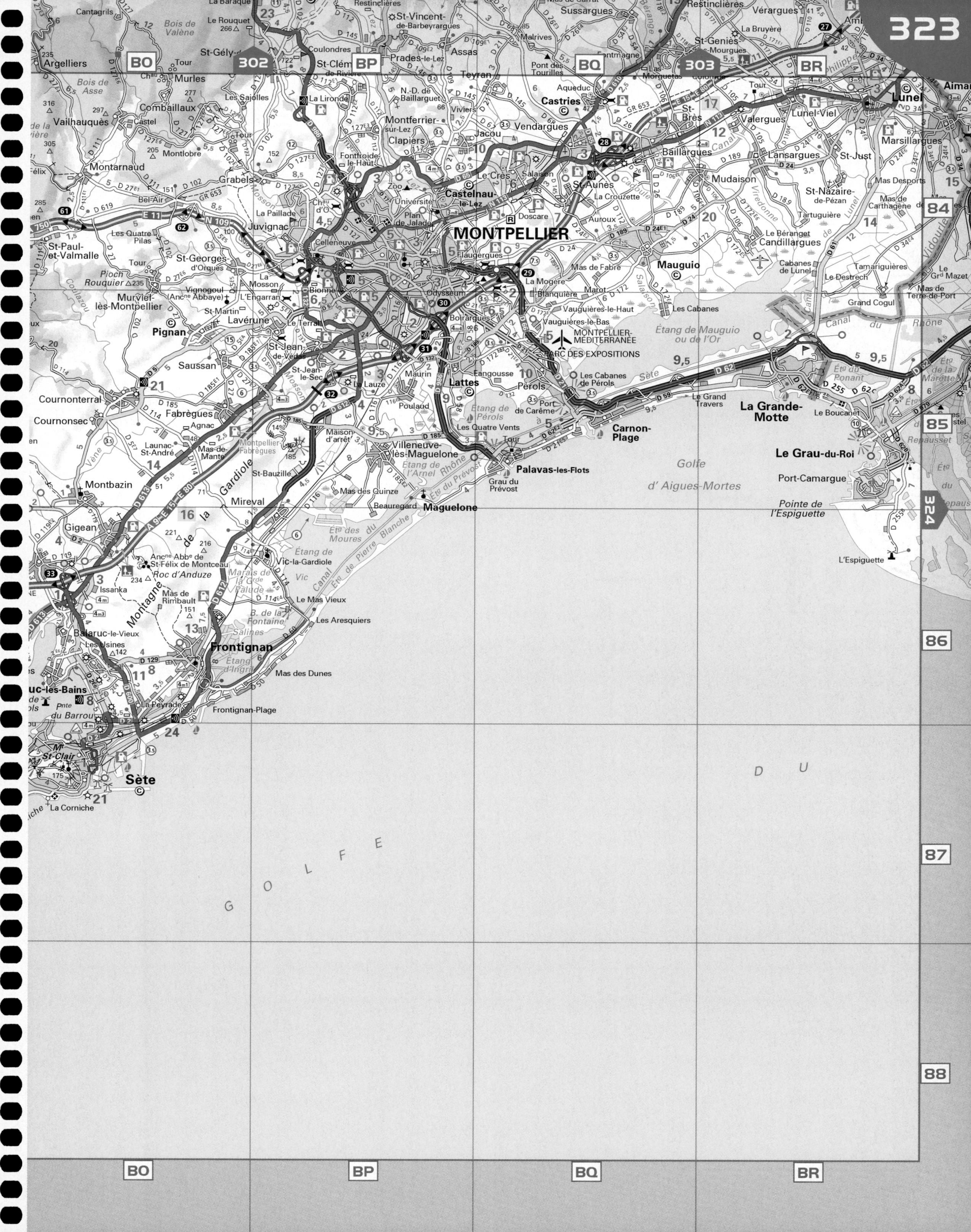

BO
BP
BQ
BR
302
303
84
85
86
87
88
324
MONTPELLIER
Castelnau-le-Lez
Le Crès
Castries
Vendargues
Jacou
Clapiers
Montferrier-sur-Lez
Prades-le-Lez
Assas
Teyran
St-Gély-du-Fesc
Murles
Argelliers
Vailhauquès
Combaillaux
Montarnaud
Grabels
Juvignac
St-Paul-et-Valmalle
St-Georges-d'Orques
Murviel-lès-Montpellier
Pignan
Lavérune
St-Jean-de-Védas
Saussan
Cournonterral
Cournonsec
Fabrègues
Lattes
Pérols
Mauguio
St-Aunès
Baillargues
St-Brès
Valergues
Lunel-Viel
Lunel
Marsillargues
Lansargues
Mudaison
Candillargues
St-Nazaire-de-Pézan
St-Just
Montbazin
Gigean
Mireval
Vic-la-Gardiole
Villeneuve-lès-Maguelone
Maguelone
Palavas-les-Flots
Carnon-Plage
La Grande-Motte
Le Grau-du-Roi
Port-Camargue
Pointe de l'Espiguette
L'Espiguette
Frontignan
Frontignan-Plage
Balaruc-le-Vieux
Balaruc-les-Bains
Sète
Mt St-Clair
La Corniche
MONTPELLIER-MÉDITERRANÉE
PARC DES EXPOSITIONS
Étang de Mauguio ou de l'Or
Golfe d'Aigues-Mortes
Montagne de la Gardiole
Roc d'Anduze
G O L F E
D U

BS
303
BT
BU
304
BV
84
85
86
87
88
323
Vauvert
Candiac
Mas d'Hivernaty
Puech de Dardaillon
Surville
Rantin
La Grand-Cabane
Le Vallon
Grd Mas du Roy
Les Grilles
Mas de Vert
Fourques
La Cassagne
Lunel
Aimargues
Le Cailar
St-Gilles
Jasse-d'Isnard
L'Amourade
Mas Roubaud
Beck
Mas Valdet
Belle-Vue
La Margue
Franquevaux
Canal Philippe
Écluse de St-Gilles
du Tort
Mas de Julian
Saliers
Figarès
Gimeaux
Les Passerons
Stanislas
Marsillargues
Grd Teillan
Malherbes
St-Brancard
Mas Bourry
Mas Teissier
Gallician
Espeyran
La Montcalde
Van Gogh
Bouchaud
Mas de la Ville
Tour de Mondony
Montredon
Plan du Bourg
St-Laurent-d'Aigouze
Mas de Mougues
Mas de Carthagène
Mas du Grd Bordes
Étg de Grey
Étang de Scamandre
Étang du Charnier
La Fosse
Mas de la Vigne
Marais des Saliers
Musée Camarguais
Albaron
Signoret
Mas du Pt de Rousty
Ste Cécile
Gageron
Rizières
Brunet
Le Grd Mazet
Mas Psalmody
P. des Tourradons
Grd Canavère
Tour
Mas des Iscles
Mas de Terre-de-Port
Tour Carbonnière
La Malgue
Ste-Anne
Mas des Sablons
Les Pradaux
Le Paty de la Trinité
Marais de la Grand Mar
Le Grd Antonelle
Villeneuve
Mas d'Agon
Mas du Cabassolle
Grd Romieu
Mas Grd-St-Jean
Quatret
Mas Ste-Cécile
La Souteyranne
Montcalm
Mas de Capette
Les Bruns
Méjanes
Aigues-Mortes
Le Perrier
Mas du Bosquet
Étg du Lairan ou Grd Palus
Sylvéréal
Avignon
Le Ménage
PLAINE
PARC
NATUREL
RÉGIONAL
DE
LA
CAMARGUE
Étang de Vaccarès
La Capelière
Caves de Listel
Salins du Midi
Étang du Roi
Mas Sénébier
Astouin
Mas de Pioch
Pioch-Badet
Cabanes de Cambon
Marais de la Sigoulette
Les Frignants
Île de Mornes
Mas du Juge
Mas Badet
Pin-Foucat
Étang de Malagroy
Étg de Monro
Fiélouse
Étang de l'Arameau
Étg de Rollan
Mas d'Icard
Le Pt Sauvage
Pont-de-Gau
Parc ornithologique
Maguelonne
Mas de Cacharel
Étang de l'Impérial
Bois des Rièges
Étg du Lion
Étg du Fournelet
Plaine de St-Jean
Étang des Salants
Étg de Malégal
Petite Camargue
Le Ferradou
Le Grd-Radeau
Étg des Launes
Musée
Digue à la Mer
Phare de la Gacholle
Étg de la Dame
Le Paradis
St-Bertrand
Étang d'Icard
Stes-Maries-de-la-Mer
Port Gardian
Grau d'Orgon
Étg du Tampan
Étang de Galabert
Étg du Fangassier
Golfe de Beauduc
Beauduc
Étg du Grd Rascaillan
L I O N
Pointe du Sablon
Étg du Vaisseau
Étg de Beauduc
D 570
D 6572
D 979
D 58
D 179
D 37
0
5
10 km

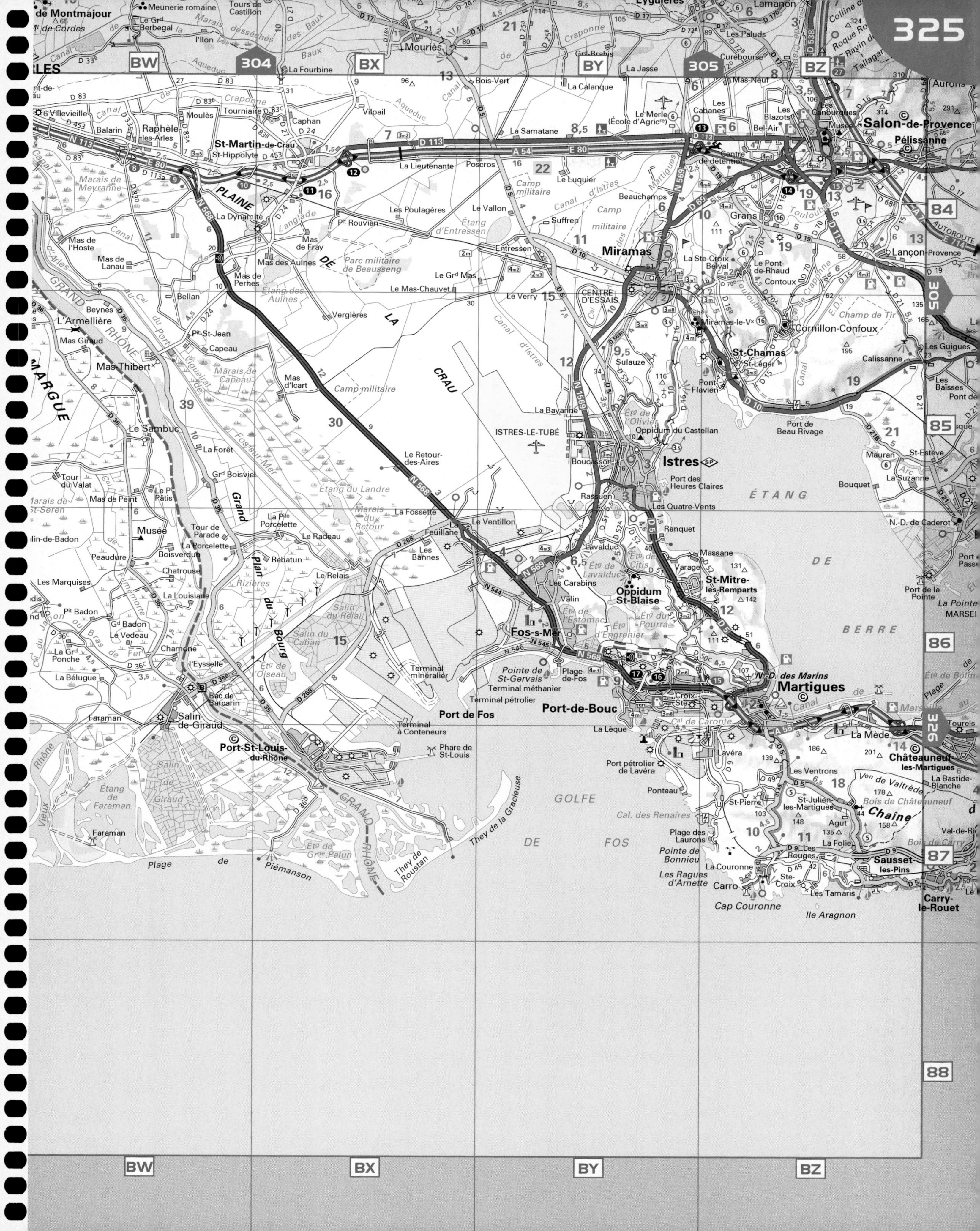
Salon-de-Provence
Miramas
Istres
St-Chamas
Martigues
Port-de-Bouc
Fos-s-Mer
Port de Fos
Port-St-Louis-du-Rhône
Salin-de-Giraud
St-Martin-de-Crau
Raphèle-les-Arles
St-Mitre-les-Remparts
Oppidum St-Blaise
Sausset-les-Pins
Carry-le-Rouet
Châteauneuf-les-Martigues
Pélissanne
Grans
Cornillon-Confoux
PLAINE DE LA CRAU
ÉTANG DE BERRE
GOLFE DE FOS
BW
BX
BY
BZ
304
305
326

Istres
Martigues
Port-de-Bouc
Fos-s-Mer
Berre-l'Étang
Vitrolles
Marignane
Châteauneuf-les-Martigues
Sausset-les-Pins
Carry-le-Rouet
MARSEILLE
Les Pennes-Mirabeau
Cabriès
Golfe de Fos
Étang de Berre
Chaîne de l'Estaque
Rade de Marseille
Île Ratonneau
Île Pomègues
Îles du Frioul
Ch^au d'If
Cap Croisette
Île Maire
Île de Planier
Île de Jarre
Île de Riou
Cap Couronne
Niolon
L'Estaque
St-Antoine
Gignac-la-Nerthe
Le Rove
Ensues-la-Redonne
BY
BZ
CA
CB
305
86
87
88
89
90
0
5
10 km

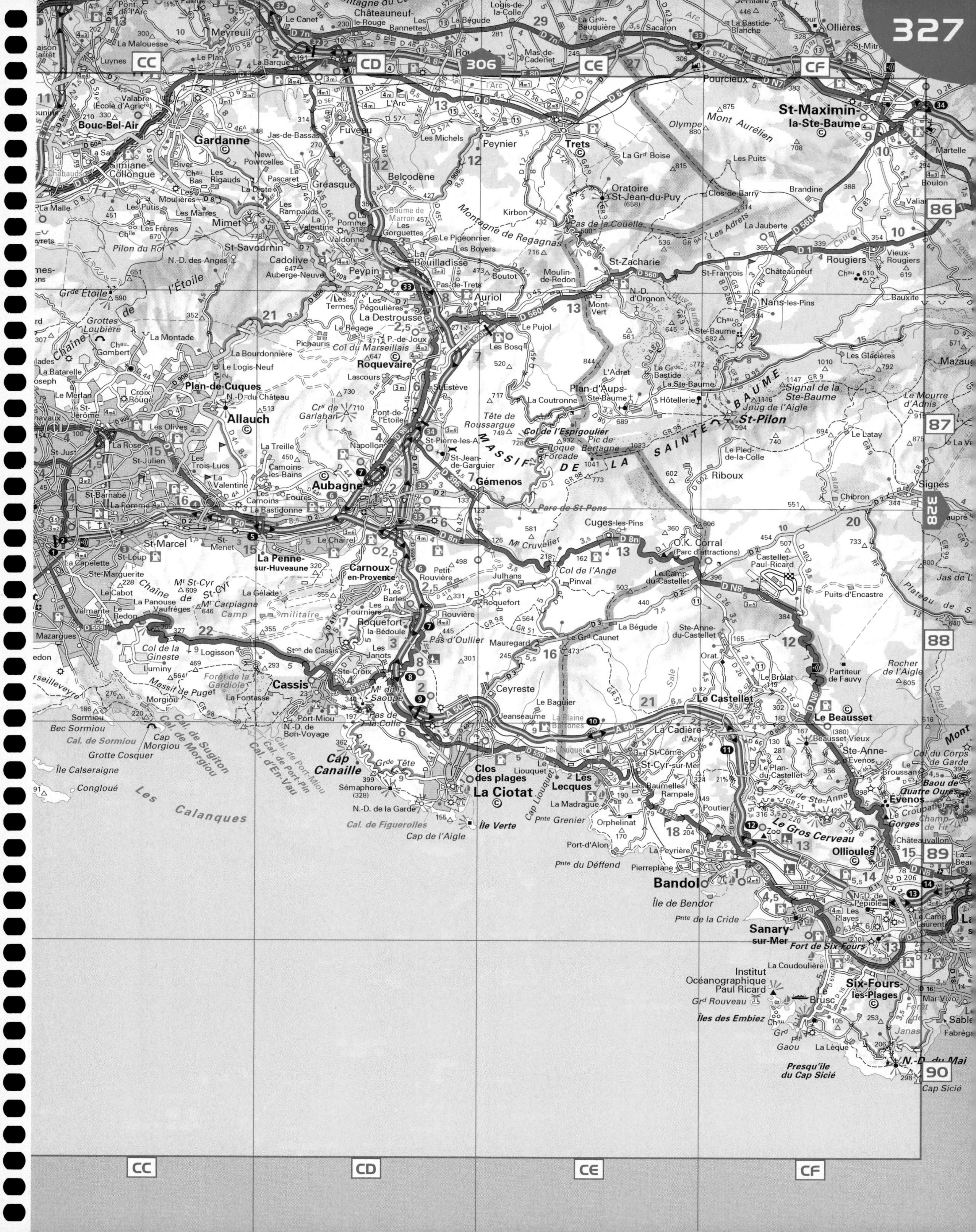

CC
CD
CE
CF
306
328
86
87
88
89
90
Meyreuil
Luynes
Bouc-Bel-Air
Gardanne
Simiane-Collongue
Fuveau
Peynier
Trets
St-Maximin-la-Ste-Baume
Mont Aurélien
Belcodène
Gréasque
Mimet
St-Savournin
Cadolive
Peypin
La Bouilladisse
Auriol
La Destrousse
Roquevaire
Montagne de Regagnas
Oratoire St-Jean-du-Puy
St-Zacharie
Nans-les-Pins
Rougiers
Plan-de-Cuques
Allauch
Aubagne
Gémenos
Plan-d'Aups-Ste-Baume
Signal de la Ste-Baume
St-Pilon
Massif de la Sainte Baume
Chaîne de l'Étoile
Cuges-les-Pins
Riboux
Signes
La Penne-sur-Huveaune
Carnoux-en-Provence
Roquefort-la-Bédoule
Cassis
Ceyreste
La Ciotat
Clos des plages
Les Lecques
St-Cyr-sur-Mer
La Cadière-d'Azur
Le Castellet
Le Beausset
Évenos
Ollioules
Bandol
Sanary-sur-Mer
Six-Fours-les-Plages
Île de Bendor
Îles des Embiez
Presqu'île du Cap Sicié
N.-D. du Mai
Cap Sicié
Les Calanques
Cap Canaille
Cap Morgiou
Île Verte
Le Gros Cerveau
Massif de Puget
Col de la Gineste
Chaîne de St-Cyr

Correns
Montfort-sur-Argens
Carcès
Abbᵉ du Thoronet
Le Thoronet
Pont-d'Argens
Vignaubière
Miraval
Les Riaux
St-Étienne
N.-D. d'Espérance
Font-Couverte
Bauxite
La Grde Bastide
Le Val
St-Vincent
Vins-sur-Caramy
Cabasse
Mgne de la Bouissière
Pomples
Les Bertrands
Entraygues
St-Pastour
Le Recou
Le Vieux-Cannet
Notre-Dame
LA PROVENÇALE
Martelle
Vaubelle
Cambarette
Fontrouvière
Les Censiés
Les Gaëtans
Tourves
Valjancelle
Brignoles
Grd Campdumy
Campdumy
St-Martin
La Seigneurie
Le Luc
Le Cannet-des-Maures
Bedin
Commanderie-de-Peyrassol
Piqueroc
Parc Mini France
Pérégrinage
La Gayolle
St-Pré
La Celle
St-Julien
Moulin-de-Caramy
L'Escarelle
Vieux-Rougiers
Camps-la-Source
Marbre
Roc de Candelon
Montagne de la Loube
La Lauzade
Flassans-sur-Issole
St Quinis
Besse-s-Issole
Ste-Anastasie-sur-Issole
Barre de St-Quinis
Blanquefort
Ste-Agathe
Gasqui
Repenti
Autodrome du Var
Bois de Garéoult
Bellevue
Les Mollières
Mazaugues
La Roquebrussanne
Forêt de Mazaugues
Garéoult
Forcalqueiret
La Crx de Bontar
Gangasset
Gonfaron
Village de tortues
Thèmes
Carnoules
Pignans
Néoules
Rocbaron
La Verguine
Mas-de-Peyrougier
Puget-Ville
La Foux
Le Canadel
N.-D. des Anges
Forêt des Mayons
Col des Fourches
La Sauvette
Forêt de Pignans
Signes
Méounes-lès-Montrieux
Pilon St-Clément
Col de la Bigue
Ste-Philomène
Mas-de-Brun
Le Ruol
Beaupré
Capelière
Le Martinet
Haras du Gapeau
Barre de Cuers
Le Cigalou
Aumerade
Le Fédon
Crête des Martels
Les Vidaux
La Portanière
Le Peyrol
Pachoquin
Montrieux-le-Vieux
Chartreuse de Montrieux-le-Jeune
Jas de Laure
Belgentier
Cuers
Beauvais
La Tuilière
Collobrières
La Rivière
Plateau de Siou-Blanc
Forêt de Morières-Montrieux
Valcros
Font-Freye
Pierrefeu-du-Var
Montaud
Baisse du Castellas
Réal Collobrier
La Rode
Sommet de Laquina
Rocher de l'Aigle
Roca Troca
Morière-le-Cap
Grand Cap
La Guiranne
Ste-Christine
La Bouisse
Solliès-Toucas
Sigaloux
La Mayonnette
Vallée-de-Sauvebonne
Les Vanades
St-Guillaume
Col de Babaou
Camp-Long
MASSIF
Les Aiguiers
Valaury
Les Terrins
Les Laugiers
La Navarre
La Grde-Bastide
Sauvebonne
Forêt des Maures
Valcros
Arboretum
Mont Caume
Camp militaire
Baux Rouges
Solliès-Pont
Solliès-Ville
La Tour
Le Decapris
Pas-du-Cerf
Les-Hauts-de-Porquerolles
Col de Gratteloup
Col du Corps de Garde
Le Revest-les-Eaux
Tourris
La Farlède
Maraval
Les Borrels
N.-D.-des-Maures
Tamary
Jardin d'oiseaux tropicaux
La Galinette
Bormes-les-Mimosas
Le Broussan
Baou de Quatre Oures
Évenos
Les Pomets
La Ripelle
Dardennes
Les Moulins
Le Coudon
Fort du Girardon
Les Laures
Les Mauniers
La Castille
Les Martins
Le Viet
La Tuilerie
St-Honoré
Le Croupatier
Champ de Tir
Mt Faron
Fort de la Crx Faron
Zoo
Mémorial
Les Moulières
Les Sauvans
Mesclans
La Clapière
Le Loli
Les Jassons
La Londe-les-Maures
La Verrerie
Réserve du Trapan
Super-Toulon
La Valette-du-Var
La Crau
Le Fenouillet
Le Plan-du-Pont
Les Maurettes
Hyères
Mauvanne
Le Galoupet
Les Caroubiers
Les Bormettes
Léoube
La Manne
Beaucaire
Le Touar
La Pauline
La Moutonne
La Bayorre
St-Nicolas
Les Salins-d'Hyères
L'Argentière-Plage
Bréganson
Pont-du-Suve
La Garde
Col du Serre
Le Paradis
Mt des Oiseaux
N.-D. de Consolation
Riquier
Port-Pothuau
Berriau-Plage
Port-de-Miramar
Cap de Léoube
Cabasson
Les Fouirades
Sémaphore
Le Camp Laurent
La Seyne-s-Mer
Pont-de-la-Clue
Le Pradet
Carqueiranne
Ayguade-Ceinturon
Cap de Brégançon
Pnte de la Tripe
Le Mourillon
Cap Brun
Ste-Marguerite
Fort de la Colle-Noire
La Californie
Costebelle
Hyères-Plage
Fort Balaguier
TOULON
Les Bonnettes
La Garonne
Les Oursinières
Fontbrun
Les Salettes
Le Pradon
Les Canebas
L'Almanarre
Port d'Hyères
RADE D'HYÈRES
Tamaris
Base aéronavale
Fr. Ital.
St-Mandrier-sur-Mer
Cap de Carqueiranne
Fort de la Gavaresse
Salins des Pesquiers
La Capte
Les Sablettes
St-Elme
Le Pin-Roland
Golfe de Giens
Étg des Pesquiers
Fabrégas
Pnte de Marégau
Cap Cépet
Presqu'île de St-Mandrier
Presqu'île de Giens
N.-D. du Mai
Cap Sicié
Les Fourmigues
Giens
La Madrague
Port du Niel
Cap de l'Estérel
ÎLES
Cap des Mèdes
Île de Porquerolles
La Tour-Fondue
Pointe Escampobariou
Île du Grd Ribaud
Pte Passe
Pnte du Lequin
Plage Notre-Dame
Notre-Dame
Fort de la Repentance
Sémaphore (140)
Mt des Salins
Cap Rousset
Porquerolles
Pnte du Gd Langoustier
Conservatoire Botanique National
Pnte de l'Oustau de Diéu
Cap d'Arme
Île de Bagau
Grande Passe
0
5
10 km
CG
CH
CI
CJ
86
87
88
89
90
307
327

Les Arcs
Taradeau
Vidauban
Fréjus
St-Raphaël
Agay
Fréjus-Plage
Boulouris
Golfe de Fréjus
Corniche
St-Aygulf
Les Issambres
Les Calanques
La Nartelle
Cap des Sardinaux
Ste-Maxime
Golfe de St-Tropez
ST-TROPEZ
Port-Grimaud
Grimaud
La Garde-Freinet
Cogolin
Gassin
Ramatuelle
Cap Camarat
Plage de Pampelonne
Cap de St-Tropez
La Croix-Valmer
Cavalaire-sur-Mer
Baie de Cavalaire
Cap Lardier
Cap Taillat
Col du Canadel
Cavalière
Rayol-Canadel-sur-Mer
Le Lavandou
Corniche des Maures
Cap Nègre
Cap Bénat
Cap Blanc
Île du Levant
Île de Port-Cros (Parc National)
Port-Cros
Phare du Titan
M A U R E S
D E S
D'HYÈRES
86
87
88
89
90
CK
CL
CM
CN
308

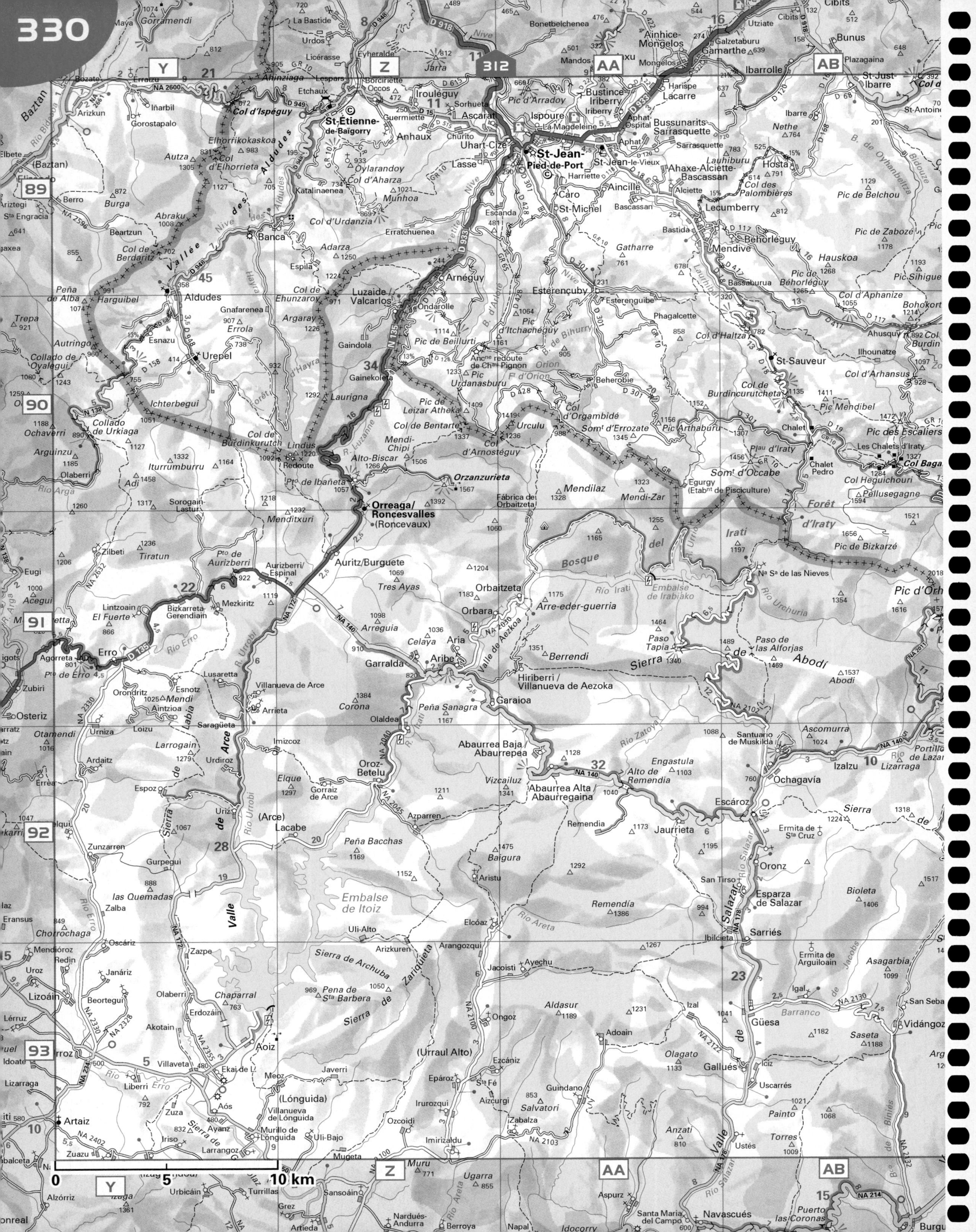
312
Y
Z
AA
AB
89
90
91
92
93
St-Étienne-de-Baïgorry
St-Jean-Pied-de-Port
St-Jean-le-Vieux
Uhart-Cize
Ispoure
Ascarat
Anhaux
Irouléguy
Lasse
Caro
St-Michel
Aincille
Bussunarits-Sarrasquette
Ahaxe-Alciette-Bascassan
Lacarre
Bustince-Iriberry
Ainhice-Mongelos
Gamarthe
Ibarrolle
Bunus
St-Just-Ibarre
Hosta
Lecumberry
Mendive
Béhorléguy
Estérençuby
Arnéguy
Luzaide - Valcarlos
Banca
Aldudes
Urepel
Col d'Ispéguy
Col d'Elhorrieta
Col d'Urdanzia
Col de Berdaritz
Col de Burdinkurutch
Col d'Arnostéguy
Col d'Orgambidé
Col d'Haltza
Col de Burdincurutcheta
Col d'Aphanize
Col Bagargui
Chalet Pedro
Pic des Escaliers
Les Chalets d'Iraty
Forêt d'Iraty
Pic d'Orhy
Lindus
Redoute
Alto-Biscar
Pto de Ibañeta
Orzanzurieta
Orreaga/ Roncesvalles (Roncevaux)
Auritz/Burguete
Aurizberri/ Espinal
Pto de Aurizberri
Bizkarreta-Gerendiain
Lintzoain
Mezkiritz
Erro
Agorreta
Pto de Erro
Zubiri
Eugi
Orbaitzeta
Orbara
Aria
Aribe
Garralda
Garaioa
Hiriberri / Villanueva de Aezoka
Abaurrea Baja / Abaurrepea
Abaurrea Alta / Abaurregaina
Embalse de Irabiako
Bosque del Irati
Sierra de Abodi
Paso de las Alforjas
Ochagavía
Izalzu
Escároz
Jaurrieta
Oronz
Esparza de Salazar
Sarriés
Ibilcieta
Güesa
Igal
Vidángoz
Gallués
Uscarrés
Ustés
Navascués
Oroz-Betelu
Arce
Lacabe
Villanueva de Arce
Arrieta
Embalse de Itoiz
Aoiz
Ekai de L.
Aós
Villaveta
Artaiz
Lizoáin
Zuazu
Urroz
Murillo de Lónguida
Villanueva de Lónguida
(Lónguida)
(Urraul Alto)
Sierra de Archuba
Sierra de Zariquieta
Valle de Arce
Valle de Salazar
Baïgura
Remendía
Elcóaz
Arizkuren
Ayechu
Ongoz
Adoain
Olagato
Ezcániz
Santa María del Campo
Burgui
0
5
10 km

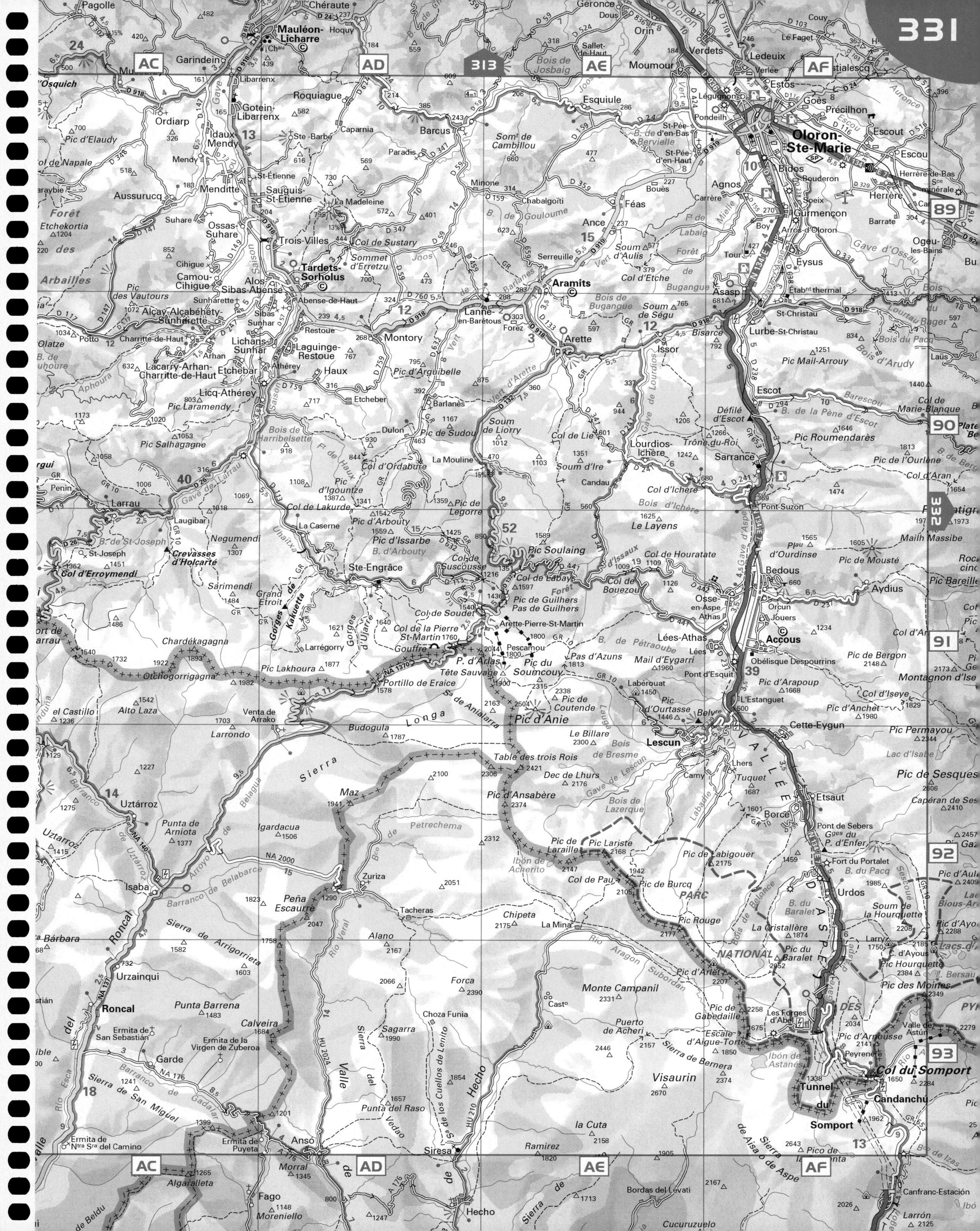

Mauléon-Licharre
Pagolle
Chéraute
Geronce
Orin
Verdets
Ledeux
Le Faget
Moumour
Garindein
Roquiague
Esquiule
Estos
Goès
Précilhon
Gotein-Libarrenx
Ordiarp
Pic d'Elaudy
Idaux-Mendy
Ste-Barbe
Caparnia
Barcus
Somt de Cambillou
St-Pée-d'en-Bas
St-Pée-d'en-Haut
Oloron-Ste-Marie
Escout
Escou
Bidos
Herrère
Mendy
Paradis
Agnos
Aussurucq
Menditte
Sauguis-St-Étienne
La Madeleine
Minone
Chabalgoïti
Féas
Gurmençon
Arros-d'Oloron
Forêt des Arbailles
Etchekortia
Ossas-Suhare
Suhare
Trois-Villes
Col de Sustary
Sommet d'Erretzu
Ance
Soum d'Aulis
Col d'Etche
Forêt de Bugangue
Asasp
Eysus
Ogeu-les-Bains
Cihigue
Camou-Cihigue
Alos-Sibas-Abense
Tardets-Sorholus
Serreuille
Aramits
Bois de Bugangue
Soum de Ségu
Pic des Vautours
Alçay-Alçabéhéty-Sunharette
Abense-de-Haut
Lanne-en-Barétous
Forez
Restoue
Montory
Arette
Issor
Bisarce
Lurbe-St-Christau
St-Christau
Pic Mail-Arrouy
Bois d'Arudy
Olatze
Potto
Charritte-de-Haut
Lichans-Sunhar
Laguinge-Restoue
Arhan
Lacarry-Arhan-Charritte-de-Haut
Etchebar
Haux
Pic d'Arguibelle
Athérey
Licq-Athérey
Etcheber
Barlanès
Escot
Col de Marie-Blanque
Pic Laramendy
Bois de Harribelsette
Dulon
Pic de Sudou
Soum de Liorry
Col de Lie
Lourdios-Ichère
Défilé d'Escot
Trône-du-Roi
Pic Roumendarès
Pic Salhagagne
La Mouline
Col d'Ordaburé
Pic d'Igountze
Soum d'Ire
Candau
Sarrance
Pic de l'Ourlène
Col d'Aran
Larrau
Penin
Col d'Ichère
Bois d'Ichère
Pont-Suzon
Laugibar
Col de Lakurde
Pic d'Arbouty
Pic de Legorre
Le Layens
La Caserne
Pic d'Issarbe
B. d'Arbouty
Pic Soulaing
Mailh Massibe
B. de St-Joseph
St-Joseph
Negumendi
Crevasses d'Holçarté
Col d'Erroymendi
Col de Hourataté
Plaa d'Ourdinse
Pic de Mousté
Ste-Engrâce
Col de Suscousse
Col de Labays
Col de Bouezou
Bedous
Aydius
Pic Bareille
Sarimendi
Grand Etroit
Gorges de Kakuetta
Pic de Guilhers
Pas de Guilhers
Osse-en-Aspe
Athas
Orcun
Jouers
Col de Soudet
Arette-Pierre-St-Martin
Col de la Pierre St-Martin
Gorges d'Ujarre
Larrégorry
Gouffre
Lées-Athas
Accous
B. de Pétraoube
Chardékagagna
Pescamou
Pas d'Azuns
Mail d'Eygarri
Pic de Bergon
Pic Lakhoura
P. d'Arlas
Tête Sauvage
Pic du Soumcouy
Obélisque Despourrins
Otchogorrigagna
Portillo de Eraice
Labérouat
Pont d'Esquit
Pic d'Arapoup
Montagnon d'Iseye
Col d'Iseye
Alto Laza
Pic de Coutende
Pic d'Ourtasse
L'Estanguet
Pic d'Anchet
el Castillo
Venta de Arrako
Sa de Anialarra
Pic d'Anie
Belvre
Cette-Eygun
Larrondo
Budogula
Longa
Le Billare
Lescun
Pic Permayou
Bois de Bresme
VALLÉE D'ASPE
Lac d'Isabe
Sierra
Table des trois Rois
Dec de Lhurs
Lhers
Camy
Tuquet
Pic de Sesques
Uztárroz
Maz
Pic d'Ansabère
Gave de Lescun
Bois de Lazerque
Etsaut
Capéran de Sesques
Punta de Arniota
Igardacua
Petrechema
Borce
Pont de Sebers
Gges du P. d'Enfer
Pic de Laraille
Pic Lariste
Pic de Labigouer
Fort du Portalet
B. du Pacq
Ibón de Acherito
Col de Pau
Pic de Burcq
PARC
Urdos
Isaba
Barranco de Belabarce
Zuriza
Peña Escaurre
Tacheras
Chipeta
La Mina
Pic Rouge
B. du Baralet
La Cristallère
Soum de la Hourquette
Pic d'Ayous
Sierra de Arrigorrieta
Alano
Rio Veral
Rio Aragon Subordan
NATIONAL
Pic du Baralet
C. d'Ayous
Pic Hourquette
Urzainqui
Roncal
Forca
Monte Campanil
Pic d'Arlet
Pic des Moines
Punta Barrena
Calveira
Choza Funia
Casto
Pic de Gabedaille
Les Forges d'Abel
Valle de Astún
Ermita de San Sebastián
Ermita de la Virgen de Zuberoa
Sagarra
Puerto de Acheri
Escale d'Aigue-Torte
Sierra de Bernera
Pic d'Arnousse
Peyrenère
Garde
Ibón de Astanés
Col du Somport
Barranco de Gadalar
Sierra de San Miguel
Valle del Vedao
Punta del Raso
Ss de los Cuellos de Lenito
Hecho
Visaurin
Tunnel du Somport
Candanchu
Ermita de Ntra Sra del Camino
Ermita de Puyeta
Ansó
Siresa
la Cuta
Ramirez
Sierra de Aisa
Pico de la Garganta
Morral
Algaralleta
Fago
Moreniello
Bordas del Levati
Cucuruzuelo
Canfranc-Estación
Larrón
AC
AD
AE
AF
313
332
89
90
91
92
93

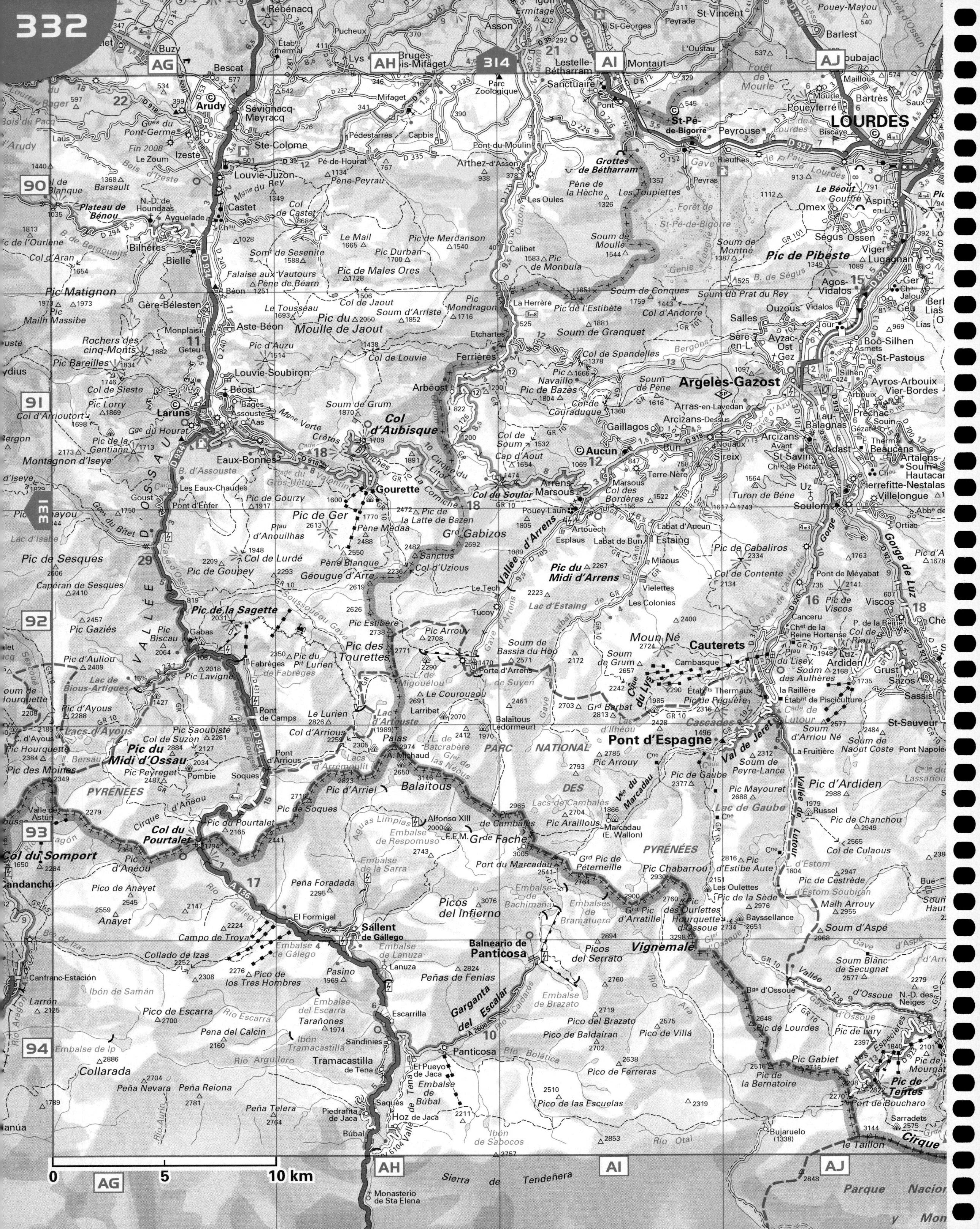

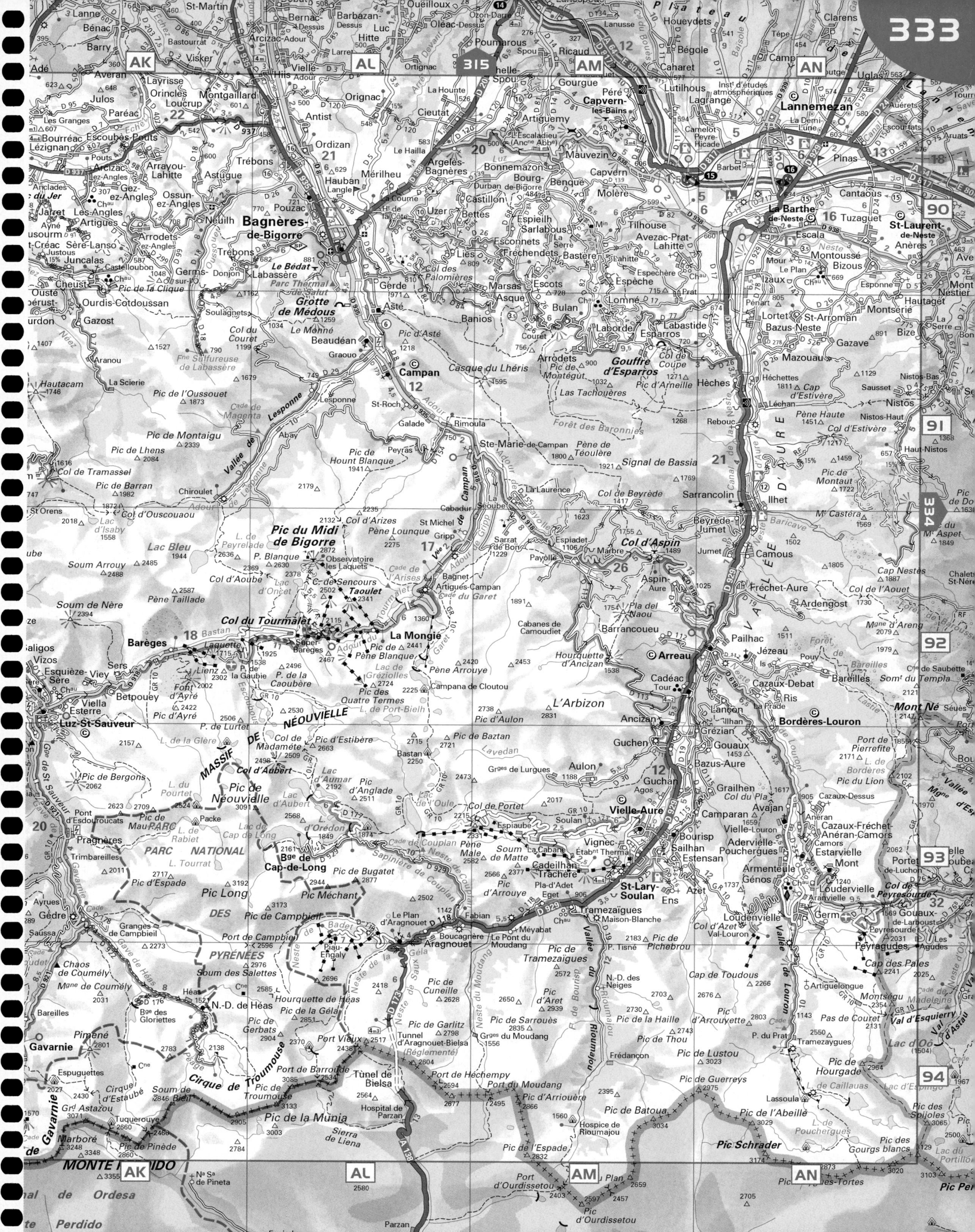
AK
AL
AM
AN
315
334
90
91
92
93
94
Lannemezan
Capvern-les-Bains
Bagnères-de-Bigorre
Grotte de Médous
Campan
Ste-Marie-de-Campan
Pic du Midi de Bigorre
Col du Tourmalet
La Mongie
Barèges
Luz-St-Sauveur
Col d'Aspin
Arreau
Sarrancolin
La Barthe-de-Neste
St-Laurent-de-Neste
Vielle-Aure
St-Lary-Soulan
Aragnouet
Bordères-Louron
Loudenvielle
Col de Peyresourde
Peyragudes
Gèdre
Gavarnie
Cirque de Troumouse
Massif de Néouvielle
Pic de Néouvielle
Parc National des Pyrénées
Pic Long
L'Arbizon
Gouffre d'Esparros
Hautacam
Lac Bleu
Tunnel d'Aragnouet-Bielsa
Pic de la Munia
Pic Schrader
Monte Perdido
Vallée d'Aure
Vallée de Campan
Vallée de Lesponne
Pic de Montaigu
Col d'Aspin
Pic des Quatre Termes
Cap-de-Long
Lac d'Oô
Bielsa
Parzan

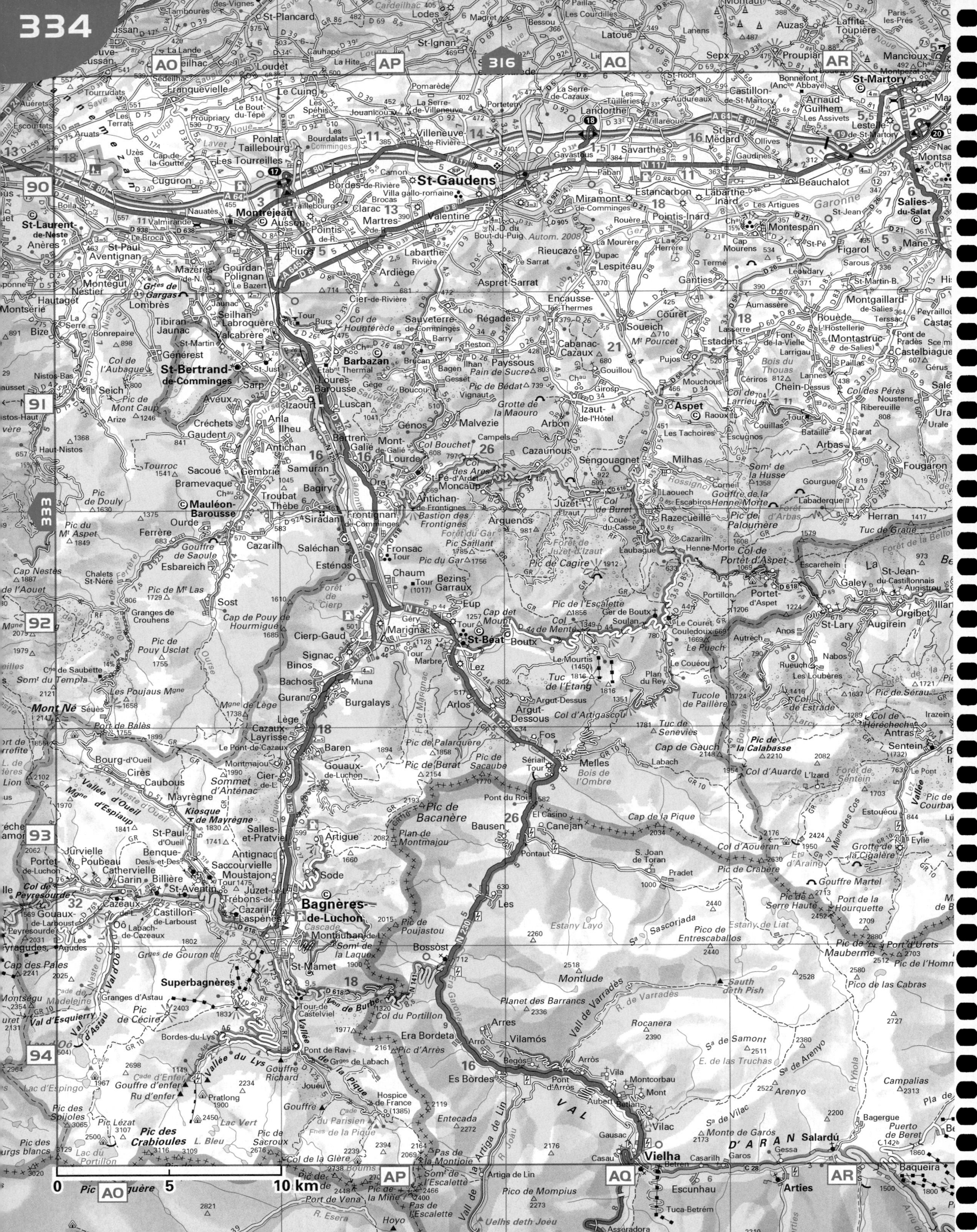

316
AO
AP
AQ
AR
90
91
92
93
94
333
St-Gaudens
Montréjeau
St-Laurent-de-Neste
St-Bertrand-de-Comminges
Mauléon-Barousse
Barbazan
Aspet
St-Martory
Salies-du-Salat
St-Béat
Bagnères-de-Luchon
Superbagnères
Vielha
Salardú
Arties
Bossòst
Les
Canejan
Marignac
Cierp-Gaud
Fronsac
Encausse-les-Thermes
Aspret-Sarrat
Valentine
Miramont-de-Comminges
Labarthe-Inard
Estancarbon
Villeneuve-de-Rivière
Landorthe
Savarthès
Beauchalot
Montespan
Mane
Figarol
Castillon-de-St-Martory
Lodes
St-Plancard
St-Ignan
Latoue
Auzas
Laffite-Toupière
Mancioux
Col de Portet-d'Aspet
Col de Peyresourde
Pic de Bacanère
Pic du Gar
Pic de Cagire
Col des Ares
Col de Menté
Col du Portillon
Vallée du Lys
Vallée de la Pique
Pic des Crabioules
Pic de Sauvegarde
Hospice de France
Val d'Aran
Pic de Montlude
Era Bordeta
Arres
Vilamós
Es Bòrdes
Pont d'Arròs
Baqueira
Garonne
Autom. 2008
0
5
10 km

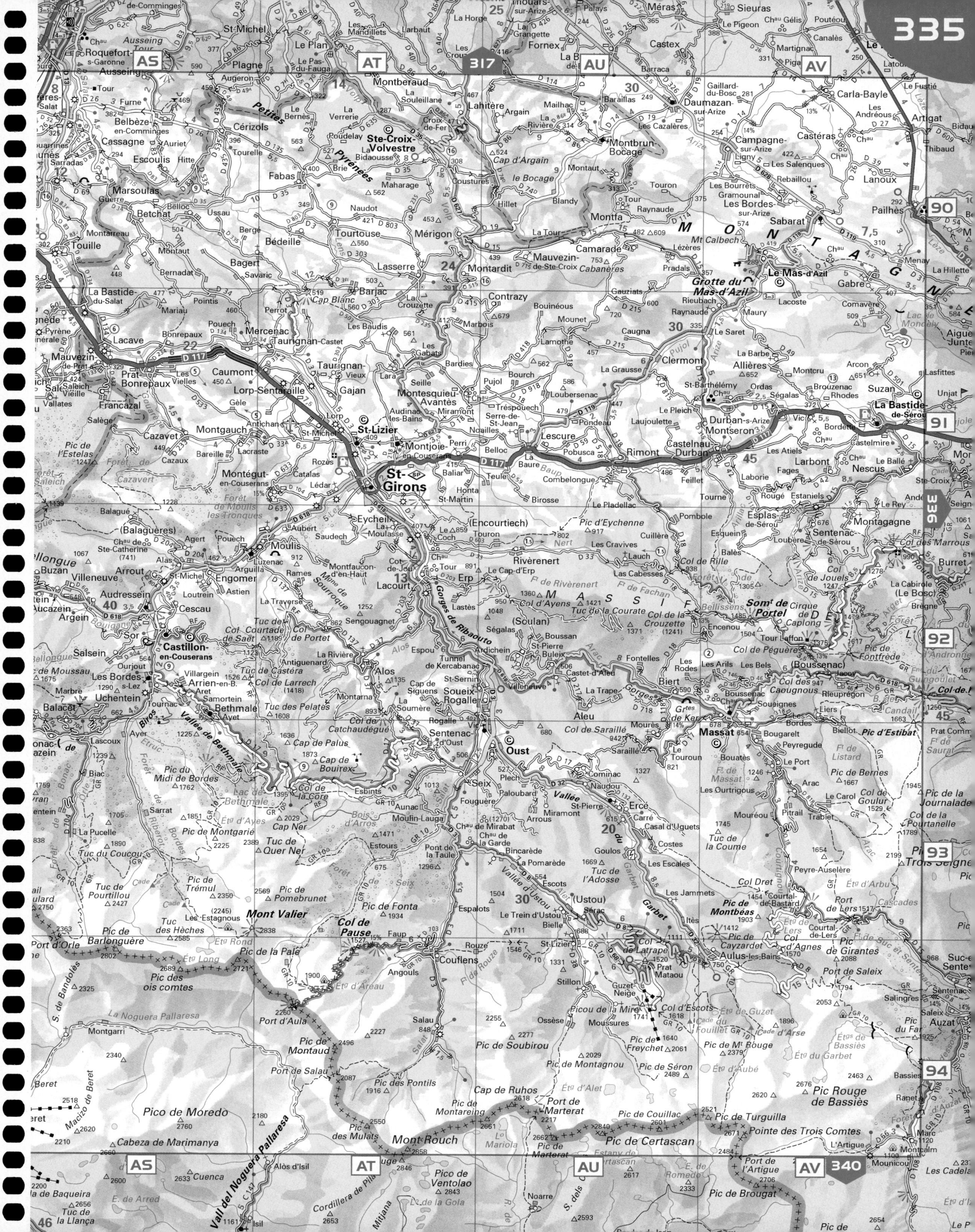

AW
AX
AY
AZ
318
340
90
91
92
93
94
335
Pamiers
Varilhes
FOIX
Montgaillard
Tarascon-s-Ariège
Parc de la Préhistoire
Vicdessos
Les Cabannes
Ax-les-Thermes
Lavelanet
Montségur
Mirepoix
Vals
Madière
Escosse
St-Amans
Bézac
Lescousse
Artigat
Unzent
Bonnac
Villeneuve-du-Paréage
Trémoulet
Lapenne
La Bastide-de-Lordat
St-Félix-de-Tournegat
Le Carlaret
Ludiès
St-Amadou
La Tour-du-Crieu
Les Pujols
Les Issards
Vernajoul
Rieucros
Coutens
Besset
Tourtrol
Arvigna
Vira
Coussa
Calzan
Dun
Malléon
Ségura
Dalou
Crampagna
Loubens
Cazaux
Montégut-Plantaurel
Aigues-Juntes
Cadarcet
Baulou
Loubières
St-Jean-de-Verges
Gudas
Ventenac
Arabaux
Pradières
L'Herm
Soula
Leychert
Roquefort-les-Cascades
Roquefixade
Péreille
Raissac
Ilhat
Carla-de-Roquefort
Lieurac
Sautel
Esclagne
Laroque-d'Olmes
Dreuilhe
La Bastide-sur-l'Hers
Léran
Régat
Aigues-Vives
Limbrassac
Troye-d'Ariège
St-Quentin-la-Tour
Belloc
Lesparrou
L'Aiguillon
Bénaix
Villeneuve-d'Olmes
Montferrier
Fougax-et-Barrineuf
Celles
Nalzen
Freychenet
St-Paul-de-Jarrat
Mercus-Garrabet
Arignac
Bompas
Arnave
Ussat
Ornolac-Ussat-les-Bains
Sinsat
Verdun
Aulos
Château-Verdun
Luzenac
Unac
Perles-et-Castelet
Vaychis
Tignac
Savignac-les-Ormeaux
Sorgeat
Ascou
Prades
Montaillou
Comus
Camurac
Pic de St-Barthélemy
Pic de Soularac
Carrière de Trimouns
Pic de Serembarre
Col de Chioula
Col de Port
Saurat
Bédeilhac-et-Aynat
Rabat-les-Trois-Seigneurs
Surba
Gourbit
Génat
Alliat
Niaux
Capoulet-et-Junac
Miglos
Auzat
Goulier
Sem
Siguer
Lercoul
Orus
Suc-et-Sentenac
Illiers-et-Laramade
Pic des Trois Seigneurs
Pic de Montcamp
Pique d'Endron
Pic du Midi de Siguer
Pic de Baljésou
Pic du Col de Gros
Campalou
Orlu
Vallée d'Orlu
Pic Espaillat
Prat Moll
Plau de Bonascre
Massif de l'Arize
0
5
10 km

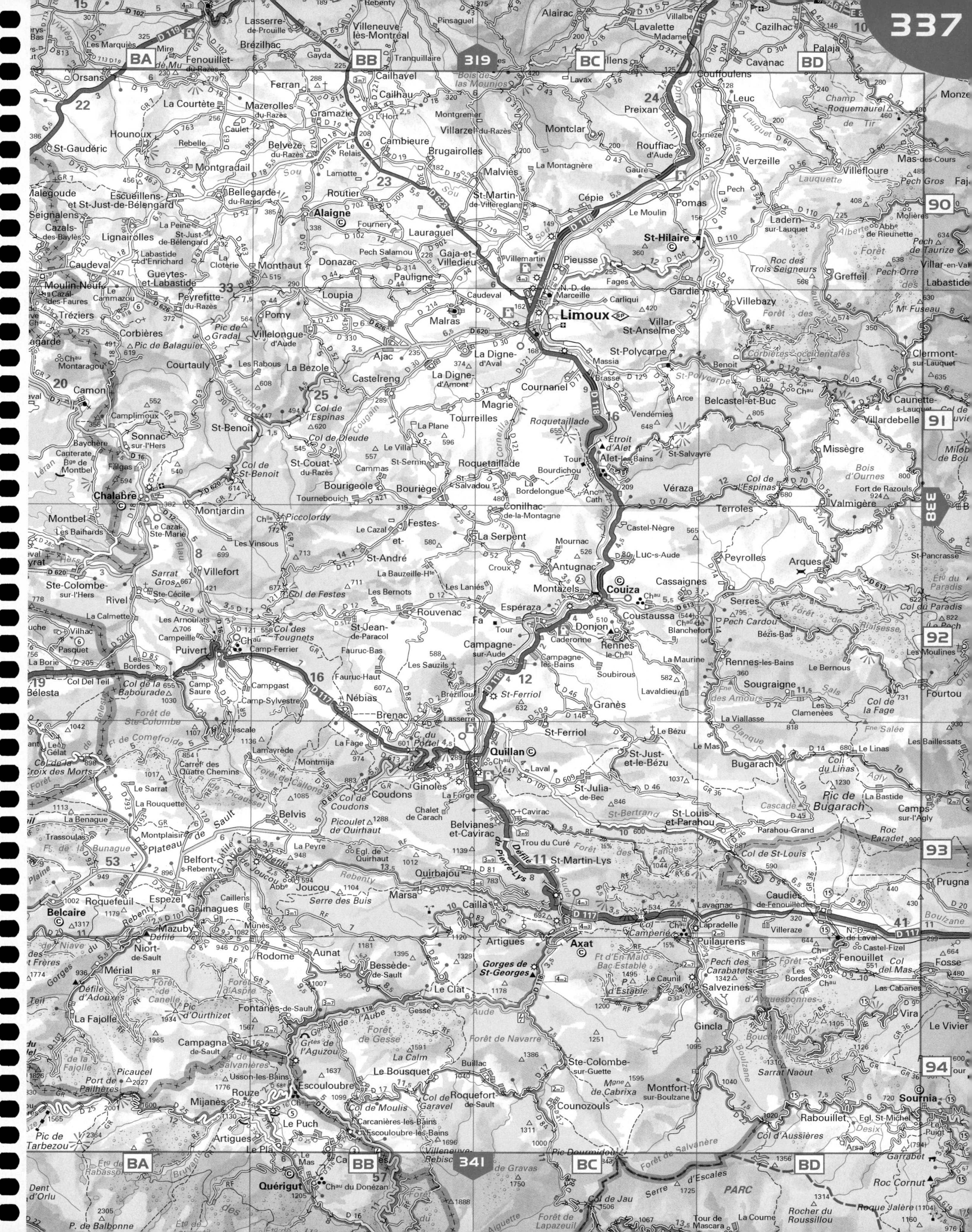
319
BA
BB
BC
BD
Alairac
Lavalette
Villeneuve-lès-Montréal
Lasserre-de-Prouille
Brézilhac
Fenouillet-du-Razès
Orsans
Cailhavel
Cailhau
Ferran
La Courtète
Mazerolles-du-Razès
Gramazie
Montgrenier
Villarzel-du-Razès
Montclar
Preixan
Rouffiac-d'Aude
Couffoulens
Leuc
Cavanac
Palaja
Cazilhac
Verzeille
Villefloure
Hounoux
St-Gaudéric
Cambieure
Brugairolles
Malviès
Montgradail
Escueillens-et-St-Just-de-Bélengard
Bellegarde-du-Razès
Routier
St-Martin-de-Villereglan
Cépie
Pomas
Ladern-sur-Lauquet
Malegoude
Seignalens
Cazals-des-Baylès
Lignairolles
Alaigne
Lauraguel
Gaja-et-Villedieu
Pieusse
St-Hilaire
Greffeil
Caudeval
Montbel
Moulin-Neuf
Gueytes-et-Labastide
Donazac
Pauligne
Loupia
Peyrefitte-du-Razès
Malras
Limoux
Villar-St-Anselme
Villebazy
Tréziers
Corbières
Pomy
Villelongue-d'Aude
La Digne-d'Aval
La Digne-d'Amont
St-Polycarpe
Courtauly
La Bezole
Ajac
Castelreng
Cournanel
Clermont-sur-Lauquet
Camon
Belcastel-et-Buc
Magrie
Tourreilles
Villardebelle
Missègre
Sonnac-sur-l'Hers
St-Benoît
Col de l'Espinas
Col de Dieude
Roquetaillade
Alet-les-Bains
St-Salvayre
St-Couat-du-Razès
Bourigeole
Bouriège
Conilhac-de-la-Montagne
Véraza
Terroles
Valmigère
Chalabre
Montjardin
Festes-et-St-André
La Serpent
Luc-s-Aude
Peyrolles
Arques
Villefort
Ste-Colombe-sur-l'Hers
Rivel
Antugnac
Montazels
Couiza
Cassaignes
Serres
Col de Festes
Rouvenac
Espéraza
Coustaussa
Donjon
Rennes-le-Château
St-Jean-de-Paracol
Campagne-sur-Aude
Campagne-les-Bains
Puivert
Bélesta
Rennes-les-Bains
Sougraigne
Fourtou
Nébias
Brenac
St-Ferriol
Granès
Quillan
St-Just-et-le-Bézu
Bugarach
Ginoles
Coudons
St-Julia-de-Bec
Belvis
Belvianes-et-Cavirac
St-Louis-et-Parahou
Pic de Bugarach
Camps-sur-l'Agly
Plateau de Sault
Belfort-s-Rebenty
Joucou
Marsa
Quirbajou
St-Martin-Lys
Défilé de Pierre-Lys
Col de St-Louis
Roquefeuil
Espezel
Belcaire
Galinagues
Mazuby
Niort-de-Sault
Rodome
Aunat
Cailla
Axat
Artigues
Puilaurens
Lapradelle
Caudiès-de-Fenouillèdes
Fenouillet
Fosse
Mérial
Bessède-de-Sault
Gorges de St-Georges
Le Clat
Salvezines
La Fajolle
Fontanès-de-Sault
Campagna-de-Sault
Escouloubre
Roquefort-de-Sault
Ste-Colombe-sur-Guette
Gincla
Montfort-sur-Boulzane
Mijanès
Rouze
Le Puch
Counozouls
Sournia
Rabouillet
Col d'Aussières
Quérigut
341
Col de Jau
Roc Cornut
90
91
92
93
94
338

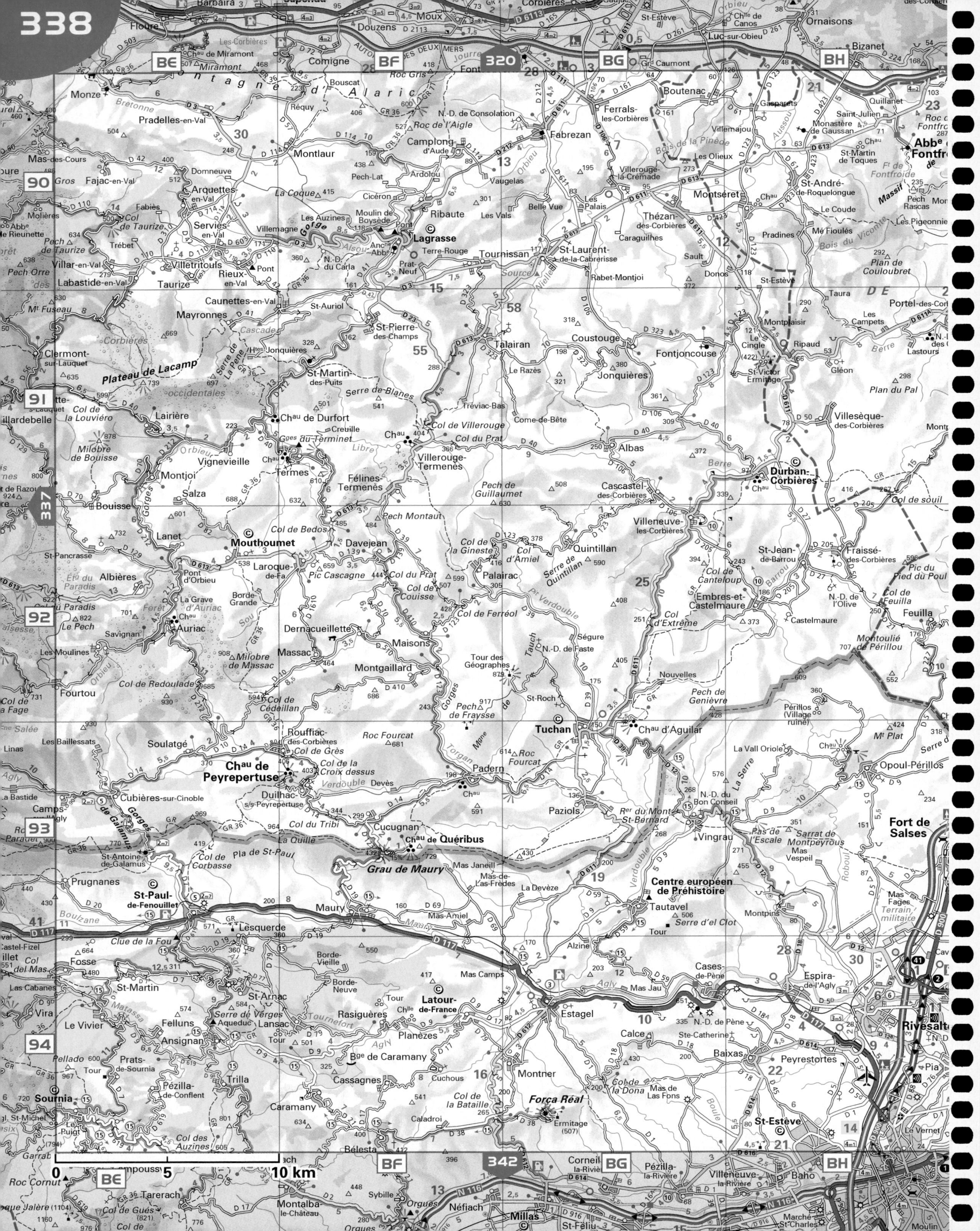

Armissan
St-Pierre-sur-Mer
Port de Brossolette
Narbonne-Plage
Gruissan
Gruissan-Plage
Sigean
Port-la-Nouvelle
La Palme
Cap Leucate
Leucate
Leucate-Plage
Port-Leucate
Port-Barcarès
Le Barcarès
St-Laurent-de-la-Salanque
Torreilles-Plage
Ste-Marie-Plage
Canet-en-Roussillon
PERPIGNAN
Canet-Plage
NARBONNAISE
MÉDITERRANÉE
321
343
BI
BJ
BK
BL
90
91
92
93
94

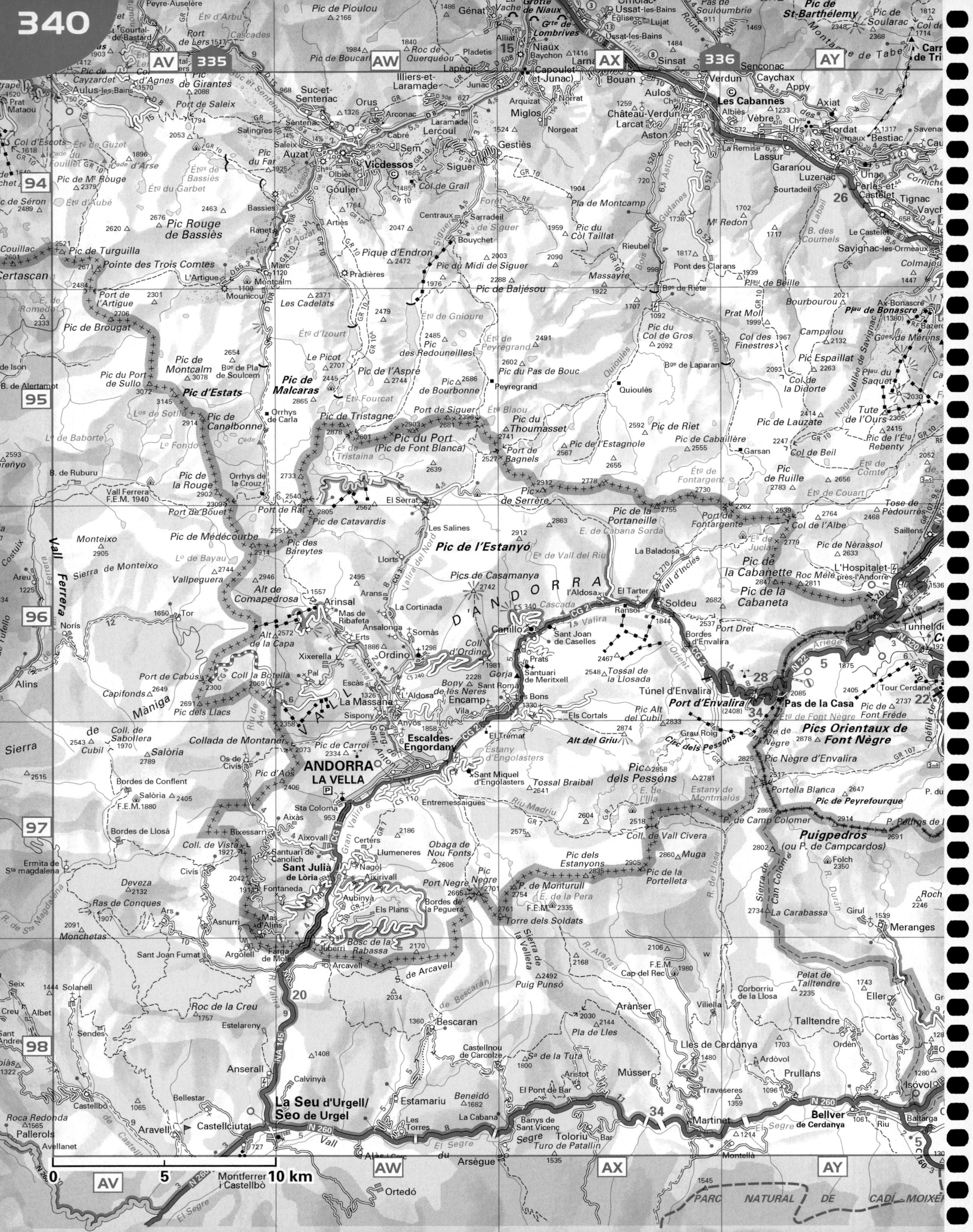

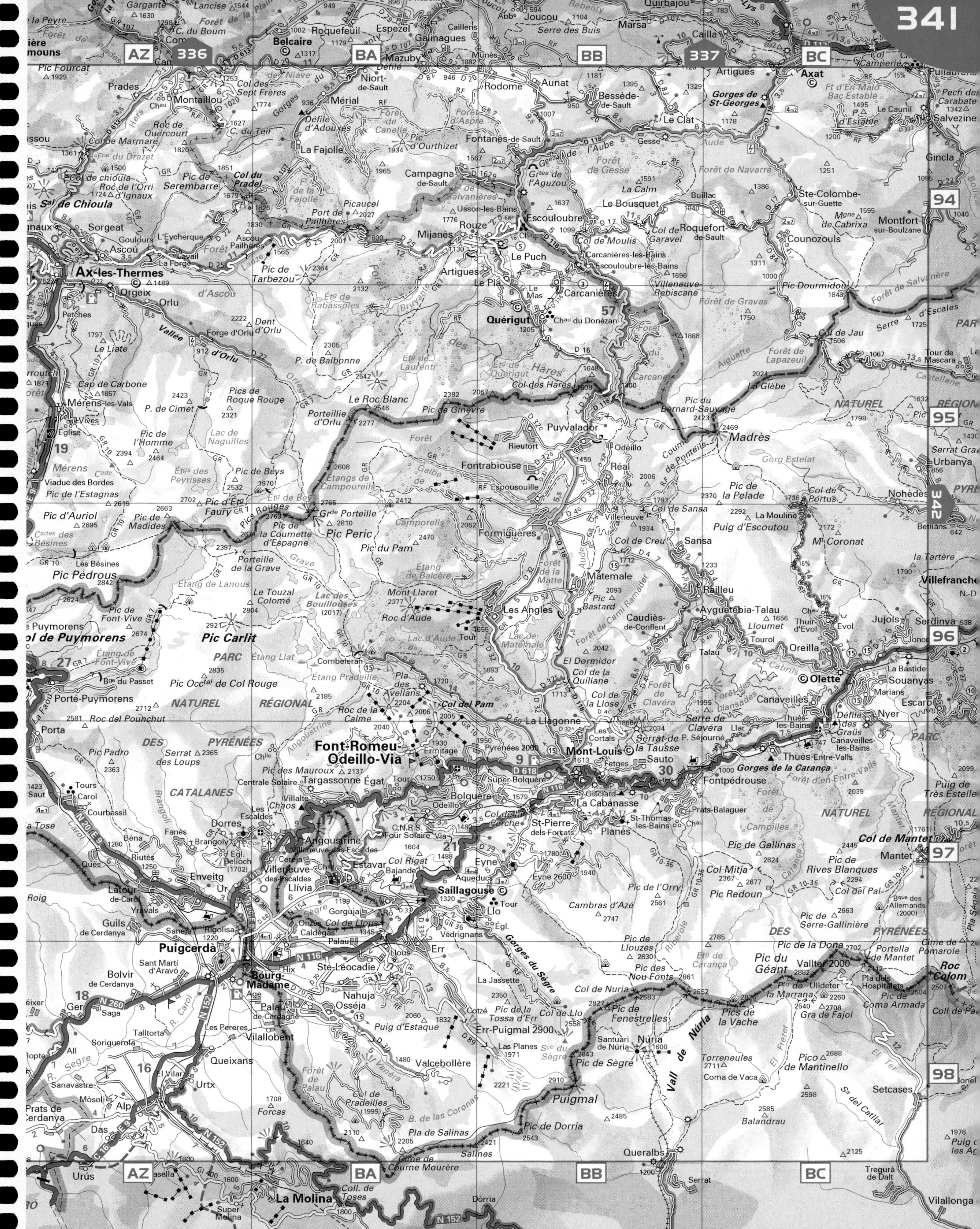
AZ
336
BA
BB
337
BC
Belcaire
Roquefeuil
Espezel
Joucou
Quirbajou
Axat
Mazuby
Niort-de-Sault
Rodome
Aunat
Artigues
Prades
Montaillou
Mérial
Gorges de St-Georges
Le Clat
Col du Pradel
Campagna-de-Sault
Fontanès-de-Sault
Forêt de Gesse
Gincla
Ste-Colombe-sur-Guette
Montfort-sur-Boulzane
94
Col de Chioula
Sorgeat
Ascou
Port de Pailhères
Mijanès
Rouze
Escouloubre
Le Bousquet
Roquefort-de-Sault
Counozouls
Ax-les-Thermes
Orgeix
Orlu
Pic de Tarbezou
Artigues
Le Puch
Carcanières
Querigut
Pic Dourmidou
Col de Jau
Vallée d'Orlu
Forêt des Hares
Col des Hares
Mérens-les-Vals
Pic de Ginèvre
Puyvalador
Madrès
95
Pic de l'Homme
Fontrabiouse
Réal
Espousouille
Col de Sansa
Sansa
Pic Peric
Formiguères
Nohèdes
342
Pic Pédrous
Pic du Pam
Matemale
Railleu
Villefranche
Col de Puymorens
Pic Carlit
Les Angles
Ayguatébia-Talau
Caudiès-de-Conflent
96
PARC
NATUREL
RÉGIONAL
Olette
Porté-Puymorens
Col del Pam
La Llagonne
Canaveilles
Nyer
Thuès-Entre-Valls
Porta
DES PYRÉNÉES
CATALANES
Font-Romeu-Odeillo-Via
Mont-Louis
Gorges de la Carança
Fontpédrouse
Bolquère
La Cabanasse
Col de la Perche
St-Pierre-dels-Forcats
Planès
Col de Mantet
Mantet
97
Angoustrine-Villeneuve-des-Escaldes
Estavar
Eyne
Llívia
Saillagouse
Llo
Enveitg
Latour-de-Carol
Puigcerdà
Bourg-Madame
Err
Ste-Léocadie
Osséja
Palau-de-Cerdagne
Gorges du Sègre
Pic du Géant
Vallter 2000
Roc Colom
Err-Puigmal 2900
Núria
Vall de Núria
Pic de Sègre
Valcebollère
Puigmal
98
Setcases
Pic de Dorria
Queralbs
Urús
La Molina
Super Molina
Coll. de Toses
Dòrria
Villalonga

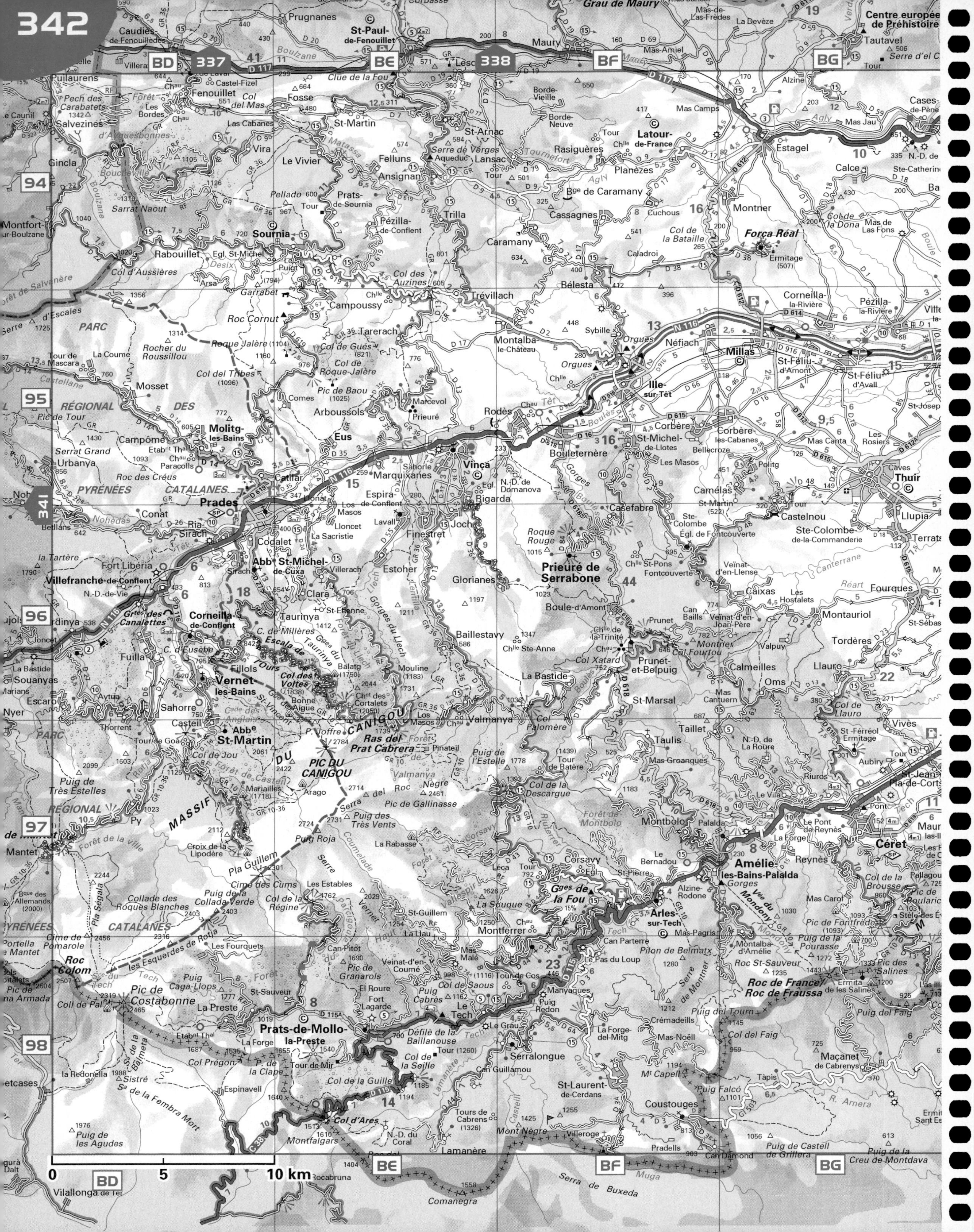

BD
BE
BF
BG
337
338
341
94
95
96
97
98
Caudiès-de-Fenouillèdes
Prugnanes
St-Paul-de-Fenouillet
Grau de Maury
Maury
Mas-de-Las-Frèdes
La Devèze
Centre européen de Préhistoire
Tautavel
Serre d'el C
Mas-Amiel
Clue de la Fou
Lesquerde
Puilaurens
Castel-Fizel
Fenouillet
Col del Mas
Pech des Carabatets
Les Bordes
Salvezines
Fosse
St-Martin
St-Arnac
Borde-Vieille
Borde-Neuve
Latour-de-France
Mas Camps
Alzine
Cases-de-Pène
Mas Jau
Agly
Estagel
N.-D. de
Ste-Catherine
Calce
Las Cabanes
Vira
Le Vivier
Felluns
Ansignan
Serre de Vergès
Aqueduc
Lansac
Rasiguères
Planèzes
Tournefort
Gincla
Boucheville
Bge de Caramany
Cassagnes
Montner
Cuchous
Col de la Dona
Mas de Las Fons
Pellado
Prats-de-Sournia
Pézilla-de-Conflent
Trilla
Sarrat Naout
Montfort-sur-Boulzane
Sournia
Col de la Bataille
Força Réal
Ermitage
Caramany
Caladroi
Rabouillet
Egl. St-Michel
Puigt
Col des Auzines
Col d'Aussières
Desix
Arsa
Bélesta
Garrabet
Trévillach
Corneilla-la-Rivière
Pézilla-la-Rivière
Forêt de Salvanère
Serre d'Escales
Campoussy
Roc Cornut
Tarerach
PARC
Rocher du Roussillou
Roque Jalère
Col de Gués
Col de Roque-Jalère
Montalba-le-Château
Sybille
Orgues
Néfiach
Millas
St-Féliu-d'Amont
St-Féliu-d'Avall
Tour de Mascara
La Coume
Castellane
Mosset
Col del Tribes
Pic de Baou
Comes
Marcevol
Prieuré
Ille-sur-Têt
RÉGIONAL
DES
Pic de Tour
Molitg-les-Bains
Arboussols
Rodès
Corbère
Corbère-les-Cabanes
St-Michel-de-Llotes
Mas Canta
Les Rosiers
Campôme
Etabnt Thal
Chau Paracolls
Eus
Vinça
Bouleternère
Serrat Grand
Urbanya
Roc des Créus
Catllar
Marquixanes
N.-D. de Domanova
Les Masos
Bellecroze
Thuir
Caves
PYRÉNÉES
CATALANES
Prades
Espira-de-Conflent
Rigarda
Camélas
St-Martin
Castelnou
Conat
Nohèdes
Ria
Sirach
Los Masos
Lloncet
La Sacristie
Lavall
Finestret
Joch
Casefabre
Ste-Colombe
Égl. de Fontcouverte
Ste-Colombe-de-la-Commanderie
Llupia
Terrats
Codalet
Abb St-Michel-de-Cuxa
Villerach
Estoher
Roque Rouge
Prieuré de Serrabone
Chlle St-Pons
Fontcouverte
Veïnat-d'en-Llense
Canterrane
La Tartère
Fort Libéria
Villefranche-de-Conflent
N.-D.-de-Vie
Glorianes
Clara
Caixas
Les Hostalets
Réart
Fourques
Corneilla-de-Conflent
Grtes des Canalettes
Taurinya
St-Étienne
Gorges du Llech
Forêt du Llech
Boule-d'Amont
Prunet
Can Baills
Veïnat-d'en-Joan-Père
Montauriol
Baillestavy
Chlle Ste-Anne
Chlle de la Trinité
Col Fourtou
Montner
Valpuy
Tordères
C. de Millères
Escala de l'Ours
Gges du Taurinya
Fuilla
Fillols
Balatg
Col des Voltes
Mouline
Prunet-et-Belpuig
Col Xatard
Calmeilles
Llauro
La Bastide
Souanyas
Vernet-les-Bains
Chalets des Cortalets
Bonne Aigue
St-Marsal
Oms
Mas Cantuern
Escaro
Aytua
Sahorre
Nyer
Cady
Col de Llauro
Thorrent
Casteil
Abbe St-Martin
Tour de Goa
CANIGOU
P. Joffre
Los Masos
Valmanya
Col Palomère
Taillet
Vivès
Ras del Prat Cabrera
Pinateil
Taulis
N.-D. de La Roure
St-Ferréol Ermitage
Col de Jou
Puig de l'Estelle
Tour de Batère
Mas Groanques
Aubiry
PIC DU CANIGOU
Puig de Très Estelles
Mariailles
Arago
Nègre
Col de la Descargue
Riuros
Pla-de-Corts
St-Jean-
Serra del Roc
Pic de Gallinasse
Le Vila
MASSIF
Puig des Très Vents
Forêt de Montbolo
Montbolo
Palalda
Le Pont de Reynès
La Forge
Céret
Mantet
Forêt de la Ville
Puig Roja
La Rabasse
Coumelade
Le Bernadou
Amélie-les-Bains-Palalda
Reynès
Croix de la Lipodère
Pla Guillem
Corsavy
St-Pierre
Gorges
Col de la Brousse
Pallagou
Bque des Allemands
Cime des Cums
Les Estables
Gges de la Fou
Alzine-Rodone
Vee du Mondony
Pic de Boularic
Collade des Roques Blanches
Puig de la Collada Verde
Col de la Regine
Serre
La Souque
Arles-sur-Tech
Mas Carol
Stèle des Év
Pic de Fontfrède
St-Guillem
Montferrer
Mas-Pagris
Cime de Pomarole
La Llau
Can Parterre
Montalba-d'Amélie
Puig de la Pourasse
Roc Colom
Les Fourquets
Can-Pitot
Veïnat-d'en-Coumé
Mas Malé
Le Pas du Loup
Pilon de Belmatx
Roc St-Sauveur
Pic des Salines
Ermita de les Salines
Puig Caga-Llops
Puig de Granarols
Col de Saous
Tour de Cos
Manyaques
Pic de Costabonne
Coll de Pal
St-Sauveur
El Roure
Fort Lagarde
Puig Cabrès
Le Tech
Puig Redon
Roc de France/ Roc de Frausso
Puig del Faig
La Preste
Prats-de-Mollo-la-Preste
Défilé de la Baillanouse
Le Gràu
Crémadeills
Puig del Tourn
Col del Faig
Etabnt Thal
La Forge
La Forge-del-Mitg
Mas-Noëll
Col Prégon
P. de la Clape
Tour de Mir
Col de la Seille
Serralongue
Can Guillamou
Maçanet de Cabrenys
la Redonella
Sistré
Col de la Guille
St-Laurent-de-Cerdans
Mt Capell
Tapis
Espinavell
Sa de la Fembra Mort
Coustouges
Puig Falcó
R. Arnera
Tours de Cabrens
Col d'Ares
N.-D. du Coral
Mont Nègre
Villeroge
Puig de les Agudes
Montfalgars
Lamanère
Pradells
Can Damond
Puig de Castell de Grillera
Puig de la Creu de Montdava
Rocabruna
Muga
Serra de Buxeda
Comanegra
Vilallonga de Ter
0
5
10 km

BH
338
BI
BJ
339
BK
94
95
96
97
98
Port-Barcarès
Le Barcarès
Port St-Ange
St-Hippolyte
Cave-des-Corbières
Espira-de-l'Agly
Rivesaltes
Claira
St-Laurent-de-la-Salanque
Torreilles-Plage
Torreilles
Peyrestortes
Pia
Villelongue-de-la-Salanque
Ste-Marie
Ste-Marie-Plage
Bompas
St-Estève
Le Vernet
Canet-en-Roussillon
Baho
PERPIGNAN
Canet-Plage
Cabestany
St-Nazaire
Étang de Canet et de St-Nazaire
Toulouges
Saleilles
Canohès
Alénya
Ponteilla
Pollestres
Villeneuve-de-la-Raho
Théza
St-Cyprien-Plage
Corneilla-del-Vercol
St-Cyprien
Les Capellans
Trouillas
Bages
Montescot
Elne
Latour-Bas-Elne
Aqualand
Villemolaque
St-Jean-Lasseille
Ortaffa
Palau-del-Vidre
Banyuls-dels-Aspres
Brouilla
Argelès-s-Mer
Argelès-Plage
Tresserre
Villeclare
St-Genis-des-Fontaines
St-André
Port-Argelès
Racou-Plage
Fort Miradou
Collioure
Port-Vendres
Le Boulou
Villelongue-dels-Monts
Sorède
Laroque-des-Albères
Montesquieu-des-Albères
Cap Béar
Cap Oullestreil
Paulilles
Tour Madeloc
Banyuls-sur-Mer
Cap l'Abeille
Cap Réderis
Cap Peyrefite
Cap Canadell
Cerbère
Cap Cerbère
C. des Balitres/ C. des Belitres
Portbou
Pta Clapé
Colera
Cap Lladró
Platja de Garbet
Cap de Ras
El Port de Llançà
Llançà
El Port de la Selva
Cap Gros
CÔTE VERMEILLE
PLAINE DU ROUSSILLON
ALBERES
Le Perthus
Col du Perthus/ Coll del Pertús
Pic des 3 Termes
La Jonquera
Cantallops
Espolla
Rabós
Vilamaniscle
Capmany
Agullana
Darnius
La Vajol
Sant Climent Sescebes
Masarac
Mollet de Peralada
Garriguella
Vilajuïga
Biure
Boadellà d'Empordà
Requesens
Puig dels Conillers
Col de Banyuls
Puig de la Calme
Serra de l'Albera
Tech
N.-D. de Consolation
Les Cluses
L'Albère
St-Martin-de-Fenollar
Fort de Bellegarde
Panissars

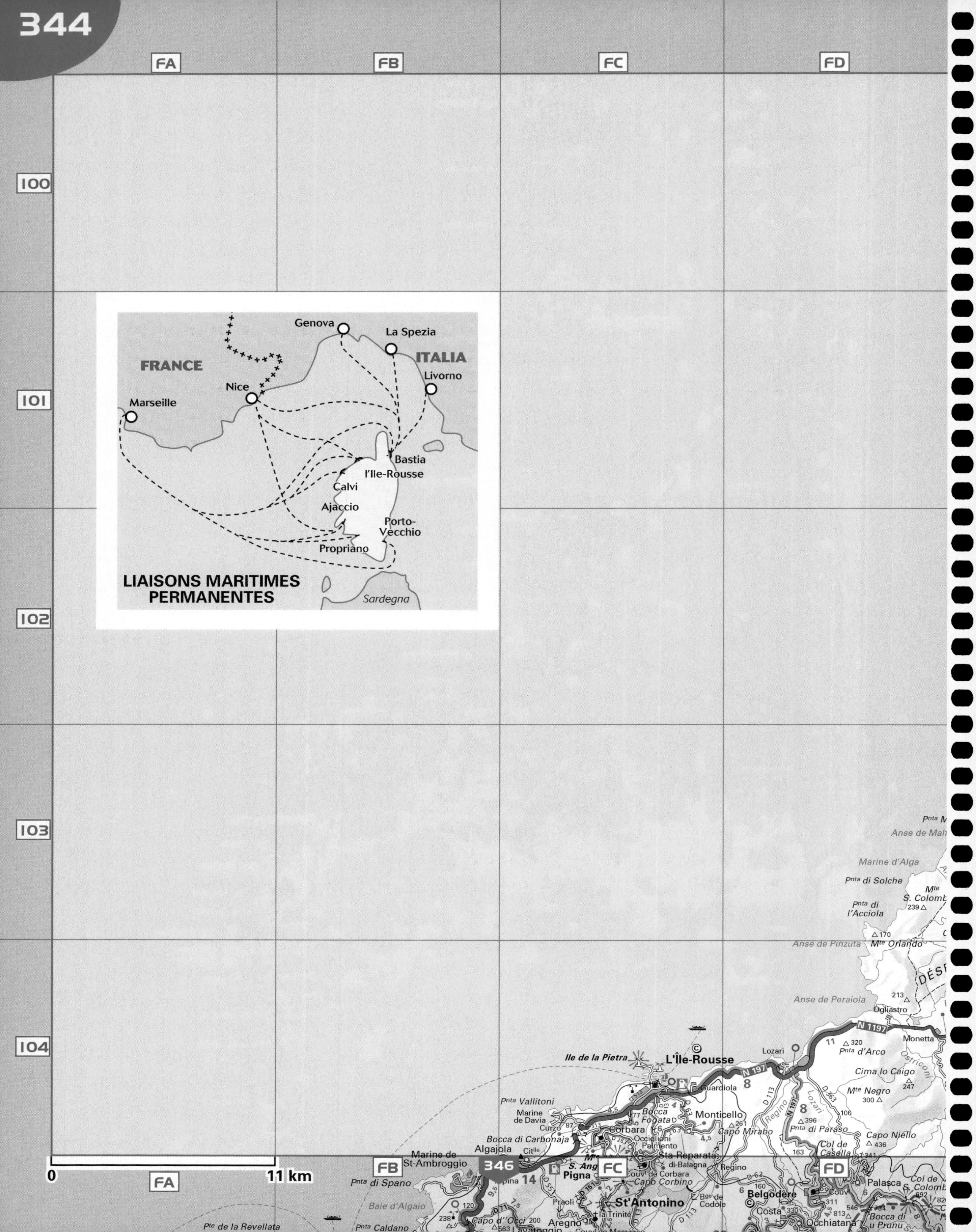
FA
FB
FC
FD
100
101
102
103
104
Genova
La Spezia
FRANCE
ITALIA
Livorno
Nice
Marseille
Bastia
l'Ile-Rousse
Calvi
Ajaccio
Porto-Vecchio
Propriano
Sardegna
LIAISONS MARITIMES PERMANENTES
L'Île-Rousse
Ile de la Pietra
Lozari
N 197
N 1197
Monetta
Ogliastro
Anse de Peraiola
Anse de Pinzuta
Mte Orlando
Marine d'Alga
Pnta di Solche
Pnta di l'Acciola
Pnta Vallitoni
Marine de Davia
Corbara
Monticello
Bocca Fogata
Guardiola
Pnta d'Arco
Cima lo Caigo
Mte Negro
Capo Mirabo
Pnta di Paraso
Capo Niello
Col de Casella
Bocca di Carbonaja
Algajola
Marine de St-Ambroggio
Sta-Reparata-di-Balagna
Regino
Pigna
St'Antonino
Belgodere
Palasca
Occhiatana
Costa
Pnta di Spano
Baie d'Algaio
Pnta Caldano
Pte de la Revellata
Aregno
Lavatoggio
Praoli
Capo Corbino
Capo d'Occi
346
0
11 km

CAP CORSE

FE FF FG FH

I. de la Giraglia

Pnta di Agnello
Tour
Capo Grosso
Tour
Tollare
Barcaggio
Cima di a Campana
245
Pnta di Corno di Becco
Mte Maggiore
364
Capo Bianco
Tour
I. Finocchiarola (Réserve naturelle)
Tour
Sta Maria
Poggio
291
Granaggiolo
(389)
C de Serra
Belvre du Moulin Mattei
Col St-Nicolas
Baie de Tamarone
Baie de Centuri
Cannelle
Ersa
Rogliano
Tour
Centuri-Port
Orche
562
Macinaggio
Mute
Tours
Olivo
Centuri
Camera
Vignale
Chau
Annonciation (ancien couvent)
603
Sottana
Bettolacce
Tomino
Tour
Pruno
Morsiglia
Mte di u Castello
440
Mucchieta
37
Meria
Marine de Meria
100
Capo Corvoli
576
Pastina
Meria
Golfe d'Aliso
Mte Fornello
480
Pnta della Filetta Soprana
644
Mte Castello
Morteda
Ancien couvent St-François
Col de Ste Lucie
381
Luri
16
Alessandro
Pino
Poggio
Piazza
80
Campo
260
Tour de Sénèque
Fieno
Castiglione
Sta-Severa
Mte Minervio
416
Castello
477
Tufo
Pnta Minervio
Mte Liccioli
823
Mte Castello
131
Marine de Luri
Minerbio
Adamo
Piazza
Marine de Porticciolo
Barrettali
Mte di St' Angelo
918
Ortali
Cagnano
671
266
Tour de Losse
Mte Alticcione
1139
816
Ghilloni
463
Marine de Giottani
La Pedina
Conchiglio
Pietracorbara
Mte di a Croce
1161
Cortina
Marinca
Canari
Orneto
Marine de Pietracorbara
Pinzuta
Selmacci
Pietracorbara
Piazza
832
Cima di e Follice
Tour
Mte Cuccaro
1305
659
Punta di Canelle
218
St Michel
Crosciano
Ste Catherine
Abro
957
Sisco
Moline
Marine de Sisco
Marine de Canelle
Ogliastro
Barrigioni
Balba
Vicaja
Lainosa
329
Rocher d'Albo
Mte Corvo
1192
Guado Grande
Olcani
Mte Merizatodio
778
27
Marine d'Albo
40
Monte Stello
1307
Silgaggia
Fort
847
Couvent
Tour
Bocca di Sta Maria
1097
Sta-Maria-Assunta
Castello
Erbalunga
Nonza
Pierrago
Brando
Tour
1266
Mte Capra
Pozzo
Poretto
Celle
Grillasca
GOLFE DE ST FLORENT
433
Olmeta-di-Capocorso
1102
Lavasina
Tour
Marine de Negru
628
Sta-Maria-di-Lota
Partine
Tour
Figarella
Miomo
Mte Pruno
1238
Mandriale
Tour
St-Hyacinthe
Acqualta
Bocca di S Leonardo
855
Muchietà
Grigione
Braccolaccia
Tour
Marine de Farinole
San Martino-di-Lota
675
Canale
Pietranera
1033
Alzeto
Palagaccio
Farinole
Cima di Gratera
Ville-di-Pietrabugno
Ste Lucie
Guaitella
Anse de Faggiola
Punta di Curza
Pnta di Santolino
Plage de Saleccia
Plage de Loto
Mortella
114
Falcu
Pnta Vecchiaia
Tour
Ghignu
Pnta Mortella
P. de Patrimonio
Fiume Albino
Serra di Pigno
Tour
Etang de Loto
Cardo
Patrimonio
41
Col de S. Bernardino
76
Palazzo
960
Mont Robbia
413
les Marines du Soleil
Poggio
Monserrato
Citadelle
AGRIATES
Zente
Fiume Santo
Vaghio
Phare de Fornali
28
18
Suerta
BASTIA
Mte di Arazza
390
Mont Genova
421
5
Barbaggio
Strutta
Treperi
DES
Mte Castagne
320
St-Florent
353
Mte Secco
536
453
Cima d'Ifana
479
Ancne Cath. de Nebbio
Mte St' Angelo
662
Col de Teghime
Fiuminale
356
262
Poggio
Furiani
P. de Chiurlino
Mte Lavezzo
Casta
S. Pancrace
421
200
29
Mte a Torra
852
La Marana
39
311
Bocca di Vezzu
172
Mte a Mazzola
229
Piobetta
322
577
Bacciaiu
319
Olivacce
P. du Diable
597
Champ de Tir
St-François
Bge de Padula
227
Poggio-d'Oletta
Etang
Cima di Pedi Pilato
493
Oletta
955
Biguglia
Casatorra
Mont Filetto
842
288
Aliso
Cima di u Zuccarello
239
36
Ruaghiola
113
340
Mte di Tuda
213
Casetta
499
804
649
22
Pineto
LA BALANINA
141
Mte Ambrica
1063
Bocca di S. Pancrazio
378
Olmeta-di-Tuda
31
Défilé de Lancone
192
Les Sables de Biguglia
969
643
Col de S. Stefano
368
Bevinco
Île S. Damiano
362
Lavandaggio
Sto-Pietro-di-Tenda
Vallecalle
1300
Cima a Muzelli
Aliso
Fusaja
Ortale
Réserve Naturelle
Biguglia
San-Gavino-di-Tenda
Rapale
Mte Torricelle
835
Valrose
Urtaca
388
Égl. de San Cesareo
San Michele
554
Mon d'arrêt
Camp militaire
Cima de Mitilelli
652
Novella
Mte Asto
1535
Sori
Pieve
504
Murato
Rutali
FE FF FG FH
St Laurent
Lama
702
Égl. de San Nicolao
Cima di Taffoni
1117
Revinco
Plage de la Marana
BASTIA-PORETTA
Bocca a Croce
513
1509
Borgo
Crocetta
Plage de Pineto
Cima di Alturaia
Bocca di Tenda
1219
Mte Buggientone
1077
Ostriconi
Stella
1035
La Canonica

100
101
102
103
104

347

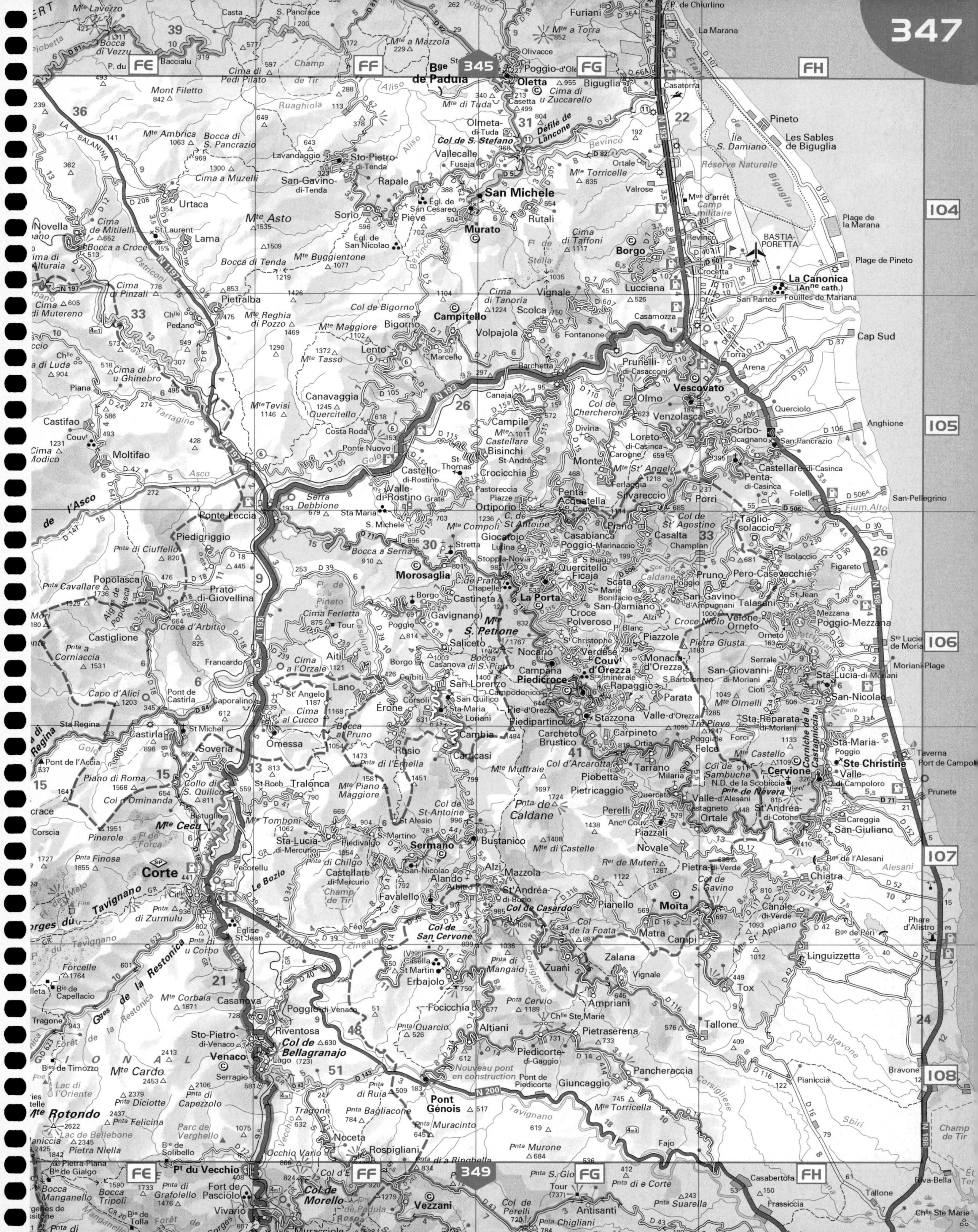

345
349
104
105
106
107
108
FE
FF
FG
FH
Bge de Padula
Oletta
Poggio-d'Oletta
Biguglia
Casatorra
Pineto
Les Sables de Biguglia
Réserve Naturelle
Mte Lavezzo
Bocca di Vezzu
Mont Filetto
Mte Ambrica
Bocca di S. Pancrazio
Cima a Muzelli
Urtaca
Novella
Cima di Mitilelli
Bocca a Croce
Lama
Mte Asto
Bocca di Tenda
Mte Buggientone
Sto-Pietro-di-Tenda
San-Gavino-di-Tenda
Rapale
Sorio
Pieve
Égl. de San Cesareo
Égl. de San Nicolao
San Michele
Murato
Rutali
Olmeta-di-Tuda
Col de S. Stefano
Défilé de Lancone
Vallecalle
Fusaja
Mte Torricelle
Valrose
Cima di Taffoni
Borgo
Lucciana
Vignale
Scolca
Volpajola
Campitello
Bigorno
Col de Bigorno
Lento
Mte Tasso
Mte Maggiore
Mte Reghia di Pozzo
Pietralba
Pedano
Cima di Pinzali
Cima di Mutereno
Cima di u Ghinebro
Castifao
Moltifao
Canavaggia
Costa Roda
Ponte Nuovo
Mte Tevisi
Plage de la Marana
Bastia-Poretta
Plage de Pineto
La Canonica (Anne cath.)
Fouilles de Mariana
San Parteo
Crocetta
Casamozza
Cap Sud
Torra
Arena
Prunelli-di-Casacconi
Vescovato
Olmo
Venzolasca
Querciolo
Anghione
Sorbo-Ocagnano
San-Pancrazio
Loreto-di-Casinca
Castellare-di-Casinca
Penta-di-Casinca
Folelli
San-Pellegrino
Fium Alto
Campile
Bisinchi
Crocicchia
Castello-di-Rostino
Valle-di-Rostino
Serra Debbione
Ponte-Leccia
Piedigriggio
Pnta di Ciuffello
Popolasca
Prato-di-Giovellina
Castiglione
Croce d'Arbitro
Francardo
Capo d'Alici
Castirla
Soveria
Omessa
Morosaglia
Bocca a Serna
Stretta
Lutina
Stoppia-Nova
Giocatojo
Ortiporio
Penta-Acquatella
Casabianca
Poggio-Marinaccio
Quercitello
Ficaja
La Porta
Scata
Pruno
Taglio-Isolaccio
Pero-Casevecchie
Isolaccio
Figareto
Talasani
Velone-Orneto
Poggio-Mezzana
Ste Lucie de Moria
Moriani-Plage
Sta-Lucia-di-Moriani
San-Nicolao
Mte S. Petrone
Saliceto
Nocario
Campana
Piedicroce
Couvt d'Orezza
Rapaggio
Verdese
Monacia-d'Orezza
San-Giovanni-di-Moriani
Piazzole
Parata
Valle-d'Orezza
Stazzona
Carpineto
Carcheto-Brustico
Felce
Sta-Reparata-di-Moriani
Sta-Maria-Poggio
Ste Christine
Taverna
Port de Campoloro
Cervione
Valle-di-Campoloro
Prunete
Corniche de la Castagniccia
Tarrano
Piobetta
Pietricaggio
Perelli
Piazzali
Novale
Valle-d'Alesani
Ortale
St'Andréa-di-Cotone
Pnte de Nevera
San-Giuliano
Careggia
Bge de l'Alesani
Alesani
Chiatra
Canale-di-Verde
Pietra-di-Verde
Phare d'Alistro
Linguizzetta
Bge de Peri
Tox
Tallone
Moïta
Campi
Matra
Zalana
Zuani
Pianello
Ampriani
Pietraserena
Pancheraccia
Bravone
Pianiccia
Giuncaggio
Mte Torricella
Fajo
Casabertola
Frassiccia
Riva-Bella
Chlle Ste Marie
Corte
Tavignano
Gorges du Tavignano
Pnta di Zurmulu
Gges de la Restonica
Mte Cecu
Pinerole
Pnta Finosa
Pnta di Chilgo
Sermano
Bustanico
Alzi
Mazzola
Alando
Castellare-di-Mercurio
Favalello
Sta-Lucia-di-Mercurio
Mte Tomboni
Piedivalgo
Tralonca
Collo di S. Quilico
Piano di Roma
Col d'Ominanda
Pont de l'Accia
Lano
Érone
Rusio
Cambia
Carticasi
San-Lorenzo
Mte Piano Maggiore
Pnta di l'Ernella
Col de St-Antoine
Pnta de Caldane
Mte di Castelle
Col de Casardo
Col de San Cervone
Erbajolo
Focicchia
Altiani
Piedicorte-di-Gaggio
Pont de Piedicorte
Pont Génois
Nouveau pont en construction
Col de Bellagranajo
Venaco
Riventosa
Poggio-di-Venaco
Casanova
Sto-Pietro-di-Venaco
Mte Cardo
Mte Rotondo
Pnta Diciotte
Pnta di Capezzolo
Mte Corbaia
Pnta Felicina
Parc de Verghello
Pietra Niella
Lac de Bellebone
Tragone
Noceta
Rospigliani
Pnta Muracinto
Pnta Bagliacone
Pnta di Ruia
Pt du Vecchio
Vivario
Col de Morello
Vezzani
Antisanti
Pnta Suarella
Pnta Murone
Pnta Chigliani
Col de Perelli
Muracciole
Pnta di Grafolello
Fort de Pasciolo
Bocca Tripoli
Bocca Manganello
Champ de Tir

FA
FB
FC
FD
346
350
109
110
111
112
113
Cargèse
Pnte de Cargèse
Plage de Chiuni
Plage de Pero
Plage de Ménasina
Plage de Stagnoli
Pnte Molendino
Pnte Puntiglione
Sagone
Cathédrale St'Appiano
Vico
Balogna
Letia
Soccia
Orto
Poggiolo
Guagno
Murzo
Arbori
Rosazia
Salice
Azzana
Coggia
Lopigna
Ambiegna
Arro
Casaglione
Sari-d'Orcino
Cannelle
St'Andréa-d'Orcino
Sarrola-Carcopino
Tavaco
Vero
Ucciani
Carbuccia
Calcatoggio
Valle-di-Mezzana
Appietto
Peri
Tolla
Cuttoli-Corticchiato
Ocana
Afa
Alata
Mezzavia
Villanova
Capo di Feno
GOLFE DE SAGONE
Golfe de la Liscia
Golfe de Lava
Port Provençal
AJACCIO
AJACCIO-CAMPO DELL' ORO
Bastelicaccia
Eccica-Suarella
Cauro
Pnte de la Parata
Îles Sanguinaires
Grande Sanguinaire
Porticcio
Plage d'Agosta
Pietrosella
Grosseto-Prugna
Albitreccia
Cardo-Torgia
Urbalacone
Guargualé
Pila-Canale
Cognocoli-Monticchi
Coti-Chiavari
Forêt de Chiavari
GOLFE D'AJACCIO
Golfe d'Arena Rossa
Anse de Cacao
Capo di Muro
Serra-di-Ferro
Site préhistorique de Filitosa
Olmeto
Castello de Cuntorba
Sollacaro
Casalabriva
Petreto-Bicchisano
Ste-Marie-Sicché
Olmeto-Plage
Porto-Pollo
0
11 km

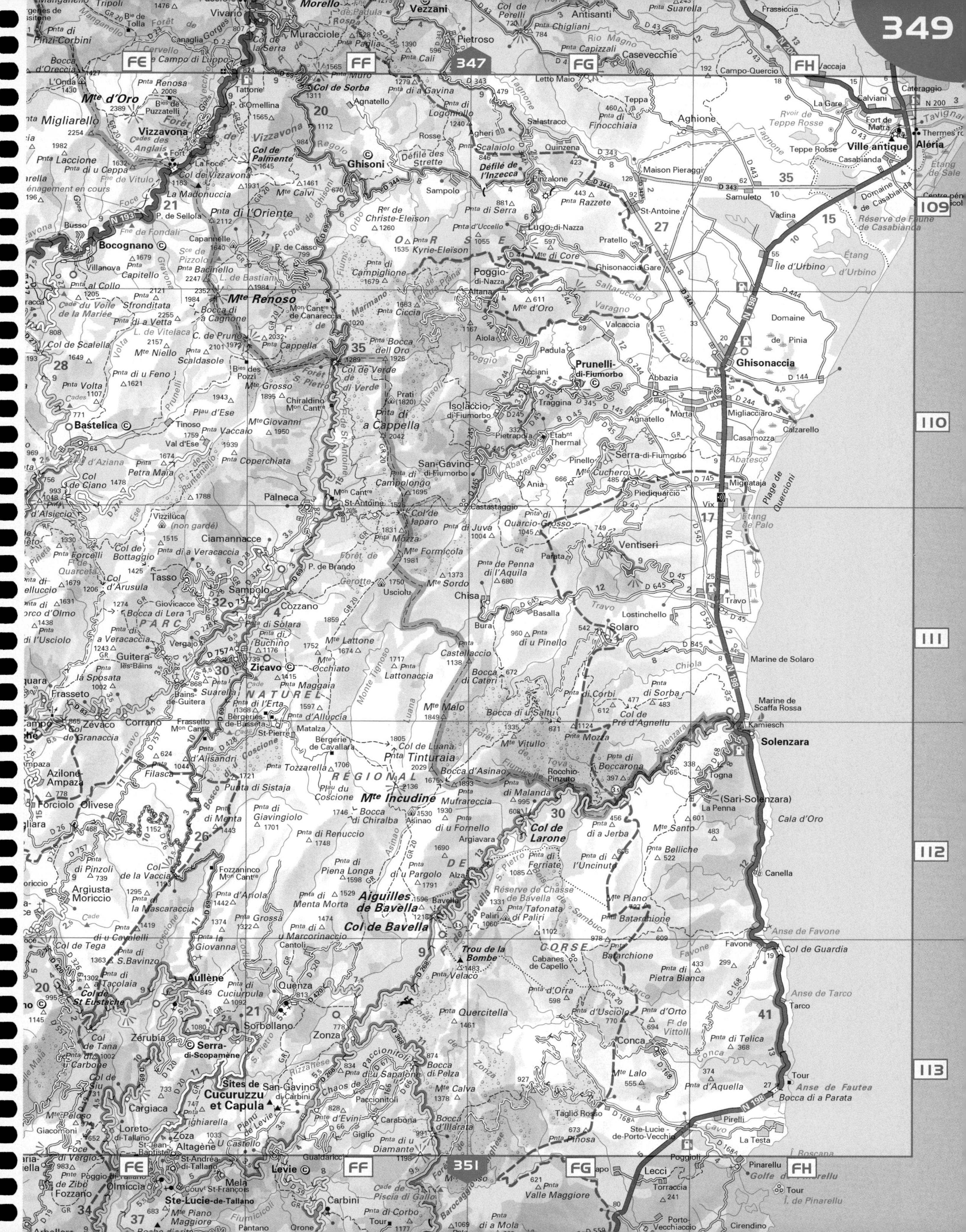

FE
FF
FG
FH
347
351
109
110
111
112
113
Vezzani
Morello
Antisanti
Col de Perelli
Pta Suarella
Frassiccia
Pta Chigliani
Rio Magno
Vivario
Muracciole
Pietroso
Pta Capizzali
Casevecchie
Campo-Quercio
Vaccaja
Col de la Serra
Pta Paglia
Pta Cali
Bocca d'Oreccia
Pta Renosa
Pta Muro
Col de Sorba
Pta di a Gavina
Letto Maio
Tattone
Agnatello
Mte d'Oro
P. d'Omellina
Pta di Logoniello
Teppa
La Gare
Calviani
Cateraggio
N 200
Pta Migliarello
Bies de Puzzatelli
Forêt de Vizzavona
Pta di Finocchiaia
Aghione
Rvoir de Teppe Rosse
Fort de Matra
Thermes
Vizzavona
Cades des Anglais
Salastraco
Rosse
Agheri
Ville antique
Aléria
Pta Laccione
Pta di u Ceppa
Col de Palmente
Ghisoni
Défilé des Strette
Pta Scalaiolo
Quinzena
Teppe Rosse
Casabianda
Étang de Sale
Fort
La Foce
Col de Vizzavona
Défilé de l'Inzecca
Maison Pieraggi
Pnte de Vitulo
La Madonuccia
Mte Calvi
Sampolo
Pinzalone
Pta Razzete
D 343
Samuleto
Domaine de Casabianda
21
P. de Sellola
Pta di l'Oriente
Pta di Serra
St-Antoine
Vadina
Réserve de Faune de Casabianda
N 193
Busso
Fne de Fondali
Rer de Christe-Eleison
Pta d'Uccello
Lugo-di-Nazza
27
15
Bocognano
Capannelle
P. de Casso
C O R S E
Pta Kyrie-Eleison
Pratello
Étang d'Urbino
Île d'Urbino
Villanova
Pta Capitello
Pta Bacinello
L. de Bastiani
Pta di Campiglione
Mte di Core
Ghisonaccia Gare
Pta al Collo
Poggio-di-Nazza
Saltaruccio
Mte Renoso
Altana
Mte d'Oro
Varagno
Cade du Voile de la Mariée
Pta Sfronditata
Bocca di a Cagnone
Mon Cantre de Canareccia
Marmano
Pta Ciccia
Domaine
Pta di a Vetta
L. de Vitelaca
Valcaccia
Col de Scalella
C. de Pruno
Pta Cappella
Pta Bocca dell Oro
Aiola
Padula
Pinia
Mte Niello
28
Pta Scaldasole
Col de Verde
Prunelli-di-Fiumorbo
Ghisonaccia
Pta Volta
Pta di u Feno
Bies des Pozzi
Mte Grosso
Forêt de St. Pietro
Acciani
Abbazia
D 144
Chiraldino
Mon Cantre
Prati
Pta di a Cappella
Isolaccio-di-Fiumorbo
Traggina
Morta
Migliacciaro
Bastelica
Plau d'Ese
Mte Giovanni
Agnatello
Calzarello
Tinoso
Pta Vaccaio
Pietrapola
Etabnt Thermal
Casamozza
Val d'Ese
Pta Coperchiata
San-Gavino-di-Fiumorbo
Serra-di-Fiumorbo
Abatesco
Col d'Aziana
Pta Petra Maia
Pinello
Mte Cucheru
Col de Ciano
Pta di Campolongo
Ania
Piediquarcio
Mignataja
Plage de Quercioni
Palneca
Mon Cantre
St-Antoine
Castastaggio
Vix
17
Col d'Alsiccio
Vizzilùca (non gardé)
Col de Iaparo
Pta di Juva
Pta di Quarcio-Grosso
Étang de Palo
Ciamannacce
Pta Mozza
Mte Formicola
Ventiseri
Col de Bottaggio
Pta di a Veracaccia
Pta Forcelli
P. de Brando
Forêt de Gerotte
Parata
Pta de Penna di l'Aquila
Col d'Arusula
Tasso
Mte Sordo
Sampolo
Usciolu
Chisa
Travo
Cozzano
Giovicacce
32
Bocca di Lera
Pta di Solara
Basalla
Lostinchello
Solaro
PARC
Bura
Pta di u Pinello
Pta di a Veracaccia
Vergajo
Pta di Buchino
Mte Lattone
Pta Castellaccio
Marine de Solaro
Guitera-les-Bains
Zicavo
Mte Occhiato
Pta Lattonaccia
Chiola
Pta la Sposata
Pta Maggaia
Bocca di Cateri
Frasseto
Bains-de-Guitera
Pta Suarella
NATUREL
Monte Tignoso
Pta di Corbi
Pta di Sorba
Marine de Scaffa Rossa
Col de Pré d'Agnellu
Pta di l'Erta
Bergeries de-Basseta
Pta d'Alluccia
Mte Malo
Bocca di u Saltu
Zévaco
Corrano
Frassello
Mon Cantre
Matalza
St-Pierre
Bergerie de Cavallara
Col de Luana
Mte Vitullo
Pta Mozza
Kamiesch
Solenzara
Col de Granaccia
Pta d'Alisandri
Pta Tozzarella
Pta Tinturaia
Forêt de Tova
Pta di Boccarona
Azilone-Ampaza
Filasca
RÉGIONAL
Bocca d'Asinao
Rocchio-Pinzuto
Togna
Forciolo
Olivese
Punta di Sistaja
Plau du Coscione
Mte Incudine
Mufrareccia
Pta di Malanda
(Sari-Solenzara)
La Penna
Pta di Menta
Pta di Giavingiolo
Bocca di Chiralba
Asinao
30
Col de Larone
Pta di a Jerba
Mte Santo
Cala d'Oro
Pta di Renuccio
Pta di u Fornello
Argiavara
Pta Belliche
Col de la Vaccia
Pta di Pinzoli
Pta di Piena Longa
Pta di u Pargolo
Alza
Pta di Ferriate
Pta di l'Uncinuto
Canella
Argiusta-Moriccio
Fozzaninco Mon Cantre
Pta d'Ariola
Pta di Menta Morta
Aiguilles de Bavella
Réserve de Chasse de Bavella
Mte Piano
Pta la Mascaraccia
Bavella
Pta Tafonata di Paliri
Pta Grossa
Col de Bavella
Paliri
Pta Batarchione
Anse de Favone
Pta di u Cavalelli
Pta di u Marcorinaccio
Cantoli
Trou de la Bombe
CORSE
Favone
Col de Guardia
Col de Tega
Pta la Giovanna
Pta di S.Bavinzo
Batarchione
Cabanes de Capello
Pta di Tacolaia
Aullène
Quenza
Pta Velaco
Pta di Pietra Bianca
Col de St Eustache
Pta di Cuciurpula
Pta d'Orra
Anse de Tarco
Sorbollano
Pta Quercitella
Pta d'Usciolu
Pta d'Orto
Tarco
41
Zerubia
Serra-di-Scopamène
Zonza
Pta di Paccionitoli
Conca
Col de Tana
Pta di Carbone
Bocca di Pelza
Pta di Telica
Col de Siu
Sites de Cucuruzzu et Capula
San-Gavino-di-Carbini
Pta di u Sapalone
Mte Calva
Mte Lalo
Pta d'Aquella
Tour
Anse de Fautea
Bocca di a Parata
Cargiaca
Chaos de Paccionitoli
Pta Tighiarella
Pta d'Evini
Carabona
Bocca d'Illarata
Taglio Rosso
Pirelli
Mte Peloso
Loreto-di-Tallano
Zoza
Altagène
Giglio
Pta di u Diamante
Pta Pinosa
Ste-Lucie-de-Porto-Vecchio
La Testa
Pta U Castello
Poggioli
Î. Roscana
Pte de Zibo
Olmiccia
St-Andréa di-Tallano
Levie
Pinarellu
Golfe de Pinarellu
Fozzano
Mela
Cade de Piscia di Gallo
Pta Valle Maggiore
Lecci
Torraccia
Tour
Î. de Pinarellu
Ste-Lucie-de-Tallano
Carbini
Pta di Corbo
Pta di a Mola
Porto-Vecchiaccio
Cirendino
34
37
Mte Piano Maggiore
Fiumicicoli
Orone
N 198

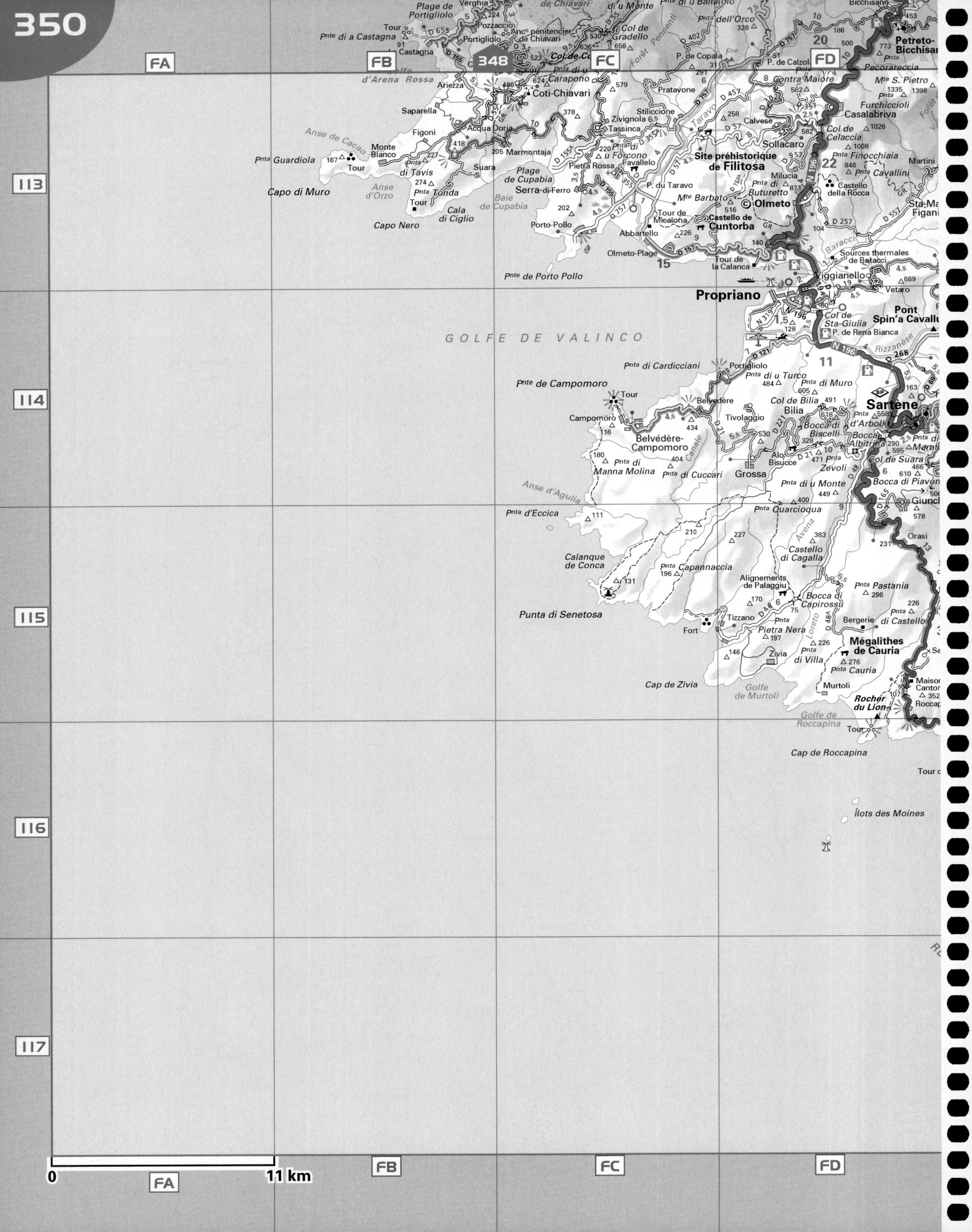
FA
FB
348
FC
FD
113
114
115
116
117
Plage de Portigliolo
Verghia
Pozzaccio
Portigliolo
Castagna
Tour
Pnte di a Castagna
Ancn pénitencier de Chiavari
Col de Gradello
di u Monte
Pnta dell'Orco
P. de Copala
Petreto-Bicchisano
Golfe d'Arena Rossa
Ariezza
Coti-Chiavari
Carapono
Pratavone
Contra Maiore
P. de Calzol
Mte S. Pietro
Pecoraraccia
Furchiccioli
Casalabriva
Saparella
Figoni
Acqua Doria
Zivignola
Stiliccione
Tassinca
Calvese
Sollacaro
Col de Celaccia
Anse de Cacao
Monte Bianco
Marmontaja
Pnta di u Forcono
Favallelo
Site préhistorique de Filitosa
Pnta Finocchiaia
Martini
Pnta Cavallini
Pnta Guardiola
Tour
Pnta di Tavis
Suara
Plage de Cupabia
Pietra Rossa
Milucia
Castello della Rocca
Capo di Muro
Anse d'Orzo
Pnta Tonda
Serra-di-Ferro
P. du Taravo
Pnta di Buturetto
Mte Barbato
Olmeto
Sta-Maria-Figaniella
Tour
Cala di Ciglio
Baie de Cupabia
Tour de Micalona
Castello de Cuntorba
Capo Nero
Porto-Pollo
Abbartello
Olmeto-Plage
Tour de la Calanca
Sources thermales de Baracci
Pnte de Porto Pollo
Viggianello
Vetaro
Propriano
Col de Sta-Giulia
P. de Rena Bianca
Pont Spin'a Cavallu
GOLFE DE VALINCO
Pnta di Cardicciani
Portigliolo
Pnta di u Turco
Pnta di Muro
Pnte de Campomoro
Tour
Belvédère
Col de Bilia
Bilia
Sartène
Campomoro
Tivolaggio
Bocca di Biscelli
Pnta d'Arboli
Belvédère-Campomoro
Bocca Albitrina
Pnta di Manna Molina
Pnta di Cuccari
Grossa
Alo-Bisucce
Pnta Zevoli
Col de Suara
Anse d'Agulia
Pnta di u Monte
Bocca di Piavone
Pnta d'Eccica
Pnta Quarciogua
Orasi
Castello di Cagalla
Calanque de Conca
Pnta Capannaccia
Alignements de Palaggiu
Pnta Pastania
Bocca di Capirossu
Punta di Senetosa
Tizzano
Fort
Pnta Pietra Nera
Bergerie
Pnta di Castello
Mégalithes de Cauria
Zivia
Pnta di Villa
Pnta Cauria
Cap de Zivia
Golfe de Murtoli
Murtoli
Rocher du Lion
Golfe de Roccapina
Tour
Cap de Roccapina
Îlots des Moines
0
11 km

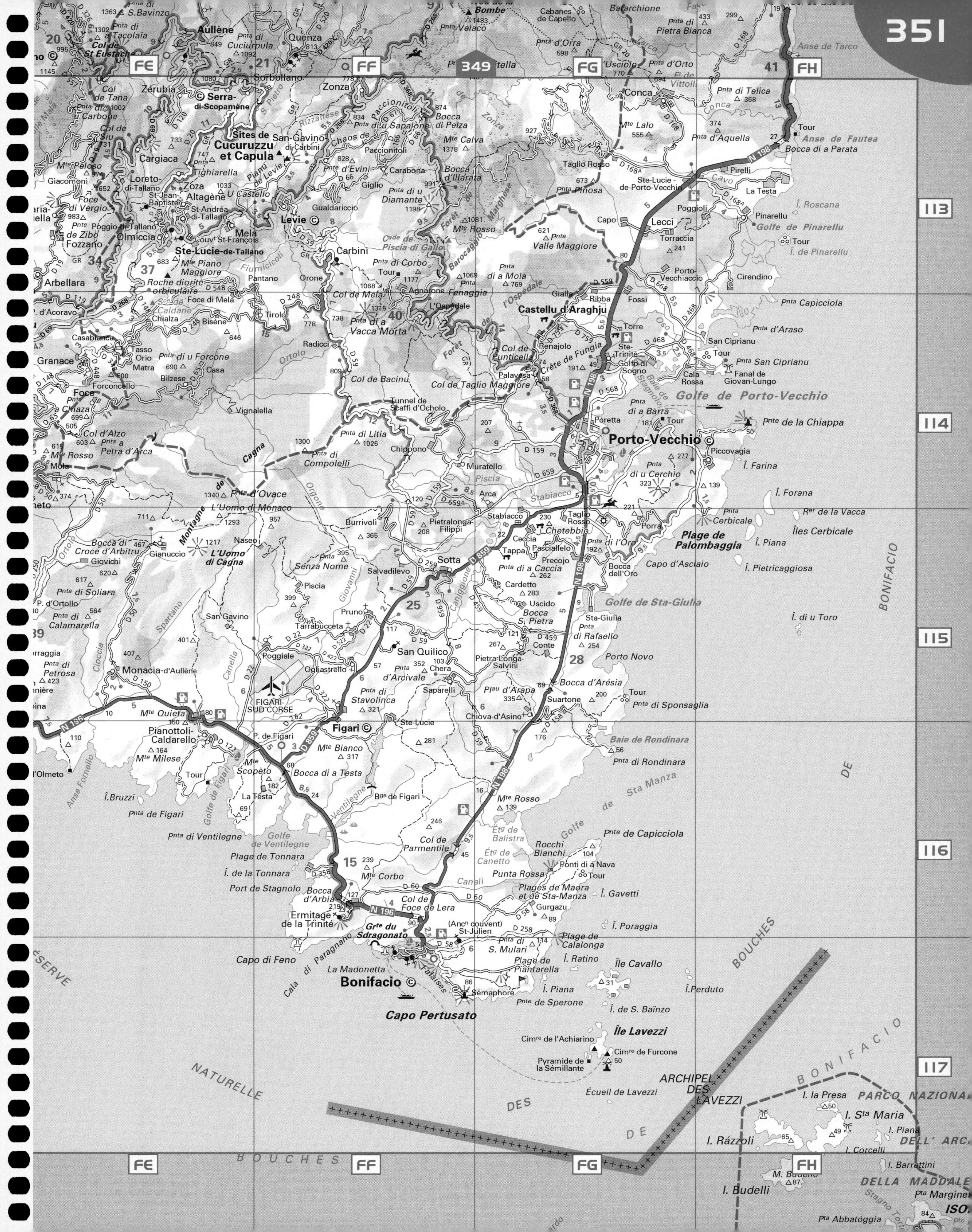
FE
FF
349
FG
FH
113
114
115
116
117
Aullène
Quenza
Col de St Eustache
Zonza
Sorbollano
Zérubia
Serra-di-Scopamène
Sites de Cucuruzzu et Capula
San-Gavino-di-Carbini
Cargiaca
Loreto-di-Tallano
Zoza
Altagène
St-Jean-Baptiste
St-Andréa-di-Tallano
Levie
Olmiccia
Mela
Fozzano
Ste-Lucie-de-Tallano
Arbellara
Carbini
Orone
Pantano
Roche diorite orbiculaire
Col de Mela
Pnta di Vacca Morta
L'Ospédale
Fenaggia
Castellu d'Araghju
Bocca di Pelza
Mte Calva
Conca
Mte Lalo
Taglio Rosso
Ste-Lucie-de-Porto-Vecchio
Pnta d'Aquella
Pnta di Telica
Anse de Fautea
Bocca di a Parata
Pirelli
La Testa
Poggioli
Lecci
Capo
Î. Roscana
Pinarellu
Golfe de Pinarellu
Î. de Pinarellu
Torraccia
Porto-Vecchiaccio
Cirendino
Valle Maggiore
Ribba
Fossi
Gialla
Pnta Capicciola
Pnta d'Araso
San Ciprianu
Pnta San Ciprianu
Fanal de Giovan-Lungo
Cala Rossa
Golfe de Porto-Vecchio
Renajolo
Torre
Ste-Trinité
Golfo di Sogno
Col de Punticella
Crête de Fungia
Palavesa
Col de Taglio Maggiore
Col de Bacinu
Radicci
Tunnel de Scaffi d'Ocholo
Poretta
Pnta di a Barra
Pnte de la Chiappa
Porto-Vecchio
Piccovagia
Pnta di u Cerchio
Î. Farina
Î. Forana
Rer de la Vacca
Pnta Cerbicale
Îles Cerbicale
Î. Piana
Î. Pietricaggiosa
Plage de Palombaggia
Capo d'Asciaio
Bocca dell'Oro
Pnta di l'Oro
Porra
Taglio Rosso
Chetebbio
Stabiacco
Arca
Muratello
Chippono
Pnta di Litia
Pnta di Compolelli
Cagna
Pnta d'Ovace
L'Uomo di Monaco
Montagne de Cagna
L'Uomo di Cagna
Burrivoli
Pietralonga-Filippi
Ceccia
Pascialfelo
Tappa
Precojo
Sotta
Pnta di a Caccia
Cardetto
Uscido
Bocca S. Pietra
Golfe de Sta-Giulia
Sta-Giulia
Pnta di Rafaello
Conte
Porto Novo
Pietra-Longa-Salvini
Bocca d'Arésia
Suartone
Pnta di Sponsaglia
Baie de Rondinara
Pnta di Rondinara
Chiova-d'Asino
Plau d'Arapa
Saparelli
Chera
Pnta d'Arcivale
San Quilico
Pnta di Stavolinca
Figari
Ste-Lucie
FIGARI-SUD CORSE
Ogliastrello
Poggiale
Tarrabucceta
Pruno
Salvadilevo
Pnta Senza Nome
Piscia
Naseo
Gianuccio
Bocca di Croce d'Arbitru
Giovichi
Pnta di Soliara
P. d'Ortollo
Pnta di Calamarella
San Gavino
Monacia-d'Aullène
Pnta di Petrosa
Mte Quieta
Pianottoli-Caldarello
Mte Milese
l'Olmeto
Mte Scopeto
Mte Bianco
Bocca di a Testa
Tour
La Testa
Î. Bruzzi
Pnta de Figari
Golfe de Figari
Anse Fornello
Bge de Figari
Pnta di Ventilegne
Golfe de Ventilegne
Plage de Tonnara
Î. de la Tonnara
Port de Stagnolo
Mte Corbo
Col de Parmentile
Étg de Balistra
Étg de Canetto
Mte Rosso
Golfe de Sta Manza
Pnte de Capicciola
Rocchi Bianchi
Ponti di a Nava
Punta Rossa
Plages de Maora et de Sta-Manza
Î. Gavetti
Gurgazu
Î. Poraggia
Canali
Bocca d'Arbia
Col de Foce de Lera
Ermitage de la Trinité
Grte du Sdragonato
(Anch couvent) St-Julien
Pnta di S. Mulari
Plage de Calalonga
Î. Ratino
Île Cavallo
Plage de Piantarella
Î. Piana
Î.Perduto
Capo di Feno
Cala di Paragnano
La Madonetta
Bonifacio
Falaises
Sémaphore
Pnte de Sperone
Î. de S. Baïnzo
Capo Pertusato
Île Lavezzi
Cimre de l'Achiarino
Cimre de Furcone
Pyramide de la Sémillante
Écueil de Lavezzi
ARCHIPEL DES LAVEZZI
RÉSERVE NATURELLE DES BOUCHES DE BONIFACIO
BOUCHES DE BONIFACIO
I. la Presa
I. Sta Maria
I. Piana
I. Ràzzoli
I. Corcelli
I. Barrettini
M. Budello
I. Budelli
Pta Marginetto
Pta Abbatóggia
PARCO NAZIONALE DELL' ARCIPELAGO DELLA MADDALENA
Granace
Tasso
Orio
Matra
Bilzese
Casa
Pnta di u Forcone
Forconcello
Foce
Vignalella
Col d'Alzo
Pnta a Petra d'Arca
Mte Rosso
Mola
Chialza
Bisène
Tirolo
Foce di Mela
Casablanca
Giacomoni
Mte Peloso
Foce di Vergio
Poggio-di-Tallano
Pnte de Zibo
Col de Tana
Pnta di u Carbone
Pnta di a Tacolaia
Pnta di Cuciurpula
Pnta d'Evini
Carabona
Paccionitoli
Chaos de Paccionitoli
Pnta du Sapalone
Giglio
Gualdariccio
Pnta di u Diamante
Bocca d'Illarata
Mte Rosso
Cade de Piscia di Gallo
Pnta di Corbo
Pnta di a Mola
Pnta Pinosa
Pnta d'Orto
Pnta di Pietra Bianca
Pnta d'Orra
Cabanes de Capello
Pnta Velaco
Anse de Tarco
N 198
N 196
D 859

A

Aast 64 ... 314 AJ88
Abainville 55 ... 93 CA29
Abancourt 60 ... 21 AZ17
Abancourt 59 ... 14 BJ11
Abaucourt 54 ... 65 CF25
Abaucourt-lès-Souppleville 55 ... 44 CA22
Abbans-Dessous 25 ... 161 CE45
Abbans-Dessus 25 ... 161 CE45
Abbaretz 44 ... 126 AA40
Abbecourt 60 ... 38 BB21
Abbécourt 02 ... 24 BJ18
Abbenans 25 ... 141 CI40
Abbeville 80 ... 11 AZ12
Abbéville-la-Rivière 91 ... 87 BB32
Abbéville-lès-Conflans 54 ... 45 CC22
Abbeville-Saint-Lucien 60 ... 38 BC19
Abbévillers 25 ... 142 CL41
Abeilhan 34 ... 321 BK86
Abelcourt 70 ... 141 CG37
L'Aber-Wrac'h 29 ... 70 E27
Abère 64 ... 314 AI87
L'Abergement-Clémenciat 01 ... 213 BX56
L'Abergement-de-Cuisery 71 ... 195 BX51
L'Abergement-de-Varey 01 ... 214 CB57
Abergement-la-Ronce 39 ... 178 CA46
Abergement-le-Grand 39 ... 179 CC47
Abergement-le-Petit 39 ... 179 CC47
Abergement-lès-Thésy 39 ... 179 CE47
Abergement-Saint-Jean 39 ... 178 CA48
L'Abergement-Sainte-Colombe 71 ... 178 BX49
Abidos 64 ... 313 AF86
Abilly 37 ... 169 AQ47
Abîme (Pont de l') 74 ... 215 CG60
Abitain 64 ... 311 AC86
Abjat-sur-Bandiat 24 ... 222 AQ62
Ablain-Saint-Nazaire 62 ... 8 BF9
Ablaincourt-Pressoir 80 ... 23 BG15
Ablainzevelle 62 ... 13 BG12
Ablancourt 51 ... 62 BT26
Ableiges 95 ... 57 BA24
Les Ableuvenettes 88 ... 111 CF33
Ablis 78 ... 86 AZ30
Ablon 14 ... 34 AO20
Ablon-sur-Seine 94 ... 58 BD28
Aboën 42 ... 229 BR64
Aboncourt 57 ... 46 CG21
Aboncourt 54 ... 94 CE31
Aboncourt-Gesincourt 70 ... 140 CE38
Aboncourt-sur-Seille 57 ... 66 CG26
Abondance 74 ... 198 CK54
Abondant 28 ... 56 AW27
Abos 64 ... 313 AF87
Abreschviller 57 ... 96 CM28
Abrest 03 ... 210 BL57
Les Abrets 38 ... 232 CC63
Abriès 05 ... 253 CN70
Abscon 59 ... 14 BK10
L'Absie 79 ... 167 AG50
Abzac 33 ... 238 AJ69
Abzac 16 ... 204 AQ57
Accarias (Col) 38 ... 251 CE70
Accia (Pont de l') 2B ... 347 FE107
Accolans 25 ... 141 CI40
Accolay 89 ... 136 BN39
Accons 07 ... 248 BT70
Accous 64 ... 331 AF91
Achain 57 ... 66 CI25
Achen 57 ... 67 CM23
Achenheim 67 ... 97 CQ28
Achères 78 ... 58 BB25
Achères 18 ... 155 BE44
Achères-la-Forêt 77 ... 88 BE32
Achery 02 ... 24 BK17
Acheux-en-Amiénois 80 ... 13 BE13
Acheux-en-Vimeu 80 ... 11 AY13
Acheville 62 ... 8 BH9
Achey 70 ... 140 CB40
Achicourt 62 ... 13 BG10
Achiet-le-Grand 62 ... 13 BG12
Achiet-le-Petit 62 ... 13 BG12
Achun 58 ... 157 BN45
Achy 60 ... 21 BA18
Acigné 35 ... 104 AA34
Aclou 27 ... 35 AR23
Acon 27 ... 56 AU27
Acq 62 ... 13 BF10
Acqueville 50 ... 28 Z17
Acqueville 14 ... 53 AJ25
Acquigny 27 ... 36 AU23
Acquin 62 ... 3 BB5
Acy 02 ... 40 BL21
Acy-en-Multien 60 ... 39 BH23
Acy-Romance 08 ... 42 BR19
Adaincourt 57 ... 66 CH24
Adainville 78 ... 57 AY28
Adam-lès-Passavant 25 ... 162 CH43
Adam-lès-Vercel 25 ... 162 CH44
Adamswiller 67 ... 67 CM25
Adast 65 ... 332 AJ91
Adé 65 ... 314 AJ89
Adelange 57 ... 66 CI24
Adelans-et-le-Val-de-Bithaine 70 ... 141 CH38
Adervielle 65 ... 333 AN93
Adilly 79 ... 168 AJ50
Adinfer 62 ... 13 BF11
Adissan 34 ... 302 BM85
Les Adjots 16 ... 203 AM57
Adon 45 ... 134 BG38
Les Adrets 38 ... 233 CF65
Les Adrets-de-l'Esterel 83 ... 308 CN84
Adriers 86 ... 187 AR55
Aérocity (Parc) 07 ... 266 BT74
Afa 2A ... 348 FC111
Affieux 19 ... 224 AY63
Affléville 54 ... 45 CC21
Affoux 69 ... 212 BT59
Affracourt 54 ... 94 CF30
Affringues 62 ... 7 BB6
Agassac 31 ... 316 AR87
Agay 83 ... 329 CN86
Agde 34 ... 322 BM88
Agel 34 ... 320 BH88
Agen 47 ... 276 AP78
Agen-d'Aveyron 12 ... 280 BF76
Agencourt 21 ... 160 BX45
Agenville 80 ... 12 BB12
Agenvillers 80 ... 11 BA11
Les Ageux 60 ... 39 BF21
Ageville 52 ... 117 BZ34
Agey 21 ... 159 BV43
Aghione 2B ... 349 FG109
Agincourt 54 ... 65 CF27
Agmé 47 ... 257 AN75
Agnac 47 ... 257 AN73
Agnat 43 ... 228 BL65
Agneaux 50 ... 32 AD23
Agnetz 60 ... 38 BD20
Agnez-lès-Duisans 62 ... 13 BF10
Agnicourt-et-Séchelles 02 ... 25 BO16
Agnières 80 ... 21 BA17
Agnières 62 ... 8 BF9
Agnières-en-Dévoluy 05 ... 269 CF72
Agnin 38 ... 231 BX65
Agnos 64 ... 331 AF89
Agny 62 ... 13 BG11
Agon-Coutainville 50 ... 31 AA23
Agonac 24 ... 240 AQ66
Agonès 34 ... 302 BO81
Agonges 03 ... 191 BJ51
Agonnay 17 ... 201 AF59
Agos-Vidalos 65 ... 332 AJ91
Agris 16 ... 203 AN60
Agudelle 17 ... 219 AH64
Les Agudes 31 ... 333 AN93
Aguessac 12 ... 281 BJ78
Aguilar (Château d') 11 ... 338 BG92
Aguilcourt 02 ... 41 BP20
Aguts 81 ... 298 AZ85
Agy 14 ... 32 AG21
Ahaxe-Alciette-Bascassan 64 ... 330 AA89
Ahetze 64 ... 310 X86
Ahéville 88 ... 94 CF32
Ahuillé 53 ... 105 AF35
Ahun 23 ... 207 BA57
Ahusquy 64 ... 330 AB90
Ahuy 21 ... 160 BX42
Aibes 59 ... 15 BP11
Aibre 25 ... 142 CK40
Aïcirits 64 ... 311 AB87
Aiffres 79 ... 185 AI54
Aigaliers 30 ... 284 BT79
L'Aigle 61 ... 55 AQ27
Aigle (Barrage de l') 19 ... 243 BC66
Aiglemont 08 ... 26 BU16
Aiglepierre 39 ... 179 CD47
Aigleville 27 ... 56 AW24
Aiglun 06 ... 309 CO81
Aiglun 04 ... 287 CH79
Aignan 32 ... 295 AL83
Aignay-le-Duc 21 ... 138 BV39
Aigné 72 ... 107 AM35
Aigne 34 ... 320 BG88
Aignerville 14 ... 32 AF21
Aignes 31 ... 318 AX88
Aignes-et-Puypéroux 16 ... 221 AM64
Aigneville 80 ... 11 AY13
Aigny 51 ... 61 BQ24
Aigonnay 79 ... 185 AJ54
Aigoual (Mont) 48 ... 282 BN79
Aigre 16 ... 203 AL59
Aigrefeuille 31 ... 298 AX85
Aigrefeuille-d'Aunis 17 ... 200 AD56
Aigrefeuille-sur-Maine 44 ... 147 AA45
Aigremont 89 ... 136 BO39
Aigremont 78 ... 57 BA26
Aigremont 52 ... 118 CC35
Aigremont 30 ... 283 BR80
Aiguebelette-le-Lac 73 ... 233 CE62
Aiguebelle 83 ... 329 CK89
Aiguebelle 73 ... 234 CI62
Aigueblanche 73 ... 234 CJ63
Aiguefonde 81 ... 319 BD86
Aigueperse 69 ... 194 BT55
Aigueperse 63 ... 209 BJ58
Aigues-Juntes 09 ... 336 AW91
Aigues-Mortes 30 ... 303 BS85
Aigues-Vives 34 ... 320 BH88
Aigues-Vives 30 ... 303 BS83
Aigues-Vives 11 ... 320 BE89
Aigues-Vives 09 ... 336 AZ91
Aiguèze 30 ... 284 BU77
Aiguilhe 43 ... 247 BP68
Aiguilles 05 ... 253 CN70
Aiguillon 47 ... 275 AN77
L'Aiguillon 09 ... 336 AZ92
L'Aiguillon-sur-Mer 85 ... 183 AB54
L'Aiguillon-sur-Vie 85 ... 165 X50
Aiguines 83 ... 307 CI82
Aigurande 36 ... 189 AZ53
Ailefroide 05 ... 252 CJ69
Ailhon 07 ... 266 BT73
Aillant-sur-Milleron 45 ... 135 BH38
Aillant-sur-Tholon 89 ... 135 BK37
Aillas 33 ... 256 AK75
Ailleux 42 ... 211 BP60
Aillevans 70 ... 141 CH39
Ailleville 10 ... 116 BU33
Aillevillers-et-Lyaumont 70 ... 119 CH36
Aillianville 52 ... 93 CA31
Aillières-Beauvoir 72 ... 84 AO31
Aillon-le-Jeune 73 ... 233 CG61
Aillon-le-Vieux 73 ... 233 CG61
Ailloncourt 70 ... 141 CH38
Ailly 27 ... 36 AV23
Ailly-le-Haut-Clocher 80 ... 11 BA13
Ailly-sur-Meuse 55 ... 64 CA26
Ailly-sur-Noye 80 ... 22 BD16
Ailly-sur-Somme 80 ... 22 BC14
Aimargues 30 ... 303 BS83
Aime 73 ... 234 CK62
Ain (Source de l') 39 ... 180 CF49
Ainac 04 ... 288 CI77
Ainay-le-Château 03 ... 173 BF50
Ainay-le-Vieil 18 ... 173 BE50
Aincille 64 ... 330 AA89
Aincourt 95 ... 57 AZ24
Aincreville 55 ... 43 BX20
Aingeray 54 ... 65 CE27
Aingeville 88 ... 118 CC33
Aingoulaincourt 52 ... 93 BZ30
Ainharp 64 ... 311 AC88
Ainhice-Mongelos 64 ... 311 AA88
Ainhoa 64 ... 310 Y87
Ainvelle 88 ... 118 CD35
Ainvelle 70 ... 141 CG37
Airaines 80 ... 11 BA14
Airan 14 ... 34 AL23
Aire 08 ... 41 BQ19
Aire-sur-la-Lys 62 ... 7 BD6
Aire-sur-l'Adour 40 ... 294 AI83
Airel 50 ... 32 AE22
Les Aires 34 ... 301 BJ85
Airion 60 ... 38 BD20
Airon-Notre-Dame 62 ... 6 AY9
Airon-Saint-Vaast 62 ... 6 AY9
Airoux 11 ... 318 AZ87
Airvault 79 ... 168 AK48
Aiserey 21 ... 160 BY45
Aisey-et-Richecourt 70 ... 118 CE36
Aisey-sur-Seine 21 ... 138 BU38
Aisne 85 ... 183 AD53
Aisonville-et-Bernoville 02 ... 24 BL14
Aïssey 25 ... 162 CH43
Aisy-sous-Thil 21 ... 158 BR42
Aisy-sur-Armançon 89 ... 137 BR39
Aiti 2B ... 347 FF106
Aiton 73 ... 233 CH62
Aix 59 ... 9 BJ8
Aix 19 ... 226 BD62
Aix (Ile d') 17 ... 200 AC57
Les Aix-d'Angillon 18 ... 155 BF45
Aix-en-Diois 26 ... 268 CB72
Aix-en-Ergny 62 ... 6 BA7
Aix-en-Issart 62 ... 6 AZ8
Aix-en-Othe 10 ... 114 BN33
Aix-en-Provence 13 ... 306 CC85
Aix-la-Fayette 63 ... 228 BM63
Aix-les-Bains 73 ... 233 CF61
Aix-Noulette 62 ... 8 BF9
Aixe-sur-Vienne 87 ... 205 AT60
Aizac 07 ... 266 BT72
Aizanville 52 ... 116 BW34
Aize 36 ... 171 AY46
Aizecourt-le-Bas 80 ... 23 BI14
Aizecourt-le-Haut 80 ... 23 BH14
Aizecq 16 ... 203 AN58
Aizelles 02 ... 41 BN19
Aizenay 85 ... 165 Z49
Aizier 27 ... 35 AQ20
Aizy-Jouy 02 ... 40 BL20
Ajac 11 ... 337 BB91
Ajaccio 2A ... 348 FB111
Ajain 23 ... 207 BA56
Ajat 24 ... 241 AS67
Ajoncourt 57 ... 66 CG26
Ajou 27 ... 55 AR25
Ajoux 07 ... 266 BU71
Alaigne 11 ... 337 BB90
Alaincourt 70 ... 118 CF36
Alaincourt 02 ... 24 BK16
Alaincourt-la-Côte 57 ... 66 CG25
Alairac 11 ... 319 BC89
Alaise 25 ... 179 CE46
Alan 31 ... 316 AR89
Alando 2B ... 347 FF107
Alata 2A ... 348 FB111
Alba-la-Romaine 07 ... 266 BV74
Alban 81 ... 300 BE81
Albaret-le-Comtal 48 ... 245 BJ70
Albaret-Sainte-Marie 48 ... 246 BK70
Albarine (Gorges de l') 01 ... 214 CC58
L'Albaron 13 ... 304 BU84
Albas 46 ... 259 AU75
Albas 11 ... 338 BG91
Albé 67 ... 97 CO31
Albefeuille-Lagarde 82 ... 277 AU80
L'Albenc 38 ... 250 CB66
Albens 73 ... 215 CF60
Albepierre-Bredons 15 ... 245 BH68
L'Albère 66 ... 343 BH97
Albert 80 ... 13 BF13
Albert-Louppe (Pont) 29 ... 75 F29
Albertacce 2B ... 346 FD107
Albertville 73 ... 234 CI61
Albestroff 57 ... 67 CK24
Albi 81 ... 299 BB81
Albiac 46 ... 261 AZ72
Albiac 31 ... 298 AY85
Albias 82 ... 278 AW79
Albières 11 ... 338 BE92
Albiès 09 ... 336 AY94
Albiez-le-Jeune 73 ... 252 CI66
Albiez-le-Vieux 73 ... 252 CI66
Albignac 19 ... 242 AY67
Albigny 74 ... 215 CG58
Albigny-sur-Saône 69 ... 213 BW59
Albine 81 ... 320 BE86
Albiosc 04 ... 307 CG82
Albitreccia 2A ... 348 FD112
Albon 26 ... 249 BW66
Albon-d'Ardèche 07 ... 266 BT71
Alboussière 07 ... 249 BW69
Les Albres 12 ... 261 BB74
Albussac 19 ... 243 AZ68
Alby-sur-Chéran 74 ... 215 CF59
Alçay-Alçabéhéty-Sunharette 64 ... 331 AC90
Aldudes 64 ... 330 Y89
Alembon 62 ... 2 BA5
Alençon 61 ... 83 AM31
Alénya 66 ... 343 BI95
Aléria 2B ... 349 FH109
Alès 30 ... 283 BR79
Alet-les-Bains 11 ... 337 BC91
Alette 62 ... 6 AZ8
Aleu 09 ... 335 AU92
Alex 74 ... 215 CH58
Alexain 53 ... 106 AG33
Aleyrac 26 ... 267 BX74
Alfortville 94 ... 58 BD27
Algajola 2B ... 344 FC104
Algans 81 ... 298 AZ85
Algolsheim 68 ... 121 CQ34
Algrange 57 ... 45 CE20
Alièze 39 ... 196 CC51
Alignan-du-Vent 34 ... 321 BL86
Alincourt 60 ... 37 AZ22
Alincourt 08 ... 42 BR20
Alincthun 62 ... 2 AZ5
Alise-Sainte-Reine 21 ... 159 BT41
Alissas 07 ... 266 BV72
Alix 69 ... 212 BV59
Alixan 26 ... 249 BY69
Alizay 27 ... 36 AU21
Allain 54 ... 94 CD29
Allaines 80 ... 23 BH14
Allaines-Mervilliers 28 ... 110 AZ33
Allainville 78 ... 86 AZ31
Allainville 28 ... 56 AV28
Allainville-en-Beauce 45 ... 111 BB33
Allaire 56 ... 125 V39
Allamont 54 ... 65 CC23
Allamps 54 ... 94 CC29
Allan 26 ... 267 BW74
Allanche 15 ... 245 BH66
Alland'Huy-et-Sausseuil 08 ... 42 BT19
Allarmont 88 ... 96 CL29
Allas-Bocage 17 ... 219 AH64
Allas-Champagne 17 ... 220 AI63
Allas-les-Mines 24 ... 259 AT71
Allassac 19 ... 242 AW66
Allauch 13 ... 327 CC87
Allègre 43 ... 247 BO67
Allègre (Château d') 30 ... 284 BS78
Allègre-les-Fumades 30 ... 284 BS78
Alleins 13 ... 305 CA83
Allemagne-en-Provence 04 ... 307 CG82
Allemanche-Launay-et-Soyer 51 ... 90 BN29
Allemans 24 ... 239 AN66
Allemans-du-Dropt 47 ... 257 AN73
Allemant 51 ... 61 BN27
Allemant 02 ... 40 BL19
Allemont 38 ... 251 CG67
Allenay 80 ... 11 AX12
Allenc 48 ... 264 BN74
Allenjoie 25 ... 142 CL40
Allennes-les-Marais 59 ... 8 BH8
Allenwiller 67 ... 68 CO27
Allerey 21 ... 159 BT45
Allerey-sur-Saône 71 ... 178 BX48
Allériot 71 ... 178 BX49
Allery 80 ... 11 BA14
Alles-sur-Dordogne 24 ... 258 AR71
Les Alleuds 79 ... 203 AL56
Les Alleuds 49 ... 149 AI43
Les Alleux 08 ... 42 BU19
Alleuze 15 ... 245 BJ69
Allevard 38 ... 233 CG64
Allèves 74 ... 215 CG60

AIX-EN-PROVENCE

Agard (Passage) ... CY 2
Albertas (Pl.) ... BY 3
Aude (R.) ... BY 4
Bagniers (R. des) ... BY 5
Bellegarde (Pl.) ... CX 7
Bon Pasteur (R.) ... BX 9
Boulégon (R.) ... BX 12
Brossolette (Av.) ... AZ 13
Cardeurs (Pl. des) ... BY 16
Clemenceau (R.) ... BY 18
Cordeliers (R. des) ... BY 20
Couronne (R. de la) ... BY 21
Curie (R. Pierre-et-Marie) ... BX 22
Espariat (R.) ... BY 26
Fabrot (R.) ... BY 28
Foch (R. du Maréchal) ... BY 30
Hôtel de Ville (Pl.) ... BY 37
Italie (R. d') ... CY 42
Lattre-de-Tassigny (Av. de) ... AY 46
De-la-Roque (R. J.) ... BX 25
Matheron (R.) ... BY 49
Méjanes (R.) ... BY 51
Minimes (Crs des) ... AY 52
Mirabeau (Cours) ... BCY
Montigny (R. de) ... BY 55
Napoléon-Bonaparte (Av.) ... AY 57
Nazareth (R.) ... BY 58
Opéra (R. de l') ... CY 62
Pasteur (Av.) ... BX 64
Paul-Bert (R.) ... BX 66
Prêcheurs (Pl. des) ... CY 70
Richelme (Pl.) ... BY 72
Saporta (R. G.-de) ... BX 75
Thiers (R.) ... CY 80
Verdun (Pl. de) ... CY 85
4-Septembre (R.) ... BZ 87

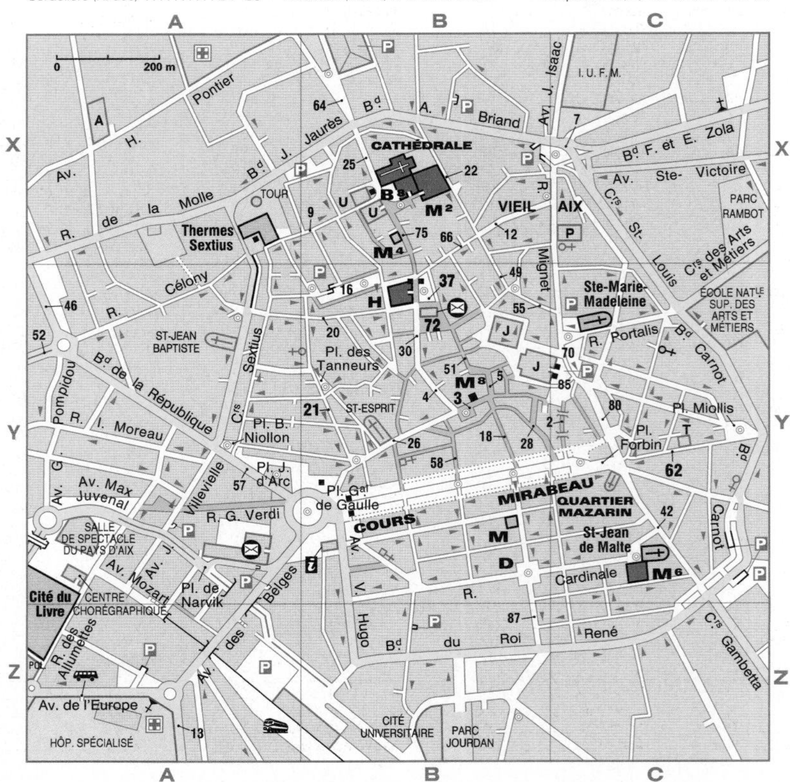

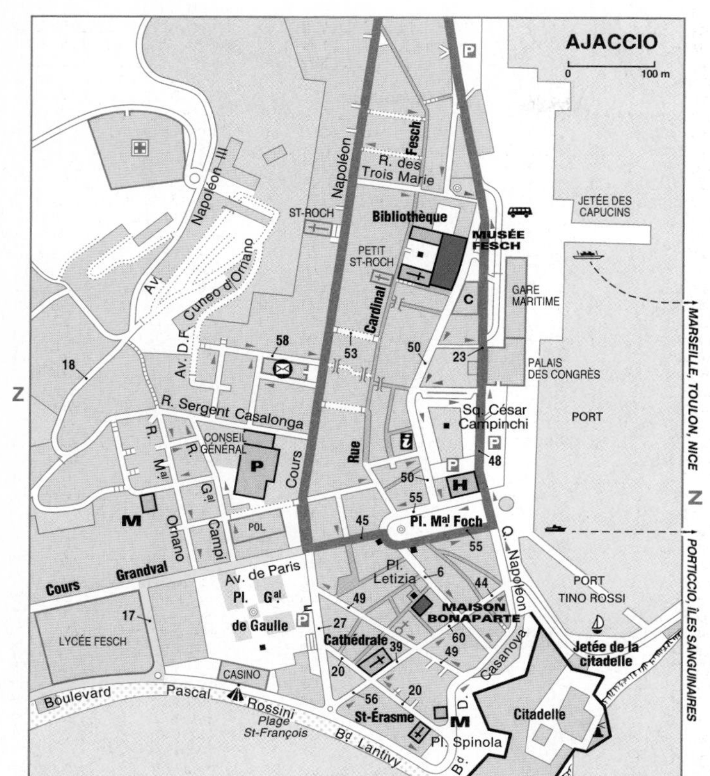
AJACCIO
0
100 m
Napoléon III
Av. D.F. Cuneo d'Ornano
ST-ROCH
Napoléon
Fesch
R. des Trois Marie
Bibliothèque
MUSÉE FESCH
PETIT ST-ROCH
Cardinal
JETÉE DES CAPUCINS
GARE MARITIME
PALAIS DES CONGRÈS
MARSEILLE, TOULON, NICE
R. Sergent Casalonga
CONSEIL GÉNÉRAL
Sq. César Campinchi
PORT
Rue
Cours
Pl. Mal Foch
Q. Napoléon
POL
Campi
Ornano
Cours Grandval
Av. de Paris
Pl. Gal de Gaulle
Pl. Letizia
MAISON BONAPARTE
PORT TINO ROSSI
Jetée de la citadelle
LYCÉE FESCH
Cathédrale
CASINO
Boulevard Pascal Rossini
Plage St-François
Bd Lantivy
St-Érasme
Pl. Spinola
Casanova
Citadelle
PORTICCIO, ÎLES SANGUINAIRES
Z
N

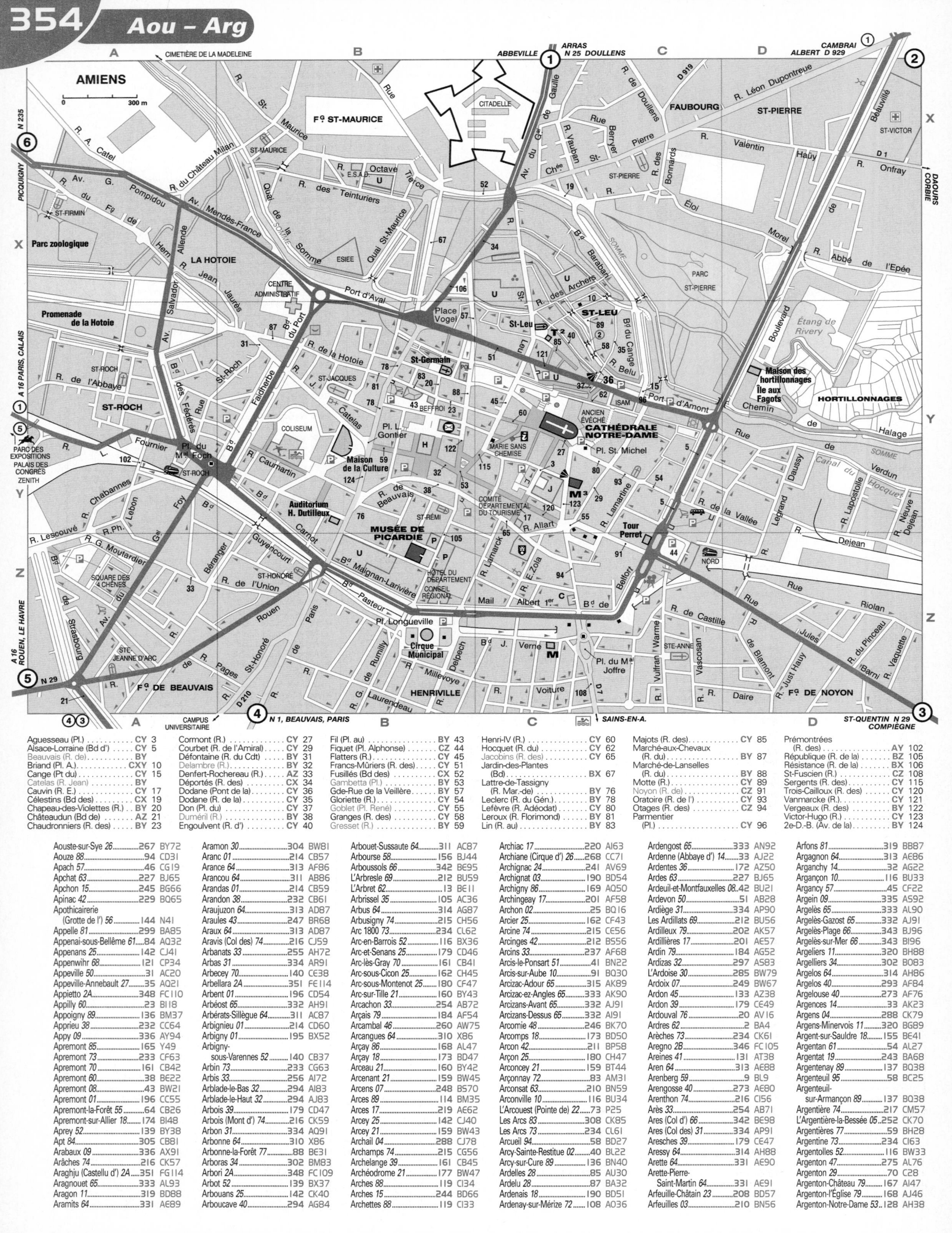
AMIENS
0
300 m
CIMETIÈRE DE LA MADELEINE
ABBEVILLE
ARRAS
N 25 DOULLENS
CAMBRAI
ALBERT D 929
DAOURS
CORBIE
PICQUIGNY N 235
A 16 PARIS, CALAIS
A 16
ROUEN, LE HAVRE
CAMPUS
UNIVERSITAIRE
N 1, BEAUVAIS, PARIS
SAINS-EN-A.
ST-QUENTIN N 29
COMPIÈGNE
Fg ST-MAURICE
CITADELLE
FAUBOURG
ST-PIERRE
ST-VICTOR
ST-MAURICE
E.S.A.D.
R. des Teinturiers
Parc zoologique
LA HOTOIE
ESIEE
CENTRE
ADMINISTRATIF
Promenade
de la Hotoie
Place
Vogel
ST-LEU
St-Leu
PARC
ST-PIERRE
Étang de
Rivery
St-Germain
ST-JACQUES
BEFFROI
ST-ROCH
COLISEUM
Pl. L.
Gontier
Maison
de la Culture
ANCIEN
ÉVÊCHÉ
CATHÉDRALE
NOTRE-DAME
Pl. St. Michel
MARIE SANS
CHEMISE
Maison des
hortillonnages
Île aux
Fagots
HORTILLONNAGES
PARC DES
EXPOSITIONS
PALAIS DES
CONGRÈS
ZENITH
Pl. du
Mal Foch
Auditorium
H. Dutilleux
MUSÉE DE
PICARDIE
ST-RÉMI
COMITÉ
DÉPARTEMENTAL
DU TOURISME
Tour
Perret
NORD
SQUARE DES
4 CHÊNES
ST-HONORÉ
HÔTEL DU
DÉPARTEMENT
CONSEIL
RÉGIONAL
Pl. Longueville
Cirque
Municipal
STE-
JEANNE D'ARC
Fg DE BEAUVAIS
HENRIVILLE
Pl. du Mal
Joffre
STE-ANNE
Fg DE NOYON

ANGERS

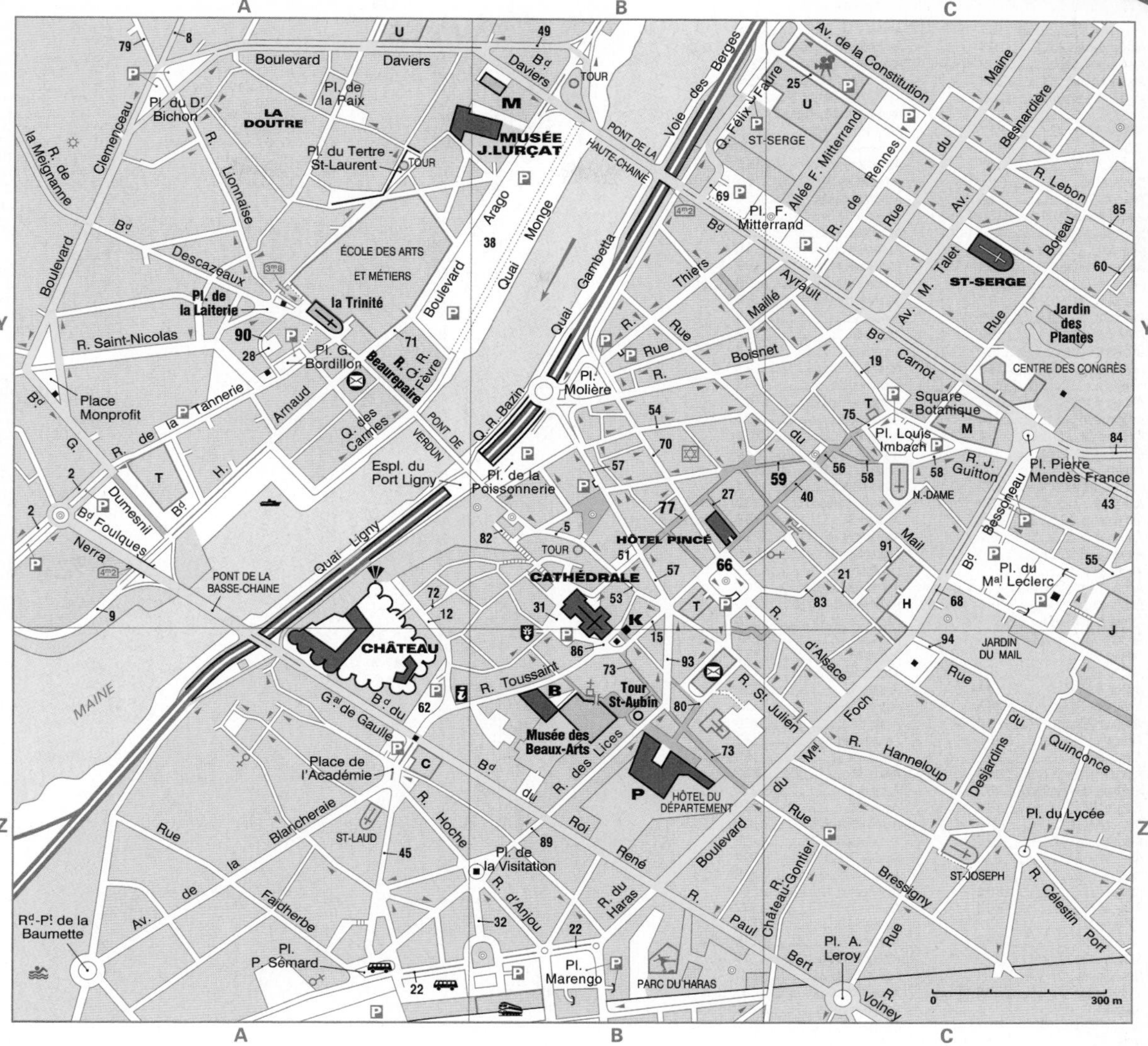

A
B
C
Y
Z
LA DOUTRE
MUSÉE J.LURÇAT
ÉCOLE DES ARTS ET MÉTIERS
la Trinité
Pl. de la Laiterie
Pl. G. Bordillon
Place Monprofit
R. Saint-Nicolas
Boulevard Daviers
Pl. de la Paix
Pl. du Dr Bichon
Pl. du Tertre - St-Laurent
Quai Monge
Quai Gambetta
Voie des Berges
PONT DE LA HAUTE-CHAINE
PONT DE LA BASSE-CHAINE
PONT DE VERDUN
Quai Ligny
Espl. du Port Ligny
Pl. de la Poissonnerie
Pl. Molière
ST-SERGE
Jardin des Plantes
CENTRE DES CONGRÈS
Square Botanique
Pl. Louis Imbach
Pl. Pierre Mendès France
N.-DAME
HÔTEL PINCÉ
CATHÉDRALE
CHÂTEAU
MAINE
Tour St-Aubin
Musée des Beaux-Arts
HÔTEL DU DÉPARTEMENT
Pl. F. Mitterrand
Allée F. Mitterrand
Av. de la Constitution
Pl. du Mal Leclerc
JARDIN DU MAIL
Place de l'Académie
Gal de Gaulle
R. Toussaint
R. des Lices
Bd du Roi René
Pl. de la Visitation
Pl. du Lycée
ST-JOSEPH
ST-LAUD
Rd-Pt de la Baumette
Pl. P. Sémard
Pl. Marengo
PARC DU HARAS
Pl. A. Leroy
0
300 m

ANNECY

ANTIBES

Albert 1er (Bd) .... CDY
Alger (R. d') .... CX 3
Arazy (R.) .... DXY 4
Barnaud (Pl. Amiral) .... DY 6
Barquier (Av.).............. DY 8
Bas-Castelet (R. du) .... DY 9
Bateau (R. du).............. DX 10
Clemenceau (R. G.) .... DX 14
Dames-Blanches (Av. des).... CY 19
Directeur Chaudon (R.)....... CY 20
Docteur Rostan (R. du) ...... DX 24
Gambetta (Av.) .... CX 30
Gaulle (Pl. du Gén.-de)...... CXY
Grand-Cavalier (Av. du)...... CX 37
Guynemer (Pl.) .... CX 40
Haut-Castelet (R. du) .... DY 42
Horloge (R. de l')........... DX 43
Martyrs-de-la-Résistance
(Pl. des) .... CDX 51
Masséna (Cours) .... DX 52
Meissonnier (Av.)......... CDY 54
Nationale (Pl.) .... DX 55
Orme (R. de l') .... DX 57
République (R. de la)....... CDX 67
Revely (R. du) .... DX 68
Revennes (R. des) .... DY 69
St-Roch (Av.) .... CX 72
Saleurs (Rampe des) .... DX 75
Tourraque (R. de la)......... DY 83
Vautrin (Bd. du Gén.) .... CX 84
8-Mai 1945
(Square du) .... DX 90
24-Août (Av. du) .... CY 92

AVIGNON

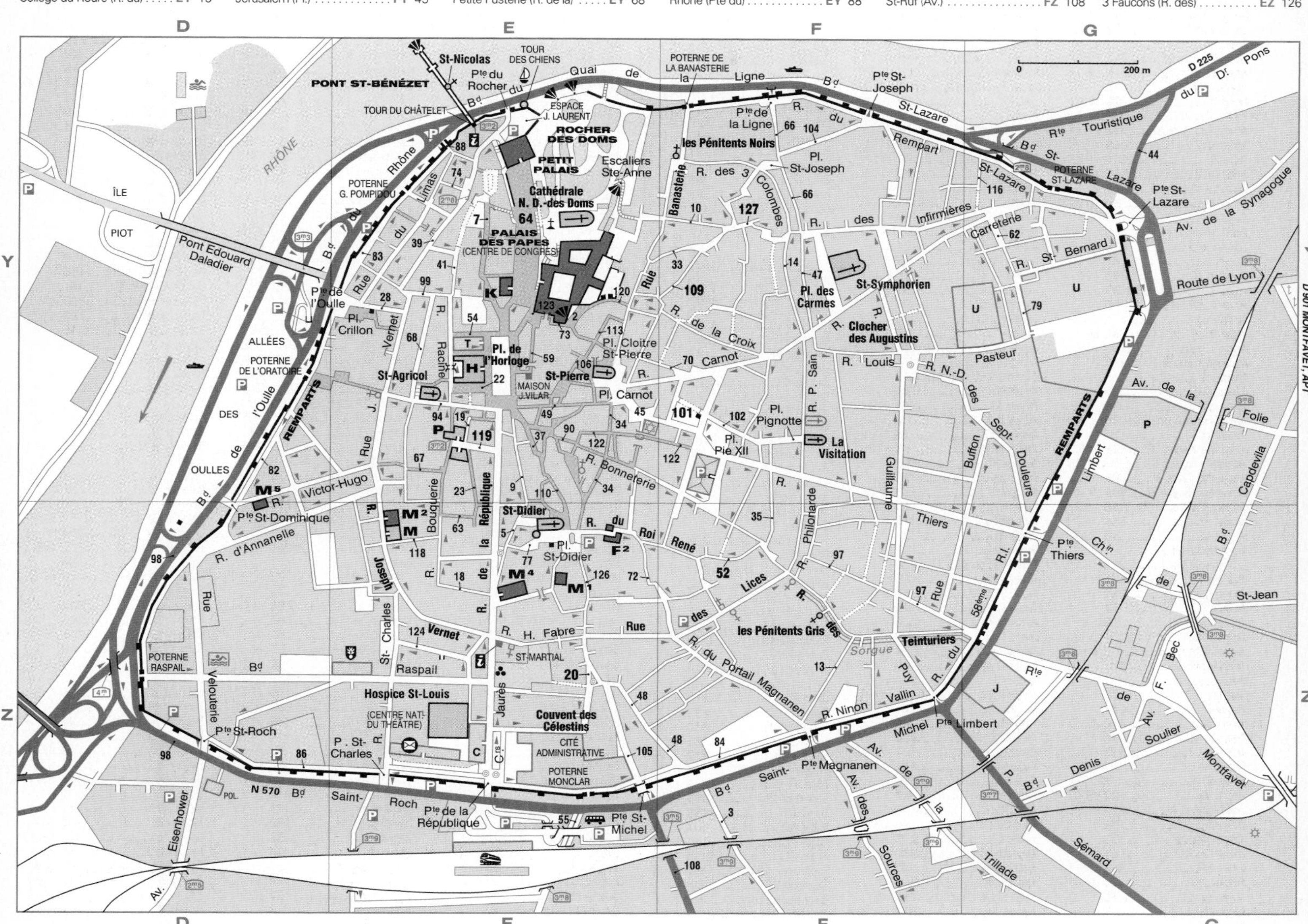

D
E
F
G
Y
Z
PONT ST-BÉNÉZET
St-Nicolas
TOUR DES CHIENS
TOUR DU CHÂTELET
ROCHER DES DOMS
PETIT PALAIS
Cathédrale N. D.-des Doms
PALAIS DES PAPES (CENTRE DE CONGRÈS)
Escaliers Ste-Anne
POTERNE DE LA BANASTERIE
les Pénitents Noirs
Pl. St-Joseph
Pte St-Joseph
POTERNE ST-LAZARE
Pte St-Lazare
ÎLE
PIOT
Pont Edouard Daladier
RHÔNE
POTERNE G. POMPIDOU
Pte de l'Oulle
Pl. Crillon
ALLÉES
POTERNE DE L'ORATOIRE
DES
OULLES
REMPARTS
St-Agricol
Pl. de l'Horloge
MAISON J. VILAR
St-Pierre
Pl. Cloître St-Pierre
Pl. Carnot
Pl. Pignotte
Pl. Pie XII
Pl. des Carmes
St-Symphorien
Clocher des Augustins
La Visitation
St-Didier
Pl. St-Didier
Pte St-Dominique
Pte Thiers
les Pénitents Gris
Teinturiers
Songue
POTERNE RASPAIL
Pte St-Roch
Hospice St-Louis
(CENTRE NATl DU THÉÂTRE)
P. St-Charles
Couvent des Célestins
CITÉ ADMINISTRATIVE
POTERNE MONCLAR
Pte de la République
Pte St-Michel
Pte Magnanen
Pte Limbert
ST-MARTIAL
Route de Lyon
D 901 MONTFAVET, APT
D 225
Av. de la Synagogue
Route Touristique
Sémard
Trillade
Sources
Eisenhower
N 570
St-Jean
Montfavet
Soulier
Denis
0
200 m

B

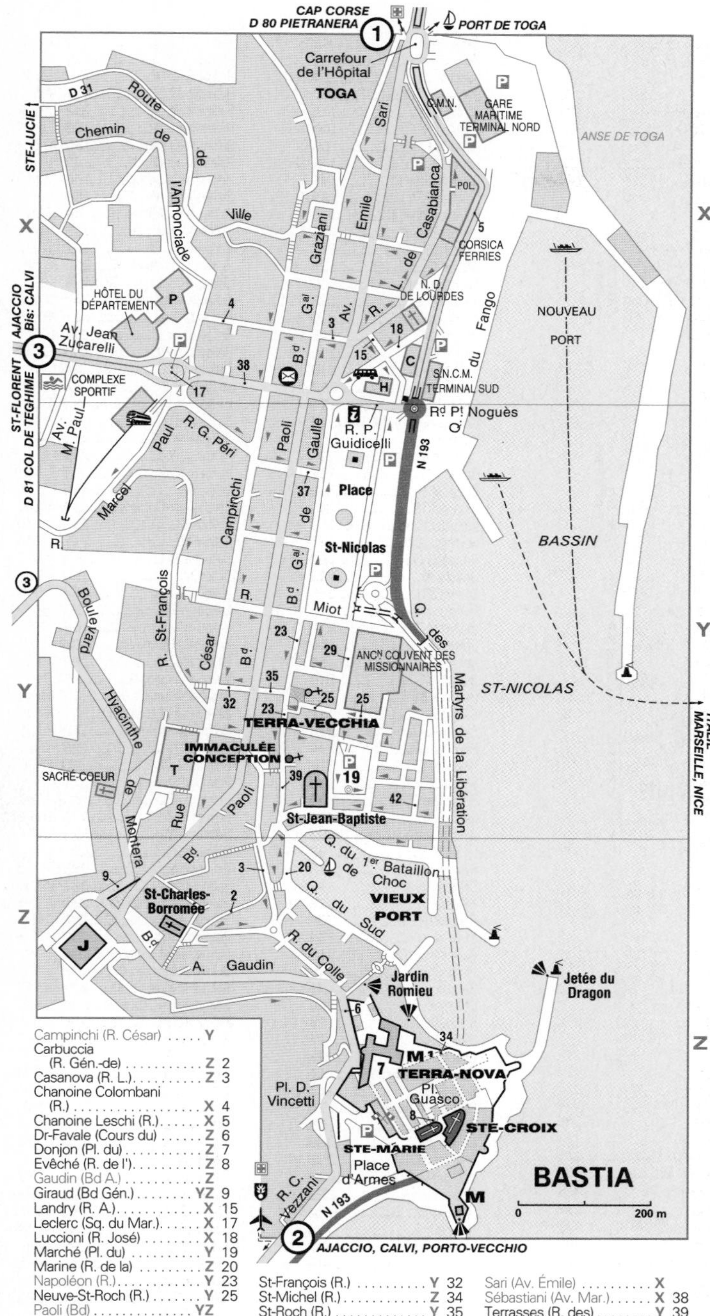

Campinchi (R. César) ..... Y
Carbuccia (R. Gén.-de) ..... Z 2
Casanova (R. L.) ..... Z 3
Chanoine Colombani (R.) ..... X 4
Chanoine Leschi (R.) ..... X 5
Dr-Favale (Cours du) ..... Z 6
Donjon (Pl. du) ..... Z 7
Evêché (R. de l') ..... Z 8
Gaudin (Bd A.) ..... Z
Giraud (Bd Gén.) ..... YZ 9
Landry (R. A.) ..... X 15
Leclerc (Sq. du Mar.) ..... X 17
Luccioni (R. José) ..... X 18
Marché (Pl. du) ..... Y 19
Marine (R. de la) ..... Z 20
Napoléon (R.) ..... Y 23
Neuve-St-Roch (R.) ..... Y 25
Paoli (Bd) ..... YZ
Pierangeli (Cours H.) ..... Y 29
St-François (R.) ..... Y 32
St-Michel (R.) ..... Z 34
St-Roch (R.) ..... Y 35
Salicetti (R.) ..... Y 37
Sari (Av. Émile) X
Sébastiani (Av. Mar.) ..... X 38
Terrasses (R. des) ..... Y 39
Zéphyrs (R. des) ..... Y 42

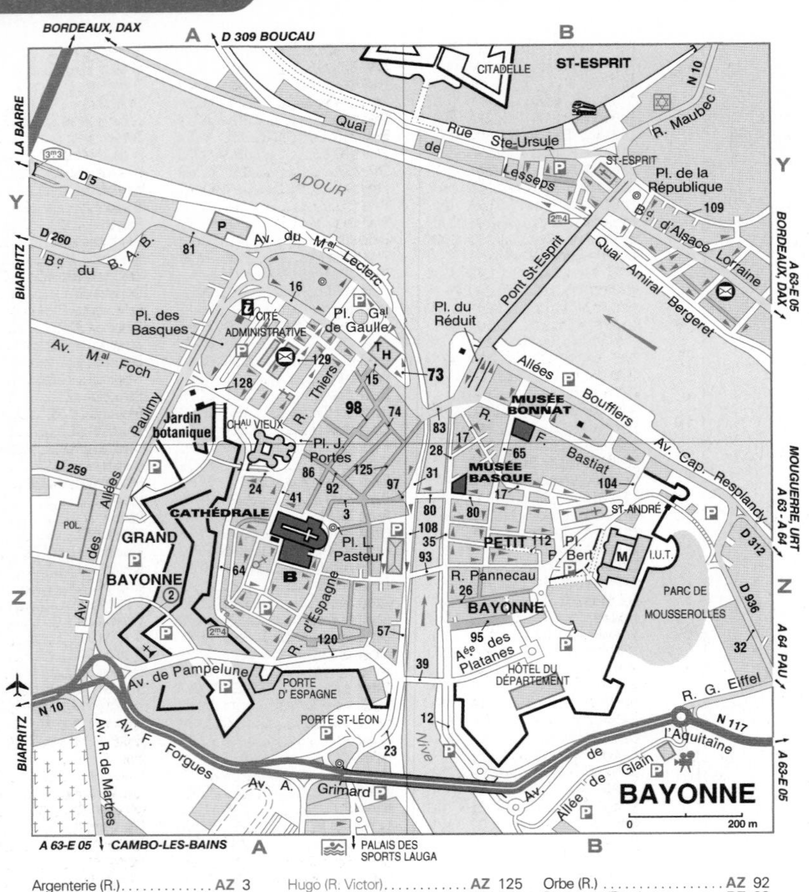
BORDEAUX, DAX
D 309 BOUCAU
CITADELLE
ST-ESPRIT
Quai de Lesseps
Rue Ste-Ursule
R. Maubec
Pl. de la République
ADOUR
Av. du Mal Leclerc
Bd du B. A. B.
Pl. des Basques
CITÉ ADMINISTRATIVE
Pl. Gal de Gaulle
Pl. du Réduit
Pont St-Esprit
Quai Amiral Bergeret
Bd d'Alsace Lorraine
Av. Mal Foch
Allées Boufflers
MUSÉE BONNAT
MUSÉE BASQUE
Jardin botanique
CHAU VIEUX
Pl. J. Portes
CATHÉDRALE
GRAND BAYONNE
PETIT BAYONNE
Pl. L. Pasteur
Pl. P. Bert
R. Pannecau
ST-ANDRÉ
I.U.T.
PARC DE MOUSSEROLLES
Av. Cap. Resplandy
Allées des Platanes
HÔTEL DU DÉPARTEMENT
Av. de Pampelune
PORTE D'ESPAGNE
PORTE ST-LÉON
R. G. Eiffel
l'Aquitaine
Av. F. Forgues
Av. A. Grimard
Allée de Glain
BAYONNE
LA BARRE
BIARRITZ
MOUGUERRE, URT A 63 - A 64
A 64 PAU
A 63-E 05
A 63-E 05 CAMBO-LES-BAINS
PALAIS DES SPORTS LAUGA
0 200 m

BEAUVAIS

Beauregard (R.) 2
Brière (Bd J.) 3
Carnot (R.)
Clemenceau (Pl.) 4
Dr-Gérard (R.) 5
Dr-Lamotte (Bd du) 6
Dreux (R. Ph. de) 7
Gambetta
Grenier-à-Sel (R.) 8
Guéhengnies (R. de) 9
Hachette (Pl. J.) 10
Halles (Pl. des) 12
Leclerc (R. Mar.) 13
Lignières (R. J. de) 15
Loisel (Bd A.) 16
Malherbe (R. de) 18
Nully-d'Hécourt (R.) 19
République (Av. de la) 20
St-André (Bd) 22
St-Laurent (R.) 23
St-Pierre (R.) 24
Scellier (Cours) 27
Taillerie (R. de la) 29
Tapisserie (R. de la) 30
Villiers-de-l'Isle-Adam (R.) 35
Vincent-de-Beauvais (R.) 26
Watrin (R. du Gén.) 36
27-Juin (R. du) 38

Bénesville 76 19 AS16
Benet 85 184 AG53
Beneuvre 21 138 BW39
Bénévent-et-Charbillac 05 269 CG72
Bénévent-l'Abbaye 23 206 AX57
Beney-en-Woëvre 55 65 CC24
Benfeld 67 97 CQ30
Bengy-sur-Craon 18 173 BG47
Bénifontaine 62 8 BG8
Béning-lès-Saint-Avold 57 47 CK22
La Bénisson-Dieu 42 211 BO56
Bénivay-Ollon 26 285 BZ76
Bennecourt 78 57 AX24
Bennetot 76 19 AQ17
Benney 54 94 CF29
Bennwihr 68 121 CO33
Bénodet 29 99 H35
Benoisey 21 137 BS40
Benoîtville 50 28 Z18
Benon 17 183 AE55
Bénonces 01 214 CB59
Bénouville 76 18 AO16
Bénouville 14 33 AK22
Benqué 65 333 AM90
Benque 31 316 AR88
Benque-Dessous-et-Dessus 31 334 AO93
Benquet 40 294 AG82
Bentayou-Sérée 64 314 AJ87
Bény 01 195 BZ54
Le Bény-Bocage 14 52 AF25
Bény-sur-Mer 14 33 AJ21
Béon 89 113 BK36
Béon 01 214 CD59
Béost 64 332 AG91
La Bérarde 38 252 CI69
Bérat 31 317 AT87
Béraut 32 295 AN81
Berbérust-Lias 65 332 AJ90
Berbezit 43 246 BN66
Berbiguières 24 259 AT71
Berc 48 264 BK71
Bercenay-en-Othe 10 114 BO33
Bercenay-le-Hayer 10 90 BM32
Berche 25 142 CK41
Berchères-la-Maingot 28 86 AW30
Berchères-les-Pierres 28 86 AX31
Berchères-sur-Vesgre 28 57 AX26
Berck-Plage 62 6 AX9
Berck-sur-Mer 62 6 AX9
Bercloux 17 201 AH59
Berd'Huis 61 84 AR32
Berdoues 32 315 AN86
Bérelles 59 15 BP11
Bérengeville-la-Campagne 27 36 AT23
Berentzwiller 68 143 CP39
Bérenx 64 293 AD85
Béréziat 01 195 BY53
Berfay 72 108 AR36
Berg 67 67 CM25
Berg-sur-Moselle 57 46 CG19
Berganty 46 260 AX75
Bergbieten 67 97 CP28
Bergerac 24 257 AO71
Bergères 10 116 BU33
Bergères-lès-Vertus 51 61 BP26
Bergères-sous-Montmirail 51 60 BM26
Bergesserin 71 194 BU53
Bergheim 68 97 CO32
Bergholtz 68 120 CN35
Bergholtzzell 68 120 CN35
Bergicourt 80 22 BB16
Bergnicourt 08 42 BU19
Bergonne 63 228 BK63
Bergouey 64 311 AB86
Bergouey 40 293 AE83
La Bergue 74 197 CH55
Bergueneuse 62 7 BC8
Bergues 59 3 BD3
Bergues-sur-Sambre 02 15 BN13
Berguette 62 7 BE7
Berhet 22 72 N26
Bérig-Vintrange 57 67 CJ24
Bérigny 50 32 AF22
Berjou 61 53 AI26
Berlaimont 59 15 BN11
Berlancourt 60 23 BI17
Berlancourt 02 25 BN16
Berlats 81 300 BF84
Berlencourt-le-Cauroy 62 12 BD10
Berles-au-Bois 62 13 BF11
Berles-Monchel 62 13 BE10
La Berlière 08 27 BV18
Berling 57 68 CN26
Berlise 02 25 BQ17
Berlou 34 321 BI86
Bermerain 59 14 BL11
Berméricourt 51 41 BP20
Bermeries 59 15 BN10
Bermering 57 67 CJ24
Bermesnil 80 21 AY15
Bermicourt 62 7 BC9
Bermont 90 142 CL39
Bermonville 76 19 AQ17
Bernac 81 299 BA81
Bernac 16 203 AM57
Bernac-Debat 65 315 AL89
Bernac-Dessus 65 315 AL89
Bernadets 64 314 AH87
Bernadets-Debat 65 315 AM87
Bernadets-Dessus 65 315 AM89
Le Bernard 85 182 Z52
La Bernardière 85 166 AB46
Bernardswiller 67 97 CP29
Bernardvillé 67 97 CO30
Bernâtre 80 12 BB11
Bernaville 80 12 BC12
Bernay 72 107 AL35
Bernay 27 35 AQ23
Bernay 17 201 AG57
Bernay-en-Brie 77 59 BH28
Bernay-en-Ponthieu 80 11 AY10
Berné 56 101 M34
Bernécourt 54 65 CC26
Bernède 32 294 AI84
La Bernerie-en-Retz 44 146 W45
Bernes 80 23 BI14
Bernes-sur-Oise 95 38 BC23
Bernesq 14 32 AF21
Berneuil 87 205 AT57
Berneuil 80 12 BC12
Berneuil 17 219 AG61
Berneuil 16 220 AK64
Berneuil-en-Bray 60 38 BB21
Berneuil-sur-Aisne 60 39 BI20
Berneval-le-Grand 76 10 AU14
Berneville 62 13 BF10
Bernex 74 198 CK53
Bernienville 27 56 AT24
Bernières 76 19 AP17
Bernières-d'Ailly 14 54 AL25
Bernières-le-Patry 14 52 AG26
Bernières-sur-Mer 14 33 AJ21
Bernières-sur-Seine 27 36 AV22
Bernieulles 62 6 AZ7
Bernin 38 233 CE65
Bernis 30 303 BS83
Bernolsheim 67 68 CQ26
Bernon 10 114 BP36
Bernos-Beaulac 33 274 AI76
Bernot 02 24 BL15
Bernouil 89 136 BO37
Bernouville 27 37 AY21
Bernwiller 68 143 CN38
Berny-en-Santerre 80 23 BG15
Berny-Rivière 02 40 BJ20
Bérou-la-Mulotière 28 56 AT27
Berrac 32 275 AO80
Berre-les-Alpes 06 291 CR81
Berre-l'Étang 13 326 CA86
Berriac 11 319 BD89
Berrias-et-Casteljau 07 284 BS76
Berric 56 124 S39
Berrie 86 168 AK46
Berrien 29 76 K29
Berrieux 02 41 BO19
Berrogain-Laruns 64 313 AD88
Berru 51 41 BQ21
Berrwiller 68 120 CN36
Berry-au-Bac 02 41 BO20
Berry-Bouy 18 172 BC46
Le Bersac 05 269 CE75
Bersac-sur-Rivalier 87 206 AW57
Bersaillin 39 179 CC48
Bersée 59 8 BI8
Bersillies 59 15 BP10
Berson 33 237 AG67
Berstett 67 68 CQ27
Berstheim 67 68 CQ26
Bert 03 192 BN54
Bertangles 80 22 BC14
Bertaucourt-Epourdon 02 24 BK18
Berteaucourt-les-Dames 80 12 BB13
Berteaucourt-lès-Thennes 80 22 BE16
Bertheauville 76 19 AQ16
Berthecourt 60 38 BC21
Berthegon 86 169 AN48
Berthelange 25 161 CD44
Berthelming 57 67 CL26
Berthen 59 4 BF5
Berthenay 37 151 AP43
Berthenicourt 02 24 BK16
Berthenonville 27 37 AY23
La Berthenoux 36 189 BB51
Berthez 33 256 AJ74
Bertholène 12 281 BG76
Berthouville 27 35 AQ22
Bertignat 63 228 BN62
Bertignolles 10 115 BT34
Bertincourt 62 13 BH12
Bertoncourt 08 26 BS18
Bertrambois 54 96 CL28
Bertrancourt 80 13 BE12
Bertrange 57 45 CF20
Bertre 81 298 AZ85
Bertren 65 334 AP91
Bertreville 76 19 AQ16
Bertreville-Saint-Ouen 76 20 AT16
Bertric-Burée 24 221 AN65
Bertrichamps 54 96 CK30
Bertricourt 02 41 BP20
Bertrimont 76 20 AT17
Bertrimoutier 88 96 CM32
Bertry 59 14 BL12
Béru 89 136 BO38
Béruges 86 186 AM51
Bérulle 10 114 BN34
Bérus 72 83 AM31
Berven 29 71 H27
Berville 95 38 BB22
Berville 76 19 AS17
Berville 14 54 AM24
Berville-en-Roumois 27 35 AS21
Berville-la-Campagne 27 55 AS24
Berville-sur-Mer 27 34 AO20
Berville-sur-Seine 76 35 AS19
Berviller-en-Moselle 57 46 CI21
Berzé-la-Ville 71 194 BV54
Berzé-le-Châtel 71 194 BV53
Berzème 07 266 BU73
Berzieux 51 43 BV22
Berzy-le-Sec 02 40 BK21
La Besace 08 27 BW18
Besain 39 179 CD49
Besançon 25 162 CF43
Bésayes 26 249 BY69
Bescat 64 314 AG89
Bésignan 26 286 CB76
Bésingrand 64 313 AF87
Beslé 44 126 X38
La Beslière 50 51 AB26
Beslon 50 52 AD26
Besmé 02 40 BJ19
Besmont 02 25 BQ15
Besnans 70 162 CG41
Besné 44 146 V41
Besneville 50 31 AA20
Besny-et-Loizy 02 24 BM18
Bessac 16 220 AK64
Bessais-le-Fromental 18 173 BG50
Bessamorel 43 247 BR68
Bessan 34 322 BM87
Bessancourt 95 58 BC24
Bessans 73 235 CN64
Bessas 07 284 BS76
Le Bessat 42 230 BU65
Bessay 85 183 AC51
Bessay-sur-Allier 03 192 BL53
Besse 38 251 CH68
Besse 24 259 AT73
Bessé 16 203 AL58
Besse 15 244 BD68
La Besse 19 243 BB67
Besse-en-Chandesse 63 227 BH63
Bessé-sur-Braye 72 131 AR37
Besse-sur-Issole 83 328 CI87
Bessède-de-Sault 11 337 BB94
Bessèges 30 283 BR77
Bessenay 69 212 BU60
Bessens 82 297 AU81
Besset 09 336 AZ90
Bessey 42 230 BV64
Bessey-en-Chaume 21 177 BV46
Bessey-la-Cour 21 159 BU45
Bessey-lès-Cîteaux 21 160 BY45
La Besseyre-Saint-Mary 43 246 BL69
Bessières 31 298 AX82
Bessines 79 184 AH54
Bessines-sur-Gartempe 87 205 AV57
Bessins 38 250 CA66
Besson 03 192 BK53
Bessoncourt 90 142 CL39
Bessonies 46 261 BB71
Les Bessons 48 264 BK72
Bessuéjouls 12 263 BG74
Bessy 10 90 BP29
Bessy-sur-Cure 89 136 BN40
Bestiac 09 336 AY94
Bétaille 46 242 AY70
Betaucourt 70 140 CE37
Betbèze 65 316 AO88
Betbezer-d'Armagnac 40 274 AJ80
Betcave-Aguin 32 316 AP86
Betchat 09 335 AS90
Bétête 23 189 BB54
Béthancourt-en-Valois 60 39 BH21
Béthancourt-en-Vaux 02 24 BJ18
Bétharram (Grottes de) 64 332 AI90
Béthelainville 55 43 BY22
Béthemont-la-Forêt 95 58 BC24
Béthencourt 59 14 BL12
Béthencourt-sur-Mer 80 11 AX13
Béthencourt-sur-Somme 80 23 BH16
Bétheniville 51 42 BS21
Betheny 51 41 BP21
Béthincourt 55 43 BY21
Béthines 86 187 AS52
Béthisy-Saint-Martin 60 39 BG21
Béthisy-Saint-Pierre 60 39 BG21
Bethmale 09 335 AS92
Béthon 72 83 AM31
Bethon 51 90 BM29
Béthoncourt 25 142 CK40
Béthonsart 62 7 BE9
Béthonvilliers 90 142 CL38
Béthonvilliers 28 109 AS33
Béthune 62 8 BF8
Bétignicourt 10 91 BS31
Beton-Bazoches 77 60 BJ28
Betoncourt-lès-Brotte 70 141 CH38
Betoncourt-les-Ménétriers 70 140 CD39
Betoncourt-Saint-Pancras 70 118 CF36
Betoncourt-sur-Mance 70 140 CC37
Bétous 32 295 AK83
Betplan 32 315 AL86
Betpouey 65 333 AK92
Betpouy 65 315 AN88
Bétracq 64 294 AJ85
Betschdorf 67 69 CS24
Bettaincourt-sur-Rognon 52 93 BY32
Bettainvillers 54 45 CD21
Bettancourt-la-Ferrée 52 63 BW28
Bettancourt-la-Longue 51 63 BV26
Bettange 57 46 CH21
Bettant 01 214 CA58
Bettborn 57 67 CL26
Bettegney-Saint-Brice 88 95 CG32
Bettelainville 57 46 CG21
Bettembos 80 21 AZ16
Bettencourt-Rivière 80 11 BA13
Bettencourt-Saint-Ouen 80 12 BB13
Bettendorf 68 143 CO39
Bettes 65 333 AL90
Betteville 76 19 AS18
Bettignies 59 15 BO10
Betting 57 47 CJ22
Bettlach 68 143 CP40
Betton 35 104 Z33
Betton-Bettonet 73 233 CH62
Bettoncourt 88 94 CF31
Bettoncourt-le-Haut 52 93 BZ31
Bettrechies 59 15 BN10
Bettviller 57 68 CN23
Bettwiller 67 67 CM25
Betz 60 39 BH23
Betz-le-Château 37 170 AS47
Beugin 62 7 BE9
Beugnâtre 62 13 BH12
Beugneux 02 40 BL22
Beugnies 59 15 BP12
Beugnon 89 114 BO35
Le Beugnon 79 184 AH51
Beugny 62 13 BH12
Beuil 06 289 CO78
Le Beulay 88 96 CM31
Beulotte-Saint-Laurent 70 119 CJ36
Beure 25 162 CF44
Beurey 10 115 BT33
Beurey-Bauguay 21 159 BT44
Beurey-sur-Saulx 55 63 BX27
Beurières 63 229 BO64
Beurizot 21 159 BT43
Beurlay 17 201 AE59
Beurville 52 92 BV32
Beussent 62 6 AZ7
Beuste 64 314 AI89
Beutal 25 142 CJ41
Beutin 62 6 AY8
Beuvardes 02 40 BL23
Beuveille 54 44 CB19
Beuvezin 54 94 CE31
Beuvillers 54 45 CD20
Beuvillers 14 34 AN23
Beuvrages 59 9 BL9
Beuvraignes 80 23 BG17
Beuvray (Mont) 71 176 BQ48
Beuvrequen 62 2 AY5
Beuvreuil 76 37 AY19
Beuvrigny 50 52 AE24
Beuvron 58 157 BL43
Beuvron-en-Auge 14 34 AL22
Beuvry 62 8 BF8

BELFORT

Ancêtres (Fg des) Y 3
Armes (Pl. d') Y 5
As-de-Carreau (R. de l') Z 6
Bourgeois (Pl. des) Y 12
Carnot (Bd) Z 15
Clemenceau (R. G.) Y 20
Denfert-Rochereau (R.) Z 21
Dr-Corbis (Pl. du) Z 23
Dr-Fréry (R. du) Y 24
Dreyfus-Schmidt (R.) Y 25
Espérance (Av. de l') Y 28
Foch (Av. Mar.) Z 29
France (Fg de) Z 30
Gaulard (R. du Gén.) Z 31
Grande-Fontaine (Pl. de la) Z 32
Grande-Fontaine (R.) Y 33
Grand'Rue Y 34
Joffre (Bd du Mar.) VY 37
Lebleu (R. F.) Z 40
Magasin (Q. du) Y 43
Metz-Juteau (R.) Y 45
Mulhouse (R. de) Y 46
Pompidou (R. G.) Y 48
République (Pl. de la) Y 49
République (R. de la) Z 50
Roussel (R. du Gén.) Y 51
Sarrail (Av. du Gén.) Z 52
Vauban (Q.) Y 60

BESANÇON

Battant (Pont) . . . . AY 3
Battant (R.). . . . . AY
Bersot (R.) . . . . BY
Carnot (Av.). . . . . BYX 7
Castan (Sq.) . . . . BZ 8
Chapitre (R. du) . . . . BZ 14
Convention (R. de la) . . . . BZ 4
Denfert-Rochereau (Av.). . . . . . BY 17
Denfert-Rochereau (Pont) . . . . BY 18
Fusillés-de-la-Résistance (R. des) . . . . BZ 20
Gambetta (R.). . . . . ABY 21
Gare-d'eau (Av. de la) . . . . AZ 22
Gaulle (Bd Ch.de) . . . . AZ 23
Girod-de-Chantrans (R.) . . . . AYZ 24
Grande-Rue . . . . ABYZ
Granges (R. des) . . . . ABY
Krug (R. Ch.) . . . . BY 26
Lycée (R. du) . . . . AY 28
Madeleine (R. de la) . . . . AY 29
Martelots (Pl. des). . . . . BZ 30
Mégevand (R.) . . . . ABZ 32
Moncey (R.). . . . . BY 33
Orme-de-Chamars (R. de l') . . . . AZ 36
Pouillet (R. C.) . . . . AY 39
République (R. de la) . . . . ABY 40
Révolution (Pl. de la) . . . . AY 41
Rivotte (Faubourg) . . . . BZ 42
Ronchaux (R.) . . . . BZ 43
Rousseau (R. J. J.) . . . . AY 45
Saint-Amour (Sq.) . . . . BY 48
Sarrail (R. Gén.) . . . . ABY 52
Vauban (Q.) . . . . AY 56
1ère-Armée-Française (Pl. de la) . . . . BY 58

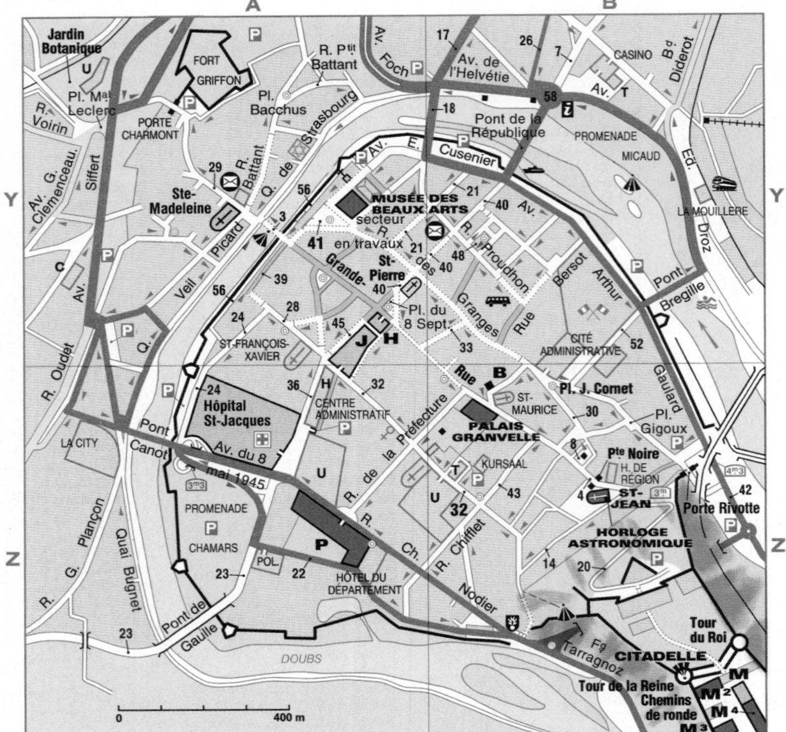

Beuvry-la-Forêt *59*..........9 BJ8
Beux *57*..........66 CG24
Beuxes *86*..........168 AM46
Beuzec-Cap-Sizun *29*..........99 E33
Beuzeville *27*..........34 AO21
Beuzeville-au-Plain *50*..........29 AC19
Beuzeville-la-Bastille *50*..........31 AC20
Beuzeville-la-Grenier *76*..........19 AP18
Beuzeville-la-Guérard *76*..........19 AQ17
Beuzevillette *76*..........19 AQ18
Bévenais *38*..........232 CB64
Beveuge *70*..........141 CI40

BÉZIERS

Abreuvoir (R. de l') . . . . BZ 2
Albert-1er (Av.) . . . . CY 3
Bonsi (R. de) . . . . BZ 4
Brousse (Av. Pierre) . . . . BZ 5
Canterelles (R.) . . . . BZ 6
Capus (R. du). . . . . BZ 7
Citadelle (R. de la) . . . . BZ 9
Drs-Bourguet (R. des). . . . . BZ 13
Estienne-d'Orves (Av. d') . . . . . BZ 22
Flourens (R.) . . . . BY 23
Garibaldi (Pl.) . . . . CZ 26
Joffre (Av. Mar.). . . . . CZ 32
Massol (R.) . . . . BZ 43
Moulins (Rampe des) . . . . BY 44
Orb (R. de l') . . . . BZ 47
Péri (Pl. G.) . . . . BYZ 49
Puits-des-Arènes (R. du). . . . . . BZ 54
République (R. de la) . . . . BY 55
Révolution (Pl. de la) . . . . BZ 57
Riquet (R. P.) . . . . BY 58
St-Jacques (R.) . . . . BZ 60
Strasbourg (Bd de) . . . . CY 64
Tourventouse (Bd). . . . . BZ 65
Victoire (Pl. de la) . . . . BCY 68
Viennet (R.) . . . . BZ 69
4-Septembre (R. du) . . . . BY 72
11-Novembre (Pl. du) . . . . CY 74

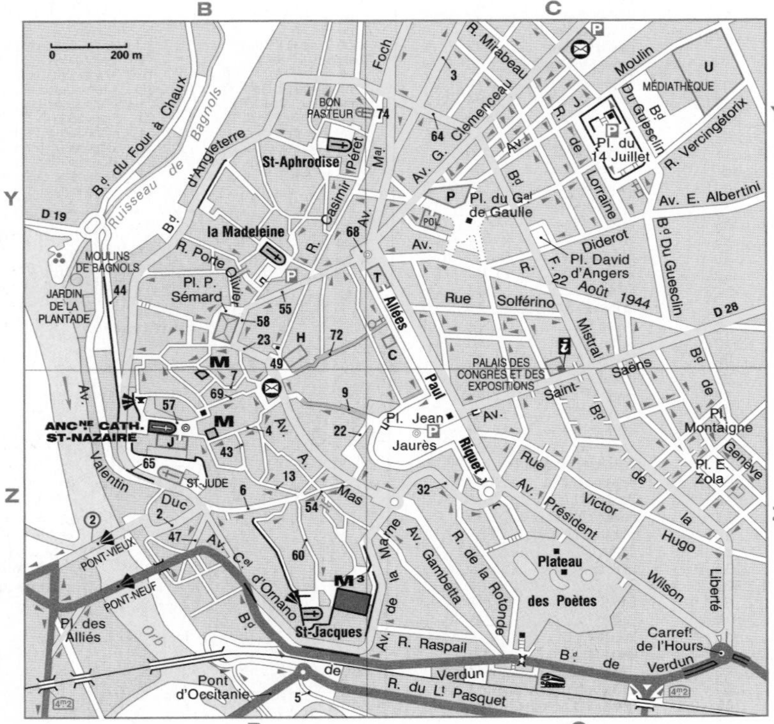

Béville-le-Comte *28*..........86 AY31
Bévillers *59*..........14 BK12
Bevons *04*..........287 CF78
Bévy *21*..........159 BW45
Bey *71*..........178 BX48
Bey *01*..........195 BW55
Bey-sur-Seille *54*..........66 CG26
Beychac-et-Caillau *33*..........237 AH70
Beychevelle *33*..........237 AF67
Beylongue *40*..........293 AD81
Beynac *87*..........205 AU60
Beynac-et-Cazenac *24*..........259 AT71
Beynat *19*..........242 AY68
Beynes *78*..........57 AZ26
Beynes *04*..........288 CI80
Beynost *01*..........213 BX59
Beyrède (Col de) *65*..........333 AM91
Beyrède-Jumet *65*..........333 AN92
Beyren-lès-Sierck *57*..........45 CF19
Beyrie-en-Béarn *64*..........314 AG87
Beyrie-sur-Joyeuse *64*..........311 AB87
Beyries *40*..........293 AF84
Beyssac *19*..........223 AV65
Beyssac (Château de) *24*..........241 AT70
Beyssenac *19*..........223 AU64
Le Bez *81*..........300 BE85
Bez-et-Esparon *30*..........282 BM80
Bézac *09*..........336 AX90
Bezalles *77*..........60 BJ28
Bézancourt *76*..........37 AY20
Bezange-la-Grande *54*..........66 CH27
Bezange-la-Petite *57*..........66 CI27
Bezannes *51*..........41 BP22
Les Bézards *45*..........134 BG38
Bézaudun-les-Alpes *06*..........309 CP81
Bézaudun-sur-Bîne *26*..........267 BZ73
Bezaumont *54*..........65 CE26
Bèze *21*..........160 BZ41
Bézenac *24*..........259 AT71
Bézenet *03*..........191 BH54
Bézéril *32*..........296 AR85
Béziers *34*..........321 BK87
Bezinghem *62*..........6 AZ7
Bezins-Garraux *31*..........334 AP92
La Bezole *11*..........337 BB91
Bezolles *32*..........295 AN82
Bezons *95*..........58 BC25
Bezonvaux *55*..........44 CA22
Bezouce *30*..........304 BU81
Bézouotte *21*..........160 BZ42
Bézu-la-Forêt *27*..........37 AY20
Bézu-le-Guéry *02*..........60 BJ24
Bézu-Saint-Éloi *27*..........37 AY21
Bézu-Saint-Germain *02*..........40 BL23
Bézues-Bajon *32*..........316 AP87
Biache-Saint-Vaast *62*..........13 BH10
Biaches *80*..........23 BH14
Bians-les-Usiers *25*..........180 CH47
Biard *86*..........186 AN51
Les Biards *50*..........81 AD29
Biarne *39*..........160 CA45
Biarre *80*..........23 BH17
Biarritz *64*..........310 X85
Biarritz-Bayonne-Anglet (Aéroport de) *64*..........310 X85
Biarrotte *40*..........292 AA84
Biars-sur-Cère *46*..........243 AZ70
Bias *47*..........258 AP75
Bias *40*..........272 AA78
Biaudos *40*..........292 Z84
Bibiche *57*..........46 CH20
Biblisheim *67*..........69 CR24
Bibost *69*..........212 BU60
Bichancourt *02*..........24 BJ18
Biches *58*..........175 BN47
Bickenholtz *57*..........67 CM26
Bicqueley *54*..........94 CD28
Bidache *64*..........292 AB85
Bidarray *64*..........311 Z88
Bidart *64*..........310 X86
Bidestroff *57*..........67 CJ25
Biding *57*..........67 CJ23
Bidon *07*..........284 BU76
Bidos *64*..........331 AF89
Biécourt *88*..........94 CE31
Biederthal *68*..........143 CP40
Bief *25*..........163 CK42
Bief-des-Maisons *39*..........180 CF49
Bief-du-Fourg *39*..........180 CG48
Biefmorin *39*..........179 CB47
Biefvillers-lès-Bapaume *62*..........13 BG12
Bielle *64*..........332 AG90
Bielsa (Tunnel de) *65*..........333 AL94
Bienassis (Château de) *22*..........78 T28
Biencourt *80*..........11 AY14
Biencourt-sur-Orge *55*..........93 BZ29
Bienville *60*..........39 BG20
Bienville-la-Petite *54*..........95 CH28
Bienvillers-au-Bois *62*..........13 BF11
Biermes *08*..........42 BS19
Biermont *60*..........23 BG18
Bierne *59*..........3 BD3
Bierné *53*..........128 AH37
Biernes *52*..........92 BW32
Bierre-lès-Semur *21*..........158 BS42
Bierry-les-Belles-Fontaines *89*..........137 BR40
Biert *09*..........335 AU92
Bierville *76*..........36 AV19
Biesheim *68*..........121 CP34
Biesles *52*..........117 BZ34
Bietlenheim *67*..........69 CR26
Bieujac *33*..........256 AJ74
Bieuxy *02*..........40 BJ20
Bieuzy *56*..........101 O35
Bieuzy-Lanvaux *56*..........124 P37
Biéville *50*..........32 AF23
Biéville-Beuville *14*..........33 AJ22
Biéville-en-Auge *14*..........34 AL23
Biéville-Quétiéville *14*..........34 AL23
Biéville-sur-Orne *14*..........33 AJ22
Bièvres *91*..........58 BC27
Bièvres *08*..........27 BY18
Bièvres *02*..........41 BN19
Biffontaine *88*..........96 CK32
Biganos *33*..........254 AC72
Bignac *16*..........203 AL60
Bignan *56*..........102 R36
Bignay *17*..........201 AG58
La Bigne *14*..........52 AG24
Bignicourt *08*..........42 BS20
Bignicourt-sur-Marne *51*..........62 BT28
Bignicourt-sur-Saulx *51*..........63 BV27
Le Bignon *44*..........147 AA45
Le Bignon-du-Maine *53*..........106 AH36
Le Bignon-Mirabeau *45*..........112 BH34
Bignoux *86*..........186 AO51
Bigny *18*..........173 BD49
Bigorno *2B*..........347 FF105
La Bigottière *53*..........105 AF33
Biguglia *2B*..........345 FG104
Bihorel *76*..........36 AU19
Bihucourt *62*..........13 BG12
Bilazais *79*..........168 AK47
Bile (Pointe du) *56*..........145 S41
Bilhères *64*..........332 AG90
Bilia *2A*..........350 FD114
Bilieu *38*..........232 CC64
Billac *19*..........242 AY70
Billancelles *28*..........85 AU30
Billancourt *80*..........23 BH16
Les Billanges *87*..........206 AX58
Billaude (Cascade de la) *39*..........179 CE50
Les Billaux *33*..........238 AI69
Billé *35*..........81 AC32
Billecul *39*..........180 CF49
Billère *64*..........314 AH87
Billey *21*..........160 CA45
Billezois *03*..........210 BM56
Billiat *01*..........214 CD57
Billième *73*..........215 CE60
Billière *31*..........334 AO93
Billiers *56*..........124 S40
Billio *56*..........102 S36
Billom *63*..........228 BL61
Billy *41*..........153 AX43
Billy *14*..........33 AK23
Billy *03*..........192 BL55
Billy-Berclau *62*..........8 BH8
Billy-Chevannes *58*..........175 BL47
Billy-le-Grand *51*..........42 BR23
Billy-lès-Chanceaux *21*..........138 BV40
Billy-Montigny *62*..........8 BH9
Billy-sous-les-Côtes *55*..........64 CB24
Billy-sous-Mangiennes *55*..........44 CA20
Billy-sur-Aisne *02*..........40 BK21
Billy-sur-Oisy *58*..........157 BL41
Billy-sur-Ourcq *02*..........40 BK22
Biltzheim *68*..........121 CO35
Bilwisheim *67*..........68 CQ26
Bimont *62*..........6 BA7
Binarville *51*..........43 BV22
Binas *41*..........132 AW37
Bindernheim *67*..........97 CQ31
Binges *21*..........160 BZ43
Binic *22*..........73 R28
Bining *57*..........68 CN23
Biniville *50*..........29 AB19
Binos *31*..........334 AP92
Binson-et-Orquigny *51*..........41 BN23
Bio *46*..........260 AY71
Biol *38*..........232 CB63
La Biolle *73*..........215 CF60
Biollet *63*..........208 BF58
Bion *50*..........52 AF28
Bioncourt *57*..........66 CG26
Bionville *54*..........96 CL29
Bionville-sur-Nied *57*..........66 CH23
Le Biot *74*..........198 CK54
Biot *06*..........309 CP83
Bioule *82*..........278 AW79
Bioussac *16*..........203 AN57
Biozat *03*..........210 BK57
Birac *33*..........256 AJ75
Birac *16*..........220 AK62
Birac-sur-Trec *47*..........257 AM75
Biran *32*..........295 AN83
Biras *24*..........240 AP66
Biriatou *64*..........310 W87
Birieux *01*..........213 BY58
Birkenwald *67*..........68 CO27
Birlenbach *67*..........69 CR23
Biron *64*..........313 AE86
Biron *24*..........258 AR73
Biron *17*..........219 AH62
Bisanne (Signal de) *73*..........216 CJ60
Biscarrosse *40*..........254 AB75
Biscarrosse-Plage *40*..........254 AA75
Bischheim *67*..........97 CR28
Bischholtz *67*..........68 CP25
Bischoffsheim *67*..........97 CP29

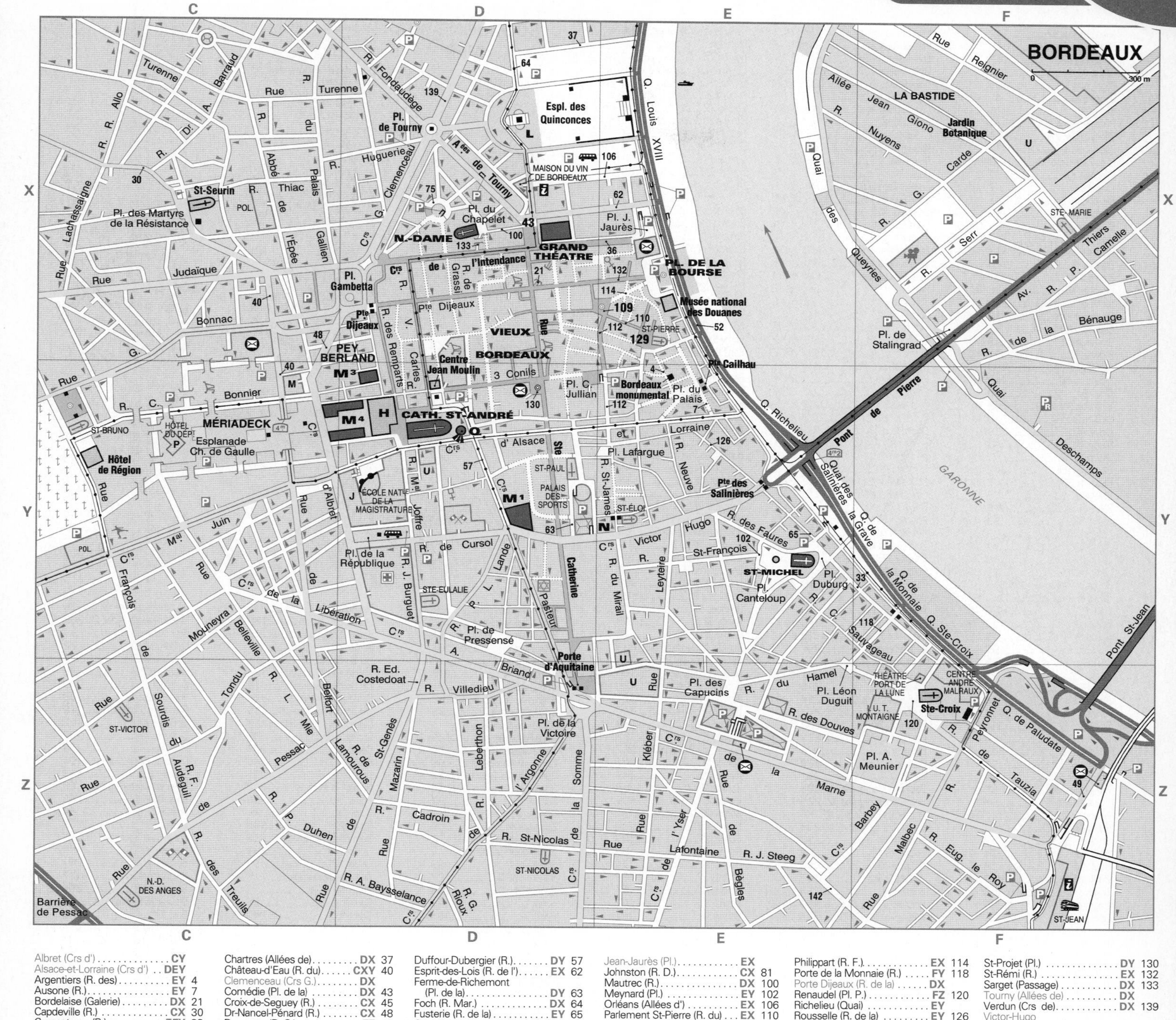

Albret (Crs d')	CY	
Alsace-et-Lorraine (Crs d')	DEY	
Argentiers (R. des)	EY	4
Ausone (R.)	EY	7
Bordelaise (Galerie)	DX	21
Capdeville (R.)	CX	30
Carpenteyre (R.)	EFY	33
Chapeau-Rouge (Crs)	EX	36
Chartres (Allées de)	DX	37
Château-d'Eau (R. du)	CXY	40
Clemenceau (Crs G.)	DX	
Comédie (Pl. de la)	DX	43
Croix-de-Seguey (R.)	CX	45
Dr-Nancel-Pénard (R.)	CX	48
Domercq (R. C.)	FZ	49
Douane (Quai de la)	EX	52
Duffour-Dubergier (R.)	DY	57
Esprit-des-Lois (R. de l')	EX	62
Ferme-de-Richemont (Pl. de la)	DY	63
Foch (R. Mar.)	DX	64
Fusterie (R. de la)	EY	65
Grands-Hommes (Pl. des)	DX	75
Intendance (Crs de l')	DX	
Jean-Jaurès (Pl.)	EX	
Johnston (R. D.)	CX	81
Mautrec (R.)	DX	100
Meynard (Pl.)	EY	102
Orléans (Allées d')	EX	106
Parlement St-Pierre (R. du)	EX	110
Parlement (Pl. du)	EX	109
Pas-St-Georges (R. du)	EXY	112
Philippart (R. F.)	EX	114
Porte de la Monnaie (R.)	FY	118
Porte Dijeaux (R. de la)	DX	
Renaudel (Pl. P.)	FZ	120
Richelieu (Quai)	EY	
Rousselle (R. de la)	EY	126
Ste-Catherine (R.)	DXY	
St-Pierre (Pl.)	EX	129
St-Projet (Pl.)	DY	130
St-Rémi (R.)	EX	132
Sarget (Passage)	DX	133
Tourny (Allées de)	DX	
Verdun (Crs de)	DX	139
Victor-Hugo (Crs)	EY	
Vilaris (R.)	EZ	142

Blies-Ébersing 57 47 CM22
Blies-Guersviller 57 47 CL22
Bliesbruck 57 47 CM22
Blieux 04 307 CJ81
Blignicourt 10 91 BT30
Bligny 51 41 BO22
Bligny 10 116 BU34
Bligny-en-Othe 89 114 BM35
Bligny-le-Sec 21 159 BV42
Bligny-lès-Beaune 21 177 BW47
Bligny-sur-Ouche 21 159 BU45
Blincourt 60 39 BF20
Blingel 62 7 BB9
Blis-et-Born 24 241 AS67
Blismes 58 157 BO45
Blodelsheim 68 121 CQ36
Blois 41 132 AV40
Blois-sur-Seille 39 179 CC49
Blomac 11 320 BF89
Blomard 03 191 BI55
Blombay 08 26 BS15
Blond 87 205 AT57
Blondefontaine 70 118 CD36
Blonville-sur-Mer 14 34 AM21
Blosseville 76 19 AS15
Blosville 50 31 AC20
Blot-l'Église 63 209 BI57
Blotzheim 68 143 CP39
Blou 49 150 AL42
Blousson-Sérian 32 315 AL86
La Bloutière 50 52 AD25
Bloye 74 215 CF59
Bluffy 74 215 CH59
Blumeray 52 92 BV31
Blussangeaux 25 142 CJ41
Blussans 25 142 CJ41
Blye 39 179 CC50
Blyes 01 213 BZ59
Le Bô 14 53 AI25
Bobigny 93 58 BE26
Bobital 22 79 W30
Le Bocasse 76 20 AU18
La Bocca 06 309 CO84
Bocca Bassa (Col de) 2B 346 FA106
Bocca di Vezzu 2B 345 FE104
Bocé 49 150 AL41
Bocognano 2A 349 FE110
Bocquegney 88 119 CG33
Bocquencé 61 55 AP26
Le Bodéo 22 78 Q31
Bodilis 29 71 H28
Boé 47 276 AP78
Boëcé 61 84 AP30
Boëge 74 198 CI55
Boeil-Bezing 64 314 AI88
Le Boël 35 104 Y35
Boën 42 229 BQ61
Bœrsch 67 97 CQ29
Boeschepe 59 4 BF5
Boëseghem 59 7 BD6
Bœsenbiesen 67 97 CQ32
Boësse 79 167 AH47
Boëssé-le-Sec 72 108 AQ34
Boësses 45 112 BE34
Bœurs-en-Othe 89 114 BN34
Boffles 62 12 BC11
Boffres 07 248 BV70
Bogève 74 198 CI55
Bogny-sur-Meuse 08 26 BU15
Bogros 63 226 BF62
Bogy 07 249 BW66
Bohain-en-Vermandois 02 24 BL14
Bohal 56 125 T37
La Bohalle 49 149 AI42
Bohars 29 75 E29
Bohas 01 214 CA56
Boigneville 91 87 BD32
Boigny-sur-Bionne 45 111 BA36
Boinville-en-Mantois 78 57 AY25
Boinville-en-Woëvre 55 44 CB22
Boinville-le-Gaillard 78 86 AZ30
Boinvilliers 78 57 AY25
Boiry-Becquerelle 62 13 BG11
Boiry-Notre-Dame 62 13 BH10
Boiry-Saint-Martin 62 13 BG11
Boiry-Sainte-Rictrude 62 13 BG11
Le Bois 73 234 CJ63
Bois 17 219 AG63
Bois-Anzeray 27 55 AR25
Bois-Arnault 27 55 AR27
Bois-Aubry (Abbaye de) 37 169 AP47
Bois-Bernard 62 8 BH9
Bois-Chenu (Basilique du) 88 93 CB30
Bois-Chevalier (Château de) 44 165 Z47
Bois-Colombes 92 58 BC26
Bois-d'Amont 39 197 CG51
Bois-d'Arcy 89 157 BN41
Bois-d'Arcy 78 58 BB27
Bois-de-Céné 85 165 X47
Bois-de-Champ 88 96 CK32
Bois-de-Gand 39 179 CB48
Bois-de-la-Chaize 85 164 U46
Bois-de-la-Pierre 31 317 AT87
Bois-d'Ennebourg 76 36 AV20
Le Bois-d'Oingt 69 212 BU59
Bois Dousset (Château du) 86 186 AP51
Bois-du-Four 12 281 BI77
Bois-Grenier 59 8 BH6
Bois-Guilbert 76 20 AW18
Bois-Guillaume 76 36 AU19
Le Bois-Hellain 27 35 AP21
Bois-Héroult 76 20 AW18
Bois-Herpin 91 87 BC32
Bois-Himont 76 19 AR18
Bois-Jérôme-Saint-Ouen 27 37 AX23
Bois-la-Ville 25 162 CH42
Bois-le-Roi 77 88 BF30
Bois-le-Roi 27 56 AV26
Bois-lès-Pargny 02 24 BM16
Bois-l'Évêque 76 36 AV20
Bois Noirs 42 210 BN59
Bois-Normand-près-Lyre 27 55 AR26
Le Bois-Plage-en-Ré 17 182 AA55
Le Bois-Robert 76 20 AU15
Bois-Sainte-Marie 71 194 BS54
Bois-Sir-Amé (Château de) 18 173 BE48
Bois-Thibault (Château de) 53 82 AI30
Boisbergues 80 12 BC12
Boisbreteau 16 220 AJ65
Boiscommun 45 111 BD35
Boisdinghem 62 3 BB5
Boisdon 77 60 BJ28
Boisemont 95 57 BA24
Boisemont 27 37 AX21
Boisgasson 28 109 AU35
Boisgervilly 35 103 W33
Boisjean 62 6 AZ9
Le Boisle 80 11 BA10
Boisleux-au-Mont 62 13 BG11
Boisleux-Saint-Marc 62 13 BG11
Boismé 79 167 AI49
Boismont 80 11 AY12
Boismont 54 44 CB20
Boismorand 45 134 BG38
Boisney 27 35 AQ23
Boisrault 80 21 AZ15
Boisredon 17 219 AG65
Boisroger 50 31 AA23
Boissay 76 36 AW19
Boisse 24 258 AP72
La Boisse 01 213 BY59
Boisse-Penchot 12 261 BC74
Boisseau 41 132 AV38
Boisseaux 45 111 BA33
Boissède 31 316 AQ87
Boissei-la-Lande 61 54 AM28
Boisserolles 79 201 AH56
Boisseron 34 303 BR83
Les Boisses 73 235 CN62
Boisset 43 229 BQ65
Boisset 34 320 BG87
Boisset 15 261 BC71
Boisset-et-Gaujac 30 283 BQ80
Boisset-lès-Montrond 42 229 BR62
Boisset-les-Prévanches 27 56 AV25
Boisset-Saint-Priest 42 229 BR63
Boissets 78 57 AX26
Boissettes 77 88 BF30
Boisseuil 87 205 AV60
Boisseuilh 24 241 AU66
Boissey 14 54 AM24
Boissey 01 195 BX53
Boissey-le-Châtel 27 35 AR21
Boissezon 81 299 BD85
Boissia 39 196 CD51
La Boissière 53 127 AE38
La Boissière 39 196 CB53
La Boissière 34 302 BN84
La Boissière 27 56 AW25
La Boissière 14 34 AN23
La Boissière (Ancienne Abbaye) 49 129 AM40
La Boissière-d'Ans 24 241 AS66
La Boissière-de-Montaigu 85 166 AC47
La Boissière-des-Landes 85 182 AA51
La Boissière-du-Doré 44 148 AC44
La Boissière-École 78 57 AY28
La Boissière-en-Gâtine 79 185 AI51
La Boissière-sur-Èvre 49 148 AD43
Boissières 46 259 AV74
Boissières 30 303 BS82
Boissise-la-Bertrand 77 88 BF30
Boissise-le-Roi 77 88 BE30
Boissy-aux-Cailles 77 88 BE32
Boissy-en-Drouais 28 56 AW28
Boissy-Fresnoy 60 39 BH23
Boissy-la-Rivière 91 87 BB32
Boissy-l'Aillerie 95 57 BA24
Boissy-Lamberville 27 35 AQ23
Boissy-le-Bois 60 37 BA22
Boissy-le-Châtel 77 60 BJ27
Boissy-le-Cutté 91 87 BC30
Boissy-le-Repos 51 60 BM26
Boissy-le-Sec 91 87 BB30
Boissy-lès-Perche 28 55 AS28
Boissy-Maugis 61 84 AR31
Boissy-Mauvoisin 78 57 AX25
Boissy-Saint-Léger 94 58 BE27
Boissy-sans-Avoir 78 57 AZ27
Boissy-sous-Saint-Yon 91 87 BC30
Boissy-sur-Damville 27 56 AU26
Boistrudan 35 104 AB35
Boisville-la-Saint-Père 28 86 AY32
Boisyvon 50 52 AD26
Boitron 77 60 BK26
Boitron 61 83 AN29
Bolandoz 25 180 CF46
Bolazec 29 76 L29
Bolbec 76 19 AP18
Bollène 84 285 BW77
La Bollène-Vésubie 06 291 CR79
Bolleville 76 19 AQ18
Bolleville 50 31 AA21
Bollezeele 59 3 BD4
La Bolline 06 289 CP78
Bollwiller 68 121 CO36
Bologne 52 117 BY33
Bolozon 01 196 CB55
Bolquère 66 341 BB97
Bolsenheim 67 97 CQ30
Bombannes 33 236 AB67
Bombon 77 88 BH29
Bommes 33 255 AH74
Bommiers 36 172 BA49
Bompas 66 339 BI94
Bompas 09 336 AX93
Bomy 62 7 BC7
Bon-Encontre 47 276 AP78
Bona 58 175 BL46
Bonac-Irazein 09 335 AS93
Bonaguil (Château de) 47 259 AS74
Bonas 32 295 AN82
Bonascre (Plateau de) 09 340 AY95
Bonboillon 70 161 CC43
Boncé 28 86 AX32
Bonchamp-lès-Laval 53 106 AG34
Boncourt 54 45 CC22
Boncourt 28 56 AW26
Boncourt 27 56 AV24
Boncourt 02 25 BO18
Boncourt-le-Bois 21 160 BX45
Boncourt-sur-Meuse 55 64 CA26
Bondaroy 45 111 BC34
Bondeval 25 142 CL41
Bondigoux 31 298 AW82
Les Bondons 48 282 BN76
Bondoufle 91 87 BD29
Bondues 59 8 BI6
Bondy 93 58 BE26
Bonen 22 77 N32
Bonette (Cime de la) 04 289 CM76
Bongheat 63 228 BL61
Le Bonhomme 68 120 CM33
Bonhomme (Col du) 88 120 CM33
Bonifacio 2A 351 FF116
Bonifato (Cirque de) 2B 346 FC106
Bonlier 60 38 BB19
Bonlieu 39 197 CE51
Bonlieu-sur-Roubion 26 267 BX73
Bonloc 64 311 Z87
Bonnac 15 245 BJ67
Bonnac 09 318 AX89
Bonnac-la-Côte 87 205 AV59
Bonnal 25 141 CH40
Bonnard 89 114 BM36
Bonnat 23 189 AZ54
Bonnatrait 74 198 CI53
Bonnaud 39 196 CA51
Bonnay 80 22 BE14
Bonnay 71 194 BU52
Bonnay 25 162 CF42
Bonne 74 197 CH55
Bonne-Fontaine 57 68 CN26
Bonne-Fontaine (Château de) 35 80 AA30
Bonnebosq 14 34 AM22
Bonnecourt 52 117 CA36
Bonnée 45 134 BD38
Bonnefamille 38 231 BZ62
Bonnefoi 61 55 AQ28
Bonnefond 19 225 BA63
Bonnefont 65 315 AN88
Bonnefontaine 39 179 CD49
Bonnefontaine (Ancienne Abbaye de) 08 25 BQ16
Bonnegarde 40 293 AE84
Bonneil 02 60 BK24
Bonnelles 78 87 BA29
Bonnemain 35 80 Y30
Bonnemaison 14 53 AH24
Bonnemazon 65 333 AM90
Bonnencontre 21 178 BY46
Bonnes 86 186 AP51
Bonnes 16 239 AM66
Bonnesvalyn 02 40 BK23
Bonnet 55 93 CA29
Bonnétable 72 108 AP34
Bonnétage 25 163 CK44
Bonnetan 33 255 AH71
Bonneuil 36 188 AU54
Bonneuil 16 220 AJ62
Bonneuil-en-France 95 58 BD25
Bonneuil-en-Valois 60 39 BH21
Bonneuil-les-Eaux 60 22 BC17
Bonneuil-Matours 86 169 AP50
Bonneuil-sur-Marne 94 58 BE27
Bonneval 73 234 CJ62
Bonneval 43 247 BO66
Bonneval 28 110 AW34
Bonneval-en-Diois 26 268 CD73
Bonneval-sur-Arc 73 235 CO64
Bonnevaux 74 198 CK54
Bonnevaux 30 283 BQ76

BOULOGNE-SUR-MER

Aumont (R. d') Z 7
Beaucerf (Bd) Z 8
Bras-d'Or (R. du) Z 13
Dutertre (R.) Y 20
Entente-Cordiale (Pont de l') Z 23
Faidherbe (R.) Y
Grande-Rue Z
Lampe (R. de la) Z 32
Lattre-de-Tassigny (Av. de) Y 33
Lille (R. de) Y 37
Marguet (Pont) Z 38
Mitterrand (Bd F.) Z 40
Perrochel (R. de) Z 48
Porte-Neuve (R.) Y 49
Puits-d'Amour (R.) Z 53
Résistance (Pl.) Y 55
Ste-Beuve (Bd) Y 59
St-Louis (R.) Y 56
Thiers (R. A.) YZ 60
Tour-N.-Dame (R.) Y 61
Victoires (R. des) Y 63
Victor-Hugo (R.) YZ

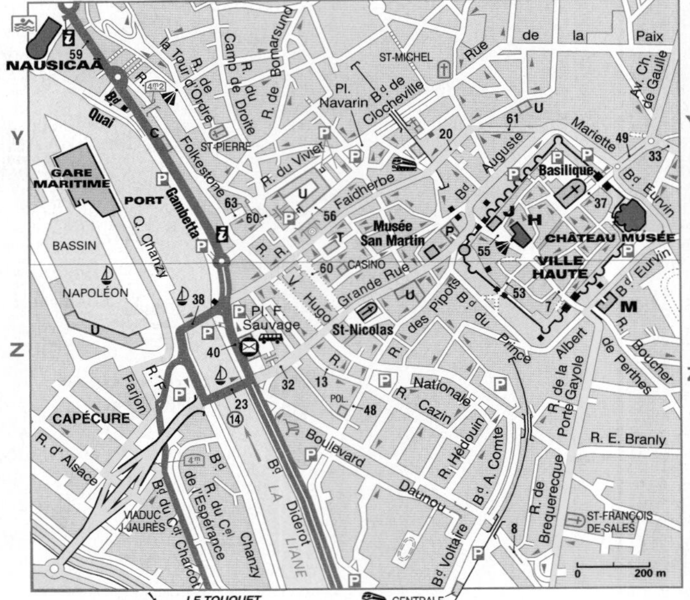

Bonnevaux 25 180 CG48
Bonnevaux-le-Prieuré 25 162 CG45
Bonneveau 41 131 AR38
Bonnevent-Velloreille 70 161 CE42
Bonneville 80 12 BC13
Bonneville 74 216 CI56
La Bonneville 50 31 AB20
Bonneville 16 202 AK59
Bonneville-Aptot 27 35 AR22
Bonneville-et-Saint-Avit-de-Fumadières 24 239 AL70
La Bonneville-la-Louvet 14 34 AO21
La Bonneville-sur-Iton 27 56 AT25
Bonneville-sur-Touques 14 34 AN21
Bonnières 62 12 BC11
Bonnières 60 37 BA19
Bonnières-sur-Seine 78 57 AX24
Bonnieux 84 305 CB82
Bonningues-lès-Ardres 62 2 BA5
Bonningues-lès-Calais 62 2 AZ4
Bonnœil 14 53 AJ25
Bonnœuvre 44 127 AC40
Bonnut 64 293 AE85
Bonny-sur-Loire 45 156 BH41
Bono 56 124 P38
Bonrepos 65 315 AN89
Bonrepos-Riquet 31 298 AX84
Bonrepos-sur-Aussonnelle 31 297 AT85
Bons-en-Chablais 74 198 CI54
Bons-Tassilly 14 53 AK25
Bonsecours 76 36 AU20
Bonsmoulins 61 55 AP28
Bonson 42 229 BR63
Bonson 06 291 CQ80
Bonvillard 73 234 CI62
Bonvillaret 73 234 CI62
Bonviller 54 95 CH28
Bonvillers 60 22 BD18
Bonvillet 88 118 CE34
Bonvouloir (Tour de) 61 82 AI29
Bony 02 24 BJ14
Bonzac 33 238 AJ69
Bonzée-en-Woëvre 55 64 CB23
Boô-Silhen 65 332 AJ91
Boofzheim 67 97 CQ31
Boos 76 36 AU20
Boos 40 293 AC81
Bootzheim 67 97 CQ32
Boqueho 22 78 Q29
Boquen (Abbaye de) 22 78 T31
Bor-et-Bar 12 279 BB78
Boran-sur-Oise 60 38 BD23
Borce 64 331 AF92
Borcq-sur-Airvault 79 168 AK48
Bord-Saint-Georges 23 190 BC55
Bordeaux 33 237 AG70
Bordeaux-en-Gâtinais 45 112 BE35
Bordeaux-Mérignac (Aéroport de) 33 237 AF70
Bordeaux-Saint-Clair 76 18 AO17
Bordères 64 314 AI89
Bordères-et-Lamensans 40 294 AH82
Bordères-Louron 65 333 AN92
Bordères-sur-l'Échez 65 315 AK88
Les Bordes 89 113 BL35
Les Bordes 71 178 BX48
Bordes 65 315 AM89
Bordes 64 314 AH88
Les Bordes 45 134 BD38
Les Bordes 36 172 BA47
Les Bordes-Aumont 10 115 BQ33
Bordes-de-Rivière 31 334 AP90
Les Bordes-sur-Arize 09 335 AV90
Les Bordes-sur-Lez 09 335 AS92
Bordezac 30 283 BR77
Bords 17 201 AE59
Borée 07 248 BS70
Le Boréon 06 291 CQ78
Boresse-et-Martron 17 238 AK66
Borest 60 39 BF23
Borey 70 141 CH39
Borgo 2B 347 FG105
Bormes-les-Mimosas 83 328 CJ89
Le Born 48 264 BM74
Le Born 31 298 AW81
Born-de-Champs 24 258 AQ72
Bornambusc 76 18 AO17
Bornay 39 196 CB51
Borne 43 247 BO68
La Borne 18 155 BF44
Borne 07 265 BQ73
Bornel 60 38 BC22
Borny 57 65 CF23
Boron 90 142 CM40
Borre 59 3 BE5
Borrèze 24 241 AV70
Bors 16 220 AJ65
Bors 16 221 AM65
Bort-les-Orgues 19 226 BE65
Bort-l'Étang 63 210 BL60
Borville 54 95 CH30
Le Bosc 34 301 BL83
Le Bosc 09 336 AW92
Bosc-Bénard-Commin 27 35 AS21
Bosc-Bénard-Crescy 27 35 AS21
Bosc-Bérenger 76 20 AV17
Bosc-Bordel 76 20 AW18
Bosc-Édeline 76 20 AW18
Bosc-Guérard-Saint-Adrien 76 20 AU18
Bosc-Hyons 76 37 AY20
Bosc-le-Hard 76 20 AU18
Bosc-Mesnil 76 20 AW17
Le Bosc-Morel 27 55 AQ24
Le Bosc-Renoult 61 54 AO25
Bosc-Renoult-en-Ouche 27 55 AR25
Bosc-Renoult-en-Roumois 27 35 AR21
Le Bosc-Roger-en-Roumois 27 35 AS21
Bosc-Roger-sur-Buchy 76 20 AW18
Boscamnant 17 238 AK67
Boscherville 27 35 AS21
Boscodon (Abbaye de) 05 270 CK74
Bosdarros 64 314 AH89
Bosgouet 27 35 AS20
Bosguérard-de-Marcouville 27 35 AS21
Bosjean 71 178 CA49
Bosmie-l'Aiguille 87 223 AU61
Bosmont-sur-Serre 02 25 BO16
Bosmoreau-les-Mines 23 206 AY58
Bosnormand 27 35 AS21
Le Bosquel 80 22 BC16
Bosquentin 27 37 AX20
Bosrobert 27 35 AR22
Bosroger 23 207 BC58
Bossancourt 10 92 BU32
Bossay-sur-Claise 37 170 AS49
La Bosse 72 108 AP34
La Bosse 41 132 AV37
La Bosse 25 163 CJ44
La Bosse-de-Bretagne 35 104 Z36
Bossée 37 152 AR45
Bosselshausen 67 68 CP25
Bossendorf 67 68 CP26
Bosserville 54 94 CF28
Bosset 24 239 AN69
Bosseval-et-Briancourt 08 27 BV16
Bossey 74 215 CG56
Bossieu 38 231 BZ64
Les Bossons 74 217 CM58
Bossugan 33 256 AK71
Bossus-lès-Rumigny 08 26 BR15
Bost 03 210 BM56
Bostens 40 274 AH80
Bostz (Château du) 03 192 BK53
Bosville 76 19 AR16
Botans 90 142 CL39
Botforn 29 99 G35
Botmeur 29 76 I30
Botsorhel 29 72 L28
Les Bottereaux 27 55 AQ26
Botz-en-Mauges 49 148 AE43
Bou 45 133 BB37
Bouafle 78 57 BA25
Bouafles 27 36 AW22
Bouan 09 336 AX94
Bouaye 44 147 Y44
Boubers-lès-Hesmond 62 6 BA8
Boubers-sur-Canche 62 12 BC10
Boubiers 60 37 AZ22
Bouc-Bel-Air 13 327 CC86
Boucagnères 32 296 AP85
Boucard (Château de) 18 155 BF43
Boucau 64 292 Y85
Boucé 61 54 AL28
Boucé 03 192 BM54
Boucey 50 80 AA29
Le Bouchage 38 232 CC61
Le Bouchage 16 203 AO57
Bouchain 59 14 BK10
Bouchamps-lès-Craon 53 127 AE37
Le Bouchaud 39 179 CC48
Le Bouchaud 03 193 BP54
Bouchavesnes-Bergen 80 23 BH14
Bouchemaine 49 149 AH42
Boucheporn 57 46 CI22
Le Bouchet 74 216 CI59
Bouchet 26 285 BX77
Bouchet (Château du) 36 170 AU50
Bouchet (Lac du) 43 247 BO70
Le Bouchet-Saint-Nicolas 43 247 BO70
Bouchevilliers 27 37 AY20
Bouchoir 80 23 BF16

Les Boucholeurs 17 200 AC57
Bouchon 80 12 BB13
Le Bouchon-sur-Saulx 55 63 BY28
Les Bouchoux 39 197 CE54
Bouchy-Saint-Genest 51 60 BL28
Boucieu-le-Roi 07 248 BV68
Bouclans 25 162 CG43
Boucoiran-et-Nozières 30 284 BS80
Bouconville 08 42 BU21
Bouconville-sur-Madt 55 65 CC26
Bouconville-Vauclair 02 41 BN19
Bouconvillers 60 37 BA23
Boucq 54 65 CC27
Boudes 63 227 BJ64
Boudeville 76 19 AS16
Boudin 73 234 CK61
Boudou 82 277 AS79
Boudrac 31 316 AO89
Boudreville 21 116 BV36
Boudy-de-Beauregard 47 258 AP74
Boué 02 15 BN13
Bouée 44 147 X42
Boueilh-Boueilho-Lasque 64 294 AH85
Bouelles 76 21 AX17
Bouër 72 108 AQ35
Bouère 53 128 AI37
Bouessay 53 128 AI37
Bouesse 36 189 AY51
Bouëx 16 221 AN62
La Bouëxière 35 104 AB33
Bouffémont 95 58 BC24
Boufféré 85 166 AB47
Bouffignereux 02 41 BO20
Boufflers 80 11 BA11
Bouffry 41 109 AT36
Bougainville 80 22 BB15
Bougarber 64 314 AG86
Bougé-Chambalud 38 231 BX65
Bouges-le-Château 36 171 AY46
Bougey 70 140 CD38
Bougival 78 58 BB26
Bouglainval 28 86 AX29
Bougligny 77 112 BF33
Bouglon 47 275 AL76
Bougneau 17 219 AG62
Bougnon 70 141 CF38
Bougon 79 185 AK54
Bougue 40 294 AH81
Bouguenais 44 147 Z44
Bougy 14 33 AI23
Bougy-lez-Neuville 45 111 BA35
Bouhans 71 178 BZ49
Bouhans-et-Feurg 70 161 CB41
Bouhans-lès-Lure 70 141 CH38
Bouhans-lès-Montbozon 70 162 CG41
Bouhet 17 201 AE56
Bouhey 21 159 BU44
Bouhy 58 156 BJ41
Bouilh (Château du) 33 237 AH69
Bouilh-Devant 65 315 AM87
Bouilh-Péreuilh 65 315 AL88
Bouilhonnac 11 320 BE89
Bouillac 82 297 AT82
Bouillac 24 259 AS72
Bouillac 12 261 BB74
La Bouilladisse 13 327 CD86
Bouillancourt-en-Séry 80 11 AY14
Bouillancourt-la-Bataille 80 22 BE17
Bouillancy 60 39 BH23
Bouilland 21 159 BV45
Bouillargues 30 304 BU82
La Bouille 76 36 AT21
Bouillé-Courdault 85 184 AF53
Bouillé-Loretz 79 168 AJ46
Bouillé-Ménard 49 127 AE38
Bouillé-Saint-Paul 79 167 AI46
La Bouillie 22 79 U28
Bouillon 64 294 AG85
Le Bouillon 61 83 AM29
Bouillonville 54 65 CC25
Bouillouses (Lac des) 66 341 BA96
Bouilly 89 114 BN36
Bouilly 51 41 BO22
Bouilly 10 114 BP33
Bouilly-en-Gâtinais 45 111 BC35
Bouin 85 164 W46
Bouin 79 203 AL57
Bouin 62 6 BA9
Bouin-Plumoison 62 6 BA9
Bouisse 11 338 BE91
Bouix 21 138 BT37
Boujailles 25 180 CF47
Boujan-sur-Libron 34 321 BK87
Boulages 10 90 BO29
Boulaincourt 88 94 CE31
Boulancourt 77 111 BD33
Boulange 57 45 CD20
Boulaur 32 296 AQ85
Le Boulay 88 119 CJ33
Le Boulay 37 131 AS40
Boulay-les-Barres 45 110 AZ36
Boulay-les-Ifs 53 83 AK31
Le Boulay-Morin 27 56 AU24
Boulay-Moselle 57 46 CH22
La Boulaye 71 176 BO50
Boulazac 24 240 AO67
Boulbon 13 304 BW81
Boulc 26 268 CC72
Boule d'Amont 66 342 BF96
Bouleternère 66 342 BF95
Bouleurs 77 59 BH26
Bouleuse 51 41 BO22
Bouliac 33 255 AG71
Boulieu-lès-Annonay 07 248 BV66
Bouligneux 01 213 BX57
Bouligney 70 119 CG36
Bouligny 55 45 CC21
Boulin 65 315 AL88
Boullarre 60 39 BI23
Le Boullay-les-Deux-Églises 28 85 AV29
Boullay-les-Troux 91 58 BB28
Le Boullay-Mivoye 28 56 AW28
Le Boullay-Thierry 28 86 AW29
Boulleret 18 156 BH42
Boulleville 27 35 AP20
Bouloc 82 277 AT77
Bouloc 31 297 AV83
Boulogne 85 166 AB48
Boulogne (Château de) 07 266 BT72
Boulogne-Billancourt 92 58 BC26
Boulogne-la-Grasse 60 23 BF18
Boulogne-sur-Gesse 31 316 AP88
Boulogne-sur-Helpe 59 15 BO12
Boulogne-sur-Mer 62 2 AY5
Bouloire 72 108 AP36
Boulon 14 53 AJ24
Boulot 70 161 CE42
Le Boulou 66 343 BH97
Boulouris 83 329 CN86
La Boulouze 50 52 AD28
Boult 70 161 CE42
Boult-aux-Bois 08 43 BV19
Boult-sur-Suippe 51 41 BQ20
Le Boulvé 46 259 AT75
Boulzicourt 08 26 BU17
Boumois (Château de) 49 150 AK43
Boumourt 64 314 AG86
Bouniagues 24 257 AO72
Le Boupère 85 166 AE49
Bouquehault 62 2 BA4
Bouquelon 27 35 AP20
Bouquemaison 80 12 BD11
Bouquemont 55 64 CA24
Bouquet 30 284 BS78
Bouquetot 27 35 AR20
Bouqueval 95 58 BD24
Bouranton 10 91 BQ32
Bouray-sur-Juine 91 87 BC30
Bourbach-le-Bas 68 142 CM37
Bourbach-le-Haut 68 142 CM37
La Bourbansais (Château de) 35 79 X30
Bourberain 21 160 BZ41
Bourbévelle 70 118 CE36
Bourbon-Lancy 71 193 BO51
Bourbon-l'Archambault 03 191 BI51
Bourbonne-les-Bains 52 118 CC36
La Bourboule 63 227 BG62
Bourbourg 59 3 BC3
Bourbriac 22 77 O29
Bourcefranc-le-Chapus 17 200 AC59
Bourcia 39 196 CA54
Bourcq 08 42 BT20
Bourdainville 76 20 AT17
Bourdalat 40 294 AI82
Bourdeau 73 233 CE61
Bourdeaux 26 267 BZ73
Bourdeilles 24 222 AP65
Le Bourdeix 24 222 AP62
Bourdelles 33 256 AK74
Bourdenay 10 90 BM32
Le Bourdet 79 184 AG55
Bourdettes 64 314 AH89
Bourdic 30 284 BT80
La Bourdinière-Saint-Loup 28 86 AW32
Bourdon 80 22 BB14
Bourdonnay 57 67 CJ27
Bourdonné 78 57 AY27
Bourdons-sur-Rognon 52 117 BZ33
Bourecq 62 7 BD7
Bouresches 02 60 BK24
Bouresse 86 186 AP54
Bouret-sur-Canche 62 12 BD10
Boureuilles 55 43 BW22
Bourg 52 139 BZ38
Le Bourg 46 261 AZ72
Bourg 33 237 AG68
Bourg-Achard 27 35 AS21
Bourg-Archambault 86 187 AS54
Bourg-Argental 42 248 BU66
Bourg-Beaudouin 27 36 AV20
Bourg-Blanc 29 70 E28
Bourg-Bruche 67 96 CM31
Bourg-Charente 16 220 AJ61
Le Bourg-d'Arud 38 251 CH68
Bourg-de-Bigorre 65 333 AM90
Bourg-de-Péage 26 249 BY68
Bourg-de-Sirod 39 179 CE49
Bourg-de-Thizy 69 212 BS57
Bourg-de-Visa 82 277 AS77
Bourg-des-Comptes 35 104 Y36
Bourg-des-Maisons 24 221 AO65
Le Bourg-d'Hem 23 189 AZ55
Le Bourg-d'Iré 49 127 AE39
Le Bourg-d'Oisans 38 251 CG68
Bourg-d'Oueil 31 334 AO93
Bourg-du-Bost 24 239 AM66
Le Bourg-Dun 76 19 AS15
Bourg-en-Bresse 01 195 BZ55
Bourg-et-Comin 02 41 BM20
Bourg-Fidèle 08 26 BT14
Bourg-la-Reine 92 58 BD27
Bourg-Lastic 63 226 BE62
Bourg-le-Comte 71 193 BP54
Bourg-le-Roi 72 83 AM32
Bourg-lès-Valence 26 249 BX69
Bourg-l'Évêque 49 127 AE38
Bourg-Madame 66 341 BA98
Bourg-Saint-Andéol 07 284 BV76
Bourg-Saint-Bernard 31 298 AY85
Bourg-Saint-Christophe 01 213 BZ59
Le Bourg-Saint-Léonard 61 54 AM27
Bourg-Saint-Maurice 73 234 CL61
Bourg-Sainte-Marie 52 117 CB33
Bourg-sous-Châtelet 90 142 CL38
Bourgaltroff 57 67 CJ25
Bourganeuf 23 206 AY58
Bourgbarré 35 104 Z35
Bourgeauville 14 34 AM21
Bourges 18 173 BD46
Le Bourget 93 58 BD25
Le Bourget-du-Lac 73 233 CE61
Bourget-en-Huile 73 233 CH63
Bourgheim 67 97 CP30
Bourghelles 59 9 BJ7
Bourgnac 24 239 AN69
Bourgneuf 73 233 CH62
Bourgneuf 17 183 AD55
Bourgneuf-en-Mauges 49 149 AF43
Bourgneuf-en-Retz 44 146 W45
Le Bourgneuf-la-Forêt 53 105 AE33
Bourgneuf-Val-d'Or 71 177 BV48
Bourgogne 51 41 BP21
Bourgoin-Jallieu 38 232 CA62
Bourgon 53 105 AD33
La Bourgonce 88 96 CK31
La Bourgonnière (Chapelle de) 49 148 AD42
Bourgougnague 47 257 AN73
Bourgtheroulde-Infreville 27 35 AS21
Bourguébus 14 33 AK23
Bourgueil 37 150 AM43
Bourguenolles 50 51 AC26
Le Bourguet 83 308 CK82
Bourguignon 25 142 CK41
Bourguignon-lès-Conflans 70 141 CF37
Bourguignon-lès-la-Charité 70 161 CE41
Bourguignon-lès-Morey 70 140 CC38
Bourguignon-sous-Coucy 02 24 BJ18
Bourguignon-sous-Montbavin 02 40 BL19
Bourguignons 10 115 BS34
Bourgvilain 71 194 BU54
Bourideys 33 273 AG76
Bouriège 11 337 BB91
Bourigeole 11 337 BB91
Bourisp 65 333 AM93
Bourlens 47 259 AS75
Bourlon 62 14 BI11
Bourmont 52 117 CB33
Bournainville-Faverolles 27 35 AP23
Bournan 37 170 AR46
Bournand 86 168 AM46
Bournazel 81 279 BA79
Bournazel 12 261 BC75
Bourneau 85 184 AF51
Bournel 47 258 AQ73
Bourneville 27 35 AQ20
Bournezeau 85 166 AC50
Bourniquel 24 258 AQ71
Bournois 25 141 CI40
Bournoncle-Saint-Pierre 43 228 BK65
Bournoncles 15 245 BJ70
Bournonville 62 6 AZ6
Bournos 64 314 AH86
Bourogne 90 142 CL40
Bourran 47 275 AN76
Bourré 41 152 AU43
Bourréac 65 333 AK90
Bourret 82 297 AT81
Bourriot-Bergonce 40 274 AI78
Bourron-Marlotte 77 88 BF32
Bourrou 24 240 AP68
Bourrouillan 32 295 AK82
Bours 65 315 AK88
Bours 62 7 BD8
Boursault 51 61 BO24
Boursay 41 109 AT35
Bourscheid 57 67 CM26
Bourseul 22 79 V29
Bourseville 80 11 AX12
Boursières 70 141 CF39
Boursies 59 14 BI12
Boursin 62 2 AZ5
Boursonne 60 39 BI22
Bourth 27 55 AR27
Bourthes 62 6 BA7
Bourtzwiller 68 143 CO37
Bourville 76 19 AS16
Boury-en-Vexin 60 37 AY22
Bousbach 57 47 CK22
Bousbecque 59 4 BI5
Le Bouscat 33 237 AG70
Bousies 59 15 BM12
Bousignies 59 9 BK9
Bousignies-sur-Roc 59 16 BQ10
Le Bousquet 11 337 BB94
Le Bousquet-d'Orb 34 301 BJ83
Boussac 46 261 AZ73
La Boussac 35 80 Z29
Boussac 23 190 BC54
Boussac 12 280 BD77
Boussac-Bourg 23 190 BC54
Boussais 79 168 AJ48
Boussan 31 316 AR88
Boussay 44 166 AC46
Boussay 37 170 AS48
Bousse 72 129 AL38
Bousse 57 45 CF21
Bousselange 21 178 BZ47
Boussenac 09 335 AV92
Boussenois 21 139 BY39
Boussens 31 317 AS89
Bousseraucourt 70 118 CE36
Boussès 47 275 AL78
Bousseviller 57 48 CO22
Boussey 21 159 BT42
Boussicourt 80 22 BE17
Boussières 25 161 CE44
Boussières-en-Cambrésis 59 14 BK12
Boussières-sur-Sambre 59 15 BO11
Boussois 59 15 BP10
Boussy 74 215 CF59
Boussy-Saint-Antoine 91 58 BE28
Boust 57 45 CF19
Boustroff 57 66 CI24
Le Bout-d'Oye 62 3 BB2
Bout-du-Lac 74 215 CH59
Bout du Monde (Cirque du) 21 177 BU47
Bout-du-Pont-de-Larn 81 319 BD86
Boutancourt 08 26 BU17
Boutavent 60 21 AZ17
La Bouteille 02 25 BP15
Bouteilles-Saint-Sébastien 24 221 AN65
Boutenac 11 338 BG90
Boutenac-Touvent 17 219 AF63
Boutencourt 60 37 AZ21
Boutervilliers 91 87 BB31
Bouteville 16 220 AJ62
Bouthéon 42 230 BS63
Boutiers-Saint-Trojan 16 220 AI61
Boutigny 77 59 BH25
Boutigny-sur-Essonne 91 87 BD31
Boutigny-sur-Opton 28 57 AX27
Bouttencourt 80 11 AY14
Boutteville 50 32 AD20
Boutx 31 334 AQ92
Bouvaincourt-sur-Bresle 80 11 AX13
Bouvancourt 51 41 BO21
Bouvante 26 250 CA69
Bouvante-le-Haut 26 250 CA70
Bouvelinghem 62 3 BB5
Bouvellemont 08 26 BU18
Bouvent 01 196 CC54
Bouverans 25 180 CG48
Bouvesse-Quirieu 38 214 CB60
Bouvières 26 268 CA74
Bouvignies 59 9 BJ9
Bouvigny-Boyeffles 62 8 BF9
Bouville 91 87 BC31
Bouville 76 19 AS18
Bouville 28 110 AW33
Bouvincourt-en-Vermandois 80 23 BI15
Bouvines 59 9 BJ7
Bouvresse 60 21 AZ17
Bouvron 54 65 CD27
Bouvron 44 147 X41
Boux-sous-Salmaise 21 159 BU41
Bouxières-aux-Bois 88 95 CG32
Bouxières-aux-Chênes 54 66 CG26
Bouxières-aux-Dames 54 65 CF27
Bouxières-sous-Froidmont 54 65 CE24
Bouxurulles 88 95 CG31
Bouxwiller 68 143 CO40
Bouxwiller 67 68 CO25
Bouy 51 42 BR23
Bouy-Luxembourg 10 91 BR31
Bouy-sur-Orvin 10 89 BL31
Bouyon 06 309 CP81
Le Bouyssou 46 261 BA72
Bouzais 18 173 BE50
Bouzancourt 52 92 BW32
Bouzanville 54 94 CF31
Bouze-lès-Beaune 21 177 BV46
Bouzèdes (Belvédère des) 30 283 BP76
Bouzel 63 210 BK60
Bouzemont 88 95 CG32
Bouzeron 71 177 BV48
Bouzic 24 259 AU72
Bouziès 46 260 AX75
Bouzigues 34 322 BN86
Bouzillé 49 148 AD42
Bouzin 31 316 AR89
Bouzincourt 80 13 BF13
Bouzon-Gellenave 32 295 AK83
Bouzonville 57 46 CH21
Bouzonville-aux-Bois 45 111 BC35
Bouzonville-en-Beauce 45 111 BC33
Bouzy 51 61 BQ24
Bouzy-la-Forêt 45 134 BD37
Bovée-sur-Barboure 55 93 CA28
Bovel 35 103 X35
Bovelles 80 22 BB15
Boves 80 22 BD15
Boviolles 55 93 BZ28
Boyardville 17 200 AB58
Boyaval 62 7 BD8
Boyelles 62 13 BG11
Boyer 71 195 BW51
Boyer 42 211 BR57
Boyeux-Saint-Jérôme 01 214 CB57
Boynes 45 111 BD34
Boz 01 195 BX53
Bozas 07 248 BV68
Bozel 73 234 CK63
Bozouls 12 263 BG75
Brabant-en-Argonne 55 43 BX23
Brabant-le-Roi 55 63 BW26
Brabant-sur-Meuse 55 43 BY21

BOURGES

Armuriers (R. des) Z 2
Auron (Bd d') Z
Barbès (R.) Z 4
Beaux-Arts (R. des) Y 5
Bourbonnoux (Prom.) YZ
Calvin (R.) Y 7
Cambournac (R.) Y 8
Champ-de-Foire (R. du) Z 12
Commerce (R. du) Y 13
Coursarlon (R.) Y
Cujas (Pl.) Y 15
Dr-Témoin (R. du) Y 17
Dormoy (Av. Marx) Y 19
Équerre (R. de l') Z 20
George-Sand (Escalier) Y 27
Hémerettes (R. des) Z 29
Jacobins (Cour des) Z 31
Jacques-Coeur (R.) Y 32
Jean-Jaurès (Av.) Y
Joyeuse (R.) Y 35
Juranville (Pl.) Z 36
J.-J. Rousseau (R.) Z 33
Leblanc (R. N.) YZ 40
Linières (R. de) Z 42
Louis XI (Av.) Z 43
Mallet (R. L.) Z 44
Marceau (Rampe) Z 45
Mirebeau (R.) Y
Moyenne (R.) YZ
Orléans (Av. d') Y 48
Pelvoysin (R.) Y 50
Poissonnerie (R. de la) Y 52
Prinal (R. du) Y 55
Rimbault (R. J.) Z 61
Strasbourg (Bd de) Z 71
Thaumassière (R. de la) Y 72
Tory (R. G.) Y 73
Victor-Hugo (R.) Z 74
3-Maillets (R. des) Z 75
4-Piliers (Pl. des) Z 76
95e-de-Ligne (Av. du) Z 78

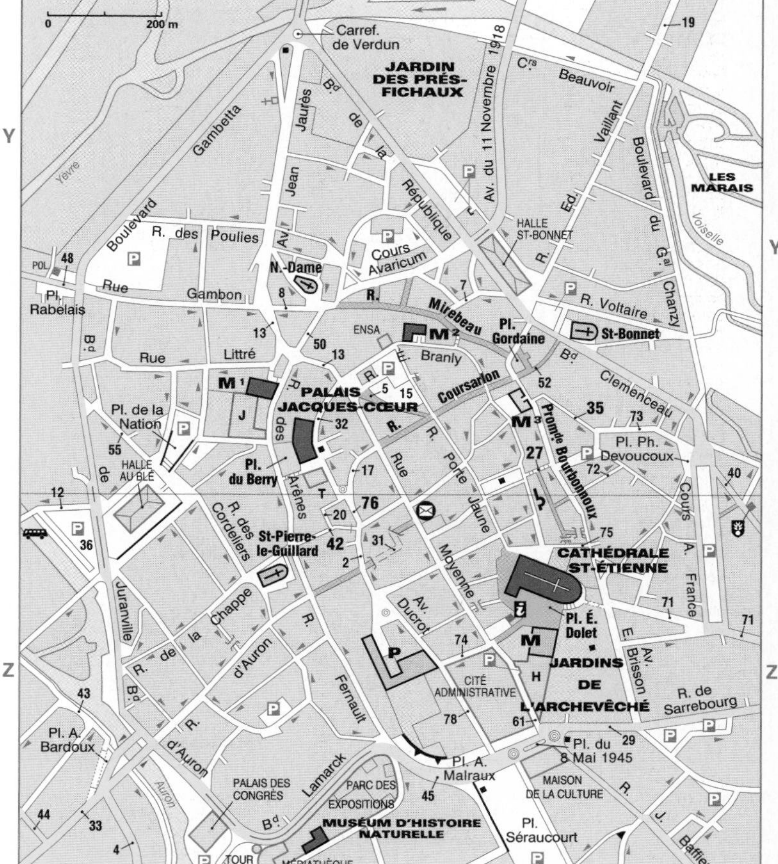

BREST

C

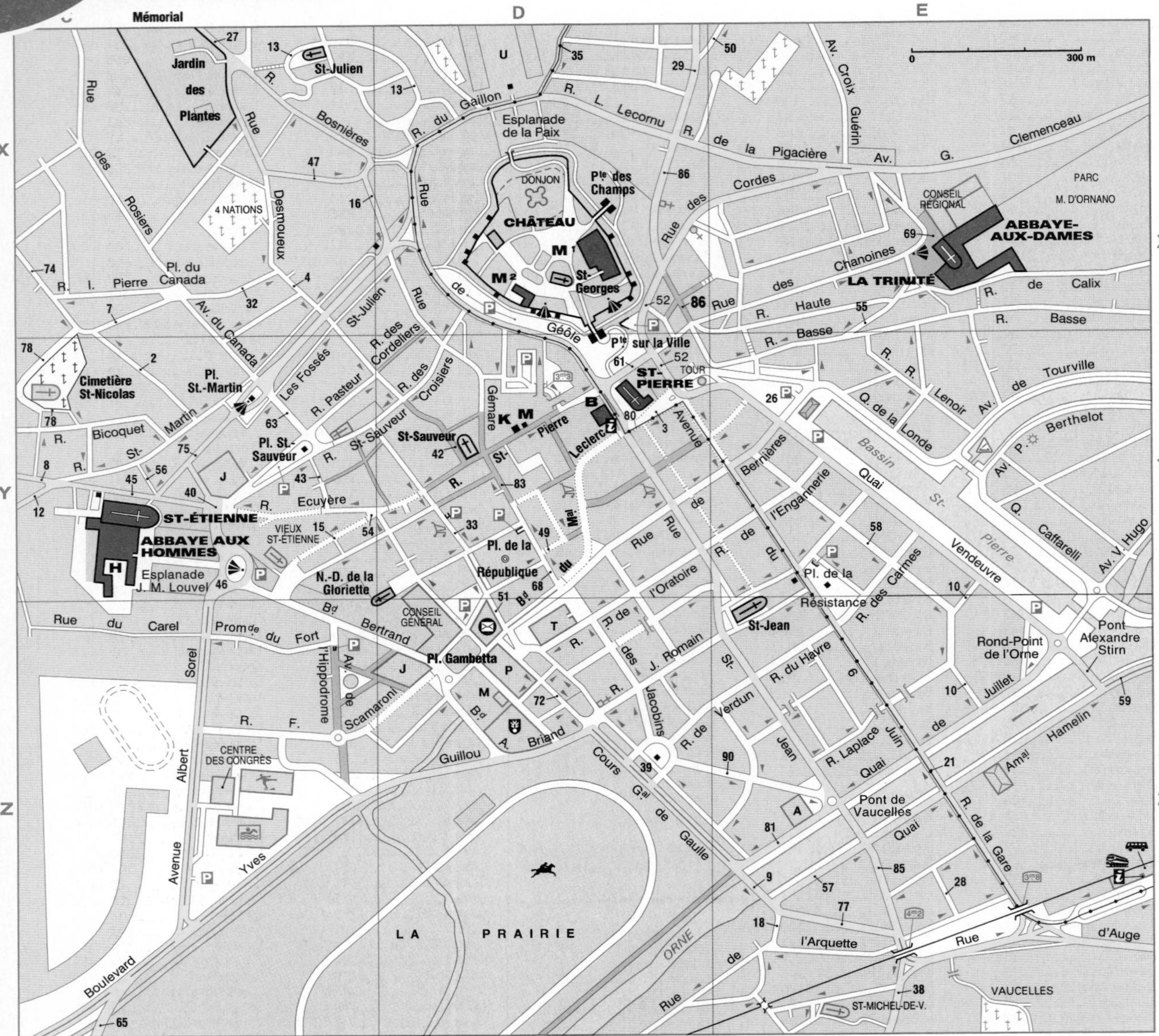

CAEN

Rue	Carreau	N°
Académie (R. de l')	CY	2
Alliés (Bd des)	DY	3
Bagatelle (Av. de)	CX	4
Barbey-d'Aurevilly (R.)	CX	7
Bayeux (R. de)	CX	8
Bir-Hakeim (Pont de)	EZ	9
Brunet (R. H.)	EYZ	10
Caponière (R.)	CY	12
Carrières-St-Julien (R. des)	CDX	13
Caumont (R. A. de)	CY	15
Chanoine X. de St-Paul (R.)	CDX	16
Chaussée-Ferrée (R. de la)	EZ	18
Churchill (Pont)	EZ	21
Courtonne (Pl.)	EY	26
Creully (R. de)	CX	27
Decaen (R. Gén.)	EZ	28
Délivrande (R. de la)	DX	29
Docteur-Rayer (R.)	CX	32
Doumer (R. Paul)	DY	33
Écuyère (R.)	CY	
Édimbourg (Av. d')	DX	35
Falaise (R. de)	EZ	38
Foch (Pl. Mar.)	DZ	39
Fontette (Pl.)	CY	40
Froide (R.)	DY	42
Fromages (R. aux)	CY	43
Guillaume-le-Conquérant (R.)	CY	45
Guillouard (Pl. L.)	CY	46
Juifs (R. aux)	CX	47
Lair (R. P.-A.)	DY	49
Lebisey (R. de)	EX	50
Lebret (R. G.)	DYZ	51
Leclerc (Bd Mar.)	DYZ	
Libération (Av. de la)	DXY	52
Malherbe (Pl.)	CDY	54
Manissier (R.)	EX	55
Marot (R. J.)	CY	56
Meslin (Q. E.)	EZ	57
Miséricorde (R. de la)	EYZ	58
Montalivet (Cours)	EZ	59
Montoir-Poissonnerie (R.)	DY	61
Pémagnie (R.)	CX	63
Petit-Vallerent (Bd du)	CZ	65
Pont-St-Jacques (R. du)	DY	68
Reine-Mathilde (Pl.)	EX	69
Sadi-Carnot (R.)	DZ	72
St-Gabriel (R.)	CX	74
St-Jean (R.)	DEYZ	
St-Manvieu (R.)	CY	75
St-Michel (R.)	EZ	77
St-Nicolas (R.)	CY	78
St-Pierre (Pl.)	DY	80
St-Pierre (R.)	DY	
Sévigné (Prom. de)	EZ	81
Strasbourg (R. de)	DY	83
Vaucelles (R. de)	EZ	85
Vaugueux (R. du)	DX	86
6-Juin (Av. du)	DEYZ	
11-Novembre (R. du)	DEZ	90

Commune	Page	Carreau
Campsegret *24*	240	AP70
Campuac *12*	262	BF74
Campugnan *33*	237	AG67
Campuzan *65*	315	AN88
Camurac *11*	336	AZ94
Can Parterre *66*	342	BF97
Canadel (Col du) *83*	329	CK89
Canadel-sur-Mer *83*	329	CK89
Canaille (Cap) *13*	327	CD89
Canale-di-Verde *2B*	347	FH107
Canals *82*	297	AU82
Canaples *80*	12	BC13
Canappeville *27*	36	AU23
Canapville *61*	54	AO25
Canapville *14*	34	AN21
Canari *2B*	345	FF102
Canaules-et-Argentières *30*	283	BR80
Canavaggia *2B*	347	FF105
Canaveilles *66*	341	BC96
Cancale *35*	50	Y27
Canchy *80*	11	AZ11
Canchy *14*	32	AF20
Cancon *47*	258	AP74
Candas *80*	12	BC12
Candé *49*	127	AD40
Candé-sur-Beuvron *41*	153	AV41
Candes-Saint-Martin *37*	150	AM44
Candillargues *34*	303	BR84
Candor *60*	23	BH18
Candresse *40*	293	AC83
Canehan *76*	10	AW14
Canéjan *33*	255	AF71
Canens *31*	317	AV89
Canenx-et-Réaut *40*	273	AG80
Canet *34*	302	BM85
Canet *11*	320	BH89
Canet-de-Salars *12*	281	BG78
Canet-en-Roussillon *66*	343	BI95
Canet-Plage *66*	343	BI95
Canettemont *62*	12	BD10
Cangey *37*	152	AT42
Caniac-du-Causse *46*	260	AX73
Canigou (Pic du) *66*	342	BE96
Canihuel *22*	77	O31
Canilhac *48*	263	BJ75
Canisy *50*	32	AD23
Canlers *62*	7	BB8
Canly *60*	39	BF20
Cannectancourt *60*	23	BH18
Cannelle *2B*	345	FF100
Cannelle *2A*	348	FC110
Cannes *06*	309	CP84
Cannes-Écluse *77*	89	BI32
Cannes-et-Clairan *30*	303	BR81
Cannessières *80*	11	AZ14
Cannet *32*	294	AJ84
Le Cannet *06*	309	CP84
Le Cannet-des-Maures *83*	328	CJ86
Canny-sur-Matz *60*	23	BG18
Canny-sur-Thérain *60*	21	AY18
Canohès *66*	343	BH95
Le Canon *33*	254	AA72
Canon *14*	34	AL23
La Canonica *2B*	347	FH105
La Canonica (Ancienne Cathédrale de) *2B*	347	FH105
La Canourgue *48*	264	BK75
Canouville *76*	19	AQ15
Cantaing-sur-Escaut *59*	14	BJ12
Cantaous *65*	333	AN90
Cantaron *06*	309	CR82
Canté *09*	318	AW88
Cantebonne *54*	45	CD19
Canteleu *76*	36	AT20
Canteleux *62*	12	BD11
Canteloup *50*	29	AC17
Canteloup *14*	34	AL23
Cantenac *33*	237	AF68
Cantenay-Épinard *49*	128	AH40
Cantiers *27*	37	AX22
Cantigny *80*	22	BE17
Cantillac *24*	222	AP64
Cantin *59*	14	BI10
Cantobre *12*	282	BL80
Cantoin *12*	263	BH71
Cantois *33*	256	AI72
Canville-la-Rocque *50*	31	AA20
Canville-les-Deux-Églises *76*	19	AS16
Cany-Barville *76*	19	AQ16
Caorches-Saint-Nicolas *27*	35	AQ23
Caouënnec-Lanvézéac *22*	72	N26
Caours *80*	11	AZ12
Cap Corse *2B*	345	FG100
Cap-Coz *29*	100	I35
Le Cap-d'Agde *34*	322	BM88
Cap-d'Ail *06*		CS82
Cap-de-l'Homy-Plage *40*	272	Z79
Cap-de-Long (Barrage de) *65*	333	AL93
Cap Ferrat *06*	309	CR82
Cap-Ferret *33*	254	AA73
Cap-Martin *06*		CS82
Cap Sizun (Réserve du) *29*	98	D33
Capbis *64*	332	AH90
Capbreton *40*	292	Y83
Capdenac *46*	261	BB74
Capdenac-Gare *12*	261	BB74
Capdrot *24*	259	AS72
Capelle *59*	14	BL11
La Capelle *48*	282	BL76
La Capelle *02*	25	BO14
La Capelle-Balaguier *12*	261	BA75
La Capelle-Bleys *12*	279	BC77
La Capelle-Bonance *12*	263	BI75
La Capelle-et-Masmolène *30*	284	BU79
Capelle-Fermont *62*	13	BF10
La Capelle-lès-Boulogne *62*	2	AY5
Capelle-les-Grands *27*	55	AP24
Capelle-lès-Hesdin *62*	11	BA10
Capendu *11*	320	BF89
Capens *31*	317	AU87
Capestang *34*	321	BI88
Capian *33*	256	AI72
Capinghem *59*	8	BH6
Caplong *33*	257	AL71
Capoulet-et-Junac *09*	336	AX94
Cappel *57*	67	CK23
Cappelle-Brouck *59*	3	BC3
Cappelle-en-Pévèle *59*	9	BJ8
Cappelle-la-Grande *59*	3	BD2
Cappy *80*	23	BG14
La Capte *83*	328	CI90
Captieux *33*	274	AI77
Capula (Castello de) *2A*	349	FF113
Capvern *65*	333	AM90
Capvern-les-Bains *65*	333	AM90
Carabès (Col de) *05*	268	CD74
Caradeuc (Château de) *35*	103	X32
Caragoudes *31*	318	AY86
Caraman *31*	298	AY85
Caramany *66*	338	BF94
Carantec *29*	71	J26
Carantilly *50*	32	AD23
Carayac *46*	261	AZ74
Carbay *49*	127	AC38
Carbes *81*	299	BB84
Carbini *2A*	351	FF114
Carbon-Blanc *33*	237	AG70
Carbonne *31*	317	AU88
Carbuccia *2A*	348	FD110
Carcagny *14*	33	AH22
Carcanières *09*	337	BB94
Carcans *33*	236	AC68
Carcans-Plage *33*	236	AB67
Carcarès-Sainte-Croix *40*	293	AE81
Carcassonne *11*	319	BD89
Carcen-Ponson *40*	293	AD81
Carcès *83*	307	CI85
Carcheto-Brustico *2B*	347	FG106
Cardaillac *46*	261	BA73
Cardan *33*	255	AH72
Cardeilhac *31*	316	AP89
Cardesse *64*	313	AF88
Cardet *30*	283	BR80
Cardo-Torgia *2A*	348	FD112
Cardonnette *80*	22	BD14
Le Cardonnois *80*	22	BE18
Cardonville *14*	32	AE20
Cardroc *35*	103	X32
Careil *44*	145	T42
Carelles *53*	81	AF31
Carency *62*	8	BF9
Carennac *46*	242	AY70
Carentan *50*	32	AD21
Carentoir *56*	125	V37
Cargèse *2A*	348	FA109
Cargiaca *2A*	349	FE113
Carhaix-Plouguer *29*	76	L31
Carignan *08*	27	BX17
Carignan-de-Bordeaux *33*	255	AG71
Carisey *89*	114	BO36
Carla-Bayle *09*	335	AV90
Carla-de-Roquefort *09*	336	AY92
Le Carlaret *09*	336	AY90
Carlat *15*	244	BF70
Carlencas-et-Levas *34*	301	BK84
Carlepont *60*	39	BI19
Carling *57*	47	CJ22
Carlipa *11*	319	BB88
Carlucet *24*	241	AV69
Carlucet *46*	260	AX72
Carlus *81*	299	BB81
Carlux *24*	241	AV70
Carly *62*	6	AY6
Carmaux *81*	279	BB80
Carnac *56*	123	O39
Carnac-Plage *56*	123	O39
Carnac-Rouffiac *46*	277	AU76
Carnas *30*	303	BQ82
La Carneille *61*	53	AI27
Carnet *50*	80	AB29
Carnetin *77*	59	BF26
Carneville *50*	29	AB16
Carnières *59*	14	BK12
Carnin *59*	8	BH8
Carniol *04*	286	CD80
Carnoët *22*	76	L30
Carnon-Plage *34*	303	BQ85
Carnoules *83*	328	CI87
Carnoux-en-Provence *13*	327	CD88
Carnoy *80*	23	BG14
Caro *64*	330	AA89
Caro *56*	103	U36
Carolles *50*	51	AA27
Caromb *84*	285	BZ79
Carpentras *84*	285	BY79
Carpineto *2B*	347	FG107
Carpiquet *14*	33	AI22
Carquebut *50*	31	AC20
Carquefou *44*	147	AA43
Carqueiranne *83*	328	CH90
La Carquois *22*	79	U27
Carrépuis *80*	23	BG17
Carrère *64*	314	AI86
Carresse *64*	293	AC85
Carri (Col de) *26*	250	CB69
Carrières-sous-Bois *78*	58	BB25
Carrières-sous-Poissy *78*	58	BB25
Carrières-sur-Seine *78*	58	BC26
Carro *13*	325	BZ87
Carros *06*	309	CQ82
Carrouges *61*	83	AK29
Les Carroz-d'Arâches *74*	216	CK57
Carry-le-Rouet *13*	326	CA87
Les Cars *87*	223	AT61
Cars *33*	237	AF67
Les Cars (Ruines gallo-romaines) *19*	225	BA62
Carsac-Aillac *24*	259	AU71
Carsac-de-Gurson *24*	239	AL69
Carsan *30*	284	BV77
Carsix *27*	35	AR23
Carspach *68*	143	CN39
Cartelègue *33*	237	AG67
Carteret *50*	31	Z20
Carticasi *2B*	347	FF107
Cartignies *59*	15	BO12
Cartigny *80*	23	BI14
Cartigny-l'Épinay *14*	32	AE21
Carves *24*	259	AT71
Carville *14*	52	AF25
Carville-la-Folletière *76*	19	AS18

CALAIS

Amsterdam (R. d') .... DXY 3
Angleterre (Pl. d') .... DX 4
Barbusse (Pl. Henri) .... DX 6
Bonnigue (R. du Cdt) .... DX 7
Bruxelles (R. de) .... DX 10
Chanzy (R. du Gén.) .... DY 13
Commune-de-Paris (R. de la) CDY 16
Escaut (Quai de l') .... CY 21
La-Fayette (Bd) .... DY
Foch (Pl. Mar.) .... CXY 22
Fontinettes (R. des) .... CDY 24
Gambetta (Bd Léon) .... CY
Georges-V (Pont) .... CY 31
Jacquard (Bd) .... CDY
Jacquard (Pont) .... CY 36
Jean-Jaurès (R.) .... DY 37
Londres (R. de) .... DX 42
Mer (R. de la) .... CX 45
Notre-Dame (R.) .... CDX 46
Paix (R. de la) .... CX 48
Pasteur (Bd) .... DY
Paul-Bert (R.) .... CDY 49
Prés.-Wilson (Av. du) .... CY 54
Quatre-Coins (R. des) .... CY 55
Rhin (Quai du) .... CY 58
Richelieu (R.) .... CX 60
Rome (R. de) .... CY 61
Royale (R.) .... CX 63
Soldat-Inconnu (Pl. du) .... DY 64
Tamise (Quai de la) .... CDY 66
Thermes (R. des) .... CX 67
Varsovie (R. de) .... DY 70
Vauxhall (R. du) .... CY 72

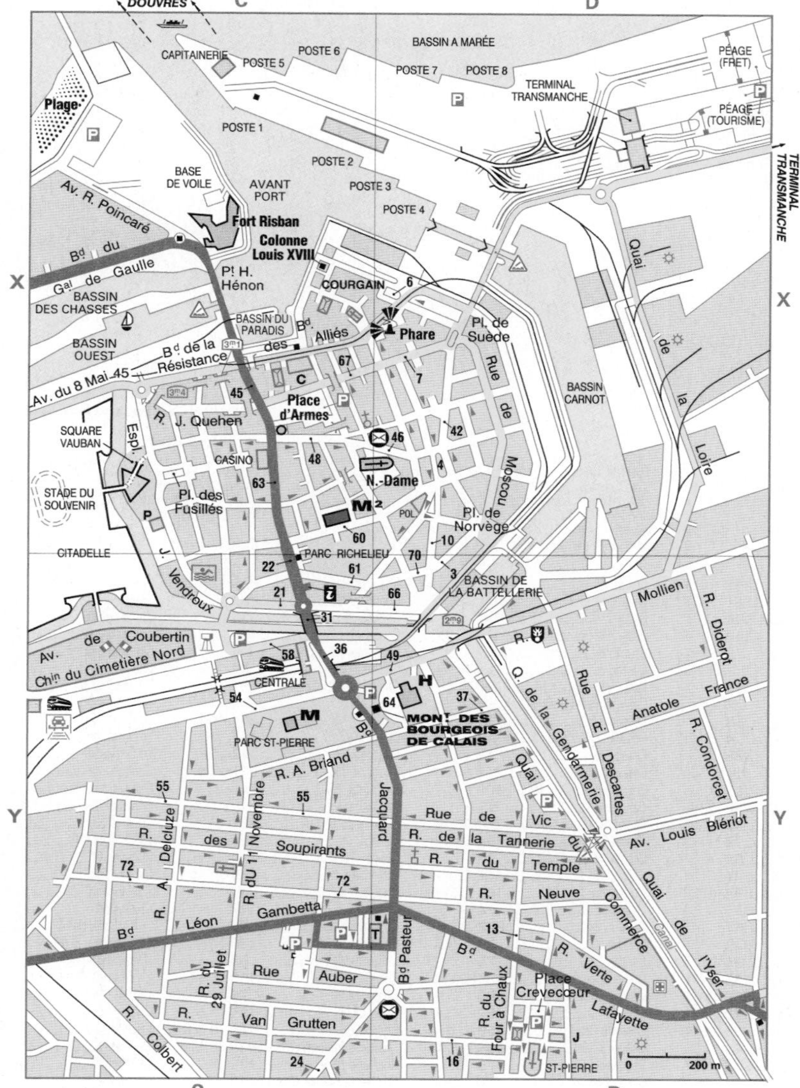

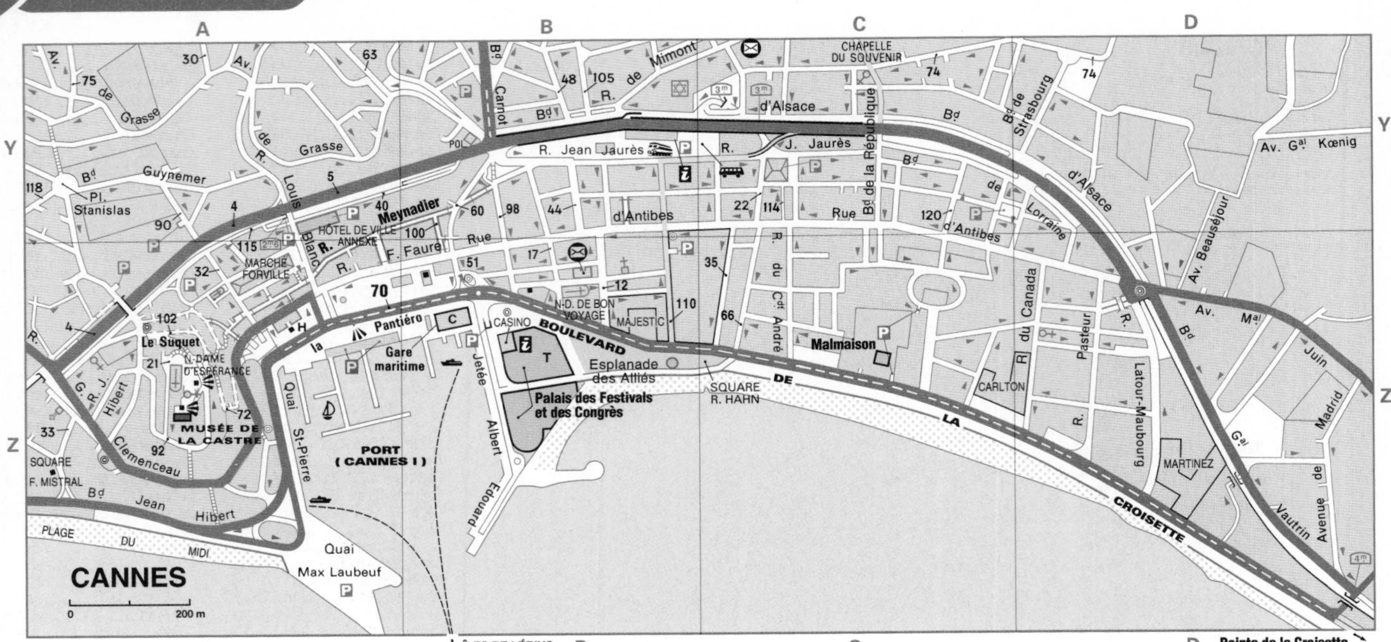

Anc.-Combattants-d'Afrique-du-Nord (Av.) . . . . AYZ 4
André (R. du Cdt) . . . . CZ
Antibes (R. d') . . . . BCY
Bachaga-Saïd-Boualam (Av.) . . . . AY 5
Belges (R. des) . . . . BZ 12
Buttura (R.) . . . . BZ 17
Castre (Pl. de la) . . . . AZ 21
Chabaud (R.) . . . . CY 22
Croisette (Bd de la) . . . . BDZ
Delaup (Bd) . . . . AY 30
Dr-Pierre Gazagnaire (R.) . . . . AZ 32
Dollfus (R. Jean) . . . . AZ 33
États-Unis (R. des) . . . . CZ 35
Félix-Faure (R.) . . . . ABZ
Ferrage (Bd de la) . . . . ABY 40
Foch (R. du Mar.) . . . . BY 44
Gallieni (R. du Mar.) . . . . BY 48
Gaulle (Pl. Gén.-de) . . . . BZ 51
Joffre (R. du Mar.) . . . . BY 60
Lattre-de-Tassigny (Av. de) . . . . AY 63
Liberté-Charles de Gaulle (A. de la) . . . . AZ 70
Macé (R.) . . . . CZ 66
Montfleury (Bd) . . . . CDY 74
Monti (R. Marius) . . . . AY 75
Mont-Chevalier (R. du) . . . . AZ 72
Pastour (R. Louis) . . . . AY 90
Perrissol (R. Louis) . . . . AZ 92
Riouffe (R. Jean de) . . . . BY 98
Rouguière (R.) . . . . BY 100
St-Antoine (R.) . . . . AZ 102
St-Nicolas (Av.) . . . . BY 105
Serbes (R. des) . . . . BZ 110
Teisseire (R.) . . . . CY 114
Tuby (Bd Victor) . . . . AYZ 115
Vallombrosa (Bd) . . . . AY 118
Vidal (R. du Cdt) . . . . CY 120

CHÂLONS EN CHAMPAGNE

Arche-de-Mauvillain (Pt de l') . . BZ 2
Bourgeois (R. Léon). . . . . ABY
Chastillon (R. de) . . . . ABZ 6
Croix-des-Teinturiers (R.) . . . . . AZ 9
Flocmagny (R. du). . . . . BY 12
Foch (Pl. du Maréchal) . . . . AY 13
Gantelet (Rue du) . . . . AY 14
Gaulle (Av. du Gén. Charles-de) BZ 15
Godart (Pl.). . . . . AY 17
Jean-Jaurès (R.) . . . . AZ 20
Jessaint (R. de) . . . . BZ 22
Libération (Pl. de la) . . . . AZ 24
Mariniers (Pt des) . . . . AY 26
Marne (R. de la). . . . . AY
Martyrs-de-la-Résistance (R. des) . . . . BY 29
Orfeuil (R. d') . . . . AZ 31
Ormesson (Cours d') . . . . AZ 32
Prieur-de-la-Marne (R.) . . . . BY 36
Récamier (R. Juliette) . . . . AZ 38
République (Pl. de la) . . . . AZ 39
Vaux (R. de) . . . . AY 47
Vinetz (R. de) . . . . BZ 49
Viviers (Pt des). . . . . AY 50

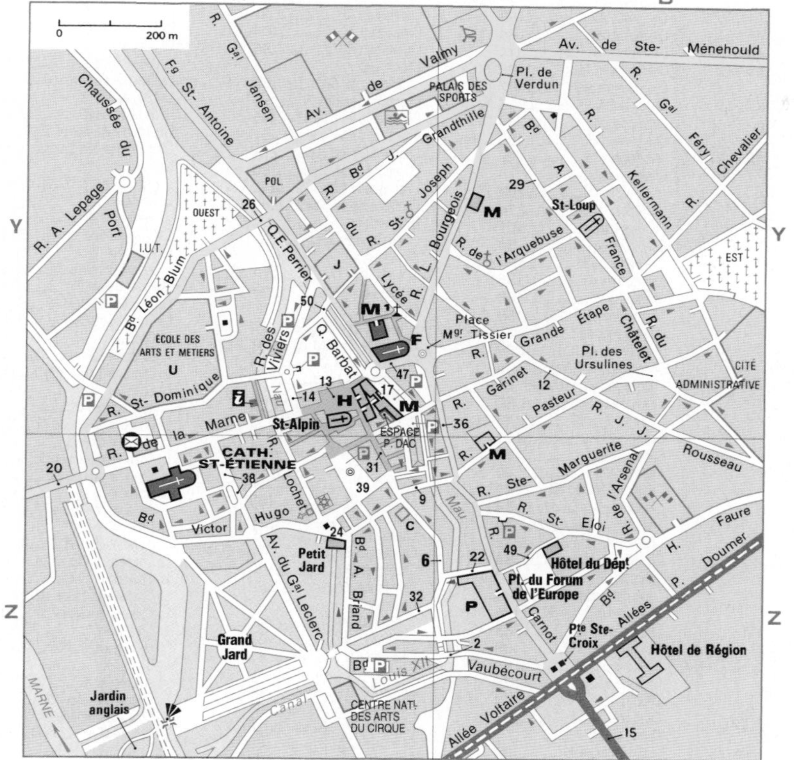

CHALON-SUR-SAÔNE

Banque (R. de la) . . . . BZ 3
Châtelet (Pl. du) . . . . BZ 5
Châtelet (R. du) . . . . CZ 6
Citadelle (R. de la) . . . . BY 7
Couturier (R. Ph.-L.) . . . . BZ 9
Duhesme (R. du Gén.) . . . AY 12
Evêché (R. de l') . . . . CZ 15
Fèvres (R. aux). . . . . CZ 16
Gaulle (Pl. Gén.-de) . . . . . . BZ 17
Grande-R. . . . . BCZ 18
Hôtel-de-Ville (Pl. de l') . . . . BZ 19
Leclerc (R. Gén.) . . . . BZ
Lyon (R. de) . . . . BZ 21
Messiaen (R. O.) . . . . AZ 24
Obélisque (Pl. de l') . . . . . . BY 27
Pasteur (R.) . . . . BZ 28
Poissonnerie (R. de la) . . . CZ 31
Pompidou (Av. G.) . . . . AZ 32
Pont (R. du) . . . . CZ 35
Porte-de-Lyon (R.) . . . . BZ 36
Port-Villiers (R. du) . . . . BZ 37
Poterne (Q. de la) . . . . CZ 38
Pretet (R. René) . . . . AZ 40
République (Bd) . . . . ABZ 42
Ste-Marie (Prom.) . . . . CZ 47
St-Georges (R.) . . . . BZ 45
St-Vincent (Pl. et R.) . . . . . CZ 46
Strasbourg (R. de) . . . . CZ 48
Trémouille (R. de la) . . . . BCY 51

CHAMBÉRY

Allobroges (Q. des) . . . . A 2
Banque (R. de la) . . . . B 3
Basse-du-Château (R.) . . . . A 4
Bernardines (Av. des) . . . . . A 6
Boigne (R. de) . . . . B
Borrel (Q. du Sénateur A.) . B 7
Charvet (R. F.) . . . . B 9
Château (Pl. du) . . . . A 10
Colonne (Bd de la) . . . . B 12
Ducis (R.) . . . . B 13
Ducs-de-Savoie (Av. des) . . B 14
Europe (Espl. de l') . . . . B 16
Freizier (R.) . . . . AB 17
Gaulle (Av. Gén.-de) . . . . . . B 18
Italie (R. d') . . . . B 20
Jean-Jaurès (Av.) . . . . A 21
Jeu-de-Paume (Q. du) . . . . . A 23
Juiverie (R.) . . . . A
Lans (R. de) . . . . A 24
Libération (Pl. de la) . . . . B 25
Maché (Pl.) . . . . A 27
Maché (R. du Fg) . . . . A 28
Martin (R. Cl.) . . . . B 30
Métropole (Pl.) . . . . B 31
Michaud (R.) . . . . B 32
Mitterrand (Pl. F.) . . . . B 33
Musée (Bd. du) . . . . AB 34
Ravet (Q. Ch.) . . . . B 35
St-François (R.) . . . . B 38
St-Léger (Pl.) . . . . B
St- Antoine (R.) . . . . A 36
Théâtre (Bd du) . . . . B 39
Vert (Av. du Comte) . . . . A 40

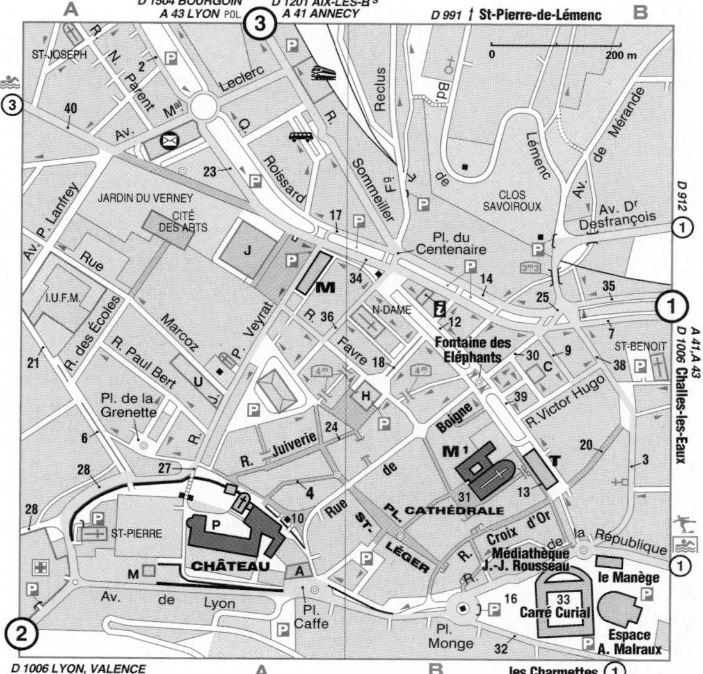

CHARLEVILLE-MÉZIÈRES

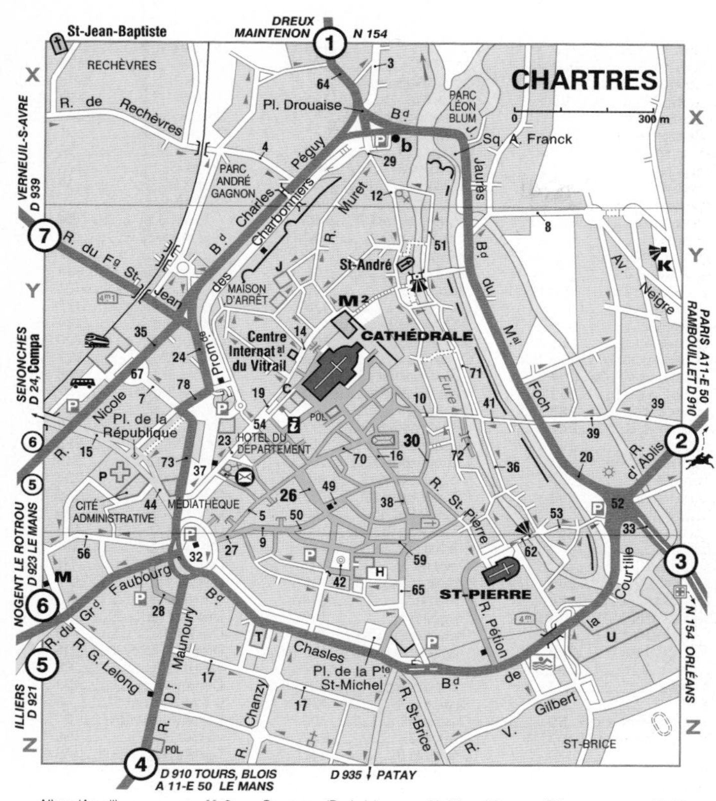
CHARTRES
St-Jean-Baptiste
DREUX MAINTENON
N 154
RECHÈVRES
R. de Rechèvres
Pl. Drouaise
PARC LÉON BLUM
Sq. A. Franck
PARC ANDRÉ GAGNON
VERNEUIL-S-AVRE D 939
St-André
MAISON D'ARRÊT
CATHÉDRALE
Centre Internat^al du Vitrail
PARIS A11-E 50 RAMBOUILLET D 910
SENONCHES D 24, Compa
Pl. de la République
HOTEL DU DÉPARTEMENT
CITÉ ADMINISTRATIVE
MÉDIATHÈQUE
NOGENT LE ROTROU D 923 LE MANS
ST-PIERRE
N 154 ORLÉANS
ILLIERS D 921
Pl. de la P^te St-Michel
ST-BRICE
D 910 TOURS, BLOIS
A 11-E 50 LE MANS
D 935 PATAY

Aligre (Av. d') X 3
Alsace-Lorraine (Av. d') X 4
Ballay (R. Noël) Y 5
Beauce (Av. Jehan-de) Y 7
Bethouard (Av.) Y 8
Bois-Merrain (R. du) Y 9
Bourg (R. du) Y 10
Brèche (R. de la) X 12
Cardinal-Pie (R. du) Y 14
Casanova (R. Danièle) Y 15
Changes (R. des) Y 16
Châteaudun (R. de) Z 17
Châtelet (Pl.) Y 18
Cheval-Blanc (R. du) Y 19
Clemenceau (Bd) Y 20
Collin-d'Harleville (R.) Y 23
Couronne (R. de la) Y 24
Cygne (Pl. du) Y 26
Delacroix (R. Jacques) Y 27
Dr-Gibert (R. du) Z 28
Drouaise (R. Porte) X 29
Écuyers (R. des) Y 30
Épars (Pl. des) Z 32
Faubourg La Grappe (R. du) Y 33
Félibien (R.) Y 35
Fessard (R. G.) Y 78
Foulerie (R. de la) Y 36
Gaulle (Pl. Gén.-de) Y 37
Grenets (R. des) Y 38
Guillaume (R. du Fg) Y 39
Guillaume (R. Porte) Y 41
Halles (Pl. des) Z 42
Koenig (R. du Gén.) Y 44
Marceau (Pl.) Y 49
Marceau (R.) Y 50
Massacre (R. du) Y 51
Morard (Pl.) Y 52
Morard (R. de la Porte) Y 53
Moulin (Pl. Jean) Y 54
Péri (R. Gabriel) Z 56
Poêle-Percée (R. de la) Z 59
St-Hilaire (R. du Pont) Z 62
St-Maurice (R.) X 64
St-Michel (R.) Z 65
Semard (Pl. Pierre) Y 67
Soleil-d'Or (R. du) Y 70
Tannerie (R. de la) Y 71
Teinturiers (Q. des) Y 72
Violette (Bd Maurice) Y 73

La Chapelle-Rablais 77 88 BH30
La Chapelle-Rainsouin 53 106 AH34
La Chapelle-Rambaud 74 215 CH56
La Chapelle-Réanville 27 36 AW23
La Chapelle-Rousselin 49 149 AF44
Chapelle-Royale 28 109 AT34
La Chapelle-Saint-André 58 156 BK42
La Chapelle-Saint-Aubert 35 81 AC32
La Chapelle-Saint-Aubin 72 107 AM35
La Chapelle-Saint-Étienne 79 167 AG50
La Chapelle-Saint-Florent 49 148 AD43
La Chapelle-Saint-Fray 72 107 AM34
La Chapelle-Saint-Géraud 19 243 BA69
La Chapelle-Saint-Jean 24 241 AU67
La Chapelle-Saint-Laud 49 129 AJ40
La Chapelle-Saint-Laurent 79 167 AH49
La Chapelle-Saint-Laurian 36 172 AZ46
La Chapelle-Saint-Luc 10 90 BP32
La Chapelle-Saint-Martial 23 207 BA58
La Chapelle-Saint-Martin 73 232 CD61
La Chapelle-Saint-Martin-en-Plaine 41 132 AW39
La Chapelle-Saint-Maurice 74 215 CG60
La Chapelle-Saint-Mesmin 45 133 AZ37
La Chapelle-Saint-Ouen 76 36 AW19
La Chapelle-Saint-Quillain 70 161 CD41
La Chapelle-Saint-Rémy 72 108 AP34
La Chapelle-Saint-Sauveur 71 178 BZ48
La Chapelle-Saint-Sauveur 44 148 AE41
La Chapelle-Saint-Sépulcre 45 112 BH35
La Chapelle-Saint-Sulpice 77 89 BJ30
La Chapelle-Saint-Ursin 18 173 BD46
La Chapelle-Souëf 61 84 AQ32
La Chapelle-sous-Brancion 71 195 BW52
La Chapelle-sous-Dun 71 194 BS55
La Chapelle-sous-Orbais 51 61 BN25
La Chapelle-sous-Uchon 71 176 BR48
Chapelle-Spinasse 19 225 BA65
La Chapelle-sur-Aveyron 45 135 BH37
La Chapelle-sur-Chézy 02 60 BK25
La Chapelle-sur-Coise 69 230 BU62
La Chapelle-sur-Crécy 77 59 BH26
La Chapelle-sur-Dun 76 19 AS15
La Chapelle-sur-Erdre 44 147 Z43
La Chapelle-sur-Furieuse 39 179 CD46
La Chapelle-sur-Loire 37 151 AN44
La Chapelle-sur-Oreuse 89 89 BK32
La Chapelle-sur-Oudon 49 128 AF39
La Chapelle-sur-Usson 63 228 BL64
La Chapelle-sur-Vire 50 52 AE24
La Chapelle-Taillefert 23 207 AZ57
La Chapelle-Thècle 71 195 BY51
La Chapelle-Thémer 85 183 AD51
La Chapelle-Thireuil 79 184 AH51
La Chapelle-Thouarault 35 103 X33
La Chapelle-Urée 50 52 AD28
Chapelle-Vallon 10 90 BP31
La Chapelle-Vaupelteigne 89 136 BN37
La Chapelle-Vendômoise 41 131 AU39
La Chapelle-Vicomtesse 41 109 AT36
La Chapelle-Viel 61 55 AQ28
La Chapelle-Villars 42 230 BV63
Chapelle-Viviers 86 187 AQ52
Chapelle-Voland 39 178 CA49
La Chapelle-Yvon 14 54 AO24
Les Chapelles 73 234 CL62
Les Chapelles 53 82 AJ30
Les Chapelles-Bourbon 77 59 BG27
Chapelon 45 112 BF35
La Chapelotte 18 155 BF43
Chapet 78 57 BA25
Les Chapieux 73 216 CL60
Chapois 39 179 CE48
Chaponnay 69 231 BX62
Chaponost 69 230 BV61
Chaponost (Arches de) 69 231 BW61
Chappes 63 210 BK59
Chappes 10 115 BR34
Chappes 08 26 BR18
Chappes 03 191 BH54
Chaptelat 87 205 AU59
Chaptuzat 63 209 BJ58
Charade 63 227 BI61
Charancieu 38 232 CC63
Charancin 01 214 CC58
Charantonnay 38 231 BY63
Charavines 38 232 CC64
Charbogne 08 42 BT19
Charbonnat 71 176 BQ49
Charbonnier-les-Mines 63 228 BK64
Charbonnières 71 195 BW53
Charbonnières 28 109 AS33
Charbonnières-les-Bains 69 212 BV60
Charbonnières-les-Sapins 25 162 CG44
Charbonnières-les-Varennes 63 209 BI59
Charbonnières-les-Vieilles 63 209 BI58
Charbuy 89 136 BL38
La Charce 26 268 CC74
Charcé-Saint-Ellier-sur-Aubance 49 149 AI43
Charcenne 70 161 CD42
Charchigné 53 82 AI31
Charchilla 39 196 CD52
Charcier 39 179 CD50
Chard 23 208 BE59
Chardeny 08 42 BT20
Chardes 17 219 AH65
Chardogne 55 63 BX26
Chardonnay 71 195 BW52
Chareil-Cintrat 03 192 BK55
Charencey 21 159 BU42
Charency 39 180 CF49
Charency-Vezin 54 44 CA19
Charens 26 268 CC74
Charensat 63 208 BF58
Charentay 69 212 BV57
Charentenay 89 136 BM40
Charentenay 70 140 CD40
Charentilly 37 151 AQ41
Charenton 58 156 BI44
Charenton-du-Cher 18 173 BF50
Charenton-le-Pont 94 58 BD27
Charentonnay 18 156 BH45
Charette 38 214 CA60
Charette-Varennes 71 178 BZ47
Charey 54 65 CD24
Charézier 39 196 CD51
Chargé 37 152 AT42
Chargey-lès-Gray 70 161 CB41
Chargey-lès-Port 70 140 CE38
Chariez 70 141 CF39
Charigny 21 158 BS42
La Charité-sur-Loire 58 156 BI45
Charix 01 196 CD55
Charlas 31 316 AP89
Charleval 27 36 AW20
Charleval 13 305 CA83
Charleville 51 61 BN27
Charleville-Mézières 08 26 BU16
Charleville-sous-Bois 57 46 CG22
Charlieu 42 211 BR56
Charly 69 231 BW62
Charly 18 173 BG48
Charly-Oradour 57 45 CF22
Charly-sur-Marne 02 60 BK25
Charmant 16 221 AM63
Charmauvillers 25 163 CL43
Le Charme 45 135 BI38
La Charme 39 179 CB48
Charmé 16 203 AM58
La Charmée 71 177 BV50
Charmeil 03 210 BL56
Le Charmel 02 40 BM23
Charmensac 15 245 BJ67
Charmentray 77 59 BG25
Charmes 88 95 CG31
Charmes 52 117 BZ36
Charmes 21 160 BZ42
Charmes 03 210 BK57
Charmes 02 24 BK17
Charmes-en-l'Angle 52 92 BX31
Charmes-la-Côte 54 94 CC28
Charmes-la-Grande 52 92 BW31
Charmes-Saint-Valbert 70 140 CC38
Charmes-sur-l'Herbasse 26 249 BY67
Charmes-sur-Rhône 07 249 BW70
Charmette (Col de la) 38 232 CD65
Les Charmettes 73 233 CF62
Charmoille 70 141 CF39
Charmoille 25 163 CK43
Charmoilles 52 117 BZ36
Charmois 90 142 CL39
Charmois 54 95 CH29
Charmois-devant-Bruyères 88 119 CI33
Charmois-l'Orgueilleux 88 119 CG34
Charmont 95 37 AZ23
Charmont 51 63 BV26
Charmont-en-Beauce 45 111 BB33
Charmont-sous-Barbuise 10 91 BQ31
Les Charmontois 51 63 BW25
Charmoy 89 113 BL36
Charmoy 71 176 BS49
Charmoy 52 140 CB37
Charmoy 10 90 BM31
Charnas 07 231 BW65
Charnat 63 210 BL58
Charnay 69 212 BV59
Charnay 25 161 CE45
Charnay-lès-Chalon 71 178 BY47
Charnay-lès-Mâcon 71 195 BW54
Charnècles 38 232 CC65
Charnizay 37 170 AS48
Charnod 39 196 CB54
Charnois 08 17 BV12
Charnoz-sur-Ain 01 213 BZ59
Charny 89 135 BI37
Charny 77 59 BG25
Charny 21 159 BT43
Charny-le-Bachot 10 90 BP29
Charny-sur-Meuse 55 44 BZ22
Charolles 71 194 BS53
Charols 26 267 BY73
Charonville 28 109 AV33
Chârost 18 172 BB47
Charousse 74 216 CK58
Charpentry 55 43 BW21
Charpey 26 249 BY69
Charpont 28 56 AW28
Charquemont 25 163 CL43
Charrais 86 168 AM50
Charraix 43 246 BM69
Charras 16 221 AO63
Charray 28 109 AV36
Charre 64 313 AD87
Charrecey 71 177 BU48
Charrey-sur-Saône 21 160 BY45
Charrey-sur-Seine 21 115 BT36
Charrin 58 175 BM49
Charritte-de-Bas 64 313 AD87
Charron 23 208 BE57
Charron 17 183 AC54
Charroux 86 203 AO56
Charroux 03 209 BJ56
Chars 95 37 BA23
Charsonville 45 110 AX36
Chartainvilliers 28 86 AX30
Chartèves 02 60 BL24
La Chartre-sur-le-Loir 72 130 AP39
Chartrené 49 150 AK41
Chartres 28 86 AW31
Chartres-de-Bretagne 35 104 Z34
Chartrettes 77 88 BF30
Chartrier-Ferrière 19 242 AW68
Chartronges 77 60 BK27
Chartuzac 17 219 AH65
Charvieu-Chavagneux 38 213 BZ60
Charvonnex 74 215 CG57
Chas 63 228 BK61
Chaserey 10 115 BQ36
Chasnais 85 183 AB52
Chasnans 25 162 CH45
Chasnay 58 156 BJ44
Chasné-sur-Illet 35 80 AA32
Chaspinhac 43 247 BP68
Chaspuzac 43 247 BO68
Chassagne 63 227 BJ64
La Chassagne 39 179 CB48
Chassagne-Montrachet 21 177 BV47
Chassagne-Saint-Denis 25 162 CF45
Chassagnes 43 246 BM67
Chassagnes 07 265 BR75
Chassagny 69 230 BV62
Chassaignes 24 239 AM66
Chassal 39 196 CD53
Chassant 28 85 AT32
Chassé 72 83 AN31
Chasse-sur-Rhône 38 231 BW62
Chasseguey 50 52 AE28
Chasselas 71 194 BV55
Chasselay 69 213 BW59
Chasselay 38 250 CA66
Chassemy 02 40 BL20
Chassenard 03 193 BP53
Chasseneuil 36 188 AW51
Chasseneuil-du-Poitou 86 186 AO51
Chasseneuil-sur-Bonnieure 16 203 AO60
Chassenon 16 204 AR59
Chasseradès 48 265 BP74
Chassey 21 159 BT41
Chassey-Beaupré 55 93 CA30
Chassey-le-Camp 71 177 BV48
Chassey-lès-Montbozon 70 141 CH40
Chassey-lès-Scey 70 140 CE39
Chassezac (Belvédère du) 48 265 BP75
Chassiecq 16 203 AO58
Chassiers 07 266 BS74
Chassieu 69 213 BX60
Chassignelles 89 137 BR38
Chassignieu 38 232 CB63
Chassignolles 43 228 BM65
Chassignolles 36 189 BA52
Chassigny 52 139 CA38
Chassigny-sous-Dun 71 194 BS55
Chassillé 72 107 AK35
Chassiron (Phare de) 17 200 AA57
Chassors 16 220 AJ61
Chassy 89 135 BK37
Chassy 71 193 BQ51
Chassy 18 174 BH46
Le Chastang 19 242 AY67
Chastang (Barrage du) 19 243 BA67
Chastanier 48 265 BO72
Chasteaux 19 242 AW68

CHÂTEAUROUX

Albert 1er (R.) BY 2
Bourdillon (R.) BZ 8
Cantrelle (R.) ABZ 10
Château-Raoul (R. du) AY 13
Châtre (Av. de la) BZ 14
Croix-Normand (Bd) BZ 17
États-Unis (R. des) BY 20
Fournier (R. A.) BY 23
Gallieni (R.) BZ 24
Gambetta (Pl.) BY 25
Gare (R. de la) BY
Grande (R.) BY 27
Jeux-Marins (Av. des) AY 29
J.-J.-Rousseau (R.) AY 28
Kennedy (Av. J.-F.) AZ 30
Ledru-Rollin (R.) BY 31
Lemoine (Av. Marcel) BY 32
Marins (Av. des) AY 33
Mitterrand (Av. F.) AY 35
Palais-de-Justice (R. du) ABZ 37
Paris (Av. de) BY 38
Pont-Neuf (Av. du) AY 40
République (Pl. de la) AY 44
Ste-Hélène (Pl.) BY 48
St-Luc (R.) BY 46
Victoire et des Alliés (Pl. de la) AY 53
Victor-Hugo (R.) ABY 54
6-Juin 1944 Débarquement Allié (Av. du) AY 58

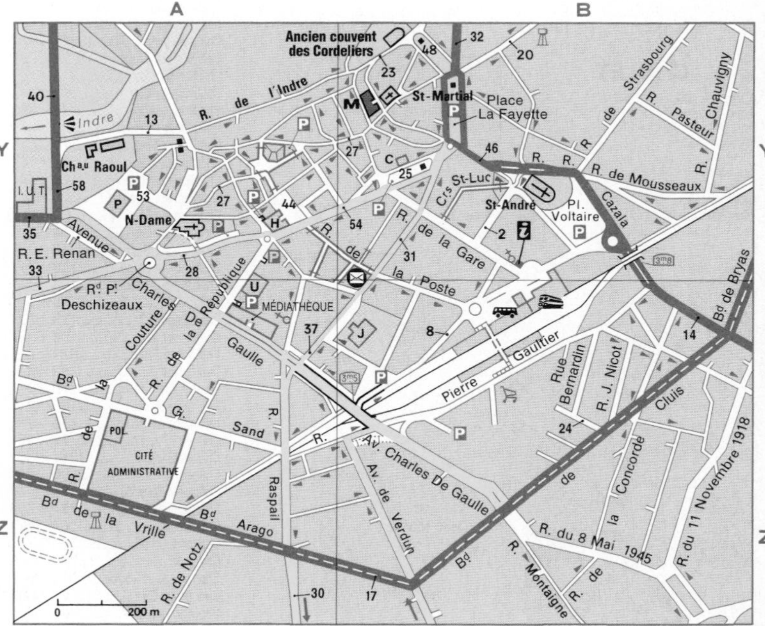
Ancien couvent des Cordeliers
St-Martial
Place La Fayette
R. de l'Indre
Ch^au Raoul
N-Dame
St-André
Pl. Voltaire
R. de Mousseaux
R. E. Renan
R^d P^t Deschizeaux
MÉDIATHÈQUE
CITÉ ADMINISTRATIVE
Av. Charles De Gaulle
Bd de la Vrille
R. de Notz
Av. de Verdun
R. du 8 Mai 1945
R. du 11 Novembre 1918

CHOLET

R. du Devau
Jean Jaurès
Av. L. Gambetta
200 m
Nationale
Secteur en travaux
N-DAME
ST-PIERRE
Nationale
R. St-Martin
St-Pierre
Pl. du Mail
St-Bonaventure
ESPACE ST-LOUIS
Pl. Jean Moulin
Av. des Cordeliers
Moine
R. de la Caillère
R. Barjot
Bd de la Victoire
Z
Z

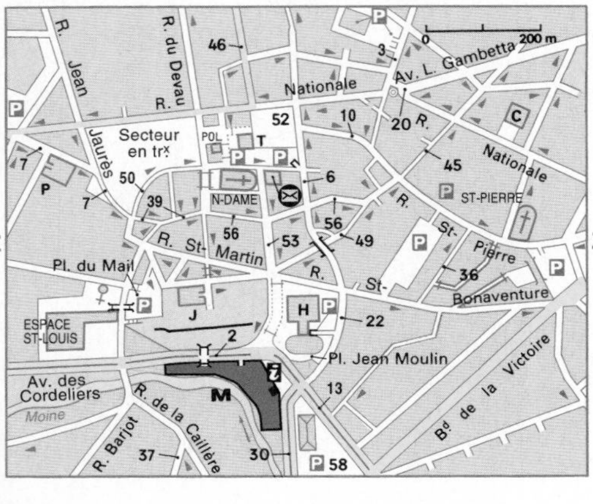

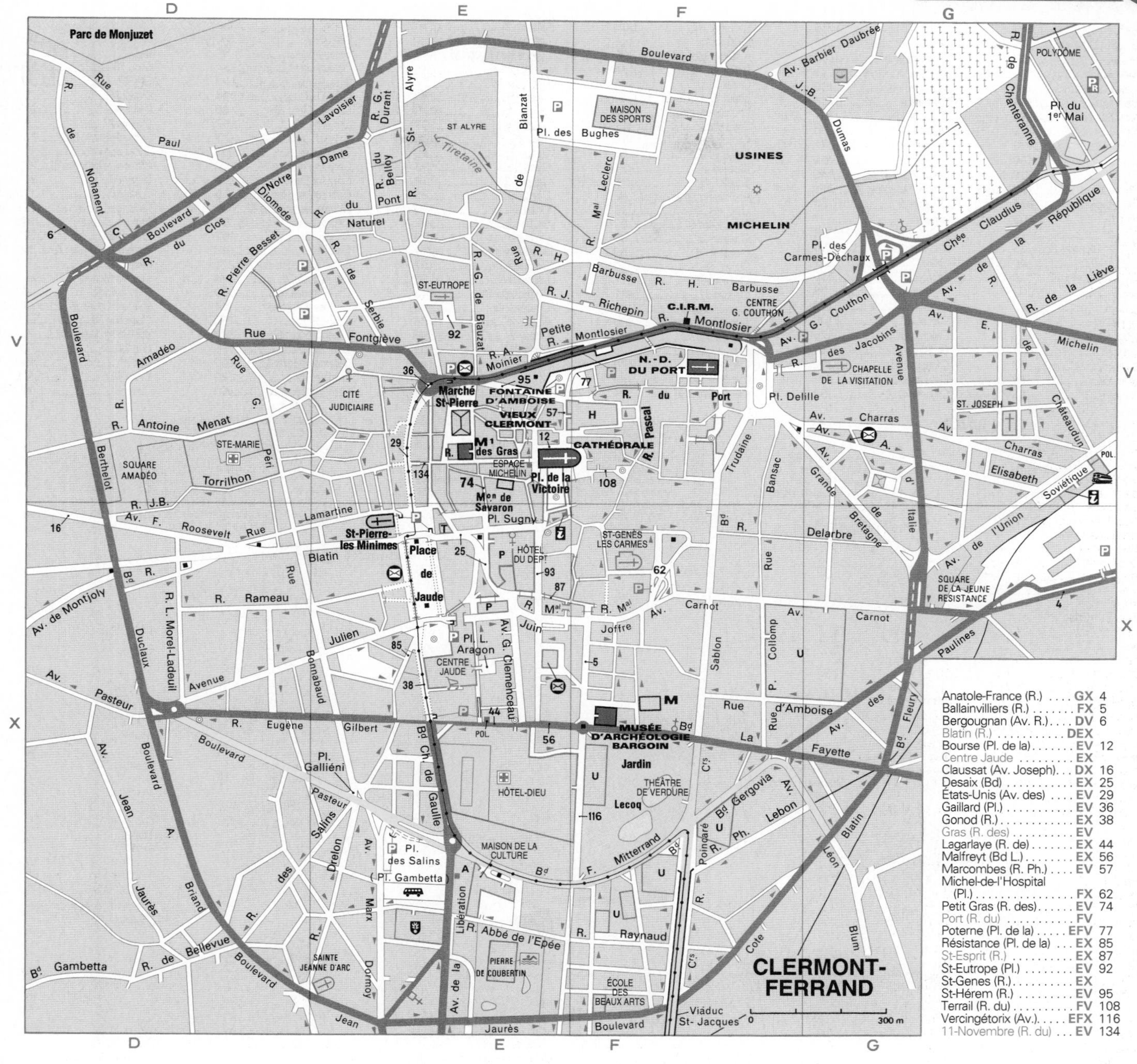

Anatole-France (R.) . . . . GX 4
Ballainvilliers (R.) . . . . FX 5
Bergougnan (Av. R.) . . . . DV 6
Blatin (R.) . . . . DEX
Bourse (Pl. de la) . . . . EV 12
Centre Jaude . . . . EX
Claussat (Av. Joseph) . . . DX 16
Desaix (Bd) . . . . EX 25
États-Unis (Av. des) . . . . EV 29
Gaillard (Pl.) . . . . EV 36
Gonod (R.) . . . . EX 38
Gras (R. des) . . . . EV
Lagarlaye (R. de) . . . . EX 44
Malfreyt (Bd L.) . . . . EX 56
Marcombes (R. Ph.) . . . . EV 57
Michel-de-l'Hospital (Pl.) . . . . FX 62
Petit Gras (R. des) . . . . . . EV 74
Port (R. du) . . . . FV
Poterne (Pl. de la) . . . . . EFV 77
Résistance (Pl. de la) . . . EX 85
St-Esprit (R.) . . . . EX 87
St-Eutrope (Pl.) . . . . EV 92
St-Genes (R.) . . . . EX
St-Hérem (R.) . . . . EV 95
Terrail (R. du) . . . . FV 108
Vercingétorix (Av.) . . . . . EFX 116
11-Novembre (R. du) . . . EV 134

COLMAR

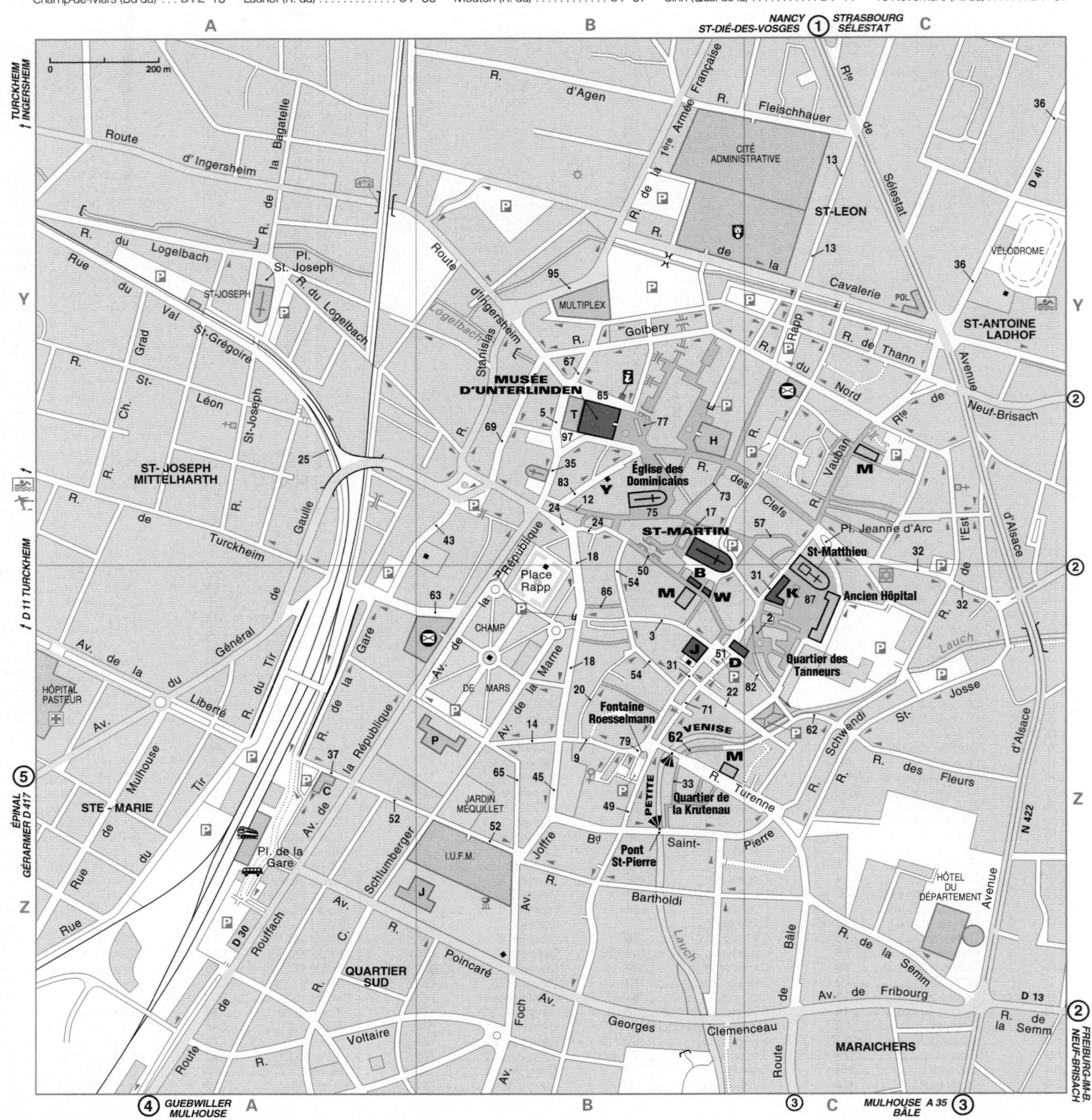

A
B
C
NANCY ST-DIÉ-DES-VOSGES
1
STRASBOURG SÉLESTAT
TURCKHEIM INGERSHEIM
0 200 m
Y
Z
CITÉ ADMINISTRATIVE
ST-LEON
VÉLODROME
MULTIPLEX
ST-ANTOINE LADHOF
MUSÉE D'UNTERLINDEN
Église des Dominicains
ST-MARTIN
St-Matthieu
Ancien Hôpital
ST- JOSEPH MITTELHARTH
ST-JOSEPH
Pl. St. Joseph
Place Rapp
Quartier des Tanneurs
Fontaine Roesselmann
VENISE
PETITE
Quartier de la Krutenau
Pont St-Pierre
JARDIN MEQUILLET
I.U.F.M.
HÔPITAL PASTEUR
STE - MARIE
Pl. de la Gare
QUARTIER SUD
MARAICHERS
HÔTEL DU DÉPARTEMENT
D 11 TURCKHEIM
5
ÉPINAL GÉRARMER D 417
2
FREIBURG-IM-B. NEUF-BRISACH
D 13
N 422
D 30
4
GUEBWILLER MULHOUSE
3
MULHOUSE A 35 BÂLE

D

DIJON

Briand (Av. A.) ... EX 8
Brosses (Bd de) ... CY 9
Champagne (Bd de) ... EX 14
Charrue (R.) ... DY 18
Chouette (R. de la) ... DY 21
Comte (R. A.) ... DY 27
Darcy (Pl.) ... CY
Dr-Chaussier (R.) ... CY 32
Dubois (Pl. A.) ... CY 33
École-de-Droit (R.) ... DY 35
Foch (Av. Mar.) ... CY 43
Godrans (R. des) ... DY 51
Grangier (Pl.) ... DY 54
Libération (Pl. de la) ... DY 57
Liberté (R. de la) ... CY
Magenta (R.) ... EZ 58
Michelet (R.) ... CY 64
Petit-Potet (R. du) ... DY 71
Rameau (R.) ... DY 77
Rude (R. F.) ... DY 81
St-Bénigne (Pl.) ... CY 82
St-Bernard (Pl.) ... DY 83
St-Michel (Pl.) ... DY 86
Vaillant (R.) ... DY 92
Verdun (Bd de) ... EX 93
1er-Mai (Pl. du) ... CZ 94
1re-Armée-Française (Av.) ... CY 95
26e-Dragons (R. du) ... EX 98

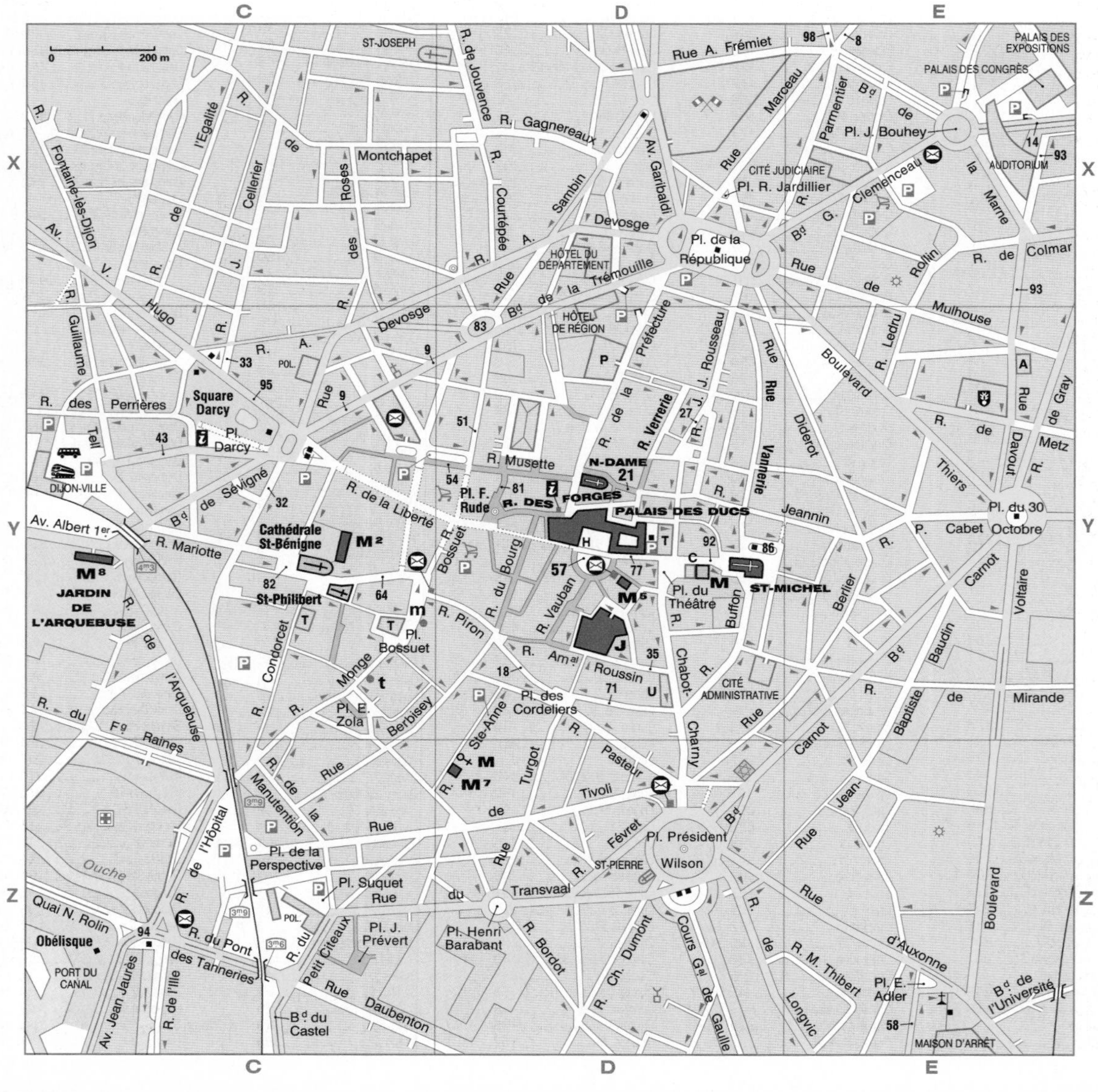

DUNKERQUE

Albert-1er (R.) ... CZ 2
Alexandre-III (Bd) ... CZ 3
Arbres (R. des) ... CDY 6
Asseman (Pl. P.) ... DY 8
Bergues (R. du Canal de) ... CZ 9
Bollaert (Pl. Émile) ... CZ 12
Calonne (Pl.) ... DZ 16
Carnot (Bd) ... DY 18
Carton-Lurat (Av.) ... DZ 19
Clemenceau (R.) ... CZ 21
Écluse-de-Bergues (R.) ... CZ 26
Faidherbe (Av.) ... DY
Fusillés-Marins (R.) ... CZ 30
Gare (Pl. de la) ... CZ 32
Gaulle (Pl. du Gén.-de) ... CZ 33
Geeraert (Av. Adolphe) ... DY
Hermitte (R. l') ... CY 35
Hollandais (Quai des) ... CZ 36
Hôtel-de-Ville (R. de l') ... DY 37
Jardins (Quai des) ... CZ 38
Jean-Bart (Pl.) ... CZ 41
Jean-Jaurès (R.) ... CZ 40
Jeu-de-Paume (R. du) ... CZ 42
Leclerc (R. du Mar.) ... CY 43
Leughenaer (R. du) ... CY 44
Lille (R. de) ... CZ 45
Magasin-Général (R.) ... CZ 48
Malo (Av. Gaspard) ... DY 49
Mar.-de-France (Av. des) ... DY 51
Mer (Digue de) ... DY
Minck (Pl. du) ... CY 53
Paris (R. de) ... CZ 54
Prés.-Poincaré (R. du) ... CZ 57
Prés.-Wilson (R. du) ... CZ 58
Quatre-Écluses (Quai) ... CZ 59
Thiers (R.) ... CZ 65
Turenne (Pl.) ... DY 67
Valentin (Pl. C.) ... CZ 68
Verley (Bd Paul) ... DY 69
Victoire (Pl. et R. de la) ... CDY 70
Victor-Hugo (Bd) ... CZ 72

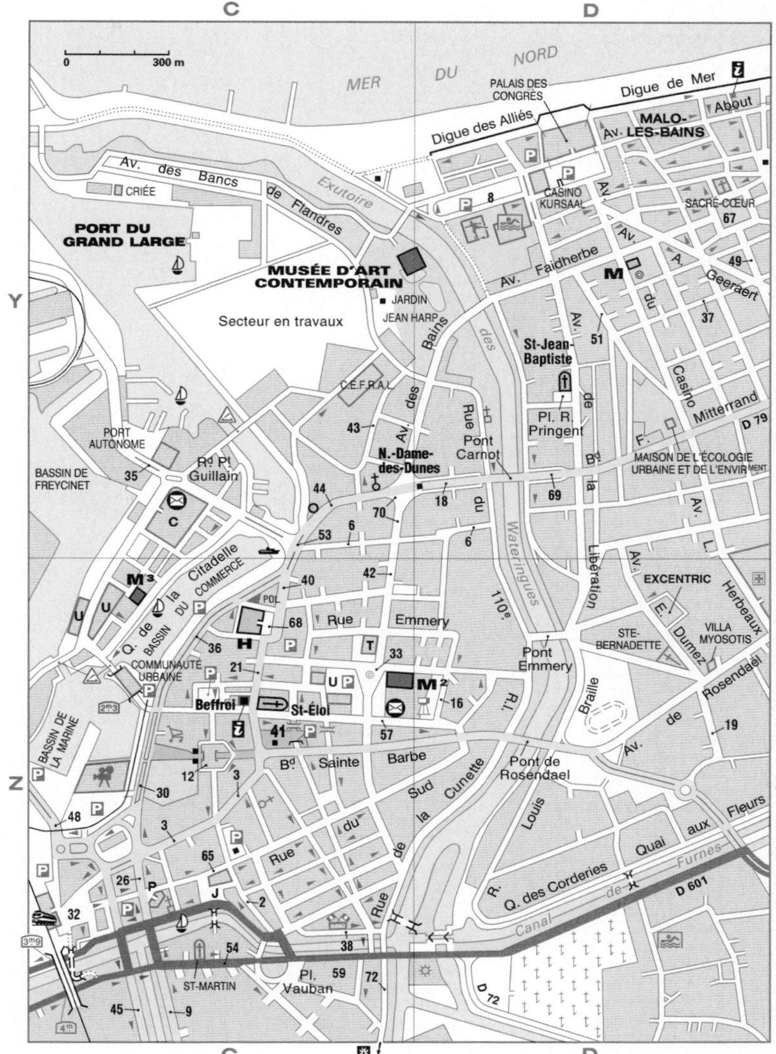

E

F

Le Ferré 35 81 AC30
Ferrensac 47 258 AP73
Ferrère 65 334 AO92
Les Ferres 06 309 CP81
Ferrette 68 143 CO40
Ferreux 10 90 BM31
La Ferrière 85 166 AB49
La Ferrière 38 233 CG65
La Ferrière 37 131 AR40
La Ferrière 22 102 S33
La Ferrière-Airoux 86 186 AO54
La Ferrière-au-Doyen 61 55 AP28
La Ferrière-au-Doyen 14 52 AG24
La Ferrière-aux-Étangs 61 53 AI28
La Ferrière-Béchet 61 83 AM29
La Ferrière-Bochard 61 83 AL31
La Ferrière-de-Flée 49 128 AF38
La Ferrière-Duval 14 53 AH25
La Ferrière-en-Parthenay 79 168 AK50
Ferrière-et-Lafolie 52 92 BX31
La Ferrière-Harang 14 52 AF24
Ferrière-la-Grande 59 15 BP10
Ferrière-la-Petite 59 15 BP11
Ferrière-Larçon 37 170 AS47
Ferrière-sur-Beaulieu 37 152 AT45
La Ferrière-sur-Risle 27 55 AR25
Ferrières 81 300 BE84
Ferrières 80 22 BC15
Ferrières 74 215 CG58
Ferrières 65 332 AH91
Ferrières 60 22 BE18
Ferrières 54 95 CG29
Ferrières 50 81 AE29
Ferrières 17 183 AE55
Ferrières-en-Bray 76 37 AY19
Ferrières-en-Brie 77 59 BF27
Ferrières-en-Gâtinais 45 112 BG35
Ferrières-Haut-Clocher 27 55 AT24
Ferrières-la-Verrerie 61 54 AO28
Ferrières-le-Lac 25 163 CL43
Ferrières-les-Bois 25 161 CD44
Ferrières-lès-Ray 70 140 CD40
Ferrières-lès-Scey 70 140 CE39
Ferrières-les-Verreries 34 302 BO81
Ferrières-Poussarou 34 320 BH86
Ferrières-Saint-Hilaire 27 55 AQ24
Ferrières-Saint-Mary 15 245 BI67
Ferrières-sur-Ariège 09 336 AX92
Ferrières-sur-Sichon 03 210 BN58
Ferrussac 43 246 BL68
Fertans 25 180 CF46
La Ferté 39 179 CC47
La Ferté-Alais 91 87 BD30
La Ferté-Beauharnais 41 154 AZ41
La Ferté-Bernard 72 108 AQ33
La Ferté-Chevresis 02 24 BM16
La Ferté-Frênel 61 55 AP26
La Ferté-Gaucher 77 60 BK27
La Ferté-Hauterive 03 192 BK53
La Ferté-Imbault 41 154 BA43
La Ferté-Loupière 89 135 BJ37
La Ferté-Macé 61 82 AJ29
La Ferté-Milon 02 39 BI23
La Ferté-Saint-Aubin 45 133 BA39
La Ferté-Saint-Cyr 41 132 AY39
La Ferté-Saint-Samson 76 21 AX18
La Ferté-sous-Jouarre 77 60 BJ25
La Ferté-sur-Chiers 08 27 BY18
La Ferté-Vidame 28 85 AS29
La Ferté-Villeneuil 28 109 AV36
Fertrève 58 175 BM47
Fervaches 50 52 AE24
Fervaques 14 54 AO24
Fescamps 80 23 BF17
Fesches-le-Châtel 25 142 CL40
Fesmy-le-Sart 02 15 BM13
Fesques 76 21 AX16
Fessanvilliers-Mattanvilliers 28 56 AT28
Fessenheim 68 121 CQ35
Fessenheim-le-Bas 67 68 CP27
Fessevillers 25 163 CL43
Les Fessey 70 141 CI37
Fessy 74 198 CI54
Festalemps 24 239 AM66
Festes-et-Saint-André 11 337 BB92
Festieux 02 41 BN19
Festigny 89 157 BM41
Festigny 51 61 BN24
Festre (Col du) 05 269 CF72
Festubert 62 8 BG7
Le Fête 21 159 BT45
Féternes 74 198 CJ53
Fétigny 39 196 CC52
Feucherolles 78 57 BA26
Feuchy 62 13 BG10
Feugarolles 47 275 AN78
Feugères 50 31 AC22
Feuges 10 91 BQ31
Feuguerolles 27 36 AT23
Feuguerolles-sur-Orne 14 33 AJ23
Feuguerolles-sur-Seulles 14 33 AH23
Feuilla 11 338 BH92
La Feuillade 24 241 AV68
Feuillade 16 221 AO62
La Feuillée 29 76 J30
Feuillères 80 23 BG14
La Feuillie 76 37 AX19
La Feuillie 50 31 AB22
Feule 25 163 CK42
Feuquières 60 21 AZ17
Feuquières-en-Vimeu 80 11 AX13
Feurs 42 229 BR61
Feusines 36 189 BB52
Feux 18 156 BH44
Fèves 57 45 CE22
Féy 57 65 CE24
Fey-en-Haye 54 65 CD25
Feyt 19 226 BE61
Feytiat 87 205 AV60
Feyzin 69 231 BW61
Fiac 81 298 AZ83
Ficaja 2B 347 FG106
Ficajola 2A 346 FA108
Ficheux 62 13 BG11
Fichous-Riumayou 64 294 AG85
Le Fidelaire 27 55 AS25
Le Fied 39 179 CD49
Le Fief-Sauvin 49 148 AD44
Fieffes 80 12 BC13
Fiefs 62 7 BD8
Fiennes 62 2 AZ4
Fienvillers 80 12 BC12
Fier (Gorges du) 74 215 CF58
Fierville-la-Campagne 14 53 AK24
Fierville-les-Mines 50 29 AA19
Fierville-les-Parcs 14 34 AN22
Le Fieu 33 238 AK68
Fieulaine 02 24 BL15
Fieux 47 275 AN79
Figanières 83 308 CK84
Figareto 2B 347 FH106
Figari 2A 351 FF115
Figarol 31 334 AR90
Figeac 46 261 BA73
Fignévelle 88 118 CD35
Fignières 80 23 BF17
Filain 70 141 CG40
Filain 02 40 BM19
Filitosa (Station Préhistorique de) 2A 348 FD113
Fillé 72 129 AM37
Fillières 54 45 CC20
Fillièvres 62 12 BB10
Fillinges 74 198 CI55
Fillols 66 342 BD96
Filstroff 57 46 CH20
Fiménil 88 119 CJ33
Findrol 74 215 CH56
Finestret 66 342 BE96
Finhan 82 297 AU81
Finiels (Col de) 48 265 BO75
Fins 80 14 BI13
Les Fins 25 163 CJ45
Fiquefleur-Équainville 27 34 AO20
Firbeix 24 223 AS62
Firfol 14 34 AO23
Firmi 12 262 BD74
Firminy 42 230 BS65
Fislis 68 143 CP40
Fismes 51 40 BM21
Fitignieu 01 214 CD58
Fitilieu 38 232 CC62
Fitou 11 339 BI92
Fitz-James 60 38 BD20
Fix-Saint-Geneys 43 246 BN67
Fixem 57 45 CF19
Fixin 21 160 BX44
Flabas 55 44 BZ21
Flacé-lès-Mâcon 71 195 BW54
Flacey 28 109 AV34
Flacey 21 160 BY42
Flacey-en-Bresse 71 196 CA51
La Flachère 38 233 CF64
Flachères 38 232 CA63
Flacourt 78 57 AY25
Flacy 89 114 BM33
Flagey 52 139 BZ38
Flagey 25 180 CF46
Flagey-Echézeaux 21 160 BX45
Flagey-lès-Auxonne 21 160 CA45
Flagey-Rigney 25 162 CG41
Flagnac 12 261 BC73
Flagy 77 88 BH32
Flagy 71 194 BU52
Flagy 70 141 CG38
Flaignes-Havys 08 26 BS15
Flaine 74 216 CK57
Flainval 54 95 CH28
Flamanville 76 19 AS17
Flamanville 50 28 Y18
Flamarens 32 276 AQ80
La Flamengrie 59 15 BN10
La Flamengrie 02 15 BO13
Flamets-Frétils 76 21 AX16
Flammerans 21 160 CA44
Flammerécourt 52 92 BX31
Flancourt-Catelon 27 35 AR21
Flangebouche 25 162 CI44
Flaran (Abbaye de) 32 295 AN81
Flassan 84 286 CA79
Flassans-sur-Issole 83 328 CI86
Flassigny 55 46 BZ19
Flastroff 57 46 CH20
Flat 63 228 BK63
Flaucourt 80 23 BH14
Flaugeac 24 257 AO72
Flaugnac 46 277 AV77
Flaujac-Gare 46 260 AY72
Flaujac-Poujols 46 278 AW76
Flaujagues 33 257 AL71
Flaumont-Waudrechies 59 15 BO12
Flaux 30 284 BU80
Flavacourt 60 37 AZ21
Flaviac 07 266 BV72
Flavignac 87 223 AT61
Flavignerot 21 159 BW43
Flavigny 51 61 BP25
Flavigny 18 173 BG47
Flavigny-le-Grand-et-Beaurain 02 24 BM15
Flavigny-sur-Moselle 54 94 CF29
Flavigny-sur-Ozerain 21 159 BT41
Flavin 12 280 BF77
Flavy-le-Martel 02 23 BJ17
Flavy-le-Meldeux 60 23 BI17
Flaxieu 01 214 CD59
Flaxlanden 68 133 CO38
Flayat 23 208 BD60
Flayosc 83 308 CK85
Fléac 16 221 AL61
Fléac-sur-Seugne 17 219 AG63
La Flèche 72 129 AL39
Fléchères (Château de) 01 212 BV57
Fléchin 62 7 BC7
Fléchy 60 22 BC17
Fleckenstein (Château de) 67 68 CQ23
Flée 72 130 AP38
Flée 21 158 BS42
Fleigneux 08 27 BW16
Fleisheim 57 67 CM26
Fleix 86 187 AR52
Le Fleix 24 239 AM70
Fléré-la-Rivière 36 170 AT47
Flers 80 13 BG13
Flers 62 12 BC10
Flers 61 53 AH27
Flers-en-Escrebieux 59 8 BI9
Flers-sur-Noye 80 22 BC16
Flesquières 59 14 BI12
Flesselles 80 12 BC13
Flétrange 57 66 CI23
Flêtre 59 4 BF5
Fléty 58 176 BP49
Fleurac 24 241 AS69
Fleurac 16 220 AK61
Fleurance 32 296 AP82
Fleurat 23 189 AY55
Fleurbaix 62 8 BG6
Fleuré 86 186 AP52
Fleuré 61 54 AL28
Fleurey 25 163 CK42
Fleurey-lès-Faverney 70 141 CF38
Fleurey-lès-Lavoncourt 70 140 CD39
Fleurey-lès-Saint-Loup 70 119 CG36
Fleurey-sur-Ouche 21 159 BW43
Fleurie 69 212 BV56
Fleuriel 03 191 BJ55
Fleurieu-sur-Saône 69 213 BW59
Fleurieux-sur-l'Arbresle 69 212 BV59
Fleurigné 35 81 AD31
Fleurigny 89 89 BK32
Fleurines 60 39 BF22
Fleurville 71 195 BW53
Fleury 80 22 BB16
Fleury 62 7 BC9
Fleury 60 37 BA22
Fleury 57 65 CF23
Fleury 50 51 AC26
Fleury 11 321 BJ89
Fleury 02 40 BJ22
Fleury-devant-Douaumont 55 44 BZ22
Fleury-en-Bière 77 88 BE31
Fleury-la-Forêt 27 37 AX20
Fleury-la-Montagne 71 211 BR56
Fleury-la-Rivière 51 41 BO23
Fleury-la-Vallée 89 136 BL37
Fleury-les-Aubrais 45 111 BA36
Fleury-Mérogis 91 87 BD29
Fleury-sur-Aire 55 63 BX24
Fleury-sur-Andelle 27 36 AW20
Fleury-sur-Loire 58 174 BK49
Fleury-sur-Orne 14 33 AJ23
Flévieu 01 214 CB60
Fléville 08 43 BW21
Fléville-devant-Nancy 54 94 CF28
Fléville-Lixières 54 45 CC21
Flévy 57 45 CF21
Flexanville 78 57 AY26
Flexbourg 67 97 CO28
Fley 71 177 BU50
Fleys 89 136 BO38
Flez-Cuzy 58 157 BM43
Fligny 08 26 BR15
Flin 54 95 CJ29
Flines-lès-Mortagne 59 9 BL8
Flines-lez-Raches 59 9 BJ9
Flins-Neuve-Église 78 57 AX26
Flins-sur-Seine 78 57 AZ25
Flipou 27 36 AV21
Flirey 54 65 CC25
Flixecourt 80 12 BB13
Flize 08 26 BU17
La Flocellière 85 166 AE48
Flocourt 57 66 CH24
Flocques 76 10 AW13
Flogny-la-Chapelle 89 114 BO36
Floing 08 27 BV16
Floirac 46 242 AX70
Floirac 33 237 AG70
Floirac 17 219 AF63
Florac 48 282 BN76
Florange 57 45 CE20
Florémont 88 95 CG31
Florensac 34 322 BM87
Florent-en-Argonne 51 43 BW23
Florentia 39 196 CA53
Florentin 81 299 BA81
Florentin-la-Capelle 12 262 BF73
Floressas 46 259 AT75
Florimont 90 142 CM40
Florimont-Gaumier 24 259 AU72
Floringhem 62 7 BD8
Flornoy 52 92 BW30
La Flotte 17 183 AB55
Flottemanville 50 29 AB19
Flottemanville-Hague 50 28 Z17
Floudès 33 256 AK74
Floure 11 320 BE89
Flourens 31 298 AW85
Floursies 59 15 BO11
Floyon 59 15 BO13
Flumet 73 216 CJ59
Fluquières 02 24 BJ16
Fluy 80 22 BB15
Foameix 55 44 CB21
Foce 2A 351 FE114
Focicchia 2B 347 FF108
Foëcy 18 154 BB45
Le Fœil 22 78 Q30
Foisches 08 17 BU12
Foissac 30 284 BS79
Foissac 12 261 BA74
Foissiat 01 195 BZ53
Foissy 21 159 BU45
Foissy-lès-Vézelay 89 157 BN42
Foissy-sur-Vanne 89 113 BL33
Foix 09 336 AX92
Folcarde 31 319 AY87
Folelli 2B 347 FH106
Folembray 02 40 BK19
Folgensbourg 68 143 CP39
Le Folgoët 29 71 G27
La Folie 14 32 AF21
Folies 80 23 BF16
Folkling 57 47 CK22
Follainville-Dennemont 78 57 AY24
Folles 87 206 AW57
La Folletière 76 19 AS18
La Folletière (Château de) 27 56 AW25
La Folletière-Abenon 14 55 AP25
Folleville 80 22 BD17
Folleville 27 35 AP23
Folligny 50 51 AB26
Folpersviller 57 47 CM22
Folschviller 57 66 CI23
Fomerey 88 119 CG33
Fomperron 79 185 AK52
Fonbeauzard 31 298 AW84
Foncegrive 21 139 BY40
Fonches-Fonchette 80 23 BG16
Foncine-le-Bas 39 180 CF50
Foncine-le-Haut 39 180 CF50
Foncquevillers 62 13 BF12
Fond-de-France 38 233 CG65
Fondamente 12 301 BJ81
Fondettes 37 151 AQ42
Fondremand 70 162 CF41
Fongalop 24 259 AS72
Fongrave 47 275 AO76
Fongueusemare 76 18 AO17
Fonroque 24 257 AO72
Fons 46 261 BA73
Fons 30 303 BS81
Fons 07 266 BT73
Fons-sur-Lussan 30 284 BT78
Fonsommes 02 24 BK14
Fonsorbes 31 297 AU85
Font-Romeu-Odeillo-Via 66 341 BA97
Fontain 25 162 CF44
Fontaine 90 142 CM38
Fontaine 38 250 CD66
Fontaine 10 116 BU33
Fontaine-au-Bois 59 15 BM12
Fontaine-au-Pire 59 14 BK12
Fontaine-Bellenger 27 36 AV22
Fontaine-Bonneleau 60 22 BB17
Fontaine-Chaalis 60 39 BF23
Fontaine-Chalendray 17 202 AJ58
Fontaine-Couverte 53 105 AD36
Fontaine-Daniel 53 82 AG32
Fontaine-de-Vaucluse 84 305 BZ81
Fontaine-Denis-Nuisy 51 90 BN29
Fontaine-en-Bray 76 20 AW17
Fontaine-en-Dormois 51 42 BU22
Fontaine-Étoupefour 14 33 AI23
Fontaine-Fourches 77 89 BL31
Fontaine-Française 21 160 CA41
Fontaine-Guérard (Abbaye de) 27 36 AV21
Fontaine-Guérin 49 150 AK41
Fontaine-Henry 14 33 AI21
Fontaine-Heudebourg 27 36 AV23
Fontaine-la-Gaillarde 89 113 BK33
Fontaine-la-Guyon 28 85 AV30
Fontaine-la-Louvet 27 35 AP23
Fontaine-la-Mallet 76 18 AN18
Fontaine-la-Rivière 91 87 BB32
Fontaine-la-Soret 27 35 AR23
Fontaine-l'Abbé 27 35 AR23
Fontaine-Lavaganne 60 21 BA18
Fontaine-le-Bourg 76 20 AU18
Fontaine-le-Comte 86 186 AN52
Fontaine-le-Dun 76 19 AS15
Fontaine-le-Pin 14 53 AK25
Fontaine-le-Port 77 88 BG30
Fontaine-le-Puits 73 234 CJ63
Fontaine-le-Sec 80 11 AZ14
Fontaine-les-Bassets 61 54 AM26
Fontaine-lès-Boulans 62 7 BC8
Fontaine-lès-Cappy 80 23 BG15
Fontaine-lès-Clercs 02 24 BJ16
Fontaine-lès-Clerval 25 162 CI41
Fontaine-les-Coteaux 41 131 AR38
Fontaine-lès-Croisilles 62 13 BH11
Fontaine-lès-Dijon 21 160 BX43
Fontaine-les-Grès 10 90 BO31
Fontaine-lès-Hermans 62 7 BD8
Fontaine-lès-Luxeuil 70 141 CH37
Fontaine-les-Ribouts 28 56 AV28
Fontaine-lès-Vervins 02 25 BO15
Fontaine-l'Étalon 62 12 BB10
Fontaine-Luyères 10 91 BQ31
Fontaine-Mâcon 10 89 BL30
Fontaine-Milon 49 150 AJ41
Fontaine-Notre-Dame 59 14 BJ12
Fontaine-Notre-Dame 02 24 BL15
Fontaine-Raoul 41 109 AU36
Fontaine-Saint-Lucien 60 38 BB19
La Fontaine-Saint-Martin 72 129 AM38
Fontaine-Simon 28 85 AT30
Fontaine-sous-Jouy 27 56 AV24
Fontaine-sous-Montaiguillon 77 89 BL29
Fontaine-sous-Montdidier 80 22 BE17
Fontaine-sous-Préaux 76 36 AU19
Fontaine-sur-Ay 51 61 BP24
Fontaine-sur-Coole 51 62 BS27
Fontaine-sur-Maye 80 11 BA11
Fontaine-sur-Somme 80 11 BA13
Fontaine-Uterte 02 24 BK14
Fontainebleau 77 88 BF31
Fontainebrux 39 178 CA50
Fontaines 89 135 BK39
Fontaines 85 183 AE53
Fontaines 71 177 BV48
Fontaines-d'Ozillac 17 219 AH64
Fontaines-en-Duesmois 21 138 BT39
Fontaines-en-Sologne 41 153 AX41
Fontaines-les-Sèches 21 137 BS38
Fontaines-Saint-Clair 55 43 BY20
Fontaines-Saint-Martin 69 213 BW59
Fontaines Salées (Fouilles des) 89 157 BO42
Fontaines-sur-Marne 52 92 BX29
Fontaines-sur-Saône 69 213 BW59
Les Fontainettes 60 37 BA20
Fontains 77 89 BI30
Fontan 06 291 CT79
Fontanes 48 265 BO71
Fontanes 46 278 AW77
Fontanès 42 230 BT63
Fontanès 34 303 BP82
Fontanès 30 303 BR82
Fontanès-de-Sault 11 337 BB94
Fontanes-du-Causse 46 260 AX73
Fontanges 15 244 BE68
Fontangy 21 158 BS43
Fontanières 23 208 BE57
Fontanil-Cornillon 38 250 CD66
Fontannes 43 246 BL66
Fontans 48 264 BL72
Fontarèches 30 284 BU79
Fontcaude (Abbaye de) 34 321 BJ87
Fontclaireau 16 203 AM59
Fontcouverte 17 201 AG60
Fontcouverte 11 320 BG89
Fontcouverte-la-Toussuire 73 252 CI66
Fontdouce (Abbaye de) 17 201 AH60
La Fontelaye 76 20 AT17
Fontenai-les-Louvets 61 83 AL30
Fontenai-sur-Orne 61 54 AL27
Fontenailles 89 136 BL40
Fontenailles 77 88 BH29
Fontenay 88 95 CI32
Fontenay 76 18 AN18
Fontenay 71 194 BS52
Fontenay 50 52 AE28
Fontenay 36 171 AY46
Fontenay 27 37 AX22
Fontenay (Abbaye de) 21 137 BS40
Fontenay-aux-Roses 92 58 BC27
Fontenay-de-Bossery 10 89 BL31
Fontenay-en-Parisis 95 58 BE24
Fontenay-le-Comte 85 184 AF52
Fontenay-le-Fleury 78 58 BB27
Fontenay-le-Marmion 14 33 AJ23
Fontenay-le-Pesnel 14 33 AH22
Fontenay-le-Vicomte 91 87 BD30
Fontenay-lès-Briis 91 87 BB29
Fontenay-Mauvoisin 78 57 AY25
Fontenay-près-Chablis 89 136 BO37
Fontenay-près-Vézelay 89 157 BN42
Fontenay-Saint-Père 78 57 AY24
Fontenay-sous-Bois 94 58 BE26
Fontenay-sous-Fouronnes 89 136 BM40
Fontenay-sur-Conie 28 110 AY34
Fontenay-sur-Eure 28 86 AW31
Fontenay-sur-Loing 45 112 BG35
Fontenay-sur-Mer 50 29 AC18
Fontenay-sur-Vègre 72 107 AK36
Fontenay-Torcy 60 21 AZ18
Fontenay-Trésigny 77 59 BH28
Fontenelle 90 142 CL39
La Fontenelle 41 109 AT35
La Fontenelle 35 80 AA30
Fontenelle 21 160 CA41
Fontenelle 02 15 BO13
Fontenelle (Château de) 04 287 CH79
Fontenelle-en-Brie 02 60 BL25
Fontenelle-Montby 25 162 CH41
Les Fontenelles 25 163 CK44
Fontenelles (Abbaye des) 85 165 Z50
Fontenermont 14 52 AD26
Fontenet 17 201 AH59
Fontenille 79 202 AK56
Fontenille 16 203 AM59
Fontenilles 31 297 AT85
Les Fontenis 70 162 CF41
Fontenois-la-Ville 70 118 CF36
Fontenois-lès-Montbozon 70 162 CG41
Fontenotte 25 162 CH42
Fontenouilles 89 135 BI37
Fontenoy 89 135 BK40
Fontenoy 02 40 BJ20
Fontenoy-la-Joûte 54 95 CJ30
Fontenoy-le-Château 88 119 CG35
Fontenoy-sur-Moselle 54 65 CE27
Fontenu 39 179 CD50
Fonteny 57 66 CH25
Fonteny 39 179 CE47
Fonters-du-Razès 11 318 AZ89
Fontès 34 301 BL85
Fontet 33 256 AK74
Fontette 10 116 BU35
Fontevraud-l'Abbaye 49 150 AL45
Fontfreide 63 227 BI62
Fontfroide (Abbaye de) 11 338 BH90
Fontgombault 36 170 AS50
Fontguenand 36 153 AX44
Fontienne 04 287 CE79
Fontiers-Cabardès 11 319 BC87
Fontiès-d'Aude 11 320 BE89
Fontjoncouse 11 338 BG91
Fontoy 57 45 CD20
Fontpédrouse 66 341 BB97
Fontrabiouse 66 341 BB95
Fontrailles 65 315 AN87
Fontvannes 10 90 BO32
Fontvieille 13 304 BW83
Forbach 57 47 CK22
Força Réal (Ermitage de) 66 338 BG94
Forcalqueiret 83 328 CH87
Forcalquier 04 287 CE80
Forcé 53 106 AG35
La Force 24 239 AN70
La Force 11 319 BB89
Forcelles-Saint-Gorgon 54 94 CF30
Forcelles-sous-Gugney 54 94 CE31
Forceville 80 13 BE13
Forceville-en-Vimeu 80 11 AZ14
Forcey 52 117 BZ34
Forciolo 2A 349 FE112
La Forclaz 74 198 CK53
Forclaz (Col de la) 74 215 CH59
Forest-en-Cambrésis 59 15 BM12
Forest-l'Abbaye 80 11 AZ11
La Forest-Landerneau 29 75 G29
Forest-Montiers 80 11 AY11
Forest-Saint-Julien 05 269 CH72
Forest-sur-Marque 59 9 BJ6
Foreste 02 23 BI16
La Forestière 51 60 BM28
Forestière (Aven de la) 30 284 BT76
La Forêt 33 237 AF70
La Forêt-Auvray 61 53 AJ26
La Forêt-de-Tessé 16 203 AL57
La Forêt-du-Parc 27 56 AV25
La Forêt-du-Temple 23 189 AZ53
La Forêt-Fouesnant 29 100 I35
Forêt-la-Folie 27 37 AX22
La Forêt-le-Roi 91 87 BB30
La Forêt-Sainte-Croix 91 87 BC31
La Forêt-sur-Sèvre 79 167 AG49
Forfry 77 59 BG24
La Forge 88 119 CJ34
Les Forges 88 119 CH33
Les Forges 79 185 AL52
Forges 77 88 BH31
Forges 61 83 AM30
Les Forges 56 102 S34
Forges 49 150 AJ44
Les Forges 23 207 BC56
Forges 19 243 AZ67
Forges 17 201 AE56
Les Forges-de-Paimpont 35 103 V35
Forges-la-Forêt 35 127 AC37

G

GRENOBLE

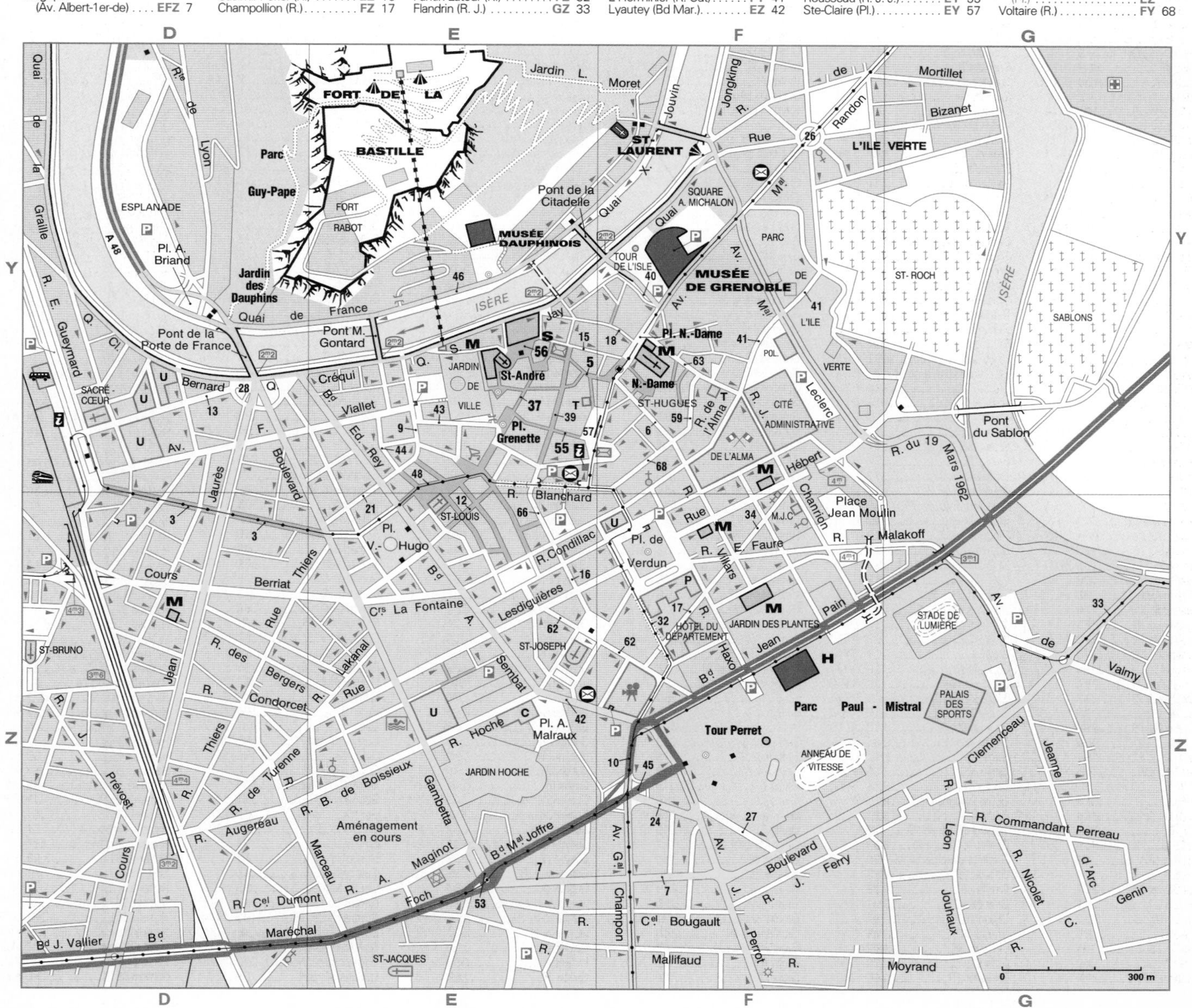

D
E
F
G
Y
Z
FORT DE LA BASTILLE
Parc Guy-Pape
ESPLANADE
FORT RABOT
Jardin des Dauphins
MUSÉE DAUPHINOIS
ST-LAURENT
MUSÉE DE GRENOBLE
L'ILE VERTE
ST-ROCH
SABLONS
ISÈRE
Quai de France
Pont de la Porte de France
Pont M. Gontard
Pont de la Citadelle
St-André
N.-Dame
Pl. Grenette
PL. N.-Dame
ST-HUGUES
CITÉ ADMINISTRATIVE
Place Jean Moulin
Pont du Sablon
Pl. V. Hugo
ST-LOUIS
Pl. de Verdun
JARDIN DES PLANTES
HÔTEL DU DÉPARTEMENT
ST-JOSEPH
ST-BRUNO
Parc Paul - Mistral
Tour Perret
PALAIS DES SPORTS
STADE DE LUMIÈRE
ANNEAU DE VITESSE
JARDIN HOCHE
Aménagement en cours
Pl. A. Malraux
ST-JACQUES
Cours Berriat
Cours Jean Jaurès
R. Commandant Perreau
Av. Gal Champon
Bd J. Vallier
Bd Mal Joffre
0
300 m

H

Hampigny 10 ..... 91 BT30
Hampont 57 ..... 66 CI26
Han-devant-Pierrepont 54 ..... 44 CB20
Han-lès-Juvigny 55 ..... 43 BY19
Han-sur-Meuse 55 ..... 64 CA26
Han-sur-Nied 57 ..... 66 CH24
Hanau (Étang de) 57 ..... 68 CP23
Hanc 79 ..... 203 AL57
Hanches 28 ..... 86 AY29
Hancourt 80 ..... 23 BI14
Handschuheim 67 ..... 97 CP28
Hangard 80 ..... 22 BE15
Hangenbieten 67 ..... 97 CQ28
Hangest-en-Santerre 80 ..... 23 BF16
Hangest-sur-Somme 80 ..... 22 BB14
Hangviller 57 ..... 68 CN26
Hannaches 60 ..... 37 AZ19
Hannapes 02 ..... 24 BM14
Hannappes 08 ..... 25 BQ15
Hannescamps 62 ..... 13 BF12
Hannocourt 57 ..... 66 CH25
Hannogne-Saint-Martin 08 ..... 27 BV17
Hannogne-Saint-Rémy 08 ..... 25 BQ18
Hannonville-sous-les-Côtes 55 ..... 64 CB24
Hannonville-Suzémont 54 ..... 65 CC23
Le Hanouard 76 ..... 19 AR16
Hans 51 ..... 42 BU23
Hantay 59 ..... 8 BG7
Hantz (Col du) 88 ..... 96 CM30
Hanvec 29 ..... 75 H30
Hanviller 57 ..... 48 CO22
Hanvoile 60 ..... 37 AZ19
Haplincourt 62 ..... 13 BH12
Happencourt 02 ..... 24 BJ16
Happonvilliers 28 ..... 85 AU32
Harambels 64 ..... 311 AB88
Haramont 02 ..... 39 BI21
Haraucourt 54 ..... 95 CG28
Haraucourt 08 ..... 27 BW17
Haraucourt-sur-Seille 57 ..... 66 CI26
Haraumont 55 ..... 43 BY20
Haravesnes 62 ..... 12 BB10
Haravilliers 95 ..... 38 BB23
Harbonnières 80 ..... 23 BF15
Harbouey 54 ..... 96 CK28
Harcanville 76 ..... 19 AR16
Harchéchamp 88 ..... 94 CC31
Harcigny 02 ..... 25 BP16
Harcourt 27 ..... 35 AR23
Harcy 08 ..... 26 BT15
Hardancourt 88 ..... 95 CI31
Hardanges 53 ..... 82 AI32
Hardecourt-aux-Bois 80 ..... 23 BG14
Hardelot-Plage 62 ..... 6 AX6
Hardencourt-Cocherel 27 ..... 56 AV24
Hardifort 59 ..... 3 BE4
Hardinghen 62 ..... 2 AZ5
Hardinvast 50 ..... 29 AA17
Hardivillers 60 ..... 22 BC18
Hardivillers-en-Vexin 60 ..... 37 BA21
La Hardoye 08 ..... 25 BQ17
Hardricourt 78 ..... 57 AZ24
La Harengère 27 ..... 36 AT22
Haréville 88 ..... 118 CE33
Harfleur 76 ..... 34 AN19
Hargarten-aux-Mines 57 ..... 46 CI21
Hargeville 78 ..... 57 AY26
Hargeville-sur-Chée 55 ..... 63 BY26
Hargicourt 80 ..... 22 BE17
Hargicourt 02 ..... 24 BJ14
Hargnies 59 ..... 15 BO10
Hargnies 08 ..... 17 BU13
Haricourt 27 ..... 37 AX23
Harly 02 ..... 24 BK15
Harméville 52 ..... 93 BZ30
Harmonville 88 ..... 94 CD30
La Harmoye 22 ..... 77 P31
Harnes 62 ..... 8 BH8
Harol 88 ..... 119 CG33
Haroué 54 ..... 94 CF30
Harponville 80 ..... 13 BE13
Harprich 57 ..... 66 CI24
Harquency 27 ..... 37 AX22
Harreberg 57 ..... 67 CM27
Harréville-les-Chanteurs 52 ..... 93 CB32
Harricourt 52 ..... 92 BW32
Harricourt 08 ..... 43 BW19
Harsault 88 ..... 119 CG34
Harskirchen 67 ..... 67 CL24
Hartennes-et-Taux 02 ..... 40 BK21
Hartmannswiller 68 ..... 120 CN36
Hartzviller 57 ..... 67 CM27
Harville 55 ..... 65 CC23
Hary 02 ..... 25 BO16
Haselbourg 57 ..... 68 CN27
Hasnon 59 ..... 9 BK9
Hasparren 64 ..... 311 Z86
Haspelschiedt 57 ..... 48 CO22
Haspres 59 ..... 14 BK11
Hastingues 40 ..... 292 AB85
Hatrize 54 ..... 45 CD22
Hatten 67 ..... 69 CS24
Hattencourt 80 ..... 23 BG16
Hattenville 76 ..... 19 AQ17
Hattigny 57 ..... 96 CL28
Hattmatt 67 ..... 68 CO26
Hattonchâtel 55 ..... 64 CB24
Hattonville 55 ..... 64 CB24
Hattstatt 68 ..... 121 CO34
Hauban 65 ..... 333 AL90
Haubourdin 59 ..... 8 BH7
Hauconcourt 57 ..... 45 CF21
Haucourt 76 ..... 21 AY17
Haucourt 62 ..... 13 BH11
Haucourt 60 ..... 37 BA19
Haucourt-en-Cambrésis 59 ..... 14 BK12
Haucourt-la-Rigole 55 ..... 44 CB21
Haucourt-Moulaine 54 ..... 45 CC19
Haudainville 55 ..... 64 BZ23
Haudiomont 55 ..... 64 CA23
Haudivillers 60 ..... 38 BC19
Haudonville 54 ..... 95 CI29
Haudrecy 08 ..... 26 BT16
Haudricourt 76 ..... 21 AY16
Haulchin 59 ..... 14 BL10
Haulies 32 ..... 296 AP85
Haulmé 08 ..... 26 BU15
Haumont-lès-Lachaussée 55 ..... 65 CC24
Haumont-près-Samogneux 55 ..... 44 BZ21
Hauriet 40 ..... 293 AE83
Hausgauen 68 ..... 143 CO39
Haussez 76 ..... 21 AY18
Haussignémont 51 ..... 63 BV27
Haussimont 51 ..... 61 BQ27
Haussonville 54 ..... 95 CG29
Haussy 59 ..... 14 BL11
Haut-Asco 2B 346 FC106
Haut-Barr (Château du) 67 ..... 68 CO26
Haut-Clocher 57 ..... 67 CL26
Le Haut-Corlay 22 ..... 77 P31
Haut-de-Bosdarros 64 ..... 314 AH89
Le Haut-du-Them 70 ..... 142 CK37
Haut-Kœnigsbourg (Château du) 67 ..... 97 CO32
Haut-Lieu 59 ..... 15 BO12
Haut-Loquin 62 ..... 2 BA5
Haut-Mainil 62 ..... 12 BB10
Haut-Mauco 40 ..... 293 AF82
Le Haut Planet (Balcon) 78 ..... 57 AY28
Hautaget 65 ..... 333 AN90
Hautbos 60 ..... 21 AZ18
Haute-Avesnes 62 ..... 13 BF10
La Haute-Beaume 05 ..... 268 CD73
La Haute-Chapelle 61 ..... 82 AH29
Haute-Epine 60 ..... 21 BA18
Haute-Goulaine 44 ..... 147 AA44
Haute-Isle 95 ..... 57 AY24
Haute-Kontz 57 ..... 46 CG19
La Haute-Maison 77 ..... 59 BI26
Haute Provence (Observatoire de) 04 ..... 287 CE80
Haute-Rivoire 69 ..... 230 BT61
Haute-Vigneulles 57 ..... 66 CI23
Hautecloque 62 ..... 12 BD10
Hautecombe (Abbaye de) 73 ..... 215 CE60
Hautecôte 62 ..... 12 BC10
Hautecour 73 ..... 234 CK63
Hautecour 39 ..... 196 CD51
Hautecourt-lès-Broville 55 ..... 44 CA22
Hautecourt-Romanèche 01 ..... 214 CB56
Hautefage 19 ..... 243 BA68
Hautefage-la-Tour 47 ..... 276 AQ76
Hautefaye 24 ..... 221 AO63
Hautefeuille 77 ..... 59 BH27
Hautefond 71 ..... 193 BR53
Hautefontaine 60 ..... 39 BI20
Hautefort 24 ..... 241 AT66
Hauteluce 73 ..... 216 CK60
Hautepierre-le-Châtelet 25 ..... 180 CH46
Hauterive 89 ..... 114 BM36
Hauterive 61 ..... 83 AN30
Hauterive 03 ..... 210 BL57
Hauterive-la-Fresse 25 ..... 180 CI46
Hauterives 26 ..... 249 BY66
Hauteroche 21 ..... 159 BU41
Hautes-Duyes 04 ..... 287 CH77
Les Hautes-Rivières 08 ..... 27 BV14
Hautesvignes 47 ..... 257 AN75
Hautevelle 70 ..... 141 CG37
Hautevesnes 02 ..... 40 BJ23
La Hauteville 78 ..... 57 AX28
Hauteville 73 ..... 233 CH62
Hauteville 62 ..... 13 BE10
Hauteville 51 ..... 63 BV28
Hauteville 08 ..... 26 BR18
Hauteville 02 ..... 24 BL15
Hauteville-Gondon 73 ..... 234 CL61
Hauteville-la-Guichard 50 ..... 31 AC23
Hauteville-lès-Dijon 21 ..... 160 BX42
Hauteville-Lompnes 01 ..... 214 CC58
Hauteville-sur-Fier 74 ..... 215 CF58
Hauteville-sur-Mer 50 ..... 51 AA24
L'Hautil 78 ..... 57 BA25
Haution 02 ..... 25 BO15
Hautmont 59 ..... 15 BO11
Hautmougey 88 ..... 119 CG35
Hautot-l'Auvray 76 ..... 19 AR16
Hautot-le-Vatois 76 ..... 19 AR17
Hautot-Saint-Sulpice 76 ..... 19 AR17
Hautot-sur-Mer 76 ..... 20 AT15
Hautot-sur-Seine 76 ..... 36 AT20
Hautteville-Bocage 50 ..... 29 AB19

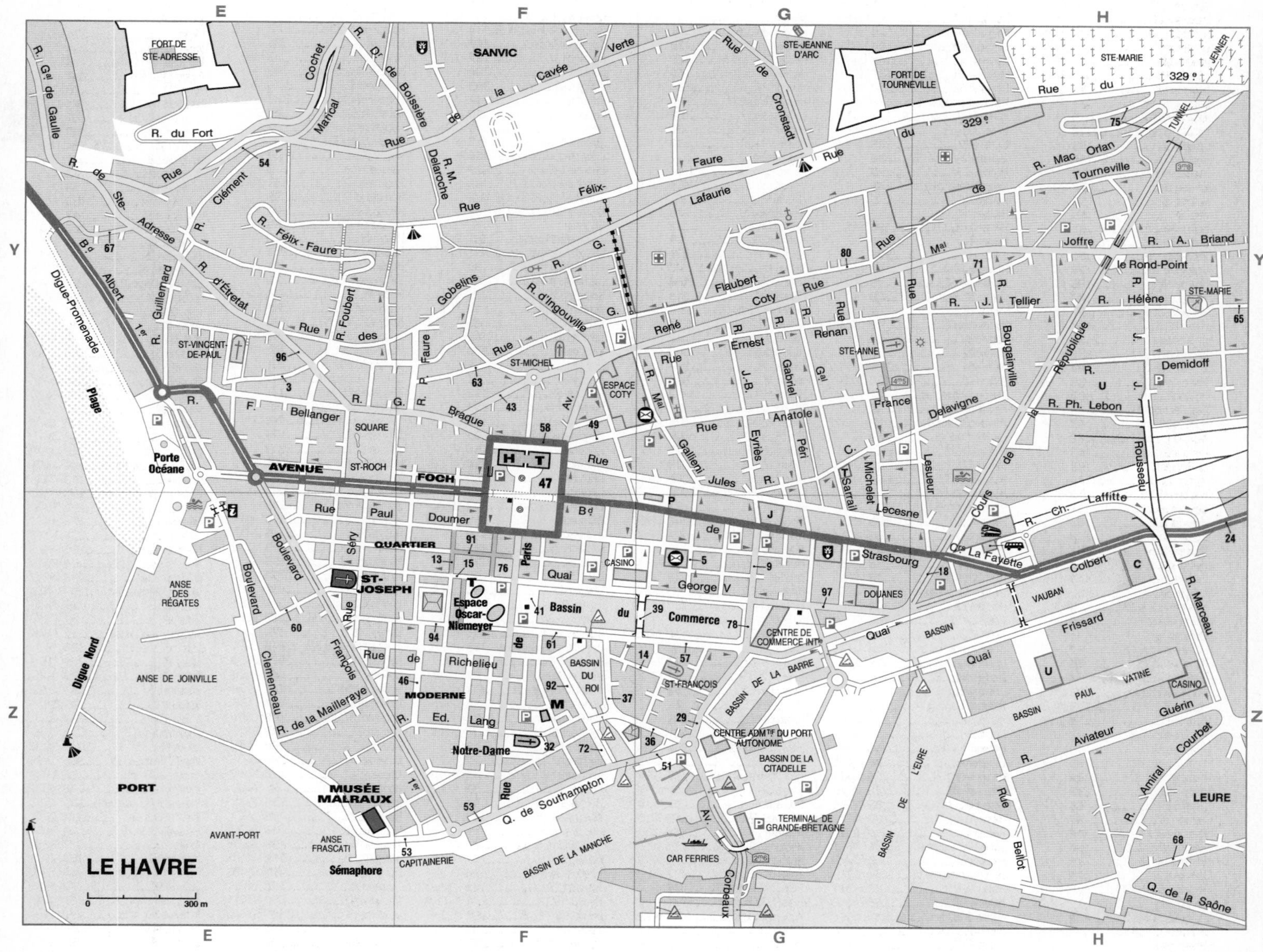

Alma (R. de l') ..... EY 3
Anfray (R.) ..... GZ 5
Archinard (Av. Gén.) ..... GZ 9
Bernardin-de-St-Pierre (R.) ..... FZ 13
La Bourdonnais (R.) ..... EY 54
Bretagne (R. de) ..... FGZ 14
Briand (R. A.) ..... HY
Brindeau (R. L.) ..... EFZ 15
Chevalier-de-la-Barre (Cours) ..... HZ 18
Churchill (Bd W.) ..... HZ 24
Delavigne (Quai C.) ..... GZ 29
Delavigne (R. C.) ..... GHY
Drapiers (R. des) ..... FZ 32
Étretat (R. d') ..... EY
Faidherbe (R. Gén.) ..... GZ 36
Féré (Quai Michel) ..... FZ 37
François le Chevalier (Passerelle) ..... GZ 39
Gaulle (Pl. du Gén.-de) ..... FZ 41
Genestal (R. H.) ..... FY 43
Honegger (R. A.) ..... FZ 46
Hôtel-de-Ville (Pl. de l') ..... FYZ 47
Huet (R. A.-A.) ..... FY 49
Ile (Quai de l') ..... GZ 51
Joffre (R. Maréchal) ..... GHY
Kennedy (Chée J.) ..... EFZ 53
Lamblardie (Quai) ..... FGZ 57
Leclerc (Av. Gén.) ..... FY 58
Lemaître (R. F.) ..... EZ 60
Louer (R. J.) ..... FY 63
Massillon (R.) ..... HY 65
Maupassant (R. G.-de) ..... EY 67
Neustrie (R. de) ..... HY 71
Notre-Dame (Quai) ..... FZ 72
Paris (R. de) ..... FZ
Pasteur (R.) ..... HY 75
Perret (Pl. Auguste) ..... FZ 76
Pompidou (Chée G.) ..... GZ 78
République (Cours de la) ..... HY
Risson (R. F.) ..... GY 80
Le Testu (Quai G.) ..... FZ 61
Victor-Hugo (R.) ..... FZ 91
Videcoq (Quai) ..... FZ 92
Voltaire (R.) ..... EFZ 94
Wilson (R. Président) ..... EY 96
24e-Territorial (Chée du) ..... GZ 97

I

Ingrandes-de-Touraine 37 ... 151 AN43
Ingrannes 45 ... 111 BC36
Ingré 45 ... 133 AZ37
Inguiniel 56 ... 101 N34
Ingwiller 67 ... 68 CO25
Injoux-Génissiat 01 ... 215 CE57
Innenheim 67 ... 97 CP29
Innimond 01 ... 214 CC60
Inor 55 ... 27 BX18
Insming 57 ... 67 CK24
Insviller 57 ... 67 CK25
Intraville 76 ... 10 AV14
Intres 07 ... 248 BT69
Intréville 28 ... 87 BA32
Intville-la-Guétard 45 ... 111 BC33
Inval-Boiron 80 ... 21 AZ15
Inxent 62 ... 6 AZ7
Inzinzac-Lochrist 56 ... 101 N36
Ippécourt 55 ... 63 BY24
Ippling 57 ... 47 CL22
Irai 61 ... 55 AR28
Irais 79 ... 168 AK48
Irancy 89 ... 136 BN39
Iré-le-Sec 55 ... 44 BZ19
Iré-les-Prés 55 ... 44 BZ19
Irigny 69 ... 231 BW61
Irissarry 64 ... 311 AA88
Irles 80 ... 13 BG12
Irmstett 67 ... 97 CP28
Irodouër 35 ... 103 X32
Iron 02 ... 24 BM14
Irouléguy 64 ... 330 Z89
Irreville 27 ... 36 AU23
Irvillac 29 ... 75 G30
Is-en-Bassigny 52 ... 117 CA35
Is-sur-Tille 21 ... 160 BY41
Isbergues 62 ... 7 BE6
Isches 88 ... 118 CD35
Isdes 45 ... 133 BC39
Isenay 58 ... 175 BN48
Iseran (Col de l') 73 ... 235 CN63
Isigny-le-Buat 50 ... 52 AD28
Isigny-sur-Mer 14 ... 32 AE21
Island 89 ... 157 BO41
Isle 87 ... 205 AU60
L'Isle-Adam 95 ... 38 BC23
L'Isle-Arné 32 ... 296 AQ84
Isle-Aubigny 10 ... 91 BR30
Isle-Aumont 10 ... 115 BQ33
L'Isle-Bouzon 32 ... 296 AQ81
Isle-Briand (Haras de l') 49 ... 128 AG39
L'Isle-d'Abeau 38 ... 231 BZ62
L'Isle-d'Abeau (Ville nouvelle) 38 ... 231 BZ62
L'Isle-de-Noé 32 ... 295 AN85
L'Isle-d'Espagnac 16 ... 221 AM61
L'Isle-en-Dodon 31 ... 316 AR87
Isle-et-Bardais 03 ... 173 BG50
L'Isle-Jourdain 86 ... 187 AQ55
L'Isle-Jourdain 32 ... 297 AT84
Isle-Saint-Georges 33 ... 255 AG72
Isle-Savary (Château d') 36 ... 170 AU47
L'Isle-sur-la-Sorgue 84 ... 305 BZ81
L'Isle-sur-le-Doubs 25 ... 142 CJ41
Isle-sur-Marne 51 ... 62 BU28
L'Isle-sur-Serein 89 ... 137 BP40
Les Isles-Bardel 14 ... 53 AJ26
Isles-les-Meldeuses 77 ... 59 BI25
Isles-lès-Villenoy 77 ... 59 BG26
Isles-sur-Suippe 51 ... 41 BQ20
Les Islettes 55 ... 43 BW23
Isneauville 76 ... 36 AU19
Isola 06 ... 289 CO77
Isola 2000 06 ... 289 CP77
Isolaccio-di-Fiumorbo 2B ... 349 FF110
Isômes 52 ... 139 BZ39
Ispagnac 48 ... 282 BM76
Ispe 40 ... 254 AB75
Ispoure 64 ... 330 AA89
Isques 62 ... 6 AY6
Issac 24 ... 239 AO69
Les Issambres 83 ... 329 CM86
Issamoulenc 07 ... 266 BU71
Issancourt-et-Rumel 08 ... 27 BV16
Issanlas 07 ... 265 BQ72
Issans 25 ... 142 CK40
Les Issards 09 ... 336 AY90
Issarlès 07 ... 265 BQ71
Isse 51 ... 61 BQ24
Issé 44 ... 126 AA39
Issel 11 ... 319 BA87
Issendolus 46 ... 260 AY72
Issenhausen 67 ... 68 CP25
Issenheim 68 ... 120 CN36
Issepts 46 ... 261 BA73
Isserpent 03 ... 210 BN56
Isserteaux 63 ... 228 BL62
Issigeac 24 ... 258 AP72
Issirac 30 ... 284 BU77
Issoire 63 ... 228 BK63
Issolud (Puy d') 46 ... 242 AY69
Issoncourt 55 ... 63 BY25
Issor 64 ... 331 AE90
Issou 78 ... 57 AZ25
Issoudun 36 ... 172 BA47
Issoudun-Létrieix 23 ... 207 BB57
Issus 31 ... 318 AW87
Issy-les-Moulineaux 92 ... 58 BC27
Issy-l'Évêque 71 ... 176 BP50
Istres 13 ... 305 BY85
Les Istres-et-Bury 51 ... 61 BQ25
Isturits 64 ... 311 AA87
Itancourt 02 ... 24 BK16
Iteuil 86 ... 186 AN52
Ithorots-Olhaïby 64 ... 311 AC87
Ittenheim 67 ... 97 CQ28
Ittersviller 67 ... 97 CO30
Itteville 91 ... 87 BD30
Itxassou 64 ... 310 Y87
Itzac 81 ... 279 AZ80
Ivergny 62 ... 12 BD11
Iverny 77 ... 59 BG25
Iviers 02 ... 25 BQ16
Iville 27 ... 35 AS23
Ivors 60 ... 39 BI22
Ivory 39 ... 179 CE47
Ivoy-le-Pré 18 ... 155 BE43
Ivrey 39 ... 179 CE46
Ivry (Obélisque d') 27 ... 56 AW25
Ivry-en-Montagne 21 ... 177 BU46
Ivry-la-Bataille 27 ... 56 AW26
Ivry-le-Temple 60 ... 37 BA22
Ivry-sur-Seine 94 ... 58 BD27
Iwuy 59 ... 14 BK11
Izaourt 65 ... 334 AP91
Izaut-de-l'Hôtel 31 ... 334 AQ91
Izaux 65 ... 333 AN90
Izé 53 ... 106 AJ33
Izeaux 38 ... 232 CB65
Izel-lès-Équerchin 62 ... 8 BH9
Izel-les-Hameaux 62 ... 13 BE10
Izenave 01 ... 214 CB57
Izernore 01 ... 196 CC55
Izeron 38 ... 250 CB67
Izeste 64 ... 332 AG90
Izeure 21 ... 160 BY45
Izier 21 ... 160 BY43
Izieu 01 ... 232 CC61
Izoard (Col d') 05 ... 253 CM70
Izon 33 ... 237 AH70
Izon-la-Bruisse 26 ... 286 CD77
Izotges 32 ... 295 AK84
Izy 45 ... 111 BB34

J

Jablines 77 ... 59 BG25
Jabreilles-les-Bordes 87 ... 206 AW58
Jabrun 15 ... 263 BI71
Jacob-Bellecombette 73 ... 233 CF62
Jacou 34 ... 302 BP84
Jacque 65 ... 315 AL87
Jagny-sous-Bois 95 ... 58 BE24
Jaignes 77 ... 59 BI25
Jaillans 26 ... 249 BZ68
La Jaille-Yvon 49 ... 128 AG38
Jaillon 54 ... 65 CD27
Jailly 58 ... 175 BL46
Jailly-les-Moulins 21 ... 159 BU41
Jainvillotte 88 ... 94 CC32
Jalesches 23 ... 189 BB55
Jaleyrac 15 ... 244 BD66
Jaligny-sur-Besbre 03 ... 192 BM54
Jallais 49 ... 148 AE44
Jallanges 21 ... 178 BY47
Jallans 28 ... 110 AW35
Jallaucourt 57 ... 66 CG26
Jallerange 25 ... 161 CC43
Jalognes 18 ... 155 BG44
Jalogny 71 ... 194 BU53
Jâlons 51 ... 61 BQ24
La Jalousie 14 ... 33 AJ23
Jambles 71 ... 177 BV49
Jambville 78 ... 57 AZ24
Jaméricourt 60 ... 37 AZ21
Jametz 55 ... 44 BZ19
Jameyzieu 38 ... 231 BZ61
Janailhac 87 ... 223 AU62
Janaillat 23 ... 206 AY57
Jancigny 21 ... 160 CA42
Jandun 08 ... 26 BT17
Janneyrias 38 ... 213 BY60
Jans 44 ... 126 Z39
Jansac 26 ... 268 CB73
Janville 60 ... 39 BH19
Janville 28 ... 110 AZ33
Janville 14 ... 34 AL22
Janville-sur-Juine 91 ... 87 BC30
Janvilliers 51 ... 60 BM26
Janvry 91 ... 58 BB28
Janvry 51 ... 41 BO22
Janzé 35 ... 104 AA35
Jarcieu 38 ... 231 BX65
La Jard 17 ... 219 AG61
Jard-sur-Mer 85 ... 182 Z52
Jardin 38 ... 231 BX63
Le Jardin 19 ... 225 BA65
Jardres 86 ... 186 AP51
Jargeau 45 ... 133 BB37
Jarjayes 05 ... 269 CH74
Jarménil 88 ... 119 CI34
Jarnac 16 ... 220 AJ61
Jarnac-Champagne 17 ... 219 AH62
Jarnages 23 ... 207 BB56
La Jarne 17 ... 200 AC56
Jarnioux 69 ... 212 BU58
Jarnosse 42 ... 211 BR57
Jarny 54 ... 45 CD22
Jarret 65 ... 333 AK90
Jarrie 38 ... 251 CE67
La Jarrie 17 ... 200 AD56
La Jarrie-Audouin 17 ... 201 AH57
Jarrier 73 ... 234 CI65
Jars 18 ... 155 BF42
Jarsy 73 ... 233 CH61
Jarville-la-Malgrange 54 ... 94 CF28
Jarzé 49 ... 129 AJ40
Jas 42 ... 230 BS61
Jasney 70 ... 118 CF36
Jassans-Riottier 01 ... 213 BW58
Jasseines 10 ... 91 BS30
Jasseron 01 ... 196 CA55
Jasses 64 ... 313 AE87
Jatxou 64 ... 310 Y86
Jau (Col de) 11 ... 341 BC95
Jau-Dignac-et-Loirac 33 ... 218 AD64
Jaucourt 10 ... 116 BU33
La Jaudonnière 85 ... 166 AE50
Jaudrais 28 ... 85 AU29
Jaujac 07 ... 266 BS73
Jauldes 16 ... 203 AN60
Jaulges 89 ... 114 BO36
Jaulgonne 02 ... 60 BL24
Jaulnay 37 ... 169 AO47
Jaulnes 77 ... 89 BK31
Jaulny 54 ... 65 CD24
Jaulzy 60 ... 39 BI20
Jaunac 07 ... 248 BT70
Jaunay-Clan 86 ... 169 AO50
Jaures 24 ... 240 AP68
Jausiers 04 ... 271 CM75
Jaux 60 ... 39 BG20
Jauzé 72 ... 108 AO33
Javaugues 43 ... 246 BM66
Javené 35 ... 81 AC32
Javerdat 87 ... 205 AS58
Javerlhac-et-la-Chapelle-Saint-Robert 24 ... 222 AP63
Javernant 10 ... 114 BP34
La Javie 04 ... 288 CJ77
Javols 48 ... 264 BL72
Javrezac 16 ... 220 AI61
Javron 53 ... 82 AJ31
Jax 43 ... 246 BN67
Jaxu 64 ... 311 AA88
Jayac 24 ... 241 AV69
Jayat 01 ... 195 BY53
Jazeneuil 86 ... 185 AL53
Jazennes 17 ... 219 AG62
Jeancourt 02 ... 24 BJ14
Jeandelaincourt 54 ... 65 CF26
Jeandelize 54 ... 45 CC22
Jeanménil 88 ... 95 CJ31
Jeansagnière 42 ... 229 BO61
Jeantes 02 ... 25 BP16
Jebsheim 68 ... 121 CP33
Jegun 32 ... 296 AO83
La Jemaye 24 ... 239 AM67
Jenlain 59 ... 15 BM10
Jenzat 03 ... 209 BJ56
Jésonville 88 ... 118 CF34
Jessains 10 ... 91 BT32
Jetterswiller 67 ... 68 CO27
Jettingen 68 ... 143 CP39
Jeu-les-Bois 36 ... 172 AZ50
Jeu-Maloches 36 ... 171 AW46
Jeufosse 78 ... 57 AX24
Jeugny 10 ... 114 BP34
Jeumont 59 ... 15 BP10
Jeurre 39 ... 196 CD53
Jeux-lès-Bard 21 ... 158 BR41
Jeuxey 88 ... 119 CI33
Jevoncourt 54 ... 94 CF30
Jezainville 54 ... 65 CE25
Jézeau 65 ... 333 AN92
Joannas 07 ... 266 BS74
Job 63 ... 229 BO62
Jobourg 50 ... 28 Y16
Jobourg (Nez de) 50 ... 28 Y16
Joch 66 ... 342 BE96
Jœuf 54 ... 45 CE21
Joganville 50 ... 29 AC19
Joigny 89 ... 113 BL36
Joigny-sur-Meuse 08 ... 26 BU15
Joinville 52 ... 92 BX30
Joinville-le-Pont 94 ... 58 BE27
Joiselle 51 ... 60 BL27
Jolimetz 59 ... 15 BM11
Jolivet 54 ... 95 CI28
Jonage 69 ... 213 BY60
Joncels 34 ... 301 BK83
La Jonchère 85 ... 182 AA52
La Jonchère-Saint-Maurice 87 ... 206 AW58
Jonchères 26 ... 268 CB73
Joncherey 90 ... 142 CM40
Jonchery 52 ... 116 BX34
Jonchery-sur-Suippe 51 ... 42 BS23
Jonchery-sur-Vesle 51 ... 41 BN21
Joncourt 02 ... 24 BK14
Joncreuil 10 ... 92 BU30
Joncy 71 ... 194 BU51
Jongieux 73 ... 215 CE60
Jonquerets-de-Livet 27 ... 55 AQ24
Jonquerettes 84 ... 285 BY80
Jonquery 51 ... 41 BN23
Jonquières 84 ... 285 BX79
Jonquières 81 ... 299 BB84
Jonquières 60 ... 39 BG20
Jonquières 34 ... 302 BM84
Jonquières 11 ... 338 BG91
Jonquières-Saint-Vincent 30 ... 304 BV82
Jons 69 ... 213 BY60
Jonval 08 ... 26 BU18
Jonvelle 70 ... 118 CE36
Jonville-en-Woëvre 55 ... 65 CC23
Jonzac 17 ... 219 AH64
Jonzier-Épagny 74 ... 215 CF57
Jonzieux 42 ... 230 BT65
Joppécourt 54 ... 45 CC20
Jorquenay 52 ... 117 BZ36
Jort 14 ... 54 AL25
Jorxey 88 ... 95 CG32
Josat 43 ... 246 BN67
Joserand 63 ... 209 BJ58
Josnes 41 ... 132 AX38
Josse 40 ... 292 AA84
Josselin 56 ... 102 S35
Jossigny 77 ... 59 BG26
Jou-sous-Monjou 15 ... 244 BF70
Jouac 87 ... 188 AU54
Jouaignes 02 ... 40 BL21
Jouancy 89 ... 137 BP39
Jouarre 77 ... 60 BJ25
Jouars-Pontchartrain 78 ... 57 BA27
Jouaville 54 ... 45 CD22
Joucas 84 ... 305 CA81
Joucou 11 ... 337 BB93
Joudes 71 ... 196 CA52
Joudreville 54 ... 45 CC21
Joué-du-Bois 61 ... 83 AK29
Joué-du-Plain 61 ... 54 AL28
Joué-en-Charnie 72 ... 107 AK35
Joué-Étiau 49 ... 149 AG44
Joué-l'Abbé 72 ... 107 AN34
Joué-lès-Tours 37 ... 151 AQ43
Joué-sur-Erdre 44 ... 147 AA41
Jouet-sur-l'Aubois 18 ... 174 BI46
Jouey 21 ... 159 BT45
Jougne 25 ... 180 CI49
Jouhe 39 ... 161 CB45
Jouhet 86 ... 187 AR52
Jouillat 23 ... 189 BA55
Jouques 13 ... 306 CD84
Jouqueviel 81 ... 279 BB78
Jourgnac 87 ... 223 AU61
Journans 01 ... 214 CA56
Journet 86 ... 187 AS53
Journiac 24 ... 240 AR69
Journy 62 ... 2 BA5
Jours-en-Vaux 21 ... 177 BU46
Jours-lès-Baigneux 21 ... 138 BU40
Joursac 15 ... 245 BI67
Joussé 86 ... 186 AO55
Jouvençon 71 ... 195 BY51
La Jouvente 35 ... 50 X28
Joux 69 ... 212 BT59
Joux (Château de) 25 ... 180 CH47
Joux (Forêt de la) 39 ... 180 CF48
Joux-la-Ville 89 ... 136 BO40
Joux Plane (Col de la) 74 ... 216 CL56
Joux Verte (Col de la) 74 ... 198 CL55
Jouy 89 ... 112 BH34
Jouy 28 ... 86 AX30
Jouy-aux-Arches 57 ... 65 CE23
Jouy-en-Argonne 55 ... 43 BY23
Jouy-en-Josas 78 ... 58 BC27
Jouy-en-Pithiverais 45 ... 111 BB34
Jouy-le-Châtel 77 ... 60 BJ28
Jouy-le-Moutier 95 ... 58 BB24
Jouy-le-Potier 45 ... 133 AZ38
Jouy-lès-Reims 51 ... 41 BO22
Jouy-Mauvoisin 78 ... 57 AY25
Jouy-sous-les-Côtes 55 ... 64 CB27
Jouy-sous-Thelle 60 ... 37 BA21
Jouy-sur-Eure 27 ... 56 AV24
Jouy-sur-Morin 77 ... 60 BK27
Joyeuse 07 ... 266 BS75
Joyeux 01 ... 213 BY58
Joze 63 ... 210 BK59
Jû-Belloc 32 ... 295 AK85
Juan-les-Pins 06 ... 309 CP84
Juaye-Mondaye 14 ... 34 AH22
Jubainville 88 ... 94 CC30
La Jubaudière 49 ... 148 AE44
Jubécourt 55 ... 43 BX23
Jublains 53 ... 106 AI33
Le Juch 29 ... 99 G33
Jugazan 33 ... 256 AJ71
Jugeals-Nazareth 19 ... 242 AX68
Jugon-les-Lacs 22 ... 79 U30
Jugy 71 ... 195 BW51
Juicq 17 ... 201 AG59
Juif 71 ... 178 BY50
Juignac 16 ... 221 AM65
Juigné-des-Moutiers 44 ... 127 AC39
Juigné-sur-Loire 49 ... 149 AH42
Juigné-sur-Sarthe 72 ... 129 AJ37
Juignettes 27 ... 55 AQ26
Juillac 33 ... 257 AL71
Juillac 32 ... 295 AL85
Juillac 19 ... 223 AV65
Juillac-le-Coq 16 ... 220 AI62
Juillaguet 16 ... 221 AM64
Juillan 65 ... 315 AK89
Juillé 79 ... 202 AJ56
Juillé 72 ... 107 AM33
Juillé 16 ... 203 AM58
Juillenay 21 ... 158 BR43
Juilles 32 ... 296 AR84
Juilley 50 ... 51 AC28
Juilly 77 ... 59 BF24
Juilly 21 ... 158 BS41
Jujols 66 ... 341 BC96
Jujurieux 01 ... 214 CB57
Julianges 48 ... 246 BK70
Juliénas 69 ... 194 BV55
Julienne 16 ... 220 AJ61
Julienrupt 88 ... 119 CJ34
Jullianges 43 ... 247 BO66
Jullié 69 ... 194 BV55
Jullouville 50 ... 51 AA26
Jully 89 ... 137 BR38
Jully-lès-Buxy 71 ... 177 BV50
Jully-sur-Sarce 10 ... 115 BR34
Julos 65 ... 333 AK90
Julvécourt 55 ... 43 BY23
Jumeauville 78 ... 57 AZ26
Les Jumeaux 79 ... 168 AK49
Jumeaux 63 ... 228 BL64
Jumel 80 ... 22 BD16
Jumelles 49 ... 150 AK42
Jumelles 27 ... 56 AU25
La Jumellière 49 ... 149 AG43
Jumencourt 02 ... 40 BK19
Jumièges 76 ... 35 AS20
Jumigny 02 ... 41 BN20
Jumilhac-le-Grand 24 ... 223 AT63
Junas 30 ... 303 BR83
Junay 89 ... 137 BP37
Juncalas 65 ... 333 AK90
Jungholtz 68 ... 120 CN36
Junhac 15 ... 262 BE72
Les Junies 46 ... 259 AU74
Juniville 08 ... 42 BS20
Jupilles 72 ... 130 AO38
Jurançon 64 ... 314 AH88
Juranville 45 ... 112 BE35
Juré 42 ... 211 BP59
Jurignac 16 ... 220 AK63
Jurques 14 ... 52 AG24
Jurvielle 31 ... 334 AO93
Jury 57 ... 65 CF23
Juscorps 79 ... 185 AI55
Jusix 47 ... 257 AL74
Jussac 15 ... 244 BD69
Jussarupt 88 ... 120 CK33
Jussas 17 ... 238 AI66
Jussecourt-Minecourt 51 ... 63 BV27
Jussey 70 ... 140 CD37
Jussy 89 ... 136 BM39
Jussy 74 ... 215 CG57
Jussy 57 ... 65 CE23
Jussy 02 ... 24 BJ17
Jussy-Champagne 18 ... 173 BF47
Jussy-le-Chaudrier 18 ... 156 BH45
Justian 32 ... 295 AM82
Justine-Herbigny 08 ... 26 BR18
Justiniac 09 ... 318 AW89
Jutigny 77 ... 89 BJ30
Juvaincourt 88 ... 94 CE31
Juvancourt 10 ... 116 BV34
Juvanzé 10 ... 91 BT32
Juvardeil 49 ... 128 AH39
Juvelize 57 ... 66 CI26
Juvignac 34 ... 302 BP84
Juvigné 53 ... 105 AE33
Juvignies 60 ... 38 BB19
Juvigny 74 ... 197 CH55
Juvigny 51 ... 62 BR24
Juvigny 02 ... 40 BK20
Juvigny-en-Perthois 55 ... 93 BY29
Juvigny-le-Tertre 50 ... 52 AE28
Juvigny-sous-Andaine 61 ... 82 AI29
Juvigny-sur-Loison 55 ... 44 BZ19
Juvigny-sur-Orne 61 ... 54 AM27
Juvigny-sur-Seulles 14 ... 33 AH22
Juville 57 ... 66 CG25
Juvinas 07 ... 266 BS72
Juvincourt-et-Damary 02 ... 41 BO20
Juvisy-sur-Orge 91 ... 58 BD28
Juvrecourt 54 ... 66 CI27
Juxue 64 ... 311 AB88
Juzanvigny 10 ... 91 BT31
Juzennecourt 52 ... 116 BW33
Juzes 31 ... 318 AY86
Juzet-de-Luchon 31 ... 334 AP93
Juzet-d'Izaut 31 ... 334 AQ91
Juziers 78 ... 57 AZ25

K

Kalhausen 57 ... 67 CM23
Kaltenhouse 67 ... 69 CR25
Kanfen 57 ... 45 CE19
Kappelen 68 ... 143 CP39
Kappelkinger 57 ... 67 CK24
Les Karellis 73 ... 252 CJ66
Katzenthal 68 ... 121 CO33
Kauffenheim 67 ... 69 CS25
Kaysersberg 68 ... 120 CN33
Kédange-sur-Canner 57 ... 46 CG20
Keffenach 67 ... 69 CR24
Kembs 68 ... 143 CP38
Kembs-Loéchlé 68 ... 143 CQ38
Kemplich 57 ... 46 CG20
Kerazan (Manoir de) 29 ... 99 G35
Kerbach 57 ... 47 CK22
Kerbors 22 ... 73 O25
Kerdéniel (Pointe de) 29 ... 75 F30
Kerdévot (Chapelle de) 29 ... 100 I34
Kerfany-les-Pins 29 ... 100 J36
Kerfons (Chapelle de) 22 ... 72 M26
Kerfot 22 ... 73 P26
Kerfourn 56 ... 102 Q34
Kergloff 29 ... 76 L31
Kergonadeac'h (Château de) 29 ... 71 H27
Kergrist 56 ... 101 P33
Kergrist (Château de) 22 ... 72 M27
Kergrist-Moëlou 22 ... 77 N31
Kergroadès (Château de) 29 ... 70 D28
Kerguehennec (Château de) 56 ... 102 R36
Kerien 22 ... 77 O30
Kérity 29 ... 99 F36
Kerjean (Château de) 29 ... 71 H27
Kerlaz 29 ... 99 G33
Kerling-lès-Sierck 57 ... 46 CG19
Kerlouan 29 ... 70 F26
Kermaria 56 ... 102 Q36
Kermaria (Chapelle) 22 ... 73 Q27
Kermaria-Sulard 22 ... 72 N26
Kermoroc'h 22 ... 73 O27
Kernascléden 56 ... 101 N34
Kernével 29 ... 100 J34
Kernilis 29 ... 70 F27
Kernouës 29 ... 70 F27
Kérouzéré (Château de) 29 ... 71 I26
Kerpape 56 ... 123 M37
Kerpert 22 ... 77 O30
Kerprich-aux-Bois 57 ... 67 CL26
Kersaint 29 ... 70 D27
Kersaint-Plabennec 29 ... 70 F28
Kertzfeld 67 ... 97 CP30
Kervignac 56 ... 123 N37
Keskastel 67 ... 67 CL24
Kesseldorf 67 ... 69 CT24
Kienheim 67 ... 68 CP27
Kientzheim 68 ... 121 CO33
Kientzville 67 ... 97 CP31
Kiffis 68 ... 143 CP41
Killem 59 ... 3 BE3
Kilstett 67 ... 69 CR27
Kindwiller 67 ... 68 CP25
Kingersheim 68 ... 143 CO37
Kintzheim 67 ... 97 CO32
Kirchberg 68 ... 142 CL37
Kirchheim 67 ... 97 CP28
Kirrberg 67 ... 67 CL25
Kirrwiller 67 ... 68 CP25
Kirsch-lès-Sierck 57 ... 46 CG19
Kirschnaumen 57 ... 46 CG19
Kirviller 57 ... 67 CL24
Klang 57 ... 46 CG20
Kleinfrankenheim 67 ... 68 CP27
Kleingœft 67 ... 68 CO27
Klingenthal 67 ... 97 CO29
Knœringue 68 ... 143 CP39
Knœrsheim 67 ... 68 CO27
Knutange 57 ... 45 CE20
Koeking 57 ... 45 CF19
Kœnigsmacker 57 ... 45 CF19
Kœstlach 68 ... 143 CO40
Kœtzingue 68 ... 143 CP38
Kœur-la-Grande 55 ... 64 CA26
Kœur-la-Petite 55 ... 64 CA26
Kogenheim 67 ... 97 CP31
Kolbsheim 67 ... 97 CP28
Krautergersheim 67 ... 97 CP29
Krautwiller 67 ... 68 CQ26
Le Kremlin-Bicêtre 94 ... 58 BD27
Kreuzweg (Col du) 67 ... 96 CN30
Kriegsheim 67 ... 68 CQ26
Kruth 68 ... 120 CL35
Kuhlendorf 67 ... 69 CS24
Kunheim 68 ... 121 CP34
Kuntzig 57 ... 45 CF20
Kurtzenhouse 67 ... 69 CR26
Kuttolsheim 67 ... 68 CP27
Kutzenhausen 67 ... 69 CR24

L

Laà-Mondrans 64 ... 313 AE86
Laàs 64 ... 313 AD87
Laas 45 ... 111 BC34
Laas 32 ... 315 AM86
Labalme 01 ... 214 CB56
Labarde 33 ... 237 AF68
Labaroche 68 ... 120 CN33
Labarrère 32 ... 275 AL80
Labarthe 82 ... 277 AV78
Labarthe 32 ... 316 AP86
Labarthe (Moulin de) 33 ... 256 AK71
Labarthe-Bleys 81 ... 279 AZ79
Labarthe-Inard 31 ... 334 AR90
Labarthe-Rivière 31 ... 334 AP90
Labarthe-sur-Lèze 31 ... 317 AV86
Labarthète 32 ... 294 AJ84
Labassère 65 ... 333 AK90
Labastide 65 ... 333 AN91
Labastide-Beauvoir 31 ... 318 AX86
Labastide-Castel-Amouroux 47 ... 275 AL76
Labastide-Cézéracq 64 ... 313 AF87
Labastide-Chalosse 40 ... 293 AF84

LAVAL

Alègre (Prom. Anne d') Z 3
Avesnières (Q. d') Z 5
Avesnières (R. d') Z 7
Briand (Pont A.) Y 8
Britais (R. du) Y 9
Chapelle (R. de) Z 12
Déportés (R. des) Y 13
Douanier-Rousseau (R.) Z 14
Droits de l'homme (Parvis des) Y 15
Gambetta (Quai) Y 17
Gaulle (R. Gén.-de) Y
Gavre (Q. B.-de) Y 18
Grande-Rue Z 19
Hardy-de-Lévaré (Pl.) Z 22
Jean-Fouquet (Q.) Y 26
Moulin (Pl. J.) Y 34
Orfèvres (R. des) Z 36
Paix (R. de la) Y
Paradis (R. de) Z 37
Pin-Doré (R. du) Z 40
Pont-de-Mayenne (R. du) Z 43
Renaise (R.) Y 44
Résistance (Crs de la) Y 45
Serruriers (R. des) Z 47
Solférino (R.) Y 48
Souchu-Servinière (R.) Y 50
Strasbourg (R. de) Y 52
Trémoille (Pl. de la) Z 28

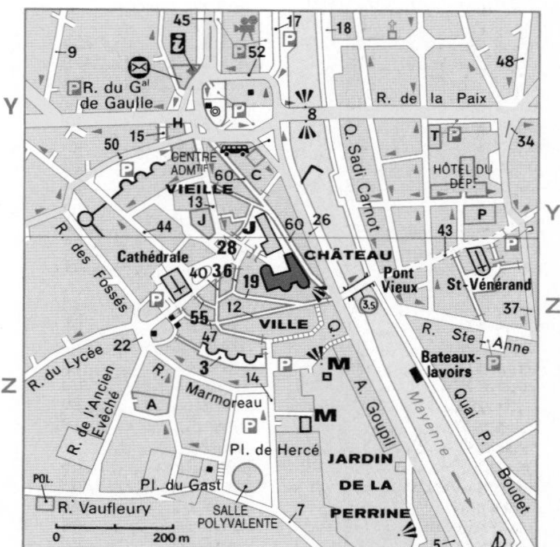

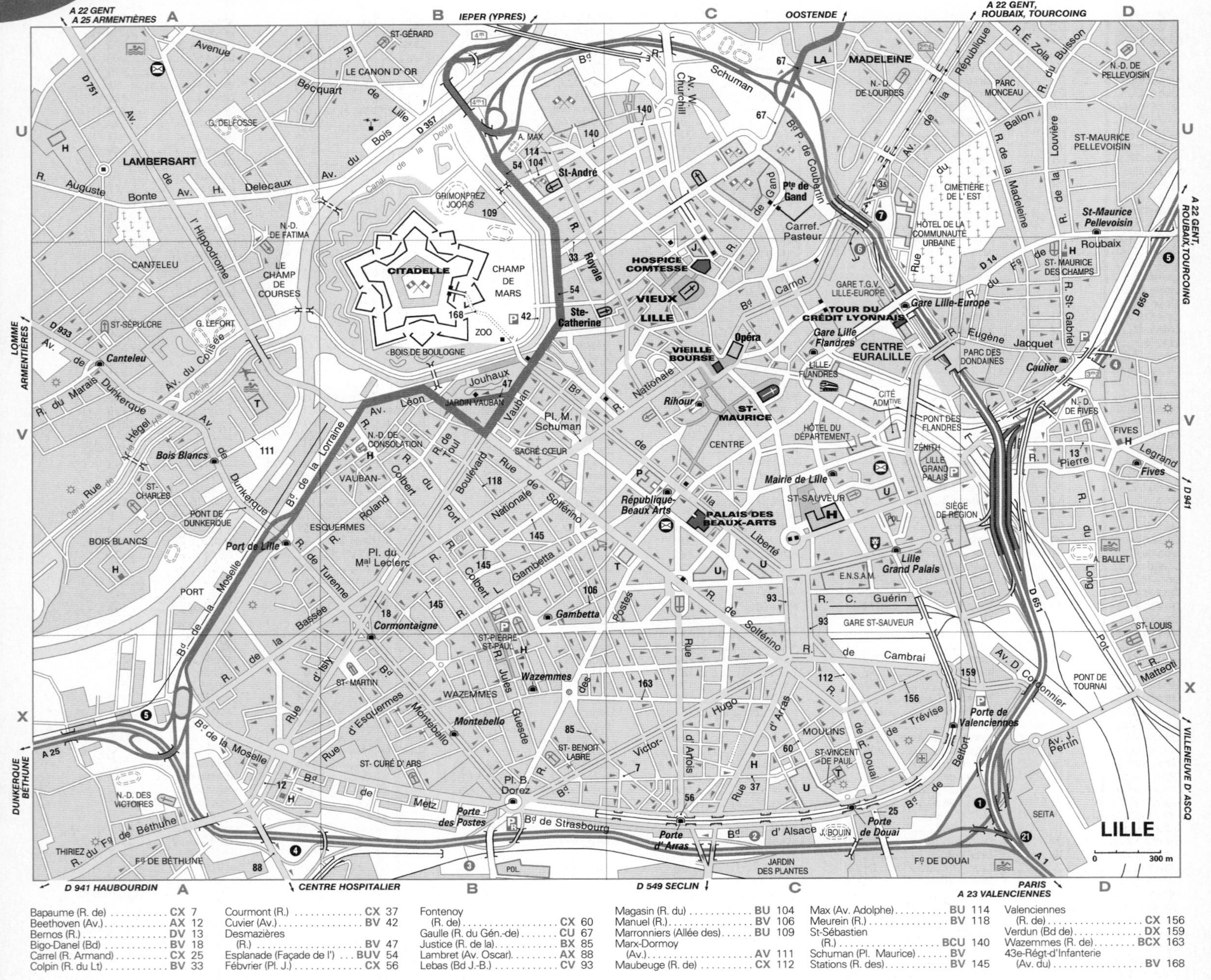

A 22 GENT
A 25 ARMENTIÈRES
IEPER (YPRES)
OOSTENDE
A 22 GENT, ROUBAIX, TOURCOING
A 22 GENT, ROUBAIX, TOURCOING
LOMME ARMENTIÈRES
D 941
VILLENEUVE D'ASCQ
DUNKERQUE BÉTHUNE
D 941 HAUBOURDIN
CENTRE HOSPITALIER
D 549 SECLIN
PARIS
A 23 VALENCIENNES
LAMBERSART
LA MADELEINE
CITADELLE
CHAMP DE MARS
BOIS DE BOULOGNE
VIEUX LILLE
HOSPICE COMTESSE
Opéra
VIEILLE BOURSE
ST-MAURICE
CENTRE
CENTRE EURALILLE
Gare Lille-Europe
Gare Lille Flandres
TOUR DU CRÉDIT LYONNAIS
PALAIS DES BEAUX-ARTS
Mairie de Lille
ST-SAUVEUR
Lille Grand Palais
GARE ST-SAUVEUR
ESQUERMES
VAUBAN
WAZEMMES
MOULINS
FIVES
ST-MAURICE PELLEVOISIN
CIMETIÈRE DE L'EST
BOIS BLANCS
CANTELEU
PORT
Porte des Postes
Porte d'Arras
Porte de Douai
Porte de Valenciennes
JARDIN DES PLANTES
Fg DE BÉTHUNE
Fg DE DOUAI
LILLE
0 300 m

LIMOGES

Rue	Carré	N°
Aine (Pl. d')	BZ	2
Allois (R. des)	DZ	6
Amphithéâtre (R. de l')	BY	8
Barreyrrette (Pl. de la)	CZ	12
Bénédictins (Av. des)	DY	14
Betoulle (Pl. L.)	CZ	16
Boucherie (R. de la)	CZ	18
Cathédrale (R. de la)	DZ	23
Clocher (R. du)	CZ	25
Collège (R. du)	CZ	26
Consulat (R. du)	CZ	
Coopérateurs (R. des)	BY	27
Dupuytren (R.)	CZ	30
Ferrerie (R.)	CZ	33
Fonderie (R. de la)	BY	35
Fontaine-des-Barres (Pl.)	CY	37
Gambetta (Bd)	BCZ	
Giraudoux (Square Jean)	CY	42
Haute-Cité (R.)	DZ	46
Jacobins (Pl. des)	CZ	49
Jean-Jaurès (R.)	CYZ	
Louis-Blanc (Bd)	CZ	
Louvrier-de-Lajolais (R.)	BY	55
Manigne (Pl.)	CZ	57
Maupas (R. du)	DY	59
Michels (R. Charles)	CZ	63
Motte (Pl. de la)	CZ	66
Périn (Bd G.)	CY	71
Préfecture (R. de la)	CY	83
Raspail (R.)	DZ	89
Réforme (R. de la)	CY	91
République (Pl. de la)	CY	95
St-Martial (R.)	CY	107
St-Maurice (Bd)	DZ	109
St-Pierre (Pl.)	CY	110
Stalingrad (Pl.)	CY	113
Temple (Cour du)	CZ	115
Temple (R. du)	CZ	116
Tourny (Carrefour)	CY	118
Victor-Hugo (Bd)	BY	120
Vigne-de-Fer (R.)	CZ	122
71e-Mobile (R. du)	DZ	125

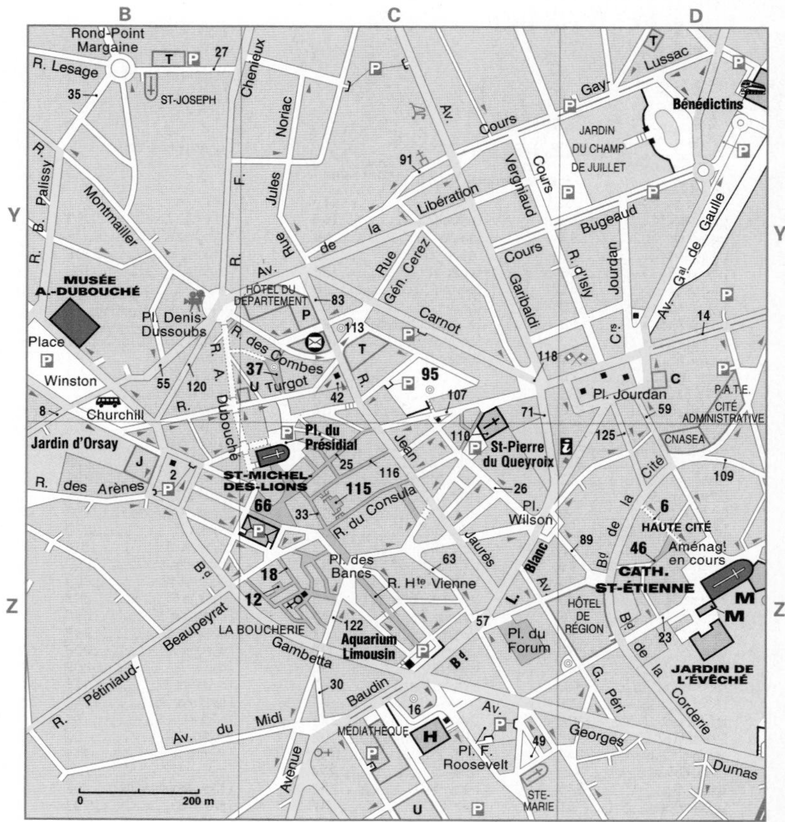

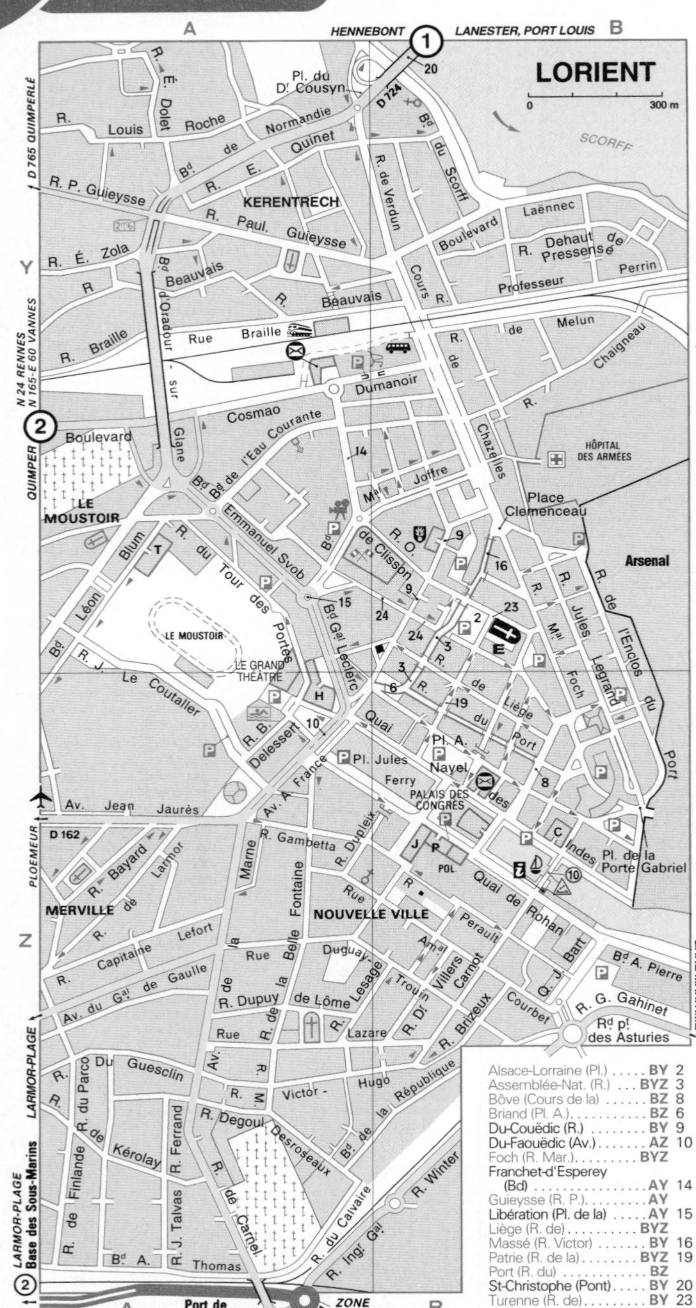

Longvillers 14 53 AH24
Longvilliers 78 87 BA29
Longvilliers 62 6 AY7
Longwé 08 43 BV20
Longwy 54 45 CC18
Longwy-sur-le-Doubs 39 178 CA47
Lonlay-l'Abbaye 61 52 AG28
Lonlay-le-Tesson 61 53 AJ28
Lonnes 16 203 AM58
Lonny 08 26 BT15
Lonrai 61 83 AM30
Lons 64 314 AG87
Lons-le-Saunier 39 179 CB50
Le Lonzac 19 224 AY64
Lonzac 17 219 AH62
Looberghe 59 3 BC3
Loon-Plage 59 3 BC2
Loos 59 8 BH7
Loos-en-Gohelle 62 8 BG8
Looze 89 113 BL36
Lopérec 29 75 H31
Loperhet 29 75 G29
Lopigna 2A 348 FC109
Loqueffret 29 76 J30
Lor 02 41 BP19
Loray 25 162 CI44
Lorcières 15 246 BK69
Lorcy 45 112 BE35
Lordat 09 336 AY94
Loré 61 82 AH30
Lorentzen 67 67 CM24
Loreto-di-Casinca 2B 347 FG105
Loreto-di-Tallano 2A 349 FE113
Lorette 42 230 BU63
Le Loreur 50 51 AB25
Loreux 41 154 AZ42
Lorey 54 95 CG29
Le Lorey 50 31 AC23
Lorges 41 132 AW38
Lorgies 62 8 BG7
Lorgues 83 307 CJ85
La Lorie (Château de) 49 128 AF39
Lorient 56 123 M37
Loriges 03 192 BL55
Lorignac 17 219 AF63
Lorigné 79 203 AL56
Loriol-du-Comtat 84 285 BY79
Loriol-sur-Drôme 26 267 BW71
Lorlanges 43 228 BK65
Lorleau 27 37 AX20
Lormaison 60 38 BB22
Lormaye 28 57 AX28
Lormes 58 157 BO44
Lormont 33 237 AG70
Lornay 74 215 CE58
Loromontzey 54 95 CH30
Le Loroux 35 81 AE31
Le Loroux-Bottereau 44 148 AB44
Lorp-Sentaraille 09 335 AT91
Lorquin 57 67 CL27
Lorrez-le-Bocage 77 118 BH33
Lorris 45 134 BE37
Lorry-lès-Metz 57 45 CE22
Lorry-Mardigny 57 65 CE24
Lortet 65 333 AN91
Loscouët-sur-Meu 22 103 V33
Losne 21 160 BZ45
Losse 40 274 AJ79
Lostanges 19 242 AY68
Lostroff 57 67 CK25
Lothey 29 75 H32
Lottinghen 62 6 BA6
Le Lou-du-Lac 35 103 X33
Louailles 72 129 AJ38
Louan 77 89 BL29
Louannec 22 72 N25
Louans 37 152 AR45
Louargat 22 72 N28
Louâtre 02 40 BJ22
Loubajac 65 332 AJ90
Loubaresse 15 246 BK70
Loubaresse 07 265 BQ73
Loubaut 09 317 AU89
Loubédat 32 295 AK83
Loubejac 24 259 AT74
Loubens 33 256 AK73
Loubens 09 336 AW91
Loubens-Lauragais 31 298 AY85
Loubers 81 279 AZ80
Loubersan 32 316 AO86
Loubès-Bernac 47 257 AN72
Loubeyrat 63 209 BI59
Loubieng 64 313 AE86
La Loubière 12 280 BF76
Loubières 09 336 AX91
Loubigné 79 202 AK57
Loubillé 79 202 AK57
Loublande 79 167 AF47
Loubressac 46 243 AZ70
Loucé 61 54 AL28
Loucelles 14 33 AH22
Louchats 33 255 AG74
Louches 62 2 BA4
Louchy-Montfand 03 192 BK54
Loucrup 65 333 AK90
Loudéac 22 102 R33
Loudenvielle 65 333 AN93
Loudervielle 65 333 AN93
Loudes 43 247 BO68
Loudet 31 316 AO89
Loudrefing 57 67 CK25
Loudun 86 168 AM47
Loué 72 107 AK35
La Loue (Source de) 25 180 CH46
Louens 33 237 AF69
Louer 40 293 AD82
Louerre 49 150 AJ43
Louesme 89 135 BJ38
Louesme 21 138 BV37
Louestault 37 130 AQ40
Loueuse 60 21 AZ18
Louey 65 315 AK89
Lougé-sur-Maire 61 53 AK28
Lougratte 47 258 AP74
Lougres 25 142 CK41
Louhans 71 178 BZ50
Louhossoa 64 311 Z87
Louignac 19 241 AU66
Louin 79 168 AK49
Louisfert 44 126 AA39
Louit 65 315 AL88
Loulans-Verchamp 70 162 CG41
Loulay 17 201 AH57
Loulle 39 179 CE49
La Loupe 28 85 AT30
Loupeigne 02 40 BL22
Loupershouse 57 67 CK23
Loupes 33 255 AH71
Loupfougères 53 82 AJ32
Loupia 11 337 BB91
Loupiac 81 298 AY82
Loupiac 46 260 AW71
Loupiac 33 256 AI73
Loupiac 15 244 BD68
Loupiac 12 261 BA74
Loupiac-de-la-Réole 33 256 AK74
Loupian 34 322 BN86
Louplande 72 107 AM36
Loupmont 55 64 CB25
Louppy-le-Château 55 63 BX26
Louppy-sur-Chée 55 63 BX26
Louppy-sur-Loison 55 44 BZ19
Loups du Gévaudan (Parc des) 48 264 BK73
La Louptière-Thénard 10 89 BL31
Lourches 59 14 BK10
Lourde 31 334 AP91
Lourdes 65 332 AJ90
Lourdios-Ichère 64 331 AE90
Lourdoueix-Saint-Michel 36 189 AY53
Lourdoueix-Saint-Pierre 23 189 AZ53
Lourenties 64 314 AI88
Loures-Barousse 65 334 AP91
Louresse-Rochemenier 49 150 AJ44
Lourmais 35 80 Z30
Lourmarin 84 305 CB82
Lournand 71 194 BV53
Lourouer-Saint-Laurent 36 189 BA51
Le Louroux 37 152 AR45
Le Louroux-Béconnais 49 148 AE41
Louroux-Bourbonnais 03 191 BH52
Louroux-de-Beaune 03 191 BH55
Louroux-de-Bouble 03 191 BI55
Louroux-Hodement 03 191 BG53
Lourquen 40 293 AE83
Lourties-Monbrun 32 316 AO86
Loury 45 111 BB36
Louslitges 32 295 AL84
Loussous-Débat 32 295 AK84
Loutehel 35 103 W35
Loutremange 57 46 CH22
Loutzviller 57 48 CO22
Louvagny 14 54 AL25
Louvaines 49 128 AF39
Louvatange 39 161 CC44
Louveciennes 78 58 BB26
Louvemont 52 92 BW29
Louvemont-Côte-du-Poivre 55 44 BZ22
Louvencourt 80 13 BE12
Louvenne 39 196 CB53
Louvergny 08 26 BU18
Louverné 53 106 AG34
Le Louverot 39 179 CC49
Louversey 27 55 AS25
Louvetot 76 19 AR18
Louvie-Juzon 64 332 AG90
Louvie-Soubiron 64 332 AG91
La Louvière-Lauragais 11 318 AY88
Louvières 52 117 BZ35
Louvières 14 32 AF20
Louvières-en-Auge 61 54 AM26
Louviers 27 36 AU22
Louvigné 53 106 AH35
Louvigné-de-Bais 35 104 AB35
Louvigné-du-Désert 35 81 AD30
Louvignies-Bavay 59 15 BN10
Louvignies-Quesnoy 59 15 BM11
Louvigny 72 83 AN32
Louvigny 64 294 AG85
Louvigny 57 65 CF24
Louvigny 14 33 AJ22
Louvil 59 9 BJ7
Louville-la-Chenard 28 86 AZ32
Louvilliers-en-Drouais 28 56 AV28
Louvilliers-lès-Perche 28 85 AT29
Louvois 51 41 BQ23
Louvrechy 80 22 BD16
Louvres 95 58 BE24
Louvroil 59 15 BO10
Louye 27 56 AV27
Louzac 16 219 AH61
Louze 52 92 BU31
Louzes 72 84 AO31
Louzignac 17 202 AJ59
Louzouer 45 112 BH35
Louzy 79 168 AK46
Lovagny 74 215 CF58
Loxéville 55 64 BZ27
Loyat 56 103 U35
La Loye 39 179 CB46
Loye-sur-Arnon 18 190 BD51
La Loyère 71 177 BW48
Loyettes 01 213 BZ60
Lozanne 69 212 BV59
Lozari 2B 344 FD104
Lozay 17 201 AG57
Loze 82 278 AY77
Lozère (Mont) 48 265 BO75
Lozinghem 62 7 BE8
Lozon 50 31 AC22
Lozzi 2B 346 FD107
Luant 36 171 AX50
Le Luart 72 108 AQ35
Lubbon 40 274 AK79
Lubécourt 57 66 CH25
Lubersac 19 223 AV64
Lubey 54 45 CC21
Lubilhac 43 246 BK66
Lubine 88 96 CM31
Lublé 37 151 AN41
Lubret-Saint-Luc 65 315 AM88
Luby-Betmont 65 315 AM88
Le Luc 83 328 CJ86
Luc 65 315 AL89
Luc 48 265 BP73
Luc-Armau 64 314 AJ86
Luc-en-Diois 26 268 CB73
Luc-la-Primaube 12 280 BE77
Luc-sur-Aude 11 337 BC92
Luc-sur-Mer 14 33 AJ21
Luc-sur-Orbieu 11 320 BG89
Lucarré 64 314 AJ86
Luçay-le-Libre 36 172 AZ46
Luçay-le-Mâle 36 153 AW45
Lucbardez-et-Bargues 40 274 AH80
Lucciana 2B 347 FG105
Lucé 61 82 AH29
Lucé 28 86 AW31
Lucé-sous-Ballon 72 107 AN33
Luceau 72 130 AO39
Lucelle 68 143 CO41
Lucenay 69 212 BV59
Lucenay-le-Duc 21 138 BT40
Lucenay-lès-Aix 58 175 BM50
Lucenay-l'Évêque 71 176 BR46
Lucéram 06 291 CR80
Lucerne (Abbaye de la) 50 51 AB26
La Lucerne-d'Outremer 50 51 AB26
Lucey 73 215 CE60
Lucey 54 65 CC27
Lucey 21 138 BW37
Lucgarier 64 314 AI88
Luchapt 86 204 AR56
Luchat 17 219 AF61
Luché-Pringé 72 129 AM39
Luché-sur-Brioux 79 202 AK56
Luché-Thouarsais 79 167 AI48
Lucheux 80 12 BD11
Luchy 60 22 BB18
Lucinges 74 197 CH55
Lucmau 33 274 AI76
Luçon 85 183 AC52
Lucq-de-Béarn 64 313 AE88
Lucquy 08 26 BS18
Les Lucs-sur-Boulogne 85 165 AA48
Lucy 76 20 AW16
Lucy 57 66 CH24
Lucy 51 61 BO25
Lucy-le-Bocage 02 60 BK24
Lucy-le-Bois 89 157 BO41
Lucy-sur-Cure 89 136 BN40
Lucy-sur-Yonne 89 157 BM41
Le Lude 72 129 AM39
Ludes 51 41 BP23
Ludesse 63 227 BJ62
Ludiès 09 336 AY90
Ludon-Médoc 33 237 AG69
Ludres 54 94 CF28
Lüe 40 272 AC77
Lué-en-Baugeois 49 150 AJ41
Luemschwiller 68 143 CO38
Luère (Col de la) 69 212 BV60
Lugagnac 46 278 AY76
Lugagnan 65 332 AJ90
Lugaignac 33 256 AJ71
Lugan 81 298 AY83
Lugan 12 261 BC75
Lugarde 15 245 BG66
Lugasson 33 256 AJ71
Luglon 40 273 AE79
Lugny 71 195 BW52
Lugny 02 25 BN16
Lugny-Bourbonnais 18 173 BG48
Lugny-Champagne 18 155 BG45
Lugny-lès-Charolles 71 193 BR53
Lugo-di-Nazza 2B 349 FG109
Lugon-et-l'Île-du-Carnay 33 238 AI69
Lugos 33 254 AD74
Lugrin 74 198 CK53
Lugy 62 7 BC8
Le Luhier 25 163 CJ44
Luigné 49 149 AI43
Luigny 28 109 AT33
Luisans 25 163 CJ45
Luisant 28 86 AW31
Luisetaines 77 89 BJ30
Luitré 35 81 AD32
Lullin 74 198 CJ54
Lully 74 198 CI54
Lumbin 38 233 CF65
Lumbres 62 7 BB6
Lumeau 28 110 AZ34
Lumes 08 26 BU16
Luméville-en-Ornois 55 93 CA30
Lumigny 77 59 BH27
Lumio 2B 346 FC105
Lunac 12 279 BB78
Lunan 46 261 BB73
Lunaret (Zoo de) 34 302 BP84
Lunas 34 301 BK83
Lunas 24 239 AN70
Lunax 31 316 AP87
Lunay 41 131 AS38
Luneau 03 193 BP54
Lunegarde 46 260 AY72
Lunel 34 303 BR84
Lunel-Viel 34 303 BR84
Luneray 76 19 AS15
Lunery 18 172 BC48
Lunéville 54 95 CH28
Le Luot 50 51 AC27
Lupcourt 54 94 CF28
Lupé 42 230 BV65
Lupersat 23 208 BD58
Lupiac 32 295 AL83
Luplanté 28 86 AW32
Luppé-Violles 32 294 AJ83
Luppy 57 66 CG24
Lupsault 16 202 AK58
Lupstein 67 68 CP26
Luquet 65 314 AJ88
Lurais 36 170 AS50
Luray 28 56 AW28
Lurbe-Saint-Christau 64 331 AF90
Lurcy 01 213 BW57
Lurcy-le-Bourg 58 157 BL45
Lurcy-Lévis 03 174 BH50
Lure 70 141 CI38
Luré 42 211 BP59
Lureuil 36 170 AT50
Luri 2B 345 FG101
Luriecq 42 229 BQ64
Lurs 04 287 CF80
Lury-sur-Arnon 18 154 BB45
Lus-la-Croix-Haute 26 268 CD72
Lusanger 44 126 Z39
Lusans 25 162 CG42
Luscan 31 334 AP91
Lusignac 24 221 AN65
Lusignan 86 186 AM53
Lusignan-Petit 47 275 AO77
Lusigny 03 192 BM51
Lusigny-sur-Barse 10 115 BR33
Lusigny-sur-Ouche 21 177 BU46
Lussac 33 238 AK69
Lussac 17 219 AH63
Lussac 16 203 AO59
Lussac-les-Châteaux 86 187 AQ53
Lussac-les-Églises 87 188 AU54
Lussagnet 40 294 AI82
Lussagnet-Lusson 64 314 AI86
Lussan 32 296 AQ84
Lussan 30 284 BT78
Lussan-Adeilhac 31 316 AR88
Lussant 17 201 AE58
Lussas 07 266 BU73
Lussas-et-Nontronneau 24 222 AP63
Lussat 63 210 BK60
Lussat 23 208 BD56
Lussault-sur-Loire 37 152 AS42
Lusse 88 96 CM31
Lusseray 79 202 AJ56
Lustar 65 315 AM88
Lustrac (Moulin de) 47 258 AR75
Luthenay-Uxeloup 58 174 BK48
Luthézieu 01 214 CD58
Lutilhous 65 333 AM90
Luttange 57 46 CG21
Luttenbach-près-Munster 68 120 CM34
Lutter 68 143 CP40
Lutterbach 68 143 CO37
Lutz-en-Dunois 28 110 AW35
Lutzelbourg 57 68 CN26
Lutzelhouse 67 96 CN29
Luvigny 88 96 CM29
Lux 71 177 BW49
Lux 31 318 AY86
Lux 21 160 BY41
Luxé 16 203 AM59
Luxe-Sumberraute 64 311 AB87

LYON

- Annonciade (R. de l') . . . . FV 5
- Antiquaille (R. de l') . . . . EY 7
- Basses Verchères (R. des) . . . . EY 10
- Bonaparte (Pt) . . . . FY 12
- Burdeau (R.) . . . . FV 16
- Carmélites (Mtée des). . . . . FV 21
- Churchill (Pt W.). . . . . GV 31
- Courmont (Q. J.) . . . . FX 33
- Croix Rousse (Gde-R. de la) . . . . FV 35
- Duvivier (R. P.) . . . . GZ 180
- Épargne (R. de l') . . . . HZ 41
- Farges (R. des) . . . . EY 46
- Favre (Bd J.). . . . . HX 48
- La-Fayette (Pont). . . . . GX 88
- Ferry (Pl. J.) . . . . HX 51
- France (Bd A.) . . . . HV 57
- Gallieni (Pt) . . . . FY 65
- Gerlier (R. Cardinal) . . . . EY 69
- Grenette (R.). . . . . FX 71
- Guillotière (Grande-R. de la) . GYZ
- Guillotière (Pt de la) . . . . FY 73
- Herbouville (Cours d') . . . . FV 75
- Jean-Jaurès (Av.). . . . . GY
- Joffre (Quai Mar.). . . . . EY 82
- Juin (Pont Alphonse) . . . . FX 84
- Kitchener Marchand (Pt) . . . . EY 85
- Koening (Pt Gén.). . . . . EV 86
- Lassagne (Quai A.). . . . . FV 93
- Lattre-de-Tassigny (Pt de) . . . . . FV 164
- Marius-Vivier-Merle (Bd) . . . . . HY 101
- Morand (Pont) . . . . FVX 107
- Moulin (Quai J.) . . . . FX 109
- La Part Dieu . . . . HXY
- Pradel (Pl. L.) . . . . FX 123
- Prés.-Édouard-Herriot (R. du) . . . . FX 127
- Repos (R. du) . . . . GZ 131
- République (R. de la). . . . . FXY 136
- Rolland (Quai Romain) . . . . FX 140
- St-Antoine (Q.) . . . . FX 147
- St-Barthélémy (Montée) . . . . EX 149
- Sarrail (Quai du Gén.) . . . . GX 157
- Terme (R.). . . . . FV 166
- Université (Pont de l'). . . . . FY 171
- Université (R. de l') . . . . GY 172
- Victor-Hugo (R.) . . . . FY 176
- Villette (R. de la). . . . . HY 178
- Vitton (Cours). . . . . HV
- Wilson (Pont) . . . . FY 182
- 1re Div.-Fr.-Libre (Av. de la) . . . EY 186

VILLEURBANNE

- Dutrievos (Av. A.). . . . . HV 39
- Galline (Av.) . . . . HV
- Philip (Cours A.) . . . . HV
- Rossellini (Av. R.). . . . . HV 144
- Tonkin (R. du). . . . . HV
- Zola (Cours Émile) . . . . HV
- 11 Novembre 1918 (Bd du) . . HV

LYON

0 — 300 m

LE MANS

Barbier (R.) . . . . CX 7
Barillerie (R. de la) . . . . . . CX 9
Blondeau (R. C.) . . . . DX 12
Bolton (R. de) . . . . DX 13
Courthardy (R.) . . . . DX 21
Dr-Galloüedec (R.) . . . . . . CV 24
Galère (R. de la) . . . . CX 33
Gambetta (R.) CX
Levasseur (Bd René) . . . DX 45
Marchande (R.) . . . . DX 48
Mendès-France (R. P.) . . . . DX 52
Minimes (R. des) CX
Nationale (R.) . . . . DY
Perle (R. de la) . . . . DX 61
Reine-Bérengère (R. de la) . . . . DV 69
République (Pl. de la) . . . . CX 70
Rostov-s-le-Don (Av. de) . . . . DX 76
St-Jacques (R.) . . . . DX 79
Triger (R. Robert) . . . . DV 81
Wright (R. Wilbur) . . . . . . CV 84
33e-Mobiles (R. du) . . . . DX 88

Luxémont-et-Villotte 51 ....62 BU28
Luxeuil-les-Bains 70 ....141 CH37
Luxey 40 ....273 AG77
Luxiol 25 ....162 CH42
Luyères 10 ....91 BR31
Luynes 37 ....151 AP42
Luynes 13 ....306 CC85
Luz-Ardiden 65 ....332 AJ92
Luz-Saint-Sauveur 65 ....333 AK92
Luzancy 77 ....60 BJ25
Luzarches 95 ....38 BD23
Luzay 79 ....168 AJ47
Luze 70 ....142 CK39
Luzé 37 ....169 AO46
Luzech 46 ....259 AU75
Luzenac 09 ....336 AY94
Luzeret 36 ....188 AV52
La Luzerne 50 ....32 AE22
Luzillat 63 ....210 BL58
Luzillé 37 ....152 AT44
Luzinay 38 ....231 BX62
Luzoir 02 ....25 BO14
Luzy 58 ....176 BP49
Luzy-Saint-Martin 55 ....27 BX18
Luzy-sur-Marne 52 ....117 BY35
Ly-Fontaine 02 ....24 BK16
Lyas 07 ....266 BV71
Lyaud 74 ....198 CJ53
Lye 36 ....153 AW44
Lynde 59 ....7 BD6
Lyoffans 70 ....142 CJ39
Lyon 69 ....213 BW60
Lyon-Saint-Exupéry (Aéroport de) 69 ....231 BY61
Lyons-la-Forêt 27 ....36 AW20
Lys 64 ....314 AH89
Lys 58 ....157 BM43
Lys-Chantilly 60 ....38 BD23
Lys-lez-Lannoy 59 ....9 BJ6
Lys-Saint-Georges 36 ....189 AZ51

M

Maast-et-Violaine 02 ....40 BL21
Maâtz 52 ....139 CA39
Mably 42 ....211 BQ57
Macau 33 ....237 AF68
Macaye 64 ....311 Z87
Macé 61 ....54 AN28
Macey 50 ....80 AB29
Macey 10 ....90 BO32
Machault 77 ....88 BG31
Machault 08 ....42 BS20
Maché 85 ....165 Y49
Machecoul 44 ....165 X46
Mâchecourt 02 ....25 BO17
Machemont 60 ....39 BH19
Macheren 57 ....67 CJ23
Machézal 42 ....212 BS59
Machiel 80 ....11 AZ10
Machilly 74 ....197 CH54
La Machine 58 ....175 BL48
Machine (Col de la) 26 ......250 CA69
Machy 80 ....11 AZ10
Machy 10 ....114 BP34
Macinaggio 2B 345 FG100
Mackenheim 67 ....97 CQ32
Mackwiller 67 ....67 CM24
Maclas 42 ....230 BV65
Maclaunay 51 ....60 BM26
Macogny 02 ....40 BJ23
Mâcon 71 ....195 BW54
Maconcourt 88 ....94 CD31
Maconcourt 52 ....93 BY31
Maconge 21 ....159 BU44
Macornay 39 ....179 CB50
Mâcot-la-Plagne 73 ....234 CL62
Macqueville 17 ....202 AJ60
Macquigny 02 ....24 BL15
Madaillan 47 ....276 AP77
Madecourt 88 ....94 CF32
Madegney 88 ....95 CG32
La Madelaine-sous-Montreuil 62 ....6 AZ8
La Madeleine 59 ....8 BI6
La Madeleine 54 ....95 CG28
La Madeleine 44 ....147 AA43
Madeleine (Col de la) 73 ....234 CI63
Madeleine (Grotte de la) 07 ....284 BU76
La Madeleine-Bouvet 61 ......85 AS30
La Madeleine-de-Nonancourt 27 ....56 AU27
La Madeleine-sur-Loing 77 .112 BF33
La Madeleine-Villefrouin 41 ....132 AW38
Madeloc (Tour) 66 ....343 BJ97
Madic 15 ....226 BE65
Madière 09 ....336 AW90
Madières 34 ....302 BN82
Madirac 33 ....255 AH71
Madiran 65 ....294 AJ85
Madone de Fenestre 06 .....291 CR78
Madonne-et-Lamerey 88 .....119 CG33
La Madrague 83 ....327 CE89
La Madrague-de-la-Ville 13 ....326 CB87
La Madrague-de-Montredon 13 ....326 CB88
Madranges 19 ....224 AY64
Madré 53 ....82 AJ30
Madriat 63 ....227 BJ64
Maël-Carhaix 22 ....77 M31
Maël-Pestivien 22 ....77 N30
Maennolsheim 67 ....68 CO27
Maffliers 95 ....58 BD24
Maffrécourt 51 ....43 BV23
Magagnosc 06 ....309 CO83
Magalas 34 ....321 BK86
La Magdeleine 16 ....203 AL57
La Magdeleine (Chapelle de) 44 ....126 Y40
La Magdeleine-sur-Tarn 31 ....298 AW82
Le Mage 61 ....84 AR30
Magenta 51 ....61 BP24
Les Mages 30 ....283 BR77
Magescq 40 ....292 AA82
Magland 74 ....216 CK57
Magnac-Bourg 87 ....224 AW62
Magnac-Laval 87 ....188 AU55
Magnac-Lavalette-Villars 16 ....221 AM63
Magnac-sur-Touvre 16 ....221 AM61
Magnan 32 ....294 AJ82
Magnant 10 ....115 BS34
Magnanville 78 ....57 AY25
Magnas 32 ....296 AQ81
Magnat-l'Étrange 23 ....207 BC60
Magné 86 ....186 AO54
Magné 79 ....184 AH54
Magnet 03 ....192 BM55
Magneux 52 ....92 BW30
Magneux 51 ....41 BN21
Magneux-Haute-Rive 42 .....229 BR61
Magneville 50 ....29 AB19
Magnicourt 10 ....91 BS30
Magnicourt-en-Comte 62 ....7 BE9
Magnicourt-sur-Canche 62 ....12 BD10
Magnien 21 ....159 BT45
Magnières 54 ....95 CI30
Magnieu 01 ....214 CD60
Les Magnils-Reigniers 85 ...183 AB52
Magnivray 70 ....141 CI37
Magnoncourt 70 ....119 CG36
Le Magnoray 70 ....141 CF40
Magny 89 ....158 BP41
Le Magny 88 ....118 CF35
Les Magny 70 ....141 CI40
Magny 68 ....142 CM39
Le Magny 36 ....189 BA52
Magny 28 ....85 AV32
Magny-Châtelard 25 ....162 CH44
Magny-Cours 58 ....174 BJ48
Magny-Danigon 70 ....142 CJ38
Magny-en-Bessin 14 ....33 AH21
Magny-en-Vexin 95 ....37 AZ23
Magny-Fouchard 10 ....115 BT33
Magny-Jobert 70 ....142 CJ39
Magny-la-Campagne 14 ....54 AL24
Magny-la-Fosse 02 ....24 BJ14
Magny-la-Ville 21 ....158 BS41
Magny-Lambert 21 ....138 BU39
Magny-le-Désert 61 ....82 AJ29
Magny-le-Freule 14 ....34 AL23
Magny-le-Hongre 77 ....59 BG26
Magny-lès-Aubigny 21 ....160 BY45
Magny-les-Hameaux 78 ....58 BB27
Magny-lès-Jussey 70 ....140 CE37
Magny-lès-Villers 21 ....159 BW45
Magny-Lormes 58 ....157 BN43
Magny-Montarlot 21 ....160 CA44
Magny-Saint-Médard 21 ......160 BZ42
Magny-sur-Tille 21 ....160 BY43
Magny-Vernois 70 ....141 CI39
Magoar 22 ....77 O30
Magrie 11 ....337 BC91
Magrin 81 ....298 AZ85
Magstatt-le-Bas 68 ....143 CP38
Magstatt-le-Haut 68 ....143 CP39
Maguelone 34 ....302 BP85
Mahalon 29 ....99 E33
Mahéru 61 ....55 AP28
Maîche 25 ....163 CL43
Maidières 54 ....65 CE25
Maignaut-Tauzia 32 ....295 AN81
Maigné 72 ....107 AL36
Maignelay-Montigny 60 ....22 BE18
Mailhac 11 ....320 BH88
Mailhac-sur-Benaize 87 ......188 AV54
Mailhoc 81 ....279 BB80
Mailholas 31 ....317 AU88
Maillane 13 ....304 BW82
Maillas 40 ....274 AI77
Maillat 01 ....214 CB56
Maillé 86 ....168 AM50
Maillé 85 ....184 AF54
Maillé 37 ....169 AP46
Maillé (Château de) 29 ....71 H27
Maillebois 28 ....85 AU29
La Mailleraye-sur-Seine 76 ...35 AR19
Maillères 40 ....273 AG79
Mailleroncourt-Charette 70 ....141 CG38
Mailleroncourt-Saint-Pancras 70 ....118 CF36
Maillet 36 ....189 AY52
Maillet 03 ....190 BF53
Mailley-et-Chazelot 70 ....141 CF40
Maillezais 85 ....184 AF53
Maillot 89 ....113 BK34
Mailly 71 ....193 BQ55
Mailly-Champagne 51 ....41 BQ23
Mailly-la-Ville 89 ....136 BN40
Mailly-le-Camp 10 ....61 BQ28
Mailly-le-Château 89 ....136 BM40
Mailly-Maillet 80 ....13 BF13
Mailly-Raineval 80 ....22 BE16
Mailly-sur-Seille 54 ....65 CF25
Les Maillys 21 ....160 BZ45
Maimbeville 60 ....38 BE20
Mainbresson 08 ....25 BQ16
Mainbressy 08 ....25 BQ17
Maincourt-sur-Yvette 78 ....57 BA28
Maincy 77 ....88 BF30
Maine-de-Boixe 16 ....203 AM59
Mainfonds 16 ....221 AL63
Maing 59 ....14 BL10
Mainneville 27 ....37 AY20
Mainsat 23 ....208 BD57
Maintenay 62 ....6 AZ9
Maintenon 28 ....86 AX29
Mainterne 28 ....56 AU28
Mainville 54 ....45 CC21
Mainvillers 57 ....66 CI24
Mainvilliers 45 ....87 BC32
Mainvilliers 28 ....86 AW31
Mainxe 16 ....220 AJ62
Mainzac 16 ....221 AO63
Mairé 86 ....170 AR48
Mairé-Levescault 79 ....203 AL56
Mairieux 59 ....15 BP10
Mairy 08 ....27 BW17
Mairy-Mainville 54 ....45 CC21
Mairy-sur-Marne 51 ....62 BS26
Maisdon-sur-Sèvre 44 ....148 AB45
Maisey-le-Duc 21 ....138 BU37
Maisières-Notre-Dame 25 ...162 CF45
Maisnières 80 ....11 AY13
Maisnil 62 ....12 BD10
Le Maisnil 59 ....8 BH7
Maisnil-lès-Ruitz 62 ....8 BF8
Maisod 39 ....196 CC52
Maison-des-Champs 10 ......115 BT33
La Maison-Dieu 58 ....157 BN42
Maison-du-Roy 05 ....270 CL72
Maison-Feyne 23 ....189 AY54
Maison-Jeannette 24 ....240 AP69
Maison-Maugis 61 ....84 AR31
Maison-Neuve 16 ....221 AN62
Maison-Neuve 07 ....284 BS76
Maison-Ponthieu 80 ....12 BB11
Maison-Roland 80 ....11 BA12
Maison-Rouge 77 ....89 BJ29
Maisoncelle 62 ....7 BB8
Maisoncelle-et-Villers 08 ....27 BV18
Maisoncelle-Saint-Pierre 60 ..38 BB19
Maisoncelle-Tuilerie 60 ....22 BC18
Maisoncelles 72 ....108 AQ36
Maisoncelles 52 ....117 CA34
Maisoncelles-du-Maine 53 ....106 AG36
Maisoncelles-en-Brie 77 ....59 BI26
Maisoncelles-en-Gâtinais 77 ....112 BF34
Maisoncelles-la-Jourdan 14 ....52 AF26
Maisoncelles-Pelvey 14 ....53 AH24
Maisoncelles-sur-Ajon 14 ....53 AI24
Maisonnais 79 ....202 AK56
Maisonnais 18 ....190 BC51
Maisonnais-sur-Tardoire 87 ....222 AQ61
Maisonneuve 86 ....168 AL50
Maisonnisses 23 ....207 AZ57
Maisons 28 ....86 AZ31
Maisons 14 ....32 AG21
Maisons 11 ....338 BF92
Maisons-Alfort 94 ....58 BD27
Les Maisons Blanches 79 ...203 AM56
Maisons-du-Bois 25 ....180 CI46
Maisons-en-Champagne 51 ....62 BT27
Maisons-Laffitte 78 ....58 BB25
Maisons-lès-Chaource 10 ...115 BQ35
Maisons-lès-Soulaines 10 .....92 BV32
Maisonsgoutte 67 ....96 CN31
Maisontiers 79 ....168 AJ49
Maisse 91 ....87 BD31
Maissemy 02 ....24 BJ15
Maixe 54 ....95 CH28
Maizeray 55 ....64 CB23
Maizeroy 57 ....66 CG23
Maizery 57 ....66 CG23
Maizet 14 ....33 AI23
Maizey 55 ....64 CA25
Maizicourt 80 ....12 BB11
Maizière 58 ....156 BI44
Maizières 70 ....161 CE41
Maizières 62 ....13 BE10
Maizières 54 ....94 CE29
Maizières 52 ....92 BX30
Maizières 14 ....53 AK24
Maizières-la-Grande-Paroisse 10 ....90 BN30
Maizières-lès-Brienne 10 ......91 BT31
Maizières-lès-Metz 57 ....45 CF21
Maizières-les-Vic 57 ....67 CJ27
Maizières-sur-Amance 52 ...140 CB37
Maizilly 42 ....211 BR56
Maizy 02 ....41 BN20
Majastres 04 ....288 CJ80
Malabat 32 ....315 AL86
La Malachère 70 ....162 CF41
Malafretaz 01 ....195 BY54
Mâlain 21 ....159 BV43
Malaincourt 88 ....118 CC33
Malaincourt-sur-Meuse 52 ...117 CB33
Malakoff 92 ....58 BC27
Malancourt 55 ....43 BX22
Malancourt-la-Montagne 57 ....45 CE22
Malandry 08 ....27 BX18
Malange 39 ....161 CC44
Malans 70 ....161 CB43
Malans 25 ....180 CF46
Malansac 56 ....125 U38
Malarce-sur-la-Thines 07 ...265 BR75
Malataverne 26 ....267 BW74
Malaucène 84 ....285 BZ78
Malaucourt-sur-Seille 57 ......66 CG26
Malaumont 55 ....64 CA27
Malaunay 76 ....36 AT19
Malause 82 ....277 AS79
Malaussanne 64 ....294 AG85
Malaussène 06 ....289 CP80
Malauzat 63 ....209 BI60
Malaville 16 ....220 AK63
Malavillers 54 ....45 CC20
Malay 71 ....194 BV51
Malay-le-Grand 89 ....113 BK34
Malay-le-Petit 89 ....113 BL34
Malbo 15 ....245 BG69
Malbosc 07 ....283 BR76
Malbouhans 70 ....142 CJ38
Malbouzon 48 ....263 BJ72
Malbrans 25 ....162 CF45
Malbuisson 25 ....180 CH48
Mâle 61 ....108 AR33
Malegoude 09 ....336 AZ90
Malemort-du-Comtat 84 ......285 BZ80
Malemort-sur-Corrèze 19 ....242 AX67
La Malène 48 ....282 BL77
Malepeyre (Sabot de) 48 ....282 BK76
Malesherbes 45 ....87 BD32
Malestroit 56 ....125 T37
Malétable 61 ....84 AR29
Maleville 12 ....279 BB76
Malfalco (Anse de) 2B 345 FE103
Malguénac 56 ....101 P33
La Malhoure 22 ....78 T30
Malicornay 36 ....188 AX51
Malicorne 89 ....135 BI38
Malicorne 03 ....191 BG55
Malicorne-sur-Sarthe 72 .....129 AL37
Maligny 89 ....136 BN37
Maligny 21 ....177 BT46
Malijai 04 ....287 CG79
Malincourt 59 ....14 BK13
Malintrat 63 ....209 BJ60
Malissard 26 ....249 BX70
Malle (Château de) 33 ....256 AI74
Mallefougasse 04 ....287 CF79
Malleloy 54 ....65 CF26
Mallemoisson 04 ....287 CH79
Mallemort 13 ....305 CA83
Malléon 09 ....336 AY91
Malleret 23 ....226 BD61
Malleret-Boussac 23 ....189 BB54
Mallerey 39 ....179 CB50
Mallet (Belvédère de) 15 .....245 BJ70
Malleval 42 ....230 BV64
Malleval-en-Vercors 38 ....250 CB67
Malleville-les-Grès 76 ....19 AQ15
Malleville-sur-le-Bec 27 ....35 AR22
Mallièvre 85 ....166 AE47
Malling 57 ....45 CF19
Malloué 14 ....52 AF25
La Malmaison 02 ....41 BP19
Malmerspach 68 ....120 CM36
Malmy 51 ....43 BV22
Malnoue 77 ....59 BF26
Malo-les-Bains 59 ....3 BD2
Malons-et-Elze 30 ....265 BQ75
Malouy 27 ....35 AP23
Malpart 80 ....22 BE17
Malpas 25 ....180 CH48
Malras 11 ....337 BB91
Malrevers 43 ....247 BQ68
Malromé (Château de) 33 ....256 AI73
Malroy 57 ....45 CF22
Maltat 71 ....175 BO50
Maltot 14 ....33 AJ23
Malval 23 ....189 AZ54
Malval (Col de) 69 ....212 BU60
Malvalette 43 ....229 BR65
Malves-en-Minervois 11 ......320 BE89
Malvezie 31 ....334 AP91
Malvières 43 ....229 BO65
Malviès 11 ....337 BC90
Malville 44 ....147 X42
Malvillers 70 ....140 CD38

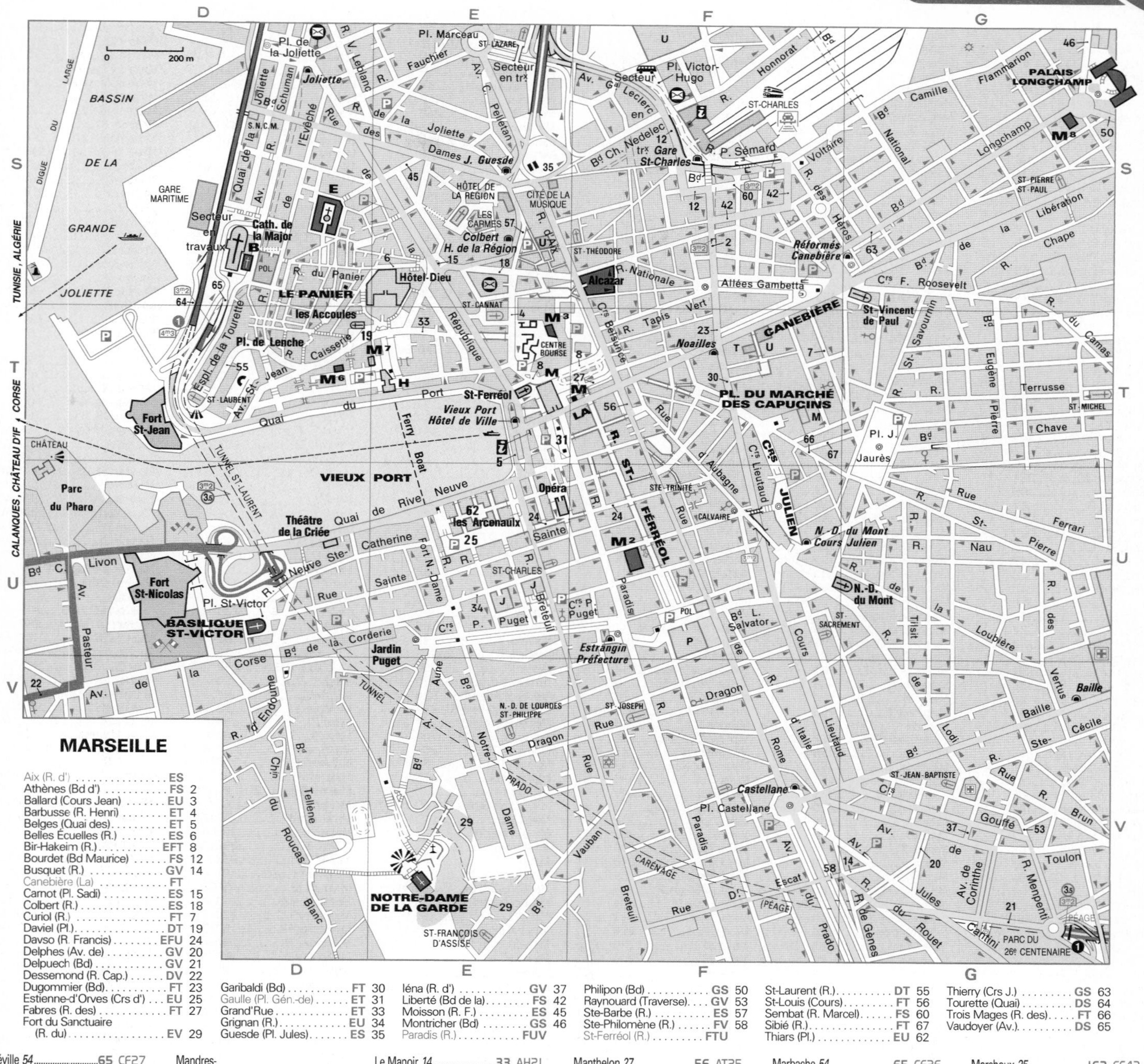
D
E
F
G
S
T
U
V
200 m
BASSIN
DE LA
GRANDE
JOLIETTE
GARE MARITIME
TUNISIE, ALGÉRIE
CALANQUES, CHÂTEAU D'IF, CORSE
Pl. de la Joliette
Joliette
Pl. Marceau
ST-LAZARE
Secteur en trx
Pl. Victor-Hugo
Secteur en travaux
ST-CHARLES
Gare St-Charles
PALAIS LONGCHAMP
HÔTEL DE LA RÉGION
CITÉ DE LA MUSIQUE
Colbert H. de la Région
LES CARMES
Cath. de la Major
LE PANIER
Hôtel-Dieu
les Accoules
Pl. de Lenche
ST-THÉODORE
Alcazar
Allées Gambetta
Réformés Canebière
CANEBIÈRE
St-Vincent de Paul
CENTRE BOURSE
Noailles
PL. DU MARCHÉ DES CAPUCINS
ST-LAURENT
Fort St-Jean
St-Ferréol
Vieux Port Hôtel de Ville
VIEUX PORT
CHÂTEAU
Parc du Pharo
Théâtre de la Criée
les Arcenaux
Opéra
STE-TRINITÉ
CALVAIRE
N.-D. du Mont Cours Julien
Fort St-Nicolas
Pl. St-Victor
BASILIQUE ST-VICTOR
ST-CHARLES
ST-SACREMENT
N.-D. du Mont
Jardin Puget
Estrangin Préfecture
N.-D. DE LOURDES ST-PHILIPPE
ST-JOSEPH
ST-JEAN-BAPTISTE
Castellane
Pl. Castellane
Baille
NOTRE-DAME DE LA GARDE
ST-FRANÇOIS D'ASSISE
PARC DU 26e CENTENAIRE

MARSEILLE

Marcilloles 38 231 BZ65
Marcilly 77 59 BH24
Marcilly 50 51 AC28
Marcilly-d'Azergues 69 212 BV59
Marcilly-en-Bassigny 52 117 CB36
Marcilly-en-Beauce 41 131 AT38
Marcilly-en-Gault 41 154 AZ42
Marcilly-en-Villette 45 133 BA38
Marcilly-et-Dracy 21 159 BT42
Marcilly-la-Campagne 27 56 AU26
Marcilly-la-Gueurce 71 194 BS53
Marcilly-le-Châtel 42 229 BQ61
Marcilly-le-Hayer 10 90 BM32
Marcilly-lès-Buxy 71 177 BU50
Marcilly-Ogny 21 158 BS44
Marcilly-sur-Eure 27 56 AV26
Marcilly-sur-Maulne 37 130 AN40
Marcilly-sur-Seine 51 90 BN29
Marcilly-sur-Tille 21 160 BY41
Marcilly-sur-Vienne 37 169 AP46
Marck 62 2 BA3
Marckolsheim 67 121 CP33
Marclopt 42 229 BR62
Marcoing 59 14 BJ12
Marcolès 15 262 BD71
Marcollin 38 231 BY65
Marcols-les-Eaux 07 266 BT71
Marçon 72 130 AP39
Marconnay (Château de) 86 185 AL52
Marconne 62 7 BB9
Marconnelle 62 6 BA9
Marcorignan 11 321 BI89
Marcoule 30 285 BW78
Marcoussis 91 87 BC29
Marcoux 42 229 BQ61
Marcoux 04 288 CI78
Marcq 78 57 AZ26
Marcq 08 43 BW21
Marcq-en-Barœul 59 8 BI6
Marcq-en-Ostrevant 59 14 BJ10
Marcy 69 212 BV59
Marcy 58 157 BL43
Marcy 02 24 BK15
Marcy-l'Étoile 69 212 BV60
Marcy-sous-Marle 02 25 BN16
Mardeuil 51 61 BO24
Mardié 45 133 BB37
Mardilly 61 54 AO26
Mardor 52 139 BY37
Mardore 69 212 BS57
Mardyck 59 3 BC2
La Mare-d'Ovillers 60 38 BC22
Mareau-aux-Bois 45 111 BC35
Mareau-aux-Prés 45 133 AZ37
Marèges (Barrage de) 19 226 BD65
Mareil-en-Champagne 72 107 AK36
Mareil-en-France 95 58 BD24
Mareil-le-Guyon 78 57 AZ27
Mareil-Marly 78 58 BB26
Mareil-sur-Loir 72 129 AL39
Mareil-sur-Mauldre 78 57 AZ26
Mareilles 52 117 BZ33
Marenla 62 6 AZ8
Marennes 69 231 BX62
Marennes 17 200 AC59
Mareschè 72 107 AM33
Maresches 59 15 BM10
Maresquel-Ecquemicourt 62 6 BA9
Marest 62 7 BD8
Marest-Dampcourt 02 24 BJ18
Marest-sur-Matz 60 39 BG19
Marestaing 32 297 AS85
Marestmontiers 80 22 BE17
Maresville 62 6 AY8
Les Marêts 77 60 BK28
Maretz 59 14 BK13
Mareugheol 63 227 BJ64
Mareuil 24 221 AO64
Mareuil 16 202 AJ60
Mareuil-Caubert 80 11 AZ13
Mareuil-en-Brie 51 61 BN25
Mareuil-en-Dôle 02 40 BM22
Mareuil-la-Motte 60 39 BG19
Mareuil-le-Port 51 61 BN24
Mareuil-lès-Meaux 77 59 BH25
Mareuil-sur-Arnon 18 172 BB48
Mareuil-sur-Ay 51 61 BP24
Mareuil-sur-Cher 41 153 AV44
Mareuil-sur-Lay 85 183 AB51
Mareuil-sur-Ourcq 60 39 BI23
Marey 88 118 CD34
Marey-lès-Fussey 21 159 BW45
Marey-sur-Tille 21 139 BX40
Marfaux 51 41 BO23
Marfontaine 02 25 BN16
Margaux 33 237 AF68
Margencel 74 198 CI53
Margency 95 58 BC25
Margerides 19 226 BD64
Margerie-Chantagret 42 229 BQ63
Margerie-Hancourt 51 91 BT29
Margès 26 249 BY67
Margilley 70 140 CB40
Margival 02 40 BK20
Le Margnès 81 300 BF84
Margny 51 60 BM25
Margny 08 BZ17
Margny-aux-Cerises 60 23 BH17
Margny-lès-Compiègne 60 39 BG20
Margny-sur-Matz 60 39 BG19
Margon 34 321 BL86
Margon 28 85 AS32
Margouët-Meymes 32 295 AL83
Margueray 50 52 AD25
Marguerittes 30 304 BU82
Margueron 33 257 AM71
Marguestau 32 295 AK81
Margut 08 27 BY18
Mariac 07 248 BT70
Mariaud 04 288 CK76
Maricourt 80 23 BG14
Marie 06 289 CP79
Marienthal 67 69 CR26
Marieulles 57 65 CE24
Marieux 80 12 BD12
Marigna-sur-Valouse 39 196 CB53
Marignac 82 296 AR82
Marignac 31 334 AP92
Marignac 17 219 AH63
Marignac-en-Diois 26 268 CA71
Marignac-Lasclares 31 317 AT88
Marignac-Laspeyres 31 317 AS89
Marignana 2A 346 FC108
Marignane 13 326 CA86
Marigné 49 128 AH38
Marigné-Laillé 72 130 AO38
Marigné-Peuton 53 128 AF37
Marignier 74 216 CJ56
Marignieu 01 214 CD60
Marigny 79 185 AI55
Marigny 71 177 BT50
Marigny 51 61 BO28
Marigny 50 32 AD23
Marigny 39 179 CD50
Marigny 03 191 BJ51
Marigny-Brizay 86 169 AO49
Marigny-Chemereau 86 186 AM53
Marigny-en-Orxois 02 60 BJ24
Marigny-le-Cahouët 21 159 BT41
Marigny-le-Châtel 10 90 BN31
Marigny-l'Église 58 158 BP43
Marigny-lès-Reullée 21 178 BX46
Marigny-les-Usages 45 111 BA36
Marigny-Marmande 37 169 AP47
Marigny-Saint-Marcel 74 215 CF59
Marigny-sur-Yonne 58 157 BN44
Marillac-le-Franc 16 221 AO61
Le Marillais 49 148 AG42
Marillet 85 184 AG51
Marimbault 33 256 AI75
Marimont-lès-Bénestroff 57 67 CJ25
Marin 74 198 CJ53
Marines 95 37 BA23
Les Marines-de-Cogolin 83 329 CL87
Maringes 42 230 BS62
Maringues 63 210 BK59
Mariol 03 210 BM58
Marions 33 274 AJ76
Marissel 60 38 BB20
Marizy 71 194 BT51
Marizy-Saint-Mard 02 40 BJ23
Marizy-Sainte-Geneviève 02 40 BJ23
Le Markstein 68 120 CM35
Marle 02 25 BN16
Marlemont 08 26 BR16
Marlenheim 67 97 CP28
Marlens 74 216 CI60
Marlers 80 21 AZ16
Marles-en-Brie 77 59 BH28
Marles-les-Mines 62 7 BE8
Marles-sur-Canche 62 6 AZ8
Marlhes 42 248 BT66
Marliac 31 318 AW89
Marliens 21 160 BY44
Marlieux 01 213 BY57
Marlioz 74 215 CF57
Marly 59 9 BL9
Marly 57 65 CF23
Marly-Gomont 02 25 BN14
Marly-la-Ville 95 58 BE24
Marly-le-Roi 78 58 BB26
Marly-sous-Issy 71 176 BP50
Marly-sur-Arroux 71 193 BR51
Marmagne 71 176 BS48
Marmagne 21 137 BS40
Marmagne 18 172 BC46
Marmande 47 257 AL74
Marmanhac 15 244 BE69
Marmeaux 89 137 BQ40
Marmesse 52 116 BW35
Marminiac 46 259 AU73
Marmont-Pachas 47 276 AP79
Marmouillé 61 54 AN28
Marmoutier 67 68 CO27
Marnac 24 259 AS71
Marnand 69 212 BS57
Marnans 38 231 BZ65
Marnaves 81 279 AZ79
Marnay 86 186 AN53
Marnay 71 178 BX50
Marnay 70 161 CD43
Marnay-sur-Marne 52 117 BY35
Marnay-sur-Seine 10 90 BM30
Marnaz 74 216 CJ56
La Marne 44 165 Y46
Marne-la-Vallée 11 59 BF26
Marnefer 61 55 AQ26
Marnes 79 168 AL48
Marnes-la-Coquette 92 58 BC26
Marnézia 39 196 CC51
Marnhagues-et-Latour 12 301 BJ82
Marnoz 39 179 CD47
Marœuil 62 13 BF10
Marolles 59 15 BN12
La Marolle-en-Sologne 41 133 AZ40
Marolles 60 39 BI23
Marolles 51 62 BU28
Marolles 41 132 AV40
Marolles 14 34 AO23
Marolles-en-Beauce 91 87 BC32
Marolles-en-Brie 94 58 BE28
Marolles-en-Brie 77 60 BJ27
Marolles-en-Hurepoix 91 87 BC29
Marolles-lès-Bailly 10 115 BS33
Marolles-les-Braults 72 108 AO33
Marolles-les-Buis 28 85 AS32
Marolles-lès-Saint-Calais 72 108 AR36
Marolles-sous-Lignières 10 114 BP36
Marolles-sur-Seine 77 89 BI31
Marollette 72 84 AO31
Marols 42 229 BQ64
Maromme 76 36 AT19
Maron 54 94 CE28
Mâron 36 172 AZ49
Maroncourt 88 94 CF32
Maroué 22 78 T30
Maroutière (Château de la) 53 128 AG37
Marpain 39 161 CB43
Marpaps 40 293 AE84
Marpent 59 15 BP10
Marpiré 35 104 AB33
Marquaix 80 23 BI14
Marquay 62 7 BD9
Marquay 24 241 AT70
Marquefave 31 317 AU88
Marquéglise 60 39 BG19
Marquein 11 318 AY88
Marquenterre (Parc du) 80 11 AX10
Marquerie 65 315 AL88
Marques 76 21 AY16
Marquette-en-Ostrevant 59 14 BJ10
Marquette-lez-Lille 59 8 BI6
Marquigny 08 26 BU18
Marquillies 59 8 BH7
Marquion 62 14 BI11
Marquise 62 2 AY4
Marquivillers 80 23 BF17
Marquixanes 66 342 BE95
Marray 37 130 AQ40
Marre 55 43 BY22
La Marre 39 179 CC49
Mars 42 212 BS56
Mars 30 282 BN80
Les Mars 23 208 BE58
Mars 07 248 BS69
Mars-la-Tour 54 65 CD23
Mars-sous-Bourcq 08 42 BT20
Mars-sur-Allier 58 174 BI48
Marsa 11 337 BB93
Marsac 82 296 AR81
Marsac 65 315 AK87
Marsac 23 206 AX57
Marsac 16 221 AL61
Marsac-en-Livradois 63 229 BO64
Marsac-sur-Don 44 126 Z39
Marsac-sur-l'Isle 24 240 AO67
Marsainvilliers 45 111 BC33
Marsais 17 201 AG56
Marsais-Sainte-Radégonde 85 183 AE51
Marsal 81 299 BC81
Marsal 57 66 CI26
Marsalès 24 258 AR72
Marsan 32 296 AQ84
Marsaneix 24 240 AR68
Marsangis 51 90 BO29
Marsangy 89 113 BK34
Marsannay-la-Côte 21 160 BX43
Marsannay-le-Bois 21 160 BY42
Marsanne 26 267 BX73
Marsas 65 333 AM90
Marsas 33 237 AH68
Marsat 63 209 BJ59
Marsaz 26 249 BX67
Marseillan 65 315 AL88
Marseillan 34 322 BM87
Marseillan 32 315 AM86
Marseillan-Plage 34 322 BN88
Marseille 13 326 CB88
Marseille-en-Beauvaisis 60 21 BA18
Marseille-lès-Aubigny 18 174 BI46
Marseillette 11 320 BE89
Marsillargues 34 303 BS84
Marsilly 57 66 CG23
Marsilly 17 183 AC55
Marsinval 78 57 BA25
Marsolan 32 296 AO81
Marson 51 62 BT25
Marson-sur-Barboure 55 93 CA28
Marsonnas 01 195 BY54
Marsoulas 31 335 AS90
Marsous 65 332 AI91
Marspich 57 45 CE20
Marssac-sur-Tarn 81 299 BA81
Martagny 27 37 AY20
Martailly-lès-Brancion 71 195 BW52
Martainneville 80 11 AY13
Martainville 27 35 AP21
Martainville 14 53 AJ25
Martainville-Épreville 76 36 AV19
Martaizé 86 168 AL48
Martel 46 242 AX70
Marthemont 54 94 CE29
Marthille 57 66 CI25
Marthod 73 216 CI60
Marthon 16 221 AO62
Martiel 12 279 AZ76
Martigna 39 196 CD53
Martignac 46 259 AT74
Martignargues 30 284 BS80
Martignas-sur-Jalle 33 237 AE70
Martignat 01 196 CC55
Martigné-Briand 49 149 AI44
Martigné-Ferchaud 35 127 AB37
Martigné-sur-Mayenne 53 106 AG33
Martigny 76 20 AU15
Martigny 50 52 AD28
Martigny 02 25 BQ15
Martigny-Courpierre 02 40 BM19
Martigny-le-Comte 71 194 BS52
Martigny-les-Bains 88 118 CD34
Martigny-les-Gerbonvaux 88 94 CC30
Martigny-sur-l'Ante 14 53 AK25
Martigues 13 325 BZ86
Martillac 33 255 AG72
Martimpré (Col de) 88 120 CL34
Martin-Église 76 10 AU14
Martincourt 60 37 BA19
Martincourt 54 65 CD26
Martincourt-sur-Meuse 55 27 BX18
Martinet 85 165 Y50
Le Martinet 30 283 BR77
Martinpuich 62 13 BG13
Martinvast 50 29 AA17
Martinvelle 88 118 CE35
Martisserre 31 316 AR87
Martizay 36 170 AT49
Martot 27 36 AT21
Martragny 14 33 AH21
La Martre 83 308 CL82
Martres 33 256 AJ72
Les Martres-d'Artière 63 210 BK60
Martres-de-Rivière 31 334 AP90
Les Martres-de-Veyre 63 227 BJ61
Martres-sur-Morge 63 210 BK59
Martres-Tolosane 31 317 AS89
Martrin 12 300 BF81
Martrois 21 159 BT43
La Martyre 29 75 H29
Les Martys 11 319 BC87
Maruéjols-lès-Gardon 30 283 BR80
Marval 87 222 AR62
Marvaux-Vieux 08 42 BU21
Marvejols 48 264 BK74
Marvelise 25 142 CJ40
Marville 55 44 BZ19
Marville-les-Bois 28 85 AV29
Marville-Moutiers-Brûlé 28 56 AW28
Mary 71 194 BT51
Mary-sur-Marne 77 59 BI24
Marzal (Aven de) 07 284 BU76
Marzan 56 125 U40
Marzens 81 298 AZ84
Marzy 58 174 BJ47
Le Mas 06 308 CN81
Mas-Blanc-des-Alpilles 13 304 BW82
Mas-Cabardès 11 319 BD87
Mas Camargues 48 283 BP76
Le Mas-d'Agenais 47 257 AM75
Le Mas-d'Artige 23 225 BC61
Mas-d'Auvignon 32 296 AO81
Le Mas-d'Azil 09 335 AV90
Mas-d'Azil (Grotte du) 09 335 AV90
Mas-de-Londres 34 302 BO82
Le Mas-de-Tence 43 248 BT68
Mas-des-Cours 11 337 BD90
Mas-d'Orcières 48 265 BO75
Mas-Grenier 82 297 AU81
Mas-Saint-Chély 48 282 BL77
Mas-Saintes-Puelles 11 318 AZ88
Le Mas-Soubeyran 30 283 BQ79
Mas-Thibert 13 304 BW85
Masbaraud-Mérignat 23 206 AY58
Mascaraàs-Haron 64 294 AI85
Mascaras 65 315 AL89
Mascaras 32 295 AM85
Mascarville 31 298 AY85
Masclat 46 259 AV71
Masevaux 68 142 CM37
Maslacq 64 313 AE86
Masléon 87 224 AX61
Maslives 41 132 AW40
Masmejan 48 283 BO76
Le Masnau-Massuguiès 81 300 BE83
Masnières 59 14 BJ12
Masny 59 9 BJ9
Los Masos 66 342 BE96
Masparraute 64 311 AB86
Maspie-Lalonquère-Juillacq 64 314 AJ86
Masquières 47 277 AS76
Massabrac 31 317 AV89
Massac 17 202 AJ59
Massac 11 338 BF92
Massac-Séran 81 298 AZ84
Massaguel 81 319 BB86
Massais 79 167 AI46
Massals 81 300 BE82
Massanes 30 283 BR80
Massangis 89 137 BP40
Massat 09 335 AV92
Massay 18 154 BA45
Le Massegros 48 281 BJ77
Masseilles 33 256 AK75
Massels 47 276 AR77
Massérac 44 126 X39
Masseret 19 224 AW63
Masseube 32 316 AO86
Massiac 15 246 BK66
Massieu 38 232 CC64
Massieux 01 213 BW59
Massiges 51 42 BU22
Massignac 16 204 AQ60
Massignieu-de-Rives 01 214 CD60
Massillargues-Attuech 30 283 BQ80
Massilly 71 194 BV52
Massingy 74 215 CF59
Massingy 21 116 BU36
Massingy-lès-Semur 21 158 BS41
Massingy-lès-Vitteaux 21 159 BU42
Massognes 86 168 AL49
Massoins 06 289 CP80
Massongy 74 198 CI54
Massoulès 47 276 AR76
Massugas 33 257 AL71
Massy 91 58 BC28
Massy 76 20 AW17
Massy 71 194 BU52
Mastaing 59 14 BK10
Matafelon-Granges 01 196 CC55
Les Matelles 34 302 BP83
Matemale 66 341 BB96
Matha 17 202 AI59
Mathaux 10 91 BT31
Mathay 25 142 CK41
Mathenay 39 179 CC47
Les Mathes 17 200 AC60
Mathieu 14 33 AJ21
Mathons 52 92 BX31
Mathonville 76 20 AW18
Matignicourt-Goncourt 51 62 BU28
Matignon 22 50 V28
Matigny 80 23 BI16
Matougues 51 62 BR25
Matour 71 194 BT54
Matra 2B 347 FG107
Matringhem 62 7 BC7
Mattaincourt 88 94 CF32
Mattexey 54 95 CI30
Matton-et-Clémency 08 27 BX17
Mattstall 67 68 CQ23
Matzenheim 67 97 CQ30
Maubec 84 305 BZ81
Maubec 82 296 AR82
Maubec 38 232 CA62
Maubert-Fontaine 08 26 BS15
Maubeuge 59 15 BO10
Maubourguet 65 315 AK86
Maubuisson 33 236 AB68
Mauchamps 91 87 BC30
Maucomble 76 20 AV17
Maucor 64 314 AH87
Maucourt 80 23 BG16
Maucourt 60 23 BI17
Maucourt-sur-Orne 55 44 CA21
Maudétour-en-Vexin 95 37 AZ23
Mauguio 34 303 BQ84
Maulain 52 117 CB35
Maulais 79 168 AK47
Maulan 55 63 BY28
Maulay 86 169 AN47
Maulde 59 9 BL8
Maule 78 57 AZ26
Mauléon 79 167 AF47
Mauléon-Barousse 65 334 AO92
Mauléon-d'Armagnac 32 294 AJ81
Mauléon-Licharre 64 311 AC88
Maulers 60 22 BB18
Maulette 78 57 AX27
Maulévrier 49 167 AF46
Maulévrier-Sainte-Gertrude 76 19 AR18
Maulichères 32 294 AJ83
Maumusson 82 296 AR81
Maumusson 44 148 AD41
Maumusson-Laguian 32 294 AJ84
Mauny 76 35 AS20
Maupas 32 294 AJ82
Le Maupas 21 158 BS44
Maupas 10 115 BQ34
Maupas (Château de) 18 155 BF44
Mauperthuis 77 59 BI27
Maupertuis 50 52 AD24
Maupertus-sur-Mer 50 29 AB17
Mauprévoir 86 204 AP56
Mauquenchy 76 20 AW18
Mauran 31 317 AS89
Maure 64 314 AJ87
Maure (Col de) 04 288 CJ76
Maure-de-Bretagne 35 103 W36
Maurecourt 78 58 BB25
Mauregard 77 59 BF24
Mauregny-en-Haye 02 41 BN19
Maureilhan 34 321 BJ87
Maureillas-las-Illas 66 343 BH97
Mauremont 31 318 AX86
Maurens 32 296 AR85
Maurens 31 318 AY86
Maurens 24 239 AO70
Maurens-Scopont 81 298 AY85
Maurepas 80 23 BG14
Maurepas 78 57 BA27
Mauressac 31 317 AV88
Mauressargues 30 283 BR80
Maureville 31 298 AY85
Mauriac 33 256 AK72
Mauriac 15 244 BD67
Mauries 40 294 AH84
Maurin 04 271 CN73
Maurin 34 302 BP85
Maurines 15 245 BJ70
Maurois 59 14 BL13
Mauron 56 103 U34
Mauroux 46 259 AS75
Mauroux 32 296 AQ81
Maurrin 40 294 AH82
Maurs 15 261 BC72
Maurupt-le-Montois 51 63 BV27
Maury 66 338 BF93
Maury (Barrage de) 12 262 BF73
Mausoléo 2B 346 FD105
Maussac 19 225 BB64
Maussane-les-Alpilles 13 304 BX83
Maussans 70 162 CG41
Mausson (Château de) 53 81 AE30
Mautes 23 208 BD59
Mauvages 55 93 CA29
Mauvaisin 31 318 AW87
Mauves 07 249 BW68
Mauves-sur-Huisne 61 84 AQ31
Mauves-sur-Loire 44 148 AB43
Mauvezin 65 333 AM90
Mauvezin 32 296 AR83
Mauvezin 31 316 AR87
Mauvezin-d'Armagnac 40 274 AJ80
Mauvezin-de-Prat 09 335 AS91
Mauvezin-de-Sainte-Croix 09 335 AU90
Mauvezin-sur-Gupie 47 257 AL74
Mauvières 36 187 AT52
Mauvilly 21 138 BU39
Maux 58 175 BO46
Mauzac 31 317 AU87
Mauzac-et-Saint-Meyme-de-Rozens 24 240 AR70
Mauzé-sur-le-Mignon 79 184 AG55
Mauzé-Thouarsais 79 168 AJ47
Mauzens-et-Miremont 24 241 AS69
Mauzun 63 228 BL61
Mavaleix 24 223 AS63
Maves 41 132 AV39
Mavilly-Mandelot 21 177 BV46
La Maxe 57 45 CF22
Maxent 35 103 W35
Maxéville 54 65 CF27
Maxey-sur-Meuse 88 94 CC30
Maxey-sur-Vaise 55 93 CB29
Maxilly-sur-Léman 74 198 CK53
Maxilly-sur-Saône 21 160 CA43
Maxou 46 260 AW74
Maxstadt 57 67 CJ23
May-en-Multien 77 59 BI24
Le May-sur-Èvre 49 148 AE45
May-sur-Orne 14 33 AJ23
Mayac 24 241 AS66
Mayenne 53 82 AH32
Mayet 72 130 AN38
Le Mayet-de-Montagne 03 210 BN57
Le Mayet-d'École 03 210 BK56
Maylis 40 293 AE83
Maynal 39 196 CA51
Les Mayons 83 328 CJ87
Mayot 02 24 BK17
Mayrac 46 242 AX70
Mayran 12 280 BD76
La Mayrand 63 227 BI64
Mayrègne 31 334 AO93
Mayres 07 248 BV69
Mayres 63 228 BN65
Mayres 07 265 BR73
Mayres-Savel 38 250 CD70
Mayreste (Belvédère de) 04 307 CJ82
Mayreville 11 318 AZ89
Mayrinhac-Lentour 46 261 AZ71
Mayronnes 11 338 BE91
Maysel 60 38 BD22
Mazamet 81 319 BD86
Mazan 84 285 BZ79
Mazan-l'Abbaye 07 265 BR72
Mazangé 41 131 AS38
Mazaugues 83 328 CG87
Mazaye 63 209 BH60
Mazé 49 150 AJ41
Le Mazeau 85 184 AG54
Mazeirat 23 207 BA56
Mazeley 88 95 CG32
Mazerat-Aurouze 43 246 BM67
Mazeray 17 201 AG59
Mazères 33 256 AI74
Mazères 09 318 AX88
Mazères (Église de) 65 295 AK85
Mazères-de-Neste 65 334 AO90
Mazères-Lezons 64 314 AH88
Mazères-sur-Salat 31 335 AS90
Mazerier 03 209 BJ57

MELUN

Rue	Carré	N°
Alsace-Lorraine (Q.)	BZ	2
Carnot (R.)	AY	3
Courtille (R. de la)	BZ	9
Doumer (R. Paul)	BY	13
Gaulle (Av. du Gén. de)	BY	18
Godin (Av. E.)	AZ	19
Miroir (R. du)	AY	25
Montagne-du-Mée (R. de la)	AY	26
Pouteau (R. René)	BY	34
Prés.-Despatys (R.)	AY	35
St-Ambroise (R.)	AZ	
St-Aspais (R.)	BY	41
St-Étienne (R.)	AZ	43
Thiers (Av.)	AZ	46
Vaux (Promenade de)	BZ	51

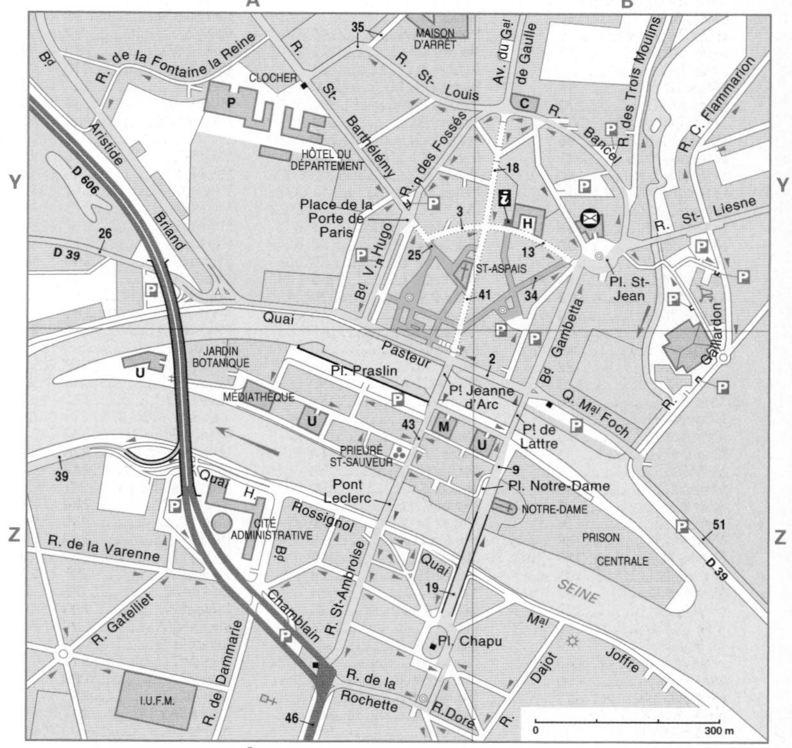

METZ

MONACO MONTE-CARLO

MONTAUBAN

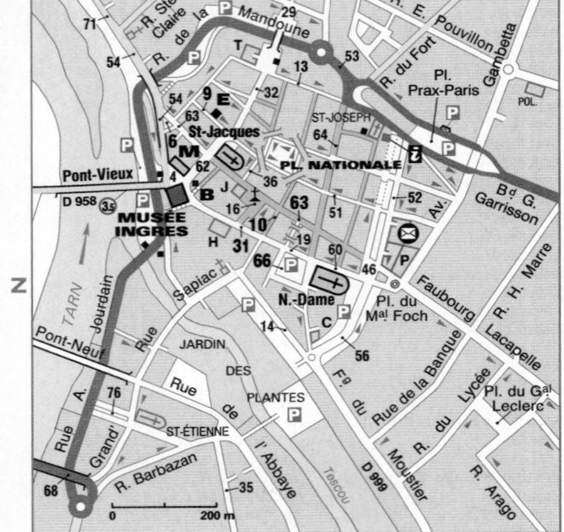

R. Ste-Claire
R. de la Mandoune
R. E. Pouvillon
Gambetta
R. du Fort
Pl. Prax-Paris
ST-JOSEPH
St-Jacques
PL. NATIONALE
Pont-Vieux
D 958
MUSÉE INGRES
Bd G. Garrisson
Sapiac
N.-Dame
Pl. du Mal Foch
Faubourg Lacapelle
R. H. Marre
TARN
Jourdain
Pont-Neuf
Rue
JARDIN DES PLANTES
ST-ÉTIENNE
Rue de la Banque
R. du Lycée
Pl. du Gal Leclerc
Fg du Moustier
R. Arago
R. Barbazan
Grand
de l'Abbaye
Tescou
D 999
200 m
Z

MONTPELLIER

Anatole-France (R.) ..... BU 3
Arceaux (Bd des) ...... AU 7
Bazille (R. F.) .... BCV 12
Blum (R. Léon) .... CU 13
Broussonnet (R. A.) ...... AT 18
Chancel (Av.) .... AT 25
Citadelle (Allée) .... CU 26
Clapiès (R.) .... AU 28
Comte (R. A.) .... AU 29
Délicieux (R. B.) .... CT 31
États-du-Languedoc (Av.) CU 35
Fabre-de-Morlhon (Bd) .. BV 36
Fg-Boutonnet (R.) .... BT 37
Fg-de-Nîmes (R. du) .... CT 41
Flahault (Av. Ch.) .... AT 43
Fontaine-de-Lattes (R.) .. CU 44
Henri-II-de-Montmorency (Allée) .... CU 51
Leclerc (Av. du Mar.) .... CV 58
Millénaire (Pl. du) ...... CU 62
Nombre-d'Or (Pl. du) ... CU 64
Ollivier (R. A.) .... CU 66
Le Polygone .... CU
Pont-de-Lattes (R. du) .... CU 69
Pont-Juvénal (Av.) .... CDU 70
Près-d'Arènes (Av. des) . BV 71
Prof.-E.-Antonelli (Av.) .... CDV 72
Proudhon (R.) .... BT 73
René (R. H.) .... CV 74
Villeneuve-d'Angoulême (Av.) .... ABV 88

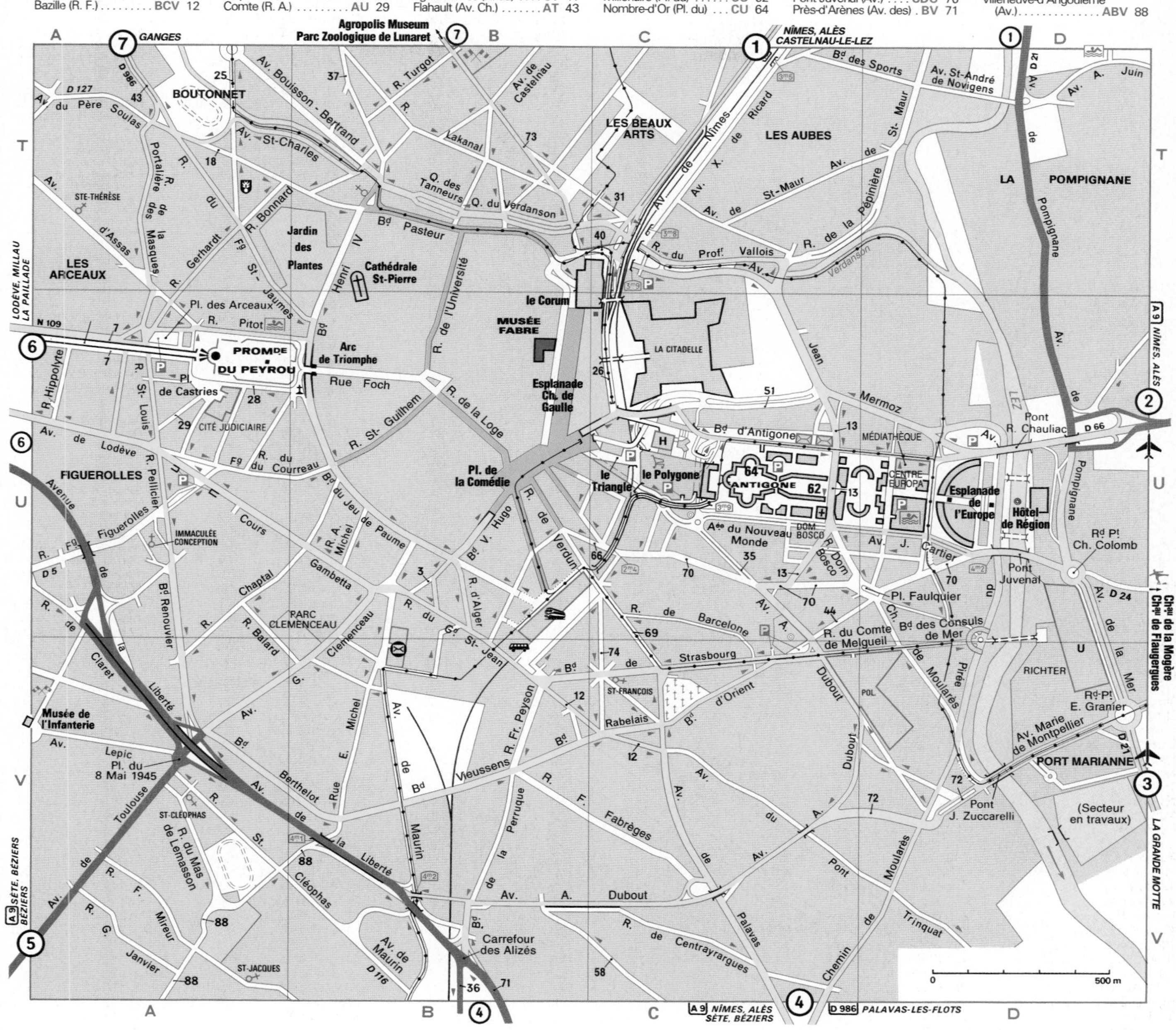

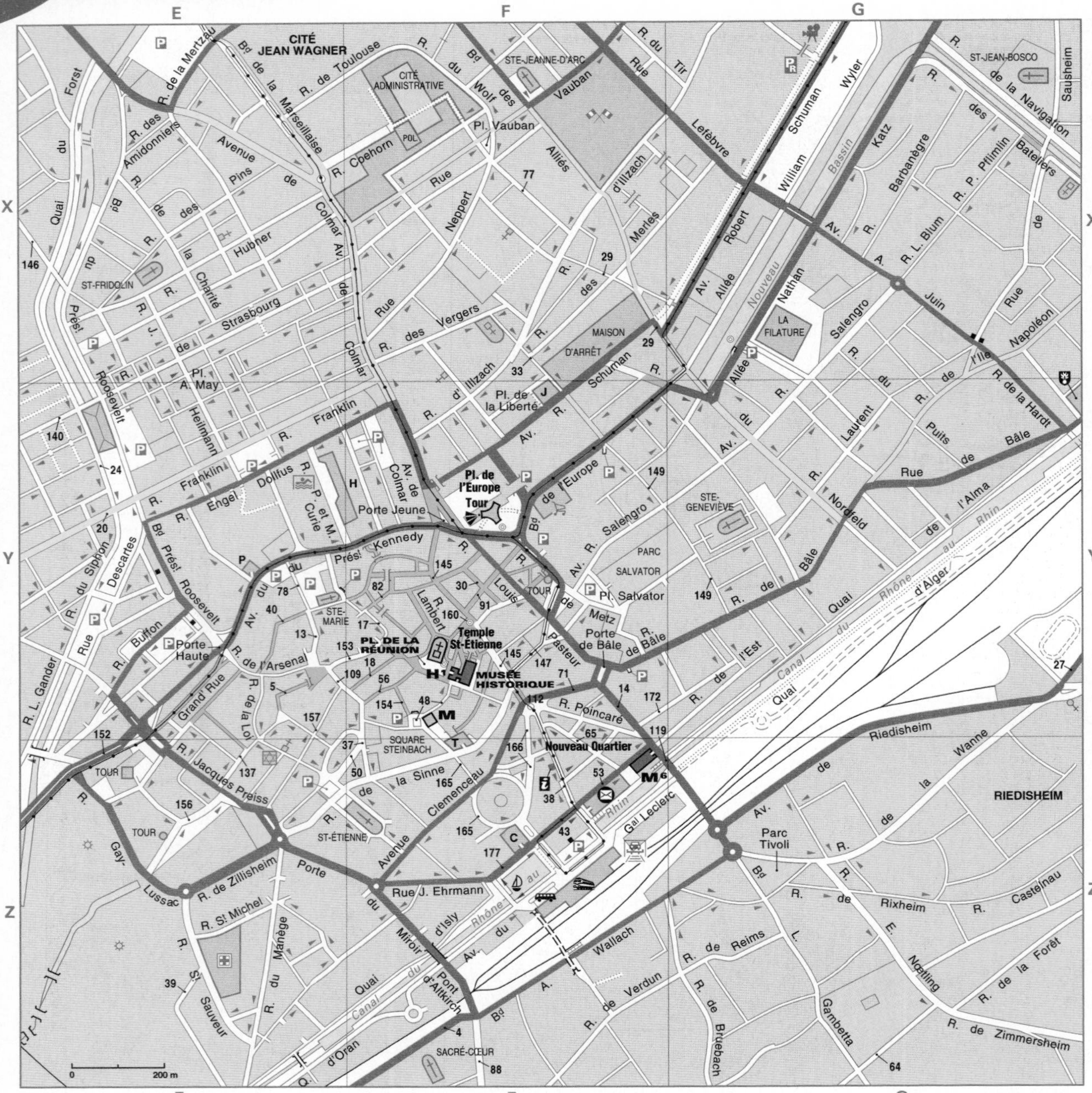

MULHOUSE

Altkirch (Av. d') .... FZ 4
Augustins (Passage des) .... EY 5
Bonbonnière (R.) .... EY 13
Bonnes-Gens (R. des) .... FY 14
Bons-Enfants (R. des) .... FY 17
Boulangers (R. des) .... FY 18
Briand (Av. Aristide) .... EY 20
Cloche (Quai de la) .... EY 24
Colmar (Av. de) .... EFXY
Dollfus (Av. Gustave) .... GY 27
Dreyfus (R. du Capit.) .... FX 29
Engelmann (R.) .... FY 30
Ensisheim (R. d') .... FX 33
Fleurs (R. des) .... FYZ 37
Foch (Av. du Mar.) .... FZ 38
Fonderie (R. de la) .... EZ 39
Franciscains (R. des) .... EY 40
Gaulle (Pl. du Gén.-de) .... FZ 43
Guillaume-Tell (Pl. et R.) .... FY 48
Halles (R. des) .... FZ 50
Henner (R. J.-J.) .... FZ 53
Henriette (R.) .... FY 56
Jardin-Zoologique (R. du) .... GZ 64
Joffre (Av. du Mar.) .... FYZ 65
Lambert (R.) .... FY
Lattre-de-Tassigny (Av. Mar.-de) .... FY 71
Loisy (R. du Lt de) .... FX 77
Lorraine (R. de la) .... FY 78
Maréchaux (R. des) .... FY 82
Montagne (R. de la) .... FZ 88
Moselle (R. de la) .... FY 91
Président-Kennedy (Av. du) .... EFY
Raisin (R. du) .... EFY 109
République (Pl. de la) .... FY 112
Riedisheim (Pont de) .... FZ 119
Ste-Claire (R.) .... EZ 137
Ste-Thérèse (R.) .... EY 140
Sauvage (R. du) .... FY 145
Schoen (R. Anna) .... EX 146
Somme (R. de la) .... FY 147
Stalingrad (R. de) .... FY 149
Stoessel (Bd Charles) .... EYZ 152
Tanneurs (R. des) .... EFY 153
Teutonique (Passage) .... FY 154
Tour-du-Diable (R.) .... EZ 156
Trois-Rois (R. des) .... EY 157
Victoires (Pl. des) .... FY 160
Wicky (Av. Auguste) .... FZ 165
Wilson (R.) .... FYZ 166
Zuber (R.) .... FY 172
17-Novembre (R. du) .... FZ 177

Moringhem 62 .... 3 BB5
Moriond 73 .... 234 CL64
Morionvilliers 52 .... 93 CA31
Morisel 80 .... 22 BE16
Moriville 88 .... 95 CH31
Moriviller 54 .... 95 CH30
Morizécourt 88 .... 118 CD34
Morizès 33 .... 256 AJ73
Morlaàs 64 .... 314 AI87
Morlac 18 .... 173 BD50
Morlaincourt 55 .... 93 BZ28
Morlaix 29 .... 71 J27
Morlancourt 80 .... 23 BF14
Morlanne 64 .... 293 AF85
Morlet 71 .... 177 BT47
Morley 55 .... 93 BY29
Morlhon-le-Haut 12 .... 279 BB77
Morlincourt 60 .... 23 BI18
Mormaison 85 .... 165 AA47
Mormant 77 .... 88 BH29
Mormant-sur-Vernisson 45 .... 112 BG36
Mormès 32 .... 294 AJ82
Mormoiron 84 .... 286 CA79
Mornac 16 .... 221 AN61
Mornac-sur-Seudre 17 .... 218 AD61
Mornand-en-Forez 42 .... 229 BR61
Mornans 26 .... 267 BZ73
Mornant 69 .... 230 BV62
Mornas 84 .... 285 BW78
Mornay 71 .... 194 BS52
Mornay 21 .... 139 CA40
Mornay-Berry 18 .... 174 BH46
Mornay-sur-Allier 18 .... 174 BI49
Moroges 71 .... 177 BV49
Morogues 18 .... 155 BF44

Morosaglia 2B 347 FF106
Morre 25 .... 162 CF44
Morsain 02 .... 40 BJ20
Morsains 51 .... 60 BM27
Morsalines 50 .... 29 AC18
Morsan 27 .... 35 AQ22
Morsang-sur-Orge 91 .... 58 BD28
Morsang-sur-Seine 91 .... 88 BE29
Morsbach 57 .... 47 CK22
Morsbronn-les-Bains 67 .... 68 CQ24
Morschwiller 67 .... 68 CQ25
Morschwiller-le-Bas 68 .... 143 CO37
Morsiglia 2B 345 FF101
Le Mort-Homme 55 .... 43 BY22
Mortagne 88 .... 96 CK32
Mortagne-au-Perche 61 .... 84 AO30
Mortagne-du-Nord 59 .... 9 BL8
Mortagne-sur-Gironde 17 .... 219 AE63
Mortagne-sur-Sèvre 85 .... 166 AE46
Mortain 50 .... 52 AF28
Mortcerf 77 .... 59 BH27
La Morte 38 .... 251 CF68
Morteau 25 .... 163 CJ45
Morteaux-Couliboeuf 14 .... 54 AL25
Mortefontaine 60 .... 39 BF23
Mortefontaine 02 .... 39 BI21
Mortefontaine-en-Thelle 60 .... 38 BC22
Mortemart 87 .... 205 AS57
Mortemer 76 .... 21 AX16
Mortemer 60 .... 23 BF18
Mortemer (Abbaye de) 27 .... 37 AX20
Morterolles-sur-Semme 87 .... 205 AV56
Mortery 77 .... 89 BK29
Morthemer 86 .... 186 AP53

Morthomiers 18 .... 172 BC46
Mortiers 17 .... 220 AI64
Mortiers 02 .... 24 BM17
Morton 86 .... 150 AL45
Mortrée 61 .... 54 AM28
Mortroux 23 .... 189 AZ54
Mortzwiller 68 .... 142 CM38
Morval 62 .... 13 BH13
Morval 39 .... 196 CB53
Morvillars 90 .... 142 CL40
Morville 88 .... 118 CC33
Morville 50 .... 29 AB19
Morville-en-Beauce 45 .... 111 BC33
Morville-lès-Vic 57 .... 66 CI26
Morville-sur-Andelle 76 .... 36 AW19
Morville-sur-Nied 57 .... 66 CH24
Morville-sur-Seille 54 .... 65 CF25
Morvillers 60 .... 21 AZ18
Morvillers-Saint-Saturnin 80 .... 21 AZ16
Morvilliers 28 .... 55 AS28
Morvilliers 10 .... 92 BU31
Mory 62 .... 13 BG12
Mory-Montcrux 60 .... 22 BD18
Morzine 74 .... 198 CK55
Mosles 14 .... 32 AG21
Moslins 51 .... 61 BO25
Mosnac 17 .... 219 AG63
Mosnac 16 .... 220 AK62
Mosnay 36 .... 188 AX51
Mosnes 37 .... 152 AT42
Mosset 66 .... 342 BD95
Mosson 21 .... 116 BU36
Mostuéjouls 12 .... 282 BK78
Motey-Besuche 70 .... 161 CC43
Motey-sur-Saône 70 .... 140 CC40

La Mothe-Achard 85 .... 165 Y50
La Mothe-Saint-Héray 79 .... 185 AK54
Mothern 67 .... 69 CT24
Motreff 29 .... 76 L32
La Motte 83 .... 308 CL85
La Motte 22 .... 102 R32
La Motte-au-Bois 59 .... 7 BE6
La Motte-Chalancon 26 .... 268 CB74
La Motte-d'Aigues 84 .... 306 CC82
La Motte-d'Aveillans 38 .... 251 CE69
La Motte-de-Galaure 26 .... 249 BX67
La Motte-du-Caire 04 .... 287 CG76
La Motte-en-Bauges 73 .... 233 CG61
La Motte-en-Champsaur 05 .... 269 CG71
La Motte-Fanjas 26 .... 250 CA68
La Motte-Feuilly 36 .... 189 BB52
La Motte-Fouquet 61 .... 82 AJ29
La Motte-Saint-Jean 71 .... 193 BP52
La Motte-Saint-Martin 38 .... 250 CD69
La Motte-Servolex 73 .... 233 CE62
La Motte-Ternant 21 .... 158 BS43
La Motte-Tilly 10 .... 89 BL30
Mottereau 28 .... 109 AU33
Motteville 76 .... 19 AS17
Mottier 38 .... 232 CA64
Motz 73 .... 215 CE58
Mouacourt 54 .... 66 CI27
Mouais 44 .... 126 Z38
Mouans-Sartoux 06 .... 309 CO83
Mouaville 54 .... 45 CC22
Mouazé 35 .... 80 Z32
Mouchamps 85 .... 166 AD49
Mouchan 32 .... 295 AM81
Mouchard 39 .... 179 CD46

La Mouche 50 .... 51 AC26
Mouchès 32 .... 295 AN85
Mouchin 59 .... 9 BK8
Mouchy-le-Châtel 60 .... 38 BC21
Moudeyres 43 .... 247 BR69
Mouen 14 .... 33 AI23
Mouettes 27 .... 56 AW26
Mouffy 89 .... 136 BM39
Mouflaines 27 .... 37 AX22
Mouflers 80 .... 12 BB13
Mouflières 80 .... 11 AY14
Mougins 06 .... 309 CO84
Mougon 79 .... 185 AJ54
Mouguerre 64 .... 292 Y85
Mouhers 36 .... 189 AY52
Mouhet 36 .... 188 AW54
Mouhous 64 .... 294 AI85
Mouillac 82 .... 278 AX77
Mouillac 33 .... 238 AI69
La Mouille 39 .... 197 CF52
Mouilleron 52 .... 139 BY39
Mouilleron-en-Pareds 85 .... 166 AE50
Mouilleron-le-Captif 85 .... 165 AA49
Mouilly 55 .... 64 CA24
Moulainville 55 .... 44 CA22
Moularès 81 .... 279 BC79
Moulay 53 .... 82 AH32
Moulayrès 81 .... 299 BA83
Moulédous 65 .... 315 AM88
Moulès 13 .... 304 BW84
Moulès-et-Baucels 34 .... 302 BO81
Mouleydier 24 .... 240 AP70
Moulézan 30 .... 303 BR81
Moulhard 28 .... 109 AT33
Moulicent 61 .... 84 AR29

Moulidars 16 .... 220 AK61
Mouliets-et-Villemartin 33 .... 256 AK71
Mouliherne 49 .... 150 AL41
Moulin (Château du) 41 .... 153 AX43
Moulin-Chabaud 01 .... 214 CB56
Le Moulin-des-Ponts 01 .... 196 CA54
Moulin-Mage 81 .... 300 BH83
Moulin-Neuf 24 .... 239 AL69
Moulin-Neuf 09 .... 337 BA90
Moulin-Neuf (Petit Musée auvergnat) 63 .... 227 BI63
Moulin-sous-Touvent 60 .... 39 BI19
Moulineaux 76 .... 36 AT21
Moulines 50 .... 81 AE29
Moulines 14 .... 53 AJ24
Moulinet 47 .... 258 AP74
Moulinet 06 .... 291 CS79
Le Moulinet-sur-Solin 45 .... 134 BF37
Moulins 79 .... 167 AF47
Moulins 35 .... 104 AB35
Moulins 03 .... 192 BK52
Moulins 02 .... 41 BN20
Moulins-en-Tonnerrois 89 .... 137 BP39
Moulins-Engilbert 58 .... 175 BO47
Moulins-la-Marche 61 .... 55 AP28
Moulins-le-Carbonnel 72 .... 83 AL31
Moulins-lès-Metz 57 .... 65 CE23
Moulins-Saint-Hubert 55 .... 27 BX18
Moulins-sur-Céphons 36 .... 171 AX47
Moulins-sur-Orne 61 .... 54 AL27
Moulins-sur-Ouanne 89 .... 135 BK39
Moulins-sur-Yèvre 18 .... 173 BE46
Moulis 09 .... 335 AT92
Moulis-en-Médoc 33 .... 237 AE68
Moulismes 86 .... 187 AR54

Moulle 62 3 BC5
Le Moulleau 33 254 AB72
Moulon 45 112 BF35
Moulon 33 238 AI70
Moulot 58 157 BL42
Moulotte 55 65 CC23
Moult 14 33 AK23
Moumoulous 65 315 AM87
Moumour 64 313 AE88
Mounes-Prohencoux 12 300 BH83
Mourède 32 295 AM82
Mourens 33 256 AJ73
Mourenx 64 313 AF87
Mouret 12 262 BE74
Moureuille 63 209 BH56
Mourèze 34 301 BL84
Mouriès 13 304 BX83
Mouriez 62 11 BA10
Le Mourillon 83 328 CG89
Mourioux-Vieilleville 23 206 AX57
Mourjou 15 262 BD72
Mourmelon-le-Grand 51 42 BS23
Mourmelon-le-Petit 51 42 BR23
Mournans-Charbonny 39 180 CF49
Mouron 08 43 BV21
Mouron-sur-Yonne 58 157 BN45
Mouroux 77 59 BI27
Mours 95 38 BC23
Mours-Saint-Eusèbe 26 249 BY68
Le Mourtis 31 334 AQ92
Mourvilles-Basses 31 318 AY86
Mourvilles-Hautes 31 318 AZ87
Mouscardès 40 293 AD84
Moussac 86 187 AQ55
Moussac 30 284 BS80
Moussages 15 244 BE66
Moussan 11 321 BI89
Moussé 35 105 AC36
Les Mousseaux 78 57 AZ27
Mousseaux-lès-Bray 77 89 BJ31
Mousseaux-Neuville 27 56 AV26
Mousseaux-sur-Seine 78 57 AY24
Moussey 88 96 CL30
Moussey 57 67 CJ27
Moussey 10 115 BQ33
Les Moussières 39 197 CE54
Mousson 54 65 CE25
Moussonvilliers 61 84 AR29
Moussoulens 11 319 BC88
Moussy 95 37 BA23
Moussy 58 157 BL45
Moussy 51 61 BO24
Moussy-le-Neuf 77 59 BF24
Moussy-le-Vieux 77 59 BF24
Moussy-Verneuil 02 40 BM20
Moustajon 31 334 AQ93
Mousterlin 29 99 H35
Moustéru 22 73 O28
Moustey 40 273 AE76
Le Moustier 24 241 AT69
Moustier 47 257 AN73
Moustier-en-Fagne 59 16 BQ12
Moustier-Ventadour 19 225 BB65
Moustiers-Sainte-Marie 04 307 CI81
Le Moustoir 22 76 L31
Moustoir-Ac 56 102 Q36
Moustoir-Remungol 56 102 Q34
La Moutade 63 209 BJ58
Moutaine 39 179 CE47
Moutardon 16 203 AN57
Le Moutaret 38 235 CG64
Moutchic 33 236 AB68
Mouterhouse 57 68 CQ24
Mouterre-Silly 86 168 AL47
Mouterre-sur-Blourde 86 204 AR56
Mouthe 25 180 CG49
Le Moutherot 25 161 CC44
Mouthier-en-Bresse 71 178 CA48
Mouthier-Haute-Pierre 25 180 CH46
Mouthiers-sur-Boëme 16 221 AL63
Mouthoumet 11 338 BE92
Moutier-d'Ahun 23 207 BB57
Moutier-Malcard 23 189 BA54
Moutier-Rozeille 23 207 BC59
Moûtiers 73 234 CK63
Moutiers 54 45 CD21
Moutiers 35 105 AC35
Moutiers 28 86 AZ32
Moutiers-au-Perche 61 85 AS30
Les Moutiers-en-Auge 14 54 AM25
Les Moutiers-
en-Cinglais 14 53 AJ24
Moutiers-en-Puisaye 89 135 BJ40
Les Moutiers-en-Retz 44 146 W45
Les Moutiers-Hubert 14 54 AO25
Moutiers-
les-Mauxfaits 85 182 AA52
Moutiers-Saint-Jean 21 137 BR40
Moutiers-
sous-Argenton 79 167 AI47
Moutiers-
sous-Chantemerle 79 167 AG50
Moutiers-sur-le-Lay 85 183 AC51
Mouton 16 203 AM59
Mouton Rothschild
(Château de) 33 237 AE66
La Moutonne 83 328 CH89
Moutonne 39 196 CB52
Moutonneau 16 203 AM59
Moutoux 39 179 CE49
Moutrot 54 94 CD28
Mouvaux 59 8 BI6
Moux 11 320 BF89
Moux-en-Morvan 58 158 BR45
Mouxy 73 233 CF61
Mouy 60 38 BD21
Mouy-sur-Seine 77 89 BJ31
Mouzay 55 43 BY19
Mouzay 37 170 AS46
Mouzeil 44 148 AB41
Mouzens 81 298 AZ85
Mouzens 24 259 AS71
Mouzeuil-Saint-Martin 85 183 AD52
Mouzieys-Panens 81 279 AZ79
Mouzieys-Teulet 81 299 BC82
Mouzillon 44 148 AB45
Mouzon 16 204 AP60
Mouzon 08 27 BX17
Moval 90 142 CL39
Moy-de-l'Aisne 02 24 BK16
Moyaux 14 34 AO22
Moydans 05 268 CC75
Moye 74 215 CE59
Moyemont 88 95 CI31
Moyen 54 95 CI30
Moyencourt 80 23 BH17
Moyencourt-lès-Poix 80 22 BB16
Moyenmoutier 88 96 CL30
Moyenneville 80 11 AZ13
Moyenneville 62 13 BG11
Moyenneville 60 39 BF19
Moyenvic 57 66 CI26
Moyeuvre-Grande 57 45 CE21
Moyeuvre-Petite 57 45 CE21
Moyon 50 52 AD24
Moyrazès 12 280 BE76
Moyvillers 60 39 BF20
Mozac 63 209 BJ59
Mozé-sur-Louet 49 149 AH42
Muchedent 76 20 AU16
Mudaison 34 303 BO84
Muel 35 103 V33
Muespach 68 143 CP40
Muespach-le-Haut 68 143 CP40
Mugron 40 293 AE82
Muhlbach-sur-Bruche 67 96 CN29
Muhlbach-sur-Munster 68 120 CM34
Muides-sur-Loire 41 132 AX39
Muidorge 60 38 BB19
Muids 27 36 AV22
Muille-Villette 80 23 BI16
Muirancourt 60 23 BI17
Muizon 51 41 BO21
Les Mujouls 06 289 CN80
La Mulatière 69 231 BW61
Mulcent 78 57 AY26
Mulcey 57 67 CJ26
Mulhausen 67 68 CP25
Mulhouse 68 143 CO37
Mulsanne 72 130 AN37
Mulsans 41 132 AW39
Mun 65 315 AM88
Munchhausen 67 69 CT24
Munchhouse 68 121 CP36
Muncq-Nieurlet 62 3 BB4
Mundolsheim 67 68 CQ27
Muneville-le-Bingard 50 32 AB23
Muneville-sur-Mer 50 51 AB25
Le Mung 17 201 AF59
Munster 68 120 CN34
Munster 57 67 CK25
Muntzenheim 68 121 CP33
Munwiller 68 121 CO35
Mur-de-Barrez 12 262 BF71
Mur-de-Bretagne 22 77 P32
Mur-de-Sologne 41 153 AX42
Muracciole 2B 349 FF109
Murasson 12 300 BG83
Murat 15 245 BH68
Murat 03 191 BH53
Murat-le-Quaire 63 227 BG62
Murat-sur-Vèbre 81 300 BH84
Murato 2B 345 FF104
La Muraz 74 215 CH56
Murbach 68 120 CN35
La Mure 38 251 CE69
La Mure 04 288 CK79
Mureaumont 60 21 AZ18
Les Mureaux 78 57 BA25
Mureils 26 249 BX66
Mûres 74 215 CG59
Le Muret 40 255 AE75
Muret 31 317 AV86
Muret-et-Crouttes 02 40 BL21
Muret-le-Château 12 262 BF75
La Murette 38 232 CC64
Murianette 38 251 CE66
Murinais 38 250 CA66
Murles 34 302 BO84
Murlin 58 156 BJ45
Muro 2B 346 FC105
Murol 63 227 BH63
Murols 12 262 BF72
Muron 17 201 AE57
Murs 84 286 CA80
Murs 36 170 AU48
Mûrs-Erigné 49 149 AH42
Murs-et-Gélignieux 01 232 CD61
Murtin-et-Bogny 08 26 BT15
Murvaux 55 43 BY20
Murviel-lès-Béziers 34 321 BJ86
Murviel-
lès-Montpellier 34 302 BO84
Murville 54 45 CC20
Murzo 2A 348 FC109
Mus 30 303 BS83
Muscourt 02 41 BN20
Musculdy 64 331 AC89
Musièges 74 215 CF57
Musigny 21 159 BT45
Musseau 52 139 BY39
Mussey 55 63 BX26
Mussey-sur-Marne 52 93 BY31
Mussidan 24 239 AN68
Mussig 67 97 CP32
Mussy-la-Fosse 21 159 BT41
Mussy-sous-Dun 71 194 BS55
Mussy-sur-Seine 10 115 BT36
Mutigney 39 161 CB43
Mutigny 51 61 BP24
Mutrécy 14 53 AJ24
Muttersholtz 67 97 CP31
Mutzenhouse 67 68 CP26
Mutzig 67 97 CP29
Le Muy 83 308 CL85
Muzeray 55 44 CB20
Muzillac 56 124 S40
Muzy 27 56 AV27
Myans 73 233 CF63
Myennes 58 156 BH42
Myon 25 179 CE46

N

Nabas 64 313 AD87
Nabinaud 16 239 AM66
Nabirat 24 259 AV72
Nabringhen 62 2 AZ5
Nachamps 17 201 AG57
Nadaillac 24 241 AV69
Nadaillac-de-Rouge 46 260 AW71
Nades 03 209 BI56
Nadillac 46 260 AW74
Naftel 50 52 AD28
Nagel-Séez-Mesnil 27 55 AS25
Nages 81 300 BG84
Nages-et-Solorgues 30 303 BS82
Nahuja 66 341 BA98
Nailhac 24 241 AT66
Naillat 23 188 AX55
Nailloux 31 318 AX87
Nailly 89 113 BJ33
Naintré 86 169 AP49
Nainville-les-Roches 91 88 BE30
Naisey 25 162 CG44
Naives-devant-Bar 55 63 BY26
Naives-en-Blois 55 93 CA28
Naix-aux-Forges 55 93 BZ28
Naizin 56 102 Q35
Najac 12 279 BA78
Nalliers 86 187 AR51
Nalliers 85 183 AD52
Nalzen 09 336 AY92
Nambsheim 68 121 CQ35
Nampcel 60 39 BI19
Nampcelles-la-Cour 02 25 BP16
Nampont-Saint-Martin 80 11 AZ10
Namps-au-Mont 80 22 BB16
Namps-au-Val 80 22 BB16
Nampteuil-sous-Muret 02 40 BL21
Nampty 80 22 BC16
Nan-Sous-Thil 21 158 BS42
Nanc-lès-Saint-Amour 39 196 CA53
Nançay 18 154 BC43
Nance 39 178 CA49
Nances 73 233 CE62
Nanclars 16 203 AM59
Nançois-le-Grand 55 64 BZ27
Nançois-sur-Ornain 55 64 BZ27
Nancras 17 201 AE60
Nancray 25 162 CG43
Nancray-sur-Rimarde 45 111 BD35
Nancuise 39 196 CB52
Nancy 54 65 CF27
Nancy-sur-Cluses 74 216 CK57
Nandax 42 211 BR57
Nandy 77 88 BE29
Nangeville 45 87 BD32
Nangis 77 89 BI29
Nangy 74 197 CH55
Nannay 58 156 BJ44
Les Nans 39 179 CE49
Nans 25 162 CH41
Nans-les-Pins 83 327 CF87
Nans-sous-
Sainte-Anne 25 180 CF46
Nant 12 282 BK80
Nant-le-Grand 55 63 BY28
Nant-le-Petit 55 63 BY28
Nanteau-sur-Essonne 77 87 BD32
Nanteau-sur-Lunain 77 112 BG33
Nanterre 92 58 BC26
Nantes 44 147 Z44
Nantes-en-Ratier 38 251 CE69
Nanteuil 79 185 AJ53
Nanteuil-
Auriac-de-Bourzac 24 221 AN65
Nanteuil-en-Vallée 16 203 AN58
Nanteuil-la-Forêt 51 41 BO23
Nanteuil-la-Fosse 02 40 BL20
Nanteuil-le-Haudouin 60 39 BG23
Nanteuil-lès-Meaux 77 59 BH25
Nanteuil-Notre-Dame 02 40 BL22
Nanteuil-sur-Aisne 08 42 BR19
Nanteuil-sur-Marne 77 60 BJ25
Nantey 39 196 CA53
Nantheuil 24 223 AS64
Nanthiat 24 223 AS64
Nantiat 87 205 AU58
Nantillé 17 201 AH59
Nantillois 55 43 BX21
Nantilly 70 161 CB41
Nantoin 38 232 CA64
Nantois 55 93 BZ28
Nanton 71 195 BW51
Nantouard 70 161 CC41
Nantouillet 77 59 BF25
Nantoux 21 177 BV46
Nantua 01 214 CC56
Naours 80 12 BC13
La Napoule 06 309 CO84
Napt 01 196 CB55
Narbéfontaine 57 46 CH22
Narbief 25 163 CK44
Narbonne 11 321 BI89
Narbonne-Plage 11 321 BK89
Narcastet 64 314 AH88
Narcy 58 156 BI44
Narcy 52 92 BX29
Nargis 45 112 BG34
Narnhac 15 245 BG70
Narp 64 313 AD87
Narrosse 40 293 AC83
La Nartelle 83 329 CM87
Narthoux 81 279 BA79
Nasbinals 48 263 BI73
Nassandres 27 35 AR23
Nassiet 40 293 AE84
Nassigny 03 190 BF52
Nastringues 24 239 AL70
Nattages 01 214 CD60
Natzwiller 67 96 CN30
Naucelle 12 280 BD78
Naucelles 15 244 BD69
Naujac-sur-Mer 33 236 AC66
Naujan-et-Postiac 33 256 AJ71
Naurouze (Seuil de) 11 318 AZ87
Nauroy 02 24 BJ14
Naussac 48 265 BP72
Naussac 12 261 BB74
Naussac (Barrage de) 48 265 BP72
Naussannes 24 258 AQ72
Nauvay 72 108 AO33
Nauviale 12 262 BD74
Nauzan 17 218 AC61
Navacelles 30 284 BS78
Navacelles (Cirque de) 34 302 BM81
Navailles-Angos 64 314 AH86
Navarosse 40 254 AB75
Navarrenx 64 313 AE87
Naveil 41 131 AT38
Navenne 70 141 CG39
Navès 81 299 BC85
Naves 73 234 CJ62
Naves 59 14 BK11
Naves 19 242 AY66
Naves 07 283 BR76
Naves 03 209 BJ56
Nâves-Parmelan 74 215 CH58
Navilly 71 178 BY47
Nay 64 314 AI89
Nay 50 31 AC21
Nayemont-les-Fosses 88 96 CL31
Le Nayrac 12 262 BF73
Nazelles-Négron 37 152 AS42
Néac 33 238 AJ69
Néant-sur-Yvel 56 103 U35
Neau 53 106 AI34
Neaufles-Auvergny 27 55 AR26
Neaufles-Saint-Martin 27 37 AY21
Neauphe-sous-Essai 61 83 AN29
Neauphe-sur-Dive 61 54 AM26
Neauphle-le-Château 78 57 BA27
Neauphle-le-Vieux 78 57 AZ27
Neauphlette 78 57 AX25
Neaux 42 211 BR58
Nébian 34 302 BM84
Nébias 11 337 BB92
Nébing 57 67 CK25
Nébouzat 63 227 BH61
Nécy 61 54 AL26
Nedde 87 225 AZ61
Nédon 62 7 BD8
Nédonchel 62 7 BD8
Neewiller-
près-Lauterbourg 67 69 CT24
Neffes 05 269 CG74
Neffiès 34 301 BL85
Néfiach 66 342 BF95
Nègrepelisse 82 278 AW79
Négreville 50 29 AB18
Négron 37 152 AS42
Négrondes 24 222 AR65
Néhou 50 29 AB19
Nehwiller 67 68 CQ24
Nelling 57 67 CK24
Nemours 77 112 BF33
Nempont-Saint-Firmin 62 6 AY9
Nénigan 31 316 AP87
Nenon 39 161 CB45
Néons-sur-Creuse 36 170 AS50
Néoules 83 328 CH87
Néoux 23 207 BC59
Nepvant 55 27 BY18
Nérac 47 275 AN78
Nerbis 40 293 AE82
Nercillac 16 220 AJ61
Néré 17 202 AJ58
Néret 36 189 BB52
Nérigean 33 238 AI70
Nérignac 86 187 AQ55
Néris-les-Bains 03 190 BF55
Nermier 39 196 CC52
Nernier 74 197 CH53
Néron 28 86 AX29
Néronde 42 212 BS60
Néronde-sur-Dore 63 210 BM60
Nérondes 18 173 BG47
Ners 30 283 BR80
Nersac 16 221 AL62
Nervieux 42 212 BR60
Nerville-la-Forêt 95 58 BC24
Néry 60 39 BG21
Neschers 63 227 BJ62
Nescus 09 335 AV91
Nesle 80 23 BH16
Nesle-et-Massoult 21 137 BS38
Nesle-Hodeng 76 21 AX17

NANCY

Adam (R. Sigisbert) BX 2
Barrès (R. Maurice) CY 10
Bazin (R. H.) CY 13
Benit (R.) BY 14
Braconnot (R.) BX 19
Carmes (R. des) BY 20
Chanoine-Jacob (R.) AX 23
Chanzy (R.) AY 24
Cheval-Blanc (R. du) BY 25
Craffe (R. de la) AX 27
Croix de Bourgogne (Espl.) AZ 28
Dominicains (R. des) BY 29
Erignac (R. C.) BY 31
La-Fayette (Pl. de) BY 47
Gambetta (R.) BY 36
Gaulle (Pl. Gén.-de) BX 37
Grande-Rue BXY
Haut-Bourgeois (R.) AX 39
Héré (R.) BY 40
Ile de Corse (R. de l') CY 41
Keller (R. Ch.) AX 46
Louis (R. Baron) AXY 50
Loups (R. des) AX 51
Mazagran (R.) AY 54
Mengin (Pl. Henri) BY 55
Mgr-Ruch (Pl.) CY 63
Molitor (R.) CZ 60
Monnaie (R. de la) BY 62
Mon-Désert (R. de) ABZ 61
Mouja (R. du Pont) BY 64
Poincaré (R. H.) AY 69
Poincaré (R. R.) AY 70
Point-Central BY 72
Ponts (R. des) BYZ 73
Primatiale (R. de la) CY 74
Raugraff (R.) BY 75
St-Dizier (R.) BCYZ
St-Epvre (Pl.) BY 82
St-Georges (R.) CY
St-Jean (R.) BY
St-Léon (R.) AY 85
Source (R. de la) AY 99
Stanislas (R.) BY 100
Trois-Maisons (R. du Fg des) AX 104
Trouillet (R.) AXY 105
Visitation (R. de la) BY 109
XXe-Corps (Av. du) CY 110

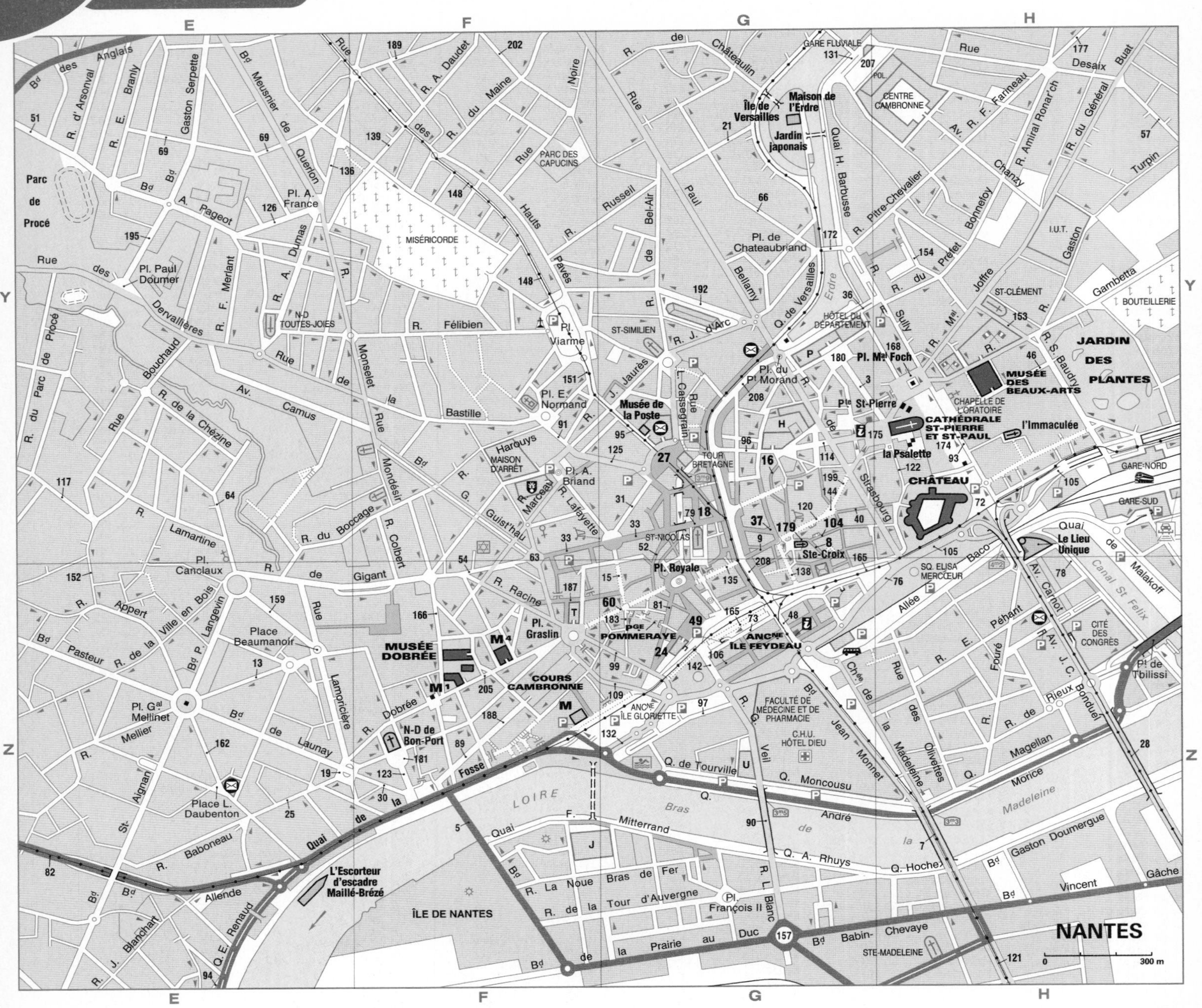
NANTES
E
F
G
H
Y
Z
0
300 m
Parc de Procé
MISÉRICORDE
PARC DES CAPUCINS
Île de Versailles
Maison de l'Erdre
Jardin japonais
GARE FLUVIALE
CENTRE CAMBRONNE
Pl. de Chateaubriand
HÔTEL DU DÉPARTEMENT
Pl. Mal Foch
JARDIN DES PLANTES
MUSÉE DES BEAUX-ARTS
CATHÉDRALE ST-PIERRE ET ST-PAUL
CHAPELLE DE L'ORATOIRE
l'Immaculée
la Psalette
CHÂTEAU
GARE-NORD
GARE-SUD
Le Lieu Unique
Canal St-Félix
CITÉ DES CONGRÈS
Musée de la Poste
Pl. Viarme
N-D TOUTES-JOIES
Pl. Paul Doumer
Pl. Canclaux
Place Beaumanoir
Pl. Gal Mellinet
Place L. Daubenton
MUSÉE DOBRÉE
COURS CAMBRONNE
N-D de Bon-Port
Pl. Graslin
PGE POMMERAYE
Pl. Royale
ST-NICOLAS
TOUR BRETAGNE
Ste-Croix
ANCNE ÎLE FEYDEAU
ANCNE ÎLE GLORIETTE
FACULTÉ DE MÉDECINE ET DE PHARMACIE
C.H.U. HÔTEL DIEU
SQ. ELISA MERCŒUR
Pl. de Tbilissi
LOIRE
Bras de la Madeleine
ÎLE DE NANTES
L'Escorteur d'escadre Maillé-Brézé
Pl. François II
STE-MADELEINE
Q. de Tourville
Q. Moncousu
Q. André
Quai F. Mitterrand
Q. A. Rhuys
Q. Hoche
Bd Gaston Doumergue
Bd Vincent Gâche
Bd Babin-Chevaye
Bd de la Prairie au Duc
ST-SIMILIEN
ST-CLÉMENT
I.U.T.
BOUTEILLERIE

NICE

Alberti (R.) .... GHY 2
Alsace-Lorraine (Jardin d') .... EZ 3
Armée-du-Rhin (Pl. de l') .... JX 5
Auriol (Pont V.) .... JV 7
Bellanda (Av.) .... HV 10
Berlioz (R.) .... FY 12
Bonaparte (R.) .... JY 13
Carnot (Bd) .... JZ 15
Desambrois (Av.) ..... GHX 18
Diables-Bleus (Av. des) .... JX 19
Europe (Parvis de l') ..... JX 21
Félix-Faure (Av.) .... GZ 22
France (R. de) .... DFZ
Gallieni (Av.) .... HJX 24
Gambetta (Bd) .... EXZ
Gautier (Pl. P.) .... HZ 25
Gioffredo (R.) .... HY
Hôtel-des-Postes (R. de l') .... HY 30
Ile-de-Beauté (Pl.) .... JZ 31
Jean-Jaurès (Bd) ...... HYZ 32
Liberté (R. de la) .... GZ 35
Lunel (Quai) .... JZ 37
Masséna (Pl. et Espace) .... GZ
Masséna (R.) .... FGZ 43
Médecin (Av. J.) .... FGY 44
Meyerbeer (R.) .... FZ 45
Monastère (Av. Pl.) ..... HV 46
Moulin (Pl. J.) .... HY 47
Paradis (R.) .... GZ 55
Passy (R. F.) .... EY 57
Pastorelli (R.) .... GY 58
Phocéens (Av. des) ..... GZ 59
Ray (Av. du) .... FV 63
République (Av. de la) .. JXY 64
Rivoli (R. de) .... FZ 65
St-François-de-Paule (R.) .... GHZ 72
St-Jean-Baptiste (Av.) .... HY 73
Saleya (Cours) .... HZ 82
Sauvan (R. H.) .... EZ 84
Verdun (Av. de) .... FGZ 89
Walesa (Bd Lech) ...... JYZ 91
Wilson (Pl.) .... HY 92

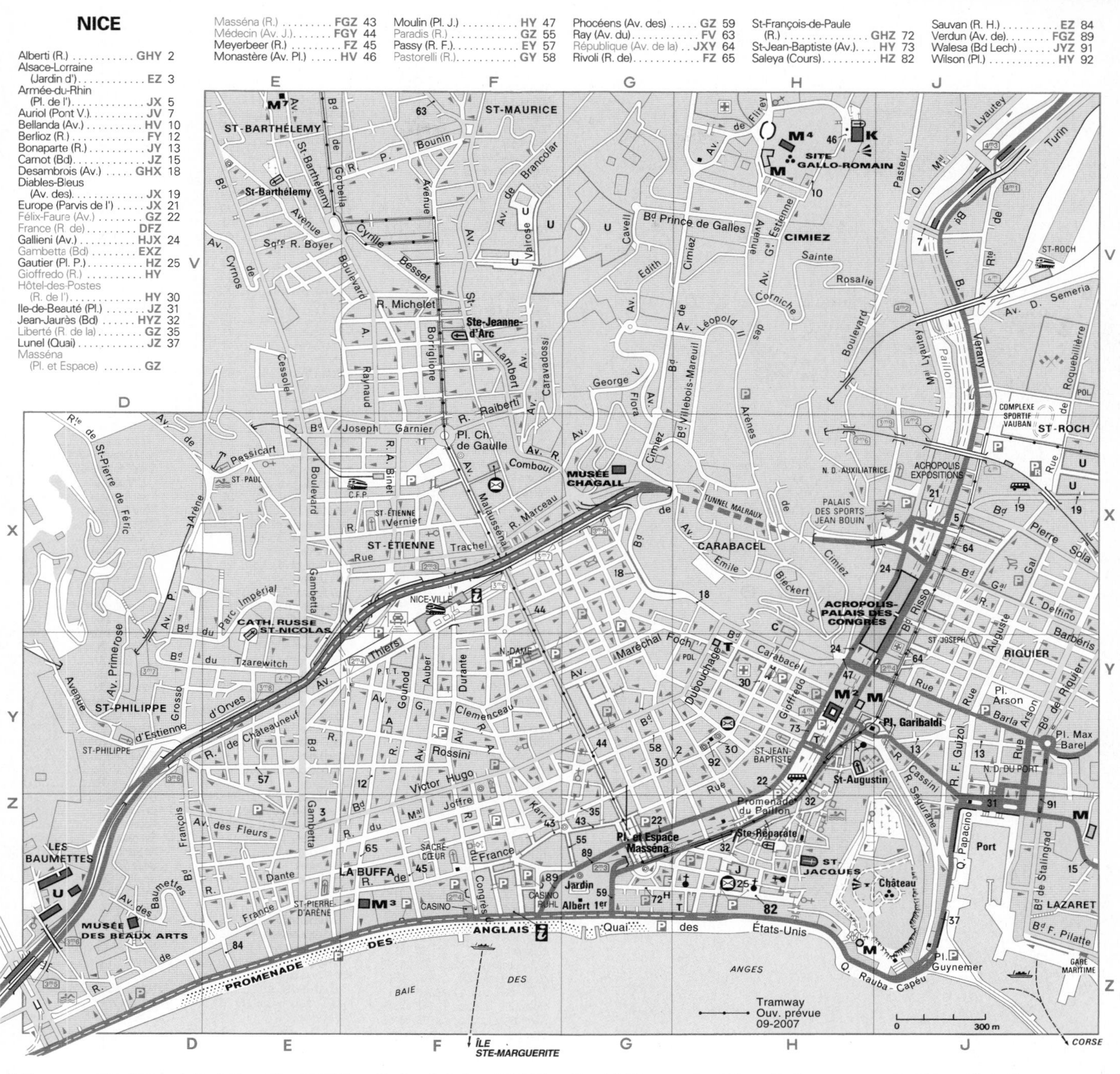

Neuville *19*..........243 AZ68
Neuville *03*..........191 BH53
La Neuville-à-Maire *08*..........27 BV18
Neuville-au-Bois *80*..........11 AZ14
Neuville-au-Cornet *62*..........12 BD10
Neuville-au-Plain *50*..........29 AC19
La Neuville-au-Pont *51*..........43 BV23
La Neuville-aux-Bois *51*..........63 BV25
Neuville-aux-Bois *45*..........111 BB35
La Neuville-aux-Joûtes *08*....25 BQ14
La Neuville-aux-Larris *51*..........41 BO23
La Neuville-aux-Tourneurs *08*..........26 BR15
Neuville-Bosc *60*..........37 BA22
La Neuville-Bosmont *02*..........25 BO17
Neuville-Bourjonval *62*..........14 BI13
La Neuville-Chant-d'Oisel *76*..........36 AV20
Neuville-Coppegueule *80*..........21 AZ15
La Neuville-d'Aumont *60*..........38 BB21
Neuville-Day *08*..........42 BU19
Neuville-de-Poitou *86*..........169 AN50
La Neuville-du-Bosc *27*..........35 AS22
Neuville-en-Avesnois *59*..........15 BM11
Neuville-en-Beaumont *50*..........31 AA20
La Neuville-en-Beine *02*..........24 BJ17
Neuville-en-Ferrain *59*..........5 BJ5
La Neuville-en-Hez *60*..........38 BD20
La Neuville-en-Tourne-à-Fuy *08*..........42 BS21
Neuville-en-Verdunois *55*..........63 BY25
Neuville-Ferrières *76*..........20 AW17
La Neuville-Garnier *60*..........38 BB21
La Neuville-Housset *02*..........25 BN16
La Neuville-lès-Bray *80*..........23 BF14
Neuville-les-Dames *01*..........213 BX56
Neuville-lès-Decize *58*..........174 BK49
Neuville-lès-Dieppe *76*..........10 AU14
La Neuville-lès-Dorengt *02*...24 BM14
Neuville-lès-Lœuilly *80*..........22 BC16
Neuville-lès-This *08*..........26 BT16
Neuville-lès-Vaucouleurs *55*..........93 CB29
La Neuville-lès-Wasigny *08*..26 BR17
Neuville-près-Sées *61*..........54 AN28
Neuville-Saint-Amand *02*..........24 BK15
La Neuville-Saint-Pierre *60*...38 BC19
Neuville-Saint-Rémy *59*..........14 BJ11
Neuville-Saint-Vaast *62*..........8 BG9
La Neuville-Sire-Bernard *80*..........22 BE16
Neuville-sous-Arzillières *51*..62 BU28
Neuville-sous-Montreuil *62*.....6 AZ8
Neuville-sur-Ailette *02*..........41 BN19
Neuville-sur-Ain *01*..........214 CA57
Neuville-sur-Authou *27*..........35 AQ22
Neuville-sur-Brenne *37*..........131 AS40
Neuville-sur-Escaut *59*..........14 BK10
La Neuville-sur-Essonne *45*..........111 BD34
Neuville-sur-Margival *02*..........40 BK19
Neuville-sur-Oise *95*..........58 BB24
Neuville-sur-Ornain *55*..........63 BX26
La Neuville-sur-Oudeuil *60*....21 BA18
La Neuville-sur-Ressons *60*..23 BG18
Neuville-sur-Saône *69*..........213 BW59
Neuville-sur-Sarthe *72*..........107 AN35
Neuville-sur-Seine *10*..........115 BS35
Neuville-sur-Touques *61*..........54 AO26
Neuville-sur-Vannes *10*..........114 BN33
La Neuville-Vault *60*..........37 BA19
Neuville-Vitasse *62*..........13 BG11
Neuviller-la-Roche *67*..........96 CN30
Neuviller-lès-Badonviller *54*..........96 CK29
Neuviller-sur-Moselle *54*..........95 CG30
Neuvillers-sur-Fave *88*..........96 CM32
Neuvillette *80*..........12 BD11
La Neuvillette *51*..........41 BP21
Neuvillette *02*..........24 BL15
Neuvillette-en-Charnie *72*..107 AK34
Neuvilley *39*..........179 CC47
Neuvilly *59*..........14 BL12
Neuvilly-en-Argonne *55*..........43 BX22
Neuvireuil *62*..........8 BH9
Neuvizy *08*..........26 BT17
Neuvy *51*..........60 BL27
Neuvy *41*..........153 AX41
Neuvy *03*..........192 BK52
Neuvy-au-Houlme *61*..........53 AK26
Neuvy-Bouin *79*..........167 AH50
Neuvy-deux-Clochers *18*....155 BF44
Neuvy-en-Beauce *28*..........110 AZ33
Neuvy-en-Champagne *72*..107 AL35
Neuvy-en-Dunois *28*..........110 AX33
Neuvy-en-Mauges *49*..........149 AF43
Neuvy-en-Sullias *45*..........133 BC38
Neuvy-Grandchamp *71*..........193 BP51
Neuvy-le-Barrois *18*..........174 BI48
Neuvy-le-Roi *37*..........130 AQ40
Neuvy-Pailloux *36*..........172 AZ48
Neuvy-Saint-Sépulchre *36*..........189 AZ51
Neuvy-Sautour *89*..........114 BO35
Neuvy-sur-Barangeon *18*...154 BC43
Neuvy-sur-Loire *58*..........156 BH41
Neuwiller *68*..........143 CQ40
Neuwiller-lès-Saverne *67*......68 CO25
Neuzy *71*..........193 BQ52
Névache *05*..........252 CK68
Nevers *58*..........174 BJ47
Névez *29*..........100 J36
Névian *11*..........320 BH89
Néville *76*..........19 AR15
Néville-sur-Mer *50*..........29 AC16
Nevoy *45*..........134 BF39
Nevy-lès-Dole *39*..........179 CB46
Nevy-sur-Seille *39*..........179 CC49
Nexon *87*..........223 AU61
Ney *39*..........179 CE49
Neydens *74*..........215 CG56
Neyrac-les-Bains *07*..........266 BS73
Les Neyrolles *01*..........214 CC56
Neyron *01*..........213 BX60
Nézel *78*..........57 AZ25
Nézignan-l'Évêque *34*..........321 BL87
Niafles *53*..........127 AE37
Niaux *09*..........336 AX93
Niaux (Grotte de) *09*..........336 AX93
Nibas *80*..........11 AX12
Nibelle *45*..........111 BD35
Nibles *04*..........287 CG76
Nice *06*..........309 CR82
Nicey *21*..........137 BS37
Nicey-sur-Aire *55*..........64 BZ25
Nicole *47*..........275 AN76
Nicorps *50*..........51 AB24
Nideck (Château et Cascade du) *67*..........96 CN28
Niderhoff *57*..........96 CL28
Niderviller *57*..........67 CM27
Niederbronn-les-Bains *67*.....68 CQ24
Niederbruck *68*..........142 CL37
Niederentzen *68*..........121 CO35
Niederhaslach *67*..........97 CO29
Niederhausbergen *67*..........68 CQ27
Niederhergheim *68*..........121 CP35
Niederlarg *68*..........143 CN40
Niederlauterbach *67*..........69 CT23
Niedermodern *67*..........68 CQ25
Niedermorschwihr *68*..........120 CN33
Niedernai *67*..........97 CP29
Niederrœdern *67*..........69 CT24
Niederschaeffolsheim *67*......68 CQ26
Niederseebach *67*..........69 CS24
Niedersoultzbach *67*..........68 CO25
Niedersteinbach *67*..........68 CQ23
Niederstinzel *57*..........67 CL25
Niedervisse *57*..........46 CI22
Nielles-lès-Ardres *62*..........2 BA4
Nielles-lès-Bléquin *62*..........7 BB6
Nielles-lès-Calais *62*..........2 AZ3
Le Nieppe *59*..........3 BD5
Nieppe *59*..........8 BG6
Niergnies *59*..........14 BJ12
Nieudan *15*..........243 BC69
Nieuil *16*..........203 AO59
Nieuil-l'Espoir *86*..........186 AO52
Nieul *87*..........205 AU59
Nieul-le-Dolent *85*..........182 Z51
Nieul-le-Virouil *17*..........219 AG64
Nieul-lès-Saintes *17*..........201 AF60
Nieul-sur-l'Autise *85*..........184 AG53
Nieul-sur-Mer *17*..........183 AC55
Nieulle-sur-Seudre *17*..........200 AD60
Nieurlet *59*..........3 BC5
Niévroz *01*..........213 BY59
Niffer *68*..........143 CQ38
Niherne *36*..........171 AX49
Nijon *52*..........117 CB33
Nilvange *57*..........45 CE20
Nîmes *30*..........303 BT82
Ninville *52*..........117 CA34
Niort *79*..........184 AH54
Niort-de-Sault *11*..........337 BA93
Niort-la-Fontaine *53*..........82 AH30
Niozelles *04*..........287 CF80
Nissan-lez-Enserune *34*......321 BJ88
Nistos *65*..........334 AO91
Nitry *89*..........136 BO39
Nitting *57*..........67 CL27
Nivelle *59*..........9 BL8
Nivillac *56*..........125 U40
Nivillers *60*..........38 BB20
Nivolas-Vermelle *38*..........232 CA62
Nivollet-Montgriffon *01*......214 CB58
Nixéville *55*..........43 BY23
Le Nizan *33*..........256 AI75

NÎMES

Arènes (Bd des) . . . . CV 2
Aspic (R. de l') . . . . CUV
Auguste (R.) . . . . CU 4
Bernis (R. de) . . . . CV 6
Chapitre (R. du). . . . . CU 12
Courbet (Bd Amiral) . . . . . . DUV 14
Crémieux (R.) . . . . DU 16
Curaterie (R.) . . . . DU 17
Daudet (Bd Alphonse) . . . . . . CU 18
Fontaine (Quai de la) . . . . CU 20
Gambetta (Bd) . . . . CDU
Grand'Rue . . . . DU 24
Guizot (R.) . . . . CU 26
Halles (R. des) . . . . CU 27
Horloge (R. de l') . . . . CU 28
Libération (Bd de la) . . . . DV 30
Madeleine (R. de la) . . . . CU 32
Maison Carrée (Pl. de la) . . . . CU 33
Marchands (R. des) . . . . CU 35
Nationale (R.) . . . . CDU
Perrier (R. Gén.) . . . . CU
Prague (Bd de) . . . . DV 42
République (R. de la) . . . . CV 43
Saintenac (Bd E.) . . . . DU 45
Victor-Hugo (Bd) . . . . CUV
Violettes (R.) . . . . CV 49

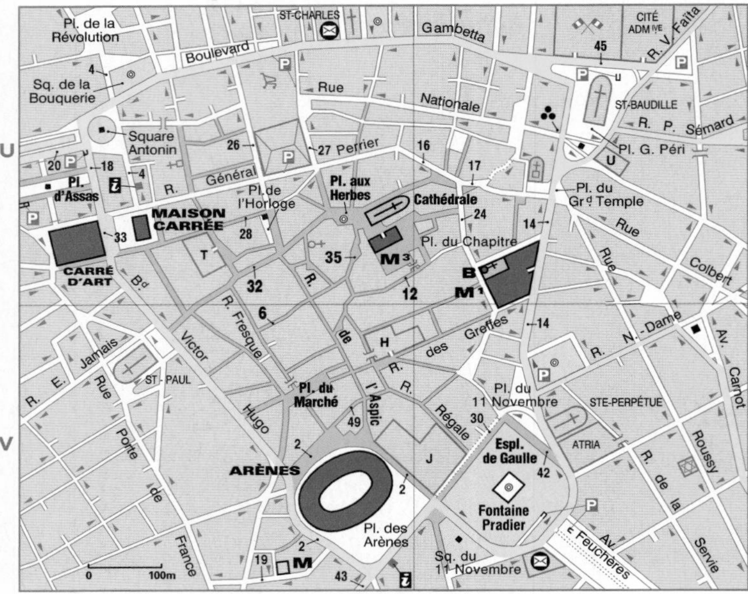

Nizan-Gesse 31 ....316 AP89
Nizas 34 ....321 BL86
Nizas 32 ....317 AS86
Nizerolles 03 ....210 BN57
Nizon 29 ....100 J35
Nizy-le-Comte 02 ....25 BP18
Noailhac 81 ....299 BD85
Noailhac 19 ....242 AX68
Noailhac 12 ....262 BD74
Noaillac 33 ....256 AK74
Noaillan 33 ....255 AH74
Noailles 81 ....279 BA80
Noailles 60 ....38 BC21
Noailles 19 ....242 AW68
Noailly 42 ....211 BQ56
Noalhac 48 ....263 BJ71
Noalhat 63 ....210 BL59
Noards 27 ....35 AP22
Nocario 2B 347 FG106
Nocé 61 ....84 AQ31
Noceta 2B 347 FF108
Nochize 71 ....193 BR53
La Nocle-Maulaix 58 ....175 BO49
Nod-sur-Seine 21 ....138 BT38
Nods 25 ....162 CH45
Noé 89 ....113 BL34
Noé 31 ....317 AU87
La Noë-Blanche 35 ....126 Y37
Noë-les-Mallets 10 ....115 BT34
La Noë-Poulain 27 ....35 AP21

NIORT

Abreuvoir (R. de l') . . . . AYZ 2
Ancien-Oratoire (R. de l') . . . . . AZ 3
Boutteville (R. Th.-de) . . . . BY 4
Brisson (R.) . . . . AY 5
Bujault (Av. J.) . . . . BZ 6
Chabaudy (R.) . . . . AZ 7
Commerce (Passage du) . . . . . BZ 8
Cronstadt (Quai) . . . . AY 9
Donjon (Pl. du). . . . . AY 13
Espingole (R. de l') . . . . AZ 20
Huilerie (R. de l') . . . . AZ 22
Largeau (R. Gén.) . . . . AZ 23
Leclerc (R. Mar.) . . . . BY 24
Main (Bd) . . . . AY 25
Martyrs-Résistance (Av.) . . . . BZ 26
Pérochon (R. Ernest). . . . . BZ 28
Petit-Banc (R. du) . . . . AZ 29
Pluviault (R. de) . . . . BY 30
Pont (R. du) . . . . AY 31
Rabot (R. du) . . . . AY 32
Regratterie (R. de la) . . . . AY 33
République (Av. de la). . . . . BY 34
Ricard (R.) . . . . BZ 35
St-Jean (R.) . . . . AYZ
St-Jean (R. de la Porte). . . . . . . AZ 38
St-Jean (R. du Petit) . . . . AY 37
Strasbourg (Pl. de) . . . . BY 39
Temple (Pl. du) . . . . BZ 40
Thiers (R.) . . . . AY 42
Tourniquet (R. du). . . . . AZ 43
Verdun (Av. de) . . . . BZ 44
Victor-Hugo (R.). . . . . BY 45
Vieux-Fourneau (R. du) . . . . BY 46
Yvers (R.). . . . . BY 48

Noël-Cerneux 25 ....163 CK45
Noëllet 49 ....127 AD39
Noërs 54 ....44 CA19
Les Noës 42 ....211 BO57
Les Noës-près-Troyes 10 ....90 BP32
Nœux-lès-Auxi 62 ....12 BC11
Nœux-les-Mines 62 ....8 BF8
Nogaret 31 ....318 AZ86
Nogaro 32 ....295 AK83
Nogent 52 ....117 BZ35
Nogent-en-Othe 10 ....114 BO34
Nogent-l'Abbesse 51 ....41 BQ22
Nogent-l'Artaud 02 ....60 BK25
Nogent-le-Bernard 72 ....108 AP33
Nogent-le-Phaye 28 ....86 AX31
Nogent-le-Roi 28 ....57 AX28
Nogent-le-Rotrou 28 ....84 AR32
Nogent-le-Sec 27 ....56 AT25
Nogent-lès-Montbard 21 ....137 BS40
Nogent-sur-Aube 10 ....91 BR30
Nogent-sur-Eure 28 ....86 AW31
Nogent-sur-Loir 72 ....130 AO39
Nogent-sur-Marne 94 ....58 BE26
Nogent-sur-Oise 60 ....38 BE21
Nogent-sur-Seine 10 ....89 BL30
Nogent-sur-Vernisson 45 ....134 BG37
Nogentel 02 ....60 BL24
Nogna 39 ....196 CC51
Noguères 64 ....313 AF87
Nohan 08 ....27 BV14
Nohanent 63 ....209 BI60
Nohant-en-Goût 18 ....173 BF46
Nohant-en-Graçay 18 ....154 AZ45
Nohant-Vic 36 ....189 BA51
Nohèdes 66 ....341 BC96
Nohic 82 ....298 AW81
Noidan 21 ....158 BS43
Noidans-le-Ferroux 70 ....140 CE40
Noidans-lès-Vesoul 70 ....141 CF39
Noidant-Chatenoy 52 ....139 BZ38
Noidant-le-Rocheux 52 ....139 BZ37
Noilhan 32 ....296 AR85
Nointel 95 ....38 BC23
Nointel 60 ....38 BE20
Nointot 76 ....19 AP18
Noir (Lac) 68 ....120 CM33
Noircourt 02 ....25 BP17
Noirefontaine 25 ....163 CK42
Noirémont 60 ....22 BC18
Noirétable 42 ....211 BO60
Noirlac (Abbaye de) 18 ....173 BE50
Noirlieu 79 ....167 AI47
Noirlieu 51 ....63 BV25
Noirmoutier-en-l'Ile 85 ....164 U46
Noiron 70 ....161 CC42
Noiron-sous-Gevrey 21 ....160 BY44
Noiron-sur-Bèze 21 ....160 BZ42
Noiron-sur-Seine 21 ....115 BT36
Noironte 25 ....161 CD43
Noirpalu 50 ....51 AC26
Noirterre 79 ....167 AI48
Noirval 08 ....43 BV19
Noiseau 94 ....58 BE27
Noisiel 77 ....59 BF26
Noisseville 57 ....45 CF22
Noisy-le-Grand 93 ....58 BE26
Noisy-le-Roi 78 ....58 BB26
Noisy-le-Sec 93 ....58 BE26
Noisy-Rudignon 77 ....88 BH32
Noisy-sur-École 77 ....88 BE32
Noisy-sur-Oise 95 ....38 BD23
Noizay 37 ....152 AS42
Noizé 79 ....168 AK48
Nojals-et-Clotte 24 ....258 AQ72
Nojeon-en-Vexin 27 ....37 AX21
Nolay 58 ....156 BK45
Nolay 21 ....177 BU47
Nolléval 76 ....37 AX19
Nollieux 42 ....211 BQ60
Nomain 59 ....9 BJ8
Nomdieu 47 ....275 AO79
Nomécourt 52 ....92 BX30
Nomeny 54 ....65 CF25
Nomexy 88 ....95 CH32
Nommay 25 ....142 CL40
Nompatelize 88 ....96 CK31
Nonac 16 ....221 AL64
Nonancourt 27 ....56 AU27
Nonant 14 ....33 AH21
Nonant-le-Pin 61 ....54 AN28
Nonards 19 ....243 AZ69
Nonaville 16 ....220 AK63
Noncourt-sur-le-Rongeant 52 ....93 BY31
Nonette 63 ....228 BK64
Nonglard 74 ....215 CF58
Nonhigny 54 ....96 CK29
Les Nonières 26 ....268 CC71
Nonières 07 ....248 BU70
Nonsard 55 ....65 CC25
Nontron 24 ....222 AQ63
Nonville 88 ....118 CE34
Nonville 77 ....112 BG33
Nonvilliers-Grandhoux 28 ....85 AU32
Nonza 2B 345 FF102
Nonzeville 88 ....95 CJ32
Noordpeene 59 ....3 BD4
Nordausques 62 ....3 BB4
Nordheim 67 ....68 CP27
Nordhouse 67 ....97 CQ29
Nore (Pic de) 11 ....320 BE87
Noreuil 62 ....13 BH12
Norges-la-Ville 21 ....160 BX42
La Norma 73 ....252 CL66
Normandel 61 ....55 AR28
Normandie (Pont de) 14 ....34 AO20
Normanville 76 ....19 AQ17
Normanville 27 ....56 AU24
Normée 51 ....61 BP27
Normier 21 ....159 BT43
Norolles 14 ....34 AN22
Noron-la-Poterie 14 ....32 AG22
Noron-l'Abbaye 14 ....53 AK25
Noroy 60 ....38 BE20
Noroy-le-Bourg 70 ....141 CH39
Noroy-lès-Jussey 70 ....140 CD37
Noroy-sur-Ourcq 02 ....40 BJ22
Norrent-Fontes 62 ....7 BD7
Norrey-en-Auge 14 ....54 AM25
Norrey-en-Bessin 14 ....33 AI22
Norrois 51 ....62 BU28
Norroy 88 ....118 CD33
Norroy-le-Sec 54 ....45 CC21
Norroy-le-Veneur 57 ....45 CE22
Norroy-lès-Pont-à-Mousson 54 ....65 CE25
Nort-Leulinghem 62 ....3 BB5
Nort-sur-Erdre 44 ....147 AA41
Nortkerque 62 ....3 BB4
La Norville 91 ....87 BC29
Norville 76 ....35 AQ19
Nossage-et-Bénévent 05 ....287 CE76
Nossoncourt 88 ....95 CJ30
Nostang 56 ....123 N37
Noth 23 ....188 AX55
Nothalten 67 ....97 CO31
Notre-Dame-d'Aiguebelle (Abbaye de) 26 ....267 BX75
Notre-Dame-d'Aliermont 76 ....20 AV15
Notre-Dame-d'Allençon 49 ....149 AI43
Notre-Dame-d'Aurès 12 ....281 BG78
Notre-Dame d'Ay (Sanctuaire de) 07 ....248 BV67
Notre-Dame-de-Bellecombe 73 ....216 CJ59
Notre-Dame-de-Bliquetuit 76 ....35 AR19
Notre-Dame-de-Boisset 42 ....211 BR58
Notre-Dame-de-Bondeville 76 ....36 AT19
Notre-Dame-de-Briançon 73 ....234 CJ62
Notre-Dame de Buglose 40 ....293 AC82
Notre-Dame-de-Cenilly 50 ....51 AC24
Notre-Dame de Clausis 05 ..271 CN72
Notre-Dame-de-Commiers 38 ....250 CD68
Notre-Dame-de-Courson 14 ....54 AO24
Notre-Dame-de-Fresnay 14 ..54 AM25
Notre-Dame-de-Garaison 65 ....316 AO89
Notre-Dame-de-Grace 44 ...126 X40
Notre-Dame-de-Gravenchon 76 ....35 AQ19
Notre-Dame de Kérinec (Chapelle) 29 ....99 F33
Notre-Dame-de-la-Cour 22 ...73 Q28
Notre-Dame de la Gorge 74 ....216 CL59
Notre-Dame-de-la-Grainetière (Abbaye de) 85 ....166 AD48
Notre-Dame-de-la-Mer (Chapelle) 78 ....57 AX24
Notre-Dame-de-la-Rouvière 30 ....283 BO80
Notre-Dame-de-la-Salette 38 ....251 CG70
Notre Dame de la Serra (Belvédère de) 2B 346 FB105
Notre-Dame-de-l'Aillant 71 ....176 BQ46
Notre-Dame-de-Laus 05 ....269 CH74
Notre-Dame-de-l'Espérance 22 ....73 R27
Notre-Dame-de-l'Isle 27 ....36 AW23
Notre-Dame-de-Livaye 14 ....34 AM23
Notre-Dame-de-Livoye 50 ....52 AD27
Notre-Dame-de-Londres 34 ....302 BO82
Notre-Dame-de-Lorette 62 ....8 BF9
Notre-Dame de l'Ormeau (Chapelle) 83 ....308 CM83
Notre-Dame-de-l'Osier 38 ..250 CB66
Notre-Dame de Lure (Monastère de) 04 ....287 CE78
Notre-Dame-de-Mésage 38 ....251 CE68
Notre-Dame-de-Montplacé (Chapelle) 49 ....129 AK40
Notre-Dame-de-Monts 85 ..164 V48
Notre-Dame-de-Piétat (Chapelle de) 64 ....314 AH89
Notre-Dame-de-Riez 85 ....164 W49
Notre-Dame-de-Sanilhac 24 ....240 AQ68
Notre-Dame-de-Timadeuc (Abbaye de) 56 ....102 R34
Notre-Dame-de-Tréminou (Chapelle) 29 ....99 F35
Notre-Dame-de-Tronoën 29 ..99 F35
Notre-Dame de Valvert (Chapelle de) 04 ....288 CL80
Notre-Dame-de-Vaulx 38 ....251 CE69
Notre-Dame de Vie (Ermitage) 06 ....309 CO84
Notre-Dame-d'Elle 50 ....32 AF23
Notre-Dame-d'Épine 27 ....35 AQ22
Notre-Dame-des-Anges (Prieuré) 83 ....328 CJ87
Notre-Dame-des-Dombes (Abbaye de) 01 ....213 BY57
Notre-Dame des Fontaines (Chapelle) 06 ....291 CT78
Notre-Dame-des-Landes 44 ....147 Y42
Notre-Dame-des-Millières 73 ....234 CI61
Notre-Dame-des-Misères (Chapelle de) 82 ....278 AW79
Notre-Dame-d'Estrées 14 ....34 AM23
Notre-Dame-d'Igny (Abbaye) 51 ....41 BN22
Notre-Dame-d'Oé 37 ....151 AQ42
Notre-Dame-d'Or 86 ....168 AL49
Notre-Dame-du-Bec 76 ....18 AN18
Notre-Dame-du-Crann (Chapelle) 29 ....76 K32
Notre-Dame-du-Cruet 73 ...234 CI64
Notre-Dame-du-Groseau (Chapelle) 84 ....285 BZ78
Notre-Dame-du-Guildo 22 ....50 V28
Notre-Dame-du-Hamel 27 ....55 AP26
Notre-Dame du Haut (Chapelle) 22 ....78 S31
Notre-Dame-du-Mai (Chapelle) 83 ....327 CF90
Notre-Dame-du-Parc 76 ....20 AU16
Notre-Dame-du-Pé 72 ....129 AJ38
Notre-Dame-du-Pré 73 ....234 CK62
Notre-Dame-du-Rocher 61 ...53 AJ27
Notre-Dame-du-Touchet 50 ..81 AE29
Nottonville 28 ....110 AX34
La Nouaille 23 ....207 BB60
Nouaillé-Maupertuis 86 ....186 AO52
Nouainville 50 ....29 AA17
Nouan-le-Fuzelier 41 ....154 BA41
Nouan-sur-Loire 41 ....132 AX39
Nouans 72 ....107 AN33
Nouans-les-Fontaines 37 ....153 AV45
Nouart 08 ....43 BW19
Nouâtre 37 ....169 AP46
La Nouaye 35 ....103 X33
La Noue 51 ....60 BM27
La Noue 17 ....200 AA56
Noueilles 31 ....318 AW87
Nougaroulet 32 ....296 AQ83
Nouhant 23 ....190 BD55
Nouic 87 ....205 AS57
Nouilhan 65 ....315 AK86
Les Nouillers 17 ....201 AF58
Nouillonpont 55 ....44 CB20
Nouilly 57 ....45 CF22
Noulens 32 ....295 AL82
Nourard-le-Franc 60 ....38 BD19
Nourray 41 ....131 AT39
Nousse 40 ....293 AD83
Nousseviller-lès-Bitche 57 ....48 CN22
Nousseviller-Saint-Nabor 57 ....47 CL22
Nousty 64 ....314 AI88
Nouvelle-Église 62 ....3 BB3
Nouvion-en-Ponthieu 80 ....11 AZ11
Le Nouvion-en-Thiérache 02 15 BN13
Nouvion-et-Catillon 02 ....24 BL17
Nouvion-le-Comte 02 ....24 BL17
Nouvion-le-Vineux 02 ....40 BM19
Nouvion-sur-Meuse 08 ....26 BU17
Nouvoitou 35 ....104 AA35
Nouvron-Vingré 02 ....40 BJ20
Nouzerines 23 ....189 BB54
Nouzerolles 23 ....189 AY54
Nouziers 23 ....189 BA53
Nouzilly 37 ....152 AR41
Nouzonville 08 ....26 BU15
Novacelles 63 ....228 BN64
Novalaise 73 ....233 CE62
Novale 2B 347 FG107
Novéant-sur-Moselle 57 ....65 CE24
Novel 74 ....198 CL53
Novella 2B 345 FE104
Noves 13 ....304 BX81
Noviant-aux-Prés 54 ....65 CD26
Novillard 90 ....142 CM39
Novillars 25 ....162 CF43
Novillers 60 ....38 BC22
Novion-Porcien 08 ....26 BS18
Novy-Chevrières 08 ....26 BS18
Noyal 22 ....78 T30
Noyal-Châtillon-sur-Seiche 35 ....104 Z34
Noyal-Muzillac 56 ....125 T39
Noyal-Pontivy 56 ....102 Q34
Noyal-sous-Bazouges 35 ....80 Z30
Noyal-sur-Brutz 44 ....127 AB38
Noyal-sur-Vilaine 35 ....104 AA34
Noyales 02 ....24 BL15

O

ORLÉANS

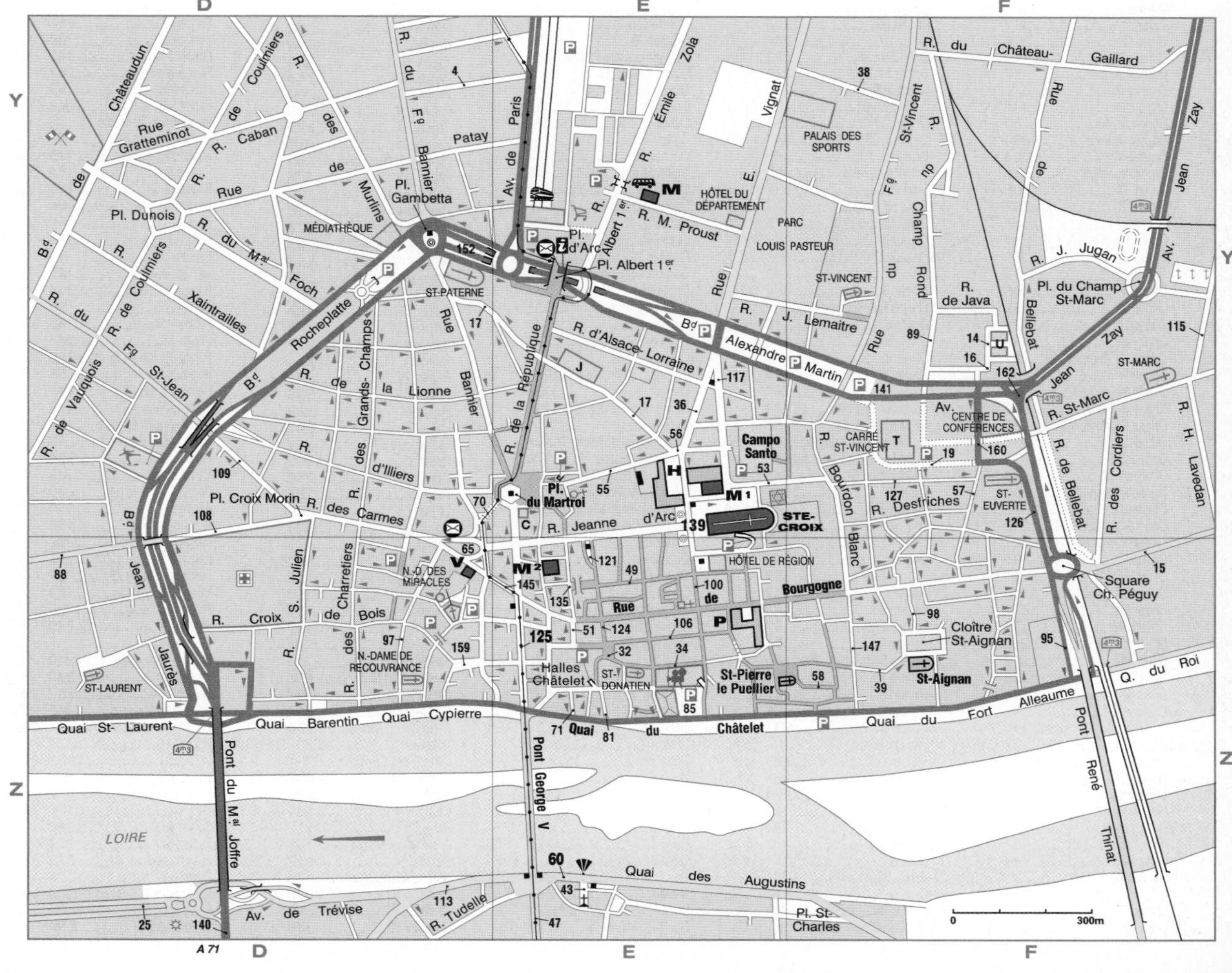

D
E
F
Y
Z
Pl. Dunois
Pl. Gambetta
MÉDIATHÈQUE
Pl. d'Arc
Pl. Albert 1er
HÔTEL DU DÉPARTEMENT
PARC LOUIS PASTEUR
PALAIS DES SPORTS
ST-PATERNE
ST-VINCENT
Pl. du Champ St-Marc
ST-MARC
Bd Alexandre Martin
R. d'Alsace-Lorraine
Campo Santo
CARRÉ ST-VINCENT
CENTRE DE CONFÉRENCES
Pl. du Martroi
Pl. Croix Morin
STE-CROIX
HÔTEL DE RÉGION
ST-EUVERTE
N.-D. DES MIRACLES
N.-DAME DE RECOUVRANCE
Halles Châtelet
ST-DONATIEN
St-Pierre le Puellier
Cloître St-Aignan
St-Aignan
ST-LAURENT
Square Ch. Péguy
Quai St-Laurent
Quai Barentin
Quai Cypierre
Quai du Châtelet
Quai du Fort Alleaume
Q. du Roi
Pont du Mal Joffre
Pont George V
Pont René Thinat
LOIRE
Quai des Augustins
Av. de Trévise
R. Tudelle
Pl. St-Charles
A 71
0
300m

Oradour-Fanais 16 204 AR57
Oradour-Saint-Genest 87 187 AT55
Oradour-sur-Glane 87 205 AT59
Oradour-sur-Vayres 87 222 AR61
Orain 21 139 CA40
Orainville 02 41 BP20
Oraison 04 287 CG80
Orange 84 285 BX78
Orbagna 39 196 CB51
Orbais-l'Abbaye 51 61 BN25
Orban 81 299 BB82
Orbec 14 55 AP24
Orbeil 63 228 BK63
Orbessan 32 296 AP85
Orbey 68 120 CN33
Orbigny 37 152 AU44
Orbigny-au-Mont 52 139 CA37
Orbigny-au-Val 52 139 CA37
Orbois 14 33 AH23
L'Orbrie 85 184 AF52
Orçay 41 154 BB44
Orcemont 78 86 AZ29
Orcenais 18 173 BD50
Orcet 63 227 BJ61
Orcevaux 52 139 BZ38
Orchaise 41 131 AU40
Orchamps 39 161 CC45
Orchamps-Vennes 25 163 CJ45
Orches 86 169 AN48
Orchies 59 9 BJ8
Orcier 74 198 CJ54
Orcières 05 270 CI72
Orcinas 26 267 BZ74
Orcines 63 209 BI60
Orcival 63 227 BH61
Orconte 51 92 BU28
Ordan-Larroque 32 296 AO83
Ordiarp 64 331 AC89
Ordizan 65 333 AL90
Ordonnac 33 219 AE65
Ordonnaz 01 214 CC59
Ore 31 334 AP91
Orègue 64 311 AB86
Oreilla 66 341 BC96
Orelle 73 252 CK66
Oresmaux 80 22 BC16
Orezza (Couvent d') 2B 347 FG106
Organ 65 316 AO88
Orgeans 25 163 CK43
Orgedeuil 16 221 AO61
Orgeix 09 341 AZ95
Orgelet 39 196 CC52
Orgères 61 54 AO27
Orgères 35 104 Z35
Orgères-en-Beauce 28 110 AY34
Orgères-la-Roche 53 83 AK29
Orgerus 78 57 AY26
Orges 52 116 BW34
Orgeux 21 160 BY42
Orgeval 78 57 BA25
Orgeval 02 41 BN19
Orgibet 09 334 AR92
Orglandes 50 29 AB19
Orgnac (Aven d') 07 284 BT76
Orgnac-l'Aven 07 284 BT77
Orgnac-sur-Vézère 19 224 AW65
Orgon 13 305 BZ82
Orgueil 82 297 AV81
Oricourt 70 141 CH39
Orient (Forêt d') 10 91 BS32
Orieux 65 315 AM88
Orignac 65 333 AL90
Origné 53 106 AG36
Origne 33 255 AG74
Orignolles 17 238 AJ66
Origny 21 138 BU39
Origny-en-Thiérache 02 25 BP14
Origny-le-Butin 61 84 AP31
Origny-le-Roux 61 84 AO32
Origny-le-Sec 10 90 BN30
Origny-Sainte-Benoite 02 24 BL15
Orin 64 313 AE88
Orincles 65 333 AK90
Oriocourt 57 66 CH25
Oriol-en-Royans 26 250 CA69
Oriolles 16 220 AJ65
Orion 64 313 AD86
Oris-en-Rattier 38 251 CF69
Orist 40 292 AA84
Orival 80 21 AZ16
Orival 76 36 AT21
Orival 16 239 AL66
Orléans 45 133 AZ37
Orléat 63 210 BL59
Orleix 65 315 AL88
Orliac 24 259 AT72
Orliac-de-Bar 19 224 AY65
Orliaguet 24 241 AV70
Orliénas 69 230 BV61
Orlu 28 87 BA32
Orlu 09 341 AZ95
Orly 94 58 BD27
Orly-sur-Morin 77 60 BJ26
Ormancey 52 117 BY36
Ormeaux 77 59 BI28
Ormenans 70 162 CG41
Ormersviller 57 48 CN22
Les Ormes 89 135 BK37
Les Ormes 86 169 AQ47
Ormes 71 195 BX51
Ormes 51 41 BP22
Ormes 45 110 AZ36
Ormes 27 56 AT24
Ormes 10 91 BQ29
Ormes-et-Ville 54 94 CF30
Les Ormes-sur-Voulzie 77 89 BJ30
Ormesson 77 112 BF33
Ormesson-sur-Marne 94 58 BE27
Ormoiche 70 141 CG37
Ormoy 91 88 BE29
Ormoy 89 114 BM36
Ormoy 70 118 CE36
Ormoy 28 86 AW29
Ormoy-la-Rivière 91 87 BB31
Ormoy-le-Davien 60 39 BH22
Ormoy-
lès-Sexfontaines 52 116 BX33
Ormoy-sur-Aube 52 116 BV35
Ormoy-Villers 60 39 BG22
Ornacieux 38 231 BZ64
Ornaisons 11 320 BH89
Ornans 25 162 CG45
Ornel 55 44 CB21
Ornes 55 44 CA21
Ornex 01 197 CG54
Ornézan 32 296 AP85
Orniac 46 260 AX74
Ornolac-
Ussat-les-Bains 09 336 AX93
Ornon 38 251 CF68
Ornon (Col d') 38 251 CF68
Orny 57 65 CF24
Oroër 60 38 BB19
Oroix 65 314 AJ88
Oron 57 66 CH25
Oroux 79 168 AK50
Orphin 78 86 AZ29
Orpierre 05 287 CE76
Orquevaux 52 93 BZ32
Les Orres 05 270 CK74
Orret 21 138 BV40
Orriule 64 313 AD86
Orrouer 28 85 AV31
Orrouy 60 39 BH21
Orry-la-Ville 60 38 BE23
Ors 59 15 BM12
Orsan 30 284 BV78
Orsanco 64 311 AB87
Orsans 25 162 CH43
Orsans 11 319 BA89
Orsay 91 58 BC28
Orschwihr 68 120 CN35
Orschwiller 67 97 CO32
Orsennes 36 189 AY53
Orsinval 59 15 BM10
Orsonnette 63 228 BK64
Orsonville 78 86 AZ30
Ortaffa 66 343 BI96
Ortale 2B 347 FG107
Orthevielle 40 292 AB85
Orthez 64 293 AE85
Orthoux-Sérignac-
Quilhan 30 303 BQ81
Ortillon 10 91 BR30
Ortiporio 2B 347 FG106
Orto 2A 348 FD109
Ortoncourt 88 95 CI31
Orus 09 336 AW94
Orval 50 51 AB24
Orval 18 173 BE50
Orvault 44 147 Z43
Orvaux 27 56 AT25
Orve 25 163 CJ42
Orveau 91 87 BC31
Orveau-Bellesauve 45 111 BD33
Orville 62 12 BD12
Orville 61 54 AO26
Orville 45 111 BD33
Orville 36 154 AZ45
Orville 21 139 BY40
Orvillers-Sorel 60 23 BF18
Orvilliers 78 57 AY26
Orvilliers-Saint-Julien 10 90 BO31
Orx 40 292 Z84
Os-Marsillon 64 313 AF86
Osani 2A 346 FA107
Osches 55 63 BY24
Osenbach 68 120 CN35
Oslon 71 177 BW49
Osly-Courtil 02 40 BJ20
Osmanville 14 32 AE20
Osmery 18 173 BF48
Osmets 65 315 AM88
Osmoy 78 57 AY26
Osmoy 18 173 BE46
Osmoy-Saint-Valery 76 20 AV16
Osne-le-Val 52 93 BY30
Osnes 08 27 BX17
Osny 95 58 BB24
L'Ospédale 2A 351 FF114
Osquich (Col d') 64 311 AB88
Ossages 40 293 AD85
Ossas-Suhare 64 331 AC89
Ossé 35 104 AB34
Osse 25 162 CG43
Osse-en-Aspe 64 331 AF91
Osséja 66 341 BA98
Osselle 25 161 CD45
Osselle (Grottes d') 25 161 CD45
Ossen 65 332 AJ90
Ossenx 64 313 AD87
Osserain-Rivareyte 64 311 AC87
Ossès 64 311 Z88
Ossey-les-
Trois-Maisons 10 90 BN31
Ossun 65 314 AJ89
Ossun-ez-Angles 65 333 AK90
Ostabat-Asme 64 311 AB88
Ostel 02 40 BM20
Ostheim 68 121 CO33
Osthoffen 67 97 CP28
Osthouse 67 97 CQ30
Ostreville 62 7 BD9
Ostricourt 59 8 BI8
Ostwald 67 97 CQ28
Ota 2A 346 FB108
Othe 54 44 BZ19
Othis 77 59 BF24
Ottange 57 45 CD19
Ottersthal 67 68 CO26
Otterswiller 67 68 CO26
Ottmarsheim 68 143 CP37
Ottonville 57 46 CH21
Ottrott 67 97 CO29
Ottwiller 67 68 CN25
Ouagne 58 157 BL42
Ouainville 76 19 AQ16
Ouanne 89 136 BL39
Ouarville 28 86 AZ32
Les Oubeaux 14 32 AE21
Ouchamps 41 153 AV42
Ouches 42 211 BQ58
Oucques 41 132 AV38
Oudalle 76 34 AO19
Oudan 58 156 BK43
Oudeuil 60 21 BA18
Oudezeele 59 3 BE4
Oudincourt 52 116 BX33
Oudon 44 148 AB42
Oudrenne 57 46 CG20
Oudry 71 193 BR51
Oueilloux 65 315 AL89
Ouerre 28 56 AW28
Ouessant (Ile d') 29 74 A28
Ouézy 14 34 AL23
Ouffières 14 53 AI24
Ouge 70 140 CC37
Ouges 21 160 BX44
Ougney 39 161 CC44
Ougney-Douvot 25 162 CH42
Ougny 58 175 BN46
Ouhans 25 180 CH46
Ouides 43 247 BO70
Ouillat (Col de l') 66 343 BI97
Ouillon 64 314 AI87
Ouilly-du-Houley 14 34 AO23
Ouilly-le-Tesson 14 53 AK24
Ouilly-le-Vicomte 14 34 AN22
Ouistreham 14 33 AK21
Oulches 36 188 AV51
Oulches-la-Vallée-Foulon 02 41 BN20
Oulchy-la-Ville 02 40 BK22
Oulchy-le-Château 02 40 BK22
Oulins 28 56 AW26
Oulles 38 251 CF68
Oullins 69 231 BW61
Oulmes 85 184 AG53
Oulon 58 157 BL45
Ounans 39 179 CC46
Oupia 34 320 BG88
Our 39 161 CC45
Ourcel-Maison 60 22 BC18
Ourches 26 267 BY71
Ourches-sur-Meuse 55 94 CC28
Ourde 65 334 AO92
Ourdis-Cotdoussan 65 333 AK91
Ourdon 65 333 AK91
Ouroüer 58 174 BK46
Ourouer-
les-Bourdelins 18 173 BG48
Ouroux 69 194 BU55
Ouroux-en-Morvan 58 158 BP45
Ouroux-sous-
le-Bois-Sainte-Marie 71 194 BS54
Ouroux-sur-Saône 71 178 BX50
Oursbelille 65 315 AK88
Ourscamps (Abbaye d') 60 39 BH19
Les Oursinières 83 328 CH90
Ourtigas (Col de l') 34 301 BI84
Ourton 62 7 BE8
Ourville-en-Caux 76 19 AQ16
Ousse 64 314 AI88
Ousse-Suzan 40 273 AE80
Oussières 39 179 CB47
Ousson-sur-Loire 45 134 BG40
Oussoy-en-Gâtinais 45 134 BF37
Oust 09 335 AU93
Oust-Marest 80 10 AW13
Ousté 65 333 AK90
Outarville 45 111 BA33
Outines 51 92 BU29
Outreau 62 6 AX6
Outrebois 80 12 BC11
Outremécourt 52 118 CC33
Outrepont 51 62 BU27
Outriaz 01 214 CC57
Outtersteene 59 4 BF5
Ouvans 25 162 CI43
Ouve-Wirquin 62 7 BB6
Ouveillan 11 321 BI88
Ouville 50 51 AC24
Ouville-la-Bien-Tournée 14 54 AL24
Ouville-la-Rivière 76 20 AT15
Ouville-l'Abbaye 76 19 AS17
Ouvrouer-les-Champs 45 133 BC38
Ouzilly 86 169 AO49
Ouzilly-Vignolles 86 168 AL48
Ouzouer-des-Champs 45 134 BF37
Ouzouer-le-Doyen 41 109 AV36
Ouzouer-le-Marché 41 132 AX37
Ouzouer-
sous-Bellegarde 45 112 BE36
Ouzouer-sur-Loire 45 134 BE38
Ouzouer-sur-Trézée 45 134 BG39
Ouzous 65 332 AJ91
Ovanches 70 140 CE39
Ovillers-la-Boisselle 80 13 BF13
Oxelaëre 59 3 BE5
Oxocelhaya et Isturits
(Grottes d') 64 311 AA87
Oyé 71 193 BR54
Oye-et-Pallet 25 180 CH48
Oye-Plage 62 3 BB3
Oyes 51 61 BN27
Oyeu 38 232 CB64
Oyonnax 01 196 CC55
Oyré 86 169 AQ48
Oyrières 70 140 CB40
Oysonville 28 87 BA31
Oytier-Saint-Oblas 38 231 BY62
Oz 38 251 CG67
Ozan 01 195 BX53
Oze 05 269 CE74
Ozenay 71 195 BW52
Ozenx 64 313 AD86
Ozerailles 54 45 CC21
Ozeville 50 29 AC18
Ozières 52 117 CA33
Ozillac 17 219 AH64
Ozoir-la-Ferrière 77 59 BF27
Ozoir-le-Breuil 28 110 AW36
Ozolles 71 194 BS54
Ozon 65 315 AM89
Ozon 07 249 BW67
Ozouer-le-Repos 77 88 BH29
Ozouer-le-Voulgis 77 59 BG28
Ozourt 40 293 AD83

P

Paars 02 40 BM21
Pabu 22 73 O28
La Pacaudière 42 211 BP56
Pacé 61 83 AL30
Pacé 35 104 Y33
Pact 38 231 BY65
Pacy-sur-Armançon 89 137 BQ38
Pacy-sur-Eure 27 56 AW24
Padern 11 338 BF93
Padiès 81 280 BD80
Padirac 46 260 AY71
Padirac (Gouffre de) 46 260 AY71
Padoux 88 95 CI32
Pageas 87 223 AS61
Pagney 39 161 CC43
Pagney-derrière-Barine 54 65 CD27
Pagnoz 39 179 CD47
Pagny-la-Blanche-Côte 55 94 CC29
Pagny-la-Ville 21 178 BY46
Pagny-le-Château 21 178 BY46
Pagny-lès-Goin 57 65 CF24
Pagny-sur-Meuse 55 94 CC28
Pagny-sur-Moselle 54 65 CE24
Pagolle 64 311 AC88
Pailhac 65 333 AN92
Pailharès 07 248 BU68
Pailhères (Port de) 09 337 BA94
Pailherols 15 244 BF70
Pailhès 34 321 BK86
Pailhès 09 335 AV90
Paillart 60 22 BD17
Paillé 17 202 AI58
Paillencourt 59 14 BJ11
Paillet 33 255 AH72
Pailloles 47 258 AP75
Pailly 89 89 BK32
Le Pailly 52 139 CA38
Paimbœuf 44 146 W43
Paimpol 22 73 P26
Paimpont 35 103 V34
Pain de Sucre 14 53 AI25
Painblanc 21 159 BU45
Pair-et-Grandrupt 88 96 CL32
Pairis 68 120 CM33
Paissy 02 41 BN20
Paisy-Cosdon 10 114 BN33
Paizay-le-Chapt 79 202 AJ57
Paizay-le-Sec 86 187 AR51
Paizay-le-Tort 79 202 AJ56
Paizay-Naudouin 16 203 AL57
Pajay 38 231 BZ65
le Pal (Parc d'attractions
et animalier) 03 192 BN52
Paladru 38 232 CC63
Palagaccio 2B 345 FG103
Palaggiu
(Alignements de) 2A 350 FD115
Palairac 11 338 BF92
Le Palais 56 144 N42
Le Palais-sur-Vienne 87 205 AV59
Palaiseau 91 58 BC28
Palaiseul 52 139 CA38
Palaja 11 319 BD89
Palaminy 31 317 AS89
Palante 70 142 CJ39
Palantine 25 161 CE45
Palasca 2B 344 FD104
Palau-de-Cerdagne 66 341 BA98
Palau-del-Vidre 66 343 BI96
Palavas-les-Flots 34 303 BQ85
Palazinges 19 242 AY67
Paley 77 112 BH33
Paleyrac 24 259 AS71
Palhers 48 264 BK74
Palinges 71 193 BR52
Pâlis 10 90 BN32
Palise 25 162 CF42
Palisse 19 225 BC64
Palladuc 63 210 BN59
Pallanne 32 295 AM85
Palleau 71 178 BX47
Pallegney 88 95 CH32
Le Pallet 44 148 AB45
Palleville 81 319 BA86
La Pallice 17 200 AB56
La Pallu 53 82 AJ30
Palluau 85 165 Z48
Palluau-sur-Indre 36 171 AV47
Palluaud 16 221 AM65
Pallud 73 234 CI61
Palluel 62 14 BI10
Palmas 12 281 BH76
La Palme 11 339 BI92
La Palmyre 17 218 AB61
Palneca 2A 349 FF111
Palogneux 42 229 BP61
Palombaggia
(Plage de) 2A 351 FG115
La Palud-sur-Verdon 04 307 CJ82
Paluden 29 70 E27
Paluel 76 19 AQ15
Pamfou 77 88 BH31
Pamiers 09 336 AX90
Pampelonne 81 279 BC79
Pamplie 79 184 AH52
Pamproux 79 185 AK53
Panassac 32 316 AO87
Panazol 87 205 AV60
Pancé 35 104 Z36
Pancey 52 93 BZ30
Pancheraccia 2B 347 FG108
Pancy-Courtecon 02 40 BM19
Pandrignes 19 243 AZ67
Pange 57 66 CG23
Panges 21 159 BV42
Panilleuse 27 37 AX23
Panissage 38 232 CB63
Panissières 42 212 BS60
Panjas 32 294 AJ82
Panlatte 27 56 AT27
Pannecé 44 148 AC41
Pannecières 45 87 BB32
Pannes 54 65 CC25
Pannes 45 112 BF35
Pannesière-Chaumard
(Barrage de) 58 157 BO45
Pannessières 39 179 CC50
Panon 72 84 AO32
Panossas 38 231 BZ61
La Panouse 48 264 BN72
Pantin 93 58 BD26
Panzoult 37 151 AO45
Papleux 02 15 BO13
La Pâquelais 44 147 Y42
Paradou 13 304 BW83
Paramé 35 50 X28
Parassy 18 155 BE44
Parata 2B 347 FG106
Parata (Pointe de la) 2A 348 FB112
Paray-Douaville 78 86 AZ31
Paray-le-Frésil 03 192 BM51
Paray-le-Monial 71 193 BQ53
Paray-sous-Briailles 03 192 BL55
Paray-Vieille-Poste 91 58 BD28
Paraza 11 320 BH88
Parbayse 64 313 AF87
Parc-d'Anxtot 76 19 AP18
Parçay-les-Pins 49 150 AM42
Parçay-Meslay 37 152 AR42
Parçay-sur-Vienne 37 151 AP45
Parcé 35 81 AC32
Parcé-sur-Sarthe 72 129 AK37
Parcey 39 179 CB46
Parcieux 01 213 BW59
Parcoul 24 239 AL67
Le Parcq 62 7 BB9
Parcy-et-Tigny 02 40 BK22
Pardailhan 34 320 BH86
Pardaillan 47 257 AM73
Pardies 64 313 AF87
Pardies-Piétat 64 314 AH89
Pardines 63 227 BJ63
Paréac 65 333 AK90
Pareid 55 64 CB23
Parempuyre 33 237 AF69
Parennes 72 107 AK34
Parent 63 228 BK62
Parentignat 63 228 BK63
Parentis-en-Born 40 272 AC76
Parenty 62 6 AZ7
Parey-Saint-Césaire 54 94 CE29
Parey-sous-Montfort 88 94 CE32
Parfondeval 61 84 AP30
Parfondeval 02 25 BQ16
Parfondru 02 41 BN19
Parfondrupt 55 44 CB22
Parfouru-l'Éclin 14 32 AG23
Parfouru-sur-Odon 14 33 AH23
Pargnan 02 41 BN20
Pargny 80 23 BH16
Pargny-Filain 02 40 BM19
Pargny-la-Dhuys 02 60 BM25
Pargny-les-Bois 02 24 BM16
Pargny-lès-Reims 51 41 BO22
Pargny-Resson 08 42 BS19
Pargny-sous-Mureau 88 93 CB31
Pargny-sur-Saulx 51 63 BV27
Pargues 10 115 BR35
Parignargues 30 303 BS81
Parigné 35 81 AD30
Parigné-le-Pôlin 72 129 AM37
Parigné-l'Évêque 72 108 AO36
Parigné-sur-Braye 53 82 AH32
Parigny 50 81 AE29
Parigny 42 211 BQ58
Parigny-la-Rose 58 157 BL43
Parigny-les-Vaux 58 174 BJ46
Pariou (Puy de) 63 209 BI60
Paris 75 58 BD26
Paris-Charles-de-Gaulle
(Aéroport) 95 58 BE24
Paris-l'Hôpital 71 177 BU47
Paris-Orly (Aéroport de) 91 58 BD28
Parisot 82 279 AZ77
Parisot 81 298 AZ82
Parlan 15 261 BB71
Parlebosq 40 274 AK80
Parly 89 135 BK38
Parmain 95 38 BC23
Parmilieu 38 214 CA59
Parnac 46 259 AV75
Parnac 36 188 AW53
Parnans 26 249 BZ67
Parnay 49 150 AL44
Parnay 18 173 BF48
Parné-sur-Roc 53 106 AG35
Parnes 60 37 AY22
Parnot 52 117 CB35
Les Paroches 55 64 CA25
Parois 55 43 BX23
Paron 89 113 BJ34
Paroy 77 89 BJ30
Paroy 25 179 CE46
Paroy-en-Othe 89 114 BM35
Paroy-sur-Saulx 52 93 BY30
Paroy-sur-Tholon 89 113 BL36
Parpeçay 36 153 AY44
Parpeville 02 24 BL16
Parranquet 47 258 AR73
Parroy 54 66 CI27
Pars-lès-Chavanges 10 91 BT30
Pars-lès-Romilly 10 90 BN30
Parsac 33 238 AK70
Parsac 23 207 BB56
Parthenay 79 168 AJ50
Parthenay-
de-Bretagne 35 104 Y33
Partinello 2A 346 FB107
Parux 54 96 CL29
Parves 01 214 CD60
Parville 27 56 AU24
Parvillers-le-Quesnoy 80 23 BG16
Parzac 16 203 AO58
Le Pas 53 82 AG30
Les Pas 50 51 AB28
Pas-de-Jeu 79 168 AL47
Pas de la Graille 04 287 CF78
Pas de l'Echelle 74 197 CG55
Pas de l'Ours 11 336 AZ93
Pas-des-Lanciers 13 326 CA86
Pas-en-Artois 62 13 BE12
Le Pas-Saint-l'Homer 61 85 AS30
Pasciolo (Fort de) 2B 347 FE108
Pasilly 89 137 BQ39
Paslières 63 210 BM59
Pasly 02 40 BK20
Pasques 21 159 BW42
Le Pasquier 39 179 CE48
Passa 66 343 BH96
Le Passage 47 276 AP78
Le Passage 38 232 CC63
Passais 61 82 AG29
Passavant 25 162 CH43
Passavant-en-Argonne 51 63 BW24
Passavant-la-Rochère 70 118 CE35
Passavant-sur-Layon 49 149 AI45
Passay 44 147 Z45
Passel 60 23 BH18
Passenans 39 179 CC49
Passin 01 214 CD58
Passins 38 232 CB61
Passirac 16 220 AK65
Passonfontaine 25 162 CI45
Passy 89 113 BK34
Passy 74 216 CK58
Passy 71 194 BU52
Passy-en-Valois 02 40 BJ23
Passy-Grigny 51 41 BN23
Passy-sur-Marne 02 60 BM24
Passy-sur-Seine 77 89 BK31
Pastricciola 2A 348 FD109
Patay 45 110 AY35
Patornay 39 196 CD51
Patrimonio 2B 345 FF103

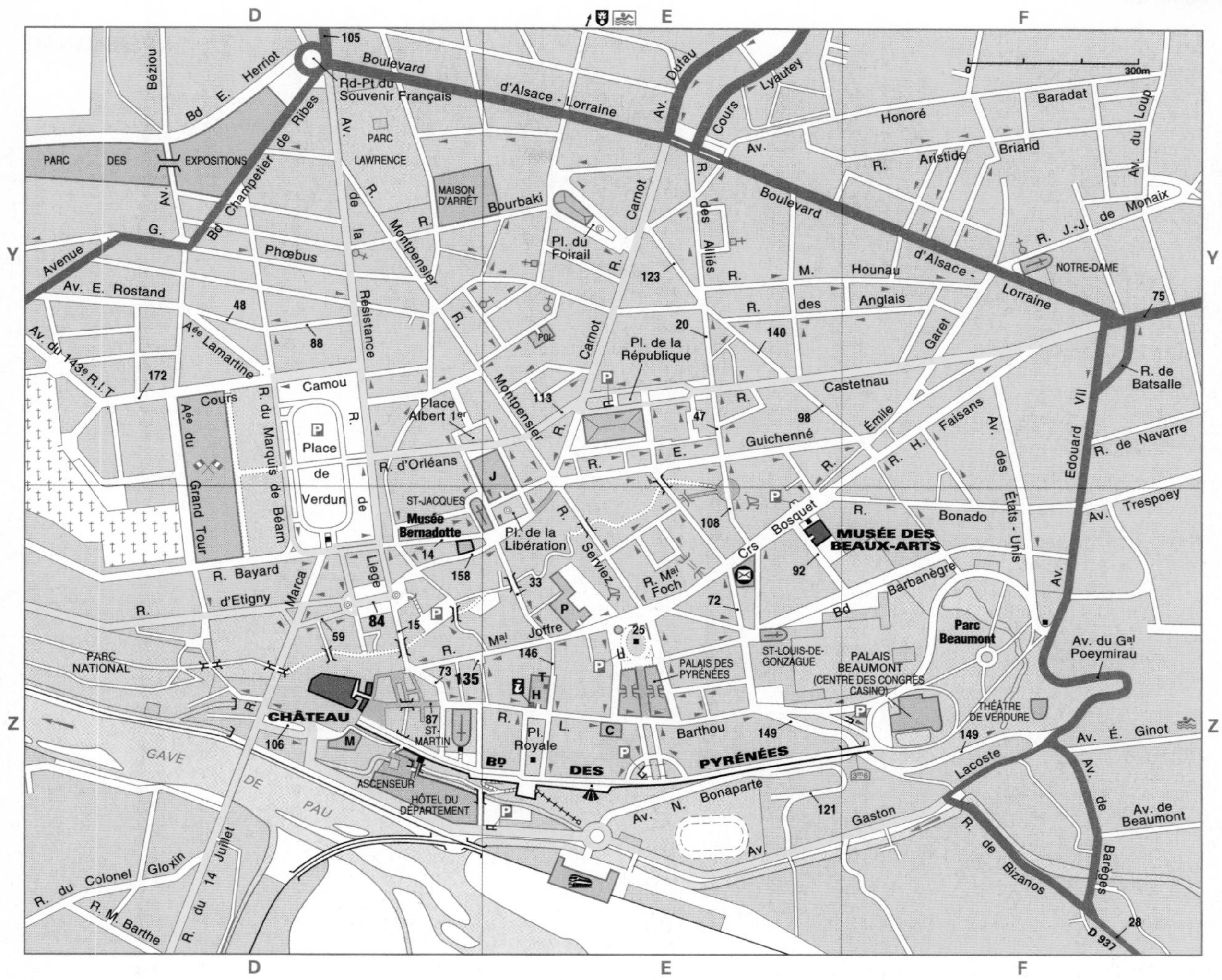

PAU

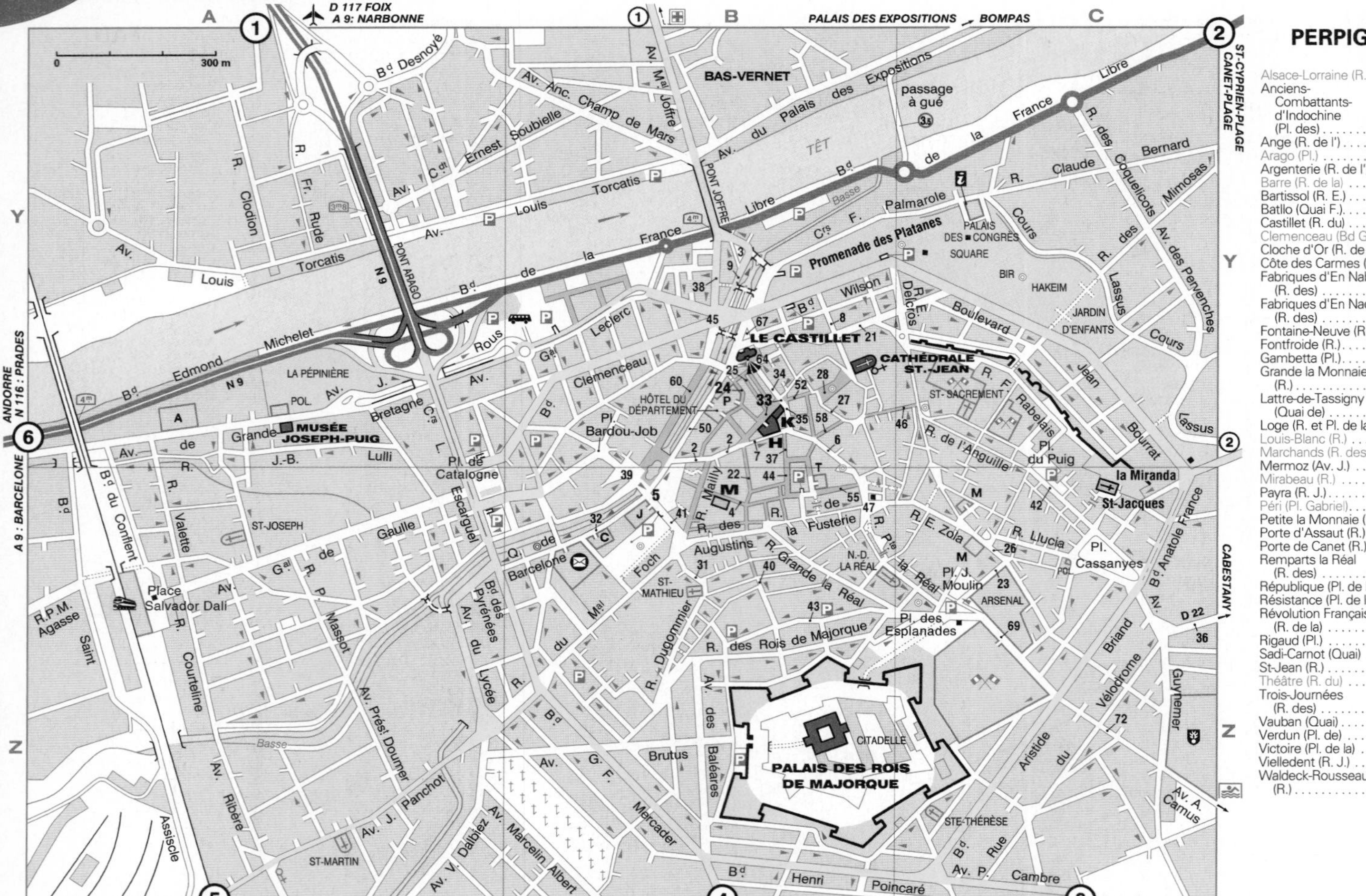

PERPIGNAN

Alsace-Lorraine (R.) .... BY 2
Anciens-Combattants-d'Indochine (Pl. des) .... BY 3
Ange (R. de l') .... BZ 4
Arago (Pl.) .... BZ 5
Argenterie (R. de l') .... BY 6
Barre (R. de la) .... BY 7
Bartissol (R. E.) .... BY 8
Batllo (Quai F.) .... BY 9
Castillet (R. du) .... BY 21
Clemenceau (Bd G.) .... BY
Cloche d'Or (R. de la) . BYZ 22
Côte des Carmes (R.) ... CZ 23
Fabriques d'En Nabot (R. des) .... BY 24
Fabriques d'En Nadal (R. des) .... BY 25
Fontaine-Neuve (R.) .... CZ 26
Fontfroide (R.) .... BY 27
Gambetta (Pl.) .... BY 28
Grande la Monnaie (R.) .... BZ 31
Lattre-de-Tassigny (Quai de) .... BZ 32
Loge (R. et Pl. de la) .... BY 33
Louis-Blanc (R.) ...... ABY 34
Marchands (R. des) .... BY 35
Mermoz (Av. J.) .... CZ 36
Mirabeau (R.) .... BY 37
Payra (R. J.) .... BY 38
Péri (Pl. Gabriel) .... BZ 39
Petite la Monnaie (R.) ... BZ 40
Porte d'Assaut (R.) ...... BZ 41
Porte de Canet (R.) ...... CZ 42
Remparts la Réal (R. des) .... BZ 43
République (Pl. de la) ... BZ 44
Résistance (Pl. de la) ... BY 45
Révolution Française (R. de la) .... CY 46
Rigaud (Pl.) .... BZ 47
Sadi-Carnot (Quai) ...... BY 50
St-Jean (R.) .... BY 52
Théâtre (R. du) .... BZ 55
Trois-Journées (R. des) .... BY 58
Vauban (Quai) .... BY 60
Verdun (Pl. de) .... BY 64
Victoire (Pl. de la) ...... BY 67
Vielledent (R. J.) .... CZ 69
Waldeck-Rousseau (R.) .... CZ 72

POITIERS

Praz-Coutant 74 ... 216 CL58
Les Praz-de-Chamonix 74 ... 217 CM58
Praz-sur-Arly 74 ... 216 CK59
Le Pré-d'Auge 14 ... 34 AN23
Pré de Madame Carle 05 ... 252 CJ69
Pré-en-Pail 53 ... 83 AK30
Pré-Saint-Évroult 28 ... 110 AW34
Le Pré-Saint-Gervais 93 ... 58 BD26
Pré-Saint-Martin 28 ... 110 AW33
Préaux 77 ... 112 BH33
Préaux 76 ... 36 AV19
Préaux 53 ... 106 AI36
Préaux 36 ... 171 AV47
Les Préaux 27 ... 35 AP21
Préaux 07 ... 248 BV67
Préaux-Bocage 14 ... 53 AI24
Préaux-du-Perche 61 ... 84 AR32
Préaux-Saint-Sébastien 14 ... 54 AO25
Prébois 38 ... 268 CD71
Précey 50 ... 51 AB28
Préchac 65 ... 332 AJ91
Préchac 33 ... 255 AH75
Préchac 32 ... 296 AP82
Préchac-sur-Adour 32 ... 295 AK84
Préchacq-Josbaig 64 ... 313 AE88
Préchacq-les-Bains 40 ... 293 AD82
Préchacq-Navarrenx 64 ... 313 AE88
Précieux 42 ... 229 BR62
Précigné 72 ... 129 AJ38
Précilhon 64 ... 331 AF89
Précorbin 50 ... 32 AF23
Précy 18 ... 174 BH46
Précy-le-Sec 89 ... 136 BO40
Précy-Notre-Dame 10 ... 91 BS31
Précy-Saint-Martin 10 ... 91 BS31
Précy-sous-Thil 21 ... 158 BS42
Précy-sur-Marne 77 ... 59 BG25
Précy-sur-Oise 60 ... 38 BD22
Précy-sur-Vrin 89 ... 113 BK36
Prédefin 62 ... 7 BC8
Préfailles 44 ... 146 U44
Préfontaines 45 ... 112 BF34
Prégilbert 89 ... 136 BN40
Préguillac 17 ... 219 AG61
Préhy 89 ... 136 BN38
Preignac 33 ... 256 AI73
Preignan 32 ... 296 AP83
Preigney 70 ... 140 CD38
Preixan 11 ... 337 BC90
Prélenfrey 38 ... 250 CD68
Prelles 05 ... 252 CK70
Prémanon 39 ... 197 CF52
Premeaux-Prissey 21 ... 159 BW45
Prémery 58 ... 156 BK45
Prémesques 59 ... 8 BH6
Prémeyzel 01 ... 232 CD61
Prémian 34 ... 300 BH85
Premières 21 ... 160 BZ44
Prémierfait 10 ... 90 BP30
Prémilhat 03 ... 190 BE54
Prémillieu 01 ... 214 CC59
Prémont 02 ... 14 BK13
Prémontré 02 ... 24 BL18
Prendeignes 46 ... 261 BB72
Préneron 32 ... 295 AM83
La Prénessaye 22 ... 102 S32
Prenois 21 ... 159 BW42
Prénouvellon 41 ... 110 AX36
Prénovel 39 ... 197 CE52
Prény 54 ... 65 CE24
Préporché 58 ... 175 BO48
Prépotin 61 ... 84 AQ29
Les Prés 26 ... 268 CD74
Présailles 43 ... 247 BQ70
Préseau 59 ... 15 BM10
Présentevillers 25 ... 142 CK40
Préserville 31 ... 298 AX85
Présilly 74 ... 215 CG56
Présilly 39 ... 196 CC51
Presle 73 ... 233 CG63
Presle 70 ... 141 CG40
Presles 95 ... 38 BC23
Presles 38 ... 250 CB68
Presles 14 ... 52 AG26
Presles-en-Brie 77 ... 59 BG28
Presles-et-Boves 02 ... 40 BM20
Presles-et-Thierny 02 ... 40 BM19
Presly 18 ... 155 BD42
Presnoy 45 ... 112 BE36
Presque (Grotte de) 46 ... 261 AZ71
Pressac 86 ... 204 AP56
Pressagny-l'Orgueilleux 27 ... 36 AW23
Pressiat 01 ... 196 CA54
Pressignac 16 ... 204 AQ60
Pressignac-Vicq 24 ... 240 AQ70
Pressigny 79 ... 168 AK49
Pressigny 52 ... 140 CC38
Pressigny-les-Pins 45 ... 134 BG37
Pressins 38 ... 232 CC63
Pressy 62 ... 7 BD8
Pressy-sous-Dondin 71 ... 194 BT52
La Preste 66 ... 342 BD98
La Prétière 25 ... 142 CJ41
Pretin 39 ... 179 CD47
Prétot-Sainte-Suzanne 50 ... 31 AB20
Prétot-Vicquemare 76 ... 19 AS16
Prêtreville 14 ... 54 AO24
Préty 71 ... 195 BX52
Pretz-en-Argonne 55 ... 63 BX25
Preuilly 18 ... 172 BC46
Preuilly (Abbaye de) 77 ... 89 BI31
Preuilly-la-Ville 36 ... 170 AS50
Preuilly-sur-Claise 37 ... 170 AS48
Preures 62 ... 6 AZ7
Preuschdorf 67 ... 69 CR24
Preuseville 76 ... 21 AX15
Preutin-Higny 54 ... 45 CC20
Preux-au-Bois 59 ... 15 BM12
Preux-au-Sart 59 ... 15 BM10
Préval 72 ... 108 AQ33
Prévelles 72 ... 108 AP34
Prévenchères 48 ... 265 BP74
Préveranges 18 ... 190 BC53
Prévessin-Moëns 01 ... 197 CG54
La Prévière 49 ... 127 AC38
Prévillers 60 ... 21 BA18
Prévinquières 12 ... 279 BC76
Prévocourt 57 ... 66 CH25
Prey 88 ... 119 CJ33
Prey 27 ... 56 AV25
Preyssac-d'Excideuil 24 ... 223 AT65
Prez 08 ... 26 BR15
Prez-sous-Lafauche 52 ... 93 CA32
Prez-sur-Marne 52 ... 92 BX29
Priaires 79 ... 201 AG56
Priay 01 ... 214 CA57
Priez 02 ... 40 BK23
Prignac 17 ... 202 AI59
Prignac-en-Médoc 33 ... 218 AD65
Prignac-et-Marcamps 33 ... 237 AG68
Prigonrieux 24 ... 239 AN70
Primarette 38 ... 231 BY64
Primat 08 ... 42 BU20
La Primaube 12 ... 280 BF77
Primel-Trégastel 29 ... 72 K26
Primelin 29 ... 98 D33
Primelles 18 ... 172 BC48
Prin-Deyrançon 79 ... 184 AG55
Prinçay 86 ... 169 AN47
Princé 35 ... 105 AD33
Pringé 72 ... 129 AM39
Pringy 77 ... 88 BE30
Pringy 74 ... 215 CG58
Pringy 51 ... 62 BT27
Prinquiau 44 ... 146 W42
Prinsuéjols 48 ... 263 BJ73
Printzheim 67 ... 68 CP26
Prisces 02 ... 25 BO16
Prisches 59 ... 15 BN12
Prissac 36 ... 188 AV52
Prissé 71 ... 194 BV54
Prissé-la-Charrière 79 ... 201 AH56
Pritz 53 ... 106 AG34
Privas 07 ... 266 BV72
Privezac 12 ... 279 BC76
Prix-lès-Mézières 08 ... 26 BU16
Priziac 56 ... 101 M33
Prizy 71 ... 193 BR54
La Proiselière-et-Langle 70 ... 141 CI37
Proissans 24 ... 241 AU70
Proisy 02 ... 25 BN14
Proix 02 ... 24 BM14
Projan 32 ... 294 AI84
Promilhanes 46 ... 279 AZ76
Prompsat 63 ... 209 BJ59
Prondines 63 ... 226 BF61
Pronleroy 60 ... 38 BE19
Pronville 62 ... 14 BI11
Propiac 26 ... 286 CA77
Propières 69 ... 212 BT56
Propriano 2A ... 350 FD114
Prosnes 51 ... 42 BR22
Prouais 28 ... 57 AX28
Prouilly 51 ... 41 BO21
Proumeyssac (Gouffre de) 24 ... 241 AS70
Proupiary 31 ... 316 AR89
Proussy 14 ... 53 AI25
Prouvais 02 ... 41 BP19
Prouville 80 ... 12 BB12
Prouvy 59 ... 14 BL10
Prouzel 80 ... 22 BC15
Provemont 27 ... 37 AY21
Provenchère 70 ... 141 CF38
Provenchère 25 ... 163 CJ43
Provenchères-lès-Darney 88 ... 118 CE34
Provenchères-sur-Fave 88 ... 96 CM31
Provenchères-sur-Marne 52 ... 92 BX32
Provenchères-sur-Meuse 52 ... 117 CB35
Provency 89 ... 158 BP41
Proverville 10 ... 116 BU33
Proveysieux 38 ... 250 CD66
Proville 59 ... 14 BJ12
Provin 59 ... 8 BH8
Provins 77 ... 89 BK29
Proviseux-et-Plesnoy 02 ... 41 BP19
Proyart 80 ... 23 BF15
Prudemanche 28 ... 56 AU28
Prudhomat 46 ... 243 AZ70
Prugnanes 66 ... 338 BE93
Prugny 10 ... 114 BP33
Pruillé 49 ... 128 AG40
Pruillé-le-Chétif 72 ... 107 AM36
Pruillé-l'Éguillé 72 ... 130 AO37
Pruines 12 ... 262 BE74
Prunay 51 ... 41 BQ22
Prunay-Belleville 10 ... 90 BN32
Prunay-Cassereau 41 ... 131 AS39
Prunay-en-Yvelines 78 ... 86 AZ30
Prunay-le-Gillon 28 ... 86 AY32
Prunay-le-Temple 78 ... 57 AY26
Prunay-sur-Essonne 91 ... 87 BD32
Prunelli-di-Casacconi 2B ... 347 FG105
Prunelli-di-Fiumorbo 2B ... 349 FG110
Prunet 31 ... 298 AY85
Prunet 15 ... 262 BE71
Prunet 07 ... 266 BS73
Prunet-et-Belpuig 66 ... 342 BF96
Prunete 2B ... 347 FH107
Prunières 48 ... 264 BL71
Prunières 38 ... 251 CE70
Prunières 05 ... 270 CI73
Pruniers 49 ... 149 AH41
Pruniers 36 ... 172 BB49
Pruniers-en-Sologne 41 ... 153 AY43
Pruno 2B ... 347 FG106
Prunoy 89 ... 135 BJ37
Prusly-sur-Ource 21 ... 138 BU37
Prusy 10 ... 114 BP36
Pruzilly 71 ... 194 BV55
Puberg 67 ... 68 CN24
Publier 74 ... 198 CJ53
Publy 39 ... 179 CC50
Puceul 44 ... 126 Z40
Le Puch 09 ... 337 BB94
Puch-d'Agenais 47 ... 275 AM76
Puchay 27 ... 37 AX21
Puchevillers 80 ... 12 BD13
Le Puech 34 ... 301 BL84
Puéchabon 34 ... 302 BN83
Puéchoursi 81 ... 318 AZ86
Puechredon 30 ... 303 BR81
Puellemontier 52 ... 92 BU30
Puessans 25 ... 162 CH41
Puget 84 ... 305 CA82
Puget-Rostang 06 ... 289 CO79
Puget-sur-Argens 83 ... 308 CM85
Puget-Théniers 06 ... 289 CN80
Puget-Ville 83 ... 328 CI87
Pugey 25 ... 161 CE44
Pugieu 01 ... 214 CC59
Puginier 11 ... 318 AZ87
Pugnac 33 ... 237 AG68
Pugny 79 ... 167 AH49
Pugny-Chatenod 73 ... 233 CF61
Puichéric 11 ... 320 BF89
Le Puid 88 ... 96 CM30
Puigmal 66 ... 341 BB98
Puihardy 79 ... 184 AH52
Puilacher 34 ... 302 BM85
Puilaurens 11 ... 337 BC94
Puilboreau 17 ... 183 AC55
Puilly-et-Charbeaux 08 ... 27 BY17
Puimichel 04 ... 287 CG80
Puimisson 34 ... 321 BK86
Puimoisson 04 ... 307 CH81
La Puisaye 28 ... 85 AT29
Puiseaux 45 ... 112 BE33
Puiselet-le-Marais 91 ... 87 BC31
Puisenval 76 ... 21 AX15
Le Puiset 28 ... 110 AZ33
Le Puiset-Doré 49 ... 148 AD44
Puiseux 28 ... 86 AW29
Puiseux 08 ... 26 BT18
Puiseux-en-Bray 60 ... 37 AZ20
Puiseux-en-France 95 ... 58 BE24
Puiseux-en-Retz 02 ... 40 BJ21
Puiseux-le-Hauberger 60 ... 38 BC22
Puiseux-Pontoise 95 ... 57 BA24
Puisieulx 51 ... 41 BQ22
Puisieux 77 ... 59 BH24
Puisieux 62 ... 13 BF12
Puisieux-et-Clanlieu 02 ... 24 BM15
Puissalicon 34 ... 321 BK86
Puisseguin 33 ... 238 AK70
Puisserguier 34 ... 321 BI87
Puits 21 ... 138 BT38
Le Puits-des-Mèzes 52 ... 117 BZ34
Puits-et-Nuisement 10 ... 115 BT33
Puits-la-Vallée 60 ... 22 BC18
Puivert 11 ... 337 BA92
Pujaudran 32 ... 297 AT85
Pujaut 30 ... 285 BW80
Pujo 65 ... 315 AK87
Pujo-le-Plan 40 ... 294 AH81
Pujols 47 ... 276 AQ76
Pujols 33 ... 256 AK71
Les Pujols 09 ... 336 AY90
Pujols-sur-Ciron 33 ... 255 AH74
Le Puley 71 ... 177 BU50
Puligny-Montrachet 21 ... 177 BV47
Pullay 27 ... 55 AS27
Pulligny 54 ... 94 CF29
Pulney 54 ... 94 CE31
Pulnoy 54 ... 66 CG27
Pulvérières 63 ... 209 BH59
Pulversheim 68 ... 121 CO36
Punchy 80 ... 23 BG16
Punerot 88 ... 94 CC30
Puntous 65 ... 316 AO88
Puntous de Laguian 32 ... 315 AM86
Pupillin 39 ... 179 CD48
Pure 08 ... 27 BX17
Purgerot 70 ... 140 CE38
Pusey 70 ... 141 CF39
Pusignan 69 ... 213 BY60
Pussay 91 ... 87 BA32
Pussigny 37 ... 149 AP47
Pussy 73 ... 234 CJ62
Pusy-et-Épenoux 70 ... 141 CF39
Putanges-Pont-Écrepin 61 ... 53 AK27
Puteaux 92 ... 58 BC26
Putot-en-Auge 14 ... 34 AL22
Putot-en-Bessin 14 ... 33 AI22
Puttelange-aux-Lacs 57 ... 67 CK23
Puttelange-lès-Thionville 57 ... 45 CF18
Puttigny 57 ... 66 CI25
Puxe 54 ... 45 CC22
Puxieux 54 ... 65 CD23
Le Puy 33 ... 257 AL73
Le Puy 25 ... 162 CG42
Puy Crapaud 85 ... 167 AF49
Puy-d'Arnac 19 ... 242 AY69
Puy de Dôme 63 ... 209 BI60
Puy-de-Serre 85 ... 184 AG51
Puy du Fou (Château du) 85 ... 166 AE47
Puy-du-Lac 17 ... 201 AF58
Le Puy-en-Velay 43 ... 247 BP68
Puy-Guillaume 63 ... 210 BM58
Puy-l'Évêque 46 ... 259 AT74
Puy-Malsignat 23 ... 207 BC58
Le Puy-Notre-Dame 49 ... 150 AJ45
Puy-Saint-André 05 ... 252 CK69
Le Puy-Saint-Bonnet 49 ... 166 AE46
Puy-Saint-Eusèbe 05 ... 270 CJ73
Puy-Saint-Gulmier 63 ... 208 BF60
Puy-Saint-Martin 26 ... 267 BY73
Puy-Saint-Pierre 05 ... 252 CL69
Puy-Saint-Vincent 05 ... 252 CK70
Le Puy-Sainte-Réparade 13 ... 306 CC83
Puy-Sanières 05 ... 270 CK73
Puybarban 33 ... 256 AK74
Puybegon 81 ... 298 AZ82
Puybrun 46 ... 242 AY70
Puycalvel 81 ... 299 BB84
Puycasquier 32 ... 296 AQ83
Puycelci 81 ... 278 AY80
Puycornet 82 ... 277 AV78
Puydaniel 31 ... 317 AV88
Puydarrieux 65 ... 315 AN88
Puydrouard 17 ... 201 AE56
La Puye 86 ... 187 AR51
Puygaillard-de-Lomagne 82 ... 276 AR80
Puygaillard-de-Quercy 82 ... 278 AX80
Puygiron 26 ... 267 BX74
Puygouzon 81 ... 299 BB81
Puygros 73 ... 233 CG62
Puyguilhem 24 ... 257 AN72
Puyguilhem (Château de) 24 ... 222 AQ64
Puyjourdes 46 ... 279 AZ76
Puylagarde 82 ... 279 AZ77
Puylaroque 82 ... 278 AX77
Puylaurens 81 ... 299 BA85
Puylausic 32 ... 316 AR86
Puyloubier 13 ... 306 CE85
Puymangou 24 ... 239 AL67
Puymartin (Château de) 24 ... 241 AT70
Puymaurin 31 ... 316 AQ87
Puyméras 84 ... 285 BZ77
Puymiclan 47 ... 257 AN74
Puymirol 47 ... 276 AQ78
Puymorens (Col de) 66 ... 340 AY96
Puymoyen 16 ... 221 AM62
Puynormand 33 ... 238 AK69
Puyol-Cazalet 40 ... 294 AH84
Puyoô 64 ... 293 AC85
Puyravault 85 ... 183 AC53
Puyravault 17 ... 201 AE56
Puyréaux 16 ... 203 AM59
Puyrenier 24 ... 221 AO64
Puyricard 13 ... 306 CC84
Puyrolland 17 ... 201 AG57
Puys 76 ... 10 AU14
Puységur 32 ... 296 AP83
Puysségur 31 ... 297 AS83
Puysserampion 47 ... 257 AN73
Puyvalador 66 ... 341 BB95
Puyvert 84 ... 305 CB82
Puzeaux 80 ... 23 BG16
Puzieux 88 ... 94 CF31
Puzieux 57 ... 66 CG25
Py 66 ... 342 BD97
Pyla-sur-Mer 33 ... 254 AB72
La Pyle 27 ... 35 AS22
Pyrénées 2000 66 ... 341 BA97
Pys 80 ... 13 BG12

Q

Quaëdypre 59 ... 3 BE3
Quaix-en-Chartreuse 38 ... 250 CD66
Quantilly 18 ... 155 BE44
Quarante 34 ... 321 BI87
Quarouble 59 ... 9 BM9
Quarré-les-Tombes 89 ... 158 BP43
La Quarte 70 ... 140 CC38
Le Quartier 63 ... 209 BG57
Quasquara 2A ... 349 FE111
Quatre-Champs 08 ... 42 BU19
Les Quatre Chemins 85 ... 183 AC52
Quatre-Routes-d'Albussac 19 ... 242 AY68
Les Quatre-Routes-du-Lot 46 ... 242 AX69
Quatre Vios (Col des) 07 ... 266 BT71
Quatremare 27 ... 36 AU22
Quatzenheim 67 ... 68 CP27
Quéant 62 ... 13 BH11
Queaux 86 ... 187 AQ54
Québriac 35 ... 80 Y31
Quédillac 35 ... 103 V32
Queige 73 ... 216 CJ60
Quelaines-Saint-Gault 53 ... 105 AF36
Les Quelles 67 ... 96 CM30
Quelmes 62 ... 3 BB5
Quelneuc 56 ... 125 W37
Quéménéven 29 ... 75 H32
Quemigny-Poisot 21 ... 159 BW44
Quemigny-sur-Seine 21 ... 138 BU39
Quemper-Guézennec 22 ... 73 P26
Quemperven 22 ... 72 N26
Quend 80 ... 11 AY10
Quend-Plage-les-Pins 80 ... 11 AX10
Quenne 89 ... 136 BN38
Quenoche 70 ... 162 CF41
Quenza 2A ... 349 FF113
Quercamps 62 ... 3 BB5
Querciolo 2B ... 347 FH105
Quercitello 2B ... 347 FG106
Quérénaing 59 ... 14 BL10
Quéribus (Château de) 11 ... 338 BF93
Quérigut 09 ... 341 BB95
Quernes 62 ... 7 BD7
Quéroy (Grottes du) 16 ... 221 AN62
Querqueville 50 ... 29 AA16
Querré 49 ... 128 AH39
Querrien 29 ... 100 L35
Querrieu 80 ... 22 BD14
Quers 70 ... 141 CH38
Quesmy 60 ... 23 BI17
Quesnay-Guesnon 14 ... 32 AG22
Le Quesne 80 ... 21 AZ15
Le Quesnel 80 ... 23 BF16
Le Quesnel-Aubry 60 ... 38 BD19
Le Quesnoy 80 ... 23 BF16
Le Quesnoy 59 ... 15 BM11
Le Quesnoy-en-Artois 62 ... 12 BB10
Quesnoy-le-Montant 80 ... 11 AY12
Quesnoy-sur-Airaines 80 ... 11 BA14
Quesnoy-sur-Deûle 59 ... 4 BH5
Quesques 62 ... 6 BA6
Quessigny 27 ... 56 AV25
Quessoy 22 ... 78 S30
Quessy 02 ... 24 BK17
Questembert 56 ... 125 T38
Questrecques 62 ... 6 AZ6
Quet-en-Beaumont 38 ... 251 CF70
Quetigny 21 ... 160 BY43
Quettehou 50 ... 29 AC17
Quettetot 50 ... 29 AA18
Quetteville 14 ... 34 AO21
Quettreville-sur-Sienne 50 ... 51 AB24
Queudes 51 ... 61 BN28
La Queue-en-Brie 94 ... 58 BE27
La Queue-les-Yvelines 78 ... 57 AZ27
Queuille 63 ... 209 BH58
Quevauvillers 80 ... 22 BB15
Quéven 56 ... 101 M36
Quévert 22 ... 79 W30
Quevillon 76 ... 36 AT20
Quevilloncourt 54 ... 94 CF30
Quévreville-la-Poterie 76 ... 36 AU21
Queyrac 33 ... 218 AD64
Queyrières 43 ... 247 BR68
Queyssac 24 ... 240 AP70
Queyssac-les-Vignes 19 ... 242 AY69
Quézac 48 ... 282 BM76
Quézac 15 ... 261 BC72
Quiberon 56 ... 123 O40
Quiberville 76 ... 20 AT15
Quibou 50 ... 32 AD23
Quié 09 ... 336 AX93
Quiers 77 ... 88 BH29
Quiers-sur-Bézonde 45 ... 111 BD36
Quiéry-la-Motte 62 ... 8 BH9
Quierzy 02 ... 24 BJ18
Quiestède 62 ... 7 BD6
Quiévelon 59 ... 15 BP11
Quiévrechain 59 ... 9 BM9
Quièvrecourt 76 ... 20 AW16
Quiévy 59 ... 14 BL12
Quilen 62 ... 6 BA8
Quilinen (Calvaire de) 29 ... 99 H33
Quillan 11 ... 337 BB93
Quillane (Col de) 66 ... 341 BB96
Quillebeuf-sur-Seine 27 ... 35 AQ19
Le Quillio 22 ... 102 Q32
Quilly 44 ... 146 W41
Quilly 08 ... 42 BT20
Quily 56 ... 102 T36
Quimerch 29 ... 75 H31
Quimiac 44 ... 145 S41
Quimper 29 ... 99 H34
Quimperlé 29 ... 100 L35
Quincampoix 76 ... 36 AU19
Quincampoix-Fleuzy 60 ... 21 AZ16
Quinçay 86 ... 186 AN51
Quincerot 89 ... 115 BQ36
Quincerot 21 ... 137 BR40
Quincey 70 ... 141 CG39
Quincey 21 ... 160 BX45
Quincey 10 ... 90 BM30
Quincié-en-Beaujolais 69 ... 212 BU56
Quincieu 38 ... 250 CB66
Quincieux 69 ... 213 BW59

QUIMPER

Astor (R.) ... AYZ 2
Beurre (Pl. au) ... BY 4
Boucheries (R. des) ... BY 6
Chapeau-Rouge (R. du) ... AY 9
Guéodet (R. du) ... BY 16
Le Hars (R. Th.) ... BZ 24
Jacob (Pont Max) ... AZ 18
Kéréon (R.) ... ABY
Kerguélen (Bd Amiral de) ... BZ 23
Locmaria (Allées) ... AZ 26
Luzel (R.) ... BY 28
Mairie (R. de la) ... BY 29
Parc (R. du) ... ABZ 34
Résistance-et-du-Gén.-de-Gaulle (Pl. de la) ... AZ 40
Ronarc'h (R. Amiral) ... AZ 42
Ste-Catherine (R.) ... BZ 48
Ste-Thérèse (R.) ... BZ 50
St-Corentin (Pl.) ... BZ 43
St-François (R.) ... BZ 45
St-Mathieu (R.) ... AZ 47
Sallé (R. du) ... BY 52
Steir (Quai du) ... AZ 53
Terre-au-Duc (Pl.) ... AY 54

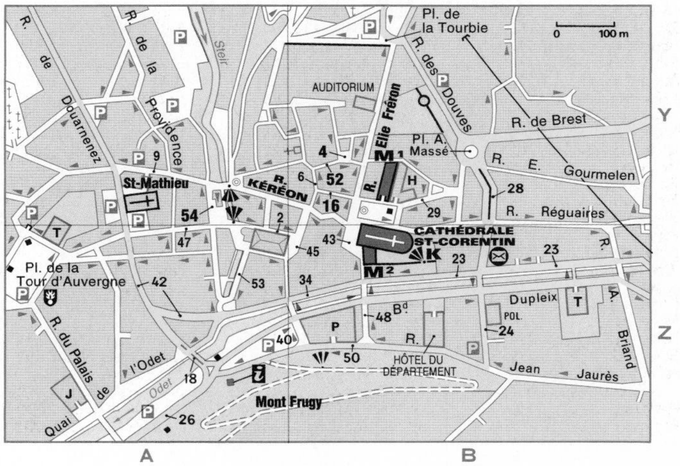
Pl. de la Tourbie
AUDITORIUM
R. de Douarnenez
R. de la Providence
R. des Douves
R. Elie Fréron
Pl. A. Massé
R. de Brest
R. E. Gourmelen
St-Mathieu
R. KÉRÉON
R. Réguaires
CATHÉDRALE ST-CORENTIN
Pl. de la Tour d'Auvergne
R. du Palais
Bd Dupleix
HÔTEL DU DÉPARTEMENT
Mont Frugy
l'Odet
Quai de l'Odet
Jean Jaurès
A. Briand
Y
Z
A
B
0 100 m

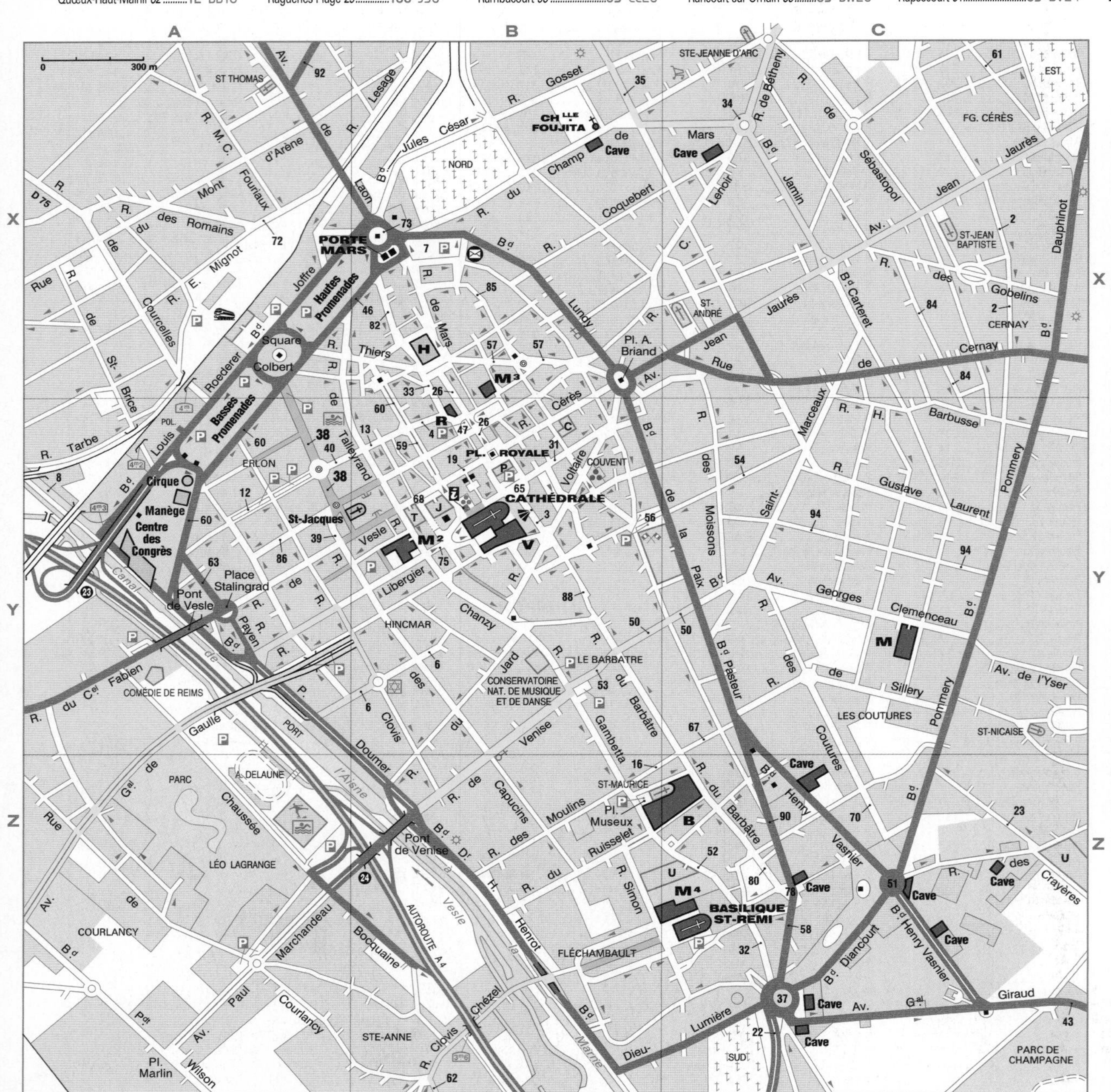

REIMS

Alsace-Lorraine (R. d') . . . . CX 2
Anatole-France (Cours) . . . . BY 3
Arbalète (R. de l') . . . . BY 4
Boulard (R.) . . . . BY 6
Boulingrin (Pl. du) . . . . BX 7
Brébant (Av.) . . . . AY 8
Buirette (R.) . . . . AY 12
Cadran St-Pierre (R.) . . . . . BY 13
Carmes (R. des) . . . . BZ 16
Carnégie (Pl.) . . . . BY 17
Carnot (R.) . . . . BY 19
Champagne (Av. de) . . . . . . CZ 22
Chemin Vert (R. du) . . . . . . CZ 23
Colbert (R.) . . . . BXY 26
Desteuque (R. E.) . . . . BY 31
Dieu-Lumière (R.) . . . . CZ 32
Dr-Jacquin (R.) . . . . BXY 33
Dr-Knoéri (Pl. du) . . . . CX 34
Dr-Lemoine (R.) . . . . BX 35
Droits-de-l'Homme (Pl. des) . . . . CZ 37
Drouet d'Erlon (Pl.) . . . . AY 38
Dubois (R. Th.) . . . . AY 39
Étape (R. de l') . . . . AY 40
Farman (Av. H.) . . . . CZ 43
Foch (Bd) . . . . ABX 46
Forum (Pl.) . . . . BY 47
Gerbert (R.) . . . . BCY 50
Gouraud (Pl. Gén.) . . . . CZ 51
Grand-Cerf (R. du) . . . . CZ 52
Herduin (R. Lt.) . . . . BY 53
Houzeau-Muiron (R.) . . . . . . CY 54
Jamot (R. Paul) . . . . BY 56
Jean-Jaurès (Av.) . . . . BCX
J.-J.-Rousseau (R.) . . . . BX 57
Lambert (Bd Victor) . . . . CZ 58
Langlet (Crs J.-B.) . . . . BY 59
Laon (Av. de) . . . . ABX
Leclerc (Bd Général) . . . . . . AX 60
Lefèbvre (R. E.) . . . . CX 61
Louvois (R. de) . . . . BZ 62
Magdeleine (R.) . . . . AY 63
Martyrs-de-la-Résistance (Pl. des) . . . . BY 65
Montlaurent (R.) . . . . CY 67
Myron-Herrick (Pl.) . . . . BY 68
Philipe (R. Gérard) . . . . CZ 70
Prés.-F.-Roosevelt (R.) . . . . . AX 72
République (Pl. de la) . . . . . BX 73
Rockefeller (R.) . . . . BY 75
St-Nicaise (Pl.) . . . . CZ 78
Salines (R. des) . . . . CZ 80
Sarrail (R. Gén.) . . . . BX 82
Strasbourg (R. de) . . . . CX 84
Talleyrand (R. de) . . . . ABY
Temple (R. du) . . . . BX 85
Thillois (R. de) . . . . AY 86
Université (R. de l') . . . . BY 88
Vesle (R. de) . . . . ABY
Victor-Hugo (Bd) . . . . CZ 90
Zola (R. Émile) . . . . AX 92
16e-et-22e-Dragons (R. des) . . . . CY 94

RENNES

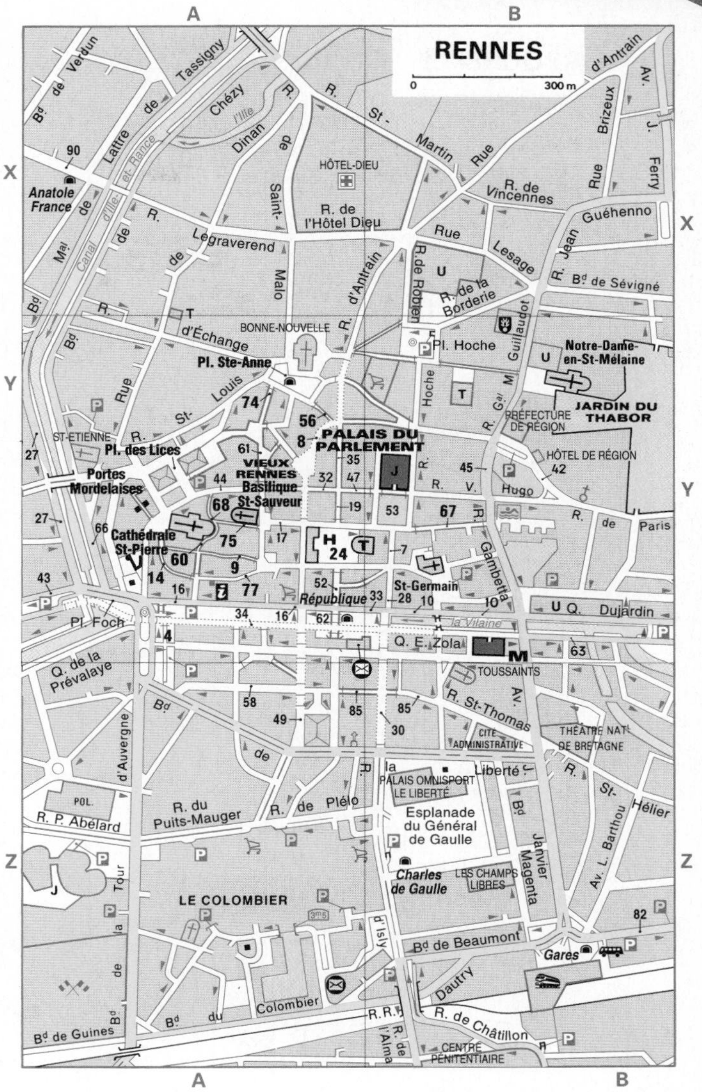

LA ROCHELLE

Street	Grid	No.
Admyrault (R. G.)	CYZ	2
Aufrédy (R.)	CY	4
Augustins (R. des)	CDY	6
Balangerie (R.)	CZ	7
Bancs (Pl. des Petits)	CZ	8
Barentin (Pl.)	CZ	10
Bletterie (R.)	DZ	12
Carmes (R. des)	CZ	14
Chaîne (R. de la)	CZ	16
Champ-de-Mars (Av. du)	DY	17
Chaudrier (R.)	CY	19
Chef-de-Ville (R.)	CZ	21
Commanderie (Cour de la)	CZ	27
Dames (Cours des)	CZ	31
Dupaty (R.)	CY	35
Duperré (Quai)	CZ	37
Escale (R. de l')	CZ	39
Fabrique (R. de la)	DZ	41
Fagots (R. des)	CZ	43
Ferté (R. de la)	DZ	45
Fonderies (R. des)	DYZ	49
Fromentin (R. E.)	CY	51
Gargoulleau (R.)	DY	53
Gentilshommes (R. des)	CDZ	55
Grille (R. de la)	DYZ	57
Hôtel-de-Ville (R. de l')	CDZ	60
Marché (Pl. du)	DY	
Maubec (Quai)	DZ	66
Merciers (Gde R. des)	DY	70
Minage (R. du)	DY	
Monnaie (Av. de la)	CZ	73
Noue (R. de la)	CY	75
Palais (R. du)	CZ	77
Pas-du-Minage (R. du)	DY	79
Pernelle (R.)	CY	81
Port (Petite R. du)	CZ	83
Port (R. du)	CDZ	85
St-Côme (R.)	CY	94
St-François (R.)	DY	96
St-Jean-du-Pérot (R.)	CZ	98
St-Nicolas (R.)	DZ	99
St-Sauveur (R.)	DZ	100
St-Yon (R.)	DY	
Sur-les-Murs (R.)	CZ	110
Temple (Cour du)	CZ	112
Temple (R. du)	CZ	115
Vespucci (Av. Amerigo)	CZ	117
11-Novembre-1918 (Av. du)	DY	121

Rieux *60* ... 38 BE21
Rieux *56* ... 125 V39
Rieux *51* ... 60 BL26
Rieux *31* ... 317 AU88
Rieux-de-Pelleport *09* ... 336 AX91
Rieux-en-Cambrésis *59* ... 14 BK11
Rieux-en-Val *11* ... 338 BE90
Rieux-Minervois *11* ... 320 BF88
Riez *04* ... 307 CH81
Rigarda *66* ... 342 BE95
Rigaud *06* ... 289 CO79
Rignac *46* ... 260 AY71
Rignac *12* ... 279 BC76
Rignat *01* ... 214 CA56
Rignaucourt *55* ... 63 BY25
Rigné *79* ... 168 AJ47
Rigney *25* ... 162 CG42
Rignieux-le-Franc *01* ... 213 BZ58
Rignosot *25* ... 162 CG42
Rignovelle *70* ... 141 CI37
Rigny *70* ... 161 CC41
Rigny-la-Nonneuse *10* ... 90 BN31
Rigny-la-Salle *55* ... 94 CC28
Rigny-le-Ferron *10* ... 114 BM33
Rigny-Saint-Martin *55* ... 94 CC28
Rigny-sur-Arroux *71* ... 193 BQ52
Rigny-Ussé *37* ... 151 AN44
Riguepeu *32* ... 295 AN84
Rilhac-Lastours *87* ... 223 AT62
Rilhac-Rancon *87* ... 205 AV59
Rilhac-Treignac *19* ... 224 AY63
Rilhac-Xaintrie *19* ... 243 BC67
Rillans *25* ... 162 CH41
Rillé *37* ... 151 AN42
Rillieux-la-Pape *69* ... 213 BX60
Rilly-la-Montagne *51* ... 41 BP23
Rilly-Sainte-Syre *10* ... 90 BP31
Rilly-sur-Aisne *08* ... 42 BT19
Rilly-sur-Loire *41* ... 152 AU42
Rilly-sur-Vienne *37* ... 169 AP46
Rimaucourt *52* ... 93 BZ32
Rimbach-près-Guebwiller *68* ... 120 CN36
Rimbach-près-Masevaux *68* ... 142 CL37
Rimbachzell *68* ... 120 CN36
Rimbez-et-Baudiets *40* ... 274 AK79
Rimboval *62* ... 6 BA8
Rimeize *48* ... 264 BL72
Rimling *57* ... 48 CN22
Rimogne *08* ... 26 BT15
Rimon-et-Savel *26* ... 268 CA72
Rimondeix *23* ... 189 BB55
Rimons *33* ... 256 AK72
Rimont *09* ... 335 AU91
Rimou *35* ... 80 AA31
Rimplas *06* ... 289 CP78
Rimsdorf *67* ... 67 CM24
Ringeldorf *67* ... 68 CP25
Ringendorf *67* ... 68 CP25
Rinxent *62* ... 2 AY4
Riocaud *33* ... 257 AM71
Riolan (Clue du) *06* ... 289 CO80
Riolas *31* ... 316 AR87
Le Riols *81* ... 279 AZ78
Riols *34* ... 320 BG86
Riom *63* ... 209 BJ59
Riom-ès-Montagnes *15* ... 244 BF66
Rioms *26* ... 286 CC77
Rion-des-Landes *40* ... 273 AD80
Rions *33* ... 255 AH72
Riorges *42* ... 211 BQ57
Riotord *43* ... 248 BT66
Rioupéroux *38* ... 251 CF67
Rioupes (Col de) *05* ... 269 CF72
Rioux *17* ... 219 AF62
Rioux-Martin *16* ... 238 AK66
Rioz *70* ... 162 CF41
Ripaille (Domaine de) *74* ... 198 CJ53
Riquet (Obélisque de) *11* ... 318 AZ87
Riquewihr *68* ... 121 CO33
Ris *65* ... 333 AN92
Ris *63* ... 210 BM58
Ris-Orangis *91* ... 58 BD28
Riscle *32* ... 294 AJ84
Risoul *05* ... 270 CL72
Risoul 1850 *05* ... 270 CL72
Ristolas *05* ... 271 CN71
Ristz (Château du) *03* ... 192 BK53
Rittershoffen *67* ... 69 CS24
Ritzing *57* ... 46 CH19
Riunoguès *66* ... 343 BH97
Riupeyrous *64* ... 314 AI86
Riva-Bella *14* ... 33 AK21
Rivarennes *37* ... 151 AO44
Rivarennes *36* ... 188 AV51
Rivas *42* ... 230 BS62
Rivau (Château du) *37* ... 151 AN45
Rive-de-Gier *42* ... 230 BV63
Rivecourt *60* ... 39 BG21
Rivedoux-Plage *17* ... 200 AB56
Rivehaute *64* ... 313 AD87
Rivel *11* ... 337 BA92
Riventosa *2B* ... 347 FF108
Rivèrenert *09* ... 335 AU92
Riverie *69* ... 230 BU62
Rivery *80* ... 22 BD15
Rives *47* ... 258 AQ73
Rives *38* ... 232 CC65
Les Rives *34* ... 301 BK82
Rivesaltes *66* ... 338 BH94
Le Rivier *38* ... 232 CB64
Rivière *62* ... 13 BF11
La Rivière *38* ... 250 CC66
Rivière *37* ... 151 AN45
La Rivière *33* ... 238 AI69
La Rivière-de-Corps *10* ... 90 BP32
La Rivière-Drugeon *25* ... 180 CG48
La Rivière-Enverse *74* ... 216 CK56
Rivière-les-Fosses *52* ... 139 BZ39
Rivière-Saas-et-Gourby *40* ... 292 AB83
La Rivière-Saint-Sauveur *14* ... 34 AO20
Rivière-sur-Tarn *12* ... 281 BJ78
La Rivière-Thibouville *27* ... 35 AR23
Rivières *81* ... 299 BA81
Rivières *30* ... 284 BS77
Rivières *16* ... 203 AN60
Les Rivières-Henruel *51* ... 62 BT28
Rivières-le-Bois *52* ... 139 CA38
Riville *76* ... 19 AQ16
Rivolet *69* ... 212 BU58
Rix *58* ... 157 BL42
Rix *39* ... 180 CF49
Rixheim *68* ... 143 CP37
La Rixouse *39* ... 197 CE52
Rizaucourt *52* ... 92 BW32
Roaillan *33* ... 256 AI74
Roaix *84* ... 285 BY77
Roanne *42* ... 211 BQ57
Roannes-Saint-Mary *15* ... 262 BD71
Robécourt *88* ... 118 CC34
Robecq *62* ... 7 BE7
Robehomme *14* ... 34 AL22
Robersart *59* ... 15 BM12
Robert-Espagne *55* ... 63 BX27
Robert-le-Diable (Château de) *76* ... 36 AT21
Robert-Magny *52* ... 92 BV30
Robertot *76* ... 19 AR16
Roberval *60* ... 39 BF21
Robiac-Rochessadoule *30* ... 283 BR77
Robien (Château) *22* ... 78 Q30
Robin (Mont) *50* ... 52 AD25
La Robine-sur-Galabre *04* ... 288 CI77
Robion *84* ... 305 BZ81
Robion *04* ... 308 CK81
Le Roc *46* ... 260 AW71
Le Roc-Saint-André *56* ... 102 T36
Rocamadour *46* ... 260 AX71
Rocbaron *83* ... 328 CH87
Rocé *41* ... 131 AU38
Roche *42* ... 229 BP62
Roche *41* ... 132 AW38
Roche *38* ... 231 BZ62
La Roche aux Fées *35* ... 104 AB36
Roche-Béranger *38* ... 251 CF67
La Roche-Bernard *56* ... 125 U40
La Roche-Blanche *63* ... 227 BJ61
La Roche-Blanche *44* ... 148 AD41
La Roche-Canilhac *15* ... 263 BI72
La Roche-Canillac *19* ... 243 BA67
La Roche-Chalais *24* ... 238 AK67
Roche-Charles *63* ... 227 BI64
La Roche-Clermault *37* ... 151 AN45
La Roche Courbon (Château de) *17* ... 201 AE59
Roche-d'Agoux *63* ... 208 BF57
La Roche-de-Glun *26* ... 249 BX69
La Roche-de-Rame *05* ... 270 CK71
La Roche-Derrien *22* ... 73 O26
La Roche-des-Arnauds *05* ... 269 CG73
Roche du Prêtre *25* ... 163 CJ44
La Roche-en-Brenil *21* ... 158 BR42
Roche-en-Régnier *43* ... 247 BP66
Roche-et-Raucourt *70* ... 140 CC39
La Roche-Guyon *95* ... 57 AY24
La Roche-Jagu (Château de) *22* ... 73 O26
Roche-la-Molière *42* ... 230 BS64
La Roche-l'Abeille *87* ... 223 AU62
Roche-le-Peyroux *19* ... 226 BD64
Roche-lès-Clerval *25* ... 162 CI42
Roche-lez-Beaupré *25* ... 162 CF43
La Roche-Mabile *61* ... 83 AL30
La Roche-Maurice *29* ... 71 G28
La Roche-Noire *63* ... 228 BK61
La Roche-Posay *86* ... 170 AR49
La Roche-qui-Boit (Barrage de) *50* ... 51 AC28
La Roche-Racan (Château) *37* ... 130 AP40
La Roche-Rigault *86* ... 168 AM47
Roche-Saint-Secret-Béconne *26* ... 267 BY74
La Roche-sur-Foron *74* ... 215 CH56
La Roche-sur-Grane *26* ... 267 BX72
La Roche-sur-le-Buis *26* ... 286 CB77
Roche-sur-Linotte-et-Sorans-les-Cordiers *70* ... 162 CG41
La Roche-sur-Yon *85* ... 165 AA50
La Roche-Vanneau *21* ... 159 BT41
La Roche-Vineuse *71* ... 194 BV54
Rochebaudin *26* ... 267 BY73
La Rochebeaucourt-et-Argentine *24* ... 221 AN63
Rochebloine *07* ... 248 BU68
Rochebonne (Château de) *07* ... 248 BT69
Rochebrune *26* ... 286 CA76
Rochebrune *05* ... 269 CH74
Rochebrune (Château de) *16* ... 204 AR59
Rochechinard *26* ... 250 CA68
Rochechouart *87* ... 204 AR60
Rochecolombe *07* ... 266 BT74
Rochecorbon *37* ... 152 AR42
Rochefort *73* ... 232 CD62
Rochefort *21* ... 138 BU38
Rochefort *17* ... 200 AD58
Rochefort (Rocher de) *42* ... 211 BP58
Rochefort-du-Gard *30* ... 285 BW80
Rochefort-en-Terre *56* ... 125 U38
Rochefort-en-Valdaine *26* ... 267 BX74
Rochefort-en-Yvelines *78* ... 87 BA29
Rochefort-Montagne *63* ... 227 BG61
Rochefort-Samson *26* ... 249 BZ69
Rochefort-sur-la-Côte *52* ... 117 BY33
Rochefort-sur-Loire *49* ... 149 AG42
Rochefort-sur-Nenon *39* ... 161 CB45
La Rochefoucauld *16* ... 221 AO61
Rochefourchat *26* ... 268 CA73
La Rochegiron *04* ... 286 CD79
Rochegude *30* ... 284 BS77
Rochegude *26* ... 285 BX77
Rochejean *25* ... 180 CH49
La Rochelambert (Château de) *43* ... 247 BO68
La Rochelle *70* ... 140 CC38
La Rochelle *17* ... 200 AC56
La Rochelle-Normande *50* ... 51 AB27
Rochemaure *07* ... 267 BW73
La Rochénard *79* ... 184 AG55
Rochepaule *07* ... 248 BT68
La Rochepot *21* ... 177 BV47
Rocher *07* ... 266 BS74
Rocher-Portail (Château du) *35* ... 80 AB30
Le Rochereau *86* ... 168 AM50
Les Rochers-Sévigné (Château) *35* ... 105 AD34
Roches *23* ... 189 BA55
Roches Blanches (Panorama des) *83* ... 329 CK87
Les Roches-de-Condrieu *38* ... 231 BW64
Roches-lès-Blamont *25* ... 142 CL41
Les Roches-l'Évêque *41* ... 131 AS38
Roches-Prémarie-Andillé *86* ... 186 AO52
Roches-sur-Marne *52* ... 92 BX29
Roches-sur-Rognon *52* ... 93 BY32
Rocheservière *85* ... 165 Z47
Rochessauve *07* ... 266 BV72
Rochesson *88* ... 120 CK35
Rochetaillée *52* ... 139 BY37
Rochetaillée *42* ... 230 BT64
Rochetaillée-sur-Saône *69* ... 213 BW59
Rochetoirin *38* ... 232 CB62
Rochetrejoux *85* ... 166 AD49
La Rochette *77* ... 88 BF30
La Rochette *73* ... 233 CG63
La Rochette *23* ... 207 BB58
La Rochette *16* ... 203 AN60
La Rochette *07* ... 248 BS70
La Rochette *05* ... 269 CH73
La Rochette *04* ... 289 CN80
La Rochette-du-Buis *26* ... 286 CB77
Rocheville *50* ... 29 AA18
Rocheville *06* ... 309 CO84
Rochonvillers *57* ... 45 CE19
Rochy-Condé *60* ... 38 BC20
Rocles *48* ... 265 BO72
Rocles *07* ... 266 BS74
Rocles *03* ... 191 BI53
Roclincourt *62* ... 13 BG10
Rocourt *88* ... 118 CC34
Rocourt-Saint-Martin *02* ... 40 BK23
Rocquancourt *14* ... 33 AJ23
La Rocque *14* ... 53 AH25
Rocquefort *76* ... 19 AR17
Rocquemont *76* ... 20 AV18
Rocquemont *60* ... 39 BG22
Rocquencourt *78* ... 58 BB26
Rocquencourt *60* ... 22 BD17
Rocques *14* ... 34 AN22
Rocquigny *62* ... 13 BH13
Rocquigny *08* ... 26 BR17
Rocquigny *02* ... 15 BP13
Rocroi *08* ... 26 BS14
Rodalbe *57* ... 67 CJ25
Rodelinghem *62* ... 2 BA4
Rodelle *12* ... 262 BF75
Rodemack *57* ... 45 CF19
Roderen *68* ... 142 CM37
La Roderie *44* ... 147 Y44
Rodern *68* ... 97 CO32
Rodès *66* ... 342 BF95
Rodez *12* ... 280 BF76
Rodilhan *30* ... 304 BU82
Rodome *11* ... 337 BB94
La Roë *53* ... 105 AD36
Roëllecourt *62* ... 7 BD9
Rœschwoog *67* ... 69 CT25
Rœulx *59* ... 14 BK10
Rœux *62* ... 13 BH10
Roézé-sur-Sarthe *72* ... 129 AM37
Roffey *89* ... 137 BP37
Roffiac *15* ... 245 BI68
Rogalle *09* ... 335 AT92
Rogécourt *02* ... 24 BL17
Rogerville *76* ... 34 AO19
Rogéville *54* ... 65 CD26
Roggenhouse *68* ... 121 CP36
Rogliano *2B* ... 345 FG100
Rogna *39* ... 196 CD54
Rognac *13* ... 305 CA85
Rognaix *73* ... 234 CJ62
Rognes *13* ... 305 CB83
Rognon *25* ... 162 CH41
Rognonas *13* ... 304 BX81
Rogny *02* ... 25 BN16
Rogny-les-Sept-Écluses *89* ... 135 BH39
Rogues *30* ... 302 BN81
Rogy *80* ... 22 BC17
Rohaire *28* ... 55 AS28
Rohan *56* ... 102 R34
Rohr *67* ... 68 CP27
Rohrbach-lès-Bitche *57* ... 68 CN23
Rohrwiller *67* ... 69 CS26
Roiffé *86* ... 150 AL45
Roiffieux *07* ... 248 BV66

ROUBAIX

CROIX

Cheuvreuil (R.) .... AY 19
Gaulle (Av. du Gén.-de) ...... AY 43
Kléber (R.) .... AY 55
Liberté (Pl. de la) .... AY 63
Raspail (R.) .... AX 77

HEM

Europe (Av. de l') .... BY 36
Schuman (R. Robert) .... BY 84

LYS-LEZ-LANNOY

Guesde (R. Jules) .... CY 48

ROUBAIX

Abreuvoir (Pl. de l') .... AX 3
Alouette (R. de l') .... AX 4
Alsace (Av. d') .... AX 6
Armentières (Bd d') .... AX 7
Avelghem (R. d') .... CX 9
Beaumont (R. de) .... BY 10
Beaurepaire (Bd du) .... CX 12
Bois (R. du) .... BX 13
Braille (R. Louis) .... CY 15
Cateau (Bd du) .... BY 18
Champier (R. Louise et Victor) AX 19
Colmar (Bd de) .... CX 21
Communauté-Urbaine (R.) ... BX 22
Constantine (R. de) .... BX 24
Courbet (R. Amiral) .... AY 25
Couteaux (Bd des) .... BX 27
Cugnot (R.) .... AY 28
Curé (R. du) .... BX 30
Douai (Bd de) .... ABY 31
Épeule (R. de l') .... AXY 33
Faidherbe (Pl. du Gén.) ...... CX 37
Fer-à-Cheval (Carr. du) .... AY 39
Fosse-aux-Chênes (R.) ...... BX 40
Fraternité (Pl. de la) .... CY 42
Goujon (R. Jean) .... BY 45
Gounod (R. Ch.) .... AX 46
Grande-Rue .... BCX
Grand-Place .... BX
Halle (R. de la) .... BX 49
Halluin (Bd d') .... AX 51
Hospice (R. de l') .... BX 52
Hôtel-de-Ville (R. de l') .... BX 54
Lacordaire (Bd) .... BY 57
Laine (Bd de la) .... BX 34
Lannoy (R. de) .... BCY
Lebas (Av. J.) .... ABX
Leclerc (Bd Gén.) .... BX 60
Leconte-Baillon (R.) .... CY 61
Leers (R. de) .... CX 62
Liberté (Pl. de la) .... BX 64
Molière (R.) .... CX 66
Monnet (R. J.) .... BX 67
Motte (R. Pierre) .... BX 70
Nadaud (R.) .... CX 72
Le Nôtre (Av.) .... AY 58
Nyckès (Pont) .... CX 73
Peuple-Belge (Av. du) .... AY 75
Prof.-Langevin (R. du) .... AY 76
République (Bd de la) .... AX 78
Rousseau (R. J.-J.) .... CY 79
St-Maurice (R.) .... BX 81
Sarrail (R. du Gén.) .... BX 82
Sévigné (R. de) .... CX 85
Travail (Pl. du) .... BY 87
Vieil-Abreuvoir (R. du) .... BX 88

WATTRELOS

Briffaut (R. Henri) .... CX 16
Monge (R.) .... CX 69

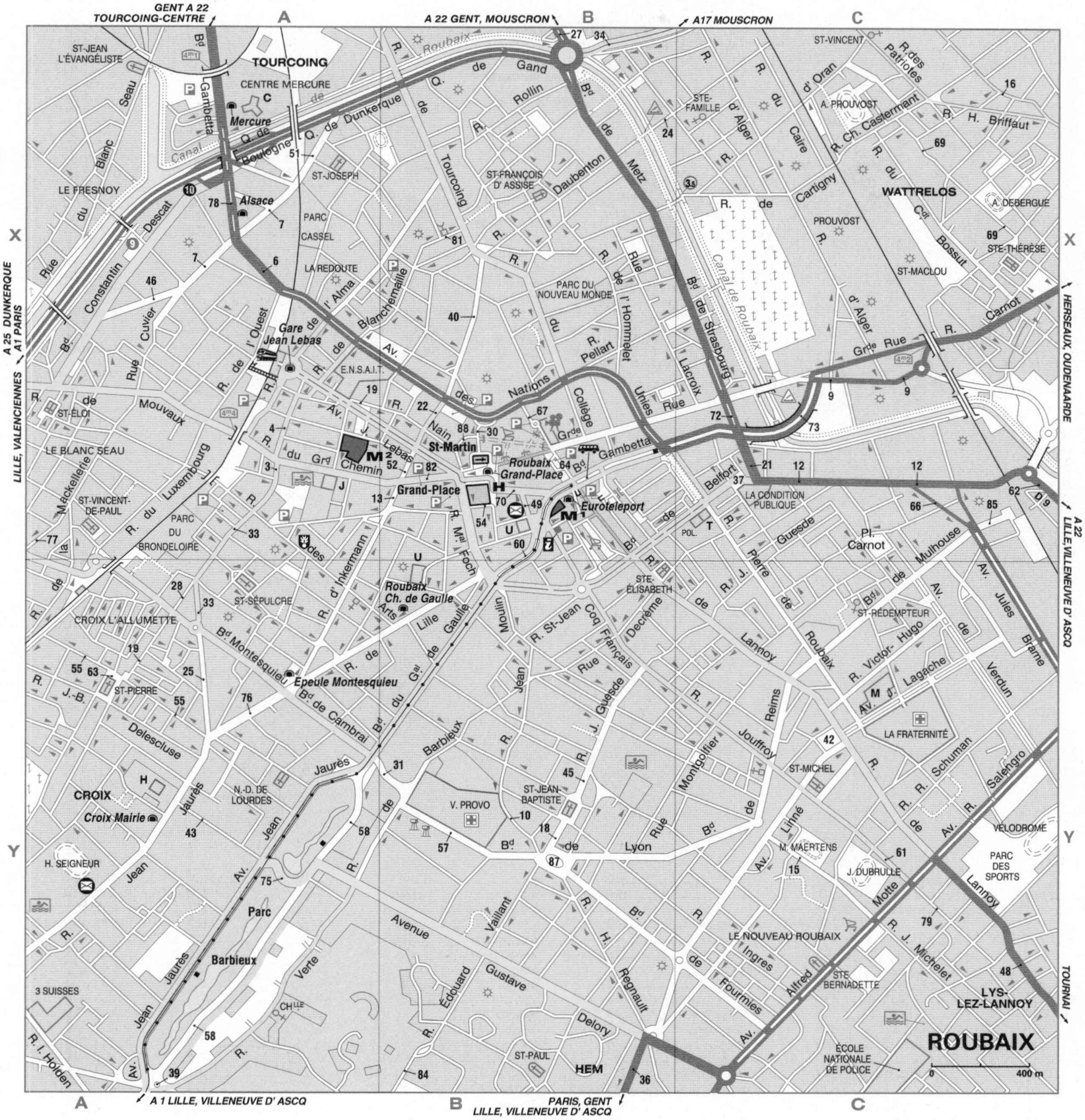

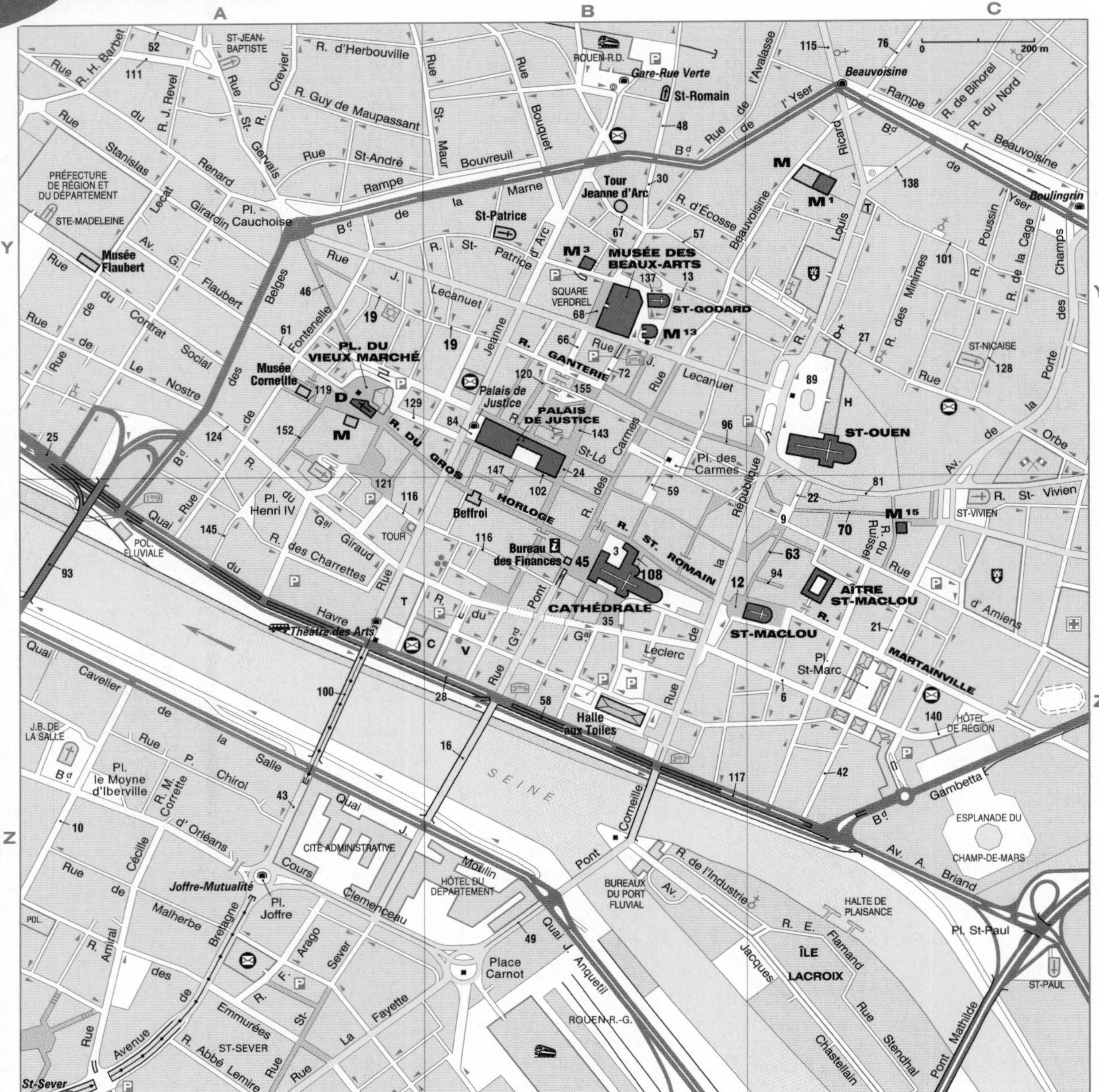

A
B
C
Y
Z
ST-JEAN-BAPTISTE
R. d'Herbouville
ROUEN-R.D.
Gare-Rue Verte
St-Romain
Beauvoisine
Rampe
Boulingrin
PRÉFECTURE DE RÉGION ET DU DÉPARTEMENT
STE-MADELEINE
Pl. Cauchoise
Musée Flaubert
Tour Jeanne d'Arc
St-Patrice
MUSÉE DES BEAUX-ARTS
SQUARE VERDREL
ST-GODARD
PL. DU VIEUX MARCHÉ
Musée Corneille
Palais de Justice
PALAIS DE JUSTICE
R. DU GROS HORLOGE
Pl. des Carmes
ST-OUEN
ST-NICAISE
ST-VIVIEN
Beffroi
Bureau des Finances
CATHÉDRALE
R. ST-ROMAIN
AÎTRE ST-MACLOU
ST-MACLOU
MARTAINVILLE
Pl. St-Marc
HÔTEL DE RÉGION
Halle aux Toiles
Théâtre des Arts
POL. FLUVIALE
TOUR
SEINE
Quai Cavelier de la Salle
J.B. DE LA SALLE
Pl. le Moyne d'Iberville
CITÉ ADMINISTRATIVE
HÔTEL DU DÉPARTEMENT
BUREAUX DU PORT FLUVIAL
Pont Corneille
R. de l'Industrie
HALTE DE PLAISANCE
ÎLE LACROIX
ESPLANADE DU CHAMP-DE-MARS
Av. A. Briand
Pl. St-Paul
ST-PAUL
Joffre-Mutualité
Pl. Joffre
Place Carnot
ROUEN-R.-G.
ST-SEVER
St-Sever
Avenue
Pont Mathilde
200 m

ROUEN

S

ST-BRIEUC

Armor (Av. d') BZ 3
Chapitre (R. du) AZ 4
Charbonnerie (R.) AY 5
Gaulle (Pl. Gén.-de) AY 18
Glais-Bizoin (R.) ABY 20
Le Gorrec (R. P.) AZ 28
Jouallan (R.) AY 26
Libération (Av. de la) BZ 29
Lycéens-Martyrs (R.) AZ 32
Martray (Pl. du) AY 33
Quinquaine (R.) AY 38
Résistance (Pl. de la) AY 39
Rohan (R. de) AYZ 40
St-Gilles (R.) AY 43
St-Gouéno (R.) AY 44
St-Guillaume (R.) BZ 46
3-Frères-Le-Goff (R.) AY 52
3-Frères-Merlin (R.) AY 53

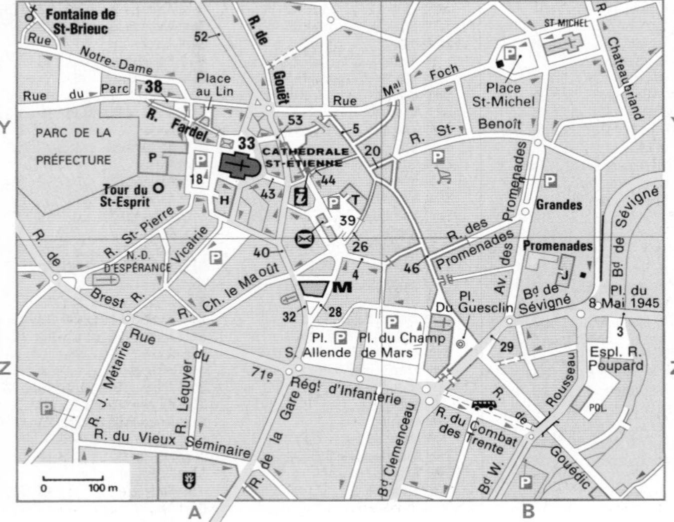

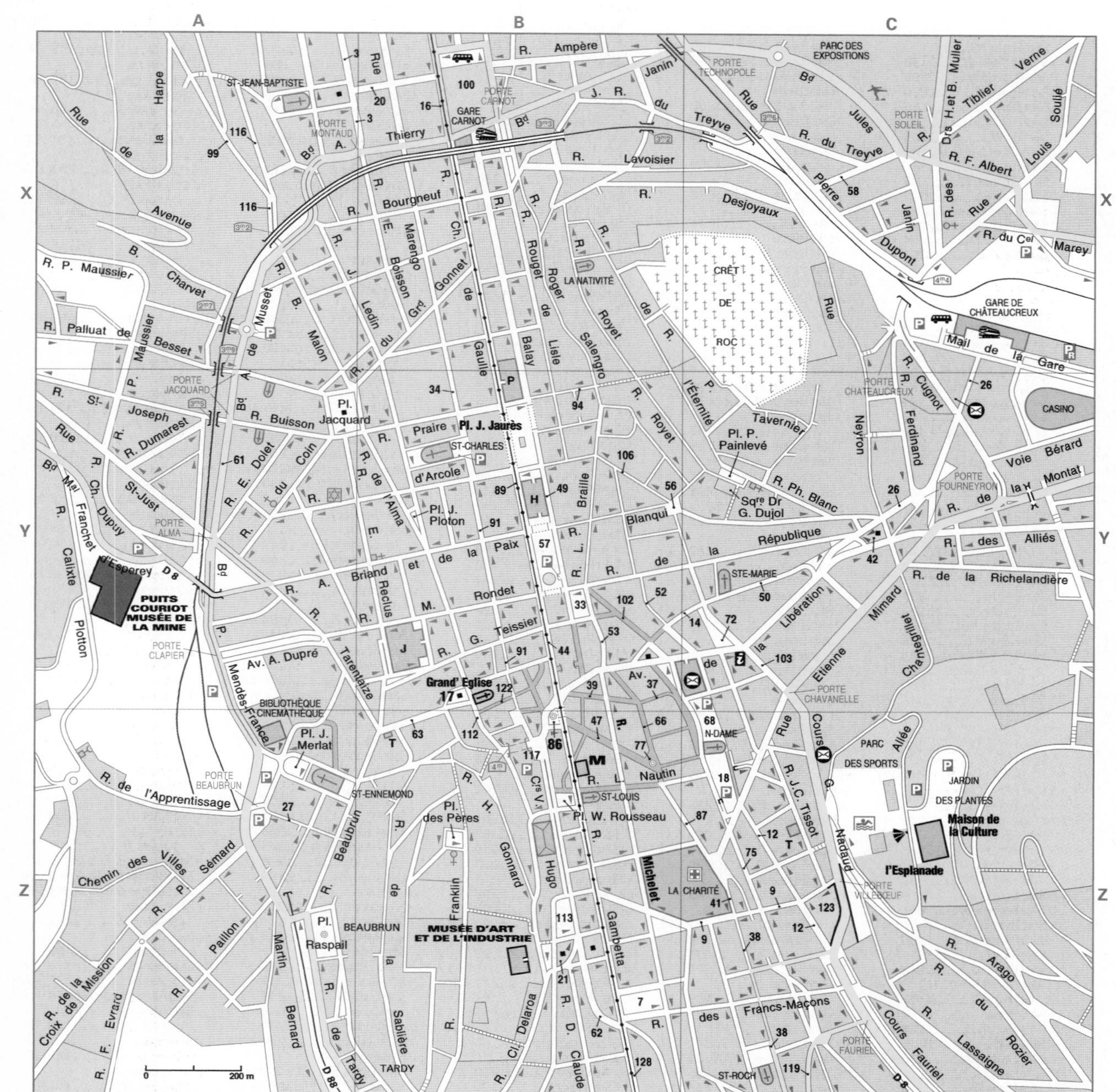

ST-ÉTIENNE

Rue	Carreau	N°
Albert-1er (Bd)	ABX	3
Anatole-France (Pl.)	BZ	7
Badouillère (R. de la)	CZ	9
Barbusse (R. H.)	CZ	12
Bérard (R. P.)	BCY	14
Bergson (R.)	BX	16
Boivin (Pl.)	BY	17
Chavanelle (Pl.)	CZ	18
Clovis-Hugues (R.)	BX	20
Comte (Pl. Louis)	BZ	21
Denfert-Rochereau (Av.)	CY	26
Descours (R.)	AZ	27
Dorian (Pl.)	BY	33
Dormoy (R. M.)	BXY	34
Dupré (R. G.)	BY	37
Durafour (R. A.)	CZ	38
Escoffier (R. D.)	BY	39
Fougerolle (R.)	CZ	41
Fourneyron (Pl.)	CY	42
Foy (R. Gén.)	BY	44
Frappa (R. J.)	BZ	47
Gambetta (R.)	BZ	
Gaulle (R. Ch.-de)	BXY	
Gérentet (R.)	BY	49
Gervais (R. E.)	CY	50
Gillet (R. F.)	BY	52
Grand Moulin (R. du)	BY	53
Guesde (Pl. J.)	BY	56
Hôtel-de-Ville (Pl. de l')	BY	57
Jacob (R.)	CX	58
Krumnow (Bd F.)	AY	61
Leclerc (R. du Gén.)	BZ	62
Libération (Av. de la)	BCY	
Loubet (Av. du Président E.)	BZ	63
Martyrs-de-Vingré (R. des)	BYZ	66
Michelet (R.)	BYZ	
Moine (Pl. Antonin)	CYZ	68
Moulin (Pl. J.)	CY	72
Mulatière (R. de la)	CZ	75
Neuve (Pl.)	BZ	77
Peuple (Pl. du)	BZ	86
Pointe-Cadet (R.)	BCZ	87
Président-Wilson (R.)	BY	89
République (R. de la)	BCY	
Résistance (R. de la)	BY	91
Rivière (R. du Sergent)	CX	93
Robert (R.)	BY	94
Ruel (R. A.)	AX	99
Sadi-Carnot (Pl.)	BX	100
St-Jean (R.)	BY	102
Sauzéa (Cours H.)	CY	103
Servet (R. M.)	BY	106
Stalingrad (Square de)	CY	109
Théâtre (R. du)	BYZ	112
Thomas (Pl. A.)	BZ	113
Tilleuls (R. des)	AX	116
Ursules (Pl. des)	BZ	117
Valbenoite (Bd)	CZ	119
Villeboeuf (Pl.)	CZ	123
Ville (R. de la)	BY	122
11-Novembre (R. du)	BZ	128

ST-MALO

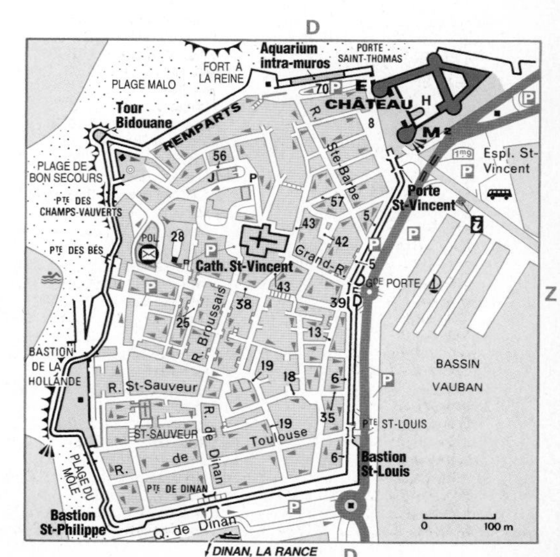

D
Aquarium intra-muros
PORTE SAINT-THOMAS
FORT À LA REINE
PLAGE MALO
CHÂTEAU
Tour Bidouane
REMPARTS
PLAGE DE BON SECOURS
PTE DES CHAMPS-VAUVERTS
Porte St-Vincent
Espl. St-Vincent
PTE DES BÉS
POL
Cath. St-Vincent
Grand-R.
GDE PORTE
R. Broussais
BASTION DE LA HOLLANDE
R. St-Sauveur
ST-SAUVEUR
R. de Dinan
Toulouse
BASSIN VAUBAN
PTE ST-LOUIS
Bastion St-Louis
PLAGE DU MÔLE
PTE DE DINAN
Bastion St-Philippe
Q. de Dinan
DINAN, LA RANCE
Z
0
100 m

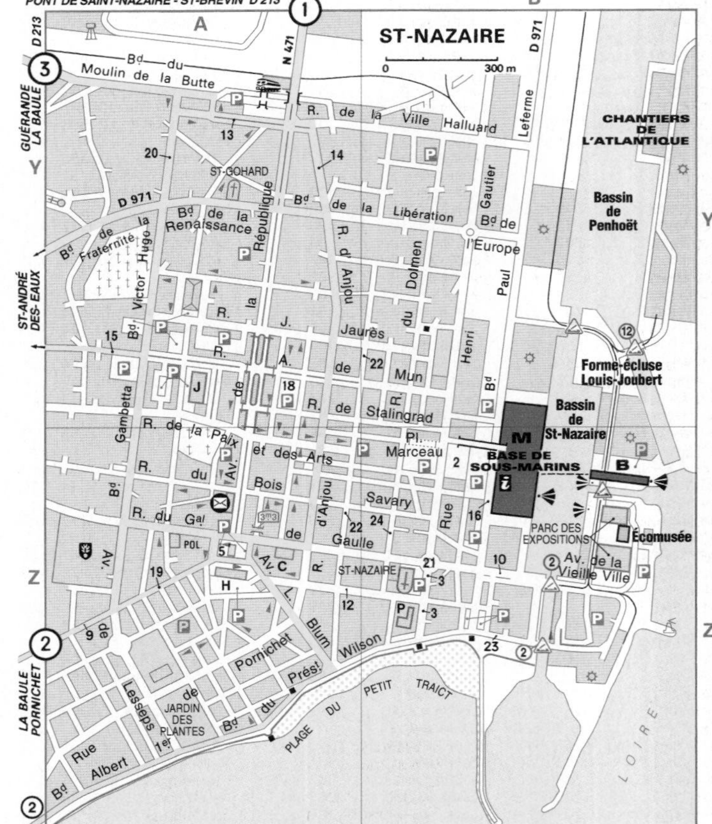

Amérique Latine (Pl. de l') ... BZ 2
Auriol (R. Vincent) ... BZ 3
Blancho (Pl. F.) ... AZ 5
Chêneveaux (R.) ... AZ 9
Coty (Bd René) ... BZ 10
Croisic (R. du) ... AZ 12
Herminier (Av. Cdt-l') ... AY 13
Ile-de-France (R. de l') ... AY 14
Jean-Jaurès (R.) ... ABY
Lechat (R. A. B.) ... AY 15
Légion-d'Honneur (Bd de la) ... BZ 16
Martyrs-de-la-Résistance (Pl. des) ... AY 18
Mendès-France (R.) ... AZ 19
Paix et des Arts (R. de la) ... AYZ
Perrin (Bd P.) ... AY 20
Quatre Z'Horloges (Pl. des) ... BZ 21
République (Av. de la) ... AYZ
Salengro (R. R.) ... AYZ 22
Verdun (Bd de) ... BZ 23
28-Février-1943 (R. du) ... BZ 24

ST-QUENTIN

Aumale (R. d') .... AZ 2
Basch (R. Victor) .... AYZ 3
Basilique (Pl. de la) .... ABY 4
Campions (Pl. des) .... AZ 5
Croix-Belle-Porte (R.) .... AY 6
Dufour-Denelle (Pl.) .... AZ 7
États-Généraux (R. des) .... AY 8
Foy (R. du Gén.) .... AZ 10
Gaulle (Av. du Gén.-de) .... BZ 13
Gouvernement (R. du) .... BY 15
Héros-du-2-Septembre-1945 (Pl. des) .... BZ 16
Herriot (R. Édouard) .... BZ 17
Hôtel-de-Ville (Pl. de l') .... AZ 18
Isle (R. d') .... BZ
Leclerc (R. Gén.) .... BZ 21
Lyon (R. de) .... BZ 24
Mulhouse (Pl.) .... BY 25
Ovres (R. E.) .... BY 26
Paringault (R.) .... ABY 27
Pompidou (R. G.) .... AY 28
Prés.-J.-F.-Kennedy (R. du) .... AY 29
Raspail (R.) .... AY
Rémicourt (Av. de) .... BY 31
St-André (R.) .... AY 32
Sellerie (R. de la) .... BZ 33
Le Sérurier (R.) .... AY 23
Sous-Préfecture (R. de la) .... BZ 34
Thomas (R. A.) .... AY 36
Toiles (R. des) .... BZ 37
Verdun (Bd) .... AZ 38
Zola (R. Émile) .... AZ
8-Octobre (Pl. du) .... BZ 41

Saint-Tropez 83 329 CM87
Saint-Tugdual 56 101 M33
Saint-Tugen 29 98 D33
Saint-Ulphace 72 108 AR34
Saint-Ulrich 68 143 CN39
Saint-Uniac 35 103 W33
Saint-Urbain 85 164 W47
Saint-Urbain 29 75 G29
Saint-Urbain-sur-Marne 52 93 BY31
Saint-Urcisse 81 298 AX81
Saint-Urcisse 47 276 AR78
Saint-Urcize 15 263 BI72
Saint-Ursin 50 51 AB26
Saint-Usage 21 160 BZ45
Saint-Usage 10 116 BU34
Saint-Usuge 71 178 BZ50
Saint-Utin 51 91 BT29
Saint-Uze 26 249 BX67
Saint-Vaast-de-Longmont 60 39 BG21
Saint-Vaast-d'Équiqueville 76 20 AV15
Saint-Vaast-Dieppedalle 76 19 AR16
Saint-Vaast-du-Val 76 20 AT17
Saint-Vaast-en-Auge 14 34 AM21
Saint-Vaast-en-Cambrésis 59 14 BK11
Saint-Vaast-en-Chaussée 80 22 BC14
Saint-Vaast-la-Hougue 50 29 AD17
Saint-Vaast-lès-Mello 60 38 BD22
Saint-Vaast-sur-Seulles 14 33 AH23
Saint-Vaize 17 201 AG60
Saint-Valbert 70 142 CK39
Saint-Valentin 36 172 AZ47
Saint-Valérien 89 113 BI34
Saint-Valérien 85 183 AE52
Saint-Valery 60 21 AY16
Saint-Valery-en-Caux 76 19 AR15
Saint-Valery-sur-Somme 80 11 AY11
Saint-Vallerin 71 177 BV50
Saint-Vallier 88 95 CG32
Saint-Vallier 71 194 BS51
Saint-Vallier 26 249 BW67
Saint-Vallier 16 238 AK66
Saint-Vallier-de-Thiey 06 308 CN82
Saint-Vallier-sur-Marne 52 139 CA37
Saint-Varent 79 168 AJ48
Saint-Vaury 23 206 AY56
Saint-Venant 62 7 BE6
Saint-Venec (Chapelle) 29 75 H32
Saint-Vénérand 43 246 BN70
Saint-Vérain 58 156 BI41
Saint-Véran 05 271 CN71
Saint-Vérand 71 194 BV55
Saint-Vérand 69 212 BU59
Saint-Vérand 38 250 CA67
Saint-Vert 43 228 BM65
Saint-Viance 19 242 AW67
Saint-Viâtre 41 154 BA41
Saint-Viaud 44 146 W43
Saint-Victeur 72 83 AM32
Saint-Victor 24 239 AO66
Saint-Victor 15 243 BC69
Saint-Victor 07 248 BV68
Saint-Victor 03 190 BF54
Saint-Victor-de-Buthon 28 85 AT31
Saint-Victor-de-Cessieu 38 232 CB63
Saint-Victor-de-Chrétienville 27 55 AP24
Saint-Victor-de-Malcap 30 284 BS77
Saint-Victor-de-Morestel 38 232 CB61
Saint-Victor-de-Réno 61 84 AR30
Saint-Victor-d'Épine 27 35 AQ22
Saint-Victor-des-Oules 30 284 BU79
Saint-Victor-en-Marche 23 207 AZ57
Saint-Victor-et-Melvieu 12 281 BH80
Saint-Victor-la-Coste 30 284 BV79
Saint-Victor-la-Rivière 63 227 BH63
Saint-Victor-l'Abbaye 76 20 AU17
Saint-Victor-Malescours 43 248 BS66
Saint-Victor-Montvianeix 63 210 BN59
Saint-Victor-Rouzaud 09 336 AW90
Saint-Victor-sur-Arlanc 43 229 BO65
Saint-Victor-sur-Avre 27 55 AS28
Saint-Victor-sur-Loire 42 230 BS64
Saint-Victor-sur-Ouche 21 159 BV44
Saint-Victor-sur-Rhins 42 212 BS58
Saint-Victoret 13 326 CA86
Saint-Victour 19 226 BD64
Saint-Victurnien 87 205 AS59
Saint-Vidal 43 247 BO68
Saint-Vigor 27 56 AV24
Saint-Vigor-des-Mézerets 14 53 AH25
Saint-Vigor-des-Monts 50 52 AE25
Saint-Vigor-d'Ymonville 76 34 AO19
Saint-Vigor-le-Grand 14 33 AH21
Saint-Vincent 82 278 AW78
Saint-Vincent 64 314 AI89
Saint-Vincent 63 227 BJ63
Saint-Vincent 43 247 BP67
Saint-Vincent 31 318 AY86
Saint-Vincent-Bragny 71 193 BR52
Saint-Vincent-Cramesnil 76 34 AO19
Saint-Vincent-de-Barbeyrargues 34 302 BP83
Saint-Vincent-de-Barrès 07 267 BW73
Saint-Vincent-de-Boisset 42 211 BR58
Saint-Vincent-de-Connezac 24 239 AO67
Saint-Vincent-de-Cosse 24 259 AT71
Saint-Vincent-de-Durfort 07 266 BV71
Saint-Vincent-de-Lamontjoie 47 275 AO79
Saint-Vincent-de-Mercuze 38 233 CF64
Saint-Vincent-de-Paul 40 293 AC82
Saint-Vincent-de-Paul 33 237 AH69
Saint-Vincent-de-Pertignas 33 256 AJ71
Saint-Vincent-de-Reins 69 212 BT57
Saint-Vincent-de-Salers 15 244 BE67
Saint-Vincent-de-Tyrosse 40 292 Z83
Saint-Vincent-des-Bois 27 56 AW24
Saint-Vincent-des-Landes 44 126 AA39
Saint-Vincent-des-Prés 72 84 AO32
Saint-Vincent-des-Prés 71 194 BU52
Saint-Vincent-d'Olargues 34 300 BH85
Saint-Vincent-du-Boulay 27 35 AP23
Saint-Vincent-du-Lorouër 72 130 AP37
Saint-Vincent-du-Pendit 46 261 AZ71
Saint-Vincent-en-Bresse 71 178 BY50
Saint-Vincent-Jalmoutiers 24 239 AM67
Saint-Vincent-la-Châtre 79 185 AK55
Saint-Vincent-la-Commanderie 26 249 BZ69
Saint-Vincent-le-Paluel 24 241 AU70
Saint-Vincent-les-Forts 04 270 CJ74
Saint-Vincent-Lespinasse 82 277 AS79
Saint-Vincent-Puymaufrais 85 183 AC51
Saint-Vincent-Rive-d'Olt 46 259 AU75
Saint-Vincent-Sterlanges 85 166 AD49
Saint-Vincent-sur-Graon 85 182 AA52
Saint-Vincent-sur-Jabron 04 287 CE78
Saint-Vincent-sur-Jard 85 182 Z53
Saint-Vincent-sur-l'Isle 24 240 AR66
Saint-Vincent-sur-Oust 56 125 V38
Saint-Vinnemer 89 137 BQ37
Saint-Vit 25 161 CD44
Saint-Vital 73 234 CI61
Saint-Vite 47 259 AS75
Saint-Vitte 18 190 BE52
Saint-Vitte-sur-Briance 87 224 AX62
Saint-Vivien 24 239 AL70
Saint-Vivien 17 200 AD57
Saint-Vivien-de-Blaye 33 237 AG67
Saint-Vivien-de-Médoc 33 218 AC64
Saint-Vivien-de-Monségur 33 257 AL73
Saint-Voir 03 192 BM53
Saint-Vougay 29 47 H27
Saint-Vrain 91 87 BD30
Saint-Vrain 51 63 BV28
Saint-Vran 22 102 T32
Saint-Vulbas 01 214 CA59
Saint-Waast 59 15 BN10
Saint-Wandrille-Rançon 76 35 AR19
Saint-Witz 95 58 BE24
Saint-Xandre 17 183 AC55
Saint-Yaguen 40 293 AE81
Saint-Yan 71 193 BQ53
Saint-Ybard 19 224 AW64
Saint-Ybars 09 317 AV89
Saint-Ylie 39 178 CA46
Saint-Yon 91 87 BC29
Saint-Yorre 03 210 BM57
Saint-Yrieix-la-Montagne 23 207 BA59
Saint-Yrieix-la-Perche 87 223 AU63
Saint-Yrieix-le-Déjalat 19 225 BA64
Saint-Yrieix-les-Bois 23 207 BA57
Saint-Yrieix-sous-Aixe 87 205 AT59
Saint-Yrieix-sur-Charente 16 221 AL61
Saint-Ythaire 71 194 BU51
Saint-Yvi 29 100 I34
Saint-Yvoine 63 228 BK62
Saint-Yzan-de-Soudiac 33 237 AH67
Saint-Yzans-de-Médoc 33 219 AE65
Saint-Zacharie 83 327 CE86
Sainte-Adresse 76 34 AM19
Sainte-Agathe 63 210 BN60
Sainte-Agathe-d'Aliermont 76 20 AV15
Sainte-Agathe-en-Donzy 42 212 BS60
Sainte-Agathe-la-Bouteresse 42 229 BQ61
Sainte-Agnès 39 196 CB51
Sainte-Agnès 38 251 CF66
Sainte-Agnès 06 291 CS81
Sainte-Alauzie 46 277 AV77
Sainte-Alvère 24 240 AR70
Sainte-Anastasie 30 303 BT81
Sainte-Anastasie 15 245 BI67
Sainte-Anastasie-sur-Issole 83 328 CI87
Sainte-Anne 41 131 AT38
Sainte-Anne 32 297 AS83
Sainte-Anne 25 180 CF47
Sainte-Anne 04 271 CM74
Sainte-Anne-d'Auray 56 124 P38
Sainte-Anne-d'Evenos 83 327 CF89
Sainte-Anne-du-Castellet 83 327 CF88
Sainte-Anne-la-Condamine 04 271 CM74
Sainte-Anne-la-Palud 29 75 G32
Sainte-Anne-Saint-Priest 87 224 AY61
Sainte-Anne-sur-Brivet 44 146 W41
Sainte-Anne-sur-Gervonde 38 231 BZ63
Sainte-Anne-sur-Vilaine 35 126 Y38
Sainte-Aulde 77 60 BJ25
Sainte-Aurence-Cazaux 32 315 AN87
Sainte-Austreberthe 76 20 AT18
Sainte-Austreberthe 62 7 BB9
Sainte-Avoye 56 124 P38
Sainte-Barbe 88 95 CJ30
Sainte-Barbe 57 46 CG22
Sainte-Barbe (Alignements de) 56 100 L34
Sainte-Barbe-sur-Gaillon 27 36 AV23
Sainte-Baume (Gorge de la) 07 266 BV75
La Sainte-Baume (Massif de) 83 327 CE87
Sainte-Bazeille 47 257 AL74
Sainte-Beuve-en-Rivière 76 21 AX16
Sainte-Blandine 79 185 AJ55
Sainte-Blandine 38 232 CB62
Sainte-Brigitte 56 77 O32
Sainte-Camelle 11 318 AY88
Sainte-Catherine 69 230 BU62
Sainte-Catherine 63 228 BM64
Sainte-Catherine 62 13 BG10
Sainte-Catherine-de-Fierbois 37 151 AQ45
Sainte-Cécile 85 166 AC49
Sainte-Cécile 71 194 BU53
Sainte-Cécile 50 52 AD26
Sainte-Cécile 36 153 AY45
Sainte-Cécile-d'Andorge 30 283 BQ77
Sainte-Cécile-du-Cayrou 81 278 AY80
Sainte-Cécile-les-Vignes 84 285 BX77
Sainte-Céronne-lès-Mortagne 61 84 AP29
Sainte-Cérotte 72 130 AQ37
Sainte-Christie 32 296 AP83
Sainte-Christie-d'Armagnac 32 295 AK82
Sainte-Christine 85 184 AG54
Sainte-Christine 63 209 BH57
Sainte-Christine 49 149 AF43
Sainte-Christine (Chapelle) 29 75 F30
Sainte-Colombe 89 137 BP40
Sainte-Colombe 77 89 BK30
Sainte-Colombe 76 19 AR16
Sainte-Colombe 69 231 BX63
Sainte-Colombe 50 29 AB19
Sainte-Colombe 46 261 BA72
Sainte-Colombe 40 293 AF83
Sainte-Colombe 35 104 AA36
Sainte-Colombe 33 238 AK70
Sainte-Colombe 25 180 CH47
Sainte-Colombe 17 238 AI66
Sainte-Colombe 16 203 AN60
Sainte-Colombe 05 286 CD76
Sainte-Colombe-de-Duras 47 257 AL72
Sainte-Colombe-de-la-Commanderie 66 342 BG96
Sainte-Colombe-de-Peyre 48 264 BK72
Sainte-Colombe-de-Villeneuve 47 276 AP76
Sainte-Colombe-des-Bois 58 156 BJ43
Sainte-Colombe-en-Auxois 21 159 BT42
Sainte-Colombe-en-Bruilhois 47 275 AO78
Sainte-Colombe-la-Commanderie 27 36 AT23
Sainte-Colombe-près-Vernon 27 36 AV23
Sainte-Colombe-sur-Gand 42 212 BS59
Sainte-Colombe-sur-Guette 11 337 BC94
Sainte-Colombe-sur-l'Hers 11 337 BA92
Sainte-Colombe-sur-Loing 89 135 BJ40
Sainte-Colombe-sur-Seine 21 138 BT37
Sainte-Colome 64 332 AG90
Sainte-Consorce 69 212 BV60
Sainte-Croix 81 279 BB80
Sainte-Croix 71 195 BZ51
Sainte-Croix 46 277 AT76
Sainte-Croix 26 268 CA71
Sainte-Croix 24 258 AR72
Sainte-Croix 12 261 BA75
Sainte-Croix 02 41 BN19
Sainte-Croix 01 213 BY59
Sainte-Croix (Barrage de) 83 307 CH82
Sainte-Croix (Prieuré de) 60 39 BH20
Sainte-Croix-à-Lauze 04 306 CD81
Sainte-Croix-aux-Mines 68 96 CN32
Sainte-Croix-de-Caderle 30 283 BP79
Sainte-Croix-de-Mareuil 24 221 AO64
Sainte-Croix-de-Quintillargues 34 302 BP83
Sainte-Croix-du-Mont 33 256 AI73
Sainte-Croix-du-Verdon 04 307 CH82
Sainte-Croix-en-Jarez 42 230 BV63
Sainte-Croix-en-Plaine 68 121 CO34
Sainte-Croix-Grand-Tonne 14 33 AI22
Sainte-Croix-Hague 50 28 Z17
Sainte-Croix-sur-Aizier 27 35 AQ20
Sainte-Croix-sur-Buchy 76 20 AW18
Sainte-Croix-sur-Mer 14 33 AI21
Sainte-Croix-sur-Orne 61 53 AJ27
Sainte-Croix-Vallée-Française 48 283 BO78
Sainte-Croix-Volvestre 09 335 AT90
Sainte-Dode 32 315 AN86
Sainte-Eanne 79 185 AK53
Sainte-Engrâce 64 331 AD91
Sainte-Enimie 48 282 BL76
Sainte-Eugénie-de-Villeneuve 43 246 BN67
Sainte-Eugienne 50 51 AC27
Sainte-Eulalie 48 264 BM71
Sainte-Eulalie 33 237 AH70
Sainte-Eulalie 15 244 BD68
Sainte-Eulalie 11 319 BC89
Sainte-Eulalie 07 265 BR71
Sainte-Eulalie-d'Ans 24 241 AS66
Sainte-Eulalie-de-Cernon 12 281 BJ80
Sainte-Eulalie-d'Eymet 24 257 AN72
Sainte-Eulalie-d'Olt 12 263 BI75
Sainte-Eulalie-en-Born 40 272 AB77
Sainte-Eulalie-en-Royans 26 250 CA68
Sainte-Euphémie 01 213 BW58
Sainte-Euphémie-sur-Ouvèze 26 286 CB76
Sainte-Eusoye 60 22 BC18
Sainte-Fauste 36 172 AZ48
Sainte-Féréole 19 242 AX66
Sainte-Feyre 23 207 AZ56
Sainte-Feyre-la-Montagne 23 207 BC59
Sainte-Flaive-des-Loups 85 165 Z50
Sainte-Florence 85 166 AC48
Sainte-Florence 33 256 AK71
Sainte-Florine 43 228 BK64
Sainte-Foi 09 336 AZ90
Sainte-Fortunade 19 242 AY67
Sainte-Foy 85 182 Y51
Sainte-Foy 76 20 AU16
Sainte-Foy 71 193 BR55
Sainte-Foy 40 294 AH81
Sainte-Foy-d'Aigrefeuille 31 298 AX85
Sainte-Foy-de-Belvès 24 259 AS72
Sainte-Foy-de-Longas 24 240 AQ70
Sainte-Foy-de-Montgommery 14 54 AN25
Sainte-Foy-de-Peyrolières 31 317 AT86
Sainte-Foy-des-Vignes 24 239 AO70
Sainte-Foy-la-Grande 33 257 AM71
Sainte-Foy-la-Longue 33 256 AJ73
Sainte-Foy-l'Argentière 69 230 BT61
Sainte-Foy-lès-Lyon 69 231 BW61
Sainte-Foy-Saint-Sulpice 42 211 BR60
Sainte-Foy-Tarentaise 73 235 CM61
Sainte-Gauburge 61 84 AQ32
Sainte-Gauburge-Sainte-Colombe 61 55 AP28
Sainte-Gemme 81 279 BC79
Sainte-Gemme 79 168 AJ48
Sainte-Gemme 51 40 BM23
Sainte-Gemme 36 171 AV48
Sainte-Gemme 33 257 AL73
Sainte-Gemme 32 296 AQ82
Sainte-Gemme 17 201 AE60
Sainte-Gemme-en-Sancerrois 18 155 BG42
Sainte-Gemme-la-Plaine 85 183 AC52
Sainte-Gemme-Martaillac 47 275 AL76
Sainte-Gemme-Moronval 28 56 AW27
Sainte-Gemmes 41 132 AV38
Sainte-Gemmes-d'Andigné 49 128 AF39
Sainte-Gemmes-le-Robert 53 106 AJ33
Sainte-Gemmes-sur-Loire 49 149 AH42
Sainte-Geneviève 76 20 AW17
Sainte-Geneviève 60 38 BC21
Sainte-Geneviève 54 65 CE25
Sainte-Geneviève 50 29 AC17
Sainte-Geneviève 02 25 BP16
Sainte-Geneviève-des-Bois 91 87 BD29
Sainte-Geneviève-des-Bois 45 134 BG38
Sainte-Geneviève-lès-Gasny 27 57 AX24
Sainte-Geneviève-sur-Argence 12 263 BG71
Sainte-Hélène 88 95 CJ32
Sainte-Hélène 71 177 BU49
Sainte-Hélène 56 123 N37
Sainte-Hélène 48 264 BN74
Sainte-Hélène 33 236 AD69
Sainte-Hélène-Bondeville 76 19 AP16
Sainte-Hélène-du-Lac 73 233 CG63
Sainte-Hélène-sur-Isère 73 234 CI61
Sainte-Hermine 85 183 AD51
Sainte-Honorine-de-Ducy 14 32 AG23
Sainte-Honorine-des-Pertes 14 32 AG20
Sainte-Honorine-du-Fay 14 33 AI23
Sainte-Honorine-la-Chardonne 61 53 AI26
Sainte-Honorine-la-Guillaume 61 53 AJ27
Sainte-Innocence 24 257 AN72
Sainte-Jalle 26 286 CA76
Sainte-Jamme-sur-Sarthe 72 107 AN34
Sainte-Julie 01 214 CA59
Sainte-Juliette 82 277 AT77
Sainte-Juliette-sur-Viaur 12 280 BE78
Sainte-Léocadie 66 341 BA98
Sainte-Lheurine 17 220 AI63
Sainte-Livière 52 92 BV29
Sainte-Livrade 31 297 AT84
Sainte-Livrade-sur-Lot 47 276 AP76
Sainte-Lizaigne 36 172 BA47
Sainte-Luce 38 251 CF70
Sainte-Luce-sur-Loire 44 147 AA43
Sainte-Lucie-de-Porto-Vecchio 2A 349 FG113
Sainte-Lucie-de-Tallano 2A 349 FE113
Sainte-Lunaise 18 173 BD48
Sainte-Magnance 89 158 BQ42
Sainte-Marguerite 88 96 CL32
Sainte-Marguerite 43 246 BN67
Sainte-Marguerite (Île) 06 309 CP84
Sainte-Marguerite (Presqu'île de) 29 70 E27
Sainte-Marguerite-de-Carrouges 61 83 AK29
Sainte-Marguerite-de-l'Autel 27 55 AS26
Sainte-Marguerite-de-Viette 14 54 AM24
Sainte-Marguerite-d'Elle 14 32 AE22
Sainte-Marguerite-des-Loges 14 54 AN24
Sainte-Marguerite-en-Ouche 27 55 AQ24
Sainte-Marguerite-Lafigère 07 265 BQ75
Sainte-Marguerite-sur-Duclair 76 35 AS19
Sainte-Marguerite-sur-Fauville 76 19 AQ17
Sainte-Marguerite-sur-Mer 76 10 AT14
Sainte-Marie 66 339 BI94
Sainte-Marie 65 334 AP91
Sainte-Marie 58 175 BL46
Sainte-Marie 44 146 V45
Sainte-Marie 35 125 W38
Sainte-Marie 32 296 AR84
Sainte-Marie 25 142 CK40
Sainte-Marie 16 239 AL66
Sainte-Marie 15 245 BH70
Sainte-Marie 08 42 BU20
Sainte-Marie 05 268 CC74
Sainte-Marie (Col de) 88 96 CM32
Sainte-Marie-à-Py 51 42 BT22
Sainte-Marie-au-Bosc 76 18 AN17
Sainte-Marie-aux-Anglais 14 54 AM24
Sainte-Marie-aux-Chênes 57 45 CD22
Sainte-Marie-aux-Mines 68 96 CN32
Sainte-Marie-Cappel 59 3 BE5
Sainte-Marie-d'Alloix 38 233 CF64
Sainte-Marie-d'Alvey 73 232 CD62
Sainte-Marie-de-Campan 65 333 AL91
Sainte-Marie-de-Chignac 24 240 AR67
Sainte-Marie-de-Cuines 73 234 CI65
Sainte-Marie-de-Gosse 40 292 AA84
Sainte-Marie-de-Ré 17 200 AB56
Sainte-Marie-de-Vars 05 270 CL73
Sainte-Marie-de-Vatimesnil 27 37 AX22
Sainte-Marie-de-Vaux 87 205 AT59
Sainte-Marie-des-Champs 76 19 AR18
Sainte-Marie-des-Chazes 43 246 BN68
Sainte-Marie-du-Bois 53 82 AI30
Sainte-Marie-du-Bois 50 81 AF29
Sainte-Marie-du-Lac-Nuisement 51 92 BV29
Sainte-Marie du Ménez-Hom (Chapelle) 29 75 G31
Sainte-Marie-du-Mont 50 32 AD20
Sainte-Marie-du-Mont 38 233 CF64
Sainte-Marie-en-Chanois 70 141 CI37
Sainte-Marie-en-Chaux 70 141 CH37
Sainte-Marie-Kerque 62 3 BB3
Sainte-Marie-la-Blanche 21 177 BW47
Sainte-Marie-la-Robert 61 53 AK28
Sainte-Marie-Lapanouze 19 226 BD64
Sainte-Marie-Laumont 14 52 AF25
Sainte-Marie-Outre-l'Eau 14 52 AE25
Sainte-Marie-Sicché 2A 348 FD112
Sainte-Marie-sur-Ouche 21 159 BV43
Sainte-Marine 29 99 G35
Sainte-Marthe 47 257 AL75
Sainte-Marthe 27 55 AS25
Sainte-Maure 10 90 BP32
Sainte-Maure-de-Peyriac 47 275 AL80
Sainte-Maure-de-Touraine 37 151 AQ45
Sainte-Maxime 83 329 CM87
Sainte-Même 17 201 AH59
Sainte-Menehould 51 43 BV23
Sainte-Mère 32 276 AP80
Sainte-Mère-Église 50 29 AC19
Sainte-Mesme 78 87 BA30
Sainte-Mondane 24 259 AV71
Sainte-Montaine 18 155 BD41
Sainte-Nathalène 24 241 AU70
Sainte-Néomaye 79 185 AJ53
Sainte-Odile (Mont) 67 97 CO30
Sainte-Olive 01 213 BX57
Sainte-Opportune 61 53 AI27
Sainte-Opportune-du-Bosc 27 35 AS23
Sainte-Opportune-la-Mare 27 35 AQ20
Sainte-Orse 24 241 AT67
Sainte-Osmane 72 130 AQ37
Sainte-Ouenne 79 184 AH53
Sainte-Pallaye 89 136 BN40
Sainte-Paule 69 212 BU58
Sainte-Pazanne 44 147 X45
Sainte-Pexine 85 183 AC51
Sainte-Pezenne 79 184 AH54
Sainte-Pience 50 51 AC27
Sainte-Pôle 54 96 CK29
Sainte-Preuve 02 25 BO18
Sainte-Radégonde 86 187 AQ51
Sainte-Radegonde 79 168 AJ47
Sainte-Radegonde 71 176 BQ50
Sainte-Radegonde 33 256 AK71
Sainte-Radegonde 32 296 AP82
Sainte-Radegonde 24 258 AQ72
Sainte-Radegonde 17 201 AE59
Sainte-Radegonde 12 280 BF76
Sainte-Radégonde-des-Noyers 85 183 AD53
Sainte-Ramée 17 219 AF64
Sainte-Reine 73 233 CG62
Sainte-Reine 70 161 CD41
Sainte-Reine-de-Bretagne 44 146 V41
Sainte-Restitude 2B 346 FC105
Sainte-Roseline (Chapelle) 83 308 CL85
Sainte-Ruffine 57 65 CE23
Sainte-Sabine 24 258 AQ72
Sainte-Sabine 21 159 BU44
Sainte-Sabine-sur-Longève 72 107 AM34
Sainte-Savine 10 90 BP32
Sainte-Scolasse-sur-Sarthe 61 84 AO29
Sainte-Segrée 80 21 BA16
Sainte-Sève 29 71 J28
Sainte-Sévère 16 202 AJ60
Sainte-Sévère-sur-Indre 36 189 BB53
Sainte-Sigolène 43 248 BS66
Sainte-Solange 18 155 BE45
Sainte-Soline 79 185 AL55
Sainte-Souline 16 220 AK65
Sainte-Soulle 17 183 AD55
Sainte-Suzanne 64 313 AD86
Sainte-Suzanne 53 106 AJ34
Sainte-Suzanne 25 142 CK40

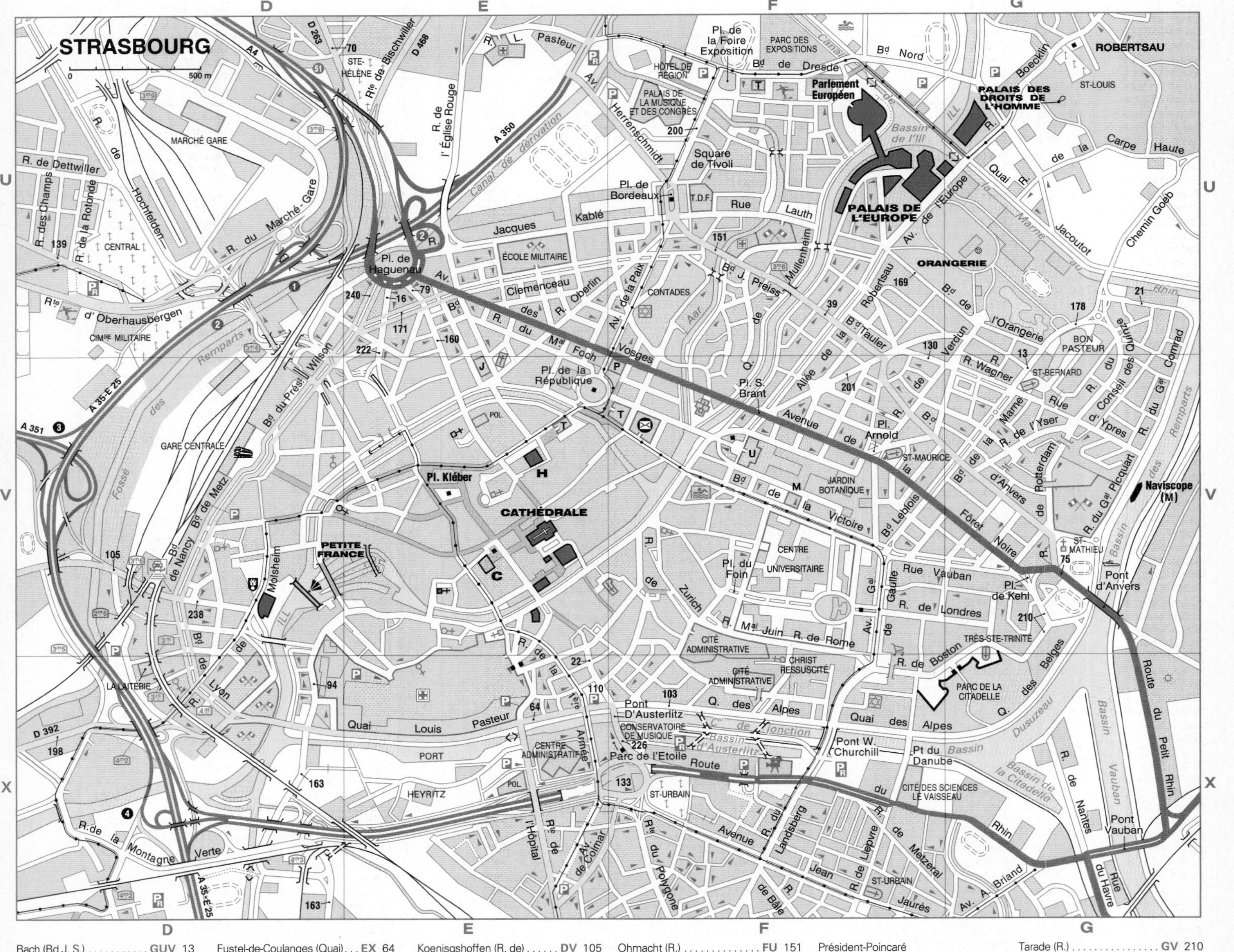

Bach (Bd J. S.)	GUV	13
Bischwiller (R. de)	EU	16
Boussingault (R.)	GU	21
Brigade Alsace-Lorraine (R. de la)	FU	22
Dordogne (Bd de la)	EX	39
Fustel-de-Coulanges (Quai)	EX	64
Gaulle (Rte du Gén.-de)	DEU	70
Grand-Pont (R. du)	GV	75
Haguenau (R. de)	EU	79
Humann (R.)	DX	94
Koenig (Quai du Gén.)	FX	103
Koenigshoffen (R. de)	DV	105
Lattre-de-Tassigny (Pl. du Mar.-de)	EX	110
Massenet (R.)	FUV	130
Mendès-France (Rd-Pt. P.)	FX	133
Mittelhausbergen (Rte de)	DU	139
Ohmacht (R.)	FU	151
Pierre (R. du Fg-de)	EU	160
Plaine des Bouchers (R. de la)	DX	163
Président-Edwards (Bd du)	FU	169
Président-Poincaré (Bd)	EU	171
Richter (R. Fr.-Xavier)	GU	178
Schirmeck (Rte de)	DX	198
Schutzenberger (Av.)	FU	200
Schweighaeuser (R.)	FV	201
Tarade (R.)	GV	210
Travail (R. du)	EUV	222
Vienne (Rte de)	FX	226
Wasselonne (Rte de)	DV	238
Wissembourg (R. de)	EU	240

T

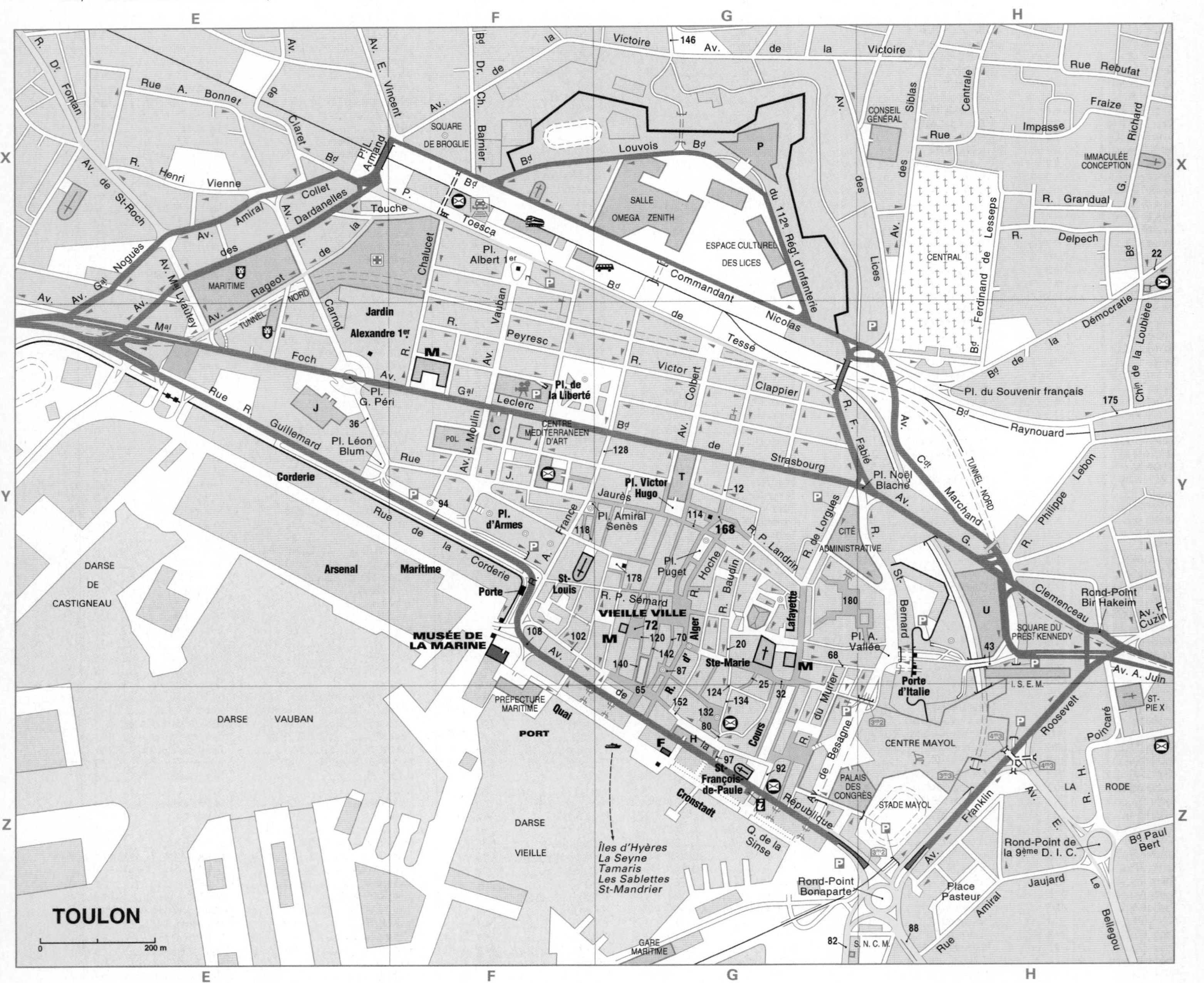

TOULON
0
200 m
E
F
G
H
X
Y
Z
Av. de la Victoire
146
Rue Rebufat
Rue A. Bonnet
Av. E. Vincent
SQUARE DE BROGLIE
Bd Louvois
SALLE OMEGA ZENITH
ESPACE CULTUREL DES LICES
CONSEIL GÉNÉRAL
CENTRAL
IMMACULÉE CONCEPTION
R. Grandual
R. Delpech
Impasse
Fraize
R. Henri Vienne
Av. de St-Roch
Av. Gal Noguès
MARITIME
TUNNEL NORD
Rageot
Jardin Alexandre 1er
Pl. Albert 1er
R. Peyresc
Bd de Tessé
Commandant Nicolas
Du 112e Régt d'Infanterie
Bd de Strasbourg
R. Victor Clappier
Pl. du Souvenir français
Bd Raynouard
175
22
Bd de la Démocratie
Pl. de la Liberté
CENTRE MÉDITERRANÉEN D'ART
Pl. G. Péri
Pl. Léon Blum
36
Rue Guillemard
Corderie
Rue de la Corderie
94
128
Pl. Victor Hugo
12
Pl. d'Armes
Pl. Amiral Senès
118
114
168
Pl. Noël Blache
Av. Cdt Marchand
TUNNEL-NORD
CITÉ ADMINISTRATIVE
R. P. Landrin
R. de Lorgues
Pl. Puget
178
St-Louis
R. P. Sémard
VIEILLE VILLE
72
Porte
MUSÉE DE LA MARINE
108
102
120
70
142
87
140
65
152
124
134
132
80
20
25
32
68
Ste-Marie
Pl. A. Vallée
Porte d'Italie
180
43
U
Av. Clemenceau
Rond-Point Bir Hakeim
SQUARE DU PRÉSt KENNEDY
I. S. E. M.
Av. A. Juin
Av. F. Cuzin
Av. Roosevelt
Poincaré
ST-PIE X
CENTRE MAYOL
PALAIS DES CONGRÈS
STADE MAYOL
R. de Besagne
R. du Murier
Cours Lafayette
Alger
R. Hoche
R. Baudin
DARSE DE CASTIGNEAU
Arsenal Maritime
DARSE VAUBAN
PRÉFECTURE MARITIME
Quai
PORT
St-François-de-Paule
92
97
Cronstadt
Av. de la République
Q. de la Sinse
DARSE VIEILLE
Îles d'Hyères
La Seyne
Tamaris
Les Sablettes
St-Mandrier
Rond-Point Bonaparte
Place Pasteur
Rue Amiral Jaujard
Rond-Point de la 9ème D. I. C.
Bd Paul Bert
Le Bellegou
LA RODE
Av. Franklin
GARE MARITIME
82
S. N. C. M.
88

TOULOUSE

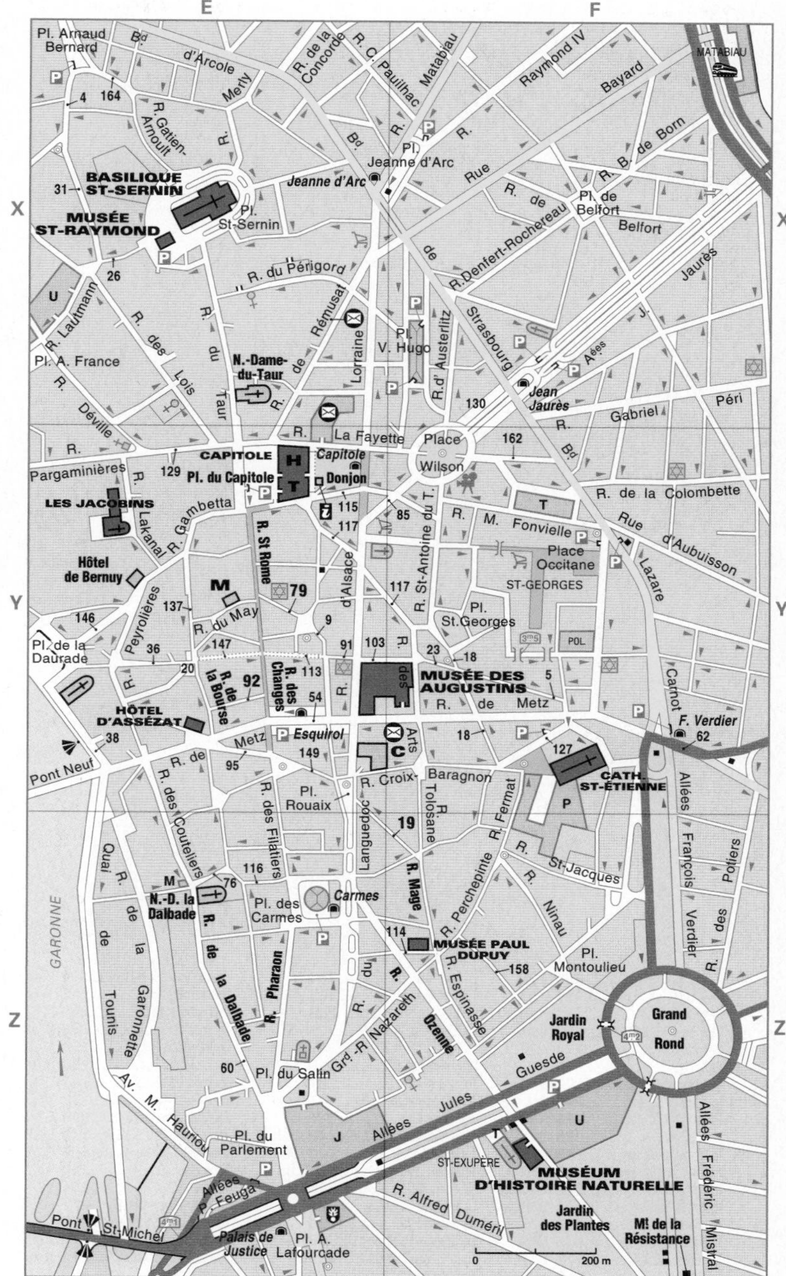

E
F
X
Y
Z
BASILIQUE ST-SERNIN
MUSÉE ST-RAYMOND
N.-Dame-du-Taur
CAPITOLE
Pl. du Capitole
Donjon
LES JACOBINS
Hôtel de Bernuy
MUSÉE DES AUGUSTINS
HÔTEL D'ASSÉZAT
Esquirol
CATH. ST-ÉTIENNE
Carmes
N.-D. la Dalbade
MUSÉE PAUL DUPUY
Jardin Royal
Grand Rond
MUSÉUM D'HISTOIRE NATURELLE
Jardin des Plantes
M! de la Résistance
Palais de Justice
Pl. Latourcade
Pont Neuf
Pont St-Michel
GARONNE
Jeanne d'Arc
Jean Jaurès
Place Wilson
Place Occitane
ST-GEORGES
Pl. St-Georges
MATABIAU
200 m

TOURCOING

WATTRELOS

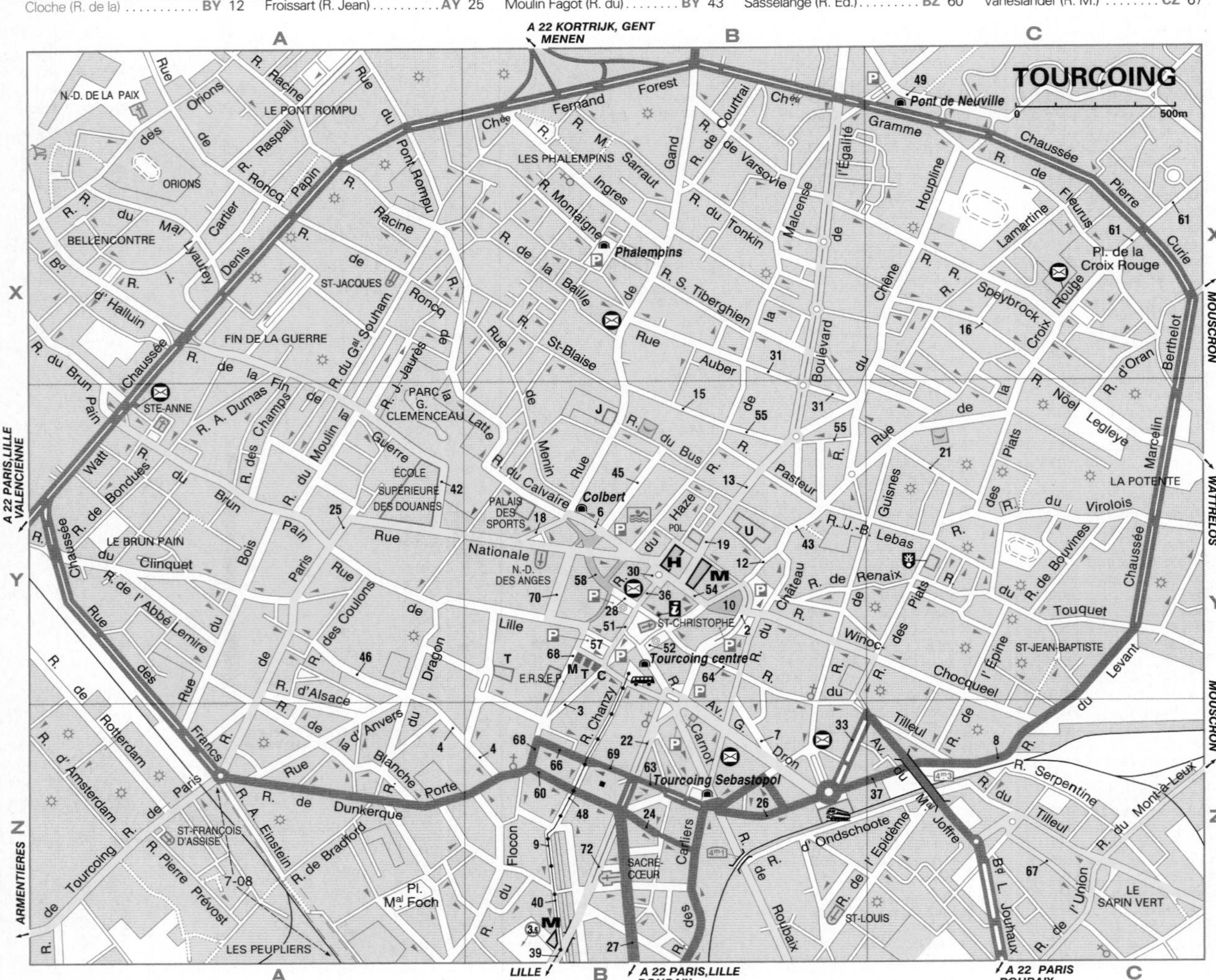

A 22 KORTRIJK, GENT MENEN
TOURCOING
500m
Pont de Neuville
N.-D. DE LA PAIX
LE PONT ROMPU
ORIONS
LES PHALEMPINS
Phalempins
BELLENCONTRE
ST-JACQUES
FIN DE LA GUERRE
STE-ANNE
PARC G. CLEMENCEAU
ÉCOLE SUPÉRIEURE DES DOUANES
PALAIS DES SPORTS
Colbert
LE BRUN PAIN
Clinquet
N.-D. DES ANGES
ST-CHRISTOPHE
Tourcoing centre
E.R.S.E.P.
Pl. de la Croix Rouge
LA POTENTE
ST-JEAN-BAPTISTE
Tourcoing Sebastopol
ST-FRANÇOIS D'ASSISE
SACRÉ-CŒUR
Pl. Mal Foch
ST-LOUIS
LE SAPIN VERT
LES PEUPLIERS
A 22 PARIS, LILLE VALENCIENNE
ARMENTIERES
MOUSCRON
WATTRELOS
LILLE
A 22 PARIS, LILLE ROUBAIX
A 22 PARIS ROUBAIX

TOURS

Amandiers (R. des) .... CY 4
Berthelot (R.) .... BCY 7
Bons Enfants (R. des) .... BY 8
Bordeaux (R. de) .... CZ
Boyer (R. Léon) .... AZ 10
Briçonnet (R.) .... AY 13
Carmes (Pl. des)........... BY 16
Châteauneuf (Pl. de) .... BY 17
Châteauneuf (R. de)......... AY 18
Coeur-Navré (Passage du) ... CY 21
Commerce (R. du) .... BY
Constantine (R. de) .... BY 24
Corneille (R.)............. CY 25
Courier (R. Paul-Louis)....... BY 27
Courteline (R. G.) .... AY 28
Cygne (R. du) .... CY 29
Descartes (R.)............ BZ 33
Dolve (R. de la) .... BZ 35
Favre (R. Jules) .... BY 38
Fusillés (R. des) .... BY 41
Gambetta (R.)............ BZ 43
Giraudeau (R.) .... AZ 46
Grammont (Av. de) .... CZ
Grand-Marché (Pl. du) .... AY 49
Grand Passage............ CZ 50
Grégoire-de-Tours (Pl.)....... DY 52
Grosse-Tour (R. de la) .... AY 55
Halles (Pl. des) .... AZ
Halles (R. des) .... BY
Herbes (Carroi aux) .... AY 56
Lavoisier (R.)............. CY 60
Manceau (R.) .... DY 61
Marceau (R.) .... BYZ
Merville (R. du Prés.) .... BY 65
Meusnier (R. Gén.) .... DY 66
Monnaie (R. de la) .... BY 68
Mûrier (R. du)............. AY 71
Nationale (R.)............. BYZ
Paix (R. de la) .... BY 73
Petites-Boucheries (Pl. des) .... DY 80
Petit-Cupidon (R. du)........ DY 77
Petit-St-Martin (R. du) .... AY 78
Racine (R.) .... DY 84
Rapin (R.) .... AZ 85
St-Pierre-le-Puellier (Pl.)................. ABY 93
Scellerie (R. de la) .... BCY
Sully (R. de)............... BZ 96
Victoire (Pl. de la) .... AY 103
Vinci (R. Léonard de) .... BZ 104

TROYES

U

V

VALENCE

VERSAILLES

Carnot (R.) ... Y
Chancellerie (R. de la) ... Y 3
Clemenceau (R. Georges) . Y 7
Cotte (R. Robert de) ... Y 10
États-Généraux (R. des) ... Z
Europe (Av. de l') ... Y 14
Foch (R. du Mar.) ... XY
Gambetta (Pl.) ... Y 17
Gaulle (Av. du Gén.-de-) .. YZ 18
Hoche (R.) ... Y
Indép.-Américaine (R. de l') Y 20
Leclerc (R. du Gén.) ... Z 24
Mermoz (R. Jean) ... Z 27
Nolhac (R. Pierre-de-) ... Y 31
Orangerie (R. de l') ... YZ
Paroisse (R. de la) ... Y
Porte-de-Buc (R. de la) ... Z 34
Rockfeller (Av.) ... Y 37
Royale (R.) ... Z
Satory (R. de) ... YZ 42
Vieux-Versailles (R. du) ... YZ 47

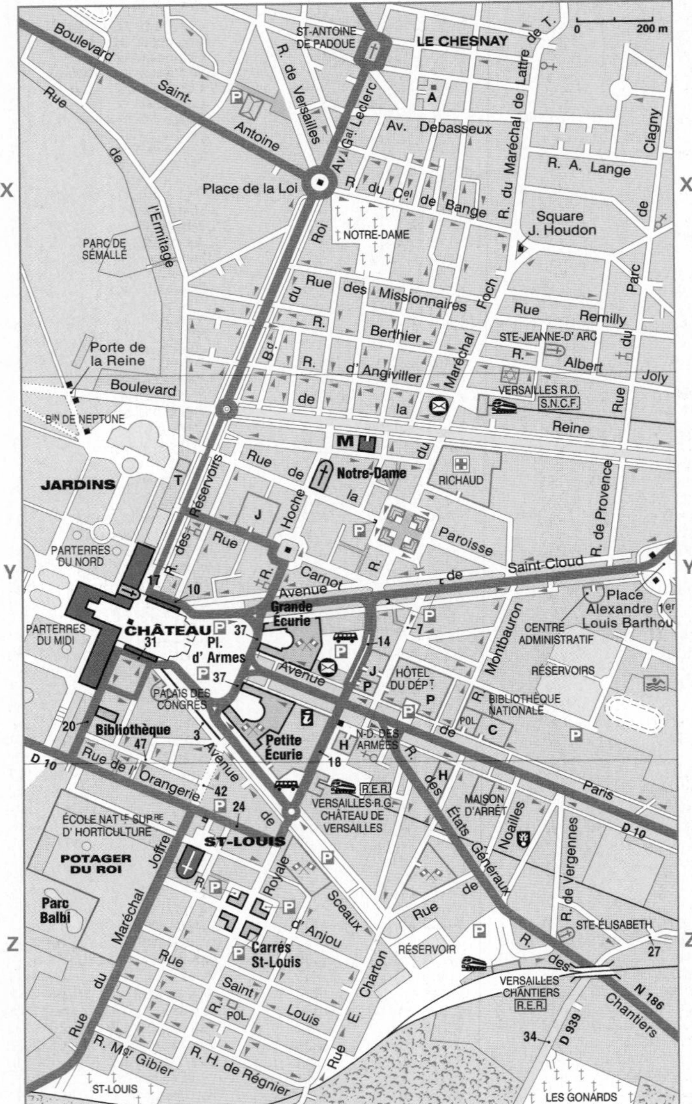

Vertaizon 63 210 BK60
Vertamboz 39 196 CD51
Vertault 21 115 BS36
Verte (Île) 13 327 CD89
Verteillac 24 221 AN65
Vertes-Feuilles 02 40 BJ21
Verteuil-d'Agenais 47 257 AN75
Verteuil-sur-Charente 16 203 AM58
Verthemex 73 233 CE61
Vertheuil 33 237 AE66
Vertilly 89 89 BK32
Vertolaye 63 228 BN62
Verton 62 6 AY9
Vertou 44 147 AA44
Vertrieu 38 214 CA59
Les Vertus 76 20 AU15
Vertus 51 61 BP25
Vertuzey 55 64 CB27
Vervant 17 201 AH58
Vervant 16 203 AM60
Vervezelle 88 95 CJ32
Vervins 02 25 BO15
Véry 55 43 BX21
Verzé 71 194 BV53
Verzeille 11 337 BD90
Verzenay 51 41 BQ23
Verzy 51 41 BQ23
Vesaignes-sous-Lafauche 52 93 CA32
Vesaignes-sur-Marne 52 117 BZ35
Vesancy 01 197 CG53
Vesc 26 267 BZ74
Vescemont 90 142 CL38
Vescheim 57 68 CN26
Vescles 39 196 CC53
Vescours 01 195 BX52
Vescovato 2B 347 FG105
Vesdun 18 180 BD52
Vésigneul-sur-Marne 51 62 BS26
Vesles-et-Caumont 02 25 BN17
Veslud 02 41 BN19
Vesly 50 31 AB21
Vesly 27 37 AY22
Vesoul 70 141 CF39
La Vespière 14 55 AP24
Vesseaux 07 266 BT73
Vessey 50 80 AB29
Vestric-et-Candiac 30 303 BS83
Vesvres 21 159 BT42
Vesvres-sous-Chalancey 52 139 BY39
Vétheuil 95 57 AY24
Vétraz-Monthoux 74 197 CH55
Vétrigne 90 142 CL38
Veuil 36 153 AX45
Veuilly-la-Poterie 02 60 BJ24
Veules-les-Roses 76 19 AS15
Veulettes-sur-Mer 76 19 AQ15
Le Veurdre 03 174 BI50
Veurey-Voroize 38 250 CC66
La Veuve 51 62 BR24
Veuves 41 152 AU42
Veuvey-sur-Ouche 21 159 BV44
Veuxhaulles-sur-Aube 21 116 BV36
Vevy 39 179 CC50
Vexaincourt 88 96 CM29
Le Vey 14 53 AI25
Veynes 05 269 CE74
Veyrac 87 205 AT59
Veyras 07 266 BU72
Veyre-Monton 63 227 BJ62
Veyreau 12 282 BK78
Veyrier-du-Lac 74 215 CH59
Veyrières 19 226 BD64
Veyrières 15 226 BD65
Veyrignac 24 259 AV71
Veyrines 07 248 BU67
Veyrines-de-Domme 24 259 AT71
Veyrines-de-Vergt 24 240 AQ69
Veyrins 38 232 CC62
Les Veys 50 32 AD20
Veyssilieu 38 231 BZ61
Veyziat 01 196 CC54
Vez 60 39 BI22
Vézac 24 259 AT71
Vézac 15 244 BE70
Vézannes 89 136 BO37
Vézaponin 02 40 BJ19
La Vèze 25 162 CF44
Vèze 15 245 BI66
Vézelay 89 157 BN42
Vézelise 54 94 CE30
Vézelois 90 142 CL39
Vezels-Roussy 15 262 BF71
Vézénobres 30 283 BR79
Vézeronce-Curtin 38 232 CB61
Vezet 70 140 CD40
Vézézoux 43 228 BL65
Le Vézier 51 60 BL27
Vézières 86 168 AM46
Vézillon 27 36 AW22
Vézilly 02 41 BN22
Vezin-le-Coquet 35 104 Y34
Vézinnes 89 137 BP37
Vezins 50 51 AC28
Vezins 49 149 AG45
Vezins (Barrage de) 50 81 AC29
Vézins-de-Lévézou 12 281 BI77
Vezot 72 84 AO32
Vezou (Belvédère du) 15 245 BH70
Vezzani 2B 347 FF108
Via 66 341 BA97
Viabon 28 110 AY33
Viala-du-Pas-de-Jaux 12 301 BJ81
Viala-du-Tarn 12 281 BH79
Vialas 48 283 BP76
Vialer 64 294 AI85
Viam 19 225 AZ62
Viane 81 300 BF83
Vianges 21 158 BS45
Vianne 47 275 AN78
Viâpres-le-Grand 10 90 BP29
Viâpres-le-Petit 10 90 BP29
Viarmes 95 38 BD23
Vias 34 322 BM88
Viaur (Viaduc du) 12 280 BD79
Viazac 46 261 BB73
Le Vibal 12 281 BG77
Vibersviller 57 67 CK25
Vibeuf 76 19 AS17
Vibrac 17 220 AI65
Vibrac 16 220 AK62
Vibraye 72 108 AR35
Vic 36 189 BA51
Vic 09 335 AU93
Vic (Roche de) 19 242 AY68
Vic-de-Chassenay 21 158 BR41
Vic-des-Prés 21 159 BU45
Vic-en-Bigorre 65 315 AK87
Vic-Fezensac 32 295 AM83
Vic-la-Gardiole 34 323 BP86
Vic-le-Comte 63 228 BK62
Vic-le-Fesq 30 303 BR81
Vic-sous-Thil 21 158 BS43
Vic-sur-Aisne 02 39 BI20
Vic-sur-Cère 15 244 BF69
Vic-sur-Seille 57 66 CI26
Vicdessos 09 336 AW94
Le Vicel 50 29 AC17
Vichel 63 228 BK64
Vichel-Nanteuil 02 40 BK22
Vichères 28 109 AS33
Vicherey 88 94 CD31
Vichy 03 210 BL57
Vico 2A 348 FC109
La Vicogne 80 12 BD13
La Vicomté-sur-Rance 22 79 X29
Vicq 78 57 AZ27
Vicq 59 9 BM9
Vicq 52 117 CB36
Vicq 03 209 BJ56
Vicq-d'Auribat 40 293 AD82
Vicq-Exemplet 36 189 BB51
Vicq-sur-Breuilh 87 223 AV62
Vicq-sur-Gartempe 86 170 AR50
Vicq-sur-Nahon 36 171 AX46
Vicques 14 54 AL25
Victoire (Abbaye de la) 60 39 BF22
Victot-Pontfol 14 34 AM22
Vidai 61 84 AO30
Vidaillac 46 279 AZ76
Vidaillat 23 207 AZ58
Vidauban 83 329 CK86
Videcosville 50 29 AC18
Videix 87 204 AQ60
Videlles 91 87 BD31
Vidou 65 315 AM88
Vidouville 50 32 AF23
Vidouze 65 314 AJ86
Viefvillers 60 22 BB18
Vieil-Armand 68 120 CN36
Le Vieil-Baugé 49 150 AK41
Le Vieil-Dampierre 51 63 BV24
Le Vieil-Évreux 27 56 AV24
Vieil-Hesdin 62 7 BB9
Vieil-Moutier 62 6 BA6
Vieille-Brioude 43 246 BL66
Vieille-Chapelle 62 8 BF7
Vieille-Église 62 3 BB3
Vieille-Église-en-Yvelines 78 57 AZ28
La Vieille-Loye 39 179 CC46
La Vieille-Lyre 27 55 AR25
Vieille-Toulouse 31 298 AW85
Vieilles-Maisons-sur-Joudry 45 134 BE37
Vieillespesse 15 245 BJ68
Vieillevie 15 262 BD73
Vieillevigne 44 165 AA46
Vieillevigne 31 318 AX87
Vieilley 25 162 CF42
Vieilmoulin 21 159 BU43
Viel-Arcy 02 40 BM20
Viel-Saint-Remy 08 26 BS17
Viella 65 333 AK92
Viella 32 294 AJ84
Vielle-Adour 65 315 AL89
Vielle-Aure 65 333 AM93
Vielle-Louron 65 333 AN93
Vielle-Saint-Girons 40 272 Z80
Vielle-Soubiran 40 274 AJ79
Vielle-Tursan 40 294 AG83
Viellenave-d'Arthez 64 314 AG86
Viellenave-de-Navarrenx 64 313 AD87
Viellenave-sur-Bidouze 64 311 AB86
Vielleségure 64 313 AE87
Vielmanay 58 156 BJ44
Vielmur-sur-Agout 81 299 BB84
Vielprat 43 265 BQ71
Viels-Maisons 02 60 BL26
Vielverge 21 160 CA43
Viennay 79 168 AJ50
Vienne 38 231 BX63
Vienne-en-Arthies 95 57 AY24
Vienne-en-Bessin 14 33 AH21
Vienne-en-Val 45 133 BB38
Vienne-la-Ville 51 43 BV22
Vienne-le-Château 51 43 BV22
Viens 84 306 CD81
Vienville 88 120 CK33
Vier-Bordes 65 332 AJ91
Viersat 23 190 BD55
Vierville 50 32 AD20
Vierville 28 87 BA31
Vierville-sur-Mer 14 32 AF20
Vierzon 18 154 BB44
Vierzy 02 40 BK21
Viesly 59 14 BL12
Viessoix 14 52 AG26
Viéthorey 25 162 CI41
Vieu 01 214 CD59
Vieu-d'Izenave 01 214 CB57
Vieugy 74 215 CG59
Vieure 03 191 BH52
Vieussan 34 301 BI85
Vieuvicq 28 109 AU33
Vieuvy 53 81 AF30
Vieux 81 279 AZ80
Vieux 14 33 AJ23
Vieux-Berquin 59 8 BF6
Vieux-Boucau-les-Bains 40 292 Z82
Le Vieux-Bourg 22 77 P30
Vieux-Bourg 14 34 AO21
Le Vieux-Cérier 16 203 AO58
Vieux Chambord (Château du) 03 192 BM54
Vieux-Champagne 77 89 BJ29
Vieux-Charmont 25 142 CL40
Le Vieux Château 85 164 T49
Vieux-Château 21 158 BQ41
Vieux-Condé 59 9 BL8
Vieux-Ferrette 68 143 CO40
Vieux-Fumé 14 54 AL24
Vieux-lès-Asfeld 08 41 BQ19
Vieux-Lixheim 57 67 CM26
Vieux-Maisons 77 60 BK28
Vieux-Manoir 76 20 AV18
Le Vieux-Marché 22 72 M27
Vieux-Mareuil 24 221 AO64
Vieux-Mesnil 59 15 BO10
Vieux-Moulin 88 96 CL30
Vieux-Moulin 60 39 BH20
Vieux-Moulins 52 139 BZ37
Vieux-Pierrefeu 06 289 CP80
Vieux-Pont 61 53 AK28
Vieux-Pont-en-Auge 14 54 AM24
Vieux-Port 27 35 AQ20
Vieux-Reng 59 15 BP10
Vieux-Rouen-sur-Bresle 76 21 AY15
La Vieux-Rue 76 36 AV19
Vieux-Ruffec 16 203 AO58
Vieux-Thann 68 143 CN37
Vieux-Viel 35 80 AA29
Vieux-Villez 27 36 AV23
Vieux-Vy-sur-Couesnon 35 80 AA31
Vieuzos 65 315 AN88
Viévigne 21 160 BZ42
Viéville 52 117 BY33
Viéville-en-Haye 54 65 CD25
Viéville-sous-les-Côtes 55 64 CB24
Viévy 21 177 BT46
Viévy-le-Rayé 41 132 AV37
Viey 65 333 AK92
Vif 38 250 CD68
Viffort 02 60 BL25
Le Vigan 46 260 AW72
Le Vigan 30 282 BN80
Le Vigean 15 244 BD67
Le Vigeant 86 187 AQ55
Le Vigen 87 223 AV61
Vigeois 19 224 AW65
Viger 65 332 AJ90
Vigeville 23 207 BB56
Viggianello 2A 350 FD114
Viglain 45 133 BC39
Vignacourt 80 12 BC13
Vignage (Rochers du) 61 83 AM30
Vignale 2B 347 FG105
Vignats 14 54 AL26
Le Vignau 40 294 AI82
Vignaux 31 297 AT84
Les Vigneaux 05 252 CK70
Vignec 65 333 AM93
Vignely 77 59 BG25
Vignemont 60 39 BG19
Les Vignères 84 305 BY81
Vignes 89 158 BQ41
Vignes 64 294 AH85
Les Vignes 48 282 BK77
Vignes-la-Côte 52 93 BZ32
Vigneul-sous-Montmédy 55 43 BY19
Vigneulles 54 95 CG29
Vigneulles-lès-Hattonchâtel 55 64 CB24
Vigneux-de-Bretagne 44 147 Y42
Vigneux-Hocquet 02 25 BP16
Vigneux-sur-Seine 91 58 BD28
Vignevieille 11 338 BE91
Vignieu 38 232 CB62
Vignoc 35 80 Y32
Vignol 58 157 BN43
Vignoles 21 177 BW46
Vignolles 16 220 AK63
Vignols 19 223 AV65
Vignonet 33 238 AJ70
Vignory 52 92 BX32
Vignot 55 64 CB27
Vignoux-sous-les-Aix 18 155 BE45
Vignoux-sur-Barangeon 18 154 BB45
Vigny 95 57 BA24
Vigny 57 65 CF24
Vigoulant 36 189 BB53
Vigoulet-Auzil 31 318 AW86
Vigoux 36 188 AW52
Vigueron 82 297 AS81
Vigy 57 46 CG22
Vihiers 49 149 AH45
Vijon 36 189 BB53
Vilbert 77 59 BH28
Vilcey-sur-Trey 54 65 CD25
Vildé-Guingalan 22 79 V30
Le Vilhain 03 191 BG52
Vilhonneur 16 221 AO61
Vilhosc (Prieuré de) 04 287 CG77
Villa-Algérienne 33 254 AA72
Villabé 91 88 BE29
Villabon 18 173 BF46
Villac 24 241 AU67
Villacerf 10 90 BP31
Villacourt 54 95 CG30
Villadin 10 90 BN32
Villafans 70 141 CI40
Village-Neuf 68 143 CQ39
Villaines-en-Duesmois 21 138 BT39
Villaines-la-Carelle 72 84 AO31
Villaines-la-Gonais 72 108 AQ34
Villaines-la-Juhel 53 82 AJ32
Villaines-les-Prévôtes 21 137 BS40
Villaines-les-Rochers 37 151 AP44
Villaines-sous-Bois 95 58 BD24
Villaines-sous-Lucé 72 130 AP37
Villaines-sous-Malicorne 72 129 AK38
Villainville 76 18 AO17
Villalbe 11 319 BC89
Villalet 27 56 AT25
Villalier 11 319 BD88
Villamblain 45 110 AX36
Villamblard 24 240 AP69
Villamée 35 81 AC30
Villampuy 28 110 AX35
Villandraut 33 255 AH75
Villandry 37 151 AP43
Villanière 11 319 BD88
Villanova 2A 348 FB111
Villapourçon 58 176 BP47
Villar-d'Arêne 05 252 CI68
Villar-en-Val 11 338 BE90
Villar-Loubière 05 251 CH70
Villar-Saint-Anselme 11 337 BC91
Villar-Saint-Pancrace 05 252 CL70
Villarceaux (Château de) 95 37 AY23
Villard 74 198 CI55
Le Villard 48 264 BK75
Villard 23 189 AY54
Villard-Bonnot 38 251 CF66
Villard-de-Lans 38 250 CC68
Villard-d'Héry 73 233 CG63
Villard-Léger 73 233 CH63
Villard-Notre-Dame 38 251 CG68
Villard-Reculas 38 251 CG67
Villard-Reymond 38 251 CG68
Villard-Saint-Christophe 38 251 CE69
Villard-Saint-Sauveur 39 197 CE53
Villard-Sallet 73 233 CG63
Villard-sur-Bienne 39 197 CE52
Villard-sur-Doron 73 216 CJ60
Villardebelle 11 337 BD91
Villardonnel 11 319 BD88
Villards-d'Héria 39 196 CD53
Les Villards-sur-Thônes 74 216 CI58
Villarembert 73 252 CI66
Villargent 70 141 CI40
Villargoix 21 158 BS43
Villargondran 73 234 CI65
Villariès 31 298 AW83
Villarlurin 73 234 CK63
Villarodin-Bourget 73 252 CL66
Villaroger 73 235 CM61
Villaroux 73 233 CG63
Villars 84 305 CB81
Le Villars 71 195 BX52
Villars 42 230 BS64
Villars 28 110 AX33
Villars 24 222 AQ64
Villars (Grottes de) 24 222 AR64
Villars-Colmars 04 288 CL77
Villars-en-Azois 52 116 BV35
Villars-en-Pons 17 219 AG62
Villars-et-Villenotte 21 158 BS41
Villars-Fontaine 21 159 BW45
Villars-le-Pautel 70 118 CE36
Villars-le-Sec 90 142 CM41
Villars-lès-Blamont 25 163 CL42
Villars-les-Bois 17 201 AH60
Villars-les-Dombes 01 213 BY58
Villars-Saint-Georges 25 161 CD45
Villars-Saint-Marcellin 52 118 CD36
Villars-Santenoge 52 139 BX38
Villars-sous-Dampjoux 25 163 CK42
Villars-sous-Écot 25 142 CK41
Villars-sur-Var 06 289 CP80
Villarzel-Cabardès 11 320 BE88
Villarzel-du-Razès 11 337 BC90
Villasavary 11 319 BA89
Villate 31 317 AV86
Villaudric 31 297 AV82
Villautou 11 336 AZ90
Villavard 41 131 AS38
Villaz 74 215 CH58
La Ville 69 212 BS56
Villé 67 97 CO31
Ville 60 23 BH18
Ville-au-Montois 54 45 CC19
Ville-au-Val 54 65 CE26
La Ville-aux-Bois 10 92 BU31
La Ville-aux-Bois-lès-Dizy 02 25 BP17
La Ville-aux-Bois-lès-Pontavert 02 41 BO20
La Ville-aux-Clercs 41 131 AT37
La Ville-aux-Dames 37 152 AR42
La Ville-aux-Nonains 28 85 AT29
Ville-d'Avray 92 58 BC26
Ville-devant-Belrain 55 64 BZ26
Ville-devant-Chaumont 55 44 BZ21
Ville-di-Paraso 2B 346 FD105
Ville-di-Pietrabugno 2B 345 FG103
La Ville-Dieu-du-Temple 82 277 AU80
Ville-Dommange 51 41 BO22
La Ville-du-Bois 91 58 BC28
Ville-du-Pont 25 180 CI46
Ville-en-Blaisois 52 92 BW30
Ville-en-Sallaz 74 216 CI56
Ville-en-Selve 51 41 BP23
Ville-en-Tardenois 51 41 BN22
Ville-en-Vermois 54 95 CG28
Ville-en-Woëvre 55 64 CB23
La Ville-ès-Nonais 35 79 X29
Ville-Houdlémont 54 44 CB18
Ville-Issey 55 64 CB27
Ville-la-Grand 74 197 CH55
Ville-Langy 58 175 BM47
Ville-le-Marclet 80 12 BB13
Ville-Saint-Jacques 77 88 BH32
Ville-Savoye 02 40 BM21
Ville-sous-Anjou 38 231 BX65
Ville-sous-la-Ferté 10 116 BV34
La Ville-sous-Orbais 51 61 BN25
Ville-sur-Ancre 80 23 BF14
Ville-sur-Arce 10 115 BS34
Ville-sur-Cousances 55 43 BX23
Ville-sur-Illon 88 119 CG33
Ville-sur-Jarnioux 69 212 BU58
Ville-sur-Lumes 08 26 BU16
Ville-sur-Retourne 08 42 BS20
Ville-sur-Saulx 55 63 BX27
Ville-sur-Terre 10 92 BV32
Ville-sur-Tourbe 51 43 BV22
Ville-sur-Yron 54 65 CD23
Villeau 28 110 AX33
Villebadin 61 54 AN27
Villebarou 41 132 AV40
Villebaudon 50 52 AD24
Villebazy 11 337 BD91
Villebéon 77 112 BH33
Villebernier 49 150 AL44
Villeberny 21 159 BU42
Villebichot 21 160 BX45
Villeblevin 89 89 BI32
Villebois 01 214 CB59
Villebois-Lavalette 16 221 AN63
Villebois-les-Pins 26 286 CD76
Villebon 28 85 AU31
Villebon-sur-Yvette 91 58 BC28
Villebougis 89 113 BJ33
Villebourg 37 130 AP39
Villebout 41 109 AU36
Villebramar 47 257 AO74
Villebret 03 190 BF55
Villebrumier 82 298 AW81
Villecelin 18 172 BC49
Villecerf 77 88 BH32
Villecey-sur-Mad 54 65 CD24
Villechantria 39 196 CB53
Villechauve 41 131 AS39
Villechenève 69 212 BT60
Villechétif 10 91 BQ32
Villechétive 89 114 BM35
Villechien 50 81 AE29
Villecien 89 113 BK36
Villécloye 55 44 BZ18
Villecomtal 12 262 BF74
Villecomtal-sur-Arros 32 315 AL87
Villecomte 21 160 BX41
Villeconin 91 87 BB30
Villecourt 80 23 BH16
Villecresnes 94 58 BE28
Villecroze 83 307 CJ84
Villedaigne 11 320 BH89
Villedieu 84 285 BY77
La Villedieu 48 264 BM72
Les Villedieu 25 180 CH49
La Villedieu 23 225 AZ61
Villedieu 21 115 BS36
La Villedieu 17 202 AI57
Villedieu 15 245 BI69
La Villedieu-du-Clain 86 186 AO53
La Villedieu-en-Fontenette 70 141 CG38
Villedieu-la-Blouère 49 148 AD45
Villedieu-le-Château 41 130 AQ39
Villedieu-lès-Bailleul 61 54 AM26
Villedieu-les-Poêles 50 52 AD26
Villedieu-sur-Indre 36 171 AX48
Villedômain 37 171 AV46
Villedômer 37 152 AS41
Villedoux 17 183 AD55
Villedubert 11 319 BD89
Villefagnan 16 203 AL58
Villefargeau 89 136 BL38
Villefavard 87 205 AU56
Villeferry 21 159 BT42
Villefloure 11 337 BD90
Villefollet 79 202 AJ56
Villefontaine 38 231 BZ62
Villefort 48 265 BP75
Villefort 11 337 BA92
Villefranche 32 316 AQ86
Villefranche-d'Albigeois 81 299 BD81
Villefranche-d'Allier 03 191 BH54
Villefranche-de-Conflent 66 342 BD96
Villefranche-de-Lauragais 31 318 AY87
Villefranche-de-Lonchat 24 239 AL69
Villefranche-de-Panat 12 281 BG79
Villefranche-de-Rouergue 12 279 BA76
Villefranche-du-Périgord 24 259 AT73
Villefranche-du-Queyran 47 275 AM77
Villefranche-le-Château 26 286 CC77
Villefranche-Saint-Phal 89 113 BJ36
Villefranche-sur-Cher 41 153 AY44
Villefranche-sur-Mer 06 309 CR82
Villefranche-sur-Saône 69 212 BV58
Villefrancœur 41 131 AU39
Villefrancon 70 161 CC42
Villefranque 65 295 AK85
Villefranque 64 310 Y86
Villegagnon 77 60 BJ28
Villegailhenc 11 319 BD88
Villegardin 89 113 BI34
Villegats 27 56 AW25
Villegats 16 203 AM58
Villegaudin 71 178 BY49
Villegenon 18 155 BF42
Villegly 11 320 BE88
Villegongis 36 171 AX48
Villegouge 33 238 AI69
Villegouin 36 171 AV47
Villegruis 77 89 BL29
Villegusien 52 139 BZ38
Villehardouin 10 91 BS31
Villeherviers 41 154 AZ43
Villejésus 16 203 AL59
Villejoubert 16 203 AM60
Villejuif 94 58 BD27
Villejust 91 58 BC28
Villelaure 84 306 CC83
Villeloin-Coulangé 37 152 AU45
Villelongue 65 332 AJ91
Villelongue-d'Aude 11 337 BB91
Villelongue-de-la-Salanque 66 339 BI94
Villelongue-dels-Monts 66 343 BH97
Villeloup 10 90 BO32
Villemade 82 277 AU79
Villemagne 11 319 BB87
Villemagne-l'Argentière 34 301 BJ84
Villemain 79 202 AK57
Villemandeur 45 112 BG36
Villemanoche 89 89 BJ32
Villemardy 41 131 AU39
Villemaréchal 77 112 BH33
Villemareuil 77 59 BH25
Villematier 31 298 AW82
Villemaur-sur-Vanne 10 114 BN33
Villembits 65 315 AM88
Villembray 60 37 AZ19
Villemer 89 136 BL37
Villemer 77 88 BG32
Villemereuil 10 115 BQ33
Villemervry 52 139 BX39
Villemeux-sur-Eure 28 56 AW28
Villemoirieu 38 231 BZ61
Villemoiron-en-Othe 10 114 BN33
Villemoisan 49 148 AE41
Villemoisson-sur-Orge 91 58 BD28
Villemolaque 66 343 BI96
Villemomble 93 58 BE26
Villemontais 42 211 BP58
Villemontoire 02 40 BK21
Villemorien 10 115 BR35
Villemorin 17 202 AI58
Villemoron 52 139 BY39
Villemort 86 187 AS52
Villemotier 01 196 CA54
Villemoustaussou 11 319 BD89
Villemoutiers 45 112 BE36
Villemoyenne 10 115 BR34
Villemur 65 316 AO88

W

X

Y

Z

Auvers-s-Oise
L'ISLE-ADAM
PONTOISE
CERGY-PONTOISE
Méry-s-Oise
Villiers-Adam
Béthemont-la-Forêt
Frépillon
Bessancourt
St-Ouen-l'Aumône
FORÊT DE MONTMORENCY
Taverny
Pierrelaye
Beauchamp
St-Leu-la-Forêt
St-Prix
Montmorency
Domont
Bouffémont
Chauvry
Baillet-en-France
Montsoult
Conflans-Ste H.
Herblay
Montigny-lès-Cormeilles
Franconville
Ermont
Eaubonne
Sannois
St-Gratien
Enghien-les-Bains
Epinay-s-S.
Cormeilles-en-Parisis
La Frette-s-S.
Andrésy
Achères
FORÊT DE ST GERMAIN
Maisons-Laffitte
Sartrouville
ARGENTEUIL
Bezons
Houilles
Colombes
Gennevilliers
Villeneuve-la-Garenne
Asnières-s-S.
Clichy
Bois-Colombes
La Garenne-Colombes
Courbevoie
NANTERRE
LA DÉFENSE
NEUILLY-S.
Levallois-Perret
Puteaux
Suresnes
Rueil-Malmaison
Chatou
le Vésinet
le Pecq
ST-GERMAIN-EN-LAYE
Carrières-s-S.
Montesson
Croissy-s-Seine
Bougival
La Celle-St-Cloud
Marly-le-Roi
Louveciennes
St-Cloud
Garches
Vaucresson
BOULOGNE-BILLANCOURT
Bois de Boulogne
Parc de St-Cloud
Sèvres
Meudon
Clamart
Issy-les-Moulineaux
Vanves
Malakoff
Montrouge
Châtillon
Chaville
Ville-d'Avray
le Chesnay
Rocquencourt
VERSAILLES
St Cyr-l'École
Noisy-le-Roi
Bailly
Rennemoulin
Fontenay-le-Fleury
ARC DE TRIOMPHE
INVALIDES
MICHELIN

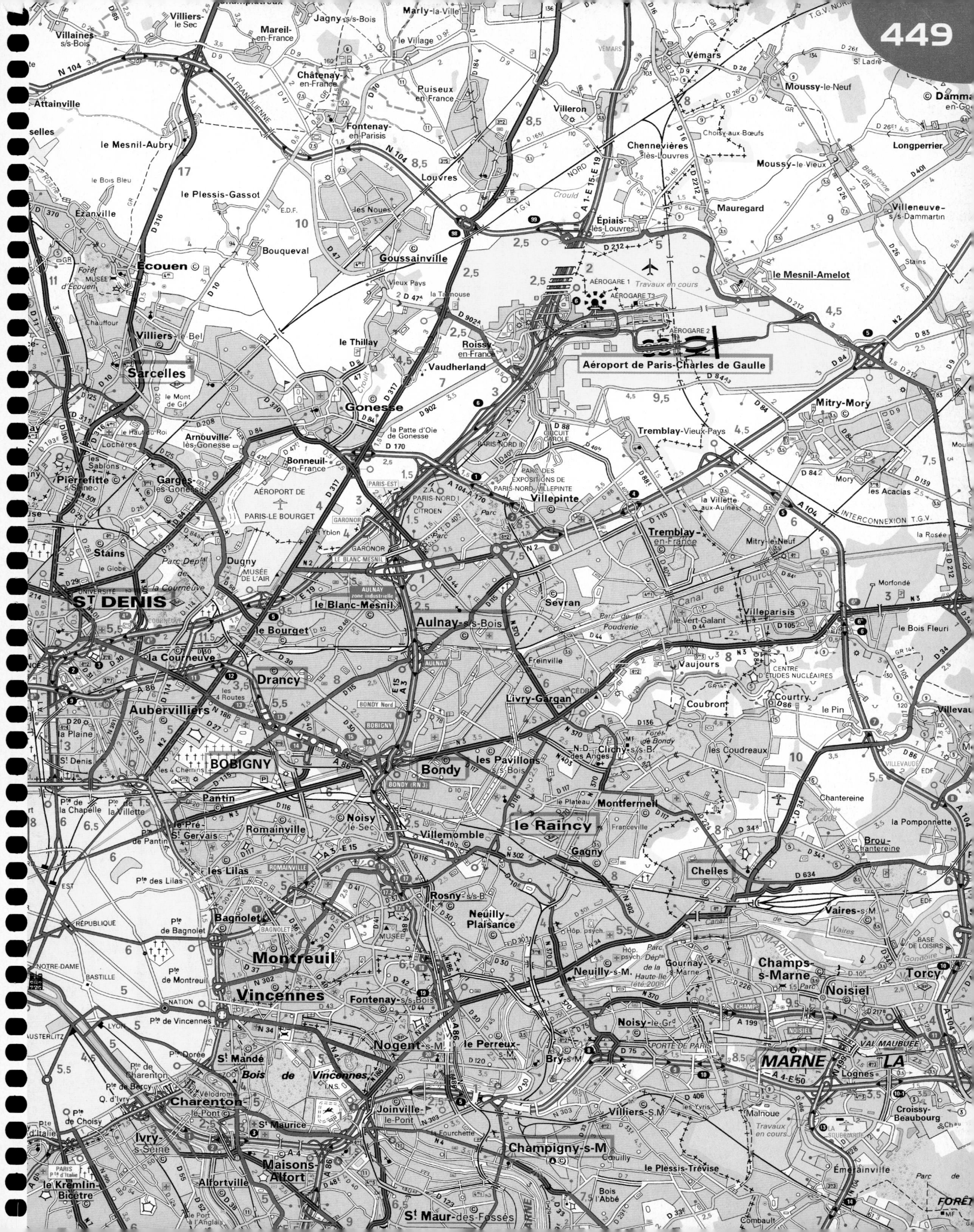
Villiers-le Sec
Villaines-s/s-Bois
Mareil-en-France
Jagny-s/s-Bois
Marly-la-Ville
le Village
Vémars
Moussy-le-Neuf
Attainville
Châtenay-en-France
Puiseux-en-France
Villeron
Fontenay-en-Parisis
le Mesnil-Aubry
Chennevières-lès-Louvres
Choisy-aux-Bœufs
Moussy-le-Vieux
Longperrier
LA FRANCILIENNE
N 104
Louvres
le Plessis-Gassot
Mauregard
Villeneuve-s/s-Dammartin
Ezanville
les Noues
Epiais-lès-Louvres
E.D.F.
Bouqueval
Goussainville
Ecouen
Forêt d'Ecouen
MUSÉE
le Mesnil-Amelot
Vieux Pays
AÉROGARE 1
AÉROGARE T3
AÉROGARE 2
Travaux en cours
la Tannouse
Villiers-le Bel
le Thillay
Roissy-en-France
Vaudherland
Aéroport de Paris-Charles de Gaulle
Sarcelles
le Mont de Gif
Gonesse
Mitry-Mory
la Patte d'Oie de Gonesse
Arnouville-lès-Gonesse
Tremblay-Vieux-Pays
Lochères
les Sablons
Pierrefitte
Bonneuil-en-France
PARIS-NORD II
CIRCUIT CAROLE
PARC DES EXPOSITIONS DE PARIS-NORD-VILLEPINTE
Garges-lès-Gonesse
Mory
les Acacias
AÉROPORT DE PARIS-LE BOURGET
Z.A. PARIS-NORD I
CITROEN
Villepinte
la Villette aux Aulnes
INTERCONNEXION T.G.V.
Tremblay-en-France
Mitry-le-Neuf
la Rosée
Stains
Port Yblon
le Globe
Dugny
MUSÉE DE L'AIR
Parc Dép^{tal} de la Courneuve
ST DENIS
UNIVERSITÉ
le Blanc-Mesnil
AULNAY zone industrielle
Sevran
Canal de l'Ourcq
Morfondé
Villeparisis
le Vert-Galant
Parc de la Poudrerie
le Bourget
Aulnay-s/s-Bois
le Bois Fleuri
la Courneuve
Freinville
Vaujours
CENTRE D'ÉTUDES NUCLÉAIRES
Drancy
Aubervilliers
les 4 Routes
Livry-Gargan
Coubron
Courtry
le Pin
Forêt de Bondy
la Plaine
St Denis
BOBIGNY
les 4 Chemins
Clichy-s/s-B.
N.-D.-des Anges
les Coudreaux
Bondy
les Pavillons s/s-Bois
Pantin
Montfermeil
Chantereine
P^{te} de la Chapelle
P^{te} de la Villette
le Plateau
Franceville
le Pré-St Gervais
Romainville
Noisy-le-Sec
le Raincy
la Pomponnette
Brou-s-Chantereine
Villemomble
Gagny
Chelles
les Lilas
P^{te} des Lilas
Bagnolet
Rosny-s/s-B.
Neuilly-Plaisance
Vaires-s-M.
RÉPUBLIQUE
Montreuil
P^{te} de Bagnolet
Hôp. psych.
Parc Dép^{tal} de la Haute-Île
Gournay-s-Marne
Champs-s-Marne
BASE DE LOISIRS
Torcy
NOTRE-DAME
BASTILLE
P^{te} de Montreuil
Neuilly-s-M.
Noisiel
Vincennes
Fontenay-s/s-Bois
NATION
P^{te} de Vincennes
Noisy-le-Gd
AUSTERLITZ
Nogent-s-M.
le Perreux-s-M.
PORTE DE PARIS
VAL MAUBUÉE
MARNE LA
St Mandé
Bois de Vincennes
Bry-s-M.
P^{te} Dorée
P^{te} de Charenton
P^{te} de Bercy
Q. d'Ivry
Charenton-le-Pont
Lognes
Joinville-le-Pont
Villiers-s-M.
les Yvris
Malnoue
Croissy-Beaubourg
P^{te} de Choisy
P^{te} d'Italie
St Maurice
la Fourchette
Travaux en cours
Ivry-s-Seine
Champigny-s-M
Cœuilly
Maisons-Alfort
le Plessis-Trévise
Émerainville
Alfortville
le Kremlin-Bicêtre
Bois l'Abbé
FORÊT
le Port à l'Anglais
St Maur-des-Fossés
Combault

Bougival
Louveciennes
La Celle-St Cloud
Forêt de la Malmaison
St-Cloud
Garches
Vaucresson
Noisy-le-Roi
Bailly
Rocquencourt
Marnes-la-Coquette
Ville-d'Avray
BOULOGNE
BILLANCOURT
Parc de St-Cloud
MICHELIN
INVALIDES
MONTPARNASSE
Pte d'Auteuil
Pte de St-Cloud
Pte de Versailles
Pte de Châtillon
Vanves
Issy-les-Moulineaux
Malakoff
Montrouge
Villepreux
Rennemoulin
Fontenay-le-Fleury
le Chesnay
Sèvres
Meudon
Clamart
Châtillon
Bagneux
Bois-d'Arcy
St Cyr-l'École
VERSAILLES
Chaville
Viroflay
Vélizy-Villacoublay
Fontenay-aux-Roses
le Plessis-Robinson
Sceaux
Châtenay-Malabry
Montigny-le-Bretonneux
Guyancourt
Buc
Jouy-en-Josas
Bièvres
Antony
Fresnes
Voisins-le-Bretonneux
les Loges-en-Josas
Verrières-le-Buisson
Igny
Massy
Toussus-le-Noble
Châteaufort
Saclay
Vauhallan
St Lambert
Milon-la-Chapelle
Magny-les-Hameaux
Villiers-le-Bâcle
Palaiseau
Chevreuse
St Rémy-lès-Chevreuse
Gif-s-Yvette
Orsay
Bures-s-Yvette
Villebon-s-Yvette
Champlan
Chilly-Mazarin
Longjumeau
Choisel
les Ulis
Saulx-les-Chartreux
Boullay-les-Troux
Gometz-le-Châtel
Villejust
Ballainvilliers
Épinay-s-Orge
les Molières
Gometz-la-Ville
Nozay
Villiers-s-Orge
Limours-en-Hurepoix
Janvry
la Ville du Bois
Montlhéry
Marcoussis
Ste Geneviève-des-Bois
Longpont-s-Orge
St Michel-s-Orge
Forges-les-Bains
Briis-s-Forges
Linas
Fontenay-lès-Briis
Leuville-s-Orge
le Plessis-Pâté
Vaugrigneuse
Brétigny-s-Orge
Angervilliers
Courson-Monteloup
Bruyères-le-Châtel
St Germain-lès-Arpajon
St Maurice-Montcouronne
Ollainville
la Norville

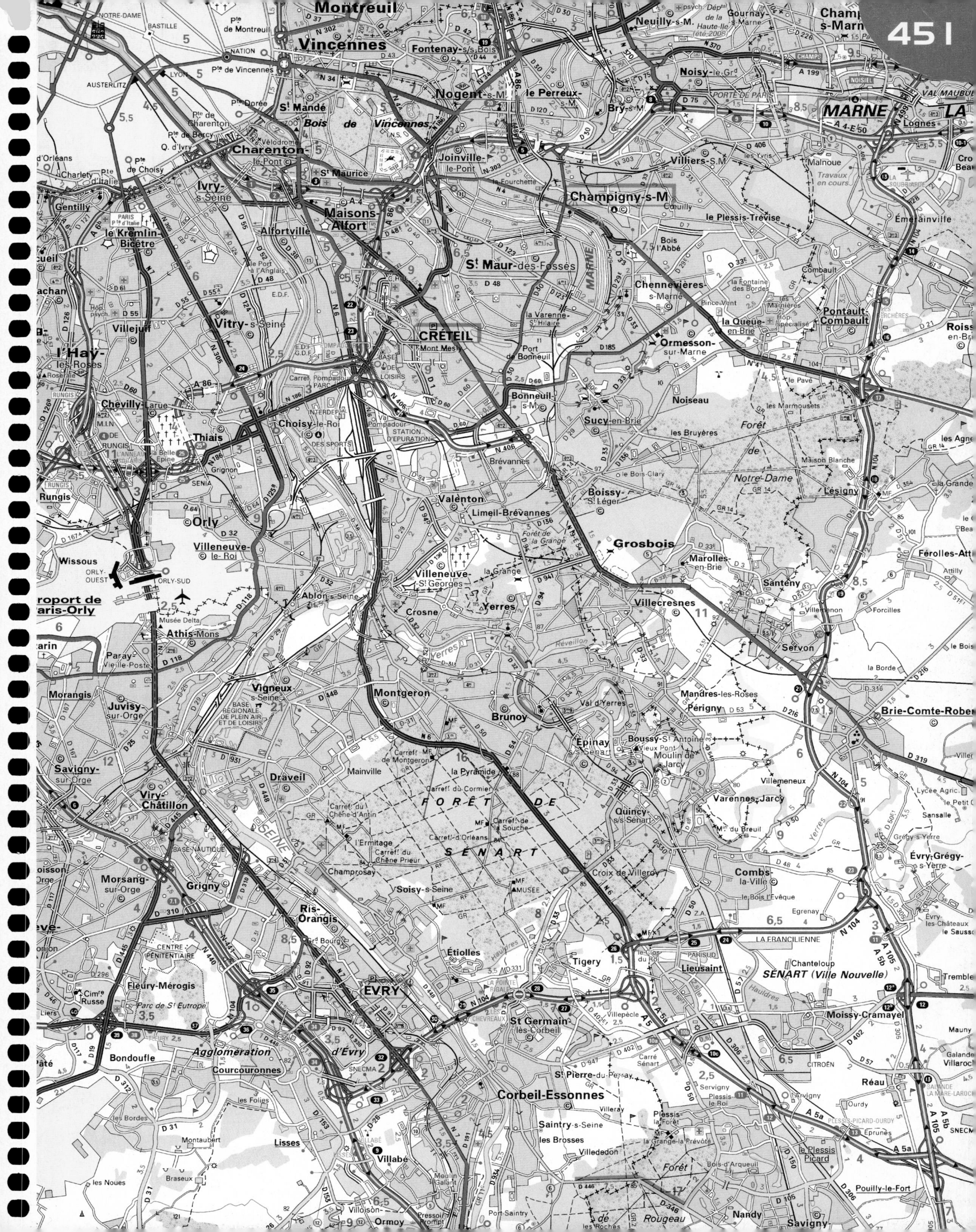
Montreuil
Vincennes
Fontenay-s/s-Bois
Neuilly-s-M.
Gournay-s-Marne
Champs-s-Marne
NOTRE-DAME
BASTILLE
Pte de Montreuil
NATION
Pte de Vincennes
LYON
AUSTERLITZ
Pte Dorée
St Mandé
Bois de Vincennes
Nogent-s-M.
le Perreux-s-M.
Noisy-le-Gd
Bry-s-M.
PORTE DE PARIS
MARNE LA
Lognes
Pte de Charenton
Pte de Bercy
Q. d'Ivry
Charenton-le-Pont
St Maurice
Joinville-le-Pont
Villiers-s-M.
Malnoue
Travaux en cours
d'Orléans
Charlety
Pte d'Italie
Pte de Choisy
Ivry-s-Seine
Champigny-s-M
Cœuilly
le Plessis-Trévise
Émerainville
Gentilly
le Kremlin-Bicêtre
Alfortville
Maisons-Alfort
St Maur-des-Fossés
Bois l'Abbé
Chennevières-s-Marne
Combault
Pontault-Combault
Villejuif
Vitry-s-Seine
E.D.F.
CRÉTEIL
Mont Mesly
la Varenne-St Hilaire
la Queue-en-Brie
Ormesson-sur-Marne
Roissy-en-Brie
L'Haÿ-les-Roses
Port de Bonneuil
Noiseau
Chevilly-Larue
Carref. Pompadour
Bonneuil-s-M.
Sucy-en-Brie
les Marmousets
Choisy-le-Roi
Thiais
Forêt de Notre-Dame
les Bruyères
Brévannes
Maison Blanche
Rungis
Orly
le Bois-Clary
Boissy-St Léger
Lésigny
Valenton
Limeil-Brévannes
Villeneuve-le-Roi
Grosbois
Marolles-en-Brie
Férolles-Attilly
Wissous
ORLY-OUEST
ORLY-SUD
Villeneuve-St Georges
Santeny
Aéroport de Paris-Orly
Ablon-s-Seine
Crosne
Yerres
Villecresnes
Servon
Musée Delta
Athis-Mons
Paray-Vieille-Poste
Morangis
Juvisy-sur-Orge
Vigneux-s-Seine
Montgeron
Brunoy
Val d'Yerres
Mandres-les-Roses
Périgny
Brie-Comte-Robert
Savigny-sur-Orge
Draveil
Mainville
Carrefour de Montgeron
la Pyramide
Epinay-s-Sénart
Boussy-St Antoine
Moulin de Jarcy
Villemeneux
Varennes-Jarcy
Viry-Châtillon
FORÊT DE SÉNART
Quincy-s/s-Sénart
Mlin du Breuil
Lycée Agric.
l'Ermitage
Champrosay
Soisy-s-Seine
Croix de Villeroy
Combs-la-Ville
Évry-Grégy-s-Yerre
Morsang-sur-Orge
Grigny
Ris-Orangis
le Bois l'Évêque
Étiolles
Tigery
LA FRANCILIENNE
Lieusaint
Chanteloup
SÉNART (Ville Nouvelle)
Fleury-Mérogis
CENTRE PÉNITENTIAIRE
Parc de St Eutrope
ÉVRY
St Germain-lès-Corbeil
Moissy-Cramayel
Bondoufle
Agglomération d'Évry
Courcouronnes
SNECMA
Carré Sénart
St Pierre-du-Perray
CITROËN
Réau
Corbeil-Essonnes
Servigny
Plessis-le-Roi
Saintry-s-Seine
Plessis-la-Forêt
Villeray
les Brosses
la Grange-la-Prévôté
Villededon
Lisses
Villabé
Montaubert
Braseux
les Noues
Forêt de Rougeau
Bois-d'Arqueuil
le Plessis-Picard
Éprunes
Pouilly-le-Fort
Port-Saintry
Villoison
Ormoy
Nandy
Savigny

Paris - Parijs - Parigi - París

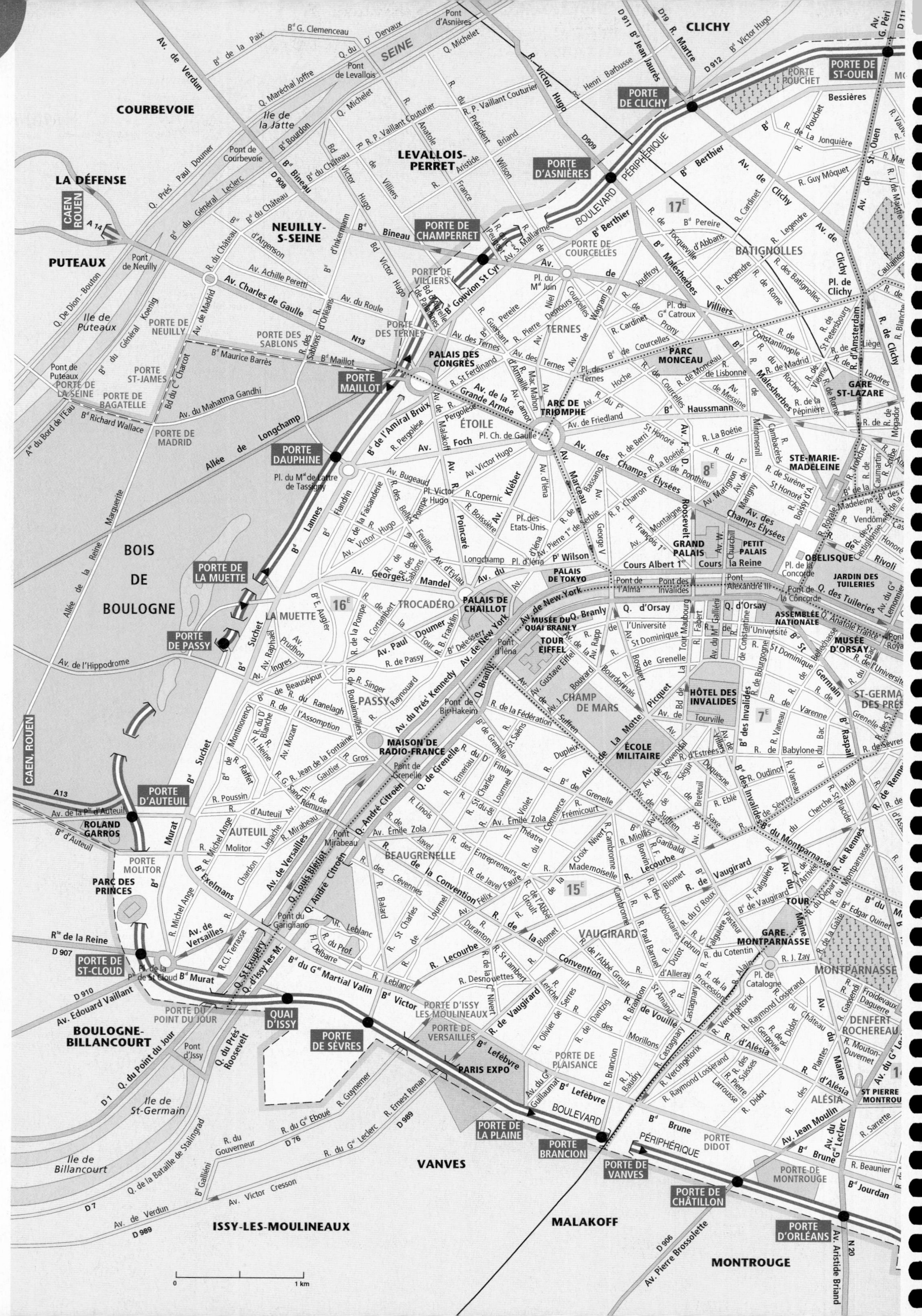
CLICHY
SEINE
COURBEVOIE
Ile de la Jatte
LEVALLOIS-PERRET
LA DÉFENSE
CAEN ROUEN
NEUILLY-S-SEINE
PUTEAUX
Ile de Puteaux
PORTE DE CLICHY
PORTE DE ST-OUEN
PORTE D'ASNIÈRES
PORTE DE CHAMPERRET
PORTE DE VILLIERS
PORTE DES TERNES
PORTE DE NEUILLY
PORTE DES SABLONS
PORTE ST-JAMES
PORTE DE LA SEINE
PORTE DE BAGATELLE
PORTE DE MADRID
PORTE MAILLOT
PORTE DAUPHINE
PORTE DE LA MUETTE
PORTE DE PASSY
PORTE D'AUTEUIL
PORTE MOLITOR
PORTE DE ST-CLOUD
PORTE DU POINT DU JOUR
QUAI D'ISSY
PORTE DE SÈVRES
PORTE D'ISSY LES MOULINEAUX
PORTE DE VERSAILLES
PORTE DE LA PLAINE
PORTE BRANCION
PORTE DE VANVES
PORTE DE PLAISANCE
PORTE DIDOT
PORTE DE CHÂTILLON
PORTE DE MONTROUGE
PORTE D'ORLÉANS
BOULEVARD PÉRIPHÉRIQUE
17E
BATIGNOLLES
TERNES
PARC MONCEAU
PALAIS DES CONGRÈS
ARC DE TRIOMPHE
ÉTOILE
GARE ST-LAZARE
8E
STE-MARIE-MADELEINE
GRAND PALAIS
PETIT PALAIS
OBELISQUE
JARDIN DES TUILERIES
BOIS DE BOULOGNE
16E
LA MUETTE
TROCADÉRO
PALAIS DE CHAILLOT
PALAIS DE TOKYO
MUSÉE DU QUAI BRANLY
TOUR EIFFEL
CHAMP DE MARS
HÔTEL DES INVALIDES
ASSEMBLÉE NATIONALE
MUSÉE D'ORSAY
ST-GERMAIN DES PRÉS
7E
ÉCOLE MILITAIRE
PASSY
MAISON DE RADIO-FRANCE
AUTEUIL
ROLAND GARROS
PARC DES PRINCES
BEAUGRENELLE
15E
VAUGIRARD
GARE MONTPARNASSE
TOUR MONTPARNASSE
MONTPARNASSE
DENFERT ROCHEREAU
ALÉSIA
PARIS EXPO
BOULOGNE-BILLANCOURT
Ile de St-Germain
Ile de Billancourt
VANVES
ISSY-LES-MOULINEAUX
MALAKOFF
MONTROUGE
0
1 km

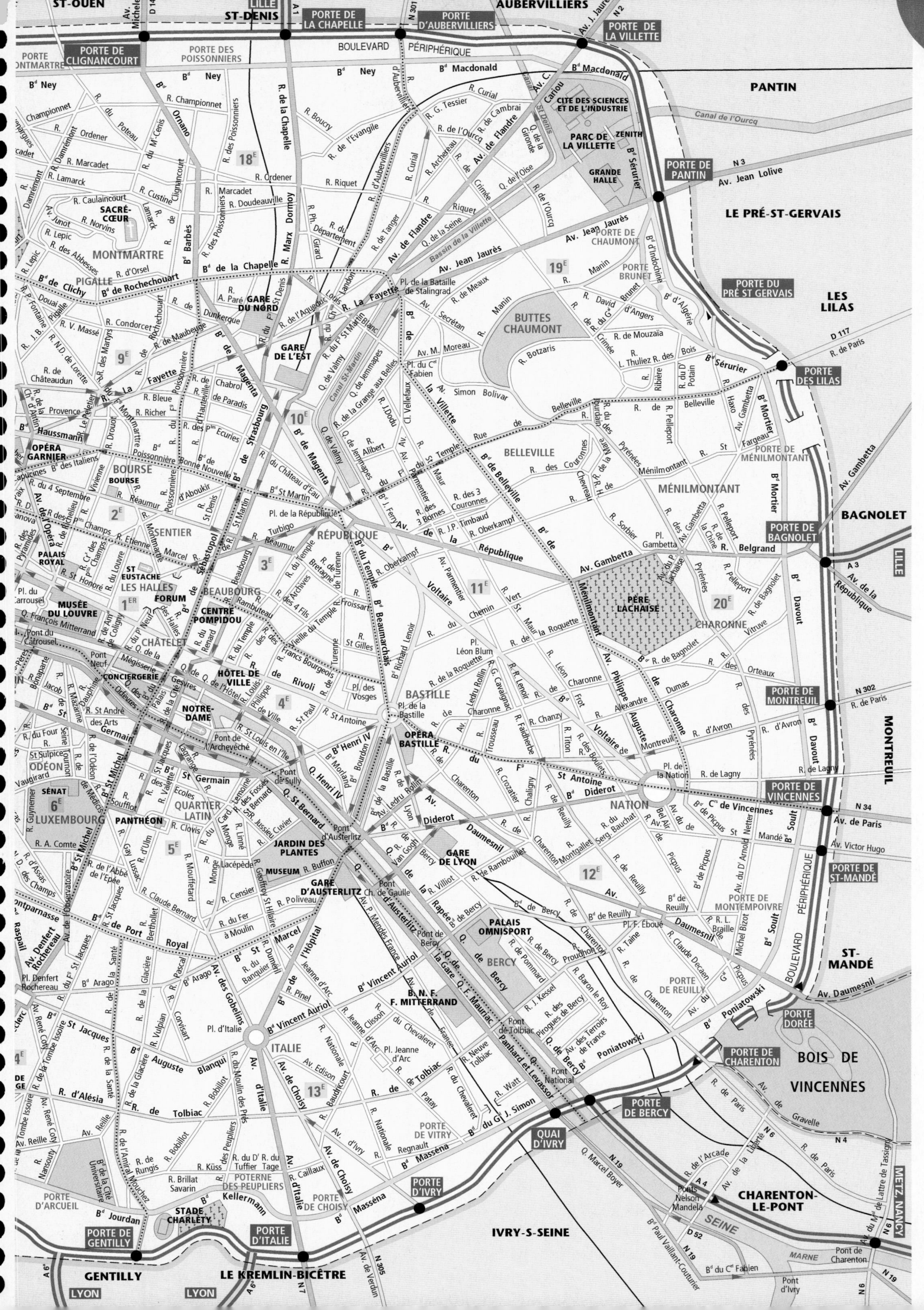

ST-OUEN
ST-DENIS
AUBERVILLIERS
PORTE DE CLIGNANCOURT
PORTE DE LA CHAPELLE
PORTE D'AUBERVILLIERS
PORTE DE LA VILLETTE
PORTE DES POISSONNIERS
BOULEVARD PÉRIPHÉRIQUE
PANTIN
CITE DES SCIENCES ET DE L'INDUSTRIE
PARC DE LA VILLETTE
ZENITH
GRANDE HALLE
PORTE DE PANTIN
LE PRÉ-ST-GERVAIS
PORTE DE CHAUMONT
PORTE BRUNET
PORTE DU PRÉ ST GERVAIS
LES LILAS
PORTE DES LILAS
18E
SACRÉ-CŒUR
MONTMARTRE
PIGALLE
GARE DU NORD
GARE DE L'EST
19E
BUTTES CHAUMONT
9E
10E
OPÉRA GARNIER
BOURSE
2E
SENTIER
RÉPUBLIQUE
BELLEVILLE
PORTE DE MÉNILMONTANT
MÉNILMONTANT
BAGNOLET
PORTE DE BAGNOLET
PALAIS ROYAL
ST EUSTACHE
LES HALLES
FORUM
3E
BEAUBOURG
CENTRE POMPIDOU
11E
PÈRE LACHAISE
20E
CHARONNE
MUSÉE DU LOUVRE
1ER
CHÂTELET
CONCIERGERIE
HÔTEL DE VILLE
NOTRE-DAME
4E
BASTILLE
OPÉRA BASTILLE
PORTE DE MONTREUIL
MONTREUIL
ODÉON
SÉNAT
6E
LUXEMBOURG
PANTHÉON
QUARTIER LATIN
5E
JARDIN DES PLANTES
MUSEUM
GARE D'AUSTERLITZ
GARE DE LYON
NATION
PORTE DE VINCENNES
12E
PORTE DE ST-MANDÉ
PORTE DE MONTEMPOIRE
ST-MANDÉ
PALAIS OMNISPORT
BERCY
PORTE DE REUILLY
B. N. F. F. MITTERRAND
PORTE DORÉE
BOIS DE VINCENNES
ITALIE
13E
PORTE DE CHARENTON
PORTE DE BERCY
QUAI D'IVRY
PORTE DE VITRY
PORTE D'IVRY
PORTE DE CHOISY
PORTE D'ITALIE
POTERNE DES PEUPLIERS
STADE CHARLÉTY
PORTE D'ARCUEIL
PORTE DE GENTILLY
GENTILLY
LE KREMLIN-BICÊTRE
IVRY-S-SEINE
CHARENTON-LE-PONT
SEINE
MARNE
LYON
LILLE
METZ, NANCY

Paris - Parijs - Parigi - París